〔美〕西蒙·本尼卡 **(Simon Benninga)** 著

邵建利 等 译

Finance Textbook

高级金融学译丛

（第四版）

财务金融建模
用Excel工具

FINANCIAL MODELING

格致出版社　上海人民出版社

前言

《财务金融建模》一书前三版的出版，得到了读者们的热烈反响。这本"菜谱大全"融合了讲解和基于 Excel 应用的实施，满足了学术与实践两个领域的读者需求，并使读者认识到在介绍财务金融课程中财务基础研究的实施还需要另外一种更有效的计算和实现方法。Excel 作为财务金融中应用最为广泛的计算工具，加深我们对金融模型理解的天然工具。

在第四版的《财务金融建模》中，增加了一个部分，涉及蒙特卡罗方法（第 24—30 章），目的是为了加强对金融模型模拟的关注。我可以确信，对建模的统计学理解（如投资组合收益的均值和标准差是什么）会低估不确定性的影响，因此只有通过对模型和收益过程的模拟，我们才能较好地把握这个不确定性的各个方面。

由于蒙特卡罗部分的增加，《财务金融建模》现由七个部分组成。前五个部分分别涉及财务金融的一个特定领域。这五个部分是相互独立的，并且假设读者对所有金融领域的知识均有所了解——《财务金融建模》不是一本入门级的教科书。本书的第 I 部分（第 1—7 章）涉及公司金融主题；第 II 部分（第 8—14 章）涉及投资组合模型；第 III 部分（第 15—19 章）涉及期权模型；第 IV 部分（第 20—23 章）涉及与债券相关的主题；第 V 部分，正如上面所提到的，向读者介绍了金融中的蒙特卡罗方法。

《财务金融建模》的最后两个部分是与建模技术相关的。第 VI 部分（第 31—35 章）涉及各类 Excel 主题并贯穿全书，是本书的必读章节。第 VII 部分（第 36—39 章）涉及 Excel 编程语言（VBA）。VBA 也贯穿本书，利用它所建立的函数与程序可使我们变得轻松自如，但是它不会强行贯入——原则上不阅读 VBA 相关章节读者也可以理解《财务金融建模》其他章节的内容。

内容的新增与更新

第四版的《财务金融建模》含有大量的新增与更新内容。我们已提及的新增部分如蒙特卡罗方法,另外的新增内容还涉及与估值相关的两章(第 2 章和第 4 章)和与期限结构建模相关的章节(第 22 章)。此外,其余大部分内容作了调整和改进。例如,在 Excel 财务函数的讨论中包括了 XIRR 和 XNPV,并对这些函数中的错误进行了修正。

Getformula 函数

第四版的 Excel 文件中包含一个被称为 Getformula 的函数,它可以让用户追踪单元格的内容。Getformula 函数在第 0 章中讨论,且与其相关的一个文件将放在与本书相关的数据包中。为了让 Getformula 函数工作,需要进入"文件 | Excel 选项 | 信任中心":

在"信任中心设置"中,我们推荐如下设置:

如果你已经完成了以上操作,那么当你再第一次打开 Excel 工作表的时候,你会遇到如下的警告:

对于本书的工作表,你可以很安全地点击"启用内容",这样那些公式会被显示。

Excel 版本

在本书的所有例题中,使用的是 Excel 2013 版本。据我所知,读者可能要或多或少做一些调整,所有 Excel 2003、Excel 2007、Excel 2010 和 Excel 2011(包括 Mac)版本的数据表都可以工作。

第四版的文件

本书的购买者可以获得所有与章节及习题相关的 Excel 文件。

在大学课程中使用本书

《财务金融建模》已成为许多高年级金融班的教材,这些班级强调建模/Excel 技能和对基础金融模型深度理解的结合。财务金融建模类的课程一般开设在大学本科的三、四年级,MBA 一般是在二年级开设。尽管这些课程和教师的指定材料会有非常大差异,但是它们还是会有以下一些共同点:

- 一门典型的课程是在二、三年级开设,重点强调财务金融建模中的 Excel 技能,通常安排在计算机实验室中授课。尽管几乎所有商学院的学生都知道 Excel,但是他们可能不知道模拟运算表(第 31 章)、基本的财务函数(第 1 章和第 33 章),以及数组函数(第 34 章)等。
- 大多数一学期课程涉及本书的内容最多不会超过一个部分。如果我们假设在一个典型的大学课程中,每星期能够讲完一章是上限(许多时候需要两周),那么典型的课程应该集中于公司金融(第 1—7 章)、投资组合模型(第 8—14 章),或者是期权(第 15—19 章)。作为延伸,教师可能还会稍微介绍一下债券部分(第 20—23 章)。
- 建议在计算机实验室的初始课程之后开设,教师应该转移到教室上课。课堂上可重点讨论理论与实施,学生课后作业可集中于电子表的实际操作。

基于计算机的课程的一个重要问题是如何进行期末考试。似乎有两种比较好的方法:一是让学生(一个人或一个团队)提交一份期末项目报告。假如课程涉及本书第 I 部分的可以是公司估值;涉及第 II 部分的可以是事件研究;涉及第 III 部分的可以基于期权的项目;涉及第 IV 部分的可以是债券预期收益的计算。二是让学生通过电子邮件的方式在一定的时间限制下提交一份基于电子表的试卷。例如,老师在上午 9:00 将试卷分发给学生,然后要求学生在中午前将基于电子表的答题通过电子邮件方式返回。

鸣谢

感谢以下人员为本书提出了重要并具有实质性的意见:

Meni Abudy, Zvika Afik, Javierma Bedoya, Lisa Bergé, Elizabeth Caulk, Sharon Garyn-Tal,

Victor Lampe, Jongdoo Lee, Erez Levy, Warren Miller, Tal Mofkadi, Roger Myerson, Siddhartha Sarkar, Maxim Sharov, Permjit Singh, Sondre Aarseth Skjerven, Alexander Suhov, Kien-Quoc Van Pham, Chao Wang, Tim Wuu。

最后，我要感谢：本书编辑麻省理工出版社的 John Covell，麻省理工出版社主任 Ellen Faran，Nancy Benjamin 和她在图书设计方面的编辑团队。他们永远都是那么耐心和乐于助人。

免责声明

本书中的材料仅用于教学和教育之目的，其讲解与现实世界遇到的情况类似，但它们可能不会直接应用于现实，本书作者和麻省理工学院出版社对其实施后果不负任何责任。

Contents

目 录

Ⅳ 债券定价

0

开始之前

0.1 模拟运算表

《财务金融建模》中广泛使用模拟运算表。建议本书的读者先要确保自己了解模拟运算表(参见第 31.1—31.5 节)。大部分金融建模都包括敏感性分析,而模拟运算表则是敏感性分析的关键。这有一点复杂,但对金融建模者来说却是模型的一个重要补充。

在本章余下的内容,我们将讨论 Getformula。

0.2 Getformula 是什么

《财务金融建模》(第四版)的 Excel 文件中含有名为 Getformula 的函数,它可以用于帮助解释你的电子表。在下面的例子中,单元格 C5 显示了单元格 B5 中所包含的公式;该公式计算了一笔贷款的年偿还金额,该笔贷款金额为 165,000,期限为 7 年,年利率为 8%。单元格 C5 中含有该函数=Getformula(B5)。

	A	B	C
2	本金	165,000	
3	利息	8%	
4	期限	7	<-- 年
5	年偿还额	31,691.95	<-- =PMT(B3,B4,-B2)

在本章中,我们将介绍如何将这个公式添加到你的 Excel 工作簿中去。对 Mac 操作系统的用户而言:该工作仅适用于 Excel 2011。

0.3 如何将 Getformula 添加到你的 Excel 工作簿中

（1）打开你想要使用该公式的 Excel 工作簿。

（2）打开 VBA 编辑器：

- 在 Windows 操作系统的电脑上：按［Alt］键＋F11 键。
- 在 Mac 操作系统（Excel 2011）中：选择"工具｜宏｜Visual Basic 编辑器"。

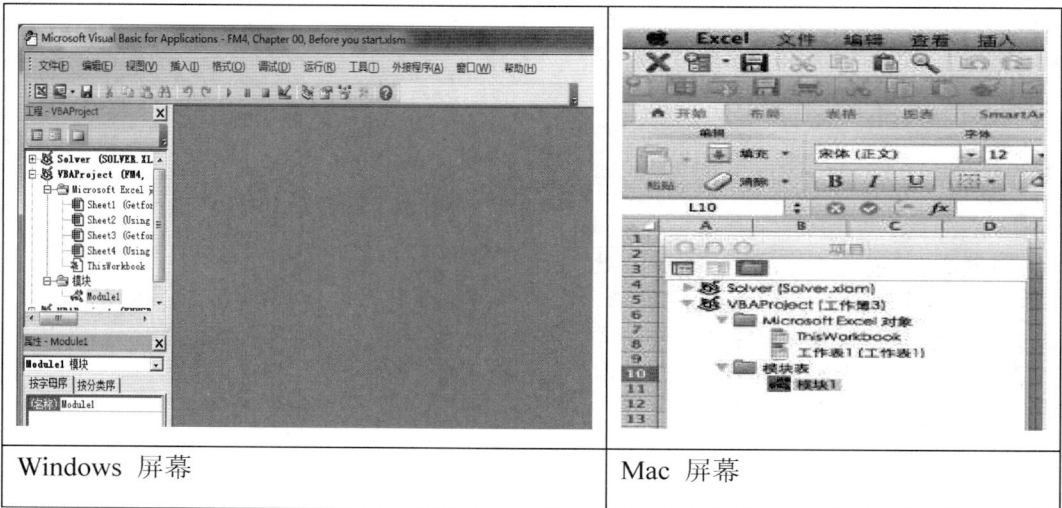

（3）这样就将会打开 VBA 编辑器。

Windows 屏幕	Mac 屏幕

（4）在屏幕顶端选择"插入｜模块"。

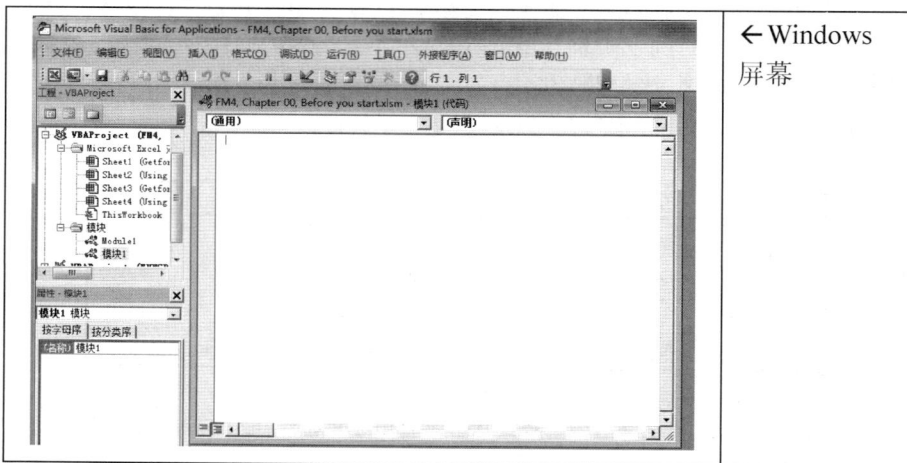

← Windows
屏幕

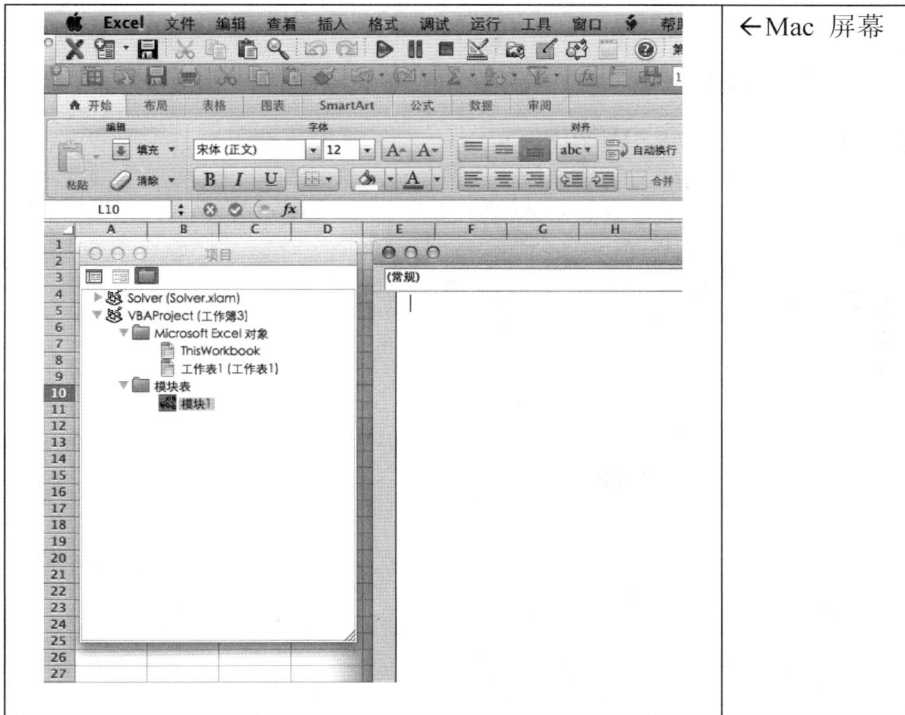

←Mac 屏幕

（5）现在模块窗口（显示"通用"的地方）插入如下文本。只需复制粘贴下面的文本。

```
'8/5/2006 Thanks to Maja Sliwinski and
'Beni Czaczkes
Function getformula(r As Range) As String
    Application.Volatile
    If r.HasArray Then
    getformula = "< - - "& _
    "{"& r.FormulaArray & "}"
    Else
    getformula = "< - - "& _
    ""& r.FormulaArray
    End If
End Function
```

在 Windows 系统中，关闭 VBA 窗口（无需保存）。在 Mac 系统中，只需要继续编辑电子表。现在该公式已成为电子表的一部分，并将与其一起被保存下来。

0.4 保存 Excel 工作簿：Windows

为了保存含有宏 Getformula 的 Excel 工作簿，你需要将其保存为"启用宏的工作簿"。

启用宏的工作簿的扩展名为.xlsm，而一般的 Excel 工作簿的扩展名为.xlsx。你的用户永远不会知道其中的差别。我们改变了 Excel 中的设置（文件｜选项｜保存）使得默认保存为启用宏的工作簿：

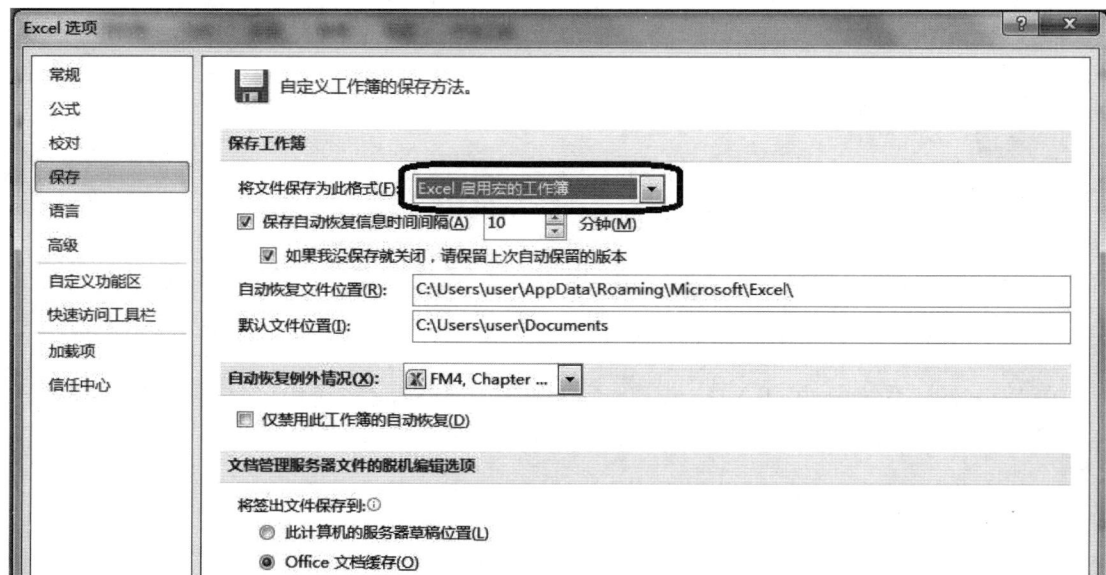

0.5　保存 Excel 工作簿：Mac

在 Mac 系统中，保存一个启用宏的工作簿时屏幕显示如下：

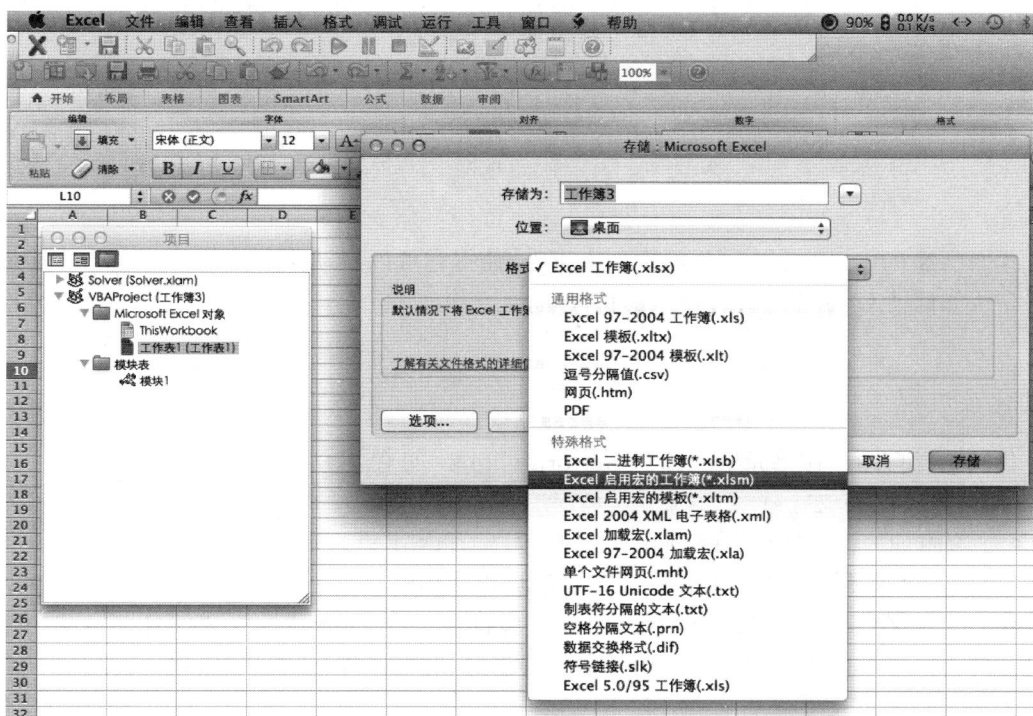

0.6　你需要将 Getformula 添加到每一个 Excel 工作簿中吗

简洁的回答是"yes"。你可以在 Excel 中创建一个包含 Getformula 的加载项（参见第 39章），但是这不便于共享你的工作簿。我们更倾向于在我们建立的每一个新电子表中都添加 Getformula。

0.7　使用 Getformula 的快捷方式

一旦你把 Getformula 添加到你的 Excel 工作簿中，你将不得不使用它！我们使用该函数

90%是指向该公式所在单元格左边的单元格:

	A	B	C	D	E
1		**问题2**			
2	利率	11%			
3					
4	年	资产1	资产2	资产3	
5	1	1,000	0	0	
6	2	1,000	0	0	
7	3	1,000	1,700	0	下面的单元格中包含
8	4	1,000	1,700	0	了**Getformula(D13)**
9	5	1,000	1,700	3,000	
10	6	1,000	0	4,000	
11	7	1,000	0	5,000	
12					
13	现值	4,712	3,372	6,327	< -- =NPV($B$2,D5:D11)
14					

我们已经在我们的个人工作簿中加入了宏,使得它可以自动执行该过程。本节的其余部分将介绍如何使 Getformula 过程自动化。

自动化该过程

我们想要自动化在单元格中添加 Getformula 这一过程:
- 把它变成一个宏。
- 给宏附加一个键序列(在我们的例子中是[Ctrl]+T 键)。
- 使宏和键序列在你的 Excel 电子表格中可以使用。

我们将宏保存在"Personal.xlsb"文件中。每次你打开 Excel 时,该文件自动启动。这是你自己的——你的电子表的其他使用者看不到它。下面我们将分别对 Windows 和 Mac 系统中的操作步骤进行介绍。

0.8 录制 Getformula:Windows 的例子

下面是在 Windows 系统中录制宏的操作步骤:
- 激活菜单栏上的"开发工具"选项卡。
- 使用"录制宏"将宏保存到个人工作簿中。

0.8.1 激活开发工具选项卡

进入"文件|选项|自定义功能区"并激活"开发工具"选项卡,如下所示:

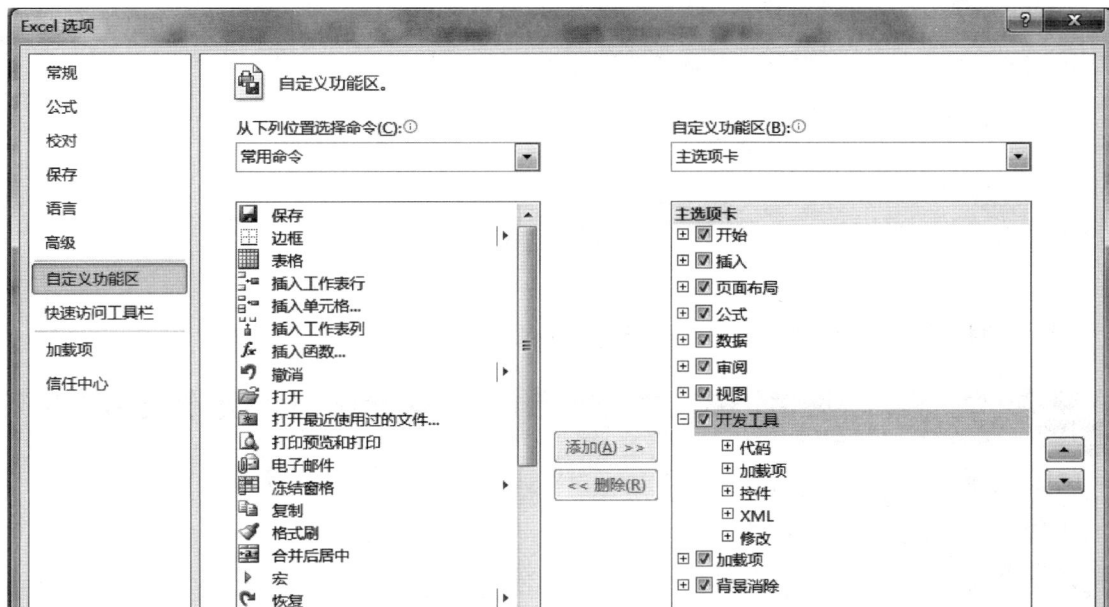

0.8.2 使用录制宏

开发工具选项卡允许你录制宏并将其保存为"Personal.xlsb"文件的一部分。

（1）打开一个空白的 Excel 工作簿，点击"开发工具"选项卡，然后再点击"录制宏"：

Excel 中会询问录制的详细信息。下面是我所写的。我们将其保存为个人宏工作簿，然后使用快捷键[Ctrl]＋T 键：

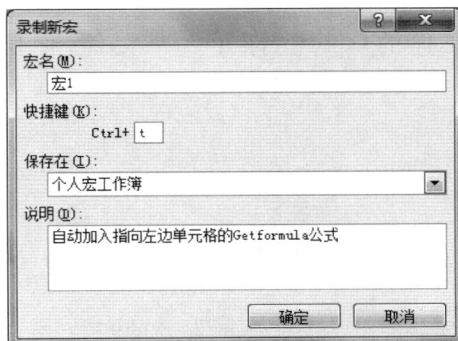

（2）现在你的电子表中使用 Getformula，指向 Getformula 所在单元格的左边的单元格。在下面的电子表中，我们在单元格 B4 中输入＝Getformula(A4)：

	A	B	C
1	**问题1**		
2	2		
3	3		
4	5	< --	=SUM(A2:A3)

（3）回到"开发工具"选项卡并且停止录制：

（4）关闭 Excel。Excel 会询问你是否保存到个人宏工作簿。当然，答案是保存：

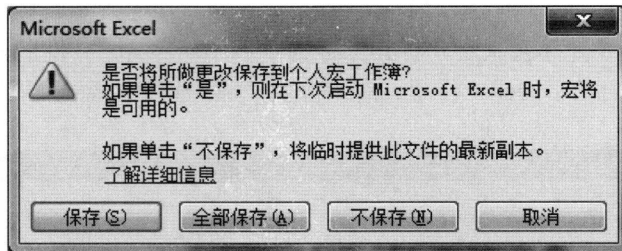

这就建立了如下文件（当然，"simon benninga"是我电脑上的用户名——你将替换为你的用户名）。

C:\Users\simon benninga\AppData\Roaming\Microsoft\Excel\XLSTART\PERSONAL.XLSB

0.8.3 使用宏

从现在起，无论何时在你的电脑上打开一个文件，你可以用［Ctrl］＋ T 键执行 Getformula 公式。好棒啊！

0.9 录制 Getformula：Mac 的例子

要在 Excel 中录制一个宏，使用"工具|宏|录制新的宏"：

要停止录制：

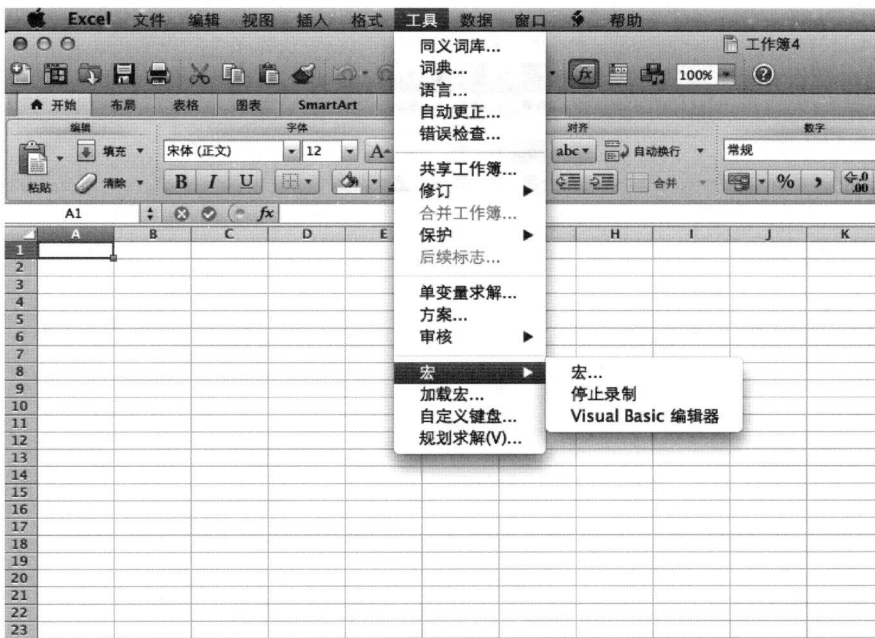

和在 Windows 中一样，系统将会提示你对宏进行命名并给宏附加一个键序列。当你保存电子表时，你会被询问是否保存个人宏工作簿。就这样！

I 公司财务与估值

　　《财务金融建模》一书的前七章涉及公司财务方面的一些基本问题和方法。第 1 章介绍基于 Excel 的基础财务计算。第 2 章简要回顾了各种公司估值的方法。资本成本在第 3 章中讨论，它是公司价值评估中折现公司现金流量的折现率。该折现率的计算很重要，它涉及理论模型与数值计算二者的结合，这些都在第 3 章中讨论。

　　第 4 章和第 5 章讨论两种主要的公司估值方法。第 4 章说明如何根据合并现金流量表计算出估值所需的自由现金流。第 5 章介绍如何建立预计报表模型来模拟公司损益表和资产负债表。预计报表模型是许多公司财务应用的核心，包括商业计划、信用分析和估值。该模型建立需要融合财务、会计和 Excel 三个方面的知识。第 6 章开发一个用于对卡特彼勒公司进行估值的预计报表模型。我们开发的这个例子是涉及公司并购和估值的一个典型实例。

　　第 I 部分的最后一章是第 7 章，它讨论了租赁的财务分析。

1

基础财务计算

1.1 概述

本章目的是介绍一些基础财务计算及其在 Excel 中的实现。如果你已具备良好的财务课程入门知识，那么本章内容可做复习使用。[1]

本章涉及以下内容：

- 净现值（NPV）
- 内部收益率（IRR）
- 偿还计划和贷款表
- 终值
- 年金和积累问题
- 连续复利
- 有日期的现金流（Excel 函数 XNPV 和 XIRR）

所有财务问题几乎都聚焦于寻找一段时期内一组现金收入（cash receipts over time）的今天价值（value today）。现金收入（或称现金流）可能是确定或者不确定的。若在未来时点 t 上有一笔预期为 CF_t 的现金流，则其现值（value today）是 $\dfrac{CF_t}{(1+r)^t}$。 式中的分子通常被理解为是时间 t 的预期现金流（excepted time-t cash flow），而分母中的折现率 r 是对该预期现金流的风险调整——该风险越高，该折现率就越大。

在现值计算中的一个基本概念是机会成本（opportunity cost）。机会成本是指在选择投资项目时必须放弃的投资其他类似可行项目所能带来的收益。在金融文献中，机会成本这一术语有很多同义词，譬如折现率、资本成本以及利率这些概念。当它用到风险现金流量时，我们有时称其为机会成本风险调整折现率（RADR）或加权平均资本成本（WACC）。毫无疑问，

---

[1] 在笔者的《财务基本原理——基于 Excel》（*Finance with Excel*，2nd edition，Oxford University Press，2008）一书中，本人更为详尽地讨论了许多基本的 Excel/财务方面的问题。

该折现率应当是基于风险调整后的折现率,很多标准金融文献中都讨论了如何进行风险调整。正如本章要说明的,在计算净现值时,我们将该投资机会成本作为一个折现率来使用。在计算内部收益率时,我们将内部收益率与该投资机会成本进行比较以判断该项目的投资价值。

1.2 现值和净现值

现值和净现值,这两个概念都是与未来预期现金流今天的价值相关的。例如,假如我们正在对一项投资进行估值。该投资保证我们今年年底及接下来的 4 年,每年都有 100 美元的收入。我们假设这些现金流是无风险的,即在连续 5 年每年 100 美元的实际支付不存在问题。如果一家银行对一个五年期存款的年利率是 10%,那么这 10% 就是该项投资的机会成本,它是我们比较投资回报的可选基准。我们可用该机会成本作为折现率,通过现金流折现来计算出该项投资的价值:

	A	B	C	D
1		**现值计算**		
2	折现率	10%		
3				
4	年	现金流	现值	
5	1	100	90.9091	<-- =B5/(1+$B$2)^A5
6	2	100	82.6446	<-- =B6/(1+$B$2)^A6
7	3	100	75.1315	<-- =B7/(1+$B$2)^A7
8	4	100	68.3013	<-- =B8/(1+$B$2)^A8
9	5	100	62.0921	<-- =B9/(1+$B$2)^A9
10				
11	净现值			
12	求和 C5:C9		379.08	<-- =SUM(C5:C9)
13	运用EXCEL中的NPV函数		379.08	<-- =NPV(B2,B5:B9)
14	运用EXCEL中的PV函数		379.08	<-- =PV(B2,5,-100)

其中,379.08 美元现值(PV)是该项投资的今天价值。在竞争市场,现值应当同现金流的市场价格相对应。上面的电子数据表阐述了三种获得该值的方法:

• 对各年的现值求和,即求和 C5:C9。为了简化书写,注意"^"表示幂指数和相对与绝对引用的使用,如在 C5 中,=B5/(1+$B$2)^A5。

• 运用 Excel 中的 NPV 函数。以后我们会看到,Excel 中的 NPV 函数其实存在着命名错误——它实际计算的是现值而不是净现值。

• 运用 Excel 中的 PV 函数。该函数计算的是一系列将来恒定的偿还额的现值。PV(B2,5,-100)是 5 笔 100 美元的偿还额在 B2 中的折现率下的现值。PV 函数对正的现金流量返回的是一个负值;为了防止该现象的发生,我们在计算中已经将现金流变成负值。[1]

---

[1] 这是一个奇怪的特性,对正的现金流返回的是负值。这一点在一系列完美的函数(如 PMT 和 PV 函数等)中均有体现。然而微软公司并没有解释用这种费解的逻辑来编写这些函数的方法有什么价值。

1.2.1　Excel 中 PV 函数和 NPV 函数的区别

上述电子表可能给大家留下了这样一个错误的印象:PV 和 NPV 函数的计算功能是完全一样的。然而这并不正确:NPV 函数可以计算任何现金流量序列,而 PV 函数只能处理恒定的现金流:

	A	B	C	D
1	**计算现值** 该例子中现金流是不等额的 单独折现每笔现金流或应用NPV函数 PV函数对该例不适用			
2	折现率	10%		
3				
4	年	现金流	现值	每一笔现金流的现值
5	1	100	90.9091	<-- =B5/(1+$B$2)^A5
6	2	200	165.2893	<-- =B6/(1+$B$2)^A6
7	3	300	225.3944	<-- =B7/(1+$B$2)^A7
8	4	400	273.2054	<-- =B8/(1+$B$2)^A8
9	5	500	310.4607	<-- =B9/(1+$B$2)^A9
10				
11	净现值			
12	求和C5:C9	1065.26	<-- =SUM(C5:C9)	
13	运用EXCEL中的 N P V 函数	1065.26	<-- =NPV(B2,B5:B9)	

1.2.2　Excel 的 NPV 函数被错误命名

在标准金融术语中,一系列现金流的现值应为未来现金流的今天价值:

$$现值 = \sum_{t=1}^{N} \frac{CF_t}{(1+r)^t}$$

净现值是现值减去获得该资产的成本(在零时刻的现金流):

$$净现值 = \sum_{t=0}^{N} \frac{CF_t}{(1+r)^t} = CF_0 + \sum_{t=1}^{N} \frac{CF_t}{(1+r)^t}$$

其中,在许多情况下,$CF_0 < 0$,意味着表示购得资产的支付价格;$\sum_{t=1}^{N} \frac{CF_t}{(1+r)^t}$ 是现值,由 NPV 函数计算而得。

在某种程度上,关于现金流折现的 Excel 语言与标准金融术语有些区别。为了用 Excel 计算一系列现金流的财务净现值,我们不得不计算未来现金流的现值(用 NPV 函数),同时考虑时间为零时的现金流(通常是问题中该资产的成本)。

1.2.3 净现值

假设上述投资正以 400 美元出售,显然该价格是偏高的,因为按 10% 的替代收益率(折现率)——这项投资只值 379.08 美元。这就是净现值(NPV)概念的应用。符号 r 表示用于该投资的折现率,NPV 的计算如下:

$$NPV = CF_0 + \sum_{t=1}^{N} \frac{CF_t}{(1+r)^t}$$

其中,CF_t 是在时间 t 该投资的现金流量,而 CF_0 是今天的现金流量。

例如,若每笔 100 美元,共五笔的一组现金流以 250 美元的价格出售,那么如下表所示,其净现值为 129.08 美元。

	A	B	C	D
1	计算净现值			
2	折现率	10%		
3				
4	年	现金流	现值	
5	0	-250	-250.00	<-- =B5/(1+$B$2)^A5
6	1	100	90.91	<-- =B6/(1+$B$2)^A6
7	2	100	82.64	<-- =B7/(1+$B$2)^A7
8	3	100	75.13	<-- =B8/(1+$B$2)^A8
9	4	100	68.30	<-- =B9/(1+$B$2)^A9
10	5	100	62.09	<-- =B10/(1+$B$2)^A10
11				
12	净现值			
13	求和C5:C10	129.08	<-- =SUM(C5:C10)	
14	运用EXCEL中的NPV函数	129.08	<-- =B5+NPV(B2,B6:B10)	

NPV 表示财富增量(wealth increment),即该购买该系列现金流的增值。如果你用 250 美元购买每笔为 100 共五笔的现金流,那么你得到 129.08 美元的今天的财富。在竞争市场中,一系列现金流的 NPV 应该是零:因为该现值应该与该组现金流的市场价值相对应,因此其 NPV 应该等于零。换言之,我们的每笔为 100 的五笔现金流,若在竞争市场中,假设 10% 是正确的风险调整折现率,则该现金流的市场价格应为 379.08 美元。

1.2.4 年金现值——一些有用的公式[①]

年金(annuity)是一项保障,它是在未来每期支付一个固定的常数金额。年金的偿付有有限期和无限期之分。如果年金是有限的且合适的折现率是 r,则年金的今天价值是其现值:

---

① 这一小节的所有公式依赖于一些众所周知的但却常常遗忘的高中代数知识。

$$\text{有限期年金的现值} = \frac{C}{1+r} + \frac{C}{(1+r)^2} + \cdots + \frac{C}{(1+r)^n} = C\left[\frac{1 - \frac{1}{(1+r)^n}}{r}\right]$$

如果年金约定是一个未来等额支付的无限期序列,那么该公式就简化为:

$$\text{无限期年金的现值} = \frac{C}{1+r} + \frac{C}{(1+r)^2} + \cdots = \frac{C}{r}$$

以上两个公式都可以通过 Excel 来计算。下面我们用三种方法来计算有限期年金的价值: 用上述公式(单元格 B6),用 Excel 中的 PV 函数(单元格 B7),以及使用 Excel 中的 NPV 函数:

	A	B	C
1	**计算有限期年金的值**		
2	每期偿付额, C	1,000	
3	未来偿付期数, n	5	
4	折现率, r	12%	
5	年金现值		
6	运用公式	3,604.78	<-- =B2*(1-1/(1+B4)^B3)/B4
7	运用 PV 函数	3,604.78	<-- =PV(B4,B3,-B2)
8			
9	**期数**	**年金**	
10	1	1,000.00	<-- =B2
11	2	1,000.00	
12	3	1,000.00	
13	4	1,000.00	
14	5	1,000.00	
15			
16	运用 NPV 函数计算现值	3,604.78	<-- =NPV(B4,B10:B14)

计算一个无限期年金的现值甚至更为简单:

	A	B	C
1	**计算无限期年金的值**		
2	每期偿付额, C	1,000	
3	折现率, r	12%	
4	年金现值	8,333.33	<-- =B2/B3

1.2.5 一项增长年金的价值

一项增长年金(growing annuity)付出首期偿付额为 C、周期增长率为 g。若年金是有限期的,则其今天价值计算如下:

$$\text{有限期增长年金的现值} = \frac{C}{1+r} + \frac{C(1+g)}{(1+r)^2} + \frac{C(1+g)^2}{(1+r)^3} + \cdots$$

$$+ \frac{C(1+g)^{n-1}}{(1+r)^n} = \frac{C\left[1 - \left(\frac{1+g}{1+r}\right)^n\right]}{r-g}$$

在该公式中，令 $n \to \infty$，则我们可以计算出无限期递增年金的现值：

$$无限期增长年金的现值 = \frac{C}{1+r} + \frac{C(1+g)}{(1+r)^2} + \frac{C(1+g)^2}{(1+r)^3} + \cdots = \frac{C}{r-g}$$

假设 $\left| \frac{1+g}{1+r} \right| < 1$。

这些公式很容易用 Excel 来计算。下面我们用上述公式和 Excel 中的 NPV 函数来计算有限期增长年金的现值：

	A	B	C
1	**计算有限期增长年金的值**		
2	首期偿付额, C	1,000	
3	增长率, g	6%	
4	未来偿付期数, n	5	
5	折现率, r	12%	
6	年金现值		
7	运用公式	4,010.91	<-- =B2*(1-((1+B3)/(1+B5))^B4)/(B5-B3)
8			
9	期数	年金	
10	1	1,000.00	<-- =B2
11	2	1,060.00	<-- =$B$2*(1+$B$3)^(A11-1)
12	3	1,123.60	<-- =$B$2*(1+$B$3)^(A12-1)
13	4	1,191.02	<-- =$B$2*(1+$B$3)^(A13-1)
14	5	1,262.48	<-- =$B$2*(1+$B$3)^(A14-1)
15			
16	运用ＮＰＶ函数进行计算	4,010.91	<-- =NPV(B5,B10:B14)

当增长年金的偿付期为无限期时：

	A	B	C
1	**计算无限期增长年金的值**		
2	每期偿付额, C	1,000	<-- Starting at date 1
3	增长率, g	6%	
4	折现率, r	12%	
5	年金现值	16,666.67	<-- =B2/(B4-B3)

1.2.6 戈登公式

戈登公式（Gordon formula）将权益资本成本 r_E 作为折现率，通过折现未来预期股利来对股票进行估值。令 P_0 为当前的股票价格，Div_0 为当前股利，g 为未来股利增长率，则有

$$P_0 = \sum_{t=1}^{\infty} \frac{Div_0 (1+g)^t}{(1+r_E)^t} = \frac{Div_0(1+g)}{r_E - g}$$

对一项无限增长年金应用该公式，我们可以将其写成：

$$P_0 = \frac{Div_0(1+g)}{r_E - g}$$

假设 $|g| < |r_E|$。变换该公式可得：

$$r_E = \frac{Div_0(1+g)}{P_0} + g$$

本书的第 2、4、5、6 章运用戈登公式建模评估企业的最终价值，第 3 章运用戈登公式计算企业的权益资本成本 r_E。

1.3　内部收益率和贷款表

内部收益率(IRR)定义为使 NPV 等于 0 的复合收益率 r：

$$CF_0 + \sum_{t=1}^{N} \frac{CF_t}{(1+r)^t} = 0$$

为了说明该结论，我们来看下面电子表第 2—10 行中的一个例子：一项初期投入 800 的项目，在以后的 1—5 年的每年年底回报不等的一组现金流序列。该项目 IRR(单元格 B10)是 22.16%。

	A	B	C
1	内部收益率		
2	年	现金流量	
3	0	-800	
4	1	200	
5	2	250	
6	3	300	
7	4	350	
8	5	400	
9			
10	内部收益率	22.16%	<-- =IRR(B3:B8)

注意，Excel 的 IRR 函数可以包含该投资所有现金流量作为参数，包括第一个(这里是负的)现金流量-800。

1.3.1　通过试错法确定内部收益率

没有计算内部收益率的简单公式。Excel 中的 IRR 函数使用试错法，它可按下面的电子表来模拟：

	A	B	C
1		**内部收益率**	
2	折现率	12%	
3			
4	年	现金流	
5	0	-800	
6	1	200	
7	2	250	
8	3	300	
9	4	350	
10	5	400	
11			
12	净现值 (NPV)	240.81	<-- =B5+NPV(B2,B6:B10)

通过调整折现率或者用单变量求解(在 Excel 中"数据|模拟分析"工具栏下,可参考第 31 章),我们可以确定在 22.16% 时单元格 B12 中的 NPV 值为 0:

	A	B	C
1		**内部收益率**	
2	折现率	22.16%	
3			
4	年	现金流	
5	0	-800	
6	1	200	
7	2	250	
8	3	300	
9	4	350	
10	5	400	
11			
12	净现值 (NPV)	0.00	<-- =B5+NPV(B2,B6:B10)

下面是我们得到正确答案前的单变量求解方法的显示界面:

	A	B	C	D	E
1		**内部收益率**			
2	折现率	12%			
3					
4	年	现金流			
5	0	-800			
6	1	200			
7	2	250			
8	3	300			
9	4	350			
10	5	400			
11					
12	净现值 (NPV)	240.81	<-- =B5+NPV(B2,B6:B10)		
13					

单变量求解

目标单元格 (E): $B$12

目标值 (V): 0

可变单元格 (C): $B$2

确定   取消

1.3.2 贷款表与内部收益率

IRR 是该投资的复合收益率。为了完全理解这点，可以制作一张贷款表，它显示了该投资的现金流被分割为投资收益和投资本金返还两个部分：

	A	B	C	D	E	F
1		内部收益率				
2	年	现金流				
3	0	-800				
4	1	200				
5	2	250				
6	3	300				
7	4	350				
8	5	400				
9						
10	内部收益率	22.16%	<-- =IRR(B3:B8)			
11						
12	在贷款表中应用内部收益率					
13		=-B3	=$B$10*B15	现金流被分割为投资收益和本金偿还两个部分		
14	年	年初投资	年末现金流	收益	本金偿还	
15	1	800.00	200.00	177.28	22.72	<-- =C15-D15
16	2	777.28	250.00	172.25	77.75	
17	3	699.53	300.00	155.02	144.98	
18	4	554.55	350.00	122.89	227.11	
19	5	327.44	400.00	72.56	327.44	
20	6	0.00				
21		=B15-E15	偿还了最后一期贷款后的现金流是0，说明所有的本金已经被偿还。			
22						
23						

贷款表将该资产的每一笔现金流分割为收益和本金偿还两个部分。每年年末的收益部分是用 IRR 乘以在该年的年初本金。注意最后一年的年初本金（此例是 327.44 美元）完全等于该年年末的本金偿还。

我们实际上可以用贷款表去确定内部收益率。考虑一项现在成本为 1,000 美元的投资，分别在第 1，2，…，5 年年末支付如下回报。若在 15%（单元格 B2）的收益率上，则在第 6 年年初的本金是负数，说明收益分配得太少。因此内部收益率应该大于 15%：

	A	B	C	D	E	F
1			通过贷款表计算内部收益率			
2	内部收益率?	15.00%				
3						
4				偿还分割为收益和本金		
5	年	年初本金	年末现金流	收益	本金	
6	1	1,000.00	300	150.00	150.00	<-- =C6-D6
7	2	850.00	200	127.50	72.50	
8	3	777.50	150	116.63	33.38	
9	4	744.13	600	111.62	488.38	
10	5	255.74	900	38.36	861.64	
11	6	-605.89				
12				=$B$2*B6		
13		=B6-E6				

如果 B2 中的收益率确实是内部收益率,那么 B11 中的数据应该是零。我们可以运用 Excel 中的单变量求解(在"数据|模拟分析"工具栏下)来计算 IRR:

	A	B	C	D	E	F	G	H	I	J
1			通过贷款表计算内部收益率							
2	内部收益率?	15.00%								
3										
4				偿还分割为收益和本金						
5	年	年初本金	年末现金流	收益	本金					
6	1	1,000.00	300	150.00	150.00	<-- =C6-D6		单变量求解		×
7	2	850.00	200	127.50	72.50			目标单元格(E):	$B$11	
8	3	777.50	150	116.63	33.38			目标值(V):	0	
9	4	744.13	600	111.62	488.38			可变单元格(C):	$B$2	
10	5	255.74	900	38.36	861.64					
11	6	-605.89						确定	取消	
12				=$B$2*B6						
13		=B6-E6								

正如下面所示,此时的内部收益率为 24.44%:

	A	B	C	D	E	F
1			通过贷款表计算内部收益率			
2	内部收益率?	24.44%				
3						
4				偿还分割为收益和本金		
5	年	年初本金	年末现金流	收益	本金	
6	1	1,000.00	300	244.36	55.64	<-- =C6-D6
7	2	944.36	200	230.76	-30.76	
8	3	975.13	150	238.28	-88.28	
9	4	1,063.41	600	259.86	340.14	
10	5	723.26	900	176.74	723.26	
11	6	0.00				
12				=$B$2*B6		
13		=B6-E6				

贷款表有效地验证了内部收益率 IRR 是一项投资在其回收期间的利率回报。当然,我们可以直接使用 IRR 函数简化该计算:

	A	B	C	D
15	**IRR的直接计算**			
16	年	现金流		
17	0	-1,000		
18	1	300		
19	2	200		
20	3	150		
21	4	600		
22	5	900		
23				
24	IRR	24.44%	<-- =IRR(B17:B22)	

1.3.3 Excel 的 Rate 函数

Excel 中的 Rate 函数用来计算一列未来恒定偿还额的 IRR。下面的例子中,期初我们投资 1,000 美元,在接下来的 30 年每年获得偿还额 100 美元。Rate 函数表明 IRR 是 9.307%。

	A	B	C
1	**运用实际利率函数计算内部收益率**		
2	期初投资	1,000	
3	每期现金流	100	
4	偿付期数	30	
5	内部收益率	9.307%	<-- =RATE(B4,B3,-B2)

注意:Rate 的运行与 PMT 和 PV 非常相似,在本章中曾讨论过,它需要在期初投资和偿付期现金流之间改变符号(注意在 B5 单元格中我们使用的是-B2)。它还允许期初偿付转换为期末偿付(此例中未展现)。

1.4 多个内部收益率

有时一组现金流量有多个 IRR。在下面的例子中,我们可以看到单元格 B6:B11 中的一组现金流有两个 IRR,因为 NPV 曲线与 X 轴相交两次:

	A	B	C	D	E	F	G	H	I
1				多个内部收益率					
2	折现率	6%							
3	净现值	-3.99	<-- =NPV(B2,B7:B11)+B6						
4							数据表		
5	年	现金流					折现率	净现值	
6	0	-145						-3.99	表头, <-- =B3
7	1	100					0%	-20.00	
8	2	100					3%	-10.51	
9	3	100					6%	-3.99	
10	4	100					9%	0.24	
11	5	-275					12%	2.69	
12							15%	3.77	
13				两个 IRR			18%	3.80	
14							21%	3.02	
15			5.00				24%	1.62	
16							27%	-0.24	
17			0.00				30%	-2.44	
18			0% 10% 20% 30% 40%				33%	-4.90	
19			-5.00				36%	-7.53	
20			净现值 -10.00				39%	-10.27	
21									
22			-15.00						
23				折现率			注意：EXCEL中如何建立数据表的讨论，请见		
24			-20.00				本书第31章。		
25									
26			-25.00						
27									
28									
29	两个IRR的确定								
30	第一个IRR	8.78%	<-- =IRR(B6:B11,0)						
31	第二个IRR	26.65%	<-- =IRR(B6:B11,0.3)						

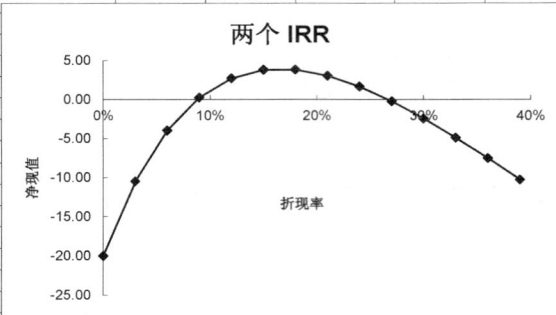

Excel 的 IRR 函数允许我们增加一个额外参数来找到两个 IRR。我们可以用 IRR(B6：B11，guess)代替 IRR(B6：B11)。参数 guess 是 Excel 用以寻找 IRR 算法的一个起始点；通过调整 guess，我们能识别两个 IRR。单元格 B30.和 B31 给出了一个说明。在这个过程中有两件事情我们应该注意：

● 参数 guess 只需要接近 IRR，它不是唯一的。例如通过设定 guess 为 0.1 和 0.5，我们仍会得到相同的两个 IRR：

	A	B	C	D
29	两个IRR的确定			
30	第一个IRR	8.78%	<-- =IRR(B6:B11,0.1)	
31	第二个IRR	26.65%	<-- =IRR(B6:B11,0.5)	

● 为了识别数值和 IRR 的近似值，按各种不同折现率函数作一个投资的 NPV 图是非常有帮助的(当然我们已经做了)。内部收益率则是曲线与 X 轴相交点，这些点附近位置的值应该被用来作为 IRR 函数中的guess。[1]

从纯粹的技术观点来看，只有当一组现金流量的符号至少有两次变化时，它才可能有多个 IRR。许多"典型的"现金流量的符号只有一次变化，如来自购买的票面利率为 10%、面值为 1,000 美元、8 年到期的一个债券的现金流。如果其现在市场价格是 800 美元，则该现金流量符号变化只有一次(从第 0 年负值到第 1—8 年的正值)。因此只有一个 IRR：

---

[1]　如果你不设置参数 guess(像我们前面部分一样的处理)，缺省时 Excel 默认的 guess 是 0.1。因此，该例子中 IRR(B6：B11)返回的是 8.78%。

	A	B	C	D	E	F	G	H	I	J	K
1				债券的现金流量：NPV曲线与X轴相交一次，因此只有一个IRR							
2	年	现金流			数据表：						
3	0	-800			折现率对ＮＰＶ的影响						
4	1	100				1,000.00	<-- =NPV(E4,B4:B11)+B3, 表头				
5	2	100			0%	1,000.00					
6	3	100			2%	786.04					
7	4	100			4%	603.96					
8	5	100			6%	448.39					
9	6	100			8%	314.93					
10	7	100			10%	200.00					
11	8	1100			12%	100.65					
12					14%	14.45					
13	IRR	14.36%	<-- =IRR(B3:B11)		16%	-60.62					
14					18%	-126.21					
15					20%	-183.72					
16											
17											

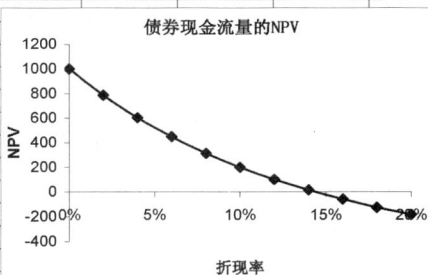

图表标题：债券现金流量的NPV，纵轴 NPV，横轴 折现率

1.5 等额偿还计划

另一个常见的问题是计算等额偿还贷款。例如，你拿到一笔年利率为7％的10,000美元贷款。银行希望你在6年里等额返还贷款及利息。我们可以使用Excel的PMT函数确定每年偿还额应该是多少：

	A	B	C	D	E	F	G
1			等额偿还计划				
2	贷款本金	10,000					
3	利率	7%					
4	贷款期限	6	<-- 贷款被偿还的结束年度				
5	年还款额	2,097.96	<-- =PMT(B3,B4,-B2)				

函数参数对话框：

PMT
Rate B3 = 0.07
Nper B4 = 6
Pv -B2 = -10000
Fv = 数值
Type = 数值

= 2097.957998

计算在固定利率下，贷款的等额分期偿还额

Rate 各期利率。例如，当利率为 6% 时，使用 6%/4 计算一个季度的还款额

计算结果 = 2,097.96

有关该函数的帮助(H) 确定 取消

需要注意的是，和我们之前讨论的一样，"PV"的前面应加上负号（它表示初始的贷款本金），否则 Excel 将返回一个负的还款额（一个小麻烦）。你也可以通过建立贷款表来确认2,097.96 美元是正确的：

	A	B	C	D	E	F	G
1			等额偿还计划				
2	贷款本金	10,000					
3	利率	7%					
4	贷款期限	6	<-- 贷款被偿还的结束年度				
5	年还款额	2,097.96	<-- =PMT(B3,B4,-B2)				
6							
7					偿还额的分解：		=$B$3*C9
8			年	年初的本金	年末偿还额	利息	本金返还
9			1	10,000.00	2,097.96	700.00	1,397.96
10			2	8,602.04	2,097.96	602.14	1,495.82	=D9-E9
11			3	7,106.23	2,097.96	497.44	1,600.52
12			4	5,505.70	2,097.96	385.40	1,712.56	=C9-F9
13			5	3,793.15	2,097.96	265.52	1,832.44
14			6	1,960.71	2,097.96	137.25	1,960.71
15			7	0.00			

单元格 C15 中的值为 0，说明 6 年内贷款已经完全清偿。你可以很容易地验证这 6 年的偿付额的现值就是期初本金 10,000 美元。

1.6　终值及其应用

我们从一个小事情开始。假如你今天在一个账户中存了一笔为 10 年的 1,000 美元存款，年利率是 10%。那么 10 年后你将有多少钱？下面的电子表显示该结果为 2,593.74 美元：

	A	B	C	D	E
1			简单终值		
2	利率	10%			
3					
4	年	年初账户余额	年内获得利息	年末账户合计	
5	1	1,000.00	100.00	1,100.00	<-- =C5+B5
6	2	1,100.00	110.00	1,210.00	<-- =C6+B6
7	3	1,210.00	121.00	1,331.00	
8	4	1,331.00	133.10	1,464.10	
9	5	1,464.10	146.41	1,610.51	=$B$2*B5
10	6	1,610.51	161.05	1,771.56	
11	7	1,771.56	177.16	1,948.72	
12	8	1,948.72	194.87	2,143.59	
13	9	2,143.59	214.36	2,357.95	
14	10	2,357.95	235.79	2,593.74	
15	11	2,593.74			=D5
16					
17	简便方法		2,593.74	<-- =B5*(1+B2)^10	

正如单元格 C17 所示，你不需要做这些如此复杂的计算：以每年 10% 的利率，在 10 年后，1,000 美元的终值可由下面公式计算得到：

$$FV = 1,000 \times (1 + 10\%)^{10} = 2,593.74$$

现在考虑下面这个略为复杂的问题：你想再开设一个储蓄账户。你的开户存款是 1,000 美元，今年以及接下来的第 1，2，…，9 年年初存入相同的存款。如果每年能获得 10% 的利息,那么在第 10 年年初你的账户中将有多少钱?

在 Excel 中,很容易对该问题建模:

	A	B	C	D	E	F
1				每年存款的终值		
2	利率	10%				
3	年金存款	1,000	<-- 从今年以及接下来9年年初			
4	存款期数	10				
5						
6	年	账户年初余额	每年初的存款	获得的利息	年末总的账户余额	
7	1	0.00	1,000	100.00	1,100.00	<-- =D7+C7+B7
8	2	1,100.00	1,000	210.00	2,310.00	<-- =D8+C8+B8
9	3	2,310.00	1,000	331.00	3,641.00	
10	4	3,641.00	1,000	464.10	5,105.10	=$B$2*(B7+C7)
11	5	5,105.10	1,000	610.51	6,715.61	
12	6	6,715.61	1,000	771.56	8,487.17	
13	7	8,487.17	1,000	948.72	10,435.89	
14	8	10,435.89	1,000	1,143.59	12,579.48	
15	9	12,579.48	1,000	1,357.95	14,937.42	
16	10	14,937.42	1,000	1,593.74	17,531.17	
17						
18	终值	17,531.17	<-- =FV(B2,B4,-B3,,1)		=E7	

因此结果是在第 10 年年末,我们的账户中将会有 17,531.17 美元的存款。同样结果也可以用每年存款的终值汇总的公式来表示:

$$在第 10 年年末的总数 = 1,000 \times (1+10\%)^{10} + 1,000 \times (1+10\%)^9 + \cdots$$
$$+ 1,000 \times (1+10\%)^1$$
$$= \sum_{t=1}^{10} 1,000 \times (1+10\%)^t$$

一个 Excel 函数:注意单元格 B18 中的有一个 Excel 函数 FV 给出了这个总数。FV 的对话框如下:

关于这个函数我们应该注意以下三点：

（1）对正的存款 FV 返回一个负数。这是它与 PV 和 PMT 函数共同具有的一个麻烦的特性。为了避免负数，我们应在"PMT"中放－1,000。

（2）对话框行"PV"是指刚开始账户里的存款数。在这个例子中，"PV"中是空白，表示账户初始存款是 0。

（3）对话框中，"Type"（其值或 1 或 0）是表示存款是发生在期初还是期末（在我们的例子中是前者）。

1.7　年金问题——复杂终值问题

一个典型的例子是你现在 55 岁并打算 60 岁退休。为了使你退休后能过上安逸的生活，你想开立一个退休金账户。

● 在第 1，2，3，4 年的年初（即今年开始和接下来 4 个年度的每年）你打算每年在退休金账户中存入一笔钱。该账户每年有 8% 的盈利。

● 在 60 岁退休后，你预期还能活 8 年以上。[1]在这些年中，你每年想从你的退休金账户取出 30,000 美元。当然，账户余额将继续获得 8% 的盈利。

在该账户中你每年应存多少钱呢？下面的电子表说明了对这一问题你很可能出错。这种情况，你算出如果退休后 8 年里要每年得到 30,000 美元，你需要在头 5 年每年存 240,000÷5＝48,000 美元。正如电子表显示，在第 8 年年底该账户里还有很多钱！（原因是你忽略了复利的影响。如果你将电子表中的利率设置为 0%，你将看到你是正确的。）

	A	B	C	D	E	F
1			一个退休金问题			
2	利率	8%				
3	每年存款	48,000.00				
4	每年提取退休金	30,000.00				
5						=$B$2*(C7+B7)
6	年	开始年度账面余额	在每年初的存款	获得的利息	年末总的账目余额	
7	1	0.00	48,000.00	3,840.00	51,840.00	<-- =D7+C7+B7
8	2	51,840.00	48,000.00	7,987.20	107,827.20	
9	3	107,827.20	48,000.00	12,466.18	168,293.38	
10	4	168,293.38	48,000.00	17,303.47	233,596.85	
11	5	233,596.85	48,000.00	22,527.75	304,124.59	
12	6	304,124.59	-30,000.00	21,929.97	296,054.56	
13	7	296,054.56	-30,000.00	21,284.36	287,338.93	
14	8	287,338.93	-30,000.00	20,587.11	277,926.04	
15	9	277,926.04	-30,000.00	19,834.08	267,760.12	
16	10	267,760.12	-30,000.00	19,020.81	256,780.93	
17	11	256,780.93	-30,000.00	18,142.47	244,923.41	
18	12	244,923.41	-30,000.00	17,193.87	232,117.28	
19	13	232,117.28	-30,000.00	16,169.38	218,286.66	
20						
21	注意：这个问题中有5期存款，8期提款，它们都是在年初完成的。第13年年初是退休计划的最后一年；如果每年存款是正确计算而得的，在第13年取款之后的年初余额应该是零。					

---

[1] 当然你肯定会活得更长的！并且祝你身体健康！这里主要是为了将表格放在一页上。

　　解决这个问题有两种方法。第一种方法是 Excel 的"规划求解"，你可以在 Excel 的"数据"菜单中找到它。[①]

　　点击"规划求解"出现下面的对话框。这里我们填写参数如下：

---

　　①　如果在工具栏中没有规划求解，那么你要将它载入。在程序列表中点击"文件|选项|加载项"并单击"加载规划求解"。注意你也可以使用单变量求解工具解决这个问题。该问题较为简单，规划求解和单变量求解之间没有太大区别；规划求解的一个（也是重要的）优点是它记住了原先的参数，因此如果你对相同的电子表再做一次计算时，你可以看到你原先的参数。在以后的章节中，我们将会遇到一些必须用规划求解而不能用单变量求解来解决的问题。

如果现在点击"求解"按钮,我们将得到下面结果:

	A	B	C	D	E	F
1			一个退休金问题			
2	利率	8%				
3	每年储蓄	29,386.55				
4	每年提取的退休金	30,000.00				
5						=$B$2*(C7+B7)
6	年	开始年度账面余额	年初的存款	获得的利息	年末总的账目余额	
7	1	0.00	29,386.55	2,350.92	31,737.48	<-- =D7+C7+B7
8	2	31,737.48	29,386.55	4,889.92	66,013.95	
9	3	66,013.95	29,386.55	7,632.04	103,032.54	
10	4	103,032.54	29,386.55	10,593.53	143,012.62	
11	5	143,012.62	29,386.55	13,791.93	186,191.10	
12	6	186,191.10	-30,000.00	12,495.29	168,686.39	
13	7	168,686.39	-30,000.00	11,094.91	149,781.30	
14	8	149,781.30	-30,000.00	9,582.50	129,363.81	
15	9	129,363.81	-30,000.00	7,949.10	107,312.91	
16	10	107,312.91	-30,000.00	6,185.03	83,497.94	
17	11	83,497.94	-30,000.00	4,279.84	57,777.78	
18	12	57,777.78	-30,000.00	2,222.22	30,000.00	
19	13	30,000.00	-30,000.00	0.00	0.00	

用财务公式解决退休金问题

如果我们理解折现的过程,我们可以设计一个更聪明的办法来解决这个问题。整个过程按 8% 折现,其现值一定是零:

$$\sum_{t=0}^{4} \frac{\text{开户存款}}{(1.08)^t} - \sum_{t=5}^{12} \frac{30,000}{(1.08)^t} = 0$$

$$\Rightarrow \text{开户存款} = \sum_{t=5}^{12} \frac{30,000}{(1.08)^t} \div \sum_{t=0}^{4} \frac{1}{(1.08)^t}$$

等式右边的分子 $\sum_{t=5}^{12} \frac{30,000}{(1.08)^t} = \frac{1}{(1.08)^4} \sum_{t=1}^{8} \frac{30,000}{(1.08)^t}$,我们现在可以使用 Excel 的 PV 函数和 PMT 函数来计算:

	A	B	C
1		一个退休金问题	
2	利率	8%	
3	每年取款	30,000.00	
4	取款年数	8	
5	存款年数	5	
6	取款现值汇总	117,331.98	<-- =-PV(B2,B4,B3)/(1+B2)^B5
7	每年存款	29,386.55	<-- =PMT(B2,B5,-B6)

1.8　连续复利

假如你在每年支付 5% 利息的银行账户中存入了 1,000 美元。这就意味着，到年底，你将会得到 $1,000 \times 1.05 = 1,050$ 美元。现在假如银行是每年 5% 的利息，一年付两次 2.5% 的利息。6 个月后你将有 1,025 美元的存款，而且在年底你将有 $1,000 \times \left(1 + \dfrac{0.05}{2}\right)^2 = 1,050.625$ 美元。基于该逻辑，如果你一年计算 n 次利息，到年底存款增长为 $1,000 \times \left(1 + \dfrac{0.05}{n}\right)^n$。随着 n 越大，这个值也越大，并（你会看到相当快）收敛于 $e^{0.05}$，在 Excel 中它写为函数 Exp。当 n 是无穷大时，我们称其为连续复利（continuous compounding）。［在一个电子表单元格中键入 Exp(1)，你可以看到 $e = 2.7182818285\cdots$］

下面的表中你可看到，1,000 美元一年以 5% 计算连续复利，到年底增长为 $1,000 \times e^{0.05} = 1,051.271$ 美元。对 t 年的连续复利，它将达到 $1,000 \times e^{0.05t}$ 美元。这里 t 不需要一定是个整数（例如，若 $t = 4.25$，则 $e^{0.05 \times 4.25}$ 测量的是年利率为 5% 时以连续复利计算 4 年零 3 个月的期初投资的增长）。

	A	B	C
1	多个复利期		
2	初始存款	1,000	
3	利率	5%	
4	每年付息次数	2	
5	每期支付的利息	2.500%	<-- =B3/B4
6	一年后的账户余额	1,050.625	<-- =B2*(1+B5)^B4
7	用**Exp**计算的连续复利账户余额	1,051.271	<-- =B2*EXP(B3)
8			

多个复利计算期数的结果

	每年复利期数	每年底的本息	
24			
25	1	1,050.000	<-- =$B$2*(1+$B$3/A25)^A25
26	2	1,050.625	<-- =$B$2*(1+$B$3/A26)^A26
27	10	1,051.140	
28	20	1,051.206	
29	50	1,051.245	
30	100	1,051.258	
31	150	1,051.262	
32	300	1,051.267	
33	800	1,051.269	

结论是：虽然存在一个很明显的渐进值，复利期数增加，存款的终值也增加。正如我们下面将看到的，t 年后，存款终值为 e^{rt}。

1.8.1 回到财务——连续折现

如果 t 年中利率为 r 连续复利的增长因子是 e^{rt}，那么相同时期的折现因子为 e^{-rt}。因此在 t 年时发生的现金流量 C_t 以连续复利 r 折现，其现值将为 $C_t e^{-rt}$，正如下表所示：

	A	B	C	D
1			连续折现	
2	利率	8%		
3				
4	年	现金流	连续折现的 PV	
5	1	100	92.31	<-- =B5*EXP(-$B$2*A5)
6	2	200	170.43	<-- =B6*EXP(-$B$2*A6)
7	3	300	235.99	
8	4	400	290.46	
9	5	500	335.16	
10				
11	现值		1,124.348	<-- =SUM(C5:C9)

1.8.2 计算价格数据的连续复利收益

假设在时间 0，你银行中有 1,000 美元并且假设一年后你有 1,200 美元。你的收益率是多少呢？虽然答案显而易见，但它实际上是依赖于复利方法的。如果银行一年只支付一次利息，那么收益率就是 20%：

$$\frac{1,200}{1,000} - 1 = 20\%$$

但是，如果银行一年支付两次利息，你就需要通过求解下列方程来计算该收益率：

$$1,000 \times \left(1 + \frac{r}{2}\right)^2 = 1,200 \Rightarrow \frac{r}{2} = \left(\frac{1,200}{1,000}\right)^{1/2} - 1 = 9.5445\%$$

由于一年支付两次利息，因此每年的收益率为 $2 \times 9.5445\% = 19.089\%$。

一般地，如果有 n 个复利期数，你必须计算 $\frac{r}{n} = \left(\frac{1,200}{1,000}\right)^{1/n} - 1$，然后再将结果乘以 n。

如果 n 非常大，则该结果收敛于 $r = \ln\left(\frac{1,200}{1,000}\right) = 18.2322\%$：

	A	B	C
1	由价格计算收益		
2	初始存款	1,000	
3	年末余额	1,200	
4	连续复利的期数	2	
5	隐含的年利率	19.09%	<-- =((B3/B2)^(1/B4)-1)*B4
6			
7	连续收益率	18.23%	<-- =LN(B3/B2)
8			
9	n个复利期时的年利率		
10	连续收益率	年利率	
11		19.09%	<-- =B5, data table header
12	1	20.00%	
13	2	19.09%	
14	4	18.65%	
15	8	18.44%	
16	20	18.32%	
17	1,000	18.23%	

1.8.3 为什么使用连续复利

上述所有这些看起来似乎有些深奥。但的确连续复利和折现常用于财务计算。本书中,证券投资组合收益的计算(第 8—13 章)和几乎所有的期权计算(第 15—19 章)都会用到它。

使用连续复利的另外一个原因是它计算容易。例如,你的 1,000 美元,在一年零 9 个月后增加到 1,500 美元。那么你的年收益率是多少? 最容易并最现成的方法是计算连续复利的年收益率。由于一年零 9 个月即为 1.75 年,其收益率为:

$$1,000 \times \exp[r \times 1.75] = 1,500 \Rightarrow r = \frac{1}{1.75} \ln\left(\frac{1,500}{1,000}\right) = 23.1694\%$$

1.9 用有日期的现金流进行折现

本章中的大多数计算考虑的是发生在固定期的周期性区间的现金流。在一般情况下,我们关注的是发生在第 0, 1, …, n 天的现金流,这里周期性意味着年度、半年度或者其他的固定期间。XIRR 和 XNPV 两函数可以帮助我们对发生在特定日期的现金流进行计算,这里特定日期不必是均匀的区间。[①]

下例中,我们计算 2014 年 1 月 1 日的一笔 1,000 美元的投资的 IRR,其付款时间是在特定的日期:

---

① 如果你看不到这些函数,你可以去工具栏里的"工具|加载"添加它们,并检查分析工具库。

	A	B	C
1	利用**XIRR**计算年化内部收益率		
2	日期	现金流	
3	2014/1/1	-1,000	
4	2014/3/3	150	
5	2014/7/4	100	
6	2014/10/12	50	
7	2014/12/25	1,000	
8			
9	IRR	37.19%	<-- =XIRR(B3:B7,A3:A7)

XIRR 函数输出的是按年计算的收益率，其工作原理是计算每天的 IRR 并把它年度化，这里 XIRR＝(1＋每日 IRR)^{365}－1。

XNPV 计算的是发生在特定日期的一系列现金流的净现值：

	A	B	C
1	利用**XNPV**计算净现值		
2	年折现率	12%	
3			
4	日期	现金流	
5	2014/1/1	-1,000	
6	2015/3/3	100	
7	2015/7/4	195	
8	2016/10/12	350	
9	2017/12/25	800	
10			
11	净现值	16.80	<-- =XNPV(B2,B5:B9,A5:A9)
12			
13	注意：XNPV与NPV的语法不同。XNPV需要全部的现金流，包括期初的现金流，而NPV假设第一笔现金流发生在第一期。		

修复 XNPV 和 XIRR 中的漏洞

在一些版本的 Excel 中，XNPV 函数和 XIRR 函数都存在一些微软未修复的漏洞。本章的内容包括可以修复这些漏洞的函数即 NXNPV 和 NXIRR[①]。

- 如果利率是零或者负数，则 XNPV 函数不起作用。
- XIRR 函数不能识别多个内部收益率。

XNPV 函数涉及该函数不能正确处理折现率为零或者负数的问题。

---

① 这些修复漏洞的函数是由我的同事 Benjamin Czaczkes 开发的。

	A	B	C
1		**XNPV函数的问题** **XNPV 不适用于折现率为零或者负数的情况**	
2	折现率	-3.00%	
3	净现值	#NUM!	<-- =XNPV(B2,B7:B13,A7:A13)
4		-194.87	<-- =nXNPV(B2,B7:B13,A7:A13)
5			
6	日期	现金流	
7	2014/6/30	-500	
8	2015/2/14	100	
9	2016/2/14	300	
10	2017/2/14	400	
11	2018/2/14	600	
12	2019/2/14	800	
13	2020/2/14	-1,800	

NXNPV 函数解决了这个问题。

XIRR 函数的问题是其中的 guess 选项不起作用。考虑以下问题:

	A	B	C	D	E	F
1			**XIRR函数的问题**			
2	折现率	22.00%				
3	净现值	64.96186	<-- =XNPV(B2,B9:B15,A9:A15)			
4	IRR	#NUM!	<-- =XIRR(B9:B15,A9:A15) , no Guess			
5		#NUM!	<-- =XIRR(B9:B15,A9:A15,35%), Guess = 35%			
6		#NUM!	<-- =XIRR(B9:B15,A9:A15,5%) , Guess = 5%			
7						
8	日期	现金流		模拟运算表: XNPV作为折现率的函数		
9	2014/6/30	-500				
10	2015/2/14	100		折现率	64.962	<-- =B3, 表头
11	2016/2/14	300		0.1%	-97.366	
12	2017/2/14	400		2.5%	-42.753	
13	2018/2/14	600		4.9%	-2.310	
14	2019/2/14	800		7.3%	26.837	
15	2020/2/14	-1,800		9.7%	46.983	
16				12.1%	59.961	
17			**XNPV作为折现率的函数**	14.5%	67.240	
18				16.9%	70.000	
19				19.3%	69.191	
20				21.7%	65.578	
21				24.1%	59.780	
22				26.5%	52.296	
23				28.9%	43.528	
24				31.3%	33.803	
25				33.7%	23.384	
26				36.1%	12.484	
27				38.5%	1.272	
28				40.9%	-10.113	
29						
30						
31						
32						
33						
34						

显然,模拟运算表显示有两个 IRR(约为 5% 和 39%)。但是 XIRR 函数却一个也计算不出来(见单元格 B4:B6)。

NXIRR 函数可以解决这个问题:

	A	B	C
1		**NXIRR 可以解决 XIRR 的问题**	
2	折现率	-3.00%	
3	IRR	5.06%	<-- =nXIRR(B8:B14,A8:A14) , no Guess
4		38.77%	<-- =nXIRR(B8:B14,A8:A14,35%), Guess = 35%
5		5.06%	<-- =nXIRR(B8:B14,A8:A14,5%) , Guess = 5%
6			
7	日期	现金流	
8	2014/6/30	-500	
9	2015/2/14	100	
10	2016/2/14	300	
11	2017/2/14	400	
12	2018/2/14	600	
13	2019/2/14	800	
14	2020/2/14	-1,800	

习题

1. 如果一项资产的价格是 600 美元,该资产能在未来 10 年的每年年底提供 100 美元的现金流量。

(1) 如果该资产的折现率是 8%,你应该购买它吗?

(2) 资产的 IRR 是多少?

2. 你刚拿到一笔五年期的 10,000 美元贷款。每年的偿还额是等额的(即每年偿还金额相等),年利率是 15%。制作并计算一个适当的贷款表,并分割显示每年偿还的本金和利息。

3. 有一项投资,条件如下:

● 该投资的成本是 1,000。

● 在第 1 年年底,该投资偿付总数 X;在以后 11 年偿付额每年以 10% 增长。

如果你的折现率是 15%,计算使你愿意购买该财产的最小 X。例如,正如你在下表中所看到的,因为 $X = 100$ 美元太小——NPV 是负的:

	A	B	C
1	折现率	15%	
2	首期偿付额	129.2852	
3	NPV	-226.52	<-- =B6+NPV(B1,B7:B17)
4			
5	年	现金流	
6	0	-1000.00	
7	1	100.00	<-- 100
8	2	110.00	<-- =B7*1.1
9	3	121.00	<-- =B8*1.1
10	4	133.10	
11	5	146.41	
12	6	161.05	
13	7	177.16	
14	8	194.87	
15	9	214.36	
16	10	235.79	
17	11	259.37	

4. 下列现金流量模型有两个 IRR。使用 Excel 画出作为折现率的函数的现金流量的 NPV 图。然后使用 IRR 函数识别二个 IRR。假如机会成本是 20％，你会投资这个项目吗？

	A	B
4	年	现金流
5	0	-500
6	1	600
7	2	300
8	3	300
9	4	200
10	5	-1,000

5. 在这个习题中，我们反复地对内部利益率求解。如果一个投资的成本是 800 而且在第 1—5 年中，它的现金流量分别为 300、200、150、122、133。建立一个贷款表证明 IRR 小于 10％（因为在第 5 年年末时本金返还额比开始年度的本金要小）：

	A	B	C	D	E	F	G	H
1	IRR?	10.00%						
2				贷款表			偿付额分配：	
3	年	现金流		年	期初本金	年末偿付	利息	本金
4	0	-800		1	800.00	300.00	80.00	220.00
5	1	300		2	580.00	200.00	58.00	142.00
6	2	200		3	438.00	150.00	43.80	106.20
7	3	150		4	331.80	122.00	33.18	88.82
8	4	122		5	242.98	133.00	24.30	108.70
9	5	133		6	134.28	<-- 应为0		

设定"IRR?"单元格等于 3％，结果表明 IRR 大于 3％，这是因为在第 5 年年末本金返还大于第 5 年年初的本金。通过改变"IRR?"单元格，可以找到该投资的内部利益率。

	B	C	D	E	F	G	H
1	3.00%						
2			贷款表			偿付额分配：	
3	现金流		年	期初本金	年末偿付	利息	本金
4	-800		1	800.00	300.00	24.00	276.00
5	300		2	524.00	200.00	15.72	184.28
6	200		3	339.72	150.00	10.19	139.81
7	150		4	199.91	122.00	6.00	116.00
8	122		5	83.91	133.00	2.52	130.48
9	133		6	-46.57	<-- 应为0		

6. IRR 另一个定义是使第 6 年年初本金等于 0 的利率。①上面电子表输出已显示，单元格 E9 中给出的是第 6 年年初本金。使用 Excel 中的"单变量求解"可以找到这个利率（屏幕操作如下图所示）。

---

① 当然，一般情况下，IRR 就是使得最后一次支付后接下来的一年的本金等于 0 的收益率。

	A	B	C	D	E	F	G	H	I
1	IRR?	3.00%							
2				贷款表			偿付额分配：		
3	年	现金流		年	期初本金	年末偿付	利息	本金	
4	0	-800		1	800.00	300.00	24.00	276.00	
5	1	300		2	524.00	20			
6	2	200		3	339.72	15			
7	3	150		4	199.91	12			
8	4	122		5	83.91	13			
9	5	133		6	-46.57	<-- 月			
10									
11									
12	IRR	5.07%	运用公式 =IRR(B4:B9)						
13									

单变量求解

目标单元格(E): E9

目标值(V): 0

可变单元格(C): $B$1

确定　　取消

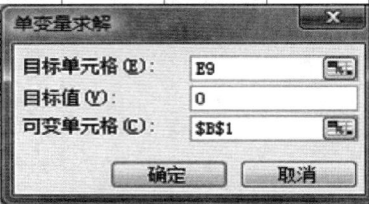

（当然，你应使用 Excel 的 IRR 函数检查你的计算。）

7. 计算每年等额还款额，要求还清 5 年期的 100,000 美元的贷款，利率是 13%。

8. 你获得了 15,000 美元的汽车贷款。该贷款期限为 48 个月，年利率是 15%（银行将年利率 15% 换算为 15% ÷ 12 = 1.25% 的月利率），48 个月每月还款额（在以后的 48 个月月末还款）是相等的。

（1）计算该贷款的月偿还金额。

（2）在贷款表中，计算每个月月初本金并将每个月偿还额分解为利息和本金。

（3）证明每月月初的本金等于以贷款利率为折现率的剩余贷款额的现值（使用 NPV 函数或者 PV 函数）。

9. 你想从当地汽车交易商买进一辆汽车。交易商提供两种付款方式供你选择：

● 你可以付 30,000 美元现款。

● "分期付款方式"：你首付 5,000 美元，在接下来的 30 个月，每个月末支付 1,050 美元。

作为对交易商筹资的另一个替代方案，你去了一家地方银行，它愿意以每月 1.25% 的利率贷给你 25,000 美元用于购买汽车。

（1）假定该 1.25% 是机会成本，计算交易商分期付款计划所有还款的现值。

（2）交易商收取的实际利率是多少？可以通过准备下面电子表来计算（该电子表只显示了一部分，你必须计算全部 30 个月的结果）：

	D	E	F	G	H
2	月	现金偿付	延期支付计划下的支付额	差值	
3	0	30,000	5,000	25,000	<-- =E3-F3
4	1	0	1,050	-1,050	<-- =E4-F4
5	2	0	1,050	-1,050	
6	3	0	1,050	-1,050	
7	4	0	1,050	-1,050	
8	5	0	1,050	-1,050	
9	6	0	1,050	-1,050	
10	7	0	1,050	-1,050	
11	8	0	1,050	-1,050	

10. 你正在考虑一个储蓄计划，它要求在以后 5 年的每年年末存入 15,000 美元。如果该计划利率为 10%，你在第 5 年年末的累积储蓄额是多少？通过下列电子表完成该计算。这张电子表做了两次计算——一次使用 FV 函数，另一次使用简单的数据表说明每年年初的累计存款额。

	A	B	C	D
1	年偿付额	15,000		
2	利息率	10%		
3	年数	5		
4	总值	$91,576.50	<-- =FV(B2,B3,-B1,,0)	
5				
6	年	年初累计值	年末偿还额	每年利息
7	1	0	15,000	0.00
8	2	15,000	15,000	1,500.00
9	3	31,500		
10	4			
11	5			
12	6			

11. 重新做习题 10 的计算,这次假定你从今年年初开始及以后 4 年的每年年初共存款五年。你在第 5 年年末的累积存款为多少?

12. 一个共同基金的广告称如果你在最近 10 年中每月存入 250 美元,你现在就会拥有 85,000 美元。假如存款是在每个月月初存入,共 120 个月,计算投资者得到的实际收益率。(提示:建立下面这张电子表,然后用单变量求解。)

	A	B	C
1	每月偿付额	250	
2	月数	120	
3			
4	实际月收益?		
5	累计值		<-- =FV(B4,B2,-B1,,1)

实际年收益可以用下面两种方法的一种计算:

(1) $(1+月收益)^{12}-1$:它是一年复利,因为它考虑了每个月收益再投资的收益,因此较好。

(2) 12×月收益:该方法常被银行使用。

13. 你已经到了 35 岁,现在你想开始为你退休储蓄。一旦 30 年后你退休(届时你 65 岁时),你希望在退休以后的 20 年里每年有 100,000 美元年收入。计算从现在到你 65 岁退休,为了达到每年 100,000 美元的退休金,你应该在银行储蓄多少。按下面假设:

● 所有的储蓄以 10％的年利率按复利计算。

● 你从今天开始存款直到最后一个存款即你为 64 岁时(30 次存款)。

● 当你 65 岁时,你拿到第一笔退休金并一直到最后一笔退休金即你 84 岁时(共提 20 次)。

14. 你在银行中有 25,000 美元存款,该储蓄账户的利率为 5％。你的企业现需要 25,000 美元,你有以下两个选择:

(1) 用你储蓄账户中的钱或(2) 按 6％的利率从银行借钱,不动用储蓄账户里的钱。

你的财务分析师认为(1)比较好。他的逻辑是:这笔利率为 6％的贷款支付的总利息比同时期的 25,000 美元存款获得利息收益要小。下面的电子表中说明了他的计算。证明这个逻辑是错误的。(如果你想一想,当银行存款利息为 5％时,使用利息为 6％的贷款显然是不合算的。然而,这个解释很重要)。

	A	B	C	D	E	F
1	习题14 财务分析计算					
2	利息收入	5%				
3	利息支出	6%				
4	首期款项	25,000				
5					=PMT($B$3,2,-$B$4)	
6	6%的贷款					
7	年	年初本金	年末支付	利息支出	本金偿还	
8	1	25,000.00	13,635.92	1,500.00	12,135.92	<-- =C8-D8
9	2	12,864.08	13,635.92	771.84	12,864.08	
10		总利息支出		2,271.84		
11						
12	储蓄账户					
13	年	储蓄账户年初余额	年末利息收入	年末账户余额		
14	1	25,000.00	1,250.00	26,250.00		
15	2	26,250.00	1,312.50	27,562.50		
16		利息收入	2,562.50			

15. 利用 XIRR 计算下例投资的内部收益率：

	A	B
1	日期	现金流
2	30-Jun-07	-899
3	14-Feb-08	70
4	14-Feb-09	70
5	14-Feb-10	70
6	14-Feb-11	70
7	14-Feb-12	70
8	14-Feb-13	1,070

16. 利用 XNPV 对下面的投资进行估值，假设年折现率是 15%。

日期	现金流
30-Jun-07	-500
14-Feb-08	100
14-Feb-09	300
14-Feb-10	400
14-Feb-11	600
14-Feb-12	800
14-Feb-13	-1,800

17. 计算习题 16 中的投资的两个内部收益率。

2

企业估值概述

2.1 概述

第3—6章讨论了企业估值的各个方面,企业估值是财务中最为棘手的问题之一。本章旨在简要概述这个复杂的问题,在随后的章节中,我们将具体讨论估值的各个组件:资本成本的计算(第3章)、从企业合并现金流量表获取自由现金流后的直接估值(第4章),以及从公司预计财务报表获取自由现金流后的直接估值(第5章和第6章)。

什么是企业估值

当我们讨论公司的价值时,可能涉及下面这些的任何一个:
- 企业价值:对该企业的生产活动进行估值。
- 权益:对一家公司的股票进行估值,其目的是购买或出售一个股票,或是因收购企业而进行的对所有权益的估值。
- 负债:公司负债的估值。当负债是有风险的,则其价值取决于该负债发行公司的价值。
- 其他:我们可能还想要对与该公司有关的其他有价证券进行估值,例如该公司的认股权证或者期权、员工股票期权等。

在本书的第2—6章,我们讨论的是前两个方面,而有关负债和其他有价证券的估值问题在后面的章中进行讨论。[①]

2.2 四种方法来计算企业价值

公司估值中的关键概念是企业价值(enterprise value)。企业价值(EV)即公司的核心业

---

① 高风险债券的估值见第23章。衍生证券的估值见第15—19、29和30章。

务的价值,是大多数企业估值模型的基础。我们将企业价值的计算方法分为四种:

(1)计算 EV 的会计方法,通过移动资产负债表上的一些项目,使得所有的经营项目都在资产负债表的左侧,而所有的财务项目都在右侧。虽然大多学者会嘲笑这种做法,但它却常是思考企业的价值的一个有用的出发点。

(2)计算 EV 的有效市场方法,尽可能重新估计会计资产负债表中各个项目的市场价值。用公司股票的市场价值代替其账面价值就是一个明显的重新估值。就我们所知的公司的其他负债如债券、养老金债务等来说,其市场价值也将取代账面价值。

(3)计算 EV 的折现现金流(DCF)方法,将企业价值视为以加权平均资本成本(WACC)为折现率计算的未来预期自由现金流(FCFs)的现值。自由现金流被认为是由该公司的生产性资产——其营运资金、固定资产、商誉等产生的现金流量。

(4)在本书中我们采用 DCF 方法的两种实现方式。二者的区别在于它们推导公司自由现金流的方法不同。

- 在第 4 章中,我们基于对公司合并现金流量表的分析来推测未来预期自由现金流。
- 在第 5 章和第 6 章中,我们基于对公司财务报表建立的预计报表模型来推测未来预期自由现金流。

2.3 运用会计账面价值进行公司估值:公司的会计企业价值

尽管我们很少用会计数据对一家公司进行估值,但对该估值过程,公司的资产负债表则是一个有益的起始框架。在本节中,我们将展示会计报表如何来帮助我们定义企业价值(EV)的概念。下面从考虑 XYZ 公司的资产负债表开始:

	A	B	C	D	E
1		XYZ 公司资产负债表			
2	资产			负债和所有者权益	
3	短期资产			短期债务	
4	现金	1,000		应付账款	1,500
5	有价证券	1,500		应付税金	200
6	存货	1,500		长期债务的当期分摊额	1,000
7	应收账款	3,000		短期负债	500
8					
9	固定资产			长期负债	1,500
10	土地	150		养老金负债	800
11	车间、财产和设备成本	2,500			
12	减累计折旧	-700		优先股	200
13	固定资产净值			少数股权	100
14					
15				所有者权益	
16	商誉	1,000		股本面值	1,000
17				累计留存收益	3,500
18				股票回购	-350
19	总资产	9,950		总负债和所有者权益	9,950

我们改写上述资产负债表：

- 将短期资产和短期负债中的经营项目和金融项目区分开。
- 将经营性的流动资产移到资产负债表的左侧。
- 将所有的负债(包括短期负债、长期负债的当期分摊额和长期负债)移到统一的负债项下。

	A	B	C	D	E	F
1			**XYZ 资产负债表** 将经营性流动资产移到左边 所有的金融负债统一移到右边			
2	资产			负债和所有者权益		
3	流动资产 (现金+有价证券)	2,500		金融负债		
4				长期负债的当期分摊额	1,000	
5	经营性流动资产			短期负债	500	
6	存货	1,500		长期负债	1,500	
7	应收账款	3,000		总金融负债	3,000	
8	减经营性流动负债					
9	应付账款	-1,500				
10	应付税金	-200		养老金负债	800	
11	净营运资本	2,800	<-- =SUM(B6:B10)			
12				优先股	200	
13	固定资产	1,950		少数股权	100	
14						
15	商誉	1,000		所有者权益	4,150	
16						
17	改写后的资产负债表的左边部分	8,250	<-- =B11+B13+B15+SUM(B3:B4)	改写后的资产负债表的右边部分	8,250	<-- =E7+E10+SUM(E12:E15)

接下来,我们从金融负债中减去流动资产(现金及有价证券),以获得该公司的净金融负债。完成这一步之后,我们已经将公司所有的生产性资产放在资产负债表的左侧,将所有的融资项目放在右侧。由此产生的资产负债表的左边即为该公司的价值,定义为公司的经营性资产的价值:这些都是为公司的实际经营活动提供现金流量的资产:

	A	B	C	D	E	F
1			**XYZ 企业价值的资产负债表**			
2	资产			负债和所有者权益		
3	净营运资本	2,800		总金融负债	3,000	
4				减流动资产	-2,500	
5	固定资产	1,950		净负债	500	
6						
7	商誉	1,000		养老金负债	800	
8						
9				优先股	200	
10				少数股权	100	
11						
12				所有者权益	4,150	
13						
14	企业价值	5,750	<-- =B3+B5+B7	企业价值	5,750	<-- =E5+E7+SUM(E9:E12)

卡特彼勒公司[①]

为了展示实际操作中如何进行资产负债表的改写,这里以 2011 年 12 月 31 日卡特彼勒

[①] 我们在第 3 章中计算加权平均资本成本和第 4 章中建立预计报表模型时还将用到该企业的例子。

公司(CAT)的资产负债表为例：

卡特彼勒公司资产负债表 2011年12月31日			
流动资产		流动负债	
现金及现金等价物	3,057,000	应付账款	16,946,000
短期投资		短期负债	9,648,000
应收账款净额	19,533,000	其他流动负债	1,967,000
存货	14,544,000	总流动负债	28,561,000
其他流动资产	994,000		
总流动资产	38,128,000	长期负债	24,944,000
		其他负债	14,539,000
长期投资	13,211,000		
财产、车间和设备（净值）	14,395,000	少数股权	46,000
商誉	7,080,000	总负债	68,090,000
无形资产	4,368,000		
其他资产	2,107,000	股票、期权、认股权证	473,000
递延长期资产费用	2,157,000	普通股	4,273,000
		留存收益	25,219,000
		库存股	-10,281,000
		其他股东权益	-6,328,000
		总所有者权益	13,356,000
总资产	81,446,000	总负债及所有者权益	81,446,000

　　要得到能够计算卡特彼勒企业价值的资产负债表，我们把资产负债表左边的金融项目移到右边，同时将经营性流动负债从资产负债表右边移到左边。注意我们将流动资产（现金及有价证券）从金融负债中扣除。假设卡特彼勒公司的核心业务不需要这些资产。

　　卡特彼勒公司账面上的企业价值为 59,476,000 美元：

	A	B	C	D	E	F
1	卡特彼勒公司2011年企业价值资产负债表 账面价值					
2	净营运资本	16,158,000	<-- =19533000+14544000+994000-16946000-1967000	净金融负债	31,535,000	<-- =9648000+24944000-3057000
3	长期投资	13,211,000		其他负债	14,539,000	
4	财产、车间及设备	14,395,000				
5	商誉	7,080,000		少数股权	46,000	
6	无形资产	4,368,000				
7	其他资产	2,107,000		所有者权益	13,356,000	
8	递延长期资产费用	2,157,000				
9	企业价值	59,476,000	<-- =SUM(B2:B8)	企业价值	59,476,000	<-- =SUM(E2:E7)

2.4　有效市场企业估值方法

　　上述卡特彼勒公司的案例假定账面价值是该公司价值的一个正确估计。但是一个简单的计算就能表明其中存在的问题有多么严重：2011 年年底卡特彼勒有 62,472 万股流通股，每股市价为 90.60 美元。这表明，卡特彼勒的企业价值为 1,027.20 亿美元，与账面上的企业价值 594.76 亿美元相去甚远。

	A	B	C
1	**卡特彼勒权益及金融负债的估值：有效市场方法 多数数据以千美元计**		
2	流通股股数	624,722.72	<-- 千股
3	每股价格	90.60	<-- 2011年12月31日
4	权益价值（"市值"）	56,599,878	<-- =B2*B3，千美元
5			
6	现金及现金等价物	3,057,000	
7	短期债务和长期债务的当期分摊额	9,648,000	
8	长期负债	24,944,000	
9	净负债	31,535,000	<-- =SUM(B7:B8)-B6
10			
11	其他负债	14,539,000	
12			
13	少数股权	46,000	
14	优先股	0	
15			
16	企业价值：权益价值 + 净负债 + 少数股权 + 优先股	102,719,878	<-- =SUM(B4,B9,B11,B13)

用有效市场方法对卡特彼勒公司的所有者权益和金融负债估值时需要假设该公司的股票或债券的市场价值就是其估值时的市价。这种方法比前一节的会计估值方法更好，也比接下来第 5 章和第 6 章所示的 DCF 估值方法更简单。此外，它的背后有强大的逻辑和许多学术研究作为支撑。如果市场是这样运作——从某种意义上看许多参与者在买卖公司证券，有很多关于该公司的资料信息，而评估者没有获得特别的信息——那么为什么不把市场价格直接作为公司的真正价值呢？①

将有效市场方法运用到卡特彼勒公司企业价值的资产负债表中可以得到该表的右侧为 102,719,878。当然，这意味着我们必须重估资产负债表的左侧。一种能使该企业的价值资产负债表保持平衡的方法是假设净营运资本的账面价值是其市场价值的合理近似。然后，我们可以重新计算该公司的长期资产的市场价值从而使资产负债表保持平衡。

---

① 我们必须要小心：市场价格随时间而改变，而且往往出乎意料。有效市场假说只是认为不可能用当前市场所含信息以外的信息来预测市场价格。

	A	B	C	D	E	F
1		卡特彼勒公司**2011年**企业价值资产负债表 右侧以市场价值重新估值 左侧通过调整长期资产价值与右侧保持平衡					
2	净营运资本	16,158,000	<-- =19533000+1454 4000+994000- 16946000- 1967000	净金融负债	31,535,000	<-- =9648000+24944000 -3057000
3	长期投资			其他负债	14,539,000	
4	财产、车间及设备					
5	商誉	86,561,878	<-- =E10-B2	少数股权	46,000	
6	无形资产					
7	其他资产			所有者权益	56,599,878	<-- 市值
8	递延长期资产费用					
9						
10	企业价值	102,719,878	<-- =SUM(B2:B8)	企业价值	102,719,878	<-- =SUM(E2:E7)
11						
12						
13						
14						
15						
16						
17						
18						
19						
20						

注意，我们也可以对资产负债表右侧的其他项目进行市场价值评估——我们可以尝试重新评估该公司的金融负债、其他负债和少数股权的价值。这种做法很少见，除非有有力证据表明这些负债的账面价值与其市场价值之间存在实质性的重大差别。

2.5 作为自由现金流现值的企业价值：DCF"自上而下"的估值

在上一节中，我们通过使用该公司的企业价值资产负债表右侧部分——所有者权益和可能的公司其他融资项目的市场价值来评估企业价值。在本节中，我们着重于企业价值资产负债表的左侧部分。

折现现金流（DCF）方法集中讨论两个核心概念：

- 公司的自由现金流量（FCFs）被定义为由其经营活动产生的现金。
- 公司的加权平均资本成本（WACC）是针对自由现金流量的风险的合适的风险调整折现率（第 3 章）。
- 企业价值（EV）等于用加权平均资本成本 WACC 折现的未来自由现金流量 FCFs 的现值：$EV = \sum_{t=1}^{\infty} \frac{FCF_t}{(1+WACC)^t}$。我们的想法是通过考虑 FCFs 进行企业估值，其中 FCF 是指由公司资产（这里的资产是广义的，可以是固定资产、智力和商标资产以及净营运资本）产生的现金流。下一小节我们将更为详细地讨论这个概念。
- 在这几章中，我们常常提出两个额外的假设：我们假设对自由现金流量的预测期间是有限期，同时还假设现金流在全年内平稳地产生。由此可得：

$$EV = \sum_{t=1}^{N} \frac{FCF_t}{(1+WACC)^{t-0.5}} + \frac{终值}{(1+WACC)^{N-0.5}}$$

$$= \left[\sum_{t=1}^{N} \frac{FCF_t}{(1+WACC)^t} + \frac{终值}{(1+WACC)^N} \right] \times (1+WACC)^{0.5}$$

用 Excel 的 NPV 函数计算

就估值而言,假设现金流量大约在年度中期产生,意味着承认大多数企业的现金流在全年内平稳地产生这一事实,因此,估值时假设企业的现金流全部在年末发生是不合理的。由上面的公式可以看出,这一假设很容易在 Excel 中进行计算:我们只需要使用 Excel 中的 NPV 函数并且将其乘以 $(1+WACC)^{0.5}$。

2.5.1 定义自由现金流

自由现金流(FCF)衡量的是公司运营过程中产生了多少现金。FCF 有两个公认的定义(当然,归根结底两者是一样的)。

基于损益表的自由现金流	
税后利润	这是公司盈利能力的基本计量方法,但它是一个会计计量,包括筹资活动产生的现金流(如利率)和非现金支出(如折旧)。税后利润没有说明公司在运行资本或新固定资产采购这两个方面有什么变化,但公司最重要的现金消耗是在这两个方面
＋折旧和其他非现金支出	在 FCF 的计算中,折旧这项非现金支出是被追加到税后利润中去的。如果公司的损益表中有其他非现金支出,它们也应该被加回
－经营性流动资产的增加	当公司的销售增加,更多的投资是在存货、应收账款等方面。该流动资产的增加不是以税收为目的的支出(因此在税后利润中也被忽视),但它是公司现金消耗的一个方面。调整流动资产时,应当注意不要调整与销售没有直接关系的金融性流动资产,如现金和有价证券
＋经营性流动负债的增加	销售增加时常常会引起与销售有关的融资的增加(如应付账款和应付税金)。流动负债增加——当涉及销售时——给公司提供现金。因为它直接与销售有关,因此在自由现金流计算中我们包括此现金。调整流动负债时,应当注意不要调整与销售没有直接关系的金融性流动负债:最重要的例子是短期借款和长期负债的当期分摊额的变化
－固定资产原值的增加(资本支出)	固定资产(公司长期生产性资产)的增加也消耗现金,它将减少公司的自由现金流
＋税后利息支付(净)	FCF 试图测量由公司业务活动产生的现金。为抵消利息支付对公司利润的影响,我们: ● 加上税后的债务利息成本(税后:因为利息支付是免税的) ● 减去现金和有价证券的税后利息支付

FCF 的另一种等价定义是基于公司的息税前利润:

基于 EBIT(息税前利润)的自由现金流	
EBIT ＋折旧和其他非现金支出 －经营性流动资产的增加 ＋经营性流动负债的增加 －固定资产原值的增加(资本支出)	－ΔCA＋ΔCL 求和表示该公司的净营运资本的变化 ΔNWC

2.5.2 我们如何预测未来自由现金流

公司价值评估的最重要的方面是预测其未来自由现金流量。本书中我们采用两种方法得出预计未来自由现金流。这两种方法主要都是基于会计数据。由于会计数据是历史数据,我们需要判断这些数据在未来将会如何发展。

- 估计未来自由现金流的一种方法是立足于公司的合并现金流量表(CSCF)(第 4 章)。
- 第二种方法是估计一套该公司的预计财务报表并从这些报表中得出自由现金流(第 5 章)。

后续的小节对这两种方法进行了简要的介绍。

2.6 基于合并现金流量表的自由现金流

合并现金流量表是所有财务报表的重要组成部分。它被会计人员用来解释公司业务产生了多少现金以及这些现金是如何产生的。合并现金流量表(CSCF)由三部分组成:经营活动现金流量、投资活动现金流量和筹资活动现金流量。当我们用 CSCF 来确定自由现金流时,通常涉及以下步骤(后面的小节和第 4 章中将会给出具体解释):

- 我们接受公司报告的经营活动现金流量。
- 仔细检查投资活动现金流量,将与生产有关的投资活动现金流用于 FCF 的计算,并剔除与公司金融资产投资有关的投资活动现金流。
- 我们不能将任何筹资活动的现金流计入 FCF。
- 在所有情况下,我们都应该仔细考虑特定的项目是只发生一次还是重复发生,不考虑那些只发生一次的项目。
- 我们通过加回已付利息净额来调整 CSCF 中数据的总和。

下面的小节中包含进一步的解释。下一节给出了一个计算好的案例。

2.6.1 CSCF,第一部分:经营活动现金流量

经营活动现金流量是用收益的非现金扣减额和公司净营运资产的变动来调整公司的净利润。由于现代会计报表包括许多非现金项目,将公司的各账户转为现金收付制需要进行很多调整。一个典型的调整就是将折旧加回至该公司的收入中:由于折旧是公司的一项非现金支出,因此在调整现金流时必须被加回。但是折旧只是非现金项目的冰山一角:

- 当公司向员工发行股票期权时,这些期权的价值被从公司的收入中扣除。这背后的逻辑——公司给予其员工具有一定价值的期权同时必须在公司的损益表中记账反映——是无懈可击的。但是实际上期权的价值是非现金扣减项,在合并现金流量表中,它会被加回。
- 公司的损益表必须反映商誉的减少(所谓的"资产减值")。资产减值——该公司购买的无形资产的经济价值的损失——对公司股东而言是一种经济损失。但它不是现金流的损失,在合并现金流量表中,它会被加回。
- 正如我们将在第 4 章中看到的一样,我们可以列举出大量具有类似特点的其他项目。

为了计算公司的自由现金流,我们通常可以保留合并现金流量表经营活动现金流量部分的所有项目。

2.6.2 CSCF,第二部分:投资活动现金流量

合并现金流量表的第二部分包含了企业的所有投资。这些投资包括证券投资,也包括对

公司经营性资产的投资。

● 证券投资是指买卖公司所持有的证券。证券投资不是公司自由现金流的一部分,自由现金流仅仅用于衡量与公司核心业务活动有关的现金流量。

● 固定资产投资通常与公司的自由现金流有关。

为了计算公司的自由现金流,我们必须区别金融投资的现金流(不是 FCF 的一部分)和对形成公司业务收入的资产的投资(是 FCF 的一部分)。

2.6.3　CSCF,第三部分:筹资活动现金流量

合并现金流量表的最后一部分涉及公司融资的变动。对于自由现金流的计算,我们可以忽略这一部分。

2.7　ABC 公司,合并现金流量表

ABC 公司五年来的合并现金流量表如下:

	A	B	C	D	E	F	G
1				**ABC公司**			
2			**合并现金流量表, 2008-2012 年**				
3			**2008年**	**2009年**	**2010年**	**2011年**	**2012年**	
3	经营活动:						
4	净收益	479,355	495,597	534,268	505,856	520,273	
5	将净收益调整为经营活动现金流量						
6	加回折旧和摊销	41,583	47,647	46,438	45,839	46,622	
7	经营性资产和负债的变化:						
8	减去应收账款的增加	9,387	25,951	-12,724	1,685	-2,153	
9	减去存货的增加	-37,630	-22,780	-16,247	-15,780	-5,517	
10	减去预付费用和其他资产的增加	-52,191	13,573	16,255	14,703	-2,975	
11	加上应付账款、应计费用、养老金和其他负债的增加	29,612	51,172	6,757	40,541	60,255	
12	经营活动提供的净现金流量	470,116	611,160	574,747	592,844	616,505	<-- =SUM(F4:F11)
13							
14	投资活动:						
15	短期投资, 净额	-5,000	-55,000	50,000	-10,000	20,000	
16	购买财产、厂房和设备	-48,944	-70,326	-89,947	-37,044	-88,426	
17	财产、厂房和设备的处置收入	197	6,956	22,942	6,179	28,693	
18	投资活动使用的净现金流量	-53,747	-118,370	-17,005	-40,865	-39,733	<-- =SUM(F15:F17)
19							
20	筹资活动:						
21	债务偿还	0	0	-300,000	0	-7,095	
22	循环信贷借款所得	1,242,431	0	0	0	250,000	
23	股票发行收入	48,286	114,276	69,375	68,214	37,855	
24	股利支付	-332,986	-344,128	-361,208	-367,499	-378,325	
25	股票回购	-150,095	-200,031	-200,038	-200,043	-597,738	
26	筹资活动使用的净现金流量	807,636	-429,883	-791,871	-499,288	-695,303	<-- =SUM(F21:F25)
27							
28	现金结余的变化	1,224,005	62,907	-234,129	52,691	-118,531	<-- =F12+F18+F26
29							
30	补充披露现金流量信息						
31	本期支付现金						
32	所得税	255,043	175,972	314,735	283,618	305,094	
33	利息	83,553	83,551	70,351	57,151	57,910	
34							
35	所得税税率	34.73%	26.20%	37.07%	35.92%	36.96%	<-- =F32/(F4+F32)

为将合并现金流量表转化为自由现金流:

- 我们保留经营活动下的所有项目。
- 在投资活动部分，我们剔除与经营活动不相关的项目。例如，我们应当剔除投资活动下反映买卖金融资产的"短期投资，净额"项目。
- 我们可以完全忽略筹资活动的现金流。
- 我们还要在剩余项目总和的基础上加回税后净利息以抵消净收益中所扣除的利息。

	A	B	C	D	E	F	G
1		ABC公司 将CSCF转换为自由现金流(FCF)					
2		2008年	2009年	2010年	2011年	2012年	
3	经营活动:						
4	净收益	479,355	495,597	534,268	505,856	520,273	
5	将净收益调整为经营活动现金流量						
6	加回折旧和摊销	41,583	47,647	46,438	45,839	46,622	
7	经营性资产和负债的变化:						
8	减去应收账款的增加	9,387	25,951	-12,724	1,685	-2,153	
9	减去存货的增加	-37,630	-22,780	-16,247	-15,780	-5,517	
10	减去预付费用和其他资产的增加	-52,191	13,573	16,255	14,703	-2,975	
11	加上应付账款、应计费用、养老金和其他负债的增加	29,612	51,172	6,757	40,541	60,255	
12	经营活动提供的净现金流量	470,116	611,160	574,747	592,844	616,505	<-- =SUM(F4:F11)
13							
14	投资活动:						
15	短期投资，净额						
16	购买财产、厂房和设备	-48,944	-70,326	-89,947	-37,044	-88,426	
17	财产、厂房和设备的处置收入	197	6,956	22,942	6,179	28,693	
18	投资活动使用的净现金流量	-53,747	-118,370	-67,005	-30,865	-59,733	<-- =SUM(F15:F17)
19							
20	筹资活动:						
21	债务偿还						
22	循环信贷借款所得						
23	股票发行收入						
24	股利支付						
25	股票回购						
26	筹资活动使用的净现金流量						<--
27							
28	利息调整前的自由现金流	416,369	492,790	507,742	561,979	556,772	<-- =F12+F18+F26
29	加回税后净利息	54,537	61,658	44,271	36,620	36,504	<-- =(1-F37)*F35
30	自由现金流 (FCF)	470,906	554,448	552,013	598,599	593,276	<-- =F28+F29
31							
32	补充披露现金流量信息						
33	本期支付现金						
34	所得税	255,043	175,972	314,735	283,618	305,094	
35	利息	83,553	83,551	70,351	57,151	57,910	
36							
37	所得税税率	34.73%	26.20%	37.07%	35.92%	36.96%	<-- =F34/(F4+F34)

在第4章中，我们将讨论如何以历史自由现金流为基础预测未来现金流。该公司的估值可能如下所示：

	A	B	C	D	E	F	G	H
1		ABC公司估值						
2	自由现金流(FCF) 截至2012年12月31日	593,276	<-- 593275.77278229					
3	第1-5年FCF的增长率	8.00%	<-- 对短期增长持乐观态度					
4	FCF的长期增长率	5.00%	<-- 对长期增长持悲观态度					
5	加权平均资本成本，WACC	10.70%						
6								
7			2012年	2013年	2014年	2015年	2016年	2017年
8	FCF			640,738	691,997	747,357	807,145	871,717	<-- =F8*(1+$B$3)
9	终值							16,057,940	<-- =G8*(1+B4)/(B5-B4)
10	总和			640,738	691,997	747,357	807,145	16,929,657	<-- =G8+G9
11								
12	企业价值	13,063,055	<-- =NPV(B5,C10:G10)*(1+B5)^0.5					
13	加上初始现金和有价证券	73,697	<-- 根据当前资产负债表					
14	减去2012年的金融负债	1,379,106	<-- 根据当前资产负债表					
15	权益价值	11,757,646	<-- =B12+B13-B14					
16	每股（100万流通股）	11.76	<-- =B15/1000000					

2.8　基于预计财务报表的自由现金流

另一种预测自由现金流量的方法是基于我们对公司及其财务报表的理解建立一套预计财务报表。我们将在第 5 章中讨论该模型的建立,并在第 6 章中展示卡特彼勒公司的计算案例。一个典型的模型可能如下所示:

	A	B	C	D	E	F	G
1	预计财务模型						
2	销售增长	10%					
3	流动资产/销售	15%					
4	流动负债/销售	8%					
5	固定资产净值/销售	77%					
6	产品销售成本/销售	50%					
7	折旧率	10%					
8	债券利率	10.00%					
9	对现金和有价证券支付的利息	8.00%					
10	税率	40%					
11	派息比率	40%					
12							
13	年	0	1	2	3	4	5
14	损益表						
15	销售	1,000	1,100	1,210	1,331	1,464	1,611
16	商品销售成本	(500)	(550)	(605)	(666)	(732)	(805)
17	债务利息支付	(32)	(32)	(32)	(32)	(32)	(32)
18	现金和有价证券所得利息	6	9	14	20	26	33
19	折旧	(100)	(117)	(137)	(161)	(189)	(220)
20	税前利润	374	410	450	492	538	587
21	所得税	(150)	(164)	(180)	(197)	(215)	(235)
22	税后利润	225	246	270	295	323	352
23	股息	(90)	(98)	(108)	(118)	(129)	(141)
24	留存收益	135	148	162	177	194	211
25							
26	资产负债表						
27	现金和有价证券	80	144	213	289	371	459
28	流动资产	150	165	182	200	220	242
29	固定资产						
30	按成本	1,070	1,264	1,486	1,740	2,031	2,364
31	折旧	(300)	(417)	(554)	(715)	(904)	(1,124)
32	固定资产净值	770	847	932	1,025	1,127	1,240
33	总资产	1,000	1,156	1,326	1,513	1,718	1,941
34							
35	流动负债	80	88	97	106	117	129
36	债务	320	320	320	320	320	320
37	股票	450	450	450	450	450	450
38	累计留存收益	150	298	460	637	830	1,042
39	总负债和所有者权益	1,000	1,156	1,326	1,513	1,718	1,941

运用第 2.5 节中对自由现金流的定义:

	A	B	C	D	E	F	G
41	年	0	1	2	3	4	5
42	自由现金流的计算						
43	税后利润		246	270	295	323	352
44	加回折旧		117	137	161	189	220
45	减去流动资产的增加		(15)	(17)	(18)	(20)	(22)
46	加回流动负债的增加		8	9	10	11	12
47	减去固定资产原值的增加		(194)	(222)	(254)	(291)	(333)
48	加回税后债务利息		19	19	19	19	19
49	减去税后现金和有价证券利息		(5)	(9)	(12)	(16)	(20)
50	自由现金流		176	188	201	214	228

我们现在可以用这些自由现金流来计算企业价值(下面的第 62 行)及其股份的价值(单元格 B67):

	A	B	C	D	E	F	G	H
53	评估公司价值							
54	加权平均资本成本	20%						
55	自由现金流长期增长率	5%						
56								
57	年	0	1	2	3	4	5	
58	FCF		176	188	201	214	228	
59	终值						1,598	<-- =G58*(1+B55)/(B54-B55)
60	总和		176	188	201	214	1,826	
61								
62	企业价值,第60行的现值	1,348	<-- =NPV(B54,C60:G60)*(1+B54)^0.5					
63	加上初始(第0年)的现金和有价证券	80	<-- =B27					
64	第0年的资产价值	1,428	<-- =B63+B62					
65	减去公司目前债务的价值	-320	<-- =-B36					
66	权益价值	1,108	<-- =B64+B65					
67	每股价值(100 股)	11.08	<-- =B66/100					

2.9 本章小结

本章中我们介绍了四种企业价值评估的方法:

- 账面价值方法通过适当重新排列资产负债表中的数据来对企业进行估值。
- 有效市场方法用金融资产和负债的市场价值替代其账面价值,并适当调整企业实际资产的价值。
- 折现企业自由现金流(FCFs)的一种方法是根据企业的合并现金流量表估计未来自由现金流。然后以合适的加权平均资本成本(WACC,第 3 章)为折现率,将这些现金流折现。
- 折现企业自由现金流的第二种方法是根据企业预计未来财务报表的模型计算自由现金流。同上所述,将这些现金流以 WACC 为折现率折现。

习题

1. 本书配套的数据包中附有思科公司三年来的资产负债表。重新整理这些资产负债表使得表格的左侧反映会计企业价值。

2. 以下是思科股票的一些年终数据,在市场条件下重新计算企业价值。

	A	B	C	D	E
1		思科股票数据			
2		2012/7/27	2011/7/29	2010/7/30	
3	流通股				
4	每股价格	15.69	15.97	23.07	
5	流通股数（百万）	5,370	5,529	5,732	
6	**市值（百万）**	**84,255**	**88,298**	**132,237**	<-- =D4*D5

3. 检查思科公司的合并现金流量表（在本书配套的数据包中），并将其转化为自由现金流。

4. 使用第 2.7 节中 ABC 公司的估值模板对思科公司进行估值。假设思科公司的加权平均资本成本为 12.6%，1—5 年的增长率为 4%，而长期增长率为 0%。（资料和模板见本书配套的数据包。）

3

计算加权平均资本成本

3.1 概述

本章中,我们讨论如何计算公司的加权平均资本成本(WACC)。WACC 在财务中有两方面的重要应用:

- 当用作为一家企业的预期自由现金流(FCFs)的折现率时,WACC 能够给出该企业的价值。第 2 章讨论了 FCF,同时第 4、5、6 章也对其进行了更详细的阐述。关于这点足以说明 FCF 是企业核心业务活动所产生的现金流。这些章节还说明了如何应用 WACC 进行公司估值。

- WACC 还是企业项目的适当风险调整折现率。该项目的风险类似于该企业现金流的平均风险。这里,WACC 常被作为企业最低的预期资本回收率(hurdle rate)。

WACC 是该企业的权益成本 r_E 和负债成本 r_D 的加权平均数,其权数由公司权益(E)和负债(D)的市场价值决定:

$$WACC = \frac{E}{E+D}r_E + \frac{D}{E+D}r_D(1-T_C)$$

其中,r_E 是企业的权益成本,r_D 是企业的负债成本,E 是企业权益的市场价值,D 是企业负债的市场价值,T_C 是企业的所得税率。

本章讨论 WACC 的五个组成要素的计算——企业权益 E 和负债 D 的市场价值、企业的所得税率 T_C、企业的负债成本 r_D 和企业的权益成本 r_E。最后,本章通过详细的案例讨论如何计算该企业的 WACC。读者应该注意,本章中所讨论模型的应用需要良好的意识判断——计算 WACC 所需要的科学和艺术是相等的!

主要的技术问题是企业权益成本 r_E 的计算。我们考虑两个模型来计算权益成本 r_E,即用于折现权益现金流的折现率。

- 戈登模型计算权益成本是基于支付给企业股东的预期现金流来进行的。应用戈登模型时,预期以恒定增长率增长的股利常常被视为企业支付给股东的预期现金流。我们探讨了该模型的两种变化:多个未来增长率和总权益现金流。

● 资本资产定价模型(CAMP)计算权益成本是基于公司权益收益与大规模、多样化的市场投资组合的收益两者之间的关系来进行的。该模型的变化与该模型定义中的税收部件相关。

资本成本计算的另一个困难是负债成本,即该企业借入资金的未来预期成本。我们将讨论三个计算该负债成本的模型,其中前两个在本章中讨论,第三个将在第 28 章中单独讨论:

● 负债成本 r_D 最常用的计算方法是用企业的当前净利息支付除以它的平均净负债(净负债:负债减去现金及有价证券)。

● 计算负债成本 r_D 的另一个替代方法是利用从等级调整收益曲线变化来得到该企业的负债成本。

● 最后,我们计算企业债券的期望收益作为负债成本的替代值。该模型将在第 28 章中单独讨论。

一个术语说明:注意本章前面的"资本成本"与用于一组现金流量的"适当折现率"是同义词。在财务中,"适当"是"风险调整"最常见的同义词。因此,资本成本的另一个名称是"风险调整折现率"(risk-adjusted discount rate,RADR)。

本章的剩余部分

在下面的章节中,我们将讨论 WACC 的各个组成部分,并且用例子说明它们应该如何计算:

● 第 3.2 节:计算权益价值 E。

● 第 3.3 节:计算企业负债价值 D。

● 第 3.4 节:计算公司的企业所得税税率 T_C。

● 第 3.5 节:计算企业负债成本 r_D。

● 第 3.6—3.9 节:计算企业权益成本 r_E。我们将展示如何使用戈登股利模型和资本资产定价模型(CAPM)来计算 r_E。每个模型的变化也在其中讨论。

● 第 3.10—3.11 节:计算 CAPM 中的市场期望收益 $E(r_M)$ 和无风险利率 r_f。

● 第 3.12—3.15 节:三个实现的加权平均资本成本的计算案例。我们提供了一个统一模板,它将帮助你进一步理解加权平均资本成本的计算。

● 第 3.16 节:讨论戈登股利模型和 CAPM 存在的问题,包括如何确定非上市公司的WACC。

3.2 计算企业的权益价值

所有与 WACC 有关的计算中,计算企业的权益价值是最简单的:只要是上市公司,就可以使用流通股股数乘以当前每股价值来计算 E。

例如,考虑阿尔帕索管道公司(EPB),这是一家在纽约证券交易所上市的、拥有天然气管道和储气设施的公司。2012 年 6 月 29 日，EPB 拥有 20,570 万流通股，每股市价为 33.80 美元。该公司的权益价值为 69.53 亿美元。[①]

	A	B	C
1	计算权益价值，E，阿尔帕索管道（EPB）		
2	流通股股数	205.70	<-- 百万
3	股价，2012年6月29日	33.80	
4	权益价值 ("市值")	6,953	<-- =B3*B2, 百万美元

3.3　计算企业的负债价值

我们通过将金融负债的市场价值减去其过剩的流动性资产的市场价值来计算公司负债的价值。一个常用的近似方法是用资产负债表中公司的负债价值减去公司的现金余额和有价证券的价值。这里是克罗格公司(Kroger)的一个例子：

	A	B	C	D
1	克罗格，计算净负债（千美元）			
2		2011年	2010年	
3	现金	825,000	188,000	
4	有价证券	0	0	
5				
6	短期负债和长期负债的当期分摊额	588,000	1,315,000	
7	长期负债	7,304,000	6,850,000	
8				
9	净负债	7,067,000	7,977,000	<-- =SUM(C6:C7)-SUM(C3:C4)

为了计算加权平均资本成本，我们对负债的定义排除了其他负债类的项目，如退休金负债及递延税项。虽然我们认为这些项目是负债，但它们的成本难以确定，我们宁愿只用扣除流动资产后的金融性负债净额来近似计算 WACC。

公司的净负债为负数是很正常的——这种情况通常发生在公司现金和有价证券大于负债时。在这种情况下，计算 WACC 时我们令 D 为负数。英特尔(Intel)和全食超市(Whole Foods Markets)的例子如下：

[①]　大多数市场交易者称该数据为"市值"。

	A	B	C	D
1		英特尔的净负债为负数 （千美元）		
2		**2010年**	**2011年**	
3	现金	5,498	5,065	
4	有价证券	16,387	9,772	
5				
6	短期负债和长期负债的当期分摊额	38	247	
7	长期负债	2,077	7,084	
8	**净负债**	**-19,770**	**-7,506**	<-- =SUM(C6:C7)-SUM(C3:C4)
9				
10		全食超市的净负债为负数 （千美元）		
11		**2010年**	**2011年**	
12	现金	218,798	303,960	
13	有价证券	329,738	442,320	
14				
15	短期负债和长期负债的当期分摊额	410	466	
16	长期负债	508,288	17,439	
17	**净负债**	**-39,838**	**-728,375**	<-- =SUM(C15:C16)-SUM(C12:C13)

3.4 计算企业的所得税税率

在加权平均资本成本的公式中，T_C 衡量的应该是公司的边际税率，但是我们通常把计算出的企业报告的税率作为 T_C。通常情况下这并不存在问题，正如下例所示：

	A	B	C	D	E
1		全食超市所得税税率			
2		**2009年**	**2010年**	**2011年**	
3	税前收益	250,942	411,781	551,712	
4	所得税费用	104,138	165,948	209,100	
5	**税率，T_C**	**41.50%**	**40.30%**	**37.90%**	<-- =D4/D3

全食超市的税率在38%—41%之间保持相对稳定。计算 WACC 时，我们最后可能使用当前的税率或者过去几年的平均税率。

然而，这种方法有时行不通，如下例所示：

	A	B	C	D	E
1		默克所得税税率			
2		**2009 年**	**2010年**	**2011年**	
3	税前收益	15,290,000	1,653,000	7,334,000	
4	所得税费用	2,268,000	671,000	942,000	
5	税率，T_C	**14.83%**	**40.59%**	**12.84%**	<-- =J4/J3

像默克公司(Merck)一类的企业很擅长将其收益控制在合适的税率区间内，税率的合理估计值似乎应该在 13%—15% 之间。2010 年默克公司收益很低，这些税收筹划策略显然没有起作用。假设默克公司未来的盈利能力与收益较高的两个年度 2009 年和 2011 年类似，那么我们很可能认为该公司的未来税率 T_C 将在 2009 年和 2011 年所得税税率的范围之内。

3.5 计算企业的负债成本

现在我们转到负债成本 r_D 的计算方面。原则上，r_D 是公司(税前)每新借入 1 美元的边际成本。至少有三种计算公司负债成本的方法。我们首先给出一个简要说明，然后再介绍其中两种方法的应用，尽管它们在理论上不够完美，但在实际中它们常被使用：

● 实际中，负债成本常用公司现存负债的平均成本来近似替代。此方法的问题是有时我们会把实际想衡量的未来预期负债成本与过去的成本弄混。

● 我们可以使用同等风险的新发行的公司证券的收益。如果一家公司的信用级别为 A 级并且它的大部分负债是中期负债，那么我们使用 A 级中期债券平均收益作为该公司的负债成本。注意这种方法具有一定的复杂性，因为债券收益是它的承诺收益，而负债成本是一家公司负债的期望收益。因为这里存在着违约风险，所以承诺收益一般要高于期望收益。然而，尽管存在一些问题，其通常还是一个不错的折中方法。

● 我们可以使用模型通过该公司的债券价格数据来估计负债成本，估计违约的可能性，估计在违约的情况下对债券持有者的偿还。这个方法需要更多的运算，其数学方法也较为复杂；我们将它放在第 28 章中讨论。实践中，只有当我们正在分析的公司有大量的风险负债时，我们才用这种方法计算资本成本。

前两种方法的应用相对容易。在许多情况下，这些方法遇到一些问题或错误并不紧要。[①]然而从理论上来看，这两种方法都没有对公司负债成本作一个适当的风险调整。第三种方法涉及计算公司负债的预期收益，虽然它更符合标准的金融理论，但是它的应用还是非常困难，因此，对该方法花费更多的精力可能是不值得的。

在本节的剩余部分，我们应用前两种方法来计算美国钢铁公司(U.S. Steel)和默克公司(Merck)的负债成本。

---

① 计算资本成本时需要大量的数据，但不一定能得到精确的答案。因此资本成本估计不是一门科学，而是一门艺术。资本成本估计的用户应该围绕数值计算做敏感性分析。考虑你正在分析的公司的数据，在资本成本计算(也为了节省时间)中的一些凌乱反而可能是有利的。

3.5.1 方法 1：美国钢铁公司的平均负债成本

我们如下计算美国钢铁公司的平均负债成本：

$$r_D = \frac{\text{本年度支付的净利息}}{\text{本年度和上一年的平均净负债}}$$

	A	B	C	D	E
1		**美国钢铁公司，负债成本**			
2		**2009年**	**2010年**	**2011年**	
3	现金	1,218,000	578,000	408,000	
4	短期投资	0	0	0	
5					
6	短期负债和长期负债的当期分摊额	19,000	216,000	400,000	
7	长期负债	3,828,000	3,517,000	3,345,000	
8					
9	净负债	2,629,000	3,155,000	3,337,000	<-- =SUM(D6:D7)-SUM(D3:D4)
10	利息	190,000	195,000	159,000	
11	**隐含的负债成本，r_D**		6.74%	4.90%	<-- =D10/AVERAGE(C9:D9)

我们的计算中需要注意以下几个方面：

● 当从财务报表中计算平均负债成本 r_D 时，重要的是把全部的金融负债都计算在内，短期负债和长期负债没有区别。

● 我们将流动资产如现金和现金等价物视为负的负债并且从公司的负债中扣除。这里的想法是公司可以利用它的现金偿还部分负债，因此该公司的有效融资负债是它的融资负债减去现金。然而，这个特定的理论在很大程度上是个"主观判断"（judgment call）——我们可能不想把所有的现金用来还贷，而是想计算公司的借款成本与现金利息的收入作对比。

假如我们要用美国钢铁公司的平均债务成本作为其未来负债成本 r_D 的预测，我们在计算 WACC 时很可能会使用当前成本 $r_D = 4.90\%$，这是因为我们认为历史负债成本没有能力预测未来成本。

3.5.2 现金提高了负债成本：默克公司的案例

当企业现金余额的利息收益率低于借款成本时，基于净利息和净负债的平均负债成本将高于借款成本。为了弄明白这一点，假设现金的利息收益率比债务利率低 ε：

$$
\begin{aligned}
\text{平均负债成本} &= \frac{\text{利息支付} - \text{利息收入}}{\text{负债} - \text{现金}} \\
&= \frac{\text{负债} \times i_{\text{负债}} - \text{现金} \times i_{\text{现金}}}{\text{负债} - \text{现金}} = \frac{\text{负债} \times i_{\text{负债}} - \text{现金} \times (i_{\text{负债}} - \varepsilon)}{\text{负债} - \text{现金}} \\
&= \frac{(\text{负债} - \text{现金}) \times i_{\text{负债}} + \varepsilon \times \text{现金}}{\text{负债} - \text{现金}} \\
&= i_{\text{负债}} + \frac{\text{现金}}{\text{负债} - \text{现金}} \times \varepsilon > i_{\text{负债}}
\end{aligned}
$$

以下是关于默克公司的一个很好的例子：

	A	B	C	D	E
1			默克,负债成本 r_D		
2		2009年	2010年	2011年	
3	现金	9,311,000	10,900,000	13,531,000	
4	短期投资	293,000	1,301,000	1,441,000	
5	总流动资产	9,604,000	12,201,000	14,972,000	<-- =D4+D3
6					
7	短期负债和长期负债的当期分摊额	1,379,000	2,400,000	1,990,000	
8	长期负债	16,095,000	15,482,000	15,525,000	
9	总金融负债	17,474,000	17,882,000	17,515,000	<-- =D7+D8
10					
11	净负债	7,870,000	5,681,000	2,543,000	<-- =D9-D5
12	利息收入	210,000	83,000	199,000	
13	利息支出	460,000	715,000	749,000	
14	净利息	250,000	632,000	550,000	<-- =D13-D12
15	隐含的负债成本, r_D		9.33%	13.38%	<-- =D14/AVERAGE(C11:D11)
16					
17	收益利率		0.76%	1.46%	<-- =D12/AVERAGE(SUM(D3:D4),SUM(C3:C4))
18	支出利率		4.04%	4.23%	<-- =D13/AVERAGE(SUM(D7:D8),SUM(C7:C8))

2011年默克公司的借款成本为4.23%,同时该公司在其大量的现金储备和短期投资上获得了1.46%的收益。我们也许天真地以为这意味着默克公司债务的平均净成本介于这两个数之间,相反,计算表明 $r_D = 13.38\%$!

$$r_D = \frac{2010—2011 年平均净利息支付}{2010—2011 年平均净负债} = \frac{550,000}{4,112,000} = 13.38\%$$

负债成本 r_D 的估计反映了持有大量低收益的流动资产的成本。从纯粹的财务角度看,默克公司使用流动资产偿还债务、发放股利或者回购股票将使股东受益。[1]

在加权平均资本成本公式中,我们应选择什么样的数据来代表边际借款成本呢?这在很大程度上取决于我们如何看待默克的财务政策:如果我们认为公司将继续建立现金储备,而且同时维持大量金融负债,那么负债成本较为合理的估计为13.38%。另一方面,如果我们将默克的边际融资负债作为债务,与现金的累积没有可比关系,那么用4%左右的数据能更好地代表 r_D。[2]

3.5.3 方法2:以默克的信用评级调整收益率作为 r_D

另一种衡量默克公司借款成本的方法是:我们可以由相应负债的收益曲线得出默克公司的边际债务成本。默克的惠誉(Fitch)评级为A+,标准普尔(S&P)评级为BBB+,穆迪(Moody)信用评级为BAA2。我们从雅虎网站上搜集到了1,000多种惠誉评级为A的债券;下面的截图中隐藏了很多数据:

---

[1] 这种说法忽视了该流动性资产的期权价值:提高了默克公司的财务灵活性。
[2] 正如我们在第3.14节中将要看到的一样,在默克公司的例子中,这一切都没有太大的差别,因为默克实质上是一家纯股权企业。

	A	B	C	D	E	F
1	**惠誉评级为A的债券，2012年8月17日星期五**					
2		价格	票面利率	到期日	到期时间	到期收益率
3	CITIGROUP INC	103.88	5.63%	27/Aug/12	0.0274	0.36%
4	LINCOLN NATL CORP IND	105.42	5.65%	27/Aug/12	0.0274	-1.62%
5	GOLDMAN SACHS GROUP INC	104.68	5.70%	1/Sep/12	0.0411	-0.52%
6	WELLS FARGO & CO NEW	104.85	5.13%	1/Sep/12	0.0411	-1.28%
7	BANK OF AMERICA CORPORATION	102.91	5.38%	11/Sep/12	0.0685	1.60%
8	BANK OF AMERICA CORPORATION	102.81	4.88%	15/Sep/12	0.0795	1.29%
996	GOLDMAN SACHS GRP INC MTN BE	103.3	5.75%	15/Jul/41	28.9288	5.52%
997	HEWLETT PACKARD CO	118.45	6.00%	15/Sep/41	29.0986	4.83%
998	VERIZON COMMUNICATIONS INC	106.63	4.75%	1/Nov/41	29.2274	4.35%
999	AMGEN INC	101.52	5.15%	15/Nov/41	29.2658	5.05%
1000	ANHEUSER BUSCH COS INC	135	6.50%	1/May/42	29.7233	4.40%
1001	CATERPILLAR INC DEL	151	6.95%	1/May/42	29.7233	4.03%
1002	ANHEUSER BUSCH COS INC	138.85	6.50%	1/Feb/43	30.4795	4.24%
1003	BOEING CO	142.9	6.88%	15/Oct/43	31.1808	4.37%
1004	BELLSOUTH TELECOM	104.75	5.85%	15/Nov/45	33.2685	5.54%
1005	BELLSOUTH TELECOM	123.96	7.00%	1/Dec/95	83.3452	5.64%
1006	CITIGROUP INC	107.55	6.88%	15/Feb/98	85.5562	6.39%
1007	CUMMINS INC	99.25	5.65%	1/Mar/98	85.5945	5.69%

对这些数据作图表明，要么是这些数据涵盖的真正信用风险的范围太广泛，要么是市场还远远没有达到有效：

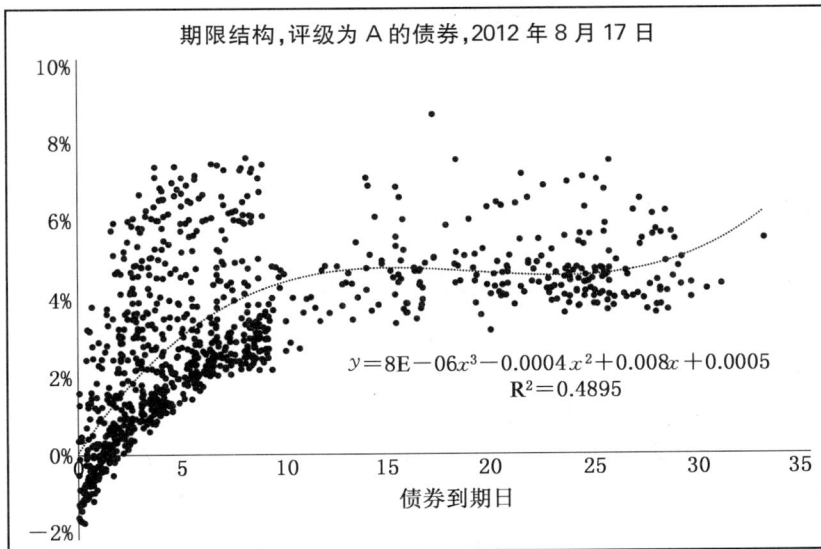

期限结构，评级为 A 的债券，2012 年 8 月 17 日

$$y = 8E-06x^3 - 0.0004x^2 + 0.008x + 0.0005$$
$$R^2 = 0.4895$$

债券到期日

将收益率作为到期时间的函数，该多项式回归曲线表明大约 50% 的收益率变动是由到期时间导致的。运用此回归方程并假设默克公司负债的平均到期期限为 7 年，那么默克的借款成本则为 3.96%。

	A	B	C
1	**从收益曲线计算默克的 r_D**		
2	平均到期期限（年）	7	
3	收益	3.96%	<-- =0.000008*B2^3 - 0.0004*B2^2 + 0.008*B2 + 0.0005

3.6　计算企业权益成本的两种方法

加权平均资本成本的公式为 $WACC = E/(E+D) \times r_E + E/(E+D) \times r_D \times (1-T_C)$。到目前为止,在本章中,我们已经讨论了 WACC 的公式中五个参数的其中四个参数:E、D、T_C、r_D 的估计。现在我们来讨论与 WACC 参数有关的计算中最困难的一部分——计算权益成本 r_E。r_E 有两种计算方法:

- 戈登股利模型基于当前股利 Div_0、当前股价 P_0 和未来股利预期增长率 g 来计算 r_E:

$$r_E = \frac{Div_0(1+g)}{P_0} + g$$

- 资本资产定价模型(CAPM)基于无风险利率 r_f、市场预期收益 $E(r_M)$ 和公司特定的风险度量 β 来计算 r_E:

$$r_E = r_f + \beta[E(r_M) - r_f]$$

其中,r_f 为市场无风险利率,$E(r_M)$ 为市场投资组合的预期收益,β 为公司特定的风险度量,$\beta = \frac{Cov(r_{Stock}, r_M)}{Var(r_M)}$。

每个模型都存在其变化及问题,这将在下面两小节中(反反复复地?)讨论。

3.7　应用戈登模型计算

戈登股利模型从下面看似简单的说明中导出权益成本:

股票的价值是该股票未来预期股利流量的现值,该未来预期股利是按适当风险调整权益成本 r_E 折现的。[1]

戈登模型最简单的应用是预期未来股利增长率为常数。假设当前的股票价格是 P_0,当前的股利是 Div_0,预期未来股利增长率是 g。戈登模型说明股票价格等于未来股利(在适当的权益成本 r_E 上)的折现:

$$P_0 = \frac{Div_0(1+g)}{1+r_E} + \frac{Div_0 \times (1+g)^2}{(1+r_E)^2} + \frac{Div_0 \times (1+g)^3}{(1+r_E)^3} + \frac{Div_0 \times (1+g)^4}{(1+r_E)^4} + \cdots$$

$$= \sum_{t=1}^{\infty} \frac{Div_0 \times (1+g)^t}{(1+r_E)^t}$$

假设 $|g| < r_E$,表达式 $\sum_{t=1}^{\infty} \frac{Div_0 \times (1+g)^t}{(1+r_E)^t}$ 可以简化为 $\frac{Div_0(1+g)}{r_E - g}$(这里省略了推

---

[1]　该模型后被命名为 M.J.Gordon。M.J.Gordon 在他发表的论文 "Diviends, Earnings and Stock Price",*Review of Economics and Statistics* 中首次提出。

导,该推导是基于高中常用的几何级数公式)。 因此,给定一个常数的预期股利增长率,我们就可以推导出戈登模型的权益成本:

$$P_0 = \frac{Div_0(1+g)}{r_E - g}, 假设 \mid g \mid < r_E$$

求解上述方程的 r_E 可得戈登模型的权益成本:

$$r_E = \frac{Div_0(1+g)}{P_0} + g, 假设 \mid g \mid < r_E$$

注意这个公式末尾的条件:为了能让上述推导过程的第一行中的无限和有一个有限解,股利增长率一定要小于折现率。在讨论超速增长率中的戈登模型时(下面将看到),我们会考虑该条件不满足时的情况。

为了应用这个等式,考虑这样一家公司,其目前的股利是每股 $Div_0 = 3$ 美元,股价 $P_0 = 60$ 美元。 假设预期股利按每年 12% 的速度增长,那么该公司的权益成本 r_E 是 17.6%:

	A	B	C
1	**戈登模型的权益成本**		
2	目前股价, P_0	60	
3	目前股利, Div_0	3	
4	预期股利增长率, g	12%	
5	戈登模型下的权益成本, r_E	17.60%	<-- =B3*(1+B4)/B2+B4

3.7.1 运用戈登模型计算默克公司的权益成本

我们以默克公司为例应用戈登模型,该公司 10 年来股利分配的历史记录在下面的电子表中已给出(注意有些数据被隐藏了):

	A	B	C	D	E	F
1				**默克派息记录**		
2	日期	每股股利			股利增长	
3	4/Sep/02	0.36			整个时期	
4	4/Dec/02	0.36	季增长率		0.39%	<-- =(B43/B3)^(1/40)-1
5	5/Mar/03	0.36	年增长率		1.55%	<-- =(1+E4)^4-1
6	4/Jun/03	0.36				
7	20/Aug/03	2.88			近5年	
8	3/Sep/03	0.37	季增长率		0.50%	<-- =(B43/B23)^(1/20)-1
9	3/Dec/03	0.37	年增长率		2.02%	<-- =(1+E8)^4-1
10	3/Mar/04	0.37				
11	2/Jun/04	0.37				
12	1/Sep/04	0.38				
40	13/Sep/11	0.38				
41	13/Dec/11	0.42				
42	13/Mar/12	0.42				
43	13/Jun/12	0.42				

默克公司的历史股利年增长率可能是 1.55% 或 2.02%，这取决于时期的选取。为了计算权益成本 r_E，该问题就转化为那一个比率能更好地预测未来的预期股利增长率[①]。在下面的电子表中，我们用两种可能分别计算。计算使用默克公司 2012 年 6 月底的股票价格，$P_0 = 41.75$ 美元：

	A	B	C
1	运用戈登模型计算默克的 r_E		
2	默克股价 P_0，2012年6月29日	41.75	
3	目前股利		
4	按季计算	0.42	
5	按年计算，Div_0	1.68	<-- =4*B4
6	股利增长率，g		
7	过去5年	1.55%	
8	过去10年	2.02%	
9			
10	戈登模型下的权益成本，r_E		
11	运用过去5年的增长率	5.64%	<-- =$B$5/$B$2*(1+B7)+B7
12	运用过去10年的增长率	6.13%	<-- =$B$5/$B$2*(1+B8)+B8

在实际应用中，考虑到估计的误差范围，上述结果是相同的——请记住，我们正尝试根据以往的派息记录预测未来的股息增长。

3.7.2 调整戈登模型来处理所有权益现金流

如前所述，戈登模型是以每股为基准并仅是对股利进行计算。然而，为了对公司的权益进行定价，戈登模型应该扩展到包括全部的权益现金流。另外除了股利，权益现金流至少还应包括另外两部分：

- 股票回购，目前大概占美国公司对其股东的现金支付总额的50%。[②]
- 企业的股票发行对权益而言也是一项重要的负现金流量。在许多企业中，最重要的股票发行的例子是其拥有股票期权的员工的行权。

为了说明这些额外的权益现金流，我们不得不以总权益价值重写戈登模型。基本的戈登定价模型现在变为：

$$权益的市场价值 = \sum_{t=1}^{\infty} \frac{权益现金流\, y_0 \times (1+g)^t}{(1+r_E)^t}$$

这里的 g 是权益现金流的预期增长率。

[①] 或者两个都不是！也许我们再利用另外的历史数据一起来预测未来预期股利增长率会好很多。我们可以利用预计财务模型（在第 5 章中讨论）来预测公司的期望股利。

[②] 参见 Harry DeAngelo、Linda DeAngelo、Douglas J.Skinner，"Corporate Payout Policy"，*Foundations and Trends in Finance*，2008。也可以在 www.ssrn.com 网站上找到。

这给出权益成本 r_E 的公式：

$$r_E = \frac{\text{权益现金流 } y_0 \times (1+g)}{\text{权益的市场价值}} + g, \text{假设 } |g| < r_E$$

作为一个实例，我们来看下面有关默克公司的数据：

	A	B	C	D	E	F
1			对默克公司的权益支出运用戈登模型			
2		派息	股票回购	股票期权行权收益	总权益支出	
3	29/Jun/05	3,307	1,430	899	3,838	<-- =B3+C3-D3
4	30/Jun/05	3,279	2,725	102	5,901	
5	1/Jul/05	3,215	0	186	3,029	
6	2/Jul/05	4,734	1,593	363	5,964	
7	3/Jul/05	4,818	1,921	321	6,418	
8						
9	增长率	13.71%	<-- =(E7/E3)^(1/4)-1			
10						
11	基于总权益支出计算戈登模型下的权益成本r_E					
12	流通股（百万）	3,041				
13	每股价格	41.75				
14	权益的市场价值	126,955	<-- =B12*B13, $ million			
15						
16	戈登模型下的权益成本, r_E	19.46%	<-- =E7*(1+B9)/B14+B9			

如果我们假设默克的权益现金流的历史增长率 13.71% 将在未来无限期内保持不变，那么其权益成本 $r_E = 19.46\%$。[①]这似乎看起来相当高。在下一小节，我们将给出戈登模型的另一种变形以及相应的答案解释。

---

① 很多公司只是按年度报告股票回购与员工股票执行情况。因此，唯一能够利用的数字是年度数据，然而股利是按季度报告的，股价数据——在第 3.9 节中讨论的常用来计算 CAPM 的 β 值——是以日为基准的。

3.7.3 "超常增长"和戈登模型

戈登公式 $r_E = \dfrac{Div_0(1+g)}{P_0} + g$ 的一个基本的条件是 $|g| < r_E$。[1]在财务例子中，$|g| < r_E$ 的违背常发生在高速发展的公司——至少在短期内是这样——我们预料有一个非常高的增长率，因此有 $g > r_E$。若该"超常增长"是长期存在的，那么原始的股利折现公式显示 P_0 为无限值，因为，当 $g > r_E$ 时，表达式 $\sum_{t=1}^{\infty} \dfrac{Div_0 \times (1+g)^t}{(1+r_E)^t} = \infty$。因此，一段高股利增长率（这里 $g > r_E$）的时期之后一定伴随有这样一段时期，其长期股利增长率比其权益成本要小，$g < r_E$。

假设公司预计在时期 1，2，…，m 支付高增长率的股利，并且在随后的时期内股利增长率又会变低。我们可以将这些预期未来股利的折现值写成：

股票的今天价值＝股利的现值

$$= \underbrace{\sum_{t=1}^{m} \frac{Div_0 * (1+g_1)^t}{(1+r_E)^t}}_{\substack{\text{前 } m \text{ 年以 } g_1 \text{ 高速} \\ \text{增长的股利的现值}}} + \underbrace{\sum_{t=m+1}^{\infty} \frac{Div_m * (1+g_2)^{t-m}}{(1+r_E)^t}}_{\substack{\text{以 } g_2 \text{ 正常增长} \\ \text{的股利的现值}}}$$

问题通常是要根据预测出的增长率来确定权益成本 r_E。在下面的例子中，我们应用一个 VBA 函数 TwoStageGordon 来计算权益成本 r_E 使得上述等式成立。[2]假设该公司目前的每股价格为 $P_0 = 30$，目前的股利是 $Div_0 = 3$，其股利在未来五年内预期以 35% 的速率增长，此后降低到每年 8%。那么，如下所示，$r_E = 32.76\%$。

	A	B	C
1	**两个增长率下的戈登模型 使用TwoStageGordon函数**		
2	目前股利, Div_0	3.00	
3	增长率g_1, 年1-m ("超常")	35%	
4	增长率g_2, 年6 - ∞	8%	
5	超常增长年数, m	5	
6	每股价格	30.00	
7	权益成本	32.76%	<-- =twostagegordon(B6,B2,B3,5,B4)

3.7.4 对默克公司实施两阶段戈登模型

下面我们用两阶段戈登模型来计算默克的权益成本。我们假设其近 5 年的总权益支出增长率 13.71% 还能持续 2 年，之后的总权益支出增长率将变为 5%。权益成本是 $r_E = 11.20\%$。与仅使用股利的戈登模型的计算结果（下一小节）相比，这个结果很高。

---

[1] 这一部分我们把戈登模型中的 Div_0 定义为每股股利或者总的权益支出。

[2] 关于 TwoStageGordon 的建立将在这一节的末尾进行讨论。

	A	B	C	D	E	F
1		两阶段戈登模型下默克的权益成本					
2		派息	股票回购	股票期权行权收益	总权益支出	
3	29/Jun/05	3,307	1,430	899	3,838	<-- =B3+C3-D3
4	30/Jun/05	3,279	2,725	102	5,901	
5	1/Jul/05	3,215	0	186	3,029	
6	2/Jul/05	4,734	1,593	363	5,964	
7	3/Jul/05	4,818	1,921	321	6,418	
8						
9	增长率	13.71%	<-- =(E7/E3)^(1/4)-1			
10						
11		基于总权益支出运用两阶段戈登模型计算权益成本r_E					
12	流通股（百万）	3,041				
13	每股价格	41.75				
14	权益的市场价值	126,955	<-- =B12*B13, $ million			
15						
16	高增长率, g_{high}					
17	超常增长年数, m	2				
18	正常增长率, g_{normal}	5.00%	<-- 作者猜测			
19						
20	权益成本, r_E 使用 **twostagegordon** 函数	11.20%	<-- =twostagegordon(B14,E7,B9,B17,B18)			

3.7.5 技术说明

本章中函数 TwoStageGordon 可以用来计算两阶段戈登模型中的权益成本 r_E。该函数计算的折现率 r_E 使得当前股价等于未来权益现金流的现值：

```
Function TwoStageGordon(P0, Div0, Highgrowth,
Highgrowthyrs, Normalgrowth)
    high = 1
    low = 0

    Do While (high - low) > 0.00001
    Estimate = (high + low) / 2
    Factor = (1 + Highgrowth) / (1 + Estimate)
    Term1 = Div0 * factor * (1 - factor^
Highgrowthyrs) / (1 - factor)
    Term2 = Div0 * factor^Highgrowthyrs * (1 +
Normalgrowth) / (Estimate - Normalgrowth)
    If (Term1 + Term2) > P0 Then
        low = (high + low) / 2
        Else: high = (high + low) / 2
    End If
    Loop
    TwoStageGordon = (high + low) / 2
End Function
```

3.8　资本资产定价模型：计算 β

资本资产定价模型（CAPM）是戈登模型计算资本成本的唯一可行的替代方法。它也是最常用的权益成本计算模型，因为它有理论支撑且实施简单。CAPM 是从公司收益和市场收益的协方差中推导出公司的资本成本。[①]用 CAPM 来计算公司权益成本的经典公式是：

$$r_E = r_f + \beta \left[E(r_M) - r_f \right]$$

这里，r_f 是无风险收益率，$E(r_M)$ 是市场投资组合的预期收益，β 是公司特定的风险度量，$\beta = \dfrac{Cov(r_{stock}, r_M)}{Var(r_M)}$。

本节的剩余部分我们将重点关注公司的 β；下一节将说明如用 CAPM 模型来计算公司权益成本 r_E。

3.8.1　β 是公司股票收益对市场收益的回归系数

在下面的电子表中，我们显示了默克公司 5 年的月度价格与收益数据和代表整个股市的 S&P500 收益数据。在单元格 B2:B4 中我们用默克的收益与其对应的 S&P500 的收益进行了回归：

$$r_{Merck,\,t} = \alpha_{Merck} + \beta_{Merck} r_{SP,\,t} = 0.0018 + 0.6435 r_{SP,\,t},\ R^2 = 0.2245$$

	A	B	C	D	E	F	G
1				**计算默克的BETA值**			
				对默克和SP500的月度收益, 2007-2012年			
2	Alpha	0.0018	<-- =INTERCEPT(E11:E70,F11:F70)				
3	Beta	0.6435	<-- =SLOPE(E11:E70,F11:F70)				
4	R平方	0.2245	<-- =RSQ(E11:E70,F11:F70)				
5	alpha的t统计量	0.2059	<-- =tintercept(E11:E70,F11:F70)				
6	beta的t统计量	4.0979	<-- =tslope(E11:E70,F11:F70)				
7							
8			价格			收益	
9	日期	默克	SP500		默克	SP500	
10	1/Jun/07	39.90	1,503.35				
11	2/Jul/07	39.78	1,455.27		-0.30%	-3.25%	<-- =LN(C11/C10)
12	1/Aug/07	40.20	1,473.99		1.05%	1.28%	<-- =LN(C12/C11)
13	4/Sep/07	41.73	1,526.75		3.74%	3.52%	<-- =LN(C13/C12)

默克收益 vs SP500, 2007-2012年

[①] CAPM 将在第 8—11 章中详细介绍。这里给出找到资本成本的模型应用框架而不涉及它的理论知识。

从该回归中我们可以得出：

● 默克的 beta 值，β_{Merck}，说明了其股票收益相对于市场收益的敏感度。它可以通过下面的公式进行计算：

$$\beta_{Merck} = \frac{协方差(S\&P500\ 收益，默克收益)}{方差(S\&P500\ 收益)}$$

有关 β 值的计算，我们可用上述公式直接计算或者运用 Excel 中的 Slope 函数（单元格 B4）计算。在整个期间上，S&P500 月度收益增加或者减少 1％ 会引起默克公司收益增加或者减少 0.6435％。统计量 TSlope（单元格 B6）说明 β_{Merck} 是非常显著的（如何构建这个函数请参见脚注）。[①]

● 默克的 alpha 值，α_{Merck}，说明了与 S&P500 的变化无关的情况下，在该段时期上默克的月度收益为 $\alpha_{Merck}=0.18％$。在以一年为基准时，就是 $12×0.18=2.18％$；这意味着用金融市场的行话来说，默克公司在这段时间的绩效是正的。注意，TIntercept（单元格 B5）：该函数（在下面讨论其在 Excel 中的构建）说明这个正的截距与 0 没有显著性差异。

● 回归的 R^2 说明了默克公司的收益变动中有 22.45％ 可以由 S&P500 的收益变动来解释。一个 22％ 的 R^2 看起来可能有些低，但是在 CAPM 的文献中这并不罕见。它说明默克收益变动大约有 22％ 可直接由 S&P500 的收益变动来解释。默克公司的收益中的其余变动可能被包括默克公司股票在内的多样化股票的投资组合分散掉了。股票的平均 R^2 大约是 30％—40％，意味着市场因素能够解释一个股票收益变动情况的 30％—40％，剩余部分由该股票的其他个体因素来解释。我们可以看到，默克的 R^2 有点偏低——这意味着相比于一般股票，它的非系统性风险更高。

下面的电子表给出了做回归的三种方法：一是利用 Intercept，Slope，Rsq 函数；二是涉及使用 Excel 函数 Covar 和 VarP；三是涉及 Excel 的 Trendline 函数。先绘出默克收益和 S&P500 收益的 XY 散点图，然后进行下述操作：

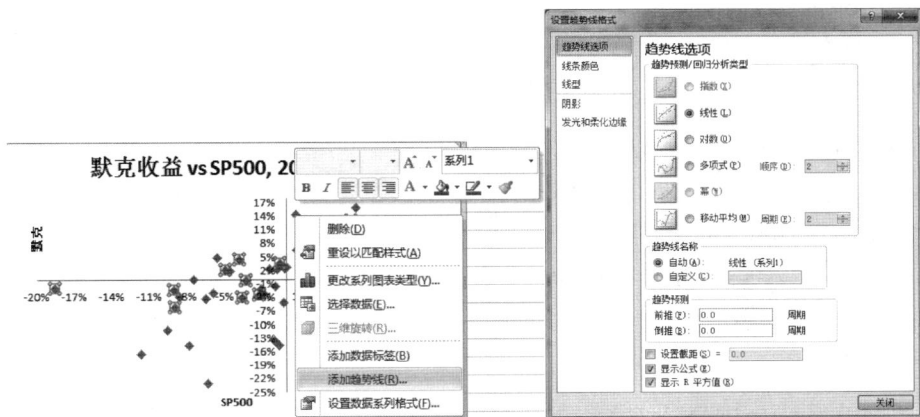

注：进行回归的结果从 Excel 中的 XY 散点图得出。画好散点图之后，点击右键，选择"添加趋势线"（左图），进而选择线性回归（右图），然后选择在图表上显示回归方程和 R^2 值。

[①] 关于 t 统计量的确切含义，你应该参考一本好的统计学教材。根据我们的目的，一个超过 1.96 的 t 统计量意味着我们讨论的变量（利用 Tintercept 时的截距或者利用 Tslope 时的斜率）有 95％ 的可能性是显著不为 0 的，所以该截距对应的 t 统计量 0.2059 意味着该截距不是显著不为 0 的，而斜率对应的 t 统计量 4.0979 意味着该斜率是显著不为 0 的。

3.8.2 自制函数 Tintercept 和 Tslope

前面的电子表利用两个函数来计算斜率和截距的 t 统计量。这些函数是建立在第 33 章中介绍的 Linest 函数上的。对收益数据运用 Linest 函数,我们得到如下结果:

	I	J	K	L
9				
10		单元格 **J13:K17** 由以下公式生成		
11		{=LINEST(E11:E70,F11:F70,,1)}		
12		斜率	常数	
13	斜率 -->	0.6435	0.0018	<-- 常数
14	斜率的标准误 -->	0.1570	0.0088	<-- 常数的标准误
15	R平方 -->	0.2245	0.0682	<-- y值的标准误
16	F统计量 -->	16.7925	58.0000	<-- 自由度
17	SS_{xy} -->	0.0781	0.2696	<-- SSE = 残差平方和

利用 Excel 的函数 Index,我们定义一个 VBA 函数 TIntercept,它用由 Linest 产生的截距的数值(第一行,Linest 输出的第二列)除以截距的标准误(第二行,第二列)。下面是计算截距的 t 统计量的函数:

```
Function tintercept (yarray, xarray)
    tintercept = Application.Index(Application.
    LinEst(yarray, xarray, , 1), 1, 2)/
    Application.Index(Application.LinEst(yarray,
    xarray, , 1), 2, 2)
End Function
```

类似地,我们定义函数 TSlope 以给出斜率的 t 统计量:

```
Function tslope (yarray, xarray)
    tslope = Application.Index(Application.
    LinEst(yarray, xarray, , 1), 1, 1)/
    Application.Index(Application.LinEst(yarray,
    xarray, , 1), 2, 1)
End Function
```

这一章的电子表格中都已经嵌入了这两个函数。

3.8.3 利用 Excel 的数据分析加载项

第四种产生回归结果的方法:点击主菜单中的"数据|数据分析|回归",我们可以用一种高级的 Excel 程序来计算更多的统计量,包括 t 统计量。该程序的输出结果如下:

	I	J	K	L	M	N	O	P	Q
3	SUMMARY OUTPUT								
4									
5	*回归统计量*								
6	Multiple R	0.473836264							
7	R Square	0.224520805							
8	Adjusted R Square	0.211150474							
9	标准误	0.068184238							
10	观测值	60							
11									
12	方差分析								
13		*df*	*SS*	*MS*	*F*	Significance F			
14	回归	1	0.078069683	0.078069683	16.79246425	0.000131232			
15	残差	58	0.26964724	0.00464909					
16	汇总	59	0.347716923						
17									
18		*系数*	*标准误*	*t Stat*	*P-value*	Lower 95%	Upper 95%	Lower 95.0%	Upper 95.0%
19	Intercept	0.001813136	0.008806331	0.205890007	0.837597818	-0.015814651	0.019440922	-0.015814651	0.019440922
20	X Variable 1	0.643502885	0.157033851	4.097860936	0.000131232	0.329165479	0.957840291	0.329165479	0.957840291

我们使用"数据|数据分析|回归"来得到该输出结果。其参数设置如下：

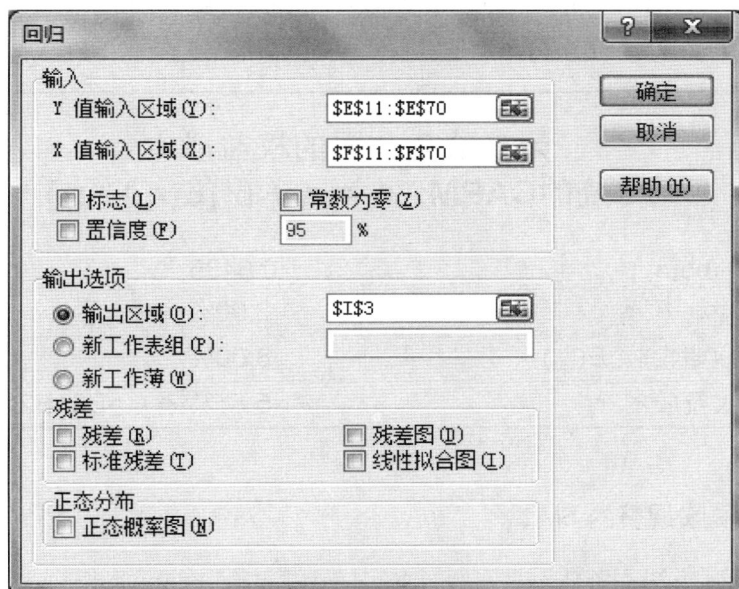

尽管"数据|数据分析|回归"的方法可以处理大量数据，但它的一个主要缺点是：当数据发生变化时，其输出结果不会自动更新。基于此原因我们倾向使用前面所述的方法。

3.9　使用证券市场线计算默克公司的权益成本

在资本资产定价模型中，证券市场线（SML）用来计算风险调整的资本成本。在这一节中，我们讨论 SML 的两种计算方法。这两种方法之间的区别在于是否将税收引入资本成本方程。

3.9.1 方法 1：传统的 SML

传统的 CAPM 公式应用于证券市场线（SML）是不考虑税收的：

$$权益成本：r_E = r_f + \beta[E(r_M) - r_f]$$

这里的 r_f 是经济活动中的无风险收益率，而 $E(r_M)$ 是市场上的预期收益率。SML 的参数选择通常是件棘手的事情。一般的方法是要选择：

● r_f 等于经济活动中的无风险利率（例如，国库券收益率）。我们到第 3.11 节再讨论到底应该使用短期还是长期利率的问题。目前，为了说明方便，我们令 $r_f = 2\%$。

● $E(r_M)$ 等于市场收益的历史平均值，被定义为广义的市场证券投资组合的平均收益。另外还有一种方法是基于市场乘数；这些都将在下面的内容中讨论。本节中，我们令 $E(r_M) = 8\%$。

下面的电子表利用传统的 CAPM 计算了默克公司的权益成本：

	A	B	C
1	计算默克公司的权益成本 传统的CAPM: $r_E = r_f + \beta*[E(r_M) - r_f]$		
2	默克的beta, β	0.6435	
3	无风险利率, r_f	2.00%	
4	市场预期收益, $E(r_M)$	8.00%	
5	默克权益成本, r_E	5.86%	<-- =B3+B2*(B4-B3)

3.9.2 方法 2：税收调整的 SML

传统的 CAPM 方法不考虑税收问题。本宁格—沙里格（Benninga-Sarig，1997）提出了在经济活动中对边际公司税率调整的SML。[1]用 T_C 表示的公司税率，该税收调整的 SML 是：

$$权益成本 = r_f(1 - T_C) + \beta[E(r_M) - r_f(1 - T_C)]$$

该公式可理解为是用 $r_f(1 - T_C)$ 代替传统 CAPM 方法中的 r_f。注意到税收调整的权益成本相比于传统的 CAPM 有更小的截距和更大的斜率：

● 截距是 $r_f(1 - T_C)$ 替代 r_f。该截距比传统的 CAPM 中的截距 r_f 要小。

● 斜率是 $E(r_M) - r_f(1 - T_C)$ 替代 $E(r_M) - r_f$。注意到斜率可以写成传统 CAPM 模型的斜率加上 $T_C r_f$：$E(r_M) - r_f(1 - T_C) = [E(r_M) - r_f] + T_C r_f$。

---

[1]　Benninga-Sarig 方法的逻辑是在《公司财务：一种定价方法》（*Corporate Finance：A Valuation Approach*，McGraw-Hill，1997）一书中被概括出来的。该模型起源更正式的说法是在《在不同税收情况下的风险，回报和价值》（"Risk，Returns and Value in the Presence of Differential Taxation"，Co-authored with Odea Sarig，*Journal of Banking and Finance*，2003）中给出的。

税收调整权益成本公式的另一种写法是：

$$税收调整权益成本 = r_f(1-T_C) + \beta[E(r_M) - r_f(1-T_C)]$$

$$= \underbrace{r_f + \beta[E(r_M) - r_f]}_{传统的CAPM} + T_C r_f[\beta - 1]$$

通过改写公式，我们更加清楚地了解到传统的 r_E 和税收调整的 r_E 的区别在于一个关于企业税率 T_C、无风险利率 r_f 和 β 的函数。[1]对于默克来说，税收调整方法在某种程度上给出了更高的权益成本：

	A	B	C
1	**计算默克公司的权益成本** **税收调整的CAPM：$r_E = r_f*(1-T_C) + \beta*[E(r_M) - r_f*(1-T_C)]$**		
2	默克的beta, β	0.6435	
3	默克税率, T_C	12.84%	<-- ='Page 76'!D5
4	无风险利率, r_f	2.00%	
5	市场预期收益, $E(r_M)$	8.45%	
6	默克税收调整权益成本, r_E	6.06%	<-- =B4*(1-B3)+B2*(B5-B4*(1-B3))

尽管税收调整 CAPM 对一个有税收的经济实体更加实用，但我们承认在给定有关资本成本计算的不确定值的情况下，传统的 CAPM 与税收调整的 CAPM 的差异可能是微不足道的。

3.10 市场预期收益的三种计算方法

运用 CAPM 计算权益成本 r_E 还存在的两个重要问题是：

● 什么是市场预期收益 $E(r_M)$？它应当从历史数据中计算出来吗？（如果是的话，应该使用多长时间的数据序列呢？）或者也许它可以从目前的市场数据中计算而不用依靠历史数据？

● 什么是无风险利率 r_f？它应当是长期利率还是短期利率呢？

这一节中我们讨论第一个问题，r_f 的计算留到第 3.11 节。市场预期收益 $E(r_M)$ 有三种主要的计算方法：

● 基于主要市场指数的历史收益；

● 基于主要市场指数的历史市场风险溢价；

● 戈登模型。

所有这三种方法都在本节讨论，本节最后会说明它们对默克公司权益成本计算的影响。

---

① 正如书中所写，短期无风险利率接近于 0，因此税收调整和传统 CAMP 的区别很小。可能在未来的某个时候这种情况将会改变。

3.10.1 $E(r_M)$作为市场投资组合的历史平均收益

计算 $E(r_M)$ 一个简单方法是将它作为主要市场指数历史收益的平均值。在下面的计算中我们用 Vanguard 的 500 基金指数来代替市场以说明该方法的应用。[①]从 1987 年以来，该基金的年收益为 8.27%。我们可以将其作为 S&P500 的历史年平均收益的一个可靠的替代值：

	A	B	C	D
1	使用历史数据计算E(r_M) 根据Vanguard 500指数基金的价格（符号：VFINX） 价格中包含股利；1987年4月 - 2012年6月			
2	平均月收益	0.69%	<-- =AVERAGE(C10:C311)	
3	月标准差	4.58%	<-- =STDEV(C10:C311)	
4				
5	年收益	8.27%	<-- =12*B2	
6	年标准差	15.87%	<-- =SQRT(12)*B3	
7				
8	日期	价格	收益	
9	1/Apr/87	15/Jan/00		
10	1/May/87	15/Jan/00	1.02%	<-- =LN(B10/B9)
11	1/Jun/87	16/Jan/00	4.93%	<-- =LN(B11/B10)
12	1/Jul/87	17/Jan/00	4.82%	<-- =LN(B12/B11)
13	3/Aug/87	18/Jan/00	3.77%	<-- =LN(B13/B12)
293	1/Dec/10	22/Apr/00	6.46%	
294	3/Jan/11	24/Apr/00	2.32%	
295	1/Feb/11	28/Apr/00	3.36%	
296	1/Mar/11	28/Apr/00	0.03%	
297	1/Apr/11	2/May/00	2.90%	
298	2/May/11	30/Apr/00	-1.15%	
299	1/Jun/11	28/Apr/00	-1.69%	
300	1/Jul/11	26/Apr/00	-2.07%	
301	1/Aug/11	19/Apr/00	-5.61%	
302	1/Sep/11	12/Apr/00	-7.32%	
303	3/Oct/11	23/Apr/00	10.36%	
304	1/Nov/11	23/Apr/00	-0.24%	
305	1/Dec/11	24/Apr/00	1.02%	
306	3/Jan/12	29/Apr/00	4.37%	
307	1/Feb/12	4/May/00	4.22%	
308	1/Mar/12	8/May/00	3.23%	
309	2/Apr/12	7/May/00	-0.64%	
310	1/May/12	30/Apr/00	-6.21%	
311	1/Jun/12	4/May/00	3.53%	

---

① Vanguard 基金的价格包含 S&P500 的分红。很多指数数据是(如可从雅虎上 ^GSPC 搜集)不包含股利的。

3.10.2 直接计算市场风险溢价

我们也可以直接计算市场风险溢价。其处理需要做更多的工作：下面的电子表中显示了 S&P500 的月收益率和美国国库券月利息率数据。S&P500 的平均年风险溢价为 4.40％。

	A	B	C	D	E	F
1	使用历史数据计算风险溢价E(r$_M$) - r$_f$ Vanguard 500指数基金（符号：VFINX）减去国库券 1987年4月 - 2012年6月 所有度量都与SP500的月度收益r$_{Mt}$和国库券利率r$_{ft}$有关					
2	平均月度风险溢价	0.37%	<-- =AVERAGE(E10:E311)			方法说明：利用St. Louis FRED三个月国库券的收益数据；数据已经被年度化了，它们除以12得到月收益数据。因为数据可以视为事前收益，因此1987年4月的数据归因于1987年5月。
3	月标准差	4.58%	<-- =STDEV(E10:E311)			
4						
5	年度风险溢价	4.40%	<-- =12*B2			
6	年标准差	15.85%	<-- =SQRT(12)*B3			
7						之所以使用三个月的数据而非一个月的数据，是因为后者的数据存在更多的问题。
8	日期	价格	收益	国库券收益率	市场风险溢价	
9	1/Apr/87	15/Jan/00				
10	1/May/87	15/Jan/00	1.02%	0.48%	0.53%	<-- =C10-D10
11	1/Jun/87	16/Jan/00	4.93%	0.49%	4.45%	<-- =C11-D11
12	1/Jul/87	17/Jan/00	4.82%	0.49%	4.33%	
13	3/Aug/87	18/Jan/00	3.77%	0.49%	3.28%	
295	1/Feb/11	28/Apr/00	3.36%	0.01%	3.35%	
296	1/Mar/11	28/Apr/00	0.03%	0.01%	0.01%	
297	1/Apr/11	2/May/00	2.90%	0.01%	2.90%	
298	2/May/11	30/Apr/00	-1.15%	0.01%	-1.16%	
299	1/Jun/11	28/Apr/00	-1.69%	0.00%	-1.69%	
300	1/Jul/11	26/Apr/00	-2.07%	0.00%	-2.07%	
301	1/Aug/11	19/Apr/00	-5.61%	0.00%	-5.61%	
302	1/Sep/11	12/Apr/00	-7.32%	0.00%	-7.32%	
303	3/Oct/11	23/Apr/00	10.36%	0.00%	10.36%	
304	1/Nov/11	23/Apr/00	-0.24%	0.00%	-0.24%	
305	1/Dec/11	24/Apr/00	1.02%	0.00%	1.02%	
306	3/Jan/12	29/Apr/00	4.37%	0.00%	4.37%	
307	1/Feb/12	4/May/00	4.22%	0.00%	4.22%	
308	1/Mar/12	8/May/00	3.23%	0.01%	3.22%	
309	2/Apr/12	7/May/00	-0.64%	0.01%	-0.65%	
310	1/May/12	30/Apr/00	-6.21%	0.01%	-6.21%	
311	1/Jun/12	4/May/00	3.53%	0.01%	3.53%	

用风险溢价直接计算默克的权益成本可得权益成本 r_E 接近 5％（注意我们仍然没有解决 r_f 的问题）：

	A	B	C
1	用风险溢价E(r$_M$) - r$_f$计算默克的权益成本		
2	默克的beta, β	0.6435	<-- ='Page 96'!B2
3	根据SP价格或收益计算的E(r$_M$)	4.40%	<-- ='Page 100'!B5
4	默克税率, T$_C$	12.84%	<-- ='Page 98'!B3
5	无风险收益率, r$_f$	2.00%	<-- Still to be discussed
6	默克权益成本, r$_{E,Merck}$		
7	传统的CAPM	4.83%	<-- =B5+B2*B3
8	税收调整的CAPM	4.74%	<-- =B5*(1-B4)+B2*(B3+B4*B5)
9			
10	注意：B8单元格中的税收调整模型利用等式： E(r$_M$) - r$_f$ (1-T$_C$) = E(r$_M$) - r$_f$ + T$_C$*r$_f$ 对于本例中较低的税率和较低的r$_f$来说，两种方法之间几乎没有区别。		

3.10.3 用戈登模型计算市场预期收益

美国 1987—2012 年历史市场收益 $E(r_M)$ 约为 4.40％。如果我们认为未来的预期收益率和历史平均值是一致的，那么用历史平均值是合适的。然而，我们可能想用当前市场数据直接计算未来的预期市场收益。

我们可以使用戈登模型进行计算。回忆第 3.6 节的内容，戈登模型指出，权益成本 r_E 可由下列公式计算得出：

$$r_E = \frac{Div_0(1+g)}{P_0} + g$$

这个公式同样可以适用于市场投资组合，故我们可以写成：$r_M = \frac{Div_0(1+g)}{P_0} + g$，这里 Div_0、P_0 和 g 分别是当前股利、价格和市场投资组合的增长率。假定公司的股利支付率是常数 a，EPS_0 是当前的每股收益，$Div_0 = a \times EPS_0$，g 是该公司收益增长率，我们可以得到：

$$E(r_M) = \frac{a \times EPS_0(1+g)}{P_0} + g = \frac{a \times (1+g)}{P_0/EPS_0} + g$$

公式中右边的 P_0/EPS_0 是公司的市盈率。我们可以用该公式来计算 $E(r_M)$。这个公式把当前的可观察到的市场参数和权益成本联系起来了。下面是计算过程：

	A	B	C
1	**用市盈率计算E(r_M)**		
2	2012年6月市场价格/市盈率	15.20	
3	权益现金流支付比率	50.00%	<-- 大约 U.S.：　股利 + 回购
4	预期市场权益现金流的增长率	5.00%	<-- 分析者的估计
5	市场预期收益, E(r_M)	8.45%	<-- =B3*(1+B4)/B2+B4

本章的剩余部分中，我们将使用该方法估计 $E(r_M)$。

3.11 什么是 CAPM 中的无风险利率

关于 r_f 似乎存在很多争议。有些作者建议使用短期利率，而其他人使用中期或长期利率。本书的作者为以前同时提出上述两项建议而感到十分抱歉，然而，在当前写作时，他认为你应当使用短期利率。① 就本章的例子而言，以下是 2012 年 6 月 29 日雅虎/财经上的一些数据：

US Treasury Bonds Rates				
Maturity	Yield	Yesterday	Last Week	Last Month
3 Month	0.06	0.06	0.06	0.05
6 Month	0.14	0.14	0.13	0.12
2 Year	0.30	0.30	0.30	0.26
3 Year	0.39	0.39	0.41	0.35
5 Year	0.71	0.69	0.75	0.69
10 Year	1.64	1.58	1.68	1.62
30 Year	2.75	2.68	2.76	2.71

3.12　计算 WACC：三个案例

在下面的章节中，我们计算三家公司：默克、全食超市和卡特彼勒的加权平均资本成本。所有案例中，我们令 $E(r_M) = 8.45\%$（由第 3.10 节中 S&P500 价格和市盈率计算得到），使用三个月的国库券利率，$r_f = 0.06\%$（见第 3.11 节）。

默克、全食超市和卡特彼勒这三个例子描述了 WACC 计算过程中的不同情况和很多即席的主观判断。②

3.13　计算默克公司的 WACC

前面我们已经讨论了默克公司的权益成本 r_E 和负债成本 r_D。下面的模板中总结了这些计算过程：

---

① 原因：由于资本资产定价模型适用于所有高风险资产，它也应该适用于债券（甚至是无违约债券如美国国债，因为它们遭受显著价格波动，这是有风险的）。这表明了风险资产的 β 包括了其持有期风险以及适当的无风险利率 r_f 应为短期利率。但是，在我 1997 年的 *Principles of Corporate Finance，A Valuation Approach* 一书中写到，一种估值方法（Oded Sarig）中，对 r_f 我们建议使用中期或长期国库券收益率。正如爱默生所说："愚蠢的一致性是人类思想里的妖怪，被那些小政客、哲学家和传教者所尊崇。"（爱默生忽视了学者……）

② 维基词典（http://en.wiktionary.org）将"ad hocery"定义为即兴推理。当其与金融理论结合使用时，我们更愿意将其视为现实与理论间的中庸之道。

	A	B	C
1		计算默克的**WACC**	
2	流通股	3.04	<-- 十亿
3	股价, 2012年6月29日	41.75	
4	权益价值, E	126.92	<-- =B2*B3
5	净负债, D	2.59	<-- 十亿
6	税率, T_C	12.84%	='Page 98'!B3
7	债务成本, r_D	4.23%	<-- 0.0423
8	市场预期收益, $E(r_M)$	8.45%	='Page 102'!B5
9	无风险利率, r_f	2.00%	
10	beta, β	0.6435	<-- ='Pages 91,93'!B3
11			
12	**WACC 基于每股股利的戈登模型**		
13	目前每股股利	1.68	<-- =4*'Page 84, bottom'!B43
14	增长率	2.02%	='Page 84, bottom'!E9
15	权益成本, r_E	6.13%	<-- =B13*(1+B14)/B3+B14
16	WACC	6.08%	<-- =B15*$B$4/($B$4+$B$5)+B7*(1-$B$6)*$B$5/($B$4+$B$5)
17			
18	**WACC 基于权益支付的戈登模型**		
19	目前权益支付	6,418	<-- 'Page 86'!E7
20	增长率	13.71%	<-- 'Page 86'!B9
21	权益成本, r_E	11.20%	<-- 'Page 88, bottom'!B20
22	WACC	13.90%	<-- =B21*$B$4/($B$4+$B$5)+B13*(1-$B$6)*$B$5/($B$4+$B$5)
23			
24	**WACC 基于传统的CAPM**		
25	权益成本, r_E	6.15%	<-- =B9+B10*(B8-B9)
26	WACC	6.03%	<-- =B25*$B$4/($B$4+$B$5)+B17*(1-$B$6)*$B$5/($B$4+$B$5)
27			
28	**WACC 基于税收调整的CAPM**		
29	权益成本, r_E	6.06%	<-- =B9*(1-B6)+B10*(B8-B9*(1-B6))
30	WACC	6.14%	<-- =B29*$B$4/($B$4+$B$5)+B21*(1-$B$6)*$B$5/($B$4+$B$5)
31			
32	**估计的WACC?**	6.08%	<-- =AVERAGE(B16,B26,B30)

估计默克公司的 WACC（单元格 B32）包括了一个主观判断：我们对三个比较接近的估计值求平均数，剔除了一个极端的估计值。

3.14　计算全食超市的 WACC

前面的章节中，我们指出，全食超市（WFM）的净负债为负数；该公司的流动资产超过其负债。过去的 5 年内，该公司的股利支出下降，并且在 2008 年 7 月—2011 年 1 月出现了中断：

	A	B	C	D	E	F	G
1	用戈登模型计算全食超市(WFM)的r$_E$						
2	WFM 股价 P$_0$, 2012年6月29日	95.32					
3	目前股利						
4	按季	0.14					
5	按年, Div$_0$	0.56	<-- =4*B4				
6	股利增长率, g 自2007年4月	-4.70%	<-- =(B26/B14)^(1/5.22)-1				
7	股利增长率, g 自2011年1月	14.41%					
8	戈登模型权益成本, r$_E$						
9	根据自2007年4月以来的股利支付	-4.14%	<-- =$B$5*(1+B6)/$B$2+B6				
10	根据自2011年1月以来的股利支付	15.08%	<-- =$B$5*(1+B7)/$B$2+B7				
11							
12	全食超市派息历史记录						
13	日期	每股股利					
14	11/Apr/07	0.18					
15	11/Jul/07	0.18					
16	10/Oct/07	0.18					
17	9/Jan/08	0.20					
18	9/Apr/08	0.20					
19	9/Jul/08	0.20					
20	6/Jan/11	0.10					
21	8/Apr/11	0.10					
22	22/Jun/11	0.10					
23	15/Sep/11	0.10					
24	11/Jan/12	0.14					
25	3/Apr/12	0.14					
26	27/Jun/12	0.14					
27							
28	股利期数	5.22	<-- =(A26-A14)/365				

全食超市股利：不规则且下滑

在本小节末尾的 WACC 的计算模板中，我们用的是 B9 和 B10 单元格的平均值。

全食超市的总权益支出显示，在过去 3 年中，公司从资本市场中吸收股权。我们不认为对总权益支出存在可以用于计算 WACC 的增长率。在全食超市 WACC 的计算模板中，我们不能使用该方法来计算权益成本。

	A	B	C	D	E	F
1	全食超市权益支出的戈登模型					
2	年	股利	发行普通股	股票期权行权收益	总权益支出	
3	2007	96,742	54,383		42,359	<-- =B3-C3
4	2008	109,072	18,019		91,053	
5	2009	0	4,286		-4,286	
6	2010	0	46,962		-46,962	
7	2011	52,620	296,719		-244,099	

	A	B	C
1	计算全食超市（WFM）的WACC		
2	流通股	183.56	<-- 百万
3	股价, 2012年6月29日	95.32	
4	股权价值, E	17,497	<-- =B2*B3,百万
5	净负债, D	-728	<-- 百万
6	税率, T_C	37.90%	<-- ='Page 75, bottom'!D5
7	负债成本, r_D	4.72%	<-- 根据财务报表中的长期借款利息
8	市场预期收益, $E(r_M)$	8.45%	<-- ='Page 102'!B5
9	无风险利率, r_f	0.06%	
10	beta, β	0.51	<-- 来自雅虎
11			
12	**WACC 基于每股股利的戈登模型**		
13	目前每股股利	0.56	<-- ='Page 104'!B5
14	增长率	5.47%	<-- =AVERAGE('Page 104'!B9:B10)
15	权益成本, r_E	6.09%	<-- =B13*(1+B14)/B3+B14
16	WACC	6.23%	<-- =B15*$B$4/($B$4+$B$5)+B7*(1-$B$6)*$B$5/($B$4+$B$5)
17			
18	**WACC 基于权益支付的戈登模型**		
19	目前权益支付		
20	增长率	不适用	
21	权益成本, r_E		
22	WACC		
23			
24	**WACC 基于传统的CAPM**		
25	权益成本, r_E	4.34%	<-- =B9+B10*(B8-B9)
26	WACC	4.53%	<-- =B25*$B$4/($B$4+$B$5)+B17*(1-$B$6)*$B$5/($B$4+$B$5)
27			
28	**WACC 基于税收调整的CAPM**		
29	权益成本, r_E	4.33%	<-- =B9*(1-B6)+B10*(B8-B9*(1-B6))
30	WACC	4.52%	<-- =B29*$B$4/($B$4+$B$5)+B21*(1-$B$6)*$B$5/($B$4+$B$5)
31			
32	估计的WACC?	5.09%	<-- =AVERAGE(B16,B26,B30)

3.15　计算卡特彼勒公司的 WACC

卡特彼勒公司的负债成本很低：

	A	B	C	D	E
1	卡特彼勒公司的负债和负债成本r_D 数据以千计				
2		2009/12/31	2010/12/31	2011/12/31	
3	现金	4,867,000	3,592,000	3,057,000	
4					
5	短期负债	9,648,000	7,981,000	9,784,000	
6	长期负债	24,944,000	20,437,000	21,847,000	
7					
8	净负债	29,725,000	24,826,000	28,574,000	
9					
10	利息费用	389,000	343,000	396,000	
11	负债成本, r_D?		1.26%	1.48%	<-- =D10/AVERAGE(C8:D8)

卡特彼勒公司的收益很高时,其所得税税率稳定在 25% 左右：

	A	B	C	D	E
1		**卡特彼勒税率**			
2		2009/12/31	2010/12/31	2011/12/31	
3	税前收益	569,000	3,750,000	6,725,000	
4	所得税费用	-270,000	968,000	1,720,000	
5	隐含的税率	-47.45%	25.81%	25.58%	<-- =D4/D3

下面我们列出了 10 年来该公司的派息历史记录。基于每股股利的戈登模型中我们将利用近 5 年来的年股利增长率来计算该公司的权益成本 r_E：

	A	B	C	D	E	F
1				**卡特彼勒股利增长率及戈登模型下的 r_E**		
2	日期	每股股利			股利增长	
3	18/Oct/01	0.18			整个时期	
4	17/Jan/02	0.18		季增长率	2.45%	<-- =(B43/B3)^(1/40)-1
5	18/Apr/02	0.18		年增长率	10.15%	<-- =(1+E4)^4-1
6	18/Jul/02	0.18				
7	17/Oct/02	0.18			近5年	
8	16/Jan/03	0.18		季增长率	2.16%	<-- =(B43/B23)^(1/20)-1
9	16/Apr/03	0.18		年增长率	8.92%	<-- =(1+E8)^4-1
10	17/Jul/03	0.18				
11	16/Oct/03	0.19			权益成本	
12	15/Jan/04	0.19		目前股价, P_0	90.60	
13	22/Apr/04	0.19		目前股利, Div_0	0.70	
14	16/Jul/04	0.21		股利增长率, g	8.92%	<-- =E9
15	21/Oct/04	0.21		戈登权益成本, r_E	9.77%	<-- =E13*(1+E14)/E12+E14
16	18/Jan/05	0.21				
17	21/Apr/05	0.21				
18	20/Jul/05	0.25				
19	20/Oct/05	0.25				
20	18/Jan/06	0.25				
21	20/Apr/06	0.25				
22	18/Jul/06	0.30				
23	19/Oct/06	0.30				
24	18/Jan/07	0.30				
25	19/Apr/07	0.30				
26	18/Jul/07	0.36				
27	18/Oct/07	0.36				
28	17/Jan/08	0.36				
29	17/Apr/08	0.36				
30	17/Jul/08	0.42				
31	16/Oct/08	0.42				
32	15/Jan/09	0.42				
33	16/Apr/09	0.42				

卡特彼勒的权益支出的变化非常大，我们使用近两年的增长率作为权益支出方法的基础来计算 r_E：

	A	B	C	D	E	F
1	卡特彼勒的权益支出					
2		股利	发行股票	股票回购	总权益支出	
3	2007/12/31	845	-328	2,405	2,922	<-- =B3+C3+D3
4	2008/12/31	953	-135	1,800	2,618	
5	2009/12/31	1,029	-89		940	
6	2010/12/31	1,084	-296		788	
7	2011/12/31	1,159	-123		1,036	
8						
9	增长率, 5年	-22.84%	<-- =(E7/E3)^(1/4)-1			
10	增长率, 近3年	4.98%	<-- =(E7/E5)^(1/2)-1			

使用这些数据, 我们可以得到计算该公司 WACC 的如下模板:

	A	B	C
1	计算卡特彼勒（CAT）的WACC		
2	流通股	624.72	<-- 百万
3	股价, 2012年6月29日	90.60	
4	股权价值, E	56.60	<-- =B2*B3/1000
5	净负债, D	28.57	<-- 十亿
6	税率, T_C	25.58%	<-- ='Page 106, bottom'!D5
7	负债成本, r_D	1.48%	<-- ='Page 106, top'!D11
8	市场预期收益, $E(r_M)$	8.45%	<-- ='Page 102'!B5
9	无风险利率, r_f	0.06%	
10	beta, β	1.98	<-- 雅虎
11			
12	**WACC 基于每股股利的戈登模型**		
13	目前每股股利	0.70	<-- =4*'Page 107'!B3
14	增长率	9.77%	<-- ='Page 107'!E15
15	权益成本, r_E	10.61%	<-- =B13*(1+B14)/B3+B14
16	WACC	7.42%	<-- =B15*$B$4/($B$4+$B$5)+B7*(1-$B$6)*$B$5/($B$4+$B$5)
17			
18	**WACC 基于权益支付的戈登模型**		
19	目前权益支付	1.036	<-- ='Page 108, top (中文)'!E7/1000
20	增长率	4.98%	<-- ='Page 108, top (中文)'!B10
21	权益成本, r_E	6.90%	<-- =B19*(1+B20)/B4+B20
22	WACC	4.96%	<-- =B21*$B$4/($B$4+$B$5)+B7*(1-$B$6)*$B$5/($B$4+$B$5)
23			
24	**WACC 基于传统的CAPM**		
25	权益成本, r_E	16.68%	<-- =B9+B10*(B8-B9)
26	WACC	11.08%	<-- =B25*$B$4/($B$4+$B$5)+B17*(1-$B$6)*$B$5/($B$4+$B$5)
27			
28	**WACC 基于税收调整的CAPM**		
29	权益成本, r_E	16.70%	<-- =B9*(1-B6)+B10*(B8-B9*(1-B6))
30	WACC	12.82%	<-- =B29*$B$4/($B$4+$B$5)+B21*(1-$B$6)*$B$5/($B$4+$B$5)
31			
32	**估计的WACC?**	11.95%	<-- =AVERAGE(B26,B30)

我们可以将 WACC 的估计分为两组: 两个戈登模型计算的 r_E 和 WACC 的估计值显著低于两个 CAPM 方法的估计值。在本例中, 我们采用后两种计算结果的平均值（我们一般倾向采用 CAPM 而非戈登模型）。

3.16 什么情况下模型不能工作

所有模型都有问题,世上没有完美的事情。[①]在这节中,我们讨论戈登模型和资本资产定价模型的一些潜在的问题。

3.16.1 戈登模型的问题

假如一家企业不支付股利或在未来的一段时间内,也没有马上支付股利的意向[②],显然前面讨论的戈登模型不能运算。即使对支付股利的企业,应用该模型也可能很难。许多时候,特别棘手的问题是要从过去股利中得出将来的股利支付率。

举例来说,1989—1998 年福特公司股利支付的历史数据如下:

	A	B	C
1	福特公司股利的历史数据 1989-1998年		
2	年	股利	
3	1989	3.00	
4	1990	3.00	
5	1991	1.95	
6	1992	1.60	
7	1993	1.60	
8	1994	1.33	
9	1995	1.23	
10	1996	1.46	
11	1997	1.64	
12	1998	22.81	
13	增长率, 1989-1997年	-7.27%	<-- =(B11/B3)^(1/8)-1
14	增长率, 1989-1998年	25.28%	<-- =(B12/B3)^(1/9)-1

这里的问题很容易确认:福特,它的股利在 1997 年之前一直在下降,1998 年支付的现金股利为 21.09 美元加上惯常的每季股利(1998 年合计为 1.72 美元)。如果我们用过去的历史数据来预测未来,任何超常的现金股利都将会引起我们过高估计未来的股利增长。就是排除这 21.09 美元的股利,也不能反映真实的情形。

通过福特公司 10 年股利历史数据来得出未来的股利支付也许不是最好的。用戈登模型的话,有几个解决方案:

● 如果我们排除 1998 年的超常股利 21.09 美元,那么在 1998 年的前四年中股利增长率是一个可观的数据为 6.64%。如果福特公司预期未来股利增长就按这个比率,那么——给定 1998 年末股价为 58.69 美元——戈登模型的权益成本为 9.77%:

---

① "快乐是真实和欲望的最大一致。"——斯大林(Stalin)
② 企业不能始终不支付股利,因为这样的一种意图也意味着股票价值是零。

	A	B	C
17	福特公司的股利（排除了1998年的股利$21.09）		
18	年	股利	
19	1989	3.00	
20	1990	3.00	
21	1991	1.95	
22	1992	1.60	
23	1993	1.60	
24	1994	1.33	
25	1995	1.23	
26	1996	1.46	
27	1997	1.64	
28	1998	1.72	
29	增长率, 1994-1998年	6.64%	<-- =(B28/B24)^(1/4)-1
30	Ford股价, end-1998年	58.69	
31	戈登权益成本	9.77%	<-- =B28*(1+B29)/B30+B29

● 另一种较好的选择可能是利用福特的权益总支出，就像本章演示过的那样。但是这个方法不是说我们可以避免主观判断（详见我们关于两阶段戈登模型的拓展应用）。

● 第三种获得福特公司的权益成本的替代方法是通过做一个详尽的公司财务模型来预测将来的股利。这些模型——在下两章介绍——是分析人员经常使用的。虽然它们较为复杂且非常耗时，但是它们考虑到了公司所有的生产和财务活动。因此，潜在地，它是一种更为精确的股利预测方法。

3.16.2 CAPM 的问题

在下面的电子表中，你会看到 S&P500 和 Big City Bagels(BIGC)公司的收益率。从回归中可以看出，该公司的 β 值为 -0.0542。

	A	B	C	D	E	F	G
1	**计算BIG CITY BAGEL的BETA值**						
2	S&P 500指数				**Big City Bagels (BIGC)**		
3	日期	价格			日期	价格	
4	May-96	669.12			May-96	46.25	
5	Jun-96	670.63	0.23%		Jun-96	38.75	-17.69%
6							
7							
8							
9							
10							
11							
12							
13							
14							
15							
16							
17							
18							
19							
20							
21	Oct-97	914.62	-3.51%		Oct-97	10.16	-79.54%

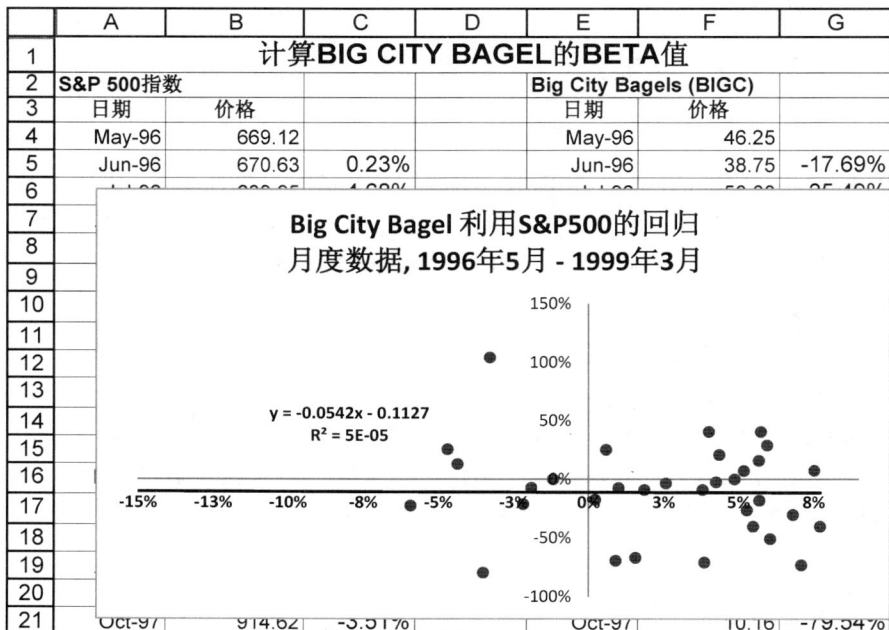

Big City Bagel 利用S&P500的回归 月度数据, 1996年5月 - 1999年3月

y = -0.0542x - 0.1127
R² = 5E-05

显然,BIGC 公司的股票是有风险的——其收益的年度标准差是 135%,而同期 S&P500 的收益的年度标准差为 17%。但是,BIGC 公司的 β 是 -0.0542,表明 BIGC 公司有——在组合投资的情况下——负风险。如果该结论是正确的,即意味着将 BIGC 公司加入到组合投资中会降低该组合投资的方差,这足以断定 BIGC 公司有负无风险收益。尽管这种情况对一部分股票可能是真的,但很难相信——长期来看——BIGC 公司的 β 值的确是负的。[①]

BIGC 公司的收益和 S&P500 指数之间回归分析的 R^2 格外低,基本为 0,这说明 S&P500 不能直接解释 BIGC 公司收益的任何变动。从统计学角度来看:斜率和截距的 t 统计量说明它们都不是显著不为 0。简而言之,这个回归表明 S&P500 与 BIGC 公司历史收益之间不相关。

什么原因使我们产生这种情况? 我们应该如何计算 BIGC 公司的资本成本? 下面是几种可选方案:

- 我们可以假设 BIGC 公司的 β 值是 -0.0542。公司在 1999 年 3 月的税率基本上是 0,因此传统的 CAPM 与税收调整后的 CAPM 一致:

	A	B	C
1	**计算BIGC的权益成本 r$_E$** **1999年3月**		
2	Big City 的 β 值	-0.0542	
3			
4	无风险利率, r$_f$	4.29%	
5	期望市场回报, E(r$_M$)	9.08%	
6	权益成本, r$_E$	4.03%	<-- =B4+B2*(B5-B4)

- 我们可以假设 BIGC 公司的 β 值是零。给出 BIGC 公司 β 估计值的标准差,统计上,β 值不是显著地不为零,所以这项假定是合理的。这意味着 BIGC 公司的所有风险是可分散的并且 BIGC 公司正确的权益成本是无风险利率。

- 我们可以假设 BIGC 公司和 S&P500 之间的协方差(或缺乏)不能表示它们未来的相关性。该假定导致我们得出 BIGC 公司的风险与那些类似的公司具有可比性的结论。对同一时期的快餐公司 β 值的一项研究表明,它们的 β 值超过 1:新世界咖啡的 β 值为 1.15,百事可乐的 β 值为 1.42,而星巴克咖啡的 β 值为 1.84。由此我们可能得出结论:BIGC 公司(未来与市场的相关性)的 β 值是在 1.15—1.84 之间。当然这个方法给出了 BIGC 公司完全不同的权益成本:

	A	B	C
1	**计算BIG CITY BAGELS的权益成本r$_E$** **假设期望的 β = 1.3**		
2	Big City的β值	1.3000	
3			
4	无风险收益, r$_f$	4.29%	
5	预期市场回报, E(r$_M$)	9.08%	
6	权益成本, r$_E$	10.52%	<-- =B4+B2*(B5-B4)

[①] 一种更可行的解释是:在这段期间内,BIGC 公司的收益与市场收益无关。

（其价值是什么，笔者会遵循后一种情况……）

3.17 本章小结

本章中，我们详细地说明了戈登股利模型和 CAPM 这两种模型在计算权益成本中的应用。我们对计算负债成本的四个可操作模型中的三个模型作了介绍。由于这些模型的应用包括许多主观判断，我们建议：

- 总是应该使用几种模型去计算资本成本。
- 如果你有时间，应试着去计算资本成本，不仅是你对所分析的公司计算，而且还应该对同行业的其他公司计算。
- 根据你的分析选取一致的资本成本估计值。要毫不犹豫地剔除那些不合理的数据（例如 BIGC 公司的负权益成本）。

总而言之，资本成本的计算不只是一种机械性的工作！

习题

1. ABC 公司的股价 $P_0 = 50$。公司刚支付了每股 3 美元的股利，有经验的股东认为股利将会按每年 5% 的比率增长。使用戈登股利模型计算 ABC 公司的权益成本。

2. Unheardof 公司刚支付了每股 5 美元的股利。该股利预计会按每年 15% 的比率增长。如果 Unheardof 公司的权益成本是 25%，那么该公司股票的市场价格应该为多少？

3. Dismal.com 是一个不景气的因特网产品的生产者。该公司现在不支付股利，但它的财务主管认为 3 年后可以支付每股 15 美元的股利，而且该股利将会按每年 20% 的比率增长。假设 Dismal.com 公司的权益成本是 35%，计算该公司基于股利折现的股票价值。

4. 下面是克莱斯勒公司股利和股价数据：

	A	B	C	D	E
1	克莱斯勒公司				
2	年	年末股价	每股股利	增长率	
3	1986		0.40		
4	1987		0.50	25.00%	<-- =C4/C3-1
5	1988		0.50	0.00%	<-- =C5/C4-1
6	1989		0.60	20.00%	<-- =C6/C5-1
7	1990		0.60	0.00%	<-- =C7/C6-1
8	1991		0.30	-50.00%	<-- =C8/C7-1
9	1992		0.30	0.00%	
10	1993		0.33	10.00%	
11	1994		0.45	36.36%	
12	1995		1.00	122.22%	
13	1996	35.00	1.40	40.00%	

使用戈登模型基于股利计算 1996 年克莱斯勒公司的权益成本。

5. TransContinental 航空公司的当前股价是每股 65 美元。TCA 目前每年支付的股利是每股 3 美元。在过去的五年里，该股利以每年 23％ 的比率增长。一位有名望的分析师认为目前的增长将在未来 5 年内保持不变，之后股利增长率将降到每年 5％。利用 twostagegordon 函数计算权益成本。①

6. ABC 公司已按每股 3 美元支付了股利。你——一位富有经验的分析家——觉得公司在未来的 10 年中，其股利增长率将会是 15％。在 10 年之后公司的股利增长率会减慢到行业的平均水平，约为每年 5％。假如 ABC 公司的权益成本是 12％，那么 ABC 公司股票今天的价值是多少？

7. 一家公司的 $\beta_{股权} = 1.5$、$\beta_{负债} = 0.4$。假如无风险收益率为 6％，预期市场收益率 $E(r_m)$ 是 15％，且公司税率为 40％。如果公司的资本结构是 40％ 的权益和 60％ 的负债，使用传统的 CAPM 和税收调整的 CAPM 计算加权平均资本成本。

8. 在本章的电子表中，你将看到下面的 Cisco 的股票价格和 S&P500 指数的月数据。计算等式：

$$r_{csco,\,t} = \alpha_{csco} + \beta_{csco} r_{SP,\,t}$$

包括 R^2、t 统计量和其系数。②

	A	B	C
1	\multicolumn{3}{c}{**CISCO (CSCO)和S&P 500价格 2002年7月 - 2007年6月**}		
2	**日期**	**S&P 500**	**CSCO**
3	3-Jul-02	911.62	13.19
4	1-Aug-02	916.07	13.82
5	3-Sep-02	815.28	10.48
6	1-Oct-02	885.76	11.18
7	1-Nov-02	936.31	14.92
8	2-Dec-02	879.82	13.10
9	2-Jan-03	855.70	13.37
10	3-Feb-03	841.15	13.98
11	3-Mar-03	848.18	12.98
12	1-Apr-03	916.92	15.00
13	1-May-03	963.59	16.41
14	2-Jun-03	974.50	16.79
15	1-Jul-03	990.31	19.49
16	1-Aug-03	1008.01	19.14
17	2-Sep-03	995.97	19.59
18	1-Oct-03	1050.71	20.93
19	3-Nov-03	1058.20	22.70
20	1-Dec-03	1111.92	24.23
21	2-Jan-04	1131.13	25.71
22	2-Feb-04	1144.94	23.16

---

① 为了计算这个问题你要将本章中的公式复制到你的答题电子表中。详见本书第 0 章。

② 为了计算这个问题你要将本章中的 tintercept 和 tslope 公式复制到你的答题电子表中。详见前一个注释。

9. 你考虑购买一家风险较大的公司债券。债券的面值为 100 美元,一年到期,票面利率为 22%,价格为 95 美元。你认为该公司实际支付的可能性是 80%,有 20% 的可能性违约,在违约的情况下你认为你能收回 40 美元。

(1) 该债券的期望收益是多少?

(2) 如果该公司的权益成本 $r_E = 25\%$,税率 $T_C = 35\%$,资本结构中权益资本占 40%,那么该公司的加权平均资本成本 WACC 等于多少?

10. 假设现在是 1997 年 1 月 1 日。Normal America 公司(NA)在最近 10 年内,每年年底都支付股利,见下表所示:

	A	B	C	D	E	F
1		**NORMAL AMERICA公司**				
2	年	12月31日股价	12月15日每股股利		年	**S&P 500**收益
3	1986	33.00				
4	1987	30.69	2.50		1987	4.7%
5	1988	35.38	2.50		1988	16.2%
6	1989	42.25	3.00		1989	31.4%
7	1990	34.38	3.00		1990	-3.3%
8	1991	36.25	1.60		1991	30.2%
9	1992	32.25	1.40		1992	7.4%
10	1993	43.00	0.80		1993	9.9%
11	1994	42.13	0.80		1994	1.2%
12	1995	52.88	1.10		1995	37.4%
13	1996	55.75	1.60		1996	22.9%

(1) 计算该公司的相对 S&P500 的 β 值。

(2) 假设国库券的利率是 5.5%,市场期望收益是 13%,如果公司税率是 35%,利用传统的 CAPM 和税收调整的 CAMP 计算公司的权益成本。

(3) 假设其负债成本是 8%。如果公司是由 1/3 的权益和 2/3 的负债构成融资,那么用以上两种 CAMP 计算的 WACC 是多少?

11. 在 2007 年 6 月底,S&P500 的价格收益比是 17.5。假设该指数可以代替整个市场,每年的股利支付比率为 50%,股利预期增长率是 7%,计算市场预期收益 $E(r_M)$。

12. 在该题的模板中给出了 Vanguard 500 指数基金(代号:VFINX)的价格数据。假设从市场的总体进行考虑,用这些数据计算:基于整个样本的市场预期收益;基于最后两年的月收益率的市场预期收益。(本题说明了使用历史市场数据估算预期收益过程中的一系列问题。)

13. 假设 S&P500 的价格收益比是 17.5,每年的股利支付比率为 50%,股利的预期增长率是 7%,那么 $E(r_M)$ 是多少?

	A	B	C
1	**根据市盈率P/E计算E(r$_M$)**		
2	当前S&P 500 P/E	17.5	
3	股利支付比率	50%	
4	股利增长率	7%	
5	E(r$_M$)		

14. 本题的模板中给出了 10 年来 Intel 公司季度股利历史信息。利用戈登股利模型计算该公司的权益成本 r_E,比较基于 10 年的增长率和 5 年的增长率计算的权益成本。

4

基于合并现金流量表的估值

4.1　概述

本书的第 2 章介绍四种企业估值的方法。所有这些基于计算企业价值(EV)的方法都被定义为该企业未来自由现金流(FCFs)的现值。

- 计算企业价值的会计方法是通过移动资产负债表上的一些项目,使得所有的经营项目都在资产负债表的左侧,而所有的金融项目都在右侧。
- 计算企业价值的有效市场方法是尽可能重新估计会计资产负债表中各个项目的市场价值。一个明显的重新估值是用权益的市场价值代替企业的账面价值。
- 计算企业价值的折现现金流(DCF)方法是将企业价值视为以加权平均资本成本(WACC)为折现率计算的未来预期自由现金流(FCFs)的现值。自由现金流是由该企业的生产性资产——即营运资金、固定资产、商誉等所创造的。在本书中我们采用两种实施 DCF 计算的方法,它们的差异在于推导该企业自由现金流的方法有所不同:

在本章中,我们基于对企业合并现金流量表的分析来预测未来预期自由现金流。这种方法易于实施且(对一个估值方法而言,都要花费一些时间)相对简单。

在第 5 章和第 6 章中,我们基于针对企业财务报表而建立的预计报表模型来推测未来的预期自由现金流。预计财务报表是经常被用于商业计划和企业估值中的有力工具,但其实施困难且非常耗时。

虽然第 4 章(本章)和第 5 章在推导用于折现的自由现金流的方法方面有所不同,但这二者都可以归结为以下模板:

	A	B	C	D	E	F	G	H
1			基本现金流估值模板					
2	目前自由现金流 (FCF)	1,000						
3	第1-5年的FCF增长率	8.00%						
4	FCF的长期增长率	5.00%						
5	加权平均资本成本 (WACC)	11.00%						
6								
7	年	0	1	2	3	4	5	
8	未来FCFs		1,080	1,166	1,260	1,360	1,469	<-- =F8*(1+$B$3)
9	终值						25,713	<-- =G8*(1+B4)/(B5-B4)
10	总和		1,080	1,166	1,260	1,360	27,183	<-- =G8+G9
11								
12	企业价值	20,933	<-- =NPV(B5,C10:G10)*(1+B5)^0.5					
13	加回初始现金	2,000	<-- 根据当前资产负债表					
14	减去负债	10,000	<-- 根据当前资产负债表					
15	权益价值	12,933	<-- =B12+B13-B14					
16	每股 （1,000股）	12.93	<-- =B15/1000					

两种 DCF 方法的区别在于它们推导预期自由现金流的方法不同。本章中，我们考查企业的合并现金流量表（CSCFs）并且据此估计预期自由现金流。假定你已学会了第 3 章中的加权平均资本成本 WACC（上表中的 11%）计算，那么我们就可以讨论关于估计短期增长率（上表中的 8%）和长期增长率（上表中的 5%）方面的问题。

我们关注一些重要的技术问题：

（1）从合并现金流量表（CSCFs）过渡到自由现金流（FCF）所需要进行的一些调整。这些调整包括：

- 融资项目调整；
- 对会计规则变更的修正；
- 剔除非前瞻性项目。

（2）日期不匹配。通常情况下日期间隔不均匀。例如，我们可能根据截至 12 月 31 日的年报进行预测，但实际的估值日期可能在 9 月份。如何让我们的估值更为合适呢？答案是使用 XNPV 函数，正如下面我们会看到的一样。

（3）估计与权益收益相对的资产回报。XIRR 函数为我们提供了答案。

最后我们讨论了使现实与我们的模板相符合的方法论（或者反之亦然？有时候这很难说！）。

4.2　自由现金流：度量企业经营活动所产生的现金

自由现金流（FCF）是度量企业业务所产生现金的最佳方法，它被定义为在不考虑企业融资方式时企业所产生的现金。在第 2 章中，我们已经讨论过 FCF 的定义，这里我们回顾其定义如下：

定义自由现金流		
税后利润	企业盈利能力的会计计量。这不是现金流	
＋折旧	非现金支出被追加到税后利润中去	
－经营性流动资产的增加	与销售有关的流动资产的增加不是以税收为目的的支出（因此在税后利润中也被忽视），但它是企业现金消耗的一个方面	为了计算 FCF，我们对于流动资产和流动负债的定义不包括融资项目，如现金和债务
＋经营性流动负债的增加	与销售有关的流动负债的增加给企业提供现金	
－固定资产原值的增加（资本支出）	固定资产（企业长期生产性资产）的增加也消耗现金，它将减少企业的自由现金流	
＋税后净利息支付	FCF 测量的是由企业业务活动产生的现金。为抵消利息支付对企业利润的影响，我们要加回税后净利息支付	

本章中，我们根据企业的合并现金流量表（CSCFs）来计算自由现金流（FCF）。

4.2.1 计算终值

企业价值（EV）被定义为所有未来 FCFs 的现值，即 $EV = \sum_{t=1}^{\infty} \dfrac{FCF_t}{(1+WACC)^t}$。 我们的估值模型对 FCF 短期增长率（第 1—5 年）和 FCF 长期增长率（第 6 年及以后的年度）分别作出了假定。将短期增长率记为 STg，长期增长率记为 LTg，企业价值可以写成：

$$EV = \underbrace{\sum_{t=1}^{5} \frac{FCF_0\,(1+STg)^t}{(1+WACC)^t}}_{\substack{\text{短期增长率条件}\\\text{第 1—5 年的现金}\\\text{流的现值}}} + \underbrace{\frac{1}{(1+WACC)^5}}_{\substack{\text{将终值折现}\\\text{到 0 时刻}}} \underbrace{\sum_{t=1}^{\infty} \frac{FCF_5\,(1+LTg)^t}{(1+WACC)^t}}_{\substack{\text{终值:长期增长率条}\\\text{件下,第 6 年及以后}\\\text{年度的现金流在第}\\\text{5 年时的现值}}}$$

使用标准化技术，我们可以得到：

$$\begin{aligned}
\text{终值} &= \sum_{t=1}^{\infty} \frac{FCF_5 \times (1+LTg)^t}{(1+WACC)^t} \\
&= \begin{cases} \dfrac{FCF_5 \times (1+LTg)}{WACC - LTg}, & \text{如果 } WACC > LTg \\[2mm] \text{未定义}, & \text{其他} \end{cases}
\end{aligned}$$

4.2.2 半年折现

将上述终值纳入，重写的企业估值（EV）公式如下：

$$EV = \sum_{t=1}^{5} \frac{FCF_t}{(1+WACC)^t} + \frac{1}{(1+WACC)^5} \frac{FCF_5(1+LTg)}{(WACC - LTg)}$$

该公式假定所有的现金流都发生在年末。事实上，大多数企业的现金流在整年内都会发生。如果我们假定平均情况下第 t 年的现金流发生在年度中间，我们可以重写 EV 的公式如下：

$$EV = \sum_{t=1}^{5} \frac{FCF_t}{(1+WACC)^{t-0.5}} + \frac{1}{(1+WACC)^{4.5}} \frac{FCF_5(1+LTg)}{(WACC - LTg)}$$

通过一点代数运算我们可以看到这种情况下如何使用 Excel 中的 NPV 函数：

$$EV = \underbrace{\left[\sum_{t=1}^{5} \frac{FCF_t}{(1+WACC)^t} + \frac{1}{(1+WACC)^5} \frac{FCF_5(1+LTg)}{(WACC - LTg)} \right]}_{\text{可以用Excel中的NPV函数来计算}} \times (1+WACC)^{0.5}$$

这种计算 EV 的方法贯穿全部本节内容。

4.3 一个简单的例子

ABC 公司过去 5 年的合并现金流量表如下：

	A	B	C	D	E	F	G
1		ABC公司 合并现金流量表, 2008-2012 年					
2		2008年	2009年	2010年	2011年	2012年	
3	经营活动:						
4	净收益	479,355	495,597	534,268	505,856	520,273	
5	将净收益调整为经营活动现金流量						
6	加回折旧和摊销	41,583	47,647	46,438	45,839	46,622	
7	经营性资产和负债的变化:						
8	减去应收账款的增加	9,387	25,951	-12,724	1,685	-2,153	
9	减去存货的增加	-37,630	-22,780	-16,247	-15,780	-5,517	
10	减去预付费用和其他资产的增加	-52,191	13,573	16,255	14,703	-2,975	
11	加上应付账款、应计费用、养老金和其他负债的增加	29,612	51,172	6,757	40,541	60,255	
12	经营活动提供的净现金流量	470,116	611,160	574,747	592,844	616,505	<-- =SUM(F4:F11)
13							
14	投资活动:						
15	短期投资，净额	-5,000	-55,000	50,000	-10,000	20,000	
16	购买财产、厂房和设备	-48,944	-70,326	-89,947	-37,044	-88,426	
17	财产、厂房和设备的处置收入	197	6,956	22,942	6,179	28,693	
18	投资活动使用的净现金流量	-53,747	-118,370	-17,005	-40,865	-39,733	<-- =SUM(F15:F17)
19							
20	筹资活动:						
21	债务偿还	0	0	-300,000	0	-7,095	
22	循环信贷借款所得	1,242,431	0	0	0	250,000	
23	股票发行收入	48,286	114,276	69,375	68,214	37,855	
24	股利支付	-332,986	-344,128	-361,208	-367,499	-378,325	
25	股票回购	-150,095	-200,031	-200,038	-200,003	-597,738	
26	筹资活动使用的净现金流量	807,636	-429,883	-791,871	-499,288	-695,303	<-- =SUM(F21:F25)
27							
28	现金结余的变化	1,224,005	62,907	-234,129	52,691	-118,531	<-- =F12+F18+F26
29							
30	补充披露现金流量信息						
31	本期支付现金						
32	所得税	255,043	175,972	314,735	283,618	305,094	
33	利息	83,553	83,551	70,351	57,151	57,910	
34							
35	所得税税率	34.73%	26.20%	37.07%	35.92%	36.96%	<-- =F32/(F4+F32)

为了将合并现金流量表（CSCFs）转化为自由现金流（FCFs），我们要剔除所有的金融项目。我们还要通过加回税后净利息对数据进行调整。由于我们想要用 CSCF 来预测未来 FCFs，我们可能也要剔除预期不会再次发生的经营和投资项目。[①]通常情况下，需要调整的项目包括以下几个方面：

- 保留 CSCF 中所有经营活动项目。
- 剔除所有融资活动项目。
- 仔细考查投资活动，剔除其中的金融项目，保留经营项目。
- 加回税后利息。

---

① 本例中不含这类项目。

本例中：

	A	B	C	D	E	F	G
1		ABC公司 合并现金流量表, 2008-2012年					
2		2008年	2009年	2010年	2011年	2012年	
3	经营活动:						
4	净收益	479,355	495,597	534,268	505,856	520,273	
5	将净收益调整为经营活动现金流量						
6	加回折旧和摊销	41,583	47,647	46,438	45,839	46,622	
7	经营性资产和负债的变化:						
8	减去应收账款的增加	9,387	25,951	-12,724	1,685	-2,153	
9	减去存货的增加	-37,630	-22,780	-16,247	-15,780	-5,517	
10	减去预付费用和其他资产的增加	-52,191	13,573	16,255	14,703	-2,975	
11	加上应付账款、应计费用、养老金和其他负债的增加	29,612	51,172	6,757	40,541	60,255	
12	经营活动提供的净现金流量	470,116	611,160	574,747	592,844	616,505	<-- =SUM(F4:F11)
13							
14	投资活动:						
15	短期投资, 净额						
16	购买财产、厂房和设备	-48,944	-70,326	-89,947	-37,044	-88,426	
17	财产、厂房和设备的处置收入	197	6,956	22,942	6,179	28,693	
18	投资活动使用的净现金流量	-53,747	-118,370	-67,005	-30,865	-59,733	<-- =SUM(F15:F17)
19							
20	筹资活动:						
21	债务偿还						
22	循环信贷借款所得						
23	股票发行收入						
24	股利支付						
25	股票回购						
26	筹资活动使用的净现金流量						
27							
28	利息调整前的自由现金流	416,369	492,790	507,742	561,979	556,772	<-- =F12+F18+F26
29	加回税后净利息	54,537	61,658	44,271	36,620	36,504	<-- =(1-F37)*F35
30	自由现金流 (FCF)	470,906	554,448	552,013	598,599	593,276	<-- =F28+F29
31							
32	补充披露现金流量信息						
33	本期支付现金						
34	所得税	255,043	175,972	314,735	283,618	305,094	
35	利息	83,553	83,551	70,351	57,151	57,910	
36							
37	所得税税率	34.73%	26.20%	37.07%	35.92%	36.96%	<-- =F34/(F4+F34)

企业价值和每股价值

现在我们已经估计出了该企业的历史自由现金流。为了应用该方法，我们还需要估计三个参数：

- ABC公司现金流的短期增长率。
- ABC公司现金流的长期增长率。
- 加权平均资本成本（WACC）。

凭借直觉和经验，可以选择如下参数进行估值和分析。模拟运算表对长期增长率和WACC进行了敏感性分析。

	A	B	C	D	E	F	G	H
1				ABC公司估值				
2	自由现金流(FCF) 截至2012年12月31日	593,276	<-- ='Page 122'!F30					
3	第1-5年FCF的增长率	8.00%	<-- 对短期增长率持乐观态度					
4	FCF的长期增长率	5.00%	<-- 对长期增长率持悲观态度					
5	加权平均资本成本，WACC	10.70%						
6								
7		2012年	2013年	2014年	2015年	2016年	2017年	
8	FCF		640,738	691,997	747,357	807,145	871,717	<-- =F8*(1+$B$3)
9	终值						30,510,086	<-- =G8*(1+B4)/(B3-B4)
10	总和		640,738	691,997	747,357	807,145	31,381,803	<-- =G8+G9
11								
12	企业价值	22,209,831	<-- =NPV(B5,C10:G10)*(1+B5)^0.5					
13	加上初始现金和有价证券	73,697	<-- 根据当前资产负债表					
14	减去2012年的金融负债	1,379,106	<-- 根据当前资产负债表					
15	股权价值	20,904,422	<-- =B12+B13-B14					
16	每股（100万流通股）	20.90	<-- =B15/1000000					
17								
18	数据表: 每股价值 vs 长期增长率和WACC							
19	表头,			长期增长率 ↓				
20	=IF(B5>B4,B16,"nmf") -->	20.90	0%	3%	6%	9%	12%	
21		6%	10.31	15.74	nmf	nmf	nmf	
22	WACC →	8%	9.48	14.48	34.45	nmf	nmf	
23		10%	8.74	13.33	31.73	-60.24	nmf	
24		12%	8.06	12.30	29.26	-55.55	nmf	
25		14%	7.44	11.35	27.02	-51.29	-12.14	
26		16%	6.87	10.49	24.98	-47.44	-11.23	
27		18%	6.36	9.71	23.12	-43.93	-10.40	

模拟运算表的表头（对模拟运算表实际计算对象进行命名）包含了一个 if 语句。如上所示，原因在于终值的计算公式只有在长期增长率小于 WACC 时才是有效的。

下面的章节中，我们考虑估值过程中产生的一系列问题。

4.4 默克：逆向工程法分析市场价值

本章中讨论的方法通常可以用来推断增长率的市场期望值。例如，考虑默克公司，分析处理其合并现金流量表可得 2011 年的 FCF 为 103.46 亿美元。运用第 3 章中计算出的 5.66% 的 WACC，并且对 FCF 短期和长期增长率给定一些任意值，我们可以得到默克公司如下的估值模板。[①]

	A	B	C	D	E	F	G	H
1				默克现金流估值模板				
2	目前自由现金流(FCF)	10,346	<-- ='Merck Free Cash Flow'!D51					
3	第1-5年FCF的增长率	3.00%						
4	FCF的长期增长率	3.00%	<-- 关键问题					
5	加权平均资本成本，WACC	5.66%	<-- 第2章					
6								
7	年	0	1	2	3	4	5	
8	FCF		10,656	10,976	11,305	11,645	11,994	<-- =F8*(1+$B$3)
9	终值						464,423	<-- =G8*(1+B4)/(B5-B4)
10	总和 (FCF+终值)		10,656	10,976	11,305	11,645	476,417	<-- =G8+G9
11								
12	企业价值	411,797	<-- =NPV(B5,C10:G10)*(1+B5)^0.5					
13	加回初始现金	14,972	<-- =13531+1441					
14	减去负债	17,515	<-- 根据当前资产负债表					
15	股权价值	409,254	<-- =B12+B13-B14					
16	流通股数	3,040,838,643	<-- 默克的财务报表					
17	模型得出的每股价值	134.59	<-- =B15/B16*1000000					
18	实际股价 (2011年12月30日)	37.70						

第 3 章中已经讨论了默克公司的 WACC，我们可以看到其合理的估计值介于 5%—7%

[①] 我们跳过了很多细节，具体可见本章的 Excel 文件。

之间;在第 3 章中 WACC 被确定为这些合理估计值的平均值 5.66%。如果短期增长率为 6%,长期增长率为 3%,那么我们的模型显示每股价值为 154.43 美元,这比默克公司的股价 37.7 美元高很多。我们使用模拟运算表可以确定目前的市场价格所代表的长期增长率和 WACC:

	A	B	C	D	E	F	G
20	数据表:模型中作为长期增长率和WACC的函数的每股价值,短期FCF增长率 = 6%						
21			长期增长率 ↓				
22	=IF(B5>B4,B17,"nmf") -->	154.43	-5%	-4%	-3%	-2%	0%
23		5.0%	51.83	56.09	61.42	68.28	90.21
24		5.2%	50.77	54.83	59.89	66.35	86.71
25		5.4%	49.76	53.63	58.43	64.52	83.48
26	WACC -->	5.6%	48.78	52.48	57.03	62.79	80.47
27		5.8%	47.84	51.37	55.70	61.15	77.67
28		6.0%	46.93	50.31	54.43	59.59	75.06
29		6.2%	46.06	49.29	53.22	58.11	72.62
30		6.4%	45.22	48.31	52.05	56.70	70.33
31		6.6%	44.40	47.36	50.94	55.35	68.18
32		6.8%	43.62	46.45	49.87	54.07	66.15
33		7.0%	42.86	45.58	48.85	52.84	64.25
34		7.2%	42.12	44.74	47.86	51.67	62.44
35		7.4%	41.41	43.92	46.91	50.54	60.74

我们使用 Excel 中的条件格式凸显了默克企业当前市场价格上下 20% 以内的每股价值。现在很明显市场所内含的默克企业自由现金流的长期增长率为负数。我们也可以对短期增长率做一些敏感性分析(可能默克的长期增长率如此低以及其短期增长率为 6% 并没有实际意义)。短期增长率变为 3% 后可到如下模拟运算表:

	A	B	C	D	E	F	G
20	数据表:模型中作为长期增长率和WACC的函数的每股价值,短期FCF增长率 = 3%						
21			长期增长率 ↓				
22	=IF(B5>B4,B17,"nmf") -->	134.59	-5%	-4%	-3%	-2%	0%
23		5.0%	45.71	49.40	54.02	59.96	78.96
24		5.2%	44.79	48.31	52.69	58.28	75.93
25		5.4%	43.91	47.26	51.42	56.70	73.12
26	WACC -->	5.6%	43.06	46.26	50.21	55.20	70.51
27		5.8%	42.24	45.30	49.05	53.77	68.09
28		6.0%	41.45	44.38	47.95	52.42	65.82
29		6.2%	40.69	43.49	46.90	51.13	63.70
30		6.4%	39.96	42.64	45.89	49.91	61.72
31		6.6%	39.25	41.82	44.92	48.74	59.85
32		6.8%	38.57	41.03	43.99	47.62	58.10
33		7.0%	37.91	40.27	43.10	46.56	56.44
34		7.2%	37.27	39.54	42.24	45.54	54.88
35		7.4%	36.66	38.83	41.42	44.56	53.40

结论仍然相同:默克企业的长期增长率的市场预期似乎为负数。

4.5 本章小结

本章举例说明了一个相对简单的企业估值技术。从合并现金流报表导出的自由现金流开始,我们建立了一个简单的评估模板,它是一个只有四个参数的函数:目前的 FCF、短期

FCF 增长率、长期 FCF 增长率和加权平均资本成本（WACC）。我们的技术能使我们专注于主要的估值参数，而且能让我们用逆向工程法分析当前市场价格中所内含的增长率和 WACC 的期望值。

习题

1. 本书配套的数据包中包含了 Kellogg（家乐氏）企业的信息。使用这些信息和第 4.1 节中的模板对该企业进行估值。

5

预计财务报表建模

5.1　概述

公司财务管理中,财务报表预测的用处是不容辩驳的。此预测有一个专门术语——预计财务报表(pro forma financial statement),它是许多公司财务分析的主要工具。本章和下一章,我们主要介绍预计财务报表在评价企业及企业证券方面的应用,它也构成许多信用分析的基础。通过考察预计财务报表,我们可以预测未来年度企业所需的融资是多少。我们可以用它做"What-If"模拟模型,并且当财务和销售数据变化时,我们可以通过预计财务报表模型了解该企业受到的影响是什么。

在本章中,我们提出了多种财务模型。所有这些模型都是由销售驱动的,即假设资产负债表和损益表的项目多数是直接或间接地与销售收入相关的。求解该模型的数学结构涉及线性方程组求解并在此基础上预测未来年度的资产负债表和损益表。但是,有关模型求解,电子表的用户不用担心;事实上,电子表可以通过迭代解决模型中的财务关系,而我们要操心的是如何正确地在 Excel 电子表中表明相关账户的关系。

5.2　财务模型如何工作:理论和一个初始实例

几乎所有的财务报表模型都是销售驱动(sales driven)的;这说明在财务报表中,一些重要的变量都要尽可能假设为企业销售收入的函数。例如,会计的应收账款直接就是企业销售收入的一个百分比。一些稍微复杂点的变量如固定资产(或一些其他的账户),它们都可以假设为是销售收入的一个阶梯函数,例如:

$$\text{固定资产} = \begin{cases} a, \text{如果销售} < A \\ b, \text{如果} A \leqslant \text{销售} < B \\ \cdots \end{cases}$$

为了求解财务预测模型,我们必须区分财务报表中的项目。在这些项目中,一些项目是销售收入的函数而另一些项目则是由相关政策所决定的。一般来说,在资产负债表中资产部分的项目都可设为销售收入的函数。流动负债一般也可设为销售收入的函数,而余下的长期负债和所有者权益一般是由政策决定的。

下面是一个简单的例子。我们要预测一家企业的财务报表,它目前的资产负债表和损益表如下:

	A	B
13	年	**0**
14	**损益表**	
15	销售	1,000
16	商品销售成本	(500)
17	债务利息支付	(32)
18	现金和有价证券利息收入	6
19	折旧	(100)
20	税前利润	374
21	所得税	(150)
22	税后利润	225
23	股息	(90)
24	留存收益	135
25		
26	**资产负债表**	
27	现金和有价证券	80
28	流动资产	150
29	固定资产	
30	按成本	1,070
31	折旧	(300)
32	固定资产净值	770
33	**总资产**	1,000
34		
35	流动负债	80
36	债务	320
37	股票	450
38	累计留存收益	150
39	**总负债和股东权益**	1,000

目前(第0年)的销售收入是1,000。预计该企业的销售收入将按每年10%的比率增长。另外,该预期财务报表满足下列关系:

流动资产	假设为该年销售收入的15%
流动负债	假设为该年销售收入的8%
固定资产净值	假设为该年销售收入的77%
折旧	假设为年内平均账面资产的10%
固定资产原值	净资产加上累计折旧
长期债务	企业既不偿还已有的债务,在五年内也不借入更多的资金
现金和有价证券	资产负债表的一个调节变量(见下面的解释);假设现金和流动证券的平均余额有8%的利息收入

5.2.1 "调节变量"

在财务报表建模中最重要的财务政策变量可能就是这个"调节变量"(plug)，这涉及资产负债表中"闭合"模型的项目的确定：

- 我们怎么保证资产和负债是相等的（这是会计视角中"闭合"）？
- 企业对增长的投资如何融资（这是财务视角的"闭合"）？

总之，在预计财务报表中的调节变量将是三个资产负债表项目中的一个：(1)现金和有价证券，(2)负债，(3)股票。[①]例如，看看我们第一个预计财务报表模型的资产负债表：

资　　产	负债及股东权益
现金和有价证券	流动负债
流动资产	长期负债
固定资产	权益
原值	股本（股东直接提供的资金净额）
－累计折旧	累积留存收益（未分配的利润）
固定资产净值	
总资产	负债和股东权益总计

本例中，我们假设现金和有价证券是一个"调节变量"。它有两重含义：

(1)"调节变量"的机制含义我们定义为：

$$现金和有价证券 = 总负债和所有者权益 - 流动资产 - 固定资产净值$$

通过使用这个定义，我们确保资产和负债总能相等。

(2)"调节变量"的财务含义：通过将"调节变量"定义为现金和有价证券，我们还可以说明企业是如何进行内部融资的。例如，在下一个模型中，企业没有出售额外的股票、未偿还任何原有的负债，也没有再增加负债。这个定义意味着企业所有融资（如果需要）的增量都来自于现金和有价证券账户；同时也意味着如果企业有额外的现金，它们也都将列入这个账户。

5.2.2 预测下一年的资产负债表和损益表

上面我们已经给出了今年（第 0 年）的财务报表。现在我们要预测第 1 年的财务报表：

---

① 正如第 3 章所指出的，现金常被认为是负的负债；反之亦然。我们在第 5.5 节中将回到这一点。

	A	B	C	D
1	建立财务报表模型			
2	销售增长	10%		
3	流动资产/销售	15%		
4	流动负债/销售	8%		
5	固定资产净值/销售	77%		
6	产品销售成本/销售	50%		
7	折旧率	10%		
8	债券利率	10.00%		
9	现金和有价证券的利息支付	8.00%		
10	税率	40%		
11	派息比率	40%		
12				
13	年	0	1	
14	损益表			
15	销售	1,000	1,100	<-- =B15*(1+$B$2)
16	商品销售成本	(500)	(550)	<-- =-C15*$B$6
17	债务利息支付	(32)	(32)	<-- =-$B$8*(B36+C36)/2
18	现金和有价证券利息收入	6	9	<-- =$B$9*(B27+C27)/2
19	折旧	(100)	(117)	<-- =-$B$7*(C30+B30)/2
20	税前利润	374	410	<-- =SUM(C15:C19)
21	所得税	(150)	(164)	<-- =-C20*$B$10
22	税后利润	225	246	<-- =C21+C20
23	股息	(90)	(98)	<-- =-$B$11*C22
24	留存收益	135	148	<-- =C23+C22
25				
26	资产负债表			
27	现金和有价证券	80	144	<-- =C39-C28-C32
28	流动资产	150	165	<-- =C15*$B$3
29	固定资产			
30	按成本	1,070	1,264	<-- =C32-C31
31	折旧	(300)	(417)	<-- =B31+C19
32	固定资产净值	770	847	<-- =C15*$B$5
33	总资产	1,000	1,156	<-- =C32+C28+C27
34				
35	流动负债	80	88	<-- =C15*$B$4
36	债务	320	320	<-- =B36
37	股票	450	450	<-- =B37
38	累计留存收益	150	298	<-- =B38+C24
39	总负债和股东权益	1,000	1,156	<-- =SUM(C35:C38)

大多数公式是显而易见的。（"＄"符号——表示当公式被复制时，单元格中的模型参数不变化——很重要！如果你不加＄符号，在复制第 2 年以及以后年度的数据时，会出错。）每一年中（模型参数用粗体字表示）：

5.2.3 损益表中的等式

- 销售收入＝起始销售收入×(1＋销售增长率)^{年数}
- 销售成本＝销售收入×销售成本/销售收入

该假设是只与销售有关的费用才算销售成本。大多数企业按费用项目记账，分为：销售、总务和管理支出（SG&A）。很明显，你需要做一些调整（见本章最后的习题）。

- 负债的利息费用＝负债利息率×年平均负债

该公式使我们适应模型中负债偿还和以不同利率滚动偿债的变化。注意，模型在目前版本中，负债还是常数；但是在后面将要讨论的其他模型版本中，负债会随时间变化。

- 现金和有价证券的利息收入＝现金利息率×现金和有价证券的年平均值

- 折旧＝折旧率×固定资产原值的年平均值

该公式假设所有新固定资产都是在年内购买的。我们还假设该年没有固定资产清理。

- 税前利润＝销售收入－销售成本－债务的利息支付＋现金和有价证券的利息收入－折旧
  - 税金＝税率×税前利润
  - 税后利润＝税前利润－税金
  - 股利＝股利支付率×税后利润

假设企业以一个固定的利润百分比支付股利。替代假设是该企业对它的每股股票的股利有一个目标值。

- 未分配利润＝税后利润－股利

5.2.4 资产负债表中的等式

- 现金和有价证券＝总负债和所有者权益－流动资产－固定资产净值

正如前面所解释的,该公式表明现金和有价证券是资产负债表的一个调节变量。

- 流动资产＝流动资产/销售收入×销售收入
- 固定资产净值＝固定资产净值/销售收入×销售收入[①]
- 累计折旧＝上一年的累计折旧余额＋折旧率×固定资产原值的年平均值

注意这个模型不区分厂房设备和其他如土地等的固定资产。

- 流动负债＝流动负债/销售收入×销售收入
- 假设长期债务不变。我们以后将会研究替代模型,假设长期债务是资产负债表的一个调节变量。
- 股本金不改变。(股东不提供额外的直接融资:假定该企业不发行新股票,也不回购股票。)
- 累计未分配利润＝上一年的累计未分配利润＋本年增加的未分配利润

Excel 中的循环引用

在 Excel 中财务报表模型所包含的单元格是相互依赖的。因此模型的求解能力取决于 Excel 解决循环引用的能力。假如你打开一个包含迭代计算的电子表,如果你没有设置循环引用,你会看到如下出错信息:

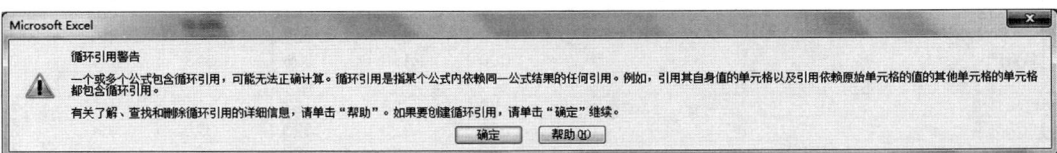

为了确保电子表能够重新计算,你应该选择主菜单的"文件|选项|公式",并点击"启用迭代计算":

---

① 这不是对固定资产建模的唯一方法。另一种替代方法是假设固定资产净值是恒定的;见第 5.6 节的具体应用。

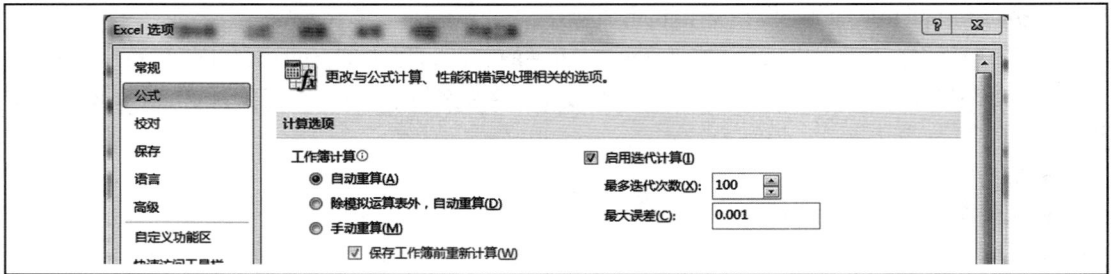

5.2.5 扩展模型到第 2 年及以后年度

现在你已经建立起模型，按列复制，就可扩展到其他年度：

	A	B	C	D	E	F	G
1	第一个财务模型						
2	销售增长率	10%					
3	流动资产/销售收入	15%					
4	流动负债/销售收入	8%					
5	固定资产净值/销售收入	77%					
6	销售成本/销售收入	50%					
7	折旧率	10%					
8	负债的利息费用率	10.00%					
9	现金和有价证券的利息支付率	8.00%					
10	所得税率	40%					
11	股利支付率	40%					
12							
13	年	0	1	2	3	4	5
14	损益表						
15	销售收入	1,000	1,100	1,210	1,331	1,464	1,611
16	销售成本	(500)	(550)	(605)	(666)	(732)	(805)
17	负债的利息费用	(32)	(32)	(32)	(32)	(32)	(32)
18	现金和有价证券的利息收入	6	9	14	20	26	33
19	折旧	(100)	(117)	(137)	(161)	(189)	(220)
20	税前利润	374	410	450	492	538	587
21	税金	(150)	(164)	(180)	(197)	(215)	(235)
22	税后利润	225	246	270	295	323	352
23	股利	(90)	(98)	(108)	(118)	(129)	(141)
24	未分配的利润	135	148	162	177	194	211
25							
26	资产负债表						
27	现金和有价证券	80	144	213	289	371	459
28	流动资产	150	165	182	200	220	242
29	固定资产						
30	原值	1,070	1,264	1,486	1,740	2,031	2,364
31	折旧	(300)	(417)	(554)	(715)	(904)	(1,124)
32	固定资产净值	770	847	932	1,025	1,127	1,240
33	总资产	1,000	1,156	1,326	1,513	1,718	1,941
34							
35	流动负债	80	88	97	106	117	129
36	长期负债	320	320	320	320	320	320
37	股本金	450	450	450	450	450	450
38	累积未分配的利润	150	298	460	637	830	1,042
39	负债和股东权益总计	1,000	1,156	1,326	1,513	1,718	1,941

注意在两列财务模型和该模型的转换过程中，最容易犯的一种错误就是模型中的有关参数没有标上"＄"符号。如果你犯了这个错误，你会发现在应该出现数据的地方出现了零。

5.3 自由现金流:度量经营活动产生的现金

既然我们有了财务模型,我们就可以用它来进行财务预测。自由现金流(free cash flow,FCF)是估值中最重要的计算。FCF——在不考虑筹资方式的情况下由企业经营产生的现金——是测量由企业活动产生现金的最佳方法。第 2 章中包括了对 FCF 的进一步讨论。作为参考,这里我们简要地重述该定义:

定义自由现金流		
税后利润	企业盈利能力的会计计量,这不是现金流	
+折旧	非现金支出被追加到税后利润中去	
一经营性流动资产的增加	与销售有关的流动资产的增加不是以税收为目的的支出(因此在税后利润中也被忽视),但它是企业现金消耗的一个方面	为了计算 FCF,我们对于流动资产和流动负债的定义不包括融资项目,如现金和债务
+经营性流动负债的增加	与销售有关的流动负债的增加给企业提供现金	
一固定资产原值的增加(资本支出)	固定资产(企业长期生产性资产)的增加也消耗现金,它将减少企业的自由现金流	
+税后净利息支付	FCF 测量的是由企业业务活动产生的现金。为抵消利息支付对企业利润的影响,我们要加回税后净利息支付	

这里是对我们企业的计算:

	A	B	C	D	E	F	G
40							
41	年	0	1	2	3	4	5
42	自由现金流计算						
43	税后利润		246	270	295	323	352
44	追加折旧		117	137	161	189	220
45	减去流动资产的增加		(15)	(17)	(18)	(20)	(22)
46	追加流动负债的增加		8	9	10	11	12
47	减去按成本价的固定资产的增加		(194)	(222)	(254)	(291)	(333)
48	追加债务的税后利息		19	19	19	19	19
49	减去现金和有价证券的税后利息		(5)	(9)	(12)	(16)	(20)
50	自由现金流计算		176	188	201	214	228

调节现金余额

自由现金流的计算不同于合并现金流量表,合并现金流量表是会计报表的一个部分。合并现金流量表的目的是为了解释资产负债表中现金账户的增加,它是企业经营、投资和筹资活动现金流的函数。在前面的例子中我们把现金和有价证券看作是资产负债表的调节变量;然而它也可从标准的会计现金流量表中得到:

	A	B	C	D	E	F	G	H
53			合并现金流量表: 调节现金余额					
54	经营活动产生的现金流:							
55	税后利润		246	270	295	323	352	<-- =G22
56	加折旧		117	137	161	189	220	<-- =-G19
57	对净运营资金变化的调整:							
58	减去流动资产的增加		(15)	(17)	(18)	(20)	(22)	<-- =-(G28-F28)
59	加流动负债的增加		8	9	10	11	12	<-- =G35-F35
60	来自经营活动的净现金		356	400	448	502	562	<-- =SUM(G55:G59)
61								
62	投资活动产生的现金流:							
63	固定资产获得——资本支出		(194)	(222)	(254)	(291)	(333)	<-- =-(G30-F30)
64	长期证券投资		0	0	0	0	0	<-- 不在我们的模型内
65	出资长期证券投资的收益		0	0	0	0	0	<-- 不在我们的模型内
66	用在投资活动的净现金		(194)	(222)	(254)	(291)	(333)	<-- =SUM(G63:G65)
67								
68	筹资活动产生的现金流:							
69	来自借款活动的现金收入		0	0	0	0	0	<-- =G36-F36
70	来自股票发行, 回购的现金收入		0	0	0	0	0	<-- =G37-F37
71	股利支付		(98)	(108)	(118)	(129)	(141)	<-- =G23
72	来自筹资活动的净现金		-98	-108	-118	-129	-141	<-- =SUM(G69:G71)
73								
74	现金和现金等价物的净增加		64	70	76	82	88	<-- =G72+G66+G60
75	检查: 在现金和有价证券中的变化		64	70	76	82	88	<-- =G27-F27

行75检查了由合并现金流量表计算出的现金账户的变化与根据财务模型(这里将现金作为调节变量使用)推导出的现金账户的变化是相一致的。就像你看到的一样,模型起了作用,合并现金流量表中现金余额的变化实际上与预测模型中预计资产负债表现金余额的变化是相符的。

5.4 使用 FCF 对企业及其权益进行估值

企业价值是该企业未来预期自由现金流量的现值。我们可以使用 FCF 的预测和资本成本来确定企业价值。假设我们确定该企业的加权平均资本成本(WACC)是 20%(WACC 的计算在第 2 章中已讨论),那么企业价值是该企业预计 FCFs 的折现值加上它的终值:

$$企业价值 = \sum_{t=1}^{\infty} \frac{FCF_t}{(1+WACC)^t}$$

大多数财务分析人员认为无法预测无限项自由现金流;因此,预计现金流常在某一期之后停止,用一个终值来替代这个日期之后的剩余现金流:

$$企业价值 = \frac{FCF_1}{(1+WACC)^1} + \frac{FCF_2}{(1+WACC)^2} + \cdots + \frac{FCF_5}{(1+WACC)^5} + \frac{第5年的终值}{(1+WACC)^5}$$

在这个公式中,第 5 年的终值代表了第 5 年之后所有 FCFs 的现值。我们不用从第 6 年开始向后预测 FCFs,而是使用最常见的终值模型,假定第 5 年的自由现金流的长期增长率为 LTg,假设 $|LTg| < WACC$:

$$第5年年末终值 = \sum_{t=1}^{\infty} \frac{FCF_{t+5}}{(1+WACC)^t}$$
$$= \sum_{t=1}^{\infty} \frac{FCF_5 \times (1+LTg)^t}{(1+WACC)^t}$$

$$= \frac{FCF_5 \times (1 + LTg)}{WACC - LTg}$$

这个模型(基于该公式计算一个增长年金的现值,见第 1.1 节)假设第 5 年现金流的增长将在长期趋向一个稳定的增长率。注意,如果长期增长率 LTg 大于或等于 $WACC$,则该公式无意义;在这种情况下,终值将会是无限大(显然不可能)。

这里有一个使用该预测方法的例子:

	A	B	C	D	E	F	G	H	I	J
53	**企业估值**									
54	加权平均资本成本	20%								
55	自由现金流长期增长率	5%	<-- 实际 2% + 通货膨胀 3%?							
56										
57	年		0	1	2	3	4	5		
58	FCF			176	188	201	214	228		
59	终值							1,598	<-- =G58*(1+B55)/(B54-B55)	
60	总计			176	188	201	214	1,826		
61										
62	企业价值,行60的现值	1,231	<-- =NPV(B54,C60:G60)							
63	加上开始年(第0年)的现金和有价证券	80	<-- =B27							
64	公司价值	1,311	<-- =B63+B62							
65	减去企业现在的负债	-320	<-- =-B36							
66	股权价值	991	<-- =B64+B65							

注意到在 B55 中 FCF 的长期增长率与 B2 中的销售增长率不同。销售增长率是第 1—5 年的预期增长率;长期增长率是通过企业市场部作出的更加实际的现实估计来得到的。对于在一个成熟市场中运作的企业,我们常用实际增长率加上预期通胀作为长期 FCF 增长率的估计。

5.5 估值过程中的一些注意事项

本节中我们会涉及与第 5.4 节中的估值过程相关的一些问题。

5.5.1 终值

确定终值时我们使用了在第 1 章中描述的增长年金的一个版本。我们假定——5 年预测范围后——现金流量按长期增长率 5% 的比率增长。根据这项假定,终值公式为:

$$在第 5 年年末的终值 = \frac{FCF_5 \times (1 + 长期 \ FCF \ 增长率)}{WACC - 长期 \ FCF \ 增长率}$$

正如前面的章节中所提及的,只有在长期 FCF 增长率小于 WACC 时该公式才有意义。

还有计算终值的其他方法。下面所有各项的一般变化都能在我们的模型框架下实施(见本章末尾的习题):

- 终值=第 5 年负债的账面价值+权益

该计算假设账面价值正确地预测了市场价值。

- 终值=(企业的市场与账面价值之商)×(第 5 年的负债的账面价值+权益)
- 终值=P/E 比率×第 5 年的利润+第 5 年的负债的账面价值

- 终值＝EBITDA 比率×第 5 年的预期 EBITDA
（EBITDA＝在利息、税、折旧和摊销之前的盈利。）

5.5.2 估值中现金和有价证券的处理

注意,这里我们把初始现金加到预计 FCFs 的现值中去得到企业价值。该处理有如下假设：

- 产生随后年度的 FCFs 不需要第 1 年年初现金和有价证券的余额。
- 现金和有价证券第 1 年年初的余额是"盈余",可以留下或支付给股东,不影响企业的未来经济能力。

有时由投资银行和股权分析人员作出的完全等价的假设是起始现金余额是逆负债。如果你做了这样的假设,你就能用下面的方法估计企业权益的价值：

	A	B	C	D
68	**作为逆负债的现金和有价证券**			
69	行60的现值 = 公司价值	1,231	<-- =B62	
70	第0年的净负债：负债减现金	-240	<-- =-B36+B27	
71	股权价值	991	<-- =B69+B70	

5.5.3 半年折现

虽然 NPV 公式假设所有的现金流量在年底发生,但更合乎逻辑的假设是它们在一整年内平稳地发生,那么在年度中期,我们就应该按平均水平折现该现金流量。这意味着按下列公式计算企业价值更合乎逻辑：

$$企业价值 = \frac{FCF_1}{(1+WACC)^{0.5}} + \frac{FCF_2}{(1+WACC)^{1.5}} + \cdots + \frac{FCF_5}{(1+WACC)^{4.5}} + \frac{第 5 年的终值}{(1+WACC)^{4.5}}$$

$$= \underbrace{\left[\frac{FCF_1}{(1+WACC)^1} + \frac{FCF_2}{(1+WACC)^2} + \cdots + \frac{FCF_5}{(1+WACC)^5} + \frac{第 5 年的终值}{(1+WACC)^5}\right]}_{\text{可以用Excel中的NPV函数来计算}}$$

$$\times (1+WACC)^{0.5}$$

将半年折现合并到我们的评价计算中,见下表：

	A	B	C	D	E	F	G	H	I	J
74	**企业估值--按半年折现**									
75	加权平均资本成本	20%								
76	自由现金流长期增长率	5%								
77										
78	年	0	1	2	3	4	5			
79	FCF		176	188	201	214	228			
80	终值						1,598	<-- =G79*(1+B76)/(B75-B76)		
81	总计		176	188	201	214	1,826			
82										
83	企业价值，行81的NPV	1,348	<-- =NPV(B75,C81:G81)*(1+B75)^0.5							
84	加上开始年（第0年）的现金和有价证券	80	<-- =B27							
85	公司价值	1,428	<-- =B84+B83							
86	减去企业现在的负债	-320	<-- =B65							
87	股权价值	1,108	<-- =B85+B86							

5.6　固定资产建模的替代方法

　　本章的模型中假设固定资产净值(NFA)是销售收入的一个函数。实际上,这意味着我们假设固定资产折旧具有实际经济意义,使得这些资产的生产能力是由其折旧后的价值决定。在本章抽象的预测模型中,这在我们看来似乎是一个可以接受的假设。

　　然而,金融建模人员可能考虑另外两种替代模型。第一个是折旧没有经济意义。在这种情况下固定资产总值是销售收入的一个函数。第二个是假设如果维护得当,现有固定资产的基础是可以适应未来销售的合理水平的。[1]这两种替代模型都很容易应用到已经建立的预测框架中;在本节的剩余部分,我们将给予说明。

5.6.1　固定资产总值是销售收入的一个函数

　　假设折旧没有任何经济含义,那么固定资产原值代表了资产的未来生产能力。[2]这只需要在我们之前的模型上进行一个很小的调整:

	A	B	C	D	E	F	G	H
1	固定资产原值是销售收入的一个函数							
2	销售增长率	10%						
3	流动资产/销售	15%						
4	流动负债/销售	8%						
5	固定资产原值/销售	107%						
6	销货成本/销售	50%						
7	折旧率	10%						
8	负债的利息费用率	10.00%						
9	现金和有价证券的利息支付率	8.00%						
10	税率	40%						
11	股利支付率	40%						
26	资产负债表							
27	现金和有价证券	80	229	398	589	805	1,049	
28	流动资产	150	165	182	200	220	242	
29	固定资产							
30	原值	1,070	1,177	1,295	1,424	1,567	1,723	<-- =$B$5*G15
31	折旧	(300)	(412)	(536)	(672)	(821)	(986)	<-- =F31+G19
32	固定资产净值	770	765	759	752	745	737	<-- =G30+G31
33	总资产	1,000	1,158	1,338	1,541	1,770	2,028	

5.6.2　固定资产净值是恒定的

　　在特定情况下,假设如果维护得当现有固定资产可以适应未来销售的合理水平。例如一个超市——如果折旧的经济含义是为现有客户群提供服务所需要的维护和置换资产的花费,那么这意味着固定资产净值是恒定不变的。很多哈佛案例中都作出了该假设。[3]

---

　　① 第三种替代方法是对未来固定资产支出进行建模。虽然这可能略微增强了财务模型的真实性,但它往往只是给建模增添了更多的困惑。

　　② 当然,折旧会继续影响现金流,即减少应纳税所得额。

　　③ William Fruhan, 1979, *Financial Strategy: Studies in the Creation, Transfer, and Destruction of Shareholder Value*, Irwin, p.161.

该变动在我们的基础模型中很容易体现,如下所示:

	A	B	C	D	E	F	G	H
1			固定资产净值恒定 折旧重新投资于固定资产					
2	销售增长率	10%						
3	流动资产/销售	15%						
4	流动负债/销售	8%						
5	固定资产净值	恒定						
6	销货成本/销售	50%						
7	折旧率	10%						
8	负债的利息费用率	10.00%						
9	现金和有价证券的利息支付率	8.00%						
10	税率	40%						
11	股利支付率	40%						
26	资产负债表							
27	现金和有价证券	80	223	386	570	777	1,010	
28	流动资产	150	165	182	200	220	242	
29	固定资产							
30	按成本价格	1,070	1,183	1,307	1,445	1,597	1,765	<-- =G32-G31
31	折旧	(300)	(413)	(537)	(675)	(827)	(995)	<-- =F31+G19
32	固定资产净值	770	770	770	770	770	770	<-- =F32
33	总资产	1,000	1,158	1,337	1,539	1,767	2,022	

该模型隐含折旧等于资本支出。我们可以从自由现金流中看出这一点:

	A	B	C	D	E	F	G	H
41	年	0	1	2	3	4	5	
42	自由现金流计算							
43	税后利润		251	284	320	361	406	
44	追加折旧		113	124	138	152	168	<-- =-G19
45	减去流动资产的增加		(15)	(17)	(18)	(20)	(22)	
46	追加流动负债的增加		8	9	10	11	12	
47	减去按成本价的固定资产的增加		(113)	(124)	(138)	(152)	(168)	<-- =-(G30-F30)
48	追加债务的税后利息		19	19	19	19	19	
49	减去现金和有价证券的税后利息		(7)	(15)	(23)	(32)	(43)	
50	自由现金流计算		255	281	308	339	372	

5.7 敏感性分析

在 Excel 的模型中,我们可以将敏感性分析广泛地应用到我们的估值中去。拿第 5.3 节的例子来说,假如我们要问销售增长率对企业权益价值的影响如何:

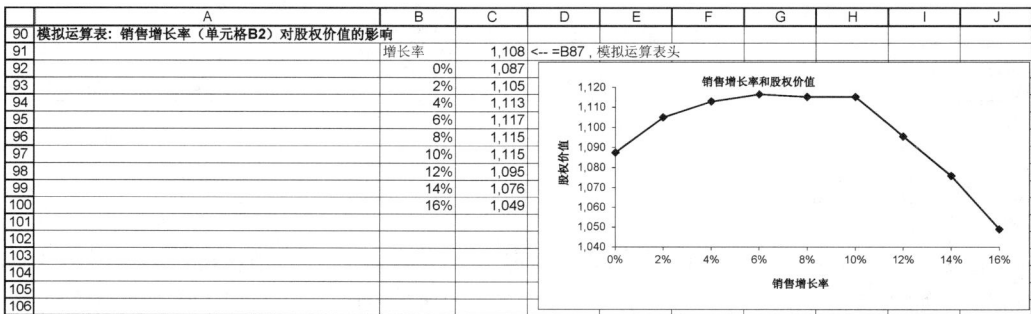

	A	B	C	D	E	F	G	H	I	J
90	模拟运算表:销售增长率(单元格B2)对股权价值的影响									
91		增长率	1,108	<-- =B87,模拟运算表头						
92		0%	1,087							
93		2%	1,105							
94		4%	1,113							
95		6%	1,117							
96		8%	1,115							
97		10%	1,115							
98		12%	1,095							
99		14%	1,076							
100		16%	1,049							
101										
102										
103										
104										
105										
106										

单元格 B91:C100 是一张模拟运算表(如果你不知道怎样建立,请参见第 31 章)。尽管开始销售增长率增加企业的价值也提升,但太高的销售增长率实际上会降低企业价值。其原因是固定资产/销售的比率太高,这里我们将该问题留给你去做一个相关的检验。

另一个变化是为了计算 FCF 长期增长率和 WACC 二者对权益价值的影响。然而,这里你必须小心:仔细考查终值公式,终值 $= \dfrac{FCF_5 \times (1 + FCF\ 长期增长率)}{WACC - FCF\ 长期增长率}$,该公式只有当

WACC 大于增长率时才可以使用。[①]为了解决这个问题，我们对单元格 B107（这是用模拟运算表进行敏感性分析的对象）定义如下：

	A	B	C	D	E	F	G	H	I	J	K
107			WACC ↓								
108	=IF(B75<=B76,"nmf",B87) →	1,108.37	10%	12%	14%	16%	18%	20%	22%	24%	26%
109		0%	2,038.12	1,660.04	1,390.52	1,188.82	1,032.29	907.35	805.37	720.58	649.00
110	FCF长期增长率 -->	2%	2,447.00	1,915.96	1,562.34	1,310.08	1,121.12	974.36	857.11	761.31	681.59
111		4%	3,128.45	2,299.84	1,802.89	1,471.75	1,235.34	1,058.12	920.35	810.19	720.10
112		6%	4,491.36	2,939.65	2,163.72	1,698.09	1,387.62	1,165.81	999.40	869.93	766.32
113		8%	8,580.08	4,219.26	2,765.09	2,037.61	1,600.82	1,309.39	1,101.03	944.61	822.81
114		10%	nmf	8,058.09	3,967.84	2,603.47	1,920.62	1,510.41	1,236.55	1,040.62	893.42
115		12%	nmf	nmf	7,576.07	3,735.18	2,453.61	1,811.94	1,426.27	1,168.64	984.20
116		14%	nmf	nmf	nmf	7,130.34	3,519.60	2,314.48	1,710.85	1,347.86	1,105.25
117		16%	nmf	nmf	nmf	nmf	6,717.58	3,319.58	2,185.15	1,616.70	1,274.71

5.8 将负债作为"调节变量"

在上述模型中，现金和有价证券是一个调节变量，负债是一个常量。但是对有些模型参数，你可能得到负的现金和有价证券。下面例子中仍是该模型，但电子表中的参数值有些不同：

	A	B	C	D	E	F	G
1		负数现金余额：说明					
2	销售增长率	20%	<-- 从10%开始增长				
3	流动资产/销售收入	20%	<-- 从15%开始增长				
4	流动负债/销售收入	8%					
5	固定资产净值/销售收入	80%	<-- 从77%开始增长				
6	销售成本/销售收入	50%					
7	折旧率	10%					
8	负债的利息费用率	10.00%					
9	现金和有价证券的利息支付率	8.00%					
10	税率	40%					
11	股利支付率	50%	<-- 从40%开始增长				
12							
13	年	0	1	2	3	4	5
14	损益表						
15	销售收入	1,000	1,200	1,440	1,728	2,074	2,488
16	销售成本	(500)	(600)	(720)	(864)	(1,037)	(1,244)
17	负债的利息费用	(40)	(40)	(40)	(40)	(40)	(40)
18	现金和有价证券的利息收入	6	4	(0)	(6)	(13)	(21)
19	折旧	(100)	(124)	(156)	(194)	(242)	(299)
20	税前利润	366	440	524	624	742	884
21	税金	(147)	(176)	(210)	(249)	(297)	(354)
22	税后利润	220	264	314	374	445	530
23	股利	(110)	(132)	(157)	(187)	(223)	(265)
24	未分配的利润	110	132	157	187	223	265
25							
26	资产负债表						
27	现金和有价证券	80	28	(36)	(113)	(209)	(325)
28	流动资产	200	240	288	346	415	498
29	固定资产						
30	原值	1,100	1,384	1,732	2,157	2,675	3,306
31	折旧	(300)	(424)	(580)	(774)	(1,016)	(1,315)
32	固定资产净值	800	960	1,152	1,382	1,659	1,991
33	总资产	1,080	1,228	1,404	1,615	1,865	2,163
34							
35	流动负债	80	96	115	138	166	199
36	长期负债	400	400	400	400	400	400
37	股本金	450	450	450	450	450	450
38	累积未分配的利润	150	282	439	626	849	1,114
39	负债和股东权益总计	1,080	1,228	1,404	1,615	1,865	2,163

① 如果增长率大于 WACC，则终值 $= \sum_{t=1}^{\infty} \dfrac{FCF_5 \times (1 + FCF \text{ 长期增长率})^t}{(1 + WACC)^t} = \infty$。因此，WACC 是长期增长率的一个有效约束。

给出这些变化,现金和有价证券账户(上例中的第27行)在第2年转为负数,这个结果明显不合逻辑。但是,负数的经济意义是明确的:如果销售收入增加,流动资产和固定资产需求增加和股利支付增加,企业都需要筹措更多的资金。[①]

从该模型我们要认识到:

- 现金不能小于零。
- 当企业需要另外的筹资时,它借钱。

该模型如下:

	A	B	C	D	E	F	G	H
1					无负数现金余额			
2	销售增长率	20%	<-- 从10%开始增长					
3	流动资产/销售收入	20%	<-- 从15%开始增长					
4	流动负债/销售收入	8%						
5	固定资产净值/销售收入	80%	<-- 从77%开始增长					
6	销售成本/销售收入	50%						
7	折旧率	10%						
8	负债的利息费用率	10.00%						
9	现金和有价证券的利息支付率	8.00%						
10	税率	40%						
11	股利支付率	50%	<-- 从40%开始增长					
12								
13	年	0	1	2	3	4	5	
14	损益表							
15	销售收入	1,000	1,200	1,440	1,728	2,074	2,488	
16	销售成本	(500)	(600)	(720)	(864)	(1,037)	(1,244)	
17	负债的利息费用	(40)	(40)	(42)	(47)	(56)	(67)	
18	现金和有价证券的利息收入	6	4	1	-	-	-	
19	折旧	(100)	(124)	(156)	(194)	(242)	(299)	
20	税前利润	366	440	524	622	739	878	
21	税金	(147)	(176)	(209)	(249)	(296)	(351)	
22	税后利润	220	264	314	373	443	527	
23	股利	(110)	(132)	(157)	(187)	(222)	(263)	
24	未分配的利润	110	132	157	187	222	263	
25								
26	资产负债表							
27	现金和有价证券	80	28	0	0	0	0	<-- =G39-G28-G32
28	流动资产	200	240	288	346	415	498	
29	固定资产							
30	原值	1,100	1,384	1,732	2,157	2,675	3,306	
31	折旧	(300)	(424)	(580)	(774)	(1,016)	(1,315)	
32	固定资产净值	800	960	1,152	1,382	1,659	1,991	
33	总资产	1,080	1,228	1,440	1,728	2,074	2,488	
34								
35	流动负债	80	96	115	138	166	199	
36	长期负债	400	400	436	514	610	728	<-- =MAX(G28+G32-G35-G37-G38,F36)
37	股本金	450	450	450	450	450	450	
38	累积未分配的利润	150	282	439	626	847	1,111	
39	负债和股东权益总计	1,080	1,228	1,440	1,728	2,074	2,488	

现金(第27行)和负债(第36行)的公式表示是第5年数据。用会计术语它们表达如下:

(1)现金和有价证券是模型中调节变量。

(2)资产负债表中的负债按下列条件测试确认:

- 流动资产+固定资产净值>流动负债+去年的负债+股票+累计未分配利润?

在这种情况下,即使现金和有价证券等于0,我们还是需要增加负债余额以筹措企业生产活动的所需资金。

- 流动资产+固定资产净值<流动负债+去年的负债+股票+累计未分配利润?

如果这个关系成立,那么不存在增加负债的需要,事实上,企业必须有一个正的现金和有价证券作为平衡项目,我们将现金作为调节变量就考虑到了这一点。

---

① 如果你审核的模型按现在的方式显示,你将会看到它有一个暗示的假设:这额外的筹资是现金和有价证券的成本。如果我们考虑该账户是一种带利息的核对账目,那么模型暗示的假设是企业能以与它的支付账户上相同的利率在该账户透支。

● 用 Excel 的程序设计术语,公式变成(对第 5 年,但前面的每年是同类型的公式)为:
Max(G28+G32－G35－G37－G38,F36)。

正如本章的习题所示,当现金余额最小时,该模型很容易使用。

5.9 将目标负债/权益比纳入预计财务报表

我们可能想要在我们的模型中获得另外一个与该调节变量相关的变化。假如企业有一个目标负债/权益比:在 1—5 年中的每年,要求资产负债表的负债和权益符合一定比例。见下面的例子:

	A	B	C	D	E	F	G	H
1		**目标负债/权益比率** **现金固定,目标负债/权益比率按年变化**						
2	销售增长率	10%						
3	流动资产/销售收入	15%						
4	流动负债/销售收入	8%						
5	固定资产净值/销售收入	77%						
6	销售成本/销售收入	50%						
7	折旧率	10%						
8	负债的利息费用率	10.00%						
9	现金和有价证券的利息支付率	8.00%						
10	税率	40%						
11	股利支付率	60%						
12								
13	年	0	1	2	3	4	5	
14	**损益表**							
15	销售收入	1,000	1,100	1,210	1,331	1,464	1,611	
16	销售成本	(500)	(550)	(605)	(666)	(732)	(805)	
17	负债的利息费用	(32)	(30)	(29)	(28)	(29)	(32)	
18	现金和有价证券的利息收入	6	6	6	6	6	6	
19	折旧	(100)	(117)	(137)	(161)	(189)	(220)	
20	税前利润	374	409	445	483	521	560	
21	税金	(150)	(164)	(178)	(193)	(208)	(224)	
22	税后利润	225	246	267	290	313	336	
23	股利	(135)	(147)	(160)	(174)	(188)	(202)	
24	未分配的利润	90	98	107	116	125	134	
25								
26	**资产负债表**							
27	现金和有价证券	80	80	80	80	80	80	
28	流动资产	150	165	182	200	220	242	
29	固定资产							
30	原值	1,070	1,264	1,486	1,740	2,031	2,364	
31	折旧	(300)	(417)	(554)	(715)	(904)	(1,124)	
32	固定资产净值	770	847	932	1,025	1,127	1,240	
33	**总资产**	1,000	1,092	1,193	1,305	1,427	1,562	
34								
35	流动负债	80	88	97	106	117	129	
36	长期负债	320	287	284	276	302	331	<-- =G41*(G37+G38)
37	股本金	450	469	457	451	412	372	<-- =G33-G35-G36-G38
38	累积未分配的利润	150	248	355	471	596	730	
39	**负债和股东权益总计**	1,000	1,092	1,193	1,305	1,427	1,562	
40								
41	**目标负债/权益比率**	0.53	0.40	0.35	0.30	0.30	0.30	

初始的(第0年)负债/权益比率:=B36/(B37+B38)

电子表的第 41 行列出了 1—5 年中每一年的目标负债/权益比率。在下两个年度中,企业想将现在 53% 的负债/权益降低到 30%。那么我们初始模型中的公式要作相应改变:

● 负债=目标负债/权益比率×(股本+未分配利润)
● 股本金=总资产－流动负债－长期负债－累计未分配利润

注意企业在第 4 年和第 5 年中将发行新债券;并且在第 1 年中股本金账户增加(表示发

行新股票),在接下来的年度中股本金减少(表示股票回购)。

5.10 项目筹资:债务偿还计划

这是预计财务报表建模的又一个应用:一个典型案例就是"项目筹资",即企业为一个项目筹措资金。借款时常伴随下面的限制:

- 企业在负债付清前不允许支付任何股利。
- 企业不允许发行任何新的股票。
- 在指定时间企业必须偿还负债。

下面例子是我们的基本现金平衡表模型的变化。一个企业或项目建立;在第 1 年年初:

- 企业现有 2,200 的资产,它由 100 的流动负债、1,100 的证券和 1,000 的长期负债构成。
- 该长期负债的本金在下 5 年中必须等额分期偿还。直到付清,企业不允许支付股利(如果有额外的现金,它将放入现金和有价证券账户)。

	A	B	C	D	E	F	G	H
1				**项目筹资** **无股利、债务偿还计划固定、固定资产净值不变**				
2	销售增长率	15%						
3	流动资产/销售收入	15%						
4	流动负债/销售收入	8%						
5	销售成本/销售收入	45%						
6	折旧率	10%						
7	负债的利息费用率	10.00%						
8	现金和有价证券的利息支付率	8.00%						
9	税率	40%						
10	股利支付率	0%	<-- 没有股利,直到所有的负债还清					
11								
12	年	0	1	2	3	4	5	
13	损益表							
14	销售收入		1,150	1,323	1,521	1,749	2,011	
15	销售成本		-518	-595	-684	-787	-905	
16	负债的利息费用		-90	-70	-50	-30	-10	
17	现金和有价证券的利息收入		1	3	9	21	40	
18	折旧		-211	-233	-257	-284	-314	
19	税前利润		333	428	539	669	822	
20	税金		-133	-171	-216	-268	-329	
21	税后利润		200	257	323	401	493	
22	股利		0	0	0	0	0	
23	未分配的利润		200	257	323	401	493	
24								
25	资产负债表							
26	现金和有价证券	0	19	64	173	359	633	<-- =G38-G27-G31
27	流动资产	200	173	198	228	262	302	
28	固定资产							
29	原值	2,000	2,211	2,443	2,700	2,985	3,299	
30	折旧	0	-211	-443	-700	-985	-1,299	<-- =F30-$B$6*(G29+F29)/2
31	固定资产净值	2,000	2,000	2,000	2,000	2,000	2,000	<-- NFA 不变化
32	总资产	2,200	2,192	2,262	2,401	2,621	2,935	
33								
34	流动负债	100	92	106	122	140	161	
35	长期负债	1,000	800	600	400	200	0	<-- =F35-$B$35/5
36	股本金	1,100	1,100	1,100	1,100	1,100	1,100	
37	累积未分配的利润	0	200	456	780	1,181	1,674	
38	负债和股东权益总计	2,200	2,192	2,262	2,401	2,621	2,935	

通过简单地指定每年年底负债余额将负债偿付期数纳入模型。既然企业假定不发行新股票(符合贷款契约条款),那么模型的调节变量不能在资产负债表的负债方。我们的模型的

调节变量是现金和有价证券账户。

模型还结合了另一个关于固定资产的假设:它假设固定资产净值在项目生命周期中是常数。本质上讲,这意味着折旧准确反映了固定资产的资本支出。你可以从电子表中的第29—31行看到,该假设的意思是固定资产每年的原值是随资产折旧的增加而增加的。也就是说没有来自固定资产折旧的净现金流量:

	A	B	C	D	E	F	G	H
41	自由现金流量计算							
42	年	0	1	2	3	4	5	
43	税后利润		200	257	323	401	493	
44	加折旧		211	233	257	284	314	所产生的现金流量折旧等于资本支出。
45	减去流动资产的增加		28	-26	-30	-34	-39	
46	加流动负债的增加		-8	14	16	18	21	
47	减去固定资产原值的增加		-211	-233	-257	-284	-314	
48	追加债务的税后利息		54	42	30	18	6	
49	减去现金和有价证券的税后利息		-0	-2	-6	-13	-24	
50	自由现金流量		273	285	334	391	457	

在这个例子中,企业在偿还负债本金方面没有问题。作为信用分析师,我们可能感兴趣是各种不同变量参数值变化如何影响企业的负债偿还能力。在下面的例子中,我们增加销售成本对销售收入的比率。这是个新参数值,企业不能实现其在第1—3年的负债偿还。在预计报表中可看到:在第1—4年中,现金和有价证券的余额为负,表示——为了偿还贷款本金——该企业不得不借钱。[①]

	A	B	C	D	E	F	G	H
1			**项目筹资** **具有项目不能还清债务参数**					
2	销售增长率	15%						
3	流动资产/销售收入	15%						
4	流动负债/销售收入	8%						
5	销售成本/销售收入	55%						
6	折旧率	10%						
7	负债的利息费用率	10.00%						
8	现金和有价证券的利息支付率	8.00%						
9	税率	40%						
10	股利支付率	0%	<-- 没有股利,直到所有的负债还清					
11								
12	年	0	1	2	3	4	5	
13	损益表							
14	销售收入		1,150	1,323	1,521	1,749	2,011	
15	销售成本		-633	-727	-836	-962	-1,106	
16	负债的利息费用		-90	-70	-50	-30	-10	
17	现金和有价证券的利息收入		-2	-6	-7	-4	4	
18	折旧		-211	-233	-257	-284	-314	
19	税前利润		215	287	370	469	585	
20	税金		-86	-115	-148	-187	-234	
21	税后利润		129	172	222	281	351	
22	股利		0	0	0	0	0	
23	未分配的利润		129	172	222	281	351	
24								
25	资产负债表							
26	现金和有价证券	0	-52	-92	-83	-18	114	<-- =G38-G27-G31,触发变量
27	流动资产	200	173	198	228	262	302	
28	固定资产							
29	原值	2,000	2,211	2,443	2,700	2,985	3,299	
30	折旧	0	-211	-443	-700	-985	-1,299	
31	固定资产净值	2,000	2,000	2,000	2,000	2,000	2,000	<-- NFA 不变化
32	总资产	2,200	2,121	2,107	2,145	2,244	2,416	
33								
34	流动负债	100	92	106	122	140	161	
35	长期负债	1,000	800	600	400	200	0	
36	股本金	1,100	1,100	1,100	1,100	1,100	1,100	
37	累积未分配的利润	0	129	301	523	804	1,155	
38	负债和股东权益总计	2,200	2,121	2,107	2,145	2,244	2,416	

① 根据企业筹资的观点,现金的正余额就像负债的负余额。因此,当现金是负的时候,它相当于企业借入资金。

5.11 计算权益收益率

我们可以用预计财务报表模型计算权益的预期收益。见先前的例子:项目中,股东必须在第 1 年年初支付 1,100。在第 1—4 年年间他们没有得到回报,但在第 5 年他们拥有该企业。假如资产的账面价值准确地反映了市场价值。那么在第 5 年年底,上面例子中的企业权益价值是:股票＋累计未分配利润＝2,255。权益投资收益率(ROE)的计算如下:

	A	B	C	D	E	F	G	H
56	权益收益率(ROE)							
57	年	0	1	2	3	4	5	
58	权益现金流量	-1,100	-	-	-	-	2,255	<-- =G22+G36+G37
59	权益收益率(ROE)	15.44%	<-- =IRR(B58:G58)					

注意到权益投资减少,权益收益率增加。[1]考虑下面的情况,企业开始借入了 1,500,而且权益投资者只投资了 600:

	A	B	C	D	E	F	G	H
56	权益收益率(ROE)							
57	年	0	1	2	3	4	5	
58	权益现金流量	-600	-	-	-	-	1,602	<-- =G22+G36+G37
59	权益收益率(ROE)	21.70%	<-- =IRR(B58:G58)					

正如下面的模拟运算表和图形所示,初始权益投资越小,权益收益率越大:

	A	B	C	D	E	F	G	H	I	J
61										
62	模拟运算表:ROE 作为初始		21.70%	<-- =B59,表头						
63	权益投资的函数	2,000	10.80%							
64		1,800	11.43%							
65		1,600	12.19%							
66		1,400	13.14%							
67		1,200	14.36%							
68		1,000	15.98%							
69		800	18.26%							
70		600	21.70%							
71		400	27.61%							
72		200	40.76%							
73										
74										
75										
76										
77										

ROE作为初始权益投资的函数

第一个完整模型中的 ROE

在第 5.3—5.5 节中的模型有每年股利。如果我们用第 5.5 节中的半年折旧给企业定价的话,我们可以计算一位在起始日期购买该企业的投资者的 ROE、得到的五年股利,以及卖掉它得到权益的终值:

---

[1] 有意思但却是正常的:由于权益投资下降,项目融资风险大,因此权益投资者风险更大。收益增加补偿了权益投资者的额外风险。这确实是个有趣的问题(这里不作回答):事实上这里回报增加是否是对风险的补偿。

	A	B	C	D	E	F	G	H
1	在第一个筹资模型中计算ROE							
2	销售增长率	10%						
3	流动资产/销售收入	15%						
4	流动负债/销售收入	8%						
5	固定资产净值/销售收入	77%						
6	商品销售成本/销售收入	50%						
7	折旧率	10%						
8	负债的利息费用率	10.00%						
9	现金和有价证券的利息支付率	8.00%						
10	税率	40%						
11	股利支付率	40%						
12								
13	年	0	1	2	3	4	5	
14	损益表							
15	销售	1,000	1,100	1,210	1,331	1,464	1,611	
51								
52								
53	公司定价 (半年折现)							
54	加权平均资本成本	20%						
55	自由现金流长期增长率	5%						
56								
57	年	0	1	2	3	4	5	
58	FCF		176	188	201	214	228	
59	终值						1,598	<-- =G58*(1+B55)/(B54-B55)
60	总计		176	188	201	214	1,826	
61								
62	企业价值，行60的NPV	1,348	<-- =NPV(B54,C60:G60)*(1+B54)^0.5					
63	加上开始年（年（0））的现金和流动证券	80	<-- =B27					
64	公司价值	1,428	<-- =B63+B62					
65	减去企业现在的负债	-320	<-- =-B36					
66	股权价值	1,108	<-- =B64+B65					
67								
68								
69	权益报酬率 (ROE)							
70	年	0	1	2	3	4	5	
71	项目股利	-1,108	98	108	118	129	141	
72	预期权益价值，第5年						1,737	<-- 终值 + 第5年现金 - 第5年债务
73	权益现金流	-1,108	98	108	118	129	1,878	<-- =SUM(G71:G72)
74	权益报酬率 (ROE)	18.29%	<-- =IRR(B73:G73)					

5.12 所得税亏损结转

企业可以申请累计亏损，以减少他们当期的所得税负债。本节中我们将展示如何对预计报表模型中的所得税亏损结转建模。我们需要对基本模型作如下一系列调整：

● 我们假定除了作为销售收入一定比例的销售成本外，企业还有每年固定的销售费用（在下面的 Excel 截图中，该数据为 B6 单元格中的 440）。

● 我们假设该企业在第 1 年年初的初始累计所得税亏损结转数额为 100（单元格 B11）。

	A	B	C	D	E	F	G	H
1	对所得税亏损结转建模							
2	销售增长率	11%						
3	流动资产/销售收入	15%						
4	流动负债/销售收入	8%						
5	固定资产净值/销售收入	45%						
6	固定成本	440						
7	商品销售成本/销售收入	55%						
8	折旧率	10%						
9	负债的利息费用率	10.00%						
10	现金和有价证券的利息支付率	8.00%						
11	初始所得税亏损结转	-100						
12	税率	40%						
13	股利支付率	40%						
14								
15	年	0	1	2	3	4	5	
16	损益表							
17	销售收入	1,000	1,110	1,232	1,368	1,518	1,685	
18	固定成本		(440)	(440)	(440)	(440)	(440)	<-- =-$B$6
19	销售成本		(611)	(678)	(752)	(835)	(927)	
20	负债的利息费用		3	9	15	21	27	
21	现金和有价证券的利息收入		1	(8)	(14)	(16)	(17)	<-- =$B$10*AVERAGE(F34:G34)
22	折旧		(82)	(96)	(112)	(130)	(152)	
23	税前利润		(18)	20	65	118	177	
24	税金		-	-	-	(34)	(71)	<-- =-MAX($B$12*G30,0)
25	税后利润		(18)	20	65	84	106	
26	股利		-	8	26	34	42	<-- =IF(G25<0,0,$B$13*G25)
27	未分配的利润		(18)	27	91	118	149	
28								
29	以前年度所得税亏损结转		(100)	(118)	(99)	(34)	-	<-- =MIN(F29+F23,0)
30	应税利润	0	0	0	0	84	177	<-- =MAX(G23+G29,0)
31	实际税率		0%	0%	0%	29%	40%	<-- =-G24/G23

每一年我们对以前年度累计所得税亏损结转(第 29 行)建模。如果上一年度呈现亏损(例如,第 1 年亏损 18),则累计亏损增加相应数额(单元格 D29)。如果上一年度实现盈利(第 2 年),则累计所得税亏损结转数额更接近零(单元格 D30)。在某个时点(我们的例子中是第 5 年),所得税亏损结转被全部抵减。

各个年度的应税利润在第 30 行中给出。如果累计所得税亏损结转数额大于当年利润,则没有所得税。否则,仅对两者的差额部分征税(例如,考虑第 4 年)。差额部分反映在第 31 行的实际税率中。

实际税率可以用于计算自由现金流,如下所示:

	A	B	C	D	E	F	G	H
48	年	0	1	2	3	4	5	
49	自由现金流的计算							
50	税后利润		(18)	20	65	84	106	
51	加折旧		82	96	112	130	152	
52	减去流动资产的增加		(17)	(18)	(20)	(23)	(25)	
53	加流动负债的增加		9	10	11	12	13	
54	减去固定资产原值的增加		(131)	(151)	(173)	(198)	(227)	
55	追加债务的税后利息		(3)	(9)	(15)	(21)	(27)	<-- =-(1-$C$31)*G20
56	减去现金和有价证券的税后利息		(1)	8	14	16	17	<-- = =(1-$C$31)*G21
57	自由现金流量		(79)	(45)	(7)	1	9	

5.13 本章小结

预计报表模型是企业财务分析的基本技术之一。财务建模是企业财务、会计准则和电子表技能的综合应用。实际应用中,财务模型要适合手边的情况,它们还要尽可能地简单以便用户可以容易地理解结果为什么发生(是有价值的、可信的,或只是一般性地预测企业或项目今后几年的走势)。

习题

1. 这是一道入门习题,它将帮你理解什么是财务报表建模。复制第 5.1 节中的模型。在单元格中正确地输入公式,然后查看你所得的结果是否与书中相同。(会计中这样的练习比财务中要多,像许多财务模型建立者一样,你会发现你可能已经忘记了一些会计方面的知识!)

2. 第 5.1 节中的模型包括销售成本但不包括销售费用、管理费用以及办公费用(SG&A)。假如企业每年这方面的费用为 200 美元,不考虑销售收入水平。

(1) 按上述假设改变这个模型。列出损益表、资产平衡表、自由现金流表和估价的结果。

(2) 生成一个模拟运算表,在表中显示权益价值对 SG&A 水平的敏感性分析。让 SG&A 按每年从 0 到 600 美元变化。

3. 假如在第 5.1 节的模型中,第 1—5 年固定资产原值是销售收入的 100%(在目前的模型中,固定资产净值是销售收入的函数)。相应地改变该模型,列出第 1—5 年的损益表、资产负债表和自由现金流表。(假设在第 1 年年初,固定资产账户同第 5.2 节所示。注意第 1 年年初给出的是企业的目前情况,而第 1—5 年是对未来年度的预测,第 1 年初的比率无须同第 1—5 年的比例一致。)

4. 再一次回到第 5.1 节中的模型。假设固定资产原值是如下的函数:

$$固定资产原值 = \begin{cases} 100\% \times 销售收入, & 销售收入 \leqslant 1,200 \\ 1,200 + 90\% \times (销售收入 - 1,200), & 1,200 < 销售收入 \leqslant 1,400 \\ 1,380 + 80\% \times (销售收入 - 1,400), & 销售收入 > 1,400 \end{cases}$$

将该函数纳入预计报表模型。

5. 考虑第 5.6 节的模型(负债是一个调节变量)。

(1)假如企业有 1,000 股股票。它决定在第 1 年支付现金股利,每股 15 美分。除此之外,假设它希望以后年度每股股利按每年 12%增长。将这些变化纳入到预计报表模型中去。

(2)做敏感性分析,显示出每年股利增长率对负债/权益比率的影响。步长是 2%,增长率从 0 变化到 18%。本习题中,定义负债为净负债(即负债—现金和有价证券)。(注意到 WACC 是 20%,那么增长率一定要比 20%小。)

6. 在第 5.6 节的模型中,假设企业需要在每年年底有不低于 25 的现金余额。将该限制应用模型中去。

7. 在第 5.4 节的估值练习中,回收值是用戈登股利模型对现金流量计算而得的。用第 5 年的负债和权益的账面价值替代这个回收值。这意味着你的基本假设是账面价值能正确地预测市场价值。

8. 重复习题 7,但是这次是用一个 EBITDA(利息、税金、折旧及摊销前的收益)比率乘以第 5 年的预期 EBITDA 代替回收值。作出企业权益价值作为假定的第 5 年预期 EBITDA 比率的函数的曲线图,该比率从 6 变到 14。

9. 在第 5.8 节的项目筹资预计报表中,假定企业在 5 年里分期等额偿还本金 1,000。改变这个假设并改为企业在 5 年里分期等额偿还利息和本金。

提示:这意味着你必须使用 PMT 函数确定每年的还款额;然后建立一个贷款表(同第 1 章)将每年的还款额分割为利息和本金。或者你可以选择使用第 34 章中讨论的函数 PPMT 和 IPMT。

10. 这个问题介绍了"可维持的股利"的概念:企业的财务报表(见下面所列)希望在下 5 个年度里维持现金余额为 80。同时还希望既不要另外发行新的股票,也不要改变目前的负债水平。这意味着股利是资产负债表的调节变量。请按这种情形建模(注意因为一些参数水平不同,你可能得到"负的股利",表示没有可维持的股利水平)。

	A	B	C	D	E	F	G
1	**可维持的股利--模板**						
2	销售增长率	10%					
3	流动资产/销售	15%					
4	流动负债/销售	8%					
5	固定资产净值/销售	77%					
6	产品销售成本/销售	50%					
7	折旧率	10%					
8	债券利息率	10.00%					
9	现金和有价证券的利息支付率	8.00%					
10	税率	40%					
11							
12	年	0	1	2	3	4	5
13	**利润表**						
14	销售收入	1,000					
15	销售成本	(500)					
16	债务利息支付	(32)					
17	现金和有价证券所得利息	6					
18	折旧	(100)					
19	税前利润	374					
20	税金	(150)					
21	税后利润	225					
22	股利	(90)					
23	留存收益	135					
24							
25	**资产负债表**						
26	现金和有价证券	80	80	80	80	80	80
27	流动资产	150					
28	固定资产						
29	成本	1,070					
30	折旧	(300)					
31	固定资产净值	770					
32	**总资产**	1,000					
33							
34	流动负债	80					
35	负债	320	320	320	320	320	320
36	股票	450	450	450	450	450	450
37	累计留存收益	150					
38	**总负债和权益**	1,000					

6

建立预测模型——卡特彼勒公司案例

6.1　概述

本章中,我们实施在第 5 章中讨论过的预计财务报表模型技术,以为卡特彼勒公司建立一个财务报表模型。正如大多数本书读者所知,卡特彼勒公司是一家世界领先的制造和销售大型推土设备的公司。

在这一章中,我们将理解卡特彼勒公司 2007—2011 年的财务报表以便将其纳入到第 5 章所描述的程式中。这并不是一个简单的工作,它需要将对该公司业务的理解、建模技巧,以及财务上的一些略微处理结合起来(否则,我们将永远不能完成此项练习)。

警告:本章可能会危害你的精神健康[①]

本章的材料令人恼火且复杂,但是并不难。为什么令人恼火呢? 因为财务报表模型需要大量的假设和分析。几乎所有事情都是相关的。并且,它们还需要你回忆一些基础的会计知识。所有这些都令人恼火!

然而,本章的案例中阐释公司财务应用的一个最重要方面是:它们在其会计与财务参数结构内对一家公司进行定价。该定价是大多数商业计划、融资计划模型和(聪明的)分析人员进行价值评估的核心。

6.2　卡特彼勒公司的财务报表(2007—2011 年)

卡特彼勒公司 2007—2011 年 5 年的财务报表如下:

[①]　当然它对作者的精神稳定性已产生了影响。

A	B	C	D	E	F
卡特彼勒公司的损益表, 2007-2011年					
销售和收入	2007年	2008年	2009年	2010年	2011年
销售机械设备及电力系统	41,962	48,044	29,540	39,867	57,392
金融产品收入	2,996	3,280	2,856	2,721	2,746
销售与收入合计	44,958	51,324	32,396	42,588	60,138
营业成本:					
销货成本	32,626	38,415	23,886	30,367	43,578
销售及行政开支	3,821	4,399	3,645	4,248	5,203
研发费用	1,404	1,728	1,421	1,905	2,297
金融产品的利息支出	1,132	1,153	1,045	914	826
递延所得税	1,054	1,181	1,822	1,191	1,081
营业总成本	40,037	46,876	31,819	38,625	52,985
营业利润	4,921	4,448	577	3,963	7,153
不包括金融产品的利息开支	288	274	389	343	396
其他收入（开支）	357	327	381	130	-32
合并税前利润	4,990	4,501	569	3,750	6,725
备付所得税	1,485	953	-270	968	1,720
合并公司的利润	3,505	3,548	839	2,782	5,005
未合并关联公司的股权收益（亏损）	73	37	-12	-24	-24
合并公司和关联公司的利润	3,578	3,585	827	2,758	4,981
减：归属于非控制性权益的收益（亏损）	37	28	-68	58	53
利润	3,541	3,557	895	2,700	4,928

A	B	C	D	E	F
卡特彼勒公司资产负债表, 2007-2011年					
资产	2007年	2008年	2009年	2010年	2011年
流动资产					
现金和短期投资	1,122	2,736	4,867	3,592	3,057
应收款项--贸易及其他	8,249	9,397	5,611	8,494	10,285
应收款项--金融	7,503	8,731	8,301	8,298	7,668
递延和退还所得税	816	1,223	1,216	931	1,580
预付费用及其他流动资产	583	765	862	908	994
存货	7,204	8,781	6,360	9,587	14,544
总流动资产	25,477	31,633	27,217	31,810	38,128
财产、厂房及设备--净	9,997	12,524	12,386	12,539	14,395
长期应收款项--贸易及其他	685	1,479	971	793	1,130
长期应收款项--金融	13,462	14,264	12,279	11,264	11,948
在未合并关联公司的投资	598	94	105	164	133
非流动递延和退还所得税	1,553	3,311	2,714	2,493	2,157
无形资产	475	511	465	805	4,368
商誉	1,963	2,261	2,269	2,614	7,080
其他资产	1,922	1,705	1,632	1,538	2,107
总资产	56,132	67,782	60,038	64,020	81,446
负债	2007	2008	2009	2010	2011
流动负债					
短期借款					
机械设备及电力系统	187	1,632	433	204	93
金融产品	5,281	5,577	3,650	3,852	3,895
应付账款	4,723	4,827	2,993	5,856	8,161
预提费用	3,178	4,121	2,641	2,880	3,386
预提工资、薪金及员工福利	1,126	1,242	797	1,670	2,410
预收账款	1,442	1,898	1,217	1,831	2,691
应付股利	225	253	262	281	298
其他流动负债	951	1,027	1,281	1,521	1,967
一年内到期的长期债务					
机械设备及电力系统	180	456	302	495	558
金融产品	4,952	5,036	5,399	3,430	5,102
总流动负债	22,245	26,069	18,975	22,020	28,561
一年后到期的长期债务					
机械设备及电力系统	3,639	5,736	5,652	4,505	8,415
金融产品	14,190	17,098	16,195	15,932	16,529
退休员工福利负债	5,059	9,975	7,420	7,584	10,956
其他负债	2,003	2,190	2,496	2,654	3,583
总负债	47,136	61,068	50,738	52,695	68,044
可赎回非控制性权益	0	524	477	461	473
股东权益					
$1.00面值的普通股					
普通股（814894624股）	2,744	3,057	3,439	3,888	4,273
库存股成本	-9,451	-11,217	-10,646	-10,397	-10,281
企业留存收益	17,398	19,826	19,711	21,384	25,219
累计及其他综合收益（亏损）	-1,808	-5,579	-3,764	-4,051	-6,328
非控制性权益	113	103	83	40	46
总股东权益	8,996	6,190	8,823	10,864	12,929
总负债和所有者权益	56,132	67,782	60,038	64,020	81,446
库藏股，股数	190,908,490	213,267,983	190,171,905	176,071,910	167,361,280
流通在外的净股数	623,986,134	601,626,641	624,722,719	638,822,714	647,533,344

	A	B	C	D	E	F
1	**卡特彼勒公司合并现金流量表, 2007-2011年**					
2	**经营活动现金流**	**2007年**	**2008年**	**2009年**	**2010年**	**2011年**
3	合并公司和关联公司的利润	3,578	3,585	827	2,758	4,981
4	调整非现金项目：					
5	折旧和摊销	1,797	1,980	2,336	2,296	2,527
6	其他	162	355	137	469	457
7	资产和负债的变动，净收购与剥离：					
8	应收款项--贸易及其他	899	-545	4,014	-2,320	-1,345
9	存货	-745	-833	2,501	-2,667	-2,927
10	应收账款	387	-4	-2,034	2,570	1,555
11	预提费用	231	660	-505	117	308
12	预提工资、薪金及员工福利	576	286	-534	847	619
13	递延所得税	66	-470	-646	604	173
14	其他资产，净	1,004	-217	235	358	-91
15	其他负债，净			12	-23	753
16	**经营活动提供（使用）的净现金流量**	**7,955**	**4,797**	**6,343**	**5,009**	**7,010**
17						
18	**投资活动现金流**					
19	资本支出—不包括设备租赁	-1,700	-2,445	-1,348	-1,575	-2,515
20	设备租赁支出	-1,340	-1,566	-968	-1,011	-1,409
21	出售租赁资产、厂房及设备收益	408	982	1,242	1,469	1,354
22	增加的融资应收款项	-13,946	-14,031	-7,107	-8,498	-10,001
23	融资应收款项的集合	10,985	9,717	9,288	8,987	8,874
24	出售融资应收款项所得	866	949	100	16	207
25	投资与收购（所需净现金）	-229	-117	-19	-1,126	-8,184
26	公司和投资出售所得（净现金出售）	290	0	0	0	376
27	出售可供出售证券所得	282	357	291	228	247
28	可供出售证券投资	-485	-339	-349	-217	-336
29	其他，净	461	197	-128	132	-40
30	**投资活动提供（使用）的净现金流量**	**-4,408**	**-6,296**	**1,002**	**-1,595**	**-11,427**
31						
32	**筹资活动现金流**					
33	股利支付	-845	-953	-1,029	-1,084	-1,159
34	分配给少数股东权益	-20	-10	-10	0	-3
35	普通股的发行，包括重新发行库藏股	328	135	89	296	123
36	股票回购衍生工具合约的支付	-56	-38			
37	购买库藏股	-2,405	-1,800			
38	来自股票补偿的超额税务利益	155	56	21	153	189
39	非控制性权益的收购	0	0	-6	-132	-8
40	已发行债务的收入（原到期期限大于三个月）：					
41	机械设备及电力系统	224	1,673	458	216	4,587
42	金融产品	10,815	16,257	11,833	8,108	10,873
43	债务偿还（原到期期限大于三个月）：					
44	机械设备及电力系统	-598	-296	-918	-1,298	-2,269
45	金融产品	-10,290	-14,143	-11,769	-11,163	-8,324
46	短期借款，净（原到期期限小于等于三个月）	-297	2,074	-3,884	291	-43
47	**筹资活动提供（使用）的净现金流量**	**-2,989**	**2,955**	**-5,215**	**-4,613**	**3,966**
48						
49	不包括金融产品的利息费用	288	274	389	343	396
50	税率	29.76%	21.17%	-47.45%	25.81%	25.58%

改写资产负债表

为了便于理解资产负债表，我们通过合并短期和长期金融负债项目改写资产负债表。同时我们还要将所有经营性（即非金融）流动资产和经营性流动负债作为一个项目。

A	B	C	D	E	F
卡特彼勒公司资产负债表, 2007-2011年 改写：合并经营性流动资产、经营性流动负债、金融负债					
资产	**2007年**	**2008年**	**2009年**	**2010年**	**2011年**
流动资产					
现金和短期投资	1,122	2,736	4,867	3,592	3,057
经营性流动资产	24,355	28,897	22,350	28,218	35,071
财产、厂房和设备--净	9,997	12,524	12,386	12,539	14,395
长期应收款项	14,147	15,743	13,250	12,057	13,078
在未合并关联公司的投资	598	94	105	164	133
非流动递延和退还所得税	1,553	3,311	2,714	2,493	2,157
无形资产	475	511	465	805	4,368
商誉	1,963	2,261	2,269	2,614	7,080
其他资产	1,922	1,705	1,632	1,538	2,107
总资产	**56,132**	**67,782**	**60,038**	**64,020**	**81,446**
负债	**2007年**	**2008年**	**2009年**	**2010年**	**2011年**
经营性流动负债	11,645	13,368	9,191	14,039	18,913
金融负债	28,429	35,535	31,631	28,418	34,592
退休员工福利负债	5,059	9,975	7,420	7,584	10,956
其他负债	2,003	2,190	2,496	2,654	3,583
总负债	47,136	61,068	50,738	52,695	68,044
可赎回非控制性权益	0	524	477	461	473
股东权益					
普通股（814894624股）	2,744	3,057	3,439	3,888	4,273
库存股成本	-9,451	-11,217	-10,646	-10,397	-10,281
企业留存收益	17,398	19,826	19,711	21,384	25,219
累计及其他综合收益（亏损）	-1,808	-5,579	-3,764	-4,051	-6,328
非控制性权益	113	103	83	40	46
总股东权益	8,996	6,190	8,823	10,864	12,929
总负债和所有者权益	**56,132**	**67,782**	**60,038**	**64,020**	**81,446**

6.3 分析财务报表

现在，我们要利用第 5 章的方法建立一系列财务报表，其形式与卡特彼勒公司历史财务报表大致相同。我们的模型是具有前瞻性的但是以该公司的历史财务报表为基础的。我们对模型参数的选择是基于对历史数据的分析和一些主观判断。

6.3.1 销售预测

销售预测是我们模型中最重要的部件之一。它应该是以对卡特彼勒公司历史数据分析为基础的吗？或者应该是以关于重型设备行业潜在增长方面的专家意见为基础的？我们应该对短期增长（未来 5 年）和长期增长加以区分吗？

所有这些问题都没有令人满意的答案。我们阐述了几种方法，并建议你对各种回答使用预计报表模型看其是否有一个数值方面的影响。在 Excel 中显示：

- 年同比增长率；
- 复合年增长率（CAGR）；
- 销售收入对年份的回归。

	A	B	C	D	E	F	G	H	I	J	K	L
1		卡特彼勒公司销售分析						卡特彼勒公司销售收入对年份的回归				
2	年	销售机械设备	金融产品收入	销售和收入总和	年同比增长率							
3	2000	18,913	1,262	20,175								
4	2001	19,027	1,423	20,450	1.36%							
5	2002	18,648	1,504	20,152	-1.46%							
6	2003	21,048	1,759	22,807	13.17%							
7	2004	28,336	1,970	30,306	32.88%							
8	2005	34,006	2,333	36,339	19.91%							
9	2006	28,869	2,648	31,517	-13.27%							
10	2007	41,962	2,996	44,958	42.65%							
11	2008	48,044	3,280	51,324	14.16%							
12	2009	29,540	2,856	32,396	-36.88%							
13	2010	39,867	2,721	42,588	31.46%							
14	2011	57,392	2,746	60,138	41.21%							
15												
16			增长率的衡量									
17	CAGR	10.44%	<--	=(D14/D3)^(1/11)-1								
18	斜率	3,169	<--	=SLOPE(D3:D14,A3:A14)								
19	斜率/2011销售收入	5.27%	<--	=B18/D14								
20												
21	截距	-6,320,495	<--	=INTERCEPT(D3:D14,A3:A14)								
22	R平方	0.7579	<--	=RSQ(D3:D14,A3:A14)								
23												
24			CAGR受端点影响很大！									
25	2001-2011年	11.39%	<--	=(D14/D4)^(1/10)-1								
26	2002-2011年	12.92%	<--	=(D14/D5)^(1/9)-1								
27	2003-2011年	12.88%	<--	=(D14/D6)^(1/8)-1								
28	2006-2011年	13.79%	<--	=(D14/D9)^(1/5)-1								
29												
30	2001-2010年	8.49%	<--	=(D13/D4)^(1/9)-1								
31	2002-2010年	9.80%	<--	=(D13/D5)^(1/8)-1								
32	2003-2010年	9.33%	<--	=(D13/D6)^(1/7)-1								
33	2005-2010年	3.22%	<--	=(D13/D8)^(1/5)-1								

卡特彼勒公司销售收入对年份的回归

y = 3168.7x - 6E+06
R² = 0.7579

------- 销售和收入总和　——— 线性 (销售和收入总和)

卡特彼勒公司，年同比增长率

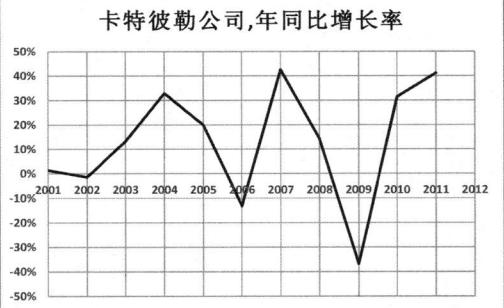

在上述 Excel 表中，我们重点关注两个数据：

- 单元格 B17 中的复合年增长率（CAGR）$=\left(\dfrac{销售收入_{2011}}{销售收入_{2000}}\right)^{\left(\frac{1}{11}\right)}-1=10.44\%$。我们常用 CAGR，但是由于其受端点值的影响，该数据也存在问题。除非以其他时间跨度重新校准该比率，我们将其确定为长期增长率的估计值。正如上面第二张图所示，该公司的年同比增长率的波动性很大。在上述 Excel 表中，我们以不同的端点值进行计算，可以发现 CAGR 从 3.22% 变动到 13.79%。

- 年销售收入对年份的回归不是仅仅依赖于起始和结束年度的销售收入，因此通常提供了未来销售增长率的一个更好的估计：

$$销售收入_t = a + b \times 年份_t$$
$$= -6,320,495 + 3,169 \times 年份，R^2 = 75.79\%$$

该回归表明销售收入每年将增长大约 3,169。用该估计除以当前销售收入（上述单元格 D14）得到年增长率大约为 5.27%。总体上看，我们认为这是销售增长率的较为满意的一个估计值。[1]

————————————

[1] 我们的基本观点是对一个已建立的传统公司而言，增长率应该大约等于经济的实际增长率加上通货膨胀率。数据 5.27% 落在该观点所确定的框架内。

6.3.2 流动资产和流动负债

这5年中流动资产与销售收入的比率和流动负债与销售收入的比率较为稳定。我们选择5年的平均值作为模型参数。

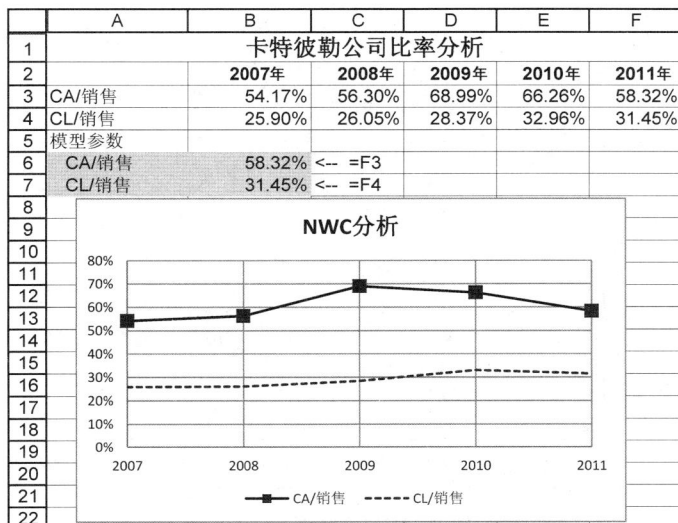

	A	B	C	D	E	F
1		\multicolumn{5}{c|}{卡特彼勒公司比率分析}
2		**2007年**	**2008年**	**2009年**	**2010年**	**2011年**
3	CA/销售	54.17%	56.30%	68.99%	66.26%	58.32%
4	CL/销售	25.90%	26.05%	28.37%	32.96%	31.45%
5	模型参数					
6	CA/销售	58.32%	<-- =F3			
7	CL/销售	31.45%	<-- =F4			
8						
9						
10						
11						
12						
13						
14						
15						
16						
17						
18						
19						
20						
21						
22						

NWC分析图表

6.3.3 营业成本

和大多数工业企业一样,卡特彼勒公司的营业成本包括折旧。遵循第5章中的模型,我们要将折旧和其他营业成本分开,所以我们参考合并现金流量表计算扣除折旧的营业成本。过去的5年里,营业成本变动很大:

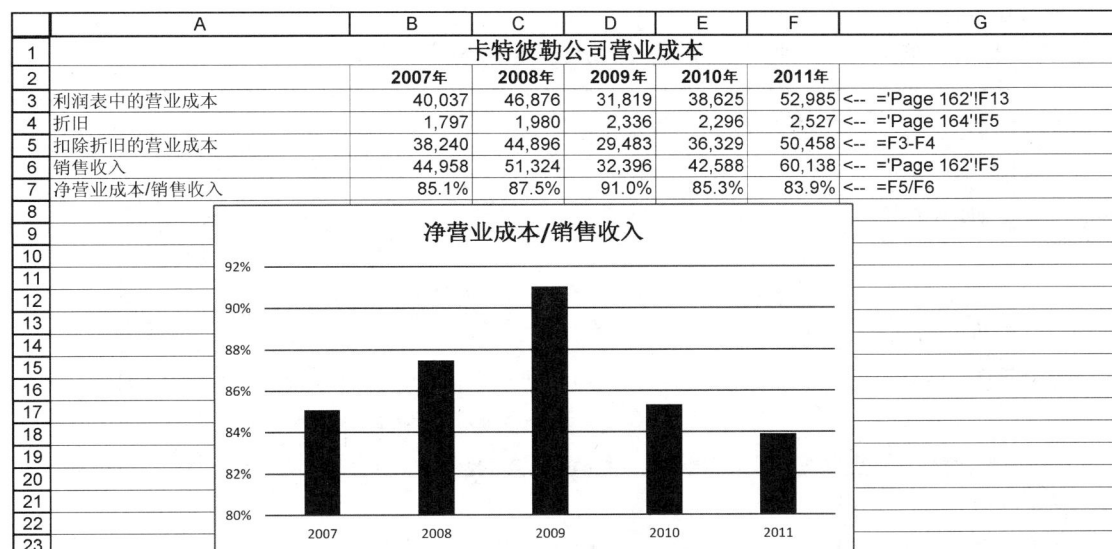

	A	B	C	D	E	F	G
1		\multicolumn{5}{c}{卡特彼勒公司营业成本}		
2		**2007年**	**2008年**	**2009年**	**2010年**	**2011年**	
3	利润表中的营业成本	40,037	46,876	31,819	38,625	52,985	<-- ='Page 162'!F13
4	折旧	1,797	1,980	2,336	2,296	2,527	<-- ='Page 164'!F5
5	扣除折旧的营业成本	38,240	44,896	29,483	36,329	50,458	<-- =F3-F4
6	销售收入	44,958	51,324	32,396	42,588	60,138	<-- ='Page 162'!F5
7	净营业成本/销售收入	85.1%	87.5%	91.0%	85.3%	83.9%	<-- =F5/F6
8							
9							
10							
11							
12							
13							
14							
15							
16							
17							
18							
19							
20							
21							
22							
23							

净营业成本/销售收入图表

我们注意到，营业成本比率是销售收入的增函数（如下所示）。这表明存在大量固定成本。对其进行回归建模，我们选择建立营业成本关于销售收入的线性函数模型：

$$\text{成本} = 3,833 + 0.7789 \times \text{销售收入}$$

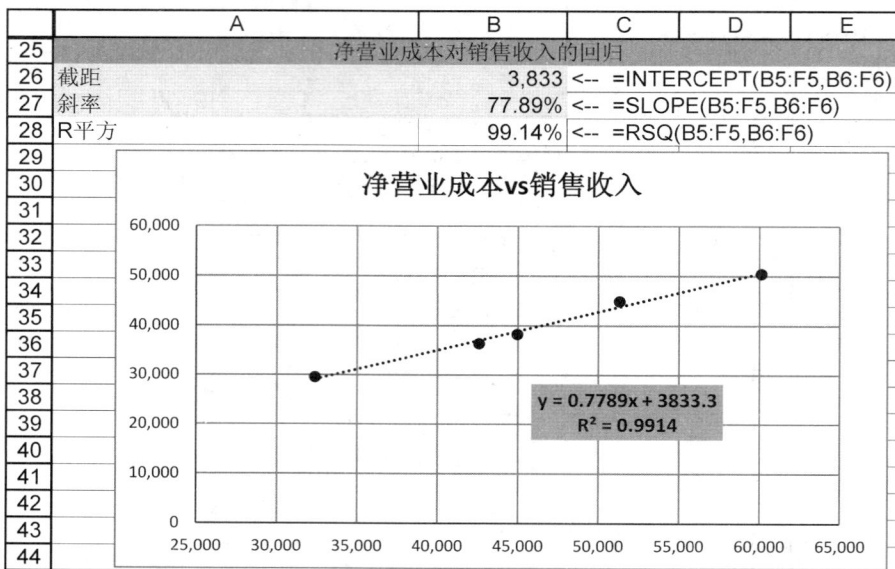

	A	B	C	D	E
25	净营业成本对销售收入的回归				
26	截距	3,833	<-- =INTERCEPT(B5:F5,B6:F6)		
27	斜率	77.89%	<-- =SLOPE(B5:F5,B6:F6)		
28	R平方	99.14%	<-- =RSQ(B5:F5,B6:F6)		
29					
30					
31		**净营业成本vs销售收入**			
32					
33		60,000			
34					
35		50,000			
36		40,000			
37		30,000			
38			y = 0.7789x + 3833.3		
39		20,000	R² = 0.9914		
40					
41		10,000			
42					
43		0			
44		25,000 30,000 35,000 40,000 45,000 50,000 55,000 60,000 65,000			

在卡特彼勒公司的预计报表模型中，我们应用了该回归。

6.3.4 固定资产与销售收入

我们需要确定卡特彼勒公司固定资产的模型。这涉及两个方面的确定：

● 通过假定关键的模型比率是固定资产净值/销售收入或者固定资产总值/销售收入是固定资产最好的建模方法吗？我们更偏好前者，认为其更有经济意义。[①]

● 合适的平均折旧率是多少？

本节中我们解决第一个问题。折旧率问题在下一小节中讨论。

	A	B	C	D	E	F
1	卡特彼勒公司—固定资产分析					
2		2007年	2008年	2009年	2010年	2011年
3	土地	189	575	639	682	753
4	建筑物及土地改良物	3,625	4,647	4,914	5,174	5,857
5	机械、设备及其他	9,756	12,173	12,917	13,414	14,435
6	租赁给他人的设备	4,556	4,561	4,717	4,444	4,285
7	在建工程	1,082	1,531	1,034	1,192	1,996
8						
9	总财产、厂房和设备，原值	19,208	23,487	24,221	24,906	27,326
10	减：累计折旧	-9,211	-10,963	-11,835	-12,367	-12,931
11	财产、厂房和设备—净	9,997	12,524	12,386	12,539	14,395
12						
13	销售收入	44,958	51,324	32,396	42,588	60,138
14						
15	净PPE/销售收入	22.24%	24.40%	38.23%	29.44%	23.94%
16	总PPE/销售收入	42.72%	45.76%	74.77%	58.48%	45.44%
17	模型参数：净PPE/销售收入	25.00%	<-- =AVERAGE(B15,C15,E15,F15)			

① 如果折旧有任何经济意义，那么就是产生更多的销售应该需要更多的固定资产净值。

PPE(财产、厂房和设备)净值与销售收入之间的联系比 PPE 总值与销售收入之间的联系更紧密,所以相应地我们在模型中使用 PPE 净值与销售收入之比作为模型参数。

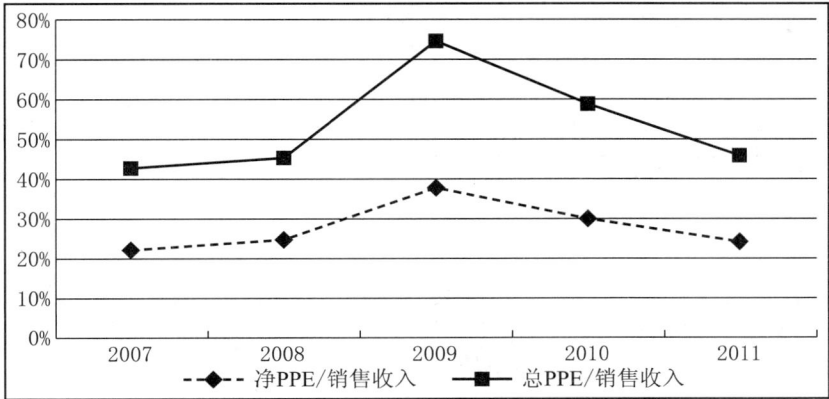

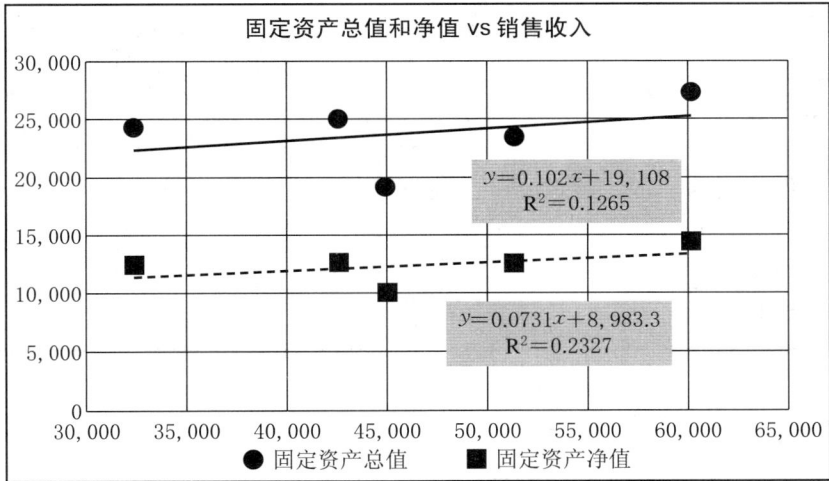

固定资产总值和净值 vs 销售收入

$y = 0.102x + 19,108$
$R^2 = 0.1265$

$y = 0.0731x + 8,983.3$
$R^2 = 0.2327$

● 固定资产总值　■ 固定资产净值

6.3.5　折旧

卡特彼勒公司 2011 年年报的注 8 中给出了不同类别固定资产的预计寿命:

(百万美元)	使用年限(年)	2011年	2010年	2009年
土地	—	753	682	639
建筑物及土地改良物	20 - 45	5,857	5,174	4,914
机械、设备及其他	3 - 10	14,435	13,414	12,917
租赁给他人的设备	1 - 10	4,285	4,444	4,717
在建工程	—	1,996	1,192	1,034
总财产、厂房和设备,原值		27,326	24,906	24,221
减:累计折旧		-12,931	-12,367	-11,835
财产、厂房和设备——净		14,395	12,539	12,386

在下面的第 28 行我们用 SumProduct 来计算该公司的加权平均折旧率。在 B29 中,我们对这些数据取平均值以计算模型的折旧率:

	A	B	C	D	E	F	G
19	**折旧分析**						
20	%建筑物及土地改良物	20.21%	21.73%	21.79%	22.46%	23.83%	<-- =F4/SUM(F$4:F$6)
21	%机械、设备及其他	54.39%	56.93%	57.29%	58.24%	58.73%	<-- =F5/SUM(F$4:F$6)
22	%租赁给他人的设备	25.40%	21.33%	20.92%	19.29%	17.44%	<-- =F6/SUM(F$4:F$6)
23							
24	**折旧率**						
25	建筑物及土地改良物	3.1%	<-- =1/32.5				
26	机械、设备及其他	15.4%	<-- =1/6.5				
27	租赁给他人的设备	18.2%	<-- =1/5.5				
28	平均折旧率	13.61%	13.31%	13.29%	13.16%	12.94%	<--
29	模型折旧率	13.26%	<-- =AVERAGE(B28:F28)				=SUMPRODUCT($B$25:
30							$B$27,F20:F22)

6.3.6 股利

卡特彼勒公司总股利每年以 8.22% 的复合年增长率增长。我们在模型中应用该数据。我们先前对复合年增长率的反对在这里不成立，因为不同的起始端点能够得到差不多相同的估计值。相比于每股股利，我们更倾向于使用总股利。

	A	B	C	D	E	F
1		**卡特彼勒公司股利**				
2		**2007年**	**2008年**	**2009年**	**2010年**	**2011年**
3	股利	845	953	1,029	1,084	1,159
4	年同比增长率		12.78%	7.97%	5.34%	6.92%
5	股利CAGR					
6	2007-2011年	8.22%	<-- =(F3/B3)^(1/4)-1			
7	2008-2011年	6.74%	<-- =(F3/C3)^(1/3)-1			
8						
9	每股股利	1.38	1.62	1.68	1.74	1.82
10	每股股利CAGR					
11	2007-2011年	7.16%	<-- =(F9/B9)^(1/4)-1			
12	2008-2011年	3.96%	<-- =(F9/C9)^(1/3)-1			

6.3.7 其他负债和养老金

坦率地讲，我们对这两个项目感到困惑。为什么其他负债和养老金负债的增长速度比销售收入增长快很多？我们没有很好的答案，并且我们的模型中假设这些重要负债的增长率在未来将略微放缓：

	A	B	C	D	E	F
1		**其他负债和养老金**				
2		**2007年**	**2008年**	**2009年**	**2010年**	**2011年**
3	**其他负债**	2,003	2,190	2,496	2,654	3,583
4	年同比增长率		9.34%	13.97%	6.33%	35.00%
5	整个时期	15.65%	<-- =(F3/B3)^(1/4)-1			
6	排除2011	9.83%	<-- =(E3/B3)^(1/3)-1			
7						
8	**养老金负债**	5,059	9,975	7,420	7,584	10,956
9	年同比增长率		97.17%	-25.61%	2.21%	44.46%
10	整个时期	21.31%	<-- =(F8/B8)^(1/4)-1			
11	排除2011	14.45%	<-- =(E8/B8)^(1/3)-1			
12	模型值	17.88%	<-- =AVERAGE(B10:B11)			

6.3.8　卡特彼勒公司的税率

除了 2009 年存在问题,该公司的税率平均在 26% 左右。这也是我们模型中使用的参数值:

	A	B	C	D	E	F
1		**卡特彼勒公司税率分析**				
2		**2007年**	**2008年**	**2009年**	**2010年**	**2011年**
3	税前利润	4,990	4,501	569	3,750	6,725
4	所得税	1,485	953	-270	968	1,720
5	税率	29.76%	21.17%	-47.45%	25.81%	25.58%
6	模型值	25.58%	<-- =AVERAGEIF(B5:F5,">0")			

6.3.9　长期应收款项

卡特彼勒公司使用长期应收款作为一种市场工具来为其设备购买提供融资,所以这个项目的增长率与销售收入增长率相同是有意义的。

6.3.10　债务成本

在金融市场上,卡特彼勒公司是评级较高的借款人。来自晨星(Morningstar)的一张图表显示了该公司的债务期限结构(http://quicktake.morningstar.com/stocknet/bonds.aspx? symbol=cat)。我们假设该公司的平均债务成本为 4%。

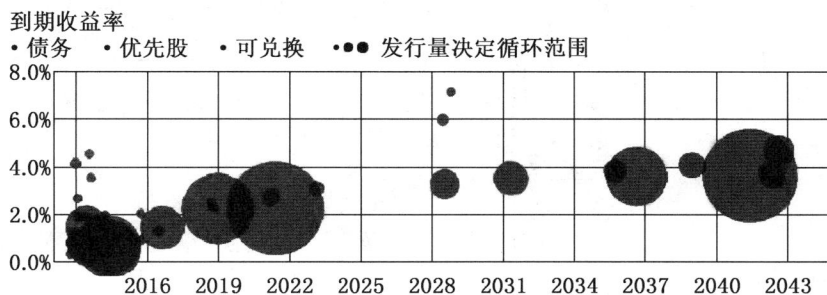

6.3.11　现金和短期证券的利息收益

在编写这一章时,短期利率非常低。我们假定该公司的短期现金投资收益率为 1%。

6.3.12　什么是调节变量

调节变量(plug)应该是下面的财务科目之一:现金和有价证券、债券,或库存股。经过分析,我们使用下面的现金/销售和债务/资产比率,这使得库存股成为我们模型中的调节变量。

	A	B	C	D	E	F	G
1		卡特彼勒公司：各类调节变量 vs 销售收入和其他					
2		2007年	2008年	2009年	2010年	2011年	
3	销售收入	44,958	51,324	32,396	42,588	60,138	<-- ='Page 162'!F5
4							
5	现金	1,122	2,736	4,867	3,592	3,057	<-- ='Page 163'!F4
6	现金/销售收入	2.50%	5.33%	15.02%	8.43%	5.08%	=F5/F3
7	负债	28,429	35,535	31,631	28,418	34,592	<-- ='Page 165'!F19
8	负债/销售收入	63.23%	69.24%	97.64%	66.73%	57.52%	<-- =F7/F3
9	负债/总资产	50.65%	52.43%	52.68%	44.39%	42.47%	<-- =F7/'Page 163'!F20
10							
11	模型值						
12	现金/销售收入	5.08%	<-- =F6				
13	负债/总资产	42.47%	<-- =F9				

6.4 卡特彼勒公司的模型

使用该公司已计算出来的值，我们得到该公司如下的预计财务报表模型：

	A	B	C	D	E	F	G	H
1		卡特彼勒公司预计财务报表模型						
2	销售增长率	5.27%	<-- ='Page 167'!B19					
3	流动资产/销售收入	58.32%	<-- ='Page 168'!B6					
4	流动负债/销售收入	31.45%	<-- ='Page 168'!B7					
5	固定资产净值/销售收入	27.65%	<-- =AVERAGE('Page 171-173'!B15:F15)					
6	销货成本/销售收入	83.90%	<-- ='Page 169-170'!F7					
7	长期应收款，增长率	5.27%	<-- 假定其与销售收入同比率增长					
8	折旧率	13.26%	<-- ='Page 171-173'!B29					
9	养老金负债，增长率	17.88%	<-- ='Page 174'!B12					
10	其他负债，增长率	9.83%	<-- ='Page 174'!B6					
11	现金/销售收入	5.08%	<-- ='Page 175'!B12					
12	负债/总资产	42.47%	<-- ='Page 175'!B13					
13	债务利息率	1.41%						
14	现金和有价证券的利息支付	0.00%	<-- 笔者猜测					
15	税率	25.58%	<-- ='Page 174, middle'!B6					
16	股利增长率	8.22%	<-- ='Page 173'!B6					
17								
18		2011年	2012年	2013年	2014年	2015年	2016年	
19	利润表							
20	销售收入	60,138	63,307	66,642	70,154	73,850	77,742	<-- =F20*(1+$B$2)
21	销货成本	-50,458	-53,117	-55,915	-58,862	-61,963	-65,228	<-- =-$B$6*G20
22	债务利息支付		-521	-543	-567	-592	-618	<-- =-$B$13*G50
23	现金和有价证券的利息收入		0	0	0	0	0	<-- =$B$14*AVERAGE(F32:G32)
24	折旧	-2,527	-3,711	-4,524	-5,301	-6,196	-7,225	<-- =G38-F38
25	税前利润	7,153	5,958	5,659	5,424	5,100	4,671	<-- =SUM(G20:G24)
26	所得税	-1,720	-1,524	-1,448	-1,387	-1,305	-1,195	<-- =-$B$15*G25
27	税后利润	5,433	4,434	4,212	4,037	3,795	3,476	<-- =G25+G26
28	股利	1,159	1,254	1,357	1,469	1,590	1,720	<-- =F28*(1+$B$16)
29	留存收益		5,688	5,569	5,505	5,385	5,196	<-- =G27+G28
30								
31	资产负债表	2011年	2012年	2013年	2014年	2015年	2016年	<-- 2016
32	现金和有价证券	3,057	3,218	3,388	3,566	3,754	3,952	<-- =$B$11*G20
33	流动资产	35,071	36,919	38,864	40,912	43,068	45,337	<-- =$B$3*G20
34	固定资产							<--
35	土地	753	753	753	753	753	753	<-- =F35
36	在建工程	1,996	1,996	1,996	1,996	1,996	1,996	<-- =F36
37	应计折旧的资产原值	24,577	31,397	36,844	43,117	50,335	58,635	<-- =G39-G38-G36-G35
38	累计折旧	-12,931	-16,642	-21,167	-26,468	-32,664	-39,889	<-- =F38-$B$8*AVERAGE(F37:G37)
39	PPE净值	14,395	17,504	18,427	19,398	20,420	21,496	<-- =$B$5*G20
40								<--
41	长期应收款	13,078	13,767	14,493	15,256	16,060	16,906	<-- =F41*(1+$B$7)
42	在未合并关联公司的投资	133	133	133	133	133	133	<-- =F42
43	非流动递延和退还所得税	2,157	2,157	2,157	2,157	2,157	2,157	<-- =F43
44	无形资产及其他	13,555	13,555	13,555	13,555	13,555	13,555	<-- =F44
45	总资产	81,446	87,253	91,016	94,977	99,147	103,536	<-- =G32+G33+G39+SUM(G41:G44)
46								
47	流动负债	18,913	19,910	20,959	22,063	23,225	24,449	<-- =$B$4*G20
48	养老金负债	10,956	12,915	15,224	17,946	21,155	24,937	<-- =F48*(1+$B$9)
49	其他负债	3,583	3,935	4,322	4,748	5,214	5,727	<-- =F49*(1+$B$10)
50	债务	34,592	37,059	38,657	40,339	42,110	43,974	<-- =$B$12*G45
51	可赎回非控制性权益	473	473	473	473	473	473	<-- =F51
52	股本	2,744	2,744	2,744	2,744	2,744	2,744	<-- =F52
53	库存股	-9,451	-12,868	-20,018	-27,496	-35,321	-43,511	<-- =G45-SUM(G47:G52)-G54
54	累计留存收益	17,398	23,086	28,655	34,161	39,546	44,742	<-- =F54+G29
55	总负债和所有者权益	79,208	87,253	91,016	94,977	99,147	103,536	<-- =SUM(G47:G54)

该模型给出了自由现金流的如下预测：

	A	B	C	D	E	F	G	H
		2011年	2012年	2013年	2014年	2015年	2016年	
58								
59	自由现金流							
60	税后利润（PAT）		4,434	4,212	4,037	3,795	3,476	<-- =G27
61	加回折旧		3,711	4,524	5,301	6,196	7,225	<-- =-G24
62	减去净营运资本（NWC）							
63	减去流动资产（CA）的增加		-1,848	-1,945	-2,048	-2,156	-2,269	<-- =F33-G33
64	加回流动负债（CL）的增加		997	1,049	1,104	1,163	1,224	<-- =G47-F47
65	减去固定资产原值的变动（CAPEX）		-6,820	-5,447	-6,272	-7,218	-8,301	<-- =-(SUM(G35:G37)-SUM(F35:F37))
66	加回税后净利息		387	404	422	440	460	<-- =-(1-$B$15)*(G22-G23)
67	自由现金流		861	2,797	2,544	2,220	1,814	<-- =SUM(G60:G66)

6.5 使用模型对卡特彼勒公司进行估值

在第 3 章中我们讨论了卡特彼勒公司的资本成本，并且得出结论 WACC＝10.84％。在我们的模型中使用该数据并假定 FCF 长期增长率为 9％，可以得到如下估值结果：

	A	B	C	D	E	F	G	H
70	WACC	10.84%						
71	FCF长期增长率	9.00%						
72								
73			2011年	2012年	2013年	2014年	2015年	2016年
74	FCF		861	2,797	2,544	2,220	1,814	<-- =G67
75	终值						107,487	<-- =G74*(1+B71)/(B70-B71)
76	总和		861	2,797	2,544	2,220	109,301	<-- =G74+G75
77								
78	企业价值： FCFs和终值的现值	75,515	<-- =NPV(B70,C76:G76)*(1+B70)^0.5					
79	加回初始现金	3,057	<-- =B32					
80	公司价值	78,572	<-- =B78+B79					
81	减去初始负债	-49,604	<-- =-SUM(B48:B51)					
82	股权价值	28,968	<-- =B80+B81					
83	除以流通股数	647,533,344	<-- ='Page 163'!F58					
84	每股价值	44.74	<-- =B82/B83*1000000					
85	目前每股的市场价值	90.60						

根据这些模型结果，卡特彼勒公司目前被高估了。

关于长期增长率和加权平均资本成本的模拟运算表给出了如下结果。突出显示了估值大于目前市场价值 90.60 的单元格，并且当 WACC 小于长期增长率时单元格是空白的，因为这与估值模型不符（见第 5.4 节）。请注意，对于一些组合，该模型预测的权益价值为负——意味着卡特彼勒公司初始的负债超过了其权益的价值。

	A	B	C	D	E	F	G
87			长期增长率 ↓				
88		44.74	6.0%	7.0%	8.0%	9.0%	10.0%
89	WACC-->	6.0%					
90		6.5%	389.00				
91		7.0%	160.45				
92		7.5%	84.25	374.31			
93	=IF(B70>B71,B84,"")	8.0%	46.13	153.15			
94		8.5%	23.24	79.40	360.22		
95		9.0%	7.97	42.51	146.14		
96		9.5%	-2.94	20.37	74.75	346.69	
97		10.0%	-11.14	5.59	39.04	139.41	
98		10.5%	-17.52	-4.97	17.61	70.29	333.71

6.6　本章小结

　　一方面,预计财务报表模型是一种工作量很大的企业估值方法。另一方面,在对卡特彼勒公司的建模过程中,我们已经发现了关于公司运营的各个方面,以及我们对其财务报表的理解(或不理解)。

　　进行预计报表建模不是轻而易举的,但是如果能对该公司的运营有深入调查,那么此方法则是可行的。

7

租赁的财务分析

7.1 概述

    租赁是资产拥有者(出租人)出租资产给承租人的一份合同。本章中我们分析的是长期租赁,其中该资产使用寿命的大部分是被承租人消耗的。用经济学的术语表述,我们认为本章所讨论的租赁是承租人考虑购买资产的一种替代选择。因此本章的分析适合长期的设备租赁,而不适合短期租赁(如汽车租赁)。财务理论认为该租赁本质上是负债契约:对承租人而言,该租赁是通过负债来购买资产的一种替代选择,并且出租人知道其本质上是为承租人提供资金。

    在下面的例子中,我们将考虑一家公司面对的两种选择:购买或租赁设备。我们假设设备经营现金流入和流出不受其所有权影响——不管资产是如何获得的(原来拥有的或租赁的),拥有者/承租人都有同样销售并必须承担设备维护的责任。按照财务会计准则委员会第13条规定(FASB 13),我们认为对承租人来说租赁是"将所有经济利益和附带风险实质性地转移到财产所有权中去"。

    本章中的分析主要集中于租赁的现金流方面。如果出租人在租赁租金收入上被课税并在资产折旧上得到避税,那么承租人可称其租金为费用。该分析隐含的假设是税管当局以资产拥有者对待出租人而以资产使用者对待承租人。[①]

7.2 一个简单但易错的例子

    我们分析的本质可以通过下面的一个简单实例来理解:一家公司决定获得一台价值 600,000

[①] 从经济角度来看,该假设并不是无害的:如果承租人拥有资产真正的经济所有权,那为什么不计提折旧呢?但事实并非如此。

美元机器的使用权。如果购买该机器,则将按直线法折旧直到残值为零。机器的估计使用寿命是 6 年,公司税率 T_C 是 40%。

购买机器的另一种替代方案是租赁它,租期是 6 年。出租人表示愿意以每年 140,000 美元的租金出租该机器给公司,第一笔付款是现在并且以后的 5 年租金在这 5 年的每年年初支付。

分析该问题的一种方法(这是一种误导方法,下面可以看到)是比较租赁和购买资产公司现金流的现值。公司感觉租赁费的支付和折旧的避税是无风险的。进一步假设,无风险收益率是 12%。根据以下计算,公司应该租赁该资产。[①]

$$NPV(\text{租赁}) = \sum_{t=0}^{5} \frac{(1-T_C) \times \text{租赁租金}}{(1+12\%)^t} = \sum_{t=0}^{5} \frac{(1-T_C) \times 140,000}{(1+12\%)^t} = 386,801$$

$$NPV(\text{购买}) = \text{资产成本} - PV(\text{折旧的避税}) = 600,000 - \sum_{t=1}^{6} \frac{0.40 \times 100,000}{(1+12\%)^t} = 435,544$$

在一个电子表中:

	A	B	C
1		不能如此分析租赁	
2	资产成本	600,000	
3	利率	12%	
4	租赁租金	140,000	
5	每年折旧	100,000	
6	税率	40%	
7			
8	净现值（租赁）	386,801	<-- =-PV(B3,5,B4*(1-B6))+B4*(1-B6)
9	净现值（购买）	435,544	<-- =B2+PV(B3,6,B6*B5)

该分析建议租赁资产比购买它要好。然而,这是误导,因为它忽视了租赁事实上是类似于贷款购买资产。当我们将租赁(包括用贷款融资来购买)与不贷款融资直接购买作比较时,可以知道这两种方式其财务风险是不同的。如果该公司愿意租赁资产,那么它也应该愿意借钱购买资产。借钱将改变现金流的模式并还可能产生应税利润。因此,如果我们考虑到隐含的贷款,那么我们的租赁决策就会改变。

在下一节我们将介绍涉及该问题的一种分析租赁的方法,它通过考虑什么样的贷款会产生与租赁相同的现金流(和财务风险)。这种租赁分析方法被称为约当贷款法(equivalent-loan method)。

7.3 租赁和公司融资——约当贷款法

在约当贷款法的背后是要设计一笔假设贷款,该贷款在某种程度上等价于租赁。[②]这样就

[①] 在这里,我们假设资产的残值在其寿命结束时是零。在第 7.5 节中我们取消该假设。

[②] 这个方法是由 Myers、Dill 和 Bautista(1976)提出的。进一步的解释见 Levy 和 Sarnat(1979)。

能很容易看出资产租赁和购买哪一个更好。

理解约当贷款法最容易的方式是通过举例。我们回到前面的例子：

	A	B	C	D	E	F	G	H	I
1				约当贷款法——承租人角度					
2	资产成本	600,000							
3	利率	12%							
4	租赁租金	140,000							
5	每年折旧	100,000							
6	税率	40%							
7									
8	年	0	1	2	3	4	5	6	
9	租赁的税后现金流								
10	税后租赁租金	-84,000	-84,000	-84,000	-84,000	-84,000	-84,000		<-- =-$B$4*(1-$B$6)
11									
12	购买资产的税后现金流								
13	资产成本	-600,000							
14	折旧避税		40,000	40,000	40,000	40,000	40,000	40,000	<-- =$B$5*$B$6
15	购买的净现金	-600,000	40,000	40,000	40,000	40,000	40,000	40,000	<-- =G13+G14
16									
17	现金流量的差额：租赁对出租人的支持								
18	租赁减去购买	516,000	-124,000	-124,000	-124,000	-124,000	-124,000	-40,000	<-- =G10-G15
19									
20	差额现金流的IRR	8.30%	<-- =IRR(B18:H18,0)						
21	决策？？	购买	<-- =IF(B20<(1-B6)*B3,"租赁","购买")						

第2—6行给出了该问题的各种参数。随后电子表比较了租赁和购买的两个税后现金流量。注意我们用"—"表示流出，用"+"号表示流入（如折旧避税）。

● 租赁资产的现金流量是(1—税率)×0—5年中每年支付的租金。

● 购买资产的现金流量是第0年的资产成本（为现金流出，因此是负数）和第1—6年中资产折旧上的避税，税率×折旧（为现金流入，因此这里用正号）。

电子表的第18行显示了租赁和购买之间现金流量的差额。该行表明了用租赁代替购买资产，结果：

● 第0年有516,000美元的现金流入。这个流入是租赁在时间0的现金节约：购买资产需要600,000美元，而租赁资产税后只需要花费84,000美元。因此租赁最初为承租人节约了516,000美元。

● 第1—5年每年有124,000美元的现金流出，第6年有40,000美元的现金流出。该流出是这些年购买与租赁的边际税后成本之差。该边际成本有两个组成部分：税后租赁费(84,000美元)和当承租人租赁时，不能得到资产折旧(40,000美元)上的避税好处。

因此，用租赁代替购买资产就好像得到516,000美元的贷款。这笔贷款在第1—5年的税后还款为124,000美元，在第6年的税后还款为40,000美元。租赁，换句话说，可以被看作为融资的一种替代方法。为了比较租赁和购买，我们应该转而比较融资与替代融资的成本。差额现金流的内部收益率——8.30%——提供给我们一个关于租赁的隐含融资成本；由于它大于公司借款的税后成本，在该案例中（公司的税率是40%，它的借款成本是12%），这个成本是7.20%。因此我们的结论是：购买比租赁好。

我们为什么不租赁

不是每个人都深信前面的争论。因此在这里我们提出另一个论据。我们假设如果该公司能按12%的成本借到款，它对于同样的税后偿还计划来说能筹到更多的钱。这假设的贷款显示在下面的表格中：

	A	B	C	D	E	F	G	H
24	=D26+B26-B27			贷款偿还的分割:			=B26-B27	
25	年	年初本金	年末贷款支付	利息	偿还本金	税后还贷	租赁减去购买现金流量，第1-6年	
26	1	532,070	149,539	63,848	85,691	124,000	124,000	
27	2	446,379	145,426	53,565	91,861	124,000	124,000	<— {=TRANSPOSE(C18:H18)}
28	3	354,518	141,017	42,542	98,475	124,000	124,000	
29	4	256,044	136,290	30,725	105,565	124,000	124,000	
30	5	150,479	131,223	18,057	113,166	124,000	124,000	
31	6	37,313	41,791	4,478	37,313	40,000	40,000	
32								
33	=NPV((1-$B$6)*$B$3,G26:$G$31)							
34			=$B$3*B26					

该表（在第 1 章中讨论的贷款表的一个版本）显示了一个利率为 12％的假设银行贷款的本金。在第 0 年年初（也就是，当公司或购买或租赁资产的时候），举例来说，公司从银行借款532,070 美元。在年底，公司偿还 149,539 美元给银行，其中 63,848（=12％×532,070）美元是利息，剩下的部分 85,691 美元是归还的本金。在第 1 年的净税后还款——假设全部利息都可以抵税——是 124,000[=（1-40％）×63,848+85,691]美元，当然这和我们最初电子表中计算的现金流量税后差额是相同的。

以后年付款的计算类似于前面段落的解释。第 6 年年初，仍然有 37,313 美元的本金未偿付；在年底以税后偿还额 40,000 美元完全清偿。

这个例子的要点是什么？如果公司考虑租赁资产是为了获得由租赁带来的 516,000 美元的融资，那么它应该改为按 12％的利率从银行借款 532,070 美元；它能以隐含在租赁中的相同税后现金流量偿还这笔数额更大的贷款。结果:购买仍然比租赁资产好。

上述贷款表按以下方法建立:

第 1—6 年每年年初的本金是租赁和购买现金流出的差值的现值,以（1-40％）×12％折现。例如:

$$532,070 = \sum_{t=1}^{5} \frac{124,000}{[1+(1-0.40)\times 0.12]^t} + \frac{40,000}{[1+(1-0.40)\times 0.12]^6}$$

$$446,739 = \sum_{t=1}^{4} \frac{124,000}{[1+(1-0.40)\times 0.12]^t} + \frac{40,000}{[1+(1-0.40)\times 0.12]^5}$$

$$\vdots$$

$$37,313 = \frac{40,000}{[1+(1-0.40)\times 0.12]}$$

一旦每年开始的本金已知,建立其余的栏目就是一项容易的事情了。

利息＝12％×年初本金

总还款＝第 t 年的利息＋第 t 年偿还的本金

第 t 年税后付款＝（1-税率）×利息＋偿还的本金

7.4 出租人问题：计算最大的可接受租赁租金

出租人的问题是与承租人相反的：

- 承租人决策是——对于给定的租金率——购买还是租用资产，哪个更好。
- 出租人决策是以什么样的最小租金率将该资产租出去。

解决出租人问题的一种方法是回到前面的分析。我们用 Excel 的"单变量求解"（"数据｜模拟分析｜单变量求解"）得到 134,826 美元，它是出租人的最小可接受租金：

	A	B	C	D	E	F	G	H
1		出租人的问题 计算可接受的最低租赁费率						
2	资产成本	600,000						
3	利率	12%						
4	可接受的最低租赁付款	134,822	<--用规划求解或者单变量求解					
5	每年折旧	100,000						
6	税率	40%						
7								
8	年	0	1	2	3	4	5	6
9	出租人租赁的税后现金流							
10	税后租赁租金	80,893	80,893	80,893	80,893	80,893	80,893	
11								
12	出租人购买资产的税后现金流量							
13	资产成本	-600,000						
14	折旧避税		40,000	40,000	40,000	40,000	40,000	40,000
15	购买的净现金	-600,000	40,000	40,000	40,000	40,000	40,000	40,000
16								
17	出租人现金流量							
18	租赁+购买	-519,107	120,893	120,893	120,893	120,893	120,893	40,000
19								
20	差额现金流的IRR	7.22%	<-- =IRR(B18:H18)					

这里单变量求解的设置如下：

假如你用"数据｜规划求解"来解决该问题，它可以如下所示：

小案例：租赁对出租人与承租人何时都受益

承租人的问题与出租人的问题是对称的，这表明如果承租人想租赁，对于出租人来说为了出租资产而购买资产，这并不能获利。

然而，在某些案例中，可能在承租人与出租人之间由于存在税率差异而使得二者在租赁协议上都受益。这里有一个案例：格林维尔电子公司是一家没有税收的公共事业单位。它的信用等级是最高的，因为其全部债务均由格林维尔市政府担保的。格林维尔电子公司需要一台新的涡轮机，其成本是 10,000,000 美元，并且 5 年后折旧到残值为 0。格林维尔电子公司的借款利率是 6%。

格林维尔电子公司可选择租赁或购买该设备。提供的租赁是（从今天开始）6 年内每年支付 1,800,000 美元；提供租赁设备的是受控于联合涡轮机公司（涡轮机的生产商）的一家下属租赁子公司。该子公司的借款利率同样也是 6%，并有 40% 的税收。

可以在下表中看出，租赁对出租人和承租人都受益。格林维尔电子公司按 3.19% 的成本获得资金，相对应的借款成本是 6%；联合涡轮机公司租赁子公司获得的是税后 4.3% 的收益，相对应的税后借款成本是 3.6%。格林维尔电子公司和联合涡轮机公司租赁子公司二者都受益了。[①]

	A	B	C	D	E	F	G	H
1				格林维尔电子公司				
2	涡轮机成本	10,000,000						
3	格林维尔的借款利率	6.00%						
4	租赁款	1,800,000						
5								
6	年	0	1	2	3	4	5	6
7	承租人的税后租赁成本							
8	税后租赁租金	-1,800,000	-1,800,000	-1,800,000	-1,800,000	-1,800,000	-1,800,000	
9								
10	承租人税后购买成本							
11	资产成本	-10,000,000						
12	折旧避税（格林维尔电子公司的税率=0）		0	0	0	0	0	0
13	购买的净现金	-10,000,000	0	0	0	0	0	0
14								
15	租赁的现金节约							
16	租赁-购买的现金流	8,200,000	-1,800,000	-1,800,000	-1,800,000	-1,800,000	-1,800,000	0
17								
18	差额现金流的IRR	3.19%	<-- =IRR(B16:H16,0)					
19	格林维尔电子公司的税后借款成本	6.00%	<-- =B3					
20								
21				联合涡轮机租公司				
22	涡轮机成本	10,000,000						
23	租赁费	1,800,000						
24	折旧（直线，5年）	2,000,000						
25	联合涡轮机租公司的借款利率	6.00%						
26	联合涡轮机租公司的公司税率	40%						
27								
28	年	0	1	2	3	4	5	6
29	出租人现金流量							
30	设备成本	-10,000,000						
31	租赁款，税后	1,080,000	1,080,000	1,080,000	1,080,000	1,080,000	1,080,000	
32	折旧避税		800,000	800,000	800,000	800,000	800,000	800,000
33	总出租人现金流	-8,920,000	1,880,000	1,880,000	1,880,000	1,880,000	1,880,000	800,000
34								
35	出租人现金流量的IRR	4.30%	<-- =IRR(B33:H33)					
36	联合涡轮机租公司的税后借款成本	3.60%	<-- =B25*(1-B26)					

---

① 谁亏了？当然是政府！使得租赁能够收益的原因是应用了，否则不能使用的折旧避税。

7.5 资产残值和其他考虑

在上面的例子中,我们忽略了资产的残值——在租赁期限结束时它的预期市场价格。从机理上说,计算时包含残值这是很容易的(但是你必须小心——见下面例子的警告)。假如在第 7 年你认为资产会有 100,000 美元的市场价值;假定该价值被完全课税(毕竟,在最初的 6 年中我们要将资产折旧为零值),那么税后残值将会是:(1-税率)× 100,000 = 60,000 美元。

	A	B	C	D	E	F	G	H	I
1				租赁分析中的残值					
2	资产成本	600,000							
3	利率	12%							
4	租赁租金支付	140,000							
5	每年的折旧	100,000							
6	税率	40%							
7	残值	100,000	<-- 预期在第7年实现; 完全课税						
8									
9	年	0	1	2	3	4	5	6	7
10	租赁的税后现金流								
11	税后租赁租金	-84,000	-84,000	-84,000	-84,000	-84,000	-84,000		
12									
13	购买资产的税后现金流								
14	资产成本	-600,000							
15	折旧避税		40,000	40,000	40,000	40,000	40,000	40,000	
16	税后残值								60,000
17	购买的净现金流	-600,000	40,000	40,000	40,000	40,000	40,000	40,000	60,000
18									
19	现金流量的差额								
20	租赁减购买	516,000	-124,000	-124,000	-124,000	-124,000	-124,000	-40,000	-60,000
21									
22	现金流差额的IRR	10.49%	<-- =IRR(B20:I20,0)						
23	决策? ?	购买	<-- =IF(B22<(1-B6)*B3,"租赁","购买")						

毫不奇怪,由资产所有权所带来的额外现金流量使得租赁的吸引力降低了(你可以注意到单元格 B22 中差额现金流量的 IRR 从我们最初例子中的 8.30% 增加到了 10.49%)。

但是,这里要小心一点;电子表处理残值,就如同折旧避税和租金一样认为它们是确定的,但这可能与事实差距很大! 这个问题没有好的实际解决办法;与此有关的专门方法是通过不确定性因子减少 100,000 美元。财务技术上有专门术语称为"肯定—当量系数",你可以在任何财务教科书中找到它。[①]最后,本章的电子表中假设你决定残值的肯定—当量系数是 0.7:

[①] 对于肯定—当量系数的进一步参考,见 Brealey-Myers-Allen(2011, chap.9)。可是,注意无论是著作还是发表的文章(或其他什么),都不能精确地告诉你如何计算该肯定—当量系数。它取决于你对风险的态度。

	A	B	C	D	E	F	G	H	I	J
1				**租赁分析中的残值分析--肯定当量系数** 估计的残值乘以表示残值实现的不确定程度的肯定当量系数						
2	资产成本	600,000								
3	利率	12%								
4	租赁租金支付	140,000								
5	每年的折旧	100,000								
6	税率	40%								
7	残值	100,000	<-- 预计第七年实现;全部课税							
8	肯定当量系数	0.70								
9										
10	年	0	1	2	3	4	5	6	7	
11	**租赁的税后现金流量**									
12	税后租赁租金	-84,000	-84,000	-84,000	-84,000	-84,000	-84,000			
13										
14	**购买资产的税后现金流量**									
15	资产成本	-600,000								
16	折旧避税		40,000	40,000	40,000	40,000	40,000	40,000		
17	税后残值									42,000	<-- =(1-B6)*B7*B8
18	购买的净现金流量	-600,000	40,000	40,000	40,000	40,000	40,000	40,000	42,000	
19										
20	**现金流量的差额**									
21	租赁减购买	516,000	-124,000	-124,000	-124,000	-124,000	-124,000	-40,000	-42,000	
22										
23	现金流量的差额的IRR	9.88%	<-- =IRR(B21:I21,0)							
24	决策？？	购买	<-- =IF(B23<(1-B7)*B4,"租赁","购买")							

7.6 杠杆租赁

到目前为止,我们已经从承租人(资产的长期使用者)和出租人(财产的所有者,它将资产出租给承租人)的视角分析了租赁与购买的决策。本章我们分析杠杆租赁:在杠杆租赁中,出租人负债筹资购买出租的资产。从承租人的观点来看,杠杆与非杠杆租赁的分析没有差异。但从出租人的观点来看,杠杆租赁的现金流量呈现出一些有趣的问题。

典型地,杠杆干租赁涉及六个方面的人:承租人、租赁中权益的合伙人、贷款人、所有权担保人、债务担保人和资产的制造商。在大多数情况中,还有第七种人也参与其中:租赁的包装人(经纪人或租赁公司)。下图说明了在典型的杠杆租赁中这六种参与方的分工。

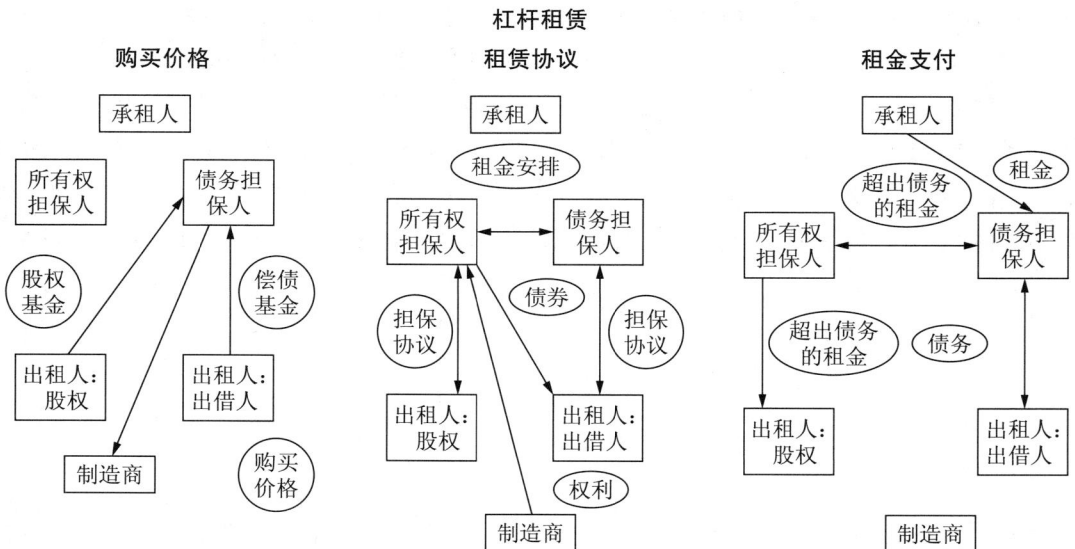

杠杆租赁

杠杆租赁分析的两个主要问题是：

- 以出租人观点来看的租赁直接财务分析。它关心的是出租人获得的现金流量的计算，以及这些现金流量的净现值（NPV）或内部收益率（IRR）的计算。

- 租赁的会计分析。会计人员使用多阶段法（MPM）计算杠杆租赁的收益率。MPM 的收益率与内部收益率（IRR）不同。普通的财务教科书不重视这个差异，因为有效市场假设告诉我们只有现金流才是重要的。但是，在弱有效的市场中，人们趋向于关心财务报表上反映的情况。因为租赁的会计收益率很难计算，所以我们使用 Excel 来计算它；然后我们再分析它的结果。

7.7 杠杆租赁的一个例子

我们可以通过一个例子来研究这些问题，该例子是根据 FASB 13 附录 E 中的关于会计从业人员的租赁会计处理方面的一些代表例子改编的。

一家租赁公司正在考虑购买一项成本为 1,000,000 美元的资产。该资产是用 200,000 美元的公司权益和 800,000 美元的负债来购买的。负债利率 10%，所以在 15 年的负债偿还期中，每年要支付利息和本金为 105,179 美元。[1]

该公司将按每年 110,000 美元出租该资产，租赁期为 15 年，每年底收取租金。根据标准国税局七年寿命资产折旧时间表[2]，该资产按八年折旧。资产的折旧表如下：

年 度	折 旧
1	14.28%
2	24.49%
3	17.49%
4	12.5%
5	8.92%
6	8.92%
7	8.92%
8	4.48%

因为该资产在它被售出时（16 年）完全折旧，预期全部残值（300,000 美元）应该交税。公司的税率是 40%，这意味着残值的税后现金流是（1－40%）×300,000＝180,000 美元。

该事实被概括在下面电子表中，该表计算了出租人的现金流：

---

[1] 使用 Excel：＝PMT（10%，15，－800,000）公式，结果是 105,179。

[2] 我们使用的折旧时间表被称为修正的成本回收系统（MACRS）折旧。可以从入门财务教材或者许多网站（如 www.real-estate-owner.com/depreciation-chart.html）上获得更多信息。

	A	B	C	D	E	F	G	H	I	J
1				基本的杠杆租赁例子						
2	资产成本	1,000,000								
3	租赁期	15								
4	残值	300,000	<-- 16年实现							
5	权益	200,000								
6	负债	800,000	<-- 15年期的贷款,利息和本金等额偿还							
7	利率	10%								
8	每年负债的偿还额	105,179	<-- =PMT(B7,B3,-B6)				=(1-tax)*C14+tax*D14-(1-tax)*G14-H14			
9	每年租金	110,000								
10	税率	40%								
11										
12	年	股权投资	租金或残值	折旧	年初本金	贷款偿还	利息	本金偿还	现金流量	
13	0	-200,000							-200,000	
14	1		110,000	142,800	800,000	105,179	80,000	25,179	49,941	
15	2		110,000	244,900	774,821	105,179	77,482	27,697	89,774	
16	3		110,000	174,900	747,124	105,179	74,712	30,467	60,666	
17	4		110,000	125,000	716,657	105,179	71,666	33,513	39,487	
18	5		110,000	89,200	683,144	105,179	68,314	36,865	23,827	
19	6		110,000	89,200	646,280	105,179	64,628	40,551	22,352	
20	7		110,000	89,200	605,728	105,179	60,573	44,606	20,730	
21	8		110,000	44,800	561,122	105,179	56,112	49,067	1,186	
22	9		110,000		512,056	105,179	51,206	53,973	-18,697	
23	10		110,000		458,082	105,179	45,808	59,371	-20,856	
24	11		110,000		398,711	105,179	39,871	65,308	-23,231	
25	12		110,000		333,403	105,179	33,340	71,839	-25,843	
26	13		110,000		261,565	105,179	26,156	79,023	-28,716	
27	14		110,000		182,542	105,179	18,254	86,925	-31,877	
28	15		110,000		95,617	105,179	9,562	95,617	-35,354	
29	16		300,000						180,000	
30										
31								现金流的IRR	12.46%	<-- =IRR(I13:I29)

最后一列是资产所有者的现金流量。典型的资产所有者年现金流量是根据下列公式计算:现金流量(t)＝(1－税率)×租金＋税率×折旧－(1－税率)×利息(t)－本金偿还(t)

典型长期杠杆租赁的现金流量通常在租赁期开始阶段是正的,然后随时间下降为负,当收到残值时,又再转为正。该现象有三个原因:

• 在租赁期结束之前,来自折旧的现金流量有停止或快速地下降的特点。在资产生命期开始阶段,折旧越快,计提折旧就越大(因此折旧避税也较大)。

• 在租赁的后期年度中,每年偿付金额中利息所占(可抵税的)的比率下降,本金部分所占(不能抵税)的比率上升。

• 当然,最后,我们预期在租赁期结束时资产残值变现会产生一个大的现金流入。

7.8 本章小结

这章讨论了租赁—购买决策。我们检验了一个纯粹筹资策略的租赁决策,假设(1)在租赁和购买之间的所有操作因素都是等价的;(2)公司已经决定需要使用该资产。在这两个假设的基础上,租赁—购买决策可以使用约当贷款方法。

杠杆租赁是出租人(即资产的所有者)如何将其投资与负债和权益结合的一种融资租赁。本章我们分析了在杠杆租赁中出租人的权益收入。该租赁现金流的经济分析说明在租赁期中某些时点,权益所有者有负的权益价值。

习题

1. 你的公司正在考虑购买或租赁一个价值为 1,000,000 美元的资产。如果购买,资产将会以直线折旧法在六年中折旧到残值为零。一家租赁公司愿意以每年 300,000 美元出租该资产;第一次支付租金是在租赁被执行时(也就是第 0 年),而剩余的五次付款是从第 1—5 年年初时。你公司的税率 $T_C = 40\%$ 并能以 10% 的利率从银行借款。

（1）你的公司应该租赁还是购买资产?

（2）你愿意支付的最大租赁付款额是多少?

2. ABC 公司考虑从 XYZ 公司租赁一项资产。以下是一些有关材料:

资产价值	1,000,000 美元	
折旧时间表	第 1 年	20%
	第 2 年	32%
	第 3 年	19.20%
	第 4 年	11.52%
	第 5 年	11.52%
	第 6 年	5.76%
租赁期间	6 年	
租赁付款	200,000 美元　每年,在 0, 1, 2, …, 5 年年初	
资产残值	0	
税　率	ABC:$T_C = 0\%$(ABC 公司有税损结转,使它不能利用任何额外的避税)	
	XYZ:$T_C = 40\%$	

ABC 公司的利息成本为 10%,而 XYZ 公司的利息成本为 7%。说明 ABC 公司租赁资产与 XYZ 公司为出租给 ABC 公司而购买资产都将会有利可图。

3. 继续习题 2 的例子:找出 ABC 公司将会支付的最大租金和 XYZ 公司将会接受的最小租金。

4. 对第 7.5 节中的肯定当量系数做敏感性分析(使用"数据|模拟运算表"),展现现金流量差额的 IRR 如何受肯定当量系数变化的影响。

5. Hemp Airlines(HA)打算购买 5 架 CFA3000 通勤飞机,每架飞机成本为 5,000 万美元。一家银行已经筹集了一笔资金以资助该交易。该资金包括 20% 的权益投资和 80% 的负债部分。负债的年利率为 8%,且其期限超过 10 年。在以后 10 年的每年年末,HA 需要支付 3,500 万美元的租金。在第 10 年租赁期期末,该公司有权以每架 1,000 万美元的价格购买飞机,预计公司将行使该权利。飞机在 5 年内以直线法折旧至残值为零。

如果该租赁中的权益投资的税率为 35%,那么其预计投资报酬率是多少?

现代投资组合理论，始于 Harry Markowitz、John Lintner、Jan Mossin 和 William Sharpe 的研究，标志着金融领域的一个巨大进步。第 8—14 章阐述了这些研究者的思想，说明应该如何计算标准投资组合问题。在这些章节中，我们主要使用 Excel 的矩阵函数、数组函数和模拟运算表（它们在第 31、32 和 34 章中讨论）。

第 8 章回顾了投资组合计算的基本机理。由价格数据开始，我们计算了资产和投资组合的收益。我们由一个简单的两资产投资组合问题开始，进而推广到多资产组合问题的计算。

第 9 章从理论和机理上讨论了没有卖空限制的有效投资组合的计算。我们可以用 Excel 的矩阵函数计算出两个有效投资组合，并画出整个有效前沿。

本书此部分剩余的章节讨论了计算和实施方面的问题：

● 第 10 章介绍如何用收益数据计算方差—协方差矩阵。Excel 的矩阵处理能力使得该计算变得非常容易。

● 第 11 章讨论如何计算 β 值，并对资本资产定价模型（CAPM）进行了一个简单检验。我们使用一些市场数据来推导证券市场线（SML），然后我们把该结果与这些检验的 Roll 评价相联系。Excel 可以容易地实现这些检验所要的回归分析。（回归分析的讨论见第 33 章。）

● 在接下来的章节里，我们假设资产组合优化者是允许卖空的。在第 12 章里我们展示了如何利用 Excel 的"规划求解"来产生不允许卖空情况下的有效投资组合。我们还说明了在最优化问题中如何结合其他的投资组合约束。

● 第 13 章讨论了 Black-Litterman 模型。它是一个广泛运用的模型，它以基准投资组合优化作为其出发点并使用该假设来推导市场的期望收益。优化者因此可以根据自己的意见来调整资产的配置。

● 第 14 章说明了如何完成一个事件研究。事件研究即判断一个在资本市场或公司运营中发生的特定事件是否会影响公司股票的市场绩效。事件研究方法旨在将公司特定事件从市场和/或行业特定事件中分离出来，常作为支持或不支持市场有效性的证据。

8

投资组合模型——引言

8.1 概述

在本章中,我们回顾投资组合计算的基本机理。我们从一个简单的两资产组合例子开始,说明如何从历史价格数据中获得收益分布。利用矩阵符号和 Excel 矩阵处理能力,该例子很容易实施。然后我们再讨论一般 N 资产情况的处理。

在继续介绍之前有必要回顾一些基本符号:每项资产 i(这里的资产可以是股票、债券、不动产或其他的资产,尽管我们的数据实例大部分限于股票)用几个统计量来刻画:$E(r_i)$,资产 i 的预期收益;$Var(r_i)$,资产 i 收益的方差;$Cov(r_i, r_j)$,资产 i 和资产 j 收益的协方差。有时候我们用 μ_i 来定义资产 i 的期望收益。在实际应用中,为了方便,常将 $Cov(r_i, r_j)$ 写成如 σ_{ij},将 $Var(r_i)$ 写成如 σ_{ii}(通常用 σ_i^2)。资产收益与它自身收益的协方差 $Cov(r_i, r_i)$ 实际上是资产收益的方差,因此用这些符号来表达既简洁又合乎逻辑。

8.2 计算苹果公司和谷歌公司的收益

在这部分中我们对两只股票:苹果(股票代号:AAPL)及谷歌(股票代号:GOOG)计算收益。以下是价格和收益数据,其中的收益数据包括股利。更为详细的数据可见附录 8.1。

	A	B	C	D	E	F	G
1	苹果公司和谷歌公司的价格及收益数据 2007 年6月 - 2012年6月						
2	月平均值	2.61%	-0.24%	<-- =AVERAGE(F11:F71)			
3	月方差	0.0125	0.0102	<-- =VAR.S(F11:F71)			
4	月标准差	11.17%	10.09%	<-- =STDEV.S(F11:F71)			
5							
6	年平均值	31.31%	-2.91%	<-- =12*C2			
7	年方差	0.1497	0.1221	<-- =12*C3			
8	年标准差	38.70%	34.94%	<-- =SQRT(12)*C4			
9							
10	日期	AAPL	GOOG		AAPL	GOOG	
11	1/Jun/07	122.04	580.11				
12	2/Jul/07	131.76	645.90		0.0766	0.1074	<-- =LN(C12/C11)
13	1/Aug/07	138.48	599.39		0.0497	-0.0747	<-- =LN(C13/C12)
66	3/Jan/12	456.48	522.70		0.1197	0.0246	<-- =LN(C66/C65)
67	1/Feb/12	542.44	497.91		0.1725	-0.0486	<-- =LN(C67/C66)
68	1/Mar/12	599.55	471.38		0.1001	-0.0548	
69	2/Apr/12	583.98	458.16		-0.0263	-0.0284	
70	1/May/12	577.73	449.45		-0.0108	-0.0192	
71	1/Jun/12	584.00	501.50		0.0108	0.1096	

以上数据是每月底每只股票的收盘价。我们定义该股票的收益为：

$$r_t = \ln\left(\frac{P_t}{P_{t-1}}\right)$$

Excel 表格的最上方计算的是每支股票的收益。每支股票的月收益（monthly return）是一个百分率收益，它是投资者在的第 $t-1$ 月底购进股票又在下一个月底出售该股票所获得的盈利。

注意，我们使用的是每支股票的连续复合收益，$r_t = \ln(P_t/P_{t-1})$。 另一个选择是使用非连续收益 $P_t/P_{t-1} - 1$。 本章附录 8.2 中讨论了使用连续复合收益的原因。

现在作一个大胆的假定：我们假设 60 个月的收益数据代表了下一个月收益分布，为此我们假设从过去有关收益的信息可以得到一些收益未来走势的信息。这使我们能够假定股票历史平均收益表示每只股票的预期月收益（expected monthly return），还能够假定可以从历史数据推出未来收益的方差。用 Excel 中的 Average、Var.s 和 Stdev.s 函数，我们可以得到该收益分布的统计量：

	A	B	C	D	E	F
2	月平均值	2.61%	-0.24%	<-- =AVERAGE(F11:F71)		
3	月方差	0.0125	0.0102	<-- =VAR.S(F11:F71)		
4	月标准差	11.17%	10.09%	<-- =STDEV.S(F11:F71)		
5						
6	年平均值	31.31%	-2.91%	<-- =12*C2		
7	年方差	0.1497	0.1221	<-- =12*C3		
8	年标准差	38.70%	34.94%	<-- =SQRT(12)*C4		

8.2.1 注意：样本数据对总体数据和 Excel

在关于投资组合计算的讨论中，我们插入一点关于统计计算的内容。在统计学中，常常要区分样本数据和总体数据。如果我们研究的是一个给定随机变量的所有可能取值，那么我们就在研究总体（population）。如果我们研究的是这个随机变量取值结果的某个集合，那么我们就在研究样本（sample）。在这个投资组合收益数据的案例中，我们几乎一直在研究样本而非总体。

下面这张表格给出了总体数据和样本数据的定义和计算它们的 Excel 函数。

	总 体	样 本
均值(μ)	$\text{Average} = \dfrac{1}{N}\sum\limits_{i=1}^{N} r_i$	$\text{Average} = \dfrac{1}{N}\sum\limits_{i=1}^{N} r_i$
方差	$\text{Var.p} = \dfrac{1}{N}\sum\limits_{i=1}^{N}(r_i - \overline{r})^2$	$\text{Var.s} = \dfrac{1}{N-1}\sum\limits_{i=1}^{N}(r_i - \overline{r})^2$
标准差	$\text{Stdev.p} = \sqrt{\dfrac{1}{N}\sum\limits_{i=1}^{N}(r_i - \overline{r})^2}$	$\text{Stdev.s} = \sqrt{\dfrac{1}{N-1}\sum\limits_{i=1}^{N}(r_i - \overline{r})^2}$
协方差	$\text{Covariance.p} = \dfrac{1}{N}\sum\limits_{t=1}^{N}(r_{it} - \overline{r_i})(r_{jt} - \overline{r_j})$	$\text{Covariance.s} = \dfrac{1}{N-1}\sum\limits_{t=1}^{N}(r_{it} - \overline{r_i})(r_{jt} - \overline{r_j})$
相关系数	$\text{Correl}(i,j) = \dfrac{Covar.p(i,j)}{Stdev.p(i)\cdot Stdev.p(j)}$	$= \dfrac{Covar.s(i,j)}{Stdev.s(i)\cdot Stdev.s(j)}$
先前版本的 Excel 函数,仍然有效	Var、VarP、Stdev、StdevP	VarS、StdevS Covar 计算的是总体的协方差,新版的 Excel 区分了总体和样本的协方差
回归斜率	Excel 中的 Slope,等于 $\text{slope}(i\_data, M\_data) = \dfrac{Covar.p(i,M)}{Var.p(i,M)}$	$= \dfrac{Covar.S(i,M)}{Var.S(i,M)}$

8.2.2 样本还是总体,这重要吗

所有这些关于总体和样本的讨论可能并不十分要紧。我们很欣赏 Press 等人在他们杰出的《数值分析方法库》(*Numerical Recipes*)一书中的观点:"关于为什么分母是 $N-1$ 而不是 N 有一个很长的故事。如果你没有听过这个故事,你可以去翻阅一下任何一本优秀的统计学书籍。我们可能也会发表意见说如果 N 和 $N-1$ 真的对你来说很重要,那未必会给你带来好处——例如,可能会试图用边缘数据去证明一个有争议的假设。"[1]

8.2.3 回到我们投资组合的例子

接下来我们要计算收益的协方差(*covariance*)。

	A	B	C	D	E	F	G	H
1				计算协方差和相关系数				
2		股票收益			收益减均值		乘积	
3	日期	AAPL	GOOG		AAPL	GOOG	乘积	
4	2/Jul/07	7.66%	10.74%	=B4-$B$65 -->	0.0505	0.1099	0.0056	<-- =E4*F4
5	1/Aug/07	4.97%	-7.47%	=B5-$B$65 -->	0.0237	-0.0723	-0.0017	<-- =E5*F5
59	1/Feb/12	17.25%	-4.86%		0.1464	-0.0462	-0.0068	
60	1/Mar/12	10.01%	-5.48%		0.0740	-0.0523	-0.0039	
61	2/Apr/12	-2.63%	-2.84%		-0.0524	-0.0260	0.0014	
62	1/May/12	-1.08%	-1.92%		-0.0369	-0.0168	0.0006	
63	1/Jun/12	1.08%	10.96%		-0.0153	0.1120	-0.0017	
64								
65	均值	2.61%	-0.24%					
66	方差	0.0125	0.0102	<-- =VAR.S(C4:C63)		协方差计算		
67	标准差	0.1117	0.1009	<-- =STDEV.S(C4:C63)			0.001956	<-- =AVERAGE(G4:G63)
68		0.1117	0.1009	<-- =SQRT(C66)			0.001956	<-- =COVARIANCE.P(B4:B63,C4:C63)
69							0.001956	<-- =COVAR(B4:B63,C4:C63)
70		0.0123	0.0100	<-- =VAR.P(C4:C63)			0.001989	<-- =AVERAGE(G4:G63)*60/59
71		0.1108	0.1000	<-- =STDEV.P(C4:C63)			0.001989	<-- =COVARIANCE.S(B4:B63,C4:C63)
72		0.1108	0.1000	<-- =SQRT(C70)				
73						相关系数计算		
74							0.1765	<-- =CORREL(B4:B63,C4:C63)
75							0.1765	<-- =G68/(B71*C71)
76							0.1765	<-- =G71/(B67*C67)

乘积列是两个月均值离差的乘积,即:$[r_{AAPL,\,t} - E(r_{AAPL})][r_{GOOG,\,t} - E(r_{GOOG})]$,$t=$

---

[1] William H. Press et al.,1986,*Numerical Recipes*,Cambridge University Press,p.456.

1，…，60。 协方差是 Average(乘积)=0.0020。虽然第一次这样计算协方差是值得的，但它还有一个简便的方法。Excel 有一个数组函数 Covariance.P(AAPL，GOOG)和 Covariance.S(AAPL，GOOG)能直接计算总体和样本的协方差。[1]如上文所述的，直接在列上使用 Covariance.P 或者 Covariance.S 就可以了。

协方差的数字很难解释，因为它的大小取决于我们所度量收益的单位。（如果我们以百分比为收益单位——也就是用 4 取代 0.04——那么这里的协方差为 20。它正好是我们计算数的 10,000 倍）。我们还可以计算相关系数 ρ_{AB}，它定义为：

$$\rho_{AAPL,GOOG} = \frac{Cov(r_{AAPL}, r_{GOOG})}{\sigma_{AAPL}\sigma_{GOOG}}$$

相关系数是一个无量纲数；在我们的例子中，其计算结果 $\rho_{AAPL,GOOG}=0.1765$。 正如前面的电子表格所列举的，相关系数可以直接使用 Excel 中的 Correl(AAPL，GOOG)函数计算。

相关系数衡量的是股票 A 和股票 B 收益间的线性相关程度。下面是有关该相关性的说明：

● 相关系数总是在+1 和-1 之间：$-1 \leqslant \rho_{AB} \leqslant 1$。
● 如果相关系数是+1，那么两资产的收益是线性正相关；也就是说，如果 $\rho_{AB}=1$，则 $r_{At}=c+dr_{Bt}$，这里 $d>0$。
● 如果相关系数是-1，那么两资产的收益是线性负相关；也就是说，如果 $\rho_{AB}=-1$，则 $r_{At}=c+dr_{Bt}$，这里 $d<0$。
● 如果收益分布是独立的，那么相关系数将会是零。（反过来就不对了：如果相关系数是零，它并不必然地意味着收益是独立的。见与该例子相关的习题。）

8.2.4 从另一个角度看相关系数

另一种观察相关系数的方法是在相同的数轴上画 Apple 和 Google 的收益曲线图，然后使用 Excel 的趋势线(Trendline)做 GOOG 与 AAPL 的收益回归拟合曲线。（第 33 章中阐述了在 Excel 中用 Trendline 函数来计算回归方程。）那么相关系数就是回归 R^2 的平方根：

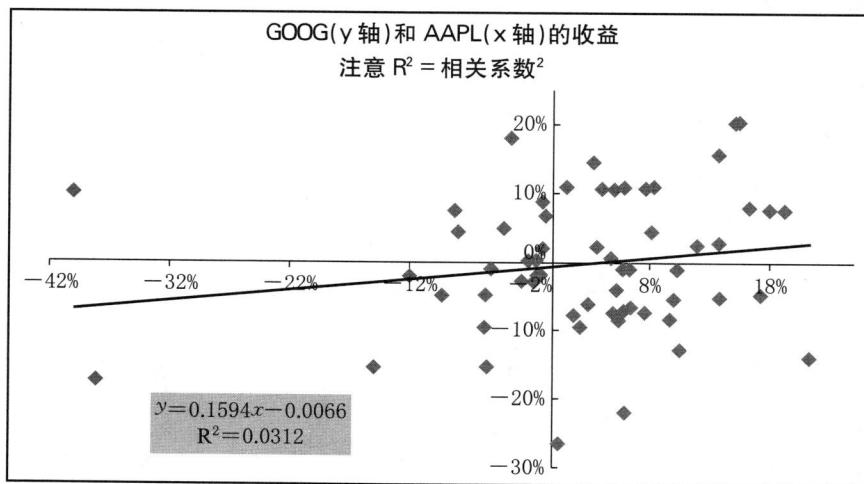

---

① 函数 Covar 用于 Excel 2013 之前的版本，计算的是总体协方差；在目前的版本中它仍然适用。正如在别处注解的一样，先前的 Excel 版本有函数 VarP、StdevP、VarS、StdevS(尽管仍然适用，但它们已经被 Var.P、Stdev.P Var.S、Stdev.S 取代)。注意在我们的例子中样本和总体的协方差小到什么程度。

8.3 计算投资组合的均值和方差

在这一部分，我们将展示如何做一个投资组合的预期收益与方差的基本计算。现在我们假设一个投资组合是由股票 AAPL 和股票 GOOG 各占一半组成的。那么该投资组合的均值和方差是多少？在 Excel 中立即就可以计算：

	A	B	C	D	E
1	投资组合的均值和标准差的计算				
2	AAPL所占的比例	0.5			
3	GOOG所占的比例	0.5	<-- =1-B2		
4					
5		AAPL 收益	GOOG 收益	投资组合 收益	
6	2/Jul/07	7.66%	10.74%	9.20%	<-- =$B$2*B6+$B$3*C6
7	1/Aug/07	4.97%	-7.47%	-1.25%	<-- =$B$2*B7+$B$3*C7
8	4/Sep/07	10.28%	-1.13%	4.57%	<-- =$B$2*B8+$B$3*C8
9	1/Oct/07	21.33%	-14.03%	3.65%	
10	1/Nov/07	-4.15%	4.91%	0.38%	
11	3/Dec/07	8.35%	10.97%	9.66%	
12	2/Jan/08	-38.07%	-17.58%	-27.83%	
13	1/Feb/08	-7.95%	4.37%	-1.79%	
14	3/Mar/08	13.79%	2.81%	8.30%	
15	1/Apr/08	19.24%	7.55%	13.40%	
16	1/May/08	8.17%	4.44%	6.30%	
17	2/Jun/08	-11.98%	-2.15%	-7.06%	

计算出以下统计量：

	G	H	I	J
5	资产收益	AAPL	GOOG	
6	平均收益	2.61%	-0.24%	<-- =AVERAGE(C6:C65)
7	方差	0.0125	0.0102	<-- =VAR.S(C6:C65)
8	标准差	11.17%	10.09%	<-- =STDEV.S(C6:C65)
9	协方差	0.0020		<-- =COVARIANCE.S(B6:B65,C6:C65)
10				
11	资产组合平均收益			
12		1.18%		<-- =AVERAGE(D6:D65)
13		1.18%		<-- =B2*H6+B3*I6
14	资产组合收益的方差			
15		0.0067		<-- =VAR.S(D6:D65)
16		0.0067		<-- =B2^2*H7+B3^2*I7+2*B2*B3*H9
17	资产组合收益的标准差			
18		0.0816		<-- =SQRT(H16)
19		0.0816		<-- =STDEV.S(D6:D65)

投资组合收益均值是两个资产收益均值的平均数：

$$预期投资组合收益 = E(r_p) = 0.5E(r_{AAPL}) + 0.5E(r_{GOOG})$$

一般投资组合的平均收益是组成股票的加权平均收益（weighted average return）。如果我们投资 x 比例在 AAPL 上，投资另外 $1-x$ 比例在 GOOG 上，那么投资组合的期望收益为：

$$E(r_p) = xE(r_{AAPL}) + (1-x)E(r_{GOOG})$$

但是，投资组合的方差却不是股票两个方差的平均数！方差公式是：

$$Var(r_p) = x^2 Var(r_{AAPL}) + (1-x)^2 Var(r_{GOOG}) + 2x(1-x)Cov(r_{AAPL}, r_{GOOG})$$

这个关系的另一种写法是：

$$\sigma_p^2 = x^2 \sigma_{AAPL}^2 + (1-x)^2 \sigma_{GOOG}^2 + 2x(1-x)\rho_{AAPL, GOOG}\sigma_{AAPL}\sigma_{GOOG}$$

通常要画出不同投资组合比例 x 的均值和标准差的图形。为此我们使用 Excel 的"数据|模拟运算表"建一个数据表（见第 31 章）；单元格 B16 和 C16 包含了数据模拟运算表的表头，分别与 B11 和 B10 对应。

	A	B	C	D	E	F	G	H	I	J
1	计算投资组合的均值和标准差									
2	资产收益	**AAPL**	**GOOG**							
3	平均收益	2.61%	-0.24%							
4	方差	0.0125	0.0102							
5	标准差	11.17%	10.09%							
6	协方差	0.0020								
7										
8	AAPL的投资比例	0.5								
9										
10	资产组合平均收益	1.18%	<-- =B8*B3+(1-B8)*C3							
11	资产组合收益的方差	0.0067	<-- =B8^2*B4+(1-B8)^2*C4+2*B8*(1-B8)*B6							
12	资产组合收益的标准差	8.16%	<-- =SQRT(B11)							
13										
14	模拟运算表: 变动的 AAPL投资比例									
15			投资组合收益的标准差	投资组合的平均收益						
16	AAPL的投资比例	8.16%	1.18%	<-- B10, table header						
17	-0.5	15.18%	-1.67%							
18	-0.4	14.04%	-1.38%							
19	-0.3	12.95%	-1.10%							
20	-0.2	11.91%	-0.81%							
21	-0.1	10.95%	-0.53%							
22	0	10.09%	-0.24%							
23	0.1	9.34%	0.04%							
24	0.2	8.75%	0.33%							
25	0.3	8.33%	0.61%							
26	0.4	8.13%	0.90%							
27	0.5	8.16%	1.18%							
28	0.6	8.41%	1.47%							
29	0.7	8.87%	1.75%							
30	0.8	9.50%	2.04%							
31	0.9	10.28%	2.32%							
32	1	11.17%	2.61%							
33	1.1	12.15%	2.89%							
34	1.2	13.20%	3.18%							
35	1.3	14.30%	3.46%							
36	1.4	15.45%	3.75%							
37	1.5	16.62%	4.04%							

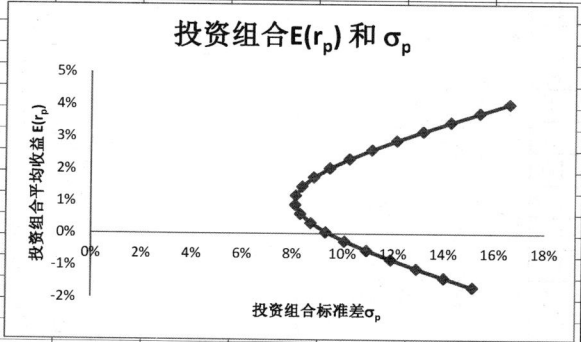

投资组合E(r_p) 和 σ_p

8.4 投资组合均值和方差——N 个资产的案例

在前面的几个小节里我们介绍了仅由两项资产组成的投资组合如何计算其均值、方差与标准差的情况。这一节我们将其推广到两项以上资产组成的投资组合中去。在这种情况下，矩阵符号大大简化了投资组合问题的书写。[①]在 N 个资产的组合中，假设在投资组合中的资产 i 的比例用 x_i 表示。要求 x_i 必须满足：

$$\sum_i x_i = 1$$

但是对于 x_i 的符号并没有限制。如果 $x_i > 0$，就说明买入资产 i；如果 $x_i < 0$，就意味着卖空。[②]我们通常把投资组合比率 x 和平均收益 $E(r)$ 写为列向量（但并非永远如此，有时为了方便也会写为行向量）：

$$x = \begin{bmatrix} x_1 \\ x_2 \\ \vdots \\ x_N \end{bmatrix} \quad E(r) = \begin{bmatrix} E(r_1) \\ E(r_2) \\ \vdots \\ E(r_N) \end{bmatrix}$$

我们还可以用 x^T、$E(r)^T$ 分别表示 x 和 $E(r)$ 的转置：

$$x^T = [x_1, x_2, \cdots, x_N], E(r)^T = [E(r_1), E(r_2), \cdots, E(r_N)]$$

投资组合期望收益是个别股票期望收益的加权平均：

$$E(r_x) = \sum_{i=1}^{N} x_i E(r_i)$$

然后我们可以用矩阵形式写出投资组合的期望收益：

$$E(r_p) = \sum_{i=1}^{N} x_i E(r_i) = x^T E(r) = E(r)^T x$$

投资组合的方差是：

$$Var(r_x) = \sum_{i=1}^{N} (x_i)^2 Var(r_i) + 2 \sum_{i=1}^{N} \sum_{j=i+1}^{N} x_i x_j Cov(r_i, r_j)$$

该式子看上去不是太好，但它确实直接扩展了我们前面的两资产投资组合的方差表达式：每个资产的方差出现一次，并与投资组合中的资产比率的平方相乘；成对出现一次的资产协方

---

① 第 32 章给出了关于矩阵的介绍，这足以解决我们在这本书中遇到的所有问题。Excel 矩阵函数 MMult 和 MInverse 在投资组合中的运用在那一章中作了讨论。

② 在第 12 章中我们讨论了当不能卖空时投资组合的最优化。这里我们假设卖空是不受限制的。

差,并与两倍的个别资产比率的积相乘。方差的另一种写法是利用下面的符号:

$$Var(r_i) = \sigma_{ii}, \ Cov(r_i, r_j) = \sigma_{ij}$$

然后写成:

$$Var(r_x) = \sum_i \sum_j x_i x_j \sigma_{ij}$$

投资组合方差最简略的表达是用矩阵符号。对资产较多的投资组合用 Excel 表达比较方便。我们称在第 i 行第 j 列的值 σ_{ij} 的矩阵为方差—协方差矩阵(variance-covariance matrix):

$$S = \begin{bmatrix} \sigma_{11} & \sigma_{12} & \sigma_{13} & \cdots & \sigma_{1N} \\ \sigma_{21} & \sigma_{22} & \sigma_{23} & \cdots & \sigma_{2N} \\ \sigma_{31} & \sigma_{32} & \sigma_{33} & \cdots & \sigma_{3N} \\ \vdots & \vdots & \vdots & \cdots & \vdots \\ \sigma_{N1} & \sigma_{N2} & \sigma_{N3} & \cdots & \sigma_{NN} \end{bmatrix}$$

那么投资组合的方差可写成 $Var(r_p) = x^T S x$。在 Excel 公式中,这记为数组函数 mmult(mmult(transpose(x), S), x)。[①]

8.4.1　计算两个投资组合的协方差

如果我们有两个投资组合 $x = [x_1, x_2, \cdots, x_N]$ 和 $y = [y_1, y_2, \cdots, y_N]$,我们可以列出这两个投资组合的协方差为 $Cov(x, y) = xSy^T = ySx^T$。在 Excel 公式中这是数组函数 MMult(MMult(x, S), Transpose(y))。

8.4.2　用矩阵计算投资组合——一个例子

我们现在举一个例子:假如有四个风险资产,下面是它的期望收益和方差—协方差矩阵:

	A	B	C	D	E	F
1	\multicolumn{6}{c}{**四资产的投资组合问题**}					
2	\multicolumn{4}{c}{**方差-协方差, S**}			平均收益 E(r)
3	0.10	0.01	0.03	0.05		6%
4	0.01	0.30	0.06	-0.04		8%
5	0.03	0.06	0.40	0.02		10%
6	0.05	-0.04	0.02	0.50		15%

我们要考虑两风险资产投资组合:

	A	B	C	D	E
8	资产组合 x	0.20	0.30	0.40	0.10
9	资产组合 y	0.20	0.10	0.10	0.60

① 数组函数在第 34 章中作了讨论。下面的很多例子阐述了它们在投资组合最优化问题中的运用。

下面我们计算这两个投资组合的均值、方差和协方差。我们可以使用 Excel 的数组函数 MMult 来做这些的计算，同时我们使用数组函数 Transpose 在电子表上转置这两个投资组合。[①]

	A	B	C	D	E	F	G
1			四资产的投资组合问题				
2		方差-协方差, S				平均收益 E(r)	
3	0.10	0.01	0.03	0.05		6%	
4	0.01	0.30	0.06	-0.04		8%	
5	0.03	0.06	0.40	0.02		10%	
6	0.05	-0.04	0.02	0.50		15%	
7							
8	资产组合 x	0.20	0.30	0.40	0.10		
9	资产组合 y	0.20	0.10	0.10	0.60		
10							
11	资产组合 x 和 y 的统计量：均值，方差，协方差，相关系数						
12	均值, E(r$_x$)	9.10%		均值, E(r$_y$)	12.00%	<-- {=MMULT(B9:E9,F3:F6)}	
13	方差 σ$_x^2$	0.1216		方差 σ$_y^2$	0.2034	<--	
14	协方差Cov(x,y)	0.0714				{=MMULT(MMULT(B9:E9,A3: D6),TRANSPOSE(B9:E9))}	
15	相关系数 ρ$_{xy}$	0.4540	<-- =B14/SQRT(B13*E13)				

我们现在可以计算投资组合 x 和 y 的再组合的收益及其标准差。注意一旦我们计算两个投资组合收益的均值、方差和协方差，任意多个投资组合的均值、方差都可按两资产的情况同样进行计算。[②]

	A	B	C	D	E	F	G
1			四资产的投资组合问题				
2		方差-协方差, S				平均收益 E(r)	
3	0.10	0.01	0.03	0.05		6%	
4	0.01	0.30	0.06	-0.04		8%	
5	0.03	0.06	0.40	0.02		10%	
6	0.05	-0.04	0.02	0.50		15%	
7							
8	资产组合 x	0.20	0.30	0.40	0.10		
9	资产组合 y	0.20	0.10	0.10	0.60		
10							
11	资产组合 x 和 y 的统计量：均值，方差，协方差，相关系数						
12	均值, E(r$_x$)	9.10%		均值, E(r$_y$)	12.00%	<-- {=MMULT(B9:E9,F3:F6)}	
13	方差 σ$_x^2$	0.1216		方差 σ$_y^2$	0.2034	<--	
14	协方差Cov(x,y)	0.0714				{=MMULT(MMULT(B9:E9,A3: D6),TRANSPOSE(B9:E9))}	
15	相关系数 ρ$_{xy}$	0.4540	<-- =B14/SQRT(B13*E13)				
16							
17	计算资产组合x和资产组合y的组合的收益						
18	投资组合 x的比例	0.3					
19	平均收益 E(r$_p$)	11.13%	<-- =B18*B12+(1-B18)*E12				
20	收益的方差 σ$_p^2$	0.1406	<-- =B18^2*B13+(1-B18)^2*E13+2*B18*(1-B18)*B14				
21	收益的标准差 σ$_p$	37.50%	<-- =SQRT(B20)				
22							
23	收益表 (用数据|模拟运算表)						
24	x的比例	标准差	均值				
25		37.50%	11.13%				
26	-0.5	61.72%	13.45%				
27	-0.4	58.15%	13.16%				
28	-0.3	54.68%	12.87%				
29	-0.2	51.33%	12.58%				
30	-0.1	48.13%	12.29%				
31	0.0	45.10%	12.00%				
32	0.1	42.29%	11.71%				
33	0.2	39.74%	11.42%				
34	0.3	37.50%	11.13%				
35	0.4	35.63%	10.84%				
36	0.5	34.20%	10.55%				
37	0.6	33.26%	10.26%				
38	0.7	32.84%	9.97%				
39	0.8	32.99%	9.68%				
40	0.9	33.67%	9.39%				
41	1.0	34.87%	9.10%				

资产组合均值和收益

---

① 在第 34 章中提到，要记住 MMult 和 Transpose 是数组函数，必须在键入之后同时按住"[Ctrl]＋[Shift]＋[Enter]"。

② 这句话很关键。正如我们将会在未来的章节中看到的那样，所有 N 资产投资组合问题根本上都可以归结为两资产组合问题。

8.5　包络线投资组合

一个包络线投资组合(envelope portfolio)是所有具有相等预期收益投资组合收益方差最小的风险资产投资组合。一个有效投资组合(efficient portfolio)是一个具有相等方差的所有投资组合中有最大的预期收益的投资组合。数学上,我们可以按下列形式定义一个包络线投资组合:对特定的收益 μ,有效投资组合 $p = [x_1, x_2, \cdots, x_N]$ 是多个解中的一个:

$$\min \sum_i \sum_j x_i x_j \sigma_{ij} = Var(r_p)$$
$$\text{s.t.} \quad \sum_i x_i r_i = \mu = E(r_p)$$
$$\sum_i x_i = 1$$

包络线(envelope)是所有包络线投资组合的集合,而有效前沿(efficient frontier)是所有有效投资组合的集合。[1]正如 Black(1972)提出的,包络线是任何两个包络线投资组合的所有凸组合的轨迹。[2]因此,如果 $x = \{x_1, x_2, \cdots, x_N\}$ 和 $y = \{y_1, y_2, \cdots, y_N\}$,是包络线投资组合并且如果 a 是一个常数,那么投资组合 Z 被定义为:

$$z = ax + (1-a)y = \begin{bmatrix} ax_1 + (1-a)y_1 \\ ax_2 + (1-a)y_2 \\ \vdots \\ ax_N + (1-a)y_N \end{bmatrix}$$

也是一个包络线投资组合。如果我们能找任何两个包络线投资组合,那么我们就能找整个包络线前沿。

根据这个定理,一旦我们找到两个有效投资组合 x 和 y,我们就知道任何其他的有效投资组合是 x 和 y 的凸组合。假如我们把 x 和 y 的均值和方差分别记为 $\{E(r_x), \sigma_x\}$ 和 $\{E(r_y), \sigma_y\}$,并且 $z = ax + (1-a)y$,那么:

$$E(r_z) = aE(r_x) + (1-a)E(r_y)$$
$$\sigma_z^2 = a^2 \sigma_x^2 + (1-a)^2 \sigma^2 + 2a(1-a)Cov(x, y)$$
$$= a^2 \sigma_x^2 + (1-a)^2 \sigma_y^2 + 2a(1-a)x^T S y$$

有效投资组合计算的进一步细节在第 9 章讨论。

说明投资组合 x 和 y 在包络线上

为了说明有效性不是一个简单意义的概念,我们列出前面章节中的两个投资组合的组合

---

① 第 9 章讨论了包络线投资组合和有效投资组合的区别。简而言之,有效前沿就是只包含最优投资组合的包络线的集合。

② 我们将在下一章展开讨论 Black 的定理。

曲线图,它不是有效的。我们展开数据表,使之包含每个股票数据,就看得更加清楚:

	A	B	C	D	E	F	G
1				四资产投资组合问题			
2		方差-协方差, S				平均收益 E(r)	
3	0.10	0.01	0.03	0.05		6%	
4	0.01	0.30	0.06	-0.04		8%	
5	0.03	0.06	0.40	0.02		10%	
6	0.05	-0.04	0.02	0.50		15%	
7							
8	资产组合 x	0.20	0.30	0.40	0.10		
9	资产组合 y	0.20	0.10	0.10	0.60		
10							
11	资产组合x和y的统计量:均值,方差,协方差,相关系数						
12	均值E(r$_x$)	9.10%		均值E(r$_y$)	12.00%	<-- {=MMULT(B9:E9,F3:F6)}	
13	方差 σ$_x^2$	0.1216		方差 σ$_y^2$	0.2034	<--	
14	协方差 Cov(x,y)	0.0714				{=MMULT(MMULT(B9:E9,A3:D6),TRANSPOSE(B9:E9))}	
15	相关系数 ρ$_{xy}$	0.4540	<-- =B14/SQRT(B13*E13)				
16							
17	计算资产组合x和y的组合的收益						
18	投资组合x的比例	0.3					
19	平均收益E(r$_p$)	11.13%	<-- =B18*B12+(1-B18)*E12				
20	收益的方差σ$_p^2$	0.1406	<-- =B18^2*B13+(1-B18)^2*E13+2*B18*(1-B18)*B14				
21	收益的标准差σ$_p$	37.50%	<-- =SQRT(B20)				
22							
23	收益表 (用数据|模拟运算表)						
24	投资组合x的比例	标准差	均值				
25		37.50%	11.13%				
26	-1.0	80.60%	14.90%				
27	-0.8	72.88%	14.32%				
28	-0.6	65.38%	13.74%				
29	-0.4	58.15%	13.16%				
30	-0.2	51.33%	12.58%				
31	0.0	45.10%	12.00%				
32	0.2	39.74%	11.42%				
33	0.4	35.63%	10.84%				
34	0.6	33.26%	10.26%				
35	0.8	32.99%	9.68%				
36	1.0	34.87%	9.10%				
37	1.2	38.60%	8.52%				
38	1.4	43.69%	7.94%				
39	1.6	49.74%	7.36%				
40	1.8	56.44%	6.78%				
41	2.0	63.58%	6.20%				
42	2.2	71.02%	5.62%				
43	2.4	78.69%	5.04%				
44	2.6	86.53%	4.46%				
45	2.7	90.49%	4.17%				
46	股票1	31.62%		6.00%			
47	股票2	54.77%		8.00%			
48	股票3	63.25%		10.00%			
49	股票4	70.71%		15.00%			

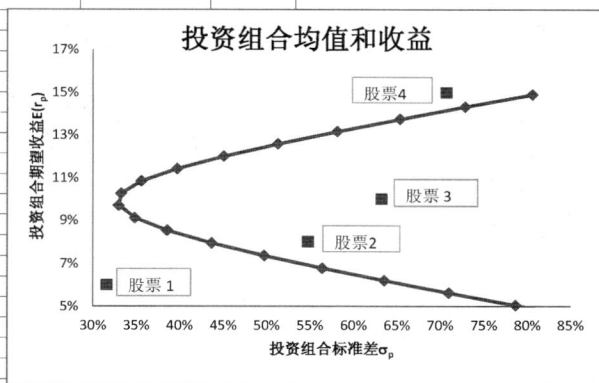

投资组合均值和收益

假如两个投资组合在包络线上,那么所有的个股就会落在组合收益曲线图上面。在我们的例子里,其中两只股票得收益(股票 1 和股票 4)落在由投资组合 x 和 y 组合产生的前沿的外面;因此 x 和 y 不可能是有效投资组合。在第 9 章,你将学到有效投资组合和包络线投资组合的计算,但是正像你所看到的,这要做更多的计算。

8.6　本章小结

在这章中,我们回顾了投资组合的基本概念和数学方法。在下一章我们将描述如何计算资产收益的方差—协方差矩阵,并说明怎样计算有效投资组合。

习题

1. 本书配套的数据包中的电子表包含了 Kellogg 和 IBM 的股价月度数据。计算出收益的各统计量的值并绘制出两股票组合的前沿。

2. 考虑如下的两只股票。绘制出两只股票组合的前沿,表示出相关系数从−1 变动到＋1 对于前沿的影响。

	A	B	C	D	E	F
1		两只股票 变动相关系数				
2		股票 A	股票 B			
3	均值	3.00%	8.00%			
4	标准差	15.00%	22.00%			
5	相关系数	0.3000				

3. 本书配套的数据包中的习题给出了两支 Vanguard 基金 5 年内的月度价格——Vanguard 指数 500 基金(记为 VFINX)和 Vanguard 高收益企业债券(记为 VWEHX)。第一支基金与 S&P500 变动一致,而VWEHX 是一支垃圾债券。计算基金的月收益和两支基金组合的前沿。

4. 下表中给出了随机变量 X 和 Y 的取值,X 和 Y 是完全相关的,尽管不一定是线性相关的。计算 X 和 Y 的相关系数。

	A	B
1	**X**	**Y**
2	-5	25
3	-4	16
4	-3	9
5	-2	4
6	-1	1
7	0	0
8	1	1
9	2	4
10	3	9
11	4	16
12	5	25

5. 本书配套的数据包中的习题文件中给出了资产 A 和资产 B 的均值和方差，在同一个坐标系中绘制出当 $\rho_{AB} = -1, 0, 1$ 时的图像：

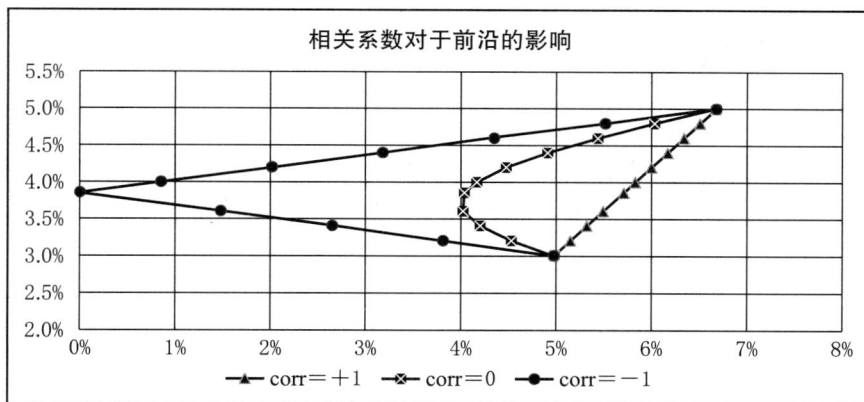

相关系数对于前沿的影响

6. 三个资产的均值和方差—协方差矩阵如下：

	A	B	C	D	E	F
1		方差-协方差矩阵				均值
2		0.30	0.02	-0.05		10%
3		0.02	0.40	0.06		12%
4		-0.05	0.06	0.60		14%
5						
6		投资组合1	投资组合2			
7	资产1	30%	50%			
8	资产2	20%	40%			
9	资产3	50%	10%			

（1）计算出投资组合的如下统计量：均值、方差、标准差、协方差、相关系数。

（2）绘制出投资组合 1 和投资组合 2 的组合的均值和标准差的图像。

（3）将单个资产添加到上面的图像中。两个投资组合是在有效前沿上吗？

7. 考虑以下数据，计算出当预期投资组合收益为 14% 时各资产的比重。此时投资组合的标准差是多少？

	A	B	C
1		平均收益	收益的标准差
2	股票1	12%	35%
3	股票2	18%	50%
4	协方差 $Cov(r_1, r_2)$	0.08350	

8. 用上题的数据，找到两个投资组合，使它们收益的标准差为 45%。（这个问题有一个分析性的解决方法，但同样可以用"规划求解"求解。）

附录 8.1　股利调整

当我们从雅虎公司或其他地方下载数据的时候,"调整价格"包含对一个股利方面的调整。在这个附录中,我们讨论两种调整股利收益的方法。①第一种是最简单的调整股利方法,即将股利加入每年价格变化中。在下面例子中,如果你在 1986 年年底以每股 33 美元的价格购买了通用汽车公司(GM)的股票并持有一年的时间,这年底你有 0.57% 的收益。

	A	B	C	D	E	F
1	通用汽车公司（**GM**）股票 股息调整					
2	年份	年底股票价格	每股股利	离散的复收益	连续的复收益	
3	1986	33.00				=(B4+C4)/B3-1
4	1987	30.69	2.50	0.57%	0.57%	
5	1988	41.75	2.50	44.20%	36.60%	
6	1989	42.25	3.00	8.38%	8.05%	<-- =LN((C4+B4)/B3)
7	1990	34.38	3.00	-11.54%	-12.26%	
8	1991	28.88	1.60	-11.35%	-12.04%	
9	1992	32.25	1.40	16.54%	15.30%	
10	1993	54.88	0.80	72.64%	54.60%	
11	1994	42.13	0.80	-21.78%	-24.56%	
12	1995	52.88	1.10	28.13%	24.79%	
13	1996	55.75	1.60	8.46%	8.12%	
14						
15	每年收益的算法			13.43%	9.92%	<-- =AVERAGE(E4:E13)
16	收益的标准差			27.15%	22.84%	<-- =STDEVP(E4:E13)

$$1987 \text{ 年的不连续复收益} = \frac{30.69 + 2.50}{33.00} - 1 = 0.568\%$$

$$1987 \text{ 年的连续复收益} = \ln\left(\frac{30.69 + 2.50}{33.00}\right) = 0.567\%$$

(非连续和连续复收益的选择在附录 8.2 中讨论。)

股利再投资

另一种收益计算方法是假设股利被再投资到股票中去:

---

① 可能会有争议说来自互联网的免费资源可以自动完成这些调整,附录中的细节完全是多余的。但是我们认为它们提供了一些有趣的思考。(如果你不同意,翻过这一页吧!)

	G	H	I	J	K	L	M	N
1				**GM: 股利被再投资的情况**				
2	年份	年初的实际持有股票数	年底股票价格	每股股利	总的股利收益	年底的股票数	年底的股票价值	
3	1986		33.00				33.000	=H5+K5/I5
4	1987	1.00	30.69	2.500	2.500	1.081	33.188	
5	1988	1.08	41.75	2.500	2.704	1.146	47.855	<-- =L5*I5
6	1989	1.15	42.25	3.000	3.439	1.228	51.867	
7	1990	1.23	34.38	3.000	3.683	1.335	45.882	
8	1991	1.33	28.88	1.600	2.136	1.409	40.677	
9	1992	1.41	32.25	1.400	1.972	1.470	47.403	
10	1993	1.47	54.88	0.800	1.176	1.491	81.835	
11	1994	1.49	42.13	0.800	1.193	1.520	64.014	
12	1995	1.52	52.88	1.100	1.672	1.551	82.021	
13	1996	1.55	55.75	1.600	2.482	1.596	88.963	
14								
15		每年的连续复收益					9.92%	<-- =LN(M13/M3)/10
16		复几何收益					10.43%	<-- =(M13/M3)^(1/10)-1
17								
18				=H5*J5				

先考虑 1987 年：因为我们在 1986 年年底购买了股票，我们在 1987 年年底拥有该股票。假如把 1987 年的股利用来购买按 1987 年年底价格的股票，我们可以购买到额外的 0.081 股股票：

$$1987 \text{ 年年底新购买的股票} = \frac{2.50}{30.69} = 0.081$$

因此我们在 1988 年年初有 1.081 股股票。因为 1988 年每股股利是 2.50 美元，所以股票上得到总股利是 $1.081 \times 2.50 = 2.704$ 美元。

将这些股利再投资到股票中去：

$$1988 \text{ 年年底新购买的股票} = \frac{2.704}{41.75} = 0.065$$

因此，在 1988 年年底，通用汽车公司股票的持股人将会有累计的 $1 + 0.081 + 0.065 = 1.146$ 股股票。

按电子表显示，这个股利的再投资使得 1996 年年底有 1.596 股的股票，价值 88.963 美元。

我们用两种方法计算该投资上的收益：

$$\text{连续复收益} = \ln\left[\frac{1996 \text{ 年年底的价值}}{\text{开始投资额}}\right] \bigg/ 10 = \ln\left[\frac{88.963}{33.00}\right] \bigg/ 10 = 9.92\%$$

注意该连续复收益的计算与第一张电子表中每年收益（单元格 E15）的计算相同。

一个可替代的方法是计算几何平均收益：

$$\text{几何平均收益} = \left[\frac{1996 \text{ 年年底的价值}}{\text{开始投资额}}\right]^{1/10} - 1 = \left[\frac{88.963}{33.00}\right]^{1/10} - 1 = 10.43\%$$

附录 8.2　连续复收益与几何平均收益

用连续复收益，假设 $P_t = P_{t-1}e^{r_t}$，这里的 r_t 是在期间$(t-1, t)$的收益率。假如 $r_1, r_2, \cdots, r_{12}$ 是 12

个时期的收益(一个时期可能是一个月,也可能是一个年度),则在 12 个时期结束时,股票价格将会是:

$$P_{12} = P_0 e^{r_1 + r_2 + \cdots + r_{12}}$$

这个价格和收益的表达式允许我们假设平均期间收益是 $r = (r_1 + r_2 + \cdots + r_{12})/12$。因为我们想假设 12 期收益数据代表以后时期收益分布,那么该连续复收益是适当的收益测量,而不是非连续复收益:

$$r_t = (P_{A,t} - P_{A,t-1})/P_{A,t-1}$$

连续复收益和不连续复收益的区别是什么

连续复收益总比不连续复收益要小,但一般差额不大。下面的电子表列出了第 8.2 节例子中这二者的差额:

	A	B	C	D	E	F	G	H
1			APPLE 和GOOGLE 比较连续和离散收益					
2								
3	日期	AAPL 价格	连续收益	离散收益		Google 价格	连续收益	离散收益
4	1/Jun/07	122.04				580.11		
5	2/Jul/07	131.76	7.66%	7.96%	<-- =B5/B4-1	645.90	10.74%	11.34%
6	1/Aug/07	138.48	4.97%	5.10%		599.39	-7.47%	-7.20%
59	3/Jan/12	456.48	11.97%	12.71%		522.70	2.46%	2.49%
60	1/Feb/12	542.44	17.25%	18.83%		497.91	-4.86%	-4.74%
61	1/Mar/12	599.55	10.01%	10.53%		471.38	-5.48%	-5.33%
62	2/Apr/12	583.98	-2.63%	-2.60%		458.16	-2.84%	-2.80%
63	1/May/12	577.73	-1.08%	-1.07%		449.45	-1.92%	-1.90%
64	1/Jun/12	584.00	1.08%	1.09%		501.50	10.96%	11.58%
65								
66	月平均		2.61%	3.24%	=AVERAGE(G5:G64) -->		-0.24%	0.26%
67	月标准差		11.17%	10.69%	=STDEV.S(G5:G64) -->		10.09%	10.07%
68								
69	年平均		31.31%		=12*G66 -->		-2.91%	
70	年方差		134.04%		=12*G67 -->		121.05%	
71	年标准差		115.78%		=SQRT(G70) -->		110.02%	

从期间收益上计算年收益和方差

假如我们计算一系列的月收益率 $r_1, r_2, \cdots, r_n$,然后我们想计算年收益率的均值和方差。很清楚,平均的年收益为:

$$平均的年收益 = 12\left[\frac{1}{n}\sum_{t=1}^{n}r_t\right]$$

为计算年收益率的方差,我们假设每月收益率为独立分布的随机变量。那么 $Var(r) = 12\left[\frac{1}{n}\sum_{t=1}^{n}Var(r_t)\right] = 12\sigma_月^2$,年收益率的标准差为: $\sigma = \sqrt{12}\sigma_月$。[①]

---

① 注意对于离散地计算的收益这不成立。因此当使用连续复利时计算方差和标准差更简单。

9

计算没有卖空限制的有效投资组合

9.1 概述

本章涵盖传统资本资产定价模型(CAPM)两个版本的所有必要的计算,这两个版本分别是基于无风险资产(也成为 Sharp-Lintner-Mossin 模型)和布莱克(Black,1972)的零-β CAPM(它无需假设一个无风险资产)。你会发现用电子表很容易完成这些计算。

本章的结构如下:开始我们先做一些预备定义和符号,然后我们说明主要的结论(其证明过程在本章的附录中)。随后的几节我们实施这些结论,并告诉你:

- 如何计算有效投资组合。
- 如何计算有效前沿。

与本书的其他章节相比,本章包含较多的理论知识:第 9.2 节包含有关投资组合的一些定理,它们是第 11 章有效投资组合和证券市场线(SML)计算的基础。如果你觉得第 9.2 节中的理论比较难,你可以先跳过它,而去做第 9.3 节中的实例计算。本章假设方差—协方差矩阵是给定的;我们将对计算方差—协方差矩阵的各种方法的讨论放到第 10 章里面。

9.2 一些预备定义和符号

贯穿本章我们使用下列符号:有 N 个风险资产,它们每个预期收益为 $E(r_i)$。矩阵 $E(r)$ 是这些资产预期收益的列向量:

$$E(r) = \begin{bmatrix} E(r_1) \\ E(r_2) \\ \vdots \\ E(r_N) \end{bmatrix}$$

并且 S 是一个 $N \times N$ 的方差—协方差矩阵：

$$S = \begin{bmatrix} \sigma_{11} & \sigma_{21} & \cdots & \sigma_{1N} \\ \sigma_{12} & \sigma_{22} & \cdots & \sigma_{2N} \\ \vdots & \vdots & & \vdots \\ \sigma_{1N} & \sigma_{2N} & \cdots & \sigma_{NN} \end{bmatrix}$$

一个风险资产投资组合(portfolio of risky assets)(当我们思路清楚时,我们将只使用"投资组合"一词)是一个向量 x,该向量的元素和为 1:

$$X = \begin{bmatrix} x_1 \\ x_2 \\ \vdots \\ x_N \end{bmatrix}, \quad \sum_{i=1}^{N} x_i = 1$$

每个元素 x_i 表示该投资组合在风险资产 i 中的比率。

一个投资组合的预期投资组合收益 $E(r_x)$ 是 x 与 R 的乘积： $E(r_x) = x^T \times R \equiv \sum_{i=1}^{N} x_i E(r_i)$ 该投资组合 x 的收益方差 $\sigma_x^2 \equiv \sigma_{xx}$ 是乘积 $x^T S x = \sum_{i=1}^{N} \sum_{j=1}^{N} x_i x_j \sigma_{ij}$。

两个投资组合 x 和 y 收益之间的协方差,$Cov(r_x, r_y)$,被定义为： $\sigma_{xy} = x^T S y = \sum_{i=1}^{N} \sum_{j=1}^{N} x_i y_j \sigma_{ij}$,注意这里 $\sigma_{xy} = \sigma_{yx}$。

下面的图形说明了四个概念。一个可行(feasible)投资组合是比率之和为 1 的任意投资组合。可行集合(feasible set)是由可行投资组合得出的投资组合均值和标准差的集合;这个可行集合在曲线右边的内部区域。如果一个可行投资组合在给定的收益下有最小的方差,那么这个可行投资组合则在该可行集合的包络线上。最后,如果一投资组合 x 在给定方差(或标准差)下有最大收益,那么该投资组合则是一个有效投资组合。也就是,如果没有其他投资组合 y 使得 $E(R_y) > E(R_x)$ 和 $\sigma_y < \sigma_x$,那么 x 是有效的。所有有效投资组合的集合构成了有效前沿,图中的有效前沿,我们用粗线条表示。

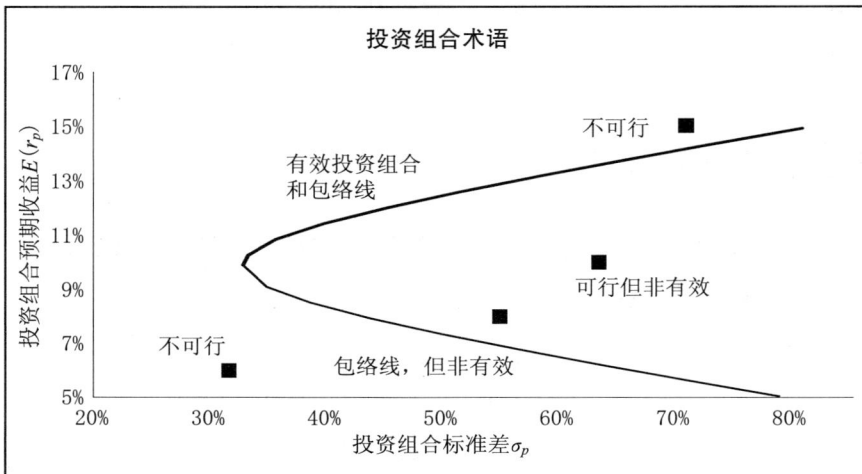
投资组合术语

9.3 有效投资组合的五个定理和 CAPM

本章附录中我们证明了下面这些结论，它是 CAPM 计算的基础。所有这些定理的应用都用来推出有效前沿和证券市场线；数据说明将在下一节和随后的章节中给出。

定理 9.1 令 c 为常数。我们用符号 $E(r) - c$ 表示下面的列向量：

$$E(r) - c = \begin{bmatrix} E(r_1) - c \\ E(r_2) - c \\ \vdots \\ E(r_N) - c \end{bmatrix}$$

令向量 z 为联立线性方程 $E(r) - c = Sz$ 的解。那么这个解产生一个在可行集包络线上的投资组合 x，方式如下：

$$z = S^{-1}\{E(r) - c\}$$
$$x = \{x_1, x_2, \cdots, x_N\}$$

这里：

$$x_i = \frac{z_i}{\displaystyle\sum_{j=1}^{N} z_j}$$

进而，所有包络线上的投资组合都是其中之一。

直觉：定理的正式证明在本章附录中给出，但直觉上这是一个简单的几何学问题。假如我们选择常数 c 并且我们试图寻找有效投资组合 x，对 x 存在 c 和可行集合相切：

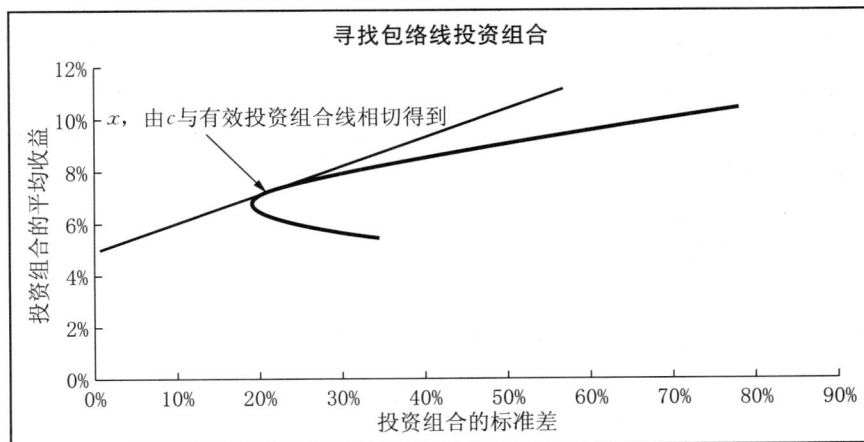

定理 9.1 提出了一个寻找 x 的处理过程；此外，定理说明了那些在包络线上的所有投资组合（特别是：所有有效的投资组合）是该定理处理的大致结果。也就是，如果 x 是任意一个

包络线上的投资组合,那么这里存在常数 c 和向量 z 使 $Sz = E(r) - c$ 和 $x = z \Big/ \sum_i z_i$ 成立。

定理 9.2 根据由 Black(1972)首先证明的理论,任意两个包络线上的投资组合足以建立整条包络线。给出任意两个包络线上投资组合 $x = \{x_1, x_2, \cdots, x_N\}$ 和 $y = \{y_1, y_2, \cdots, y_N\}$,所有包络线上的投资组合都是 x 和 y 的凸组合。这意味着给出任意一个常数 a,该投资组合:

$$ax + (1-a)y = \begin{bmatrix} ax_1 + (1-a)y_1 \\ ax_2 + (1-a)y_2 \\ \vdots \\ ax_N + (1-a)y_N \end{bmatrix}$$

是在有效前沿的包络线上的。

定理 9.3 如果 y 是包络线上的任意一个投资组合,那么对任意一个其他的组合投资组合(在或不在包络线上)x,我们有关系式如下:

$$E(r_x) = c + \beta_x [E(r_y) - c]$$

这里:

$$\beta_x = \frac{Cov(x, y)}{\sigma_y^2}$$

而且,c 是一个投资组合 z 的预期收益,z 与 y 的协方差是零:

$$c = E(r_z)$$

这里:

$$Cov(y, z) = 0$$

注意:如果 y 是在包络线上的,任意和所有投资组合 x 对 y 的回归都是一个线性关系。在这个版本的 CAPM(即 Black 著名的零-β CAPM,由他的名字命名,他在 1972 年论文证明了该结论)中 Sharpe-Lintner-Mossin 的证券市场线被 SML 替代,在 SML 中无风险资产的作用是通过一个与包络线上的特定的投资组合 y 的 β 值为 0 的投资组合起作用的。注意这个结论适合任意包络线上的投资组合 y。

定理 9.3 反过来也是成立的。

定理 9.4 假如存在一个投资组合 y 即对任意投资组合 x 下面关系都成立:

$$E(r_x) = c + \beta_x [E(r_y) - c]$$

这里:

$$\beta_x = \frac{Cov(x, y)}{\sigma_y^2}$$

那么投资组合 y 是一个包络线上的投资组合。

定理 9.3 和定理 9.4 是两个特殊的定理：当且仅当我们对包络线上的投资组合和所有的投资组合作回归时，SML 的关系才是成立的。正如 Roll(1977，1978)强调指出的：这个定理表明只通过证明 SML 成立来检验 CAPM 是不够的。[①]唯一能够检验 CAPM 的方法是看真实的市场投资组合是不是均值—方差有效的。我们将在第 10 章中回到这个主题。

市场投资组合

市场投资组合(market portfolio)M 是由经济学上的所有风险资产组成的一个投资组合，每个资产所占的比率由其价值决定。为了更详细地说明这一点我们假设有 N 个风险资产而且资产 i 的市场价值是 V_i，那么市场投资组合的权数为：

$$资产\ i\ 占\ M\ 的比例 = \frac{V_i}{\sum_{h=1}^{N} V_h}$$

如果市场投资组合 M 是有效的[这是个大胆的"假设"，我们将在第 11 章(SML 的检验)和第 13 章(Black-Litterman)里讨论]，定理 9.3 也适用于市场投资组合。换句话说，SML 允许用 $E(r_z)$ 替换 c：

$$E(r_x) = E(r_z) + \beta_x [E(r_M) - E(r_z)]$$

这里：

$$\beta_x = \frac{Cov(x,M)}{\sigma_M^2}$$

$$Cov(z,M) = 0$$

SML 的这个版本所有的 CAPM 结论得到了实证研究的重大关注。在第 11 章中我们将介绍该如何计算 β 和 SML；我们继续去验证 Roll 对这些实证检验的批评。从下面曲线图，很容易看出如何在可行集合的包络线上找出一个零-β 投资组合：

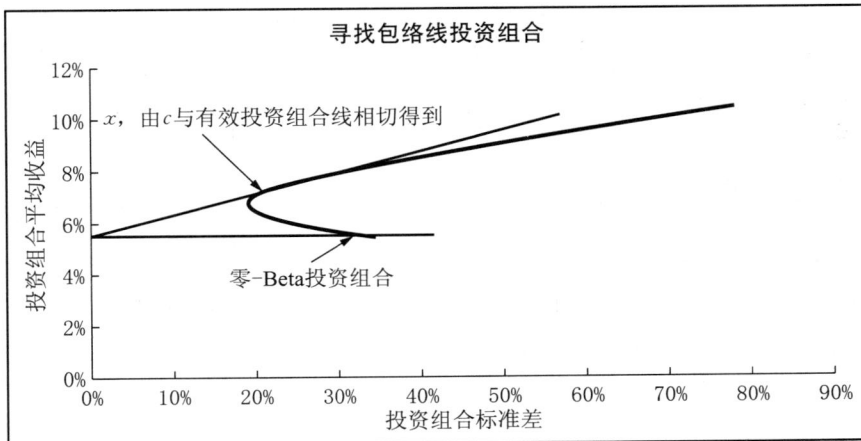

寻找包络线投资组合

x，由 c 与有效投资组合线相切得到

零-Beta投资组合

纵轴：投资组合平均收益（0% 到 12%）
横轴：投资组合标准差（0% 到 90%）

---

① Roll(1977)被引用得更多也更全面综合，但是他 1978 年的论文更便于阅读和理解。如果你对这个文献感兴趣，从 1978 年的论文开始读吧。

当存在一个无风险资产的时候,定理 9.3 则专门用于传统资本资产定价模型的证券市场线。

定理 9.5 如果存在收益为 r_f 的一个无风险资产,那么存在一个包络线上的投资组合 x 满足下列等式:

$$E(r_x) = r_f + \beta_x \left[E(r_M) - r_f \right]$$

这里:

$$\beta_x = \frac{Cov(x, M)}{\sigma_M^2}$$

正如 Sharpe(1964)、Lintner(1965)和 Mossin(1966)所作的经典证明那样,如果所有的投资者只以投资组合的平均值和标准差为基础选择他们的投资组合,那么定理 9.5 里的投资组合 x 就是市场投资组合 M。

本章接下来,我们使用数字实例用 Excel 试算来研究这些定理的意义。

9.4 计算有效前沿:一个例子

在这节中,我们用 Excel 计算有效前沿。我们来看一个包括四个风险资产的例子,它的预期收益和方差—协方差矩阵如下:

	A	B	C	D	E	F	G	H
1	计算有效前沿							
2	方差-协方差矩阵, S					期望收益 E(r)	期望收益 E(r) 减常数	
3	0.10	0.01	0.03	0.05		6%	2.00%	<-- =F3-$B$8
4	0.01	0.30	0.06	-0.04		8%	4.00%	
5	0.03	0.06	0.40	0.02		10%	6.00%	
6	0.05	-0.04	0.02	0.50		15%	11.00%	
7								
8	常数c	4.00%						

在标记期望收益 $E(r)$ 减常数所在列的每个单元格包含了给定资产的平均收益减去常数 c 的值(在这个案例里 $c = 4\%$)。我们用这一列去找第二个包络线投资组合。

我们将计算分成两个部分:首先我们计算可行集合包络线上的两个投资组合(见第 9.4.1 节)。在第 9.4.2 节中我们计算有效前沿。

9.4.1 计算两个包络线上的投资组合

根据定理 9.2,为识别整个有效前沿,我们必须寻找两个有效投资组合。根据定理 9.1,我

们求解 $R-c=Sz$ 中的 z，这里我们使用两个不同的 c 值。对于每个 c 值，我们求解 z 然后设置 $x_i-z_i \Big/ \sum_h z_h$，找出一个有效投资组合。

我们给出的 c 有时是随意的（见第 9.6 节），但是为了简单，我们先设 $c=0$。这个处理得到下列结果：

	A	B	C	D	E	F	G	H
10	计算包络线常数=0时的资产组合							
11	z					包络线投资组合 x		
12	0.3861	<-- {=MMULT(MINVERSE(A3:D6),F3:F6)}				0.3553	<-- =A12/SUM($A$12:$A$15)	
13	0.2567					0.2362		
14	0.1688					0.1553		
15	0.2752					0.2532		
16					总和	1.0000	<-- =SUM(F12:F15)	

在单元格中的公式如下：

● z 列：=MMult(MInverse(A3:D6)，F3:F6)。范围 A3:D6 包含方差—协方差，单元格 F3:F6 包含资产的平均收益。

● x 列：每个单元格包含被所有 z 之总和除的 z 的相关值。举例来说，单元格 F12 包含了公式=A12/SUM（$A$12:A$15）

为了找到第二个包络线投资组合，我们用 $c=0.04$（单元格 B8）解这个系统。

	A	B	C	D	E	F	G	H
18	计算包络线投资组合，常数=4%							
19	z					包络线投资组合 y		
20	0.0404	<-- {=MMULT(MINVERSE(A3:D6),G3:G6)}				0.0782	<-- =A20/SUM($A$20:$A$23)	
21	0.1386					0.2684		
22	0.1151					0.2227		
23	0.2224					0.4307		
24					总和	1.0000	<-- =SUM(F20:F23)	

由定理 9.1，在单元格 F20:F23 投资组合 y 是一个包络线投资组合。除了在单元格中数组函数是 MMult(MInverse(A3:D6)，G3:G6)以外（G3:G6 包含的是期望收益减去常数 0.04 的向量），此处与 y 相关的向量 z 的计算方式类似于第一列向量。

为了要完成这个基础的计算，我们要计算投资组合 x 和 y 的均值、标准差和收益协方差。

	A	B	C	D	E	F	G	H	I	J	K
26	均值E(x)	9.37%			均值E(y)	11.30%	<-- {=MMULT(TRANSPOSE(F20:F23),F3:F6)}				
27	方差Var(x)	0.0862			方差Var(y)	0.1414	<-- {=MMULT(MMULT(TRANSPOSE(F20:F23),A3:D6),F20:F23)}				
28	标准差Sigma(x)	29.37%			标准差Sigma(y)	37.60%	<-- =SQRT(F27)				
29											
30	协方差Cov(x,y)	0.1040	<-- {=MMULT(MMULT(TRANSPOSE(F12:F15),A3:D6),F20:F23)}								
31	相关系数Corr(x,y)	0.9419	<-- =B30/(B28*F28)								

向量 x 和 y 的转置是用插入的数组函数 Transpose（见第 34 章数组函数的讨论）实现的。现在我们下列公式计算均值、方差和协方差：

$E(x)$：使用数组公式 MMult(transpose_x，means)。注意我们同样可以使用函数 SumProduct(x，means)。

$Var(x)$：使用数组公式 MMult(MMult(transpose_x，var_cov)，x)。

$Sigma(x)$：使用公式 Sqrt(var_x)。

$Cov(x，y)$：使用数组公式 MMult(MMult(transpose_x，var_cov)，y)。

$Corr(x，y)$：使用公式 $Cov(x，y)/(sigma\_x * sigma\_y)$。

下面电子表说明了这一小节的所有处理。

	A	B	C	D	E	F	G	H
1				计算有效前沿				
2		方差-协方差矩阵, S				期望收益 E(r)	期望收益 E(r) 减常数	
3	0.10	0.01	0.03	0.05		6%	2.00%	<-- =F3-$B$8
4	0.01	0.30	0.06	-0.04		8%	4.00%	
5	0.03	0.06	0.40	0.02		10%	6.00%	
6	0.05	-0.04	0.02	0.50		15%	11.00%	
7								
8	常数c	4.00%						
9								
10	计算包络线常数=0时的资产组合							
11		z				包络线投资组合 x		
12		0.3861	<-- {=MMULT(MINVERSE(A3:D6),F3:F6)}			0.3553	<-- =A12/SUM($A$12:$A$15)	
13		0.2567				0.2362		
14		0.1688				0.1553		
15		0.2752				0.2532		
16					总和	1.0000	<-- =SUM(F12:F15)	
17								
18	计算包络线投资组合，常数=4%							
19		z				包络线投资组合 y		
20		0.0404	<-- {=MMULT(MINVERSE(A3:D6),G3:G6)}			0.0782	<-- =A20/SUM($A$20:$A$23)	
21		0.1386				0.2684		
22		0.1151				0.2227		
23		0.2224				0.4307		
24					总和	1.0000	<-- =SUM(F20:F23)	
25								
26	均值E(x)	9.37%			均值E(y)	11.30%	<-- {=MMULT(TRANSPOSE(F2	
27	方差Var(x)	0.0862			方差Var(y)	0.1414	<-- {=MMULT(MMULT(TRANSF	
28	标准差Sigma(x)	29.37%			标准差Sigma(y)	37.60%	<-- =SQRT(F27)	
29								
30	协方差Cov(x,y)	0.1040	<-- {=MMULT(MMULT(TRANSPOSE(F12:F15),A3:D6),F20:F23)}					
31	相关系数Corr(x,y)	0.9419	<-- =B30/(B28*F28)					

9.4.2 计算有效前沿

根据第 9.3 节的定理 9.2,在第 9.4.1 节中计算出来的两个投资组合的凸组合的计算使得我们可以计算出整个可行集合的包络线(当然,包括有效前沿)。假如我们让 p 是一个投资组合,在这个投资组合中投资组合 x 的比例为 a,投资组合 y 中的比例为 $(1-a)$。那么,如第 8 章所讨论,p 收益的平均值和标准差是:

$$E(r_p) = aE(r_x) + (1-a)E(r_x)$$

$$\sigma_p = \sqrt{a^2\sigma_x^2 + (1-a)^2\sigma_y^2 + 2a(1-a)Cov(x,y)}$$

这里是我们的两投资组合计算的例子：

	A	B	C	D	E	F	G
34	单个投资组合的计算						
35	x的比例	0.3					
36	E(r$_p$)	10.72%	<-- =B35*B26+(1-B35)*F26				
37	σ$_p{}^2$	0.1207	<-- =B35^2*B27+(1-B35)^2*F27+2*B35*(1-B35)*B30				
38	σ$_p$	34.75%	<-- =SQRT(B37)				

我们可以将这个计算变成一个模拟运算表(见第 31 章)如下：

	A	B	C	D	E	F	G	H	I
34	单个投资组合的计算								
35	x的比例	0.3							
36	E(r$_p$)	10.72%	<-- =B35*B26+(1-B35)*F26						
37	σ$_p{}^2$		0.1207	<-- =B35^2*B27+(1-B35)^2*F27+2*B35*(1-B35)*B30					
38	σ$_p$	34.75%	<-- =SQRT(B37)						
39									
40	模拟运算表：我们通过变动x的比例去产生一条有限前沿								
41	**x的比例**	标准差	收益						
42		34.75%	10.72%	<-- =B36模拟运算表表头					
43	-1.5	54.56%	14.20%						
44	-1.2	50.93%	13.62%						
45	-1.0	48.56%	13.23%						
46	-0.8	46.24%	12.85%						
47	-0.6	43.97%	12.46%						
48	-0.4	41.77%	12.08%						
49	-0.2	39.64%	11.69%						
50	0.0	37.60%	11.30%						
51	0.3	35.20%	10.82%						
52	0.5	33.00%	10.34%						
53	0.8	31.04%	9.86%						
54	0.8	30.68%	9.76%						
55	1.0	29.37%	9.37%						
56	1.2	28.27%	8.99%						
57	1.4	27.42%	8.60%						
58	1.6	26.83%	8.21%						
59	1.8	26.53%	7.83%						
60	2.0	26.52%	7.44%						
61	2.2	26.80%	7.06%						
62	2.4	27.37%	6.67%						
63	2.6	28.21%	6.28%						
64	2.8	29.30%	5.90%						
65	3.0	30.60%	5.51%						

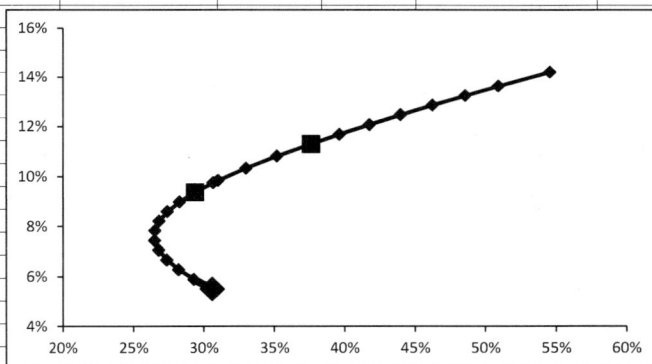

这两个投资组合 x 和 y 的凸组合组成了包络线，在上面 x 和 y 均被标记出来。被标记的还有其他投资组合，如包含卖空 x 或 y 的。注意所有的凸组合都在包络线上，但并不是每一个凸组合都是有效的。举例来说，上表中 x 的比例是 300%，而 y 的比例是 50%。如图所示，其他包络线投资组合包含卖空投资投资组合 x 和 y 其中之一，它们既可能是有效的，也可能不是。因此，虽然每个有效投资组合是任意两个有效投资组合的一个凸组合，但反过来就不成立。

9.5 一步求出有效前沿

在第 9.4 节的例子中有效投资组合是通过在电子表上分别求出投资组合的元素来计算的。我们想一步就能计算出这个有效投资组合。看下面一个例子：

	A	B	C	D	E	F	G
1			一步求出包络线投资组合				
2		方差-协方差矩阵S				期望收益 E(r)	
3	0.10	0.01	0.03	0.05		6%	
4	0.01	0.30	0.06	-0.04		8%	
5	0.03	0.06	0.40	0.02		10%	
6	0.05	-0.04	0.02	0.50		15%	
7							
8	常数	4%					
9							
10	包络线投资组合						
11	0.0782						
12	0.2684	<-- {=MMULT(MINVERSE(A3:D6),F3:F6-B8)/SUM(MMULT(MINVERSE(A3:D6),F3:F6-B8))}					
13	0.2227						
14	0.4307						
15							
16	投资组合均值	11.30%	<-- =SUMPRODUCT(A11:A14,F3:F6)				
17	投资组合标准差	37.60%	<-- {=SQRT(MMULT(MMULT(TRANSPOSE(A11:A14),A3:D6),A11:A14))}				

使用这种方法需要一定的 Excel 技巧，大多数与数组函数的正确使用有关。结果是我们可以在一个单元格中写出一个包络线投资组合的定理 9.1 表达式 $x = \dfrac{S^{-1}\{E(r)-c\}}{Sum[S^{-1}\{E(r)-c\}]}$：

- 在单元格 A11:A14 中我们用数组函数 F3:F6—B8 来计算期望收益减单元格 B8 中的常数。
- 在同样的单元格中我们用 SUM(MMult(MInverse(A3:D6)，F3:F6—B8)) 来计算表达式 $x = \dfrac{S^{-1}\{E(r)-c\}}{Sum[S^{-1}\{E(r)-c\}]}$ 的分母。

使用单元格名称来帮助清晰表达

我们可以通过使用单元格名称使得整个过程更加清晰。更改单元格名称，只需选中一个或一组单元格，然后移动鼠标到"名称框"（name box），如下图所示：

A3 名称框 f_x 0.1

	A	B	C	D	E	F
1	一步求出包络线投资组合					
2	方差-协方差矩阵S					期望收益 E(r)
3	0.10	0.01	0.03	0.05		6%
4	0.01	0.30	0.06	-0.04		8%
5	0.03	0.06	0.40	0.02		10%
6	0.05	-0.04	0.02	0.50		15%
7						

然后你可以在名称框中输入一个名称：

varcov f_x 0.1

	A	B	C	D	E	F
1	一步求出包络线投资组合					
2	方差-协方差矩阵S					期望收益 E(r)
3	0.10	0.01	0.03	0.05		6%
4	0.01	0.30	0.06	-0.04		8%
5	0.03	0.06	0.40	0.02		10%
6	0.05	-0.04	0.02	0.50		15%
7						

这个名称现在就可以用了，如下图所示：

	A	B	C	D	E	F	G
1	一步求出包络线投资组合						
2	方差-协方差矩阵S					期望收益 E(r)	
3	0.10	0.01	0.03	0.05		6%	
4	0.01	0.30	0.06	-0.04		8%	
5	0.03	0.06	0.40	0.02		10%	
6	0.05	-0.04	0.02	0.50		15%	
7							
8	Constant	4%					
9							
10	包络线投资组合						
11	0.0782	<-- {=MMULT(MINVERSE(varcov),means-B8)/SUM(MMULT(MINVERSE(varcov),means-B8))}					
12	0.2684						
13	0.2227						
14	0.4307						
15							
16	投资组合均值	11.30%	<-- =SUMPRODUCT(portx,means)				
17	投资组合标准差	37.60%	<-- {=SQRT(MMULT(MMULT(TRANSPOSE(portx),varcov),portx))}				

9.6 在最优化过程中值得注意的三点

在这一部分里,我们揭示在运用定理 9.1 计算包络线投资组合的优化过程中的三个额外的事实。

9.6.1 注意 1:条条大道通罗马:c 的精确取值和包络线的确定不相关

由定理 9.2 可知,包络线是由任意两个在其上面的投资组合确定。因此,包络线的确定和我们选用哪两个投资组合是不相关的。为了更深入地表达这个观点,下面的表格计算了三个包络线投资组合:

- 包络线投资组合 x 是由常数 $c = 0\%$ 计算出来的。

	A	B	C	D	E	F	G
1				计算包络线			
				所有常数c导致相同的包络线			
2		方差-协方差矩阵S			期望收益 E(r)		
3	0.10	0.01	0.03	0.05	6%		
4	0.01	0.30	0.06	-0.04	8%		
5	0.03	0.06	0.40	0.02	10%		
6	0.05	-0.04	0.02	0.50	15%		
7							
8	常数	0%	4%	6%			
9							
10		投资组合 x	投资组合 y	投资组合 z			
11		0.3553	0.0782	-0.5724	<-- {=MMULT(MINVERSE(varcov),means-D8)/SUM(MMULT(MINVERSE(varcov),means-D8))}		
12		0.2362	0.2684	0.3439			
13		0.1553	0.2227	0.3811			
14		0.2532	0.4307	0.8474			
15							
16	投资组合的均值	9.37%	11.30%	15.84%	<-- =SUMPRODUCT(portfolioz,means)		
17	投资组合的标准差	29.37%	37.60%	65.20%	<-- {=SQRT(MMULT(MMULT(TRANSPOSE(portfolioz),varcov),portfolioz))}		
18							
19							
20	表明:投资组合z是投资组合x和y的线性组合						
21	比例	-2.34822	<-- =(D11-C11)/(B11-C11)				
22	验证						
23	z1	-0.5724	<-- =$B$21*B11+(1-$B$21)*C11				
24	z2	0.3439	<-- =$B$21*B12+(1-$B$21)*C12				
25	z3	0.3811	<-- =$B$21*B13+(1-$B$21)*C13				
26	z4	0.8474	<-- =$B$21*B14+(1-$B$21)*C14				

● 包络线投资组合 y 是由常数 $c=4\%$ 计算出来的。

● 第三个包络线投资组合 w 是由常数 $c=6\%$ 计算出来的(单元格 D11：D14)。如行 20—26 所示，投资组合 z 是 x 和 y 的凸组合。这个说法对任意 x、y 及 z 都成立。

这个小练习说明了确定包络线的常数 c 完全是主观的。任何两个常数都可以确定同样的包络线。

9.6.2 注意 2：一个确定的 c 值同样可以确定非有效的包络线投资组合，尽管它们在包络线上。

定理 9.1 的最优化过程确定了一个投资组合 x，它的比例为：

$$x = \frac{S^{-1}\{E(r)-c\}}{Sum[S^{-1}\{E(r)-c\}]}$$

尽管这个投资组合往往在包络线上，它并不必定是有效的。正如下面的例子所示，当 $c=0.11$，投资组合是非有效的。

	A	B	C	D	E	F	G	H
8	常数	11%	4%					
9								
10		投资组合 x	投资组合 y					
11		1.1728	0.0782					
12		0.1413	0.2684					
13		-0.0437	0.2227					
14		-0.2704	0.4307					
15								
16	投资组合的均值	3.67%	11.30%					
17	投资组合的标准差	39.01%	37.60%					
18	协方差Cov(x,y)	-0.00631						
19								
20	一个投资组合的计算							
21	x的比例	0.6						
22	均值	6.73%	<-- =B21*B16+(1-B21)*C16					
23	标准差	27.27%	<-- =SQRT(B21^2*B17^2+(1-B21)^2*C17^2+2*B21*(1-B21)*B18)					
24								
25								
26	确定前沿的数据表							
27	x的比例	标准差	均值					
28		27.27%	6.73%					
29	-1.0	86.20%	18.93%					
30	-0.8	75.74%	17.41%					
31	-0.6	65.49%	15.88%					
32	-0.4	55.55%	14.36%					
33	-0.2	46.12%	12.83%					
34	0.0	37.60%	11.30%					
35	0.2	30.75%	9.78%					
36	0.4	26.87%	8.25%					
37	0.6	27.27%	6.73%					
38	0.8	31.78%	5.20%					
39	1.0	39.01%	3.67%					
40	1.2	47.73%	2.15%					
41	1.4	57.27%	0.62%					
42	1.6	67.27%	-0.90%					
43	1.8	77.57%	-2.43%					
44	2.0	88.05%	-3.96%					

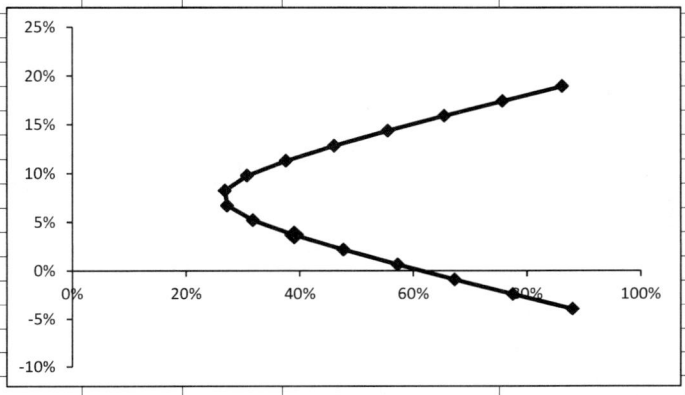

9.6.3 注意 3：如果与 $c = r_f$ 有关的投资组合是最优的

我们之前已经在定理 9.1 中已涉及该内容，不过重申一遍还是值得的。[①]如果我们令 c 等于无风险利率，而且如果所产生的优化的投资组合 $x = \dfrac{S^{-1}\{E(r) - c\}}{Sum[S^{-1}\{E(r) - c\}]}$ 是有效的，那么对偏好仅以投资组合的均值和方差来定义的投资者而言，该投资组合就是最优的投资组合。在接下来的例子里，我们假设 $r_f = 4\%$。在包络线上标记出这个优化的投资组合：

$$x = \frac{S^{-1}\{E(r) - c\}}{Sum[S^{-1}\{E(r) - c\}]}$$

可以看到它是有效的。因此在这个案例中最优化投资组合是由 x 确定的。

	A	B	C	D	E	F	G
1	**如果c = rf 及优化配置的投资组合是有效的,那么包络线投资组合是最优的 由常数 c= 4%确定的投资组合 x是最优的**						
2		方差-协方差矩阵				期望收益	
3	0.40	0.03	0.02	0.00		0.06	
4	0.03	0.20	0.00	-0.06		0.05	
5	0.02	0.00	0.30	0.03		0.07	
6	0.00	-0.06	0.03	0.10		0.08	
7							
8	常数	0.04					
9							
10	**计算包络线投资组合，常数 = 0.04**						
11	**z**					包络线投资组合 **x**	
12	0.0330	<-- {=MMULT(MINVERSE(A3:D6),F3:F6-B8)}				0.0423	<-- {=A12:A15/SUM(A12:A15)}
13	0.1959					0.2514	
14	0.0468					0.0601	
15	0.5035					0.6462	
16					Sum	1.0000	<-- =SUM(F12:F15)
17							
18							
19	E(r$_x$)	0.0710					
20	σ$_x$	0.1995					
21							
22							
23							
24							
25							
26							
27							
28							
29							
30							
31							

[①] 它为第 13 章要讨论的 Black-Litterman 模型打下了基础。

9.7　寻找市场投资组合:资本市场线

假设存在一个无风险资产,而且还假设这个资产的预期收益为 r_f。 让 M 是有效投资组合,它是下列方程的解:

$$E(r) - r_f = Sz$$

$$M_i = \frac{z_i}{\sum\limits_{j=1}^{N} z_j}$$

现在考虑投资组合 M 的一个凸组合和无风险资产 r_f。 举例来说,假设以投资组合方式的无风险资产权数是 a。 下面是投资组合收益和 σ 的标准方程:

$$E(r_p) = ar_f + (1-a)E(r_M)$$

$$\sigma_p = \sqrt{a^2 \sigma_{rf}^2 + (1-a)^2 \sigma_M^2 + 2a(1-a)Cov(r_f, r_y)} = (1-a)\sigma_M$$

所有 $a \geqslant 0$ 的组合轨迹与著名的资本市场线(CML)一样。伴随有效前沿一起的图形如下:

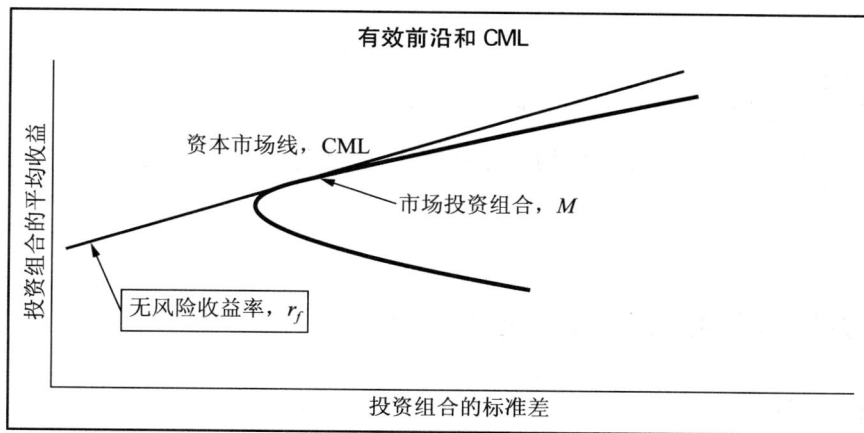

组合投资 M 被称为市场投资组合有几个原因:

● 假设投资者认同有关投资组合的统计信息(例如,列中的预期收益 $E(r)$ 和方差—协方差矩阵 S)。此外假设投资者只是对给定投资组合标准差 σ 的投资组合的最大预期收益感兴趣。那么所有的最优的投资组合将在 CML 上。

● 根据上面的情况,进一步假设投资组合 M 是包含在所有最优投资组合中唯一的风险资产投资组合。那么它应该包括所有风险资产,每个资产的权数与它的市场价值成比例。即:

$$投资组合 M 中风险资产 i 的权数 = \frac{V_i}{\sum\limits_{i=1}^{N} V_i}$$

这里 V_i 是资产 i 的市场价值。

当我们知道 r_f 的时候,寻找 M 不是很困难的:我们只需在常数 $c=r_f$ 的条件下求解有效投资组合就可以了。当 r_f 变化时,我们得到不同的"市场"组合——这正是给定常数 r_f 时的一个有效投资组合。举例来说,在我们的数字例子中,假设无风险收益率 $r_f=5\%$。则解方程 $E(r)-r_f=Sz$,得到如下结果:

	A	B	C	D	E	F	G	H
1			**当 c = rf, 包络线投资组合**					
			即投资组合 M					
2			方差-协方差矩阵			期望收益 E(r)		
3	0.40	0.03	0.02	0.00		0.06		
4	0.03	0.20	0.00	-0.06		0.05		
5	0.02	0.00	0.30	0.03		0.07		
6	0.00	-0.06	0.03	0.10		0.08		
7								
8	常数	0.05						
9								
10	包络线投资组合为市场投资组合 M							
11	0.0314		<-- {=MMULT(MINVERSE(A3:D6),F3:F6-B8)/SUM(MMULT(MINVERSE(A3:D6),F3:F6-B8))}					
12	0.2059							
13	0.0597							
14	0.7031							
15								
16	投资组合 期望收益, E(rM)	7.26%	<-- =SUMPRODUCT(A11:A14,F3:F6)					
17	投资组合 标准差, sM	21.21%	<-- {=SQRT(MMULT(MMULT(TRANSPOSE(A11:A14),A3:D6),A11:A14))}					

9.8 检验证券市场线:运用定理 9.3—9.5

为了说明定理 9.3—9.5,考虑下面四个风险资产的数据:

	A	B	C	D	E	F
1			**举例说明:定理 9.3—9.5**			
2		日期	资产1	资产2	资产3	资产4
3		1	-6.63%	-2.49%	-4.27%	11.72%
4		2	8.53%	2.44%	-3.15%	-8.33%
5		3	1.79%	4.46%	1.92%	19.18%
6		4	7.25%	17.90%	-6.53%	-7.41%
7		5	0.75%	-8.22%	-1.76%	-1.44%
8		6	-1.57%	0.83%	12.88%	-5.92%
9		7	-2.10%	5.14%	13.41%	-0.46%
10						
11	均值		1.15%	2.87%	1.79%	1.05%	<-- =AVERAGE(E3:E9)

7 天中每个资产的收益由行 3—9 给出，平均收益在行 11 上。

我们用一些比较复杂的数组函数来计算方差—协方差矩阵：

	A	B	C	D	E	F	G
13	方差-协方差矩阵						
14		资产1	资产2	资产3	资产4		
15	资产1	0.0024	0.0019	-0.0015	-0.0024	单元格 B15:E18 包含公式	
16	资产2	0.0019	0.0056	-0.0007	-0.0016	{=MMULT(TRANSPOSE(B3:E9-B11:E11),B3:E9-	
17	资产3	-0.0015	-0.0007	0.0057	-0.0005	B11:E11)/7}	
18	资产4	-0.0024	-0.0016	-0.0005	0.0094		
19							
20	寻找一个有效投资组合 w						
21	常数	0.50%					
22							
23	资产1	0.3129				单元格 B23:B26 包含公式	
24	资产2	0.2464	◄			{=MMULT(MINVERSE(B15:E18),TRANSPOSE(B11:E11)-	
25	资产3	0.2690				B21)/SUM(MMULT(MINVERSE(B15:E18),TRANSPOSE(B11:E11)-B21))}	
26	资产4	0.1717					

给定常数 $c = 0.5$ 下的有效投资组合在单元格 B23:B26 中；我们用定理 9.1 的方法计算这个投资组合。[1]我们叫它投资组合 w。投资组合 w 在 1—7 天内的收益于列 G 中给出。

	A	B	C	D	E	F	G	H
1				举例说明：定理 9.3—9.5				
2	日期	资产1	资产2	资产3	资产4		有效投资组合 w	
3	1	-6.63%	-2.49%	-4.27%	11.72%		-1.82%	<-- {=MMULT(B3:E9,B23:B26)}
4	2	8.53%	2.44%	-3.15%	-8.33%		0.99%	
5	3	1.79%	4.46%	1.92%	19.18%		5.47%	
6	4	7.25%	17.90%	-6.53%	-7.41%		3.65%	
7	5	0.75%	-8.22%	-1.76%	-1.44%		-2.51%	
8	6	-1.57%	0.83%	12.88%	-5.92%		2.16%	
9	7	-2.10%	5.14%	13.41%	-0.46%		4.14%	
10								
11	均值	1.15%	2.87%	1.79%	1.05%	<-- =AVERAGE(E3:E9)	1.73%	

我们分两步举例说明定理 9.3—9.5：

● 第一步：我们用该有效投资组合的收益，对每项资产各自的收益作回归：对 $i = 1, 2, 3, 4$ 我们作回归 $r_{it} = \alpha_i + \beta_i r_{wt} + \varepsilon_{it}$。这个回归通常被称为第一步回归，结果如下：

	A	B	C	D	E	F	G
29	运用定理 9.3—9.5——寻找证券市场线 SML						
30	第1步：回归在投资组合w中每个资产的收益						
31		资产1	资产2	资产3	资产4		
32	Alpha	0.0024	-0.0047	-0.0002	0.0028	<-- =INTERCEPT(E3:E9,$G$3:$G$9)	
33	Beta	0.5284	1.9301	1.0490	0.4478	<-- =SLOPE(E3:E9,$G$3:$G$9)	
34	R-squared	0.0897	0.5241	0.1505	0.0167	<-- =RSQ(E3:E9,$G$3:$G$9)	

● 第二步：我们现在用各项资产的平均收益，对它们的 Beta 值作回归。回归方程为：$\bar{r}_i = \gamma_0 + \gamma_1 \beta_i + \varepsilon_i$，我们得到：

	A	B	C	D	E
36	第2步：在它们beta上回归资产的平均收益				
37	截距	0.005	<-- =INTERCEPT(B11:E11,B33:E33)		
38	斜率	0.0123	<-- =SLOPE(B11:E11,B33:E33)		
39	R-squared	1.0000	<-- =RSQ(B11:E11,B33:E33)		

---

[1] 根据在第 9.6 节中的讨论，细心的读者会发现定理 9.1 仅是保证该投资组合在包络线上。但实际上它是有效的。

为了检验定理 9.3—9.5 的结论,我们做一个检测:

	A	B	C	D	E
41	验证定理9.3和9.4:第2步中系数应为: 截距 = c, 斜率 = E(r$_w$) - c				
42	截距 = c ?	yes	<-- =IF(B36=B20,"yes","no")		
43	斜率 = E(r$_w$) - c ?	yes	<-- =IF(B38=G11-B21,"yes","no")		

这"完美"的回归结果(注意在单元格 B39 中 $R^2 = 1$)是由定理 9.3—9.5 为我们确保的:

● 第二步回归的截距等于 c,而且斜率等于 $E(r_w) - c$。

● 如果有一个无风险资产,它的收益为 $c = r_f$,那么定理 9.5 保证了在第二步回归中有:$\bar{r_i} = \gamma_0 + \gamma_1 \beta_i + \varepsilon_i$,$\gamma_0 = r_f$ 且 $\gamma_1 = E(r_w) - r_f$。

● 如果不存在无风险资产,那么定理 9.3 说明在第二步回归中 $\gamma_0 = E(r_z)$ 且 $\gamma_1 = E(r_w) - E(r_z)$,这里的 z 为与 w 的协方差为 0 的投资组合。

● 最后一点,如果我们用任意投资组合 w 进行两阶段回归并且都得到"完美回归",那么定理 9.4 保证了 w 实际上是有效的。

为了说明这个技术总是有效的,我们将用一个不同的 c 值(单元格 B21,在下面的表格里被加阴影)计算的全过程展示出来。如被定理 9.3—9.5 证明那样,结果同样是一个 Beta 对均值的完美回归。

	A	B	C	D	E	F	G	H
1					举例说明:定理9.3—9.5 这次常数为2% (单元格B21)			
2	日期	资产1	资产2	资产3	资产4		有效投资组合 w	
3	1	-6.63%	-2.49%	-4.27%	11.72%		-2.95%	<-- {=MMULT(B3:E9,B23:B26)}
4	2	8.53%	2.44%	-3.15%	-8.33%		3.64%	
5	3	1.79%	4.46%	1.92%	19.18%		5.16%	
6	4	7.25%	17.90%	-6.53%	-7.41%		-2.40%	
7	5	0.75%	-8.22%	-1.76%	-1.44%		2.24%	
8	6	-1.57%	0.83%	12.88%	-5.92%		0.01%	
9	7	-2.10%	5.14%	13.41%	-0.46%		-0.26%	
10								
11	均值	1.15%	2.87%	1.79%	1.05%	<-- =AVERAGE(E3:E9)	0.78%	
12								
13	方差—协方差矩阵							
14		资产1	资产2	资产3	资产4			
15	资产1	0.0024	0.0019	-0.0015	-0.0024	<-- {=MMULT(TRANSPOSE(B3:E9-B11:E11),B3:E9-B11:E11)/7)}		
16	资产2	0.0019	0.0056	-0.0007	-0.0016			
17	资产3	-0.0015	-0.0007	0.0057	-0.0005			
18	资产4	-0.0024	-0.0016	-0.0005	0.0094			
19								
20	寻找一个有效投资组合 w							
21	常数	2.00%						
22								
23	资产1	0.8234	<-- {=MMULT(MINVERSE(B15:E18),TRANSPOSE(B11:E11)-B21)/SUM(MMULT(MINVERSE(B15:E18),TRANSPOSE(B11:E11)-B21))}					
24	资产2	-0.2869						
25	资产3	0.2278						
26	资产4	0.2357						
27								
28								
29	运用定理9.3—9.5——寻找资本市场线SML							
30	第1步:回归在投资组合w中每个资产的收益							
31		资产1	资产2	资产3	资产4			
32	Alpha	0.0061	0.0342	0.0165	0.0044	<-- =INTERCEPT(E3:E9,$G$3:$G$9)		
33	Beta	0.6968	-0.7075	0.1752	0.7776	<-- =SLOPE(E3:E9,$G$3:$G$9)		
34	R-squared	0.1570	0.0709	0.0042	0.0506	<-- =RSQ(E3:E9,$G$3:$G$9)		
35								
36	第2步:在它们beta上回归资产的平均收益							
37	截距	0.02	<-- =INTERCEPT(B11:E11,B33:E33)					
38	斜率	-0.0122	<-- =SLOPE(B11:E11,B33:E33)					
39	R-squared	1.0000	<-- =RSQ(B11:E11,B33:E33)					
40								
41	验证 定理9.3和9.4: 第2步中系数应为: 截距 = c, 斜率 = E(rw) - c							
42	截距 = c ?	yes	<-- =IF(B36=B20,"yes","no")					
43	斜率 = E(r$_w$) - c ?	yes	<-- =IF(B38=G11-B21,"yes","no")					

9.9 本章小结

本章我们说明了有关有效投资组合的理论,同时介绍了如何运用这些理论去计算有效前沿。两个基本的定理使我们能够获得可行域内包络线上的投资组合和包络线本身。另外三个定理进一步将任意资产或投资组合的期望收益与任意有效投资组合的期望收益联系起来。在一定的条件下,这些定理可我们得到证券市场线(SML)和经典的资本资产定价模型(CAPM)的资本市场线(CML)。

在接下来几章里,我们将讨论 CAPM 的运用。我们将说明如何计算方差—协方差矩阵(第 10 章)、如何检验 SML(第 11 章)、如何在不允许卖空的情况下实现最优化(第 12 章),以及如何运用我们的有效集数学知识来获取非常有用的投资组合优化程序(第 13 章,讨论了Black-Litterman 模型)。

习题

1. 考虑以下 6 家家具公司的数据:

	A	B	C	D	E	F	G	H	I
1				6家家具公司的数据					
2	方差-协方差矩阵	La-Z-Boy	Kimball	Flexsteel	Leggett	Miller	Shaw		均值
3	La-Z-Boy	0.1152	0.0398	0.1792	0.0492	0.0568	0.0989		29.24%
4	Kimball	0.0398	0.0649	0.0447	0.0062	0.0349	0.0269		20.68%
5	Flexsteel	0.1792	0.0447	0.3334	0.0775	0.0886	0.1487		25.02%
6	Leggett	0.0492	0.0062	0.0775	0.1033	0.0191	0.0597		31.64%
7	Miller	0.0568	0.0349	0.0886	0.0191	0.0594	0.0243		15.34%
8	Shaw	0.0989	0.0269	0.1487	0.0597	0.0243	0.1653		43.87%

(1) 给出这个矩阵,假设无风险收益率是 0%,计算这 6 家公司的有效投资组合。

(2) 假定无风险利率是 10%,重复(1)。

(3) 使用这些两个投资组合算出这 6 家家具公司的一个有效前沿并作出有效前沿图。

(4) 存在一个具有与所有资产成正比例的有效投资组合吗?[①]

2. 产生正的加权有效投资组合的一个充分条件是方差—协方差是对角线矩阵,也就是说,$\sigma_{ij} = 0$,这里 $i \neq j$。根据连续性,如果方差—协方差矩阵的非对角线的元素与对角线元素相比起来很小,也会产生正的加权投资组合。考虑这个矩阵按下例方式转换:

$$\sigma_{ij} = \begin{cases} \varepsilon \sigma_{ij}^{\text{最初的},\, i \neq j} \\ \varepsilon \sigma_{ii}^{\text{最初的}} \end{cases}$$

---

① 这是投资组合什么时候只包含非平凡的正权数的问题。见 Green(1986)和 Nielsen(1987)。

当 $\varepsilon = 1$ 时,这个转换将会给出最初的方差—协方差矩阵,而当 $\varepsilon = 0$ 时,这个转换将会给出一个对角线矩阵。

设 $r = 10\%$,寻找最大的 ε 使得所有投资组合的权数都是正的。

3. 在下面的例子中,使用 Excel 寻找一个包络线投资组合,该包络线投资组合的 β 值是零(相对于有效投资组合 y)。提示:注意因为协方差是线性的,所以 β 也是线性的:假如 $z = \lambda x + (1-\lambda)y$ 是 x 和 y 的凸组合,而且我们正在试图发现 β_z,那么:

$$\beta_z = \frac{Cov(z, y)}{\sigma_y^2} = \frac{Cov(\lambda x + (1-\lambda)y, y)}{\sigma_y^2}$$

$$= \frac{\lambda Cov(x, y)}{\sigma_y^2} + \frac{(1-\lambda)Cov(y, y)}{\sigma_y^2} = \lambda \beta_x + (1-\lambda)$$

	A	B	C	D	E	F
1	方差-协方差矩阵					平均收益
2	0.400	0.030	0.020	0.000		0.06
3	0.030	0.200	0.001	-0.060		0.05
4	0.020	0.001	0.300	0.030		0.07
5	0.000	-0.060	0.030	0.100		0.08

4. 计算这四个资产的包络线集合并且说明所有的个别资产将落在包络线集合内。

	A	B	C	D	E	F
1	四资产投资组合问题					
2	方差-协方差					平均收益
3	0.10	0.01	0.03	0.05		6%
4	0.01	0.30	0.06	-0.04		8%
5	0.03	0.06	0.40	0.02		10%
6	0.05	-0.04	0.02	0.50		15%

你应该画出如下的图形:

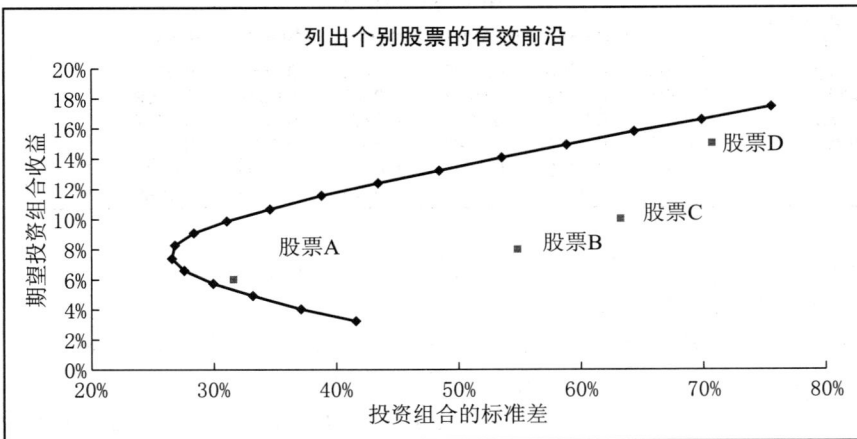

附录

在这个附录中,我们收集了本章理论的各种证明。本章中,我们假设测试 N 风险资产的数据。注意所有"可行"和"最优"定义都是与该数据集相关,这点是很重要的。"有效"(effcient)一词真正的意思是"相对于被测试的 N 资产有效"。

定理 9.6 所有可行的风险资产投资组合的集合是凸性的。

证明:当且仅当投资组合的权数和为 1;即 $\sum_{i=1}^{N} x_i = 1$(这里 N 是风险资产数)时,该投资组合才是可行的。假设 x 和 y 是可行投资组合且 λ 是介于 0 和 1 之间的一个数,那么很清楚 $z = \lambda x + (1-\lambda)y$ 也是可行的。

定理 9.7 c 是一个常数,用列向量 R 表示平均收益。当且仅当投资组合 x 是下列方程组的标准解时,x 才落在由 N 资产样本集组成的包络线上:

$$R - c = Sz$$

$$x_i = \frac{z_i}{\sum_h z_h}$$

证明:一个投资组合 x,当且仅当它位于与 y 轴上 c 点到可行集合上的相切线上时它才会落在投资组合可行集合包络线上,这样一个投资组合必定具有最大或最小比例 $\frac{x(R-c)}{\sigma^2(x)}$,这里 $x(R-c)$ 是 x 与预期超额收益(相对于 c)的向量乘积,而 $\sigma^2(x)$ 是该投资组合的方差。设这个比例的最大(或最小)值为 λ,那么我们的投资组合必须满足:

$$\frac{x(R-c)}{\sigma^2(x)} = \lambda$$

$$\Rightarrow x(R-c) = \sigma^2(x)\lambda = xSx^T\lambda$$

设 h 是一个特定的资产,而且把 x_h 与这个最后表达式区分开来得出 $\bar{R}_h - c = Sx^T\lambda$。我们可以看到一个投资组合只有当它是方程 $R-c = Sz$ 的解时才是有效的,记为 $z_h = \lambda x_h$。标准化 z,以便它的坐标和为 1 从而得到想要的结果。

定理 9.8 任意两个包络线上投资组合的凸组合是在可行集合包络线上的。

证明:让 x 和 y 是包络线上的投资组合。根据定理 9.2,它应该有两个向量 z_x 和 z_y 以及两个常数 c_x 和 c_y 如此:

- x 为向量 z_x 的标准化向量,即 $x_i = \frac{z_{xi}}{\sum_h z_{xh}}$,并且 y 为向量 z_y 的标准化向量。

- $R - c_x = Sz_x$ 并且 $R - c_y = Sz_y$。

进一步,因为 z 使得 $\frac{z(R-c)}{\sigma^2(z)}$ 的值最大,所以任何标准化后的 z 也能使这个比例最大化。不失一般性,我们能确定 z 的总和为 1。

所以,对于任何实数 a,投资组合 $az_x + (1-a)z_y$ 都是方程 $R-[ac_x + (1-a)c_y] = Sz$ 的解。该结果证实我们的断言。

定理 9.9 让 y 是 N 资产组合集包络线上的任意一个投资组合,那么对任何其他的投资组合 x(可能包括由单一资产组成的一个组合),存在常数 c 使下列 x 和 y 上的预期收益之间关系成立:

$$E(r_x) = c + \beta_x [E(r_y) - c]$$

这里：

$$\beta_x = \frac{Cov(x, y)}{\sigma_y^2}$$

此外，$c = E(r_z)$，这里 z 是满足 $Cov(z, y) = 0$ 的投资组合。

证明：让 y 是一个包络线上特定的投资组合，并且让 x 是任何其他的投资组合。我们假设投资组合 x 和 y 都是列向量。注意：

$$\beta_x \equiv \frac{Cov(x, y)}{\sigma_y^2} = \frac{x^T S y}{y^T S y}$$

因为 y 是在包络线上的，我们知道存在一个向量 w 和常数满足方程 $Sw = R - c$。并且 $y = w/\sum_i w_i = w/a$。把这个方程代入 β_x 的表达式，我们得到：

$$\beta_x = \frac{Cov(x, y)}{\sigma_y^2} = \frac{x^T S y}{y^T S y} = \frac{x^T (R-c)/a}{y^T (R-c)/a} = \frac{x^T (R-c)}{y^T (R-c)}$$

下面要注意，因为 $\sum_i x_i = 1$，所以有 $x^T I(R-c) = E(r_x) - c$ 和 $y^T I(R-c) = E(r_y) - c$。故：

$$\beta_x = \frac{E(r_x) - c}{E(r_y) - c}$$

变形得：

$$E(r_x) = c + \beta_x [E(r_y) - c]$$

为完成这个证明，让 z 是一个与 y 有零协方差的投资组合。那么根据前面的逻辑 $c = E(r_z)$，这个结果证明了该定理。

定理 9.10 如果除了 N 个风险资产外，存在一个收益为 r_f 的无风险资产，使标准的证券市场线 $E(r_x) = r_f + \beta_x [E(r_M) - r_f]$ 成立。其中，

$$\beta_x = \frac{Cov(x, M)}{\sigma_M^2}$$

证明：如果存在一个无风险证券，那么从这个证券到有效前沿的正切线包含了大部分可行投资组合。记该有效前沿上的正切点为 M，那么定理则得证。

注意：在本例中的"市场投资组合"是指"相对与 N 资产样本集的市场投资组合"，这一点很重要。

定理 9.11 假设有一个投资组合 y 对任何的投资组合 x 都使下列的关系成立：

$$E(r_x) = c + \beta_x [E(r_y) - c]$$

这里：

$$\beta_x = \frac{Cov(x, y)}{\sigma_y^2}$$

那么投资组合 y 是在包络线上的。

证明：替换 β_x 的定义式，对任意一个投资组合 x，下面的关系都成立：

$$\frac{x^T S y}{\sigma_y^2} = \frac{x^T (R-c)}{y^T (R-c)}$$

设 x 是只包括一个风险资产的向量：$x = \{1, 0, \cdots, 0\}$ 的单一向量，那么前面的方程变成：

$$S_1 y \frac{y^T(R-c)}{\sigma_y^2} = E(r_1) - c$$

我们写为：

$$S_1 a y = E(r_1) - c$$

这里 S_1 是方差—协方差矩阵 S 的第一行。注意 $a = \dfrac{y^T(R-c)}{\sigma_y^2}$ 是一个常数，它的值与向量 x 无关。如果我们设 x 是只由第 i 个风险资产组成的一个向量，我们可以得到：

$$S_i a y = E(r_i) - c$$

这个结果证明向量 $z = ay$ 可以使方程组 $Sz - R = c$ 成立；根据定理 9.2，因此，标准化后的 z 是在包络线上，这个标准化后的 z 就是向量 y。

10

计算方差—协方差矩阵

10.1 概述

要计算有效投资组合,我们就必须计算股票收益数据的方差—协方差矩阵。本章中,我们将讨论在 Excel 中怎样实现这个计算。其中最显而易见的计算为样本方差—协方差矩阵:这是直接由历史收益计算而得出的矩阵。我们介绍几种计算方差—协方差的方法,包括在电子表中用超额收益矩阵的直接计算,以及 VBA 实施。

即使样本方差—协方差矩阵看起来像是一个很明显的选择,但是大量的文献说明它也许不是方差与协方差的最佳估计。样本方差—协方差矩阵有两个不尽人意的缺陷:一是它常使用不现实的参数,二是它难以用于预测。这些将主要在第 10.5 节和第 10.6 节中讨论。作为样本矩阵的替换,第 10.9 节和第 10.10 节将讨论用于优化方差—协方差矩阵估计的"压缩"方法。[①]

在开始本章之前,你应先阅读第 34 章数组函数的内容。里面有一些 Excel 函数,其参数是向量和矩阵;它们的实施与标准 Excel 函数略有不同。本章重点讨论这些数组函数 Transpose() 和 MMult(),还有"自制"的数组函数的使用。

10.2 计算样本方差—协方差矩阵

假如我们有 N 个资产在 M 期上的收益数据。我们可以将资产 i 在时期 t 的收益写为 r_{it}。资产 i 的平均收益写为 $\bar{r}_i = \dfrac{1}{M}\sum_{t=1}^{M} r_{it}$, $i = 1, 2, \cdots, N$。 那么资产 i 和资产 j 收益协差的计算就为:

---

① 第 13 章讨论了投资组合优化的 Black-Litterman 方法。

$$\sigma_{ij} = Cov(i, j) = \frac{1}{M-1} \sum_{t=1}^{M} (r_{it} - \bar{r}_i) \times (r_{jt} - \bar{r}_j), \quad i, j = 1, 2, \cdots, N$$

这些协方差的矩阵(当然包括 $i = j$ 时的方差)为样本方差—协方差矩阵。我们的问题就是要有效地计算这些协方差。定义超额收益矩阵(excess return matrix)为:

$$A = 超额收益矩阵 = \begin{bmatrix} r_{11} - \bar{r}_1 & \cdots & r_{N1} - \bar{r}_N \\ r_{12} - \bar{r}_1 & \cdots & r_{N2} - \bar{r}_N \\ \vdots & & \vdots \\ r_{1M} - \bar{r}_1 & \cdots & r_{NM} - \bar{r}_N \end{bmatrix}$$

A 的每一列减去了每项资产的平均收益。该矩阵的转置为:

$$A^T = \begin{bmatrix} r_{11} - \bar{r}_1 & r_{12} - \bar{r}_1 & \cdots & r_{1M} - \bar{r}_1 \\ r_{N1} - \bar{r}_N & r_{N2} - \bar{r}_N & \cdots & r_{NM} - \bar{r}_N \end{bmatrix}$$

A^T 乘以 A 再除以 $M-1$ 得到样本方差—协方差矩阵:

$$S = [\sigma_{ij}] = \frac{A^T \cdot A}{M-1}$$

考虑到计算方面,我们使用股票数 $N = 10$、月数 $M = 60$ 的收益数据。以下的电子表记录了价格数据(股利调整后)及计算出的收益:

	A	B	C	D	E	F	G	H	I	J	K	L
1	5年内的10支股票价格和S&P500的数据											
2		McDonalds	US Steel	Arcelor-Mittal	Microsoft	Apple	Kellogg	General Electric	Bank of America	Pfizer	Exxon	S&P500
3	日期	MCD	X	MT	MSFT	AAPL	K	GE	BAC	PFE	XOM	^GSPC
4	1-Feb-07	37.57	84.74	44.84	25.53	84.61	43.45	28.97	44.68	19.57	64.20	1406.82
5	1-Mar-07	38.74	94.76	46.63	25.26	92.91	44.83	29.34	44.85	19.80	67.58	1420.86
6	2-Apr-07	41.52	97.03	47.10	27.14	99.80	46.12	30.59	44.74	20.74	71.10	1482.37
57	1-Jul-11	85.26	39.80	30.54	27.02	390.48	54.85	17.57	9.68	18.65	78.37	1292.28
58	1-Aug-11	89.74	30.01	21.74	26.40	384.83	53.84	16.00	8.15	18.60	73.18	1218.89
59	1-Sep-11	87.16	21.94	15.74	24.70	381.32	52.72	15.07	6.11	17.32	71.81	1131.42
60	3-Oct-11	92.16	25.27	20.51	26.43	404.78	53.73	16.55	6.82	18.87	77.20	1253.30
61	1-Nov-11	95.52	27.26	18.89	25.58	382.20	49.16	15.76	5.44	19.86	80.00	1246.96
62	1-Dec-11	100.33	26.42	18.19	25.96	405.00	50.57	17.91	5.56	21.42	84.30	1257.60
63	3-Jan-12	99.05	30.14	20.52	29.53	456.48	49.52	18.71	7.13	21.18	83.28	1312.41
64	1-Feb-12	99.99	31.01	23.30	30.77	493.17	50.21	19.13	8.18	21.14	84.88	1351.95

用 Excel 函数 $\ln(p_t / p_{t-1})$,我们计算出月收益:

	A	B	C	D	E	F	G	H	I	J	K	L
1	5年内的10支股票和S&P500的月度收益数据											
2	日期	MCD	X	MT	MSFT	AAPL	K	GE	BAC	PFE	XOM	^GSPC
3	1-Mar-07	3.07%	11.18%	3.91%	-1.06%	9.36%	3.13%	1.27%	0.38%	1.17%	5.13%	0.99%
4	2-Apr-07	6.93%	2.37%	1.00%	7.18%	7.15%	2.84%	4.17%	-0.25%	4.64%	5.08%	4.24%
5	1-May-07	4.59%	11.02%	12.16%	2.80%	19.42%	2.55%	1.91%	0.73%	4.89%	5.09%	3.20%
6	1-Jun-07	0.41%	-3.98%	3.93%	-4.06%	0.70%	-4.14%	2.60%	-3.66%	-7.23%	0.85%	-1.80%
7	2-Jul-07	-5.85%	-10.11%	-2.23%	-1.66%	7.66%	0.04%	1.24%	-3.06%	-8.39%	1.49%	-3.25%
8	1-Aug-07	2.83%	-3.72%	8.65%	-0.53%	4.97%	6.42%	0.28%	6.66%	6.70%	1.09%	1.28%
54	1-Jun-11	3.35%	-0.15%	3.86%	3.86%	-3.56%	-2.97%	-3.24%	-6.90%	-4.07%	-2.53%	-1.84%
55	1-Jul-11	2.53%	-14.09%	-10.97%	5.24%	15.12%	0.82%	-5.16%	-12.05%	-6.79%	-1.97%	-2.17%
56	1-Aug-11	5.12%	-28.23%	-33.99%	-2.32%	-1.46%	-1.86%	-9.36%	-17.20%	-0.27%	-6.85%	-5.85%
57	1-Sep-11	-2.92%	-31.32%	-32.29%	-6.66%	-0.92%	-2.10%	-5.99%	-28.81%	-7.13%	-1.89%	-7.45%
58	3-Oct-11	5.58%	14.13%	26.47%	6.77%	5.97%	1.90%	9.37%	10.99%	8.57%	7.24%	10.23%
59	1-Nov-11	3.58%	7.58%	-8.23%	-3.27%	-5.74%	-8.89%	-4.89%	-22.61%	5.11%	3.56%	-0.51%
60	1-Dec-11	4.91%	-3.13%	-3.78%	1.47%	5.79%	2.83%	12.79%	2.18%	7.56%	5.24%	0.85%
61	3-Jan-12	-1.28%	13.17%	12.05%	12.88%	11.97%	-2.10%	4.37%	24.87%	-1.13%	-1.22%	4.27%
62	1-Feb-12	0.94%	2.85%	12.71%	4.11%	7.73%	1.38%	2.22%	13.74%	-0.19%	1.90%	2.97%
63												
64	均值	1.63%	-1.68%	-1.09%	0.31%	2.94%	0.24%	-0.69%	-2.83%	0.13%	0.47%	-0.07%

下面我们计算出超额收益和方差—协方差矩阵:

	A	B	C	D	E	F	G	H	I	J	K
66						方差-协方差矩阵					
67		MCD	X	MT	MSFT	AAPL	K	GE	BAC	PFE	XOM
68	MCD	0.0020	0.0037	0.0028	0.0015	0.0017	0.0007	0.0020	0.0031	0.0015	0.0011
69	X	0.0037	0.0380	0.0284	0.0076	0.0111	0.0031	0.0127	0.0176	0.0043	0.0043
70	MT	0.0028	0.0284	0.0267	0.0065	0.0097	0.0031	0.0102	0.0133	0.0038	0.0039
71	MSFT	0.0015	0.0076	0.0065	0.0063	0.0049	0.0010	0.0046	0.0079	0.0018	0.0014
72	AAPL	0.0017	0.0111	0.0097	0.0049	0.0126	0.0016	0.0049	0.0049	0.0007	0.0020
73	K	0.0007	0.0031	0.0031	0.0010	0.0016	0.0026	0.0028	0.0046	0.0011	0.0003
74	GE	0.0020	0.0127	0.0102	0.0046	0.0049	0.0028	0.0122	0.0163	0.0041	0.0022
75	BAC	0.0031	0.0176	0.0133	0.0079	0.0049	0.0046	0.0163	0.0393	0.0080	0.0017
76	PFE	0.0015	0.0043	0.0038	0.0018	0.0007	0.0011	0.0041	0.0080	0.0041	0.0011
77	XOM	0.0011	0.0043	0.0039	0.0014	0.0020	0.0003	0.0022	0.0017	0.0011	0.0026
78		<-- {=MMULT(TRANSPOSE(B83:K142),B83:K142)/59}									
79											
80											
81						超额收益: $r_{ij}-r_i$					
82		MCD	X	MT	MSFT	AAPL	K	GE	BAC	PFE	XOM
83	1-Mar-07	0.0144	0.1285	0.0501	-0.0137	0.0642	0.0289	0.0196	0.0321	0.0104	0.0467
84	2-Apr-07	0.0530	0.0404	0.0209	0.0687	0.0422	0.0260	0.0486	0.0258	0.0451	0.0461
85	1-May-07	0.0296	0.1269	0.1325	0.0249	0.1648	0.0231	0.0260	0.0356	0.0476	0.0462
86	1-Jun-07	-0.0122	-0.0231	0.0502	-0.0437	-0.0224	-0.0438	0.0329	-0.0083	-0.0736	0.0039
87	2-Jul-07	-0.0748	-0.0843	-0.0114	-0.0197	0.0473	-0.0020	0.0193	-0.0023	-0.0852	0.0102
88	1-Aug-07	0.0119	-0.0205	0.0974	-0.0084	0.0204	0.0618	0.0097	0.0949	0.0657	0.0063
89	4-Sep-07	0.0845	0.1313	0.1795	0.0217	0.0734	0.0168	0.0768	0.0327	-0.0180	0.0720
90	1-Oct-07	0.0762	0.0351	0.0310	0.2197	0.1839	-0.0615	0.0009	-0.0121	0.0058	-0.0108
91	1-Nov-07	-0.0120	-0.0806	-0.0644	-0.0911	-0.0709	0.0268	-0.0652	-0.0171	-0.0238	-0.0321
92	3-Dec-07	-0.0088	0.2299	0.0576	0.0547	0.0541	-0.0327	-0.0170	-0.0690	-0.0458	0.0449
93	2-Jan-08	-0.1111	-0.1537	-0.1419	-0.0913	-0.4101	-0.0948	-0.0403	0.0960	0.0260	-0.0937
94	1-Feb-08	0.0003	0.0810	0.1464	-0.1801	-0.1088	0.0629	-0.0489	-0.0770	-0.0345	0.0148
95	3-Mar-08	0.0140	0.1737	0.0892	0.0392	0.1085	0.0332	0.1172	-0.0022	-0.0637	-0.0331
96	1-Apr-08	0.0497	0.2102	0.0963	0.0019	0.1631	-0.0292	-0.1169	0.0186	-0.0416	0.0910
97	1-May-08	-0.0207	0.1332	0.1197	-0.0066	0.0523	0.0163	-0.0553	-0.0705	-0.0233	-0.0476
98	2-Jun-08	-0.0635	0.0843	0.0120	-0.0319	-0.1492	-0.0786	-0.1228	-0.3064	-0.1040	-0.0118

10.2.1 用 VBA 函数计算方差—协方差矩阵

为了使这个过程自动化，我们利用 Excel 函数 Covariance.S 编了一个计算方差—协方差矩阵的 VBA 函数，当含有句点的 Excel 函数（如 Covariance.S）用于 VBA 时，句点变为下划线：Covariance_S：

```
'My thanks to Amir Kirsh
'Revised 2012 by Benjamin Czaczkes and _
Simon Benninga
Function VarCovar(rng As Range) As Variant
  Dim i As Integer
  Dim j As Integer
  Dim numcols As Integer
  numcols = rng.Columns.Count
  numrows = rng.Rows.Count
  Dim matrix() As Double
  ReDimmatrix(numcols - 1, numcols - 1)
  For i = 1 Tonumcols
   For j = 1 Tonumcols
     matrix(i - 1, j - 1) = _
    Application. WorksheetFunction.
Covariance_S(rng.Columns(i), _
  rng.Columns(j))
  Next j
 Next i
 VarCovar = matrix
End Function
```

VBA 计算 Covariance_S 得出方差—协方差矩阵的所有元素。[1]结果如下：

	A	B	C	D	E	F	G	H	I	J	K	L
1						月度数据的投资组合分析						
2						方差—协方差矩阵						
3		MCD	X	MT	MSFT	AAPL	K	GE	BAC	PFE	XOM	
4	MCD	0.0020	0.0037	0.0028	0.0015	0.0017	0.0007	0.0020	0.0031	0.0015	0.0011	<— {=varcovar('Page 253'!B3:K62)}
5	X	0.0037	0.0380	0.0284	0.0076	0.0111	0.0031	0.0127	0.0176	0.0043	0.0043	
6	MT	0.0028	0.0284	0.0267	0.0065	0.0097	0.0031	0.0102	0.0133	0.0038	0.0039	
7	MSFT	0.0015	0.0076	0.0065	0.0063	0.0049	0.0010	0.0046	0.0079	0.0018	0.0014	
8	AAPL	0.0017	0.0111	0.0097	0.0049	0.0126	0.0016	0.0049	0.0049	0.0007	0.0020	
9	K	0.0007	0.0031	0.0031	0.0010	0.0016	0.0026	0.0028	0.0046	0.0011	0.0003	
10	GE	0.0020	0.0127	0.0102	0.0046	0.0049	0.0028	0.0122	0.0163	0.0041	0.0022	
11	BAC	0.0031	0.0176	0.0133	0.0079	0.0049	0.0046	0.0163	0.0393	0.0080	0.0017	
12	PFE	0.0015	0.0043	0.0038	0.0018	0.0007	0.0011	0.0041	0.0080	0.0041	0.0011	
13	XOM	0.0011	0.0043	0.0039	0.0014	0.0020	0.0003	0.0022	0.0017	0.0011	0.0026	

10.2.2 我们应该除以 M 还是 $M-1$

在前面的计算中，我们除以 $M-1$ 而非 M，以此得到无偏的方差和协方差的估计。不过这个选择看起来几乎没有多大影响。但是为了更负责一些，我们建议在第 8.2 节中讨论一下应该用 M 还是 $M-1$。

从 Excel 2010 开始，微软公司清理了原 Excel 中留有的关于除以 M 还是 $M-1$ 的问题。新版本的 Excel 标准化了这些函数的术语和算法：

Excel 2010 及以后的版本	其他(旧)版本中这个函数的表达	评 价	当使用 VBA 时
Covariance.S		样本协方差，除以 $M-1$	Application. WorksheetFunction. Covariance_S
Covariance.P	Covar	总体协方差，除以 M	Application. WorksheetFunction. Covariance_P

Excel 2010 及以后的版本	其他(旧)版本中这个函数的表达	评 价	当使用 VBA 时
Var.S	VarS	样本方差	Application. WorksheetFunction. Var_S Application. WorksheetFunction. VarS
Var.P	VarP	总体方差	Application. WorksheetFunction. Var_P Application. WorksheetFunction. VarP

很困惑？别担心！正如第 8 章中所讨论的那样，可能这并不那么重要。

---

① 因为方差矩阵是对称的，实际上我们做了过多的计算。但由于电脑速度较快，因此我们也就不介意了。

10.3 相关系统矩阵

用 Excel 函数 Correl 计算收益的相关系数矩阵：

```
Function CorrMatrix(rng As Range) As Variant
    Dim i As Integer
    Dim j As Integer
    Dim numcols As Integer
    numcols = rng.Columns.Count
    numrows = rng.Rows.Count
    Dim matrix() As Double
    ReDim matrix(numcols - 1, numcols - 1)
    For i = 1 To numcols
      For j = 1 To numcols
      matrix(i - 1, j - 1) = _
      Application.WorksheetFunction.Correl(rng. _
      Columns(i), rng.Columns(j))
      Next j
    Next i
    Corr Matrix = matrix
End Function
```

	A	B	C	D	E	F	G	H	I	J	K
1						相关矩阵					
2		McDonalds	US Steel	Arcelor-Mittal	Microsoft	Apple	Kellogg	General Electric	Bank of America	Pfizer	Exxon
3		MCD	X	MT	MSFT	AAPL	K	GE	BAC	PFE	XOM
4	MCD	1.0000	0.4199	0.3859	0.4238	0.3379	0.2920	0.4064	0.3506	0.5411	0.4741
5	X	0.4199	1.0000	0.8898	0.4898	0.5062	0.3078	0.5904	0.4556	0.3491	0.4361
6	MT	0.3859	0.8898	1.0000	0.5044	0.5277	0.3692	0.5659	0.4103	0.3602	0.4620
7	MSFT	0.4238	0.4898	0.5044	1.0000	0.5497	0.2416	0.5312	0.5050	0.3542	0.3581
8	AAPL	0.3379	0.5062	0.5277	0.5497	1.0000	0.2827	0.3964	0.2205	0.0945	0.3425
9	K	0.2920	0.3078	0.3692	0.2416	0.2827	1.0000	0.4846	0.4559	0.3487	0.1234
10	GE	0.4064	0.5904	0.5659	0.5312	0.3964	0.4846	1.0000	0.7461	0.5842	0.3926
11	BAC	0.3506	0.4556	0.4103	0.5050	0.2205	0.4559	0.7461	1.0000	0.6328	0.1723
12	PFE	0.5411	0.3491	0.3602	0.3542	0.0945	0.3487	0.5842	0.6328	1.0000	0.3435
13	XOM	0.4741	0.4361	0.4620	0.3581	0.3425	0.1234	0.3926	0.1723	0.3435	1.0000
14				<-- {=CorrMatrix('Page 253'!B3:K62)}							

这是计算相关矩阵的另一种方法，这次求出的只有上半部分：

```
'Triangular correlation matrix
Function CorrMatrixTriangular(rng As Range)_
As Variant
   Dim i As Integer
   Dim j As Integer
   Dim numcols As Integer
   numcols = rng.Columns.Count
   numrows = rng.Rows.Count
   Dim matrix() As Variant
   ReDim matrix(numcols - 1, numcols - 1)
   For i = 1 To numcols
     For j = 1 To numcols
     If i <= j Then
        matrix(i - 1, j - 1) =_
   Application.WorksheetFunction.Correl(rng._
   Columns(i), rng.Columns(j))
     Else
     matrix(i - 1, j - 1) = ""
     End If
     Next j
     Next i
   CorrMatrixTriangular = matrix
End Function
```

	A	B	C	D	E	F	G	H	I	J	K
16		McDonalds	US Steel	Arcelor-Mittal	Microsoft	Apple	Kellogg	General Electric	Bank of America	Pfizer	Exxon
17		MCD	X	MT	MSFT	AAPL	K	GE	BAC	PFE	XOM
18	MCD	1.0000	0.4199	0.3859	0.4238	0.3379	0.2920	0.4064	0.3506	0.5411	0.4741
19	X		1.0000	0.8898	0.4898	0.5062	0.3078	0.5904	0.4556	0.3491	0.4361
20	MT			1.0000	0.5044	0.5277	0.3692	0.5659	0.4103	0.3602	0.4620
21	MSFT				1.0000	0.5497	0.2416	0.5312	0.5050	0.3542	0.3581
22	AAPL					1.0000	0.2827	0.3964	0.2205	0.0945	0.3425
23	K						1.0000	0.4846	0.4559	0.3487	0.1234
24	GE							1.0000	0.7461	0.5842	0.3926
25	BAC								1.0000	0.6328	0.1723
26	PFE									1.0000	0.3435
27	XOM										1.0000
28				<-- {=CorrMatrixTriangular('Page 253'!B3:K62)}							

　　这里是相关系数的一些统计量。平均相关系数(0.4226)有点高(通常情况下一组股票样本会得到 0.2—0.3 的平均相关系数)。最大相关系数($\rho_{Arcelor, US Steel} = 0.8898$，$\rho_{GE, BankAmerica} = 0.7461$)看起来很高，尽管可能有经济学解释。[1]

---

　　[1]　Arcelor 和 US Steel 都是钢铁公司。GE 拥有世界最大之一的理财业务；也许这也解释了 Bank of America 和 CE 收益的高度相关性？或许这仅是一种数据上的巧合？

	A	B	C	D	E	F	G	H	I	J
30	一些相关系数统计量									
31	均值	0.4226	<--	=AVERAGEIF(B18:K27,"<1")						
32	最大值	0.8898	<--	=LARGE(B18:K27,11)		最小值	0.0945	<--	=SMALL($B$18:$K$27,1)	
33	第二大值	0.7461	<--	=LARGE(B18:K27,12)		第二小值	0.1234	<--	=SMALL($B$18:$K$27,2)	
34	其他	0.6328	<--	=LARGE(B18:K27,13)		其他	0.1723	<--	=SMALL($B$18:$K$27,3)	
35	其他	0.5904	<--	=LARGE(B18:K27,14)		其他	0.2416	<--	=SMALL($B$18:$K$27,5)	
36	其他	0.5842	<--	=LARGE(B18:K27,15)		其他	0.2416	<--	=SMALL($B$18:$K$27,5)	

10.4　计算全局最小方差投资组合

方差—协方差矩阵两个最突出的作用是用于寻找全局最小方差投资组合（global minimum variance portfolio，GMVP）和有效投资组合。这两种用法均揭示了使用样本数据所产生的问题，第 10.7—10.10 节为我们做了必要的介绍，讨论了替代样本方差—协方差矩阵的方法。本节中我们讨论 GMVP。

假设我们有 N 个资产，它有方差—协方差矩阵 S。GVMP 即在所有可行的投资组合中拥有最小方差的投资组合 $x = \{x_1, x_2, \cdots, x_N\}$。 最小方差投资组合定义为：

$$x_{GMVP} = \{x_{GMVP,1}, x_{GMVP,2}, \cdots, x_{GMVP,N}\} = \frac{1_{row} \cdot S^{-1}}{1_{row} \cdot S^{-1} 1_{row}^T}$$

其中，

$$1_{row} = \underbrace{\{1, 1, \cdots, 1\}}_{\text{维行向量}} = \frac{1_{row} \cdot S^{-1}}{Sum(numerator)}$$

$$x_{GMVP} = \left\{ \begin{matrix} x_{GMVP,1} \\ x_{GMVP,2} \\ \vdots \\ x_{GMVP,N} \end{matrix} \right\} = \frac{S^{-1} 1_{column}}{1_{column}^T \cdot S^{-1} \cdot 1_{column}}$$

其中，

$$1_{column} = \underbrace{\left\{ \begin{matrix} 1 \\ 1 \\ \vdots \\ 1 \end{matrix} \right\}}_{\text{维列向量}} = \frac{S^{-1} 1_{column}}{Sum(numerator)}$$

这个公式由 Merton 提出。[1]

最小方差投资组合特别吸引人的地方在于它是有效前沿上唯一的投资组合，计算时不需要资产的期望收益。该最小方差投资组合的均值 μ_{GMVP} 和方差 σ_{GMVP}^2 分别为：

$$\mu_{GMVP} = x_{GMVP} \cdot E(r), \quad \sigma_{GMVP}^2 = x_{GMVP} \cdot S \cdot x_{GMVP}^T$$

---

[1]　Robert C.Merton，1973，"An Analytical Derivation of the Effi cient Portfolio Frontier," *Journal of Financial and Quantitative Analysis*.

下面是对于我们的案例的公式运用。我们对单位行向量和列向量用了两个 VBA 函数：

```
'I thank Priyush Singh and AyalItzkovitz
Function Unitrow Vector(numcols As Integer) _
As Variant
  Dim i As Integer
  Dim vector() As Integer
  ReDim vector(0, numcols - 1)
  For i = 1 To numcols
    vector(0, i - 1) = 1
  Next i
  Unitrow Vector = vector
End Function

Function UnitColVector(numrows As Integer) _
As Variant
  Dim i As Integer
  Dim vector() As Integer
  ReDim vector(numrows - 1, 0)
  For i = 1 To numrows
    vector(i - 1, 0) = 1
  Next i
  UnitColVector = vector
End Function
```

运用到 10 资产的案例中：

	A	B	C	D	E	F	G	H	I	J	K
1					**计算全局最小方差投资组合**						
2						方差-协方差矩阵					
3		MCD	X	MT	MSFT	AAPL	K	GE	BAC	PFE	XOM
4	MCD	0.0020	0.0037	0.0028	0.0015	0.0017	0.0007	0.0020	0.0031	0.0015	0.0011
5	X	0.0037	0.0380	0.0284	0.0076	0.0111	0.0031	0.0127	0.0176	0.0043	0.0043
6	MT	0.0028	0.0284	0.0267	0.0065	0.0097	0.0031	0.0102	0.0133	0.0038	0.0039
7	MSFT	0.0015	0.0076	0.0065	0.0063	0.0049	0.0010	0.0046	0.0079	0.0018	0.0014
8	AAPL	0.0017	0.0111	0.0097	0.0049	0.0126	0.0016	0.0049	0.0049	0.0007	0.0020
9	K	0.0007	0.0031	0.0031	0.0010	0.0016	0.0026	0.0028	0.0046	0.0011	0.0003
10	GE	0.0020	0.0127	0.0102	0.0046	0.0049	0.0028	0.0122	0.0163	0.0041	0.0022
11	BAC	0.0031	0.0176	0.0133	0.0079	0.0049	0.0046	0.0163	0.0393	0.0080	0.0017
12	PFE	0.0015	0.0043	0.0038	0.0018	0.0007	0.0011	0.0041	0.0080	0.0041	0.0011
13	XOM	0.0011	0.0043	0.0039	0.0014	0.0020	0.0003	0.0022	0.0017	0.0011	0.0026
14											
15	行的形式GMVP	0.0326	0.2117	0.1754	0.0705	0.0873	0.0340	0.1166	0.1891	0.0493	0.0335
16			<--	{=MMULT(unitrowvector(10),B4:K13)/SUM(MMULT(unitrowvector(10),B4:K13))}							
17											
18		0.0326									
19	列的形式GMVP	0.2117	<--	{=MMULT(B4:K13,unitcolvector(10))/SUM(MMULT(B4:K13,unitcolvector(10)))}							
20		0.1754									
21		0.0705									
22		0.0873									
23		0.0340									
24		0.1166									
25		0.1891									
26		0.0493									
27		0.0335									
28											
29		GMVP统计量									
30	均值	-0.80%	B15:K15, 'Page 253'!B64:K64)								
31	方差	0.0130	<--	{=MMULT(MMULT(B15:K15,B4:K13),B18:B27)}							
32	标准差	11.40%	<--	=SQRT(B31)							

10.5　样本方差—协方差矩阵的四种计算方法

接下来我们将阐述样本方差—协方差矩阵的四种可选的计算方法：

- 单指数模型（single-index model）：假设方差风险仅来源于市场变动和资产的 Beta 值。
- 常数相关系数模型（constant correlation model）：假设所有资产的两两相关系数是常数，即 $\sigma_{ij}=\rho\sigma_i\sigma_j$。
- 收缩方法（shrinkage methods）：假设方差—协方差矩阵是样本方差—协方差矩阵和一个主对角线是方差其余元素是零的矩阵的凸组合。
- 期权方法（option methods）：利用期权来计算资产收益的标准差。我们在第 10.9 节中将这种方法与常数相关系数方法结合起来计算方差—协方差矩阵。

前三种方法源于对收益数据（即用该数据来生成未来的协方差）的不信任。第四种方法（使用期权数据）更加深入，它假设了即使是样本协方差也不是未来方差的准确预测。

10.6　样本方差—协方差矩阵的替代方法：单指数模型

单指数模型（single-index model，SIM）的初衷是试图降低一些方差—协方差矩阵计算的复杂性。[1]该模型的基本假定是每个资产的收益是市场指数 x 上的线性回归：

$$\tilde{r}_i=\alpha_i+\beta_i\tilde{r}_x+\tilde{\varepsilon}_i$$

这里 ε_i 和 ε_j 之间的相关系数为 0。根据这个假定，很容易建立下面的两个式子：

$$E(\tilde{r}_i)=\alpha_i+\beta_i E(\tilde{r}_x)$$

$$\sigma_{ij}=\begin{cases}\beta_i\beta_j\sigma_x^2, & i\neq j\\\sigma_i^2, & i=j\end{cases}$$

本质上 SIM 假设包含在协方差估计中的变化，而非样本方差。我们可以通过编写 VBA 代码自动化计算 SIM 的过程：

```
Function sim(assetdata As Range, marketdata As Range) _
As Variant
  Dim i As Integer
  Dim j As Integer
  Dim numcols As Integer
  numcols = assetdata.Columns.Count
  Dim matrix() As Double
```

---

① 　W.M. Sharpe，1963，"A Simplifi ed Model for Portfolio Analysis," *Management Science*.

```
ReDim matrix(numcols - 1, numcols - 1)

For i = 1 To numcols
For j = 1 To numcols
  If i = j Then
  matrix(i - 1, j - 1) = Application. _
  WorksheetFunction.Var_S(assetdata.Columns(i))
  Else
  matrix(i - 1, j - 1) = _
  Application.WorksheetFunction.Slope(assetdata._
  Columns(i), marketdata) * _
  Application.WorksheetFunction.Slope(assetdata._
  Columns(j), marketdata) * _
  Application.WorksheetFunction.Var_S(marketdata)
  End If
Next j
Next i
sim = matrix
End Function
```

这个函数的两个参数分别是资产收益和市场收益。将以上代码运用到我们的案例中：

	A	B	C	D	E	F	G	H	I	J	K	L
1						计算单指数方差-协方差矩阵						
2		MCD	X	MT	MSFT	AAPL	K	GE	BAC	PFE	XOM	
3	MCD	0.0020	0.0036	0.0031	0.0013	0.0016	0.0006	0.0021	0.0032	0.0009	0.0006	
4	X	0.0036	0.0380	0.0198	0.0085	0.0105	0.0038	0.0137	0.0204	0.0059	0.0042	
5	MT	0.0031	0.0198	0.0267	0.0073	0.0090	0.0033	0.0117	0.0175	0.0051	0.0036	
6	MSFT	0.0013	0.0085	0.0073	0.0063	0.0038	0.0014	0.0050	0.0075	0.0022	0.0015	
7	AAPL	0.0016	0.0105	0.0090	0.0038	0.0126	0.0017	0.0062	0.0092	0.0027	0.0019	
8	K	0.0006	0.0038	0.0033	0.0014	0.0017	0.0026	0.0022	0.0034	0.0010	0.0007	
9	GE	0.0021	0.0137	0.0117	0.0050	0.0062	0.0022	0.0122	0.0121	0.0035	0.0025	
10	BAC	0.0032	0.0204	0.0175	0.0075	0.0092	0.0034	0.0121	0.0393	0.0052	0.0037	
11	PFE	0.0009	0.0059	0.0051	0.0022	0.0027	0.0010	0.0035	0.0052	0.0041	0.0011	
12	XOM	0.0006	0.0042	0.0036	0.0015	0.0019	0.0007	0.0025	0.0037	0.0011	0.0026	
13				<-- {=sim(B16:K75, L16:L75)}								
14												
15	Date	MCD	X	MT	MSFT	AAPL	K	GE	BAC	PFE	XOM	^GSPC
16	1-Mar-07	3.07%	11.18%	3.91%	-1.06%	9.36%	3.13%	1.27%	0.38%	1.17%	5.13%	0.99%
17	2-Apr-07	6.93%	2.37%	1.00%	7.18%	7.15%	2.84%	4.17%	-0.25%	4.64%	5.08%	4.24%
18	1-May-07	4.59%	11.02%	12.16%	2.80%	19.42%	2.55%	1.91%	0.73%	4.89%	5.09%	3.20%
19	1-Jun-07	0.41%	-3.98%	3.93%	-4.06%	0.70%	-4.14%	2.60%	-3.66%	-7.23%	0.85%	-1.80%
20	2-Jul-07	-5.85%	-10.11%	-2.23%	-1.66%	7.66%	0.04%	1.24%	-8.39%	1.49%	-3.25%	
21	1-Aug-07	2.83%	-3.72%	8.65%	-0.53%	4.97%	6.42%	0.28%	6.66%	6.70%	1.09%	1.28%
67	1-Jun-11	3.35%	-0.15%	3.86%	3.86%	-3.56%	-2.97%	-3.24%	-6.90%	-4.07%	-2.53%	-1.84%
68	1-Jul-11	2.53%	-14.09%	-10.97%	5.24%	15.12%	0.82%	-5.16%	-12.05%	-6.79%	-1.97%	-2.17%
69	1-Aug-11	5.12%	-28.23%	-33.99%	-2.32%	-1.46%	-1.86%	-9.36%	-17.20%	-0.27%	-6.85%	-5.85%
70	1-Sep-11	-2.92%	-31.32%	-32.29%	-6.66%	-0.92%	-2.10%	-5.99%	-28.81%	-7.13%	-1.89%	-7.45%
71	3-Oct-11	5.58%	14.13%	26.47%	6.77%	5.97%	1.90%	9.37%	10.99%	8.57%	7.24%	10.23%
72	1-Nov-11	3.58%	7.58%	-8.23%	-3.27%	-5.74%	-8.89%	-4.89%	-22.61%	5.11%	3.56%	-0.51%
73	1-Dec-11	4.91%	-3.13%	-3.78%	1.47%	5.79%	2.83%	12.79%	2.18%	7.56%	5.24%	0.85%
74	3-Jan-12	-1.28%	13.17%	12.05%	12.88%	11.97%	-2.10%	4.37%	24.87%	-1.13%	-1.22%	4.27%
75	1-Feb-12	0.94%	2.85%	12.71%	4.11%	7.73%	1.38%	2.22%	13.74%	-0.19%	1.90%	2.97%

10.7　样本方差—协方差矩阵的替代方法：常数相关系数

常数—相关系数模型（constant-correlation model）是由 Elton 和 Gruber（1973）提出的，它假设资产收益的方差是样本收益，但该协方差都和所有相同的相关系数有关的，在该问题中通常取资产相关系数的均值，并以此计算方差—协方差矩阵。由于 $Cov(r_i, r_j) = \sigma_{ij} = \rho\sigma_i\sigma_j$，因此这个假设在常数—相关系数模型意味着：

$$\sigma_{ij} = \begin{cases} \sigma_{ii} = \sigma_i^2, & i = j \\ \sigma_{ij} = \rho\sigma_i\sigma_j, & i \neq j \end{cases}$$

使用 10 支股票数据，我们可以实施常数—相关系数模型。我们首先计算所有这些股票的相关系数：

	A	B	C	D	E	F	G	H	I	J	K
1				使用常相关系数计算方差-协方差矩阵							
2	相关系数	0.20									
3											
4		MCD	X	MT	MSFT	AAPL	K	GE	BAC	PFE	XOM
5	MCD	0.0020	0.0018	0.0015	0.0007	0.0010	0.0005	0.0010	0.0018	0.0006	0.0005
6	X	0.0018	0.0380	0.0064	0.0031	0.0044	0.0020	0.0043	0.0077	0.0025	0.0020
7	MT	0.0015	0.0064	0.0267	0.0026	0.0037	0.0017	0.0036	0.0065	0.0021	0.0017
8	MSFT	0.0007	0.0031	0.0026	0.0063	0.0018	0.0008	0.0017	0.0031	0.0010	0.0008
9	AAPL	0.0010	0.0044	0.0037	0.0018	0.0126	0.0012	0.0025	0.0044	0.0014	0.0011
10	K	0.0005	0.0020	0.0017	0.0008	0.0012	0.0026	0.0011	0.0020	0.0007	0.0005
11	GE	0.0010	0.0043	0.0036	0.0017	0.0025	0.0011	0.0122	0.0044	0.0014	0.0011
12	BAC	0.0018	0.0077	0.0065	0.0031	0.0044	0.0020	0.0044	0.0393	0.0025	0.0020
13	PFE	0.0006	0.0025	0.0021	0.0010	0.0014	0.0007	0.0014	0.0025	0.0041	0.0007
14	XOM	0.0005	0.0020	0.0017	0.0008	0.0011	0.0005	0.0011	0.0020	0.0007	0.0026
15					<-- {=constantcorr('Page 253'!B3:K62,'Page 265 (2)'!B2)}						

我们编写了一个 VBA 函数来计算这个矩阵：

```
Function constantcorr(data As Range, corr As Double) _
As Variant
    Dim i As Integer
    Dim j As Integer
    Dim numcols As Integer
    numcols = data.Columns.Count
    numrows = data.Rows.Count
```

```
Dim matrix() As Double
ReDim matrix(numcols − 1, numcols − 1)
If Abs(corr) >= 1 Then GoTo Out
For i = 1 To numcols
For j = 1 To numcols
  If i = j Then
  matrix(i − 1, j − 1) = Application._
  WorksheetFunction.Var_S(data.Columns(i))
  Else
  matrix(i − 1, j − 1) = corr * jjunk(data, i) *_
  jjunk(data, j)
  End If
Next j
Next i
Out:
  If Abs(corr) >= 1 Then constantcorr = VarCovar(data)_
  Else constantcorr = matrix
End Function
```

10.8 样本方差—协方差矩阵的替代方法:收缩方法

第三代的估计方差—协方差矩阵技术是最近被广泛采用的。所谓收缩方法是假设方差—协方差矩阵是样本协方差矩阵与其他矩阵的凸组合:

收缩方差—协方差矩阵 = $\lambda \times$ 样本协方差矩阵 + $(1-\lambda) \times$ 其他矩阵

在下面的例子中"其他"矩阵是一个仅有方差的对角阵,其余元素为 0。该收缩估计的 $\lambda = 0.3$(单元格 B20)。

	A	B	C	D	E	F	G	H
1	使用收缩方法估计方差-协方差矩阵 给定样本方差——协方差矩阵的权数为**0.30 (收缩因子)** 和只有方差的对角阵 权数为**0.70**							
2	收益数据							
3	日期	GE	MSFT	JNJ	K	BA	IBM	
4	3-Jan-94	56.44%	-1.50%	6.01%	-9.79%	58.73%	7.74%	
5	3-Jan-95	18.23%	33.21%	41.56%	7.46%	-0.24%	-12.16%	
6	2-Jan-96	56.93%	44.28%	57.71%	37.76%	65.55%	30.00%	
7	2-Jan-97	42.87%	79.12%	22.94%	-5.09%	54.34%	-41.78%	
8	2-Jan-98	47.11%	38.04%	17.62%	32.04%	37.11%	47.32%	
9	4-Jan-99	34.55%	85.25%	26.62%	-10.74%	15.05%	37.70%	
10	3-Jan-00	28.15%	11.20%	3.41%	-48.93%	43.53%	-13.32%	
11	2-Jan-01	4.61%	-47.19%	10.69%	11.67%	28.29%	-78.39%	
12	2-Jan-02	-19.74%	4.27%	23.11%	19.90%	-15.09%	-25.16%	
13	2-Jan-03	-44.78%	-29.47%	-5.67%	10.88%	-23.23%	-137.03%	
14	2-Jan-04	35.90%	18.01%	-1.27%	15.49%	39.82%	16.44%	
15								
16	均值	23.66%	21.38%	18.43%	5.51%	27.63%	-15.33%	<-- =AVERAGE(G4:G14)
17	标准差	32.17%	40.71%	18.97%	23.86%	29.93%	54.71%	<-- =STDEV(G4:G14)
18	方差	0.1035	0.1657	0.0360	0.0570	0.0896	0.2993	<-- =VAR(G4:G14)
19								
20	收缩因子 λ		0.3	<-- 这是放在样本协差阵的权数				
21								
22	收缩矩阵 使用数组函数 {=B20*B34:G39+(1-B20)*B44:G49} 计算收缩协方差矩阵							
23		GE	MSFT	JNJ	K	BA	IBM	
24	GE	0.1035	0.0228	0.0066	-0.0013	0.0257	0.0424	
25	MSFT	0.0228	0.1657	0.0124	-0.0016	0.0114	0.0420	
26	JNJ	0.0066	0.0124	0.0360	0.0054	0.0030	0.0137	
27	K	-0.0013	-0.0016	0.0054	0.0570	-0.0023	0.0037	
28	BA	0.0257	0.0114	0.0030	-0.0023	0.0896	0.0257	
29	IBM	0.0424	0.0420	0.0137	0.0037	0.0257	0.2993	
30								
31								
32	使用数组函数 {=MMULT(TRANSPOSE(B4:G14-B16:G16),B4:G14-B16:G16)/10} 计算常数样本协方差矩阵。在收缩协差 阵中,这个矩阵给定权数lambda							
33		GE	MSFT	JNJ	K	BA	IBM	
34	GE	0.1035	0.0758	0.0222	-0.0043	0.0857	0.1414	
35	MSFT	0.0758	0.1657	0.0412	-0.0052	0.0379	0.1400	
36	JNJ	0.0222	0.0412	0.0360	0.0181	0.0101	0.0455	
37	K	-0.0043	-0.0052	0.0181	0.0570	-0.0076	0.0122	
38	BA	0.0857	0.0379	0.0101	-0.0076	0.0896	0.0856	
39	IBM	0.1414	0.1400	0.0455	0.0122	0.0856	0.2993	
40								
41								
42	使用数组函数 {=MMULT(TRANSPOSE(B4:G14-B16:G16),B4:G14-B16:G16)/10*IF(A44:A49=B43:G43,1,0)} 计算只有方 差在对角线上,其余为0的矩阵。在收缩协差阵中此矩阵给定权数 1-lambda							
43		GE	MSFT	JNJ	K	BA	IBM	
44	GE	0.1035	0.0000	0.0000	0.0000	0.0000	0.0000	
45	MSFT	0.0000	0.1657	0.0000	0.0000	0.0000	0.0000	
46	JNJ	0.0000	0.0000	0.0360	0.0000	0.0000	0.0000	
47	K	0.0000	0.0000	0.0000	0.0570	0.0000	0.0000	
48	BA	0.0000	0.0000	0.0000	0.0000	0.0896	0.0000	
49	IBM	0.0000	0.0000	0.0000	0.0000	0.0000	0.2993	

目前很少理论涉及怎么选择合适的收缩估计。[1]我们建议选择一个收缩因子使得 GMVP 所有权数均为正（详见下一节）。

10.9 用期权信息来计算方差矩阵[2]

计算方差矩阵的另一种方法是使用来自期权市场的信息。我们采用股票平值看涨期权的隐含波动率，然后用常相关系数来计算方差矩阵：

$$\sigma_{ij} = \begin{cases} \sigma_{i,\,implied}^2\,, & i = j \\ \rho\sigma_{i,\,implied}\sigma_{j,\,implied}\,, & i \neq j \end{cases}$$

这是我们 10 只股票案例中的例子。我们用来自期权市场的数据和将在第 17 章中讨论的函数 CallVolatility 来计算每只股票和 S&P500 的隐含波动率。我们用 5 年中的收益数据来计算历史波动率：

	A	B	C	D	E	F	G
1					比较隐含和历史波动率		
2	当前日期	10-Jul-12					
3	有效期至	17-Aug-12			=callvolatility(B7,C7,($B$3-$B$2)/365,$B$4,D7)		
4	利率	1.00%					
5							
6		股价	执行价格	价格	隐含波动率	历史波动率	
7	MCD	90.25	90.00	2.09	16.50%	15.42%	<-- {=TRANSPOSE('Betas etc'!B11:L11)}
8	X	20.28	20.00	1.58	55.05%	67.00%	
9	MT	14.67	15.00	0.75	47.12%	56.18%	
10	MSFT	29.74	30.00	1.07	30.74%	27.21%	
11	AAPL	608.21	610.00	25.30	33.04%	38.53%	
12	K	48.98	50.00	0.40	12.44%	17.67%	
13	GE	19.62	20.00	0.39	21.63%	37.91%	
14	BAC	7.48	8.00	0.22	43.04%	68.10%	
15	PFE	22.44	23.00	0.18	13.38%	21.87%	
16	XOM	83.11	85.00	0.90	15.23%	17.55%	
17	^GSPC	1,341.47	1,350.00	22.50	14.96%	19.21%	
18							

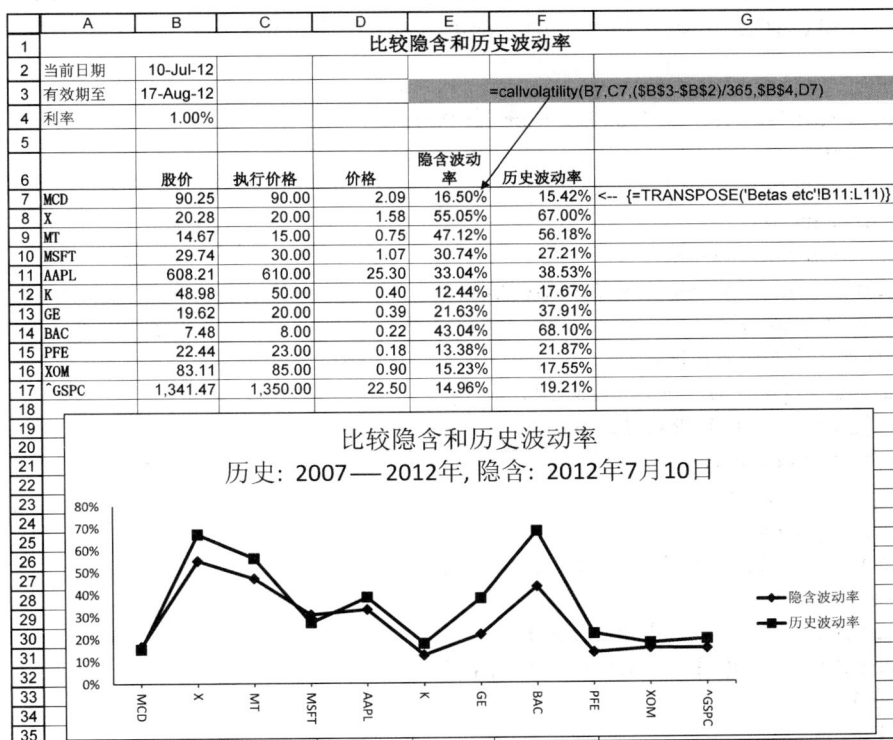

比较隐含和历史波动率
历史：2007——2012年，隐含：2012年7月10日

---

[1] 由 Oliver Ledoit 和 Michael Wolf 所著的三篇文章可能提供一些指导："Improved Estimation of the Covariance Matrix of Stock Returns with an Application to Portfolio Selection"，*Journal of Empirical Finance*，2003；"A Well-Conditioned Estimator for Large-Dimensional Covariance Matrices"，*Journal of Multivariate Analysis*，2004；"Honey, I Shrunk the Sample Covariance Matrix"，*Journal of Portfolio Management*，2004。

[2] 这一章运用了关于期权的章节中所提到的一些信息。

我们现在可以用隐含波动率作为常相关系数方差—标准差矩阵的基础：

	A	B	C	D	E	F	G	H	I	J	K
1					隐含波动率和常相关系数矩阵						
2	相关系数	0.20									
3											
4		MCD	X	MT	MSFT	AAPL	K	GE	BAC	PFE	XOM
5	MCD	0.0272	0.0182	0.0156	0.0101	0.0109	0.0041	0.0071	0.0142	0.0044	0.0050
6	X	0.0182	0.3031	0.0519	0.0338	0.0364	0.0137	0.0238	0.0474	0.0147	0.0168
7	MT	0.0156	0.0519	0.2221	0.0290	0.0311	0.0117	0.0204	0.0406	0.0126	0.0143
8	MSFT	0.0101	0.0338	0.0290	0.0945	0.0203	0.0076	0.0133	0.0265	0.0082	0.0094
9	AAPL	0.0109	0.0364	0.0311	0.0203	0.1091	0.0082	0.0143	0.0284	0.0088	0.0101
10	K	0.0041	0.0137	0.0117	0.0076	0.0082	0.0155	0.0054	0.0107	0.0033	0.0038
11	GE	0.0071	0.0238	0.0204	0.0133	0.0143	0.0054	0.0468	0.0186	0.0058	0.0066
12	BAC	0.0142	0.0474	0.0406	0.0265	0.0284	0.0107	0.0186	0.1852	0.0115	0.0131
13	PFE	0.0044	0.0147	0.0126	0.0082	0.0088	0.0033	0.0058	0.0115	0.0179	0.0041
14	XOM	0.0050	0.0168	0.0143	0.0094	0.0101	0.0038	0.0066	0.0131	0.0041	0.0232
15						<-- {=ImpliedVolvarcov(B5:K14,E22:E31,B2)}					
16											
17	当前日期	10-Jul-12									
18	有效期至	17-Aug-12									
19	利率	1.00%									
20											
21		股价	执行价格	价格	隐含波动率						
22	MCD	90.25	90.00	2.09	16.50%	<-- =callvolatility(B22,C22,($B$18-$B$17)/365,$B$19,D22)					
23	X	20.28	20.00	1.58	55.05%						
24	MT	14.67	15.00	0.75	47.12%						
25	MSFT	29.74	30.00	1.07	30.74%						
26	AAPL	608.21	610.00	25.30	33.04%						
27	K	48.98	50.00	0.40	12.44%						
28	GE	19.62	20.00	0.39	21.63%						
29	BAC	7.48	8.00	0.22	43.04%						
30	PFE	22.44	23.00	0.18	13.38%						
31	XOM	83.11	85.00	0.90	15.23%						

ImpliedVolVarCov 的编程与本章中之前的 VBA 程序类似：

```
Function ImpliedVolVarCov(varcovarmatrix As _
  Range, volatilities As Range, corr As Double)
  As Variant
  Dim i As Integer
  Dim j As Integer
  Dim numcols As Integer
  numcols = varcovarmatrix.Columns.Count
  numrows = numcols
  Dim matrix() As Double
  ReDim matrix(numcols - 1, numcols - 1)
  If Abs(corr) >= 1 Then GoTo Out
  For i = 1 To numcols
  For j = 1 To numcols
    If i = j Then
    matrix(i - 1, j - 1) = volatilities(i) ^ 2
    Else
    matrix(i - 1, j - 1) = corr * _
      volatilities(i) * volatilities(j)
     End If
   Next j
   Next i
Out:
  If Abs(corr) >= 1 Then ImpliedVolVarCov = _
    "ERR" Else ImpliedVolVarCov = matrix
End Function
```

10.10　用什么方法计算方差—协方差矩阵

本章给出了计算方差—协方差矩阵的 5 种可选方法：

- 样本方差—协方差；
- 单指数模型；
- 常数相关系数方法；
- 收缩方法；
- 基于隐含波动率的方差—协方差矩阵。

我们怎样比较这些方法？我们应该选择哪种方法？我们可以比较使用各种方法的技术结果，比如用不同的方法计算 GMVP 的可能价值，但这很大程度上偏离了重点。

选择怎样计算方差—协方差矩阵很大程度上取决于你怎么看待资本市场。如果你坚信过去可以预测未来，那么可能你的选择应该是用样本方差—协方差矩阵。笔者倾向于远离历史。我们偏好使用有变化的相关系数的基于期权的波动模型：在"正常"的时间内我们用介于 0.2—0.3 之间的"正常"的相关系数；在经济危机中，我们会用更高的相关系数，一般为 0.5—0.6。

10.11　本章小结

在这章里，我们讨论了如何计算方差—协方差矩阵，它是解决投资组合优化问题的关键。从标准样本的方差—协方差矩阵开始，我们还说明了如何计算已在文献中出现的可能可以改进投资组合计算的几种替代计算方法。

习题

1. 在下面的电子表中，你会发现 6 家家具公司在 1982—1992 年之间的年收益数据。使用这些数据计算收益的方差—协方差矩阵。

	A	B	C	D	E	F	G	H
1				6家家具公司的数据				
2	年	La-Z-Boy	Kimball	Flexsteel	Leggett & Platt	Herman Miller	Shaw Industries	
3	1982	36.67%	0.20%	41.54%	21.92%	26.13%	22.50%	
4	1983	122.82%	61.43%	195.09%	62.27%	73.38%	117.89%	
5	1984	14.44%	63.51%	-38.38%	-1.27%	45.15%	7.80%	
6	1985	21.39%	28.42%	1.30%	81.17%	24.27%	38.14%	
7	1986	45.36%	-7.44%	21.89%	19.83%	10.73%	54.48%	
8	1987	20.19%	48.27%	9.11%	-10.21%	-11.92%	26.82%	
9	1988	-8.94%	-11.28%	12.65%	13.77%	7.06%	-6.24%	
10	1989	27.02%	12.85%	12.08%	32.55%	-7.55%	123.03%	
11	1990	-11.64%	2.42%	-17.13%	-6.48%	1.31%	15.48%	
12	1991	20.29%	6.90%	3.62%	50.12%	-5.54%	19.92%	
13	1992	34.08%	22.21%	33.46%	84.40%	5.71%	62.76%	
14								
15	Beta	0.80	0.95	0.65	0.85	0.85	1.40	
16	平均收益	29.24%	20.68%	25.02%	31.64%	15.34%	43.87%	<-- =AVERAGE(G3:G13)

剩余的习题参考本书习题数据表中 Price data 工作表中的数据。该工作表给出了三年内 6 只股票和 S&P500 的价格数据作为市场的代表。

2. 利用所给数据计算收益和每种资产的统计量(平均收益、收益的方差、标准差、beta)。

3. 计算 6 只股票的样本方差—协方差矩阵和相关矩阵。

4. 用本章中定义的 SIM 函数计算单指数方差—协方差矩阵。

5. 用样本方差—协方差矩阵计算全局最小方差投资组合(GMVP)。

6. 用常相关系数协方差矩阵计算 GMVP。

11

计算 β 值和证券市场线

11.1 概述

资本资产定价模型(capital asset pricing model，CAPM)是 20 世纪后半期金融理论发展中两个最具影响的创新之一。[1]它将效用理论应用于投资组合决策，并将行为统计学理论应用于资产定价，目前 CAPM 定义的理论框架已广泛地应用于股票价格分析。

CAPM 到底在说些什么？它有什么现实的意义？粗略地说，我们可以将 CAPM 的意义分为两种情况：第一，资本市场线(capital market line，CML)为关心最优投资组合均值和方差的投资者定义了个体的最优投资组合(individual optimal portfolios)；第二，在认定所有投资者均认同资产收益的统计特性和均值—方差决策重要性的前提下，证券市场线(security market line，SML)定义了每个个体资产(each individual assset)和风险收益(risk-return)之间的关系。

区分存在风险资产和不存在风险资产是有用的。[2]

11.1.1 情形 1：存在无风险资产

假设存在一个无风险资产且收益为 r_f，我们可以这样区分投资者的个体优化和 CAPM 的一般均衡二者的含意：

● 个体优化(individual optimization)：假定投资者是基于他们投资组合的期望收益和标准差来优化(金融用语是他们有"均值—方差"偏好)，那么 CAPM 认为每个个体投资者的投资组合都落在 $E(r_p)=r_f+\sigma_p[E(r_x)-r_f]$ 这条线上，其中对任意可行投资组合 y，x 是最

---

[1]　另外一个重要创新是期权定价理论，我们将在第 16—24 章中讨论。这两个创新均获得诺贝尔经济学奖：Harry Markowitz(1990)、William Sharp(1990)、Myron Scholes(1997)、Robert Merton(1997)。除此之外外，其他相关的理论——Jan Mossin(1936—1987)和 Fisher Black(1938—1995)——同样不容置疑地获得了诺贝尔经济学奖。

[2]　无风险资产的存在与否和我们的投资视角密切相关。短期的无风险资产不代表在长期中它就是无风险的。

大化 $\dfrac{E(r_y) - r_f}{\sigma_y}$ 的投资组合。第 9 章的定理 9.1 给出了 x 的计算方法为：$x = \{x_1, x_2, \cdots,$

$x_N\} = \dfrac{S^{-1}[E(r) - r_f]}{\sum S^{-1}[E(r) - r_f]}$，其中 S 是风险资产收益的方差—协方差矩阵，$E(r) = \{E(r_1),$

$E(r_2), \cdots, E(r_N)\}$ 是资产期望收益的向量。

- 一般均衡(general equilibrium)：如果所有投资者认同该模型的统计假设——方差—协方差矩阵 S 和资产期望收益向量 R——并且假设存在一个无风险资产，那么个体资产收益就由证券市场线(SML)确定：$E(r_i) = r_f + \dfrac{Cov(r_i, r_M)}{\sigma_M^2}[E(r_M) - r_f]$，其中 M 为市场投资组合——即以价值为权重的所有风险资产的投资组合。表达式 $\dfrac{Cov(r_i, r_M)}{\sigma_M^2}$ 通常称为资产的 β 值：

$$\beta_i = \frac{Cov(r_i, r_M)}{\sigma_M^2}$$

11.1.2　情形 2：不存在无风险资产

如果不存在无风险资产，那么 CAPM 在个体优化和一般均衡两者上的意义由 Black (1972)的零-β 模型给出(第 9 章的定理 9.3)：

- 个体优化(individual optimization)：当不存在无风险资产，个体最优投资组合会落在有效前沿上。正如第 9 章的定理 9.2 所示，这条有效前沿是由任意两个优化投资组合 $x = \dfrac{S^{-1}[E(r) - c_1]}{\sum S^{-1}[E(r) - c_1]}$ 和 $y = \dfrac{S^{-1}[E(r) - c_2]}{\sum S^{-1}[E(r) - c_2]}$ 的凸组合所创建的均值—标准差组合的上升部分，其中 c_1 和 c_2 是两个任意的常数。

- 一般均衡(general equilibrium)：当不存在一个无风险资产，如果所有投资者都认同该模型的统计假设——方差—协方差矩阵 S 和资产期望收益向量 $E(r)$——那么个体资产收益就由证券市场线(SML)确定：

$E(r_i) = E(r_z) + \dfrac{Cov(r_i, r_y)}{\sigma_y^2}[E(r_y) - E(r_z)]$，其中 y 是任意的有效投资组合，而 z 则是一个和 y 的协方差为 0 的投资组合(零-β 投资组合)。

很明显，不存在无风险资产情况比存在一个无风险资产情况要弱。若存在一个无风险资产，一般均衡下的 CAPM 说明所有的投资组合均会地落在一条线上。若不存在无风险资产，那么所有的最优投资组合也均会在同一条有效前沿上；但此时资产的 β 值可能会不同，因为存在许多投资组合 y 使等式 $E(r_i) = E(r_z) + \dfrac{Cov(r_i, r_y)}{\sigma_y^2}[E(r_y) - E(r_z)]$ 成立。

11.1.3　CAPM 作为规范和描述工具

正如你在上述情形 1 和情形 2 中看到的那样，CAPM 是规范(prescriptive)也是描述(descriptive)的工具。

作为一个规范工具,CAPM 告诉一个均值—方差投资者如何去选择他的最优投资组合。通过寻找 $\dfrac{S^{-1}[E(r)-c_1]}{\sum S^{-1}[E(r)-c_1]}$ 形式的投资组合,投资者可以从数据集中识别出最优的投资组合。

作为一个描述的工具,CAPM 给出我们可将市场期望收益构成一般化情形下的条件。无论无风险资产是否存在,这些条件都假设投资者认同资产收益的统计结构——即方差—协方差矩阵和期望收益向量。在这种情形中所有的这些收益预期都落在证券市场线(SML)上,该 SML 形式为 $E(r_i)=r_f+\dfrac{Cov(r_i,r_M)}{\sigma_M^2}[E(r_M)-r_f]$(如果无风险资产存在)。若不存在无风险资产,则该 SML 形式则为 $E(r_i)=E(r_z)+\dfrac{Cov(r_i,r_y)}{\sigma_y^2}[E(r_y)-E(r_z)]$。

11.1.4 关于本章

在这一章中,我们观察一些典型的资本市场数据,并重复对该 CAPM 描述部分的一个简单检验。为此,我们必须计算一组资产的 β 值,然后确定证券市场线(SML)的方程。本章中的检验可能是最简单的 CAPM 检验。有许多文献中可能都提到有关 CAPM 检验的统计和数学方法方面的缺陷。我们最好是从 Elton、Gruber、Brown 和 Goetzmann(2009)以及 Bodie、Kane 和 Marcus(2010)的教科书开始。[1]

11.2 检验证券市场线

典型的证券市场线(SML)检验是从一组风险资产的收益数据开始的。该检验的步骤如下:

● 确定一个市场投资组合 M 的候选。在例子中我们将用标准普尔 500 指数(S&P500)作为 M 的一个候选。这是一个关键步骤:原则上,"真正"的市场投资组合——正如第 9 章指出的——应该包含市场中所有的风险资产,并以价值作为比率。显然计算该理论上的投资组合是不可能的,因此我们必须采用替代的办法。在下面两节中你将看到,第 9 章中的定理说明了该市场替代的选择是如何影响 CAPM 回归检验的 r 平方的。

● 对该问题中的每个资产,确定其 β 值,$\beta_i=\dfrac{Cov(r_i,r_M)}{\sigma_M^2}$。这常被称作第一次回归(first-pass regression)。

● 用资产各自的 β 值,对资产的平均收益作回归[第二次回归(second-pass regression)]:

---

[1]　详见本书后的参考书目。我们推荐 Roll, 1978, "Ambiguity When Performance Is Measured by the Securities Market Line", *Journal of Finance*。

$$\bar{r}_i = \gamma_0 + \gamma_1 \beta_i$$

如果 CAPM 在它的描述设计中是成立的,那么第二次回归就应该为证券市场线。[1]

我们用一个简单的数字例子来 CAPM 的检验,例子中包含了道—琼斯工业股中 30 支股票(DJ30)的数据。我们从 S&P500(标志为^GSPC)和 DJ30 中股票的价格开始(部分行列未显示):

	A	B	C	D	E	F	G	H	I	J	K	L	M	N
1				道琼斯工业股和标准普尔500的价格数据 2001年7月 - 2006年7月										
2	日期	SP 500 指数 ^GSPC	美铝公司 AA	美国国际集团 AIG	美国运通公司 AXP	波音公司 BA	花旗集团 C	卡特彼勒公司 CAT	杜邦公司 DD	迪斯尼公司 DIS	通用电气公司 GE	通用汽车公司 GM	家得宝公司 HD	霍尼韦尔公司 HON
3	3-Jul-01	1211.23	35.37	81.32	33.73	53.64	40.97	24.73	36.29	25.02	38.33	49.72	48.26	32.75
4	1-Aug-01	1133.58	34.50	76.43	30.46	47.06	37.49	22.45	35.01	24.14	36.04	43.14	44.06	33.27
5	4-Sep-01	1040.94	28.06	76.24	24.30	30.79	33.15	20.11	32.07	17.68	32.93	33.81	36.79	23.57
6	1-Oct-01	1059.78	29.34	76.82	24.58	29.97	37.26	20.23	34.18	17.65	32.23	32.56	36.66	26.38
7	1-Nov-01	1139.45	35.09	80.54	27.60	32.43	39.34	21.45	38.21	19.43	34.08	39.63	44.78	29.77
8	3-Dec-01	1148.08	32.32	77.64	29.93	35.83	41.46	23.63	36.63	19.88	35.63	38.75	48.97	30.38
9	2-Jan-02	1130.20	32.59	72.51	30.13	37.83	39.06	22.91	38.06	20.21	33.03	40.77	48.00	30.19
10	1-Feb-02	1106.73	34.31	72.38	30.64	42.64	37.29	25.29	40.68	22.07	34.39	42.67	48.00	34.43
51	1-Jul-05	1234.18	27.48	59.76	47.68	65.02	42.62	53.28	41.22	25.37	33.53	34.89	42.97	38.43
52	1-Aug-05	1220.33	26.38	58.92	47.89	66.26	42.89	54.85	38.55	24.93	32.66	32.86	39.92	37.66
53	1-Sep-05	1228.81	24.05	61.67	49.79	67.18	44.60	58.07	38.16	23.88	32.94	29.42	37.76	36.89
54	3-Oct-05	1207.01	23.92	64.49	49.41	63.91	44.86	52.22	40.24	24.11	33.17	26.33	40.63	33.65
55	1-Nov-05	1249.48	27.16	66.82	51.04	67.67	48.04	57.37	42.02	24.67	34.94	21.44	41.46	36.15
56	1-Dec-05	1248.29	29.30	67.91	51.08	69.71	48.02	57.36	41.77	23.97	34.53	19.01	40.17	36.85
57	3-Jan-06	1280.08	31.21	65.15	52.19	67.79	46.09	67.69	38.48	25.31	32.27	23.56	40.24	38.01

我们首先将股票价格数据转为收益数据:

	A	B	C	D	E	F	G	H	I	J	K	L	M	N
1				道琼斯工业股和标准普尔500的价格数据 2001年7月 - 2006年7月										
2	日期	SP 500 指数 ^GSPC	美铝公司 AA	美国国际集团 AIG	美国运通公司 AXP	波音公司 BA	花旗集团 C	卡特彼勒公司 CAT	杜邦公司 DD	迪斯尼公司 DIS	通用电气公司 GE	通用汽车公司 GM	家得宝公司 HD	霍尼韦尔公司 HON
3														
4	平均收益	0.07%	-0.09%	=AVERAGE(C9:C68)		0.67%	0.30%	1.79%	0.18%	0.29%	-0.23%	-0.87%	-0.52%	0.29%
5	Beta	1.00	1.90	-0.61 =SLOPE(C9:C68,$B$9:$B$68)		1.15	1.30	1.39	1.00	1.28	0.84	1.41	1.55	1.66
6	Alpha	0	-0.23%	=INTERCEPT(C9:C68,$B$9:$B$68)				1.69%	0.11%	0.20%	-0.30%	-0.97%	-0.63%	0.17%
7	R方	1	0.6085	0.351 =RSQ(C9:C68,$B$9:$B$68)				0.5158	0.4362	0.3845	0.3221	0.2607	0.5288	0.5473
8														
9	1-Aug-01	-6.63%	-2.49%					-9.67%	-3.59%	-3.58%	-6.16%	-14.20%	-9.11%	1.58%
10	4-Sep-01	-8.53%	-20.66%	-0.25%	-22.59%	-42.42%	-12.30%	-11.01%	-8.77%	-31.14%	-9.02%	-24.37%	-18.03%	-34.47%
11	1-Oct-01	1.79%	4.46%				11.69%	0.59%	6.37%	-0.17%	-2.15%	-3.77%	-0.35%	11.26%
12	1-Nov-01	7.25%	17.90%				5.43%	5.86%	11.15%	9.61%	5.58%	19.65%	20.01%	12.09%
13	3-Dec-01	0.75%	-8.22%	-3.67%	8.10%	9.97%	5.25%	9.68%	-4.22%	2.29%	4.45%	-2.25%	8.94%	2.03%
14	2-Jan-02	-1.57%	0.84%	-6.84%	0.67%	5.43%	-5.96%	-3.09%	3.83%	1.65%	-7.58%	5.08%	-1.81%	-0.63%
15	1-Feb-02	-2.10%	5.14%	-0.18%	1.68%	11.97%	-4.64%	9.88%	6.66%	8.80%	4.03%	4.55%	-0.19%	13.14%
16	1-Mar-02	3.61%	0.47%	-2.52%	11.66%	4.85%	9.02%	2.38%	0.66%	0.36%	-2.89%	13.20%	-2.72%	0.41%

11.2.1 第一次回归

行 4 中给出了每支股票在 60 个月内月度收益的均值(为了使这些收益年度化,我们将其乘 12)。行 5—7 中得出了第一次回归的结果。对于每项资产 i,其回归方程为 $r_{it} = \alpha_i + \beta_i r_{SP,t}$。我们用 Excel 的 Slope 函数计算每项资产的 β,用 Intercept 和 Rsq 函数来计算每次回归的 α 和 R^2。

为了检验,我们同时计算 S&P500 指数(列 B)的 α、β 和 R^2。毫无疑问,$\alpha_{SP} = 0$,$\beta_{SP} = 1$,及 $R^2 = 1$。

---

[1] 这可以由第 9 章的定理 9.3 和定理 9.4 直接导出。

11.2.2 第二次回归

SML 假定每个证券的平均收益应该和 β 值呈线性关系。假定历史数据为我们提供了一个未来收益分布的准确描述，我们可以认为是 $E(R_i)=\alpha+\beta_i\Pi+\varepsilon_i$。其中 α 和 Π 的定义取决于我们在处理第 11.1 节中的情形 1 还是情形 2：

$$\alpha=\begin{cases} r_f, & \text{情形 1：存在无风险资产} \\ E(r_z), & \text{情形 2：不存在无风险资产；} z \text{ 和有效资产组合 } y \text{ 的相关系数为 0} \end{cases}$$

$$\Pi=\begin{cases} E(r_M)-r_f, & \text{情形 1} \\ E(r_y)-E(r_z), & \text{情形 2} \end{cases}$$

在 CAPM 检验的第二步中，我们通过回归各个 β 的平均收益来检验这个假设。

	A	B	C	D	E	F	G	H
1					第二次回归			
2	证券	平均月收益	Beta	Alpha				
3	美铝公司AA	-0.09%	1.9028	-0.0023		第二次回归，用Beta值回归月收益		
4	美国国际集团AIG	-0.54%	0.9936	-0.0061		截距	0.0036	<-- =INTERCEPT(B3:B32,C3:C32)
5	美国运通公司AXP	0.72%	1.3784	0.0062		斜率	-0.0020	<-- =SLOPE(B3:B32,C3:C32)
6	波音公司BA	0.67%	1.1515	0.0058		R方	0.0238	<-- =RSQ(B3:B32,C3:C32)
7	花旗集团C	0.30%	1.2952	0.0021				
8	卡特彼勒公司CAT	1.79%	1.3903	0.0169		t-统计量，截距	1.2381	<-- =tintercept(B3:B32,C3:C32)
9	杜邦公司DD	0.18%	1.0009	0.0011		t-统计量，斜率	-0.8254	<-- =tslope(B3:B32,C3:C32)
10	迪斯尼公司DIS	0.29%	1.2805	0.0020				
11	通用电气公司GE	-0.23%	0.8420	-0.0030				
12	通用汽车公司GM	-0.87%	1.4060	-0.0097				
13	家得宝公司HD	-0.52%	1.5528	-0.0063				
14	霍尼韦尔公司HON	0.29%	1.6640	0.0017				
15	惠普公司HPQ	0.61%	1.9594	0.0046				
16	IBM	-0.47%	1.5764	-0.0058				
17	英特尔公司INTC	-0.73%	2.2648	-0.0089				
18	强生公司JNJ	0.34%	0.2471	0.0032				
19	摩根大通公司JPM	0.18%	1.7917	0.0005				
20	可口可乐公司KO	0.12%	0.3590	0.0009				
21	麦当劳公司MCD	0.35%	1.2646	0.0025				
22	3M公司MMM	0.64%	0.6504	0.0059				
23	阿尔特里亚公司MO	1.30%	0.6633	0.0125				
24	默克公司MRK	-0.63%	0.6099	-0.0068				
25	微软公司MSFT	-0.35%	1.1219	-0.0043				
26	辉瑞公司PFE	-0.74%	0.5572	-0.0078				
27	宝洁公司PG	0.94%	0.1687	0.0093				
28	美国电话电报公司T	-0.41%	1.1275	-0.0050				
29	美国联合技术公司UTX	1.03%	1.0659	0.0095				
30	Verizon公司VZ	-0.49%	1.0231	-0.0057				
31	沃尔玛公司WMT	-0.25%	0.6000	-0.0030				
32	埃克森美孚公司XOM	0.88%	0.6455	0.0083				

结果（单元格 F4：G6）让人沮丧。检验得到了下面的 SML：

$$E(r_i)=\underbrace{0.0036}_{\gamma_0}-\underbrace{0.0020}_{\gamma_1}\beta_i,\ R^2=0.0238$$

这些数字令人失望：

● γ_0 应该与该时段的无风险利率相对应。在第 11.9 节里我们将讨论这个利率，调查的 60 个月中其变化是很大的。此时，我们可以认为平均月度无风险利率为 0.18%（或者 0.0018，恰为 γ_0 的一半）。

● γ_1 应当对应于 $E(r_M)-r_f$。S&P500 指数在这个时期内的平均月度收益为 -0.10%，平均月度无风险利率为 0.18%，所以 γ_1 应当大约为 -0.28%（或 -0.0028）。

● 截距（单元格 G8）和斜率（单元格 G9）两者的 t-统计量均说明它们在统计上并非显著地不为 0。[1]

---

[1] 函数 tintercept 和 tslope 由作者建立。它们附在本书配套的数据包中且在第 3 章曾讨论过。

我们对 SML 的检验失败了。CAPM 可能在规范上是成立的,但它没有证实我们的数据。

11.2.3 为什么结果如此之差

我们所做的实验——通过画出证券市场线检验 CAPM——显然不是非常顺利。并且支持 SML 的证据显得那么微弱:无论回归的 R^2 还是 t-统计量都不能说明期望收益和投资组合的 β 是相关的。

导致这个让人失望的结果,其原因可能有以下一些:

(1) 一个原因是也许 CAPM 它本身就不成立。在各种原因中这可能是真正的原因。

● 也许市场上存在资产的卖空限制。CAPM 的建立(见第 9 章的有效投资组合)需要假设不存在卖空限制。显然这个假设是不切实际的。卖空限制条件下的有效投资组合计算在第 12 章中介绍。在这种情况下,资产收益和它们的 β 值之间不存在一个简单关系(正如第 9 章中所证明的)。特别是,如果卖空是受限制的,就没有理由期望 SML 成立。

● 可能单个资产的没有相同概率估计,或可能它们没有相同的预期资产收益、方差和协方差。

(2) 可能 CAPM 对投资组合成立,对单一资产则不成立。

(3) 也许我们的资产组不够大:毕竟 CAPM 是针对所有风险资产的,但由于是举例,我们只选择了这些资产很小的子集做我们的检验。有关 CAPM 检验文献所记录的对风险资产检验扩大到包括债券、实物,甚至不能多元化资产,如人力资本等。

(4) 也许"市场投资组合"不是有效的。这种可能性在第 9 章关于有效投资组合的数学方法中就提出了,我们将在下一节研究。

(5) CAPM 只在当市场收益为正时成立(在调查期内,市场收益平均是负的)。

11.3 我们知道了什么

第 11.1 节中的结果让人十分沮丧。从中我们学到了一些正面的东西吗?当然。例如回归模型很好地描述了个体资产和 S&P500 两者收益之间的关系:

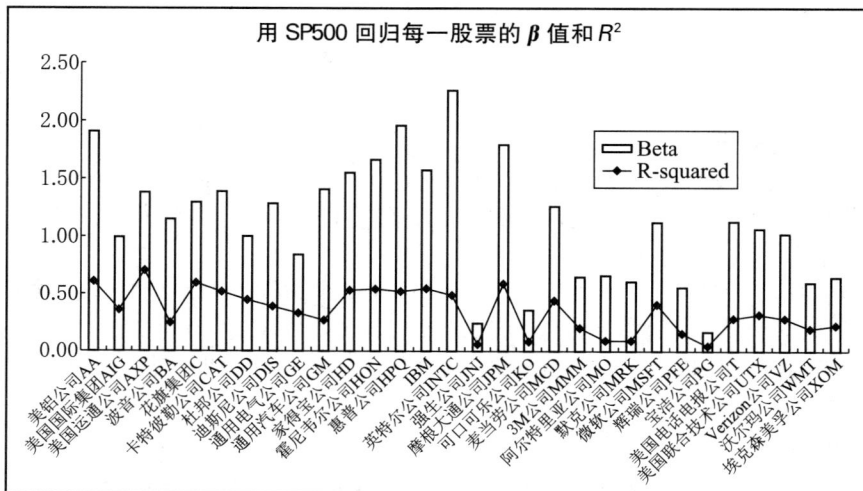

一般说来，S&P500 描述了 DJ30 股票的 35％的变动有平均的 β 值为 1.12。如果我们扣除 7 支 R^2 最低的股票，S&P 将能解释 43％股票收益的变动情况：

	A	B	C	D	E	F	G	H	I
1			SML练习：我们学到了什么？						
2	平均alpha	0.06%	<-- =AVERAGE('Page 321, bottom'!C6:AF6)						
3	平均beta	1.12	<-- =AVERAGE('Page 321, bottom'!C5:AF5)						
4	平均R方	0.3510	<-- =AVERAGE('Page 321, bottom'!C7:AF7)						
5									
6	最好的回归的 R^2								
7	最低的 R^2	0.2	<--下面我们会数出比这个值大的 R^2 的个数						
8		9.8258	<-- =SUMIF('Page 321, bottom'!C7:AF7,">"&TEXT(B7,"0.00"))						
9		23	<-- =COUNTIF('Page 321, bottom'!C7:AF7,">"&TEXT(B7,"0.00"))						
10	平均 R^2	0.4272	<-- =B8/B9						
11									
12	截距和斜率的t-统计量								
13			美铝公司 AA	美国国际集团 AIG	美国运通公司 AXP	波音公司 BA	花旗集团 C	卡特彼勒公司 CAT	杜邦公司 DD	迪斯尼公司 DIS
14	截距的t-统计量		0.3144	0.6324	-1.0525	-0.1584	-0.2013	-1.6120	-0.0192	-0.0371
15	斜率的t-统计量		9.4942	5.6112	11.7783	4.3815	9.2729	7.8607	6.6993	6.0199
16									
17	平均绝对截距的t-统计量	0.3998	<-- {=AVERAGE(ABS(B14:AE14))}						
18	平均斜率的t-统计量	5.7866	<-- =AVERAGE(B15:AE15)						

单元格 B10 计算了 $R^2 > 0.2$ 回归的平均 R^2。23 支股票属于 DJ30 中的股票。所以，一般说来，第一次回归是非常显著的。金融中，我们计算基本 SML 的第一次回归得到 35％的 R^2 其实是一个值得重视的数据。许多学生——受到统计老师过于热心和过度线性化的世界观影响——常认为回归的 R^2 应该至少 90％以上才令人信服。金融上一般不会出现如此之高的线性关系。有一个经验准则是，任何在金融上回归的 R^2 大于 80％往往是虚构或是误导的。[①]

观察回归模型显著性的另外一种方法是计算截距和斜率的 t-统计量（行 14—15）。截距是显著的不为 0（因为它们的 t-统计量小于 2），而斜率显著为 0。

一个 Excel 提示：计算数组数据的绝对值

在前面的计算中，我们使用了 Excel 的数组函数技术（见第 34 章）。这里通过使用数组函数 Abs（即通过按［Ctrl］＋［Shift］＋［Enter］输入），我们可以计算一个向量中数据的绝对值的平均数。下面是一个简单的例子：

	A	B	C	D	E	F
1		在数组中使用ABS函数 如果作为数组函数Excel的 "Abs" 函数可计算绝对值，它用于一系列数据				
2						
3	数据	1	-2	-3	-6	8
4						
5	均值	-0.4000	<-- =AVERAGE(B3:F3)			
6	绝对值的均值	4.0000	<-- {=AVERAGE(ABS(B3:F3))}			
7	如上，但不是数组函数	1.0000	<-- =AVERAGE(ABS(B3:F3))			

注意单元格 B7：把同一个函数作为常规函数输入是不能得出正确答案的。

---

① 这个有用的规则的一个例外是：如果我们对不同的股票的投资组合做回归，R^2 将急剧上升。

11.4 "市场投资组合"的无效性

在第 11.1 节中当我们计算 SML 时,我们对市场投资组合的收益与每项资产的平均收益进行了回归。根据第 9 章有关有效投资组合的定理,我们未能得到令人满意的结果可能是由于 S&P500 投资组合对我们选择的六个资产集合不是有效的。第 9 章的定理 9.3 说明,如果我们选择用资产收益与这些资产自身相关的一个有效投资组合作回归,那我们将得到 100% 的 R^2。第 9 章的定理 9.4 说明,如果我们得到了 100% 的 R^2,那么与这些资产收益作回归的投资组合相关于该资产集合来说一定是有效的。本节中我们对这些定理给出一个数字证明。

在下面的电子表格中,我们在 B 列中建立了一个"神秘的投资组合"。该投资组合(它的建立在下一小节讨论)相对于 DJ30 是有效的。正如单元格 A10:B12 所示,当我们执行第二次回归——用每项资产的平均收益与根据该神秘投资组合计算的 β 值作回归——结果是相当完美的。该回归的截距为 0.0030,斜率为 0.0425。但最重要的是它的 R^2 为 100%。

	A	B	C	D	E	F	G	H	I	J	K	L	M	N
1					道琼斯工业股和标准普尔500的收益数据 2001年7月 - 2006年7月									
2	日期	神秘投资组合	美铝公司 AA	美国国际集团 AIG	美国运通公司 AXP	波音公司 BA	花旗集团 C	卡特彼勒公司 CAT	杜邦公司 DD	迪斯尼公司 DIS	通用电气公司 GE	通用汽车公司 GM	家得宝公司 HD	霍尼韦尔公司 HON
3														
4	平均收益	4.55%	-0.09%	-0.54%	0.72%	0.67%	0.30%	1.79%	0.18%	0.29%	-0.23%	-0.87%	-0.52%	0.29%
5	Beta		-0.09	-0.20	0.10	0.09	0.00	0.35	-0.03	0.00	-0.13	-0.28	-0.19	0.00
6	Alpha		0.33%	0.36%	0.27%	0.27%	0.30%	0.19%	0.31%	0.30%	0.34%	0.38%	0.36%	0.30%
7	R方		0.0025	0.0242	0.0064	0.0024	0.0000	0.0579	0.0006	0.0000	0.0126	0.0176	0.0143	0.0000
8														
9	SML--用beta回归平均收益													
10	截距	0.0030	<-- =INTERCEPT(C4:AF4,C5:AF5)											
11	斜率	0.0425	<-- =SLOPE(C4:AF4,C5:AF5)											
12	R方	1.0000	<-- =RSQ(C4:AF4,C5:AF5)											
13														
14														
15	1-Aug-01	-1.01%	-2.49%	-6.20%	-10.20%	-13.09%	-8.88%	-9.67%	-3.59%	-3.58%	-6.16%	-14.20%	-9.11%	1.58%
16	4-Sep-01	0.40%	-20.66%	-0.25%	-22.59%	-42.42%	-12.30%	-11.01%	-8.77%	-31.14%	-9.02%	-24.37%	-18.03%	-34.47%
17	1-Oct-01	4.71%	4.46%	0.76%	1.55%	-2.70%	11.69%	0.59%	-0.17%	-2.15%	-3.77%	11.26%
18	1-Nov-01	-1.33%	17.90%	4.73%	11.18%	7.89%	5.43%	5.86%	11.15%	9.61%	5.58%	19.65%	20.01%	12.09%
19	3-Dec-01	8.11%	-8.22%	-3.67%	8.10%	9.97%	5.25%	9.68%	-4.22%	2.29%	4.45%	-2.25%	8.94%	2.03%
20	2-Jan-02	6.73%	0.83%	-6.84%	0.67%	5.43%	-5.96%	-3.09%	3.83%	1.65%	-7.58%	5.08%	-1.81%	-0.63%
21	1-Feb-02	9.38%	5.14%	-0.18%	1.68%	11.97%	-4.64%	9.88%	6.66%	8.80%	4.03%	4.55%	-0.19%	13.14%
22	1-Mar-02	6.93%	0.47%	-2.52%	11.66%	4.85%	9.02%	2.38%	0.66%	0.36%	-2.89%	13.20%	-2.72%	0.41%
23	1-Apr-02	9.47%	-10.35%	-4.27%	0.32%	-7.85%	-13.41%	-3.38%	-5.78%	0.41%	-17.02%	5.94%	-4.71%	-4.25%
24	1-May-02	3.54%	3.20%	-3.15%	3.58%	-4.09%	0.11%	-4.41%	4.11%	-1.18%	-1.29%	-2.43%	-10.65%	7.13%
25	3-Jun-02	-2.92%	-5.38%	1.92%	-15.73%	5.37%	-10.81%	-6.55%	-3.56%	-19.26%	-6.34%	-15.08%	-12.54%	-10.67%
26	1-Jul-02	3.38%	-19.75%	-6.53%	-2.75%	-8.26%	-14.43%	-8.26%	-5.75%	-6.38%	10.29%	-13.83%	-17.35%	-8.51%
27	1-Aug-02	4.93%	-7.53%	-1.76%	2.26%	-10.86%	5.13%	-2.40%	-3.07%	-12.24%	-6.57%	3.92%	6.45%	-7.16%
28	3-Sep-02	4.85%	-26.22%	-13.73%	-14.54%	-8.26%	-9.96%	-15.93%	-11.11%	-3.52%	-19.45%	-20.72%	-23.11%	-32.37%

该神秘投资组合是有效的

第 9 章的定理给我们的仅是一个结论:"神秘投资组合"相对 DJ30 一定是有效的。但的确如此。在下面一张电子表格中根据第 9 章的定理,我们建立了该有效的投资组合。

- 我们首先利用第 10 章中定义的函数 Varcovar 建立超额收益的方差—协方差矩阵 S。
- 然后我们通过求解 $\dfrac{S^{-1}[E(r)-c]}{\sum S^{-1}[E(r)-c]}$ 来计算该有效投资组合。电子表中我们让 $c=0.0030$,它是第二次回归的截距。

	A	B	C	D	E	F	G	H	I	J	K	L	M	N
1			道琼斯工业股和标准普尔500的收益数据 2001年7月 - 2006年7月											
2	日期	神秘投资组合	美铝公司 AA	美国国际集团 AIG	美国运通公司 AXP	波音公司 BA	花旗集团 C	卡特彼勒公司 CAT	杜邦公司 DD	迪斯尼公司 DIS	通用电气公司 GE	通用汽车公司 GM	家得宝公司 HD	霍尼韦尔公司 HON
3														
4	平均收益	0.07%	-0.09%	0.54%	0.72%	0.67%	0.30%	1.79%	0.18%	0.29%	-0.23%	-0.87%	-0.52%	0.29%
5	Beta	1.00	1.90			1.15	1.30	1.39	1.00	1.28	0.84	1.41	1.55	1.66
6	Alpha	0	-0.23%	-0.61		0.21%	1.69%	0.11%	0.20%	-0.30%	-0.97%	-0.63%		0.17%
7	R方	1	0.6085		0.35		0.5972	0.5158	0.4362	0.3845	0.3221	0.2607	0.5288	0.5473
8														
9	1-Aug-01	-6.63%	-2.49%				-8.88%	-9.67%	-3.59%	-3.58%	-6.16%	-14.20%	-9.11%	1.58%
10	4-Sep-01	-8.53%	-20.66%			-12.30%	-11.01%	-8.77%	-31.14%	-9.02%	-24.37%	-18.03%	-14.70%
11	1-Oct-01	1.79%	4.46%			11.69%	0.59%	6.37%	-0.17%	-2.15%	-3.77%	-0.35%	11.26%
12	1-Nov-01	7.25%	17.90%			5.43%	5.86%	11.15%	9.61%	5.58%	19.65%	20.01%	12.09%
13	3-Dec-01	0.75%	-8.22%	-3.67%	8.10%	9.97%	5.25%	9.68%	-4.22%	2.29%	4.45%	-2.25%	8.94%	2.03%
14	2-Jan-02	-1.57%	0.83%	-6.84%	0.67%	5.43%	-5.96%	3.83%	1.65%	-7.58%	5.08%	-1.81%	-0.63%	
15	1-Feb-02	-2.10%	5.14%	-0.18%	1.68%	11.97%	-4.64%	9.88%	6.66%	8.80%	4.03%	4.55%	-0.19%	13.14%
67	1-Jun-06	0.01%	2.00%	-2.92%	-2.13%	-1.62%	-2.15%	2.08%	-2.21%	-1.65%	-3.14%	10.09%	-5.91%	-2.16%
68	3-Jul-06	-0.37%	3.61%	-0.14%	-2.08%	-2.37%	1.71%	-2.58%	-2.58%	-0.57%	1.03%	-1.05%	-1.18%	-3.38%

公式标注（浮动框）：
- =AVERAGE(C9:C68)
- =SLOPE(C9:C68,$B$9:$B$68)
- =INTERCEPT(C9:C68,$B$9:$B$68)
- =RSQ(C9:C68,$B$9:$B$68)

	A	B	C	D	E	F	G	H	I	J	K	L	M	N
71	下面的单元格利用公式{=varcovar(C9:AF68)}计算了 DJ30 的方差-协方差矩阵													
72			AA	AIG	AXP	BA	C	CAT	DD	DIS	GE	GM	HD	HON	HPQ
73	AA		0.0093	0.0032	0.0038	0.0045	0.0033	0.0046	0.0040	0.0042	0.0024	0.0046	0.0046	0.0061	0.0060
74	AIG		0.0032	0.0044	0.0020	0.0010	0.0023	0.0022	0.0022	0.0015	0.0015	0.0019	0.0021	0.0027	0.0024
75	AXP		0.0038	0.0020	0.0042	0.0030	0.0031	0.0029	0.0020	0.0037	0.0019	0.0033	0.0033	0.0042	0.0050
76	BA		0.0045	0.0010	0.0030	0.0083	0.0014	0.0029	0.0021	0.0037	0.0020	0.0043	0.0026	0.0053	0.0042
99	UTX		0.0038	0.0012	0.0031	0.0050	0.0022	0.0026	0.0021	0.0038	0.0018	0.0030	0.0023	0.0049	0.0048
100	VZ		0.0028	0.0018	0.0019	0.0007	0.0023	0.0022	0.0018	0.0014	0.0013	0.0006	0.0016	0.0024	0.0030
101	WMT		0.0018	0.0014	0.0011	0.0003	0.0015	0.0011	0.0014	0.0009	0.0009	0.0012	0.0024	0.0008	0.0008
102	XOM		0.0024	0.0010	0.0010	0.0017	0.0009	0.0021	0.0012	0.0004	0.0007	0.0020	0.0007	0.0020	0.0012

	A	B	C
104	寻找一个有效投资组合		
105	常数		0.30%
106			
107	AA		5.45% <-- {=MMULT(MINVERSE(varcov),TRANSPOSE(C4:AF4)-B105)/SUM(MMULT(MINVERSE(varcov),TRANSPOSE(C4:AF4)-B105))}
108	AIG		-11.77%
109	AXP		-5.78%
110	BA		-13.94%
111	C		-36.60%
112	CAT		76.26%
113	DD		-22.55%
114	DIS		-17.05%
115	GE		-8.80%
116	GM		-37.73%
117	HD		-37.21%
118	HON		-17.40%
119	HPQ		39.79%
120	IBM		-26.38%
121	INTC		-18.62%
122	JNJ		65.08%
123	JPM		53.61%
124	KO		-12.95%
125	MCD		-12.18%
126	MMM		-2.07%
127	MP		42.15%
128	MRK		8.29%
129	MSFT		3.61%
130	PFE		-61.19%
131	PG		54.67%
132	T		-8.38%
133	UTX		44.05%
134	VZ		-36.55%
135	WMT		64.78%
136	XOM		29.40%
137	合计		100.00%

注意：该"神秘投资组合"不是唯一的。下面的电子表格中我们用另一个常数 c 计算得到 SML 的另一结果。

	A	B	C	D	E	F	G	H	I	J	K	L	M	N
1			道琼斯工业股和标准普尔500的收益数据 2001年7月 - 2006年7月											
2	日期	神秘投资组合	美铝公司 AA	美国国际集团 AIG	美国运通公司 AXP	波音公司 BA	花旗集团 C	卡特彼勒公司 CAT	杜邦公司 DD	迪斯尼公司 DIS	通用电气公司 GE	通用汽车公司 GM	家得宝公司 HD	霍尼韦尔公司 HON
3														
4	平均收益	8.88%	-0.09%	-0.54%	0.72%	0.67%	0.30%	1.79%	0.18%	0.29%	-0.23%	-0.87%	-0.52%	0.29%
5	Beta		-0.07	-0.12	0.03	0.02	-0.02	0.15	-0.04	-0.02	-0.09	-0.16	-0.12	-0.03
6	Alpha		0.54%	0.56%	0.49%	0.49%	0.51%	0.42%	0.52%	0.51%	0.54%	0.58%	0.56%	0.51%
7	R方		0.0061	0.0399	0.0019	0.0005	0.0015	0.0467	0.0045	0.0010	0.0256	0.0259	0.0237	0.0009
8														
9	SML-用beta回归平均收益													
10	截距		0.0050	<-- =INTERCEPT(C4:AF4,C5:AF5)										
11	斜率		0.0838	<-- =SLOPE(C4:AF4,C5:AF5)										
12	R方		1.0000	<-- =RSQ(C4:AF4,C5:AF5)										

同样要注意的是，尽管第二次回归的 R^2 为 100%（因为该"神秘的投资组合"是有效的），但个体资产第一次回归的 R^2 完全不尽如人意。

11.5　什么是真实市场投资组合，我们如何检验 CAPM

一些反馈信息显示了虽然上一小节中的"神秘投资组合"相对 DJ30 股票是有效的，但是它可能不是真实市场投资组合(true market portfolio)，即使 DJ30 股票代表了整个风险证券市场。该说法是正确的，因为许多股票在该"神秘投资组合"中的比例是负数。但市场投资组合的最低要求是所有股票的投资比例应该是正的。

Roll(1977，1978)认为检验 CAPM 唯一方式是要回答：真实市场投资组合的均值—方差是有效的吗？如果该问题的答案为"是"，那么遵循第 9 章定理 9.3，每个投资组合的均值与它的 β 是一个线性关系。在我们的例子中，我们可以通过建立有效前沿上不同投资比例的投资组合的模拟运算表搞清楚该问题。

下面的模拟运算表中我们拿出一些证据，即对 DJ30 的所有有效投资组合都含有明显的空头。通过使用 Excel 的"数据|模拟运算表"，我们分别计算出一系列有效投资组合的最大空头和最大多头，这些投资组合各自对应一个常数 c。所有这个投资组合都含有最大的空头（同样你可以看到最大的多头）。

	A	B	C	D	E	F	G	H	I
105	一个有效投资组合			模拟运算表: 给定常数c计算最大的空头和多头					
106	常数	0.30%			最大的空头	最大的多头			
107				常数 c			<-- 隐藏的数据: =B141		
108	AA	5.5%		0.00%	-32.64%	52.33%			
109	AIG	-11.8%		0.05%	-35.51%	53.58%			
110	AXP	-5.8%		0.10%	-38.87%	55.05%			
111	BA	-13.9%		0.15%	-42.86%	56.79%			
112	C	-36.6%		0.20%	-47.69%	59.70%			
113	CAT	76.3%		0.25%	-53.65%	67.01%			
114	DD	-22.6%		0.30%	-61.19%	76.26%			
115	DIS	-17.0%		0.35%	-71.01%	88.32%			
116	GE	-8.8%		0.40%	-84.36%	104.71%			
117	GM	-37.7%		0.45%	-103.56%	128.28%			
118	HD	-37.2%		0.50%	-133.51%	165.05%			
119	HON	-17.4%		0.55%	-186.77%	230.42%			
120	HPQ	39.8%		0.60%	-307.86%	379.08%			
121	IBM	-26.4%		0.65%	-853.66%	1049.09%			
122	INTC	-18.6%		0.70%	-1398.93%	1140.50%			
123	JNJ	65.1%		0.75%	-422.59%	345.18%			
124	JPM	53.6%		0.80%	-249.90%	204.50%			
125	KO	-13.0%							
126	MCD	-12.2%							
127	MMM	-2.1%							
128	MP	42.1%							
129	MRK	8.3%							
130	MSFT	3.6%							
131	PFE	-61.2%							
132	PG	54.7%							
133	T	-8.4%							
134	UTX	44.1%							
135	VZ	-36.6%							
136	WMT	64.8%							
137	XOM	29.4%							
138	合计	100.0%							
139									
140	最大的空头	-61.2%	<-- =MIN(B108:B137)						
141	最大的多头	76.3%	<-- =MAX(B108:B137)						

令人失望的结论：如果 DJ30 和 S&P500 的数据是有代表性的，CAPM 将无法作为资本市场的描述理论。[①]

11.6　使用超额收益

也许我们应该考虑使用超额收益——股票的月度收益和无风险利率之差——来对 CAPM 进行检验。本节中我们尝试一下做这样的变动，同时说明它对我们的分析结论基本没有影响。

下面的电子表格里我们给出同样的道琼斯股票数据，增加一列美国国库券的收益数据；它们在这段时期内都很大的波动：

	A	B	C	D	E	F	G	H	I	J	K	L	M	N	O
1	道琼斯工业股和标准普尔500的超额收益数据 月度收益减去国库券利率 2001年7月 - 2006年7月														
2	日期	国库券收益 无风险利率	SP 500 指数 ^SPX	美铝公司 AA	美国国际集团 AIG	美国运通公司 AXP	波音公司 BA	花旗集团 C	卡特彼勒公司 CAT	杜邦公司 DD	迪斯尼公司 DIS	通用电气公司 GE	通用汽车公司 GM	家得宝公司 HD	霍尼韦尔公司 HON
3															
4	平均收益		-0.22%	-0.38%	-0.83%	0.43%	0.37%	0.01%	1.50%	-0.11%	0.00%	-0.53%	-1.16%	-0.81%	0.00%
5	Beta		1.00	1.90	0.99	1.38	1.15	1.30	1.39	1.00	1.28	0.84	1.41	1.55	1.66
6	Alpha		0	0.04%	-0.61%	0.73%	0.63%	0.29%	1.81%	0.11%	0.28%	-0.34%	-0.86%	-0.47%	0.36%
7	R方		1	0.6085	0.3518	0.7052	0.2487	0.5972	0.5158	0.4362	0.3845	0.3221	0.2607	0.5288	0.5473
8															
9	1-Aug-01	0.29%	-6.92%	-2.78%	-6.49%	-10.49%	-13.38%	-9.17%	-9.97%	-3.88%	-3.87%	-6.45%	-14.49%	-9.40%	1.28%
10	4-Sep-01	0.28%	-8.82%											-18.33%	-34.76%
11	1-Oct-01	0.22%	1.50%											-0.65%	10.97%
12	1-Nov-01	0.18%	6.96%											19.72%	11.80%
13	3-Dec-01	0.16%	0.46%											8.65%	1.74%
14	2-Jan-02	0.14%	-1.86%											-2.11%	-0.92%
15	1-Feb-02	0.14%	-2.39%											-0.48%	12.85%
16	1-Mar-02	0.14%												-3.02%	0.11%
17	1-Apr-02	0.15%	-6.63%											-5.00%	-4.55%
18	1-May-02	0.14%	-1.20%											-10.94%	6.84%
19	3-Jun-02	0.14%	-7.81%											-12.83%	-10.96%
20	1-Jul-02	0.14%	-8.52%											-17.65%	-8.81%
21	1-Aug-02	0.14%	0.19%											6.16%	-7.45%
22	3-Sep-02	0.14%	-11.95%											-23.41%	-32.66%
23	1-Oct-02	0.14%	8.00%											9.83%	9.71%
24	1-Nov-02	0.13%	5.26%											-9.27%	8.80%
25	2-Dec-02	0.10%	-6.52%											-9.51%	-8.34%
26	2-Jan-03	0.10%	-3.07%											-14.19%	1.50%
27	3-Feb-03	0.10%	-2.01%											11.20%	-6.01%
28	3-Mar-03	0.10%	0.54%											3.77%	-7.21%
29	1-Apr-03	0.09%	7.50%											14.14%	9.69%
30	1-May-03	0.09%	4.67%											1.81%	10.89%
31	2-Jun-03	0.09%	0.83%												2.17%
32	1-Jul-03	0.08%	1.32%											-6.29%	4.91%
33	1-Aug-03	0.08%	1.48%	3.09%	-7.78%	1.68%	12.36%	-3.60%	5.95%	2.31%	-6.94%	3.62%	10.41%	2.73%	2.84%
34	2-Sep-03	0.08%	-1.49%	-9.09%	-3.36%	-0.29%	-8.84%	4.56%	-4.54%	-11.47%	-1.96%	1.12%	-0.71%	-1.03%	-9.82%
35	1-Oct-03	0.08%	5.06%	18.52%	4.98%	4.02%	11.15%	4.52%	6.44%	0.69%	11.26%	-3.00%	3.87%	14.90%	14.70%

月度国库券利率，2001.8- 2006.7

运行第二次回归，我们发现它与第 11.2 节中的结果相差无几：

---

① 第 13 章里我们将检验 Black-Litterman 模型，它对投资组合选择是一种更合适的方法。

	A	B	C	D	E	F	G	H
1			超额收益对应的第二次回归					
2	证券	平均月度超额收益	Beta	Alpha				
3	美铝公司AA	-0.38%	1.9028	0.0004		第二次回归,用beta值回归月度收益		
4	美国国际集团AIG	-0.83%	0.9936	-0.0061		截距	0.0007	<-- =INTERCEPT(B3:B32,C3:C32)
5	美国运通公司AXP	0.43%	1.3784	0.0073		斜率	-0.0020	<-- =SLOPE(B3:B32,C3:C32)
6	波音公司BA	0.37%	1.1515	0.0063		R方	0.0238	<-- =RSQ(B3:B32,C3:C32)
7	花旗集团C	0.01%	1.2952	0.0029				
8	卡特彼勒公司CAT	1.50%	1.3903	0.0181		t-统计量, 截距	0.243911	<-- =tintercept(B3:B32,C3:C32)
9	杜邦公司DD	-0.11%	1.0009	0.0011		t-统计量, 斜率	-0.825378	<-- =tslope(B3:B32,C3:C32)
10	迪斯尼公司DIS	0.00%	1.2805	0.0028				
11	通用电气公司GE	-0.53%	0.8420	-0.0034				
12	通用汽车公司GM	-1.16%	1.4060	-0.0086				
13	家得宝公司HD	-0.81%	1.5528	-0.0047				
14	霍尼韦尔公司HON	0.00%	1.6640	0.0036				
15	惠普公司HPQ	0.31%	1.9594	0.0074				
16	IBM	-0.76%	1.5764	-0.0041				
17	英特尔公司INTC	-1.02%	2.2648	-0.0052				
18	强生公司JNJ	0.04%	0.2471	0.0010				
19	摩根大通公司JPM	-0.11%	1.7917	0.0029				
20	可口可乐公司KO	-0.18%	0.3590	-0.0010				
21	麦当劳公司MCD	0.05%	1.2646	0.0033				
22	3M公司MMM	0.34%	0.6504	0.0049				
23	阿尔特里亚公司MO	1.01%	0.6633	0.0116				
24	默克公司MRK	-0.92%	0.6099	-0.0079				
25	微软公司MSFT	-0.64%	1.1219	-0.0040				
26	辉瑞公司PFE	-1.04%	0.5572	-0.0091				
27	宝洁公司PG	0.65%	0.1687	0.0068				
28	美国电话电报公司T	-0.71%	1.1275	-0.0046				
29	美国联合技术公司UTX	0.74%	1.0659	0.0097				
30	Verizon公司VZ	-0.78%	1.0231	-0.0056				
31	沃尔玛公司WMT	-0.54%	0.6000	-0.0041				
32	埃克森美孚公司XOM	0.59%	0.6455	0.0073				
33								
34	均值	-0.17%	1.13	0.07%				

11.7 CAPM 有用吗

该游戏输了吗? 我们必须放弃 CAPM 吗? 答案是不完全。

首先,可能平均收益是通过它们与"市场"投资组合的回归近似地描述的。在 CAPM 中,我们声称(具有一些证据,见脚注)一个资产(它的测量依赖于该资产在市场收益上的收益)的 β 值是该资产风险的一个重要衡量标准。

其次,CAPM 可能是如何选择投资组合的一个好的规范性描述。正如我们在第 3 章的附录中列出的,较大的分散化的投资组合用它们的 β 描述非常好,所以一个分散化的投资组合平均 β 值可能是该投资组合风险一个合理的衡量标准。

习题

1. 在 Roll(1978)著名论文中,讨论了在四个资产范围中的 SML 检验:

方差—协方差投资组合				收益
0.10	0.02	0.04	0.05	0.06
0.02	0.20	0.04	0.01	0.07
0.04	0.04	0.40	0.10	0.08
0.05	0.01	0.10	0.60	0.09

(1) 用这个四个资产模型产生两个有效投资组合及画出有效前沿。

(2) 通过证明下面的四个投资组合是你在(1)中计算出来的两个有效投资组合的凸组合,说明它们都是有效的:

12	0.5960	0.2762	0.0770	0.0508
13	0.4070	0.3191	0.1399	0.1340
14	-0.0440	0.4214	0.2902	0.3324
15	-0.4960	0.5239	0.4408	0.5313

(3) 假如市场组合中由每个资产的投资比例是相等的。(也就是说,市场投资组合的比例为 0.25、0.25、0.25、0.25)计算 SML。这个组合是有效的吗?

(4) 用其中一个(2)中的投资组合作为市场投资组合的替代,重复这个练习。

下面的习题是关于 10 只股票数据的。数据在数据包中给出。

	A	B	C	D	E	F	G	H	I	J	K	L
1					**价格数据: 10只股票和S&P500, 2008—2012年** **S&P 500由Vanguard's Index 500基金表示 (包括股利)**							
2		1	2	3	4	5	6	7	8	9	10	11
3		苹果公司	谷歌公司	全食公司	希捷公司	康卡斯特	默克公司	强生公司	通用电气公司	惠普公司	高盛集团	S&P 500
5	日期	AAPL	GOOG	WFM	STX	CMCSA	MRK	JNJ	GE	HPQ	GS	VFINX
6	2008/1/7	134.17	564.30	37.53	17.89	16.56	36.76	53.37	29.01	40.93	188.57	114.97
7	2008/2/1	123.92	471.18	33.45	19.04	17.82	35.32	52.72	27.43	44.72	160.30	111.23
8	2008/3/3	142.24	440.47	31.37	18.48	17.69	30.53	55.19	30.64	42.82	156.29	110.74
9	2008/4/1	172.42	574.29	31.25	16.76	18.80	30.60	57.08	27.07	43.46	181.18	116.12
10	2008/5/1	187.09	585.80	27.76	19.02	20.58	31.34	57.18	25.43	44.13	167.02	117.61
11	2008/6/2	165.97	526.42	22.68	16.99	17.35	30.62	55.13	22.34	41.53	165.59	107.67
12	2008/7/1	157.55	473.75	21.41	13.40	18.93	26.73	58.67	23.68	42.08	174.58	106.78
13	2008/8/1	168.04	463.29	17.68	13.35	19.44	28.98	60.74	23.52	44.07	155.54	108.32
14	2008/9/2	112.66	400.52	19.34	10.85	18.02	25.92	59.75	21.63	43.51	121.42	98.69

2. 将下面的模板文件填充完整。

	A	B	C	D	E	F	G	H	I	J	K	L
1						**收益数据:10支股票和S&P500**						
2		1	2	3	4	5	6	7	8	9	10	11
3		苹果公司	谷歌公司	全食公司	希捷公司	康卡斯特	默克公司	强生公司	通用电气公司	惠普公司	高盛集团	S&P 500
4	月度统计量											
5	均值											
6	方差											
7	标准差											
8												
9	年度统计量											
10	均值											
11	方差											
12	标准差											
13												
14	用S&P500回归每个资产											
15	Alpha											
16	Beta											
17	□方											
18	t-统计量,截距											
19	t-统计量,斜率											
20												
21												
22						**收益数据**						
23	Date	AAPL	GOOG	WFM	STX	CMCSA	MRK	JNJ	GE	HPQ	GS	S&P500
24	2008/2/1											
25	2008/3/3											
26	2008/4/1											
27	2008/5/1											
28	2008/6/2											
29	2008/7/1											
30	2008/8/1											
31	2008/9/2											
32	2008/10/1											
33	2008/11/3											
34	2008/12/1											
35	2009/1/2											

3. 执行第二次回归：用资产的 Beta 值回归月平均收益。这证实了 S&P500 有效吗？

4. 计算这 10 只股票的方差—协方差矩阵。用月平均收益和无风险月利率 0.20% 计算有效投资组合。
模板如下：

	A	B	C	D	E	F	G	H	I	J	K	L	M
1	计算10只股票的有效投资组合												
2													
3	方差—协方差矩阵												
4		AAPL	GOOG	WFM	STX	CMCSA	MRK	JNJ	GE	HPQ	GS		平均收益
5	AAPL												
6	GOOG												
7	WFM												
8	STX												
9	CMCSA												
10	MRK												
11	JNJ												
12	GE												
13	HPQ												
14	GS												
15													
16													
17	无风险日利率	0.20%											
18													
19		有效投资组合											
20	AAPL												
21	GOOG												
22	WFM												
23	STX												
24	CMCSA												
25	MRK												
26	JNJ												
27	GE												
28	HPQ												
29	GS												

5. 利用有效投资组合而非 S&P500：

（1）计算有效投资组合的月收益。

（2）用股票关于有效投资组合的 Beta 值回归股票的平均月收益。

（3）根据第 9 章中的定理 9.3 和定理 9.4 解释你的结论。

12

不允许卖空的有效投资组合

12.1 概述

在第 9 章中我们讨论了寻找有效投资组合的问题。如下面所显示的,该问题可以看作寻找与投资组合可行集包络线(envelope line)相切的投资组合:

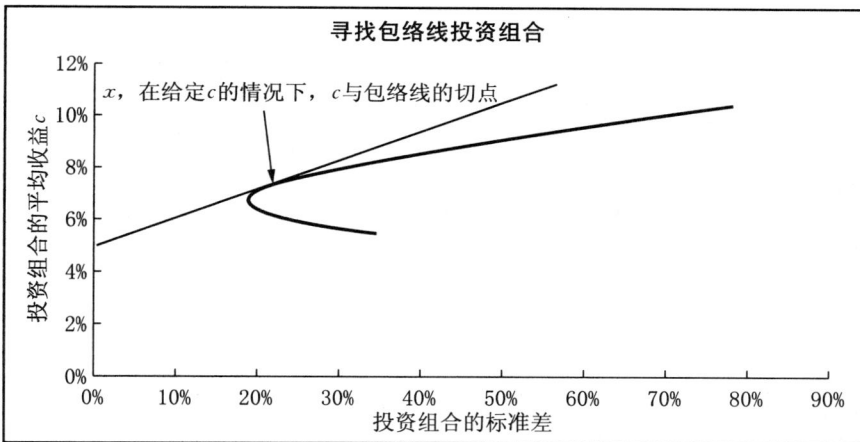

寻找包络线投资组合

第 9 章附录中的证明告诉我们,寻找这样一个有效投资组合,也就是寻找下列问题的解:

$$\max \Theta = \frac{E(r_x) - c}{\sigma_p}$$

$$\text{s.t.} \quad \sum_{i=1}^{N} x_i = 1$$

这里:

$$E(r_x) = x^T \cdot R = \sum_{i=1}^{N} x_i E(r_i)$$

$$\sigma_p = \sqrt{x^T S x} = \sqrt{\sum_{i=1}^{N} \sum_{j=1}^{N} x_i x_j \sigma_{ij}}$$

第 9 章的定理 9.1 给出了解决这个问题的一个方法。极大化问题求解允许有负的投资组合比例;当 $x_i < 0$ 时,相当于做以下假设:第 i 个证券被投资者卖空和该投资者可以马上使用来自卖空交易的收益。当然,现实要比学术上允许卖空的模型更为复杂。特别地,投资者一般不可能马上有权支配所有的卖空收益,因为这些卖空收益的一部分甚至全部一般是由经纪公司保管的。还可能因为完全禁止投资者的卖空行为(对于大多数小额投资者来说确实是这样的)。[①]

在本章中,我们研究这些问题。我们说明在卖空受到限制时如何使用 Excel 的"规划求解"寻找有效投资组合。[②]

12.2　数字例子

当不允许卖空时,我们从寻找一个最优投资组合问题开始。该问题的解决类似前面的极大化问题,另外带上卖空限制 $x_i \geqslant 0$:

$$\max \Theta = \frac{E(r_x) - c}{\sigma_p}$$

$$\text{s.t.} \quad \sum_{i=1}^{N} x_i = 1 \quad x_i \geqslant 0, \ i = 1, 2, \cdots, N$$

这里:

$$E(r_x) = x^T \cdot R = \sum_{i=1}^{N} x_i E(r_i)$$

$$\sigma_p = \sqrt{x^T S x} = \sqrt{\sum_{i=1}^{N} \sum_{j=1}^{N} x_i x_j \sigma_{ij}}$$

12.2.1　求解无约束的投资组合问题

设置这样的情形我们来讨论最优投资组合问题,这里没有任何卖空限制。下面的电子表给出了一个四种资产的方差—协方差矩阵和相关的预期收益。给定常数 $c = 8\%$,最优投资组合在单元格 B11:B14 给出。 注意单元格 B19 中的 θ:它是投资组合的夏普比率(Sharpe

---

① 现实中卖空的实施比较复杂。最近的学术研究是 Gene D'Avolio, 2003, "The Market for Borrowing Stock", *Journal of Financial Economics*, 271—306。另外还有一篇优秀的论文是 2003 年 12 月 1 日发表在 *New Yorker Magazine* 上的,由 James Surowiecki 撰写,用"Get Shorty"署名。

② 资产卖空限制下我们未深入到有效集的数学方面。这方面包含 Kuhn-Tucker 条件,在 Edwin Elton, Martin Gruber, Stephen Brown, and W.N.Goetzmann, 2009, *Modern Portfolio Theory and Investment Analysis*(8th edition, Wiley)中有过讨论。

ratio)，它是常数 c 上的超额收益与标准差的比率：$\theta = \dfrac{E(r_x) - c}{\sigma_x}$。 最优投资组合将使夏普比率 θ 最大化。

	A	B	C	D	E	F	G	H
1				允许卖空下的投资组合最优化				
				根据第9章定理9.1				
2		方差——协方差矩阵					均值	
3		0.10	0.03	-0.08	0.05		8%	
4		0.03	0.20	0.02	0.03		9%	
5		-0.08	0.02	0.30	0.20		10%	
6		0.05	0.03	0.20	0.90		11%	
7								
8		c	3.0%	<-- 此为常数				
9								
10	没有卖空限制的最优化投资组合 (第9章定理9.1)							
11	x_1	0.6219	<-- {=MMULT(MINVERSE(B3:E6),G3:G6-C8)/SUM(MMULT(MINVERSE(B3:E6),G3:G6-C8))}					
12	x_2	0.0804						
13	x_3	0.3542						
14	x_4	-0.0565						
15	合计	1	<-- =SUM(B11:B14)					
16								
17	投资组合均值	8.62%	<-- {=MMULT(TRANSPOSE(B11:B14),G3:G6)}					
18	投资组合标准差	19.39%	<-- {=SQRT(MMULT(TRANSPOSE(B11:B14),MMULT(B3:E6,B11:B14)))}					
19	θ = Theta = (均值-常数)/标准差	28.99%	<-- =(B17-C8)/B18					

还有另一种计算这个没有限制的投资组合的方法。从任意可行的投资组合开始（下面的电子表中 $x_1 = x_2 = x_3 = x_4 = 0.25$）我们使用"规划求解"：

"规划求解"最大化 θ（单元格 B19）迫使单元格 B15 中的投资组合比例合计为 1。[①]当我们点击"求解"，我们得到前面已获得的结果：

---

① 如果"工具|规划求解"不工作，可能是你的 Excel 没有加载"规划求解"。你可在"工具|加载宏"中选择"规划求解"。

10	这里我们使用规划求解，可从任意可行的投资组合开始	
11	x₁	0.6219
12	x₂	0.0804
13	x₃	0.3542
14	x₄	-0.0565
15	合计	1
16		
17	投资组合均值	8.62%
18	投资组合标准差	19.39%
19	θ = Theta = (均值-常数)/标准差	28.99%
20		

规划求解结果

规划求解找到一解，可满足所有的约束及最优状况。

报告(R)
运算结果报告
敏感性报告
极限值报告

◉ 保存规划求解结果(K)
○ 恢复为原值(O)

[确定] [取消] [保存方案(S)...] [帮助(H)]

12.2.2 求解有约束的投资组合

在前面的最优化结果中资产 4 含有空仓。为了限制卖空行为，我们在"工具 | 规划求解"中加入不允许卖空的条件。从一个任意解开始，我们打开"规划求解"，进行如下操作：

	A	B	C	D	E	F	G	H
1				**不允许卖空的最优化投资组合** **使用规划求解，从任意可行的投资组合开始**				
2		方差-协方差矩阵					均值	
3		0.10	0.03	-0.08	0.05		8%	
4		0.03	0.20	0.02	0.03		9%	
5		-0.08	0.02	0.30	0.20		10%	
6		0.05	0.03	0.20	0.90		11%	
7								
8		c	3.0%	<-- 此为常数				
9								
10	这里我们使用规划求解，可从任意可行的投资组合开始							
11	x₁	0.2500						
12	x₂	0.2500						
13	x₃	0.2500						
14	x₄	0.2500						
15	合计	1						
16								
17	投资组合均值	9.50%						
18	投资组合标准差	35.36%						
19	θ = Theta = (均值-常数)/标准差	18.38%						

规划求解参数

设置目标单元格(E): $B$19
等于: ◉ 最大值(M) ○ 最小值(N) ○ 值为(V): 0
可变单元格(B):
$B$11:$B$14 [推测(G)]
约束:
$B$11:$B$14 >= 0
$B$15 = 1

[添加(A)] [更改(C)] [删除(D)]
[求解(S)] [关闭] [选项(O)] [全部重设(R)] [帮助(H)]

点击"求解"得到如下的结果：

	A	B	C	D	E	F	G	H
1				**不允许卖空的最优化投资组合** **使用规划求解，从任意可行的投资组合开始**				
2		方差-协方差矩阵					均值	
3		0.10	0.03	-0.08	0.05		8%	
4		0.03	0.20	0.02	0.03		9%	
5		-0.08	0.02	0.30	0.20		10%	
6		0.05	0.03	0.20	0.90		11%	
7								
8		c	3.0%	<-- 此为常数				
9								
10	这里我们使用规划求解，可从任意可行的投资组合开始							
11	x₁	0.5856						
12	x₂	0.0965						
13	x₃	0.3179						
14	x₄	0.0000						
15	合计	1	<-- =SUM(B11:B14)					
16								
17	投资组合均值	8.73%	<-- {=MMULT(TRANSPOSE(B11:B14),G3:G6)}					
18	投资组合标准差	20.32%	<-- {=SQRT(MMULT(TRANSPOSE(B11:B14),MMULT(B3:E6,B11:B14)))}					
19	θ = Theta = (均值-常数)/标准差	28.21%	<-- =(B17-C8)/B18					

非负的约束可以点击"规划求解"对话框的"添加"按钮,此时出现如下的窗口(这里仅显示输入):

第二个约束(该约束是该投资组合比例之和等于1)也可以类似地加入。

12.2.3 另一种方法

还可以采用另外一种方法。"规划求解"中有一个选项:"使无约束变量为非负数"。选中这个选项,如下图所示:

通过改变电子表中的 c 值,我们可以计算其他的投资组合,在下面的例子中,我们设置常数 c 为 8.50%:

	A	B	C	D	E	F	G	H
1				不允许卖空的最优化投资组合 使用规划求解，从任意可行的投资组合开始				
2		方差-协方差矩阵					均值	
3		0.10	0.03	-0.08	0.05		8%	
4		0.03	0.20	0.02	0.03		9%	
5		-0.08	0.02	0.30	0.20		10%	
6		0.05	0.03	0.20	0.90		11%	
7								
8		c	8.5%	<-- 此为常数				
9								
10	这里我们使用规划求解，可从任意可行的投资组合开始							
11	x_1	0.0000						
12	x_2	0.2515						
13	x_3	0.4885						
14	x_4	0.2601						
15	合计	1	<-- =SUM(B11:B14)					
16								
17	投资组合均值	10.01%	<-- {=MMULT(TRANSPOSE(B11:B14),G3:G6)}					
18	投资组合标准差	45.25%	<-- {=SQRT(MMULT(TRANSPOSE(B11:B14),MMULT(B3:E6,B11:B14)))}					
19	θ = Theta = (均值-常数)/标准差	3.33%	<-- =(B17-C8)/B18					

在两个例子中。卖空限制是有效的：第一个例子中 x_1 和 x_2 都等于 0，然而在第二个例子中 x_1 等于 0。但是，不是所有给定 c 值在卖空限制投资组合中都是有效的。例如，如果常数是 8%，我们得到：

	A	B	C	D	E	F	G	H
1				不允许卖空的最优化投资组合 使用规划求解，从任意可行的投资组合开始				
2		方差-协方差矩阵					均值	
3		0.10	0.03	-0.08	0.05		8%	
4		0.03	0.20	0.02	0.03		9%	
5		-0.08	0.02	0.30	0.20		10%	
6		0.05	0.03	0.20	0.90		11%	
7								
8		c	8.0%	<-- 此为常数				
9								
10	这里我们使用规划求解，可从任意可行的投资组合开始							
11	x_1	0.2004						
12	x_2	0.2587						
13	x_3	0.4219						
14	x_4	0.1190						
15	合计	1	<-- =SUM(B11:B14)					
16								
17	投资组合均值	9.46%	<-- {=MMULT(TRANSPOSE(B11:B14),G3:G6)}					
18	投资组合标准差	31.91%	<-- {=SQRT(MMULT(TRANSPOSE(B11:B14),MMULT(B3:E6,B11:B14)))}					
19	θ = Theta = (均值-常数)/标准差	4.57%	<-- =(B17-C8)/B18					

我们发现当 c 变小时，例如当 c = 3% 时，卖空约束开始对资产 4 产生影响。对较高的 c（下面的情况，c = 11%）最优投资组合只包含资产 4：

	A	B	C	D	E	F	G	H
8		c	11.0%	<-- 此为常数				
9								
10	这里我们使用规划求解，可从任意可行的投资组合开始							
11	x_1	0.0000						
12	x_2	0.0000						
13	x_3	0.0000						
14	x_4	1.0000						
15	合计	1	<-- =SUM(B11:B14)					
16								
17	投资组合均值	11.00%	<-- {=MMULT(TRANSPOSE(B11:B14),G3:G6)}					
18	投资组合标准差	94.87%	<-- {=SQRT(MMULT(TRANSPOSE(B11:B14),MMULT(B3:E6,B11:B14)))}					
19	θ = Theta = (均值-常数)/标准差	0.00%	<-- =(B17-C8)/B18					

12.3 有卖空限制的有效前沿

我们现在要画有卖空限制的有效前沿图形。回到第 9 章讨论没有卖空限制的情况，要确定整个有效前沿，我们只要找到两个有效投资组合就够了（这个结论可在第 9 章定理 9.2 中找到）。当我们加上卖空限制时，这个说法不再成立了。在这种情况下，有效前沿的确定需要画出更多的数据点。唯一有效的（这是双关语！）方法是用 VBA 程序来重复使用"规划求解"，并把结果放在一个表格中。

在第 12.3 节我们描述了这样一个程序。一旦有了这个程序和不允许卖空条件下的有效前沿图像，我们就可以来比较有效前沿与不允许卖空的有效前沿的区别：

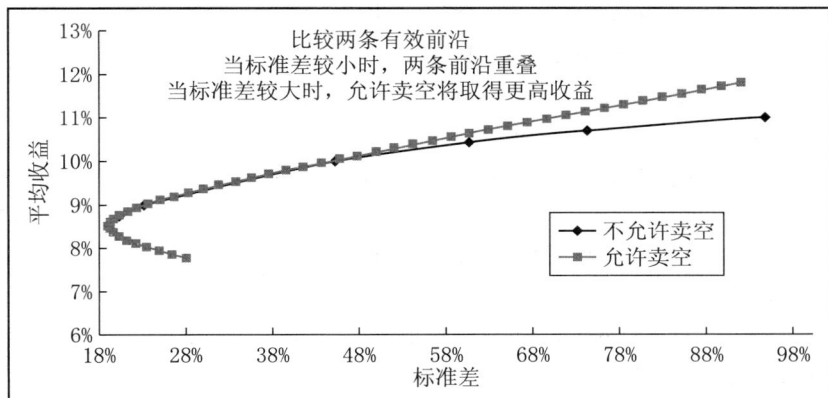

这两个曲线图之间的差别不是很大：
- 总体上，允许卖空有效前沿的收益超过不允许卖空有效前沿的收益。这是因为不允许卖空的限制是在极大化问题上加了一个额外的限制。
- 有些情况（例如，上例 $c = 8\%$），两个有效前沿是一致的。

将这两个图形放在同一个坐标系中显示，可以看出：卖空限制主要是对有较高收益和标准差的投资组合有影响。

12.4 VBA 程序

限制卖空情况的输出显示在第 12.3 节中，是由下列 VBA 程序产生：

```
Sub Solve()
        SolverOk SetCell: = "$B$20", MaxMinVal: = 1,
                ValueOf: = "0", ByChange: = "$C$12: $C$15"
            SolverSolve UserFinish: = True
End Sub
Sub Doit()
    Range("Results").ClearContents
     For counter = 1 To 40
            Range("constant") = -0.04 + counter * 0.005
            Solve
            Application.SendKeys("{Enter}")
            Range ("Results").Cells(counter, 1) =
                ActiveSheet.Range("constant")
            Range("Results").Cells(counter, 2) =
ActiveSheetRange("portfolio_sigma")
            Range("Results").Cells(counter,3) =
ActiveSheetRange("portfolio_mean")
            Range("Results").Cells(counter, 4) =
ActiveSheetRange("x_1")
            Range("Results").Cells(counter, 5) =
ActiveSheetRange("x_2")
            Range("Results").Cells(counter, 6) =
ActiveSheetRange("x_3")
            Range("Results").Cells(counter, 7) =
ActiveSheetRange("x_4")
        Next counter
End Sub                      ActiveSheet.Range("x_3")
            Range ("Results").Cells(counter, 7) =
                ActiveSheet.Range("x_4")
        Next counter
End Sub
```

该程序包括两个子程序:子程序 Solve 调用 Excel 的"规划求解";子程序 Doit 重复调用不同区域名 Constant 的"规划求解"(见电子表中单元格 C8),将运行结果放被命名为 Results 的区域中。

最后的结果如下:

	A	B	C	D	E	F	G	H	I	J	K	L	M	N	O
1				不允许卖空的最优化投资组合						结果					
2		方差-协方差矩阵					均值			c	标准差	均值	x_1	x_2	x_3
3		0.10	0.03	-0.08	0.05		8%		Ctrl+A会使计算卖空限制	-0.035	20.24%	8.70%	0.6049	0.0885	0.3066
4		0.03	0.20	0.02	0.03		9%		下计算有效投资组合	-0.03	20.25%	8.70%	0.6042	0.0887	0.3070
5		-0.08	0.02	0.30	0.20		10%		的VBA程序启动。	-0.025	20.25%	8.70%	0.6035	0.0890	0.3075
6		0.05	0.03	0.20	0.90		11%		该程序不断地从-3.5%到	-0.02	20.25%	8.71%	0.6027	0.0893	0.3080
7									16%（步长为0.5%）变动	-0.015	20.25%	8.71%	0.6017	0.0897	0.3086
8		c		16.0%	<-- 此为常数				常数c,并计算对应的	-0.01	20.26%	8.71%	0.6007	0.0901	0.3092
9									最优化投资组合。	-0.005	20.26%	8.71%	0.5994	0.0908	0.3098
10										0	20.27%	8.71%	0.5982	0.0912	0.3106
11	x_1	0.0000								0.005	20.27%	8.71%	0.5968	0.0917	0.3115
12	x_2	0.0000								0.01	20.28%	8.72%	0.5950	0.0926	0.3123
13	x_3	0.0000								0.015	20.29%	8.72%	0.5932	0.0934	0.3134
14	x_4	1.0000								0.02	20.30%	8.72%	0.5910	0.0943	0.3147
15	合计	1.0000	<-- =SUM(B11:B14)							0.025	20.31%	8.73%	0.5885	0.0953	0.3161
16										0.03	20.32%	8.73%	0.5856	0.0965	0.3179
17	投资组合均值	11.00%	<-- {=MMULT(TRANSPOSE(B11:B14),G3:G6)}							0.035	20.34%	8.74%	0.5821	0.0980	0.3199
18	投资组合标准差	94.87%	<-- {=SQRT(MMULT(TRANSPOSE(B11:B14),MMULT(B3:E6,B11:B14)))}							0.04	20.37%	8.74%	0.5779	0.0998	0.3224
19	θ	-5.27%	<-- =(portfolio_mean-C8)/Portfolio_sigma							0.045	20.41%	8.75%	0.5726	0.1019	0.3255
20										0.05	20.46%	8.76%	0.5659	0.1047	0.3294
21										0.055	20.54%	8.78%	0.5572	0.1083	0.3345
22										0.06	20.67%	8.80%	0.5452	0.1133	0.3415
23										0.065	20.90%	8.82%	0.5277	0.1205	0.3518
24										0.07	21.36%	8.87%	0.4992	0.1324	0.3684
25										0.075	23.27%	9.01%	0.4267	0.1630	0.3856

将规划求解添加至 VBA 的引用中

如果前面的程序不能运行,需要你在 VBA 编辑器增加"规划求解"。按"〔Alt〕+F11"进入该编辑器,并检测该引用。

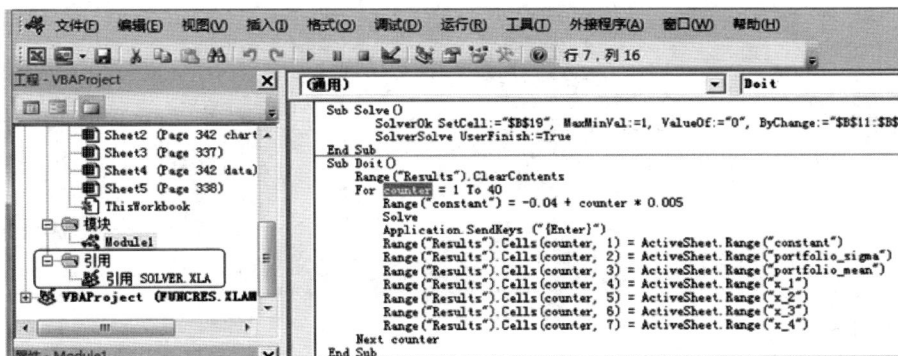

如果该引用缺失,选择 VBA 菜单中的"工具|引用"并确认"规划求解"已添加。

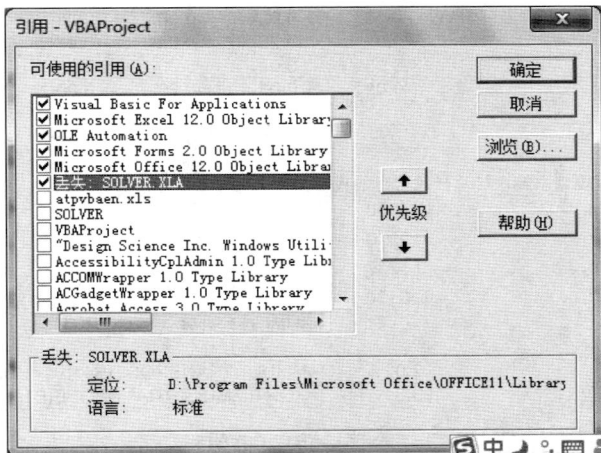

12.5 其他限制条件

不用多说，Excel 和规划求解可以设置其他限制条件。例如一个投资者希望他的投资组合中每项资产的投资比重都不低于 5%，且不高于 40%。该投资组合的求解也很容易通过"规划求解"完成：

求解结果如下：

	A	B	C	D	E	F	G
1		投资组合最优化 更多的限制条件的情况下					
2			方差-协方差矩阵				均值
3			0.10	0.03	-0.08	0.05	8%
4			0.03	0.20	0.02	0.03	9%
5			-0.08	0.02	0.30	0.20	10%
6			0.05	0.03	0.20	0.90	11%
7							
8			c	5.0%	<-- 此为常数		
9							
10	这里我们使用规划求解，可从任意可行的投资组合开始						
11		x_1	0.4000				
12		x_2	0.2270				
13		x_3	0.3230				
14		x_4	0.0500				
15	合计		1	<-- =SUM(B11:B14)			
16							
17	投资组合均值		9.02%	<-- {MMULT(TRANSPOSE(B11:B14),G3:G6)}			
18	投资组合标准差		23.81%	<-- {SQRT(MMULT(TRANSPOSE(B11:B14),MMULT(B3:			
19	θ = Theta = (均值-常数)/标准差		16.89%	<-- =(B17-C8)/B18			

12.6 本章小结

对允许或不允许卖空限制，没有人会说 Excel 可以提供一种快速解决投资组合最优化的方法，但 Excel 可以用来说明它们的原理，并且 Excel 的"规划求解"为解决这些问题提供一种直观易用的界面。

习题

1. 给定下面的数据：
（1）给出这些数据，计算不允许卖空的有效前沿。
（2）给出这些数据，计算允许卖空的有效前沿。
（3）在相同的坐标轴上，画出允许和不允许卖空的有效前沿曲线图。

	A	B	C	D	E	F	G	H	I
3		A	B	C	D	E	F		平均收益
4	A	0.0100	0.0000	0.0000	0.0000	0.0000	0.0000		0.0100
5	B	0.0000	0.0400	0.0000	0.0000	0.0000	0.0000		0.0200
6	C	0.0000	0.0000	0.0900	0.0000	0.0000	0.0000		0.0300
7	D	0.0000	0.0000	0.0000	0.1500	0.0000	0.0000		0.0400
8	E	0.0000	0.0000	0.0000	0.0000	0.2000	0.0000		0.0500
9	F	0.0000	0.0000	0.0000	0.0000	0.0000	0.3000		0.0550

13

投资组合最优化的 Black-Litterman 方法

13.1 概述

第 8—12 章讨论的经典投资组合最优化方法,是由 Harry Markowitz 在 20 世纪 50 年代开创,并由 Sharpe(1964)、Lintner(1965)和 Mossin(1966)继承与发展的。大量的学术和实践文献(包括几个诺贝尔经济学奖)足以说明其有关资产定价和投资组合选择的新意见影响之大。现在凡是股票风险话题一定会提到 β 值,讨论投资组合表现也一定提到 α 的概念(这些在第 11 章已讨论)。

Markowitz、Sharpe、Lintner 和 Mossin 改变了投资管理的模式。在 Markowitz 之前,个体投资者已知道他们应"分散化"而"不能把所有鸡蛋放到一个篮子中"。但 Markowitz 及其追随者对该说法给出了统计学解释及实现方式。现代投资组合理论(modern portfolio theory,MPT)使那些聪明的投资者所讨论的投资方法发生了变化。

然而长久以来 MPT 却一直让人失望。我们完全可以按标准教科书那样,用一套固定的最优化规则和机制,并结合一点个人偏好就足以定义一个投资者的最优投资组合。但是任何一个想用市场数据来实现最优化的人最终一定知道这其实是一个噩梦。投资组合理论的直接应用将产生大量不切实际的投资组合,即存在许多非常大的空仓和不切实际的持仓。也许你会想如我们在第 12 章中所讨论的,限制卖空可以解决一部分的问题。然而,卖空限制严重地影响了投资资产的选择。

最优投资组合实现机制的主要问题是难以通过历史资产收益对未来资产收益作出正确的预测。由历史数据进行资产之间的协方差估计和预期收益估计——投资组合理论的支柱——常会产生让人难以置信的结果。

在第 10 章我们略为提及有关估计方差—协方差矩阵的内容曾涉及该问题。在那里我们说过历史数据并不是估计该矩阵的最好方法;其他方法——特别是"收缩"方法——也许可以生成更为可靠的协方差估计。因此在本章中我们将更进一步。我们通过 10 种资产投资组合的问题来解释标准的投资组合最优化问题。根据我们的数据进行 MPT 最优化产生的是一个不切实际的"最优"投资组合,它存在许多非常大的持仓和空仓。在我们例子中,很不幸,同样存在投资组合最优化的问题。显然用机械化的方法处理数据来导出"最优化"的投资组合是不可能的。[①]

针对在投资组合最优化中存在的众多问题,1991 年,高盛集团的 Fisher Blackh 和 Robert Litterman 提出了一种可以解决其中大部分问题的方法。[②]Black 和 Litterman 由"一个投资者从一个给定的资产组里选择他的最优投资组合"的假设开始。该资产组——它可以是 S&P500 或罗素 2000,或是国际指数的混合——定义了投资者选择他的投资组合的一个框架。投资者的资产总体定义了一个基准(benchmark)投资组合。

Black-Litterman 模型以上述假设为出发点,缺少额外信息,且基准投资组合可能也不是最优。尽管该假设是基于大量研究的,但想要超越一个典型的、充分分散化的基准投资组合也是十分困难的。[③]

然而 Black-Litterman 模型有效性在于它将现代投资组合理论作为模型的先决条件——与过去输入数据并导出一个最优投资组合不同,Black-Litterman 方法假设给定的一个投资组合是最优的,然后根据该假设推导出基准部分的预期收益。隐含的预期基准收益向量是 Black-Litterman 模型的出发点。

Black-Litterman 模型隐含的资产收益也可解释为是关于在基准投资组合中每项资产未来收益的市场信息。如果我们的投资者对这个市场评价感到满意,他可终止。此时他可以购买,因为已经知道该基准投资组合是最优的了。但如果他对一个或多个资产的隐含收益不满意,Black 和 Litterman 说明了投资者如何将自己的意见融入最优化问题以产生一个投资组合,即对投资者是合适的投资组合。

本章中我们从说明 MPT 存在的问题开始。然后我们再介绍 Black-Litterman 方法。

13.2 一个非常简单的问题

我们从一个非常简单的问题开始,它虽然简单却极具代表性。该问题是:Super Duper 基金设置的基准投资组合是包含 10 只龙头个股的投资组合。Super Duper 基金的一个新手分

[①] DeMiguel、Garlappi 和 Uppal(2009)的最近的文章"Optimal versus Naïve Diversification:How Inefficient Is the 1/N Portfolio Strategy?",*The Review of Financial Studies*,揭示了机械化的最优化其效果非常差。作者检验了 10 个部门投资组合的最优化配置。他们发现一个原始的投资组合配置,即以市场权重作为分配比例,远优于那些更为复杂的且使用更多数据的最优化方法。

[②] Fischer Black 和 Robert Litterman,1991,"Global Asset Allocation with Equities,Bonds,and Currencies," Goldman,Sachs & Co.,Fixed Income Research。很明显,Black 和 Litterman 并不知晓一篇早先的论文,"Imputing Expected Security Returns from Portfolio Composition,"*Journal of Financial and Quantitative Research*,这篇由 Sharpe(1974)所著的论文已经包括了很多他们的研究。Sharpe 的论文从投资组合构成的角度讨论了投资组合收益的"逆向工程"。

[③] 根据理柏(Lipper)分析服务,"至 2000 年 6 月为止的逾 10 年中,超过 80％的'一般股票'共同基金(general equity mutual fund),即包含多种股票型基金的结合,比 S&P500 指数——股票型共同基金的主要基准——要逊色得多"(引用自 http://www.fool.com/Seminars/OLA/2001/Retirel1_4C.htm)。根据 Burton G.Malkiel(2005)在他著名学术文章中所言:"无论是美国还是国外的专业的投资经理都不能胜过他们各自的基准投资组合"。("Reflections on the Efficient Market Hypothesis:30 Years Later",*The Financial Review*)

析师 Joanna Roe 决定使用投资组合理论去推荐基于该基准的最优化投资组合。下面的电子表中给出这些股票到 2006 年 7 月 1 日为止共 5 年的月度价格数据（注意部分的行被隐藏了）：

	A	B	C	D	E	F	G	H	I	J	K	L
1					**10家公司价格和市场资本总额数据**							
2		通用汽车公司 GM	家得宝公司 HD	美国国际纸业公司 IP	惠普公司 HPQ	美国奥驰亚集团 MO	美国运通公司 AXP	美国铝业公司 AA	杜邦公司 DD	默克公司 MRK	MMM	
3	市场资本总额 (10亿 $)	16.85	73.98	15.92	88.37	153.33	65.66	28.16	38.32	79.51	60.9	
4	基准比例	2.71%	11.91%	2.56%	14.23%	24.69%	10.57%	4.53%	6.17%	12.80%	9.81%	<-- =K3/SUM($B$3:$K$3)
5												
6	月度价格数据 (含股息)											
7	1-Jun-01	50.31	45.26	31.22	26.47	38.74	32.47	36.06	40.88	50.74	51.56	
8	2-Jul-01	49.72	48.26	35.64	22.83	35.61	33.82	35.37	36.29	53.98	50.55	
9	1-Aug-01	43.14	44.06	35.32	21.48	37.10	30.54	34.50	35.01	51.96	47.30	
10	4-Sep-01	33.81	36.79	30.66	14.92	37.79	24.37	28.06	32.07	53.16	44.71	
11	1-Oct-01	32.56	36.66	31.50	15.65	36.63	24.75	29.34	34.18	50.93	47.43	
12	1-Nov-01	39.63	44.78	35.37	20.45	36.92	27.68	35.09	38.21	54.07	52.33	
13	3-Dec-01	38.75	48.97	35.73	19.17	36.34	30.02	32.32	36.63	47.18	53.99	
14	2-Jan-02	40.77	48.09	36.99	20.64	39.71	30.22	32.59	38.06	47.48	50.70	
15	1-Feb-02	42.67	48.00	38.96	18.78	41.73	30.72	34.31	40.68	49.21	54.16	
16	1-Mar-02	48.69	46.71	38.30	16.81	42.21	34.52	34.47	40.95	46.46	52.81	
17	1-Apr-02	51.67	44.56	36.90	16.02	43.62	34.64	31.08	38.65	43.85	57.77	
61	1-Dec-05	19.01	40.17	33.12	28.48	73.08	51.23	29.30	41.77	31.10	76.60	
62	3-Jan-06	23.56	40.24	32.15	31.02	70.75	52.33	31.21	38.48	33.73	71.91	
63	1-Feb-06	20.11	41.83	32.53	32.64	70.32	53.76	29.19	39.91	34.09	73.20	
64	1-Mar-06	21.06	42.13	34.32	32.81	70.06	52.43	30.43	41.87	34.83	75.29	
65	3-Apr-06	22.66	39.77	36.09	32.38	72.34	53.81	33.63	43.74	34.03	84.98	
66	1-May-06	26.93	37.97	33.98	32.29	71.54	54.36	31.72	42.53	33.29	83.66	
67	1-Jun-06	29.79	35.79	32.30	31.68	73.43	53.22	32.36	41.60	36.43	80.77	

行 3 给出了每个基准股票的当前价值，行 4 计算该基准股票的比例——单个的股票价值除以整个基准的市值。

根据第 9 章和第 10 章中介绍的步骤，Joanna 首先将价格数据转化为收益数据，然后计算这些收益的方差—协方差矩阵：

	A	B	C	D	E	F	G	H	I	J	K
1				**SUPER-DUPER 基准投资组合的收益数据**							
2		通用汽车公司 GM	家得宝公司 HD	美国国际纸业公司 IP	惠普公司 HPQ	美国奥驰亚集团 MO	美国运通公司 AXP	美国铝业公司 AA	杜邦公司 DD	默克公司 MRK	MMM
3	市场资本总额 (10亿 $)	16.85	73.98	15.92	88.37	153.33	65.66	28.16	38.32	79.51	60.9
4	基准比例	2.71%	11.91%	2.56%	14.23%	24.69%	10.57%	4.53%	6.17%	12.80%	9.81%
5											
6	平均收益	-0.87%	-0.39%	0.06%	0.30%	1.07%	0.82%	-0.18%	0.03%	-0.55%	0.75%
7	收益标准差	10.78%	8.41%	6.23%	10.80%	8.71%	6.43%	9.54%	6.12%	8.06%	5.54%
8											
9											
10	日期	GM	HD	IP	HPQ	MO	AXP	AA	DD	MRK	MMM
11	2-Jul-01	-1.18%	6.42%	13.24%	-14.79%	-8.42%	4.07%	-1.93%	-11.91%	6.19%	-1.98%
12	1-Aug-01	-14.20%	-9.11%	-0.90%	-6.10%	4.10%	-10.20%	-2.49%	-3.59%	-3.81%	-6.65%
13	4-Sep-01	-24.37%	-18.03%	-14.15%	-36.44%	1.84%	-22.57%	-20.66%	-8.77%	2.28%	-5.63%
14	1-Oct-01	-3.77%	-0.35%	2.70%	4.78%	-3.12%	1.55%	4.46%	6.37%	-4.29%	5.91%
15	1-Nov-01	19.65%	20.01%	11.59%	26.75%	0.79%	11.19%	17.90%	11.15%	5.98%	9.83%
16	3-Dec-01	-2.25%	8.94%	1.01%	-6.46%	-1.58%	8.12%	-8.22%	-4.22%	-13.63%	3.12%
17	2-Jan-02	5.08%	-1.81%	3.47%	7.39%	8.87%	0.66%	0.83%	3.83%	0.63%	-6.29%
61	1-Sep-05	-11.06%	-5.56%	-3.48%	5.32%	5.28%	3.90%	-9.25%	-1.02%	-3.66%	3.05%
62	3-Oct-05	-11.10%	7.33%	-2.08%	-4.05%	1.81%	-0.78%	-0.54%	6.25%	3.63%	3.50%
63	1-Nov-05	-20.55%	2.02%	8.56%	5.66%	-3.06%	3.28%	12.70%	3.39%	5.40%	3.77%
64	1-Dec-05	-12.03%	-3.16%	-3.16%	-3.32%	3.67%	0.08%	7.58%	-0.60%	7.86%	-1.26%
65	3-Jan-06	21.46%	0.17%	-2.97%	8.54%	-3.24%	2.12%	6.32%	-8.20%	8.12%	-6.32%
66	1-Feb-06	-15.83%	3.88%	1.18%	5.09%	-0.61%	2.70%	-6.69%	3.65%	1.06%	1.78%
67	1-Mar-06	4.62%	0.71%	5.36%	0.52%	-0.37%	-2.51%	4.16%	4.79%	2.15%	2.82%
68	3-Apr-06	7.32%	-5.76%	5.03%	-1.32%	3.20%	2.60%	10.00%	4.37%	-2.32%	12.11%
69	1-May-06	17.26%	-4.63%	-6.02%	-0.28%	-1.11%	1.02%	-5.85%	-2.81%	-2.20%	-1.57%
70	1-Jun-06	10.09%	-5.91%	-5.07%	-1.91%	2.61%	-2.12%	2.00%	-2.21%	9.01%	-3.52%

13.2.1　简单的最优化

　　Joanna 运用收益数据，计算出了第 10 章所介绍的超额收益的样本方差—协方差矩阵。为了完成优化配置，她需要知道国库券利率的数据：2006 年 7 月 1 日的国库券年利率为 4.83％，月利率则为 4.83％÷12＝0.40％。　运用方差—协方差矩阵、国库券利率和历史平均收益，她通过解下列方程计算出一个"最优化"的投资组合：

$$
\text{最优化投资组合}\{x_1, x_2, \cdots, x_{10}\} = \frac{S^{-1}\begin{bmatrix} \bar{r}_{GM} - r_f \\ \bar{r}_{HD} - r_f \\ \vdots \\ \bar{r}_{MMM} - r_f \end{bmatrix}}{[1, 1, \cdots, 1] S^{-1}\begin{bmatrix} \bar{r}_{GM} - r_f \\ \bar{r}_{HD} - r_f \\ \vdots \\ \bar{r}_{MMM} - r_f \end{bmatrix}} = \frac{S^{-1}\begin{bmatrix} \bar{r}_{GM} - r_f \\ \bar{r}_{HD} - r_f \\ \vdots \\ \bar{r}_{MMM} - r_f \end{bmatrix}}{\text{Sum}\left[S^{-1}\begin{bmatrix} \bar{r}_{GM} - r_f \\ \bar{r}_{HD} - r_f \\ \vdots \\ \bar{r}_{MMM} - r_f \end{bmatrix}\right]}
$$

　　这个投资组合如下（见标记处）：

	A	B	C	D	E	F	G	H	I	J	K	L	M
1		SUPER DUPER 基准投资组合--原始的优化配置使用											
2		通用汽车公司 GM	家得宝公司 HD	美国国际纸业公司 IP	惠普公司 HPQ	美国奥驰亚集团 MO	美国运通公司 AXP	美国铝业公司 AA	杜邦公司 DD	默克公司 MRK	MMM		
3	市场资本总额 (10亿 $)	16.85	73.98	15.92	88.37	153.33	65.66	28.16	38.32	79.51	60.9		
4	基准比例	2.71%	11.91%	2.56%	14.23%	24.69%	10.57%	4.53%	6.17%	12.80%	9.81%		
5													
6	超额收益方差-协方差矩阵												
7		GM	HD	IP	HPQ	MO	AXP	AA	DD	MRK	MMM		平均收益
8	GM	0.0118	0.0031	0.0024	0.0042	0.0014	0.0033	0.0046	0.0018	0.0010	0.0014		-0.87%
9	HD	0.0031	0.0072	0.0019	0.0043	0.0022	0.0033	0.0046	0.0020	0.0002	0.0018		-0.39%
10	IP	0.0024	0.0019	0.0040	0.0031	0.0001	0.0024	0.0043	0.0021	0.0012	0.0016		0.06%
11	HPQ	0.0042	0.0043	0.0031	0.0119	0.0026	0.0049	0.0061	0.0033	0.0020	0.0022		0.30%
12	MO	0.0014	0.0022	0.0001	0.0026	0.0077	0.0016	0.0018	0.0009	0.0007	0.0008		1.07%
13	AXP	0.0033	0.0033	0.0024	0.0049	0.0016	0.0042	0.0038	0.0019	0.0011	0.0014		0.82%
14	AA	0.0046	0.0046	0.0043	0.0061	0.0018	0.0038	0.0093	0.0041	0.0018	0.0024		-0.18%
15	DD	0.0018	0.0020	0.0021	0.0033	0.0009	0.0019	0.0041	0.0038	0.0017	0.0019		0.03%
16	MRK	0.0010	0.0002	0.0012	0.0020	0.0007	0.0011	0.0018	0.0017	0.0066	0.0005		-0.55%
17	MMM	0.0014	0.0018	0.0016	0.0022	0.0008	0.0014	0.0024	0.0019	0.0005	0.0031		0.75%
18													
19	当前国库券利率	0.40%	<-- =4.83%/12										
20													
21	"最优化" 投资组合												
22	GM	480.2%	<-- {=MMULT(MINVERSE(B8:K17),M8:M17-B19)/SUM(MMULT(MINVERSE(B8:K17),M8:M17-B19))}										
23	HD	981.8%											
24	IP	689.3%											
25	HPQ	221.3%											
26	MO	-263.7%											
27	AXP	-1763.7%											
28	AA	-324.5%											
29	DD	528.8%											
30	MRK	469.5%											
31	MMM	-918.9%											
32	比例合计	1.00000	<-- =SUM(B22:B31)										

　　这个"最优化"的投资组合（单元格 B22：B31）很明显缺乏实际应用价值：它包含了太多的比较大仓位（包括持仓和空仓）。注意，如 AXP 中－1763.7％的空仓和 DD 中 528.8％的持仓。大多数的共同基金公司都避免持有卖空，而即使该基金做卖空，它也会发现实现 AXP 价值的 17.63 倍及 MMM 价值的 9.19 倍的卖空投资是非常困难的。大量持仓导致这些空仓（如 9.82 乘以投在 HD 的持仓资金价值）同样是不切实际的。

13.2.2　为什么简单最优化失败

在某种意义上,这个怪异的投资组合"最优化"的仓位是可预测的。下面的电子表中标记了数据被干扰的一些特征,它可以部分地解释该"最优化的"投资组合为何如此怪异的原因。

● 一些历史平均收益是负的。如果我们忽略相关系数的影响,一个负的预期收益意味着该股票的卖空。[①]然而它存在更深的哲学问题,即它使用过去的收益数据作为未来预期收益代理:即使过去收益是负的,也毫无理由假设该股票的未来收益也是负的。我们使用历史数据提取该未来预期这只是问题之一。

● 资产收益之间的相关系数有时似乎太大。大的相关系数对一个特定股票可能导致我们喜欢其他具有较小收益而相关系统又是更为适度的股票。

下面的电子表中标记了收益为负或相关系数大于 0.5 的股票:

	A	B	C	D	E	F	G	H	I	J	K	L
1						负收益及高相关系数						
2		通用汽车公司 GM	家得宝公司 HD	美国国际纸业公司 IP	惠普公司 HPQ	美国奥驰亚集团 MO	美国运通公司 AXP	美国铝业公司 AA	杜邦公司 DD	默克公司 MRK	MMM	
3	市场资本总额(10亿 $)	16.85	73.98	15.92	88.37	153.33	65.66	28.16	38.32	79.51	60.9	
4	基准比例	2.71%	11.91%	2.56%	14.23%	24.69%	10.57%	4.53%	6.17%	12.80%	9.81%	
5												
6	平均收益	-0.87%	-0.39%	0.06%	0.30%	1.07%	0.82%	-0.18%	0.03%	-0.55%	0.75%	
7	收益标准差	10.78%	8.41%	6.23%	10.80%	8.71%	6.43%	9.54%	6.12%	8.06%	5.54%	
8												
9												
10		GM	HD	IP	HPQ	MO	AXP	AA	DD	MRK	MMM	
11	GM	1.0000	0.3320	0.3459	0.3534	0.1428	0.4676	0.4430	0.2737	0.1109	0.2277	<-- =CORREL($B$24:$B$83,K24:K83)
12	HD		1.0000	0.3512	0.4618	0.3012	0.6061	0.5618	0.3891	0.0260	0.3800	<-- =CORREL($C$24:$C$83,K24:K83)
13	IP			1.0000	0.4580	0.0159	0.5772	0.7181	0.5400	0.2362	0.4575	<-- =CORREL($D$24:$D$83,K24:K83)
14	HPQ				1.0000	0.2682	0.6965	0.5770	0.4924	0.2232	0.3666	
15	MO					1.0000	0.2839	0.2145	0.1647	0.0955	0.1645	
16	AXP						1.0000	0.6034	0.4855	0.2038	0.3798	
17	AA							1.0000	0.6863	0.2294	0.4525	
18	DD								1.0000	0.3287	0.5606	
19	MRK									1.0000	0.1079	
20	MMM										1.0000	

13.2.3　改变方差—协方差矩阵又会怎样

在第 10 章中我们讨论了多个收缩方差—协方差矩阵的方法。你可以回忆一下,"收缩"是一个行话,它是计算样本方差—协方差阵与一个只有方差的对角阵的一个凸组合。收缩技术已显示在改进全局最小方差投资组合(GMVP)是有效的。

收缩技术能帮助我们解决该简单最优化中极端仓位的问题吗？我们在下面一张电子表中进行了尝试,单元格 B11:K20 包含了一个和一个只有方差的对角阵的加权组合。加入该样本协方差矩阵中的权数 λ 在单元格 B7 中给出。

对 λ=0.3,该"最优化"投资组合的极端持仓和空仓的确减少了。但很明显,收缩技术不可能解决"数据"这一个根本问题。即在优化配置中,这些"数据"是用负的历史收益代替预期收益,这样它必然产生负的仓位。这也是 Black 和 Litterman 所要解决的问题,我们在下一节讨论。

---

① 原则上,如果某一个负收益的股票与足够多的其他股票有负相关系数,使得它可以降低整个投资组合的方差,那么你可能会想将它加入到你的投资组合中。然而,这种事情实际上很少发生。

	A	B	C	D	E	F	G	H	I	J	K	L	M
1	SUPER DUPER 基准投资组合--原始的优化配置使用 收缩方差-协方差矩阵												
2		通用汽车公司 GM	家得宝公司 HD	美国国际纸业公司 IP	惠普公司 HPQ	美国奥驰亚集团 MO	美国运通公司 AXP	美国铝业公司 AA	杜邦公司 DD	默克公司 MRK	MMM		
3	市场资本总额 (10亿 $)	16.85	73.98	15.92	88.37	153.33	65.66	28.16	38.32	79.51	60.9		
4	基准比例	2.71%	11.91%	2.56%	14.23%	24.69%	10.57%	4.53%	6.17%	12.80%	9.81%		
5													
6	超额收益方差-协方差矩阵												
7	收缩因子, λ	0.3	<-- 样本协方差的权重										
8													
9	下面的矩阵为方差-协方差矩阵及一个只有方差的对角阵的加权组合. {=B7*B39:K48+(1-B7)*B52:K61}												
10		GM	HD	IP	HPQ	MO	AXP	AA	DD	MRK	MMM		平均收益
11	GM	0.0118	0.0009	0.0007	0.0013	0.0004	0.0010	0.0014	0.0006	0.0003	0.0004		-0.87%
12	HD	0.0009	0.0072	0.0006	0.0013	0.0007	0.0010	0.0014	0.0006	0.0001	0.0005		-0.39%
13	IP	0.0007	0.0006	0.0040	0.0009	0.0000	0.0007	0.0013	0.0006	0.0004	0.0005		0.06%
14	HPQ	0.0013	0.0013	0.0009	0.0119	0.0008	0.0015	0.0018	0.0010	0.0006	0.0007		0.30%
15	MO	0.0004	0.0007	0.0000	0.0008	0.0077	0.0005	0.0005	0.0003	0.0002	0.0002		1.07%
16	AXP	0.0010	0.0010	0.0007	0.0015	0.0005	0.0042	0.0011	0.0006	0.0003	0.0004		0.82%
17	AA	0.0014	0.0014	0.0013	0.0018	0.0005	0.0011	0.0093	0.0012	0.0005	0.0007		-0.18%
18	DD	0.0006	0.0006	0.0006	0.0010	0.0003	0.0006	0.0012	0.0038	0.0005	0.0006		0.03%
19	MRK	0.0003	0.0001	0.0004	0.0006	0.0002	0.0003	0.0005	0.0005	0.0066	0.0001		-0.55%
20	MMM	0.0004	0.0005	0.0005	0.0007	0.0002	0.0004	0.0007	0.0006	0.0001	0.0031		0.75%
21													
22	当前国库券利率	0.40%	<-- =4.83%/12										
23													
24	"最优化" 投资组合												
25	GM	84.3%	<-- {=MMULT(MINVERSE(B11:K20),M11:M20-B22)/SUM(MMULT(MINVERSE(B11:K20),M11:M20-B22))}										
26	HD	96.4%											
27	IP	50.2%											
28	HPQ	-3.6%											
29	MO	-76.1%											
30	AXP	-134.6%											
31	AA	32.5%											
32	DD	62.5%											
33	MRK	112.1%											
34	MMM	-123.8%											
35	比例合计	1.0000	<-- =SUM(B25:B34)										

13.3 Black-Litterman 解决优化配置问题的方法

Black-Litterman 方法提供了对该优化问题的初步解决方案。Black-Litterman 方法由两个步骤组成：

● 步骤 1：市场认为怎样？大量的金融研究表明，要胜过基准投资组合的收益是困难的。Black-Litterman 方法正是以此为出发点。它假设该基准是最优的，然后导出在该假设下的每项资产的期望收益。另一种方法是在步骤 1 中我们计算资产预期收益，即用第 9—11 章讨论的最优化技术来使该投资者选择该基准投资组合。

● 步骤 2：结合投资者的意见。在步骤 1 中 Black 和 Litterman 展示了如何基于最优化假设条件计算基准的资产收益。假设投资者对该基于市场的预期收益有不同意见。步骤 2 介绍了如何将这些意见结合到该最优化的过程中。注意：由于资产收益之间的相关性，投资者对任一项资产收益的意见将会影响其他所有资产的预期收益。结合投资者意见对所有资产收益进行调整是步骤 2 的关键。

任何遵循 Black-Litterman 程序的投资者开始就要看市场权重所隐含的预期收益是多少。然后才可以将自己的意见加入任意的预期收益中来进行权重调整。下面的两节里我们将详细解释这两个步骤。

13.4　步骤1：市场认为怎样

如第9章所示，一个最优化投资组合需要解下面的方程：

$$\begin{bmatrix} 有效 \\ 投资组合 \\ 比例 \end{bmatrix} = \begin{bmatrix} 方差— \\ 协方差 \\ 矩阵 \end{bmatrix}^{-1} \times \underbrace{\left\{ \begin{bmatrix} 预期 \\ 投资组合 \\ 收益 \end{bmatrix} - 无风险利率 \right\}}_{\text{标准化，使和为1}}$$

对期望投资组合收益的向量解方程，其含义是一个有效投资组合必须要解下面的方程：

$$\begin{bmatrix} 预期 \\ 投资组合 \\ 收益 \end{bmatrix} = \begin{bmatrix} 方差— \\ 协方差 \\ 矩阵 \end{bmatrix} \begin{bmatrix} 有效 \\ 投资组合 \\ 比例 \end{bmatrix} \times 标准化因子 + 无风险利率$$

Joanna 假设在没有额外的市场知识或意见的情况下，当前投资组合的市场权重就是有效的。她估计下个月的预期基准收益为1％,,并以此设置标准化因子。[①]

解后一个方程的第一部分（不含标准化因子）得到以下结果：

	A	B	C	D	E	F	G	H	I	J	K	L	M
1				**SUPER DUPER 基准投资组合--市场认为怎样？**									
					不存在标准化因子								
2	预期基准收益	1.00%	<-- =12%/12										
3	当前国库券利率	0.40%											
4													
5		通用汽车公司 GM	家得宝公司 HD	美国国际纸业公司 IP	惠普公司 HPQ	美国奥驰亚集团 MO	美国运通公司 AXP	美国铝业公司 AA	杜邦公司 DD	默克公司 MRK	MMM		
6	市场资本总额 (10亿 $)	16.85	73.98	15.92	88.37	153.33	65.66	28.16	38.32	79.51	60.9		
7	基准比例	2.71%	11.91%	2.56%	14.23%	24.69%	10.57%	4.53%	6.17%	12.80%	9.81%		
8													
9	方差-协方差矩阵												
10		GM	HD	IP	HPQ	MO	AXP	AA	DD	MRK	MMM		不存在标准化因子
11	GM	0.0118	0.0031	0.0024	0.0042	0.0014	0.0033	0.0046	0.0018	0.0010	0.0014		0.28%
12	HD	0.0031	0.0072	0.0019	0.0043	0.0022	0.0033	0.0046	0.0020	0.0002	0.0018		0.32%
13	IP	0.0024	0.0019	0.0040	0.0031	0.0001	0.0024	0.0043	0.0021	0.0012	0.0016		0.18%
14	HPQ	0.0042	0.0043	0.0031	0.0119	0.0026	0.0049	0.0061	0.0033	0.0020	0.0022		0.47%
15	MO	0.0014	0.0022	0.0001	0.0026	0.0077	0.0016	0.0018	0.0009	0.0007	0.0008		0.31%
16	AXP	0.0033	0.0033	0.0024	0.0049	0.0016	0.0042	0.0038	0.0019	0.0011	0.0014		0.28%
17	AA	0.0046	0.0046	0.0043	0.0061	0.0018	0.0038	0.0093	0.0041	0.0018	0.0024		0.38%
18	DD	0.0018	0.0020	0.0021	0.0033	0.0009	0.0019	0.0041	0.0040	0.0017	0.0019		0.22%
19	MRK	0.0010	0.0002	0.0012	0.0020	0.0007	0.0011	0.0018	0.0017	0.0066	0.0005		0.18%
20	MMM	0.0014	0.0018	0.0016	0.0022	0.0008	0.0014	0.0024	0.0019	0.0005	0.0031		0.16%
21													
22	检查:基准的预期收益？	0.29%	<-- {=MMULT(B7:K7,M11:M20)}						单元格 M11:M20 包含数组函数				
23										{=MMULT(B11:K20,TRANSPOSE(B7:K7)+B3)}			
24													

注意行7中给定的权数，预期基准收益为每月 0.29％，而 Joanna 的估计则为 1％（单元格 B2）。为了实现这个目标，我们用一个标准化因子乘以行7：

[①]　1％的月收益即估计年收益率为 12％。

$$
\begin{bmatrix} 基准 \\ 投资组合 \\ 收益 \end{bmatrix} = \begin{bmatrix} 方差— \\ 协方差 \\ 矩阵 \end{bmatrix} \begin{bmatrix} 基准 \\ 投资组合 \\ 比例 \end{bmatrix} \times 标准化因子 + 无风险利率
$$

$$
= \begin{bmatrix} 方差— \\ 协方差 \\ 矩阵 \end{bmatrix} \begin{bmatrix} 基准 \\ 投资组合 \\ 比例 \end{bmatrix} \times \underbrace{\frac{预期基准收益 - 无风险利率}{\begin{bmatrix} 基准 \\ 投资组合 \\ 比例 \end{bmatrix}^{-1} \begin{bmatrix} 方差— \\ 协方差 \\ 矩阵 \end{bmatrix} \begin{bmatrix} 基准 \\ 投资组合 \\ 比例 \end{bmatrix}}}_{\text{标准化因子}}
$$

$$
+ 无风险利率
$$

该处理在下面的电子表显示：

	A	B	C	D	E	F	G	H	I	J	K	L	M
1		**SUPER DUPER 基准投资组合--市场认为怎样？** 单元格B4中计算了标准化因子，基于期望基准收益 预期收益使基准最优化											
2	预期基准收益	1.00%	<-- =12%/12										
3	当前国库券利率	0.40%											
4	标准化因子	2.12	<-- {=(B2-B3)/MMULT(MMULT(B8:K8,B12:K21),TRANSPOSE(B8:K8))}										
5													
6		通用汽车公司 GM	家得宝公司 HD	美国国际纸业公司 IP	惠普公司 HPQ	美国奥驰亚集团 MO	美国运通公司 AXP	美国铝业公司 AA	杜邦公司 DD	默克公司 MRK	MMM		
7	市场资本总额 (10亿 $)	16.85	73.98	15.92	88.37	153.33	65.66	28.16	38.32	79.51	60.9		
8	基准比例	2.71%	11.91%	2.56%	14.23%	24.69%	10.57%	4.53%	6.17%	12.80%	9.81%		
9													
10	方差-协方差矩阵												
11		GM	HD	IP	HPQ	MO	AXP	AA	DD	MRK	MMM		存在标准化因子
12	GM	0.0118	0.0031	0.0024	0.0042	0.0014	0.0033	0.0046	0.0018	0.0010	0.0014		0.96%
13	HD	0.0031	0.0072	0.0019	0.0043	0.0022	0.0033	0.0046	0.0020	0.0002	0.0018		1.05%
14	IP	0.0024	0.0019	0.0040	0.0031	0.0001	0.0024	0.0043	0.0021	0.0012	0.0016		0.77%
15	HPQ	0.0042	0.0043	0.0031	0.0119	0.0026	0.0049	0.0061	0.0033	0.0020	0.0022		1.36%
16	MO	0.0014	0.0022	0.0001	0.0026	0.0077	0.0016	0.0018	0.0009	0.0007	0.0008		1.05%
17	AXP	0.0033	0.0033	0.0024	0.0049	0.0016	0.0042	0.0038	0.0019	0.0011	0.0014		0.97%
18	AA	0.0046	0.0046	0.0043	0.0061	0.0018	0.0038	0.0093	0.0041	0.0018	0.0024		1.17%
19	DD	0.0018	0.0020	0.0021	0.0033	0.0009	0.0019	0.0041	0.0038	0.0017	0.0019		0.84%
20	MRK	0.0010	0.0002	0.0012	0.0020	0.0007	0.0011	0.0018	0.0017	0.0066	0.0005		0.77%
21	MMM	0.0014	0.0018	0.0016	0.0022	0.0008	0.0014	0.0024	0.0019	0.0005	0.0031		0.73%
22													
23	检查: 基准的预期收益?	1.00%	<-- {=MMULT(B8:K8,M12:M21)}					单元格 M12:M21 包含数组函数 {=(MMULT(B12:K21,TRANSPOSE(B8:K8))*B4)+B3}					
24													
25													
26													
27	额外检查: 最优化投资组合												
28	GM	2.71%	<-- {=MMULT(MINVERSE(B12:K21),M12:M21-B3)/SUM(MMULT(MINVERSE(B12:K21),M12:M21-B3))}										
29	HD	11.91%											
30	IP	2.56%											
31	HPQ	14.23%				注意: 在单元格M11:M20 里第9章对预期收益的优化配置和方差-协方差矩阵产生了作为最优化投资组合的市场权重。							
32	MO	24.69%											
33	AXP	10.57%											
34	AA	4.53%											
35	DD	6.17%											
36	MRK	12.80%											
37	MMM	9.81%											
38	Sum of proportions	100.0%	<-- =SUM(B28:B37)										

我们在电子表中提供了一个额外的检查。给定当前国库券利率 0.40% 和 M11：M20 中的预期收益，我们计算最优化投资组合。这应该和行 8 的基准投资组合一致——事实也是如此。

13.5 步骤 2：引入意见——Joanna 认为怎样

基于两个假设——(1)基准投资组合是有效的；(2)预期基准收益为 1％——Joanna 已导出该基准组成的每项资产的预期收益(单元格 M11：M20)。我们现在打算将 Joanna 的意见引入资产收益中。该意见大致是，如果她不同意该市场收益，那么她根据第 9 章的最优化程序导出一个组成比例与基准不同的投资组合。

我们必须谨慎：因为资产收益之间是相关的，Joanna 关于某个资产收益的任何意见将影响所有其他资产收益。为了说明这一点，假设 Joanna 认为 GM 在下个月的收益会是 1.1％来代替市场意见 0.96％。该假设的影响见下面的电子表：

	A	B	C	D	E	F	G	H	I	J	K	L
1				用分析者的意见调整基准投资组合 在本例子中只含对的**GM**意见								
2	预期基准收益	1.00%	<-- =12%/12									
3	当前国库券利率	0.40%										
4	标准化因子	2.12	{=(B2-B3)/MMULT(MMULT(B8:K8,B12:K21),TRANSPOSE(B8:K8))}									
5												
6		通用汽车公司 GM	家得宝公司 HD	美国国际纸业公司 IP	惠普公司 HPQ	美国奥驰亚集团 MO	美国运通公司 AXP	美国铝业公司 AA	杜邦公司 DD	默克公司 MRK	MMM	
7	市场资本总额 (10亿 $)	16.85	73.98	15.92	88.37	153.33	65.66	28.16	38.32	79.51	60.9	
8	基准比例	2.71%	11.91%	2.56%	14.23%	24.69%	10.57%	4.53%	6.17%	12.80%	9.81%	
9												
10	方差-协方差矩阵											
11		GM	HD	IP	HPQ	MO	AXP	AA	DD	MRK	MMM	
12	GM	0.0118	0.0031	0.0024	0.0042	0.0014	0.0033	0.0046	0.0018	0.0010	0.0014	
13	HD	0.0031	0.0072	0.0019	0.0043	0.0022	0.0033	0.0046	0.0020	0.0002	0.0018	
14	IP	0.0024	0.0019	0.0040	0.0031	0.0001	0.0024	0.0043	0.0021	0.0012	0.0016	
15	HPQ	0.0042	0.0043	0.0031	0.0119	0.0026	0.0049	0.0061	0.0033	0.0020	0.0022	
16	MO	0.0014	0.0022	0.0001	0.0026	0.0077	0.0016	0.0018	0.0009	0.0007	0.0008	
17	AXP	0.0033	0.0033	0.0024	0.0049	0.0016	0.0042	0.0038	0.0019	0.0011	0.0014	
18	AA	0.0046	0.0046	0.0043	0.0061	0.0018	0.0038	0.0093	0.0041	0.0018	0.0024	
19	DD	0.0018	0.0020	0.0021	0.0033	0.0009	0.0019	0.0041	0.0038	0.0017	0.0019	
20	MRK	0.0010	0.0002	0.0012	0.0020	0.0007	0.0011	0.0018	0.0017	0.0066	0.0005	
21	MMM	0.0014	0.0018	0.0016	0.0022	0.0008	0.0014	0.0024	0.0019	0.0005	0.0031	
22												
23												
24	预期基准收益，无意见	分析意见，δ		意见调整后收益						最优化基准比例		基准投资组合，无意见
25	0.96%	0.14%	GM	1.10%	<-- =A25+B12/$B$12*$B$25					7.85%	GM	2.71%
26	1.05%	0.00%	HD	1.08%	<-- =A26+B13/$B$12*$B$25					11.28%	HD	11.91%
27	0.77%	0.00%	IP	0.80%	<-- =A27+B14/$B$12*$B$25					2.43%	IP	2.56%
28	1.36%	0.00%	HPQ	1.41%						13.48%	HPQ	14.23%
29	1.05%	0.00%	MO	1.07%						23.39%	MO	24.69%
30	0.97%	0.00%	AXP	1.00%	单元格 J26:J35 包含数组函数					10.01%	AXP	10.57%
31	1.17%	0.00%	AA	1.23%	{=MMULT(MINVERSE(B12:K21),D2					4.30%	AA	4.53%
32	0.84%	0.00%	DD	0.86%	5:D34-B3)/SUM(MMULT(MINVERSE(B12:					5.84%	DD	6.17%
33	0.77%	0.00%	MRK	0.78%	K21),D25:D34-B3))}					12.13%	MRK	12.80%
34	0.73%	0.00%	MMM	0.75%						9.29%	MMM	9.81%
35												

单元格 B25 中的 δ 代表了 Joanna 和基于 Black-Litterman 模型的偏差。在例子中，Joanna 认为 GM 的月度收益应比 0.96％的市场收益高 0.14％(单元格 B25)。这个例子说明，由于从方差—协方差矩阵中我们可以发现资产收益之间有相关关系，对于一种资产收益的意见(这里是 GM)会影响 Joanna 对于所有其他资产的期望收益。由于资产收益间存在协方差，这意味着她预期 HD 的收益为 1.08％：

$$r_{HD,\ opinion\ adjusted} = r_{HD,\ market} + \frac{Cov(r_{HD},\ r_{GM})}{Var(r_{GM})}\delta_{GM} = 1.08\%$$

$$r_{IP,\,opinion\,adjusted} = r_{IP,\,market} + \frac{Cov(r_{IP},\,r_{GM})}{Var(r_{GM})}\delta_{GM} = 0.80\%$$

新的最优化投资组合在单元格 J24:J33 中给出。可以预见,Joanna 关于 GM 的乐观意见将增加 GM 在她的投资组合中的比例:

	J	K	L
24	最优化 基准比例		基准投资组 合,无意见
25	7.85%	GM	2.71%
26	11.28%	HD	11.91%
27	2.43%	IP	2.56%
28	13.48%	HPQ	14.23%
29	23.39%	MO	24.69%
30	10.01%	AXP	10.57%
31	4.30%	AA	4.53%
32	5.84%	DD	6.17%
33	12.13%	MRK	12.80%
34	9.29%	MMM	9.81%

13.5.1 Black-Litterman 跟踪矩阵

如果 Joanna 对于多只股票持有意见,这些意见对于其他股票的影响看起来就像一个多元回归:

$$r_{GM,\,opinion\,adjusted} = r_{GM,\,market} + \frac{\sigma_{GM,\,GM}}{\sigma_{GM}^2}\delta_{GM} + \frac{\sigma_{HD,\,GM}}{\sigma_{GM}^2}\delta_{HD}$$
$$+ \frac{\sigma_{IP,\,GM}}{\sigma_{GM}^2}\delta_{IP} + \cdots + \frac{\sigma_{MMM,\,GM}}{\sigma_{GM}^2}\delta_{MMM}$$

$$r_{HD,\,opinion\,adjusted} = r_{HD,\,market} + \frac{\sigma_{GM,\,HD}}{\sigma_{HD}^2}\delta_{GM} + \frac{\sigma_{HD,\,HD}}{\sigma_{HD}^2}\delta_{HD}$$
$$+ \frac{\sigma_{IP,\,HD}}{\sigma_{HD}^2}\delta_{IP} + \cdots + \frac{\sigma_{MMM,\,HD}}{\sigma_{HD}^2}\delta_{MMM}$$

我们将 Black-Litterman 跟踪矩阵定义为:

$$BLtracking = \begin{bmatrix} \frac{\sigma_{GM,\,GM}}{\sigma_{GM}^2} & \frac{\sigma_{GM,\,HD}}{\sigma_{GM}^2} & \cdots & \frac{\sigma_{GM,\,MMM}}{\sigma_{GM}^2} \\ \frac{\sigma_{HD,\,GM}}{\sigma_{HD}^2} & \frac{\sigma_{HD,\,HD}}{\sigma_{HD}^2} & \cdots & \frac{\sigma_{HD,\,MMM}}{\sigma_{HD}^2} \\ \cdots & \cdots & \cdots & \cdots \\ \frac{\sigma_{MMM,\,GM}}{\sigma_{MMM}^2} & \frac{\sigma_{MMM,\,HP}}{\sigma_{MMM}^2} & \cdots & \frac{\sigma_{MMM,\,MMM}}{\sigma_{MMM}^2} \end{bmatrix}$$

$$
=\begin{bmatrix}
1 & \dfrac{\sigma_{GM,HD}}{\sigma^2_{GM}} & \cdots & \dfrac{\sigma_{GM,MMM}}{\sigma^2_{GM}} \\
\dfrac{\sigma_{HD,GM}}{\sigma^2_{HD}} & 1 & \cdots & \dfrac{\sigma_{HD,MMM}}{\sigma^2_{HD}} \\
\cdots & \cdots & \cdots & \cdots \\
\dfrac{\sigma_{MMM,GM}}{\sigma^2_{MMM}} & \dfrac{\sigma_{MMM,HP}}{\sigma^2_{MMM}} & \cdots & 1
\end{bmatrix}
$$

意见调整后的收益就是：

$$
\begin{bmatrix}
r_{GM,\,market} \\
r_{HD,\,market} \\
\vdots \\
r_{MMM,\,market}
\end{bmatrix}
+
\begin{bmatrix}
1 & \dfrac{\sigma_{GM,HD}}{\sigma^2_{GM}} & \cdots & \dfrac{\sigma_{GM,MMM}}{\sigma^2_{GM}} \\
\dfrac{\sigma_{HD,GM}}{\sigma^2_{HD}} & 1 & \cdots & \dfrac{\sigma_{HD,MMM}}{\sigma^2_{HD}} \\
\vdots & \vdots & & \vdots \\
\dfrac{\sigma_{MMM,GM}}{\sigma^2_{MMM}} & \dfrac{\sigma_{MMM,HP}}{\sigma^2_{MMM}} & \cdots & 1
\end{bmatrix}
\cdot
\begin{bmatrix}
\delta_{GM} \\
\delta_{HD} \\
\vdots \\
\delta_{MMM}
\end{bmatrix}
=
\begin{bmatrix}
r_{GM,\,opinion\text{-}adjusted} \\
r_{HD,\,market,\,opinion\text{-}adjusted} \\
\vdots \\
r_{MMM,\,opinion\text{-}adjusted}
\end{bmatrix}
$$

VBA 函数 BLtracking 将方差—协方差矩阵作为它的参数，定义为：

```
'BLtracking's argument is the variance-
'covariance matrix
Function BLtracking(rng As Range) As Variant
   Dim i As Integer
   Dim j As Integer
   Dim numcols As Integer
   numcols = rng.Columns.Count
   Dim matrix() As Double
   ReDim matrix(numcols - 1, numcols - 1)
   For i = 1 To numcols
     For j = 1 To numcols
       matrix(i - 1, j - 1) = rng(i, j)_
         / rng(i, i)
   Next j
   Next i
   BLtracking = matrix
End Function
```

这是我们的例子的计算：

	A	B	C	D	E	F	G	H	I	J	K
1		**BLACK-LITTERMAN跟踪矩阵** **跟踪因子 = cov(i,j)/var(i)**									
2	跟踪矩阵										
3		GM	HD	IP	HPQ	MO	AXP	AA	DD	MRK	MMM
4	GM	1.0000	0.2589	0.1999	0.3540	0.1153	0.2788	0.3920	0.1555	0.0829	0.1169
5	HD	0.4257	1.0000	0.2603	0.5934	0.3119	0.4635	0.6376	0.2834	0.0250	0.2501
6	IP	0.5985	0.4738	1.0000	0.7940	0.0222	0.5954	1.0994	0.5306	0.3056	0.4063
7	HPQ	0.3527	0.3594	0.2642	1.0000	0.2162	0.4145	0.5097	0.2791	0.1665	0.1878
8	MO	0.1769	0.2909	0.0114	0.3328	1.0000	0.2096	0.2351	0.1158	0.0884	0.1046
9	AXP	0.7843	0.7927	0.5595	1.1704	0.3845	1.0000	0.8956	0.4624	0.2556	0.3270
10	AA	0.5006	0.4950	0.4690	0.6533	0.1957	0.4066	1.0000	0.4404	0.1938	0.2625
11	DD	0.4820	0.5343	0.5496	0.8687	0.2342	0.5097	1.0694	1.0000	0.4327	0.5067
12	MRK	0.1483	0.0272	0.1826	0.2991	0.1032	0.1626	0.2715	0.2497	1.0000	0.0741
13	MMM	0.4437	0.5772	0.5151	0.7156	0.2588	0.4412	0.7802	0.6202	0.1571	1.0000
14		<-- {=bltracking(B18:K27)}									
15											
16	方差-协方差矩阵										
17		GM	HD	IP	HPQ	MO	AXP	AA	DD	MRK	MMM
18	GM	0.0118	0.0031	0.0024	0.0042	0.0014	0.0033	0.0046	0.0018	0.0010	0.0014
19	HD	0.0031	0.0072	0.0019	0.0043	0.0022	0.0033	0.0046	0.0020	0.0002	0.0018
20	IP	0.0024	0.0019	0.0040	0.0031	0.0001	0.0024	0.0043	0.0021	0.0012	0.0016
21	HPQ	0.0042	0.0043	0.0031	0.0119	0.0026	0.0049	0.0061	0.0033	0.0020	0.0022
22	MO	0.0014	0.0022	0.0001	0.0026	0.0077	0.0016	0.0018	0.0009	0.0007	0.0008
23	AXP	0.0033	0.0033	0.0024	0.0049	0.0016	0.0042	0.0038	0.0019	0.0011	0.0014
24	AA	0.0046	0.0046	0.0043	0.0061	0.0018	0.0038	0.0093	0.0041	0.0018	0.0024
25	DD	0.0018	0.0020	0.0021	0.0033	0.0009	0.0019	0.0041	0.0038	0.0017	0.0019
26	MRK	0.0010	0.0002	0.0012	0.0020	0.0007	0.0011	0.0018	0.0017	0.0066	0.0005
27	MMM	0.0014	0.0018	0.0016	0.0022	0.0008	0.0014	0.0024	0.0019	0.0005	0.0031

我们现在可以用跟踪矩阵来讨论有多个意见时的情况了。

13.5.2 两个或以上意见

如果 Joanna 相信 GM 的月收益将为 1.10% 而不是市场确定的 0.96%，同时 HD 的收益应为 1% 而非它的均衡收益 1.05%。同时 Joanna 认为除 GM 和 HD 之外的所有其他资产的期望收益是正确的。

我们怎样表达出 Joanna 的观点？我们利用 BLtracking 矩阵来计算出这个特定的 deltas 集并求出期望收益：

$$r_{HD,\ opinion\ adjusted} = r_{HD,\ market} + \frac{Cov(r_{HD},\ r_{GM})}{Var(r_{GM})} \delta_{GM} = 1.08\%$$

$$r_{IP,\ opinion\ adjusted} = r_{IP,\ market} + \frac{Cov(r_{IP},\ r_{GM})}{Var(r_{GM})} \delta_{GM} = 0.80\%$$

下面是 Excel 的执行。

	A	B	C	D	E	F	G	H	I	J	K	L
1	多个观点：接受JOANNA的DELTAS,但是让他们影响所有的收益											
2	预期基准收益	1.00%	<-- =12%/12									
3	当前国库券利率	0.40%										
4												
5		通用汽车公司 GM	家得宝公司 HD	美国国际纸业公司 IP	惠普公司 HPQ	美国奥驰亚集团 MO	美国运通公司 AXP	美国铝业公司 AA	杜邦公司 DD	默克公司 MRK	MMM	
6	市场资本总额 (10亿 $)	16.85	73.98	15.92	88.37	153.33	65.66	28.16	38.32	79.51	60.9	
7	基准比例	2.71%	11.91%	2.56%	14.23%	24.69%	10.57%	4.53%	6.17%	12.80%	9.81%	
8												
9	方差-协方差矩阵											
10		GM	HD	IP	HPQ	MO	AXP	AA	DD	MRK	MMM	
11	GM	0.0118	0.0031	0.0024	0.0042	0.0014	0.0033	0.0046	0.0018	0.0010	0.0014	
12	HD	0.0031	0.0072	0.0019	0.0043	0.0022	0.0033	0.0046	0.0020	0.0002	0.0018	
13	IP	0.0024	0.0019	0.0040	0.0031	0.0001	0.0024	0.0043	0.0021	0.0012	0.0016	
14	HPQ	0.0042	0.0043	0.0031	0.0119	0.0026	0.0049	0.0061	0.0033	0.0020	0.0022	
15	MO	0.0014	0.0022	0.0001	0.0026	0.0077	0.0016	0.0018	0.0009	0.0007	0.0008	
16	AXP	0.0033	0.0033	0.0024	0.0049	0.0016	0.0042	0.0038	0.0019	0.0011	0.0014	
17	AA	0.0046	0.0046	0.0043	0.0061	0.0018	0.0038	0.0093	0.0041	0.0018	0.0024	
18	DD	0.0018	0.0020	0.0021	0.0033	0.0009	0.0019	0.0041	0.0038	0.0017	0.0019	
19	MRK	0.0010	0.0002	0.0012	0.0020	0.0007	0.0011	0.0018	0.0017	0.0066	0.0005	
20	MMM	0.0014	0.0018	0.0016	0.0022	0.0008	0.0014	0.0024	0.0019	0.0005	0.0031	
21												
22												
23	预期基准收益, 无意见	分析意见, δ		意见调整后收益						最优化基准比例		基准投资组合, 无意见
24	0.96%	0.19%	GM	1.10%	<-- 0.011					10.35%	GM	2.71%
25	1.05%	-0.09%	HD	1.00%	<-- 0.01					6.04%	HD	11.91%
26	0.77%	-0.01%	IP	0.77%	<-- =A26					1.28%	IP	2.56%
27	1.36%	0.00%	HPQ	1.36%	<-- =A27					14.09%	HPQ	14.23%
28	1.05%	0.01%	MO	1.05%	<-- =A28	单元格 J24:J33 包含数组函数				25.07%	MO	24.69%
29	0.97%	-0.06%	AXP	0.97%	<-- =A29	{=MMULT(MINVERSE(B11:K20),D24:D33-B3)/SUM(MMULT(MINVERSE(B11:K20),D24:D33-B3))}				9.65%	AXP	10.57%
30	1.17%	-0.04%	AA	1.17%	<-- =A30					3.88%	AA	4.53%
31	0.84%	0.03%	DD	0.84%	<-- =A31					7.16%	DD	6.17%
32	0.77%	-0.01%	MRK	0.77%	<-- =A32					11.91%	MRK	12.80%
33	0.73%	0.00%	MMM	0.73%	<-- =A33					10.57%	MMM	9.81%
34	↑ {=MMULT(MINVERSE(tracking),D24:D33-A24:A33)}											
35												
36	跟踪矩阵											
37		GM	HD	IP	HPQ	MO	AXP	AA	DD	MRK	MMM	
38	GM	1.0000	0.2589	0.1999	0.3540	0.1153	0.2788	0.3920	0.1555	0.0829	0.1169	
39	HD	0.4257	1.0000	0.2603	0.5934	0.3119	0.4635	0.6376	0.2834	0.0250	0.2501	
40	IP	0.5985	0.4738	1.0000	0.7940	0.0222	0.5954	1.0994	0.5306	0.3056	0.4063	
41	HPQ	0.3527	0.3594	0.2642	1.0000	0.2162	0.4145	0.5097	0.2791	0.1665	0.1878	
42	MO	0.1769	0.2909	0.0114	0.3328	1.0000	0.2096	0.2351	0.1158	0.0884	0.1046	
43	AXP	0.7843	0.7927	0.5595	1.1704	0.3845	1.0000	0.8956	0.4624	0.2556	0.3270	
44	AA	0.5006	0.4950	0.4690	0.6533	0.1957	0.4066	1.0000	0.4404	0.1938	0.2625	
45	DD	0.4820	0.5343	0.5496	0.8687	0.2342	0.5097	1.0694	1.0000	0.4327	0.5067	
46	MRK	0.1483	0.0272	0.1826	0.2991	0.1032	0.1626	0.2715	0.2497	1.0000	0.0741	
47	MMM	0.4437	0.5772	0.5151	0.7156	0.2588	0.4412	0.7802	0.6202	0.1571	1.0000	

下面是三点评论：

- B24:B33 中算出了 δ,使得 GM 和 HD 的期望收益可以反映 Joanna 的意见,也使得所有其他资产的期望收益从最初的计算开始保持不变。
- 计算 δ 向量的公式在第 34 行给出。
- J24:J33 中求出了经意见调整的最优化基准比例(给定关于 GM 和 HD 的两种意见)。

13.5.3 两个或以上意见,另一种解释

还有对于 Joanna 意见的另外一种解释。假定 Joanna 相信 GM 的月收益将为 1.10% 而不是市场确定的 0.96%,同时 HD 的收益应为 1% 而非市场确定的 1.05%。同时假定她意识到她的两种意见在影响其他资产收益的同时会相互影响(例如, δ_{GM} 会影响 HD 的收益,反之亦然)。

在这种解释下,我们可以容易地求出新的最优化比例：

	A	B	C	D	E	F	G	H	I	J	K	L
23	预期基准收益, 无意见	分析意见, δ		意见调整后收益						最优化基准比例		基准投资组合, 无意见
24	0.96%	0.14%	GM	1.08%						6.19%	GM	2.71%
25	1.05%	-0.05%	HD	1.06%	<-- {=A24:A33+MMULT(tracking,B24:B33)}					6.71%	HD	11.91%
26	0.77%	0.00%	IP	0.83%						6.97%	IP	2.56%
27	1.36%	0.00%	HPQ	1.39%						9.10%	HPQ	14.23%
28	1.05%	0.00%	MO	1.06%						22.19%	MO	24.69%
29	0.97%	0.00%	AXP	1.04%		单元格 J24:J33 包含数组函数 {=MMULT(MINVERSE(B11:K20),D24:D33-B3)/SUM(MMULT(MINVERSE(B11:K20),D24:D33-B3))}				18.88%	AXP	10.57%
30	1.17%	0.00%	AA	1.22%						0.19%	AA	4.53%
31	0.84%	0.00%	DD	0.88%						9.11%	DD	6.17%
32	0.77%	0.00%	MRK	0.79%						10.61%	MRK	12.80%
33	0.73%	0.00%	MMM	0.77%						10.05%	MMM	9.81%

这两个关于 Joanna 意见的冲突版本究竟哪一个是正确的，我们把它留给你来思考。当然，这个问题没有"科学"的答案。

13.5.4　你相信你的意见么

我们真的相信自己的意见？我们真的那么自信于我们所相信的事情么？这里有一整套贝叶斯调整理论（Bayesian adjustments）可以调整我们所相信的东西，该观点是由 Theil 在 1971 年提出。[1]而将其应用于投资组合模型是 Black 和 Litterman（1991）发现的，具体可见他们的相关论文。但的作者发现这些论文太复杂，难以实施。信息问题的一个更简单的方法是基于市场与意见调整的权重凸组合来形成一个投资组合：

$$投资组合比例 = (1-\gamma) \times 市场的权重 + \gamma \times 意见调整的权重$$

其中 γ 是相信我们的意见的程度。下面是我们的最后一个应用例子：

	A	B	C	D	E	F	G	H	I	J	K	L
23	预期基准收益, 无意见	分析意见, δ		意见调整后收益						最优化基准比例		基准投资组合, 无意见
24	0.96%	0.19%	GM	1.10%	<-- 0.011					10.35%	GM	2.71%
25	1.05%	-0.09%	HD	1.00%	<-- =1%					6.04%	HD	11.91%
26	0.77%	-0.01%	IP	0.77%	<-- =A26					1.28%	IP	2.56%
27	1.36%	0.00%	HPQ	1.36%	<-- =A27					14.09%	HPQ	14.23%
28	1.05%	0.00%	MO	1.05%	<-- =A28					25.07%	MO	24.69%
29	0.97%	-0.06%	AXP	0.97%	<-- =A29	单元格 J24:J33 包含数组函数 {=MMULT(MINVERSE(B11:K20),D24:D33-B3)/SUM(MMULT(MINVERSE(B11:K20),D24:D33-B3))}				9.65%	AXP	10.57%
30	1.17%	-0.04%	AA	1.17%	<-- =A30					3.88%	AA	4.53%
31	0.84%	0.03%	DD	0.84%	<-- =A31					7.16%	DD	6.17%
32	0.77%	-0.01%	MRK	0.77%	<-- =A32					11.91%	MRK	12.80%
33	0.73%	0.01%	MMM	0.73%	<-- =A33					10.57%	MMM	9.81%
34		↑ {=MMULT(MINVERSE(B52:K61),D24:D33-A24:A33)}										
35												
36	γ, 意见相信	0.6	<-- 分析者意见的权重									
37												
38	**意见及相信调整的投资组合**											
39	GM	7.29%	<-- {=B36*J24:J33+(1-B36)*L24:L33}									
40	HD	8.39%										
41	IP	1.79%										
42	HPQ	14.15%										
43	MO	24.92%										
44	AXP	10.02%										
45	AA	4.14%										
46	DD	6.77%										
47	MRK	12.27%										
48	MMM	10.27%										

---

[1]　Henri Theil，1971，*Principles of Economics*，Wiley.

13.6 Black-Litterman 模型在国际投资组合中的实施[①]

我们通过讨论基于 5 个国际指数据的 Black-Litterman 模型实施来结束本章。下面的电子表中提供了 5 个世界主要证券市场的指数数据：

- S&P500 指数（SP500）：美国 500 支龙头股票的加权价值指数。
- MSCI 世界（MSCI World）扣除美国指数：摩根士丹利资本国际公司（MSCI）世界扣除美国指数由基于单位资本 GDP 的 21 个发展中国家组成。
- 罗素（Russell）2000 指数（Russell 2000）：罗素 3000 指数以市场资本为权重，且涵盖了 98％ 全美可投资市场领域。罗素 2000 指数由罗素 3000 指数中最小的 2000 家公司组成。
- MSCI 发展中市场指数（MSCI Emerging）：摩根士丹利资本国际公司（MSCI）发展中市场指数包含了 26 个发展中经济体的指数。
- LB 全球综合指数（LB Global）：雷曼兄弟公司指数由全球投资级固定利率债券市场中最具流动性的部分构成，其中包括政府、信贷及抵押债券。

	A	B	C	D	E	F	G	H	I
1	指数数据, 2001-2005								
2	5年，2005年12月结束								
3	相关系数	S&P 500	MSCI World ex-US	Russell 2000	MSCI Emerging	LB Global aggregate		权重	标准差
4	S&P 500	1.0000	0.8800	0.8400	0.8100	-0.1600		24%	14.90%
5	MSCI World ex-US	0.8800	1.0000	0.8300	0.8700	0.0700		26%	15.60%
6	Russell 2000	0.8400	0.8300	1.0000	0.8300	-0.1400		3%	19.20%
7	MSCI Emerging	0.8100	0.8700	0.8300	1.0000	-0.0500		3%	21.00%
8	LB Global aggregate	-0.1600	0.0700	-0.1400	-0.0500	1.0000		44%	5.80%
9								100%	

列 H 给出 2005 年 12 月底在一个合成指数投资组合中各个指数的权重，而列 I 则分别给出它们各自的标准差。

13.6.1 方差—协方差矩阵

我们首先运用 Excel 的数组函数（见第 34 章）计算这 5 个指数的方差—协方差矩阵：

	A	B	C	D	E	F	G	H
12	方差-协方差矩阵：下面的单元格包含公式 {=I4:I8*TRANSPOSE(I4:I8)*B4:F8}							
13	方差-协方差矩阵	S&P 500	MSCI World ex-US	Russell 2000	MSCI Emerging	LB Global aggregate		
14	S&P 500	0.0222	0.0205	0.0240	0.0253	-0.0014		
15	MSCI World ex-US	0.0205	0.0243	0.0249	0.0285	0.0006		
16	Russell 2000	0.0240	0.0249	0.0369	0.0335	-0.0016		
17	MSCI Emerging	0.0253	0.0285	0.0335	0.0441	-0.0006		
18	LB Global aggregate	-0.0014	0.0006	-0.0016	-0.0006	0.0034		
19								
20	检查							
21	协差阵第一行	0.0222	0.0205	0.0240	0.0253	-0.0014	<-- =I4*I8*F4	
22	组合的标准差	8.72%	<-- {=SQRT(MMULT(MMULT(TRANSPOSE(H4:H8),B14:F18),H4:H8))}					

① 在此感谢 Northern Trust 的 Steven Schoenfeld 为我提供数据和建议。

在单元格 B14：F19 中奇怪的公式，I4：I8 * TRANSPOSE(I4：I8)* B4：F8 是由两部分组成：

- I4：I8 * TRANSPOSE(I4：I8)是列向量 I4：I8 乘以它的转置，即：

$$
\begin{bmatrix}
\sigma_{SP500} \\
\sigma_{MSCI\ World} \\
\sigma_{Russell\ 2000} \\
\sigma_{MSCI\ Emerging} \\
\sigma_{LB\ Global}
\end{bmatrix}
\cdot
\begin{bmatrix}
\sigma_{SP500} & \sigma_{MSCI\ World} & \sigma_{Russell\ 2000} & \sigma_{MSCI\ Emerging} & \sigma_{LB\ Global}
\end{bmatrix}
$$

通过数组函数的运算，即得协方差矩阵：

$$
\begin{bmatrix}
\sigma^2_{SP500} & \sigma_{SP500}\sigma_{MSCI\ World} & \sigma_{SP500}\sigma_{Russell\ 2000} & \cdots & \sigma_{SP500}\sigma_{LB\ Global} \\
\sigma_{MSCI\ World}\sigma_{SP500} & \sigma^2_{MSCI\ World} & & \cdots & \\
\vdots & & & & \\
\sigma_{LB\ Global}\sigma_{SP500} & \sigma_{LB\ Global}\sigma_{MSCI\ World} & & \cdots & \sigma^2_{LB\ Global}
\end{bmatrix}
$$

- 乘以前面提到的相关系数矩阵 B4：F8 得到方差—协方差矩阵。
- 当然公式 I4：I8 * TRANSPOSE(I4：I8)* B4：F8 需要同时按［Ctrl］＋［Shift］＋［Enter］输入。

行 21 及行 22 为两处计算检验：行 21 是对方差—协方差矩阵第 1 行的强制计算——为了确认数组函数已正确运行。在单元格 B22 中我们计算了 5 指数加权投资组合的标准差。

	A	B	C	D	E	F
25	无风险利率	5.00%				
26	S&P 500的超额收益	12.00%				
27						
28	**Black-Litterman隐含收益**					
29	**S&P 500**	12.00%	<-- {=MMULT(B14:F18,H4:H8)*(B26-B25)/INDEX((MMULT(B14:F18,H4:H8)),1,1)+B25}			
30	**MSCI World ex-US**	12.97%				
31	**Russell 2000**	13.30%				
32	**MSCI Emerging**	14.45%				
33	**LB Global aggregate**	5.76%				

Black-Litterman 隐含预期收益基于三个假设：

- 5 指数的加权投资组合是均值—方差最优化的。
- 预期无风险利率为 5%。
- S&P500 指数的预期收益为 12%。

给定这些假设，5 指数投资组合的预期收益在单元格 B29：B33 给出。注意这些单元格中的数组函数：

$$
= MMULT(B14：F18，H4：H8) * (B26 - B12)/
$$
$$
INDEX((MMULT(B14：F18，H4：H8))，1，1) + B25
$$

该公式用 S&P500 上的预期收益对该收益标准化。即等效于下面的式子：

$$
\begin{bmatrix} 基准 \\ 投资组合 \\ 收益 \end{bmatrix} = \begin{bmatrix} 方差 \\ 协方差 \\ 矩阵 \end{bmatrix} \begin{bmatrix} 基准 \\ 投资组合 \\ 比例 \end{bmatrix} \times 标准化因子 + 无风险利率
$$

$$
= \begin{bmatrix} 方差 \\ 协方差 \\ 矩阵 \end{bmatrix} \begin{bmatrix} 基准 \\ 投资组合 \\ 比例 \end{bmatrix} \times \underbrace{\cfrac{SP500\ 预期收益 - 无风险利率}{\begin{bmatrix} 基准 \\ 投资组合 \\ 比例 \end{bmatrix}^T \begin{bmatrix} 方差 \\ 协方差 \\ 矩阵 \end{bmatrix} \begin{bmatrix} 基准 \\ 投资组合 \\ 比例 \end{bmatrix}}}_{标准化因子}
$$

$$
+ 无风险利率
$$

13.6.2　结果如何

如果我们相信该世界投资组合是有效的(并缺少进一步的信息,也没有相信其他的理由),那么该投资组合中的各项预期收益则由 Black-Litterman 模型、无风险利率和另外的预期收益(在我们的例子中是 S&P500 指数的预期收益)假设给定。在本章练习研究了该假设的一些其他变化。

13.7　本章小结

应用投资组合理论并非只用历史数据获得协方差和预期收益。盲目地运用样本数据来导出最优化投资组合(如第 13.1 节中)往往会产生荒谬的结果。针对此问题,Black-Litterman 方法步骤 1 就假设——在没有额外分析意见和信息的情况下——基准市场权重和当前无风险利率能准确地预测未来资产收益。该资产收益可以通过投资者意见和信心进行调整并最终导出一个最优化投资组合。

习题

1. 你决定用 DJ30 工业成分股中的高 β 股票建立你自己的指数。运用雅虎的股票筛选器,你生成了以下数据:

(1) 计算收益的方差—协方差矩阵。

(2) 假设年度无风险利率为 5.25%(即月度 = 5.25% ÷ 12 = 0.44%),而且高 β 指数的年度预期收益为 12%(月度 = 1%),用 Black-Litterman 方法计算每支股票的月度预期收益。

	A	B	C	D	E	F	G	H	I	J	K	L	M	N	O
1					道琼斯30成分股中高**Beta**股的指数										
2		3M 公司 MMM	美铝公司 AA	美国运通 AXP	美国国际集团 AIG	卡特彼勒 CAT	杜邦公司 DD	埃克森美孚 XOM	惠普公司 HPQ	家得宝公司 HD	霍尼韦尔 HON	英特尔 INTC	IBM	麦当劳 MCD	默克公司 MRK
3	市场资本总额 ($10亿)	65.66	39.11	77.91	180.72	55.7	49.08	519.89	126.75	78.37	47.55	146.76	172.03	62.88	106.93
4	Beta	1.07	1.37	1.06	1.17	1.98	1.06	1.13	1.6	1.2	1.3	1.9	1.81	1.37	1.16
5															
6	股票价格														
7	2-Jul-02	56.69	24.41	29.46	61.98	20.21	35.54	32.85	13.22	29.07	28.77	17.76	67.04	22.57	38.95
8	1-Aug-02	56.56	22.64	30.12	60.89	19.73	34.46	31.88	12.54	31.00	26.78	15.78	71.94	21.67	39.67
9	3-Sep-02	49.78	17.41	26.05	53.08	16.83	30.84	28.69	10.96	24.61	19.37	13.14	55.65	16.11	36.16
10	1-Oct-02	57.47	19.91	30.46	60.70	18.64	35.27	30.27	14.84	27.23	21.41	16.37	75.34	16.52	42.91
64	2-Apr-07	82.31	35.32	60.52	69.75	72.32	48.81	79.04	42.07	37.66	53.95	21.39	101.81	48.28	51.06
65	1-May-07	87.96	41.28	64.82	72.34	78.25	52.32	83.17	45.63	38.65	57.91	22.18	106.60	50.55	52.06
66	1-Jun-07	86.79	40.53	61.03	70.03	77.97	50.84	83.88	44.62	39.35	56.28	23.74	105.25	50.76	49.80
67	2-Jul-07	90.21	43.08	64.51	69.04	83.20	52.62	91.94	48.54	39.39	60.96	24.55	114.81	52.09	49.02

2. 你是上述练习中投资于高 βDJ30 投资组合的分析人员。你相信 MMM 的月度收益将为 1%。那么你所推荐的最优化投资组合的比例是什么?

3. 另一个分析人员则认为明年 HD 的月度收益将只有 0.5%。那么她所推荐的投资组合比例又该是什么?

14

事件研究 [*]

14.1　概述

事件研究是第 8—11 章中讨论的资本资产定价模型(CAPM)最强和最普遍的应用之一。一个事件研究是试图确定在资本市场或公司运营中的一个特定事件发生是否会影响一家公司股票的市场绩效。事件研究方法旨在将特定公司事件从特定市场和行业事件中分离出来，并常用于支持或不支持市场有效性的证据。

事件研究的目的是要确定一个事件或公告是否会引起一家公司的股价出现异常波动。异常收益(abnormal returns，AR)是股票的实际收益与预期收益的差值。这里，股票的预期收益的典型度量是使用市场模型，它单纯地依靠股票的市场指数来估计它的期望收益。^①使用该市场模型度量个别股票收益和对应的市场收益之间的相关性。有时，我们会对异常收益求和获得累计异常收益(cumulative abnormal return，CAR)，以度量一个事件在一段特定时间内(也称事件窗口)的总体影响。

14.2　一个事件研究的框架

在本节中我们给出一个时间研究方法的框架。下面的几节中我们将该方法应用于一些不同的案例。

一个事件研究由 3 个时期组成：估计窗口(亦称为控制期)、事件窗口、事后窗口。下图描述了这些时期的关系：

　＊　本章是与 Brattle 集团(Torben.Voetmann@brattle.com)负责人和旧金山大学兼职教授 Torben Voetmann 博士共同编写的。

　①　异常收益也称为残差收益(residual returns)，在本章中两种表达方式都适用。

事件研究时间轴

T_0	T_1	T_1+1	0	T_2	T_2+1	T_3
估计窗口的开始日期	估计窗口的结束日期	事件窗口的开始日期	事件日	事件窗口的结束日期	事后窗口的开始日期	事后窗口的结束日期

估计窗口
估计窗口常用于确定和市场因素有关的股票的一般表现。多数情况下我们使用回归方程 $R_{it}=\alpha+\beta R_{mt}$ 来确定这个"一般"的表现。

事件窗口
我们用这个窗口中的数据结合股票的 α 和 β 来确定：
(1) 事件的宣布是否可预见或被泄露。
(2) 事件的影响：市场要多久才能吸收所有的信息。

事后窗口
用于研究事件对公司长期表现的影响。

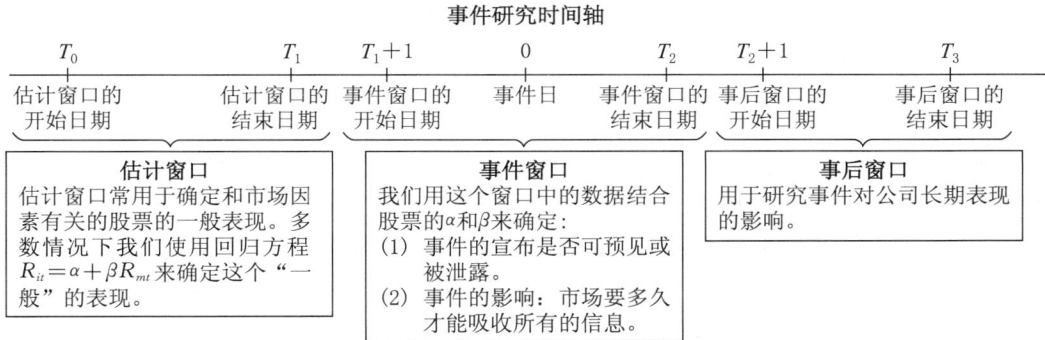

其中,时间轴描述了一个事件的时间顺序。估计窗口的长度（也称控制期）用 T_0 到 T_1 表示。事件在 0 时刻发生,而事件窗口则用 T_1+1 到 T_2 表示。事后窗口的长度用 T_2+1 到 T_3 表示。

当一家公司发布公告或发生一个重大的市场事件时,一个事件就被定义,它是用时间轴上的一个时间点来表示的。例如,假如我们正在研究股票市场的并购,那么公告日通常是关注点。如果我们正在研究市场对盈余调整将如何反应,事件窗口就由公司公告它调整的那天开始。实践中一般是将事件发生日延后两个交易日,即事件发生日及接下来的一个交易日。这样做的目的是,如果该事件是在收盘前或收盘后即刻发布,这样能把握市场的动态。

事件窗口（event window）通常在事件确切发生日前的几个交易日开始。该事件窗口长度以事件发生日为中心,一般为 3、5 或 10 天。这样处理能让我们调查事件前的信息泄露。

估计窗口（estimation window）也常用于确定与市场或行业指数相关的一个股票收益的正常反应。在估计窗口中对股票收益的估计要求我们定义一个"正常"反应的模型：在此我们常使用回归模型。[1]

估计窗口的长度通常是 252 个交易日（或者一个日历年）,但在你的样本中可能没有这么多天数。如果没有,你需要确定这些观察值个数是否足够产生稳健的结果。一个准则是,你至少要有 126 个观察值；如果你的估计窗口少于 126 个观察值,那么该市场模型的参数不能说明真实股价的变动,以及该股票收益和该市场收益之间的关系。否则你选择的估计窗口假如可能是一段没有任何问题的时间——也就是真实反映该股票正常价格变动的一段时间。[2]

事后窗口最常用于研究要发布如一个重大收购或一个 IPO 公告的一家公司的绩效。事后窗口允许我们度量该事件的较为长期的影响。事后窗口可以短至一个月,也可以长达数年,主要取决事件本身。

14.2.1 在估计窗口和事件窗口内度量股票反应

正如名字所示,估计窗口常用于"正常"情况下估计该股票收益的一个模型。用于此目的

---

[1] 该回归模型和第 11 章中讨论的第一次回归有些相似。接下来将作详尽讨论。

[2] 当然,在这么长的时间窗口中总有些事情会发生——季度业绩公告、股利公告、关于正在被考虑的公司的一些新闻等。我们的假设是这些其他的事件顶多可以被视作"噪声",并不是我们研究的事件的原料。

最常用模型是市场模型,它本质上是股票收益和市场指数收益的一个回归模型。[①]一个股票 i 的市场模型可表达为:

$$r_{it} = \alpha_i + \beta_i r_{Mt}$$

此处 r_{it} 和 r_{Mt} 分别表示为第 t 天的股票收益和市场收益。系数 α_i 和 β_i 通过在估计窗口内做一个普通的最小二乘回归估计获得。

选择市场和行业指数的最常用标准是看该公司是否在 NYSE/AMEX 或 Nasdaq 上市和数据使用是否受限。一般而言,该市场指数应该是一个有广泛代表性的股票价值加权指数,或是一个流动股票加权指数。而行业指数应该是特定要被分析的公司。针对法律诉讼,一般会建立行业指数来代替可选的 S&P500 或 MSCI 指数(大部分行业指数可从雅虎网站获取)。[②]

给定在估计窗口内的方程 $r_{it} = \alpha_i + \beta_i r_{Mt}$,我们现在就可度量该事件窗口内的一个事件对股票收益的影响。对事件窗口的特定日 t,我们定义该股票的异常收益(AR)为股票实际收益和该方程的预测收益之间的差值:

$$AR_{it} = \underbrace{r_{it}}_{\substack{\text{在事件窗口} \\ \text{第}t\text{天的} \\ \text{实际股票收益}}} - \underbrace{(\alpha_i + \beta_i r_{Mt})}_{\substack{\text{用股票的}\alpha、\beta \\ \text{及市场收益所} \\ \text{预测的收益}}}$$

我们将事件窗口的异常收益解释为是该事件对该证券市场价值影响的度量。这个解释需假设该事件在关于该证券市场价值变化方面是外生的。

累计异常收益(CAR)是对事件窗口期间所有异常收益的度量。变量 CAR_t 是事件窗口从开始 T_1 到窗口的一个特定日 t 之间的所有异常收益之和:

$$CAR_t = \sum_{j=1}^{t} AR_{T_1+j}$$

14.2.2 市场调整模型和双因素模型

如前所述,你可以用几个可选模型来计算证券的预期收益。市场调整模型在设计上最为简单,并常用于获得对股票价格变动的初步印象。当使用市场调整模型时,通过用该证券实际收益和该市场指数的实际收益的差值,你可以计算异常收益。因此没有必要去做 OLS 回归来估计参数。事实上所有你需要的是在该事件时间上的收益。但在检验异常收益的统计显著性时,你还是需要收集该估计期收益的。

双因素模型比较了市场和行业的收益。你可以在估计期使用实际收益对市场与行业收益做回归所得的参数来计算股票的预期收益。行业收益主要包含特定行业信息和另外的特

[①] 金融经济学家最常用市场模型来估计证券的预期收益,当然他们有时也用市场调整模型或双因数市场模型。双因数模型的例子将在第 14.3 节中讨论。

[②] 雅虎可能并不是指数数据的最佳来源(尽管它是免费的!)。很多人用彭博资讯(Bloomberg)作为行业指数的来源。一个比较好的免费行业投资组合数据下载是 Fama-French,其网址为 http://mba.tuck.dartmouth.edu/pages/faculty/ken.french/data_library.html。

定市场的信息。计算异常收益时你要减去实际收益由市场解释的部分和由行业解释的部分。双因素模型将在第 14.3 节中详细讨论。

根据 Brown 和 Warner(1985)的研究表明,在大样本时,估计模型的选择对结果的影响并不太敏感。[①]但是,你遇到小样本时,你就必须研究这些可选模型。

14.3　一个初步的事件研究:宝洁公司收购吉列公司

2005 年 1 月 28 日,宝洁公司(Procter & Gamble)宣布对吉列公司(Gillette)的报价。你可以在新闻公告第 341 页上看到,对吉列公司的报价比市场价高出 18％。可以预计,该报价对吉列公司股票价格会产生巨大影响:

吉列公司和宝洁公司收盘价
6/30/04—12/31/05

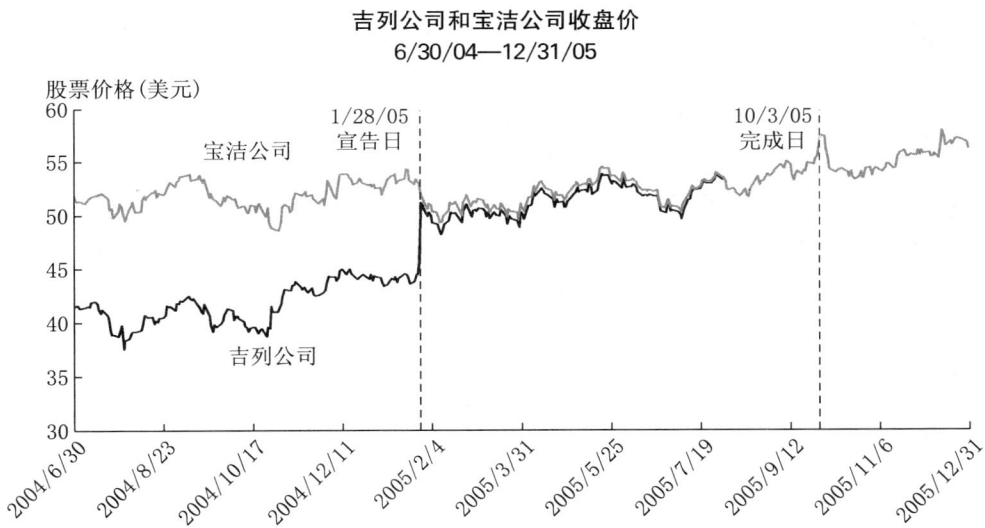

上图中显示了宝洁公司的股票价格可能因此而有所下跌。

14.3.1　估计窗口

我们尝试用事件研究去判断该收购事件对吉列公司和宝洁公司收益所产生的影响。首先我们确定事件窗口是 2005 年 1 月 28 日公告日前两天开始的 252 个交易日:

---

① Stephen Brown and Jerold Warner，1985，"Using Daily Stock Returns：The Case of Event Studies，"*Journal of Financial Economics*.

	A	B	C	D	E	F	G
1			吉列公司收益：估计窗口 和事件窗口				
2	截距	0.0007	<-- =INTERCEPT($C$11:$C$262,$B$11:$B$262)				
3	斜率	0.6364	<-- =SLOPE($C$11:$C$262,$B$11:$B$262)				
4	R方	0.1315	<-- =RSQ($C$11:$C$262,$B$11:$B$262)				
5	标准误	0.0113	<-- =STEYX($C$11:$C$262,$B$11:$B$262)				
6							
7	估计窗口所含天数	252	<-- =COUNT(A11:A262)				
8							
9					事件窗口		
10	日期	NYSE	吉列公司	预期收益	异常收益 (AR)	累计异常收益 (CAR)	
11	27-Jan-04	-0.48%	-0.42%				
12	28-Jan-04	-1.26%	-1.27%				
13	29-Jan-04	0.00%	-0.94%				
14	30-Jan-04	-0.06%	-1.39%		单元格 D263 包含公式 =$B$2+$B$3*B263		
15	2-Feb-04	0.26%	-0.74%				
258	19-Jan-05	-0.78%	-0.09%				
259	20-Jan-05	-0.69%	-0.56%		单元格 E263 包含公式 =C263- D263		
260	21-Jan-05	-0.20%	-1.50%				
261	24-Jan-05	-0.18%	0.57%				
262	25-Jan-05	0.21%	1.44%				
263	26-Jan-05	0.68%	0.07%	0.50%	-0.44%	-0.44%	<-- =E263
264	27-Jan-05	0.04%	1.89%	0.09%	1.80%	1.36%	<-- =F263+E264
265	28-Jan-05	-0.24%	12.94%	-0.09%	13.03%	14.39%	<-- =F264+E265
266	31-Jan-05	0.82%	-1.71%	0.59%	-2.30%	12.09%	
267	1-Feb-05	0.80%	-0.83%	0.57%	-1.40%	10.69%	
268	2-Feb-05	0.32%	0.80%	0.27%	0.52%	11.21%	
269	3-Feb-05	-0.29%	-0.59%				

下面回归模型的结果指出了在估计窗口中吉列公司的正常反应：

$$r_{Gillette,\,t} = 0.0007 + 0.6364 r_{NYSE,\,t}$$

Steyx 函数度量回归模型预测 y 值的标准误。在下一小节中我们将说明了如何用这个值度量事件异常收益的显著性。

14.3.2 事件窗口

我们事件窗口定义为公告日的 2 天前至 3 天后。为度量该公告在事件窗口中的影响我们使用市场模型 $r_{Gillette,\,t} = 0.0007 + 0.6364 r_{NYSE,\,t}$。 事件窗口的该公式在前面的电子表中。正如你看到的,宝洁公司收购吉列公司公告导致事件窗口中吉列公司出现几个比较大的异常收益。

我们可以使用 Steyx,回归预测的标准误,度量该异常收益的显著性。只有两个异常收益——事件日 1 月 8 日和接下来的一天——是在 5% 水平上的显著性:

	A	B	C	D	E	F	G	H	I
1			吉列公司收益: 异常收益的显著性						
2	截距	0.0007	<-- =INTERCEPT($C$11:$C$262,$B$11:$B$262)						
3	斜率	0.6364	<-- =SLOPE($C$11:$C$262,$B$11:$B$262)						
4	R方	0.1315	<-- =RSQ($C$11:$C$262,$B$11:$B$262)						
5	标准误	0.0113	<-- =STEYX($C$11:$C$262,$B$11:$B$262)						
6									
7	估计窗口所含天数	252	<-- =COUNT(A11:A262)						
8									
9					事件窗口				
10	日期	NYSE	吉列公司	异常收益 (AR)	AR t检验	AR 显著性			
11	27-Jan-04	-0.48%	-0.42%						
12	28-Jan-04	-1.26%	-1.27%						
13	29-Jan-04	0.00%	-0.94%						
14	30-Jan-04	-0.06%	-1.39%		单元格 D263 包含公式 =C263-($B$2+$B$3*B263)				
15	2-Feb-04	0.26%	-0.74%						
258	19-Jan-05	-0.78%	-0.09%						
259	20-Jan-05	-0.69%	-0.56%		单元格 E263 包含公式 =D263/$B$5				
260	21-Jan-05	-0.20%	-1.50%						
261	24-Jan-05	-0.18%	0.57%		单元格 F263 包含公式 =IF(ABS(E263)<1.96,"no","yes")				
262	25-Jan-05	0.21%	1.44%						
263	26-Jan-05	0.68%	0.07%	-0.44%	-0.39	no			
264	27-Jan-05	0.04%	1.89%	1.80%	1.59	no			
265	28-Jan-05	-0.24%	12.94%	13.03%	11.56	yes			
266	31-Jan-05	0.82%	-1.71%	-2.30%	-2.04	yes			
267	1-Feb-05	0.80%	-0.83%	-1.40%	-1.24	no			
268	2-Feb-05	0.32%	0.80%	0.52%	0.46	no			
269	3-Feb-05	-0.29%	-0.59%						

我们定义异常收益(AR)的检验统计量,用异常收益(AR)除以单元格 B5 中的 Steyx。假设回归残差是服从正态分布的,如果统计量的绝对值大于 1.96,那么异常收益就在 95% 的置信水平上显著(意味着异常收益随机并小于 5% 不显著是小概率的)。如果检验统计量大于 2.58,那么它的显著性水平为 1%。正如行 263—268 中所看到的,在 1% 的显著性水平上,仅在公告日有显著的异常收益。[1]

---

[1] Steyx 的限制之一是它计算的方差有点保守。市场模型真实方差是从 Steyx 估计的方差和另外属于样本在 α_i 和 β_i 上的方差。但是随着估计窗口的延伸,样本误差趋向于 0。因此我们建议在估计窗口使用 252 个交易日,这样样本误差的影响就非常小,并因此在计算异常收益方差时常将其忽略。

14.3.3 宝洁公司怎么样

目前为止我们关注事件影响都是针对收购对象吉列公司。同样的方法也可以用于宝洁公司。宝洁公司的股票收益显示该公告对它的股票收益有负面影响。可能在公告日 2005 年 1 月 28 日之前可能存在一些信息泄露：

	A	B	C	D	E	F	G	H
1			宝洁公司收益：估计窗口 和事件窗口					
2	截距	0.0004	<-- =INTERCEPT($C$11:$C$262,$B$11:$B$262)					
3	斜率	0.5877	<-- =SLOPE($C$11:$C$262,$B$11:$B$262)					
4	R方	0.1872	<-- =RSQ($C$11:$C$262,$B$11:$B$262)					
5	标准误	0.0084	<-- =STEYX($C$11:$C$262,$B$11:$B$262)					
6								
7	估计窗口所含天数	252	<-- =COUNT(A11:A262)					
8								
9						事件窗口		
10	日期	NYSE	宝洁公司	异常收益 (AR)	AR t检验	AR 显著性	累计异常收益	
11	27-Jan-04	-0.48%	-0.65%					
12	28-Jan-04	-1.26%	-0.56%					
13	29-Jan-04	0.00%	2.41%					
14	30-Jan-04	-0.06%	0.08%		单元格 D263 包含公式 =C263-($B$2+$B$3*B263)			
15	2-Feb-04	0.26%	0.59%					
258	19-Jan-05	-0.78%	1.69%					
259	20-Jan-05	-0.69%	0.04%		单元格 E263 包含公式 =D263/$B$5			
260	21-Jan-05	-0.20%	-1.85%					
261	24-Jan-05	-0.18%	-0.79%			单元格 F263 包含公式 =IF(ABS(E263)<1.96,"no","yes")		
262	25-Jan-05	0.21%	0.94%					
263	26-Jan-05	0.68%	-0.52%	-0.96%	-1.14	no	-0.96%	<-- =D263
264	27-Jan-05	0.04%	-0.22%	-0.28%	-0.33	no	-1.25%	<-- =G263+D264
265	28-Jan-05	-0.24%	-2.12%	-2.02%	-2.39	yes	-3.26%	<-- =G264+D265
266	31-Jan-05	0.82%	-1.70%	-2.23%	-2.64	yes	-5.49%	
267	1-Feb-05	0.80%	-0.68%	-1.19%	-1.41	no	-6.67%	
268	2-Feb-05	0.32%	1.00%	0.77%	0.91	no	-5.90%	
269	3-Feb-05	-0.29%	-0.30%					

P&G

‣ P&G Global Operations

| Home | Everyday Solutions | Products | Company | News | Careers | Investor | B2B Directory |

October 22, 2009

News Releases

‣ Contact
Shareholder Services

P&G Search [ ] Go

U.S. Product Information

[Choose a Category ▾]

[Choose by Brand ▾]

▸ Get in Touch With Us

▸**Investing**

▸ Stock Information
▸ Investing Overview
▸ My Shareholder Account
▸ Financial Performance
▾ News & Events
  ▸ Presentations & Webcasts
  ▾ News Releases
  ▸ Events Calendar
▸ Contact Shareholder Services

▸ **Get the Free Monthly P&G Everyday Solutions Newsletter**

🖨 Print Version

P&G Signs Deal to Acquire The Gillette Company

Raises Long-Term Sales Growth Outlook

CINCINNATI, AND BOSTON, Jan. 28, 2005 /PRNewswire-FirstCall/ -- The Procter & Gamble Company (NYSE: PG) announced it has signed a deal to acquire 100% of The Gillette Company (NYSE: G). Gillette, founded in 1901 and headquartered in Boston, Mass., markets a number of category-leading consumer products such as Gillette(R) razors and blades including the Mach3(R) and Venus(R) brands, Duracell(R) CopperTop(R) batteries, Oral-B(R) manual and power toothbrushes, and Braun shavers and small appliances. The transaction is valued at approximately $57 billion (USD) making it the largest acquisition in P&G history.

Terms of the Deal

Under terms of the agreement, unanimously approved by the board of directors of both companies on January 27, P&G has agreed to issue 0.975 shares of its common stock for each share of Gillette common stock. Based on the closing share price of P&G and Gillette stock on January 27, 2005, this represents an 18% premium to Gillette shareholders.

P&G will acquire all of Gillette's business, including manufacturing, technical and other facilities. The transaction, which is subject to certain conditions including approval by Gillette's and P&G's shareholders and regulatory clearance, is expected to close in fall 2005.

14.3.4 小结：公告日当天发生了什么

2005 年 1 月 28 日，宝洁公司宣布收购吉列公司。吉列公司每股以宝洁公司的 0.975 股收购。在 5% 的显著性水平上，收购公告只对宝洁公司和吉列公司在公告日和之后一天的股价产生了显著影响。吉列公司在初期有正影响（在事件发生的 1 月 28 日相对于正常预期股价有 13.03% 的增长，随后在 1 月 31 日为 -2.30% 的增长），宝洁公司在初期有负影响（1 月 28 日为 -2.02%，1 月 31 日为 2.23%），此后该事件对股价没有显著影响。它们的累计影响如下所示：

	A	B	C	D	E	F	G	H	I
1	宝洁公司收购吉列公司 在事件窗口中度量协同作用								
2		净发股票 (千)	股票价格, 25jan05	市场价值, 25jan05 (10亿美元)					
3	吉列公司	1,000,000	44.53	44.53					
4	宝洁公司	2,741,000	53.49	146.62					
5						单元格 F12 包含公式			
6						=$D$3*SUM($B$12:B12)/1000			
7									
8							单元格 G12 包含公式		
9							=$D$4*SUM($C$12:C12)/1000		
10	日期	异常收益(AR)				累计异常估值 (10亿美元)			
11		吉列公司	宝洁公司	合计		吉列公司	宝洁公司	合计	
12	26-Jan-05	-0.44%	-0.96%	-1.40%		-0.19	-1.41	-1.61	<-- =F12+G12
13	27-Jan-05	1.80%	-0.28%	1.52%		0.61	-1.83	-1.22	
14	28-Jan-05	13.03%	-2.02%	11.01%		6.41	-4.78	1.63	
15	31-Jan-05	-2.30%	-2.23%	-4.52%		5.38	-8.04	-2.66	
16	1-Feb-05	-1.40%	-1.19%	-2.59%		4.76	-9.78	-5.02	
17	2-Feb-05	0.52%	0.77%	1.29%		4.99	-8.66	-3.66	

上面的电子表尝试通过将吉列公司和宝洁公司的 CAR 乘以它们在事件窗口前一天的市场价值来度量公告的短期协同作用。通过该事件窗口的短期度量，累计效应是负的，即宝洁公司的负影响要大于为吉列公司股票持有者创造的正价值。[1]

14.4 一个更完整的事件研究：盈余公告对股票价格的影响

在上一节中我们用事件研究方法探讨了购并公告对收购方（宝洁公司）和被购方（吉列公司）股票收益的影响。在本节我们将介绍如何综合事件的收益以便对特定类型事件的市场反应估值。我们考察盈余公告对百货行业的一些商店的影响。

14.4.1 一个初步例子：西夫韦公司有显著的盈余增长（2006 年 7 月 20 日公告）

为创造条件，考虑西夫韦公司（连锁超市）2006 年 7 月 20 日发布的盈余公告。这一天西夫韦公司宣布每股盈利（EPS）为 0.42 美元，它比市场一直认为的 0.36 美元要超出 6 美分。[2]同一天，S&P500 指数下降了 0.85%，但西夫韦公司的股价却上升了 8.39%。下面的表格显示了该公司在 2006 年 7 月 20 日发布盈余公告的例子。我们用事件研究的方法估计市场对该盈余增长的反应：

	A	B	C
1	**对正的超额盈余的市场反应** **西夫韦公司公告，2006年7月20日**		
2	公告日	20-Jul-06	
3	每股收益	$0.42	
4	对盈余的一致预测	$0.36	
5	超额盈余 (预测误差)	$0.06	
6			
7	**市场怎么解释超额盈余？** **使用市场模型**		
8	西夫韦公司	8.39%	
9	S&P 500	-0.85%	
10			
11	**S&P收益对西夫韦公司收益做回归** **使用市场模型：** **Safeway = 0.0001 + 0.9289*SP**		
12	截距	0.0001	
13	斜率	0.9289	
14	标准误	0.0118	
15			
16	**残差收益：** 预期股票收益对实际收益		
17	预期收益	-0.78%	<-- =B13*B9+B12
18	残差收益	9.17%	<-- =B8-B17
19	t统计量	7.75	<-- =B18/B14

---

[1] 一项由马萨诸塞州联邦部长 William F.Galvin 关于两家公司合并的研究报告中指出，该收购的协同作用，其价值在 220 亿—280 亿美元之间，并大多数价值被宝洁公司获得。见本书配套数据包中来自《商业周刊》的报告和一篇文章。

[2] 该盈利数据来自雅虎公司。

在单元格 B12:B14 中我们用西夫韦日收益与公告前 252 个交易日的 S&P500 数据回归，结果为 $r_{Safeway}=0.0001+0.9289\cdot r_{S\&P500}$，估计的标准误为 0.0118。

根据这些数据，我们可以预测西夫韦公司在公告日的预期收益。对应的 S&P500 指数收益为 -0.85%，但扣除该令人惊讶的盈余，应该为 -0.78%。这意味着异常收益，度量该盈余公告的影响是 9.17%(单元格 B18)。该收益的 t-统计量为 7.75，说明它是高度显著的。

14.4.2 超额盈余数据

我们的超额盈余数据取自于雅虎网站，如下图所示。尽管雅虎是数据来源很好的一个网站，但是它并不提供历史分析估计和实际盈余的数据库；这部分数据最好去彭博咨询网站的彭博最佳一致盈余估计(Bloomberg's Best Consensus Earnings Estimates)获取或者到其他商业资源网站获取。

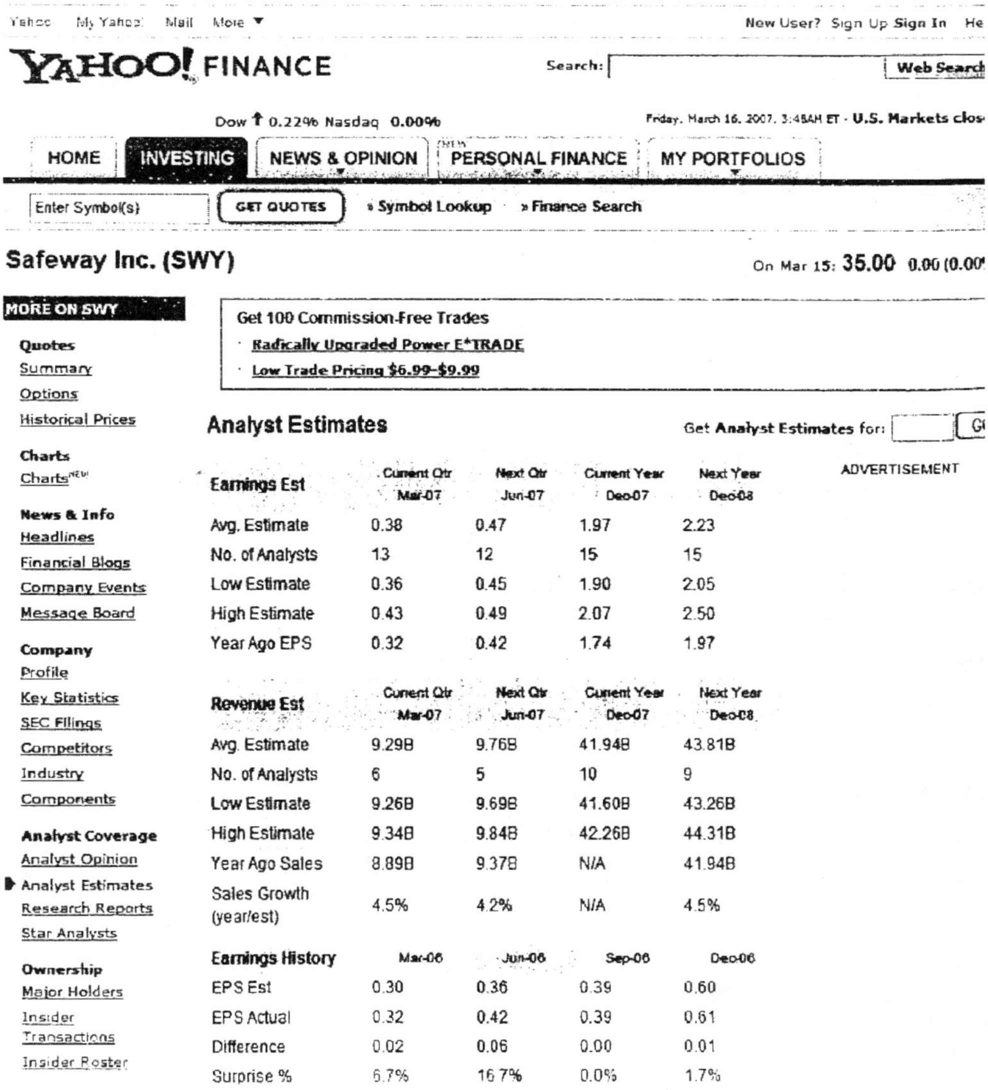

New User? Sign Up Sign In
YAHOO! FINANCE
Search:
Web Search
Dow 0.22% Nasdaq 0.00%
Friday, March 16, 2007, 3:48AM ET · U.S. Markets closed
HOME
INVESTING
NEWS & OPINION
PERSONAL FINANCE
MY PORTFOLIOS
Enter Symbol(s)
GET QUOTES
Symbol Lookup
Finance Search
Safeway Inc. (SWY)
On Mar 15: 35.00 0.00 (0.00%)
MORE ON SWY
Quotes
Summary
Options
Historical Prices
Charts
Charts
News & Info
Headlines
Financial Blogs
Company Events
Message Board
Company
Profile
Key Statistics
SEC Filings
Competitors
Industry
Components
Analyst Coverage
Analyst Opinion
Analyst Estimates
Research Reports
Star Analysts
Ownership
Major Holders
Insider Transactions
Insider Roster
Get 100 Commission-Free Trades
Radically Upgraded Power E*TRADE
Low Trade Pricing $6.99-$9.99
Analyst Estimates
Get Analyst Estimates for:
ADVERTISEMENT
Earnings Est | Current Qtr Mar-07 | Next Qtr Jun-07 | Current Year Dec-07 | Next Year Dec-08
Avg. Estimate | 0.38 | 0.47 | 1.97 | 2.23
No. of Analysts | 13 | 12 | 15 | 15
Low Estimate | 0.36 | 0.45 | 1.90 | 2.05
High Estimate | 0.43 | 0.49 | 2.07 | 2.50
Year Ago EPS | 0.32 | 0.42 | 1.74 | 1.97
Revenue Est | Current Qtr Mar-07 | Next Qtr Jun-07 | Current Year Dec-07 | Next Year Dec-08
Avg. Estimate | 9.29B | 9.76B | 41.94B | 43.81B
No. of Analysts | 6 | 5 | 10 | 9
Low Estimate | 9.26B | 9.69B | 41.60B | 43.26B
High Estimate | 9.34B | 9.84B | 42.26B | 44.31B
Year Ago Sales | 8.89B | 9.37B | N/A | 41.94B
Sales Growth (year/est) | 4.5% | 4.2% | N/A | 4.5%
Earnings History | Mar-06 | Jun-06 | Sep-06 | Dec-06
EPS Est | 0.30 | 0.36 | 0.39 | 0.60
EPS Actual | 0.32 | 0.42 | 0.39 | 0.61
Difference | 0.02 | 0.06 | 0.00 | 0.01
Surprise % | 6.7% | 16.7% | 0.0% | 1.7%

14.4.3 一个事件研究:百货行业

我们扩充对西夫韦公司的研究,考虑 4 家百货公司在 2006 财务年度的 16 个季度的盈余公告。[1]

	A	B	C	D	E	F	G	H	I	J	K	L	M	N	O	P	Q
1						2006—2007 年克罗格 (KR), 超价商店 (SVU), 西夫韦公司 (SWY), 和全食超市 (WFMI)的盈利公告											
2	日历天	公司	一致估计	实际收益	超额: =D3-C3		开始日期	截距	斜率	标准误		实际收益	S&P 500 收益	预期收益: =H3+I3*M3	异常收益: =L3-N3	t统计量	
3	7-Mar-06	KR	0.36	0.39	0.03		44	0.0003	0.6662	0.0123		1.36%	-0.19%	-0.09%	1.46%	1.1808	<-- =O3/J3
4	20-Jun-06	KR	0.42	0.42	0.00		117	0.0004	0.6063	0.0113		5.05%	0.00%	0.04%	5.01%	4.4355	<-- =O4/J4
5	12-Sep-06	KR	0.29	0.29	0.00		175	0.0006	0.5628	0.0108		-5.67%	1.03%	0.64%	-6.31%	-5.8201	<-- =O5/J5
6	5-Dec-06	KR	0.28	0.30	0.02		234	0.0003	0.4483	0.0118		5.08%	0.40%	0.21%	4.87%	4.1297	
7	18-Apr-06	SVU	0.56	0.55	-0.01		73	-0.0008	0.7049	0.0123		-0.28%	1.69%	1.11%	-1.39%	-1.1313	
8	26-Jul-06	SVU	0.57	0.53	-0.04		142	-0.0003	0.5416	0.0122		-7.09%	-0.04%	-0.05%	-7.03%	-5.7632	
9	10-Oct-06	SVU	0.53	0.61	0.08		195	-0.0002	0.6014	0.0128		4.36%	0.20%	0.10%	4.26%	3.3170	
10	9-Jan-07	SVU	0.56	0.54	-0.02		256	0.0003	0.5238	0.0130		-1.70%	-0.05%	0.00%	-1.70%	-1.3061	
11	27-Apr-06	SWY	0.30	0.32	0.02		80	0.0001	1.0139	0.0130		2.88%	0.33%	0.34%	2.54%	1.9473	
12	20-Jul-06	SWY	0.36	0.42	0.06		138	0.0001	0.9289	0.0118		8.39%	-0.85%	-0.78%	9.17%	7.7519	
13	12-Oct-06	SWY	0.39	0.39	0.00		197	0.0003	0.7533	0.0134		-1.43%	0.95%	0.75%	-2.18%	-1.6265	
14	27-Feb-07	SWY	0.60	0.61	0.01		289	0.0012	0.7505	0.0131		-3.95%	-3.53%	-2.54%	-1.41%	-1.0814	
15	4-May-06	WFMI	0.35	0.36	0.01		85	0.0006	0.8345	0.0175		12.50%	0.32%	0.33%	12.17%	6.9434	
16	1-Aug-06	WFMI	0.34	0.35	0.01		146	-0.0007	1.2329	0.0164		-12.51%	-0.45%	-0.63%	-11.88%	-7.2345	
17	3-Nov-06	WFMI	0.29	0.29	0.00		213	-0.0014	1.3199	0.0195		-26.21%	-0.22%	-0.43%	-25.78%	-13.2186	
18	22-Feb-07	WFMI	0.40	0.38	-0.02		286	-0.0020	1.5321	0.0243		13.13%	-0.09%	-0.33%	13.46%	5.5465	
19																	
20						单元格 G18 包含公式: =COUNTIF('Stock Prices'!$A$3:$A$551,"<="&TEXT(A18,"0"))-252								正 超额		2.65%	<-- =SUMIF($E$3:$E$18,">0",$O$3:O 18)/COUNTIF(E3:E18,">0")
21														非正 超额		-3.24%	=SUMIF($E$3:$E$18,"<=0",$O$3:$O $18)/COUNTIF(E3:E18,"<=0")
22																	
23							单元格 H18 包含公式: =INTERCEPT(OFFSET('Stock Prices'!$A$2,$G18,10,252,1),OFFSET('Stock Prices'!$A$2,$G18,2,252,1))										
24																	
25									单元格 I18 包含公式: =SLOPE(OFFSET('Stock Prices'!$A$2,$G18,10,252,1),OFFSET('Stock Prices'!$A$2,$G18,2,252,1))								
26																	
27								单元格 J18 包含公式: =STEYX(OFFSET('Stock Prices'!$A$2,$G18,10,252,1),OFFSET('Stock Prices'!$A$2,$G18,2,252,1))									

针对每个公告,我们用公告前的 252 个交易日数据确定其市场反应回归的截距和斜率。[2]下面是电子表中的一个特定举例。

	A	B	C	D	E	F	G	H	I	J	K	L	M	N	O	P
2	日历天	公司	一致估计	实际收益	超额: =D3-C3		开始日期	截距	斜率	标准误		实际收益	S&P 500 收益	预期收益: =H3+I3*M3	异常收益: =L3-N3	t统计量
3	7-Mar-06	KR	0.36	0.39	0.03		44	0.0003	0.6662	0.0123		1.36%	-0.19%	-0.09%	1.46%	1.1808
18	22-Feb-07	WFMI	0.40	0.38	-0.02		286	-0.0020	1.5321	0.0243		13.13%	-0.09%	-0.33%	13.46%	5.5465

行 3 中,我们用克罗格公司在 2006 年 5 月 7 日盈余公告前 252 个交易日数据,建立克罗格股票对 S&P500 的市场模型。该模型是 $r_{Kroger, t} = 0.0003 + 0.6662 \cdot r_{SP, t}$。克罗格公司在公告当天的实际收益为 1.36%,比用市场模型预测的收益高 1.46%。然而,用这个 1.46% 除以异常收益(回归残差)的标准差后 (Steyx = 0.0123),得到的 t-统计量仅为 1.1808,在 5% 的置

---

[1] 我们仅将克罗格公司(Kroger)、超价商店公司(Supervalu)、西夫韦公司(Safeway)和全食超市公司(Whole Foods)纳入样本。无论是公司数量,还是公告数量,都表明这明显不是一个完整的样本。然而该扩充案例主要是想告诉大家一个完整的事件研究。

[2] 事件窗口在 G 列中由"开始点"确定。它使用了 Countif 函数,从股票收益的数据库中,找出事件日前 252 个工作日的那一天。请注意"开始点"在 H、I 和 J 列中的 Intercept、Slope 及 Rsq 函数都有涉及。

信水平上是不显著的。

　　行 18 中,我们用全食超市公司在 2007 年 2 月 21 日盈余公告前一年数据,建立全食超市股票对 S&P500 的市场模型。该市场模型是 $r_{\text{Whole Food}, t} = -0.0020 + 1.5321 \cdot r_{\text{SP}, t}$,其标准误为 0.0243。公布日的异常收益是 13.46%,经检验得在 1% 的置信水平上是显著(因此单元格 B18 加粗)。请注意,为了吃透该解释,我们发现盈余公告的那一天,全食超市公司还公告与野燕麦有机超市合并;该第二个公告使得解释盈余发布的真正市场反应变得十分困难。一般来说,当事件发生掺杂了其他信息时,我们不得不谨慎地解释异常收益。

14.4.4　累计异常收益

　　在下面的电子表中我们对数据形式做了调整——使用 OFFSET 函数,然后计算事件窗口的异常收益,该窗口的时间长度是盈余公告日的前 10 天至后 10 天:

	A	B	C	D	E	F	G	H	I	J	K	L	M	N	O	P	Q
1							事件前后10天的窗口的累计异常收益										
2	日历天	7-Mar-06	20-Jun-06	12-Sep-06	5-Dec-06	18-Apr-06	26-Jul-06	10-Oct-06	9-Jan-07	27-Apr-06	20-Jul-06	12-Oct-06	27-Feb-07	4-May-06	1-Aug-06	3-Nov-06	22-Feb-07
3	公司	KR	KR	KR	KR	SVU	SVU	SVU	SVU	SWY	SWY	SWY	SWY	WFMI	WFMI	WFMI	WFMI
4	一致估计	0.36	0.42	0.29	0.28	0.56	0.57	0.53	0.56	0.3	0.36	0.39	0.6	0.35	0.34	0.29	0.4
5	实际收益	0.39	0.42	0.29	0.3	0.55	0.53	0.61	0.54	0.32	0.42	0.39	0.61	0.36	0.35	0.29	0.38
6	超额	0.03	0.00	0.00	0.02	-0.01	-0.04	0.08	-0.02	0.02	0.06	0.00	0.01	0.01	0.01	0.00	-0.02
7																	
8	开始日期	44	117	175	234	73	142	195	256	80	138	197	289	85	146	213	286
9	截距	0.0003	0.0004	0.0006	0.0003	-0.0008	-0.0003	-0.0002	0.0003	0.0001	0.0001	0.0003	0.0012	0.0006	-0.0007	-0.0014	-0.0020
10	斜率	0.6662	0.6063	0.5628	0.4483	0.7049	0.5416	0.6014	0.5238	1.0139	0.9289	0.7533	0.7505	0.8345	1.2329	1.3199	1.5321
11	标准误	0.0123	0.0113	0.0108	0.0118	0.0123	0.0122	0.0128	0.0130	0.0130	0.0118	0.0134	0.0131	0.0175	0.0164	0.0195	0.0243
12																	
13																	
14	事件日							异常收益									
15	-10	0.59%	-0.07%	0.72%	-0.46%	-0.68%	-1.81%	-1.04%	0.47%	0.32%	-0.01%	0.36%	0.46%	-0.52%	-3.87%	0.05%	0.26%
16	-9	-1.19%	0.89%	0.38%	-1.20%	-1.06%	0.33%	-0.43%	0.36%	0.65%	-0.96%	-0.94%	0.29%	-1.94%	0.93%	-0.06%	0.94%
17	-8	1.08%	0.58%	-0.32%	0.00%	0.25%	-0.35%	0.29%	-0.92%	-0.65%	0.21%	0.22%	0.60%	-1.20%	-0.33%	-0.98%	1.82%
18	-7	-0.67%	-1.34%	0.85%	-0.23%	-0.86%	1.30%	0.05%	0.66%	0.90%	-0.78%	-0.16%	-0.96%	-1.27%	-0.18%	0.53%	-0.87%
19	-6	0.98%	-0.45%	-0.59%	-0.67%	-0.55%	1.24%	-0.66%	-0.48%	-2.40%	0.20%	-3.61%	0.33%	-0.59%	-1.79%	0.10%	-0.11%
20	-5	-0.34%	1.41%	-0.84%	0.42%	0.29%	0.13%	2.44%	-1.05%	-0.66%	0.19%	-4.99%	0.68%	-1.35%	-0.97%	0.25%	0.35%
21	-4	-0.23%	0.11%	0.49%	0.62%	-0.71%	0.79%	-0.63%	0.71%	-0.57%	0.93%	0.88%	0.21%	0.09%	-1.88%	0.31%	0.35%
22	-3	-1.55%	-1.16%	-0.39%	-1.92%	-1.01%	-0.64%	-0.11%	-0.46%	-0.80%	0.92%	1.21%	-3.80%	0.41%	0.85%	-1.52%	1.22%
23	-2	0.93%	-0.59%	1.97%	0.98%	0.34%	0.49%	-0.05%	0.68%	0.61%	1.79%	2.36%	-1.12%	-0.28%	1.38%	0.03%	-1.01%
24	-1	0.03%	-0.26%	0.29%	2.63%	0.29%	-0.60%	2.95%	-0.79%	0.82%	-1.33%	0.30%	0.60%	1.08%	0.01%	-4.74%	-0.39%
25	0	1.46%	5.01%	-6.31%	4.87%	-1.39%	-7.03%	4.26%	-1.70%	2.54%	9.17%	-2.18%	-1.41%	12.17%	-11.88%	-25.78%	13.46%
26	1	1.43%	-0.63%	0.38%	-1.35%	-1.12%	-4.37%	0.58%	-1.57%	-0.12%	0.83%	-2.34%	1.01%	1.42%	-0.14%	-0.94%	-2.45%
27	2	-1.15%	-0.56%	0.93%	-0.15%	1.43%	-2.64%	0.99%	1.59%	1.33%	-1.44%	0.34%	0.37%	0.37%	-0.19%	2.02%	0.06%
28	3	1.08%	1.15%	-2.90%	-0.24%	-0.82%	0.87%	0.20%	-0.91%	-3.28%	-0.24%	0.35%	-1.44%	-1.78%	0.67%	3.11%	0.94%
29	4	0.03%	1.37%	0.27%	2.61%	0.36%	0.20%	-0.71%	-0.56%	-1.34%	-0.23%	1.26%	-0.06%	-0.40%	0.24%	0.14%	-1.13%
30	5	0.11%	-0.31%	-0.31%	1.19%	-0.99%	0.62%	-0.47%	-0.53%	0.58%	0.76%	-1.94%	-0.59%	-0.04%	-4.00%	0.44%	-1.13%
31	6	-0.12%	2.70%	0.50%	-0.42%	-0.23%	-0.76%	0.83%	0.04%	1.02%	-1.13%	0.93%	-0.40%	-0.76%	-1.24%	0.84%	0.41%
32	7	-0.20%	0.35%	-0.96%	0.75%	0.63%	0.11%	0.27%	1.26%	-0.45%	-0.09%	0.13%	1.20%	1.25%	0.00%	0.25%	1.97%
33	8	-0.18%	0.73%	1.90%	0.33%	0.46%	-0.41%	-0.02%	1.75%	-1.43%	0.26%	-2.28%	-0.12%	-0.46%	-1.25%	-0.34%	-0.63%
34	9	-1.34%	-0.52%	0.14%	-2.86%	0.23%	-1.15%	-0.23%	0.04%	-0.82%	1.04%	0.13%	-0.12%	-1.59%	7.14%	-0.99%	-1.50%
35	10	0.86%	0.08%	-0.14%	-1.19%	-0.88%	-1.27%	0.00%	0.48%	0.46%	-0.33%	0.92%	-0.12%	-0.85%	2.10%	-0.12%	-0.63%

　　我们可以计算该事件窗口内每天的平均异常收益(average abnormal returns,AAR)和累计异常收益(cumulative abnormal returns,CAR)。在下面的电子表中我们将正盈余公告和负盈余公告分开来计算:

	S	T	U	V	W	X	Y	Z	AA	AB
3				单元格 U11 包含公式						
4				{=SQRT(SUMPRODUCT(IF($B$6:$Q$6>0,$B$11:$Q$11),IF(B						
5				6:$Q$6>0,$B$11:$Q$11))*(1/COUNTIF($B$6:$Q$6,">0")^2))}						
6										
7										
8										
9			未调整截面误差 - 正				未调整截面误差 - 非正			
10										
11			0.49%				0.54%			
12										
13			正-盈余公告				负-盈余公告			
14	事件日	AAR	t统计量	累计异常收益		AAR	t统计量	累计异常收益		
15	-10	-0.57%	-1.1615	-0.57%		-0.09%	-0.1632	-0.09%		
16	-9	-0.48%	-0.9931	-1.05%		0.10%	0.1944	0.02%		
17	-8	0.00%	0.0026	-1.05%		0.04%	0.0670	0.05%		
18	-7	-0.39%	-0.8046	-1.44%		0.01%	0.0251	0.07%		
19	-6	-0.57%	-1.1777	-2.01%		-0.54%	-1.0058	-0.48%		
20	-5	0.05%	0.1043	-1.96%		-0.55%	-1.0278	-1.03%		
21	-4	-0.18%	-0.3753	-2.14%		0.37%	0.6774	-0.67%		
22	-3	-0.75%	-1.5410	-2.89%		-0.34%	-0.6376	-1.01%		
23	-2	0.53%	1.0900	-2.36%		0.54%	0.9917	-0.47%		
24	-1	0.85%	1.7437	-1.51%		-0.74%	-1.3685	-1.21%		
25	0	2.65%	5.4406	1.13%		-3.24%	-6.0062	-4.46%		
26	1	0.46%	0.9409	1.59%		-1.63%	-3.0190	-6.08%		
27	2	0.02%	0.0335	1.61%		0.40%	0.7356	-5.69%		
28	3	-0.63%	-1.2939	0.98%		0.22%	0.4121	-5.47%		
29	4	0.02%	0.0355	0.99%		0.24%	0.4434	-5.23%		
30	5	-0.30%	-0.6087	0.70%		-0.52%	-0.9620	-5.75%		
31	6	-0.28%	-0.5690	0.42%		0.55%	1.0269	-5.19%		
32	7	0.34%	0.6998	0.76%		0.47%	0.8643	-4.72%		
33	8	-0.36%	-0.7326	0.41%		0.14%	0.2680	-4.58%		
34	9	0.15%	0.3154	0.56%		-0.45%	-0.8382	-5.03%		
35	10	0.12%	0.2425	0.68%		-0.20%	-0.3614	-5.23%		
36										
37										
38		单元格 T35 包含公式 =SUMIF($B$6:$Q$6,">0",B35:Q35)/COUNTIF($B$6:$Q$6,">0")				单元格 X35 包含公式 =SUMIF($B$6:$Q$6,"<=0",B35:Q35)/COUNTIF($B$6:$Q$6,"<=0")				
39										
40		单元格 U35 包含公式 =T35/$U$11				单元格 Y35 包含公式 =X35/$Y$11				
41										
42										
43		单元格 V35 包含公式 =T35+V34				单元格 Z35 包含公式 =X35+Z34				

对两种异常收益（正盈余公告和负盈余公告），我们用每天的 AAR 除以对应的代表性误差（单元格 U11 和单元格 Y11），计算它们各自的 t 统计量：

$$单元格\ U11: \sqrt{\frac{正盈利公告的\ Steyx\ 平方和}{正盈利公告数}}$$

$$单元格\ Y11: \sqrt{\frac{负盈余的\ Steyx\ 平方和}{负盈利公告数}}$$

该 CAR 的作图如下：

平均累计异常收益

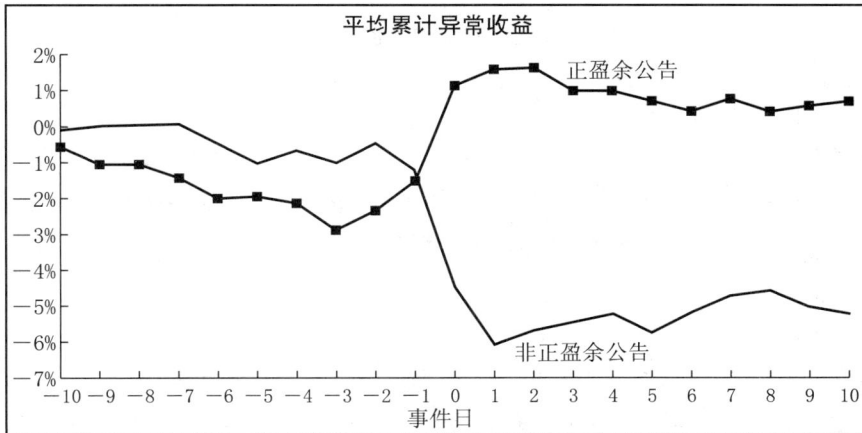

平均而言,盈余信息无论是好是坏,该信息在公布日都没有泄露。而且公告后市场能快速地吸收该信息:公告日("事件日 0")后市场没有其他的反应。

14.5 将双因素模型运用到事件研究中

在第 14.2 节中使用的模型假设了一个均衡模型 $r_{it} = \alpha_i + \beta_i r_{Mt}$。该单因素模型的问题它假设股票收益仅受一个市场指数因素的影响。本节我们引入双因素模型,假设收益是市场和行业两个因素的一个函数:$r_{it} = \alpha_i + \beta_{i, Market} r_{Mt} + \beta_{i, Industry} r_{Industry, t}$。然后我们可以用该模型确定特定事件是否对收益产生影响,以及影响方向是什么。

我们的事件:2006 年 11 月 16 日,温蒂国际公司(Wendy's International)公告以偿债方式回购 22,418,000 股,价格为每股 35.75 美元。这次股票回购占该公司股票的 19%。温蒂国际在 11 月 16 日的每股收盘价为 35.66 美元。

温蒂公告修改"荷兰式拍卖"股权回购的最终结果

俄亥俄州,都柏林(2006 年 11 月 22 日)——温蒂国际有限公司(NYSE:WEN)创立于 1996 年。温蒂今天宣布修改"荷兰式拍卖"股权回购的最终结果,到期日是 2006 年 11 月 16 日,美国东部时间,下午 5:00。

该公司已回购 22,413,278 股股票,每股购买价格为 35.75 美元,总费用为 801.3 百万美元。

在此次股票回购中,在购买价或低于购买价的水平上,所有持有普通股的股东均可参与,有特定限制者除外。

美国股票转让和信托公司,受托了此次股票回购,对有效回购将立即付款并接受对低于该股票回购价的购买。

温蒂国际有限公司此次回购的股票约占目前流通股的 19%。

温蒂国际对 S&P500 及 S&P 餐饮业指数

注：The S&P500 及 S&P500 餐饮业指数将温蒂国际在 2003 年 1 月 3 日的收盘价 2.04 美元包含在内。

回购对温蒂国际收益的影响

我们用温蒂国际公司的日收益对 S&P500 指数和 S&P500 餐饮业指数收益做回归。数据来自 2006 年 11 月 16 日公告日前的 252 个交易日。我们使用数组函数 Linest 来计算①，结果如下表所示：

	A	B	C	D
2		行业	市场	截距
3	斜率 -->	0.4157	0.5095	0.0012
4	标准误 -->	0.0851	0.1410	0.0007
5	R^2 -->	0.3140	0.0103	#N/A
6	F统计量-->	56.9738	249	#N/A
7	SS_{xy} -->	0.0122	0.0266	#N/A

我们可以看到，温蒂国际公司的收益对市场和行业都是很敏感的。

$$r_{Wendy,\ t} = 0.0012 + \underset{\substack{\text{市场反应系数}\\\text{标准误：0.1410}}}{0.5095} \cdot r_{Mt} + \underset{\substack{\text{行业反应系数}\\\text{标准误：0.0851}}}{0.4157} \cdot r_{It}$$

该 Linest 的结果在下一个电子表中再次出现。将系数除以它们各自的标准误（行 9），我们看到它们均在 1% 的置信水平上显著。注意单元格 C4 给出了 y 的估计标准误；我们要用它来分析确定异常收益的显著性。进一步的分析见下面的电子表。

---

① 计算多元回归的 Linest 函数将在第 33 章讨论，该函数不是 Excel 的常用函数。

	A	B	C	D	E	F	G	H	I	J
1				温蒂公司收益: 估计窗口和事件窗口						
2		行业	市场	截距						
3	斜率 -->	0.4157	0.5095	0.0012						
4	标准误 -->	0.0851	0.1410	0.0007						
5	R^2 -->	0.3140	0.0103	#N/A		单元格 B3:D7 包含数组函数				
6	F统计量-->	56.9738	249	#N/A		{=LINEST(B15:B266,C15:D266,,TRUE)}				
7	SS_{xy} -->	0.0122	0.0266	#N/A						
8										
9	t统计量	4.8818	3.6142	1.8367	<-- =D3/D4	单元格 C5为y的估计的标准误,用于异常收益t检验				
10										
11	估计窗口所含天数	252	<-- =COUNT(A15:A266)							
12										
13							事件窗口			
14	日期	温蒂国际	S&P 500	S&P 500 餐饮业指数	预期收益	异常收益 (AR)	累计异常收益 (CAR)		AR的检验	
15	15-Nov-05	0.08%	-0.39%	-1.26%						
16	16-Nov-05	-0.37%	0.18%	-0.93%						
17	17-Nov-05	0.84%	0.94%	1.60%		单元格 E267 包含公式				
18	18-Nov-05	0.27%	0.44%	0.19%		=$D$3+$C$3*C267+$B$3*D267				
19	21-Nov-05	1.08%	0.53%	0.92%						
263	9-Nov-06	-0.89%	-0.53%	-0.35%		单元格 F267 包含公式 =B267-E267				
264	10-Nov-06	1.46%	0.19%	0.95%						
265	13-Nov-06	0.08%	0.25%	-0.05%						
266	14-Nov-06	0.73%	0.63%	0.03%						
267	15-Nov-06	0.25%	0.24%	0.21%	0.33%	-0.08%	-0.08%	<-- F267	-0.0741	<-- =F267/$C$5
268	16-Nov-06	0.31%	0.23%	1.26%	0.76%	-0.45%	-0.53%	<-- =G267+F268	-0.4363	
269	17-Nov-06	-6.44%	0.10%	-1.78%	-0.57%	-5.87%	-6.40%	<-- =G268+F269	-5.6805	
270	20-Nov-06	-1.59%	-0.05%	-0.19%	0.02%	-1.61%	-8.01%		-1.5582	
271	21-Nov-06	0.15%	0.16%	0.07%	0.23%	-0.08%	-8.09%		-0.0784	
272	22-Nov-06	2.80%	0.23%	0.27%	0.35%	2.45%	-5.64%			

在电子表的行 267—272 中我们使用双因素模型分析了温蒂公司公告后的异常收益(AR)与累计异常收益(CAR)。然而在公告日之前几乎没有 AR 或 CAR,但在 11 月 16 日公告后接下来的一天,温蒂公司的收益明显受到了影响(11 月 17 日的异常收益为 -5.87%)。后一个工作日也是如此(11 月 20 日的 AR 为 -1.63%)。我们用异常收益除以单元格 C5 中的标准误,结果显示只有事件日那天的 AR 是在 5% 的置信水平上显著的。

进一步将该公告的影响分解到市场和行业两个因素中去。结果显示,在 11 月 16 日的公告日的后两天中,市场对温蒂公司收益只有很微弱的影响。但在 11 月 17 日,S&P500 餐饮业指数对温蒂公司的影响非常显著,而 11 月 20 日则没有这种情况。

为了看清这一点,我们先列出了 2006 年 11 月 17 日以后的情况:

	A	B	C	D	E	F	G	H
13							事件窗口	
14	日期	温蒂国际	S&P 500	S&P 500 餐饮业指数	预期收益	异常收益 (AR)	累计异常收益 (CAR)	
266	14-Nov-06	0.73%	0.63%	0.03%				
267	15-Nov-06	0.25%	0.24%	0.21%	0.33%	-0.08%	-0.08%	<-- =F267
268	16-Nov-06	0.31%	0.23%	1.26%	0.76%	-0.45%	-0.53%	<-- =G267+F268
269	17-Nov-06	-6.44%	0.10%	-1.78%	-0.57%	-5.87%	-6.40%	<-- =G268+F269
270	20-Nov-06	-1.59%	-0.05%	-0.19%	0.02%	-1.61%	-8.01%	
271	21-Nov-06	0.15%	0.16%	0.07%	0.23%	-0.08%	-8.09%	
272	22-Nov-06	2.80%	0.23%	0.27%	0.35%	2.45%	-5.64%	

在 11 月 17 日，S&P500 指数上升了 0.1 个百分点，而 S&P500 餐饮业指数则下降了 1.78% 根据回归方程 $r_{Wendy,\,t} = 0.0012 + 0.5095 \cdot r_{Mt} + 0.4157 \cdot r_{It}$，S&P500 的变动将使温蒂的收益增加约为 0.05%（= 0.5095 × 0.10%），而行业指数的变动将使之下跌了 0.74% [= 0.4157 × (−1.78%)]。但温蒂在当天的降幅 6.44% 远远超出这两个因素中的任意一个因素所带来的影响。

下面是 11 月 20 日的数据：

	A	B	C	D	E	F	G	H
13						事件窗口		
14	日期	温蒂国际	S&P 500	S&P 500 餐饮业指数	预期收益	异常收益 (AR)	累计异常收益 (CAR)	
266	14-Nov-06	0.73%	0.63%	0.03%				
267	15-Nov-06	0.25%	0.24%	0.21%	0.33%	-0.08%	-0.08%	<-- =F267
268	16-Nov-06	0.31%	0.23%	1.26%	0.76%	-0.45%	-0.53%	<-- =G267+F268
269	17-Nov-06	-6.44%	0.10%	-1.78%	-0.57%	-5.87%	-6.40%	<-- =G268+F269
270	20-Nov-06	-1.59%	-0.05%	-0.19%	0.02%	-1.61%	-8.01%	
271	21-Nov-06	0.15%	0.16%	0.07%	0.23%	-0.08%	-8.09%	
272	22-Nov-06	2.80%	0.23%	0.27%	0.35%	2.45%	-5.64%	

在 11 月 20 日，S&P500 下跌了 0.05%，S&P500 餐饮业指数下降了 0.19%。根据回归方程 $r_{Wendy,\,t} = 0.0012 + 0.5095 \cdot r_{Mt} + 0.4157 \cdot r_{It}$，S&P500 的变动将使温蒂的收益减少约 0.08%，而行业指数的变动将使之下跌 0.03%。但温蒂在当天的降幅为 1.59%，同样远远超出这两个因素中的任意一个因素所带来的影响。

公告的影响甚至持续到事后的第三天。我们将第三天的分析留给读者。

14.6　使用 Excel 的 Offset 函数在一个数据集中定位一个回归模型

第 14.2 节中的分析要求我们确定一个 S&P500 收益对个别股票收益的回归模型。回归的数据从特定事件的前 252 个交易日获得。第 14.2 节的计算技术涉及了一系列的 Excel 函数：

● Intercept、Slope 和 Rsq 函数给出回归的截距、斜率和 R 方。这些函数在第 2 章和前面有关投资组合的章节中都有介绍。函数 Steyx 给出回归残差的标准误。

● 函数 CountIf 对符合给定条件的单元格计数。CountIf 句法为 CountIf（data，condition）。然而，condition 必须为文本条件（这意味着在我们的例子中需要用到 Text 函数将数据转化为文本数字，下面将详细讨论）。

● 函数 Offset（见第 33 章）让我们能够在一个数组中指定某个单元格或某个区域。

我们用通用磨坊公司（General Mills，GIS）和 S&P500 收益数据的例子来说明。这里，我们希望得到 S&P500 收益对 GIS 收益的回归模型，数据来自 1997 年 1 月 29 日前 10 天：

	A	B	C	D	E	F	G
1			使用OFFSET、COUNTIF和TEXT 在数据集中定位回归模型				
2	日期	通用磨坊 GIS	收益		SP500	收益	
3	3-Jan-97	57.96			748.03		
4	6-Jan-97	58.19	0.0040	<-- =LN(B4/B3)	747.65	-0.0005	<-- =LN(E4/E3)
5	7-Jan-97	59.33	0.0194		753.23	0.0074	
6	8-Jan-97	59.33	0.0000		748.41	-0.0064	
7	9-Jan-97	59.91	0.0097		754.85	0.0086	
8	10-Jan-97	59.91	0.0000		759.5	0.0061	
9	13-Jan-97	59.68	-0.0038		759.51	0.0000	
10	14-Jan-97	59.91	0.0038		768.86	0.0122	
11	15-Jan-97	59.56	-0.0059		767.2	-0.0022	
12	16-Jan-97	59.56	0.0000		769.75	0.0033	
13	17-Jan-97	59.56	0.0000		776.17	0.0083	
14	20-Jan-97	59.44	-0.0020		776.7	0.0007	
15	21-Jan-97	60.71	0.0211		782.72	0.0077	
16	22-Jan-97	61.4	0.0113		786.23	0.0045	
17	23-Jan-97	62.09	0.0112		777.56	-0.0111	
18	24-Jan-97	61.63	-0.0074		770.52	-0.0091	
19	27-Jan-97	61.29	-0.0055		765.02	-0.0072	
20	28-Jan-97	61.06	-0.0038		765.02	0.0000	
21	29-Jan-97	62.09	0.0167		772.5	0.0097	
22	30-Jan-97	62.21	0.0019		784.17	0.0150	
23	31-Jan-97	62.44	0.0037		786.16	0.0025	
24	3-Feb-97	62.09	-0.0056		786.73	0.0007	
25							
26	开始日期	29-Jan-97					
27	从顶行到开始日期的行数	19	<-- =COUNTIF(A3:A24,"<="&TEXT(B26,"0"))				
28	回归						
29	截距	0.0022	<-- =INTERCEPT(OFFSET(A3:F24,B27-11,2,10,1),OFFSET(A3:F24,B27-11,5,10,1))				
30	斜率	0.5198	<-- =SLOPE(OFFSET(A3:F24,B27-11,2,10,1),OFFSET(A3:F24,B27-11,5,10,1))				
31	R方	0.1413	<-- =RSQ(OFFSET(A3:F24,B27-11,2,10,1),OFFSET(A3:F24,B27-11,5,10,1))				
32							
33							
34	检查						
35	截距	0.0022	<-- =INTERCEPT(C11:C20,F11:F20)				
36	斜率	0.5198	<-- =SLOPE(C11:C20,F11:F20)				
37	R方	0.1413	<-- =RSQ(C11:C20,F11:F20)				

为了完成这个回归，我们首先用 CountIf(data，condition)来给比开始日早的数据的行数计数。因为 condition 必须为文本输入，我们要使用 Text(B26，"0")将单元格 B26 由日期转化为文本。Excel 函数＝CountIf(A3：A24，"＜＝"&Text(B26，"0"))输出在列 A3：A24 中小于或等于 B26 中日期的单元格的个数。可以看到答案正是 19(单元格 B27)。

下一步是使用 Offset(A3：F24，B27-11，2，10，1)来给开始 19 日前的 10 行 GIS 收益数据定位。这是一个充满技巧性的函数！

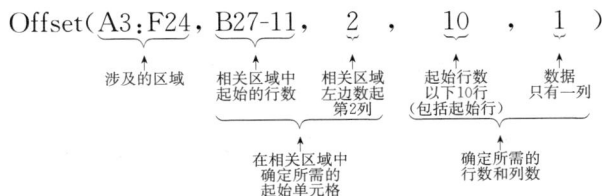

$$\text{Offset}(\underbrace{\text{A3：F24}}_{涉及的区域}，\underbrace{\text{B27-11}}_{\substack{相关区域中\\起始的行数}}，\underbrace{2}_{\substack{相关区域\\左边数起\\第2列}}，\underbrace{10}_{\substack{起始行数\\以下10行\\(包括起始行)}}，\underbrace{1}_{\substack{数据\\只有一列}})$$

在相关区域中确定所需的起始单元格　　确定所需的行数和列数

函数 Intercept、Slope 及 Rsq 现在可以和 Offset(A3：F24，B27-11，2，10，1)及 Offset(A3：F24，B27-11，5，10，1)一起使用：

$$= \text{Intercept}\left[\underbrace{\text{Offset}(\text{A3};\text{F24},\ \text{B27-11},\ 2,\ 10,\ 1)}_{\text{数据}y},\ \underbrace{\text{Offset}(\text{A3};\text{F24},\ \text{B27-11},\ 5,\ 10,\ 1)}_{\text{数据}x}\right]$$

14.7 本章小结

事件研究,常用于确定一个指定股票对一个特定市场的影响或一组股票对一个一般市场的影响,目前它在现实的金融领域中是应用最为广泛的技术之一。尽管 Excel 并不是处理事件研究的最佳工具,但在本章中我们用它说明事件研究的两种方法。我们显示了 Excel 可以处理单(双)因素事件研究。对熟习 Excel 技术的人来说,它是轻而易举的。

第 15—19 章涉及期权定价及其应用。第 15 章是期权导论,先定义期权的相关专用术语,随后讨论期权清算和基本期权定价定理。第 16 章中我们讨论二项式期权定价模型和它在 Excel 中的应用。在介绍这些二项式期权定价模型如何工作后,我们使用 Visual Basic for Applications(VBA)建立欧式和美式期权的二项式期权函数。其应用之一是对员工股票期权的定价。

第 17 章讨论布莱克—斯科尔斯欧式看涨期权和看跌期权的定价公式。这些公式的实施可以直接在电子表中计算或通过 VBA 建立新电子表函数来实现。布莱克—斯科尔模型的一个扩展,支付股利的股票定价(所谓的 Merton 模型)被实施,介绍了如何将期权定价模型用于结构性证券的股值。第 18 章我们讨论了"期权希腊字母"的计算——期权定价公式的衍生,它说明了该期权估值对其各类参数的敏感性。

第 19 章中我们讨论实物期权——期权定价模型在实物投资上的应用。

当你掌握了这些章节的知识,你便可以进入到本书蒙特卡罗模拟的学习中。第 24—30 章将讨论期权定价策略在 Excel 中是如何被模拟的。这些章节将讨论那些更复杂的期权——其支付的路径依赖——是如何使用蒙特卡罗方法进行定价的。

15

期权导论

15.1 概述

本章中，我们对期权作一个简单的介绍。本章应该说是你已熟知的。假如你对期权的概念还不了解，你可以先阅读一些金融学教科书中的有关介绍。[①]这里我们先从期权定义和术语开始，接下来讨论期权清算和"利润图"，最后讨论一些比较重要的期权套利命题（一般假设是线性的）。在下一章中，我们讨论两种期权定价方法：二项式期权定价模型（第 16 章）和布莱克—斯科尔斯期权定价模型（第 17 章）。

15.2 期权的基本定义和术语

在一个股票上的期权是一个赋予期权持有人在一个特定的到期日或之前以特定价格购买或出售一定数量股票的权利。下面是在期权中经常使用的术语和符号的简单汇总：

- 看涨期权（call），记作 C：一份赋予期权持有人在一个特定的到期日或者之前按指定价格购买一定数量股票的权利。
- 看跌期权（put），记作 P：一份赋予期权持有人在一个特定的到期日或者之前按指定价格出售股票的权利。
- 执行价格（exercise price），记作 X：期权持有人购买或出售股票的价格；有时也称为协议价格（strike price）。
- 到期日（expiration date），记作 T：期权持有人在有效期或者之前可以购买或出售期权

---

① 一些较好的章节可以在这些书中找到：John Hull，*Options*，2011，*Futures and Other Derivative*，8th edition，Prentice Hall；ZviBodie，Alex Kane，and Alan J.Marcus，2011，*Investments*，9th edition，McGraw-Hill。

对应的基础股票(underlying stocks)。

- 股票价格(stock price),记作 S_t:基础股票在日期 t 的售价。当前股票价格用 S_0 表示。
- 期权价格(option price):期权的买卖价格。

美式期权(American options)是在到期日 T 之前能执行的期权,而欧式期权(European options)是一个只能在到期日 T 执行的期权。这两个术语常被混淆,其原因有二:

- 在欧洲和美国期权交易所中交易的期权几乎都是美式期权。
- 最简单的期权定价模型(包括在第 17 章中讨论的著名布莱克—斯科尔斯期权定价模型)都是欧式期权的定价模型。正如我们在第 15.6 节中将要说明的,在许多时候我们可以把美式期权当作是欧式期权一样来定价。

我们用 C_t 表示在日期 t 上一个欧式看涨期权的价格,而用 P_t 表示欧式看跌期权的价格。如果期权价格很清楚地是指今天的价格,这时我们时常省去下标,写为 C 或 P 而不是 C_0 或 P_0。当基础股票价格是 S_t,执行价格是 X,到期日是 T 时,对日期 t 上的看涨期权价格,完整的符号表示为 $C_t(S_t,X,T)$。如果我们想特指与美式期权有关的期权定价公式,我们使用上标 A:C_t^A,$C_t^A(S_t,X,T)$ 或 $P_t^A(S_t,X,T)$。当没有上标时,表示欧式期权。

如果看涨期权或看跌期权的执行价格等于股票当期价格 S_0,那么该期权是两平的(at-the-money)。如果立即执行一个美式期权能够得到一个正的现金流(也就是说,看涨期权是 $S_0-X>0$,看跌期权是 $X-S_0>0$),那么该期权是实值(in-the-money)期权。[1]

出售期权与购买期权:现金流

一个看涨期权的购买者取得在日期 T 或 T 之前以特定价格购买股票权利,但他在购买时必须支付一定的费用。该看涨期权的立权人或卖主是这个权利的出售者:出售者在今天得到期权的价款以换取在将来承担执行价格出售股票的义务(如果期权持有人执行该期权的话)。对于现金流来说,期权购买者开始总有一个负的现金流(期权价格)而未来现金流在最坏情况下为零(如果该期权不值得执行),否则为正(如果执行期权)。期权出售者的现金流和购买者的相反:开始是正的现金流,后来的现金流最大为零。

	看涨期权清算模式	
时间 0	**时间 T**	
购买看涨期权 现金流量 <0	到期看涨期权清算 $\max[S_T-X,0]\geqslant 0$	看涨期权购买者 的现金流量
	在时间 0 和 T 之间 对欧式期权现金流量 $=0$ 对美式期权现金流量 $\geqslant 0$	
出售(即发行)看涨期权 现金流量 >0	支付到期看涨期权清算 $=-\max[S_T-X,0]\leqslant 0$	看涨期权出售者 的现金流量
	在时间 0 和 T 之间 欧式期权现金流量 $=0$ 美式期权现金流量 $\leqslant 0$	

同样对于股票看跌期权的购买者和出售者的现金流相同:

---

[1]　通过即买即卖美式期权获得收益显然是不合逻辑的。那么,对于美式看涨期权,$C_0>S_0-X$;对于美式看跌期权,$P_0>X-S_0$。实值期权与虚值期权仅是表示 S_0 与 X 之间的联系而没有考虑期权价格。

看跌期权清算模式

时间 0	时间 T	
购买看跌期权 现金流量 < 0	到期看涨期权清算 $\max[S_T - X, 0] \geq 0$	看跌期权购买者 的现金流量
	在时间 0 和 T 之间 对欧式期权现金流量 = 0 对美式期权现金流量 ≥ 0	
出售（即发行）看涨期权 现金流量 > 0	支付到期看涨期权清算 $= -\max[S_T - X, 0] \leq 0$	看跌期权出售者 的现金流量
	在时间 0 和 T 之间 欧式期权现金流量 = 0 美式期权现金流量 ≤ 0	

15.3 一些例子

下面的一些电子表介绍了 2012 年 10 月 22 日交易最活跃期权（http://biz.yahoo.com/opt/stat1.html）。

每个期权代表着基础股票的 100 股（因此 36,371 份 Microsoft 11 月 29 日的看涨期权代表着在到期日及以前 36 亿份 Microsoft 以执行价格为 29 美元的股份）。未平仓量是指日末期权头寸的数量。对于 MSFT，36,371 份看涨期权在 10 月 22 日交易后，仍有 206,064 份看涨期权仍未平仓。

2012年10月22日交易最活跃的期权

排名	股票	期权的执行价格	看涨期权或看跌期权	期权的到期时间	股票的收盘价格	期权价格 收盘价格	期权价格 与前一期比的价格变化	成交量	未平仓量	标的资产的简要说明
1	XLF	17	看涨	2012年11月17日	16.11	0.06	0.01	433,998	2,358,344	Tracks index of financial stocks
2	SPY	143	看跌	2012年11月17日	143.41	1.94	-0.23	89,617	1,803,974	Tracks SP500
3	QQQ	65	看跌	2012年11月17日	66.02	0.81	-0.25	52,780	759,554	Tracks Nasdaq 100
4	IWM	78	看跌	2012年11月17日	81.83	0.54	-0.09	36,371	448,734	Tracks Russell 2000
5	MSFT	29	看涨	2012年11月17日	28	0.23	-0.20	36,371	206,064	Microsoft
6	HPQ	17	看跌	2013年5月18日	14.71	3.23	-0.18	26,425	6,984	Hewlett-Packard
7	SLV	34	看涨	2012年11月17日	31.39	0.15	0.01	26,250	121,974	Tracks silver price
8	UTX	72.5	看跌	2012年11月17日	77.83	0.38	-0.01	24,515	22,674	United Technologies
9	FB	21	看涨	2012年11月17日	19.32	0.78	0.10	24,390	183,944	Facebook
10	INTC	22	看涨	2012年11月17日	21.46	0.20	0.01	23,339	190,434	Intel
11	ECA	26	看跌	2012年11月17日	23.02	0.18	-0.23	20,252	219,634	Encana Corp.
12	GE	22	看涨	2012年11月17日	21.7	0.31	-0.15	19,603	227,984	General Electric
13	BTU	16	看涨	2013年1月19日	29.95	13.00	3.00	19,091	218,994	Peabody Energy
14	NLY	8	看涨	2015年1月17日	15.94	0.66	0.05	16,771	177,934	Annaly Capital Management (a REIT)
15	CSCO	19	看涨	2012年11月17日	18.19	0.36	0.00	16,654	569,894	Cisco
16	AET	45	看涨	2012年11月17日	44.2	1.26	0.35	16,486	22,004	Aetna
17	EEM	41	看跌	2012年12月22日	41.9	1.14	-0.22	15,454	444,464	Tracks MSCI emerging markets index
18	MS	19	看涨	2012年11月17日	17.45	0.14	-0.05	14,654	289,574	Morgan Stanley
19	NXY	20	看涨	2012年12月22日	24.14	0.77	0.27	14,645	71,564	Nexen (energy)
20	FXI	37	看涨	2012年11月17日	37.67	1.16	0.25	13,948	1,127,324	Tracks China 25 index

以下是关于该电子表的一些说明：

● 7 个期权是基于指数的。这些期权使投资者/投机者可与市场走势对赌。

● 该列表中的期权近似均匀地划分为 8 个看跌期权、12 个看涨期权。但事实并不总是这样——当投资者对未来市场普遍持乐观态度时，看涨期权几乎占领整个期权市场；反之亦然。

● 在此交易最活跃的列表中的期权多为短期期权。虽然长期期权是存在的，但他们交易没有短期期权交易的多。

15.4 期权清算和利润模型

期权吸引人的一个方面是它们允许其所有者改变基础资产的清算模型。本节中,我们要考虑:
- 看涨期权、看跌期权和股票的基本清算和利润模型。
- 期权和股票的各种不同组合的清算模型。

15.4.1 股票利润模型

我们从已购买的股票的清算模型开始说起。假如你买进 7 月份 General Pill 公司(GP)的股票,它当时的市价是 40 美元。如果在 9 月份该股票的价格是 70 美元,你就获得 30 美元的利润;如果它的价格是 30 美元,你将损失(或是一个负利润)10 美元。[①]这个模型是通过 9 月份立权的股票价格 S_T 和 7 月份的价格 S_0 建立的。那么我们将该股票的利润函数写为:

$$购买股票的利润 = S_T - S_0$$

1. 卖空股票的清算

假设我们在 7 月份卖空了一股 GP 的股票,当时它的市价是 40 美元。9 月份它的市价是 70 美元,如果在这个时候平仓(也就是,我们按当时市价购买一股股票偿还原先卖空时所借的股票),那么我们的利润是 -30 美元。

$$卖空股票的利润 = S_0 - S_T = -(股票购买的利润)$$

注意卖空交易的利润是购买利润的相反数;这是一般情况(包括对期权,将在下面讨论)。

2. 股票利润模型的作图

接下来用 Excel 作图说明购买和卖空 GP 股票的利润模式。

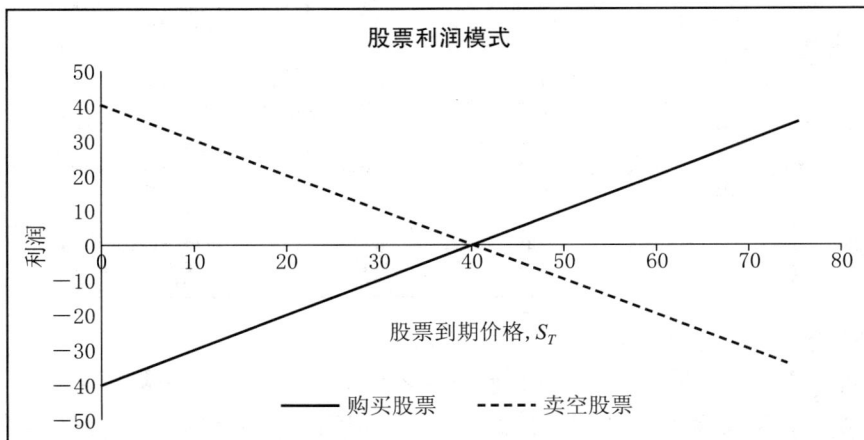

股票利润模式

------

① 我们在这一节使用利润一词有点滥用标准财务概念和词汇,因为我们忽略购买资产的利息成本。但在这里这种滥用是一种传统且是无害的。

15.4.2 看涨期权利润模型

和股票一样,我们从购买看涨期权的清算模型说起。回到上一节 GP 公司的期权,假设在 7 月份你以 4 美元买进一份在 9 月份以 40 美元的价格购买一般 GP 股票的看跌期权。[①]9 月份假如 GP 的市场价格大于 40 美元,你将执行这个看涨期权。如果我们将这个初始(7月)看涨期权价格记为 C_0,我们可以将 9 月份该看涨期权的利润模型函数写为:

$$9 \text{月份看涨期权的利润} = \max(S_T - X, 0) - C_0$$
$$= \max(S_T - 40, 0) - 4$$
$$= \begin{cases} -4, & S_T \leqslant 40 \\ S_T - 44, & S_T > 40 \end{cases}$$

出售看涨期权的清算模型

在期权市场中一个看涨期权的购买者从相应的发行看涨期权的人那儿购买该看涨期权。用期权的行话来说,该看涨期权发行者是该看涨期权出售者。我们有必要花些时间介绍一下该看涨期权购买者与看涨期权出售者之间的区别:

● 看涨期权的购买者购买一个证券,这个证券给他在日期 T 上或之前以价格 X 购买一股股票的一个权利。这个权利的成本是该看涨期权价格 C_0,它在看涨期权购买的时候支付。因此,该看涨期权的购买者开始有一个负的现金流(购买价格 C_0);但是,在日期 T 他的现金流一般是非负的:$\max(S_T - X, 0)$。

● 看涨期权出售者人在看涨期权购买时获得 C_0。作为对价格的回报,看涨期权出售者同意在日期 T 或之前以价格 X 出售一股股票。注意由于该看涨期权购买者是持有一份期权,所以该看涨期权出售者都必须承担一个义务。此外,注意该看涨期权出售者的现金流模式与购买者是相反的:出售者初始现金流是正的($+C_0$),而在日期 T 她的现金流总是非正的:$-\max(S_T - X, 0)$。

该看涨期权出售者的利润是与看涨期权购买者相反。对于 GP 公司的期权:

$$9 \text{月份看涨期权出售者的利润} = C_0 - \max(S_T - X, 0)$$
$$= 4 - \max(S_T - 40, 0)$$
$$= \begin{cases} +4, & S_T \leqslant 40 \\ 44 - S_T, & S_T > 40 \end{cases}$$

购买该看涨期权与立权该看涨期权的利润模型的曲线图如下:

---

① 因为该看涨期权执行价格等于该股票当时市价,它称为市价(at-the-money)看涨期权;当该看涨期权的执行价格高于当时市价时,它称为虚值(out-of-the-money)看涨期权;当看涨期权的执行价格低于当时市价时,它称为实值(in-the-money)看涨期权。

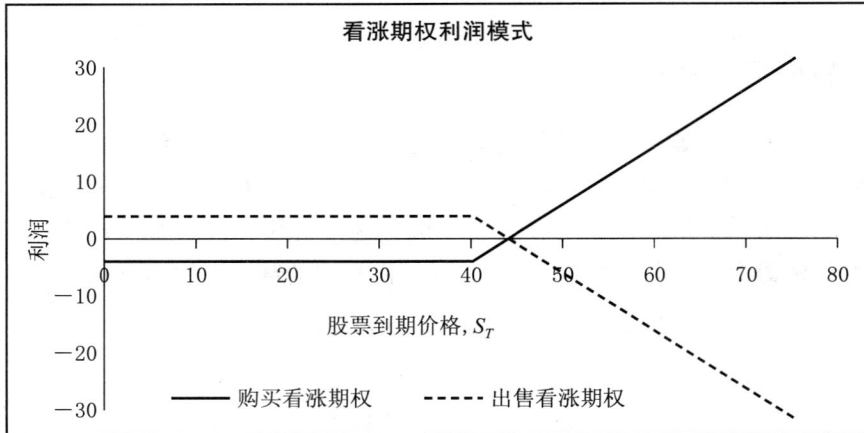

看涨期权利润模式

15.4.3 看跌期权的利润模型

1. 购买看跌期权的清算模型

如果在 7 月份你以 2 美元购买一份 GP 公司 9 月份 40 美元的看跌期权,在 9 月份,仅当 GP 股票市场价格小于 40 美元时,你执行该看跌期权。如果我们将(7 月)该初始看跌期权价格记为 P_0,那么 9 月份该看跌期权利润函数我们可以写为:

$$9 \text{ 月份该看跌期权利润} = \max(S_T - X, 0) - P_0$$
$$= \max(40 - S_T, 0) - 2$$
$$= \begin{cases} 38 - S_T, & S_T \leqslant 40 \\ -2, & S_T > 40 \end{cases}$$

2. 出售看跌期权的清算模型

看跌期权出售者有义务在日期 T 或之前以看跌期权执行价格 X 购买一股 GP 公司股票。为平衡她的义务,该看跌期权出售者在该看跌期权出售时获得看跌期权价格是 P_0。因此,出售 9 月份以 40 美元的看跌期权清算模型是:

$$9 \text{ 月份该看跌期权出售者利润} = P_0 - \max(X - S_T, 0)$$
$$= 2 - \max(40 - S_T, 0)$$
$$= \begin{cases} -38 + S_T, & S_T \leqslant 40 \\ 2, & S_T > 40 \end{cases}$$

购买和出售该看跌期权的利润模型作图如下:

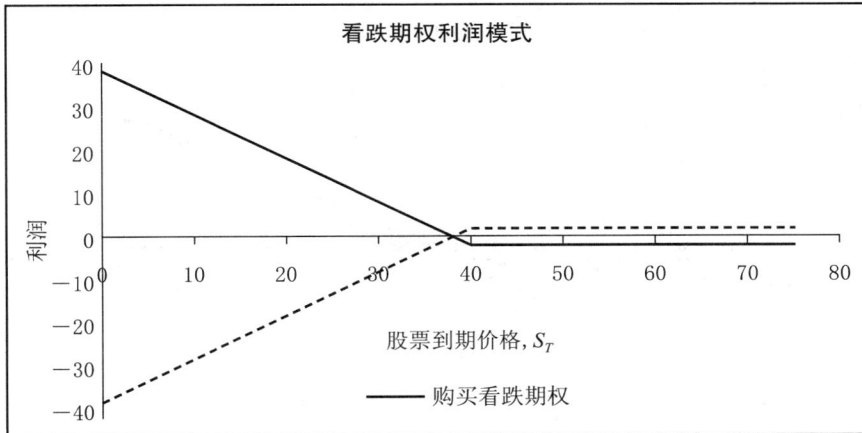

将期权和股票的组合收益模型绘在一张图上是有意思的,从期权和股票投资组合联合利润模型的图形中可以看出,这些模型指出了如何使用期权来改变像股票和债券这样"标准"证券的清算模型。这里有一些例子。

15.5 期权策略:期权与股票投资组合的清算

15.5.1 保护性看跌期权

考虑下列一些组合:

- 一只股票,以 S_0 购买。
- 一份执行价格为 X 的看跌期权,以价格 P 购买。

该期权策略通常称为"保护性看跌期权"策略或"证券投资组合保险"。我们在第 29 章将讨论该主题,并进一步探究具体细节。该保护性看跌期权的清算模型如下:

$$股票利润 + 看跌期权的利润 = S_T - S_0 + \max(X - S_T, 0) - P_0$$
$$= \begin{cases} S_T - S_0 + X - S_T - P_0, & S_T \leqslant X \\ S_T - S_0 - P_0, & S_T > X \end{cases}$$
$$= \begin{cases} X - S_0 - P_0, & S_T \leqslant X \\ S_T - S_0 - P_0, & S_T > X \end{cases}$$

应用到 GP 公司的例子中(也就是,买进一股价位为 40 美元的股票和以 2 美元买进 $X = 40$ 美元的一个看跌期权)该公式给出下列图形:

这个模型很像一个看涨期权的清算模型。[①]

---

① 在第 15.5 节中,我们证明看跌—看涨期权平价定理。根据该定理,一个看涨期权必须以价格 $C = P + S_0 - Xe^{-rT}$ 定价。因此,当看涨期权根据该定理被正确定价,来自一个看跌期权 + 股票的组合清算就与来自一个看涨期权 + 债券的组合清算是相同的。我们将在下一部分证明此定理并且给出图形。

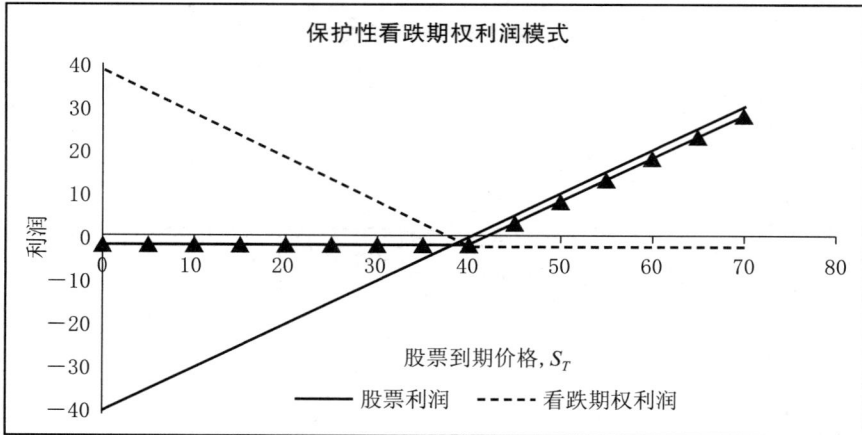

保护性看跌期权利润模式

15.5.2 差价

另外的一个组合包括购买和卖出不同执行价格的看涨期权。当购买的看涨期权的执行价格较低，卖出的看涨期权的执行价格较高时，该组合称为"牛市差价期权"（bull spread）。例如，假设你（按 4 美元）买进执行价格为 40 美元的看涨期权并卖出（按 2 美元）执行价格为 50 美元的看涨期权。这个牛市差价利润为：

$$\max(S_T - 40, 0) - 4 - \left[\max(S_T - 50, 0) - 2\right]$$

$$= \begin{cases} -4 + 2, \, S_T \leqslant 40 \\ S_T - 40 - 4 + 2 = S_T - 42, \, 40 \leqslant S_T \leqslant 50 \\ S_T - 40 - 4 - (S_T - 50 - 2) = 8, \, S_T \geqslant 50 \end{cases}$$

下面是 Excel 的图形，它分别画出购买、出售看涨期权和两者组合所产生的利润曲线：

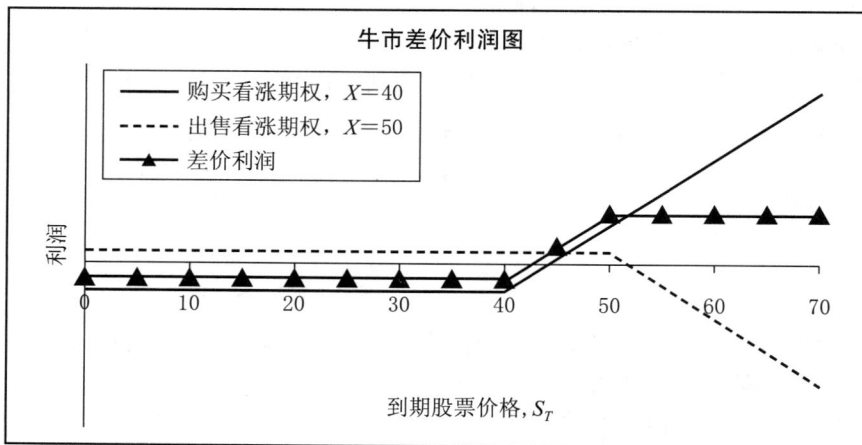

牛市差价利润图

15.6 期权套利定理

在下面章节中,我们对给出基础资产(通常是股票)概率分布的期权定价。但是,没有这些特定概率分布假设的期权定价更为复杂。本节中,我们考虑期权定价上的一些套利限制(arbitrage restrictions)。这里所列内容是不全面的,我们主要是关注那些能够透悉期权定价的或那些在后面章节要用到的定理。

通篇我们假设存在一个用于债券定价的无风险利率;我们还假设这个无风险利率是连续复利,那么在时期 T 支付 X 的无风险证券的现值为 Xe^{-rT}。

定理 15.1 对于一个在到期日 T 之前不支付股利股票的看涨期权,其价格上下限为:

$$C \geqslant \max(S_0 - Xe^{-rT}, 0)$$

说明:在证明该定理之前,考虑一下它的意义将是有益的:假如无风险利率是 10%,而且假设我们有一个到期日 $T=1/2$ 的美式看涨期权(也就是,期权的到期日是从现在开始的半年度),它的执行价格 $X=80$ 美元,目前该期标的股票的股价 $S_0=83$。 一个自然地确定期权价格下限的方法是它至少值 3 美元,因为该期权立即执行至少有 3 美元的利润。定理 15.1 显示了该期权的价值至少为 $83 - e^{-0.10 \times 0.5} \times 80 = 6.90$。 此外,仔细审核下列的证据会发现这个定理不仅对一个美式期权——它对一个欧式期权也是正确的。

A	B	C
定理15.1—— 更高的看涨期权定价的下限		
2 当前股票价格, S_0	83	
3 期权到期时间, T	0.5	
4 期权执行价格, X	80	
5 利率, r	10%	
6		
7 自然的最低期权价格, max(S_0-X,0)	3	<-- =MAX(B2-B4,0)
8 定理15.1期权价格的下限, max (S_0 - Exp(-rT)X,0)	6.902	<-- =MAX(B2-EXP(-B5*B3)*B4,0)

证明:标准的套利证明是建立在一个特定策略的现金流上。在这种情况下,其策略如下:

在时间 0(现在)	在时间 T
● 购买股票的一个股份	● 假如有利润就执行该期权
● 借入期权执行价格 X 的现值(PV)	● 偿还借款资金
● 出售一个看涨期权	

这个策略产生下列的现金流表:

	时间 0	时间 T	
行 为	现金流	$S_T < X$	$S_T \geqslant X$
购买股票	$-S_0$	$+S_T$	$+S_T$
借入 X 的 PV	$+Xe^{-rT}$	$-X$	$-X$
出售看涨期权	$+C_0$	0	$-(S_T-X)$
总计	$-S_0+Xe^{-rT}+C_0$	$S_T-X<0$	0

注意时间 T 来源于期权的现金流是负的(假设该看涨期权不被执行)或是零(当 $S_T \geqslant X$ 时)。 一个在未来只有非正的现金流的金融资产(在这里是购买股票、借款 X 和出售一个看涨期权的组合)一定有一个正的初始现金流;因此,

$$C_0 - S_0 + Xe^{-rT} > 0 \quad 或 \quad C_0 > S_0 - Xe^{-rT}$$

为了完成该证明,我们注意到在任何情况看涨期权的价值都是大于零的。因此我们有: $C_0 \geqslant \max(S_0 - Xe^{-rT}, 0)$,该定理得到证明。

定理 15.1 有一个非常有趣的推论:在许多情况下提前执行美式看涨期权不是最佳选择;因此,一个美式看涨期权的定价和一个欧式看涨期权定价是一样的。这些情况准确地描述如下:

定理 15.2 对于有一个在到期日 T 之前在不支付任何股利的股票的一个美式看涨期权,提前执行该期权不是最优的。

证明:假设期权的持有人在 $t < T$ 的某一个时间考虑提前执行。提前执行的唯一的理由是 $S_t - X > 0$,这里 S_t 是在时间 t 时股票的价格。但是,通过定理 15.1,在时间 t 时期权的市场价值至少是 $S_t - Xe^{-r(T-t)}$,这里 r 是无风险率。由于 $S_t - Xe^{-r(T-t)} > S_t - X$,因此期权的持有人在市场中出售期权比执行该期权要好。

定理 15.2 意味着许多美式看涨期权可以和是欧式看涨期权一样定价。注意这个说明对美式看跌期权是不适用的,即使它的标的是不支付股利的股票。(我们在第 16 章中将给出一个例子。)

定理 15.3 (看跌期权的范围)美式看跌期权价值的下限是:

$$P_0 \geqslant \max(0, Xe^{-rT} - S_0)$$

证明:这个定理的证明与前面的原理一样。我们建立一个策略表:

	时间 0	时间 T	
行 为	现金流	$S_T < X$	$S_T \geqslant X$
卖空股票	$+S_0$	$-S_T$	$-S_T$
借出 X 的 PV	$-Xe^{-rT}$	$+X$	$+X$
出售看跌期权	$+P_0$	$-(X-S_T)$	0
总计	$P_0+S_0-Xe^{-rT}$	0	$(X-S_T)\leqslant 0$

既然这个策略在未来只有负的或为零的现金流,它现在一定有一个正的现金流,所以我们能得出结论:

$$P_0 - Xe^{-rT} + S_0 \geqslant 0$$

结合在任何情况下看跌期权的价值不可能是负的这一事实,这个定理得到证明。

定理 15.4 (看跌期权—看涨期权平价)C_0 是标的股票当前价格是 S_0 执行价格为 X 的欧式看涨期权的价格;P_0 是相同情况下欧式看跌期权的价格。假设看涨和看跌期权的执行时间都是 T,连续复利是 r。那么,

$$C_0 + Xe^{-rT} = P_0 + S_0$$

证明:这个证明与前面两个定理风格相同。我们考虑将四种资产组合起来(即看跌期权、看涨期权、股票、债券),那么定价关系必须满足:

行　　为	时间 0 现金流	时间 T $S_T < X$	时间 T $S_T \geqslant X$
购买一个看涨期权	$-C_0$	0	$+S_T - X$
购买一个在时间 T 以 X 为偿付额的债券	$-Xe^{-rT}$	X	X
出售一个看跌期权	$+P_0$	$-(X - S_T)$	0
卖空一股股票	$+S_0$	$-S_T$	$-S_T$
总计	$-C_0 - Xe^{-rT} + P_0 + S_0$	0	0

因为在该策略下无论股票的价格发生什么变化,它未来现金流都是零,那么它开始现金流也一定是零。[①]因此,

$$C_0 + Xe^{-rT} - P_0 - S_0 = 0$$

这使本定理得到证明。

看跌期权—看涨期权平价定理说明标的股票价格为 S_0,具有执行价格 X 的看涨期权价格 C_0 和具有执行价格 X 的看跌期权价格 P_0 一样都由利率 r 决定。下面是一个实例,它说明了用看涨期权价格 C_0、期权执行价格 X、当前股价 S_0、利率 r 等数据计算执行价格期权是 X、到期是 T 的看跌期权的价格:

	A	B	C
1	**看跌-看涨期权平价**		
2	当前股票价格, S_0	55	
3	期权到期时间, T	0.5	
4	期权执行价格, X	60	
5	利率, r	10%	
6	看涨期权价格, C_0	3	
7	看跌期权价格, P_0	5.0738	<-- =B6+B4*EXP(-B5*B3)-B2
8			
9	该电子表使用看跌-看涨期权平价定理通过看涨期权价格C_0,利率r,到期时间T,执行价格X来计算看跌期权的价格.		

---

① 这是一个十分基础的财务事实:如果财务策略是未来偿还额是零,那么它当前的成本也一定是零。同样地,如果财务策略未来的偿还额是非负数,那么它当前的偿付额也一定是小于或者等于零的。

定理 15.5 （看涨期权价格的凸组合）三个欧式看涨期权的标的物都是无股利的股票并且具有相同的到期日 T。我们假设这三个看涨期权的执行价格分别是 X_1、X_2 和 X_3 并且看涨期权价格分别用 C_1、C_2 和 C_3 的表示。我们进一步假设 $X_2 = \dfrac{X_1 + X_3}{2}$。 那么：

$$C_2 < \frac{C_1 + C_3}{2}$$

这个定理说明看涨期权价格是执行价格的一个凸函数。

证明：为证明该定理，我们考虑下列策略，三个看涨期权的执行价格 $X_1 < X_2 < X_3$。 我们假设，购买执行价格为 X_1 和 X_3 的看涨期权各一份，并出售两份执行价格为 X_2 的看涨期权。这样一个策略通常叫做"蝶式策略"。[①]

	时间 0	时间 T			
行　　为	现金流	$S_T < X_1$	$X_1 \leqslant S_T < X_2$	$X_2 \leqslant S_T < X_3$	$X_3 \leqslant S_T$
购买具有执行价格 X_1 的看涨期权	$-C_1$	0	$S_T - X_1$	$S_T - X_1$	$S_T - X_1$
购买具有执行价格 X_3 的看涨期权	$-C_3$	0	0	0	$S_T - X_3$
出售具有执行价格 X_2 的看涨期权	$+2C_2$	0	0	$-2(S_T - X_2)$	$-2(S_T - X_2)$
总计	$2C_2 - C_1 - C_3$	0	$S_T - X_1 \geqslant 0$	$-2X_2 - X_1 - S_T$ $= X_3 - S_T > 0$	0

因为将来的现金流都是非负的（具有是正的正概率），那么它初始现金流一定是负的：

$$2C_2 - C_1 - C_3 < 0 \Rightarrow C_2 < \frac{C_1 + C_3}{2}$$

这就证明了该定理。［注意假设 $X_2 = (X_1 + X_3)/2$ 是为了方便并不影响定理的一般性。］

对看跌期权的一个类似定理（没有提供有关证明）是：

定理 15.6 （看跌期权价格的凸组合）三个欧式看跌期权的标的物都是不支付股利的同一个股票，且有相同的到期日 T。我们假设这三个看涨期权上的执行价格是 X_1、X_2 和 X_3，而用 P_1、P_2 和 P_3 分别表示对应的看跌期权的价格。我们进一步假设 $X_2 = (X_1 + X_3)/2$，那么看跌期权的价格就是执行价格的一个凸组合函数：

$$P_2 < \frac{P_1 + P_3}{2}$$

最后，我们说明下一个定理：

定理 15.7 （一个已知未来股利的看涨期权范围）一个执行价格为 X 到期日为 T 的看涨

---

① "蝶式策略"指一个由三个购买或者回售期权组成的期权策略。以最低的履约价格进行购买或者回售，然后以中间的履约价格进行两次回售或是购买，然后以最高的履约价格进行购买或是回售。

期权。假设在 $t < T$ 的某个时间上，股票一定支付股利 D。那么看涨期权价格的下限为：

$$C_0 \geq \max(S_0 - De^{-rt} - Xe^{-rT}, \, 0)$$

证明：证明只是对定理 15.1 的证明作了一个较小的修改。

	时间 0		时间 T	
行　为	现金流		$S_T < X$	$S_T \geq X$
购买股票	$-S_0$	$+D$	$+S_T$	$+S_T$
借入股利 D 的 PV	$+De^{-rT}$	$-D$		
借入 X 的 PV	$+Xe^{-rT}$		$-X$	$-X$
出售看涨期权	$+C_0$		0	$-(S_T - X)$
总计	$-S_0+De^{-rT}+Xe^{-rT}+C_0$	0	$S_T - X < 0$	0

该定理的证明完毕。

15.7　本章小结

本章概括了期权的基本定义和特点。然而，对于那些没有预备知识的初学者来说，本章对这些复杂的证券介绍是不够充分的。为了搞懂期权的概念，建议初学者先读一本好的有关期权的教科书。

习题

1. 看一下 ABC 公司股票上的期权在报纸上的报价，你发现 2 月份 $X = 37.5$ 的看涨期权定价为 6.375，但具有相同执行价格的 4 月份期权定价为 6。你能够利用这些价格设计一个套利策略吗？你可以解释报纸上的报价吗？

2. 美式看涨期权标的物是当前股价 $S = 50$ 的股票。看涨期权的执行价格是 $X = 45$。如果该看涨期权的价格是 2，你如何套利。如果期权可在时间 $T = 1$ 年度执行，且如果利率是 10%，那么该期权的最低价格是什么？使用定理 15.1。

3. 一个欧式看涨期权标的物是当前价格 $S = 80$ 的股票。执行价格是 $X = 80$，利率 $r = 8\%$，而且期权执行时间 $T = 1$。假定股票在时间 $t = 1/2$ 时支付 3 美元的股利。使用定理 15.7 来确定该看涨期权的最低价格。

4. 有一个执行价格为 50 的看跌期权的价格是 6，而在相同的股票上有一个执行价格为 60 的看涨期权，其价格为 10。这两个期权者有相同的到期日。根据下列情况，请在相同坐标轴上画出它们的"利润"图：

（1）购买一个看跌期权和一个看涨期权。

（2）购买两个看跌期权和一个看涨期权。

（3）购买三个看跌期权和一个看涨期权。

（4）所有的这三条直线相交于 S_T。推导出这个值。

5. 考虑下列两个看涨期权：

● 两个看涨期权的标的物都是 ABC 公司的股票，当前股价是 100 美元。ABC 公司不支付任何股利。

- 两个看涨期权的到期日都是一年。
- 一个看涨期权的执行价格 $X_1 = 90$ 且其价格为 30;另一个看涨期权的执行价格 $X_2 = 100$ 且其价格为 20。
- 无风险,连续复利是 10%。

设计一个差价(也就是买进一个看涨期权并卖出另外一个看涨期权),证明如果这两个看涨期权价格之间的差价太大,那么就存在一个无风险的套利机会。

6. ABC 公司的股份以 95 美元出售。在该股票上的一个执行价格为 90 美元的看涨期权以 8 美元出售。

(1) 画出买进一个股份和一个该股票上的看涨期权的利润模型曲线图。

(2) 画出买进一个股份和两个该股票上的看涨期权的利润模型曲线图。

(3) 考虑买进一个股份和 N 个该股票上的看涨期权的利润模型。当股价是多少时所有的利润线相交?

7. 一个欧式看涨期权的价格是 12.00 美元,它的到期时间是 6 个月,执行价格 $X = 80$,它的标的物是当前价格为 85 的股票;另一个欧式看跌期权,有相同的到期时间,标的物为相同的股票,有相同的执行价格,正以 5.00 美元出售。如果年利率(连续地复利)是 10%,构造来自这种情形的一个套利策略。

8. 证明定理 15.6,然后解决下列问题:

三个在 XYZ 股票上的看跌期权有相同的到期日且正在以下列价格销售:

执行价格 40:6

执行价格 50:4

执行价格 60:1

构造一个允许你从这些价格获利的套利策略并证明它是可行的。

9. ABC 公司目前的股价是 50。在 ABC 上的 6 个月的看涨期权的价格表如下:

看涨期权	价　格
40	16.5
50	9.5
60	4.5
70	2

画出下列策略的一个利润图:购买一个执行价格为 40 的看涨期权,出售两个执行价格为 50 的看涨期权,购买一个执行价格为 60 的看涨期权并出售两个执行价格为 70 的看涨期权。

10. 考虑下列仅由看涨期权组成的期权策略:

执行价格	购买/出售? 数目?	每个看涨期权的价格
20	1 出售	45
30	2 购买	33
40	1 出售	22
50	1 购买	18
60	2 出售	17
70	1 购买	16

(1) 画出这个策略的利润图。

(2) 给出的价格其中有一个是违反套利条件的。请识别之并给出解释。

11. Formila 公司当前股票交易价格为 38.50 美元,在 Formila 上 $X = 40$ 美元的一年期看涨期权交易价格为 3 美元。无风险利率为 4.5%。

(1) 在股票上的 $X = 40$ 美元的一年期看跌期权的价格应当为多少? 为什么?

(2) 如果一个看跌期权的价格为 2 美元,设计一个套利策略。

(3) 如果一个看跌期权的价格为 4 美元,设计一个套利策略。

16

二项式期权定价模型

16.1　概述

　　除了后面要介绍的布莱克—斯科尔斯模型（在第 17 章中讨论），二项式期权—定价模型可能是用得最多的期权定价模型。它有许多优点：模型简单、易编程，而且能够适用于数据量大且复杂的期权定价问题。除此之外，它可以多角度地透析期权定价。如果扩展到多时期，二项式模型将成为评估那些证券价值最强有力的方法之一，这些证券如期权它们的收益依赖于其他资产的市场价格。

　　二项式模型根据状态价格来计算风险资产的价值。当理解了基础模型上该状态定价的原则时，我们就可以更深入地透析待确定资产定价的经济学意义。本章说明二项式模型的简单应用，我们花费很大的篇幅来引出并使用状态价格。在第 29 章和第 30 章，我们重新回到二项式模型，将其运用到或有证券的 Monte Carlo 定价中。

16.2　两时期的二项式定价

　　为说明二项式模型的应用，我们从一个简单例子开始：

- 有一段时期和两个日期：日期 0 表示是今天，而日期 1 是从现在开始的一年。
- 有两个"基本"资产：一个股票和一个债券。还有一个衍生资产，在该股票上的看涨期权。
- 该股票今天的价格是 50 美元。在日期 1 它将上涨 10% 或下跌 3%。
- 这一段时期的利率是 6%。
- 该看涨期权在日期 1 到期，其执行价格为 $X = 50$ 美元。

下面是一张包含该模型的电子表。注意到在 B2、B3 和 B6 单元格中的数值分别由 1 加上 10%的上涨,1 减去 3%的下跌以及 1 加上 6%的利率。我们用大写字母 U、D 和 R 来表示这些数值。[①]

	A	B	C	D	E	F	G	H	I	J
1					一时期的二项式期权定价					
2	上涨, U	1.10								
3	下跌, D	0.97								
4										
5	初始股票价格	50.00								
6	利率, R	1.06								
7	执行价格	50.00								
8										
9		股票价格					债券价格			
10				55.00	<-- =$B$11*B2				1.06	<-- =$G$11*$B$6
11		50.00					1.00			
12				48.50	<-- =$B$11*B3				1.06	<-- =$G$11*$B$6
13										
14		看涨期权								
15				5.00	<-- =MAX(D10-$B$7,0)					
16		???								
17				0.00	<-- =MAX(D12-$B$7,0)					

我们想对该看涨期权定价。我们的做法是通过债券和股票的一个组合复制该看涨期权的收益。为说明这个事实,我们用一点基本线性代数;假设我们发现股票 A 和债券 B 有如下关系:

$$55A + 1.06B = 5$$
$$48.5A + 1.06B = 0$$

解此方程,得到:

$$A = \frac{5}{55 - 48.5} = 0.7692$$

$$B = \frac{0 - 48.5A}{1.06} = -35.1959$$

因此,如果该股票价格上涨,购买 0.77 股股票和按 6%的利率借入 35.20 美元将获得 5 美元盈利;如果该股票价格下跌,同样做法的盈利就为 0 美元。这说明期权的价格一定是等于复制其收益的成本;也就是说:

看涨期权价格 $= 0.7692 \times 50 - 35.1959 = 3.2656$(美元)

这个逻辑称为"套利定价":如果两个资产或一组资产[我们这里是看涨期权和证券投资组合(0.77 股股票和-35.20 债券)]有相同的收益,那么它们一定有相同的市场价格。

	A	B	C	D	E
19	解决资产组合难题: 股票A和债券B组合提供期权现金流				
20	A	0.7692	<-- =D15/(D10-D12)		
21	B	-35.1959	<-- =-D12*B20/B6		
22					
23	看涨期权价格	3.2656	<-- =B20*B5+B21		

---

① 有必要区分 1.10(1 加上股票的 10%上涨)和 10%(上涨本身),我们用 U 来表示前者,小写字母 u 表示后者。

应用同样的逻辑可得出看跌期权的价格为 0.4354：

	A	B	C	D	E	F	G
1			**一时期的二项式看跌期权价格**				
2	上涨, U	1.10					
3	下跌, D	0.97					解得看跌期权价格为
4							55*A+1.06*B=0
5	初始股票价格	50.00					48.5*A+1.06*B=1.5
6	利率, R	1.06					
7	执行价格	50.00					A=-1.5/(55-48.5)
8		**看跌期权**					B=-55*A/1.06
9				0.00	<-- =MAX($B$7-B5*B2,0)		
10		???					
11				1.50	<-- =MAX($B$7-B5*B3,0)		
12							
13	**解决资产组合难题：股票A和债券B组合提供期权现金流**						
14	A	-0.2308	<-- =-D11/(B5*(B2-B3))				
15	B	11.9739	<-- =-B5*B2*B14/B6				
16							
17	看跌期权价格	0.4354	<-- =B14*B5+B15				

在下一节中我们将说明这个简单的套利理论可以扩展到多期，但我们不打算将它扩展到一般的情形。

16.3 状态价格

实际上有一个更简单（和更一般）的方法来解决这个问题：

从今天看，明天只有两种可能：股价上升或下跌。如果 1 美元在价格上涨状态的市场价格 q_U 在价格下跌状态的市价为 q_D，那么该债券和股票可以用这些状态价格来定价：

$$q_U \cdot S \cdot U + q_D \cdot S \cdot D = S \Rightarrow q_U U + q_D D = 1$$
$$q_U \cdot R + q_D \cdot R = 1$$

该状态价格只是对线性定价原则的一个解释：如果股价由于因素 U 在 1 时期上涨和由于因素 D 在 1 时期下跌，并且假设一期的利率是 R，那么任何其他资产可以通过用 q_U（在上涨状态时）或者 q_D（在下跌状态时）折现它的收益来定价。

解上面的方程得到如下的解：

$$q_U = \frac{R - D}{R(U - D)}$$

$$q_D = \frac{U - R}{R(U - D)}$$

在本例中，状态价格如下：

	A	B	C
1	产生状态价格		
2	上涨，U	1.10	
3	下降，D	0.97	
4	利率，R	1.06	
5			
6	状态价格		
7	q_U	0.6531	<-- =(B4-B3)/(B4*(B2-B3))
8	q_D	0.2903	<-- =(B2-B4)/(B4*(B2-B3))
9			
10	确认：状态价格确实能够对股票和债券定价		
11	定价股票：1 = q_U*U+q_D*D?	1	<-- =B7*B2+B8*B3
12	定价债券：1/R = q_U+q_D ?	1.06	<-- =1/(B7+B8)

在行 11 和行 12 中，我们确认状态价格能够倒推出利率和股价。

我们现在可以用该状态价格定价该股票上的看涨期权和看跌期权，也可以去建立看跌—看涨平价。该看涨期权和看跌期权定价应该是：

$$C = q_U \max(S \cdot U - X, 0) + q_D \max(S \cdot D - X, 0)$$

$$P = q_U \max(X - S \cdot U, 0) + q_D \max(X - S \cdot D, 0)$$

或者通过看跌—看涨平价原理定价，$P = C + PV(X) - S$

我们在下列的电子表综合以上所有的计算：

	A	B	C
1	用状态价格来对一时期（两日期）的二项式期权定价		
2	上涨，U	1.10	
3	下降，D	0.97	
4	利率，R	1.06	
5	初始股票价格，S	50.00	
6	期权执行价格，X	50.00	
7			
8	状态价格		
9	q_U	0.6531	<-- =(B4-B3)/(B4*(B2-B3))
10	q_D	0.2903	<-- =(B2-B4)/(B4*(B2-B3))
11			
12	对看涨期权和看跌期权的定价		
13	看涨期权价格	3.2656	<-- =B9*MAX(B5*B2-B6,0)+B10*MAX(B5*B3-B6,0)
14	看跌期权价格	0.4354	<-- =B9*MAX(B6-B5*B2,0)+B10*MAX(B6-B5*B3,0)
15			
16	看跌-看涨期权平价		
17	股票 +看跌期权	50.4354	<-- =B5+B14
18	看涨期权 + PV(X)	50.4354	<-- =B13+B6/B4
19			
20	注意看跌-看涨平价中的PV（X）：在连续间结构中(标准的布莱克-斯科尔斯结构)，PV(X) = X*Exp(-r*T)。因为这里的结构是离散的时间，因此PV(X)也必须是离散时间：PV(X)=X/(1+r)=X/R.		

我们使用的公式为（用 $S = 50$，$X = 50$，$U = 1.10$，$D = 0.97$，$R = 1.06$）：

对于看涨期权，有：

$$C = q_U \max(S \cdot U - X, 0) + q_D \max(S \cdot D - X, 0)$$
$$= 0.6531 \times 5 + 0.2903 \times 0 = 3.2657$$

对于看跌期权,有:

$$P = q_U \max(X - S \cdot U, 0) + q_D \max(X - S \cdot D, 0)$$
$$= 0.6531 \times \max(50 - 55, 0) + 0.2903 \times \max(50 - 48.5, 0) = 0.4354$$

可见,看跌—看涨平价原理也适用于这个特定的看涨和看跌期权(单元格 B17:B18):

$$P + S = 0.4354 + 50 = C + \frac{X}{R} = 3.27 + \frac{50}{1.06}$$

状态价格或是风险中性价格

用 1 加上利率 R 再乘以状态价格即得到风险中性价格:$\pi_U = q_U R$,$\pi_D = q_D R$。 风险中性价格看上去是这些状态的概率分布,因为他们的和为 1:

$$\pi_U + \pi_D = q_U R + q_D R = \frac{R - D}{R(U - D)} R + \frac{U - R}{R(U - D)} R = 1$$

更近一步,在风险中性价格定价和状态价格定价之间有一个基本的等式。假设两时期模型中,一个资产有状态依赖收益 X_U(在上涨状态)或者 X_D(在下降状态)。那么该资产在时期 0 时的价格用状态价格表示为 $q_U X_U + q_D X_D$。 该价格用风险中性价格表示即为预期收益折现,此时该预期值用风险中性价格计算,正如它们是实际的状态概率:

$$\frac{\pi_U X_U + \pi_D X_D}{R} = \frac{\text{运用风险中性价格计算的期望资产收益}}{1 + r}$$
$$= q_U X_U + q_D X_D$$

这两种算法的当然是等价的。作者偏好使用状态价格,但是很多研究者更喜欢使用风险中性价格的伪概率来折现该"期望的"收益。

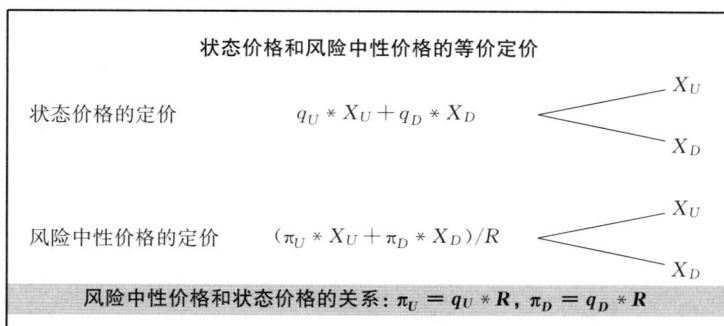

状态价格和风险中性价格的等价定价

| 状态价格的定价 | $q_U * X_U + q_D * X_D$ | X_U X_D |
| 风险中性价格的定价 | $(\pi_U * X_U + \pi_D * X_D)/R$ | X_U X_D |

风险中性价格和状态价格的关系:$\pi_U = q_U * R$,$\pi_D = q_D * R$

为理解状态价格和风险中性价格的等价性,我们用一个数字例子来结束本小节:

	A	B	C
1	风险中性价格或状态价格？		
2	上涨，U	1.10	
3	下降，D	0.97	
4	利率，R	1.06	
5	初始股票价格，S	50.00	
6	期权执行价格，X	50.00	
7			
8	状态价格		
9	q_U	0.6531	<-- =(B4-B3)/(B4*(B2-B3))
10	q_D	0.2903	<-- =(B2-B4)/(B4*(B2-B3))
11			
12	风险中性价格		
13	π_U*R	0.6923	<-- =B9*$B$4
14	π_D*R	0.3077	<-- =B10*$B$4
15			
16	用状态价格对看涨和看跌期权定价		
17	看涨期权价格	3.2656	<-- =B9*MAX(B5*B2-B6,0)+B10*MAX(B5*B3-B6,0)
18	看跌期权价格	0.4354	<-- =B9*MAX(B6-B5*B2,0)+B10*MAX(B6-B5*B3,0)
19			
20	用风险中性价格对看涨和看跌期权定价		
21	看涨期权价格	3.2656	<-- =(B13*MAX(B5*B2-B6,0)+B14*MAX(B5*B3-B6,0))/B4
22	看跌期权价格	0.4354	<-- =(B13*MAX(B6-B5*B2,0)+B14*MAX(B6-B5*B3,0))/B4

16.4　多时期的二项式模型

二项式模型很容易扩展到多时期。举例来说，一个两时期二项模型有下列特征：

- 每时期股价从上一期开始上涨 10% 或下跌 3%。因此，$U=1.10$，$D=0.97$。
- 在每期的利率是 6%。因此，$R=1.06$。

因为在每一期的 U、D 和 R 都相同，

$$q_U = \frac{R-D}{R(U-D)} = 0.6531$$

$$q_D = \frac{U-R}{R(U-D)} = 0.2903$$

现在我们可以使用这些状态价格去给两时期之后在该股票上立权的一个看涨期权定价。同前，我们假设该股价最初价格是 50 美元并且两期之后该看涨期权的执行价格 $X=50$。 那么这些假设可以用下列图形表示：

股票价格债券价格

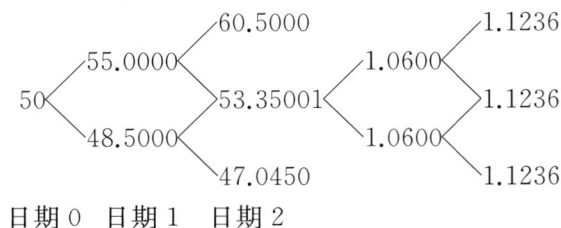

```
           60.5000              1.1236
    55.0000             1.0600
50             53.35001            1.1236
    48.5000             1.0600
           47.0450              1.1236
```

看涨期权价格

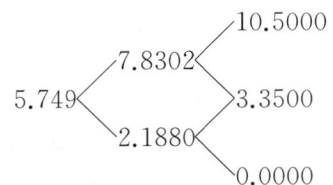

```
           10.5000
    7.8302
5.749            3.3500
    2.1880
           0.0000
```

日期 0　日期 1　日期 2

该看涨期权的 5.7492 定价是如何确定的呢？要获得这个定价，我们向后，从日期 2 开始：

（1）在日期 2：在两期结束时股价是 60.50 美元（价格两次"上涨"）、53.35 美元（一次"上涨"和一次"下跌"），或者是 47.05 美元（两次"下跌"）。给定它的执行价格 $X=50$，因此，在时期 2 的最终期权收益可能是 10.50 美元、3.35 美元或 0 美元。

（2）在日期 1：在时期 1，有两种可能性：第一种是"上涨"状态，这种情况下，当前股票价格是 55 美元并且期权下一期将收益是 10.50 美元或 3.35 美元：

$$
??? \begin{cases} 10.5000 \\ \\ 3.3500 \end{cases}
$$

我们使用状态价格 $q_U=0.6531$，$q_D=0.2903$，在这个状态下对该期权定价：

在时期 1"上涨"状态的期权价格 $=0.6531 \times 10.50 + 0.2903 \times 3.35 = 7.8302$

第二种可能性是在时期 1 我们处于"下跌"状态：

$$
??? \begin{cases} 3.3500 \\ \\ 0.0000 \end{cases}
$$

使用相同的状态价格（毕竟，这个状态价格是依赖于股票运动的状态和市场利率的），我们得到：

在时期 1"下跌"状态的期权价格 $=0.6531 \times 3.35 + 0.2903 \times 0 = 2.1880$

（3）在时期 0：用此方式再向后，现在我们要填写下列图形：

$$
??? \begin{cases} 7.8302 \begin{cases} 10.5000 \\ 3.3500 \end{cases} \\ \\ 2.1880 \begin{cases} 3.3500 \\ 0.0000 \end{cases} \end{cases}
$$

因此在时期 0，如果基础股票收益有一个"上涨"，那么期权买主拥有一个价值是 7.83 美元的证券；如果该股票收益有一个"下跌"，那么将期权买主拥有的则是一个价值为 2.19 美元的证券。我们可以再次使用该状态价格去对该期权估值：

在时期 0 的期权价格 $=0.6531 \times 7.830 + 0.2903 \times 2.188 = 5.749$

	A	B	C	D	E	F	G	H	I	J	K
1	在两时期（三个日期）模型中使用状态价格的二项式期权定价										
2	上涨，U	1.10									
3	下跌，D	0.97		状态价格							
4	利率，R	1.06		q_U	0.6531	<--	=(B4-B3)/(B4*(B2-B3))				
5	初始股票价格，S	50.00		q_D	0.2903	<--	=(B2-B4)/(B4*(B2-B3))				
6	期权执行价格，X	50.00									
7											
8	股票价格						债券价格				
9					60.5000						1.1236
10			55.0000						1.0600		
11	50.0000				53.3500		1.00				1.1236
12			48.5000						1.0600		
13					47.0450						1.1236
14											
15											
16	看涨期权价格										
17			=q_U*E18+q_D*E20								
18					10.5000		<-- =MAX(E9-$B$5,0)				
19			7.8302								
20	5.7492				3.3500		<-- =MAX(E11-$B$5,0)				
21			2.1880								
22	=q_U*C19+q_D*C21				0.0000		<-- =MAX(E13-$B$5,0)				
23			=q_U*E20+q_D*E22								
24											

16.4.1 扩展二项式定价模型到多时期

显然该例子的思想可以扩展到多时期。在这里用另一个图表示一个五时期模型，使用同前的"上涨"和"下跌"参数：

股票价格

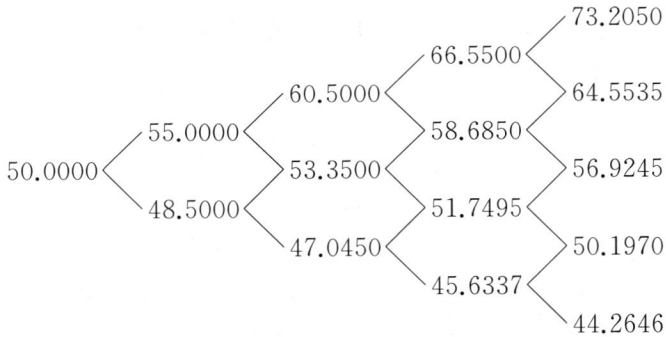

债券价格

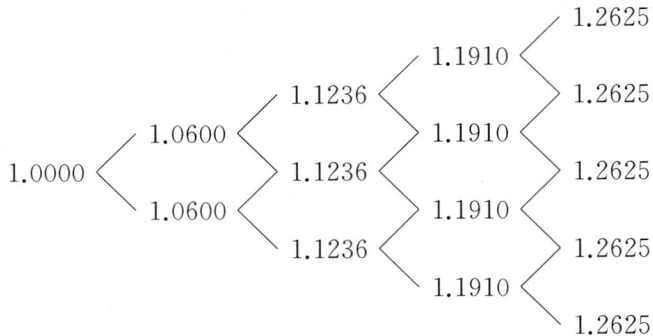

看涨期权价格

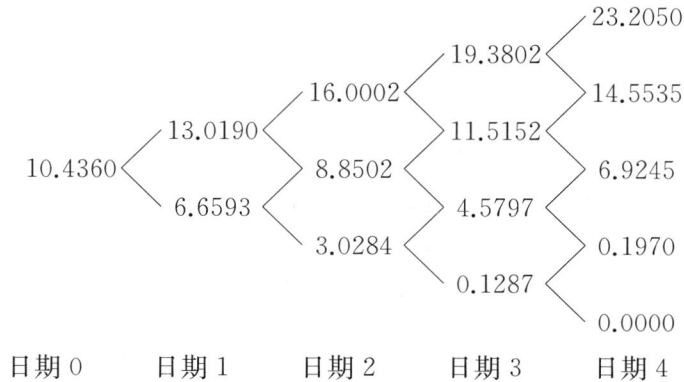

日期 0	日期 1	日期 2	日期 3	日期 4

16.4.2　你必须求出每一时期期权的价格吗

回答是不。只要该看涨期权是欧式的，就没有必要求出每个节点的看涨期权收益的价格。① 根据提供给你的每个最终节点的路径数，适当计数，再通过状态价格就足以确定每一个终点收益的价格。下面用相同的例子来说明。

	A	B	C	D	E	F	G	H
1	在四时期（五日期）模型中使用状态价格的二项式期权定价							
2	上涨，U	1.10						
3	下跌，D	0.97		状态价格				
4	利率，R	1.06	q_U		0.6531	<-- =(B4-B3)/(B4*(B2-B3))		
5	期初股票价格，S	50.00	q_D		0.2903	<-- =(B2-B4)/(B4*(B2-B3))		
6	期权执行价格，X	50.00						
7								
8								
9	终期上涨次数	终期下降次数	终期股票价格 = S*U^(# 上涨) *D^(# 下降)	终期收益	终期状态价格 = q_U^(# 上涨) *q_D^(# 下降)	路径数	价值 =收益*状态价格 *#路径数	
10	4	0	73.2050	23.2050	0.1820	1	4.2224	
11	3	1	64.5535	14.5535	0.0809	4	4.7078	
12	2	2	56.9245	6.9245	0.0359	6	1.4933	
13	1	3	50.1970	0.1970	0.0160	4	0.0126	
14	0	4	44.2646	0.0000	0.0071	1	0.0000	
15						看涨期权价格	10.4360	<-- =SUM(G10:G14)
16						看跌期权价格	0.0407	<-- =G15+B6/B4^4-B5
17								
18	注释							
19	在模型中有5天 (0, 1, …, 5) 但只有4个时期。因此，只有4个可能的"上涨"或"下跌"次数							
20	单元格G16中的看跌期权价格是使用看跌-看涨平价计算的：看涨期权= 看跌期权 + PV(X) − 股票							

对上面的电子表的说明如下。对每个最终期权收益，我们考虑以下这些问题：

---

① 当我们在第 17.5 节中讨论美式期权时，将会发现向后是定价非常关键的。

这个最终收益是如何实现的？ 它经过了多少次价格上涨和多少次价格下跌？		例：当股票价格是 64.5535 时，14.5535 的终期收益增加。当股票价格上涨三次和下跌一次，该结果出现。
在指定状态下每 1 元收益的定价是多少？	状态价格 $=$ $q_U^{\#\text{上涨次数}} q_D^{\#\text{下跌次数}}$	例：上例中在时期 0 终期收益的价值为 $0.6531^4 \times 0.2903^1 = 0.0809$
对相同终期收益有多少路径数可以达到？	答案是通过二项系数 $\begin{pmatrix} \text{时期数} \\ \text{上涨次数} \end{pmatrix}$ 得到	例：这里 $\begin{pmatrix} 4 \\ 3 \end{pmatrix} = 4$ 的路径数，给出终期股票价格是 64.5535。Excel 的 Combin(4，3) 给出这个二项系数。
在时间 0 指定终期收益的价值是多少？	答案是收益乘以价格乘以路径数的积	例：$14.5535 \times 0.0809 \times 4 = 4.7078$
该期权在时间 0 的价值是多少？	每个收益现值的总和	总价值：10.4360。这是 4 时期二项模型中看涨期权的价值。

  欧式看跌期权能够用先前的思路定价或者——正如单元格 G16 那样——用看跌—看涨平价原理。

  下面是 n 时期二项式模型中的欧式期权的定价：

$$\text{看涨期权的价格} = \sum_{i=0}^{n} \begin{bmatrix} n \\ i \end{bmatrix} q_U^i q_D^{n-i} \max(S \cdot U^i D^{n-i} - X, 0)$$

$$\text{看跌期权的价格} = \begin{cases} \sum_{i=0}^{n} \begin{bmatrix} n \\ i \end{bmatrix} q_U^i q_D^{n-i} \max(X - S \cdot U^i D^{n-i}, 0)，\text{直接定价} \\ \text{看涨期权价格} + \dfrac{X}{R^n} - S，\text{用看跌 — 看涨平价原理} \end{cases}$$

  在第 16.7 节中我们用 VBA 来实现这些公式。

16.5 用二项式定价模型对美式期权定价

  我们能使用二项式定价模型如同欧式期权一样来对美式期权定价。我们再考虑相同的基本模型，其中价格"上涨"的幅度是 10%，"下跌"的幅度是 3%，$R = 1.06$，$S = 50$，$X = 50$。我们来看模型的两时期的版本。在第 15 章我们提到过中途不返股息的美式看涨期权与欧式看涨期权价值相同。因此我们先来讨论美式看跌期权的定价问题。给出股票和债券的收益模型，并它只保留 $X = 50$ 的看跌期权的收益模型。我们用下列树状图形来观察其状态：

状态表

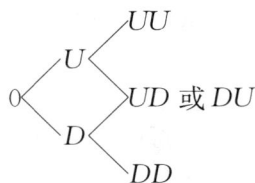

下面是股票的价值和日期 3 看跌期权的收益：

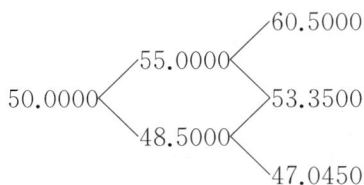

股票价格   美式看跌期权的收益

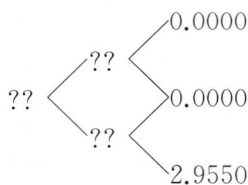

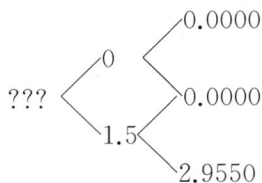

在日期 2，一个美式看跌期权的持有人可选择是持有该看跌期权还是执行它。我们现在有下列定价函数：

在时期 2，状态 U，有：

$$\begin{array}{c}\text{看跌期}\\\text{权价值}\end{array} = \max \left\{ \begin{array}{l} \text{如果执行，看跌期权的价值} = \max(X - S_u,\ 0)\\ q_U \cdot \text{在状态 } uu \text{ 时的看跌期权的现金流} + q_D \cdot \text{在状态 } UD \text{ 时的看跌出期权的现金流} \end{array} \right.$$

对在时期 2，状态 D 的看跌期权价值，类似函数同样成立。其产生的树状结果如下：

美式看跌期权的收益

解释如下：

- 在状态 U，当股价是 55 美元时，执行该看跌期权是不值得的；因为状态 U 的未来看跌期权的收益是零，$\max(X - S_u,\ 0) = \max(50 - 55,\ 0) = 0$，所以该看跌期权是无价值的。另一方面，因为看跌期权在未来状态 U 的收益为零，当前状态下的这些看跌期权的价值（前一公式的第二行）也为零。
- 另一方面，在状态 D，如果期权持有人执行该看跌期权，他的最大收益是 $\max(50 - 48.5,\ 0) = 1.5$；但是，如果他持有该期权，它的市场价值是取决于状态的未来收益价值：

$$q_u \cdot 0 + q_d \cdot 2.9550 = 0.6531 \times 0 + 0.2903 \times 2.9550 = 0.8578$$

显然在这个状态下执行该期权要比持有它要好。

在日期 0，一个类似的估值函数如下：

$$\text{看跌期权的价值} = \max \begin{cases} \text{如果执行,看跌期权的价值} = \max(X - S_0, 0) \\ q_U \cdot \text{在状态 } u \text{ 时看跌期权的现金流} + q_D \cdot \text{在状态 } d \text{ 时看跌期权的现金流} \end{cases}$$

下面是电子表:

	A	B	C	D	E	F	G	H	I	J	K
1				美式看跌期权在两时期模型中的定价							
2	上涨,U	1.10									
3	下降,D	0.97		状态价格							
4	利率,R	1.06		q_U	0.6531	<-- =(B4-B3)/(B4*(B2-B3))					
5	期初股票价格,S	50.00		q_D	0.2903	<-- =(B2-B4)/(B4*(B2-B3))					
6	期权执行价格,X	50.00									
7											
8											
9											
10		股票价格					债券价格				
11					60.5000						1.1236
12			55.0000						1.0600		
13		50.0000			53.3500		1.0000				1.1236
14			48.5000						1.0600		
15					47.0450						1.1236
16											
17											
18	美国式看跌期权										
19					=MAX(MAX(X-S*U,0),qU*put_payoffUU+qD*put_payoffUD)						
20					0.0000						
21			0								
22		0.4354			0.0000						
23			1.5								
24					2.9550	=MAX(MAX(X-S*D,0),qU*put_payoffUD+qD*put_payoffDD)					
25											
26											
27		=MAX(MAX(X-S,0),qU*put_valueU+qD*put_valueD)									
28											
29											
30	欧洲式看跌期权										
31					0.0000						
32			0								
33		0.2490			0.0000						
34			0.8578								
35					2.9550						

我们可以用相同的思想对一个美式看涨期权定价,尽管从第 15.2 节中,我们知道一个美式看涨期权的价值与一个欧式看涨期权的价格应当相互影响。事实上的确如此因此:

	A	B	C	D	E	F	G	H	I	J	K
1				美式看涨期权在两时期模型中的定价							
2	上涨,U	1.10									
3	下降,D	0.97		状态价格							
4	利率,R	1.06		q_U	0.6531	<-- =(B4-B3)/(B4*(B2-B3))					
5	期初股票价	50.00		q_D	0.2903	<-- =(B2-B4)/(B4*(B2-B3))					
6	期权执行价	50.00									
7											
8											
9											
10		股票价格					债券价格				
11					60.5000						1.1236
12			55.0000						1.0600		
13		50.0000			53.3500		1.0000				1.1236
14			48.5000						1.0600		
15					47.0450						1.1236
16											
17											
18	美国式看涨期权										
19					=MAX(MAX(S*U-X,0),qU*call_payoffUU+qD*call_payoffUD)						
20					10.5000						
21			7.8302								
22		5.7492			3.3500						
23			2.1880								
24					0.0000	=MAX(MAX(S*D-X,0),qU*call_payoffUD+qD*call_payoffDD)					
25											
26											
27		=MAX(MAX(S-X,0),qU*call_valueU+qD*call_valueD)									
28											
29											
30	欧洲式看涨期权										
31					10.5000						
32			7.8302								
33		5.7492			3.3500						
34			2.1880								
35					0.0000						

16.6 二项式期权定价模型的 VBA 代码

在前面例子中使用的定价计算有些复杂,但是它很容易用 Excel 的 VBA 来编程。在二项式模型中,任何时期该价格都可能上涨或下跌。如果 q_U 是上涨的状态价格,q_D 是下跌时的状态价格,那么该欧式二项式看涨期权的价格是:

$$欧式看涨期权价格 = \sum_{i=0}^{n} \binom{n}{i} q_U^i q_D^{n-i} \max(S \cdot U^i D^{n-i} - X, 0)$$

$$欧式看跌期权价格 = \left\{ \begin{array}{l} \sum_{i=0}^{n} \binom{n}{i} q_U^i q_D^{n-i} \max(X - S \cdot U^i D^{n-i}, 0) \\ 或者通过看跌 - 看涨期权平价模型 \end{array} \right\}$$

这里的 U 是上涨时的股价,D 是下跌时的股价,而 $\binom{n}{i}$ 是二项式系数(在 n 期中上涨的次数):

$$\binom{n}{i} = \frac{n!}{i!(n-i)!}$$

我们使用 Excel 的 Combin(n, i)函数可以得到二项式系数的值。

下面是两个 VBA 函数用来计算欧式二项式看涨期权和看跌期权的价格。Binomial_eur_put 函数用看跌—看涨期权平价模型来对看跌期权定价。

```
Function Binomial_amer_call(Up, Down, Interest, Stock, Exercise, Periods)
    q_up = (Interest - Down) / (Interest * (Up - Down))
    q_down = 1 / Interest - q_up
    Binomial_eur_call = 0
    For Index = 0 To periods
     Binomial_eur_call = Binomial_eur_call + Application.Combin(Periods,
Index) * q_up^Index * q_down^(Periods - Index) * Application.Max(Stock * Up
^Index * Down^(Periods - Index) - Exercise, 0)
    Next Index
    End Function

Function Binomial_eur_put(Up, Down, Interest, Stock, Exercise, Periods)
    Binomial_eur_put = Binomial_eur_call(Up, Down, Interest, Stock, Exercise,
Periods) + Exercise / Interest^Periods - Stock
End Function
```

在电子表中运行该程序,我们得到第 16.4 节中 4 时期的例子:

	A	B	C
1	**看涨期权和看跌期权的VBA函数**		
2	上涨, U	1.10	
3	下降, D	0.97	
4	利率, R	1.06	
5	期初股票价格, S	50.00	
6	期权执行价格, X	50.00	
7	时期数, n	4	
8			
9	欧式看涨期权	10.4360	<-- =binomial_eur_call(B2,B3,B4,B5,B6,B7)
10	欧式看跌期权	0.0407	<-- =binomial_eur_put(B2,B3,B4,B5,B6,B7)
11			
12	**用看跌——看涨期权平价原理检查**		
13	期初股票价格+看跌期权价格	50.0407	<-- =B5+B10
14	看涨期权价格+期权执行价格的折现	50.0407	<-- =B9+B6/B4^B7

美式看跌期权定价

在第 15.6 节的定理 15.2 已说明，一个不支付股利股票上的美式看涨期权价格与一个欧式期权价格是相同的。但是，对美式看跌期权的定价可能就不一样了。下面的 VBA 函数使用了第 16.5 节中介绍的美式看跌期权定价的一个二项式期权定价模型。

```
Function Binomial_amer_put(Up, Down, Interest, Stock, Exercise, Periods)
    q_up = (Interest - Down) / (Interest * (Up - Down))
    q_down = 1 / Interest - q_up

    Dim OptionReturnEnd() As Double
    Dim OptionReturnMiddle() As Double
    ReDim OptionReturnEnd(Periods + 1)

    For State = 0 To Periods
        OptionReturnEnd(State) = Application.Max(Exercise - Stock * Up
^State * Down^(Periods - State), 0)
    NextState

    For Index = Periods - 1 To 0 Step -1
        ReDim OptionReturnMiddle(Index)
        For State = 0 To Index
            OptionReturnMiddle(State) = Application.Max(Exercise - Stock * Up
^State * Down^(Index - State), _
                q_down * OptionReturnEnd(State) + q_up * OptionReturnEnd
(State + 1))
    NextState
        ReDim OptionReturnEnd(Index)
        For State = 0 To Index
            OptionReturnEnd(State) = OptionReturnMiddle(State)
    NextState
    Next Index
    Binomial_amer_put = OptionReturnMiddle(0)
End Function
```

在这个函数中，我们使用两个数组，称为 OptionRetUrnEnD 和 OptionRetUrnMiDDle，分别保存该期权在 $t+1$ 和 t 时期的价值。

下面是在电子表格中的运用，使用的是来自第 16.5 节中两时期，三日期的例子：

	A	B	C
1	**看涨期权和看跌期权的VBA函数**		
2	上涨，U	1.10	
3	下降，D	0.97	
4	利率，R	1.06	
5	期初股票价格，S	50.00	
6	期权执行价格，X	50.00	
7	时期数，n	2	
8			
9	美式看跌期权	0.4354	<-- =binomial_amer_put(B2,B3,B4,B5,B6,B7)
10	欧式看跌期权	0.2490	<-- =binomial_eur_put(B2,B3,B4,B5,B6,B7)
11	美式看涨期权	5.7492	<-- =binomial_amer_call(B2,B3,B4,B5,B6,B7)
12	欧式看涨期权	5.7492	<-- =binomial_eur_call(B2,B3,B4,B5,B6,B7)

单元格 B9 和 B11 中的数字是美式看跌期权和欧式看跌期权的价值；这些价值与第 16.5 节的相对应。在单元格 B11 中我们用一个与美式看跌期权函数相类似的函数来定价美式看涨期权。正如第 15 章定理 15.2 所提到的那样，该函数得出了与欧式二项式看涨期权定价函数相同的值。

VBA 函数对于更多的时期运行很好。[①] 在下面的例子中，我们计算一年中的 $T = 0.75$ 时到期的美式看跌期权和看涨期权的价格。定义股票收益的随机过程有 $\mu = 15\%$ 的均值和 $\sigma = 35\%$ 的标准差。每年的连续符合利率 r 是 6%，一年分为 25 个子时间段，因此每一个时期长度为 $\Delta t = 1/25 = 0.04$。考虑这些数字，上涨、下降，R 定义为上涨 $= e^{\mu\Delta t + \sigma\sqrt{\Delta t}}$，下降 $= e^{\mu\Delta t - \sigma\sqrt{\Delta t}}$，$R = e^{r\Delta t}$。

下面是对美式和欧式看涨和看跌期权的定价：

	A	B	C
1	**看涨期权和看跌期权的VBA函数** **一年n个子时期，Δt = 1/n** **上涨=exp(μ*Δt + σ*sqrt(Δt))，下降 = exp(μ*Δt - σ*sqrt(Δt))**		
2	年平均收益，μ	15%	
3	年收益标准差，σ	35%	
4	年利率，r	6%	
5			
6	初始股票价格，S	50.00	
7	期权的执行价格，X	50.00	
8	期权执行的时间 (年)	0.75	
9	1年的细分时间段数	25	<-- 每年细分为 25 子时间段
10	Δt，每一细分时间段长度	0.04	<-- =1/B9
11	每Δt上涨	1.078963	<-- =EXP(B2*B10+B3*SQRT(B10))
12	每Δt下降	0.938005	<-- =EXP(B2*B10-B3*SQRT(B10))
13	每Δt利率	1.002403	<-- =EXP(B4*B10)
14			
15	到期时期数，n	19	<-- =ROUND(B8*B9,0)
16			
17	美式看跌期权	5.1311	<-- =binomial_amer_put(B11,B12,B13,B6,B7,B15)
18	欧式看跌期权	4.9213	<-- =binomial_eur_put(B11,B12,B13,B6,B7,B15)
19	美式看涨期权	7.1501	<-- =binomial_amer_call(B11,B12,B13,B6,B7,B15)
20	欧式看涨期权	7.1501	<-- =binomial_eur_call(B11,B12,B13,B6,B7,B15)

---

① 下面的讨论最好在学习了第 17 章和第 26 章后阅读。

注意我们已经用取整函数在时期数上进行了折中。因为 1 年有 25 个子时间段,期权的到期时间 $T = 0.75$,到期时的确切时期数为 25×0.75,它不是一个整数。

该程序运行良好即使时期数很大。在下面一个例子中,期权到期时间为 $T = 0.5$,一年被分为 400 个子时间段。Excel 很容易计算出美式看跌期权和看涨期权的价值,虽然当中包含了大量的计算过程。

	A	B	C
1	**看涨期权和看跌期权的VBA函数** **一年n个子时期, Δt = 1/n** **上涨=exp(μ*Δt + σ*sqrt(Δt)), 下降= exp(μ*Δt - σ*sqrt(Δt))**		
2	年平均收益, μ	15%	
3	年收益标准差, σ	35%	
4	年利率, r	6%	
5			
6	初始股票价格, S	50.00	
7	期权的执行价格, X	50.00	
8	期权执行的时间 (年)	0.50	
9	1年的细分时间段数	400	<-- each year divided into 400 subperiods
10	Δt, 每一个细分时间段长度	0.0025	<-- =1/B9
11	每Δt上涨	1.018036	<-- =EXP(B2*B10+B3*SQRT(B10))
12	每Δt下降	0.983021	<-- =EXP(B2*B10-B3*SQRT(B10))
13	每Δt利率	1.00015	<-- =EXP(B4*B10)
14			
15	到期时期数, n	200	<-- =ROUND(B8*B9,0)
16			
17	美式看跌期权	4.2882	<-- =binomial_amer_put(B11,B12,B13,B6,B7,B15)
18	欧式看跌期权	4.1471	<-- =binomial_eur_put(B11,B12,B13,B6,B7,B15)
19	美式看涨期权	5.6248	<-- =binomial_amer_call(B11,B12,B13,B6,B7,B15)
20	欧式看涨期权	5.6248	<-- =binomial_eur_call(B11,B12,B13,B6,B7,B15)

16.7 二项式期权定价模型收敛于布莱克—斯科尔斯期权定价模型

本节我们讨论二项式定价模型收敛于布莱克—斯科尔斯期权定价模型。该讨论假设已经对对数正态分布(在第 26 章讨论)和布莱克—斯科尔斯期权定价公式(在第 17 章讨论)有所了解。因此你可先跳过此节,以后再回来。

无论什么时候,当我们考虑该期权定价公式的一个有限近似值时,我们都必须对上涨和下跌幅度使用一个近似值。我们用下列公式表达利率 r 和股票波动性 σ 的二项式系数:

$$\Delta t = T/n \quad R = \mathrm{e}^{r\Delta t}$$
$$U = 1 + 上涨 = \mathrm{e}^{\sigma\sqrt{\Delta t}} \quad D = 1 + 下跌 = \mathrm{e}^{-\sigma\sqrt{\Delta t}}$$

这个近似值保证当 $\Delta t \to 0$ 时,(也就是,$n \to \infty$),股票收益分布呈对数正态分布。[1]

---

[1] 另一个收敛于对数正态定价过程的近似将在下一节给出,见 Omberg(1987),HUll(2006),Benninga、Steinmetz 和 StroUghair(1993)。

下面是该方法在电子表中的实施。函数 Binomial_Eur_call 和先前定义的一样；函数 BSCall 是布莱克—斯科尔斯公式，该公式在第 17 章定义和介绍：

	A	B	C
1	布莱克—斯科尔斯和二项式期权定价		
2	S	60	当前股票价格
3	X	50	期权的执行价格
4	T	0.5000	期权执行的时间（年）
5	r	8%	年利率
6	Sigma	30%	股票的风险
7	n	20	T的细分时间段数
8			
9	Δt = T/n	0.0250	<-- =B4/B7
10	上涨，U	1.0486	<-- =EXP(B6*SQRT(B9))
11	下跌，D	0.9537	<-- =EXP(-B6*SQRT(B9))
12	利率，R	1.0020	<-- =EXP(B5*B9)
13			
14	欧式二项式看涨期权	12.8055	<-- =binomial_eur_call(B10,B11,B12,B2,B3,B7)
15	布莱克—斯科尔斯看涨期权	12.8226	<-- =BSCall(B2,B3,B4,B5,B6)

二项式模型给出了到布莱克—斯尔科斯的一个很好的近似（单元格 B14：B15）。随着 n 不断增大，该近似越来越好，尽管收敛于布莱克—斯尔科斯期权的价格不平滑。

	A	B	C	D	E	F	G	H	I	J	K
1	二项式期权定价模型收敛于布莱克—斯科尔斯期权定价模型										
2	S	60	当前股票价格								
3	X	50	期权的执行价格								
4	T	0.5000	期权执行的时间（年）								
5	r	8%	年利率								
6	Sigma	30%	股票的风险								
7	n	20	T的细分时间段数								
8											
9	Δt = T/n	0.0250	<-- =B4/B7								
10	上涨，U	1.0486	<-- =EXP(B6*SQRT(B9))								
11	下跌，D	0.9537	<-- =EXP(-B6*SQRT(B9))								
12	利率，R	1.0020	<-- =EXP(B5*B9)								
13											
14	欧式二项式看涨期权	12.8055	<-- =binomial_eur_call(B10,B11,B12,B2,B3,B7)								
15	布莱克—斯科尔斯看涨期权	12.8226026	<-- =BSCall(B2,B3,B4,B5,B6)								
16											
17	模拟运算表：二项式价格对布莱克—斯科尔斯价格										
18	T的细分时间段数n	二项式 价格	布莱克—斯科尔斯价格								
19		12.8055	12.8226	<-- 模拟运算表头隐藏							
20	10	12.8593	12.8226								
21	50	12.8108	12.8226								
22	75	12.8238	12.8226								
23	100	12.8255	12.8226								
24	125	12.8251	12.8226								
25	150	12.8240	12.8226								
26	175	12.8226	12.8226								
27	200	12.8205	12.8226								
28	225	12.8204	12.8226								
29	250	12.8230	12.8226								
30	275	12.8243	12.8226								
31	300	12.8243	12.8226								
32	325	12.8232	12.8226								
33	350	12.8210	12.8226								
34	375	12.8226	12.8226								
35	400	12.8238	12.8226								
36	425	12.8236	12.8226								
37	450	12.8221	12.8226								
38	475	12.8223	12.8226								
39	500	12.8236	12.8226								

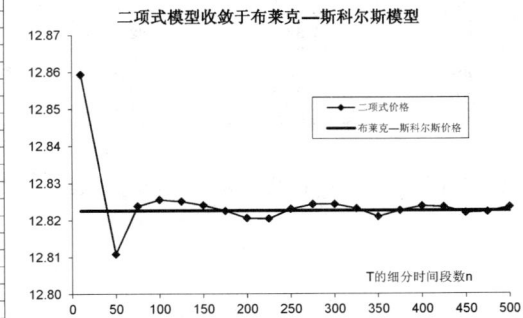

二项式模型收敛于布莱克—斯科尔斯模型

（图例：二项式价格；布莱克—斯科尔斯价格）

T的细分时间段数n

对数正态分布的另一个可选近似

在本节中第一部分的近似并不是唯一的近似。如果股票价格满足均值为 μ，标准差为 σ 的对数正态分布，我们也可以用下面的近似：

$$\Delta t = T/n \quad R = e^{r\Delta t}$$

$$U = 1 + 上涨 = e^{\mu\Delta t + \sigma\sqrt{\Delta t}} \quad D = 1 + 下跌 = e^{\mu\Delta t - \sigma\sqrt{\Delta t}}$$

在电子表格中运行得到：

	A	B	C	D	E	F	G	H	I	J
1	布莱克——斯科尔斯定价模型和二项式定价模型： U=exp(μΔt + σ•sqrt(Δt)), D=exp(μΔt - σ•sqrt(Δt))									
2	S	60	当前股票价格							
3	X	50	期权的执行价格							
4	T	0.5000	期权执行的时间（年）							
5	r	8%	年利率							
6	收益均值，μ	12%								
7	Sigma, σ	30%	股票的风险							
8	n	20	T的细分时间段数							
9										
10	Δt = T/n	0.0250	<-- =B4/B8							
11	上涨， U	1.0517	<-- =EXP(B6*B10+B7*SQRT(B10))							
12	下跌， D	0.9565	<-- =EXP(B6*B10-B7*SQRT(B10))							
13	利率， R	1.0020	<-- =EXP(B5*B10)							
14										
15	欧式二项式看涨期权	12.8388	<-- =binomial_eur_call(B11,B12,B13,B2,B3,B8)							
16	布莱克——斯科尔斯看涨期权	12.8226	<-- =BSCall(B2,B3,B4,B5,B7)							
17										
18	模拟运算表：二项式价格对布莱克—斯科尔斯价格									
19	T的细分时间段数n	二项式价格	布莱克——斯科尔斯价格							
20		12.8388	12.8226	<--模拟运算表头隐藏						
21	10	12.8158	12.8226							
22	20	12.8388	12.8226							
23	60	12.8271	12.8226							
24	100	12.8237	12.8226							
25	125	12.8191	12.8226							
26	150	12.8162	12.8226							
27	175	12.8184	12.8226							
28	200	12.8194	12.8226							
29	225	12.8196	12.8226							
30	250	12.8192	12.8226							
31	275	12.8195	12.8226							
32	300	12.8210	12.8226							
33	325	12.8222	12.8226							
34	350	12.8230	12.8226							
35	375	12.8234	12.8226							
36	400	12.8233	12.8226							
37	425	12.8227	12.8226							
38	450	12.8216	12.8226							
39	475	12.8211	12.8226							
40	500	12.8225	12.8226							

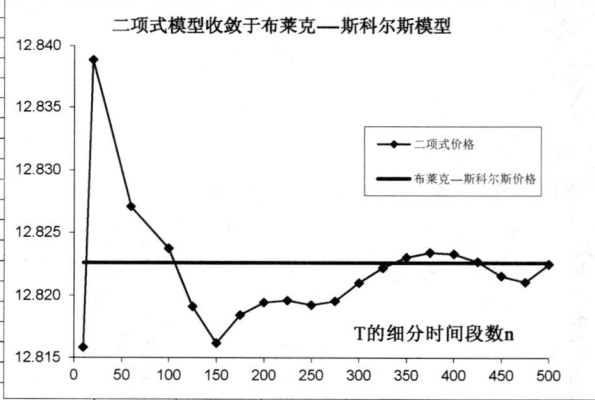

二项式模型收敛于布莱克——斯科尔斯模型

该参数化收敛于布莱克—斯尔科斯模型某种程度更加不平滑，尽管结果是一样的。[1]

---

[1] 注意到两种方法收敛相当快——在几十次后二项式价格与布莱克—斯尔科斯价格相差在 0.01 之内。

16.8 用二项式模型对员工股票期权定价[①]

员工股票期权(ESO)是公司给予员工的一种看涨期权,该看涨期权作为报酬的一部分。和其他所有的看涨期权一样,ESO 的价值取决于当前股票的价格、期权的执行价格,以及距离执行的时间。然而,ESO 也有一些重要的特性:

- 该期权有一个行权期。在这段时期中,员工不允许执行该期权。一个员工在到期日前离开公司的话会丧失他的期权。在此部分的模型中,我们假设一个公司每年的离职率为 e。
- 在行权期后离开公司的员工将被立即强制执行他的期权。
- 由于税收原因,几乎所有的员工期权在发行日具有与股票价格相同的执行价格。

接下来的模型,是取自于 Hull 和 White(2004)的论文,我们假定当股票的价格高于员工股票期权执行价格 X 的 m 倍时,一个员工会选择执行他的期权。我们先说明模型的实现和结果,然后讨论得出这些结果的 VBA 编程:

	A	B	C
1	\multicolumn{3}{c|}{**基于Hull和White(2004)的二项式员工期权股票定价模型**}		
2	S	50	当前的股票价格
3	X	50	期权的执行价格
4	T	10.00	期权执行的时间（年）
5	收益期（年）	3.00	
6	利率	5.00%	年利率
7	Sigma	35%	股票的风险
8	股息率	2.50%	股票的年股息率
9	离职率, e	10.00%	
10	期权执行倍数, m	3.00	
11	n	50	一年的细分时间段数
12			
13	员工股票期权价格	13.56	<-- =ESO(B2,B3,B4,B5,B6,B7,B8,B9,B10,B11)
14	布莱克-斯科尔斯价格	19.18	<-- =BSCall(B2*EXP(-B8*B4),B3,B4,B6,B7)

在单元格 B13 的 ESO 函数取决于单元格 B2:B11 中的 10 个变量。该函数的截屏如下:

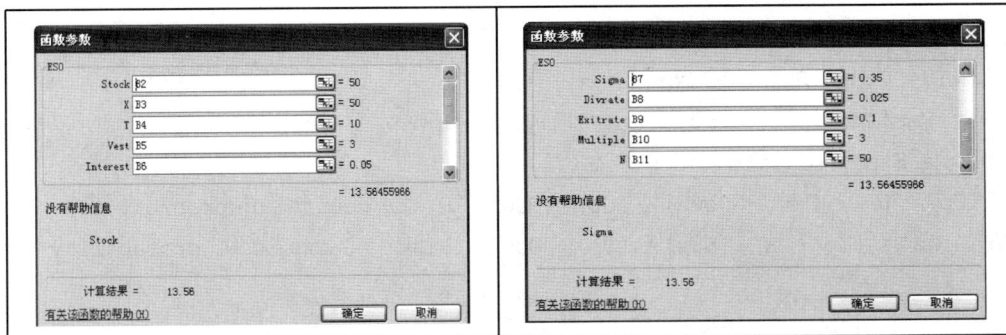

---

① 该部分受益于与 Totrben Vortmann 以及耶路撒冷希伯来大学的 Jerusalem 的讨论。

在该例子中,员工股票期权是在股票价格为 50 美元时得到的。ESO 执行价格为 $X = 50$ 美元。该期权 10 年到期,行权期为 3 年。年利率为 5%,股票每年的红利为该股票价值的 2.5%。每年离开公司员工的比例为 10%。模型假设在行权期后,如果股票的价格高于期权执行价格的 3 倍或 3 倍以上时,员工将会选择执行期权。[①]在单元格 B13 的模型计算中一年被划分为 50 个子时间段。

考虑这些假设,员工股票期权的价值为 13.56 美元(单元格 B13)。一个可比较的基于可分红股票的布莱克—斯科尔斯期权的价值是 19.18 美元。[②]

16.8.1 员工股票期权的价值和美国财务会计委员会

美国财务会计准则委员会(FASB)和国际会计准则委员会(IASB)同意执行股票期权应当用这里讨论的模型定价,并且奖励期权的价值应当在企业的净收入中说明。举个例子,一个企业已经发行了 1 百万份期权,该期权在前面电子表中出现过,我们将这些期权定价为 13,564,600 美元。

16.8.2 员工股票期权模型的 VBA 代码

在接下来的部分,我们给出该模型的 VBA 代码。代码之后有简短的讨论。

```
Function ESO(Stock As Double, X As Double, T As Double, Vest As Double, _
    Interest As Double, Sigma As Double, Divrate As Double, _
    Exitrate As Double, Multiple As Double, n As Single)

    Dim Up As Double, Down As Double, R As Double, Div As Double, _
    piUp As Double, piDown As Double, Delta As Double, _
    i As Integer, j As Integer

    ReDim Opt(T * n, T * n)
    ReDim S(T * n, T * n)
    Up = Exp(Sigma * Sqr(1/ n))
    Down = Exp( - Sigma * Sqr(1/ n))
    R = Exp(Interest/ n)
    Div = Exp( - Divrate/ n)
    piUp = (R * Div - Down)/ (Up - Down) 'Risk - neutral up probability
    piDown = (Up - R * Div)/ (Up - Down) 'Risk - neutral down probability
```

---

① Hull 和 White(2004)的实验表明 ESO 的持有者执行他们的期权当股票价格与执行价格的比例在 2.2—2.8 之间。

② 在这里我们提前了! 适合布莱克—斯科尔斯模型的可分红股票将在第 17.6 节提到。

```
'Defining the stock price
For i = 0 To T * n
    For j = 0 To i 'j is the number of Up steps
    S(i, j) = Stock * Up^j * Down^(i - j)
    Next j
Next i


'Defining the option value on the last nodes of tree
For i = 0 To T * n
    Opt(T * n, i) = Application.Max(S(T * n, i) - X, 0)
Next i


'Early exercise when stock price > multiple * exercise after vesting
For i = T * n - 1 To 0 Step - 1
For j = 0 To i
If i > Vest * n And S(i, j) >= Multiple * X Then _
    Opt(i, j) = Application.Max(S(i, j) - X, 0)
If i > Vest * n And S(i, j) < Multiple * X Then _
    Opt(i, j) = ((1 - Exitrate/ n) * (piUp * Opt(i + 1, j + 1) + _
    piDown * Opt(i + 1, j))/ R + Exitrate/ n * _
    Application.Max(S(i, j) - X, 0))
If i <= Vest * n Then Opt(i, j) = (1 - Exitrate/ n) * _
(piUp * Opt(i + 1, j + 1) + piDown * Opt(i + 1, j))/ R

Next j
Next i


ESO = Opt(0, 0)
End Function
```

16.8.3 解释 VBA 代码[①]

VBA 代码有几个部分。第一部分定义了调整上涨、下降和 $1+$ 利率 R（一年划分为 n 个子时间段）这几个变量。完成了这些调整后,代码定义了风险中性的可能性 π_U 和 π_D：

[①]　该小节比较繁琐可以跳过。但注意下一节中我们用"数据|模拟运算表"做灵敏性分析。

```
Up = Exp(Sigma * Sqr(1 / n))
   Down = Exp( - Sigma * Sqr(1 / n))
   R = Exp(Interest / n)
   Div = Exp( - Divrate / n)
   piUp = (R * Div - Down) / (Up - Down)  'Risk - neutral up probability
   piDown = (Up - R * Div) / (Up - Down)  'Risk - neutral down probability
```

股票价格被定义为一个数组 $S(i, j)$,其中 i 定义为时期,$i = 0, 1, 2, \cdots, T \cdot n$,$j$ 定义为每一时期上涨的次数,$j = 0, 1, 2, \cdots, i$。下一部分的代码定义了该股票的价格。

```
'Defining the stock price
'j is the number of Up steps
    For i = 0 To T * n
        For j = 0 To i
        S(i, j) = Stock * Up^j * Down^(i - j)
        Next j
    Next i
```

期权价值在下面的代码中定义,该部分是员工股票期权函数的核心。期权价值被定义为一个数组 $opt(i, j)$:

```
'Option value on the last nodes of tree
   For i = 0 To T * n
Opt(T * n, i) = Application.Max(S(T * n, i) - X, 0)
   Next i

   'Early exercise when stock price > multiple * exercise after vesting
   For i = T * n - 1 To 0 Step -1
   For j = 0 To i
   If i > Vest * n And S(i, j) > = Multiple * X
Then _
     Opt(i, j) = Application.Max(S(i, j) - X, 0)
   If i > Vest * n And S(i, j) < Multiple * X
Then _
Opt(i, j) = ((1 - Exitrate / n) * (piUp * Opt(i + 1, j + 1) + piDown * Opt(i
 + 1, j)) / R + Exitrate / n _
 * Application.Max(S(i, j) - X, 0))
   If i < = Vest * n Then Opt(i, j) = (1 - Exitrate / n) * (piUp * Opt(i + 1, j
 + 1) + piDown * Opt(i + 1, j)) / R

   Next j
   Next i
```

该部分代码说明如下：

$$opt(i,j)\begin{cases} \max[S(T*n,j)-X,0],终端节点 \\ \max[S(i,j)-X,0],可行权后,S(i,j)\geqslant m\cdot X \\ (1-Exitrate/n)\cdot\dfrac{\pi_U opt(i+1,j+1)+\pi_D opt(i+1,j)}{R} \\ +Exitrate/n\cdot\max[S(i,j)-x,0],可行权后,S(i,j)<m\cdot X \\ (1-Exitrate/n)\cdot\dfrac{\pi_U opt(i+1,j+1)+\pi_D opt(i+1,j)}{R},可行权前 \end{cases}$$

在最终节点，我们执行期权。在最终节点前和可行权后，我们检查，看股票的价格是否大于预期执行价格的 m 倍。如果是这样的话，我们执行该期权。如果 $S(i,j)<m\cdot X$，ESO 的收益取决于该员工是否离开了公司。员工不离开公司的概率为 $(1-Exitrate/n)$，在这种情况下，该期权收益是下一期的预期折现收益：

$$(1-Exitrate/n)\cdot\frac{\pi_U opt(i+1,j+1)+\pi_D opt(i+1,j)}{R}$$

然而，如果员工离开了公司而且可行权期已到，他将会试着看自己能否执行该期权，预期收益是：

$$Exitrate/n\cdot\max[S(i,j)-X,0]$$

最后，在可行权之前，ESO 价值仅仅相当于下个时期价值的折现（风险中性概率）收益的期望值，下个时期的价值是：

$$(1-Exitrate/n)\cdot\frac{\pi_U opt(i+1,j+1)+\pi_D opt(i+1,j)}{R}$$

代码的最后一步是定义 ESO 函数的价值：$ESO=opt(0,0)$

16.8.4　一些敏感性分析

我们可以用数据表来实施对 ESO 函数的敏感性分析。

	A	B	C	D	E	F
1	**ESO函数相对于一年的子时间段数n的敏感性**					
2	S	50	当前的股票价格			
3	X	50	期权的执行价格			
4	T	10.0000	期权执行的时间（年）			
5	受益期(年)	3.00				
6	利率	5.00%	年利率			
7	Sigma	35%	股票的风险			
8	股息率	2.50%	每年的股息率			
9	离职率, e	10.00%				
10	期权执行倍数, m	3.00				
11	n	25	一年的子时间段数			
12						
13	员工股票期权价值	13.5275	<-- =ESO(B2,B3,B4,B5,B6,B7,B8,B9,B10,B11)			
14	布莱克-斯科尔斯看涨期权	19.1842	<-- =BSCall(B2*EXP(-B8*B4),B3,B4,B6,B7)			
15						
16	**ESO价值对于子时间段数n的敏感性**					
17	n	13.5275	<-- =B13, 数据表头隐藏			
18	2	12.8213				
19	5	13.2870				
20	10	13.4312				
21	25	13.5275				
22	50	13.5646				
23	75	13.5733				
24	100	13.5753				
25	200	13.5810				
26						
27						
28						
29						
30						
31						
32						
33						
34						
35						

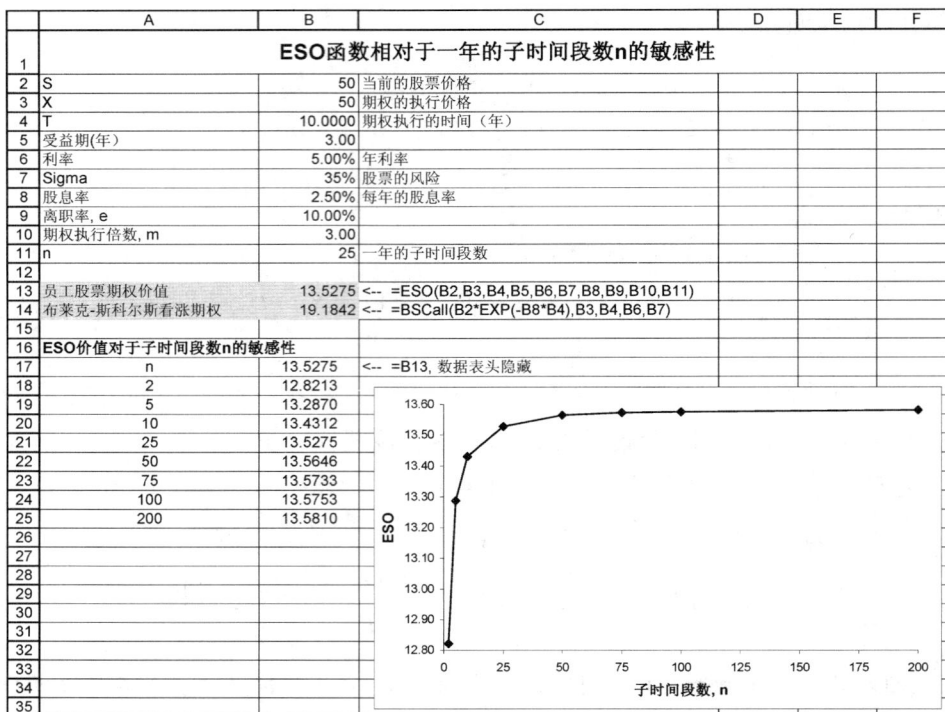

图表给出充分证据证明 $n = 25$ 或 50 时已经能够很好地定价员工期权股票。由于较大的 n 值会造成时间浪费，我们推荐低的数值。

在下一个图表中我们说明 ESO 价值对于员工离职率 e 的敏感性：

	A	B	C	D	E	F
1	**ESO函数对于员工离职率的敏感性**					
2	S	50	当前的股票价格			
3	X	50	期权的执行价格			
4	T	10.0000	期权执行的时间（年）			
5	受益期（年）	3.00				
6	利率	5.00%	年利率			
7	Sigma	35%	股票的风险			
8	股息率	2.50%	每年的股息率			
9	离职率, e	10.00%				
10	期权执行的倍数, m	3.00				
11	n	50	一年的子时间段数			
12						
13	员工股票期权价值	13.5646	<-- =ESO(B2,B3,B4,B5,B6,B7,B8,B9,B10,B11)			
14	布莱克-斯科尔斯看涨期权	19.1842	<-- =BSCall(B2*EXP(-B8*B4),B3,B4,B6,B7)			
15						
16	**ESO对离职率e的敏感性**					
17	离职率, e	13.5646	<-- =B13, 数据表头隐藏			
18	0%	20.1732				
19	1%	19.3621				
20	3%	17.8536				
21	5%	16.4828				
22	7%	15.2347				
23	9%	14.0963				
24	11%	13.0561				
25	13%	12.1039				
26						
27						
28						
29						
30						
31						
32						
33						
34						
35						

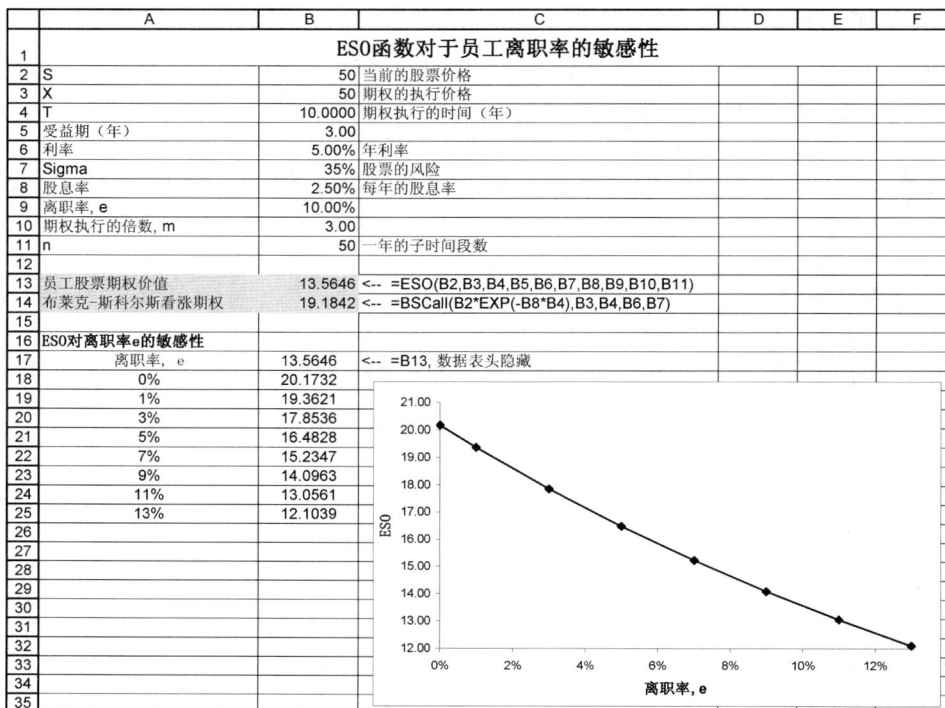

离职率对 ESO 的价值影响巨大:员工流动性越高,员工股票期权的价值越低。根据 FASB 123 估价,离职率 e 是一个重要的估价因素。

最后,我们在离职率 m 倍上对 ESO 价值作敏感性分析。回忆 Hull-White 模型假设持有 ESO 的员工当股票价格是期权执行价格 X 的 m 倍时执行她的期权。该假设基本上将员工绑定在次优的策略上。由于从大体上来说看涨期权应当被持有至到期(尽管注意到在这种情况下该看涨期权的标的物是分红的股票,该股票某些情况下可能被提前执行)。在下面的例子中我们清楚地看到提早执行 ESO 的次优性:倍数 m 越高,ESO 价值越高。

	A	B	C	D	E	F
1		员工股票期权函数对员工离职率倍数 m 的敏感性				
2	S	50	当前的股票价格			
3	X	50	期权的执行价格			
4	T	10.0000	期权执行的时间(年)			
5	受益期（年）	3.00				
6	利率	5.00%	年利率			
7	Sigma	35%	股票的风险			
8	股息率	2.50%	年股息率			
9	离职率率, e	10.00%				
10	期权执行倍数, m	3.00				
11	n	25	一年的子时间段数			
12						
13	员工股票期权价值	13.5275	<-- =ESO(B2,B3,B4,B5,B6,B7,B8,B9,B10,B11)			
14	布莱克—斯科尔斯看涨期权	19.1842	<-- =BSCall(B2*EXP(-B8*B4),B3,B4,B6,B7)			
15						
16	ESO价值对倍数 m的敏感性					
17	m	13.5275	<-- =B13, 数据表头隐藏			
18	1.0	9.1758				
19	1.3	11.1610				
20	1.6	12.2760				
21	1.9	12.9793				
22	2.2	13.2735				
23	2.5	13.4467				
24	2.8	13.4985				
25	3.1	13.5423				
26						
27						
28						
29						
30						
31						
32						
33						
34						
35						

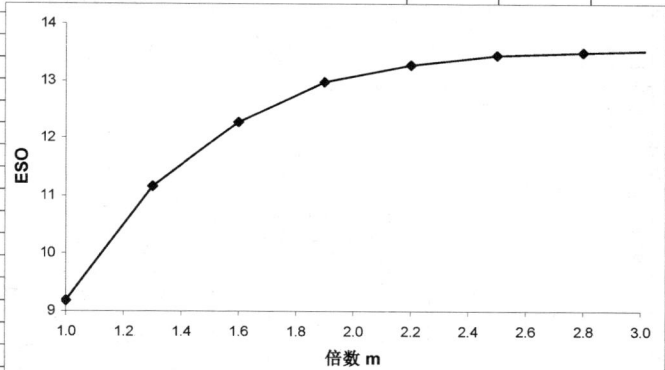

16.8.5 最后但并不是最不重要的

Hull-White 模型是 ESO 期权价值的数字近似,但它不是封闭式公式。Cvitanic Wiener 和 Zapatero(2006)当前的一篇论文给出了员工股票期权价值的分析性推导。该公式的手稿长达 16 页,在这里没有给出。但有该公式的 Excel 运行,可在 http://pluto.mscc.huji.ac.il/~mswiener/research/ESO.htm 下载。

16.9　二项式模型用于非标准的期权：一个例子

二项式模型也用于非标准的期权。看下面的例子：你持有一个购买某个公司股票的期权。该期权允许你提前执行，但执行价格随你选择的执行时间而变化。对这种情况我们考虑，该期权具有下列条件：

- 有 n 个可能执行日期的一个（即期权仅在这些日期才能执行）。

- 在日期 t 执行该期权使得在当 $s > t$ 不能执行期权，但如果你在时期 s 不执行，你仍可能在 $t > s$ 时期执行。

- 在 t 日期的执行价格是 X_t。换句话，执行价格随时间而变化。

我们想使用二项式模型对该期权估值。我们基本可以认为这只是一个有三个离散执行价格的美式期权。下面说明了我们在电子表中建立这个问题，并按第 16.5 节中介绍的提前执行的逻辑来处理：

	A	B	C	D	E	F	G	H	I
1					时间依赖性执行价格				
2	初始股票价格	100			执行价格				
3	上涨	1.10		时期1	100				
4	下降	0.95		时期2	105				
5	利率	1.06		时期3	112				
6									
7	状态借个								
8	q_U	0.6918	<-- =(B5-B4)/(B5*(B3-B4))						
9	q_D	0.2516	<-- =(B3-B5)/(B5*(B3-B4))						
10									
11	确认								
12	$1/(q_U+q_D)$	1.06	<-- =1/(B8+B9)						
13	q_U*上涨+q_D*下降	1	<-- =B8*B3+B9*B4						
14									
15			股票价格					133.100	
16						121.000		114.950	
17				110.000					
18		100.000				104.500		99.275	
19				95.000					
20						90.250		85.738	
21									
22									=MAX(q_U*H25+q_D*H27,MAX(F16-E4,0))
23			时期0		时期1		时期2	时期3	
24									
25			各节点的值					21.100	<-- MAX(H16-E6,0)
26						16.000			
27				11.583				2.950	<-- MAX(H18-E6,0)
28		8.368				2.041			
29			1.412					0.000	
30						0.000			
31	=MAX(q_U*F28+q_D*F30,MAX(D19-E3,0))							0.000	
32									
33			提前执行？						
34						yes			
35				no				=IF(q_U*H25+q_D*H27>=	
36						no		MAX(F16-E4,0),"no","yes")	
37				no					
38						no			
39									

该电子表的大多数和第 16.5 节的一样。单元格区域 B15：H21 说明了不同时间的股票价

格,它服从"上涨"＝1.10,"下跌"＝0.95 的二项式分布(单元格 B3 和 B4)。这里我们感兴趣事情是估值:

	A	B	C	D	E	F	G	H	I
22									=MAX(q_U*H25+q_D*H27,MAX(F16-E4,0))
23		时期 0		时期 1		时期 2		时期 3	
24									
25		各节点的值						21.100	<-- =MAX(H16-E6,0)
26						16.000			
27				11.583				2.950	<-- =MAX(H18-E6,0)
28		8.368				2.041			
29				1.412				0.000	
30						0.000			
31	=MAX(q_U*F28+q_D*F30,MAX(D19-E3,0))							0.000	
32									

对一个美式期权,我们通常要考虑二叉树的每一个节点上该期权是执行还是持有更有价值。但是注意,在上面的表格中执行价格是随时期而变化的,因此该执行价格在时期 3 是 E5,在时期 2 是 E4,而在时期 1 是 E3。正如你在单元格 B28 中所看到的,该美式看涨期权的价值是 8.368。

16.10　本章小结

二项式模型直观且易于运行。该模型常常用来替代布莱克—斯科尔斯模型,它很容易在电子表中实现,也很容易在 VBA 中编程。本章探索了二项式模型的基本应用,以及在美式期权和其他非标准化期权定价时的实施。员工期权股票部分说明了如何运用 Hull 和 White (2004)模型对这些期权定价。贯穿本章,我们重点强调了状态价格在模型运行中的重要作用。

习题

　　1. 一只股票今天按 25 美元出售,一年后,值 35 美元或 20 美元。如果利率是 8％,在该股票上的执行价格是 30 美元,一年期看涨期权的今天价值是多少? 使用第 16.2 节的联立方程组来给该期权定价。

　　2. 用习题 1,计算状态价格 q_U 和 q_D,并使用这些价格去计算在该股票上的,具有 30 美元执行价格的一年期看跌期权的今天价值。证明看跌—看涨期权平价定理成立:即用你对该问题和前面问题的回答证明:

$$看涨期权价格 + \frac{X}{1+r} = 今天股票的价格 + 看跌期权的价格$$

　　3. 在二项式模型中,一个看涨期权和一个看跌期权的标的物为相同的股票。看涨期权的执行价格是 30,看跌期权的执行价格是 40。看涨期权的收益是 0 和 5,看跌期权的收益是 20 和 5。看涨期权的价格是

2.25,看跌期权的价格是 12.25。

(1) 假设一年为一个基本时期,无风险利率是多少?

(2) 该股票的今天价格是多少?

4. 所有值得信赖的分析师都一致认为 ABC 公司的股票明天的价格在 65 美元或 45 美元(今天的价格为 50 美元)。他们进一步认为发生这些事件的概率分别是 0.6 和 0.4。市场无风险收益率是 6%。一个在 ABC 公司股票上的看涨期权的执行价格 50 美元,明天到期,那么该看涨期权的价值多少?

5. 一个股票正以 60 美元出售。股票的价格在年底预期上涨 25% 或下跌 20%,无风险率是 5%。使用二项式期权定价模型,计算在该股票上执行价格为 55 美元的欧式看跌期权的价格。

6. 填写下面电子表中的所有"???"单元格的内容。

	A	B	C	D	E	F	G	H	I	J	K
1				三时期的二项式期权定价							
2	上涨, U	1.35									
3	下跌, D	0.95		状态价格							
4				q_u							
5	初始股票价格	40		q_d							
6	利率, R	1.25									
7	执行价格	40									
8											
9	股票价格						债券价格				
10											???
11			???						???		
12		40					1				???
13			???						???		
14											???
15											
16	欧洲式看涨期权						欧式看跌期权				
17											
18					???						???
19			???						???		
20	???				???		???				???
21			???						???		
22					???						???
23											
24							美式看跌期权				
25											
26											???
27									???		
28											???
29									???		
30											???

7. 考虑下列的一个两时期的二项式模型,它的年利率是 9%,每期股价上涨 15% 或下跌 10%:

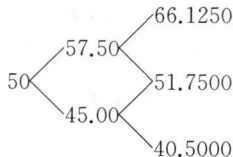

股票价格

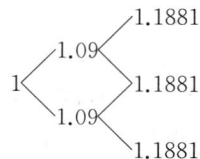

债券价格

(1) 以该股票为标的物,执行价格为 60 的欧式看涨期权价格是多少?

(2) 以该股票为标的物,执行价格为 60 的欧式看跌期权价格是多少?

(3) 以该股票为标的物,执行价格为 60 的美式看涨期权价格是多少?

(4) 以该股票为标的物,执行价格为 60 的美式看跌期权价格是多少?

8. 考虑下列的三时期的二项式模型,其中该股价在每期上涨 30% 或下跌 10%,一期的利率是 25%:

股票价格

```
                 ╱50.70
          39.00
       ╱        ╲35.10
  30
       ╲  27.00 ╱35.10
                 ╲24.30
```

债券价格

```
                 ╱1.5625
          1.25
       ╱        ╲1.5625
  1
       ╲  1.25  ╱1.5625
                 ╲1.5625
```

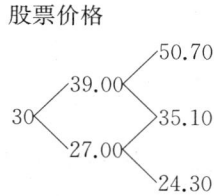

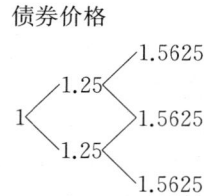

（1）有一个欧式看涨期权，它的 $X = 30$，$T = 2$。在树中填空：

看涨期权价格

```
                 ╱???
          ???
       ╱        ╲???
  ???
       ╲  ???   ╱???
                 ╲???
```

（2）定价一个具有 $X = 30$ 和 $T = 2$ 的欧式看跌期权的价格是多少?

（3）现有一个具有 $X = 30$ 和 $T = 2$ 的美式看跌期权。在二叉树中填空：

美式看跌期权价格

```
                 ╱???
          ???
       ╱        ╲???
  ???
       ╲  ???   ╱???
                 ╲???
```

9. 一家著名的证券公司最近引入了一个新的金融产品。这个产品称为"两世最佳"（缩写为 BOBOW），成本为 10 美元，五年到期，到期偿付投资者的成本 10 美元加上 S&P500 指数中的任何正收益的 120%。在到期之前没有任何支付。

举例来说，如果 S&P500 指数现在是 1,500 点，如果在五年后它是 1,800 点，BOBOW 的所有者将获得 12.40 美元〔$= 10 \times (1 + 1.2 \times (1,800 \div 1,500 - 1))$〕。如果在五年后 S&P500 指数低于 1,500 点，BOBOW 的所有者将得到 10 美元的返还。

假如五年期连续复利、纯折价债券的利率是 6%。进一步假设 S&P500 指数现在是 1,500 点且你相信五年后它将会是 2,500 或 1,200 点。使用二项式期权定价模型证明 BOBOW 的定价太低。

10. 该问题是接着第 17.6.1 节的讨论。证明 $n \to \infty$，该二项式欧式看跌期权定价公式收敛到布莱克—斯科尔斯看跌期权定价公式。（注意，作为电子表 fm3_chapter17.xls，我们有一个函数称为 BSPUt 来计算布莱克—斯科尔斯看跌期权定价。）

11. 这里是习题 10 的一个更高的版本。有一个该二项式模型的替代参数：

$$\Delta t = T/n \qquad \frac{1}{R} = e^{r\Delta t}$$

$$上涨 = e^{(r - \sigma^2/2)\Delta t + \sigma\sqrt{\Delta t}} \qquad q_U = \frac{R - 下跌}{R \cdot (上涨 - 下跌)}$$

$$下跌 = e^{(r - \sigma^2/2)\Delta t - \sigma\sqrt{\Delta t}} \qquad q_D = \frac{1}{R} - q_U$$

用 VBA 对该参数建立二项式欧式看涨和看跌期权定价函数并且证明它们收敛于布莱克—斯科尔斯公式。（这里的信息是二项式模型的参数不是唯一的。）

12. 标的物是价格为 50 美元股票的一个看涨期权三年到期，在此期间该股票每年价格预期上涨 25% 或下跌 10%。年利率保持在 6%。该期权在时期 1 执行时,价格为 55 美元;在时期 2 执行时,价格为 60 美元;在时期 3 执行时,价格为 65 美元。它今天的价值是多少? 你将提前执行该期权吗?

13. 在考虑习题 12。证明假设在时期 1 执行的价格是 X,在时期 2 执行时价格是 $X \cdot (1+r)$,在时期 3 执行时价格是 $X \cdot (1+r)^2$,你将不提前执行该期权。[①]

14. 一家投资银行提供一种与两年后 Bisco 股票价格相关联的证券,当前股价为每股 3 美元。两时期后 Bisco 股票的价格为 S_2。该证券以 $\max(S_2^{\frac{3}{2}} - 40, 0)$ 结算。 你估计在接下来的两时期的每期,Bisco 股票将上涨 50% 或下跌 20%。年利率为 8%。定价该证券。

---

① 同样可以证明,如果执行价格的上升速率比利率慢得多的话,该性质成立。对于第 16.5 节提到的问题,只有当执行价格上升速率比利率快时美国看涨期权才会被提前执行。

17

布莱克—斯科尔斯模型

17.1　概述

　　1973 年，布莱克和斯科尔斯发表著名论文，证明了对不支付股利股票的欧式看涨期权和看跌期权的定价公式。他们的这个模型可能是现代金融中最著名的模型。布莱克—斯科尔斯公式容易使用，而且它常对比较复杂的期权定价给出一个适当的近似值。

　　本章中，我们对该模型的证明不展开全面地介绍；因为这需要随机过程的知识和其他一些必备的数学知识。取而代之，我们介绍该模型的原理以及它在 Excel 中的实现。我们还说明了布莱克—斯科尔斯公式在结构性资产定价中的一些应用。

17.2　布莱克—斯科尔斯模型

　　有一个股票，它的价格是服从对数正态分布的。[①]布莱克—斯科尔斯模型使用下列公式对该股票上的欧式看涨期权定价：

$$C = SN(d_1) - Xe^{-rT}N(d_2)$$

这里：

$$d_1 = \frac{\ln(S/X) + (r + \sigma^2/2)T}{\sigma\sqrt{T}}$$

$$d_2 = d_1 - \sigma\sqrt{T}$$

---

①　对数正态分布将在第 26 章讨论，尽管其目的是应用于布莱克—斯科尔斯模型，但第 17.4 节的介绍已足够了。

其中，C 表示看涨期权的价格，S 是基础股票的价格，X 是看涨期权的执行价格，T 是该看涨期权的执行时间，r 是利率，σ 是该股票对数收益的标准差。$N(\ )$ 表示标准正态分布的一个值。假设在日期 T 之前该股票不支付股利。

根据看跌—看涨期权平价定理（见第 15 章），一个在相同股票上的，具有相同执行日期 T 和相同执行价格 X 的看跌期权的价格 $P = C - S + X e^{-rT}$。将 C 代入在这个方程，并做代数变换得到布莱克—斯科尔斯欧式看跌期权的定价公式如下：

$$P = X e^{-rT} N(-d_2) - S N(-d_1)$$

在第 16 章我们提及了一种证明布莱克—斯科尔斯公式的方法，用数字可以证明布莱克—斯科尔斯公式与二项式期权定价公式是一致的。其前提是：(1) 典型的期间长度趋于 0；(2) 二项式定价模型的"上涨"与"下跌"收敛于一个对数正态分布的价格过程；(3) 利率的期限结构是平的。

在电子表中运行布莱克—斯科尔斯公式

布莱克—斯科尔斯公式的看涨期权和看跌期权定价很容易在电子表中实现。下面的例子说明了如何计算在一个目前股价 $S = 50$ 股票上的看涨期权价格，执行价格 $X = 45$，年利率 $r = 4\%$，$\sigma = 30\%$。期权有 $T = 0.5$ 年的到期期限。注意三个参数 T、r 和 σ 都假定以年为单位的。[1]

	A	B	C
1	**布莱克-斯科尔斯期权定价公式**		
2	S	50	当前的股票价格
3	X	45	执行价格
4	r	4.00%	无风险利率
5	T	0.75	期权的到期时间（年）
6	Sigma	30%	股票的波动性, σ
7			
8	d_1	0.6509	<-- (LN(S/X)+(r+0.5*sigma^2)*T)/(sigma*SQRT(T))
9	d_2	0.3911	<-- d₁-sigma*SQRT(T)
10			
11	N(d_1)	0.7424	<-- 使用公式 NormSDist(d₁)
12	N(d_2)	0.6521	<-- 使用公式 NormSDist(d₂)
13			
14	看涨期权价格	8.64	<-- S*N(d₁)-X*exp(-r*T)*N(d₂)
15	看跌期权价格	2.31	<-- call price - S + X*Exp(-r*T): 用看跌-看涨期权平价定理
16		2.31	<-- X*exp(-r*T)*N(-d₂) - S*N(-d₁): 直接用公式

注意电子表两次计算看跌期权的价格：在单元格 B15 中用看跌—看涨期权平价定理计算，在单元格 B16 中直接用布莱克—斯科尔斯公式计算。

我们可以使用这个电子表做敏感性分析。例如，下列的"数据 | 模拟运算表"（见第 31 章）给出当股价 S 变动时该看涨期权的布莱克—斯科尔斯值与内在价值的比较 [也就是，$\max(S - X, 0)$]。

---

① 在第 26.7 节中讨论根据非年度数据如何计算对数正态分布过程的年度 σ。

	C		D	E	F	G	H	I	J	K	L	M	N
18			模拟运算表：布莱克—斯科尔斯价格与股票内在价值的比较			模拟运算表的表头：=Max(B2-B3,0)。这是期权的内在价值。							
19			股票价格	看涨期权价格	内在价值								
20	模拟运算表的表头：= B14			8.6434	5								
21			5	0.0000	0								
22			10	0.0000	0								
23			15	0.0000	0								
24			20	0.0029	0								
25			25	0.0484	0								
26			30	0.3101	0								
27			35	1.1077	0								
28			40	2.7319	0								
29			45	5.2777	0								
30			50	8.6434	5								
31			55	12.6307	10								
32			60	17.0378	15								
33			65	21.7056	20								
34			70	26.5256	25								
35			75	31.4304	30								
36			80	36.3811	35								

布莱克—斯科尔斯与内在价值

- - - 看涨期权价格　—— 内在价值

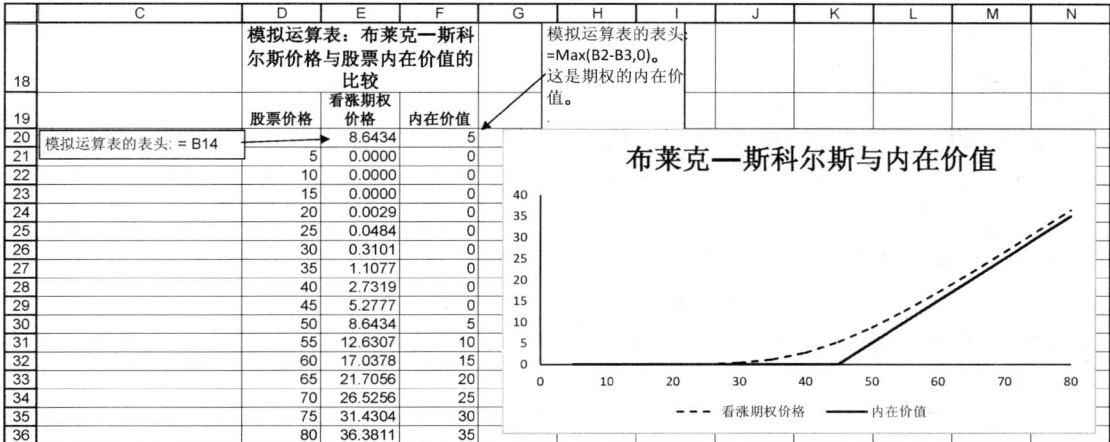

17.3 使用 VBA 定义一个布莱克—斯科尔斯定价函数

虽然在上一节电子表已可以实现实施布莱克—斯科尔斯公式计算的目的，但有时候我们感兴趣的是我们能否有一个直接在 Excel 中计算的函数。我们可以用 VBA 来完成。在下面的程序中我们定义了这些计算函数 dOne、dOne 和 BSCall：

```
Function dOne(Stock, Exercise, Time, Interest, sigma)
dOne = (Log(Stock / Exercise) + Interest * _
        Time) / (sigma * Sqr(Time)) _
        + 0.5 * sigma * Sqr(Time)
End Function


Function dTwo(Stock, Exercise, Time, Interest, sigma)
dTwo = dOne(Stock, Exercise, Time, Interest, _
sigma) - sigma * Sqr(Time)
End Function


Function BSCall(Stock, Exercise, Time, Interest, sigma)
    BSCall = Stock * Application.NormSDist(dOne(Stock, Exercise, Time, Inter-
est, sigma)) - _
    Exercise * Exp(-Time * Interest) * Application.NormSDist(dTwo(Stock,
Exercise, _
    Time, Interest, sigma))
End Function
```

注意 Excel 函数 NormSDist 的使用，它给出了标准正态分布。

17.3.1 看跌期权定价

根据看跌—看涨期权平价定理,我们知道看跌期权的定价是由公式 $P = C - S + Xe^{-rT}$ 决定的。我们可以用另一个 VBA 函数 BSPut 来实现:

```
Function BSPut(Stock, Exercise, Time, Interest, sigma)
BSPut = BSCall(Stock, Exercise, Time, Interest, _
 sigma) + Exercise * Exp(-Interest * Time) - Stock
End Function
```

17.3.2 在 Excel 电子表中使用这些函数

这里有一个在 Excel 使用这些函数的例子。其中的曲线图是根据模拟运算表建立的。(通常,我们隐藏表格的第一行;这里我们将它显示出来)。

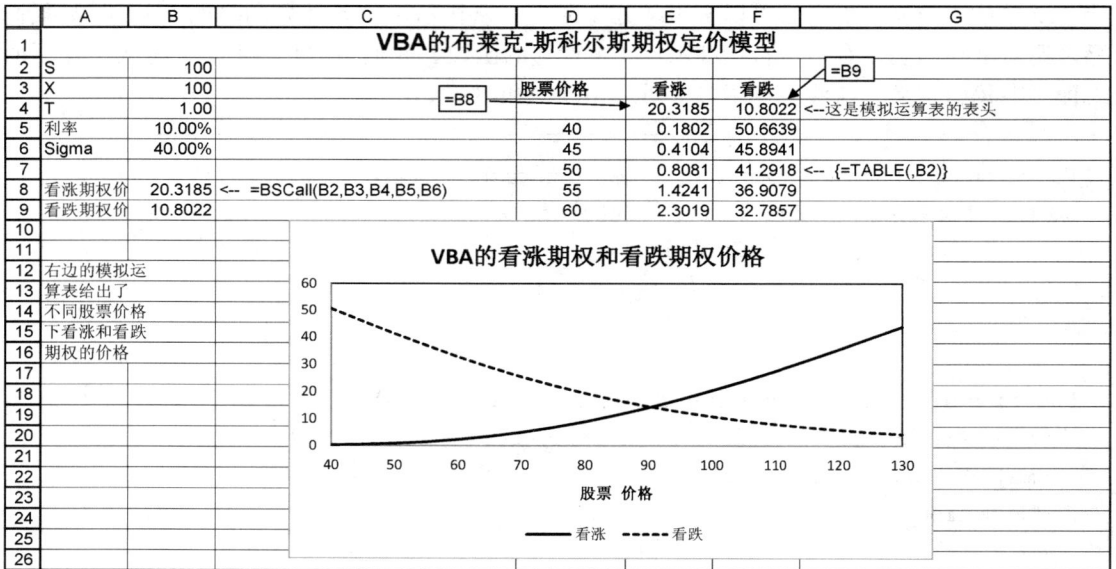

	A	B	C	D	E	F	G
1			**VBA的布莱克-斯科尔斯期权定价模型**				
2	S	100					=B9
3	X	100		股票价格	看涨	看跌	
4	T	1.00	=B8		20.3185	10.8022	<--这是模拟运算表的表头
5	利率	10.00%		40	0.1802	50.6639	
6	Sigma	40.00%		45	0.4104	45.8941	
7				50	0.8081	41.2918	<-- {=TABLE(,B2)}
8	看涨期权价	20.3185	<-- =BSCall(B2,B3,B4,B5,B6)	55	1.4241	36.9079	
9	看跌期权价	10.8022		60	2.3019	32.7857	
10							
11							
12	右边的模拟运						
13	算表给出了						
14	不同股票价格						
15	下看涨和看跌						
16	期权的价格						

17.4 计算隐含的波动率

布莱克—斯科尔斯公式取决于 5 个参数:股票价格 S、期权的执行价格 X、期权的到期时间 T、利率 r 和该期权基础股票收益的标准差 σ(Sigma)。这 5 个参数中前 4 个较为直观,但第 5 个参数 σ 是有问题的。计算 σ 有两种常用方法:

- 基于该股票的历史收益数据来计算 σ。
- 基于该股票的隐含波动率来计算 σ。

下面的两小节,我们将说明这两种计算 σ 的方法并运用到以 S&P500 指数为基础资产的期权的定价(SPY,又称为"蜘蛛")。

17.4.1 历史收益的波动率

我们可以使用股票的历史收益率来计算波动率。方法如下:

- 对于给定结构和频率的收益,我们可以计算在此期间的波动率。常用的一些时间结构之间有很大不同:有些从业者采用短期如 30 天的时间来计算,而有些人则采用较长的时间结构(上至 1 年)。类似地,收益的频率也可按日、周或者月计算。因为期权大多数为短期,因此较短的时间结构更为常见。

- 我们采用以这一时间段内的波动率去乘以一年内该时间段的次数的平方根的方法来年化波动率,因此:

$$\sigma_{年} = \begin{cases} \sqrt{12} \cdot \sigma_{月} \\ \sqrt{52} \cdot \sigma_{周} \\ \sqrt{250} \cdot \sigma_{日} \end{cases}$$

每年日子数量的选择是个问题。大多数从业人员采用 250 天或 252 天来作为每年的交易日。然而,使用 365 天的例子也存在。

在下列电子表中我们列出了一年内 SPDR S&P500(SPY)每日的收盘价。这是一支追踪 S&P500 指数的交易所交易基金(ETF)。SPY 的历史价格和相应的历史波动率见下表计算:

	A	B	C	D	E	F	G	H
1					**SPY的历史价格,日数据**			
2	日期	收盘价格	收益			收益统计,一年		
3	10-Oct-11	117.07				计数日	252	<-- =COUNT(C:C)
4	11-Oct-11	117.19	0.10%	<-- =LN(B4/B3)		日平均收益率	0.08%	<-- =AVERAGE(C:C)
5	12-Oct-11	118.22	0.88%	<-- =LN(B5/B4)		日收益的标准差	1.03%	<-- =STDEV.S(C:C)
6	13-Oct-11	117.98	-0.20%					
7	14-Oct-11	120	1.70%			年化平均收益率	0.99%	<-- =12*G4
8	17-Oct-11	117.71	-1.93%			年化收益标准差	16.34%	<-- =SQRT(252)*G5
9	18-Oct-11	120.01	1.94%					
10	19-Oct-11	118.59	-1.19%			收益统计,下半年		
11	20-Oct-11	119.11	0.44%			计数日	126	<-- =COUNT(C130:C255)
12	21-Oct-11	121.37	1.88%			日平均收益率	0.05%	<-- =AVERAGE(C130:C255)
13	24-Oct-11	122.86	1.22%			日收益的标准差	0.87%	<-- =STDEV.S(C130:C255)
14	25-Oct-11	120.47	-1.96%					
15	26-Oct-11	121.69	1.01%			年化平均收益率	0.59%	<-- =12*G12
16	27-Oct-11	125.93	3.42%			年化收益标准差	13.76%	<-- =SQRT(252)*G13
17	28-Oct-11	125.9	-0.02%					
18	31-Oct-11	122.87	-2.44%					
19	1-Nov-11	119.44	-2.83%					
20	2-Nov-11	121.39	1.62%					

基于全年数据的历史波动率为 16.34%,而基于下半年数据的历史波动率为 13.76%。

17.4.2 隐含波动率

隐含波动率不用历史数据；取而代之，它用实际期权价格数据来确定该期权的 σ。历史波动率是一个向后回溯的波动率，而该隐含波动率是则是前瞻性估计。[1]

为了估计 2013 年 1 月 19 日 SPY 看涨期权的隐含波动率，我们求解计算给出当前市场价格的布莱克—斯科尔斯公式的 σ：

	A	B	C
1	**2013年1月SPY期权的隐含波动率**		
2	当前日期	9-Oct-12	
3	期权执行日	19-Jan-13	
4			
5	当前 SPY 价格, S	144.2	
6	期权执行价格, X	144	
7	到期时间, T	0.27945205	<-- 0.279452054794521
8	利率	0.08%	
9			
10	实际看涨期权价格	4.74	
11	实际看跌期权价格	4.91	
12			
13	看涨期权隐含波动率	15.22%	<-- =CallVolatility(B5,B6,B7,B8,B10)
14	证明：布莱克—斯科尔斯看涨期权价格	4.74	<-- =BSCall(B5,B6,B7,B8,B13)
15			
16	看跌期权隐含波动率	16.54%	<-- =PutVolatility(B5,B6,B7,B8,B11)
17	证明：布莱克—斯科尔斯看跌期权价格	4.91	<-- =BSPut(B5,B6,B7,B8,B16)

看涨期权的隐含波动率是 15.22％，看跌期权的隐含波动率是 16.54％。正如单元格 B14 和 B17 所示，当这些波动率带回布莱克—斯科尔斯公式中，将得到当前市场价格。我们用到的 CallVolatility 和 PutVolatility 函数在将下面描述。

17.4.3 SPY 平价期权的定价

当我们用所有到期日的历史波动率来定价 SPY 平价期权时，我们发现采用全年历史波动率作为 σ 的替代的布莱克—斯科尔斯模型对此看涨期权的定价是合理的：

---

[1] 术语"前瞻性"对"回顾性"导致隐含波动性听起来好像优于历史地波动性。这当然不是目的。

	A	B	C	D	E	F	G	H
1						SPY平价期权的定价 历史波动率和隐含波动率		
2	当前日期	9-Oct-12						
3	当前SPY 价格, S	144.2						
4	执行, X	144						
5	标准差, σ	16.34%				<-- ='Page 431'!G8		
6								
7	行权日	市场价	利率	至到期日的时间, T	BS, 历史标准差		隐含波动率	
8	20-Oct-12	1.40	0.08%	0.0301	1.73	<-- =BSCall($B$3,$B$4,D8,C8,$B$5)	12.99%	<-- =CallVolatility($B$3,$B$4,D8,C8,B8)
9	17-Nov-12	2.80	0.08%	0.1068	3.18	<-- =BSCall($B$3,$B$4,D9,C9,$B$5)	14.33%	<-- =CallVolatility($B$3,$B$4,D9,C9,B9)
10	22-Dec-12	3.93	0.08%	0.2027	4.34		14.75%	
11	31-Dec-12	4.06	0.08%	0.2274	4.59		14.40%	
12	19-Jan-13	4.74	0.08%	0.2795	5.08		15.22%	
13	16-Mar-13	5.88	0.08%	0.4329	6.30		15.23%	
14	28-Mar-13	6.25	0.12%	0.4658	6.55		15.58%	
15	22-Jun-13	8.37	0.12%	0.7014	8.02		17.07%	
16	28-Jun-13	8.53	0.12%	0.7178	8.11		17.20%	
17	21-Sep-13	9.55	0.12%	0.9507	9.33		16.74%	
18	30-Sep-13	10.18	0.12%	0.9753	9.45		17.64%	
19	18-Jan-14	11.93	0.18%	1.2767	10.85		18.01%	

历史波动率对于该期权的定价较好：

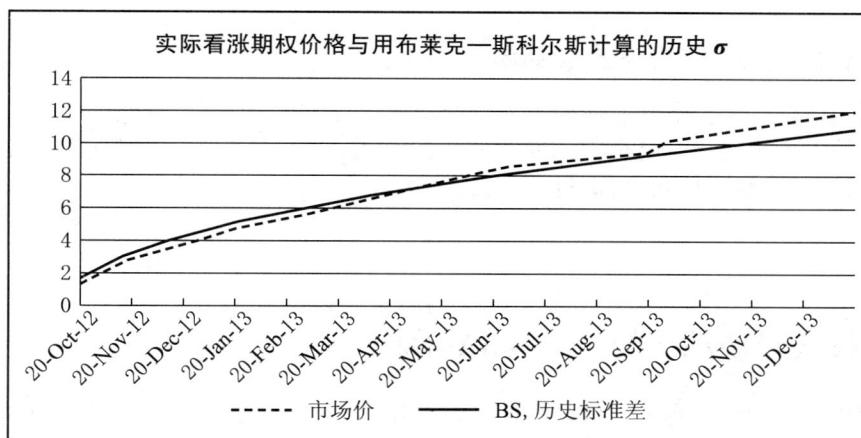

类似地，利用 SPY 数据计算看跌期权价格，虽然并不那么好，得到如下：

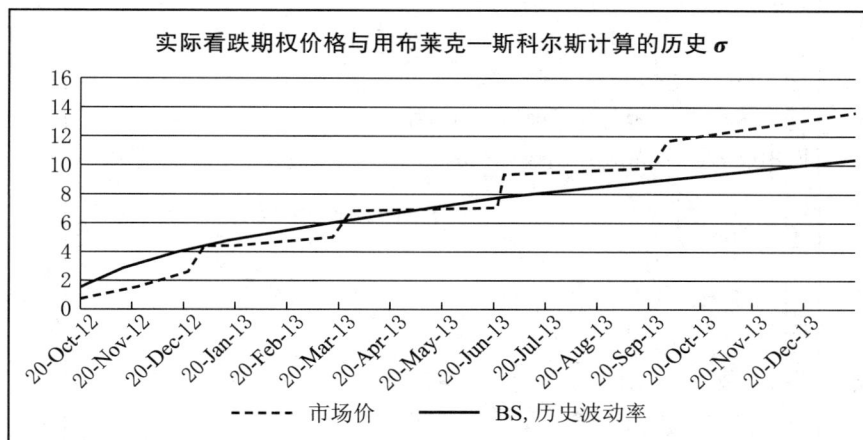

我们同样计算得到平价看跌期权和看涨期权的隐含波动率：

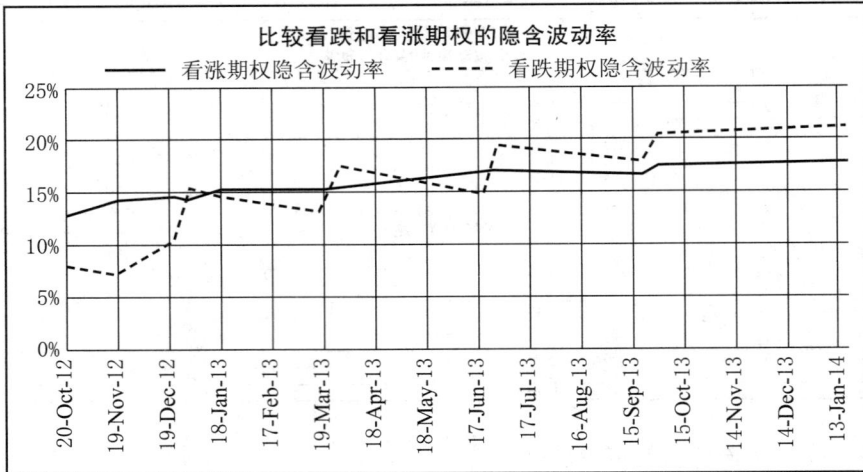

比较看跌和看涨期权的隐含波动率

17.4.4　比较历史波动率和隐含波动率

　　很难说明在期权定价上到底两个方法哪个更好。一方面,把历史收益的波动看作未来预期收益波动的一个预测指标是很常见的。另一方面,隐含波动率对市场目前的态度是一个很好的暗示。我们的建议是:两个都采用并且进行比较。

17.5　寻找隐含波动率的一个 VBA 函数

　　我们想要设计一个计算隐含波动率的 VBA 函数。首先注意到期权价格是一个关于 σ 的单调递增函数。下面是"数据|模拟运算表",来自我们的布莱克—斯科尔斯的基本电子表:

	A	B	C	D
1			**布莱克-斯科尔斯期权价格在σ下是单调的**	
2	S	45	当前股票价格	
3	X	50	执行价格	
4	T	1	期权执行日期(年)	
5	r	8.00%	无风险利率	
6	Sigma	30.00%	股票波动率	
7				
8	看涨期权价	4.88	<-- =BSCall(B2,B3,B4,B5,B6)	
9				
10	模拟运算表:	看涨期权价格作为波动率s的函数		
11		4.8759	<-- =B8, 模拟运算表头	
12	15%	2.1858		
13	16%	2.3646		
14	17%	2.5437		
15	18%	2.7229		
16	19%	2.9023		
17	20%	3.0817		
18	21%	3.2612		
19	22%	3.4407		
20	23%	3.6202		
21	24%	3.7997		
22	25%	3.9792		
23	26%	4.1587		
24	27%	4.3381		
25				
26				
27				
28				

看涨期权价格和波动率

我们可以使用 VBA 定义一个函数 CallVolatility 去寻找一个看涨期权的 σ。该函数定义为 CallVolatility(Stock，Exercise，Time，Interest，Target)，具体如下：

Stock→股票价格 S。

Exercise→期权的执行价格 X。

Time→期权的到期时间 T。

Interest→利率 r。

Target→看涨期权的价格 C。

函数对布莱克—斯科尔斯公式 $=C$ 时寻找 σ。

```
Function CallVolatility(Stock, Exercise, Time, Interest, Target)
        High = 2
        Low = 0
        Do While (High - Low) > 0.0001
        If BSCall(Stock, Exercise, Time, Interest, (High + Low) / 2) > Target
Then
                        High = (High + Low) / 2
                        Else: Low =  (High + Low)  / 2
        End If
        Loop
        CallVolatility = (High + Low) / 2
End Function
```

该函数中所用的技术与试错技术非常相似：我们从 σ 的两个估计值开始。一个是高估计为 100%，一个是低估计为 0%。我们现在按下列操作进行：

● 将高和低的平均数插入到布莱克—斯科尔斯公式中。程序中给我们的就是 CallOption（Stock，Exercise，Time，Interest，(High＋Low)/2）。（注意函数 CallVolatility 假设函数 CallOption 可以在电子表中使用。）

● 如果 CallOption（Stock，Exercise，Time，Interest，(High＋Low)/2）＞ Target，那么目前(High＋Low)/2 的 σ 估计太高，我们用(High＋Low)/2 取代 High。

● 如果 CallOption（Stock，Exercise，Time，Interest，(High＋Low)/2）＜ Target，那么目前(High＋Low)/2 的 σ 估计太低，我们用(High＋Low)/2 取代 Low。

我们重复这个过程直到高低间的差额小于 0.0001（或一些其他的任意常数）。

17.6　布莱克—斯科尔斯的股利调整

布莱克—斯科尔斯公式假设期权的基础证券在执行日期 T 之前是不发放股利的。在一定的情况下,对该模型进行考虑股利的调整是很容易的。本节研究了两种股利调整方式:当未来股利是确定且已知时,我们先看期权定价;当该基础证券持续支付股利时,我们再看期权定价。两种情况的原则相同:该期权是在对基础价值调整后的定价,该基础价值是扣除在期权购买日和执行日之间的股利支付后的现值。

17.6.1　在期权到期日之前的一个已知股利支付

在股票交易时其未来股利是已知的情况是很常见的。而最常见的情况是股利公告,但也可能是因为许多股票的股利支付相对灵活且比较有规律。在这种情况下,不应该在当前股票价格 S 上对该期权进行定价,而应该用当前股票价格减去股利或是该期权执行日 T 前预期股利的现值后再定价。

	时间 0	时间 t 股利支付	时间 T 期权执行
	股票价格＝S	Div	$\text{Max}[S_T - X, 0]$
股票价格减去 PV(股利) $= S - \text{Div} * \exp[-rt]$			

这里有一个例子:可口可乐(股票标志 KO)在每年的 3 月、6 月、9 月和 11 月支付季度股利。其股利支付看上去相当稳定(见下图);在 2006 年 7 月 28 日,其最后的两次股利支付都是每股 0.31 美元。

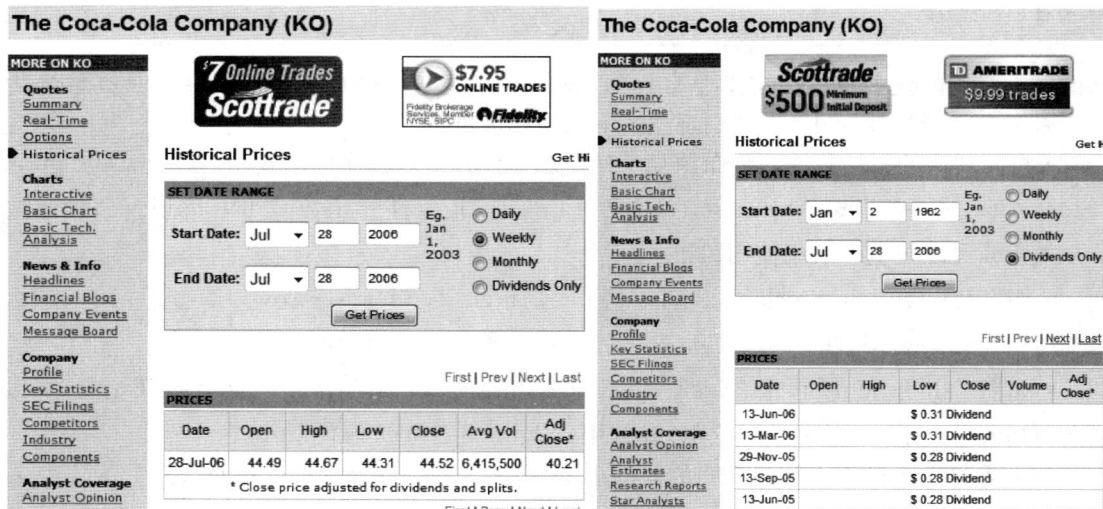

注:其股利是稳定的;在 2006 年 7 月 28 日收盘价是 44.52 美元。
资料来源:该数据来自雅虎网站。由于时间变化,次图已被译者根据雅虎网站数据重新编辑。

计算对 2007 年 1 月的可口可乐看涨和看跌期权的隐含波动率表明在考虑预期股利后其定价会发生很大的变化。我们还可以从其价格做近似的推导,即计算将股利放入单元格 B19:B20 和不将股利放入单元格 B22:B23 的价格,显然前者是正确的。

	A	B	C	D	E
1			**2007年1月可口可乐看涨和看跌期权的定价**		
2	当前日期	28-Jul-06			
3	期权到期日	19-Jan-07			
4	当前股票价格	44.52			
5	利率	5.00%			
6					
7		日期	预期股利	当前价值	
8	9月中	13-Sep-06	0.31	0.31	<-- =C8*EXP(-$B$5*((B8-$B$2)/365))
9	11月末	29-Nov-06	0.31	0.30	<-- =C9*EXP(-$B$5*((B9-$B$2)/365))
10					
11	股票价格的净现值(股利)	43.91	--- =B4-SUM(D8:D9)		
12	执行价格, X	45.00	<-- 接近平价		
13	到期时间, T	0.4795	<-- =(B3-B2)/365		
14	利率, r	5.00%	无风险利率		
15	看涨期权价格	1.80	<-- 2006年7月28日看涨期权价格		
16	看跌期权价格	1.85	<-- 2006年7月28日看跌期权价格		
17					
18	**隐含波动率**				
19	看涨期权, S 净股利	14.95%	<--=CallVolatility(B11,B12,B13,B14,B15)		
20	看跌期权, S 净股利	15.15%	<--=PutVolatility(B11,B12,B13,B14,B16)		
21					
22	看涨期权, S 股利	12.19%	<--=CallVolatility(B4,B12,B13,B14,B15)		
23	看跌期权, S 股利	17.45%	<--=PutVolatility(B4,B12,B13,B14,B16)		

17.6.2 对持续股利支付的股利调整:Merton 模型

前一节我们讨论了已知未来股利的情况。本小节讨论被一个称为 Merton 的模型,它是对一个有持续股利支付股票的期权进行定价的模型。该持续股利支付可被看作是一个附加假设。但是正如 S&P500 或 DJ30 指数这样的一揽子股票,它们能最好地满足持续股利支付假设。因为有许多股票,包括这些指数的构成股票,其股利支付或多或少地都是贯穿全年的。

假设股利率为 k,Merton 证明了下面的期权定价公式:

$$C = Se^{-kT}N(d_1) - Xe^{-rT}N(d_2)$$

其中,

$$d_1 = \frac{\ln(S/X) + (r - k + \sigma^2/2)T}{\sigma\sqrt{T}}$$

$$d_2 = d_1 - \sigma\sqrt{T}$$

在下面的电子表中,该模型被用于对跟踪 S&P500 指数的指数股进行定价:

	A	B	C	D
1			**Merton的股利调整期权-定价模型** **这里用于对跟踪S&P 500指数的Spiders (符号:SPY)定价**	
2	S	127.98	当前股票价格	
3	X	127.00	执行价格	
4	T	0.6329	<-- 期权执行日为16-Mar-07, 今天为28-Jul-06	
5	r	5.00%	无风险利率	
6	k	1.70%	股息率	
7	Sigma	14%	股票波动性	
8				
9	d_1	0.3122	<-- =(LN(B2/B3)+(B5-B6+0.5*B7^2)*B4)/(B7*SQRT(B4))	
10	d_2	0.2008	<-- =B9-B7*SQRT(B4)	
11				
12	$N(d_1)$	0.6226	<--- 使用公式 NormSDist(d₁)	
13	$N(d_2)$	0.5796	<--- 使用公式 NormSDist(d₂)	
14				
15	看涨期权价格	7.51	<-- S*Exp(-k*T)*N(d₁)-X*exp(-r*T)*N(d₂)	
16	看跌期权价格	3.94	<-- 看涨期权价格 - S*Exp(-k*T) + X*Exp(-r*T): 用看跌-看涨期权平价原理	
17		3.94	<-- X*exp(-r*T)*N(-d₂)-S*Exp(-k*T)*N(-d₁): 直接公式	

Merton 模型还常用于外汇期权定价。假设我们买进欧元期权。该期权指定欧元与美元的兑换汇率(在下面的例子中,该看涨期权让我们在 0.0575 年中以 1 欧元对 1.285 美元来购买 10,000 欧元)。该基础资产上的期权是一个具有利率为 $r_€$ 的欧元有息证券。

	A	B	C	D
1			**外汇期权定价**	直觉:外汇期权的基础资产是欧元。它支付股利,即欧元利率。因此默顿模型适用,基础资产价格是 S*exp(-r_€*T),其中 r_€ 在欧元上的利率。注意在在 d_1 中的交换,其中 r_US -r_€ 代替在布莱克-斯科尔斯公式中的 r_US。
2	S	1.276	当前汇率: 一欧元兑一美元	
3	X	1.285	执行价格	
4	r_{US}	5.00%	美元利率	
5	$r_€$	5.50%	欧元利率	
6	T	0.0575	期权到期时间(年)	
7	Sigma	4.70%	欧元美元波动性	
8	d_1	-0.6095	<--(LN(S/X)+(r_US-r_€+0.5*sigma^2)*T)/(sigma*SQRT(T))	
9	d_2	-0.6208	<-- d_1 - sigma*SQRT(T)	
10				
11	每份看涨期权合约的欧元数	10,000		
12				
13	$N(d_1)$	0.2711	<--- 使用公式 NormSDist(d_1)	
14	$N(d_2)$	0.2674	<--- 使用公式 NormSDist(d_2)	
15				
16	看涨期权价格	23.69	<-- (S*Exp(-r_€*T)*N(d_1)-X*exp(-r_US*T)*N(d_2))*B11	
17	看跌期权价格	112.23	<-- (X*exp(-r_US*T)*N(-d_2)-S*Exp(-r_€*T)*N(-d_1))*B11: 直接公式	

17.7　用布莱克—斯科尔斯模型定价结构化证券

结构化证券是华尔街对于包含股票、期权和债券组合的证券用语。在本节中我们给出的三个实例说明如何用布莱克—斯科尔斯模型来对这种证券进行定价。[①]在该处理中我们还要回到第 16 章的讨论,说明期权策略的利润图是如何帮助我们理解这类证券的。

17.7.1　一个简单的结构化证券:本金保障和市场上涨分享

一个简单和受欢迎的结构化证券是为投资者提供本金保障加上在市场上涨的一些分享。下面是一个例子:Homeside 银行提供给顾客如下"本金保障,潜在上涨"证券(PPUP):

- 在该证券中的初始投资:1,000 美元。
- 不支付利息。
- 5 年后,PPUP 退还 1,000 美元加上 50% 的 S&P500 股指上涨分享。指数今天的价格记为 S_0,5 年后指数价格为 S_T,PPUP 上的收益可以写为:

$$1,000 \times \left[1 + 50\% \times \max\left(\frac{S_T}{S_0} - 1, \, 0\right)\right]$$

为了分析 PPUP,我们先重写该到期支付额为:

---

① 不是所有的证券都可以用布莱克—斯科尔斯模型定价;更复杂,路径依赖证券常需要用第 24 章和第 25 章中讨论的蒙特卡罗方法来定价。

$$1,000 \times \left[1 + 50\% \times \max\left(\frac{S_T}{S_0} - 1,\ 0\right)\right] = 1,000 + 1,000 \times \frac{50\%}{S_0} \times \max(S_T - S_0,\ 0)$$

零息债券
的收益

平价看涨期
权收益

这表明 PPUP 的收益有两部分组成：

- 1,000 美元的本金收益。由于该本金没有利息支付，它今天的价值就是以无风险利率支付的现值，$1,000 \times e^{-rT}$，其中 r 为利率，$T = 5$ 为 PPUP 的到期日。

- $1,000 \times \frac{50\%}{S_0}$ 乘以在 S&P500 指数上的一个平价看涨期权的现值。

我们可以用下面的电子表来对该证券定价：

	A	B	C
1	**分析一个简单的结构化产品** **1,000美元本金和50%的5年内S&P500股指上涨的分享**		
2	S&P500指数的初始价格, S_0	950	<-- 在PPUP发行中S&P500的价格
3	结构化证券执行价格, X	950	
4	5年无风险利率, r	5.00%	
5	到期日, T	5	
6	S&P500指数波动率, σ_{SP}	25%	
7	分享率	50%	<-- S&P500上涨部分给予PPUP所有者的百分比
8			
9	结构化证券, 现值		
10	到期支付1,000美元的债券	778.80	<-- =EXP(-B4*B5)*1000
11	分享率/S_0*S&P500上平价看涨期权	162.52	<-- =1000*B7/B2*BSCall(B2,B3,B5,B4,B6)
12	结构化证券的现值	941.32	<-- =SUM(B10:B11)

结构化证券（单元格 B12）的价值是 941.12 美元。该价值有两部分组成：

- PPUP 债券部分的现值为 778.80 美元（单元格 B10）。

- 在 S&P500 股指上的 $1,000 \times \frac{50\%}{950}$ 的平价看涨期权价值为 162.52 美元。

根据单元格 B2:B7 的参数，该 PPUP 被高估了——它以 1,000 美元出售，然而它的市场价值为 941.12 美元。另一种思考结构化证券的方法是计算它的隐含波动率：PPUP 的市场估价（单元格 B12）与 Homeside 银行要求的 1,000 美元价格相等时 σ_{SP}（单元格 B6）为多少？ 单变量求解或规划求解都可以解决此问题：

	A	B	C
1	**分析一个简单的结构化产品** **1,000美元本金和50%的5年内S&P500股指上涨的分享**		
2	S&P500指数的初始价格, S_0	950	<-- 在PPUP发行中S&P500的价格
3	结构化证券执行价格, X	950	
4	5年无风险利率, r	5.00%	
5	到期日, T	5	
6	S&P500指数波动率, σ_{SP}	42.00%	
7	分享率	50%	<-- S&P500上涨部分给予PPUP所有者的百分比
8			
9	结构化证券, 现值		
10	到期支付1,000美元的债券	778.80	<-- =EXP(-B4*B5)*1000
11	分享率/S_0*S&P500上平价看涨期权	221.20	<-- =1000*B7/B2*BSCall(B2,B3,B5,B4,B6)
12	结构化证券的现值	1000.00	<-- =SUM(B10:B11)

17.7.2　更复杂的结构化产品

假设你想创造一个具有以下收益模式的证券：

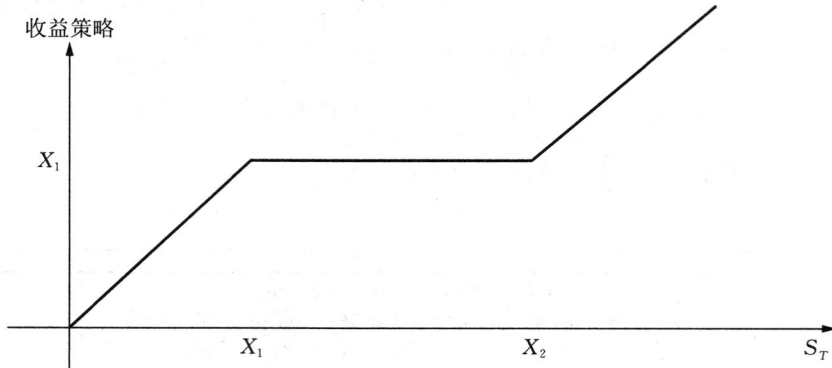

该收益模式是随 $0 \leqslant S_T \leqslant X_1$ 内基础资产的期限价格而增长的。在 X_1 和 X_2 之间，收益模式是常数，并且在 $X_2 \leqslant S_T$ 时，该收益再次随基础资产价格增长。该收益模式的代数式表达如下：

$$X_1 - \max(X_1 - S_T, 0) + \max(S_T - X_2, 0)$$

为了证明该公式建立的图：

$$\underbrace{X_1 - \max(X_1 - S_T, 0)}_{\text{立权看跌期权的收益}} + \underbrace{\max(S_T - X_2, 0)}_{\text{购买看涨期权的收益}} = \begin{cases} X_1 - X_1 + S_T = S_T, & S_T < X_1 \\ X_1, & X_1 \leqslant S_T < X_2 \\ X_1 + S_T - X_2, & X_2 \leqslant S_T \end{cases}$$

下面是一个稍微复杂的收益模式：

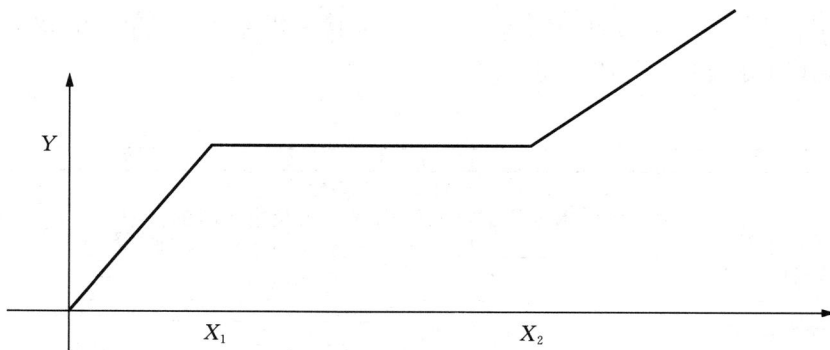

该收益初始部分的斜率为 Y/X_1，该收益模式第二次增长部分的斜率为 Y/X_2。该收益模式建立由下面的公式表达：

$$\underbrace{Y - \frac{Y}{X_1}\max(X_1 - S_T,\,0)}_{\frac{Y}{X_1}\text{立权看跌期权的收益}} + \underbrace{\frac{Y}{X_2}\max(S_T - X_2,\,0)}_{\frac{Y}{X_2}\text{买入看涨期权的收益}}$$

为了证明这的确是收益，

$$\underbrace{Y - \frac{Y}{X_1}\max(X_1 - S_T,\,0)}_{\frac{Y}{X_1}\text{立权看跌期权的收益}} + \underbrace{\frac{Y}{X_2}\max(S_T - X_2,\,0)}_{\frac{Y}{X_2}\text{买入看涨期权的收益}}$$

$$= \begin{cases} Y - \dfrac{Y}{X_1}(X_1 - S_T) = \dfrac{Y}{X_1}S_T,\ S_T < X_1 \\[2mm] Y,\ X_1 \leqslant S_T < X_2 \\[2mm] Y + \dfrac{Y}{X_2}(S_T - X_2) = \dfrac{Y}{X_2}S_T,\ X_2 \leqslant S_T \end{cases}$$

作为这种结构性证券收益的一个例子，下图显示了 ABN-AMRO 银行发行的结构化产品的风险投资协议。这种"Airbag"证券上的付款取决于 Stoxx50 的价值——一个欧洲股票指标。详情如下：

- 发行日期：2003 年 3 月 24 日。
- 终止日期：2008 年 3 月 24 日。
- 成本：1,020 英镑。
- 终止日期支付：

$$\text{到期日支付} = \begin{cases} 1{,}000 \times 1.33 \times \left(\dfrac{Stoxx50_{\text{到期}}}{Stoxx50_{\text{初始}}}\right),\ \text{如果}\ Stocxx_{\text{到期}} < 1{,}618.50 \\[3mm] 1{,}000,\ 1{,}618.50 < Stocxx_{\text{到期}} < 2{,}158 \\[3mm] 1{,}000 \times \left(\dfrac{Stoxx50_{\text{到期}}}{Stoxx50_{\text{初始}}}\right),\ \text{如果}\ Stocxx_{\text{到期}} > 2{,}158 \end{cases}$$

我们用前面曾讨论过的收益形式来确认这个证券：

$$\underbrace{Y}_{\text{债券收益}} \underbrace{- \frac{Y}{X_1}\max(X_1 - S_T,\,0)}_{\text{执行价格为}X_1\text{的}\frac{Y}{X_1}\text{立权看跌期权}} + \underbrace{\frac{Y}{X_2}\max(S_T - X_2,\,0)}_{\text{执行价格为}X_2\text{的}\frac{Y}{X_2}\text{购买看涨期权}}$$

其中，$X_1 = 1{,}618.50$，$X_2 = 2{,}158$，$Y = 1{,}000$。

下面 ABN-AMRO 对于 Euro Stoxx50 证券的条款说明书，是该收益的电子表格。单元格 B7 显示发行者 Airbag 银行给出的收益定义，单元格 B8 显示之前公式中定义的期权条款中的收益。单元格 A13:B29 的模拟运算表说明了这两种定义是等价的：

EURO STOXX 50 上的 AirBag

2003 年 3 月 17 日
最后条款和条件

非常高兴为您呈现下面描述的交易,希望您能够考虑。我们愿意与您做交易,因为我们知道您拥有渊博的知识、丰富的经验以及专业的建议,能够自己对该种类型交易的优点和风险作出估计。除了该交易的事实条款外,您不能指望 ABN AMRO Bank N.V.以及其 ABN AMRO 集团子公司的任何信息、意见或建议。该条款说明书没有识别所有的风险(直接的或间接的)或其他需考虑的因素,这些因素将会在交易后可能以纸质的形式传达。您应当针对该交易咨询您自己的商业、税务和会计顾问,同时,除非您已经完全了解此次交易的相关风险,并且自认为该交易是合适的,否则,您应当禁止该交易。由于此次建议的专门性,请理解它是保密的。

概要		
	发行者 & 主承销商:	ABN AMRO N.V.
	发行:	Euro STOXX 50 上的 AirBag
	标的:	Euro STOXX 50(Bloomberg:SX5E)
	现货参考($SX5E(t)$):	2,158.00
	发行价:	EUR 1,020
	权益:	1
	发行数量:	5,000 份权证
	AirBag 开始:	现货参考的 100%
	AirBag 结束:	现货参考的 75%
	不包含损失的百分比下降:	25%
	$SX5E(t)$:	基于估价日的官方收盘水平

赎回:

1. 如果 $SX5E(t_1)$ 小于或等于 AirBag 停止:

$$EUR\ 1,000 * 1.33 * \left(\frac{SX5E(t_1)}{SX5E(t)}\right)$$

2. 如果 $SX5E(t_1)$ 大于 AirBag 停止,小于或等于 AirBag 开始:

$$EUR\ 1,000 * 100\%$$

3. 如果 $SX5E(t1)$ 大于 AirBag 开始:

$$EUR\ 1,000 * \left(\frac{SX5E(t_1)}{SX5E(t)}\right)$$

	形式:	全球不记名认股(永久)
	清算:	Euroclear Bank SA, Clearstream Banking SA
	ISIN 代码:	XS0165647966
	Valoren 代码:	15789781
	Common 代码:	16564796
	最小交易数量:	一份 AirBag 权证
	援引:	Reuters 网页:ABNPB15,Bloomberg 网页:AAPB,互联网:www.abnamro-sp.com

	上市:	无
	适用法律:	英国
	出售限制:	不在美国境内出售,不出售给美国人,适用荷兰和英国关于出售限制的标准

时间表		
	运营日:	17/03/08
	定价日:	17/03/08
	发行 & 支付日:	24/03/08
	估价 & 执行日:	14/03/08
	最后清算日:	21/03/08

该条款说明书只起说明作用,不构成出售或购买任何证券或其他金融工具的承诺或请求。所有的价格取决于市场条件。该条款可能会在最后的文档中改动。

	A	B	C	D
1			ABN-AMRO（荷兰银行）的Airbag	
2	Y	1,000.00		
3	X_1	1,618.50		
4	X_2	2,158.00		
5	S_T	2,373.80		
6	Airbag的收益			
7	Airbag的定义	1100.00	<-- =IF(B5<B3,B2*(B4/B3)*B5/B4,IF(B5>B4,B2*B5/B4,1000))	
8	期权公式	1100.00	<-- =B2-B2/B3*MAX(B3-B5,0)+B2/B4*MAX(B5-B4,0)	
9				
10				
11		收益的模拟运算表		
12		S_T	Airbag 定义	期权公式
13				<-- 模拟运算表头隐藏
14	0	0.00	0.00	
15	100	61.79	61.79	
16	500	308.93	308.93	
17	750	463.39	463.39	
18	1,000	617.86	617.86	
19	1,250	772.32	772.32	
20	1,618.5	1,000.00	1,000.00	
21	1,750	1,000.00	1,000.00	
22	2,000	1,000.00	1,000.00	
23	2,158	1,000.00	1,000.00	
24	2,500	1,158.48	1,158.48	
25	2,750	1,274.33	1,274.33	
26	3,000	1,390.18	1,390.18	
27	3,250	1,506.02	1,506.02	
28	3,500	1,621.87	1,621.87	
29	3,750	1,737.72	1,737.72	
30				

为了解 Airbag 如何定价，我们用布莱克—斯科尔斯模型找到隐含在 Airbag 价格里的 Stocxx50 的波动率：

	A	B	C
1		定价ABN-AIRBAG 找出隐含波动性	
2	今天Stocxx50的价格, S_0	2,158.0	
3	X_1	1,618.50	
4	X_2	2,158.0	
5	Y	1,000.0	
6	5年无风险利率, r	7.00%	
7	到期日, T	5	
8	Stoxx50的波动性, sigma	15.75%	
9			
10	Airbag构成, 现值		
11	到期日债券支付X_1	704.69	<-- =EXP(-B6*B7)*B5
12	执行价格X_1的Y/X_1 * 立权看跌期权	-4.69	<-- =-B5/B3*BSPut(B2,B3,B7,B6,B8)
13	执行价格X_2的购买看涨期权	320.01	<-- =B5/B4*BSCall(B2,B4,B7,B6,B8)
14	结构化看涨期权现值	1020.00	<-- =SUM(B11:B13)
15			
16			
17	表: Airbag对Sigma的敏感性	1,020.00	<-- =B14, 模拟运算表头
18		0%	1,000.00
19		1%	1,000.00
20		3%	1,000.00
21		6%	1,000.16
22		9%	1,002.76
23		10%	1,004.57
24		11%	1,006.80
25		12%	1,009.34
26		13%	1,012.09
27		14%	1,014.95
28		15%	1,017.84
29		16%	1,020.70
30		17%	1,023.49
31		18%	1,026.16
32		19%	1,028.70
33		20%	1,031.11
34		21%	1,033.35
35		22%	1,035.45
36		23%	1,037.39
37		24%	1,039.19
38		25%	1,040.84

当 Stoxx50 的 σ 为 15.75%（单元格 B8），Airbag 的价格是 1,020 英镑（单元格 B14）。模拟运算表显示价格对 σ 的敏感性。注意 Airbag 的值对 σ 不是很敏感的。将 σ 从 10% 加倍到 20% 使 Airbag 值增加 17 英镑。这是因为 Airbag 中的短期看跌期权和长期看涨期权相互抵消了。

我们可以在 Airbag 上做更多练习。用二维模拟运算表检验 Airbag 的价格对到期时间 T 和 Stoxx50 波动率 σ 的敏感性。

	A	B	C	D	E	F	G	H
1	**荷兰银行Airbag对到期时间和σ的敏感性**							
2	Stoxx50现价, S_0	2,158.0						
3	X_1	1,618.50						
4	X_2	2,158.0						
5	Y	1,000.0						
6	5年无风险利率, r	7.00%						
7	到期时间, T	5						
8	**Stoxx50的波动率, σ**	15.75%						
9								
10	Airbag组成, 现值							
11	到期支付X_1的债券	704.69	<-- =EXP(-B6*B7)*B5					
12	Y/X_1*执行价格X_1的立权看涨期权	-4.69	<-- =-B5/B3*BSPut(B2,B3,B7,B6,B8)					
13	购买的执行价格为X_2的看涨期权	320.01	<-- =B5/B4*BSCall(B2,B4,B7,B6,B8)					
14	结构化证券现值	1020.00	<-- =SUM(B11:B13)					
15								
16			到期时间, T					
17	模拟运算表 表头: =B14	1020.00	5	4	3	2	1	0.0001
18		5%	1000.02	1000.07	1000.20	1000.59	1001.77	1000.20
19		10%	1004.57	1006.22	1008.40	1011.13	1013.78	1000.40
20		15%	1017.86	1021.09	1024.72	1028.28	1029.65	1000.59
21		20%	1031.11	1035.21	1039.61	1043.69	1044.54	1000.79
22	Stoxx50的波动率, σ -->	25%	1040.84	1045.48	1050.44	1055.14	1056.54	1000.99
23		30%	1047.16	1052.22	1057.69	1063.09	1065.58	1001.19
24		35%	1050.86	1056.29	1062.26	1068.39	1072.19	1001.39
25		40%	1052.66	1058.44	1064.88	1071.75	1076.95	1001.59
26		45%	1053.10	1059.19	1066.10	1073.70	1080.28	1001.79
27		50%	1052.55	1058.94	1066.29	1074.59	1082.53	1001.99

Airbag 是一个相对稳定的证券——对大部分的 σ 和所有到期时间，它的价格变动不超过 10%。

17.7.3 反向可转换产品：分析 UBS 银行的"Goals"

瑞士银行 UBS 发行名为"Goals"的一系列与股票相关的证券。所有的 Goals 在初始价格上支付利息；最后的付款取决于基础股票的市场价格：若股票价格高，Goals 的投资者收回初始投资；若股票价格低，Goals 的投资者得到比初始投资价值低的股票。

这种证券的一个例子是 2001 年 1 月 17 日（见下图）由 UBS 发行的与 Cisco 挂钩的 Goals。该证券明细如下：

（1）购买者在 2001 年 1 月 23 日付给 UBS 银行 1,000 美元。作为回报，她分别在 2001 年 7 月 23 日、2002 年 1 月 23 日和 2002 年 7 月 23 日得到 97.50 美元（$= \dfrac{19.50\%}{2} \times 1,000$）的还款。

（2）在 2002 年 7 月 23 日，除了支付 97.59 美元，还有：

● 若 Cisco 股票的价格 $\geqslant$ 每股 39 美元，该证券购买者得到 1,000 美元。

- 若 Cisco 股票的价格 < 每股 39 美元,购买者得到 $\frac{1,000}{39} = 25.641$ 股 Cisco 股票。

(3) 2001 年 1 月 23 日 Cisco 股票的收盘价格为 42.625。

(4) Goals 银行发行时连续复合无风险利率为每年 5.2%(半年是 2.6%)。

为了分析与 Cisco 关联的 Goals,我们先写出如下现金流:

时间	0	1	2	3
	−1,000	97.50	97.50	97.50
				$1,000 - 25.641 \times \max(39 - S_T, 0)$

为了证明该定义是等价的,我们构建了一个的电子表,对根据 UBS 银行定义的 Goals 收益和期权的收益进行比较:

	A	B	C	D	E	F	G	H	I	J
1		**证明两种收益的定义方式是等价**								
2	2002年7月23日思科股票价格, S_T	32								
3	收益率	25.6410	<-- =1000/39							
4	期限收益									
5	UBC的定义	820.51	<-- =IF(B2>39,1000,B2*B3)							
6	期权条款的定义	820.51	<-- =1000-B3*MAX(39-B2,0)							
7										
8	**模拟运算表:** 比较与思科相关的Goals收益									
9	2002年7月23日 思科股票价格, S_T	UBS的定义	可选期权的 定义							
10		820.51	820.51	<-- 模拟运算表的表头, B5和B6 重复						
11	0	0.00	0.00							
12	10	256.41	256.41							
13	15	384.62	384.62							
14	20	512.82	512.82							
15	22	564.10	564.10							
16	24	615.38	615.38							
17	26	666.67	666.67							
18	30	769.23	769.23							
19	32	820.51	820.51							
20	34	871.79	871.79							
21	38	974.36	974.36							
22	39	1,000.00	1,000.00							
23	40	1,000.00	1,000.00							
24	42	1,000.00	1,000.00							
25	44	1,000.00	1,000.00							
26	46	1,000.00	1,000.00							
27	47	1,000.00	1,000.00							
28	50	1,000.00	1,000.00							

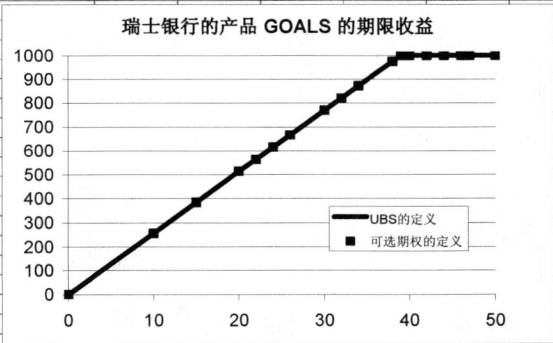

瑞士银行的产品 GOALS 的期限收益

两种定义等价意味着 Cisco 关联的 Goals 的购买者:

- 拥有一个支付半年利率为 9.75% 的 1,000 美元的债券。
- 立权 UBS 为 25.641 的看跌期权,其执行价格为 $X = 39$,到期时间为 $T = 1.5$。

发行 Goals 时,半年利率在 2.6% 左右,远低于 9.75%。因此 Goals 的债券部分价值大于 1,000 美元。然而,Goals 的购买者给了 UBS25.641 看跌期权。这份"礼物"的价值在任何对 Goals 的分析中都应予考虑。

我们说明两种估值 Goals 的方法。第一种方法假设任何证券的均衡净现值应为零。这种方法在 UBS 的证券中应用,得到:

$$\underbrace{-1,000 + \frac{97.50}{(1+r)^{0.5}} + \frac{97.50}{(1+r)^{1.0}} + \frac{1,097.50}{(1+r)^{1.5}}}_{\substack{\text{价值}=205.11\text{美元} \\ r=2.6\%}} - 25.641$$

$$\times Cisco \text{ 上的看跌期权价格}(X = 39, T = 1.5) = 0$$

在下面的电子表中，我们用这种逻辑来定价包含 UBS 证券的看跌期权并将该价格与布莱克—斯科尔斯价格相比较。

$$隐性看跌期权价值 = \frac{1}{25.641}\left[-1{,}000 + \frac{97.50}{(1+2.6\%)^{0.5}} + \frac{97.50}{(1+2.6\%)^{1.0}} + \frac{1{,}097.50}{(1+2.6\%)^{1.5}}\right]$$

$$= \frac{205.11}{25.641} = 8.00（美元）$$

UBS 隐含支付给 Goals 的购买者每份 Cisco 看跌期权为 8.00 美元。然而，正如在下面电子表中显示的那样，若 $\sigma = 80\%$，该看跌期权的布莱克—斯科尔斯价格为 11.71 美元。[1]该结果证明 Goals 是一个差的购买。

	A	B	C
1	**定价UBS GOALS隐含看跌期权**		
2	年无风险利率	5.20%	
3	票面利率	19.50%	
4	初始成本	1,000	
5	转换率: 股价较低时 收到的Cisco股份数量	25.641	<-- =1000/39
6			
7	**估值，固定支付为5.20%**		
8	固定支付		
9	**日期**	**现金流**	
10	23-Jan-01	-1,000.00	
11	23-Jul-01	97.50	<-- =$B$3*B4/2
12	23-Jan-02	97.50	
13	23-Jul-02	1,097.50	
14	**Coals债券部分的现值**	**205.11**	<-- =XNPV(B2,B10:B13,A10:A13)
15			
16	包含在Goals中的25.641份看跌期权的价值	205.11	<-- =B14
17	**每份看跌期权的价值**	**8.00**	<-- =B16/25.641
18	这是UBS对该内含看跌期权支付给Goals购买者的价格.		
19			
20	**用布莱克-斯科尔斯定价看跌期权**		
21	S	42.625	当前股票价格
22	X	39	执行价格
23	r	5.20%	无风险利率
24	T	1.5	期权到期时间(年)
25	σ	80%	股票波动率
26	**看跌期权价格**	**11.71**	<-- =BSPut(B21,B22,B24,B23,B25)
27			
28	**goals是一个好的购买吗?**	No	<-- =IF(B17>B26,"Yes","No")
29			
30	**技术注释**: 为了简洁，该计算使用**5.2%**作为定价Goals债券部分（行**10—14**）和期权价值的利率。考虑一个离散的**2.6%**的半年利率，使用LN((1.026)^2)的连续复合的等价利率在技术上将更加正确。读者可以确认这种正确的效果是可以忽略的。		

---

[1] 与思科相关的 Goals 于 21 世纪初期在纳斯达克发行。思科股票在这时期的隐含波动率在 80%—120% 之间。

有另一种方法看 Goals。考虑一个 Goals 的购买者,同时购买 Goals 和 Cisco 上 $T=1.5$、$X=39$ 的 25.641 份看跌期权。Goals＋25.641 份看跌期权的"工程化"组合产生了一个无风险证券:

$$\text{Goals 的收益＋25.641 份看跌期权}=\begin{cases}1{,}000\underbrace{-25.641\times(39-S_T)}_{\text{Goals上包含的看跌期权付款}}\\ \underbrace{+25.641\times(39-S_T)}_{\text{在购买的看跌期权上的付款}}=1{,}000,\ S_T<39\\ 1{,}000,\ S_T\geqslant 39\end{cases}$$

在下面的电子表中,我们假设该购买的看跌期权是用布莱克—斯科尔斯定价的并将该"工程化"证券的收益率与无风险利率进行比较:

	A	B	C
1	**用UBS GOALS和25.641份看跌期权建立一个无风险证券**		
2	初始现金		
3	购买UBS证券	-1,000.00	
4	购买25.641份看跌期权	-300.21	<-- =-25.641*BSPut(B16,B17,B19,B18,B20)
5			
6	**"工程化" 证券的现金流:GOALS + 25.641份购买的证券**		
7	日期	现金流	
8	23-Jan-01	(1,300.21)	<-- =SUM(B3:B4)
9	23-Jul-01	97.50	
10	23-Jan-02	97.50	
11	23-Jul-02	1,097.50	
12			
13	以上的内部收益率	-0.43%	<-- =XIRR(B8:B11,A8:A11)
14			
15	在单元格**B4**中输入布莱克-斯科尔斯公式		
16	S	42.625	当前股票价格
17	X	39	执行价格
18	r	5.20%	无风险利率
19	T	1.5	期权到期时间（年）
20	σ	80%	股票性

单元格 B13 用 Excel 函数 XIRR(见第 33 章)来计算工程化证券的年度内部收益率。这种收益率显然小于另一种能够在市场上得到的无风险收益率(5.2%)。这进一步证明了 Goals 是一个差的购买。

美国证券交易委员会关于 UBS 集团 60,000,000 美元 Goals 的文件

UBS 集团
60,000,000 美元
19.5％的 Goals 在 2002 年 7 月 23 日到期

提供的每个注释均有之前在 S-14 页上描述过的术语,包括如下:

—发行者:UBS 集团
—发行:与 Cisco Systems 公司的普通股票相关联的 60,000,000 美元本金的 GOALs 将于 2002 年 7 月 23 日到期。
—券息每年 19.5％,拖欠半年支付在每个 1 月 23 日和 7 月 23 日。它包括两部分:(1)一张年利率为 5.2％的息票;(2)一张每年升水 14.3％的券息。
—初始价格每股 39.00 美元,取决于基础股票的反稀释调整(期权协议价格)
—关键日期:交易日:2001 年 1 月 17 日
交割日:2001 年 1 月 23 日
决定日:2002 年 7 月 18 日
到期日:2002 年 7 月 23 日
—预定分行:GOALs 将在 UBS 集团,泽西支行预定

—到期日的收益基于 Cisco System 公司股票的收盘价格。到期日三个交易日之前的普通股票:

如果 Cisco System 公司普通股的收盘价格大于或等于每股 39.00 美元的初始价格,持有者将收到与他们的 GOALs 本金相同的现金付款。

如果 Cisco System 公司普通股的收盘价格小于每股 39.00 美元的初始价格,持有者将收到 25.641 股 Cisco Systems 公司的股票。每 1,000 美元本金的 GOALs 所对应的普通股(股票偿还价)。零散的股票将用现金支付。每 1,000 美元投资所收到的股票数量通过 1,000 美元除以每股 39.00 美元的初始价格计算得到。股票偿还价和每股 39.00 美元的初始价格(期权协议价格)可能根据股票分割和其他公司的行为而改变。

注:来自美国证券交易委员会关于 UBS 集团 60,000,000 美元 Goals 的文件。

17.8　期权的利润最大化

本节提出了布莱克—斯科尔斯公式的一个应用实例。假设你确信一个特定股票将会在短时期内上涨。你想购买该股票上有最大化利润的看涨期权,也就是你希望你的期权投资的利润百分比最大化。用布莱克—斯科尔斯公式,很容易让你知道你应该:

- 购买尽可能最短到期的看涨期权。
- 购买具有最高虚值的看涨期权。(也就是,具有尽可能最高的执行价格。)
下面用电子表说明:

	A	B	C	D
1			**期权的最大化利润**	
2	S	25	当前的股票价格	
3	X	25	执行价格	
4	r	6.00%	无风险利率	
5	T	0.5	期权到期时间（年）	
6	Sigma	30%	股票波动性	
7				
8	d_1	0.2475	<-- (LN(S/X)+(r+0.5*sigma^2)*T)/(sigma*SQRT(T))	
9	d_2	0.0354	<-- d_1-sigma*SQRT(T)	
10				
11	$N(d_1)$	0.5977	<-- 使用公式 NormSDist(d_1)	
12	$N(d_2)$	0.5141	<-- 使用公式 NormSDist(d_2)	
13				
14	看涨期权价格	2.47	<-- S*N(d_1)-X*exp(-r*T)*N(d_2)	
15	看跌期权价格	1.73	<-- 看跌期权价格 - S + X*Exp(-r*T)：用看跌-看涨平价定理	
16				
17	看涨期权最大化利润	6.0483	<-- =B11*B2/B14	
18	看跌期权最大化利润	5.8070	<-- =NORMSDIST(-B8)*B2/B15	

在单元格 B17 中定义的"利润最大化的看涨期权"是用股票价格变化的百分比除以看涨期权价格变化的百分比（在经济学中这是著名的价格弹性）：

$$利润最大化的看涨期权 = \frac{\partial C/C}{\partial S/S} = \frac{\partial C}{\partial S}\frac{S}{C} = N(d_1)\frac{S}{C}$$

同样地，一个最大化利润的看跌期权定义为如下公式：（当然，利润最大化看跌期权的前提是你确信的股价将会下跌）：

$$利润最大化的看跌期权 = \frac{\partial P/P}{\partial S/S} = \frac{\partial P}{\partial S}\frac{S}{P} = -N(-d_1)\frac{S}{P}$$

它在单元格 B18 中被定义。为了易于理解，我们去掉开始的"－"号，使利润最大化的看跌期权 $= N(-d_1)\frac{S}{P}$。下面的曲线图为显示了利润最大化的看涨和看跌期权：

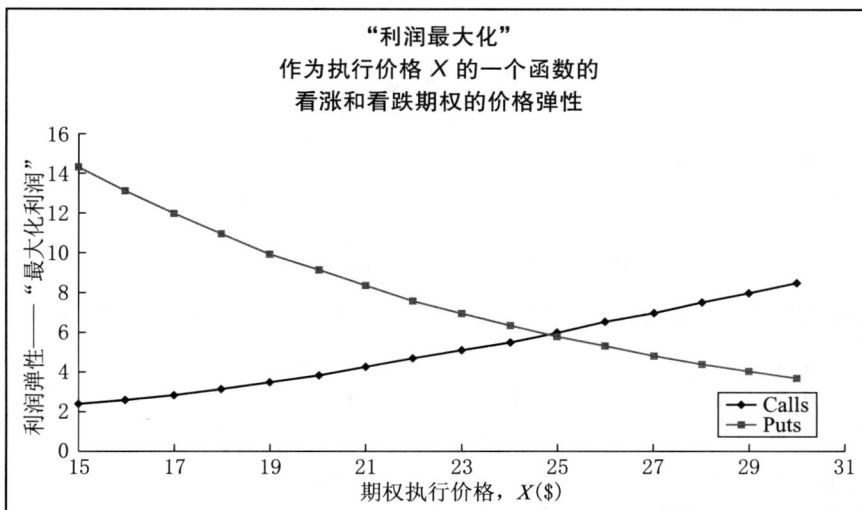

"利润最大化"
作为执行价格 X 的一个函数的
看涨和看跌期权的价格弹性

如果你留意该电子表,你将会看到到期的时间越长,最大利润越少。(换句话说就是风险最大的期权是虚值最高和到期日最短的期权。)

	D	E	F	G	H	I	J
23	模拟运算表表头:=B17		模拟运算表:S和T对看涨期权最大化利润的影响				
24							
25			T--期权执行时间				
26		6.0483	0.25	0.5	0.75	1	
27		15	25.8566	14.1767	10.1698	8.1113	
28		16	23.3203	12.9886	9.4124	7.5625	
29		17	20.9931	11.9035	8.7218	7.0623	
30		18	18.8591	10.9122	8.0913	6.6056	
31		19	16.9055	10.0067	7.5154	6.1882	
32		20	15.1222	9.1804	6.9891	5.8062	
33		21	13.5006	8.4274	6.5082	5.4565	
34		22	12.0334	7.7424	6.0691	5.1362	
35		23	10.7137	7.1205	5.6682	4.8426	
36		24	9.5347	6.5572	5.3025	4.5737	
37		25	8.4892	6.0483	4.9691	4.3272	
38		26	7.5694	5.5896	4.6655	4.1012	
39		27	6.7664	5.1773	4.3892	3.8941	
40		28	6.0706	4.8074	4.1379	3.7043	
41		29	5.4720	4.4764	3.9094	3.5303	
42		30	4.9598	4.1807	3.7019	3.3708	

17.9 债券期权定价的布莱克模型[①]

布莱克(Black,1976)提出了布莱克—斯科尔斯模型的改进,它常用于对债券或远期期权进行简单估值。令 F 代表一个资产的远期价格,第 17.2 节中的布莱克—斯科尔斯等式改为:

$$C = e^{-rT}[FN(d_1) - XN(d_2)]$$

其中,

$$d_1 = \frac{\ln(F/X) + \sigma^2 T/2}{\sigma \sqrt{T}}$$

$$d_2 = d_1 - \sigma \sqrt{T}$$

相应的看跌期权价格为:

$$P = e^{-rT}[XN(-d_2) - FN(-d_1)]$$

用布莱克(1976)模型考虑一个无息债券上期权的例子,其中期权到期时间为 $T = 0.5$。该证券给予持有者在时间 T,以 $X = 130$ 的执行价格债券的机会。假设无风险利率 $r = 4\%$。如果到执行日债券的远期价格为 $F = 133$ 且远期价格的波动率为 $\sigma = 6\%$,那么用布莱克

---

① 这是提前的内容,初次阅读者可以跳过,关于债权期权定价的完整讨论超出了本书的范围。然而,非常有用且经常使用的布莱克模型的改进较为简单,因此笔者将其放在本章介绍。

(1976)模型对该债券期权的定价如下：

	A	B	C
1			**用布莱克(1976)模型** **定价一个债券期权**
2	F	133.011	<-- 债券远期价格
3	X	130.000	<-- 执行价格
4	r	4.00%	<--无风险利率
5	T	0.5	
6	Sigma	6%	<-- 债券远期价格波动性, σ
7			
8	d₁	0.5609	<-- =(LN(B2/B3)+B6^2*B5/2)/(B6*SQRT(B5))
9	d₂	0.5185	<-- =B8-SQRT(B5)*B6
10			
11	看涨期权价格	4.13	<-- =EXP(--B4*B5)*(B2*NORMSDIST(B8)-B3*NORMSDIST(B9))
12	看跌期权价格	1.02	<-- =EXP(-B4*B5)*(B3*NORMSDIST(-B9)-B2*NORMSDIST(-B8))

债券上的看涨期权价值为 4.13，看跌期权价值为 1.02。

17.9.1 决定债券远期价格

远期利率是为将来的贷款而锁住的今天的利率。在下面的例子中，当前 7 年期利率为 6％，4 年期利率为 5％。我们产生一个具有零收益的证券(第 4 年和第 7 年除外)通过在一个到期日生成一个存款，同时在另一个到期日生成一个贷款。

	A	B	C	D	E	F	G	H	I	J
1				**远期利率**						
2	债券到期时间, W	7								
3	债权到期时间, T	4								
4	W年纯贴现率	6%								
5	T年纯贴现率	5%								
6										
7	**离散的复合利率**									
8		0	1	2	3	4	5	6	7	8
9	在6.00%贴现率下的7年存款	100.00							-150.36	
10	在5.00%贴现率下的4年存款	-100.00				121.55				
11	**总和：在第四年的3年存款**	0.00				121.55			-150.36	
12										
13	从第4年到第7年离散的复合远期利率	7.35%	<-- =(-I11/F11)^(1/(B2-B3))-1							
14										
15	**连续的复合利率**									
16		0	1	2	3	4	5	6	7	8
17	在6.00%贴现率下的7年存款	100.00							-152.20	
18	在5.00%贴现率下的4年存款	-100.00				122.14				
19	**总和：在第四年的3年存款**	0.00				122.14			-152.20	
20										
21	从第4年到第7年连续的复合远期利率	7.33%	<-- =LN(-I19/F19)/(B2-B3)							

上面的电子表显示了两个远期利率的计算。如果利率是离散复合的，那么从第 4 年到第 7 年的远期利率为：

$$\text{离散的远期复利，} \atop \text{从第 4 年到第 7 年} = \left[\frac{(1+r_7)^7}{(1+r_4)^4}\right]^{(1/3)} - 1 = \left[\frac{(1+6\%)^7}{(1+5\%)^4}\right]^{(1/3)} - 1$$

$$= \left(\frac{1.5036}{1.2155}\right)^{(1/3)} - 1 = 7.35\%$$

如果利率是连续复合的（正如在布莱克模型和大多数的计算中一样），那么从第 4 年到第 7 年的远期利率为：

$$\text{连续的远期符合利率，} = \left(\frac{1}{3}\right) \ln\left[\frac{e^{r7\times7}}{e^{r4\times4}}\right]$$

$$= \left(\frac{1}{3}\right) \times \left(\frac{1.5220}{1.2214}\right) = 7.33\%$$

对前面章节中的一个例子运用远期利率，假设问题中债权是两年到期且到期时面值为 147。那么，如果 2 年期的利率 $r_2 = 6\%$，该期权到期日的利率为 $r_{0.5} = 4\%$，该债权的远期价格 $F = 133.011$，如下所示：

	A	B	C
1	决定债券的远期价格		
2	债券到期时间, N	2	
3	期权到期时间, T	0.5	
4	债券到期价值	147	
5			
6	对应N的利率	6%	
7	对应T的利率	4%	
8			
9	对应T的债券远期价格	133.011	<-- =B4*EXP(-B6*B2)*EXP(B7*B3)

17.10 本章小结

布莱克—斯科尔斯期权定价公式是金融领域最强的创新之一。它广泛用于期权定价并作为分析复杂证券的一个概念性框架。本章我们研究了布莱克—斯科尔斯公式的实现。使用普通的 Excel 展示布莱克—斯科尔斯期权定价；使用 VBA 可以定义布莱克—斯科尔斯的期权价格和期权的隐含波动率。最后，我们展示了如何用布莱克—斯科尔斯对结构化证券（期权、股票和债券的组合）的定价。

习题

1. 使用布莱克—斯科尔斯模型给下列情况定价：

（1）在当前价格为 50 的股票上的一个看涨期权，其执行价格 $X = 50$，$T = 0.5$，$r = 10\%$，$\sigma = 25\%$。

（2）一个具有相同参数的看跌期权。

2. 使用来自习题 1 的数据和"数据|模拟运算表"作图：

（1）布莱克—斯科尔斯看涨期权价格对初始股价 S 变化的敏感性分析。

(2) 布莱克—斯科尔斯看跌期权价格对 σ 变化的敏感性。

(3) 布莱克—斯科尔斯看涨期权价格对到期时间 T 变化的敏感性。

(4) 布莱克—斯科尔斯看涨期权价格对利率 r 变化的敏感性。

(5) 看跌期权价格对执行价格 X 变化的敏感性。

3. 作曲线图比较一个看涨期权内在价值[定义为 $\max(S-X,0)$]和它的布莱克—斯科尔斯价格。从这个曲线图,你应该得出提前执行用布莱克—斯科尔斯公式定价的看涨期权可能是最优的。

4. 作曲线图比较一个看跌期权的内在值[$\max(X-S,0)$]和它的布莱克—斯科尔斯定价。从这个曲线图,你应该可以推论它可能是一个最佳的由布莱克—斯科尔斯公式定价的提早执行的看跌期权。

5. 下面的表格给出了 2007 年 7 月 12 日,American Airlines(AMR)公司期权的价格。该期权执行价格 $X = 27.50$ 美元,假设为两平期权。

(1) 计算每个期权的隐含波动率(使用本章定义的函数 CallVolatility 和 PutVolatility)。

(2) 根据波动率作图。是否有一个波动率的"微笑"?

	A	B	C	D	E	F	G
1			AMR 期权				
2	股票价格	27.82					
3	当前日	12-Jul-07					
4	到期日	16-Nov-07					
5	到期时间, T	0.35	<-- =(B4-B3)/365				
6	利率	5%					
7							
8	协议价格	看涨期权价格	隐含波动性		协议价格	看涨期权价格	隐含波动性
9	15.0	13.50			15.0	0.15	
10	17.5	10.40			17.5	0.25	
11	20.0	8.40			20.0	0.55	
12	22.5	7.20			22.5	1.06	
13	25.0	4.90			25.0	1.90	
14	27.5	3.30			27.5	2.95	
15	30.0	2.30			30.0	4.30	
16	32.5	1.65			32.5	6.10	
17	35.0	1.00			35.0	7.40	
18	37.5	0.70			37.5	9.60	
19	40.0	0.45			40.0	12.70	
20	45.0	0.25					
21	50.0	0.05					

6. 再次检查上一个练习中 AMR 公司 $X = 17.50$ 的看涨期权:

(1) 该看涨期权正确地定价了吗?

(2) 隐含波动率为 60% 相对应的看涨期权价格为多少?

7. 使用 Excel"规划求解"寻找布莱克—斯科尔斯看涨期权价格和该期权内在值之间有最大的差额的股价。使用下列值:$S = 45$,$X = 45$,$T = 1$,$\sigma = 40\%$,$r = 8\%$。

8. 正如本章介绍的那样,Merton(1973)证明在资产价格为 S,支付连续复股利 k 的情况下,该方法产生下列看涨期权定价公式为:

$$C = Se^{-kT}N(d_1) - Xe^{-kT}N(d_2)$$

这里:

$$d_1 = \frac{\ln(S/X) + (r - k + \sigma^2/2)T}{\sigma\sqrt{T}}$$

$$d_2 = d_1 - \sigma\sqrt{T}$$

（1）修改本章定义的函数 BSCall 和 BSPut 使其适应 Merton 模型。

（2）使用这个公式对一个在指数上的看涨期权定价该指数的当前价格 $S = 1,500$，期权到期时间 $T = 1$，股利 $k = 2.2\%$，标准差 $\sigma = 20\%$，利率 $r = 7\%$。

9. 2007 年 7 月 12 日，以每欧元 1.37 美元的价格购买和出售 10,000 欧元看涨和看跌期权在 Philadelphia 期权交易所交易。期权的到期日为 2007 年 11 月 20 日。如果美元利率为 5%，欧元的利率为 4.5% 且欧元的波动率为 6%，看涨期权和看跌期权的价格应当为多少？

10. 注意你可以使用布莱克—斯科尔斯公式计算看涨期权溢价，该溢价是期权价格与执行价格的百分比，S/X 已知。公式为：

$$C = SN(d_1) - Xe^{-rT}N(d_2) \Rightarrow \frac{C}{X} = \frac{S}{X}N(d_1) - e^{-rT}N(d_2)$$

这里：

$$d_1 = \frac{\ln(S/X) + (r + \sigma^2/2)T}{\sigma\sqrt{T}}$$

$$d_2 = d_1 - \sigma\sqrt{T}$$

在电子表中实现它。

11. 注意你还可以使用布莱克—斯科尔斯公式计算看跌期权溢价，该溢价是期权价格与执行价格的百分比，S/X 已知。公式为：

$$P = -SN(d_1) + Xe^{-rT}N(-d_2) \Rightarrow \frac{P}{X} = \frac{P}{X}e^{-rT}N(-d_2) - \frac{S}{X}N(-d_1)$$

这里：

$$d_1 = \frac{\ln(S/X) + (r + \sigma^2/2)T}{\sigma\sqrt{T}}$$

$$d_2 = d_1 - \sigma\sqrt{T}$$

在电子表中实施它。当 $T = 0.5$、$\sigma = 25\%$、$r = 10\%$ 时，寻找 S/X 的比例使得 C/X 和 P/X 相交。（你可以用一个曲线图或者你可以用 Excel 中的"规划求解"）。注意这个交叉点受利率和期权到期时间影响，但不受 σ 影响。

12. 考虑一个以下类型的结构式证券：购买者投资 1,000 美元，三年后收回初始投资，外加市场指数的增长的 95%，该指数当前的价格为 100。年利率为 6%，为连续复利。假设证券是公平定价的，该市场指数的隐含波动率为多少？

18

期权的希腊字母

18.1 概述

本章我们讨论布莱克—斯科尔斯公式对其种参数的敏感性。"希腊字母"（因为大部分的参数用希腊字母表示）是布莱克—斯科尔斯公式与其相关参数的偏导数。它们可以被认为是期权风险的一种度量。

- Delta，用"Δ"表示，是期权价格相对于基础资产价格的偏导数：

$$\Delta_{看涨期权} = \frac{\partial\ 看涨期权}{\partial S}, \ \Delta_{看跌期权} = \frac{\partial\ 看跌期权}{\partial S}$$

Delta 可以认为是度量基础资产价格变动时，该期权价格的变化幅度。

- Gamma，用"Γ"表示，是该期权价格对基础资产价格的二阶偏导数。Gamma 给出了该期权价格对该股票价格的凸性。对于布莱尔—斯科尔斯定价的期权来说，看涨和看跌期权具有相同的 gamma：

$$\Gamma_{看涨期权} = \frac{\partial^2\ 看涨期权}{\partial S^2} = \Gamma_{看跌期权} = \frac{\partial^2\ 看跌期权}{\partial S^2}$$

- Vega 是期权价格对基础股票收益标准差 σ 的敏感性。没任何理由，希腊字母 kappa，用"κ"表示，有时常用于表示 vega。给定布莱克—斯科尔斯公式，看涨期权和看跌期权具有相同的 vega：

$$\kappa = \frac{\partial\ 看涨期权}{\partial \sigma} = \frac{\partial\ 看跌期权}{\partial \sigma}$$

- Theta，用"θ"表示，是随着到期时间的消逝，期权价值的变化幅度。我们通常认为该期权随着时间的流逝其价值变小（尽管这个假设并不一定总是正确的）。记 T 为距离该期权到期日的剩余时间，我们令 theta 等于期权对 T 偏导数的负数：

$$\theta_{看涨期权} = -\frac{\partial\,看涨期权}{\partial T}, \quad \theta_{看跌期权} = -\frac{\partial\,看跌期权}{\partial T}$$

- Rho,用"ρ"表示,度量一个期权利率的敏感性:

$$\rho_{看涨期权} = -\frac{\partial\,看涨期权}{\partial r}, \quad \rho_{看跌期权} = -\frac{\partial\,看跌期权}{\partial r}$$

本章我们将说明如何度量期权的希腊字母以及如何用它们进行对冲。为具有普遍性,我们将说明 Merton 模型(参见第 17.6 节,是布莱克—斯科尔斯公式的扩展版)在连续股利支付股票或货币中的应用。

18.2　定义和计算期权的希腊字母

"希腊字母"是一个期权价格对确定变量的敏感性。下表是我们为期权设定希腊字母,该期权的基础股票具有持续股利支付。正如第 17.6 节中讨论的那样,这些期权用 Merton 模型定价。当然标准布莱克—斯科尔斯模型可以通过设定股利 $k=0$ 从 Merton 模型中获得。货币期权可以通过 Merton 模型定价,它设定 S 等于货币汇率,X 等于期权执行汇率,r 等于国内利率,k 等于国外利率。

布莱克—斯科尔斯方程的 Merton 版为:

$$C = Se^{-kT}N(d_1) - Xe^{-rT}N(d_2)$$
$$P = -Se^{-kT}N(-d_1) + Xe^{-rT}N(-d_2)$$

其中,

$$d_1 = \frac{\ln\left(\frac{S}{X}\right) + (r - k + \sigma^2/2)T}{\sigma\sqrt{T}}$$

$$d_2 = d_1 - \sigma\sqrt{T}$$

下表给出了该公式的希腊字母。本章附录将给出这些函数的 VBA 设置。

	度　　量	看涨期权	看跌期权
Delta,记为 Δ 或 δ	期权的价格敏感性$\frac{\partial V}{\partial S}$	$\Delta_{看涨期权} = e^{-kT}N(d_1)$	$\Delta_{看跌期权} = e^{-kT}[N(d_1)-1]$ $= -e^{-kT}N(d_1)$
Gamma,记为 Γ	价格敏感性的二阶导数 $\frac{\partial^2 V}{\partial S^2}$。相对于基础资产价格的期权凸性	$\frac{e^{-kT}N'(d_1)}{S\sigma\sqrt{T}} = \frac{e^{(d_1)^2/2-kT}}{S\sigma\sqrt{2T\pi}}$	
Vega,无希腊字母,有时用希腊字母 kappa "κ"表示	波动敏感性$-\frac{\partial V}{\partial \sigma}$	$Se^{-kT}N'(d_1)\sqrt{T} = \frac{S\sqrt{T}e^{(d_1)^2/2-kT}}{\sqrt{2\pi}}$	

续表

度　　量		看涨期权	看跌期权
Theta, 记为 θ	时间敏感性 $-\dfrac{\partial V}{\partial T}$	$-\dfrac{Se^{-kT}N'(d_1)\sigma}{2\sqrt{T}}+kSe^{-kT}N(d_1)$ $-rXe^{-rT}N(d_2)$	$-\dfrac{Se^{-kT}N'(d_1)\sigma}{2\sqrt{T}}-kSe^{-kT}N(d_1)$ $+rXe^{-rT}N(-d_2)$
Rho, 记为 ρ	利率敏感性	$XTe^{-rT}N(d_2)$	$-XTe^{-rT}N(-d_2)$

其中，

$$d_1=\frac{\ln(S/X)+\left(r-k+\dfrac{\sigma^2}{2}\right)T}{\sigma T}, \ d_2=d_1-\sigma\sqrt{T}, \ N'(x)=\frac{1}{\sqrt{2\pi}}e^{\left(\frac{-x^2}{2}\right)}$$

这些希腊字母在下面电子表中实施，它说明每一个希腊字母的粗略计算和一个 VBA 函数的实施。

	A	B	C	D	E	F	G
1			布莱克-斯科尔斯希腊字母 该电子表对一个持续股利支付股票使用Merton模型				
2	S	100	当前股票价格				
3	X	90	执行价格				
4	T	0.5	期权到期时间（年）				
5	r	6.00%	无风险利率				
6	k	2.00%	股息收益率				
7	Sigma	35%	股票波动性				
8							
9	d_1	0.6303	<-- =(LN(B2/B3)+(B5-B6+0.5*B7^2)*B4)/(B7*SQRT(B4))				
10	d_2	0.3828	<-- d_1-sigma*SQRT(T)				
11							
12	$N(d_1)$	0.7357	<-- 使用公式 NormSDist(d_1)				
13	$N(d_2)$	0.6491	<-- 使用公式 NormSDist(d_2)				
14							
15	看涨期权	16.1531	<-- =B2*EXP(-B6*B4)*B12-B3*EXP(-B5*B4)*B13				
16		16.1531	<-- =bsmertoncall(B2,B3,B4,B5,B6,B7)				
17	看跌期权	4.4882	<-- =B3*EXP(-B5*B4)*NORMSDIST(-B10)-B2*EXP(-B6*B4)*NORMSDIST(-B9)				
18		4.4882	<-- =bsmertonput(B2,B3,B4,B5,B6,B7)				
19							
20			看涨期权希腊字母，粗略计算				看跌期权希腊字母，粗略计算
21	Delta	0.7284	<-- =EXP(-B6*B4)*NORMSDIST(B9)		Delta	-0.2616	<-- =-EXP(-B6*B4)*NORMSDIST(-B9)
22	Gamma	0.0131	<-- =EXP(-(B9^2)/2-B6*B4)/(B2*B7*SQRT(2*B4*PI()))		Gamma	0.0131	<-- =EXP(-(B9^2)/2-B6*B4)/(B2*B7*SQRT(2*B4*PI()))
23	Vega	22.8976	<-- =B2*SQRT(B4)*EXP(-(B9^2)/2)*EXP(-B6*B4)/SQRT(2*PI())		Vega	22.8976	<-- =B2*EXP(-(B9^2)/2-B6*B4)*SQRT(B4)/SQRT(2*PI())
24	Theta	-9.9587	<-- =-B2*EXP(-(B9^2)/2-B6*B4)*B7*SQRT(8*B4*PI())+B6*B2*EXP(-B6*B4)*B12-B5*B3*EXP(-B5*B4)*B13		Theta	-6.6984	<-- =-B2*EXP(-(B9^2)/2-B6*B4)*B7/SQRT(8*B4*PI())-B6*B2*EXP(-B6*B4)*(1-B12)+B5*B3*EXP(-B5*B4)*(1-B13)
25	Rho	28.3446	<-- =B3*B4*EXP(-B5*B4)*NORMSDIST(B10)		Rho	-15.3255	<-- =-B3*B4*EXP(-B5*B4)*NORMSDIST(-B10)
26							
27			看涨期权希腊字母：VBA函数				看跌期权希腊字母：VBA函数
28	Delta	0.7284	<-- =deltacall(B2,B3,B4,B5,B6,B7)		Delta	-0.2616	<-- =deltaput(B2,B3,B4,B5,B6,B7)
29	Gamma	0.0131	<-- =optiongamma(B2,B3,B4,B5,B6,B7)		Gamma	0.0131	<-- =optiongamma(B2,B3,B4,B5,B6,B7)
30	Vega	22.8976	<-- =vega(B2,B3,B4,B5,B6,B7)		Vega	22.8976	<-- =vega(B2,B3,B4,B5,B6,B7)
31	Theta	-9.9587	<-- =Thetacall(B2,B3,B4,B5,B6,B7)		Theta	-6.6984	<-- =Thetaput(B2,B3,B4,B5,B6,B7)
32	Rho	28.3446	<-- =rhocall(B2,B3,B4,B5,B6,B7)		Rho	-15.3255	<-- =rhoput(B2,B3,B4,B5,B6,B7)

Excel 可以用来检验希腊字母对各种参数的敏感性。例如，下面两张图显示了作为股票价格函数的 Deltas，并显示了作为该看涨期权价值状况函数的情况。

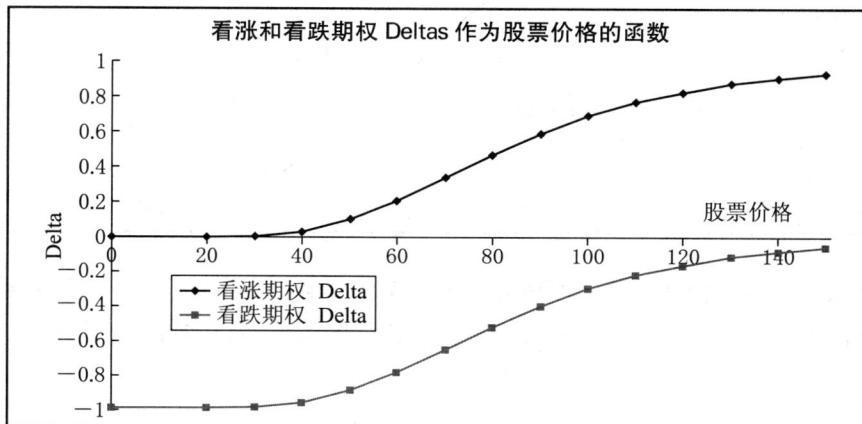

看涨和看跌期权 Deltas 作为股票价格的函数

当一个看涨期权或看跌期权变得更价内状态时,看涨期权 Delta 趋向于＋1,看跌期权 Delta 趋向于－1。看涨或看跌期权的价格与基础股票的价格同步移动。一个极端平价的看跌或看涨期权的 Delta 等于 0。

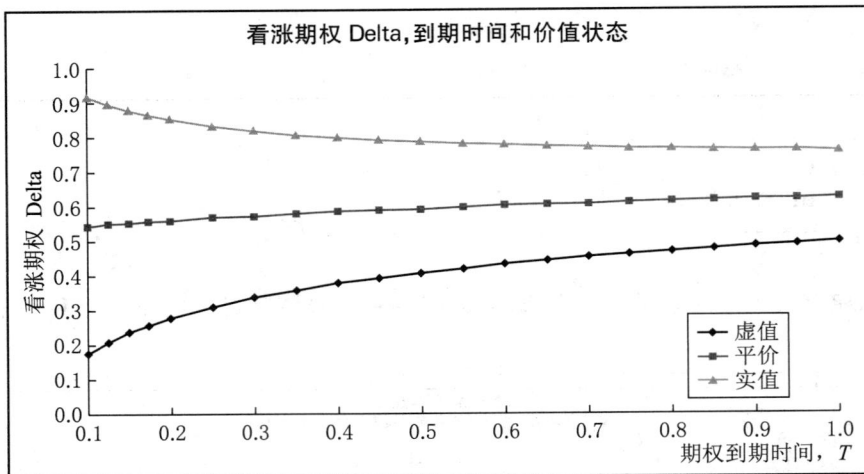

随着期权到期时间 T 的增加,平价和价外看涨期权的 Delta 增加,而价内看涨期权的 Delta 则减少。

下图显示一个看涨期权的 Theta 作为股票价格函数的情况。非常实值的看跌期权可以有一个正的 Theta,意味着随着到期时间变短,看跌期权的价格增加。除了这种情况,期权一般有一个负的 Theta,意味着随着到期时间的缩短它们丧失价值。

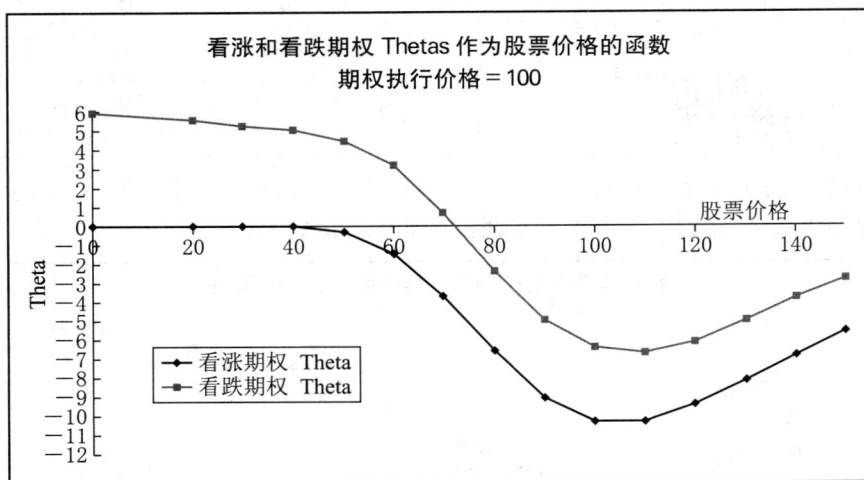

下图显示它作为期权到期时间函数的情况。看涨期权常有负的 Theta(意味着随着到期时间减少它们丧失价值)。然而,它们失去价值的比率随看涨期权的价值状态而变化。

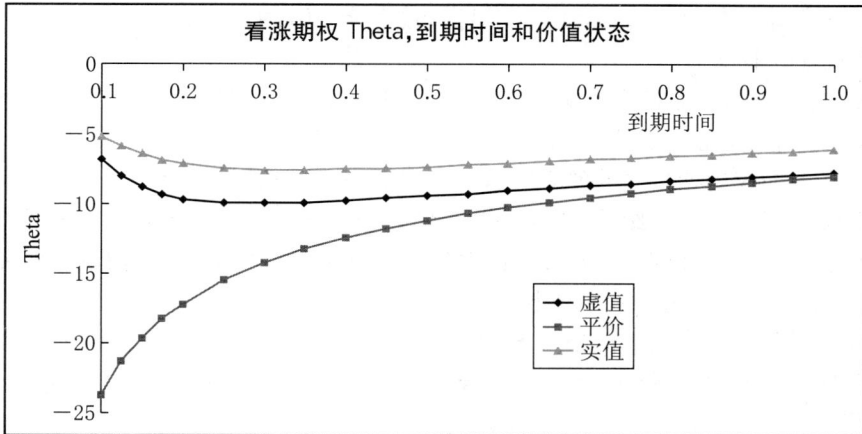

看涨期权 Theta,到期时间和价值状态

18.3 看涨期权的 Delta 对冲[①]

Delta 对冲是期权定价的基本技术。其思路是通过一个股票和债券的投资组合复制一个期权,该投资组合的比例由布莱克—斯科尔斯公式确定。

假设我们决定复制一个距离到期日还有 12 周的平价欧式看涨期权。该期权的基础股票是按 $S_0 = 40$ 美元和执行价格 $X = 35$ 美元立权的,利率 $r = 4\%$,股票波动率 $\sigma = 25\%$。

那么,该期权的布莱克—斯科尔斯价格为 5.44 美元:

	A	B	C	D	E	F	G	H
1	一个看涨期权的DELTA 对冲							
2	S, 当前股票价格	40.00						
3	X, 执行价格	35.00						
4	r, 利率	2.00%		布莱克-斯科尔斯公式对看涨期权的初始定价				
5	k, 股息收益率	0.00%						
6	T, 到期时间	0.2308	<-- =12/52					
7	Sigma	25%						
8								
9	布莱克-斯科尔斯价值	5.44	<-- =bsmertoncall(B2,B3,B6,B4,B5,B7)					
10								
11				投资组合对冲				
12		到期日前的周数	到期前时间	股票价格	股票 = =C13*deltacall(C13,$B$3,B13,$B$4,0,$B$7)	在股票中的投资	债券	投资组合价值	投资组合现金流
13		12	0.2308	40.000	35.48		-30.04	5.44	5.44
14		11	0.2115	40.599	37.23	1.2185	-31.27	5.96	0.00
15		10	0.1923	41.989	40.31	1.8073	-33.09	7.22	0.00
16		9	0.1731	42.370	41.21	0.5402	-33.64	7.57	0.00
17		8	0.1538	43.825	43.44	0.8089	-34.46	8.98	0.00
18		7	0.1346	40.268	38.08	-1.8356	-32.64	5.44	0.00
19		6	0.1154	41.478	40.68	1.4574	-34.11	6.57	0.00
20		5	0.0962	40.419	39.31	-0.3288	-33.79	5.52	0.00
21		4	0.0769	38.216	34.68	-2.4926	-31.31	3.36	0.00
22		3	0.0577	37.983	34.98	0.5152	-31.84	3.14	0.00
23		2	0.0385	38.390	37.35	1.9953	-33.85	3.50	0.00
24		1	0.0192	39.220	39.20	1.0438	-34.91	4.30	0.00
25		0	0.0000	39.771				4.83	
26								
27	Hedged position payoff	4.83	<-- =G25					
28	Actual call payoff	4.77	<-- =MAX(C25-B3,0)	初始日, 股票和债券的头寸用布莱克-斯科尔斯公式设定: 股票 = SN(d₁), 债券= -X*exp(-rT)N(d₂)。				
29								
30								
31	公式			在接下来的每一天t, 股票头寸调整为$S_t*\Delta$看涨期权。调整债券头寸使得投资组合的净现金流为零。				
32	Cell D14: =C14*deltacall(C14,$B$3,B14,$B$4,0,$B$7)							
33	Cell E14: =D14-D13*C14/C13							
34	Cell F14: =F13*EXP($B$4/52)-E14			最后一天, 股票和债券的投资组合变现。				
35	Cell G14: =D14+F14							
36	Cell H14: =(D13*C14/C13-D14)+F13*EXP($B$4*(B13-B14))-F14							

---

① 这个话题将在第 29 章再次讨论。

注意我们使用公式 BSMertoncall 但股息收益率 $k=0$，因此这实际上是一个正式的布莱克—斯科尔斯看涨期权。

在上面的电子表中，我们通过复制在一周复一周的基准上，使用 delta 对冲的布莱克—斯科尔斯期权定价公式来建立这个期权。

● 首先，在该期权到期日之前的 12 周，我们根据公式看涨期权 $= SN(d_1) - Xe^{-rT}N(d_2)$ 确定我们的股票/债券投资组合，以便我们在该投资组合中有 $SN(d_1)$ 的股票金额和 $Xe^{-rT}N(d_2)$ 的贷款。假设在开始 12 周的时期内已确定了该投资组合持有，我们现在按下面的步骤来确定在连续的每周中我们的投资组合持有。

● 在连续的每周中，我们根据公式 $SN(d_1)$ 设定投资组合中的股票持有，但是我们设定投资组合的贷款以便使该投资组合的净现金流为零。记为 $SN(d_1) = S\Delta_{看涨期权}$，因此名为"delta 对冲"。

● 12 周结束后，我们变现投资组合。

如果我们连续不断的再平衡投资组合，该 delta 对冲会变得完美。然而，这里我们仅是每周再平衡一次。假设我们有一个完美的对冲，该投资组合可能已还清 $\max[S_{期末} - X, 0]$（单元格 B27）的金额；实际的对冲收益（单元格 B28）略有不同。使用第 31 章介绍的模拟运算表的方法，我们可以复制这一个模拟运算来检测理想化的收益与对冲收益之间的偏差。

	K	L	M	N	O	P	Q	R	S	T	U	V
12	模拟次数	Delta 对冲收益	Max(S$_T$-X,0)	对冲—实际收益								
13		3.8801	4.4882	-0.6081	<-- =L13-M13, 模拟运算表头							
14	1	4.8531	4.8684	-0.0153								
15	2	5.8242	5.8252	-0.0011								
16	3	3.1799	3.0998	0.0801								
17	4	3.1799	3.0998	0.0801								
18	5	5.6646	5.6222	0.0424								
19	6	11.4879	11.5025	-0.0147								
20	7	11.4879	11.5025	-0.0147								
21	8	-0.3758	0.0000	-0.3758								
22	9	2.4635	2.3943	0.0692								
23	10	2.4635	2.3943	0.0692								
24	11	10.7677	10.7735	-0.0057								
25	12	10.9128	10.9529	-0.0402								
26	13	10.9128	10.9529	-0.0402								
27	14	4.1118	4.3882	-0.2764								
28	15	0.8450	0.4178	0.4272								
29	16	0.8450	0.4178	0.4272								
30	17	4.3248	4.2281	0.0967								
31	18	14.1807	14.1159	0.0648								
32	19	14.1807	14.1159	0.0648								
33	20	10.9430	10.8727	0.0703								

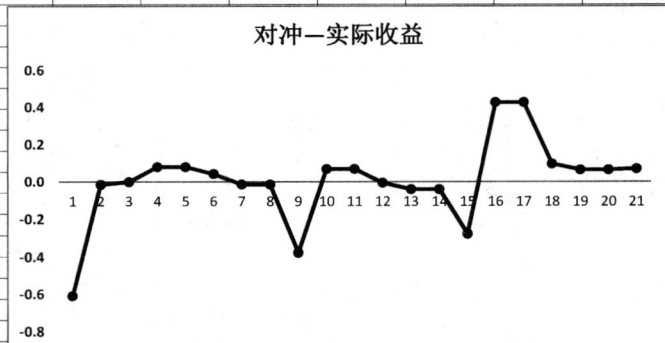

对冲—实际收益

18.4 Collar 的对冲

Collar 是为保护一揽子股票持有者免于可能的价格损失而设计的期权策略。Collar 常常是一个立权看涨期权加上一个购买看跌期权的组合，此设计是为了使头寸的净成本为零。因此，Collar 对持有者提供了无成本的保护。这里有一个例子：2008 年 1 月 1 日，一位银行客户持有 5,000,000 股 XYZ 公司的股票。当前价值是每股 55 美元。因为该股票目前受到限制，该客户从现在的一年内不能出售这些股票。但是,他担心股票价格将会下跌,因此,他想购买一个 Collar。

该客户要求投资银行为其作如下设计:

● 他想要购买在该股票上的一个看跌期权,到期时间 $T = 1$ 年,执行价格 $X_{看跌期权} = 49.04$ 美元。

● 他想立权一个在该股票上看涨期权,到期时间 $T = 1$ 年,执行价格 $X_{看涨期权} = 70.00$ 美元。

执行价格已设定以便对该看涨期权和该看跌期权的布莱克—斯科尔斯价值相等:

	A	B	C	D
1	**COLLAR: 购买者自己的一个立权看涨期权与一个购买看跌期权**			
2		看涨期权	看跌期权	
3	S	55.00	55.00	
4	X	70.00	49.04	
5	T	1	1	
6	r, 利率	4.00%	4.00%	
7	k,股息收益率	0.00%	0.00%	
8	Sigma	40%	40%	
9				
10	布莱克—斯科尔斯期权价值	4.74	4.74	<-- =bsmertonput(C3,C4,C5,C6,C7,C8)
11				
12	看涨期权减去看跌期权	0.00	<-- =B10-C10	
13				
14				
15				=bsmertoncall(B3,B4,B5,B6,B7,B8)

给定看涨期权价格 $X_{看涨期权} = 70$,用线性规划确定看跌期权的执行价格:

	A	B	C	D	E	F	G	H
1	**Collar:购买者自己的一个立权看涨期权与一个购买看跌期权**							
2		看涨期权	看跌期权					
3	S	55.00	55.00					
4	X	70.00	49.04					
5	T	1	1					
6	r, 利率	4.00%	4.00%					
7	k, 股息收益率	0.00%	0.00%					
8	Sigma	40%	40%					
9								
10	布莱克-斯科尔斯期权价值	4.74	4.74	<--				
11								
12	看涨期权减去看跌期权	0.00	<-- =B10-C10					
13								
14								
15			=bs					
16								

规划求解参数

设置目标单元格(E): $B$12

等于: ○ 最大值(M) ○ 最小值(N) ⊙ 值为(V) 0

可变单元格(B):

$C$4

约束(U):

求解(S) 关闭 推测(G) 选项(O) 添加(A) 更改(C) 全部重设(R) 帮助(H) 删除(D)

Collar 的重点是给予购买者在有限下跌风险上的潜在上升。在这个例子中,期末看跌期权、看涨期权和 Collar 的现金流为:

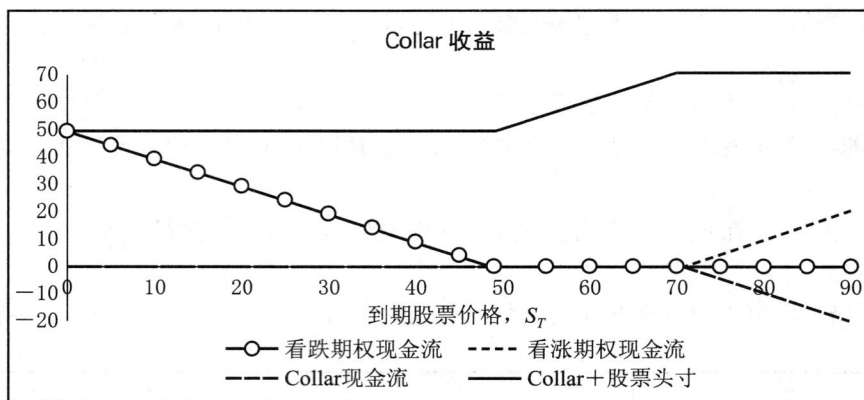

Collar 收益

除了 Collar 之外,该客户有一个股票的投资组合。持有者的 Collar 加上股票的现金流从来不小于 49 美元。当然,这就是该客户寻求的保护。

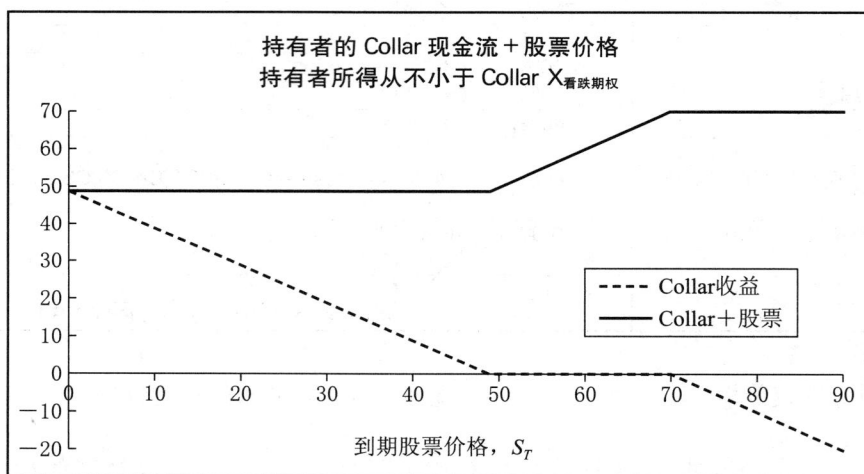

持有者的 Collar 现金流＋股票价格
持有者所得从不小于 Collar X看跌期权

18.4.1 一个略长的叙述

即使 Collar 的布莱克—斯科尔斯价值初始为零,但该投资银行却以 5 美元的实际价格卖给该客户。该顾客之所以付钱主要有以下几个原因:

● 可能期权流动性低(长仓期权常有这种情况),因此,银行实际上在提供一个有价值的流动性服务。

● 该期权可能实际不存在——因为问题中的特定长仓期权没有市场化或者可能因为在特定的基础股票上没有期权(在特定投资组合中常有这种情况)。此时,该银行实际上是通过建立一个适当的股票和债券的投资组合和不断改变该时间段上投资组合的比例(见下一节)来产生在该 Collar 上的期权。这种投资组合的建立和连续监控是有一项值得购买的服务。

18.4.2 Collar 的 Delta 对冲：银行的问题

该客户的 Collar 是一个卖空看涨期权和一个持仓看跌期权。为了与客户的投资组合平行和在他的 Collar 到期时有钱支付，银行想做一个类似的投资。根据布莱克—斯科尔斯公式，这种情况意味着银行的净持仓是由债券投资融资的一个卖空股票。

$$-\underbrace{\left(SN\left(d_1(X_{看涨期权})\right)-X_{看涨期权}e^{-rT}N\left(d_2(X_{看涨期权})\right)\right)}_{短期看涨期权}-\underbrace{SN\left(-d_1(X_{看跌期权})\right)+X_{看跌期权}e^{-rT}N\left(-d_2(X_{看跌期权})\right)}_{长期看跌期权}$$

$$=-S\underbrace{\left(N\left(d_1(X_{看涨期权})\right)+N\left(-d_1(X_{看跌期权})\right)\right)}_{短期股票持仓}+e^{-rT}\underbrace{\left(X_{看涨期权}N\left(d_2(X_{看涨期权})\right)+X_{看跌期权}N\left(-d_2(X_{看跌期权})\right)\right)}_{长期债券持仓}$$

我们根据希腊字母重写这个表达式：

$$-S\underbrace{\left(N\left(d_1(X_{看涨期权})\right)+N\left(-d_1(X_{看跌期权})\right)\right)}_{}-e^{-rT}\underbrace{\left(X_{看涨期权}N\left(d_2(X_{看涨期权})\right)+X_{看跌期权}N\left(-d_2(X_{看跌期权})\right)\right)}_{长期债券头寸}$$

$$=S\left(-\Delta_{看涨期权}(X_{看涨期权})-\Delta_{看跌期权}(X_{看跌期权})\right)+e^{-rT}\left(X_{看涨期权}N\left(d_2(X_{看涨期权})\right)+X_{看跌期权}N\left(-d_2(X_{看跌期权})\right)\right)$$

下面是一年中持仓的一个模拟程序运行。在模拟中持仓按 $\Delta t = 0.05$ 更新；假设一年有 250 个交易日，它的时间间隔是大约 12 天。

	A	B	C	D	E	F	G
1			一个COLLAR的Delta对冲				
2	S	55.00					
3	X看涨期权	70.00					
4	X看跌期权	49.04					
5	r	4.00%					
6	k, 股息率	0.00					
7	Sigma	40%					
8				=(C10*B11/B10-C11)+D10*EXP($B$5*(A10-A11))			
9	到期日的剩余时间	股票价格	股票 =-B10*(deltacall(B10,$B$3,A10,$B$5,$B$6,$B$7)-deltaput(B10,$B$4,A10,$B$5,$B$6,$B$7))	债券	投资组合价值	投资组合现金流	
10	1.00	55.00	-36.28	36.28	0.00	0.00	
11	0.95	53.12	-34.44	35.75	1.31	0.00	<-- =(C10*B11/B10-C11)-(D11-D10*EXP($B$5*(A10-A11)))
12	0.90	58.38	-38.04	36.01	-2.03	0.00	<-- =(C11*B12/B11-C12)-(D12-D11*EXP($B$5*(A11-A12)))
13	0.85	53.00	-33.36	34.91	1.55	0.00	<-- =(C12*B13/B12-C13)-(D13-D12*EXP($B$5*(A12-A13)))
14	0.80	54.60	-33.85	34.46	0.61	0.00	
15	0.75	46.25	-29.52	35.38	5.86	0.00	
16	0.70	40.92	-28.73	38.06	9.33	0.00	
17	0.65	42.78	-28.72	36.82	8.10	0.00	
18	0.60	48.84	-28.80	32.90	4.11	0.00	
19	0.55	44.92	-28.33	34.82	6.49	0.00	
20	0.50	48.01	-27.68	32.29	4.61	0.00	
21	0.45	48.55	-27.06	31.42	4.36	0.00	
22	0.40	54.66	-26.42	27.44	1.02	0.00	
23	0.35	52.30	-24.71	26.92	2.21	0.00	
24	0.30	49.45	-24.59	28.20	3.61	0.00	
25	0.25	48.93	-24.23	28.16	3.93	0.00	
26	0.20	42.37	-32.05	39.29	7.23	0.00	
27	0.15	39.20	-35.61	45.32	9.71	0.00	
28	0.10	40.97	-37.19	45.38	8.19	0.00	
29	0.05	40.54	-39.75	48.41	8.67	0.00	<-- =(C28*B29/B28-C29)-(D29-D28*EXP($B$5*(A28-A29)))
30	0.00	42.84				6.52	<-- =C29*B30/B29+D29*EXP($B$5*(A29-A30))
31							
32	检验: 时间0时客户的collar现金流						
33	卖空看涨期权的现金流	0.00	<-- =-MAX(B30-B3,0)				
34	持仓看跌期权的现金流	6.20	<-- =MAX(B4-B30,0)				
35	总计	6.20	<-- =SUM(B33:B34)				
36							
37	银行来自delta对冲的现金流						
38		6.52	<-- =E30				
39							
40	银行的最终现金流	0.31	<-- =-B35+B38				

这里,在电子表中发生了什么:

- 布莱克—斯科尔斯公式确定了初始的股票和债券持仓(行 10)。该股票的持仓是 $-S(\Delta_{看涨期权}(X_{看涨期权}) - \Delta_{看跌期权}(X_{看跌期权}))$,并且债券持仓是 $e^{-rT}(X_{看涨期权}N(d_2(X_{看涨期权})) + X_{看跌期权}N(-d_2(X_{看跌期权})))$。很正常,该投资组合的净值为零——这是我们确定该 Collar 的 $X_{看涨期权}$ 和 $X_{看跌期权}$ 的方法。

- 在接下来的每一行中,该股票持仓由布莱克—斯科尔斯公式确定,并且该债券持仓也被决定,以便使得该持仓的净现金流为零:

$$债券 = \underbrace{股票 - 持仓_{t-1} \cdot \frac{股票 - 价格_t}{股票 - 价格_{t-1}}}_{股票流入的现金流} - \underbrace{股票 - 持仓}_{取决于布莱克—斯科尔斯公式} + \underbrace{债券 - 持仓_{t-1} \times \exp(r \times \Delta t)}_{t-1债券持仓的现值}$$

- 在最后一天(行 30),投资组合变现:

$$股票 - 持仓_{期末} = 股票 - 持仓_{前一期} \times \frac{股票 - 价格_{期末}}{股票 - 价格_{前一期}} + 债券 - 持仓_{前一期} \times \exp(r \times \Delta t)$$

- 在最后一天,该 Collar 的购买者收到在看涨期权中的卖空和在看跌期权(单元格 B35)中长仓。该银行收集它的持仓价值(单元格 E30 或 B38)。该银行在期末的净现金流是这二者之差(单元格 B40)。

我们可以用模拟运算表在电子表中进行多次模拟。详情请见这章的电子表。下图是银行在 21 次 collar 的 Delta 对冲策略中的净收益模拟。

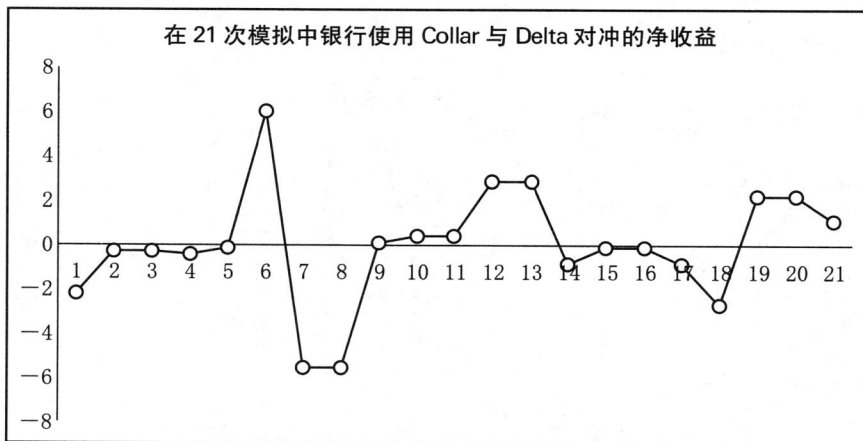

在 21 次模拟中银行使用 Collar 与 Delta 对冲的净收益

18.4.3 使 Collar Gamma 中性

随着期权接近到期,对冲持仓对股票价格的微小变化变得极度敏感,意味着该 Collar 的 Gamma 会快速增长。

有两个方法可以使 Collar 的 Gamma 增长变慢:

- 随着 Collar 到期日的临近,我们可以增加对冲频率。

- 越来越接近期权到期时间时，我们可以改变对冲策略，使得对冲的 Gamma 变得中性。

18.4.4 增加对冲频率

对冲的主要问题似乎是在快到到期日时。由于初始期权有 $T = 1$，在该对冲时间段的前两个月中我们不得不十分小心。Delta 越对冲该持仓越经常工作，尽管很容易举出许多反例：

	A	B	C	D	E	F
1			**中性collar gamma** **这个例子自T=0.20开始，每次对冲间隔Delta_t=0.01**			
2	S	55.00				
3	Xcall	70.00				
4	X看跌期权	49.04				
5	r	4.00%				
6	k, 股息率	2.00%				
7	Sigma	40%				
8						
9	到期的剩余时间	股票价格	股票 =-B10*(deltacall(B10,$B$3,A10,$B$5,$B$6,$B$7)-deltaput(B10,$B$4,A10,$B$5,$B$6,$B$7))	债券	投资组合价值	投资组合现金流
10	0.20	55.00	-18.29	18.29	0.00	0.00
11	0.19	53.62	-18.43	18.90	0.47	0.00
12	0.18	54.12	-17.55	17.85	0.30	0.00
13	0.17	54.65	-16.60	16.74	0.14	0.00
14	0.16	50.15	-21.44	22.96	1.51	0.00
15	0.15	51.18	-19.49	20.58	1.08	0.00
16	0.14	50.05	-21.20	22.72	1.52	0.00
17	0.13	51.20	-18.76	19.80	1.04	0.00
18	0.12	50.71	-19.42	20.65	1.23	0.00
19	0.11	48.61	-24.11	26.15	2.04	0.00
20	0.10	50.83	-18.55	19.49	0.95	0.00
21	0.09	47.75	-26.65	28.73	2.08	0.00
22	0.08	44.94	-34.04	37.70	3.66	0.00
23	0.07	45.97	-32.46	35.36	2.90	0.00
24	0.06	41.06	-39.37	45.75	6.38	0.00
25	0.05	40.60	-39.75	46.59	6.84	0.00
26	0.04	38.35	-38.27	47.33	9.06	0.00
27	0.03	36.60	-36.58	47.40	10.82	0.00
28	0.02	36.28	-36.27	47.43	11.16	0.00
29	0.01	35.73	-35.72	47.45	11.73	0.00
30	0.00	36.36			11.11	<-- =C29*E
31						
32	检验：在时间0时客户的现金流					
33	空头看涨期权现金流	0.00	<-- =-MAX(B30-B3,0)			
34	多头看跌期权现金流	12.68	<-- =MAX(B4-B30,0)			
35	总计	12.68	<-- =SUM(B33:B34)			
36						
37	银行来自delta对冲的现金流					
38		11.11	<-- =E30			
39						
40	银行最终现金流	-1.56	<-- =-B35+B38			

重复该对冲的模拟显示运行良好。

18.4.5 使对冲 Gamma 中性

另一个策略是在对冲持仓中增加另一个资产尽力去中和 Gamma。在下面的例子中我们增加一个虚值的看跌期权到持仓中以中和该较大的看涨期权 Gamma：

	A	B	C	D	E
1	COLLAR对冲：DELTA和GAMMA 本例中我们无成本的中和了一个较大的看涨期权的gamma				
2		看涨期权	看跌期权	另一个看跌期权	
3	S	48.00	48.00	48.00	
4	X	70.00	49.04	35.00	
5	r	5.00%	5.00%	5.00%	
6	k,股息率	0.00%	0.00%	0.00%	
7	T	0.0200	0.0200	0.0200	
8	Sigma	40.00%	40.00%	40.00%	
9					
10	期权价格	0.00	1.66	0.00	
11					
12	Delta	0.0000	-0.6304	0.0000	<-- =deltaput(D3,D4,D7,D5,D6,D8)
13	Gamma	494,472,087	0	1,118,872	<-- =gamma(D3,D4,D7,D5,D6,D8)
14					
15					
16	银行持仓：用X=70.00的卖空看涨期权+X=49.04的长仓看跌期权+X=35.00的看跌期权				
17	看涨期权，X=70.00	-1			
18	看跌期权，X=49.04	1			
19	看跌期权，X=35.00	441.938			
20					
21	delta持仓	-0.6304	<-- {=SUMPRODUCT(TRANSPOSE(B17:B19),B12:D12)}		
22	gamma持仓	0.1553	<-- {=SUMPRODUCT(TRANSPOSE(B17:B19),B13:D13)}		
23					
24	持仓成本				
25	没有第二个看跌期权	1.6604	<-- =B17*B10+B18*C10		
26	有第二个看跌期权	1.6604	<-- =B17*B10+B18*C10+B19*D10		
27					
28	额外的collar对冲	-0.6304	<-- =-B12+C12		

由于问题中的该看跌期权几乎没有成本（单元格 D10），该策略能够用很少的成本来实施。当然无成本中和 Gamma 常常是不可能的。在这种情况下我们必须做一些折中。

18.5 本章小结

在本章中，我们研究了期权定价公式对其各个参数的敏感性。用这些希腊字母，我们进一步探究了那些错综复杂的 Delta 对冲，一个有用的技术是用股票和债券的组合来复制期权持仓。感兴趣的读者应当知道关于这个主题还有很多内容可以介绍。进一步阅读 Hull (2006) 和 Taleb (1997) 是一个很好的选择。而包含希腊字母的期权定价公式参见 Haug (2006) 的论文。

习题

1. 产生一个类似于看涨期权 Delta 价值状况函数的看跌期权的图形。

2. 相对看涨期权的 Theta 作为到期时间的函数，建立一个与看跌期权产生相似的图形。

3. 尽管 θ 总是负的，有一些情况（特别在高利率）它可以是正的：

● 一个高利率的实值看跌期权；

● 一个在货币上的具有高利率的实值看涨期权（或者——等价地——一个在股票上的具有很高股息收益率的实值看涨期权。

找出两个例子。

附录　希腊字母的 VBA 函数

本章要用到的希腊字母的 VBA 函数：

布莱克—斯科尔斯函数

本章中我们用到了布莱克—斯科尔斯公式中的 Merton 模型来为连续付利的期权定价（详见第 17 章）。下面是用 VBA 来实现该模型。

```
Function dOne(stock, exercise, time, interest, _
    divyield, sigma)
    dOne = (Log(stock/ exercise) + (interest - divyield) _
    * time)/ (sigma * Sqr(time)) + 0.5 * sigma * Sqr(time)
End Function

Function dTwo(stock, exercise, time, interest, _
    divyield, sigma)
    dTwo = dOne(stock, exercise, time, interest, divyield, sigma) - sigma * Sqr(time)
End Function

Function BSMertonCall(stock, exercise, time, interest, _
    divyield, sigma)
    BSMertonCall = stock * Exp( - divyield * time) * _
    Application.NormSDist(dOne(stock, exercise, _
    time, interest, divyield, sigma)) - exercise * _
    Exp( - time * interest) * Application.NormSDist _
    (dTwo(stock, exercise, time, interest, _
```

```
    divyield, sigma))
End Function


'Put pricing function uses put-call parity theorem
Function BSMertonPut(stock, exercise, time, interest, _
    divyield, sigma)
    BSMertonPut = BSMertonCall(stock, exercise, time, _
    interest, divyield, sigma) + exercise * _
    Exp( - interest * time) - stock * Exp( -divyield * time)
End Function
```

定义正态分布

上面使用的期权定价函数是旧版本的 Excel 中 NormSDist 函数。在 Excel2010 和更新的版本中,有另外一个函数 Norm.S.Dist(x, False/True)。如果这个函数的第二个参数设置为 False,它得到的是概率密度函数;如果第二个参数设置为 True,它得到的是累计分布函数。[1]

在 VBA 中这些函数定义为 Application.Norm_S_Dist(x, 0 or 1)。在不考虑相容性下,两个版本的函数我们都将在 VBA 中使用来定义希腊字母。

有时,用一个自制的函数来定义正态概率密度函数也很方便,如下:

```
'The standard normal probability density,
'this is N'(x)
Functionnormald f(x)
    normaldf = Exp ( -x^2/2) / (sqr(2 * Application.Pi()))
End Function
```

定义希腊字母

下面我们给出 VBA 中的希腊字母:

```
Function DeltaCall(stock, exercise, time, interest, _
    divyield, sigma)
    DeltaCall = Exp( -divyield * time) * _
    Application.NormSDist(dOne(stock, exercise, time, interest, divyield, sigma))
End Function


Function DeltaPut(stock, exercise, time, interest, _
    divyield, sigma)
    DeltaPut = - Exp( -divyield * time) * _
    Application.NormSDist( -dOne(stock, exercise, _
    time, interest, divyield, sigma))
End Function
```

---

[1]　在 Excel 中除了 False 和 True,我们也可以使用 0 或 1。当在 VBA 中使用这些函数,0 或 1 是强制的。

在 VBA 中有一个自带函数叫 Gamma，但它与期权没什么关系。因此我们用 OptionGamma 来定义相对于基础资产价格的期权的凸性，$\dfrac{\partial^2 V}{\partial^2 S}$。

```
Function OptionGamma(stock, exercise, time, interest, _
    divyield, sigma)
    temp = dOne (stock, exercise, time, interest, divyield, sigma)
OptionGamma = Exp( - divyield * time) * Application.Norm_S_Dist(temp,0)_
    / (stock * sigma * Sqr( time))
End Function


Function Vega(stock, exercise, time, interest, _
    divyield, sigma)
    Vega = stock * Sqr(time) * normaldf(dOne(stock, _
    exercise, time, interest, divyield, sigma)) _
    * Exp( - divyield * time)
End Function


Function ThetaCall(stock, exercise, time, interest, _
    divyield, sigma)
    ThetaCall = - stock * normaldf(dOne(stock, exercise, _
    time, interest, divyield, sigma)) * _
    sigma * Exp( - divyield * time) / _
    (2 * Sqr(time)) + divyield * stock * _
    Application.NormSDist(dOne(stock, exercise, time, _
    interest, divyield, sigma)) * Exp( - divyield * time) _
    - interest * exercise * Exp( - interest * time) * _
    Application.NormSDist(dTwo(stock, exercise, time, _
    interest, divyield, sigma))
End Function


Function ThetaPut(stock, exercise, time, interest, _
    divyield, sigma)
    ThetaPut = - stock * normaldf(dOne(stock, exercise, _
    time, interest, divyield, sigma)) * sigma * _
    Exp( - divyield * time) / (2 * Sqr(time)) - divyield * _
    stock * Application.NormSDist( - dOne(stock, exercise, _
    time, interest, divyield, sigma)) * _
    Exp( - divyield * time) + interest * exercise * _
    Exp( - interest * time) * Application.NormSDist _
    ( - dTwo(stock, exercise, time, interest, divyield, _
    sigma))
End Function
```

```
Function RhoCall(stock, exercise, time, interest, _
    divyield, sigma)
    RhoCall = exercise * time * Exp( - interest * time) * _
    Application.NormSDist(dTwo(stock, exercise, time, _
    interest, divyield, sigma))
End Function

Function RhoPut(stock, exercise, time, interest, _
    divyield, sigma)
    RhoPut = - exercise * time * Exp( - interest * time) * _
    Application.NormSDist( - dTwo(stock, exercise, time, _
    interest, divyield, sigma))
End Function
```

19

实物期权

19.1 概述

资本预算的标准净现值(NPV)分析方法通过用资本的风险调整成本折现它的预期现金流量来评价一个项目。到目前为止,现金流折现方法(DCF)是公司并购或机器购置中估值资本项目时分析资本项目应用最为广泛的技术。但是,在资本预算编制过程中,标准 NPV 分析方法没有考虑内在的灵活性。资本预算编制过程的复杂性在于我们根据不同情况能动态地改变决策。

这里有两个例子:

(1) 一家公司正在考虑用一个新型号的机器更换它现有的一些机器。它不是一下更换所有机器,而是先更换一台机器。根据先更换的机器性能情况,然后再决定是否更换其余的机器。这个等待期权(option to wait)[或可能是扩张期权(option to expand)]在标准 NPV 分析中没有被估值。本质上它是一个看涨期权。

(2) 一家公司正在考虑投资一个项目,该项目随着时间流逝将会产生(不确定的)现金流量。如果其效果令人不满意,一个选择——在标准 NPV 分析中不被估值——是放弃该项目。该放弃期权(abandonment option),正如我们将看到的,是隐含在许多项目中的一个看跌期权。有时候也称它为压缩规模期权(option to contract scale)。

还有许多其他实物期权。在《实物期权估值导论》一书中,Trigeorgis(1996)给出了下面更常见的实物期权:

- 自然资源开发或工厂建造时延期或等待的期权。
- 按时间建立的期权(分阶段投资):在每个阶段,投资可能被重新评估后(可能)放弃或扩张。
- 变更业务规模的期权(扩张、缩小、停止,或重新开工)。
- 放弃的期权。
- 转换输入或输出的期权。

● 增长期权——一个早期项目投资构成一个日后"进入市场"的期权。

实物期权的识别是 NPV 技术的一个重要扩展。但是,实物期权技术的内在困难之一是计算复杂。实物期权建模和估值比使用 DCF 方法的标准现金流量要困难得多。本章中我们将通过一些例子来说明这些困难。通常实现实物期权最好的方法是认识到 DCF 技术对项目价值的估计是错误的,因为它忽略了该项目的实物期权的价值。NPV 低估了真实价值,因此通常我们的结论是将实物期权的价值加到项目价值中去。

19.2 扩展期权的一个简单例子

在这节中,我们给出一个扩展期权的简单例子。ABC 公司,有 6 台旧的机器。现在考虑用一种价格为 1,000 美元的新品机器来更换这些旧机器。新机器的寿命为 5 年。新机器的预期现金流量如下:[1]

	A	B	C	D	E	F	G
1		扩张期权					
2	年	0	1	2	3	4	5
3	每台机器的现金流量	-1000	220	300	400	200	150
4							
5	机器现金流量的折现率 (风险调整)	12%					
6	无风险折现率	6%					
7	机器未来现金流量的现值	932.52	<-- =NPV(B5,C3:G3)				
8	每台机器的净现金流量	-67.48	<-- =NPV(B5,C3:G3)+B3				

负责该更新项目的财务分析人员,估计其资本成本为 12%。使用这些预期现金流量和 12% 的资本成本,分析人员得出结论为用新机器更换单独一台旧机器是无利可图的,因为它的 NPV 是负的:

$$-1,000 + \frac{220}{1.12} + \frac{300}{(1.12)^2} + \frac{400}{(1.12)^3} + \frac{200}{(1.12)^4} + \frac{150}{(1.12)^5} = -67.48$$

这个分析和现实是不一致的。流水线经理认为:"我想一年试用一台新机器。在年底,如果实验是成功的,再该更换流水线上其他五台机器。"

这个计划会改变我们前面的否定结论吗? 回答是会改变。要理解这点,我们现在认识到我们拥有的是一个资产包:

● 现在只更换一台机器。这个有 -67.48 的 NPV。

● 在一年中更换其他的 5 台机器的期权。假如无风险利率是 6%。那么我们将每个这样的期权看作为一资产上的一个看涨期权,这个资产的现值为 S,等于未来现金流的贴现。在上表的单元格 B7 中,我们得到当前的价值为 $S = 932.52$。这个期权的执行价格为 $X = 1,000$。当然这些看涨期权只有当我们现在购买第一台机器时才能执行。[2]

我们假定布莱克—斯科尔斯期权定价模型可以给这个期权定价。本例中,我们有:

---

[1] 该现金流量是用新一台机器更换一台旧机器的增量现金流。该计算包括税收、累计折旧和旧机器出售收入。

[2] 我们正在做的是给学习成本定价!

	A	B	C	D	E	F	G
1		扩张期权					
2	年	0	1	2	3	4	5
3	每台机器的现金流量	-1000	220	300	400	200	150
4							
5	机器现金流量的折现率 (风险调整)	12%					
6	无风险折现率	6%					
7	机器未来现金流量的现值	932.52	<-- =NPV(B5,C3:G3)				
8	每台机器的净现金流量	-67.48	<-- =NPV(B5,C3:G3)+B3				
9							
10	下一年购买的机器数量	5					
11	在一年或更多年中购买一台机器的期权价值	143.98	<-- B24				
12	整个项目的净现金流量	652.39	<-- =B8+B10*B11				
13							
14	布莱克-斯科尔斯期权定价公式						
15	S	932.52	机器现金流量的现值				
16	X	1000.00	执行价格 = 机器成本				
17	r	6.00%	无风险利率				
18	T	1	期权到期时间 (年)				
19	Sigma	40%	<-- 波动性				
20	d_1	0.1753	<-- (LN(S/X)+(r+0.5*sigma^2)*T)/(sigma*SQRT(T))				
21	d_2	-0.2247	<-- d_1 - sigma*SQRT(T)				
22	$N(d_1)$	0.5696	<--- 使用公式 NormSDist(d_1)				
23	$N(d_2)$	0.4111	<--- 使用公式 NormSDist(d_2)				
24	期权价值 = 布莱克-斯科尔斯看涨期权价格	143.98	<-- S*N(d_1)-X*exp(-r*T)*N(d_2)				

如单元格 B12 所示,整个项目的价值是 652.39 美元。

我们的结论:今天买进一台机器,就能知道在一年中我们采购更多的 5 台机器的期权是一个有价值的项目。这里关键的因素是波动性。波动性越低(也就是,不确定性越小),该项目价值就越低:

	B	C	D	E	F	G	H	I
27	模拟运算表							
28	σ	652.39	<-- =B12,模拟运算表头					
29	1%	-63.48						
30	10%	97.16						
31	20%	283.09						
32	30%	468.40						
33	40%	652.39						
34	50%	834.59						
35	60%	1,014.54						
36	70%	1,191.81						
37								
38								
39								
40								
41								
42								

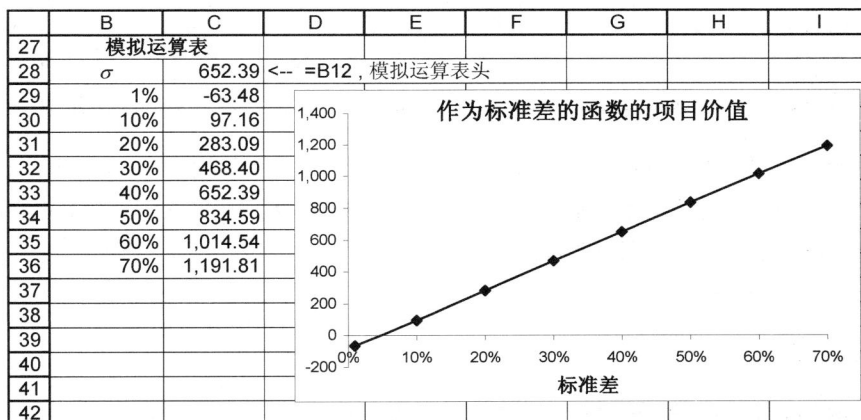

作为标准差的函数的项目价值

这个结果很正常:项目价值作为一个整体是来自从现在开始一年实际的现金流量不确定性。这个不确定性(用 σ 测量)越低,该项目的价值就越小。

布莱克—斯科尔斯模型是合适的实物期权估值工具吗

回答是否定的,布莱克—斯科尔斯模型不是一个合适的工具。但是,在现实中布莱克—斯科尔斯模型到目前为止仍是我们估值各种实物期权最容易的定量处理模型。但在实物期权估值中我们还是经常使用布莱克—斯科尔斯模型,认为它与实际的期权价值最为接近。这就是生活!

你应该认识到布莱克—斯科尔斯定价模型的假设——连续交易、常数利率、不提前执行——不是真的适用于本章中所考虑的实物期权。许多情况下,实物期权涉及(证券期权方面)支付股利的证券和/或提前执行。这里有两个例子:

- 当我们有机会扩张或压缩该投资,分阶段投资的实物期权本质上就是一个提前执行的期权。
- 当一个放弃投资期权存在时,只要该投资还在并没有放弃,它就以现金流量形式继续支付"股利"。

我们只是希望布莱克—斯科尔斯模型对实物期权给出期权内在价值的一个近似值。

19.3 放弃期权

考虑下面的资本预算编制项目:

	A	B	C	D	E
12	项目现金流				
13					
14					150
15			100		
16					80
17		-50			
18					80
19			-50		
20					-60

正如你所见到的,这个项目初始的成本是 50 美元。在一时期内项目将产生 100 美元或 -50 美元的现金流量;也就是说,在某个情况下,它将会赔钱。因此在两期内该项目会再有一次赔钱(在最坏的情况下)或赚钱的机会。

19.3.1 项目估值

为了估值项目,我们使用期权定价的状态价格。[①]状态价格 q_u 是在上涨状态下,下一期支付为 1 美元的今天价格;状态价格 q_d 是在下跌状态下,下一期支付为 1 美元的今天价格。下面的电子表列出所有的相关细节,产生了一个 -29.38 美元的项目估值(暗示拒绝该项目)。

---

① 见下节的有关这些状态价格的计算。

	A	B	C	D	E	F	G	H	I	J	K	L
1						放弃期权定价						
2	**市场信息**				**状态价格**							
3	市场收益的期望值	12%			q_U	0.3087	<-- =(1+B5-B9)/((1+B5)*(B8-B9))					
4	市场收益的标准差	30%			q_D	0.6347	<-- =(B8-1-B5)/((1+B5)*(B8-B9))					
5	无风险利率	6%										
6												
7	One-period "up" and "down" of market											
8	上涨		1.521962	<-- =EXP(B3+B4),注意正确的选择是'上涨' = EXP(B4)								
9	下跌		0.83527	<-- =EXP(B3-B4),注意正确的选择是'下跌' = EXP(-B4)								
10												
11												
12	项目现金流						取决于状态的现值因子					
13												
14					150						0.0953	<-- =E3^2
15			100						0.3087			
16					80						0.1959	<-- =E3*E4
17	-50							1				
18					80						0.1959	<-- =E3*E4
19			-50						0.6347			
20					-60						0.4028	<-- =E4^2
21				=C15*I15								
22	每个状态的现值											
23					14.2981	<-- =E14*K14						
24			30.8740									
25					15.6755	<-- =E16*K16						
26	-50											
27					15.6755	<-- =E18*K18						
28			-31.7328									
29					-24.1673	<-- =E20*K20						
30												
31	净现值		-29.38	<-- =SUM(A23:E29)								

该方法是计算取决于状态的现值因子(在后面讨论)并用这些因子乘以单个取决状态的现金流量。二叉树的每个节点的现值是用与节点相对应的状态价格来折现的。举例来说,出现在时期 2 的现金流量 80 用 $q_u q_d$ 来折现。项目的 NPV 是所有现金流量的折现值加上期初成本的和(单元格 C32)。

19.3.2 放弃期权可以提高项目价值

现在假设在时期 1 如果项目的现金流量有变为—50 美元的可能性,我们可以放弃该项目;进一步假设放弃意味着该项目所有的现金流量都将是零。正如下面电子表所显示的,该放弃期权项目会增加项目的价值:

	A	B	C	D	E	F	G	H	I	J	K	L
34	允许放弃项目的现金流量						允许放弃项目的现值					
35												
36					150						14.2981	<-- =E36*K14
37			100						30.8740			
38					80						15.6755	<-- =E38*K16
39	-50						-50					
40					0						0	
41			0						0			
42					0						0	
43												
44												
45							允许放弃项目的现值				10.85	=SUM(G36:K42)

进一步思考该问题,显然为放弃该项目甚至付出一些代价也是值得的。下面是我们付出 10 美元来放弃处在困难中的项目的结果(该支付可以看作为关闭工厂一个的成本):

	A	B	C	D	E	F	G	H	I	J	K	L
34	允许放弃项目的现金流量						允许放弃项目的现值					
35												
36					150						14.2981	<-- =E36*K14
37			100						30.8740			
38					80						15.6755	<-- =E38*K16
39	-50						-50					
40					0						0	
41			-10						-6.3466			
42					0						0	
43												
44												
45							允许放弃项目的现值				4.50	=SUM(G36:K42)

19.3.3 放弃:出售设备

当然,另外一种可能性是"放弃"意味着出售设备。在这种情况下可能有一个来自放弃的正的现金流量。

下面是假设我们以 15 美元出售资产的例子:

	A	B	C	D	E	F	G	H	I	J	K	L
34	允许放弃项目的现金流量						允许放弃项目的现值					
35												
36					150						14.2981	<-- =E36*K14
37			100						30.8740			
38					80						15.6755	<-- =E38*K16
39		-50					-50					
40					0						0	
41			-15						9.5198			
42					0						0	
43												
44												
45							允许放弃项目的现值				20.37	<-- =SUM(G36:K42)

19.3.4 确定状态价格

在第 16 章中我们曾详细地说明了状态价格的确定方法。我们假设市场投资组合(我们的意思是那些大的、多元化的证券市场组合,例如 S&P 500)每个时期做"上涨"或"下跌"的运动;该运动范围是通过市场投资组合平均收益 μ 和市场投资组合收益标准差 σ 来确定的。假设市场投资组合的收益均值 $\mu = 12\%$、标准差 $\sigma = 30\%$,我们用前面的例子计算如下:

$$上涨 = \exp(\mu + \sigma) = 1.53, 下跌 = \exp(\mu - \sigma) = 0.8$$

用 q_u 表示在上涨状态下,在一个期间,1 美元的今天价格;用 q_d 表示在下跌状态下,在一个期间,1 美元的今天价格。然后,按第 16 章中所说明的,通过解下列线性方程得到状态价格:

$$1 = q_u \cdot 上涨 + q_d \cdot 下跌, \frac{1}{1+r} = q_u + q_d,这套方程的解是:$$

$$q_u = \frac{1+r-下跌}{(1+r) \cdot (上涨 - 下跌)}, q_d = \frac{下跌 - 1 - r}{(1+r) \cdot (上涨 - 下跌)}$$

该方法在上文中的电子表格中介绍:

	A	B	C	D	E	F	G	H	I	J	K	L
1					**放弃期权定价**							
2	**市场信息**			状态价格								
3	市场收益率的期望值	12%	q_U	0.3087	<-- =(1+B5-B9)/((1+B5)*(B8-B9))							
4	市场收益率的标准差	30%	q_D	0.6347	<-- =(B8-1-B5)/((1+B5)*(B8-B9))							
5	无风险利率	6%										
6												
7	**一期市场的上涨和下跌状态**											
8	上涨	1.521962	<-- =EXP(B3+B4),注意正确的选择是 '下跌' = EXP(B4)									
9	下跌	0.83527	<-- =EXP(B3-B4),注意正确的选择是 '下跌' = EXP(-B4)									

19.3.5　另外一种确定状态价格的方法

计算状态价格的另一方法是要试图使该价格与项目的资本成本匹配。再考虑前面讨论的项目,假设每个状态出现的实际概率是 1/2,进一步假设无风险利率是 6%。最后,假设项目的折现率——不管是什么样的期权——为 22%。那么我们可以计算出没有实物期权的项目的 NPV 为 12.48 美元:

	A	B	C	D	E	F	G	H
1			**状态价格与资本成本的匹配**					
2	项目的资本成本	22%	<-- 这是如果该项目没有期权时的折现率					
3	无风险利率	6%						
4								
5	**项目现金流量**							
6					150			
7			100					
8					80			
9		-50						
10					80			
11			-50					
12					-60			
13								
14					=AVERAGE(C7:C1)			
15	**项目期望现金流量**:假设状态是等概率的							
16	年	0	1	2				
17	期望的现金流量	-50	25	62.5	=AVERAGE(E6:E12)			
18	项目净现值	12.48	<-- =NPV(B2,C17:D17)+A9					
19								
20								
21	**状态价格**							
22	q_U	0.4241	<-- =1/(1+B3)-B23					
23	q_D	0.5193	<-- 由规划求解决定					

我们现在来看单元格 B22 和 B23 中的状态价格 q_u 和 q_d,它们有两个性质:

(1) 它们与无风险利率是一致的,这意味着:

$$q_u + q_d = \frac{1}{R} = \frac{1}{1.06}$$

(2) 状态价格计算的 NPV 和资本成本计算的项目的 NPV 一样。

第二个要求意味着我们必须使用 Excel 的规划求解来确定状态价格。下面是求解过程(如何用规划求解的解释在电子表下面的图中):

	A	B	C	D	E	F	G
21	状态价格						
22	q_U	0.4241	<-- =1/(1+B3)-B23				
23	q_D	0.5193	<-- 由Solver决定				
24							
25					=C7*B22		
26	项目的每期状态的折现						
27					26.9797	<-- =E6*B22^2	
28			42.4105				
29					17.6187	<-- =E8*B22*B23	
30		-50					
31					17.6187	<-- =E10*B22*B23	
32			-25.9646				
33					-16.1798	<-- =E12*B23^2	
34							
35			=C11*B23				
36							
37							
38	状态的 NPV	12.48	<-- =SUM(A27:E33)				
39							
40	目标单元	-0.00	<-- =B38-B18				

为确定状态价格，我们使用规划"工具|规划求解"求解：

你也可以使用单变量求解"工具|单变量求解"得到同样的结果。但是 Excel 的单变量求解对前面的设置不作保留，这样你每次重复该计算时你都必须重新设定这些单元格中的参数。单变量求解的对话框如下：

19.4 放弃期权的估值:把它看作是一组看跌期权

前面的例子说明了为什么放弃期权具有价值以及怎样具有价值。同时它说明放弃期权另一个特点,那就是估值很难。对一个复杂项目来说,要预期项目现金流量是比较难的,而预期项目每个状态现金流量和状态价格更难。

在放弃期权估值中,一个折中办法是将项目看作为一组现金流量加上一组布莱克—斯科尔斯看跌期权来估值。看下面的一个例子:下面电子表给出了风险调整的折现率为 12% 的四年期项目的估值过程。正如你所看到的,该项目有一个负的 NPV。

	A	B	C	D	E	F
1	**标准折现自由现金流的项目估值**					
2	项目的现金流量					
3	年	**0**	**1**	**2**	**3**	**4**
4	现金流量	-750	100	200	300	400
5						
6	风险调整折现率	12%	项目的资本成本			
7	无期权的NPV	-33.53	<-- =B4+NPV(B6,C4:F4)			

假如我们在下四个年度的任何一年年底可以放弃该项目,以 300 美元出售该设备。虽然这个放弃期权是一个美式期权并且不是一个布莱克—斯科尔斯期权,但我们还是按一组布莱克—斯科尔斯看跌期权来估值它。在每种情况下,假设我们先得到年底的现金流量;然后我们估值该项目剩余价值上的放弃期权。

● 第 1 年年底:在第一年年底资产的期望价值是未来期望现金流量的折现值:

$702.44 = \dfrac{220}{1.12} + \dfrac{300}{(1.12)^2} + \dfrac{400}{(1.12)^3}$。 该放弃期权意味着对该资产来说在后三年我们可以得到 300 美元。如果该价值的波动性为 50%,那么用布莱克—斯科尔斯看跌期权定价模型来给这个一年期的期权定价将得到价值为 19.53 美元。下面的电子表使用了第 17 章定义的 VBA 函数 BSPut。

	A	B	C	D	E	F
1	**放弃期权估值--第1年的计算的细节**					
2	项目的现金流量					
3	年	**0**	**1**	**2**	**3**	**4**
4	现金流量	-750	100	200	300	400
5						
6	风险调整的折现率	12%	项目的资本成本			
7	无期权的NPV	-33.53	<-- =B4+NPV(B6,C4:F4)			
8						
9	**估值第1年的放弃看跌期权**					
10	第1年底项目价值	702.44	<-- =NPV(B6,D4:F4)			
11	放弃期权	300	类似看跌期权公式的交易价格			
12	期权到期时间 (年)	3				
13	无风险利率	6%				
14	标准差	50%				
15						
16	看跌期权价格	19.53	<-- =bsput(B10,B11,B12,B13,B14)			

- 第 2 年年底:我们有一个在价值为 $586.73 = \dfrac{300}{1.12} + \dfrac{400}{(1.12)^2}$ 资产上的看跌期权,其执行价格为 300 美元。用布莱克—斯科尔斯看跌期权来估值这个两年期的放弃期权,其价值(当 $\sigma = 50\%$ 时)为 17.74 美元。

- 第 3 年年底:我们有一个在价值为 $357.14 = \dfrac{400}{1.12}$ 资产上的看跌期权,执行价格为 300 美元。该期权还有一年多到期且价值为 32.47 美元。

- 第 4 年年底:从未来预期现金流量方面来看,该资产没有价值,但是它可以按 300 美元(它的残料或残值)放弃。该放弃期权的价值为 300 美元。

在下面电子表中,该资产的价格为以下两项的合计数:

- 未来预期现金流量的现值。正如我们看到的它是 -33.53 美元。
- 一组布莱克—斯科尔斯看跌期权的现值(按无风险利率)。它的价值是 299.10 美元。

这个项目的总价值是 -33.53 + 299.10 = 265.57(美元)。

	A	B	C	D	E	F	G
1			作为一组看跌期权的放弃期权的定价				
2	项目现金流量						
3	年		0	1	2	3	4
4	现金流量		-750	100	200	300	400
5							
6	风险调整的折现率	12%	项目的资本成本				
7							
8	无期权的NPV	-33.53	<-- =NPV(B6,C4:F4)+B4				
9							
10	标准差	50%					
11	无风险利率	6%					
12	放弃期权	300	项目可以在任意一年的年末放弃,从而获得这个价值				
13							
14	在 RADR时现金流量的NPV	-33.53	<-- =B8				
15	放弃期权的价值	299.10	<-- =NPV(B11,C20:F20)				
16	经过调整的现值	265.57	<-- =B15+B14				
17					单元格D19函数 =NPV($B$6,E4:$F$4)		
18							
19	剩余现金流的年末价值		702.44	586.73	357.14	0.00	
20	看跌期权价值		19.53	17.74	32.47	300.00	
21							
22					单元格D20函数 =bsput(D19,$B$12,$F$3-D3,$B$11,$B$10)		

19.5 生物技术项目估值[①]

生物技术产业有趣的特征之一是存在无收益的高价值公司。一般理解是,这些公司的价值是在它们的未来获得现金流量的机会。因此,当估值这些公司时,搞懂将定性的投资机会

---

① 该例子的最初出现在 Benninga 和 Tolkowsky(2002)的版本上。

转换成定量的估值是非常重要。本节我们使用实物期权的方法估值生物技术项目以及介绍实物期权方法的应用。

考虑下面的故事。[①]一家公司正在考虑研制一种新的药物。已知该药物的开发需经历三个阶段：

• 探索阶段，该公司初步研究关于该想法的验证。该研究用 1 年的时间并在年初投入 1,000 美元，研究结果是积极的，进入下一研究阶段的可能性为 50%。

• 如果探索阶段获得成功，那么该药物进入临床测试阶段。该阶段历时一年，年初成本为 2,000 美元，研究结果是积极，进入下一阶段的概率为 30%。

• 如果药物顺利通过临床阶段，就进入营销阶段，开始销售该药物。该阶段每年（每年年初）花费 15,000 美元并且平均持续五年。一般来说，一种成功的药物预期在销售阶段的收入为 20,000 美元。该收入每年平均增长 10%，标准差 $\sigma = 100\%$。

该类项目的期望收益是 25%。我们假设它是在这种折现现金流（DCF）估值情况下该项目的资本成本。

19.5.1 用传统的折现现金流分析项目的期望价值

如果用传统的折现现金流量分析项目的价值，我们得到一个该项目的负净现值：

	A	B	C	D	E	F	G	H
1	**生物技术项目的期望现金流量**							
2	折现率	25%						
3	增长率	10%						
4								
5	年	阶段	成本	收入	净利润	概率	期望 现金流量	
6	0	探索	-1,000	0	-1,000	1	-1,000	<-- =F6*E6
7	1	临床	-2,000	0	-2,000	0.5	-1,000	<-- =F7*E7
8	2	临床	-2,000	0	-2,000	0.5	-1,000	
9	3	营销	-15,000	20,000	5,000	0.15	750	
10	4	营销	-15,000	22,000	7,000	0.15	1,050	
11	5	营销	-15,000	24,200	9,200	0.15	1,380	
12	6	营销	-15,000	26,620	11,620	0.15	1,743	
13	7	营销	-15,000	29,282	14,282	0.15	2,142	
14								
15	项目净现值		-268	<-- =G6+NPV(B2,G7:G13)				

由于项目的净现值是负的，DCF 方法表明该项目不应当实施。

19.5.2 使用实物期权方法

估计收益净现值的另一替代方法是在二叉树上绘出该项目的现金流。其实施见下面的电子表：

---

① 为了拟合一张可理解的电子表，我们已将该故事简化。对一些更复杂的例子，可参见 Kellogg 和 Charnes（2000）。

	A	B	C	D	E	F	G	H	I	J	K
1					生物技术项目，现金流量的二叉树						
2	营销阶段，初始收入	20,000							期望收益率和收益率的波动性		
3	营销，每年成本	15,000							如下:		
4	临床，每年成本	2,000							期望收益率	10%	
5	初始，每年成本	1,000							标准差	100%	
6											
7	上涨	300%	<-- =EXP(H4+H5)								
8	下跌	41%	<-- =EXP(H4-H5)								
9											
10	状态价格										
11	q_u	0.2816									
12	q_d	0.6618	<-- =1/1.06-B11								
13											
14			净现金流量							1,614,017	<-- =B2*B7^4-B3
15								527,253			
16							165,500			205,464	<-- =B2*B7^3*B8-B3
17						45,083		58,386			
18					5,000		9,428			14,836	<-- =B2*B7^2*B8^2-B3
19						-6,869		-5,068			
20							-11,694			-10,962	<-- =B2*B7*B8^3-B3
21				-2,000				-13,656			
22										-14,454	=B2*B8^4-B3
23			-2,000								
24											
25		-1,000									
26											
27	时间线		1	2	3	4	5	6		7	
28											
29											
30			状态价格 (营销阶段的开始)							0.0001	<-- =B11^J27
31								0.0005			
32							0.0018			0.0013	<-- =B11^6*B12*COMBIN(4,3)
33						0.0063		0.0035			
34					0.0223		0.0083			0.0141	<-- =B11^5*B12^2*COMBIN(4,2)
35						0.0148		0.0089			
36							0.0098			0.0073	<-- =B11^4*B12^3*COMBIN(4,1)
37				0.079316				0.0065			
38										0.0043	<-- =B11^3*B12^4*COMBIN(4,0)
39			0.2816								
40											
41		1									
42											
43											
44	二叉树的价值	-268	<-- =SUMPRODUCT(B14:J25,B30:J41)								
45	目标										
46	DCF价值	-268									
47	DCF价值 - 二叉树价值	0	<-- 对于正确的状态价格应当为0								

我们用 Excel 函数 Sumproduct 来做该计算。

19.5.3 状态价格的一个注释

该项目的净现值是净现金流与适当的状态价格的乘积：

$$MPV = \sum_{t=0}^{7} \sum_{j=0}^{t} CF_{jt} \cdot (q_U)^j \cdot (q_D)^{t-j} \cdot (\text{到达节点的路径数})$$

其中，CF_{jt} 表示项目在时间 t 和状态 j 时的收益，j 是上涨运动的次数。正如第 16 章解释的那样，在标准二项式模型中，节点的状态价格为 $(q_U)^j \cdot (q_D)^{n-j} \binom{n}{j}$，其中 n 是发生节点的时间，j 是需要到达节点的上涨次数，$\binom{t}{j}$ 是到达节点的路径数。后一个表达式在 Excel 中是用函数 Combin(n,j) 来计算的。然而，对于前面的实物期权模型，每个节点的路径数稍有不同，因为树的开始（项目开始和临床阶段）仅通过一条路径到达。

在前面的电子表中，价格 q_U 和 q_D（用"规划求解"）被计算使得在二叉树上的该项目的现值等于 DCF 估值并且满足均衡条件 $q_U + q_D = \dfrac{1}{1.06}$。 以下是"规划求解"的截屏：

	A	B	C	D	E	F	G	H	I	J
13										
14		净现金流量								
15										
16										
17										
18										
19										
20					-2,000					
21				-2,000						
22										
23			-2,000							
24										
25		-1,000								
26										
27	时间线		1	2						
28										
29										
30		状态价格 (营销阶段的开始)							0.0001	<-- =B11^J27
31							0.0005			
32						0.0018		0.0013		<-- =B11^6*E
33					0.0063		0.003			
34				0.0223		0.0083		0.0141		<-- =B11^5*E
35					0.0148		0.0085			
36						0.0098		0.0073		<-- =B11^4*E
37			0.079316				0.0065			
38								0.0043		<-- =B11^3*E
39		0.2816								
40										
41		1								
42										
43										
44	二叉树的价值	-268	<-- =SUMPRODUCT(B14:J25,B30:J41)							
45	目标									
46	DCF价值	-268								
47	DCF价值 - 二叉树价值	0	<-- 对于正确的状态价格应当为0							

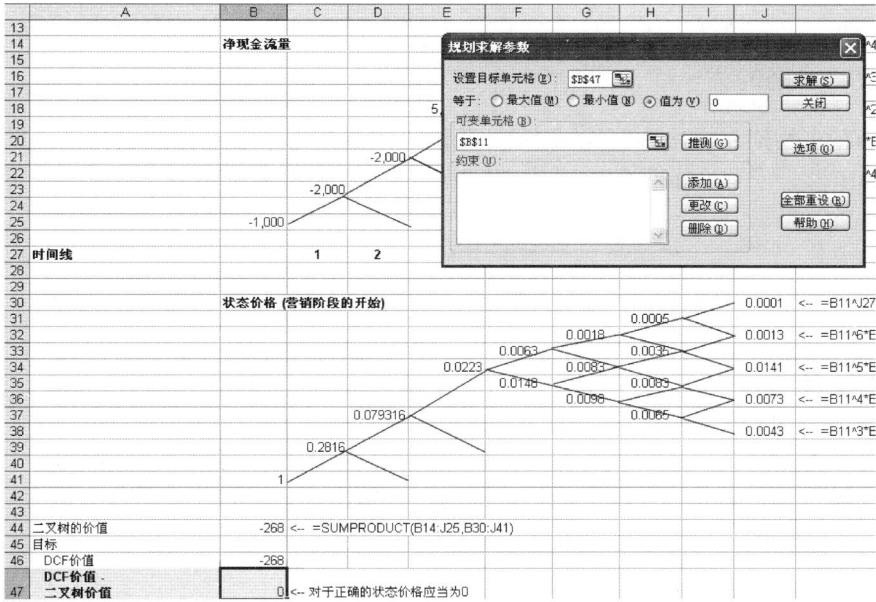

19.5.4 实物期权方法

对 R&D 确认的实物期权方法在项目的每一个阶段都可以让项目经理选择是否继续或终止该项目。他们通过比较继续项目的价值和成本。用期权术语,在每一个阶段,如果执行该期权的价值超过该执行价格,项目经理则执行她的连续期权。在下面的电子表中,我们已经删除了营销阶段明显的负现金流,注意必须删除该序列现金流量并对该状态价格进行调整:

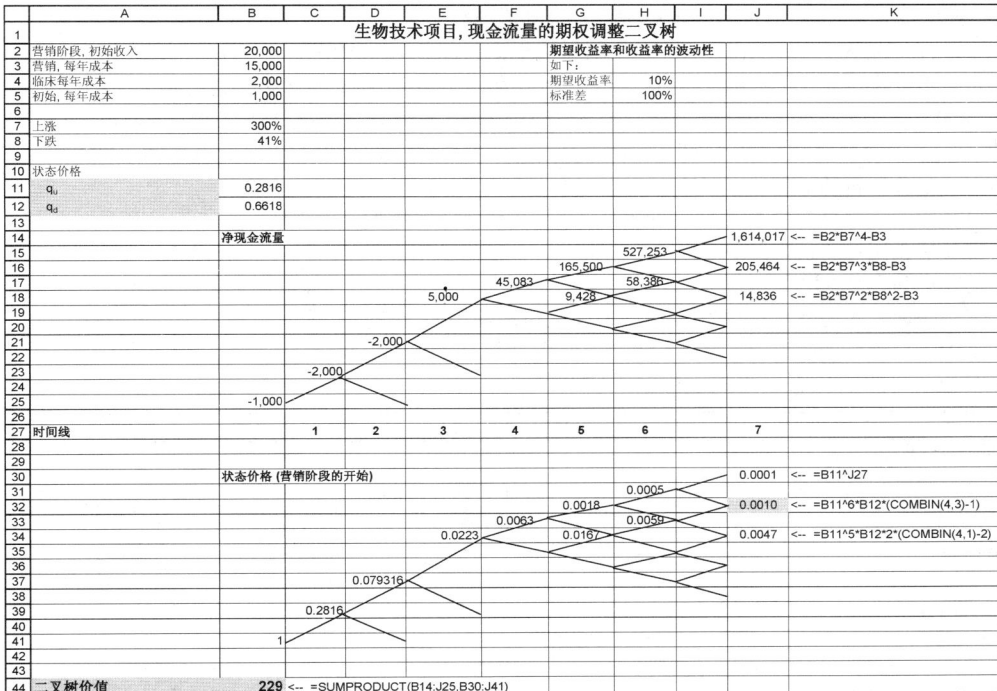

	A	B	C	D	E	F	G	H	I	J	K
1			生物技术项目, 现金流量的期权调整二叉树								
2	营销阶段, 初始收入	20,000					期望收益率和收益率的波动性				
3	营销, 每年成本	15,000					如下:				
4	临床每年成本	2,000					期望收益率	10%			
5	初始, 每年成本	1,000					标准差	100%			
6											
7	上涨	300%									
8	下跌	41%									
9											
10	状态价格										
11	q_u	0.2816									
12	q_d	0.6618									
13											
14		净现金流量							1,614,017	<-- =B2*B7^4-B3	
15							527,253				
16						165,500		205,464		<-- =B2*B7^3*B8-B3	
17					45,083		58,386				
18				5,000		9,428		14,836		<-- =B2*B7^2*B8^2-B3	
19											
20											
21			-2,000								
22											
23		-2,000									
24											
25		-1,000									
26											
27	时间线		1	2	3	4	5	6	7		
28											
29											
30		状态价格 (营销阶段的开始)						0.0001	<-- =B11^J27		
31							0.0005				
32						0.0018		0.0010	<-- =B11^6*B12*(COMBIN(4,3)-1)		
33					0.0063		0.0059				
34				0.0223		0.0167		0.0047	<-- =B11^5*B12*2*(COMBIN(4,1)-2)		
35											
36											
37			0.079316								
38											
39		0.2816									
40											
41		1									
42											
43											
44	二叉树价值	229	<-- =SUMPRODUCT(B14:J25,B30:J41)								

19.5.5　状态价格的另一个注释

当我们在实物期权方法中删除状态时,我们必须调整每个节点的路径数来说明一些状态不能到达的事实。它已在前面的电子表中实施。例如,单元格 J32(选中)中现在可到达的状态已少掉一条路径。

19.6　本章小结

很清楚资本预算应该包括项目期权方面。实物期权的估值通常是很困难的。在本章中,我们一直强调一些直觉并——在可能的范围内——给出一些可操作的估值方法。

习题

1. 你的公司正考虑购买 10 台机器,每台机器有下列的预期现金流量(－550 美元是机器的成本)

A	B	C	D	E	F
2 年	0	1	2	3	4
3 每天机器的现金流量	-550	100	200	300	400

对这些机器你估计合适的折现率为 25%。

(1) 如果没有期权影响,你会推荐只购买一台机器吗?

(2) 你的采购经理建议现在购买一台机器然后根据看机器运行效果在 6 个月后再考虑购买另外 9 台机器。假定机器的现金流量的标准差为 30%,且无风险利率是 10%,请对这个策略进行估值。

2. 你的公司正考虑购买一个新设备。设备的成本为 50,000 美元,经过你的分析,来自设备的未来现金流量的 PV 是 45,000 美元。因此设备的 NPV 是－5,000 美元。该估计的 NPV 是基于制造厂商提供的初始数据和你的财务分析师的创造性思维上的。

新设备的卖主提供设备如何运行的培训。培训费用为 1,500 美元。你估计

● 设备现金流量的 σ 是 30%。

● 无风险利率是 6%。

● 你在培训之后还有半年时间以 50,000 美元价格购买该设备。

你认为参加该培训值得吗?

3. 一个项目的现金流量如下:

	A	B	C	D	E	F	G	H
51	初始项目现金流量							
52								
53					169		状态价格	
54				130			q_U	0.3000
55					91		q_D	0.5000
56		-100						
57					91			
58				70				
59					-90			

（1）使用状态价格评价该项目。

（2）假如在时期 2 项目可以无成本地抛弃，这个事实对项目的影响是什么？

（3）假如项目随时都能以 100 美元卖出。列出现金流量的二叉树，并估值该项目。

4. 假设市场投资组合的均值 $\mu = 15\%$，标准差 $\sigma = 20\%$。

（1）如果无风险利率是 8%，对"上涨"和"下跌"状态计算一个时期的状态价格。

（2）说明（在一个数据表格中）无风险利率对状态价格的影响。

（3）说明 σ 对状态价格的影响。

5. 考虑下面的现金流量：

	A	B	C	D	E
6	项目现金流				
7					180
8			130		
9					90
10	-50				
11					60
12			-50		
13					-100

（1）假如资本成本是 30%、无风险利率是 5%，找出与项目 NPV 匹配的状态价格。

（2）假如存在一个放弃期权能使我们将所有负的现金流量变为零，估值该项目。

第 20—23 章主要涉及有关债权和期限结构的主题。第 20 章和第 21 章主要关于经典的久期与免疫公式。在第 20 章我们发展了基本的 Macauley 久期概念。Excel 的 Duration(　)公式有时应用起来比较不方便，我们用 VBA 建立一个新的、应用起来较为简单的公式。第 21 章讨论了用久期进行债券组合免疫的内容。第 22 章展示了用多种方法建立期限结构模型。该章的大部分内容集中于 Nelson—Siegel 期限结构模型。第 23 章利用一个马尔科夫过程、违约概率信息和债券回收率建立了一个关于公司风险债券的期望收益率模型。

20

久　期

20.1　概述

久期(duration)是债券价格对用于债券折现的利率的变化敏感程度的度量。久期常被用来度量债券的风险——也就是说,债券的久期越长,其风险就越大。本章我们讨论一个基本的久期概念:麦考利久期(Macauley duration),它是在期限结构扁平前提下定义的。第 21 章我们将考察久期在免疫策略中的应用。

考虑一个债券具有未来现金流支付 C_t, $t = 1, 2, \cdots, N$。 通常,前面 $N-1$ 期支付的是利息,而 C_N 是本金与最后一期利息支付之和。如果期限结构是扁平的,每期支付的折现率都是 r,那么该债券现在的市场价格为:

$$p = \sum_{t=1}^{N} \frac{C_t}{(1+r)^t}$$

麦考利久期(在本章和下章中,我们用到的“久期”都是指麦考利久期)定义为:

$$D = \frac{1}{p} \sum_{t=1}^{N} \frac{tC_t}{(1+r)^t}$$

我们将在第 20.3 节讨论这个公式的含义。这里我们先说明如何应用 Excel 计算久期。

20.2　两个例子

考虑两个债券。债券 A 刚刚发行,面值为 1,000 美元,票面利率和现在的市场利率一样为 7%,10 年到期。债券 B 五年前发行,当时的利率较高,面值为 1,000 美元,票面利率为 13%,发行时其成熟期为 15 年,所以债券 B 还有 10 年到期。因为现在的市场利率为 7%,所以债券 B 的市场价格为：

$$\sum_{t=1}^{10} \frac{130}{1.07^t} + \frac{1,000}{1.07^{10}} = 1,421.41（美元）$$

计算两个债券的久期是值得的（仅计算一次），这里我们用 Excel 建立如下表格来进行计算：

	A	B	C	D	E	F	G
1				基本的久期计算			
2	到期收益率（YTM）	7%					
3							
4	年	C$_{t,A}$	t*C$_{t,A}$ / 价格$_A$*(1+YTM)^t		C$_{t,B}$	t*C$_{t,B}$ / 价格$_B$*(1+YTM)^t	
5	1	70	0.0654		130	0.0855	<-- =$A5*E5/(E$16*(1+$B$2)^$A5)
6	2	70	0.1223		130	0.1598	<-- =$A6*E6/(E$16*(1+$B$2)^$A6)
7	3	70	0.1714		130	0.2240	
8	4	70	0.2136		130	0.2791	
9	5	70	0.2495		130	0.3260	
10	6	70	0.2799		130	0.3657	
11	7	70	0.3051		130	0.3987	
12	8	70	0.3259		130	0.4258	
13	9	70	0.3427		130	0.4477	
14	10	1070	5.4393		1130	4.0413	
15							
16	债券价格	1,000.00	<-- =NPV(B2,B5:B14)		1,421.41	<-- =NPV(B2,E5:E14)	
17	久期	7.5152	<-- =SUM(C5:C14)		6.7535	<-- =SUM(F5:F14)	
18							
19	使用Excel中**Duration**函数及"自制的"**Dduration**函数						
20	债券 A	7.5152	<-- =DURATION(DATE(1996,12,3),DATE(2006,12,3),7%,B2,1)				
21		7.5152	<-- =dduration(A14,7%,B2,1)				
22							
23	债券 B	6.7535	<-- =DURATION(DATE(1996,12,3),DATE(2006,12,3),13%,B2,1)				
24		6.7535	<-- =dduration(A14,13%,7%,1)				

不出所料，债券 A 的久期长于债券 B 的久期，因为债券 A 的平均清偿时间大于债券 B 平均清偿时间。让我们从另一个角度观察这种关系，债券 A 第一年付款（70 美元）的现值代表了债券价格的 6.54%，而债券 B 第一年付款（130 美元）的现值代表了其价格的 8.55%，第二年付款的现值分别代表债券价格的 6.11% 和 7.99%。（对于第二年的数字，你必须将上表中的数字除以 2，因为在久期公式中，每期支付都被其收到的期限加权了。）

应用 Excel 公式

Excel 有两个久期公式，Duration() 和 MDuration()。MDuration（有时被不精确地称为麦考利久期）被定义为：

$$MDuration = \frac{Duration}{1 + \dfrac{到期收益率}{每年支付利息的次数}}$$

两个公式具有相同的句法。例如，对于 Duration()，它的句法为：
Duration(结算日、到期日、票面利率、收益率、频率、基准)。这里，
结算日——债券的结算日（也就是购买日）；
到期日——债券的到期日；

票面利率——债券的票面利率；

收益率——债券的到期收益率；

频率——每年的息票支付次数；

基准——"天数计算基准"（也就是一年的天数）。用代号 0—4 表示为：

0 或缺省	美国(NASD)30/360
1	实际天数/实际天数
2	实际天数/360
3	实际天数/365
4	欧洲 30/360

由 Duration 公式可得到标准的麦考利久期。MDuration 公式可用于计算价格不稳定的债券（参看第 20.3 节）。两个久期公式的计算或许需要一点技巧才能完成，因为他们需要一系列的结算日和到期日。在前面的表格中，C21 单元中的 Excel 公式是在这样的假设下完成的，即债券 A 的购买日（为了我们的目的，假定为现在的日子）是 1996 年 12 月 3 日，到期日是 2006 年 12 月 3 日。这些日期的选择是武断的。Excel 中久期公式的最后一个参数提供了天数计算基准，它是可以选择的，也可以缺省。

在 Excel 的 Duration 公式中系列日期格式的插入常是不方便的，在本章后面部分我们使用 VBA 定义了一个简单的久期公式来克服该问题，并计算不均匀支付时的一个债券的久期。这个"自制的"久期公式被称为 Dduration。我们在第 20.6 节中讨论了该函数的编程。在先前电子表的单元格 B21 和 B24 中已使用了该函数。下图是债券 B 的久期用函数 Dduration 计算的对话框：

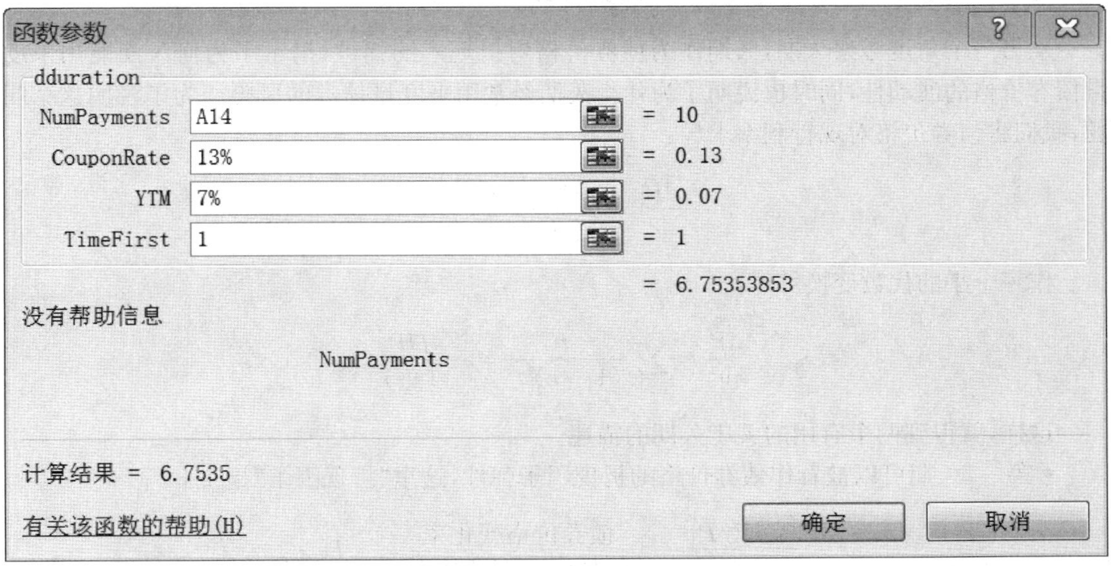

参数 TimeFirst 是指从债券购买日到第一次支付的时间。以债券 A 和债券 B 为例，它们的这个参数值都是 1。

20.3 久期的含义

本节我们提出三种不同的久期含义,每个含义从其自身看来都是重要和令人感兴趣的。

20.3.1 作为债券支付时间加权平均的久期

正如 Macauley(1938)原本的定义,久期是债券支付时间的加权平均数。久期公式重写如下:

$$D = \frac{1}{p}\sum_{t=1}^{N}\frac{tC_t}{(1+r)^t} = \sum_{t=1}^{N}\frac{C_t/p}{(1+r)^t}\cdot t$$

注意 $\left[\dfrac{C_t/p}{(1+r)^t}\right]$ 项的和为 1。这个事实来源于债券价格的定义;每一项都是债券价格的某个比例,由时间 t 时的支付来计算。在久期公式中,每一 $\left[\dfrac{C_t/p}{(1+r)^t}\right]$ 项都与其支付发生时的时间相乘:因此久期是作为债券价格一个比例的债券支付现值的时间加权平均数。

20.3.2 作为债券价格对其折现率的弹性的久期

从另一个角度考察久期,久期作为债券价格对折现率的弹性,揭示了为何久期能用来度量债券价格的波动性,同时也说明了为什么久期经常用来度量债券的风险。为了说明这个问题,我们将债券价格对现行利率求导:

$$\frac{\mathrm{d}P}{\mathrm{d}r} = \sum_{t=1}^{N}\frac{-tC_t}{(1+r)^{t+1}}$$

作一个小的代数变换可得:

$$\frac{\mathrm{d}P}{\mathrm{d}r} = \sum_{t=1}^{N}\frac{-tC_t}{(1+r)^{t+1}} = -\frac{DP}{1+r}$$

这样,就得到两个有用的关于久期的描述。

- 第一,久期可以被看作债券价格的折现因子弹性,这里"折现因子"指 $1+r$;

$$\frac{\mathrm{d}P/P}{\mathrm{d}r/(1+r)} = \frac{债券价格变化率}{折现因子的变化率} = -D$$

- 第二,通过重写前面的公式,我们可以应用久期测量债券的价格波动性:

$$\frac{\mathrm{d}P}{P} = -D\frac{\mathrm{d}r}{1+r}$$

让我们回到上一节的那个例子,假设市场利率上升 10%,从 7% 涨到 7.7%,那么,债券价格将如何变化? 债券 A 的价格将变为:

$$\sum_{t=1}^{10} \frac{70}{1.077^t} + \frac{1,000}{1.077^{10}} = 952.39(美元)$$

类似计算得到债券 B 的价格为:

$$\sum_{t=1}^{10} \frac{130}{1.077^t} + \frac{1,000}{1.077^{10}} = 1,360.50(美元)$$

正如价格波动公式预计得那样,债券价格的变化可按公式 $\Delta P \cong -DP\Delta r/(1+r)$ 近似计算。为说明这种关系,我们计算出每个债券的 ΔP:

	A	B	C	D	E	F
1				久期作为价格弹性 债券价格的变化可近似为 ΔP ≈ - 久期*价格*Δr/(1+r)		
2	折现率	7%				
3						
4	债券 A			Bond B		
5	票面利率	7%		票面利率	13%	
6	面值	1,000		面值	1,000	
7	期限（年）	10		期限（年）	10	
8						
9	价格	1,000.00		价格	1,421.41	<-- =PV($B$2,E7,-E5*E6)+E6/(1+$B$2)^E7
10	久期	7.5152		久期	6.7535	<-- =DURATION(DATE(1996,1,1),DATE(2006,1,1),E5,B2,1)
11						
12	新的折现率	7.70%				
13	新的价格	952.39			1,360.50	<-- =PV($B$12,E7,-E5*E6)+E6/(1+$B$12)^E7
14						
15	价格的变化					
16	实际值	47.61			60.92	<-- =E9-E13
17	用久期近似值 DP ≈ - 久期 *价格*Δr/(1+r)	49.17			62.80	<-- =-E10*E9*($B$2-$B$12)/(1+$B$2)
18						
19	使用Mduration函数	49.17			62.80	<-- =-($B$2-$B$12)*E9*MDURATION(DATE(1996,1,1),DATE(2006,1,1),E5,$B$2,1)

注意,在 Excel 中,我们也可以不用 Duration 乘以 $\Delta r/(1+r)$ 来计算,而用 MDuration 乘以 Δr 来计算。

20.3.3 Babcock 的公式:作为债券收益率凸组合的久期

第三种关于久期的解释是 Babcock 于 1985 年提出的,它的公式表明久期是两个因素的加权平均:

$$D = N\left(1 - \frac{y}{r}\right) + \frac{y}{r} PVIF(r, N) \cdot (1+r)$$

这里,债券的"当期收益率"为:

$$y = \frac{债券利息}{债券价格}$$

一个 N 期年金的现值是：

$$PVIF(r, N) = \sum_{i=1}^{N} \frac{1}{(1+r)^i}$$

这个公式从两方面洞察了久期：

● 久期是债券成熟期与 $(1+r)$ 倍债券 PVIF 的加权平均。注意 PVIF 由 Excel 公式 $PV(r, N, -1)$ 给出。

● 在许多情况下，债券本期收益率 y 与到期收益率 r 相差不大，在这种情况下，久期与 $(1+r)PVIF$ 也相差不大。

与前述两个解释不同，Babcock 的公式只适用于这样的债券，即不变的利息支付和在到期日 N 偿还本金。也就是说，这个公式不适用于债券支付 C_t 随时间变化的情况。

下面是 Babcock 公式在债券 B 上的应用：

	A	B	C
1			**BABCOCK久期公式** **久期作为当期收益率与现值因素的凸组合：** **D = N*y/r + (1 - y/r) * PVIF(N,r,-1)*(1+r)**
2	N,债券期限（年）	10	
3	r,	7%	
4	C,债券票面利率	13%	
5	面值	1,000	
6	价格	1,421.41	<-- =PV(B3,B2,-B4*B5)+B5/(1+B3)^B2
7	当期收益率	9.15%	<-- =B4*B5/B6
8	PVIF(r,N)	7.0236	<-- =PV(B3,B2,-1)
9			
10	两个久期公式		
11	Babcock公式	6.7535	<-- =B2*(1-B7/B3)+B7/B3*B8*(1+B3)
12	标准公式	6.7535	<-- =DURATION(DATE(1995,1,1),DATE(2005,1,1),B4,B3,1)

20.4 久期特性

凭直觉，我们会认为久期是债券票面利率的减函数，是债券成熟期的增函数。这种直觉开始是正确的，但一会就感觉不对。

下面的电子表显示了在一个债券久期上票面利率递增的效应，正如我们直觉得那样，随着债券利率的增加的确久期是递减的。

	A	B	C	D
1			票面利率对久期的影响	
2	现在	1996/5/21	<-- =DATE(1996,5,21)	
3	期限（年）	21		
4	到期日	2017/5/21	<-- =DATE(1996+B3,5,21)	
5	到期收益率（YTM）	15%	到期收益率（如，折现率）	
6	票面利率	4%		
7	面值	1,000		
8				
9	久期	9.0110	<-- =DURATION(B2,B4,B6,B5,1)	
10				
11	模拟运算表: 票面利率对久期的影响			
12			9.0110	<-- =B9 , data table header
13		0%	21.0000	
14		1%	13.1204	
15	债券票面利率 -->	2%	10.7865	
16		3%	9.6677	
17		4%	9.0110	
18		5%	8.5792	
19		6%	8.2736	
20		7%	8.0459	
21		9%	7.7294	
22		13%	7.3707	
23		15%	7.2593	
24		17%	7.1729	
25				
26				
27				
28				
29				

票面利率对久期的影响
期限 = 21, YTM = 15.00%

然而，久期是债券成熟期的增函数，这种说法不对：

	A	B	C	D
1			债券期限对久期的影响	
2	现在	1996/5/21	<-- =DATE(1996,5,21)	
3	期限（年）	21		
4	到期日	2017/5/21	<-- =DATE(1996+B3,5,21)	
5	到期收益率（YTM）	15%	到期收益率（如，折现率）	
6	票面利率	4%		
7	面值	1,000		
8				
9	久期	9.0110	<-- =DURATION(B2,B4,B6,B5,1)	
10				
11	模拟运算表: 债券期限对久期的影响			
12			9.0110	<-- =B9 , data table header
13		1	1.0000	
14		5	4.5163	
15	债券期限 -->	10	7.4827	
16		15	8.8148	
17		20	9.0398	
18		25	8.7881	
19		30	8.4461	
20		40	7.9669	
21		50	7.7668	
22		60	7.6977	
23		70	7.6759	
24		80	7.6693	
25				
26				
27				
28				
29				
30				
31				

债券期限对久期的影响
票面利率 = 4.0%，到期收益率（YTM） = 15.00%

20.5　非均匀支付债券的久期

我们前面讨论的久期公式假设债券是等间隔均匀支付的,除第一次支付外,这种假设无疑是正确的。例如,考虑一个这样的债券,它从 1997 年、1998—2010 年每年 5 月 1 日支付利息,最后一年 5 月 1 日支付面值。所有的支付都是间隔一年的,然而,如果在 1996 年 9 月 1 日购买这个债券,那么购买日与第一次支付日的间隔是 8 个月,不是一年。我们把这样的债券称为非均匀支付债券(bond with uneven payments)。本节我们将讨论这个(相当普遍的)问题的两个方面。

● 当到期收益率已知时,非均匀支付债券久期的计算。我们将说明:与均匀支付债券的久期(也就是标准的久期公式)一样,非均匀支付债券的久期也可用一个非常简单的公式计算。在讨论过程中,我们开发一个在 Excel 中更简单的久期公式。

● 计算非均匀支付债券的到期收益率。这时需要一点技巧,并最终需要引出另一个 VBA 函数。

20.5.1　非均匀支付债券的久期

考虑一个具有 N 期支付的债券,第一次支付发生的时间为 α,$\alpha < 1$,其余为等间隔均匀支付。在下面的推导过程中,我们说明这种债券的久期是两个期限的相加:

● 第一个期限:N 期等间隔均匀支付债券的久期(也就是前面讨论的标准久期)。

● 第二个期限:$\alpha - 1$。

推导比较简单。债券的支付由 C_α,$C_{\alpha+1}$,$\cdots$,$C_{\alpha+N-1}$ 表示,这里 $0 < \alpha < 1$,债券的价格为:

$$P = \sum_{t=1}^{N} \frac{C_{\alpha+t-1}}{(1+r)^{\alpha+t-1}} = (1+r)^{1-\alpha} \sum_{t=1}^{N} \frac{C_{\alpha+t-1}}{(1+r)^t}$$

债券的久期为:

$$D = \frac{1}{P} \sum_{t=1}^{N} \frac{(\alpha+t-1)C_{\alpha+t-1}}{(1+r)^{\alpha+t-1}}$$

将上面公式重写为:

$$D = \frac{1}{P}(1+r)^{1-\alpha} \left[\sum_{t=1}^{N} \frac{tC_{\alpha+t-1}}{(1+r)^t} + \sum_{t=1}^{N} \frac{(\alpha-1)C_{t+\alpha-1}}{(1+r)^t} \right]$$

$$= \frac{1}{(1+r)^{1-\alpha} \sum_{t=1}^{N} \frac{C_{t+\alpha-1}}{(1+r)^t}} (1+r)^{(1-\alpha)} \left[\sum_{t=1}^{N} \frac{tC_{\alpha+t-1}}{(1+r)^t} + (\alpha-1) \sum_{t=1}^{N} \frac{C_{t+\alpha-1}}{(1+r)^t} \right]$$

$$= \frac{1}{\sum_{t=1}^{N} \frac{C_{t+\alpha-1}}{(1+r)^t}} \left[\sum_{t=1}^{N} \frac{tC_{t+\alpha-1}}{(1+r)^t} \right] + \alpha - 1$$

下面是一个计算非平均支付债券久期的例子。记住第一次支付前的时间为 α，久期计算公式为：

$$D = \sum_{t=1}^{N} \frac{1}{P} \frac{(\alpha+t-1)C_{\alpha+t-1}}{(1+r)^{\alpha+t-1}}$$

这里有一个计算非均匀支付债券久期的例子。单元 D11:D15 每一个都计算了这个公式的一个期值：

	A	B	C	D
1			非均匀支付债券久期 Brute Force计算和Dduration 函数	
2	α （Alpha）	0.3	直到第一次支付时的时间（年）	
3	N	5	支付次数	
4	到期收益率（YTM）	6%		
5	票面利息	100		
6	面值	1,000		
7	债券价格	1,217	<-- =NPV(B4,B10:B14)*(1+B4)^(1-B2)	
8				
9	时期	支付	t*C$_t$ /价格*(1+YTM)^t	
10	0.3	100	0.0242	<-- =(B10*A10)/(1+$B$4)^A10/$B$7
11	1.3	100	0.0990	
12	2.3	100	0.1653	
13	3.3	100	0.2237	
14	4.3	1,100	3.0249	
15	久期		3.5371	<-- =SUM(C10:C14)
16				
17	新定义的VBA函数		3.5371	<-- =dduration(B3,B5/B6,B4,B2)

正如第 20.2.1 节指出的，由于日期的插入，Excel 的久期公式在使用中有些困难。因此，我们用 VBA 整理出一个更简单的久期公式，这个公式的句法是 Dduration(numberPayments, couponrate, YTM, timeToFirstPayment)：

```
Function dduration(numberPayments, couponRate, YTM, timeToFirstPayment)
    price = 1/ (1 + YTM)^numberPayments
    dduration = numberPayments/ (1 + YTM)^numberPayments

    For Index = 1 To numberPayments
        price = couponRate/ (1 + YTM)^Index + price
    Next Index

    For Index = 1 To numberPayments
        dduration = couponRate * Index/ (1 + YTM)^Index + dduration
    Next Index

    dduration = dduration/ price + timeToFirstPayment - 1

End Function
```

我们自制的公式 DDuration 只要求知道债券的支付次数、息票利率和第一次支付前的时间 α。公式的使用已经在前面电子表格的单元 C17 中得到了展示。

20.5.2 计算非平均支付债券的到期收益率

正如前面讨论说明的,计算久期要求我们知道债券的到期收益率(YTM),YTM 正好是债券支付与债券初始价格间的内部回报率(IRR)。YTM 经常是已知的,但是当 YTM 未知时,我们就不能使用 Excel 的 IRR 函数,而必须用 XIRR 函数替代。

考虑一个债券,现价为 1,123 美元,每年 1 月 1 日支付息票 89 美元,债券将于 2001 年 1 月 1 日支付其年度息票和面值之和 1,089 美元。现在的日期为 1996 年 10 月 3 日。计算债券 YTM 存在的问题是:尽管绝大部分的债券支付是按年等间隔均匀支付的,但从现在起到第一次支付只有 0.2466 年 $\Big[=(date(1997,1,1)-date(1996,10,3))/365\Big]$。所以,我们希望应用 Excel 求解下面的方程:

$$-1,123+\sum_{t=0}^{3}\frac{89}{(1+YTM)^{t+0.2466}}+\frac{1,089}{(1+YTM)^{4.2466}}=0$$

我们可以使用 Excel 的 XIRR 函数来求解这个问题:

	A	B	C	D
1	**使用XIRR函数来计非均匀支付债券的内含报酬率（IRR）**			
2	当前日期	3-Oct-96		
3	年利息	89	下5年每年1月1日支付	
4	到期日	1-Jan-01		
5	面值	1,000		
6	债券价格	1,123		
7				
8	从现在到首次支付的时间	0.2466	<-- =(B12-B11)/365	
9				
10		日期	支付	
11		3-Oct-96	-1,123	
12		1-Jan-97	89	
13		1-Jan-98	89	
14		1-Jan-99	89	
15		1-Jan-00	89	
16		1-Jan-01	1,089	
17				
18		YTM	7.300%	<-- =XIRR(C11:C16,B11:B16)

为了应用 XIRR 函数,你首先必须确信分析数据库－VBA 函数已装入 Excel。点击加载宏中,出现下列菜单,在这里你必须确认分析工具库－VBA 函数装入:

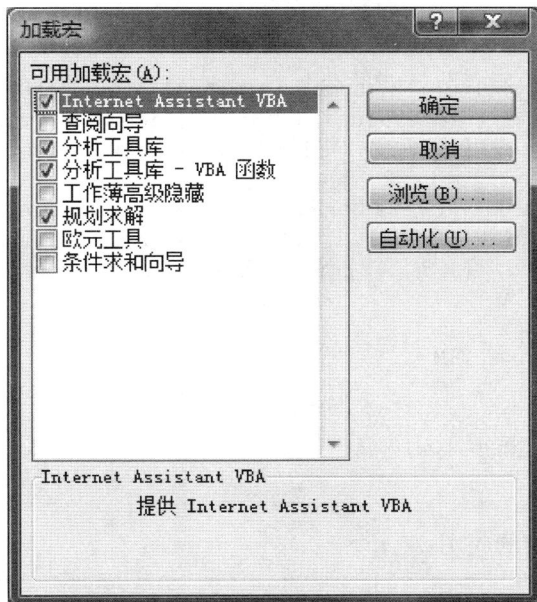

现在你可以应用 XIRR 来得到一个现金流时间表的内部收益率，这个现金流不一定必须是周期性的。应用这个函数要求必须详细列出现金流及其支付时间。正如 Excel 的函数 IRR 一样，你也可以先猜一个 IRR，尽管可以不这样做。[①]

20.5.3　应用把 VBA 程序计算非均匀支付债券的 YTM

如果你不知道支付日期，你可以应用 VBA 计算一系列非均匀支付现金流的 YTM。下面的程序包含两个函数，第一个函数是年金价值（annuityvalue），计算 $\sum_{t=1}^{N} \dfrac{1}{(1+r)^t}$。第二个函数是非均匀到期收益率（unevenYTM），应用简单的对分技术计算一系列非均匀支付现金流的 YTM，从得到的结果中选择准确的小的正数留给你来做。

```
Function annuityvalue(interest, numberPeriods)
    annuityvalue = 0
        For Index = 1 To numberPeriods
        annuityvalue = annuityvalue + 1/ (1 + interest)^Index
    Next Index
End Function
Function unevenYTM(couponRate, faceValue, bondPrice, _
        numberPayments, timeToFirstPayment, epsilon)
    Dim YTM As Double
```

---

① 还有一个函数 XNPV 也可以计算一系列非均匀支付现金流的现值。该函数在第 33 章中讨论。

```
        high = 1
        low = 0
        While Abs(annuityvalue(YTM, numberPayments) * couponRate * _
                faceValue + faceValue/ (1 + YTM)^numberPayments − _
                bondPrice/ (1 + YTM)^(1 − timeToFirstPayment)) >= epsilon
            YTM = (high + low)/ 2
            If annuityvalue(YTM, numberPayments) * couponRate * _
                faceValue + faceValue/ (1 + YTM)^numberPayments − _
                bondPrice/ (1 + YTM)^(1 − timeToFirstPayment) > 0 Then
                    low = YTM
            Else
                    high = YTM
            End If
            Wend
        unevenYTM = (high + low)/ 2
End Function
```

下表展示了这个函数的应用：

	A	B	C	D
1			**非均匀支付债券YTM计算实例**	
2		本表格演示了计算非均匀支付债券的**YTM** 的VBA 函数: 函数的句法: **非均匀支付债券YTM**(票面利率,面值,债券价格,支付次数,首次支付前的时间,最小正数)		
3	票面利率	7.90%		
4	面值	1,000.00		
5	债券价格	1,123.00		
6	支付次数	5		
7	首次支付前的时间	0.25		
8	最小正数	0.00001	<-- 控制 YTM 计算的精确性	
9				
10	YTM	6.138%	<-- =unevenYTM(B3,B4,B5,B6,B7,B8)	
11				
12	函数参数			? ✕
13	unevenYTM			
14	CouponRate	B3	= 0.079	
15				
16	FaceValue	B4	= 1000	
17	BondPrice	B5	= 1123	
18	NumPayments	B6	= 5	
19	TimeFirst	B7	= 0.25	
20				
21			= 0.061383447	
22	没有帮助信息			
23		CouponRate		
24				
25				
26	计算结果 = 6.138%			
27				
28	有关该函数的帮助(H)		确定 取消	
29				
30				

当然,我们可以将 Dduration 函数与非均匀到期收益率(unevenYTM)结合起来使用来计算久期:

	A	B	C
1	将**DDURATION** 和 **UNEVENYTM** 联合使用		
2	票面利率	7.90%	
3	面值	1,000.00	
4	债券价格	1,123.00	
5	支付次数	5	
6	首次支付前的时间	0.25	
7	最小正数	0.00001	<-- 控制 YTM 计算的精确性
8			
9	YTM	6.138%	<-- =unevenYTM(B2,B3,B4,B5,B6,B7)
10			
11	久期	3.5959	<-- =dduration(B5,B2,B9,B6)

20.6　非扁平期限结构与久期

在通常的期限结构模型中,在时间 t 的支付的折现率为 r_t,所以债券价值为:

$$P = \sum_{t=1}^{N} \frac{C_t}{(1+r_t)^t}$$

本章讨论的久期假定期限结构要么是扁平的(也就是说对所有的时间 t,都有 $r_t = r$)要么是平行移动的。当期限结构平行移动时,我们可以将债券价格写为:

$$P = \sum_{t=1}^{N} \frac{C_t}{(1+r_t+\Delta t)^t}$$

接着我们可通过求债券价格对 Δt 的导数得到久期。

一般的期限结构模型应该解释折现率 r_t 随支付时间 t 如何变化,在时间 t 利率如何变化。这是一个难题,我们将在第 23 章讨论这个问题的一个方面。一个稍微简单的问题,在第 22 章中讨论,是对期限结构构建多项式近似。

问题的困难性是否意味着我们在本章讲到的简单久期度量是无用的?未必,或许麦考利久期提供了期限结构变化时债券价值变化的一个良好近似,甚至在期限结构本身不平坦且比较复杂的情况下也是如此。[1]本节我们探究这种可能性,数据来自与本书配套的数据包中的文件"McCulloch_term_structures.xls"。[2]这个文件包含了美国利率期限结构每月的数据,期限为 12.1946—2.87(1949 年 12 月到 1987 年 2 月)。这个文件中一行典型的数据如下:

---

[1]　Gultekin 和 Rogalski(1984)的一篇论文似乎证实了这一点。

[2]　数据来自 McCullogh(1990)。关于国库券已更新的按日期的期限结构可访问 http://www.treasury.gov/resource-center。

	0 个月	1 个月	2 个月	3 个月	4 个月	5 个月	6 个月
1946 年 12 月	0.18	0.32	0.42	0.48	0.52	0.55	0.58

9 个月	1 年	2 年	3 年	4 年	5 年	10 年	15 年	20 年
0.65	0.72	0.95	1.15	1.3	1.41	1.82	2.16	2.32

这行数据详细给出了 1946 年 12 月的利率期限结构,利率以年度百分比(annual percentage terms)给出,也就是说,0.32 指每年 0.32%。接下来两个曲线图展示了一些期限结构,他们来自上述文件里。[1]曲线图中每条线均代表某特定月份的期限结构。1948 年各个月份的期限结构是高度相关的,并且都向上倾斜。

期限结构(1948 年)

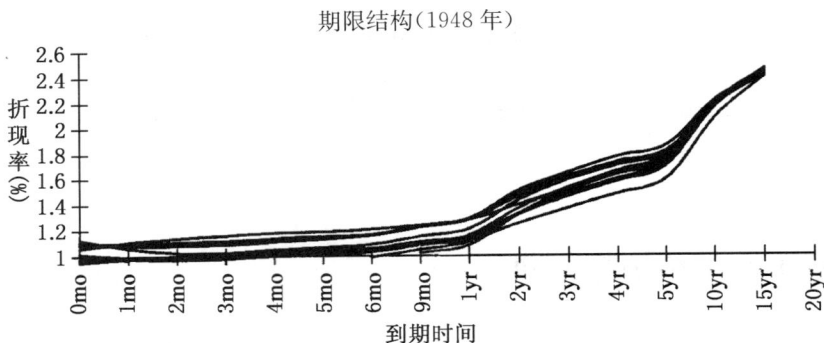

将上图与 1981 年的期限结构比较,我们发现,1981 年的期限结构既有向上倾斜部分又有向下倾斜部分,期限结构呈"驼峰"状。

期限结构(1981 年)

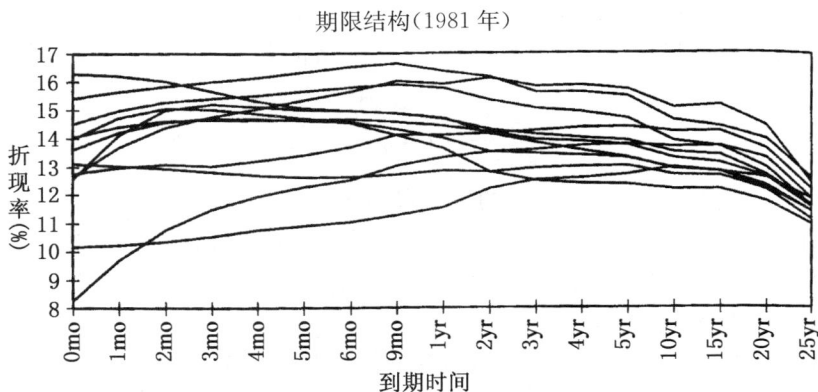

尽管期限结构形状有很大不同,但在课后习题 7 中你将会看到,麦考利久期能为债券价值短时期的变化提供足够精度的近似值。

---

[1] 这里的利率是纯折现率,用它计算时可以使价格为 P、N 期支付分别为 C_1, C_2, …, C_N 的债券满足 $P = \sum_{t=1}^{N} C_t / (1+r_t)^t$。表中"0 个月"一栏给出的是瞬时利率(instantaneous interest rate)——市场上的极短期利率,你可以将它看作货币市场基金为一天存款支付的利率。

20.7　本章小结

本章我们概述了久期(一种最常用的债券风险度量工具)的基本概念。久期的度量最初是由 Macauley(1938)开发,用以计量一个债券支付的时间加权平均数。它还可以表示为债券价格对其折现率的弹性。本章讨论了久期的基本的计算;下一章我们将使用久期来说明债券投资组合的免疫策略。

习题

1. 下面的电子表格中,建立一张模拟运算表,在该表中久期是作为债券票面利率(票面利率 = 0%, 1%, …, 11%)的函数来计算的。说明债券票面利率和久期之间的关系。

	A	B	C
1	改变票面利率对久期的影响		
2	当前日期	21-May-07	
3	到期年限 (年)	21	
4	到期日	21-May-27	
5	到期收益率(YTM)	15%	
6	票面利率	4%	
7	票面面值	1,000	
8			
9	久期	9.03982	<-- =DURATION(B2,B4,B6,B5,1)

2. 债券成熟期的增大对其久期有何影响? 像习题 1 那样,用一个数字化的例子并作图来回答。注意当 $N \to \infty$ 时,债券变成了英国统一公债(consol,即债券不支付本金但有无限期的利息支付)。consol 的久期由 $(1+YTM)/YTM$ 计算,证明你的数字化的答案收敛于这个公式。

3. "久期可以被看作债券风险的近似量度,其他条件相同的两个债券,风险较大者久期较小。"举例来说明这种说法。它的经济学逻辑是什么?

4. 到期日为 N 的纯折价债券是这样一种债券:在时间 $t = 1, 2, \cdots, N-1$ 时没有支付,当 $t = N$ 时一次性支付本金和利息。这种债券的久期是多少?

5. 重新绘制第 20.5 节中的两个图表。

6. 1987 年 1 月 23 日,West Jefferson Development 债券的市场价格为 1,122.32 美元,此债券在 1987—1993 年间每年 3 月 1 日和 9 月 1 日支付利息 59 美元。1993 年 9 月 1 日债券被以其面值 1,000 美元赎回。计算这个债券的到期收益率和久期。

7. 调整将第 20.5 节中的 Dduration 公式,使得如果首次支付前时间(timeToFirstPayment)α 没被插入,那么 α 自动变为 1。

21

免疫策略

21.1　概述

　　一个债券组合的未来价值依赖于从现在起直到债券组合清偿日的利率结构。如果不管利率结构如何,债券组合在未来特定日期具有相同的偿付,我们就说此债券组合被免疫了。本章讨论免疫策略(immunization strategies),它与第 20 章讨论的久期概念密切相关。免疫策略的讨论用到了许多久期的概念,但本章仅限于最简单的久期概念:麦考利久期。

21.2　一个简单的免疫模型

　　考虑如下的情况,一个公司有一项已知的未来债务 Q。（一个好例子是一家保险公司,这家保险公司知道他不得不在未来支付。)这个债务的折现值是:

$$V_0 = \frac{Q}{(1+r)^N}$$

这里,r 是合适的折现率。

　　假定这家公司现在对这项未来债务通过持有一个债券来套期保值,也就是说,这家公司现在持有一个债券,此债券的价值 V_B 与未来债务的折现值 V_0 相等。如果 P_1,P_2,$\cdots$,P_M 是债券产生的预期现金流,那么债券的现值是:

$$V_B = \sum_{t=1}^{M} \frac{P_t}{(1+r)^t}$$

　　现在假定基本利率 r(underlying interest rate)变为 $r + \Delta r$。应用一阶线性近似式,我们可得到未来债务的新价值为:

$$V_0 + \Delta V_0 \approx V_0 + \frac{\mathrm{d}V_0}{\mathrm{d}r}\Delta r = V_0 + \Delta r\left[\frac{-NQ}{(1+r)^{N+1}}\right]$$

然而,债券的新价值为:

$$V_B + \Delta V_B \approx V_B + \frac{\mathrm{d}V_B}{\mathrm{d}r}\Delta r = V_B + \Delta r\sum_{t=1}^{N}\frac{-tP_t}{(1+r)^{t+1}}$$

如果这两个式子相等,那么 r 的改变将不会影响这家公司资产组合中的套期保值资产。我们让上面两式相等得到:

$$V_B + \Delta r\sum_{t=1}^{N}\frac{-tP_t}{(1+r)^{t+1}} = V_0 + \Delta r\left[\frac{-NQ}{(1+r)^{N+1}}\right]$$

其中:

$$V_B = V_0 = \frac{Q}{(1+r)^N}$$

我们可以化简上式得到:

$$\frac{1}{V_B}\sum_{t=1}^{M}\frac{tP_t}{(1+r)^t} = N$$

我们有必要把这个公式表述成一个正式的定理:

假设利率期限结构总是扁平的(也就是说,所有未来现金流发生时的贴现率都是相同的)或者期限结构上下平行移动,那么,无论贴现率 r 怎样变化,资产的市场价值等于未来债务市场价值的充要条件是资产与债务的久期相等。这里我们应知道"相等"是在一阶近似意义上的相等。

当持有针对债务的这种类型的资产时,我们就说债务被免疫了。

前面的表述存在两个严重的局限:

● 上面讨论的免疫仅适用于一阶近似的情况。在随后一节的数字化例子中,我们将看到一阶近似相等与"真正的"相等有显著的区别。正如在《畜牧场》(*Animal Farm*),George Orwell 对畜棚场作了同样的观察:"所有动物都一律平等,但有些动物比其他动物更加平等"。

● 我们假设期限结构要么扁平要么上下平行移动。这种假设充其量可以看作是对现实的粗劣的近似(读者可以回忆第 20.5 节的期限结构图)。期限结构理论的不同选择导致不同的久期与免疫的定义(可参看 Bierwag et al.,1981、1983a、1983b;Cox, Ingersoll, and Ross, 1985;Vasicek, 1977)。通过对这些可选择理论的实证调查,Gultelin 和 Rogalsli 发现:本章我们使用的简单的麦考利久期至少与任何其他久期一样运转良好。

21.3　一个数值案例

本节我们考虑一个基本的免疫案例。假设你正在努力使一个现值为 1,000 美元的 10 年期债务得到免疫;也就是,现行利率是 6%,那它的未来价值将是 $1,000 \times 1.06^{10} = 1,790.85$ 美元。你打算通过购买 1,000 美元的债券或债券组合来免疫。

你考虑了三种债券:

(1)债券 1 还有 10 年到期,票面利率 6.7%,面值 1,000 美元。

(2)债券 2 还有 15 年到期,票面利率 6.988%,面值 1,000 美元。

(3)债券 3 还有 30 年到期,票面利率 5.9%,面值 1,000 美元。

在现行到期收益率为 6%时,三种债券的价格不同:

例如,债券 1 的价值为 $1,051.52 \left(= \sum_{t=1}^{10} \frac{67}{1.06^t} + \frac{1,000}{1.06^{10}} \right)$ 美元,因此,要购买价值为 1,000 美元的这种债券,你必须购买面值为 $951 \left[= (1,000/1,051.52) \times 1,000 \right]$ 美元的这种债券。

然而,债券 3 现在只值 986.24 美元,所以为了购买市场价值为 1,000 美元的这种债券,你必须买面值为 1,013.96 美元的债券 3。如果你打算用债券 3 为一个从现在起 10 年后的 1,790.85 美元的债务提供资金,下面是你将面对的主要问题。

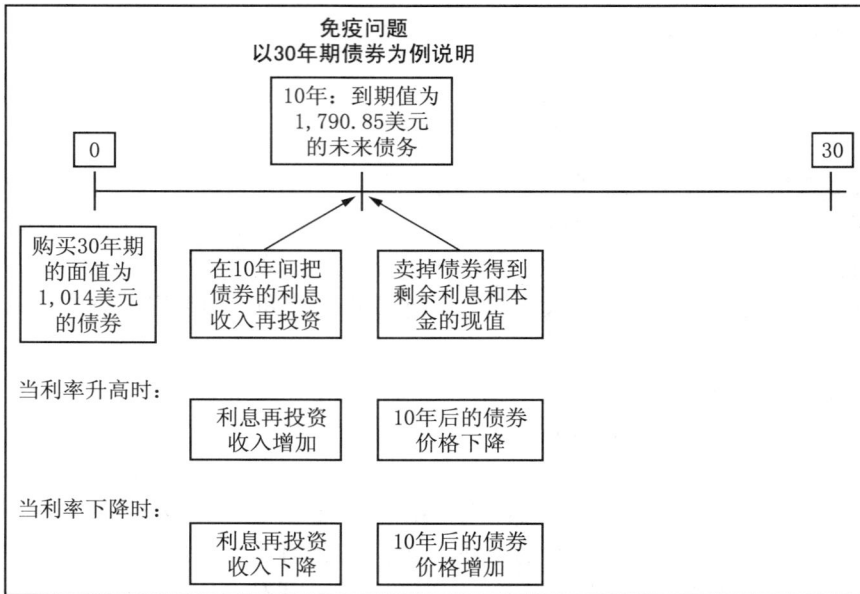

正如我们将要看到的,只有在现行市场利率为 6%且保持不变的情况下,这个 30 年期债券才能正好为这个 1,790.85 美元的未来债务提供资金。

下面是三个债券价格和久期的概要信息:

	A	B	C	D	E
1	用3个债券进行免疫的案例				
2	到期收益率	6%			
3					
4		债券1	债券2	债券3	
5	票面利率	6.70%	6.988%	5.90%	
6	期限	10	15	30	
7	面值	1,000	1,000	1,000	
8					
9	债券价格	$1,051.52	$1,095.96	$986.24	<-- =-PV($B$2,D6,D5*D7)+D7/(1+$B$2)^D6
10	市价为$1,000的债券面值	$ 951.00	$ 912.44	$ 1,013.96	<-- =D7/D9*D7
11					
12	久期	7.6655	10.0000	14.6361	<-- =dduration(D6,D5,$B$2,1)

注意在计算久期时,我们采用了第 20 章定义的"自制的"DDuration 函数。

如果到期收益率不变,你就能以 6％的利率对利息再投资。这样,以债券 2 为例,在 10 年末提供的最终财富为:

$$\sum_{t=0}^{9} 69.88 \times 1.06^{t} + \left(\sum_{t=1}^{5} \frac{69.88}{1.06^{t}} + \frac{1,000}{1.06^{5}}\right) = 921.07 + 1,041.62 = 1,962.69$$

式中第一项, $\sum_{t=0}^{9} 69.88 \times 1.06^{t}$ 是利息再投资收入的总和;第二项和第三项,

$\left(\sum_{t=1}^{5} \frac{69.88}{1.06^{t}} + \frac{1,000}{1.06^{5}}\right)$ 表示债券在 10 年后(还有 5 年到期)的市场价值。因为我们只购买了面值为 912.44 美元的这种债券,所以在 10 年末我们有 0.91244×1,962.69＝1,790.85(美元),这正是我们想在 10 年末拥有的价值。假如到期收益率不变,对三种债券进行同样的计算得到下表:

	A	B	C	D	E
14	新的到期收益率	6%			
15					
16		债券1	债券2	债券3	
17	债券价格	$1,000.00	$1,041.62	$988.53	<-- =-PV($B$14,D6-10,D5*D7)+D7/(1+$B$14)^(D6-10)
18	利息的再投资收益	$883.11	$921.07	$777.67	=-FV($B$14,10,D5*D7)
19	总计	$1,883.11	$1,962.69	$1,766.20	<-- =D17+D18
20					
21	乘以市价与面值的百分比	95.10%	91.24%	101.40%	<-- =D10/1000
22	乘积结果	$ 1,790.85	$ 1,790.85	$ 1,790.85	<-- =D21*D19

本表的结论是:假如市场利率 6％不变,购买 1,000 美元的任意三种债券之一均可在 10 年后为你偿还 1,790.85 美元的未来债务。

现在假设你购买债券后,到期收益率突然变为一个新值并保持不变。这个改变显然会影响我们已经进行的计算,例如,如果收益率降为 5％,上表变为:

	A	B	C	D	E
14	新的到期收益率	5%			
15					
16		债券1	债券2	债券3	
17	债券价格	$1,000.00	$1,086.07	$1,112.16	<-- =-PV($B$14,D6-10,D5*D7)+D7/(1+$B$14)^(D6-10)
18	利息的再投资收益	$842.72	$878.94	$742.10	=-FV($B$14,10,D5*D7)
19	总计	$1,842.72	$1,965.01	$1,854.26	<-- =D17+D18
20					
21	乘以市价与面值的百分比	95.10%	91.24%	101.40%	<-- =D10/1000
22	乘积结果	$ 1,752.43	$ 1,792.97	$ 1,880.14	<-- =D21*D19

这样,如果收益率下降,债券 1 就不能为我们的债务提供充足的偿还资金,但债券 3 却可以超额提供偿债资金。债券 2 为债务提供资金的能力几乎不变,这并不奇怪,因为债券 2 的久期正好是 10 年。我们可以对任何的到期收益率重复以上计算,用"数据|模拟运算表"(见第 31 章)的计算数据作图,产生如下结果:

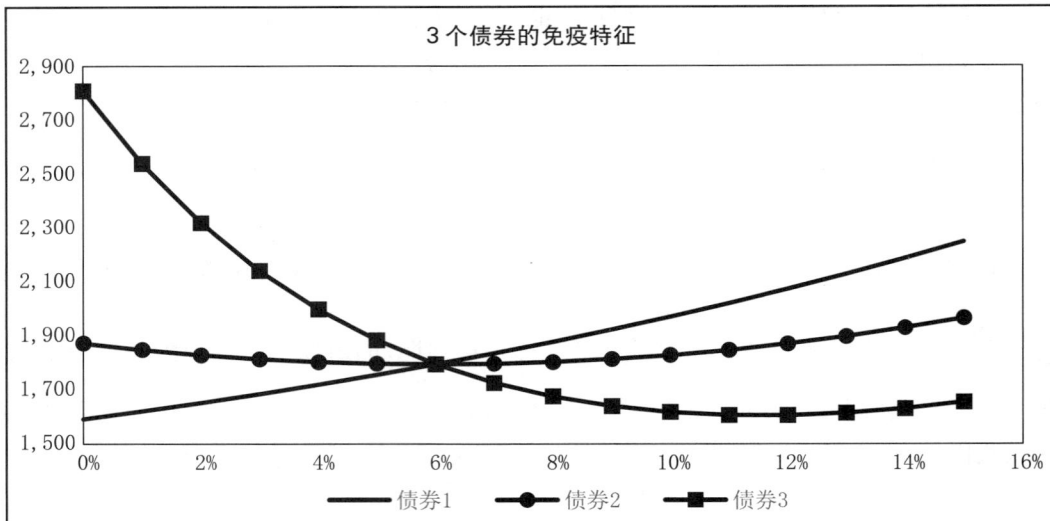

3个债券的免疫特征

显然,如果想采取免疫策略,你应该购买债券2!

21.4　凸性:免疫实验的继续

一个资产组合的久期是组合中资产久期的加权平均。所以,还有另外的办法获得久期为10的债券投资。如果我们在债券1上投资665.09美元,在债券3上投资344.91美元,这个投资组合的久期就是10,加权平均的计算如下:

$$\lambda \cdot D_{债券1} + (1-\lambda) \cdot D_{债券3} = 7.665\lambda + 14.636(1-\lambda) = 10$$

假定我们用这个债券组合重复我们的实验,从下表的第15行开始,我们重复上一节的试验(改变到期收益率),但是加上债券1与债券3的组合。第23行的结果表明债券组合的未来价值没有变化。

	A	B	C	D	E	F	G
1			债券组合试验与凸性				
2	到期收益率(YTM)	6%					
3							
4		债券1	债券2	债券3			
5	票面利率	6.70%	6.988%	5.90%			
6	到期	10	15	30			
7	面值	1,000	1,000	1,000			
8							
9	债券价格	$1,051.52	$1,095.96	$986.24	<-- =-PV($B$2,D6,D5*D7)+D7/(1+$B$2)^D6		
10	市价为$1,000的债券	$ 951.00	$ 912.44	$ 1,013.96	<-- =D7/D9*D7		
11							
12	久期	7.6655	10.0000	14.6361	<-- =dduration(D6,D5,$B$2,1)		
13							
14							
15	新的YTM	7%					
16							
17		债券1	债券2	债券3		债券1 & 3 的投资组合	
18	债券价格	$1,000.00	$999.51	$883.47			
19	利息再投资	$925.70	$965.49	$815.17			
20	总计	$1,925.70	$1,965.00	$1,698.64			
21							
22	乘以市价与面值的百分比	95.10%	91.24%	101.40%			
23	乘积	$ 1,831.35	$ 1,792.95	$ 1,722.34		$ 1,794.84	<-- =B26*B23+(1-B26)*D23
24							
25	债券1与债券3的组合						
26	债券1的比例	0.6651	<-- =(10-D12)/(B12-D12)				
27	债券3的比例	0.3349	<-- =1-B26				

根据这个实验建立一个数据表并将结果作图,表明资产组合的免疫性能优于债券2。

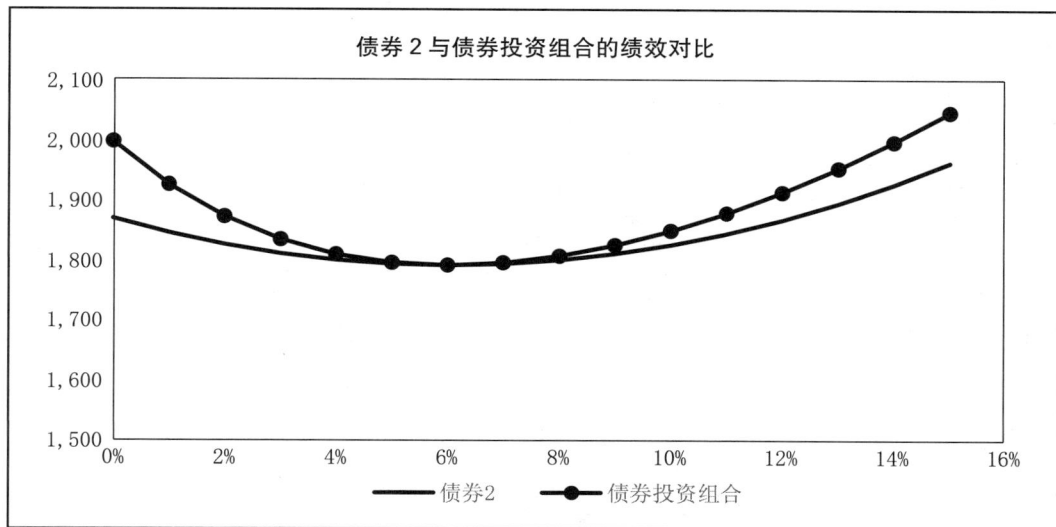

我们再来看一下这幅图,我们会注意到,尽管债券2和债券组合的终值—利率曲线都是凸的,但债券组合的终值—利率曲线比单个债券的终值—利率曲线更凸。有影响力的久期与免疫概念的倡导者之一 Redington(1952)认为,这个图形非常有价值。让我们看看原因是什么:不管到期收益率如何变化,债券组合提供给未来债务的超额资金总大于单个债券所提供的。这显然是免疫组合的一个良好特性,由此形成如下法则:

两个免疫资产组合均为一个已知的未来债务提供资金,具有更凸的终值—利率曲线的那个组合更可取。[1]

21.5 构造更好的免疫组合

尽管前一节已讨论了这个问题,但我们仍然有兴趣推导出这样的债券组合特性:即它的终值尽可能地对收益率的变化不敏感。提高债券组合这种特性的一种办法,就是不仅要满足价值变化的一阶导数要求(正如我们在第20.3节看到的,满足价值变化的一阶导数要求引出了久期的概念),而且要满足二阶导数的要求。

对第20.3节分析的直接扩展使我们得到满足二阶导数要求的结论:

$$N(N+1) = \frac{1}{V_B} \sum_{t=1}^{M} \frac{t(t+1)P_t}{(1+r)^t}$$

下面的例子展示了债券组合的这种特性的提高，这个债券组合满足了二阶导数的要求。考虑四个债券，其中一个是我们在前例中用到的债券2，它的久期是10。这四个债券描述如下：

	A	B	C	D	E	F
1		债券凸性				
2	到期收益率	6%				
3						
4		债券1	债券2	债券3	债券4	
5	票面利率	4.50%	6.988%	3.50%	11.00%	
6	成熟期	20	15	14	10	
7	面值	1,000	1,000	1,000	1,000	
8						
9	债券价格	$827.95	$1,095.96	$767.63	$1,368.00	<-- =-PV($B$2,E6,E5*E7)+E7/(1+$B$2)^E6
10	市价为$1,000的债券	$ 1,207.80	$ 912.44	$ 1,302.72	$ 730.99	<-- =E7/E9*E7
11						
12	久期	12.8964	10.0000	10.8484	7.0539	<-- =dduration(E6,E5,$B$2,1)
13	久期的二阶导数	229.0873	136.4996	148.7023	67.5980	<-- =secondDur(E6,E5,$B$2)/bondprice(E6,E5,$B$2)
14						
15	新的到期收益率	6%				
16						
17		债券1	债券2	债券3	债券4	
18	债券价格	$889.60	$1,041.62	$913.37	$1,000.00	<-- =-PV($B$15,E6-10,E5*E7)+E7/(1+$B$15)^(E6-10)
19	在投资练习	$593.14	$921.07	$461.33	$1,449.89	<-- =FV($B$15,10,E5*E7)
20	总和	$1,482.73	$1,962.69	$1,374.70	$2,449.89	<-- =SUM(E18:E19)
21						
22	乘以市价与面值的百分比	120.78%	91.24%	130.27%	73.10%	<-- =E10/1000
23	乘积	$ 1,790.85	$ 1,790.85	$ 1,790.85	$ 1,790.85	<-- =E22*E20

这里，secondDur（numberpayments，couponrate，YTM）是一个我们定义的 VBA 函数，用于计算久期的二阶导数。

```
Function secondDur(numberPayments, couponRate, YTM)

    For Index = 1 To numberPayments
        If Index < numberPayments Then
            secondDur = couponRate * Index * (Index + 1) _
                / (1 + YTM)^Index + secondDur
        Else
            secondDur = (couponRate + 1) * Index * (Index + 1) _
                / (1 + YTM)^Index + secondDur
        End If
        secondDur = secondDur
    Next Index
End Function
```

我们需要三个债券通过计算构成一个债券组合，该债券组合的久期和它的二阶导数与债务的久期和二阶导数完全相等。满足上述要求的债券组合的债券比例为：债券 $1 = -0.5619$，债券 $3 = 1.6415$，债券 $4 = -0.0797$。[①]正如下表所示，这个债券组合的终值提供了比债券 2 更

---

① 下一小节给出了该计算的具体细节。

好的套期保值效果。

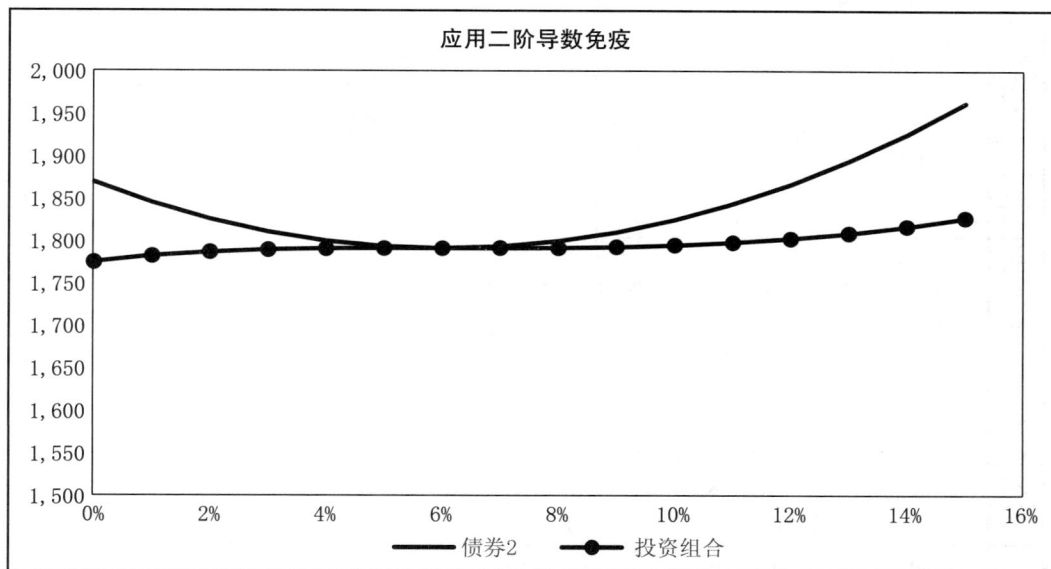

计算债券的投资组合

我们想在债券 1、债券 3 和债券 4 上投资比例分别为 x_1、x_2、x_3，以使得：

● 债券投资组合为总的投资：$x_1 + x_3 + x_4 = 1$。

● 债券投资组合的久期与债券 2 的久期相匹配：$x_1 D_1 + x_3 D_3 + x_4 D_4 = D_2$，其中 D_i 为第 i 个债券的久期。

● 债券投资组合久期的二阶导数要与债券 2 的二阶导数相匹配：$x_1 D_1^2 + x_3 D_3^2 + x_4 D_4^2 = D_2^2$，其中 D_i^2 为久期的二阶导数。

用矩阵形式来表示这个问题，可得到：

$$\begin{bmatrix} 1 & 1 & 1 \\ D_1 & D_3 & D_4 \\ D_1^2 & D_3^2 & D_4^2 \end{bmatrix} \begin{bmatrix} x_1 \\ x_3 \\ x_4 \end{bmatrix} = \begin{bmatrix} 1 \\ D_2 \\ D_2^2 \end{bmatrix}$$

其解为：

$$\begin{bmatrix} x_1 \\ x_3 \\ x_4 \end{bmatrix} = \begin{bmatrix} 1 & 1 & 1 \\ D_1 & D_3 & D_4 \\ D_1^2 & D_3^2 & D_4^2 \end{bmatrix}^{-1} \begin{bmatrix} 1 \\ D_2 \\ D_2^2 \end{bmatrix}$$

这个矩阵可以比较容易地在 Excel 中建立：

	I	J	K	L	M	N	O
15	计算债券的投资组合						
16							
17	相关系数矩阵				常数向量		
18	1	1	1		1		
19	12.8964	10.8484	7.0539		10.0000		
20	229.0873	148.7023	67.5980		110.0000		
21							
22	解						
23	-0.5619						
24	1.6415	<-- {=MMULT(MINVERSE(I18:K20),M18:M20)}					
25	-0.0797						
26							
27							
28	上述的解释：我们希望的投资比例						
29	在债券1、3和4分别为x_1、x_3和x_4，以使：						
30	a)投资总额为$1000；这意味着$x_1+x_2+x_4=1$						
31	b)投资组合久期是与债券2匹配的；这意味着						
32	$x_1*D_1+x_3*D_3+x_4*D_4 =D_2$，这里$D_i$是该债券I的久期。						
33	c) 加权平均久期的导数要与债券2的导数匹配。						
34							
35							
36							
37	这三个条件给出了单元格I18：K20的矩阵和在单元格I23：I25相对应的解。						

给出了这个解，最后一张图是通过下面模拟运算表的数据来绘制的：

	A	B	C	D	E	F
26	模拟数据表：债券2和投资组合终值对利率的敏感性		债券2	投资组合		
27						<-- =I23*B23+I24*D23+I25*E23，模拟运算表头(隐藏)
28		0%	1,868.87	1,774.63		
29		1%	1,844.71	1,781.79		
30		2%	1,825.14	1,786.37		
31		3%	1,810.05	1,789.02		
32		4%	1,799.35	1,790.32		
33		5%	1,792.97	1,790.78		
34		6%	1,790.85	1,790.85		
35		7%	1,792.95	1,790.91		
36		8%	1,799.26	1,791.31		
37		9%	1,809.76	1,792.38		
38		10%	1,824.46	1,794.38		
39		11%	1,843.37	1,797.58		
40		12%	1,866.53	1,802.21		
41		13%	1,893.98	1,808.46		
42		14%	1,925.77	1,816.55		
43		15%	1,961.98	1,826.65		

21.6　本章小结

一个免疫的债券投资组合的价值对这些基础债券到期收益率的微小变化是不敏感的。

免疫策略包含使该债券投资组合的久期与持有投资组合的基础负债的久期是相等。本章说明了如何影响该投资组合的免疫策略。总之，Excel 是一个优秀的免疫计算工具。

习题

1. 证明资产组合的久期是组合资产久期的加权平均。

2. 建立一个电子表格来模仿第 21.5 节中的计算。

3. 用第 21.5 节中的例子完成练习：

(1) 寻找一个久期为 8 的债券 1 与债券 3 的组合。

(2) 寻找一个久期为 8 的债券 1 与债券 2 的组合。

4. 在习题 3 中，你倾向于使用那个组合(A 或 B)来免疫一个久期为 8 的债务？

5. 在习题 3 中，假定你需要的久期为 12，重新计算债券组合的比例。现在你倾向于使用哪一种？

22

期限结构建模 *

22.1 概述

本章我们讨论对利率期限结构拟合一个方程的问题。主要问题是:我们有一系列债券的价格。例如,依据到期时间或是收益与久期之间的对比,我们能明确地说出这些债券的收益吗?

该问题的复杂性似乎是出人意料的。显然,我们需要考虑该债券的风险(一系列债券应该是等风险的)以及其利息支付的时间模式。有一个额外的复杂因素:最常见的债券利率度量是到期收益率(YTM),本质上是该债券价格的内部收益率和该债券的未来承诺偿还。然而,基于分析之目的,对每期支付附加一个贴现因子 d_t 会更有意义。这些贴现因子定义了所谓的债券纯贴现收益率(pure discount yields)。[①]

本章从最简单的期限结构问题开始,即每个时期只有一个债券。随后我们再讨论更为复杂的情况。我们拟合该期限结构的函数形式是 Nelson-Siegel 模型(1987)。此外,我们还展示 Svensson 模型的变化(见第 22.8 节)。

22.2 一个简单的例子

本节我们引入两种债券定价方法,在这里我们将每个债券到期期限和一单个债券相联系。[②]这两种方法分别是:

- 计算每个债券的到期收益率。每个债券的到期收益率(YTM)是该债券价格和未来支

---

* 本章是与特拉维夫大学 Alexander Suhov 博士合著的。

① 熟悉长期债券分拆市场(treasury bond strip market)的读者可将因子 d_t 看作是与本息分离债券相关的贴现因子。详见 www.treasurydirect.gov/instit/marketables/strips/strips.htm。

② 在下一节我们讨论可能是非一致定价且有相同到期日的多个债券的情况。

付的内部收益率。

- 计算一组唯一的、时间独立的债券贴现因子。记时间 t 的贴现因子为 d_t，债券价格由公式 $P = \sum_{t=1}^{N} C_t d_t$ 计算而得，这里的 C_t 在时间 t 的承诺债券支付。

为了说明这两种方法，考虑 15 个债券，其每个支付年票面利息一直到到期期限且其票面价值为 100。这些债券到期期限分别是 1，2，…，15。在下面的电子表格中我们给出了这些债券的票面利率和它们的到期收益率：

	A	B	C	D	E	F
1			初始例子			
2	债券	价格	到期期限	年票面利率		YTM
3	1	96.60	1	2.0%		5.59%
4	2	93.71	2	2.5%		5.93%
5	3	91.56	3	3.0%		6.17%
6	4	90.24	4	3.5%		6.34%
7	5	89.74	5	4.0%		6.47%
8	6	90.04	6	4.5%		6.56%
9	7	91.09	7	5.0%		6.63%
10	8	92.82	8	5.5%		6.69%
11	9	95.19	9	6.0%		6.73%
12	10	98.14	10	6.5%		6.76%
13	11	101.60	11	7.0%		6.79%
14	12	105.54	12	7.5%		6.81%
15	13	109.90	13	8.0%		6.83%
16	14	114.64	14	8.5%		6.84%
17	15	119.73	15	9.0%		6.85%

到期收益率通过将债券支付置入三角矩阵计算而得，其部分内容显示如下：

	F	G	H	I	J	K	L	M	N
1			=IF(I\$2<\$C3,\$D3*100,IF(I\$2=\$C3,(1+\$D3)*100,0))						
2	YTM	利率 y_t	0	1	2	3	4	5	6
3	5.59%	1	-96.60	102.00	0.00	0.00	0.00	0.00	0.00
4	5.93%	2	-93.71	2.50	102.50	0.00	0.00	0.00	0.00
5	6.17%	3	-91.56	3.00	3.00	103.00	0.00	0.00	0.00
6	6.34%	4	-90.24	3.50	3.50	3.50	103.50	0.00	0.00
7	6.47%	5	-89.74	4.00	4.00	4.00	4.00	104.00	0.00
8	6.56%	6	-90.04	4.50	4.50	4.50	4.50	4.50	104.50
9	6.63%	7	-91.09	5.00	5.00	5.00	5.00	5.00	5.00
10	6.69%	8	-92.82	5.50	5.50	5.50	5.50	5.50	5.50
11	6.73%	9	-95.19	6.00	6.00	6.00	6.00	6.00	6.00
12	6.76%	10	-98.14	6.50	6.50	6.50	6.50	6.50	6.50
13	6.79%	11	-101.60	7.00	7.00	7.00	7.00	7.00	7.00
14	6.81%	12	-105.54	7.50	7.50	7.50	7.50	7.50	7.50
15	6.83%	13	-109.90	8.00	8.00	8.00	8.00	8.00	8.00
16	6.84%	14	-114.64	8.50	8.50	8.50	8.50	8.50	8.50
17	6.85%	15	-119.73	9.00	9.00	9.00	9.00	9.00	9.00

还有另一种理解我们这个简单例子的方法。假设每个时间段 t 有其自己的贴现因子 d_t，那么债券价格可以写为债券支付的贴现价格：

$$\text{Bond1}: 96.6 = 102d_1$$
$$\text{Bond2}: 93.71 = 2.5d_1 + 102.5d_2$$
$$\text{Bond3}: 91.56 = 3d_1 + 3d_2 + 103d_3$$
$$\vdots$$

一般化：

$$P = \sum_{t=1}^{N} C_t d_t$$

使用矩阵，我们可以求解贴现因子 d_t：

$$\begin{bmatrix} C_{11} & 0 & 0 & 0 & 0 & \cdots & 0 \\ C_{21} & C_{22} & 0 & 0 & 0 & \cdots & 0 \\ \vdots & & & & & & \vdots \\ C_{N1} & C_{N2} & & \cdots & & & C_{NN} \end{bmatrix} \cdot \begin{bmatrix} d_1 \\ d_2 \\ \vdots \\ d_N \end{bmatrix} = \begin{bmatrix} P_1 \\ P_2 \\ \vdots \\ P_N \end{bmatrix}$$

该计算很容易在 Excel 中实现：

	F	G	H	I	J	K	L	M	N
1		=IF(I$2<$C3,$D3*100,IF(I$2=$C3,(1+$D3)*100,0))							
2	贴现因子 d_t	利率 y_t	0	1	2	3	4	5	6
3	0.9471	1	-96.60	102.00	0.00	0.00	0.00	0.00	0.00
4	0.8911	2	-93.71	2.50	102.50	0.00	0.00	0.00	0.00
5	0.8354	3	-91.56	3.00	3.00	103.00	0.00	0.00	0.00
6	0.7815	4	-90.24	3.50	3.50	3.50	103.50	0.00	0.00
7	0.7300	5	-89.74	4.00	4.00	4.00	4.00	104.00	0.00
8	0.6814	6	-90.04	4.50	4.50	4.50	4.50	4.50	104.50
9	0.6358	7	-91.09	5.00	5.00	5.00	5.00	5.00	5.00
10	0.5930	8	-92.82	5.50	5.50	5.50	5.50	5.50	5.50
11	0.5530	9	-95.19	6.00	6.00	6.00	6.00	6.00	6.00
12	0.5157	10	-98.14	6.50	6.50	6.50	6.50	6.50	6.50
13	0.4809	11	-101.60	7.00	7.00	7.00	7.00	7.00	7.00
14	0.4484	12	-105.54	7.50	7.50	7.50	7.50	7.50	7.50
15	0.4181	13	-109.90	8.00	8.00	8.00	8.00	8.00	8.00
16	0.3898	14	-114.64	8.50	8.50	8.50	8.50	8.50	8.50
17	0.3635	15	-119.73	9.00	9.00	9.00	9.00	9.00	9.00

22.2.1 贴现因子的定价优势

贴现因子的优点是它们考虑的是相同偿付时间模式的任何其他债券的精确定价。比如，息票率为 3％ 的五期债券，使用当前的期限结构，该债券的价格是 85.5549：

	G	H	I	J	K	L	M
21	时间 -->	0	1	2	3	4	5
22	新债券	85.5549	3	3	3	3	103
23		<-- {=MMULT(I22:W22,F3:F17)}					

22.2.2 从贴现因子到一个期限结构

贴现因子确定了一个零息债券的期限结构：$d_t = \exp(-y_t \cdot t)$，这里 y_t 是时间 t 的连续复利的纯贴现率。对给定的零息债券利率求解贴现因子：

$$y_t = \ln(d_t)/t$$

这意味着我们可以依据贴现率替代贴现因子写出我们的债券定价公式：

$$P = \sum_{t=1}^{N} C_t d_t = \sum_{t=1}^{N} C_t e^{-y_t t}$$

运用到我们的例子中：

	F	G	H	I	J	K	L	M	N	O	P
2	贴现因子 d_t	利率y_t					纯贴现期限结构				5
3	0.9471	5.44%	<-- =-LN(F3)/C3								0.00
4	0.8911	5.76%	<-- =-LN(F4)/C4								0.00
5	0.8354	6.00%	<-- =-LN(F5)/C5								0.00
6	0.7815	6.16%	<-- =-LN(F6)/C6								0.00
7	0.7300	6.29%									04.00
8	0.6814	6.39%									4.50
9	0.6358	6.47%									5.00
10	0.5930	6.53%									5.50
11	0.5530	6.58%									6.00
12	0.5157	6.62%									6.50
13	0.4809	6.66%									7.00
14	0.4484	6.68%									7.50
15	0.4181	6.71%									8.00
16	0.3898	6.73%				14	-114.64	8.50	8.50	8.50	8.50
17	0.3635	6.75%				15	-119.73	9.00	9.00	9.00	9.00
18											
19	{=MMULT(MINVERSE(L3:Z17),-K3:K17)}										

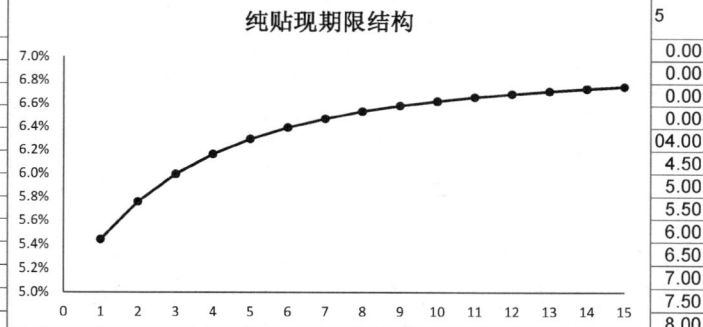

债券价格或息票率的不同可能会产生较为复杂的期限结构。在下面的例子中我们对不同组的年票面利率计算其贴现因子：

	A	B	C	D	E	F	G	H	I	J	K	L	M	N
2	债券	价格	到期期限	年票面利率		贴现因子	利率			时间--> 债券↓	0	1	2	3
3	1	96.60	1	2.0%		0.9471	5.44%	<--						
4	2	93.71	2	2.5%		0.8911	5.76%	<--				纯贴现期限结构		
5	3	91.56	3	3.0%		0.8354	6.00%	<--						
6	4	90.24	4	3.5%		0.7815	6.16%	<--						
7	5	89.74	5	4.0%		0.7300	6.29%							
8	6	90.04	6	4.5%		0.6814	6.39%							
9	7	91.09	7	4.8%		0.6463	6.24%							
10	8	92.82	8	4.9%		0.6273	5.83%							
11	9	95.19	9	5.0%		0.6142	5.42%							
12	10	98.14	10	5.1%		0.6060	5.01%							
13	11	101.60	11	5.3%		0.5944	4.73%							
14	12	105.54	12	5.7%		0.5695	4.69%							
15	13	109.90	13	6.5%		0.5117	5.15%							
16	14	114.64	14	7.0%		0.4803	5.24%							
17	15	119.73	15	7.3%		0.4684	5.06%							
18														
19						{=MMULT(MINVERSE(L3:Z17),-K3:K17)}								

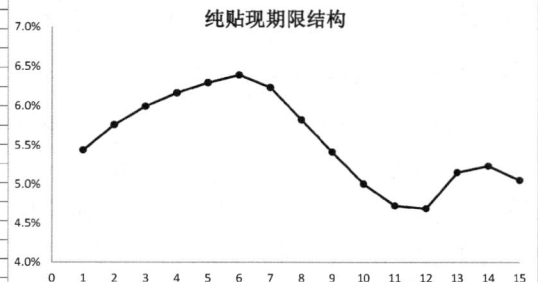

22.3 具有相同到期期限的几个债券

在前面的章节中,每个到期期限只有一个债券。在实际数据中,经常存在有相似到期期限且定价不统一的多个债券。债券市场上,经常出现成交疏落和价格误报的现象。在下面的例子中,假设我们有几个相似到期期限的债券。下例中各有两个三年、六年和九年到期的债券,并且它们的 YTM 也略有差异。

	A	B	C	D	E	F
1	**多个债券,相同到期期限**					
2	债券编号	价格	到期期限(年)	年票面利率		YTM
3	1	91.8967	1	2.0%		10.99%
4	2	83.2564	2	2.5%		12.47%
5	3	76.0000	3	3.0%		13.20%
6	4	76.2347	3	3.2%		13.32%
7	5	71.2110	4	3.5%		13.22%
8	6	67.9672	5	4.0%		13.14%
9	7	66.0000	6	4.5%		13.01%
10	8	66.1625	6	4.2%		12.56%
11	9	65.4881	7	5.0%		12.74%
12	10	65.7003	8	5.5%		12.53%
13	11	64.0000	9	5.8%		12.75%
14	12	66.6158	9	6.0%		12.35%
15	13	68.0989	10	6.5%		12.19%
16	14	70.0480	11	7.0%		12.06%
17	15	72.3857	12	7.5%		11.95%
18						
19						=IRR(H17:T17)

因为现在是各具有 12 个到期期限的 15 个债券,因此其现金流矩阵不再是方阵。在第 22.2 节我们是通过转置支付矩阵得到贴现因子 d_t 的,但在此该矩阵不能被转置,因为它不是方阵:

	F	G	H	I	J	K	L	M	N	O	P	Q	R	S	T
2	YTM	时间 --> 债券 ↓	0	1	2	3	4	5	6	7	8	9	10	11	12
3	10.99%	1	-91.90	102	0	0	0	0	0	0	0	0	0	0	0
4	12.47%	2	-83.26	2.5	102.5	0	0	0	0	0	0	0	0	0	0
5	13.20%	3	-76.00	3	3	103	0	0	0	0	0	0	0	0	0
6	13.32%	4	-76.23	3.2	3.2	103.2	0	0	0	0	0	0	0	0	0
7	13.22%	5	-71.21	3.5	3.5	3.5	103.5	0	0	0	0	0	0	0	0
8	13.14%	6	-67.97	4	4	4	4	104	0	0	0	0	0	0	0
9	13.01%	7	-66.00	4.5	4.5	4.5	4.5	4.5	104.5	0	0	0	0	0	0
10	12.56%	8	-66.16	4.2	4.2	4.2	4.2	4.2	104.2	0	0	0	0	0	0
11	12.74%	9	-65.49	5	5	5	5	5	5	105	0	0	0	0	0
12	12.53%	10	-65.70	5.5	5.5	5.5	5.5	5.5	5.5	5.5	105.5	0	0	0	0
13	12.75%	11	-64.00	5.8	5.8	5.8	5.8	5.8	5.8	5.8	5.8	105.8	0	0	0
14	12.35%	12	-66.62	6	6	6	6	6	6	6	6	106	0	0	0
15	12.19%	13	-68.10	6.5	6.5	6.5	6.5	6.5	6.5	6.5	6.5	6.5	106.5	0	0
16	12.06%	14	-70.05	7	7	7	7	7	7	7	7	7	7	107	0
17	11.95%	15	-72.39	7.5	7.5	7.5	7.5	7.5	7.5	7.5	7.5	7.5	7.5	7.5	107.5

我们通过使用最小二乘逼近得到该贴现因子:对每个到期期限 t,我们寻找一个贴现因子 d_t 以使该组债券的定价误差最小化。最小二乘逼近通常被用于确定超定方程组(即方程个数大于未知量个数的方程组)的近似解。"最小二乘"意味着整个解最小化了在每个方程结果中所产生误差的平方和。

我们想要求解最逼近债券定价的一个贴现因子向量 d。

$$[现金流] \cdot [贴现因子] = [债券定价]$$

$$\begin{bmatrix} 102 & & & & & & & \\ 2.5 & 102.5 & & & & & & \\ 3 & 3 & 103 & & & & & \\ \vdots & & & & & & & \\ 5.8 & 5.8 & & & 5.8 & 105.8 & & \\ 6 & 6 & & & 6 & 106 & & \\ 6.5 & 6.5 & 6.5 & & & 6.6 & 106.5 & \\ 7 & 7 & 7 & 7 & & & 7 & 107 \\ 7.5 & 7.5 & 7.5 & 7.5 & & & 7.5 & 7.5 & 107.5 \end{bmatrix} \cdot \begin{bmatrix} d_1 \\ d_2 \\ \vdots \\ d_{12} \end{bmatrix} = \begin{bmatrix} 91.8967 \\ 83.2564 \\ 76.0000 \\ \vdots \\ 72.3857 \end{bmatrix}$$

最小二乘估计的公式为：

$$d = (现金流^T \cdot 现金流)^{-1} \cdot (现金流^T \cdot 定价)$$

在 Excel 中公式为：

$$d = MMult \begin{bmatrix} Minverse(MMult(Transpose(Cashflows)，Cashflows)， \\ MMult(Transpose(Cashflows)，Prices) \end{bmatrix}$$

在我们的例子中的实施如下：

	A	B	C	D	E	F	G	H	I
1				期限结构的最小二乘解					
2						最小二乘和期限结构			
3	债券编号	价格	到期期限（年）	年票面利率		到期时间	d(t)	y(t)	
4	1	91.8967	1	2.0%		1	0.9009	10.43%	<-- =-LN(G4)/F4
5	2	83.2564	2	2.5%		2	0.7903	11.77%	
6	3	76.0000	3	3.0%		3	0.6874	12.49%	
7	4	76.2347	3	3.2%		4	0.6076	12.46%	
8	5	71.2110	4	3.5%		5	0.5387	12.37%	
9	6	67.9672	5	4.0%		6	0.4863	12.01%	
10	7	66.0000	6	4.5%		7	0.4327	11.97%	
11	8	66.1625	6	4.2%		8	0.3911	11.74%	
12	9	65.4881	7	5.0%		9	0.3473	11.75%	
13	10	65.7003	8	5.5%		10	0.3231	11.30%	
14	11	64.0000	9	5.8%		11	0.2945	11.11%	
15	12	66.6158	9	6.0%		12	0.2687	10.95%	
16	13	68							
17	14	70							
18	15	72							
19									
20									
21									
22									
23									
24									
25									
26									
27									
28									
29									
30									
31									

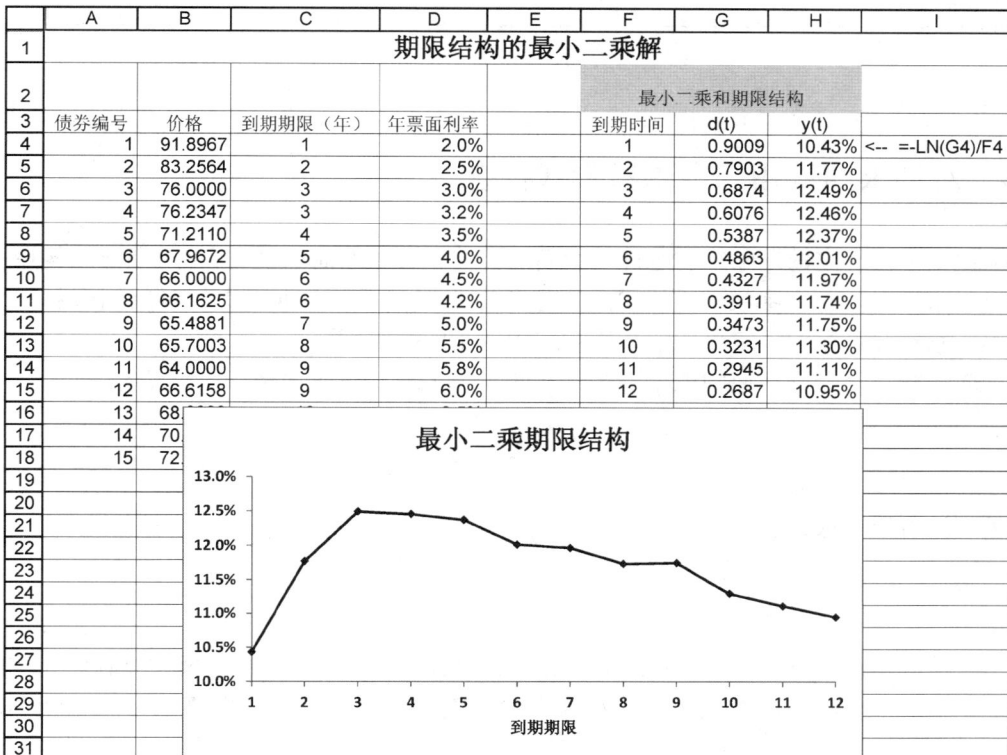

最小二乘期限结构

贴现因子对债券价格的拟合（正如前面几章）将不再精确。下面我们对实际债券价格与拟合价格作个比较：

	A	B	C	D	E	F	G	H	I	J	K
1					拟合价格和实际价格的比较						
2						最小二乘和期限结构					
3	债券编号	实际价格	到期期限（年）	年票面利率		到期时间	d(t)	y(t)		拟合价格	
4	1	91.8967	1	2.0%		1	0.9009	10.43%	<-- =-LN(G4)/F4	91.8959	<-- {=MMULT(O4:Z4,$G$4:$G15)}
5	2	83.2564	2	2.5%		2	0.7903	11.77%		83.2556	<-- {=MMULT(O5:Z5,$G$4:$G15)}
6	3	76.0000	3	3.0%		3	0.6874	12.49%		75.8791	<-- {=MMULT(O6:Z6,$G$4:$G15)}
7	4	76.2347	3	3.2%		4	0.6076	12.46%		76.3548	
8	5	71.2110	4	3.5%		5	0.5387	12.37%		71.2104	
9	6	67.9672	5	4.0%		6	0.4863	12.01%		67.9665	
10	7	66.0000	6	4.5%		7	0.4327	11.97%		66.6826	
11	8	66.1625	6	4.2%		8	0.3911	11.74%		65.4793	
12	9	65.4881	7	5.0%		9	0.3473	11.75%		65.4895	
13	10	65.7003	8	5.5%		10	0.3231	11.30%		65.7017	
14	11	64.0000	9	5.8%		11	0.2945	11.11%		64.7904	
15	12	66.6158	9	6.0%		12	0.2687	10.95%		65.8269	
16	13	68.0989	10	6.5%						68.0989	
17	14	70.0480	11	7.0%						70.0480	
18	15	72.3857	12	7.5%						72.3857	
19											

实际价格减拟合价格

22.4 对期限结构用一个函数形式拟合

前面章节中确定的期限结构也许与我们的目的相符。然而,我们打算对期限结构用一个函数形式来拟合。一个函数形式的优点是它允许我们对不在数据集中的时间期限和票面加入利率。它也允许我们确定该期限结构对结构因子的敏感度。

期限结构一个受到欢迎的拟合形式是 Nelson-Siegel(NS)期限结构,其假定是：

$$y(t) = \alpha_1 + \alpha_2 \left(\beta \left(\frac{1 - e^{-t/\beta}}{t} \right) \right) + \alpha_3 \left(\beta \left(\frac{1 - e^{-t/\beta}}{t} \right) - e^{-t/\beta} \right)$$

模型还可以写成：

$$y(t) = \alpha_1 + (\alpha_2 + \alpha_3) \beta \left(\frac{1 - e^{-t/\beta}}{t} \right) - \alpha_3 e^{-t/\beta}$$

下一节我们分析 NS 期限结构模型并讨论其参数(α_1, α_2, α_3, β)的含义和似真值。这一节我们跳过对该模型的这些分析并展示如果对前面章节的例子中的贴现因子如何用 NS 期限结构进行拟合。[①]如下给出的是我们的最终结果：

	A	B	C	D	E	F	G	H	I	J	K	L	M
1						NELSON-SIEGEL拟合							
2	债券编号	价格	到期期限（年）	年票面利率	到期期限	$d^{LS}(t)$	$y^{LS}(t)$	NS rate	Error				
3	1	91.8967	1	2.0%	1	0.90094	11.00%	10.99%	5.0E-09		α1	0.09622	
4	2	83.2564	2	2.5%	2	0.79028	12.49%	12.56%	4.4E-07		α2	-0.0198	
5	3	76.0000	3	3.0%	3	0.68743	13.31%	13.17%	1.9E-06		α3	0.15235	
6	4	76.2347	3	3.2%	4	0.60759	13.27%	13.29%	7.4E-08		β	1.84868	
7	5	71.2110	4	3.5%	5	0.53867	13.17%	13.18%	1.6E-09		Error	1.4E-05	<-- =SUM(I3:I14)
8	6	67.9672	5	4.0%	6	0.48632	12.77%	12.95%	3.5E-06		α1+α2	0.0764	<-- =L3+L4
9	7	66.0000	6	4.5%	7	0.4327	12.71%	12.70%	2.5E-08				
10	8	66.1625	6	4.2%	8	0.39109	12.45%	12.44%	7.5E-09				
11	9	65.4881	7	5.0%	9	0.34733	12.47%	12.21%	6.9E-06				
12	10	65.7003	8	5.5%	10	0.32313	11.96%	11.99%	1.1E-07				
13	11	64.0000	9	5.8%	11	0.29448	11.76%	11.80%	2.4E-07				
14	12	66.6158	9	6.0%	12	0.26871	11.57%	11.64%	4.1E-07	<-- =(G14-H14)^2			
15	13	68.0989	10	6.5%									
16	14	70.0480	11	7.0%				=NSrate($L$3,$L$4,$L$5,$L$6,G14)					
17	15	72.3857	12	7.5%	=F14^(-1/G14)-1								
18													
19				{=LS(C21:N35,B3:B17)}									

下图显示的是贴现因子和拟合的 NS 期限结构：

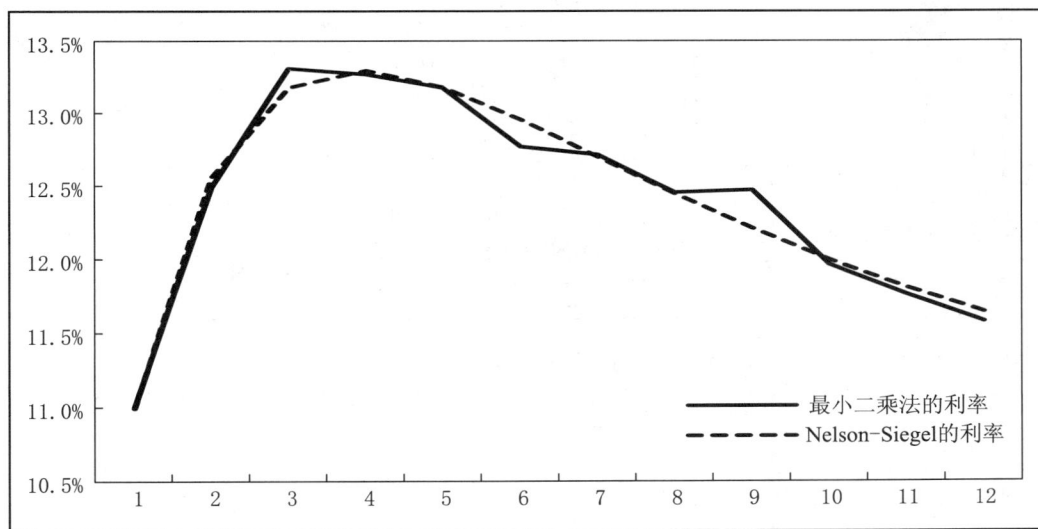

计算过程

下面是我们如何计算上述的 NS 期限结构：

第一步：我们首先对类似于第 22.2 节和第 22.3 节曾讨论过的方法中的相关数据，计算该贴现因子 d_t 和相对应的投资收益 $y(t)$。在上例中我们用 $d^{LS}(t)$ 和 $y^{LS}(t)$ 表示。

第二步：我们任意假设但是合理的 $α_1$、$α_2$、$α_3$ 和 $β$ 值。在下一节我们讨论这些值的可能性。

① Charles R.Nelson and Andrew F.Siegel，1987，"Parsimonious Modeling of Yield Curves," *Journal of Business*.用 NS 期限结构拟合一组债券数据是一种艺术！本章下一节讨论本节中描述的这种方法的替代方法。

第三步给定 α_1、α_2、α_3 和 β 的任意初始值，我们有 NS 贴现零息债券收益：

$$y^{NS}(t) = \alpha_1 + \alpha_2 \left(\beta \left(\frac{1 - e^{-t/\beta}}{t} \right) \right) + \alpha_3 \left(\beta \left(\frac{1 - e^{-t/\beta}}{t} \right) - e^{-t/\beta} \right)$$

第四步：我们现在优化 α_1、α_2、α_3 和 β 以最小化 NS 和 LS 之差的平方和：

$$\sum_{t=1}^{N} \left[y^{LS}(t) - y^{NS}(t) \right]^2$$

这里 N 是我们的样本中的债券个数。

这里有一个例子：假设在我们的例子中初始我们设置 $(\alpha_1, \alpha_2, \alpha_3, \beta) = (0.1, -0.05, 0.13, 2)$，下面给出其计算过程：

	A	B	C	D	E	F	G	H	I	J	K	L	M
1						**NELSON-SIEGEL拟合**							
2	债券编号	价格	到期期限（年）	年票面利率	到期期限	$d^{LS}(t)$	$y^{LS}(t)$	NS rate	Error				
3	1	91.8967	1	2.0%	1	0.90094	11.00%	8.41%	6.7E-04		$\alpha1$	0.1	
4	2	83.2564	2	2.5%	2	0.79028	12.49%	10.27%	4.9E-04		$\alpha2$	-0.05	
5	3	76.0000	3	3.0%	3	0.68743	13.31%	11.24%	4.3E-04		$\alpha3$	0.13	
6	4	76.2347	3	3.2%	4	0.60759	13.27%	11.70%	2.5E-04		β	2	
7	5	71.2110	4	3.5%	5	0.53867	13.17%	11.87%	1.7E-04		Error	0.00232	<-- =SUM(I3:I14)
8	6	67.9672	5	4.0%	6	0.48632	12.77%	11.89%	7.7E-05		$\alpha1+\alpha2$	0.05	<-- =L3+L4
9	7	66.0000	6	4.5%	7	0.4327	12.71%	11.82%	7.9E-05				
10	8	66.1625	6	4.2%	8	0.39109	12.45%	11.73%	5.3E-05				
11	9	65.4881	7	5.0%	9	0.34733	12.47%	11.61%	7.3E-05				
12	10	65.7003	8	5.5%	10	0.32313	11.96%	11.50%	2.1E-05				
13	11	64.0000	9	5.8%	11	0.29448	11.76%	11.40%	1.3E-05				
14	12	66.6158	9	6.0%	12	0.26871	11.57%	11.30%	7.6E-06	<-- =(G14-H14)^2			
15	13	68.0989	10	6.5%									
16	14	70.0480	11	7.0%			=F14^(-1/E14)-1						
17	15	72.3857	12	7.5%									
18						{=LS(C37:N51,B3:B17)}		=NSrate($L$3,$L$4,$L$5,$L$6,E14)					
19													

以下是有一些说明：

● D 列为数据；

● F 列给出了对每个到期期限的贴现因子的最小二乘法拟合；

● G 列把最小二乘法拟合转换成了纯贴现利率；

● H 列给出了对应我们当前因子 $(\alpha_1, \alpha_2, \alpha_3, \beta) = (0.1, 0.05, 0.13, 2)$ 的 Nelson-Siegel 模型对利率期限结构的拟合；

● I 列是最小二乘法和 Nelson-Siegel 模型拟合差值的平方。平方和在 L7 里。

我们现在用 Excel 的"规划求解"功能来求使该差值平方和最小的 $(\alpha_1, \alpha_2, \alpha_3, \beta)$。下面是对话框：

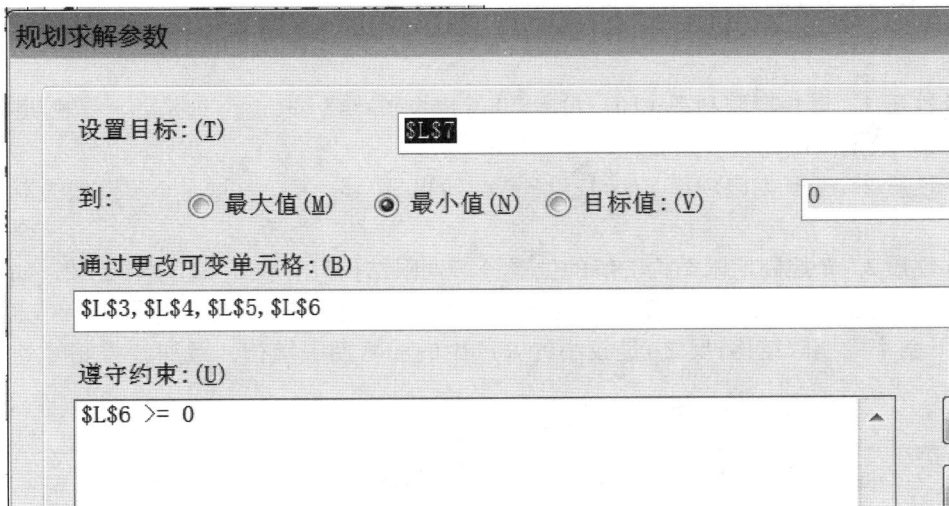

单元格 L6 中为 β 值。正如我们将在下一节中看到的，β 控制了期限结构的"驼峰"（hump）并且一定是正的。下面是"规划求解"产生解的过程：

22.5 Nelson-Siegel 期限结构的性质

用 Nelson-Siegel(NS)期限结构拟合数据要求我们确定参数(α_1，α_2，α_3，β)的合理初始值。这一节我们检测该 NS 以说明这些值可能是什么。

NS 零息票收益率为：

$$y(t) = \alpha_1 + \alpha_2\left(\beta\left(\frac{1-e^{-t/\beta}}{t}\right)\right) + \alpha_3\left(\beta\left(\frac{1-e^{-t/\beta}}{t}\right) - e^{-t/\beta}\right)$$

$$= \alpha_1 + (\alpha_2 + \alpha_3)\left(\beta\left(\frac{1 - e^{-t/\beta}}{t}\right)\right) - \alpha_3 e^{-t/\beta}$$

NS 性质 1　最短期限利率 $y(0)$:设 $t = 0$ 给出 $y(0) = \alpha_1 + \alpha_2$。这是 NS 最短期限利率。因此对大多数期限结构有 $\alpha_1 + \alpha_2 > 0$。

NS 性质 2　最长期限利率 $y(\infty)$:设 $t = \infty$ 给出 $y(\infty) = \alpha_1$。这是 NS 模型的渐进长期利率。

NS 性质 3　β 控制期限结构驼峰的位置:NS 期限结构只有在 $\beta > 0$ 才有定义。如果期限结构有一个"驼峰",可以被 β 控制。下图中我们将给出解释。较大的 β(例如,$\beta = 12$,以下)产生上升斜率的期限结构;反之,是较小的 β 产生的驼峰期限结构。增加 β 将驼峰外推。粗略地说,β 就是驼峰的位置。

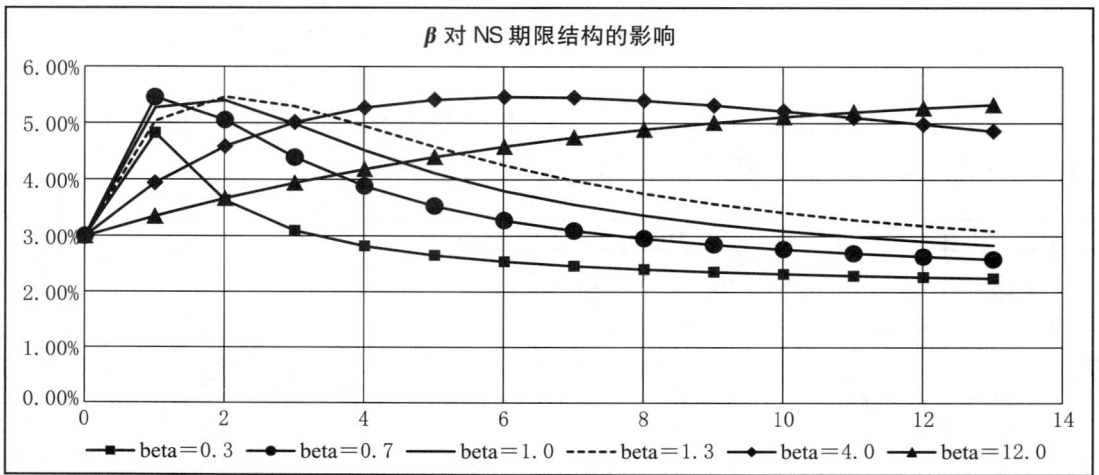

NS 性质 4　α_3 影响驼峰:因子 α_3 不影响非常短期和长期的收益并且只在中期对期限结构有影响。非常粗糙地说,$\alpha_3 > 0$ 得到一个凹的期限结构,$\alpha_3 < 0$ 得到一个凸的期限结构,$\alpha_3 = 0$ 得到一个平的期限结构:

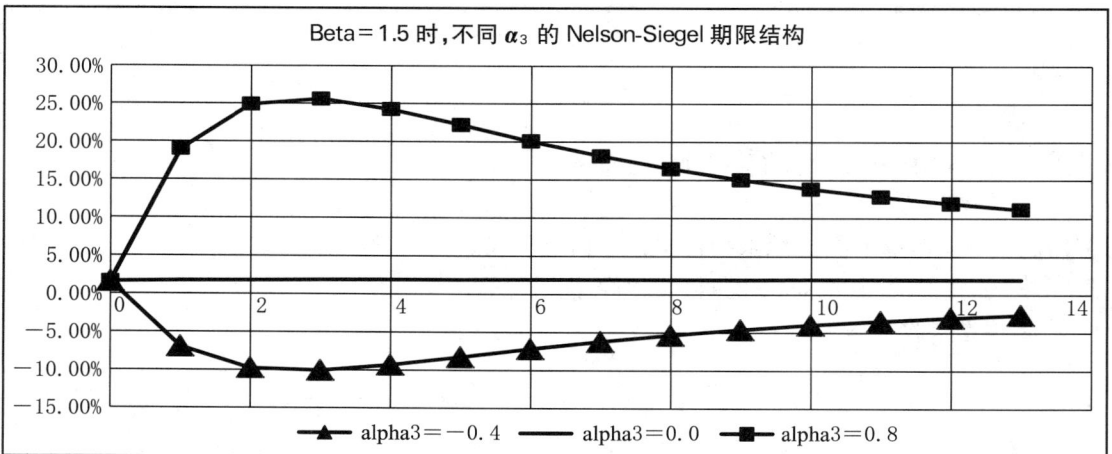

Nelson-Siegel 总结

NS 模型拟合期限结构涉及$(\alpha_1, \alpha_2, \alpha_3, \beta)$的初始值。合理的初始值可以通过"目测"该经验的期限结构并设：

- $\alpha_1 + \alpha_2 = $ 近似零期利率；
- $\alpha_2 = $ 近似长期利率；
- $\beta = $ 驼峰的近似位置；
- α_3 影响该期限结构的凹/凸性。

22.6 中长期债券的期限结构

这节我们用 Nelson-Siegel(NS)模型拟合中长期债券的价格。这是一个相比之前节要更大的数据集，并且它让我们说明了一个不同的优化技术。

我们从中长期债券（即到期期限少于 10 年的债券）价格的数据集入手。数据的日期为 1989 年 3 月 31 日。

	A	B	C	D	E	F	G	H	I	J	K
1	**1989年3月31的127个中长期债券**										
2	当前日期		31/Mar/89								
3											
4	编号Cusip	除息价	到期时间	票面利率	应计利息	发票价格					
5	912827UU	99.8438	30/Apr/89	7.125	2.972	102.8158		该应计利息在单元格 E5 是			
6	912827TP	99.7188	15/May/89	6.875	2.583	102.3016		=COUPDAYBS($C$2,C5,2,1)/COUPD			
7	912827JQ	99.9688	15/May/89	9.250	3.475	103.4439		AYS($C$2,C5,2,1)/2*D5			
8	912827QN	100.2500	15/May/89	11.750	4.414	104.6644					
9	912827UX	99.7813	31/May/89	8.000	2.659	102.4406					
10	912827UZ	99.5313	30/Jun/89	7.375	1.834	101.3648					
11	912827SK	100.0625	30/Jun/89	9.625	2.393	102.4555					
12	912827NK	101.3438	15/Jul/89	14.500	3.004	104.3479					
13	912827VC	99.4063	31/Jul/89	7.625	1.243	100.6490					
14	912827TX	98.9688	15/Aug/89	6.625	0.805	99.7740					
15	912827QW	101.5313	15/Aug/89	13.875	1.686	103.2177					
16	912827VF	99.3125	31/Aug/89	7.750	0.653	99.9654					
17	912827VH	99.4375	30/Sep/89	8.500	-	99.4375					
18	912827SU	99.8125	30/Sep/89	9.375	-	99.8125					
19	912827NS	101.0313	15/Oct/89	11.875	5.448	106.4794					
20	912827VL	98.9688	31/Oct/89	7.875	3.285	102.2536					
21	912827UE	98.0313	15/Nov/89	6.375	2.395	100.4263					

B 列中的"除息价"是债券的报价。美国市场由债券购买者支付的实际价格即所谓的发票价格是除息价加上当前息票支付的相对份额。[①]后者，"应计利息"通过下面公式计算得到：

$$应计利息 = \frac{当前日期 - 最后利息日期}{下一个利息日期 - 最后利息日期} \times 定期利息$$

---

① 大多数欧洲市场中，报价是债券支付的实际价格且没有单独的应计利息的计算。

Excel 文档用 Coupdaybs 和 Coupdays 函数计算应计利息。

计算 NS 期限结构

为了对这些数据计算 Nelson-Siegel 期限结构,我们定义一个 VBA 函数 NSprice,它能接受(α_1,α_2,α_3,β)作为输入且能计算债券的 Nelson-Siegel 价格。我们现在用规划求解工具来最小化 NSprice 和债券发票的价格差值绝对值的和。下面是相关的优化过程:

	A	B	C	D	E	F	G	H	I	J
1				对1989年3月31日的127个中长期债券计算 NELSON-SIEGEL期限结构						
2	清算日		31/Mar/89				Nelson-Siegel 参数			
3							α_1	0.8000		
4							α_2	0.0000		
5							α_3	0.0300		
6							β	1.5000		
7										
8							误差	8,479.57	<-- {=SUM(ABS(F16:F142-H16:H142))}	
15	编号Cusip	除息价	到期时间	票面利率	应计利息	发票价格	到期期限	NS价格	NS利率	
16	912827UU	99.8438	30/Apr/89	7.125	2.9720	102.8158	0.0822	96.9656	0.80079	<-- =NSrate($H$3,$H$4,$H$5,$H$6,G16)
17	912827TP	99.7188	15/May/89	6.875	2.5829	102.3016	0.1233	93.7089	0.80117	
18	912827JQ	99.9688	15/May/89	9.250	3.4751	103.4439	0.1233	94.7847	0.80117	
19	912827QN	100.2500	15/May/89	11.750	4.4144	104.6644	0.1233	95.9172	0.80117	
20	912827UX	99.7813	31/May/89	8.000	2.6593	102.4406	0.1671	90.9612	0.80155	

我们用规划求解来最小化 H8 表格中的误差。结果是:

	A	B	C	D	E	F	G	H	I	J
1				对1989年3月31日的127个中长期债券计算 NELSON-SIEGEL 期限结构 1989年3月31日的127个中长期债券						
2	清算日		31/Mar/89				Nelson-Siegel 参数			
3							α_1	0.0861		
4							α_2	0.0085		
5							α_3	0.0169		
6							β	1.6258		
7										
8							误差	56.96	<-- {=SUM(ABS(F16:F142-H16:H142))}	
15	编号Cusip	除息价	到期时间	票面利率	应计利息	发票价格	到期期限	NS价格	NS利率	
16	912827UU	99.8438	30/Apr/89	7.125	2.9720	102.8158	0.0822	102.7587	9.48%	<-- =NSrate($H$3,$H$4,$H$5,$H$6,G16)
17	912827TP	99.7188	15/May/89	6.875	2.5829	102.3016	0.1233	102.2344	9.49%	
18	912827JQ	99.9688	15/May/89	9.250	3.4751	103.4439	0.1233	103.4081	9.49%	
19	912827QN	100.2500	15/May/89	11.750	4.4144	104.6644	0.1233	104.6436	9.49%	
20	912827UX	99.7813	31/May/89	8.000	2.6593	102.4406	0.1671	102.3621	9.50%	

22.7　另外的一种计算改进

这一节我们呈现另一种方法来计算 Nelson-Siegel 期限结构。这种方法的优点是对短期有价证券有更好的收敛性。此外,前面章节中的方法是对四个非线性参数的优化,相反,在这节里的方法是对三个线性参数和一个非线性参数的优化,它最小化了参数不唯一的问题。

下面是该方法的实施步骤:

- 我们用第 22.6 节说明的 NS 方法计算贴现因子。
- 我们用这些贴现因子去贴现该债券的支付,但不是最后的票面价值的返回。
- 我们为每个债券的面值计算一个利率 r_T 以使该债券的模型价格(用 NS 贴现因子和 r_T 的组合)等于该债券的发票价格。
- 现在我们优化 Nelson-Siegel 来最小化 r_T 和对应的 Nelson-Siegel 利率的差值。

下面给出该定义:

$$P_1 = \sum_{n=1}^{N_1} C_1 \cdot \frac{d(t_n^1)}{\text{频数}} + \text{面值}_1 \cdot e^{-r_1 t_{N_1}^1}$$

$$P_2 = \sum_{n=1}^{N_2} C_2 \cdot \frac{d(t_n^2)}{\text{频数}} + \text{面值}_2 \cdot e^{-r_2 t_{N_2}^2}$$

$$\vdots$$

$$P_K = \sum_{n=1}^{N_K} C_K \cdot \frac{d(t_n^K)}{\text{频数}} + \text{面值}_K \cdot e^{-r_K t_{N_K}^K}$$

解此方程得到利率 r_T:

$$r_1 = -\ln\left(\frac{P_1 - \sum_{n=1}^{N_1} C_1 \cdot d(t_n^1)/\text{频数}}{\text{面值}_1}\right) \bigg/ t_{N_1}^1$$

$$r_2 = -\ln\left(\frac{P_2 - \sum_{n=1}^{N_2} C_2 \cdot d(t_n^2)/\text{频数}}{\text{面值}_2}\right) \bigg/ t_{N_2}^2$$

$$\vdots$$

$$r_K = -\ln\left(\frac{P_K - \sum_{n=1}^{N_K} C_K \cdot d(t_n^K)/\text{频数}}{\text{面值}_K}\right) \bigg/ t_{N_K}^K$$

该隐含利率也可以用于期限结构的可视化。在下面的数字说明中我们最小化隐含利率和相应 NS 利率的差值:

	A	B	C	D	E	F	G	H	I	J	K
1			对1989年3月31日的127个中长期债券计算 NELSON-SIEGEL 期限结构 1989年3月31日的127个中长期债券								
2	清算日		31/Mar/89				Nelson-Siegel 参数				
3							α_1	0.0887			
4							α_2	0.0008			
5							α_3	0.0252			
6							β	0.8253			
7											
8							误差	0.0703	<-- {=SUM(ABS(F15:F141-G15:G141))}		
13							{=NSImpliedRate(B17,$C$2,C17,100,D17,2,$H$3,$H$4,$H$5,$H$6,1)}				
14	编号Cusip	到期时间	票面利率	价格	到期期限	隐含利率	NS利率				
15	912827UU	30/Apr/89	7.125	102.8158	0.0822	0.087203	0.090587	<-- =NSrate($H$3,$H$4,$H$5,$H$6,E15)			
16	912827TP	15/May/89	6.875	102.3016	0.1233	0.088748	0.091099				
17	912827JQ	15/May/89	9.250	103.4439	0.1233	0.091340	0.091099				

22.8 Nelson-Siegel-Svensson 模型

上述的 NS 模型用了四个参数来刻画该期限结构。Svensson 提出 NS 模型可以通过引入两个额外的参数可使其进一步改进。[1]该 Nelson-Siegel-Svensson 模型具有下面的代数形式：

$$y(t) = \alpha_1 + (\alpha_2 + \alpha_3)\left(\beta_1 \frac{1 - e^{-t/\beta_1}}{t}\right) - \alpha_3 e^{-t/\beta_1} + \alpha_4\left(\beta_2 \frac{1 - e^{-t/\beta_2}}{t} - e^{-t/\beta_2}\right)$$

使用规划求解工具：

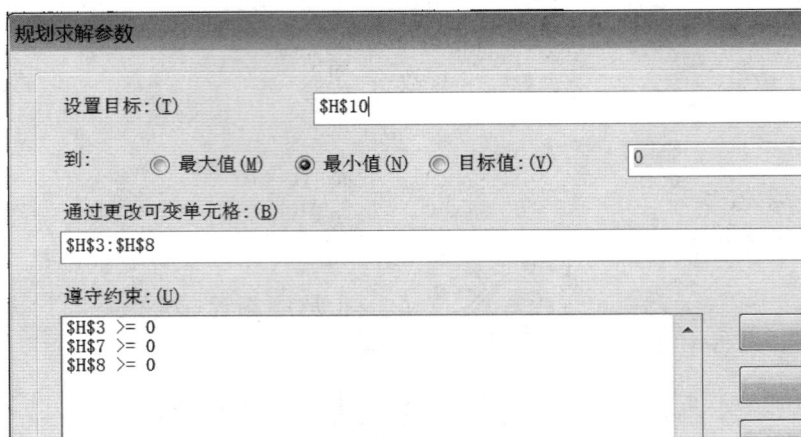

规划求解参数			
设置目标:(T)	$H$10		
到:	◯ 最大值(M) ● 最小值(N) ◯ 目标值:(V)	0	
通过更改可变单元格:(B)			
$H$3:$H$8			
遵守约束:(U)			
$H$3 >= 0			
$H$7 >= 0			
$H$8 >= 0			

下面我们显示该结果：

	A	B	C	D	E	F	G	H	I	J	K
1	对1989年3月31日的127个中长期债券计算 NELSON-SIEGEL 期限结构 1989年3月31日的127个中长期债券										
2	清算日	31/Mar/89					Nelson-Siegel 参数				
3							α_1	0.0803			
4							α_2	0.0049			
5							α_3	0.0321			
6							α_4	0.031721			
7							β_1	0.4750			
8							β_2	2.77504			
9											
10							误差	0.0514	<-- {=SUM(ABS(F15:F141-G15:G141))}		
11											
12											
13							{=NSSImpliedRate(B17,$C$2,C17,100,D17,2,$H$3,$H$4,$H$5,$H$6,$H$7,$H$8,1)}				
14	编号Cusip	到期时间	票面利率	价格	到期期限	内涵利率	NS率				
15	912827UU	30/Apr/89	7.125	102.8158	0.0822	0.08730328	0.087765021	<-- =NSSrate($H$3,$H$4,$H$5,$H$6,$H$7,$H$8,E15			
16	912827TP	15/May/89	6.875	102.3016	0.1233	0.088825768	0.088837193				
17	912827JQ	15/May/89	9.250	103.4439	0.1233	0.0914444	0.088837193				

---

[1] Lars E.O.Svensson，1994，Estimating and Interpreting Forward Interest Rates：Sweden 1992—1994，IMF Working Paper，94/114.

22.9　本章小结

本章我们展示了几种简单且强有力的数理技术来解决期限结构的计算问题，详细讨论了 Nelson-Siegel 拟合与应用，以及（在第 22.8 节中）Nelson-Siegel-Svensson 模型变化。我们从最简单的例子开始，其中每个到期期限只有一个债券，所以期限结构能够唯一地找到。接下来，我们将这种方法延伸到具有相同到期期限的几个债券中。然后，我们讨论了现实中的中长期债券的例子，它们可能有任何到期期限。最后，介绍了 NS 模型的 Svensson 扩展。

附录　本章用到的 VBA 函数

函数 NSrate 计算了针对时间 t 基于 4 个 NS 参数 α_1，α_2，α_3，β 的特定值的 Nelson-Siegel 利率：

```
Function NSrate(alpha1, alpha2, alpha3, beta, t)
If t= 0 Then
NSrate = alpha1 + alpha2
Else
NSrate = alpha1 + (alpha2 + alpha3) * _
(beta/ t) * (1 - Exp(-t/ beta)) - _
alpha3 * Exp(-t/ beta)
End If
End Function
```

函数 NSdiscount 计算了 NS 贴现因子：

```
Function NSdiscount(alpha1, alpha2, alpha3, _
beta, t)
If t= 0 Then
NSdiscount = 1
Else
NSdiscount = Exp(-t * (alpha1 + _
(alpha2+ alpha3) * (beta/ t) * _
(1 - Exp(-t/ beta)) - alpha3 * _
Exp(-t/ beta)))
End If
End Function
```

函数 NSprice 用 Nelson-Siegel 期限结构计算了标准息票债券的价格：

```
Function NSprice(alpha1, alpha2, alpha3, _
beta, j,no_payments, rate, frequency)
temp = 0
rrate = rate / frequency
For i = 0 To no_payments - 1
temp = temp + rrate * 100 * _
NSdiscount(alpha1, alpha2, alpha3, beta, _
j + i / frequency)
Next i
NSprice = temp + 100 * NSdiscount(alpha1, _
alpha2, alpha3, beta, j + (no_payments - 1) _
/ frequency)
End Function
```

函数 NSImpliedRate 用 Excel 函数来计算隐含利率：

```
Private Function LS(XMatrix, YVector)
Dim X, Y, A, B As Variant
X = XMatrix
Y = YVector
n = UBound(X, 1)
l = UBound(Y)
If n <> l Then GoToFEnd
With WorksheetFunction
A = .MMult(.Transpose(X), X)
LS = .MMult(.MInverse(A), _
.MMult(.Transpose(X), Y))
End With
FEnd:
End Function
```

23

计算债券违约调整后的期望收益率

23.1　概述

本章我们讨论违约风险对债券到期收益率的影响。可能违约债券的期望收益率（expected return）与债券的承诺收益率（promised return）不同，后者被定义为债券的到期收益率（yield to maturity），即根据债券现在的市场价格、承诺的未来利息支付和最后的本金返还计算的内含收益率。债券的期望回报收益不容易计算，我们需要考虑两方面内容，第一是债券未来违约的可能性，第二是在违约情况下债券持有者预期回收的本金百分比。使问题更加复杂的是，随着债券发行公司信誉的逐步降级，不同时期都可能有违约风险。[①]

本章我们用 Markov 模型来解决风险债券的期望收益率问题。我们的期望收益率调整过程考虑了前面提到的三个因素：违约概率、发行者信用等级的变化，以及债券违约时的回收率。在第 23.2—23.4 节中我们首先应用 Excel 解决一个相对小规模的问题，然后用一些可得到的公开数据编程求解一个较大的电子表格模型。最后，我们说明这个模型可用于求得债券的 β 系数，即 CAPM 中证券的风险度量（前面第 8—11 章的讨论内容）。

一些预备知识

在讨论前我们先定义一些术语：

- 债券发行时其本金（principle）或面值（face value）是给定的。发行者承诺在债券到期时给债券持有者返还本金。如果债券以平价（at par）发行，那么它以面值出售。
- 债券承担的利率称为票面利率（coupon rate）。发行者承诺给持有者定期支付的利息是债券面值与票面利率的乘积。

---

① 除了违约风险，债券也存在期限结构风险，即由于期限结构的变化导致债券价格随时间发生显著的波动，这种说法对长期债券尤其正确。但在本章我们不考虑期限结构风险，只限于讨论违约风险对债券预期回报的影响。

● 在任何给定时刻,债券在市场上将以市场价格(market price)出售。债券市场价格不按债券票面利率计算。[①]

● 债券的到期收益率(YTM)是在假设债券被持有一直到期和没有违约的情况下,债券的内部收益率。

许多机构根据债券发行者对债券的偿还能力对美国的公司债券评级,两个主要评级机构标准普尔公司(S&P)和穆迪公司(Moody's)的评级标准如下表:

投资等级评价			投机等级评价		
S & P	Moody's	解　释	S & P	Moody's	解　释
AAA	Aaa	最高质量	BB+ BB BB−	Ba1 Ba2 Ba3	可能履行债务;未来有不确定性
AA+ AA AA−	Aa1 Aa2 AA3	高质量	B+ B B−	B1 B2 B3	高风险债券
A+ AA AA−	A1 A2 A3	强支付能力	CCC+ CCC CCC−	Caa	现在就易于违约
BBB+ BBB BBB−	Baa1 Baa2 Baa3	足够的支付能力	C D	Ca D	处于破产、违约或有其他显著缺陷

当一个债券违约时,尽管清偿额少于承诺的债券利息率和本金返还,但债券持有人一般会收到一些清偿。我们将违约时面值清偿的百分比称为回收率(recovery percentage)。[②]

23.2　计算单期模型的期望收益率

债券的到期收益率不是它的期望收益率,很明显,在债券违约情况下,债券的等级和债券持有人预期的清偿额影响它的期望收益率。其他条件相同,如果两个新发行的债券有着相同的到期日,我们会希望较低等级的债券(违约概率较高)具有较高的票面利率。类似地,如果已发行和交易的债券的信誉等级降低,我们会期望这个债券的价格下降。我们同样会预期,在债券违约的情况下,如果预期的清偿额越低,债券的期望收益率越低。

作为一个简单的例子,我们计算一个到期时可能违约的一年期债券的期望收益率。我们采用的符号及其代表的含义如下:

F——债券面值;

P——债券价格;

---

① 美国的惯例是将债券最后一次利息支付日与购买日期间按比例摊派的利息加在债券的列示价格上,两项之和称为债券的发票价格(invoice price),发票价格是在任意时刻购买者买债券的真实成本。本章的讨论中我们用市场价格(market price)来代表发票价格(invoice price)。应计利息的计算将在第23.5节中讨论。

② 正如你想象的,债券的回收率不是最后破产清算时对债券持有人的补偿。替代方法通常是按发生财务危机事件时该债券的价格来计算的。

Q——债券的票面利率；

π——债券到年底时不违约的概率；

λ——债券的回收率。

该债券年底的预期现金流为 $\pi(1+Q)\cdot F+(1-\pi)\cdot\lambda\cdot F$，债券的期望收益率为：

$$\text{一年债券期望收益率}=\frac{\text{年底预期现金流}}{P}-1=\frac{\pi\cdot(1+Q)\cdot F+(1-\pi)\cdot\lambda\cdot F}{P}-1$$

在电子表格中，这个计算如下：

	A	B	C
1	根据违约概率调整后的一年期债券的期望收益率		
2	面值, F	100	
3	价格, P	90	
4	年息票率, Q	8%	
5	违约概率, π	20%	
6	回收率, λ	40%	
7			
8	预期1现金流	94.4	<-- =B2*(1+B4)*(1-B5)+B2*B6*B5
9	期望收益率	4.89%	<-- =B8/B3-1

23.3 计算多期结构下期望债券收益

我们现在开始考虑债券是多期的问题。本节我们用一套计算债券期望收益的等级转换矩阵来定义一个基本的 Markov 模型。该模型使用了一套非常简单的评级集合，更复杂的评级系统在第 23.1 节中介绍。第 23.5 节将更多地使用实际数据。

我们假设在任何时间只有 4 种可能的债券"等级"：

A、B、C：以商誉递减顺序并有偿债能力的债券评价等级。

D：债券处于第一次违约状态（因此清偿面值的 λ 倍）。

E：债券在前面的时期已经违约，因此在现期和未来各期它的清偿额均为 0。

转换概率矩阵 Π 为：

$$\Pi=\begin{bmatrix} \pi_{AA} & \pi_{AB} & \pi_{AC} & \pi_{AD} & 0 \\ \pi_{BC} & \pi_{BB} & \pi_{BC} & \pi_{BD} & 0 \\ \pi_{CA} & \pi_{CB} & \pi_{CC} & \pi_{CD} & 0 \\ 0 & 0 & 0 & 0 & 1 \\ 0 & 0 & 0 & 0 & 1 \end{bmatrix}$$

符号 π_{ij} 指在单期中债券从等级 i 变为等级 j 的概率。在本节和下面一节的数字例子中我们将采用如下转换概率矩阵：

	A	B	C	D	E	F
3		**A**	**B**	**C**	**D**	**E**
4	**A**	0.9700	0.0200	0.0100	0.0000	0.0000
5	**B**	0.0500	0.8000	0.1500	0.0000	0.0000
6	**C**	0.0100	0.0200	0.7500	0.2200	0.0000
7	**D**	0.0000	0.0000	0.0000	0.0000	1.0000
8	**E**	0.0000	0.0000	0.0000	0.0000	1.0000

这个矩阵 Π 的含义如下：

● 如果债券在现期等级是 A，那么在下一期时，它仍处于等级 A 的概率为 0.97；变为等级 B 的概率为 0.02；变为等级 C 的概率为 0.01。但债券不可能从本期的等级 A 到下一期就变为等级 D 或 E。

● 如果债券的起始等级是 B，那么在下一期时，等级可能变为 A（概率为 0.05）；等级可能变为 B（概率为 0.8）或变为 D（概率为 0.15）。现期等级 B 的债券在下期不会违约（等级 D）。从等级 C 转换到等级 A、B、C 和 D 的概率分别为：0.01、0.02、0.75 和 0.22。

● 债券等级不可能从 A、B 或 C 变为 E，但可以从 A、B 或 C 变为 A、B、C 或 D 中任何等级。这说明这是真的，因为等级 E 表示是违约发生是在前一期。

● 如果债券的现期等级为 D（例如，首次违约），在下一期时其等级必变为 E。因此矩阵 Π 第 4 行总是 [0 0 0 0 1]。

● 一旦债券等级是 E，并永不变化，因此，矩阵 Π 第 5 行也总是 [0 0 0 0 1]。

23.3.1 多期转换矩阵

矩阵 Π 定义了单期的转换概率。两期的转换概率由矩阵乘积 $\Pi \cdot \Pi$ 来计算。下面的电子表格使用了数组函数 MMult。[①] 其 $\Pi \cdot \Pi$ 的积为：

两期转换概率 $= \Pi \cdot \Pi$

$$
= \begin{bmatrix}
0.9420 & 0.0356 & 0.0202 & 0.0022 & 0.0000 \\
0.0900 & 0.6440 & 0.2330 & 0.0330 & 0.0000 \\
0.0182 & 0.0312 & 0.5656 & 0.1650 & 0.2200 \\
0.0000 & 0.0000 & 0.0000 & 0.0000 & 1.0000 \\
0.0000 & 0.0000 & 0.0000 & 0.0000 & 1.0000
\end{bmatrix}
$$

也就是说，如果债券今天的等级是 B，那么两期后，变为等级 A 的概率为 9%；仍在等级 B 的概率为 64.4%；变为等级 C 的概率为 23.3%；违约（变为等级 D）的概率为 3.3%。

下面是电子表格：

---

① 参见第 34 章有关矩阵乘积和数组函数的介绍。

	A	B	C	D	E	F
1	使用**MMULT**函数 计算多期转换矩阵					
2	一期转换矩阵					
3		A	B	C	D	E
4	A	0.9700	0.0200	0.0100	0.0000	0.0000
5	B	0.0500	0.8000	0.1500	0.0000	0.0000
6	C	0.0100	0.0200	0.7500	0.2200	0.0000
7	D	0.0000	0.0000	0.0000	0.0000	1.0000
8	E	0.0000	0.0000	0.0000	0.0000	1.0000
9						
10	二期转换矩阵					
11		A	B	C	D	E
12	A	0.9420	0.0356	0.0202	0.0022	0.0000
13	B	0.0900	0.6440	0.2330	0.0330	0.0000
14	C	0.0182	0.0312	0.5656	0.1650	0.2200
15	D	0.0000	0.0000	0.0000	0.0000	1.0000
16	E	0.0000	0.0000	0.0000	0.0000	1.0000
17	单元格 **B12:F16** 包含数组公式 **=MMULT(B4:F8,B4:F8)**					
18						
19	三期转换矩阵					
20		A	B	C	D	E
21	A	0.9157	0.0477	0.0299	0.0044	0.0022
22	B	0.1218	0.5217	0.2723	0.0513	0.0330
23	C	0.0249	0.0366	0.4291	0.1244	0.3850
24	D	0.0000	0.0000	0.0000	0.0000	1.0000
25	E	0.0000	0.0000	0.0000	0.0000	1.0000
26	单元格 **B21:F25** 包含数组公式 **=MMULT(B4:F8,B12:F16)**					

一般地，t 期转换矩阵由单期转换矩阵的 t 次幂 Π^t 来计算。按我们上述展示的方法计算 Π^t 是比较麻烦的，所以我们定义一个 VBA 函数 MatrixPower 来计算矩阵的幂：

```
Function matrixpower(matrix, n)
If n = 1 Then
    matrixpower = matrix
    Else: matrixpower = Application.MMult(matrixpower(matrix, n − 1), matrix)
    End If
End Function
```

这个函数的应用展示在下面的电子表格中。函数 Matrixpower 只用一步就可以计算任何转换矩阵的幂：

	A	B	C	D	E	F
1	使用函数 MATRIXPOWER 计算多期转换矩阵					
2	一期转换矩阵					
3			A	B	C	D	E
4		A	0.9700	0.0200	0.0100	0.0000	0.0000
5		B	0.0500	0.8000	0.1500	0.0000	0.0000
6		C	0.0100	0.0200	0.7500	0.2200	0.0000
7		D	0.0000	0.0000	0.0000	0.0000	1.0000
8		E	0.0000	0.0000	0.0000	0.0000	1.0000
9							
10	t		10				
11							
12	t期转换矩阵					
13			A	B	C	D	E
14		A	0.7648	0.0799	0.0699	0.0148	0.0706
15		B	0.2123	0.1429	0.1747	0.0432	0.4269
16		C	0.0450	0.0250	0.0755	0.0208	0.8338
17		D	0.0000	0.0000	0.0000	0.0000	1.0000
18		E	0.0000	0.0000	0.0000	0.0000	1.0000
19	单元格 B14:F18包含数组公式 =matrixpower(B4:F8,B10)					

从这个例子可以看出，如果一个债券的起始等级为 A，那么在第十期末，债券处于违约状态（等级 E）的概率是 1.48％；在第十期前将要违约的概率为 7.06％。

23.3.2　债券清偿向量

回忆前面介绍的，符号 Q 代表债券的息票率，λ 代表债券违约时持有者获得的债券面值的比例。债券的清偿向量（bond payoff vector）随债券的现期 $t=N$ 还是 $t<N$（N 为最后一期）而不同。

$$Payoff(t,\,t<N)=\begin{cases}Q\\Q\\Q\\\lambda\\0\end{cases}\qquad Payoff(t,\,t=N)=\begin{cases}1+Q\\1+Q\\1+Q\\\lambda\\0\end{cases}$$

每个向量的前 3 个元素表示在债券不违约情况下的清偿率，第 4 个元素 λ 表示债券等级为 D 时的清偿率，第 5 个元素表示债券等级为 E 时的清偿率。（还记得 E 是债券违约后对该期的等级——在我们的模型中等级为 E 的债券清偿率均为 0。）两个向量的区别在于终期（terminal period）时本金是否清偿。

在我们定义期望清偿时，我们需要定义另一个向量，用来代表债券的初始信用状态（initial state of the bond）。这个初始向量用元素 1 表示债券现在的信用状态，其他元素均为0。例如，如果债券初始信用等级为 A，那么初始向量 $Initial = \begin{bmatrix}1 & 0 & 0 & 0 & 0\end{bmatrix}$；如果债券初始信用等级为 B，那么初始向量 $Initial = \begin{bmatrix}0 & 1 & 0 & 0 & 0\end{bmatrix}$。

我们现在可以定义债券在 t 期时的期望清偿为：

$$E[\text{Payoff}(t)] = \text{Initial} \cdot \Pi^t \cdot Payoff(t)$$

23.4 一个数值例子

我们继续使用前一节的矩阵 Π 来为债券定价，我们讨论的债券具有如下特性：

- 现期的债券等级为 B。
- 票面利率 $Q = 7\%$。
- 债券还有 5 年多到期。
- 债券现在的市价为面值的 100%。
- 债券的回收率 $\lambda = 50\%$。

下面的电子表格显示了上述的情况，及债券到期前的清偿向量（在单元 F3：F7），债券到期时的清偿向量（在单元 I3：I7）。转换矩阵在单元 C10：G14 中给出，初始矩阵在 C16：G16 中给出。

债券的期望清偿在单元 B20：I20 中给出。在我们解释它们如何计算之前，我们注意到一个重要的经济事实：如果给出债券的期望清偿率，那么债券的期望收益率可由 Excel 的 IRR 函数来计算。如单元 B21 所示，这个期望收益率为 4.61%。单元格 B21 里是实际的公式 IRR（B20：AN20）。这个允许到期时间超过 40 年债券 IRR 的计算。

	A	B	C	D	E	F	G	H	I
1				计算债券的期望收益率					
2	债券价格	100.00%				Payoff (t<N)			Payoff (N)
3	票面利率, Q	7%		右边的单元格		7%		右边的单元格	107%
4	回收率, λ	50%		称为		7%		称为	107%
5	债券期限, N	5		"payoff1"		7%		"payoff2"	107%
6	初始信用等级	B		在行 20		50%		在行 20	50%
7						0%			0%
8									
9			A	B	C	D	E		
10	转换矩阵 →	A	0.9700	0.0200	0.0100	0.0000	0.0000		
11		B	0.0500	0.8000	0.1500	0.0000	0.0000		
12		C	0.0100	0.0200	0.7500	0.2200	0.0000		
13		D	0.0000	0.0000	0.0000	0.0000	1.0000		
14		E	0.0000	0.0000	0.0000	0.0000	1.0000		
15									
16	初始向量		0	1	0	0	0		
17	公式在单元格 C16： =IF(UPPER(B6)="A",1,0)								
18									
19	年	0	1	2	3	4	5	6	7
20	期望清偿率	-1.0000	0.0700	0.0842	0.0897	0.0899	0.8802	0.0000	0.0000
21	期望收益率	4.61%	<-- =IRR(B20:AN20,0)						
22									
23				=IF(year>bondterm,0,					
24	期望补偿的IRR		IF(year=bondterm,MMULT(initial,MMULT(matrixpower(transition,year),payoff2)),						
25			MMULT(initial,MMULT(matrixpower(transition,year),payoff1))))						
26									

注意在该债券的初始等级（单元格 B6）转换到 16 行的初始向量中 IF 语句的应用。为了避免混淆，我们写为 IF(Upper(B6)="A", 1, 0)，等。这种方法保证了即使债券等级用小写

字母输入，其初始的向量都有正确的输出结果。

如何计算债券的期望清偿

正如前节中指出的那样，债券在 t 期的期望清偿可由公式 $E[\text{Payoff}(t)] = \text{Initial} * \Pi^t * \text{Payoff}(t)$ 来计算。在第 21 行应用了两个 IF 语句来完成这个公式的计算：

$$=\text{IF}(\text{year} > \text{bondterm}, 0, \text{IF}(\text{year} = \text{bondterm}, \text{MMULT}(\text{initial}, \text{MMULT}$$
$$(\text{matrixpower}(\text{transition}, \text{year}), \text{payoff2})), \text{MMULT}(\text{initial},$$
$$\text{MMULT}(\text{matrixpower}(\text{transition}, \text{year}), \text{payoff1}))))$$

两个语句的意思如下：

● 第一个 IF：如果今年已超过了债券的成熟期 N（在我们的例子中 $N=5$），那么债券的清偿是 0。

● 第二个 IF：如果今年债券正好到期，那么债券的期望清偿是 MMULT（initial，MMULT（matrixpower（transition，year），payoff2））。这里，transition 是单元 C10：G14 所示的转换矩阵的名称，payoff2 是单元 I3：I7 所示的清偿向量的名称。

● 如果现在是第 n 年，n 小于债券的期限，那么债券的期望清偿是 MMULT（initial，MMULT（matrixpower（transition，C18），payoff1)），这里 payoff1 是单元 F3：F7 所示的清偿向量的名称。

重复上述的公式计算将给出整个的债券期望清偿向量。

23.5 用数值例子验证

我们通过建立模拟运算表来对获得债券期望收益率、票面利率、到期收益率（YTM）之间的关系的认识。下面的数据表格中，我们计算了作为债券回收率（λ）函数的债券期望收益率：

	A	B	C	D	E	F	G	H	I
28		模拟运算表：回收率百分比和期望收益率							
29	回收百分比，λ	4.61%	<-- =B21，表头						
30	0%	2.43%	7%						
31	10%	2.87%	7%						
32	20%	3.31%	7%						
33	30%	3.74%	7%						
34	40%	4.18%	7%						
35	50%	4.61%	7%						
36	60%	5.03%	7%						
37	70%	5.46%	7%						
38	80%	5.88%	7%						
39	90%	6.30%	7%						
40	100%	6.71%	7%						
41									
42	注意：数据表格中附加了一列的票面利率								
43	所以在图表中我们可以看到债券的期望收益率								
44	收敛于票面利率（单元格C30:C40）								
45									

我们得出结论：对每个回收率 λ 水平，以面值出售的债券，其期望收益率要小于票面利率。如果债券的初始等级更低，那么其期望收益率要小于任何一个 λ。

	A	B	C	D	E	F	G	H	I
28	模拟运算表：回收率百分比和期望收益率								
29	回收百分比，λ	-4.69%	<-- =B21，表头						
30	0%	-14.72%	7%						
31	10%	-12.73%	7%						
32	20%	-10.74%	7%						
33	30%	-8.73%	7%						
34	40%	-6.71%	7%						
35	50%	-4.69%	7%						
36	60%	-2.66%	7%						
37	70%	-0.62%	7%						
38	80%	1.43%	7%						
39	90%	3.49%	7%						
40	100%	5.55%	7%						
41									
42	注意：数据表格中附加了一列的票面利率								
43	所以在图表中我们可以看到债券的期望收益率								
44	收敛于票面利率（单元格C30:C40）								
45									

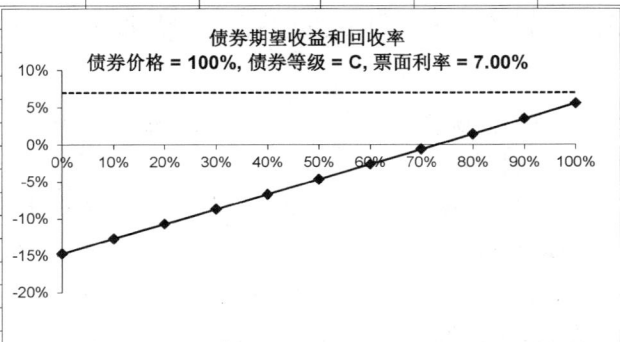

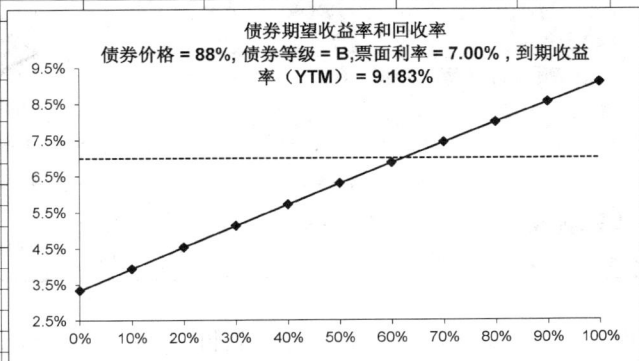

债券期望收益和回收率
债券价格 = 100%，债券等级 = C，票面利率 = 7.00%

正如下个例子所展示的那样，当债券价格低于其面值时（意味着该债券以低于其面值的100%出售），那么债券的期望收益率可能低于或高于其票面利率。

	A	B	C	D	E	F	G	H	I	J
1	计算期望债券收益									
2	债券价格	88.00%				清偿(t<N)			清偿(N)	
3	票面利率，Q	7%			单元格F6:F6		7%	单元格 I3:I6		107%
4	回收率，λ	50%			称为		7%	称为		107%
5	债券期限，N	8			"清偿1"		7%	"清偿2"		107%
6	初始信用等级	B			在行 20		50%	在行 20		50%
7							0%			0%
8										
9			A	B	C	D	E			
10	转换矩阵 →	A	0.9700	0.0200	0.0100	0.0000	0.0000			
11		B	0.0500	0.8000	0.1500	0.0000	0.0000			
12		C	0.0100	0.0200	0.7500	0.2200	0.0000			
13		D	0.0000	0.0000	0.0000	0.0000	1.0000			
14		E	0.0000	0.0000	0.0000	0.0000	1.0000			
15										
16	初始向量		0	1	0	0	0.0000			
17	Formula in cell C16:　=IF(UPPER(B6)="A",1,0)									
18										
19	年		0	1	2	3	4	5	6	7	8
20	期望清偿率	-0.8800	0.0700	0.0842	0.0897	0.0899	0.0867	0.0818	0.0761	0.6914
21	期望收益率	6.30%								

=IF(year>bondterm,0,
IF(year=bondterm,MMULT(initial,MMULT(matrixpower(transition,year),payoff2)),
MMULT(initial,MMULT(matrixpower(transition,year),payoff1))))

期望补偿的IRR

	A	B	C	D	E	F	G	H	I	J
28	模拟运算表：回收率百分比和期望收益率									
29	回收百分比，λ	6.30%	<-- 表头							
30	0%	3.33%	7%							
31	10%	3.94%	7%							
32	20%	4.54%	7%							
33	30%	5.13%	7%							
34	40%	5.72%	7%							
35	50%	6.30%	7%							
36	60%	6.87%	7%							
37	70%	7.43%	7%							
38	80%	8.00%	7%							
39	90%	8.55%	7%							
40	100%	9.10%	7%							
41										
42	注意：数据表格中附加了一列的票面利率									
43	所以在图表中我们可以看到债券的期望收益率									
44	收敛于票面利率（单元格C30:C40）									

债券期望收益率和回收率
债券价格 = 88%，债券等级 = B，票面利率 = 7.00%，到期收益率（YTM）= 9.183%

23.6　计算一个真实债券的期望收益率

本节我们说明一个真实债券期望收益率的计算。尽管与前面讨论的原理相同,但我们要介绍三个创新:

(1) 我们使用债券报价和应计利息来计算该债券的实际价格。应计利息指从最后的利息支付以来该债券票息未支付的部分。在美国债券市场中,应计利息是加入到债券报价中来计算该债券的实际支付额。在多数欧洲债券市场,债券报价就是实际购买债券的金额,并没有单独的应计利息的计算。应计利息的定义如下:

$$应计利息 = \frac{当前日期 - 上次利息支付日}{下次利息支付日 - 上次利息支付日} \cdot 期限利息$$

(2) 我们使用债券的实际支付日期和 XIRR 函数来计算债券的期望收益率。

(3) 我们用实际的转换矩阵为债券评级。

我们分析的债券是由 AMR(美国航空的母公司)发行的 CCC 等级债券。AMR 债券最初是在 1991 年 5 月 15 日发行,到期日是 2021 年 3 月 12 日,票面利率是 10.55%,票息分别在 5 月 15 日和 11 月 15 日,每半年支付一次。

当我们从雅虎网站上可以看到 2005 年 7 月 20 日该债券价格是面值的 76.75%:

我们必须把债券的应计利息加入到目前 76.75% 的债券报价中:

	M	N
3	应付利息计算	
4	上次支付利息	15-Mar-05
5	下次支付利息	15-Sep-05
6	当前日期	20-Jul-05
7	时间百分比	0.69
8	应计利息	0.0364

我们得到实际的债券支付价格为 76.75% + 3.64% = 80.39%。

下面的电子表格中我们计算了 AMR 的期望收益率：

	A	B	C	D	E	F	G	H	I	J	K
1	计算债券期望收益率 此版本AMR预期债券收益率的计算考虑到实际日期 运用年转换矩阵										
2	债券价格	76.75%					Payoff (t<N)			Payoff (N)	
3	票面利率, Q	10.55%			右边的	AAA	5.28%		右边的	105.28%	
4	实际价格 (包括应计利息)	80.39%	<-- =B2+N8		向量	AA	5.28%		向量	105.28%	
5	回收率, λ	50.00%			称为	A	5.28%		称为	105.28%	
6	到期日	12-Mar-21			"payoff1"	BBB	5.28%		"payoff2"	105.28%	
7	当前日期	20-Jul-05				BB	5.28%			105.28%	
8	初始等级	CCC				B	5.28%			105.28%	
9	债券到期收益率（YTM）	14.78%			每半年支付一次利息	CCC	5.28%			105.28%	
10						Default	50.00%			50.00%	
11						E	0%			0%	
12											
13						债券等级到年底变化的概率（%）					
14	转换矩阵 →	初始等级	AAA	AA	A	BBB	BB	B	CCC	Default	E
15		AAA	0.9366	0.0583	0.0040	0.0008	0.0003	0.0000	0.0000	0.0000	0.0000
16		AA	0.0066	0.9172	0.0694	0.0049	0.0006	0.0009	0.0002	0.0001	0.0000
17		A	0.0007	0.0225	0.9176	0.0519	0.0049	0.0020	0.0001	0.0004	0.0000
18		BBB	0.0003	0.0025	0.0483	0.8926	0.0444	0.0081	0.0016	0.0022	0.0000
19		BB	0.0003	0.0007	0.0044	0.0667	0.8331	0.0747	0.0105	0.0098	0.0000
20		B	0.0000	0.0010	0.0033	0.0046	0.0577	0.8419	0.0387	0.0530	0.0000
21		CCC	0.0016	0.0000	0.0031	0.0093	0.0200	0.1074	0.6396	0.2194	0.0000
22		Default	0.0000	0.0000	0.0000	0.0000	0.0000	0.0000	0.0000	1.0000	0.0000
23		E	0.0000	0.0000	0.0000	0.0000	0.0000	0.0000	0.0000	0.0000	1.0000
24											
25											
26			AAA	AA	A	BBB	BB	B	CCC	Default	E
27	初始向量		0	0	0	0	0	0	1	0	0
28											
29	计算AMR债券期望收益率										
30			0	1	2	3	4	5	6	7	8	9
31	日期	20-Jul-05	15-Nov-05	15-Mar-06	15-Sep-06	15-Mar-07	15-Sep-07	15-Mar-08	15-Sep-08	15-Mar-09	15-Sep-09
32	预期支付	-0.8039	0.1509	0.1066	0.0781	0.0594	0.0471	0.0387	0.0329	0.0287	0.0257
33	预期收益率	2.47%	<-- =XIRR(B32:AP32,B31:AP31)								
34											
35	预期支付的 XIRR 计算中使用 XIRR函数的实际日期。				=IF(E31>$B$6,0,						
36					IF(E31=$B$6,MMULT(initial,MMULT(matrixpower(transition,E30),payoff2)),							
37					MMULT(initial,MMULT(matrixpower(transition,E30),payoff1))))							
38											

假设回收率为 50%，那么债券的期望收益率为 2.47%。

什么是回收率

显然，回收率是计算债券期望收益率的一个关键因素。该回收率需要考虑现存的来自各个行业的破产信息。下面是 Edward Altman 和 Velore M.Kishore 的一篇论文中的表格；从该表格中我们可以看出 1971—1995 年各种不同行业的平均回收率是 41%。

行　　业	SIC 代码	观察数据	回　　收　　率			
			平均数	加权观察值	中位数平均	标准差的加权值
公共设施	490	56	70.47	65.48	79.07	19.46
化学、石油、橡胶及塑料制品	280,290,300	35	62.72	80.39	71.88	27.10
机械、仪器及相关产品	350,360,380	36	48.74	44.75	47.50	20.13
服务业——商业和私人	470,632,720,730	14	46.23	50.01	41.50	25.03
食品及相关产品	200	18	45.28	37.40	41.50	21.67
批发与零售交易	500,510,520	12	44.00	48.90	37.32	22.14
产品多样化的制造业	390,998	20	42.29	29.49	33.88	24.98
游乐场、宾馆及娱乐业	770,790	21	40.15	39.74	28.00	25.66
建筑材料、金属及半成品	320,330,340	68	38.76	29.64	37.75	22.86
运输及运输装备	370,410,420,450	52	38.42	41.12	37.13	27.98
通信、广播、电影、印刷及出版业	270,480,780	65	37.08	39.34	34.50	20.79
金融机构	600,610,620,630,670	66	35.69	35.44	32.15	25.72
建筑及房地产业	150,650	35	35.27	28.58	24.00	28.69
综合商品店	530,540,560,570,580,000	89	33.16	29.35	30.00	20.47
采矿采油业	100,103	45	33.02	31.83	32.00	18.01
纺织与服装产品	220,230	31	31.66	33.72	31.13	15.24
木材、纸张和皮革产品	240,250,260,310	11	29.77	24.30	18.25	24.38
住房、医院和护理设施	700 through 890	22	26.49	19.61	16.00	22.65
总计		**696**	**41.00**	**39.11**	**36.25**	**25.56**

资料来源：E. Altman and V. M. Kishore, 1996, "Almost Everything You Wanted to Know about Recoveries on Defalted Bonds", Table 3, *Financial Analysts Journal*, November/December:57—64。

　　从 Altman 和 Kishore 的数据中我们看到，运输行业的平均回收百分比为 38.42%，标准差为 27.98%。用一个均值两边的标准差，我们得到运输行业的回收百分比是在区间（38.42%－27.98%，38.42%＋27.98%）＝（～10%，～66%）中的。

　　下面的电子表格中，我们对 AMR 债券采用"回溯工程"设计了一个似乎合理的回收率数据集，从 55% 到 65%。AMR 回收率这些"估计"是以下面两个假设为基础的：

　　● AMR 债券应该没有明显大于无风险收益率的期望收益率，在我们计算时约为 4%。

　　● AMR 债券的期望收益率明显低于其 YTM 的 15% 左右。该 YTM 是基于承诺支付的，并且我们发现报这些应该与期望收益率相对应是不合理。

　　该计算给出了 AMR 债券期望收益率是在 3.85%—6.86% 之间（选中区域）：

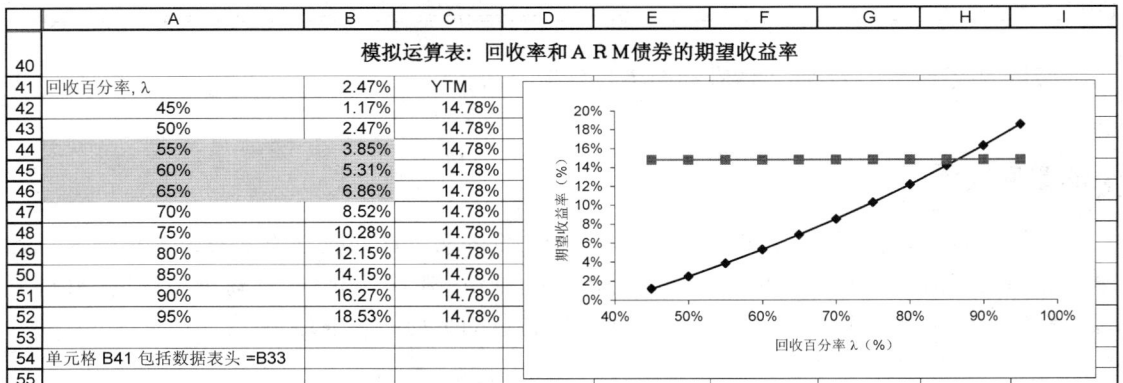

	A	B	C	D	E	F	G	H	I
40		模拟运算表：回收率和ＡＲＭ债券的期望收益率							
41	回收百分率, λ	2.47%	YTM						
42	45%	1.17%	14.78%						
43	50%	2.47%	14.78%						
44	55%	3.85%	14.78%						
45	60%	5.31%	14.78%						
46	65%	6.86%	14.78%						
47	70%	8.52%	14.78%						
48	75%	10.28%	14.78%						
49	80%	12.15%	14.78%						
50	85%	14.15%	14.78%						
51	90%	16.27%	14.78%						
52	95%	18.53%	14.78%						
53									
54	单元格 B41 包括数据表头 =B33								
55									

23.7 半年转换矩阵

前述章节关于 AMR 债券的分析都假设年转换的概率同样适合于半年期支付票息的债券。我们可以通过用 S&P 数据中计算半年转换矩阵来改进该假设。该矩阵是 Ⅱ 矩阵的平方根。该计算用 Excel 很难实现。在下面的电子表中我们用 Mathematica 寻找出半年期转换矩来完成该计算。①

计算转换矩阵的平方根

一年转换矩阵

初始等级	债券等级到年底变化的概率（%）								
	AAA	AA	A	BBB	BB	B	CCC	Default	E
AAA	0.9366	0.0583	0.0040	0.0008	0.0003	0.0000	0.0000	0.0000	0.0000
AA	0.0066	0.9172	0.0694	0.0049	0.0006	0.0009	0.0002	0.0001	0.0000
A	0.0007	0.0225	0.9176	0.0519	0.0049	0.0020	0.0001	0.0004	0.0000
BBB	0.0003	0.0025	0.0483	0.8926	0.0444	0.0081	0.0016	0.0022	0.0000
BB	0.0003	0.0007	0.0044	0.0667	0.8331	0.0747	0.0105	0.0098	0.0000
B	0.0000	0.0010	0.0033	0.0046	0.0577	0.8419	0.0387	0.0530	0.0000
CCC	0.0016	0.0000	0.0031	0.0093	0.0200	0.1074	0.6396	0.2194	0.0000
Default	0.0000	0.0000	0.0000	0.0000	0.0000	0.0000	0.0000	0.0000	1.0000
E	0.0000	0.0000	0.0000	0.0000	0.0000	0.0000	0.0000	0.0000	1.0000

由*Mathematica*计算一年转换矩阵的平方根
注意负项

初始等级	债券等级到年底变化的概率（%）								
	AAA	AA	A	BBB	BB	B	CCC	Default	E
AAA	0.9677	0.0303	0.0015	0.0004	0.0001	0.0000	0.0000	0.0000	0.0000
AA	0.0034	0.9574	0.0362	0.0021	0.0002	0.0004	0.0001	0.0000	0.0000
A	0.0003	0.0117	0.9573	0.0272	0.0023	0.0010	0.0000	0.0003	-0.0001
BBB	0.0001	0.0012	0.0254	0.9439	0.0238	0.0038	0.0008	0.0017	-0.0007
BB	0.0002	0.0003	0.0018	0.0359	0.9115	0.0406	0.0056	0.0068	-0.0026
B	0.0000	0.0005	0.0017	0.0018	0.0314	0.9161	0.0225	0.0510	-0.0248
CCC	0.0009	-0.0001	0.0016	0.0050	0.0105	0.0624	0.7988	0.2706	-0.1495
Default	0.0000	0.0000	0.0000	0.0000	0.0000	0.0000	0.0000	0.0000	1.0000
E	0.0000	0.0000	0.0000	0.0000	0.0000	0.0000	0.0000	0.0000	1.0000

如果我们使用半年转换矩阵计算该期望债券收益率，我们得到结果如下：

---

① Mathematica 是一个很强的计算程序，见 http://www.wolfram.com。

	A	B	C	D	E	F	G	H	I	J	K
1					计算债券期望收益率 此版本AMR债券收益率的计算考虑到实际日期 运用半年转换矩阵						
2	债券价格	76.75%					支付 (t<N)			支付(N)	
3	票面利率, Q	10.55%			右边的	AAA	5.28%		右边的	105.28%	
4	实际价格 (包括应计利息)	80.39%	<-- =B2+N8		向量	AA	5.28%		向量	105.28%	
5	回收率, λ	50.00%			称为	A	5.28%		称为	105.28%	
6	到期日	12-Mar-21			"支付1"	BBB	5.28%		"支付2"	105.28%	
7	当前日期	20-Jul-05				BB	5.28%			105.28%	
8	期限(年)	15.65			每半年支付一次利息	B	5.28%			105.28%	
9	半年支付的次数	30.00				CCC	5.28%			105.28%	
10	初始等级	CCC				Default	50.00%			50.00%	
11	债券到期收益率（YTM）	14.81%				E	0%			0%	
12											
13					债券等级到年底变化的概率（%）						
14	转换矩阵 →	初始等级	AAA	AA	A	BBB	BB	B	CCC	Default	E
15		AAA	0.9677	0.0303	0.0015	0.0004	0.0001	0.0000	0.0000	0.0000	0.0000
16		AA	0.0034	0.9574	0.0362	0.0021	0.0002	0.0004	0.0001	0.0001	0.0000
17		A	0.0003	0.0117	0.9573	0.0272	0.0023	0.0010	0.0000	0.0001	0.0000
18		BBB	0.0001	0.0012	0.0254	0.9439	0.0238	0.0038	0.0008	0.0010	0.0000
19		BB	0.0002	0.0003	0.0018	0.0359	0.9115	0.0406	0.0056	0.0041	0.0000
20		B	0.0000	0.0005	0.0017	0.0018	0.0314	0.9161	0.0225	0.0261	0.0000
21		CCC	0.0009	-0.0001	0.0016	0.0050	0.0105	0.0624	0.7988	0.1208	0.0000
22		Default	0.0000	0.0000	0.0000	0.0000	0.0000	0.0000	0.0000	1.0000	0.0000
23		E	0.0000	0.0000	0.0000	0.0000	0.0000	0.0000	0.0000	0.0000	1.0000
24											
25											
26			AAA	AA	A	BBB	BB	B	CCC	Default	E
27	初始向量		0	0	0	0	0	0	1	0	0
28											
29	期数		0	1	2	3	4	5	6	7	8	9
30	日期		20-Jul-05	15-Sep-05	15-Mar-06	15-Sep-06	15-Mar-07	15-Sep-07	15-Mar-08	15-Sep-08	15-Mar-09	15-Sep-09
31	预期支付		-0.8039	0.1068	0.0903	0.0771	0.0664	0.0578	0.0508	0.0451	0.0405	0.0367

半年期转换矩阵给出了期望的债券收益率，一般要大于年度转换矩阵：

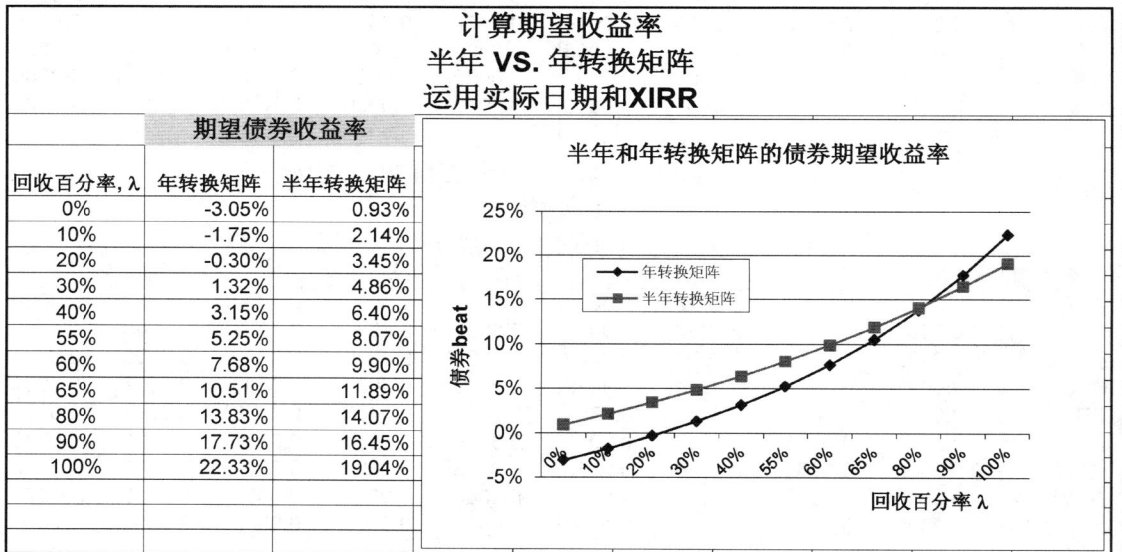

计算期望收益率
半年 VS. 年转换矩阵
运用实际日期和XIRR

期望债券收益率		
回收百分率, λ	年转换矩阵	半年转换矩阵
0%	-3.05%	0.93%
10%	-1.75%	2.14%
20%	-0.30%	3.45%
30%	1.32%	4.86%
40%	3.15%	6.40%
55%	5.25%	8.07%
60%	7.68%	9.90%
65%	10.51%	11.89%
80%	13.83%	14.07%
90%	17.73%	16.45%
100%	22.33%	19.04%

半年和年转换矩阵的债券期望收益率

23.8 计算债券 β

在公司金融中一个令人烦恼的问题是债券 β 值的计算。但本章介绍的模型可以很容易地计算一个债券的 β 值。回想一下第 2 章资本资产定价模型中的证券市场线（SML）：

$$E(r_d) = r_f + \beta_d [E(r_m) - r_f]$$

这里，$E(r_d)$ 是债券的期望收益率，r_f 是无风险债券的收益率，$E(r_m)$ 是权益市场投资组合的期望收益率。

如果我们知道债券的期望收益率，我们就可以计算债券的 β 值。假设我们已知无风险利率 r_f 和市场 $E(r_m)$ 上的期望收益率。例如，假设该市场风险溢价 $E(r_m) - r_f = 8.4\%$，$r_f = 7\%$。那么一个有 8% 期望收益率的债券将有 0.119 的 β 值。

	A	B	C
1	**计算债券β**		
2	市场风险溢价, E(r$_m$) - r$_f$	8.40%	
3	r$_f$	7%	
4	债券期望收益率	8.00%	
5	隐含的债券 β	0.119	<-- =(B4-B3)/B2
6			

如果我们将税率调整用于 SML（参看第 2.6 节），债券的 SML 变为 $r_d =$ 债务的成本 $= r_f + \beta_{Debt}[E(r_m) - r_f(1-T_c)]$，债券的 β 为：

	A	B	C
7	**按税率调整的SML**		
8	市场风险溢价, E(r$_m$) - r$_f$	8.40%	
9	r$_f$	7%	
10	公司税率, T$_C$	40%	
11	债券期望收益率	8.00%	
12	隐含的债券 β	0.089	<-- =(B11-B9)/(B8+B9*B10)

使用 AMR 的数据，我们得到下面的经典 SML 模型的结果：

E(r$_M$)	8%	
r$_f$	3.90%	

	债券贝塔值	
回收百分率, λ	年转换矩阵	半年转换矩阵
0%	-1.84	-0.79
10%	-1.49	-0.47
20%	-1.11	-0.12
30%	-0.68	0.25
40%	-0.20	0.66
55%	0.36	1.10
60%	1.00	1.59
65%	1.75	2.11
80%	2.63	2.69
90%	3.66	3.32
100%	4.88	4.01

如果我们假设公司税率为 $T_C = 40\%$，那么税率调整后的 CAPM 得出如下的贝塔值：

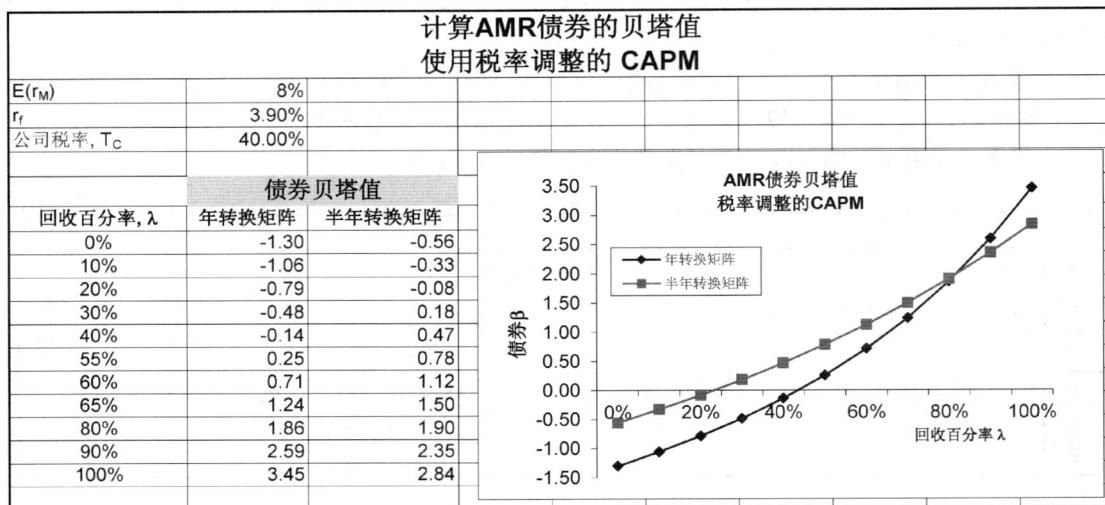

计算AMR债券的贝塔值
使用税率调整的 CAPM

E(r_M)	8%	
r_f	3.90%	
公司税率, T_C	40.00%	

债券贝塔值		
回收百分率, λ	年转换矩阵	半年转换矩阵
0%	-1.30	-0.56
10%	-1.06	-0.33
20%	-0.79	-0.08
30%	-0.48	0.18
40%	-0.14	0.47
55%	0.25	0.78
60%	0.71	1.12
65%	1.24	1.50
80%	1.86	1.90
90%	2.59	2.35
100%	3.45	2.84

如果这些债券的贝塔值看上去很大，注意将 AMR 债券与相同到期日的长期国库债券进行比较并要考虑另外的违约风险。另一种方式是将 AMR 债券贝塔值与 AMR 股票的贝塔值进行比较，这样也会有些帮助。根据雅虎网站信息，此时 AMR 股票的贝塔值为 3.617：

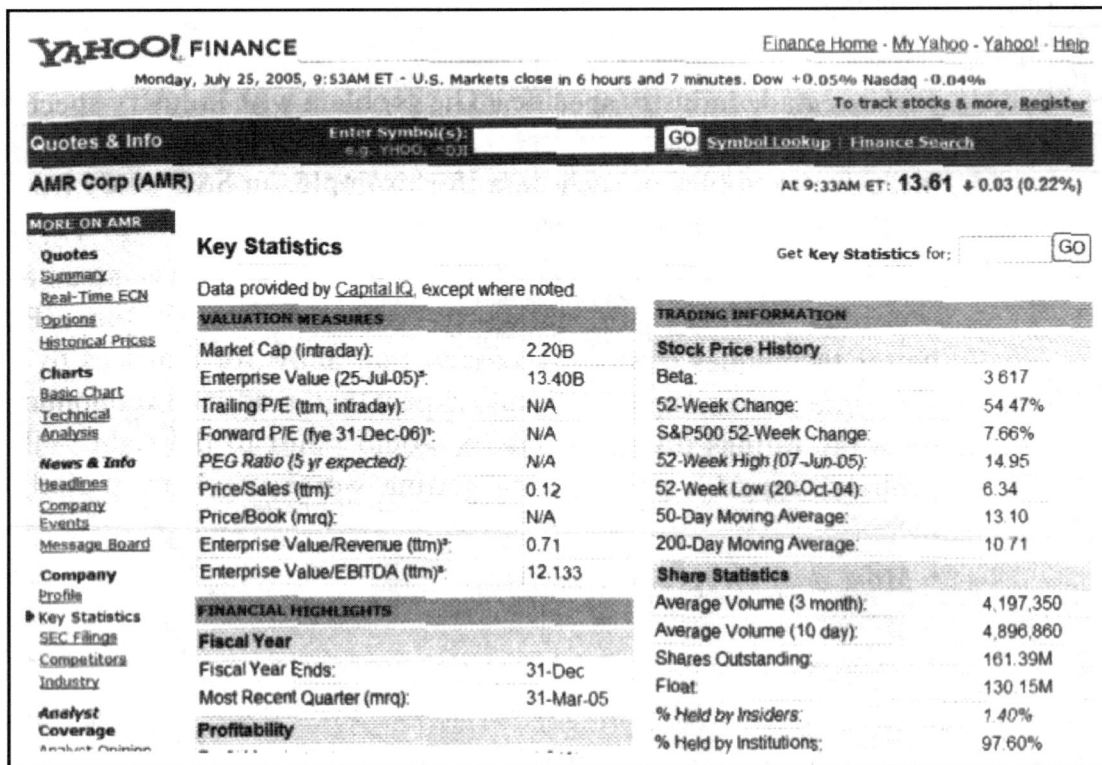

23.9　本章小结

本章我们介绍了如何通过使用包括评级转换的简单方法来计算一个风险债券的期望收益率。计算债券期望收益率使债券分析与股票分析有了同样的支点。期望收益率(在股票分析中是常见的)在债券计算中是较为罕见,一般常用的分析是到期收益率。除了债券的到期收益率为,债券的内含收益率(IRR)本质上是基于其承诺的未来支付的,包括债券违约时的坏账补偿。

假设债券的期望收益率已经计算出来了,那么我们就可以使用证券市场线(SML)来计算它的贝塔值。与计算并校准股票贝塔值时所做的巨大努力相比较,我们对债券贝塔值的研究投入相对较少。本章介绍的基于债券评级的转换矩阵的技术是一项创新技术,当然该技术还需要优化并要通过学术研究的检验。针对基于等级评价计算债券期望收益率的几种优化方法仍需要改进。它们包括:

● 更好的转换矩阵。转换矩阵需要优化,也许可以根据行业来具体化。[特定行业数据的问题是观察值大大下降。不过我们还是有许多这种数据的例子(例如,2004年关于房地产贷款的 S&P 研究;见参考文献中的引用)。]

● 与时间相关的转换矩阵。我们的技术是假设转换矩阵是固定的——不随时间变化的常数。也许可以设计更好的技术允许该矩阵随时间变化。例如,我们可以期望在困难的经济环境下,等级转换矩阵可"向右转移"——即一个给定等级对任何期限变坏的可能性会增加。

● 更多关于回收比率的数据。

习题

1. 一个新发行的债券一年后到期,价格等于其面值 100,息票率为 15%,一年后违约的概率是 35%,违约清偿是其面值的 65%。计算这个债券的期望收益率。

2. 考虑有 5 种债券等级(A, B, C, D 和 E)的情况,A、B 和 C 是债券初始等级,D 表示第一次违约,E 表示在前面的某期已经违约。假设转换矩阵 Π 如下:

$$
\Pi = \begin{pmatrix}
1 & 0 & 0 & 0 & 0 \\
0.06 & 0.90 & 0.03 & 0.01 & 0 \\
0.02 & 0.05 & 0.88 & 0.05 & 0 \\
0 & 0 & 0 & 0 & 1 \\
0 & 0 & 0 & 0 & 1
\end{pmatrix}
$$

一个今天发行的 10 年期债券等级是 A,息票率为 7%。

(1) 如果一个今天以平价发行的债券等级为 B,回收率为 50%。息票率为多少时,它的期望收益率也是 7%?

（2）如果一个今天以平价发行的债券等级为 C，回收率为 50%。息票率为多少时，它的期望收益率也是 7%？

3. 使用习题 2 中的转换矩阵：一个 C 级债券在 2007 年 7 月 18 日以面值出售。该债券的到期日为 2017 年 7 月 17 日；票面利率为 11%（每年在 7 月 17 日支付），其回收率 $\lambda = 67\%$。求该债券的期望收益率。

4. 一个保险商发行了一种 7 年期的新 B 债券，息票率为 9%。如果这个债券的期望收益率为 8%，债券暗含的回收率 λ 是多少？假定转换矩阵与第 23.5 节中的相同。

5. 一个保险商发行了一种 7 年期的新债券，等级为 CCC，债券违约的预期回收率为 55%。该债券息票率为多少时，它的期望收益率是 9%？假设该转换矩阵来自习题 2。

本书的第五部分展示了如何在 Excel 中模拟金融问题。传统金融理论集中于金融问题的解决方案:最优投资组合是什么? 一个期权的价格是什么? 模拟并没有取代对问题的解决,但它常常对不确定的潜在问题的本质给出新的和多方面的洞察。一些示例——例如第 30 章中讨论的路径依赖期权——并没有明确的定价解,而模拟方法就是获得一个可接受定价解的最佳方式。

在本部分中,我们的目的是向读者展示金融模拟如何被构思,以及在没有额外插件的情况下使用 Excel 如何去构建该模拟。

第 24 章是讨论的基础上,它展示了用 Excel 的随机数生成器如何来生成各类分布。我们在本章介绍了两种方法来生成相关的随机数。

蒙特卡罗(Monte Carlo)是指用于计算通常没有解析解的复杂函数值的各类模拟技术。第 25 章讨论了蒙特卡罗估值的基础知识。其基本的例子显示了如何使用一个模拟来计算 π 值。

大多数金融定价模型是假设资产收益是对数正态分布的。第 26 章我们讨论这个假设并表明它是可以被模拟的。第 27 章扩展该模拟讨论了投资于投资组合的结果,以及第 28 章讨论在模拟模型中的风险价值(VaR)。

最后,第 29 章和第 30 章检验了应用于期权模拟方法。第 29 章我们讨论投资组合保险的模拟,第 30 章我们讨论路径依赖期权定价的蒙特卡罗方法。

24

生成并使用随机数

24.1 概述

本章中我们讨论计算随机数的方法。我们在第 25—30 章广泛地运用随机数去模拟股票价格、投资策略和期权策略。本章中我们介绍如何生成均匀分布和正态分布的随机变量。

计算机随机数生成器是产生一组不相关数据集的一个函数。随机数是什么,这是一个哲学问题。[①]本章中我们忽略哲学而侧重于一些简单随机数生成器——主要是 Excel 随机数生成器 Rand() 和 VBA 随机数生成器 Rnd。[②]我们会介绍如何使用这些生成器来产生均匀随机数与正态分布的随机数。本章的末尾我们用 Cholesky 分解来产生相关的随机数。

将一组均匀分布随机数想象为一个瓮里装满 1,000 个小球,用 000,001,002,…,999 来标记这些球。假如我们做下面的实验:摇动瓮将球混淆,我们从瓮中取出一个球并记录球号。接下来我们将该球放入瓮内,再一次摇动瓮以使球被再一次被混淆,然后取一个新球,再做记录……通过多次重复该过程产生的一组数据应该是均匀分布(uniformly distributed)在 000 和 999 之间的。

计算机随机数生成器就是模拟上述过程的一个函数。本章考虑的随机数生成器有时被称为伪随机数生成器(pseudo-random-number),因为它们实际上是确定的函数,只是他们的值与随机数没有差别。所有伪随机数生成器都有周期(即到后来会重复)。这个特点要求随机数生成器有一个长循环周期。Excel 的 Rand() 函数就有一个非常长的周期并且是一个不错的随机数生成器。

假如你从未用过随机数生成器,可在 Excel 电子表任何单元格中键入函数＝Rand()。你

---

① 哲学的? 也许是神学的。Knuth(1981,p.142)给出这样的引述:"一组随机数序列是一个具体且思想模糊的概念,该序列的每一期都是不可预知且其每位数都通过一个特定检验的,具有统计学家和多少取决于使用用途的传统"[摘自 D. H.Lehmer(1951)]。

② 在这本书中我们写 Excel 函数没有圆括号,在本章节中我们写的 Rand() 是带有圆括号的,主要是为了强调圆括号是必须的,以及它们是空的。

会看到一个在 0.000000000000000 和 0.999999999999999 之间的 15 位字数。每次你重新计算该电子表(按 F9 键),这个数会变化。我们把 Rand() 函数如何运作这一技术细节留作本章练习,其中我们会教你设计你自己的随机数生成器。如此产生的这一组数据应该是(用脚注①中介绍的 Lehmer 术语)"不可预知无开始的"。

本章中我们将涉及几类随机数生成器:我们首先测试一下 Excel 和 VBA 的均匀随机数生成器。随后我们再产生正态分布随机数。[1]最后我们使用 Cholesky 分解产生相关的随机数。

24.2 Rand()和 Rnd: Excel 和 VBA 随机数生成器

假如你只是要产生一张简单随机数表。一种方法就是复制 Excel 函数 Rand() 到一个单元区域。

	A	B	C	D	E
1	使用EXCEL的RAND()函数				
2	0.6230	0.9983	0.2132	0.3381	<-- =RAND()
3	0.3836	0.7527	0.9139	0.3635	
4	0.5948	0.7089	0.9563	0.1333	
5	0.4543	0.7327	0.1095	0.9702	
6	0.0250	0.1392	0.9793	0.5049	
7	0.5001	0.3219	0.1293	0.2255	
8	0.8931	0.4278	0.8038	0.2239	
9	0.5847	0.9270	0.6634	0.5449	
10	0.4985	0.2468	0.8391	0.5452	
11					
12	每个单元格都包含函数Rand()。每次你更新电子表格或按下 F9,这块单元格组会生成新的一组随机数。				

在第 24.3 节中,我们设计一个关于 Rand() 函数运行如何的粗略的测试。

使用 VBA 的 Rnd 函数

VBA 包含与 Excel 的 Rand 函数等价的一个自带函数 Rnd 。[2]下面是 Rnd 函数基本运用的一个 VBA 的小程序:

---

① "随机偏差"的一个普通术语。只在金融工程领域才可以找到一个"正态偏差"!

② 令人困惑的,两个不同的函数在相同的计算机软件包中做同样的事情。

```
Sub Randomlist()
'Produces a simple list of random numbers
    For Index = 1 To 10
Range("A4").Cells(Index, 1) = Rnd
    Next Index
End Sub
```

在下面的工作表中，VBA 程序被指定到一个按钮上，故我们每点击一次按钮都会运行产生 10 个随机数的 VBA 程序。

	A	B	C	D	E
1	使用**VBA**的**RND**函数来生成一列随机数				
2	列表				
3	0.04535				
4	0.41403		RandomList Macro		
5	0.86262				
6	0.79048				
7	0.37354				
8	0.96195				
9	0.87145				
10	0.05624				
11	0.94956				
12	0.36402				

指定一个宏到一个按键或到一个控制序列

在前一张工作表中，我们已经指定宏 **RandomList** 到标注为"RandomList Macro"的按钮中。在 Excel 中画出的任意一个图形都可以指定一个 VBA 程序。在这里我们建立了一个长方形：右击该长方形，我们就可为它指定了一个宏：

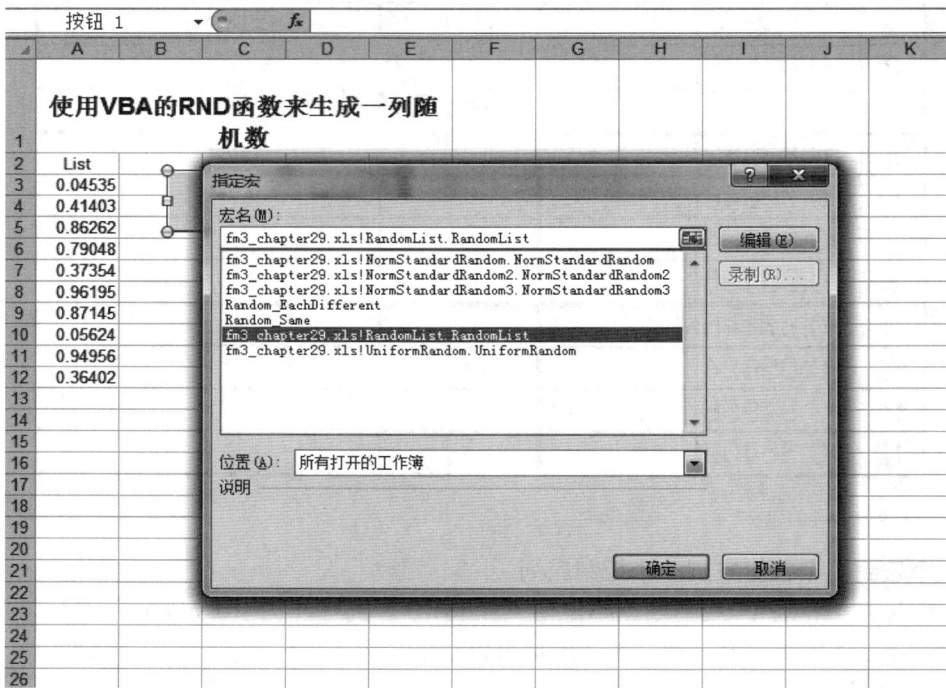

24.3　检验随机数生成器

　　产生随机数列表是有趣的，尽管它没有具体的信息。生成的这列随机数据真是符合均匀分布吗？一个简单检验办法是看生成的每个数并确定是不是落在区间[0,0.1)，[0.1,0.2)…[0.9,1)中。（符号[a,b)表示在 a 和 b 之间的一个半开区间；如果 $a \leqslant x < b$，一个数 x 是在该区间中的。）如果这列数据是真正符合均匀分布的，我们将大致可以预测落在这 10 个区间中的随机数的个数是相等的。

检验均匀分布的一种方法是在电子表上通过复制 Rand() 到其他单元格生成一组随机数，然后使用 Excel 数组函数 Frequency(data_array，bins_array)。[①]该处理见下面电子表中的说明：

	A	B	C	D	E	F
1			**使用EXCEL的FREQUENCY函数来测试RAND()的分布**			
2	随机数			组界	频数	
3	0.8978	<-- =RAND()		0.1	0	
4	0.8354			0.2	1	
5	0.5188			0.3	1	
6	0.7317			0.4	0	
7	0.5067			0.5	0	<-- =FREQUENCY(A3:A12,D3:D12)
8	0.2418			0.6	4	
9	0.6406			0.7	1	
10	0.1228			0.8	1	
11	0.5611			0.9	2	
12	0.5543			1	0	
13						
14	A3到A12的每个单元格都包含公式Rand()，按下F9会生成一组新的随机数和频数。					

命令 Frequency(A:A，D3:D12)指定列 A 所有非空的单元格：

	A	B	C	D	E	F
1			**使用EXCEL的FREQUENCY函数来测试RAND()的分布**			
2	0.612571	<-- =RAND()		组界	频数	
3	0.995759			0.1	155	
4	0.728679			0.2	150	
5	0.854238			0.3	154	
6	0.847328			0.4	148	
7	0.344609			0.5	155	<-- =FREQUENCY(A:A,D3:D12)
8	0.220188			0.6	142	
9	0.308346			0.7	159	
10	0.728752			0.8	148	
11	0.526552			0.9	139	
12	0.517958			1	145	
13	0.034867					
14	0.589874			合计	1495	<-- =SUM(E3:E12)
15	0.014407					
16	0.230211					
17	0.374932					
18	0.078475					
19	0.59932					

但我们要对大量的随机数检验该随机数生成器时，该方法显然效率不够(但可行)。下面

---

① 数组函数将在第 34 章中介绍。

是产生多个随机数并将它们分类到区域 A3:A12 中的 VBA 程序：

```
Sub uniformRandom()
'Puts random numbers into bins

    Range("E3") = Time
    'the number of random draws
    N = Range("B2").Value

    Dim distribution(10) As long 'bins

    For k = 1 To N
        draw = Rnd
    distribution(Int(draw * 10) + 1) = _
    distribution(Int(draw * 10) + 1) + 1
    Next k
    For Index = 1 To 10
Range("B5").Cells(Index, 1) = _
            distribution(Index)
    Next Index
Range("E4") = Time


End Sub
```

在如下电子表中我们于 25 秒内生成了 10 万个随机数：

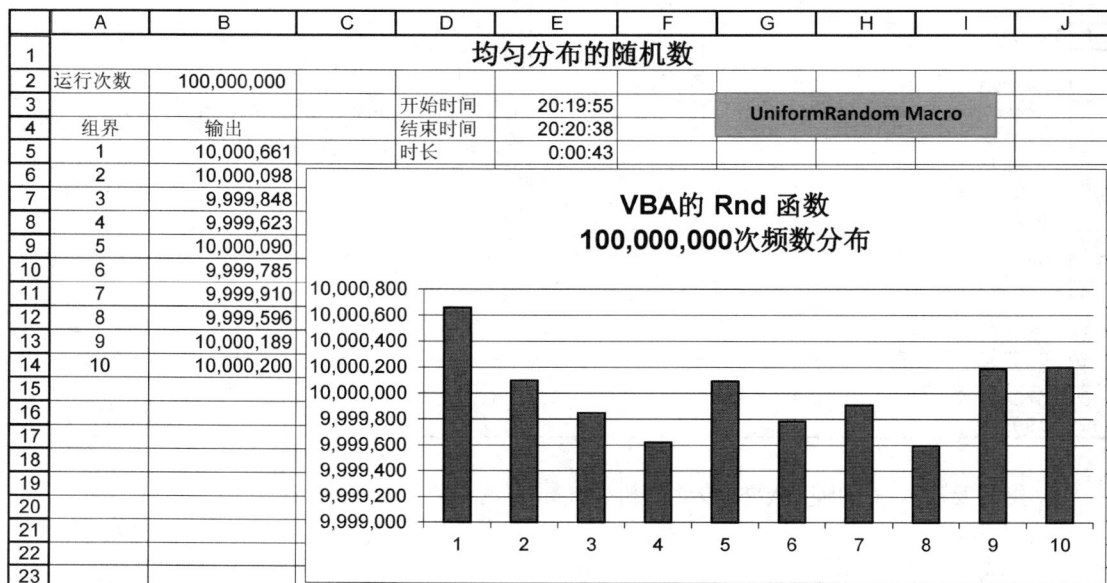

	A	B	C	D	E	F	G	H	I	J
1					均匀分布的随机数					
2	运行次数	100,000,000								
3				开始时间	20:19:55		UniformRandom Macro			
4	组界	输出		结束时间	20:20:38					
5	1	10,000,661		时长	0:00:43					
6	2	10,000,098								
7	3	9,999,848				VBA的 Rnd 函数				
8	4	9,999,623				100,000,000次频数分布				
9	5	10,000,090								
10	6	9,999,785								
11	7	9,999,910								
12	8	9,999,596								
13	9	10,000,189								
14	10	10,000,200								
15										
16										
17										
18										
19										
20										
21										
22										
23										

下面是程序 uniformrandom 的有关注意事项：

● 程序有一个时钟，它用于程序运行的时间测量。在程序开始时，我们使用 Range("E3") ＝Time 将当前时间放到 E3 单元格中。在程序结束的时候，Range("E4")＝Time 生成终止时间。单元格 Elapsed 包含公式＝Stoptime-Starttime。注意为了正确读出单元格内容，你必须使用相关单元格指令"格式|单元格|数字|时间"来设置单元格的内容显示。

● 中间的程序语句使用了函数 Int(draw ＊ 10)＋1。它用 10 乘以一个数，得到的数的第一位数字是 0，1，2，…，9。VBA 的 Int 函数用于取整。Distribution 是 VBA 数组组号，从 1 到 10，Distribution(1)是在[0，0.1]中的随机数，Distribution(2)是在[0.1，0.2]中的随机数，等等。这样 lnt(draw ＊ 10)＋1 就在适当位置上产生这些随机数。

使用 Randomize 产生相同(或不同)的一组随机数

大多数随机数生成器使用最近一个生成的"随机"数去生成下一个。[①]在一个特定序列中使用的第一个数被"种子"(seed)控制，它通常取自计算机的时钟。VBA 的 Rnd 也不例外，但 VBA 允许你通过指令 Randomize 来控制种子。下面的两个小程序例示了该指令的两种用法。

● 使用没有数值参数的 Randomize 重置该种子。(也就是说它切断了当前的随机数和下一个随机数之间的联系)宏 Random_EachDifferent 例示了这种方法，虽然效果不是很明显。

```
Sub Random_Eachdifferent()
'Produce a list of random numbers
Randomize
'Initializes the VBA random-number generator
  For Index = 1 To 10
Range("A5").Cells(Index,1) = Rnd()
  Next Index
End Sub
```

● Randomize(seed)设定某一特定参数作为种子。

● 使用序列指令 Rnd(negative number)和 Randomize(seed)可保证每次生成相同的随机数序列。宏 Random_Same 例示了这种方法。

```
Sub Random_Same()
'Produces the same list of random numbers
'which is always the same
Rnd (-4)
Randomize (Range("Seed")).'Initializes the VBA 'random-number generator
  For Index = 1 To 10
Range("B5").Cells(Index,1) = Rnd()
  Next Index
End Sub
```

---

① 在本章的练习里有很多这样的例子。

下面的电子表中,按上面一个按钮生成一组随机数。按下面一个按钮会开启宏 Random_Same,每次生成相同的一组随机数——前提是种子(单元格 B2)不变。

	A	B	C
1			生成随机数列表
2	种子	334	
3			
4	输出：每次运行不同	输出：每次运行相同	Run Random_EachDifferent
5	0.54165	0.29708	
6	0.50241	0.70653	
7	0.99067	0.65463	
8	0.85176	0.96848	
9	0.97838	0.48999	Run Random_Same
10	0.40634	0.72373	
11	0.88656	0.06518	
12	0.59110	0.60034	
13	0.72938	0.25382	
14	0.49635	0.70398	
15			
16	注意：清除B5至B14单元格的内容,可看到"Run Random_Same"按钮的效果。改变B2单元格的种子会改变B列的输出结果。		

24.4 生成正态分布的随机数

上一节中我们生成了均匀分布的随机数。本节中我们研究四种用 Excel 生成正态分布随机数的方法。

24.4.1 方法 1:使用"工具|数据分析|随机数生成器"

一种生成正态分布随机数的方法是使用 Excel 菜单命令"工具|数据分析|随机数生成器"。下面是我们在电子表第 A 列中得到 Excel 产生的 1,000 个正态分布($\mu = 0$ 和 $\sigma = 1$)的随机数:

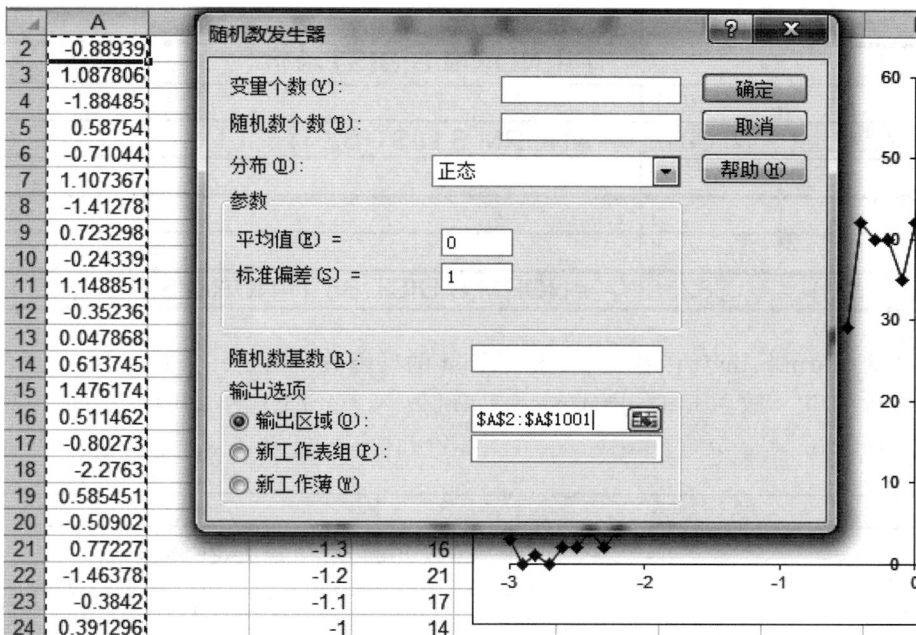

	A
2	-0.88939
3	1.087806
4	-1.88485
5	0.58754
6	-0.71044
7	1.107367
8	-1.41278
9	0.723298
10	-0.24339
11	1.148851
12	-0.35236
13	0.047868
14	0.613745
15	1.476174
16	0.511462
17	-0.80273
18	-2.2763
19	0.585451
20	-0.50902
21	0.77227
22	-1.46378
23	-0.3842
24	0.391296

随机数发生器

变量个数(V):	
随机数个数(B):	
分布(D):	正态

确定
取消
帮助(H)

参数
平均值(E) = 0
标准偏差(S) = 1

随机数基数(R):

输出选项
● 输出区域(O): $A$2:$A$1001
○ 新工作表组(P):
○ 新工作薄(W):

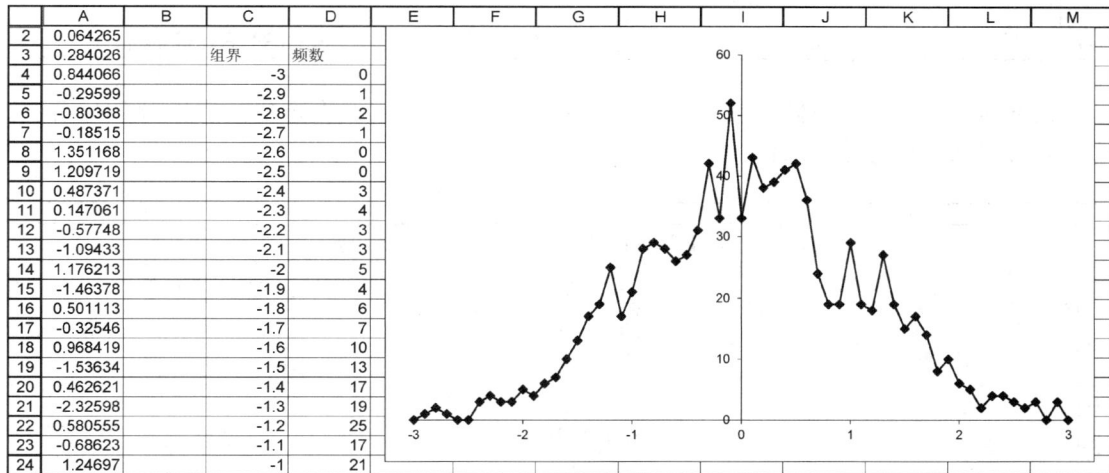

	A	B	C	D
2	0.064265			
3	0.284026		组界	频数
4	0.844066		-3	0
5	-0.29599		-2.9	1
6	-0.80368		-2.8	2
7	-0.18515		-2.7	1
8	1.351168		-2.6	0
9	1.209719		-2.5	0
10	0.487371		-2.4	3
11	0.147061		-2.3	4
12	-0.57748		-2.2	3
13	-1.09433		-2.1	3
14	1.176213		-2	5
15	-1.46378		-1.9	4
16	0.501113		-1.8	6
17	-0.32546		-1.7	7
18	0.968419		-1.6	10
19	-1.53634		-1.5	13
20	0.462621		-1.4	17
21	-2.32598		-1.3	19
22	0.580555		-1.2	25
23	-0.68623		-1.1	17
24	1.24697		-1	21

假如我们想看输出结果是不是正态分布,我们可以用 Excel 做一个频数分布图(用数组函数 Frequency 或使用"工具|数据分析|直方图")。如上图所示,该输出显示是正态分布的。

24.4.2 方法 2:使用 Norm.S.Inv(Rand())

Excel 的函数 Norm.S.Inv(Rand()) 可以生成正态分布的随机数。为帮助理解这个函数,我们用函数 Norm.S.Dist 为例来进行说明。Excel 的 Norm.S.Dist 函数计算标准正态分布的值。以下面的电子表为例,我们使用 Norm.S.Dist(0.5,1) 来计算 N(0.5)——标准正态随机变量小于 0.5 的概率。我们还用 Norm.S.Dist(1,1)-Norm.S.Dist(1,-1) 来计算标准正态分布在 -1 和 +1 之间的概率。

	A	B	C
1		使用**NORM.S.DIST**函数	
2	x	0.500	
3	Norm.S.Dist	0.6915	<-- =NORM.S.DIST(B2,1)
4			
5	x_1	1	
6	x_2	-1	
7	$N(x_2)-N(x_1)$	0.68269	<-- =NORM.S.DIST(B5,1)-NORM.S.DIST(B6,1)

Excel 的 Norm.S.Inv() 函数是 Norm.S.Dist 的反函数。给定一个在 0 和 1 之间的数 x，NormInvS(x) 产生 y 故 Norm.S.Dist(y)＝x。函数 NormSDist(Rand()) 应生成一组标准正态分布的随机数：

	A	B	C
1		使用**NORM.S.INV()**得到正态分布随机数	
2	介于0-1之间的任何数	0.6	
3	正态数	0.2533	<-- =NORM.S.INV(B2)
4	核对：	0.6	<-- =NORM.S.DIST(B3,1)
5			
6	正态分布随机数	0.8281	<-- =NORM.S.DIST(RAND(),1)

在下面的电子表中我们产生 Norm.S.Inv(Rand()) 的 1,000 次迭代然后作频数分布图。这些数看起来是正态分布的：

	A	B	C	D	E	F
1		用 **NORM.S.INV( )**生成的正态分布随机数				
2	Rand()生成的随机数	NormSInv		组界	频数	
3	0.6919	0.5013	<-- =NORM.S.INV(A3)	-4	0	
4	0.8015	0.8472	<-- =NORM.S.INV(A4)	-3.8	0	
5	0.3753	-0.3178	<-- =NORM.S.INV(A5)	-3.6	0	<-- {=FREQUENCY(B:B,D3:D43)}
6	0.0846	-1.3747	<-- =NORM.S.INV(A6)	-3.4	0	
7	0.7068	0.5440		-3.2	0	
8	0.4096	0.2285		-3	2	
9	0.4316					
10	0.7429					
11	0.9205					
12	0.9704					
13	0.3752					
14	0.3496					
15	0.2700					
16	0.2431					
17	0.4480					
18	0.5957					
19	0.8563					
20	0.9579					
21	0.2805					
22	0.8880					
23	0.4075					
24	0.5379					
25	0.0493	-1.6513			0.4	67

Norm.S.Inv 生成的1000 个数字

24.4.3　方法 3：将 Norm.S.Inv( ) 放入 VBA

程序 NormStandardRandom 使用 NormSInv 来生成随机偏差。下面是该程序、说明和输出结果。注意，在 VBA 中我们将函数中的句号写成下划线，写作 Norm_S_Inv。

```
Sub NormStandardRandom()
'Produces a list of normally distributed
'random numbers
Randomize 'Initializes the VBA random-number
generator
Application.ScreenUpdating = False
Range("E2") = Time
    Range("A8").Range(Cells(1,1),_
    Cells(64000,1)).Clear
    N = Range("B2").Value

    For Index = 1 To N
    Range("A8").Cells(Index,1)_
          = Application. NormSInv(Rnd())
    Next Index
Range("E3") = Time
End Sub
```

在 NormStandardRandom 程序中包含了两行，测量整个模拟过程运行所需的时间。这个程序非常慢，主要是原因是重复调用电子表函数。正如你在下面例子中看到的，该程序在作者的 Lenovo T420s 上运行 1 万次要花费差不多 45 秒。下面是例子的截图（点击按钮来操作这个宏）：

	A	B	C	D	E	F	G	H	I	J	K	L
1			**正态分布随机数**									
			用 VBA 和 Excel 的 Norm.S.Inv() 函数									
2	运行次数	10,000		Starttime	22:44:46			NormStandardRandom				
3				Stoptime	22:45:59			uses Norm.S.Inv()				
4				Elapsed	0:01:13	<-- =E3-E2						
5												
6			频数分布									
7	输出		组界	频数								
8	-0.69969		-4	0								
9	0.162404		-3.9	1				**1000 个正态分布随机数的频数**				
10	0.162127		-3.8	0								
11	-1.27841		-3.7	1								
12	0.181736		-3.6	1								
13	1.057659		-3.5	0								
14	-1.27204		-3.4	2								
15	0.033503		-3.3	1								
16	0.024306		-3.2	0								
17	0.719378		-3.1	4								
18	-0.10433		-3	4								
19	-0.15007		-2.9	4								
20	2.21969		-2.8	4								
21	0.872832		-2.7	11								
22	-1.04837		-2.6	8								
23	-1.009		-2.5	10								
24	0.646332		-2.4	29								
25	-1.35133		-2.3	32								
26	1.487098		-2.2	33								

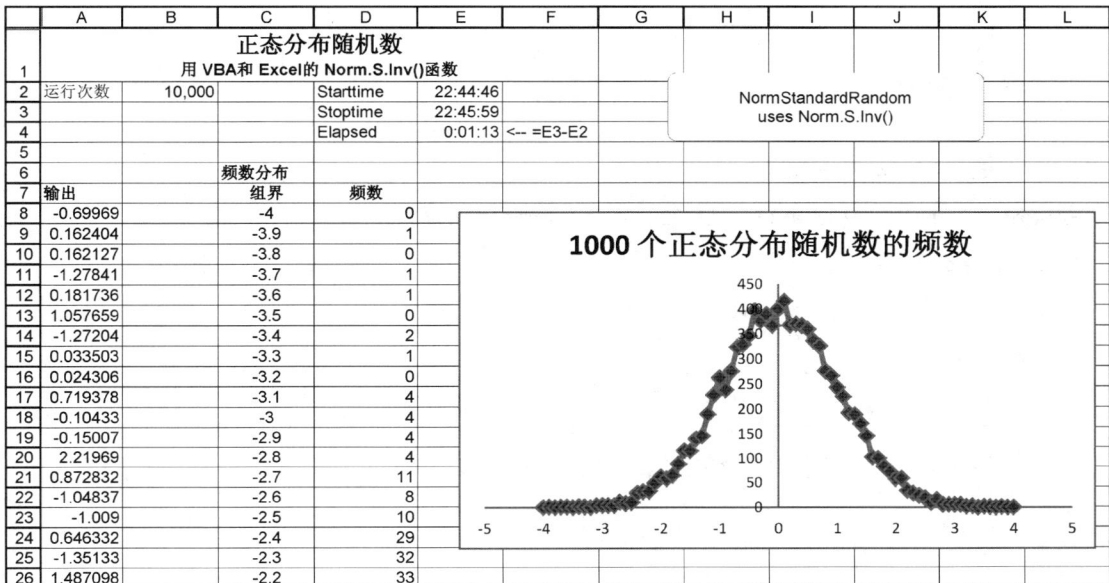
1000 个正态分布随机数的频数

24.4.4 方法 3 的一个提速版本

通过在 VBA 中存储所有数据且在屏幕上只显示最后的频数分布，我们可以将方法 3 提速：

```
Sub NormStandardRandom2()
Randomize 'Initializes the VBA random number 'generator
Dim distribution( -40 To 40) As Double
Application.ScreenUpdating = False
Range("E2") = Time
    N = Range("B2").Value


    For Index = 1 To N
        X = Application.Norm S Inv(Rnd())


    If X1 < -4 Then
distribution( -40) = distribution( -40) + 1
ElseIf X1 > 4 Then
distribution(40) = distribution(40) + 1
    Else: distribution(Int(X/ 0.1)) = distribution(Int(X/ 0.1)) + 1
    End If


    Next Index


For Index = -40 To 40
Range("B7").Cells(Index + 41, 1) = distribution(Index)/ (2 * N)
Next Index


Range("E3") = Time
End Sub
```

下面是 100,000 次迭代的输出结果，注意单元格 E4 中的时间：

	A	B	C	D	E	F	G	H	I	J	K
1				正态分布随机数							
			这张表格通过不记录在该屏幕上的随机数来节省时间								
2	次数	1,000,000		开始时间	12:35:13						
3				结束时间	12:35:20			NormStandardRandom2			
4				时长	0:00:07	<-- =E3-E2					
5											
6	组界	输出									
7	-4	0.0000245									
8	-3.9	0.0000130		1000 个正态分布随机数的频数分布							
9	-3.8	0.0000170									
10	-3.7	0.0000315									
11	-3.6	0.0000375									
12	-3.5	0.0000595									
13	-3.4	0.0000760									
14	-3.3	0.0001135									
15	-3.2	0.0001430									
16	-3.1	0.0001915									
17	-3	0.0002465									
18	-2.9	0.0003375									
19	-2.8	0.0004490									
20	-2.7	0.0005775									
21	-2.6	0.0007645									
22	-2.5	0.0009770									
23	-2.4	0.0012605									
24	-2.3	0.0016130									

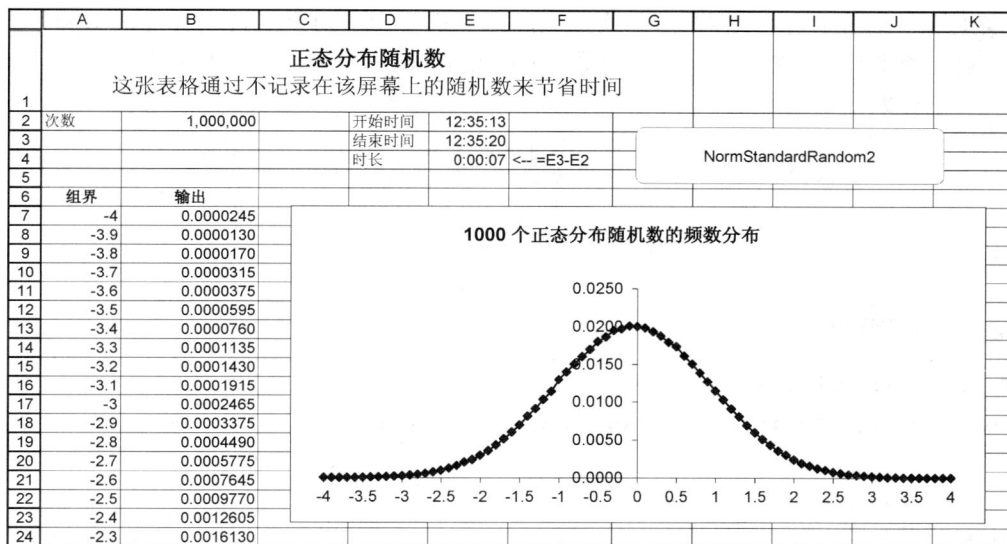

有一些关于该程序的注意事项：

● 该正态分布的大部份结果是在 -4 和 $+4$ 之间。当在 NormStandardRandom2 中，我们将该输出结果分组，我们希望这些组是 $(-\infty,-3.9]$，$(-2.9,-2.8]$，$\cdots$，$(-3.9,\infty)$。我们首先定义一个数组分布 $(-40$ 到 $40)$；这个数组有 81 个下标。为了将指定的随机数 (X) 分类到该数组的分组中，我们使用下面的函数：

```
If X1 < -4 Then
distribution(-40) = distribution(-40) + 1
ElseIf X > 4 Then
distribution(40) = distribution(40) + 1
    Else: distribution(Int(X/ 0.1)) = distribution(Int(X/ 0.1)) + 1
    End If
```

● NormStandardRandom2 不是产生一个直方图（它是对多少个数落在一个指定组进行计数），而是产生一个频数分布。我们将这些数据输出到电子表之前，我们通过用 2 倍的运行数（2N）来除这个频数（记住，每次成功的运行，其结果会产生两个随机数）：

```
For Index = -40 To 40
Range("output").Cells(Index + 41, 1) = distribution(Index) / (2 * N)
Next Index
```

● 最后注意用命令 Application.screenupdating = False 有很大差别！该命令预防了单元格和 Excel 中图表的更新。可以试着运行看看有和没有这条命令的结果是否有差异。

24.4.5　方法 4:Box-Muller 方法

对建立正态分布偏差，Box-Muller 方法是这四种方法中最快的。[①]在该 VBA 程序中

_____

① 见 Box-Muller(1958)或 Knuth(1981)。

Start 之后的 8 行定义了一个程序,每次成功的迭代都会产生两个取自于标准正态分布的数。该程序建立两个在 -1 和 1 之间的随机数,$rand_1$ 和 $rand_2$。如果这些数的平方和在单位圆内,则这两个正态偏差定义为:

$$\{X_1, X_2\} = \{rand_1 \cdot \sqrt{\frac{-2\ln(S_1)}{S_1}}, \ rand_2 \cdot \sqrt{\frac{-2\ln(S_1)}{S_1}}\}$$

其中,

$$S_1 = rand_1^2 + rand_2^2$$

该 VBA 程序如下:

```
Sub NormStandardRandom3()
'Box-Muller for producing standard normal deviates

Dim distribution(-40 to 40) As Long
Range("E2") = Time
N = Range("B2").Value
Application.ScreenUpdating = False
For Index = 1 To N

start:
    Static rand1, rand2, S1, S2, X1, X2
    rand1 = 2 * Rnd - 1
    rand2 = 2 * Rnd - 1
    S1 = rand1^2 + rand2^2
    If S1>1 Then GoTo start
    S2 = Sqr(-2 * Log(S1)/S1)
    X1 = rand1 * S2
    X2 = rand2 * S2
    If X1<-4 Then
distribution(-40) = distribution(-40) + 1
ElseIf X1>4 Then
distribution(40) = distribution(40) + 1
    Else: distribution(Int(X1/0.1) = distribution(Int(X1/0.1)) + 1
    End If

    If X2<-4 Then
distribution(-40) = distribution(-40) + 1
ElseIf X2>4 Then
distribution(40) = distribution(40) + 1
    Else: distribution(Int(X2/0.1) = distribution(Int(X2/0.1)) + 1
```

```
    End If

Next Index

For Index = −40 To 40
Range("B7").Cells(Index+41,1) = distribution(Index)/(2*N)
Next Index

Range("E3") = Time
End Sub
```

这个程序非常快。下面的电子表中,我们用 38 秒产生了 1,000 万个正态分别的随机数。

	A	B	C	D	E	F	G	H	I	J	K
1	\multicolumn{10}{c	}{**标准正态分布标准差的BOX-MULLER程序**}	
2	次数	10,000,000		开始时间	10:57:03						
3				结束时间	10:57:23			NormStandardRandom3			
4				时长	0:00:20	<-- =E3-E2					
5											
6	组界	输出									
7	-4	0.0000									
8	-3.9	0.0000									
9	-3.8	0.0000									
10	-3.7	0.0001									
11	-3.6	0.0001									
12	-3.5	0.0001									
13	-3.4	0.0001									
14	-3.3	0.0002									
15	-3.2	0.0003									
16	-3.1	0.0004									
17	-3	0.0005									
18	-2.9	0.0007									
19	-2.8	0.0009									
20	-2.7	0.0012									
21	-2.6	0.0015									
22	-2.5	0.0020									

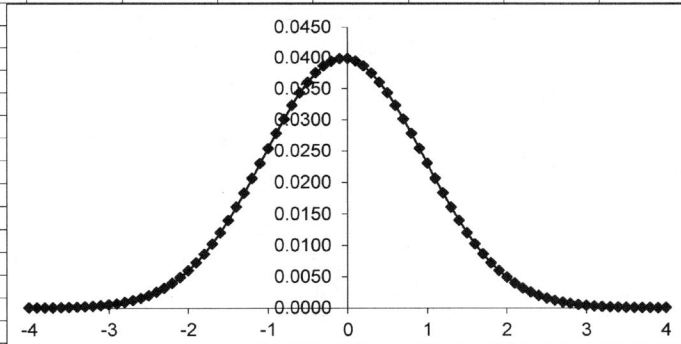

24.5 Norm.Inv:产生正态偏差的另一种方法

Excel 函数 Norm.Inv(rand(),mean,sigma)也可以产生正态偏差。但 Norm.S.Inv(rand())只产生标准正态偏差,我们可以用 Norm.Inv 来改变正态偏差的均值和标准差。在第 26 章,我们有时会使用这个函数来生成正态分布的股票收益。

用 NORM.INV(rand(),mean,sigma)创建正态分布随机数

	A	B	C	D	E	F
2	均值	2				
3	标准差	3				
5	Norm.Inv(rand(),mean,sigma)			组界	输出	
6	5.9219	<--		-10.0	0	<-- {=FREQUENCY(A:A,D6:D46)}
7	2.4528	=NORM.INV(RAND(),		-9.4	0	
8	2.4315	$B$2,$B$3)		-8.8	0	
9	2.8931			-8.2	0	
10	6.8680			-7.6	0	
11	2.4611			-7.0	2	
12	1.7171			-6.4	1	
13	7.1399			-5.8	0	
14	2.1088			-5.2	4	
15	5.2057			-4.6	3	
16	5.2074			-4.0	5	
17	-0.7243			-3.4	15	
18	2.0168			-2.8	19	
19	2.7970			-2.2	19	
20	4.8966			-1.6	35	
21	-1.0714			-1.0	33	
22	9.9175			-0.4	57	
23	4.0919			0.2	62	

用norm.inv(rand(),mean,sigma)
产生的1000 正态标准差

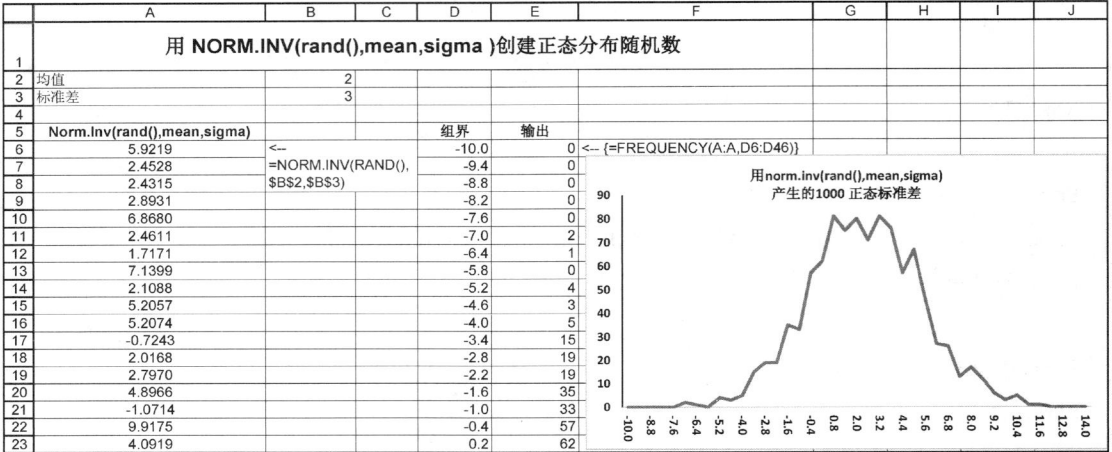

24.5.1 用 Norm.Inv 代替 Norm.S.Inv

Norm.S.Inv(Rand( ))对标准正态分布进行逆运算，可以产生正态偏差。Excel 函数 Norm.Inv(Rand()),mean,sigma)可以产生服从任意一种正态分布的正态偏差。例子如下面的电子表：

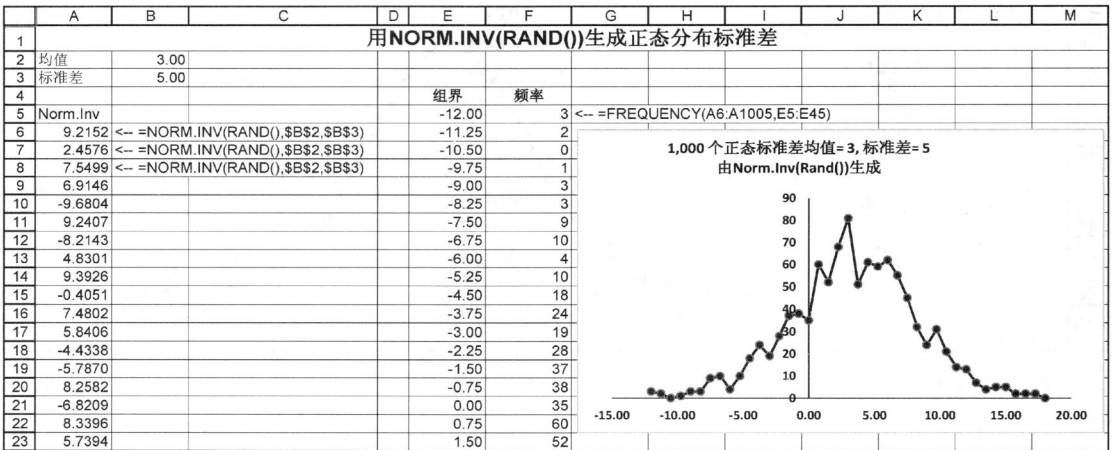

用NORM.INV(RAND())生成正态分布标准差

	A	B	C	D	E	F	G
2	均值	3.00					
3	标准差	5.00					
5	Norm.Inv				组界	频率	
6	9.2152	<-- =NORM.INV(RAND(),$B$2,$B$3)			-12.00	3	<-- =FREQUENCY(A6:A1005,E5:E45)
7	2.4576	<-- =NORM.INV(RAND(),$B$2,$B$3)			-11.25	2	
8	7.5499	<-- =NORM.INV(RAND(),$B$2,$B$3)			-10.50	0	
9	6.9146				-9.75	1	
10	-9.6804				-9.00	3	
11	9.2407				-8.25	3	
12	-8.2143				-7.50	9	
13	4.8301				-6.75	10	
14	9.3926				-6.00	4	
15	-0.4051				-5.25	10	
16	7.4802				-4.50	18	
17	5.8406				-3.75	24	
18	-4.4338				-3.00	19	
19	-5.7870				-2.25	28	
20	8.2582				-1.50	37	
21	-6.8209				-0.75	38	
22	8.3396				0.00	35	
23	5.7394				0.75	60	
					1.50	52	

1,000 个正态标准差均值= 3, 标准差= 5
由Norm.Inv(Rand())生成

24.5.2 一个提前的问题：我们应该选择 Norm.S.Inv 还是 Norm.Inv

我们最终的目标是模拟股票收益；它们（如我们在第 26 章中讨论的），一般被假定服从正态分布。如果基于年均值 μ 和标准差 σ 模拟收益，使用 Norm.S.Inv(rand(), μ, σ)更加便捷。如我们在第 26 章中讨论的，如果(μ, σ)是股票收益的年统计量，且如果我们将年分为 n 个小区间，那么可以用 Norm.Inv(Rand(), $\mu\Delta t$, $\sqrt{\Delta t}\sigma$)，其中 $\Delta t = 1/n$。

另一方面，很多金融理论使用对数正态价格过程来表述的。它们一般写作：

$$r = \mu\Delta t + \sigma\sqrt{\Delta t}Z$$

其中 Z 是标准正态偏差。为了使书写一致,将模拟的收益记作:

$$r = \mu \Delta t + \sigma \sqrt{\Delta t}\, \text{Norm.S.Inv}(\text{Rand}())$$

本书中我们交替使用这两种写法。

24.6 生成相关的随机数

本章中我们展示如何产生相关的伪随机数。我们先介绍如何产生两个相关的正态的和均匀随机数,然后再介绍多变量的情况。

24.6.1 例 1:两个相关的标准正态分布变量

假定 Z_1 和 Z_2 是标准正态偏差[在下面的电子表中用 Norm.S.Inv(Rand()) 产生]。定义 $z_3 = \rho z_1 + z_2 \sqrt{1 - \rho^2}$,我们产生了一系列和 Z_1 有指定相关性的模拟数:

	A	B	C	D	E
1		**1,000 个关联标准正态分布的标准差**			
2	ρ	0.6			
3	平均数	0.0731	-0.0515	0.0026	<-- =AVERAGE(D12:D1011)
4	1000个相关的标准正态分布	0.991	1.0322	1.0026	<-- =STDEV.S(D12:D1011)
5	偏度	0.0572	0.1225	0.0376	<-- =SKEW(D12:D1011)
6	峰度	-0.0962	-0.0599	-0.0923	<-- =KURT(D12:D1011)
7	总数	1000	1000	1000	<-- =COUNT(D12:D1011)
8	Z_1,Z_3 相关系数	0.5676	<-- =CORREL(B12:B1011,D12:D1011)		
9					
10					
11		Z_1	Z_2	Z_3	
12	=NORM.S.INV(RAND()) -->	-0.9108	-0.2754	-0.7668	<-- =$B$2*B12+SQRT(1-$B$2^2)*C12
13	=NORM.S.INV(RAND()) -->	0.8994	0.2471	0.7373	<-- =$B$2*B13+SQRT(1-$B$2^2)*C13
14	=NORM.S.INV(RAND()) -->	0.373	-0.7499	-0.3762	<-- =$B$2*B14+SQRT(1-$B$2^2)*C14
15		-0.7975	-0.3404	-0.7508	
16		0.4534	-0.1954	0.1157	
17		-0.5444	-0.4955	-0.723	
18		1.1833	-1.1735	-0.2288	
19		-1.533	0.7085	-0.353	
20		-0.0806	-1.8064	-1.4934	

下表中是频数和分布:

	G	H	I	J	K
11					
12		频数分布, Z_1, Z_2, Z_3			
13		Z_1	Z_2	Z_3	
14	-4	0	0	0	
15	-3.8	0	0	0	
16	-3.6	0	0	0	
17	-3.4	0	0	0	
18	-3.2	0	1	0	
19	-3	2	2	3	
20	-2.8	2	3	1	
21	-2.6	1	0	0	
22	-2.4	3	1	2	
23	-2.2	4	5	4	
24	-2	11	6	14	
25	-1.8	10	20	20	
26	-1.6	14	20	14	
27	-1.4	27	19	20	
28	-1.2	41	39	43	
29	-1	41	49	36	
30	-0.8	46	71	68	
31	-0.6	60	65	48	
32	-0.4	72	63	56	
33	-0.2	66	70	76	
34	0	86	62	87	
35	0.2	76	89	72	
36	0.4	77	79	93	
37	0.6	72	74	77	
38	0.8	74	48	55	
39	1	62	49	58	
40	1.2	40	43	49	
41	1.4	36	42	30	
42	1.6	22	25	25	
43	1.8	24	17	15	
44	2	9	12	9	

Z1 与 Z3对比的散点图, 相关系数 = 0.6

频数: Z1, Z2, Z3

下面我们给出一些有着不同相关系数 ρ 的模拟数的散点图。

24.6.2 例2:两个相关的均匀分布变量

为了生成相关的均匀分布变量,我们先产生相关的标准正态变量,然后使用 Norm.S.Dist 来产生均匀分布变量。下面是具体步骤:

- 使用 Norm.S.Inv(Rand()) 产生两组正态分布随机数。称这些数为 Z_1 和 Z_2。
- 令 $z_3 = \rho z_1 + z_2\sqrt{1-\rho^2}$。 如我们上面所示,$Z_3$ 和 Z_1 的相关系数为 ρ。
- 现在定义 $u_1 = $ Norm.S.Dist$(z1, 1)$,$u_2 = $ Norm.S.Dist$(z3, 1)$。u_1 和 u_2 都服从均匀分布,且相关系数为 ρ。

下图为不同相关系数的标准正态模拟数的散点图。

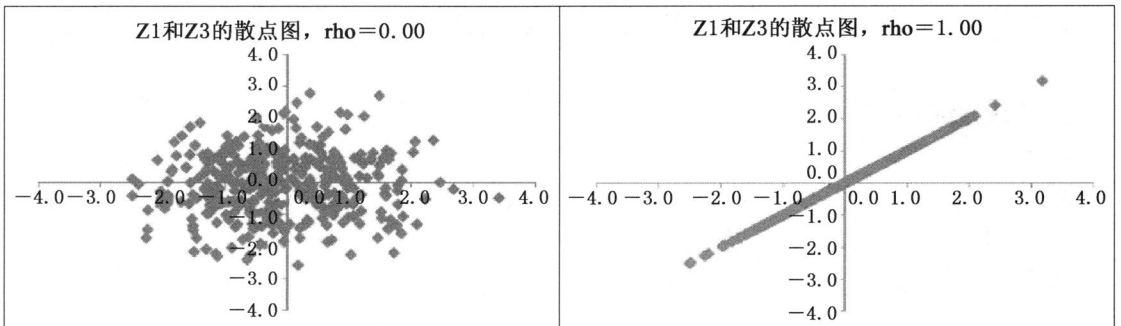

Z1和Z3的散点图,rho=0.00

Z1和Z3的散点图,rho=1.00

Z1和Z3的散点图，rho＝0.50

Z1和Z3的散点图，rho＝0.30

我们介绍这个过程两次。第一次通过下面那个大的电子表展示。注意 u_1 和 u_2 的散点图的对角线方向（这显示了相关性）。

	A	B	C	D	E	F	G	H	I	J
1					**1,000 个关联标准正态分布的标准差**					
					从正态分布开始，再到均匀分布					
2	Rho, ρ	0								
3	均值	-0.0246	-0.0312	-0.0312	<-- =AVERAGE(D11:D10000)		均值	0.4970	0.4881	<-- =AVERAGE(I11:I9998)
4	标准差	0.9687	0.9944	0.9944	<-- =STDEVP(D11:D10000)		标准差	0.2831	0.2828	<-- =STDEVP(I11:I9998)
5	偏度	-0.1632	0.1627	0.1627	<-- =SKEW(D11:D10000)		最大值	0.9980	0.9999	<-- =MAX(I11:I9998)
6	峰度	-0.0586	0.4520	0.4520	<-- =KURT(D11:D10000)		最小值	0.0005	0.0003	<-- =MIN(I11:I9998)
7	计数	1,000	1,000	1,000	<-- =COUNT(D11:D10000)					
8	Corr(z₁,z₃)	0.0158	<-- =CORREL(B11:B10000,D11:D10000)				Corr(u₁,u₂)		0.0147	<-- =CORREL(H11:H1010,I11:I1010)
9										
10		Z₁	Z₂	Z₃				U₁	U₂	
11	=NORMSINV(RAND())-->	0.5340	-1.3795	-1.3795	<-- =rho*B11+SQRT(1-rho^2)*C11		=NORM.S.DIST(B11,1)-->	0.7033	0.0839	<-- =NORM.S.DIST(D11,1)
12		0.6549	-0.9919	-0.9919				0.7437	0.1606	
13		0.2143	0.9635	0.9635				0.5848	0.8324	
14		-0.6054	-1.0432	-1.0432				0.2725	0.1484	
15		1.2927	0.8512	0.8512				0.9019	0.8027	
16		-0.3918	-0.5488	-0.5488				0.3476	0.2916	
17		0.1439	-0.0111	-0.0111				0.5572	0.4956	
18		-1.9644	-0.8968	-0.8968				0.0247	0.1849	
19		0.7627	-1.3286	-1.3286				0.7772	0.0920	
20		-0.3667	-0.0610	-0.0610				0.3569	0.4757	
21		0.1060	-0.9195	-0.9195				0.5422	0.1789	
22		-1.9164	-1.8139	-1.8139				0.0277	0.0348	
23		1.2096	-0.3916	-0.3916				0.8868	0.3477	
24		-0.5411	-1.0430	-1.0430				0.2942	0.1485	
25		-2.4266	0.4895	0.4895				0.0076	0.6878	
26		-1.9158	0.9588	0.9588				0.0277	0.8312	
27		-0.3706	-0.7752	-0.7752				0.3555	0.2191	

我们可以通过结合在下面的电子表中的函数来使这个过程更有效率（也更模糊）。A 列单元格包含有 Rand()。B 列包含公式 ＝NORM.S.DIST(Rho ＊ NORM.S.INV(A7) ＋ SQRT(1－Rho∧2) ＊ NORM.S.INV(RAND()),1)。

	A	B	C	D	E	F	G	H	I	J
1				**1,000 个关联标准正态分布的标准差**						
				更有效的程序						
2	Rho	-0.9								
3	Corr(u₁,u₂)	-0.89683								
4										
5								频数分布		
6	U₁	U₂					Bins	U₁	U₂	
7	0.65274	0.35223	<-- =NORM.S.DIST(Rho*NORM.S.INV(A7)+SQRT(1-Rho^2)*NORM.S.INV(RAND()),1)				0.1	57	57	
8	0.29540	0.37987					0.2	49	49	
9	0.85047	0.37283					0.3	43	48	
10	0.43069	0.43978					0.4	45	55	
11	0.78599	0.07900					0.5	43	55	
12	0.97213	0.09505					0.6	45	42	
13	0.97029	0.13255					0.7	49	48	
14	0.99532	0.00688					0.8	52	53	
15	0.87846	0.07705					0.9	50	45	
16	0.52572	0.69212					1.0	60	51	
17	0.11744	0.85866								
18	0.12893	0.87389								
19	0.99604	0.04743								
20	0.56702	0.31065								
21	0.99487	0.02135								
22	0.27577	0.64321								
23	0.70393	0.08808								
24	0.86110	0.08703								
25	0.94045	0.22231								
26	0.36487	0.59987								
27	0.54538	0.33952								
28	0.97272	0.06614								
29	0.15789	0.90920								
30	0.88312	0.10462								
31	0.46139	0.50084								
32	0.84590	0.12446								
33	0.33004	0.66057								
34	0.71884	0.39085								

24.7 我们对"相关"感兴趣什么? 一个小例子[1]

Jacob 于 65 岁退休,并有 100 万美元的存款。他打算将其中的 60% 投资于市场指数基金,将其余的 40% 投资于无风险资产。他的无风险资产每年的收益率是 $r_f = 3\%$,并且他预测市场组合有正态分布的收益 $\mu = 11\%$ 和 $\sigma = 20\%$。

Jacob 打算于年初从他的账户中提取 50,000 美元。他认为这笔钱平均会以每年 3% 增长,标准差为 10%。此外,他认为他每年开销的增长率与股票市场的相关系数为 $\rho = 0.5$。[2]

我们的问题:如果 Jacob 的预期寿命为 90,他能留给他心爱的儿子 Simon 多少钱? 下面是关于这一问题的模拟生成的答案(部分行已被隐藏):

	A	B	C	D	E	F	G	H	I	J
1					退休问题 支出和市场相关					
2	65岁时的储蓄	1,000,000								
3	年度支出									
4	65岁时支出	50,000								
5	平均增长	3%								
6	增长标准差	10%						=$B$7*I17+SQRT(1- $B$7^2)*NORM.S.INV(RAND())		
7	和市场相关度	0.50								
8	股票市场									
9	平均同报	11%								
10	标准差	20%								
11	无风险利率	4%			=EXP($B$9+$B$10*I17)					
12	投资股票百分比	60%								
13	继承留存	3,952,038	<-- =B42							
14										
15	=EXP($B$5+$B$6*J18)			支出		回报				两个相关的标准正态
16	年龄	养老期存款	较上年增 长	支出	股票市场	无风险利 率	期末结余		Z_1	Z_2
17	65	1,000,000		50,000	1.9474	1.0408	1,505,527		2.7825	1.6161
18	66	1,505,527	0.9760	48,801	0.9345	1.0408	1,423,242		-0.8888	-0.5428
19	67	1,423,242	1.0848	52,938	0.8807	1.0408	1,294,599		-1.1851	0.5137
20	68	1,294,599	0.9121	48,284	0.8349	1.0408	1,143,167		-1.4525	-1.2202
21	69	1,143,167	1.1196	54,057	1.3970	1.0408	1,366,316		1.1216	0.8293
22	70	1,366,316	1.0105	54,626	1.3161	1.0408	1,581,882		0.8234	-0.1953
23	71	1,581,882	1.1311	61,788	0.9383	1.0408	1,488,630		-0.8685	0.9321
24	72	1,488,630	0.9196	56,820	0.9650	1.0408	1,425,135		-0.7280	-1.1382
25	73	1,425,135	1.0222	58,080	1.5838	1.0408	1,868,226		1.7491	-0.0807
26	74	1,868,226	1.2069	70,095	1.2895	1.0408	2,139,815		0.7213	1.5803
27	75	2,139,815	1.0141	71,081	1.3861	1.0408	2,581,722		1.0824	-0.1603
41	89	3,860,666	0.9399	103,065	1.0590	1.0408	3,952,038		-0.2632	-0.9201
42	90	3,952,038	1.0305							

---

[1] 本章使用了第 26 章中的部分例子,第一次阅读者可以略过。

[2] 他的理论:如果股市涨了,所有人都会花得更多!

退休问题
支出和市场相关

65岁时的储蓄	1,000,000							
年度支出								
65岁时支出	50,000							
平均增长	3%					=$B$7*I17+(1-		
增长标准差	10%					$B$7^2)^(0.5)*NORM.S.INV(RAND())		
和市场相关度	0.50							
股票市场								
平均回报	11%				=EXP($B$9+$B$10*I17)			
标准差	20%							
无风险利率	4%							
投资股票百分比	60%							
继承留存	906,029	<-- =B42						

=EXP($B$5+$B$6*J18)		支出		回报			两个相关的标准正态	
年龄	养老期初存款	较上年增长	支出	股票市场	无风险利率	期末结余	Z_1	Z_2
65	1,000,000		50,000	1.0682	1.0408	1,004,359	-0.2203	-0.9133
66	1,004,359	0.9521	47,604	0.8125	1.0408	864,729	-1.5883	-0.7911
67	864,729	0.9953	47,381	1.0835	1.0408	871,664	-0.1488	-0.3470
68	871,664	1.0895	51,621	1.0418	1.0408	853,985	-0.3454	0.5573
69	853,985	1.1228	57,961	1.1690	1.0408	889,751	0.2309	0.8584
70	889,751	0.9806	56,836	0.7173	1.0408	705,228	-2.2114	-0.4961
71	705,228	1.1715	66,581	1.4352	1.0408	815,828	1.2564	1.2825
72	815,828	1.0569	70,371	1.2569	1.0408	872,528	0.5932	0.2537
73	872,528	0.9371	65,947	0.9205	1.0408	781,255	-0.9644	-0.9493
74	781,255	1.0533	69,463	1.1433	1.0408	784,598	0.1195	0.2194
75	784,598	0.9870	68,558	1.1017	1.0408	771,425	-0.0657	-0.4312
89	929,695	0.9389	65,230	1.0529	1.0408	906,029	-0.2921	-0.9299
90	906,029							

模拟的一些细节：

● 某一年末留下的任何存款构成下年的初始存款；

● Z_1 和 Z_2 是相关的标准正态分布。注意下面的公式：

$$Z_1 = \mathrm{Norm.S.Inv}(\mathrm{Rand}())$$

$$Z_2 = \rho Z_1 + \mathrm{Sqrt}(1-\rho^2) \cdot \mathrm{Norm.S.Inv}(\mathrm{Rand}())$$

在这次模拟中，Jacob 留下了 906,029 美元作为遗产。运行在空白单元格上的模拟运算表方法（见第 31 章），我们可以对这个问题进行多次模拟：

	M	N	O
17	模拟	20,038,193	<-- =B13, 模拟运算表表头
18	1	732,247	
19	2	5,048,064	
20	3	-280,312	
21	4	15,332,009	
22	5	1,340,741	
23	6	1,270,854	
24	7	6,430,200	
25	8	694,863	
26	9	5,603,807	
27	10	1,522,793	
28	11	-682,303	
29	12	-142,605	
30	13	-637,611	
31	14	1,567,735	
32	15	1,324,032	
33	16	6,043,816	
34	17	1,038,274	
35	18	2,153,901	
36	19	6,153,440	
37	20	-872,681	
38			
39	均值	2,682,063	<-- =AVERAGE(N18:N37)
40	标准差	3,854,172	<-- =STDEV.S(N18:N37)
41	最小值	-872,681	<-- =MIN(N18:N37)
42	最大值	15,332,009	<-- =MAX(N18:N37)
43	负值的个数	5	<-- =COUNTIF(N18:N37,"<0")

一般而言,Jacob 会留下相当多的财产。但在 20 个模拟值中,有两个不会留给继承人一点钱。他们可能还可以使用模拟运算表来检验相关性是否影响了他们的继承。

	M	N	O	P	Q	R
13		=B13模拟运算表表头				
14						
15		模拟运算表: 遗产的20模拟数, 相关系数变化				
16				相关系数 ↓		
17		-0.80	-0.40	0.00	0.40	0.80
18	1	-3,878,282	407,922	-2,092,022	5,892,044	776,179
19	2	-355,427	12,374,317	1,231,667	1,430,022	2,569,032
20	3	2,701,642	2,094,836	6,302,509	6,173,809	3,855,578
21	4	3,654,268	-7,305,921	-1,022,015	5,612,734	11,091,452
22	5	8,596,891	3,420,197	1,122,790	5,146,966	327,214
23	6	3,011,772	7,026,761	13,962,258	4,750,908	12,090,968
24	7	2,566,566	6,905,297	7,112,207	713,547	2,082,942
25	8	425,948	-55,067	9,019,898	3,473,032	1,142,113
26	9	1,308,230	1,054,235	15,630,806	16,296,048	3,500,256
27	10	-2,767,196	-970,236	569,673	-1,220,983	1,937,500
28	11	-625,857	7,598,734	13,913	1,066,494	4,471,421
29	12	-5,108,699	-629,855	5,135,837	2,755,013	3,866,019
30	13	11,678,836	-2,296,249	5,605,848	5,174,562	1,535,910
31	14	594,978	2,402,741	4,146,521	5,221,341	3,444,645
32	15	-1,559,593	664,743	10,721,296	186,911	4,188,187
33	16	-3,603,746	17,209,414	1,404,487	10,669,752	5,102,248
34	17	12,307,006	-2,692,426	1,678,389	1,884,242	8,904,178
35	18	-2,452,126	-200,078	2,040,167	1,288,028	1,618,718
36	19	170,222	7,527,060	9,997,238	9,421,609	1,390,091
37	20	9,874,105	-5,562,267	-574,191	5,243,863	1,239,145
38						
39	均值	1,826,977	2,448,708	4,600,364	4,558,997	3,756,690
40	标准差	5,139,318	5,905,472	5,106,010	4,087,819	3,315,766
41	最小值	-5,108,699	-7,305,921	-2,092,022	-1,220,983	327,214
42	最大值	12,307,006	17,209,414	15,630,806	16,296,048	12,090,968
43	负值的个数	8	8	3	1	0

正如可能预期的那样,总体上股票市场和 Jacob 花费的负相关系数越高,遗产就越少。这是讲得通的:在负相关性下,当股票市场下跌时,花费上升(反过来也一样)。

24.8 多个具有相关性的随机变量:Cholesky 分解

我们还可以通过使用 Cholesky 分解产生多元相关的随机数。一点背景知识:如果一个方阵对于任何行向量 x,乘积 $xSx^T > 0$,那么其被称为是正定的。证券组合的方差—协方差矩阵在第 8—12 章讨论。

$$S = \begin{bmatrix} \sigma_{11} & \sigma_{11} & \sigma_{1N} \\ \sigma_{21} & \sigma_{22} & \sigma_{23} \\ & \vdots & \\ \sigma_{N1} & \sigma_{N1} & \sigma_{NN} \end{bmatrix}, \text{是正定且对称的(因为 } \sigma_{ij} = \sigma_{ji} \text{)}。$$

如果一个方阵只在对角线和对角线以上有非零项,那么它被称为上三角阵。一个方阵如果(你填满空位)被称为下三角阵。

法国数学家 André-Louis Cholesky(1875—1918)证明了任何对称的正定阵 S 可以写成一个下三角阵 L 和其转置 L^T 的乘积。这就是 Cholesky 分解。

24.8.1 例子

下面的例子中单元格 A2:D5 包含了一个 4×4 方差—协方差矩阵。单元格 A8:D11 包含了这个矩阵的 Cholesky 分解——一个下三角矩阵 L。单元格 A14:D17 是 L 乘上其转置:你可以看到,这么做又得到了原来的方差—协方差矩阵。

	A	B	C	D	E
1	方差与协方差矩阵, **S**				
2	0.400	0.030	0.020	0.000	
3	0.030	0.020	0.000	-0.060	
4	0.020	0.000	0.300	0.030	
5	0.000	-0.060	0.030	0.100	
6					
7	**Cholesky分解,　L**				
8	0.632	0.000	0.000	0.000	<-- {=cholesky(A2:D5)}
9	0.047	0.445	0.000	0.000	
10	0.032	-0.003	0.547	0.000	
11	0.000	-0.135	0.054	0.281	
12					
13	检验:乘以上述矩阵的转置矩阵				
14	0.400	0.030	0.020	0.000	<-- {MMULT(A8:D11,TRANSPOSE(A8:D11))}
15	0.030	0.200	0.000	-0.060	
16	0.020	0.000	0.300	0.030	
17	0.000	-0.060	0.030	0.100	

Cholesky 函数见本书配套的数据包。[①]

24.8.2 使用 Cholesky 分解产生相关的正态模拟数

我们从一个方差协方差阵 $S = \begin{bmatrix} \sigma_{11} & \sigma_{12} & \sigma_{13} & \sigma_{14} \\ \sigma_{21} & \sigma_{22} & \sigma_{23} & \sigma_{24} \\ \sigma_{31} & \sigma_{32} & \sigma_{33} & \sigma_{34} \\ \sigma_{41} & \sigma_{42} & \sigma_{43} & \sigma_{44} \end{bmatrix}$,我们的模拟在每次循环要生成一个

有四个随机数的向量 $\begin{Bmatrix} x_{1t} \\ x_{2t} \\ x_{3t} \\ x_{4t} \end{Bmatrix}$,所以这些数有如下性质:

①　感谢 Antoine Jacquier,他将这个上传于 Wilmott.com 并且允许我在本书中使用。

- 每个数的均值为 0：$\frac{1}{n}\sum_{t=1}^{n} x_{it} \approx 0$（由于随机性，我们无法要求其精确地等于零，只能要求近似为 0）

- 每组数的方差与方差协方差阵对应：

$$Var\{x_{11}, x_{12}, \cdots\} \approx \sigma_{11}$$
$$Var\{x_{21}, x_{22}, \cdots\} \approx \sigma_{22}$$
$$\cdots$$

- 任意两组数的协方差与方差—协方差阵中的协方差对应：

$$Cov\{(x_{11}, x_{12}, \cdots), (x_{21}, x_{22}, \cdots)\} \approx \sigma_{21} = \sigma_{12}$$

等等。

操作分为两步：

(1) 生成一系列在 0 和 1 之间的正态分布的数。

(2) 预先用 Cholesky 分解的 L 去乘这些数组成的每一个向量。

下面我们展示了这个模拟的一步：

	A	B	C	D	E
1	基本的多元正态模拟				
2	方差—协方差矩阵				
3	0.40	0.03	0.02	0.01	
4	0.03	0.30	0.00	-0.06	
5	0.02	0.00	0.20	0.03	
6	0.01	-0.06	0.03	0.10	
7					
8	Cholesky分解				
9	0.6325	0.0000	0.0000	0.0000	<-- {=cholesky(varco
10	0.0474	0.5457	0.0000	0.0000	
11	0.0316	-0.0027	0.4461	0.0000	
12	0.0158	-0.1113	0.0654	0.2882	
13					
14	生成四个正态随机数				
15	-1.3212	<-- =NORMSINV(RAND(			
16	-1.1972	<-- =NORMSINV(RAND(			
17	0.9280	<-- =NORMSINV(RAND(			
18	2.2751	<-- =NORMSINV(RAND(			
19					
20	生成多元正态输出				
21	-0.83560	<-- {=MMULT($A$9:$D$12,A15:A1			
22	-0.71594				
23	0.37547				
24	0.82886				

在单元格 A15：A18 中我们使用 NormSInv 和 Rand 产生四个随机数，它们都服从均值为 0，标准差为 1 的正态分布。[①]我们用 A9：D12 单元格的 Cholesky 矩阵与 B21：B24 单元格的随机向量相乘。结论是单元格 A21：A24 中的数服从均值为零的正态分布，并且方差、协方差为

---

① 关于它运作的细节，见第 31 章。

给出的方差—协方差矩阵。当然,我们没法从一次模拟证明这个结论。在下面的电子表中我们重复了上面的步骤共 220 次:

	A	B	C	D	E	F
1	基本的多元正态模拟					
2	方差—协方差矩阵					
3	0.40	0.03	0.02	0.01		
4	0.03	0.30	0.00	-0.06		
5	0.02	0.00	0.30	0.03		
6	0.01	-0.06	0.03	0.10		
7						
8	**Cholesky分解**					
9	0.6325	0.0000	0.0000	0.0000	<-- {=cholesky(varcov)}	
10	0.0474	0.5457	0.0000	0.0000		
11	0.0316	-0.0027	0.5468	0.0000		
12	0.0158	-0.1113	0.0534	0.2907		
13						
14	生成四个正态随机数					
15	-1.1066	0.0427	0.5522	-0.1607	1.1747	-0.6570
16	1.3488	0.0973	-0.1789	-0.1380	-0.6901	-0.7721
17	0.6291	-0.6040	-0.1421	-0.7268	-1.6977	0.7685
18	0.6768	-2.2200	-0.7643	0.4689	-0.7651	-0.5160
19						
20	生成多元正态输出					
21	-0.69990	0.02701	0.34925	-0.10164	0.74294	-0.41553
22	0.68351	0.05513	-0.07144	-0.08293	-0.32083	-0.45250
23	0.30529	-0.32919	-0.05973	-0.40212	-0.88924	0.40158
24	0.06268	-0.68775	-0.20112	0.11033	-0.21766	-0.03338
25						
26	检验					
27	simulations	220	<-- =COUNT(15:15)			
28						
29	Mean1	0.05502	<-- =AVERAGE(21:21)			
30	Mean2	0.02662	<-- =AVERAGE(22:22)			
31	Mean3	0.07392	<-- =AVERAGE(23:23)			
32	Mean4	0.02130	<-- =AVERAGE(24:24)			
33						
34		来自varcov 矩阵	来自 模拟			
35	Var1	0.40	0.3658	<-- =VAR.P(21:21,21:21)		
36	Var2	0.30	0.2508	<-- =VAR.P(22:22,22:22)		
37	Var3	0.30	0.2997	<-- =VAR.P(23:23,23:23)		
38	Var4	0.10	0.0824	<-- =VAR.P(24:24,24:24)		
39						
40	Covar(1,2)	0.03	0.0318	<-- =COVARIANCE.P($21:$21,22:2		
41	Covar(1,3)	0.02	0.0198	<-- =COVARIANCE.P($21:$21,23:2		
42	Covar(1,4)	0.01	0.0158	<-- =COVARIANCE.P($21:$21,24:2		
43						
44	Covar(2,3)	0.00	0.0095	<-- =COVARIANCE.P($22:$22,23:2		
45	Covar(2,4)	-0.06	-0.0419	<-- =COVARIANCE.P($22:$22,24:2		
46						
47	Covar(3,4)	0.03	0.0268	<-- =COVARIANCE.P(23:23,24:24)		

行 29—47 处我们检验了每个变量的均值、方差和协方差,将它们与零比较(均值)和与方差—协方差阵的数据比较。通过按 F9,你可以重复模拟并使自己确信我们已经产生出了依照目标方差协方差的多元正态模拟数。

下面是按下 F9 得到的结果:

	A	B	C	D	E	F
26			检验			
27	模拟次数	220	<-- =COUNT(15:15)			
28						
29	Mean1	0.05502	<-- =AVERAGE(21:21)			
30	Mean2	0.02662	<-- =AVERAGE(22:22)			
31	Mean3	0.07392	<-- =AVERAGE(23:23)			
32	Mean4	0.02130	<-- =AVERAGE(24:24)			
33						
34		来自varcov 矩阵	来自 模拟			
35	Var1	0.40	0.3658	<-- =VAR.P(21:21,21:21)		
36	Var2	0.30	0.2508	<-- =VAR.P(22:22,22:22)		
37	Var3	0.30	0.2997	<-- =VAR.P(23:23,23:23)		
38	Var4	0.10	0.0824	<-- =VAR.P(24:24,24:24)		
39						
40	Covar(1,2)	0.03	0.0318	<-- =COVARIANCE.P($21:$21,22:2		
41	Covar(1,3)	0.02	0.0198	<-- =COVARIANCE.P($21:$21,23:2		
42	Covar(1,4)	0.01	0.0158	<-- =COVARIANCE.P($21:$21,24:2		
43						
44	Covar(2,3)	0.00	0.0095	<-- =COVARIANCE.P($22:$22,23:2		
45	Covar(2,4)	-0.06	-0.0419	<-- =COVARIANCE.P($22:$22,24:2		
46						
47	Covar(3,4)	0.03	0.0268	<-- =COVARIANCE.P(23:23,24:24)		

24.8.3 你需要进一步的证据吗

使你确信的另外一种明智的方法是我们可以画出每个变量的频数分布，使用 Excel Frequency 函数：

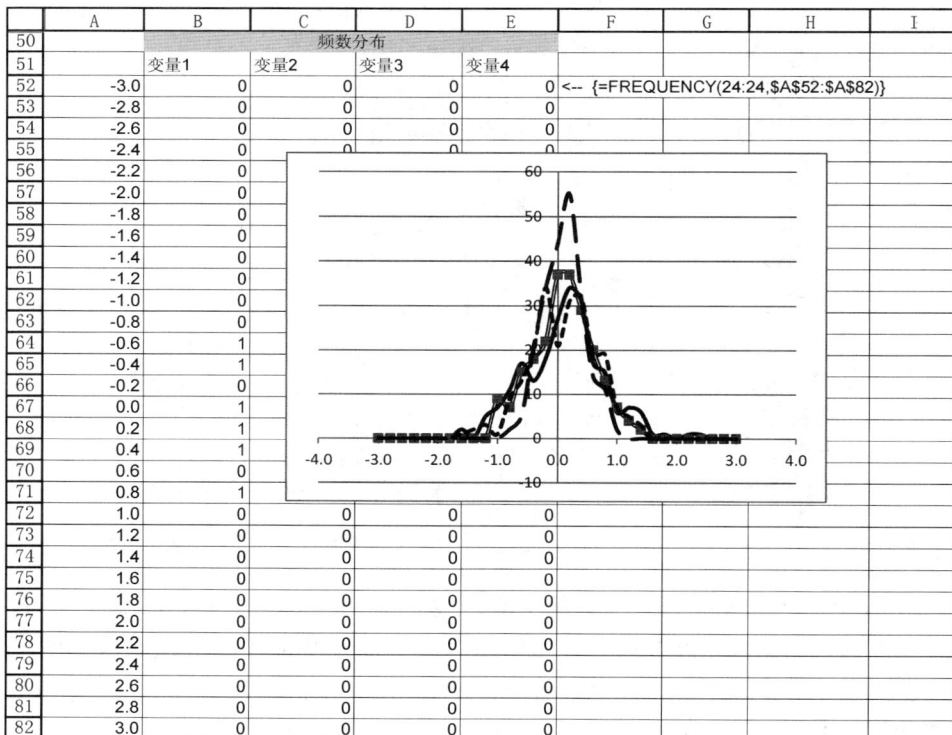

	A	B	C	D	E	F	G	H	I
50				频数分布					
51		变量1	变量2	变量3	变量4				
52	-3.0	0	0	0	0	<-- {=FREQUENCY(24:24,$A$52:$A$82)}			
53	-2.8	0	0	0	0				
54	-2.6	0	0	0	0				
55	-2.4	0	0	0	0				
56	-2.2	0							
57	-2.0	0							
58	-1.8	0							
59	-1.6	0							
60	-1.4	0							
61	-1.2	0							
62	-1.0	0							
63	-0.8	0							
64	-0.6	1							
65	-0.4	1							
66	-0.2	0							
67	0.0	1							
68	0.2	1							
69	0.4	1							
70	0.6	0							
71	0.8	1							
72	1.0	0	0	0	0				
73	1.2	0	0	0	0				
74	1.4	0	0	0	0				
75	1.6	0	0	0	0				
76	1.8	0	0	0	0				
77	2.0	0	0	0	0				
78	2.2	0	0	0	0				
79	2.4	0	0	0	0				
80	2.6	0	0	0	0				
81	2.8	0	0	0	0				
82	3.0	0	0	0	0				

注意:模拟是很微妙的! 多按 F9 几次得到不同的频数和统计量(见下图)。

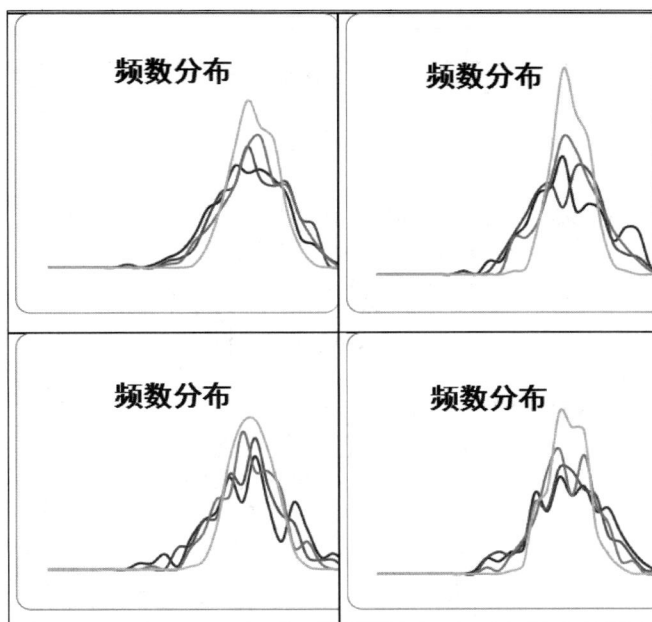

使用 Cholesky 分解得到的四个正态随机数的频数分布。它们都看起来"近似"正态,但却和我们通常看到的"教科书式"形式不一致。这就是真实世界(模拟的)的情况!

24.9　有着非零均值的多元正态

在下面我们展示的情况中资产收益(在 F3:F6 中)是非零的。为了生成有着我们想要的收益的模拟,我们在行 21—24 的多元模拟数上加上目标均值。

	A	B	C	D	E	F	G	H	I
1	有着非零均值的多元模拟								
2		方差—协方差矩阵			平均回报				
3	0.40	0.03	0.02	0.01		5%			
4	0.03	0.30	0.00	-0.06		6%			
5	0.02	0.00	0.30	0.03		7%			
6	0.01	-0.06	0.03	0.10		8%			
7							单元格B21:B25包含公式		
8	Cholesky分解						=NORMSINV(RAND())		
9	0.6325	0.0000	0.0000	0.0000	<-- {=cholesky(varcov)}				
10	0.0474	0.5457	0.0000	0.0000			单元格B21:B25包含公式		
11	0.0316	-0.0027	0.5468	0.0000			{=MMULT($A$9:$D$12,B15:B18)+$F$3:F		
12	0.0158	-0.1113	0.0534	0.2907			6}		
13									
14	生成四个正态随机数								
15	0.2579	0.0422	-1.8073	-0.9703	-1.3191	0.0490	-0.8602	-1.8829	0.7812
16	1.4553	0.1073	-0.2512	-0.1660	-0.6812	-1.2099	-0.0176	-0.5670	-0.0597
17	0.4499	-1.7237	-0.6596	-0.6932	-0.2150	-0.1973	-0.5051	-0.4089	0.5534
18	0.4404	-1.0586	-0.4866	0.2029	-1.3480	-0.1545	-0.8080	0.8149	0.1624
19									
20	生成有着指定均值的多项正态输出								
21	0.21311	0.07669	-1.09302	-0.56367	-0.78428	0.08098	-0.49405	-1.14085	0.54406
22	0.86636	0.12055	-0.16278	-0.07660	-0.37429	-0.59788	0.00959	-0.33871	0.06447
23	0.32016	-0.87148	-0.34715	-0.33926	-0.08743	-0.03302	-0.23334	-0.21155	0.39746
24	0.07411	-0.33104	-0.09728	0.10512	-0.26836	0.16002	-0.19349	0.32841	0.17574

为了验证上面的操作,我们计算了模拟数的统计量:

	A	B	C	D	E
26			检验		
27	模拟次数	220	<-- =COUNT(15:15)		
28					
29					
30		目标均值	模拟的均值		
31	Mean1	7.68%	<-- =AVERAGE(21:21)		
32	Mean2	1.00%	<-- =AVERAGE(22:22)		
33	Mean3	0.68%	<-- =AVERAGE(23:23)		
34	Mean4	11.23%	<-- =AVERAGE(24:24)		
35					
36		来自varcov矩阵	来自模拟		
37	Variable1	0.40	0.3924	<-- =VAR.P(21:21,21:21)	
38	Variable2	0.30	0.2815	<-- =VAR.P(22:22,22:22)	
39	Variable3	0.30	0.2939	<-- =VAR.P(23:23,23:23)	
40	Variable4	0.10	0.0941	<-- =VAR.P(24:24,24:24)	
41					
42	Covar(1,2)	0.03	0.0247	<-- =COVARIANCE.P($21:$21,22:22)	
43	Covar(1,3)	0.02	0.0444	<-- =COVARIANCE.P($21:$21,23:23)	
44	Covar(1,4)	0.01	0.0295	<-- =COVARIANCE.P($21:$21,24:24)	
45					
46	Covar(2,3)	0.00	-0.0231	<-- =COVARIANCE.P($22:$22,23:23)	
47	Covar(2,4)	-0.06	-0.0657	<-- =COVARIANCE.P($22:$22,24:24)	
48					
49	Covar(3,4)	0.03	0.0513	<-- =COVARIANCE.P(23:23,24:24)	

平均值(单元格 C31:C34)与目标值相去甚远! 为了接近目标值我们需要大量模拟数据。[①]

24.10 多变量的均匀分布模拟

一旦我们模拟出了相关的正态分布,我们可以使用 Norm. S. Dist 轻松地模拟均匀分布。在下面的例子中,我们先生成(行 15—18)四组相关的标准正态偏差。

---

① 从"击中"目标的意义上来说——击中均值比击中方差困难得多。这句话差不多有一个形而上学的含义:当我们用历史收益计算资产的均值时——即使所有收益都取自平稳分布(即有不变的均值,方差和协方差),我们很可能不能在小样本中得到接近分布的真实均值。但从另一方面说,我们更可能接近的是方差。同样,协方差也是很难"击中"的。

	A	B	C	D	E	F	G	H	I
1			基本多变量均匀分布模拟						
2		方差—协方差矩阵							
3	1.00	0.03	0.02	0.01					
4	0.03	1.00	0.00	-0.06					
5	0.02	0.00	1.00	0.03					
6	0.01	-0.06	0.03	1.00					
7									
8	Cholesky分布								
9	1.0000	0.0000	0.0000	0.0000	<-- {=cholesky(varcov)}				
10	0.0300	0.9995	0.0000	0.0000					
11	0.0200	-0.0006	0.9998	0.0000					
12	0.0100	-0.0603	0.0298	0.9977					
13									
14	生成多项正态输出								
15	0.49609	1.29802	1.87194	1.09191	-0.00077	0.05800	-0.74066	-0.73873	-0.97185
16	-0.47099	-0.11377	0.65013	0.44512	0.26388	0.80834	1.06825	0.98636	-0.14241
17	-0.54742	-1.15613	0.19442	-0.21432	-2.40580	-0.91108	-1.09189	0.65468	0.39457
18	-0.60772	0.37893	-0.93349	-0.90858	-1.47570	1.05170	-0.90510	-0.77197	-0.63234
19									
20	多少个?		390	<-- =COUNT(15:15)					
21									
22	平均值		方差	理论值	偏度	峰度			
23	0.0229	<--	1.0264	1.0000	0.1667	-0.1962	<-- =KURT(15:15)		
24	-0.0349	=AVERAGE(15:1	0.8953	1.0000	-0.1322	-0.0470	<-- =KURT(16:16)		
25	-0.0915	5)	1.0490	1.0000	-0.1821	0.2169			
26	0.0368		1.0283	1.0000	-0.2987	0.8943			

在下面的电子表中，我们通过对正态变量使用 Norm.S.Dist 生成均匀变量：

	A	B	C	D	E	F	G	H
14	生成多项正态输出							
15	0.49609	1.29802	1.87194	1.09191	-0.00077	0.05800	-0.74066	-0.73873
16	-0.47099	-0.11377	0.65013	0.44512	0.26388	0.80834	1.06825	0.98636
17	-0.54742	-1.15613	0.19442	-0.21432	-2.40580	-0.91108	-1.09189	0.65468
18	-0.60772	0.37893	-0.93349	-0.90858	-1.47570	1.05170	-0.90510	-0.77197
19								
20	多少个?		390	<-- =COUNT(15:15)				
21								
22	平均值		方差	理论值	偏度	峰度		
23	0.0229	<--	1.0264	1.0000	0.1667	-0.1962	<-- =KURT(15:15)	
24	-0.0349	=AVERAGE(15:1	0.8953	1.0000	-0.1322	-0.0470	<-- =KURT(16:16)	
25	-0.0915	5)	1.0490	1.0000	-0.1821	0.2169		
26	0.0368		1.0283	1.0000	-0.2987	0.8943		
27								
28	生成多项式均匀输出				=NORM.S.DIST(D15,1)			
29	0.6901	0.9029	0.9694	0.8626	0.4997	0.5231	0.2294	0.2300
30	0.3188	0.4547	0.7422	0.6719	0.6041	0.7906	0.8573	0.8380
31	0.2920	0.1238	0.5771	0.4151	0.0081	0.1811	0.1374	0.7437
32	0.2717	0.6476	0.1753	0.1818	0.0700	0.8535	0.1827	0.2201

下面给出了模拟的均匀分布变量的统计量。[1]

---

① 得到一个(0,1)均匀分布的理论方差是 1/12 = 0.0833。

	A	B	C	D	E
28	生成多项式均匀输出				=NORM.S.DIST(D15,1)
29	0.1419	0.8348	0.4986	0.0827	0.1017
30	0.6825	0.8697	0.0206	0.1105	0.0384
31	0.4309	0.6917	0.5200	0.1688	0.4549
32	0.4173	0.9290	0.3082	0.9506	0.9190
33					
34		样本统计量 行 29-32	理论		
35	均值	0.5069	0.5000		
36	方差	0.0816	0.0833		
37	标准差	0.2856	0.2887		
38	最大值	0.9998			
39	最小值	0.0001			
40	Corr(1,2)	-0.0141	0.0300		
41	Corr(1,3)	0.0380	0.0200		
42	Corr(1,4)	-0.0554	0.0100		
43	Corr(2,3)	0.0054	0.0000		
44	Corr(2,4)	-0.0270	-0.0600		
45	Corr(3,4)	0.0250	0.0300		
46					
47	样本方差—协方差矩阵				
48	0.0817	-0.0011	0.0032	-0.0045	
49	-0.0011	0.0765	0.0004	-0.0021	
50	0.0032	0.0004	0.0852	0.0021	
51	-0.0045	-0.0021	0.0021	0.0817	

注意,在没有很大的样本量的情况下,得到要求的协方差是很困难的。但通过按多次 F9 可以使你确信我们事实上已经匹配了要求的方差结构。

最后,一个很简单的检验:行 29—32 的频数分布是什么?

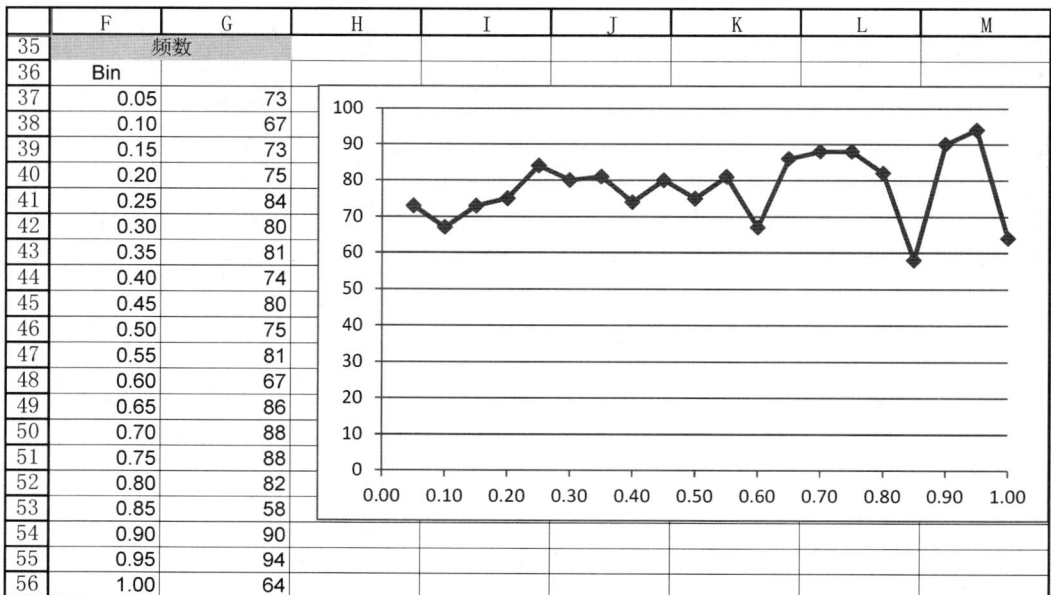

	F	G	H	I	J	K	L	M
35	频数							
36	Bin							
37	0.05	73						
38	0.10	67						
39	0.15	73						
40	0.20	75						
41	0.25	84						
42	0.30	80						
43	0.35	81						
44	0.40	74						
45	0.45	80						
46	0.50	75						
47	0.55	81						
48	0.60	67						
49	0.65	86						
50	0.70	88						
51	0.75	88						
52	0.80	82						
53	0.85	58						
54	0.90	90						
55	0.95	94						
56	1.00	64						

24.11　本章小结

随机数广泛地应用于金融工程，特别是在期权定价方面。本章向你介绍了 Excel 和 VBA 的随机数生成器并说明了一些产生正态分布随机数的技术。

习题

1. 这里是一个你自己要做的随机数生成器：

(1) 用某个种子(Seed)开始。

(2) 使 $X_1 = Seed + \pi$，使 $X_2 = e^{5 + \ln(X_1)}$。

(3) 第一个随机数是 $Random = X_2 - Integer(X_1)$，这里 $Integer(X_1)$ 是 X_1 的整数部分。

(4) 重复上述步骤，让 $Seed = Random$。

生成 1,000 个这样的随机数，并使用 Frequency 生成有间隔 0，0.1，0.2，…，1 的频数分布。

2. 编写一个依据一个 Seed 和之前练习的规则生成随机数的 VBA Exercise1(seed)。

3. 当 A 除以 B 时，其余数定义为 AmodB。例如，36mod25 = 11。Excel 有这个函数；它被写为 Mod(A，B)。现在这里有另外一个随机数生成器：

(1) 让 $X_0 =$ seed。

(2) 让 $X_{n+1} = (7 \cdot X_n) \bmod 10^8$。

(3) 让 $U_{n+1} = X_{n+1} / 10^8$。

通过这个随机数生成器生成随机数 U_1，U_2，… 含有伪随机数(这是许多种随机数生成器之一，由 Abramowitz 和 Stegun 于 1972 年提出)。使用 VBA 建立这个随机数生成器，并用它模拟 uniformrandom。

4. 许多州有每日开奖的彩票，它们的玩法如下：在这天的某一个时间，你购买一张彩票。彩票销售员让你填写一个数，你可以在 000 与 999 之间选择。当天晚上在电视台开奖，开出一个三位数。如果该数与你的彩票号码相符，你就赢取了 500 美元(一张彩票的价格是 1 美元)；如果你没中奖，那么你什么也没有。

(1) 编写一个 Excel 函数，在 000 与 999 之间生成一个随机数[提示：可以使用 Rand() 和 Int()]。

(2) 编写一个 VBA 程序再随机生成 250 个每日抽彩的中奖号(假如周末不抽奖，那么这大致相当于一年中所抽取的奖号)。假定每张彩票的成本为 1 美元，并且假设你每天选择相同的号码，那么这一年中你将赢得多少奖金。

5. Tareq 和 Jamillah 在用一个骰子赌钱。据他们的规则，Tareq 在每回合开始，投骰子之前付给 Jamillah0.50 美元。然后他们投骰子：如果骰子偶数面朝上，Jamillah 付给 Tareq 那么多钱；如果奇数面朝上，Tareq 付给 Jamillah 那么多钱。

(1) 模拟 Jamillah 在 25 局游戏后累计赢的次数；

(2) 模拟 50 回合并用图表画出结果。

6. 股票价格模拟：股票价格服从均值为 $\mu = 15\%$ 的对数正态分布。现在的股票价格 $S_0 = 35$。使用"数据|数据分析|随机数生成器"，在电子表的空白处生成 60 个静态的标准正态偏差。使用这些随机数来模拟 60 天的股票价格走势。生成 $\sigma = 15\%$、30% 和 60% 的股价走势，并在同一坐标系下画出。

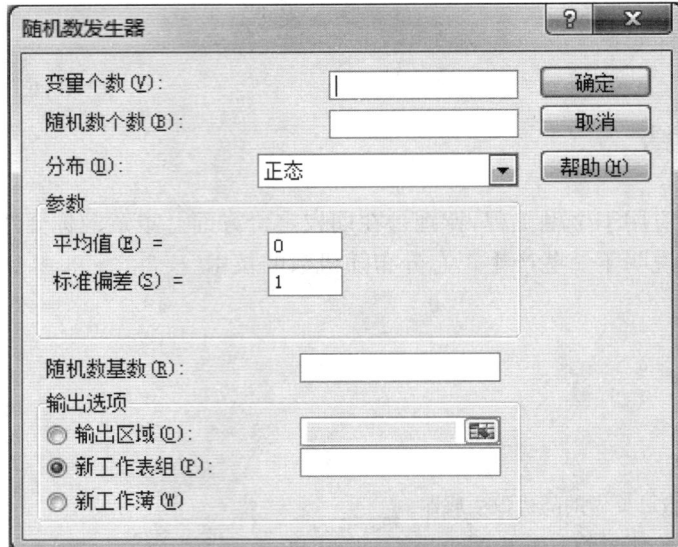

7. 股票价格模拟：股票价格服从均值为 $\mu = 15\%$ 的对数正态分布。现在的股票价格 $S_0 = 35$。 使 Norm.S.Inv(Rand()) 在电子表的空白处生成 60 个动态的标准正态偏差。使用这些随机数来模拟 60 天的股票价格走势并用图表画出结果。

8. Marcus25 岁，他有了新工作，并打算于今天和接下来的 34 年（第 35 年一起存）里每年存 10,000 美元。他考虑了一个投资策略：他在有着 3％年利率的连续复利无风险债券中投资 30％的资产，并将剩下的投资于有 $\mu = 12\%$ 和 $\sigma = 35\%$ 的收益服从对数正态分布的市场组合。下面是输出的例子：

	A	B	C	D	E
1		马尔克斯的投资/储蓄决定			
2	年度储蓄	10,000			
3	无风险利率	3%			
4	市场投资组合均值	12%			
5	市场投资组合标准差	35%			
6	市场投资组合比例	70%			
7	60岁时的积蓄	13,471,221	<-- =B45		
8					
9	年龄	期初投资合计	新投资	期末投资合计	
10	25	0	10,000	14,151.74	<--
11	26	14,151.74	10,000	26,255.18	=(B10+C10)*($B$6*EXP($B$4+
12	27	26,255.18	10,000	34,744.18	$B$5*NORM.S.INV(RAND()))+(1
13	28	34,744.18	10,000	78,415.87	-$B$6)*EXP($B$3))
14	29	78,415.87	10,000	102,014.97	

9. Marcus 认为他到 60 岁时至少需要 200 万美元。

（1）通过进行 100 次模拟算出达到这个目标的近似概率。

（2）算出最后的总财产的均值和标准差。

（3）通过生成一个 Data Table 来得到投资于风险资产中的比例和在 60 岁时达到最低要求的概率之间的关系。将风险资产的比例设定为 0％，10％，…，100％。

10. Martha 在玩一个她需要投两次硬币的游戏。第二个硬币正面朝上的概率与第一个硬币正面朝上的概率相关,相关系数 $\rho = 0.6$。 在这个游戏内,Martha 每投出一个正面便赢得 1 美元。

(1) 模拟一回投掷两硬币的情况。

(2) 如果她每次进行 10 回这样两个硬币的投掷,她能赢多少?

(3) 在一个空白的单元格上使用 Data Table 模拟 25 次这个 10 回的游戏。

25

蒙特卡罗方法导论

25.1 概述

蒙特卡罗（Monte Carlo，MC）是用于确定参数值的一系列随机模拟方法。本章我们用 MC 来确定 π 值。下一章我们将用 MC 来透视投资和期权策略。MC 方法起源于物理学，常被用来确定那些没有解析解的模型值。[1]MC 在金融方面的应用是相似的：MC 方法运用模拟来对那些不能够用解析方法确定价格的资产进行定价。简单地说，如果没有一个既有公式可用于于计算一个资产的价值，我们也许就可以用模拟来确定其价值。

在第 27—30 章中我们还使用 MC 方法来领略多种投资和期权策略的不确定性。当我们做这个的时候，我们没必要关心该不确定性对定价的含义——我们想要描述的是在收益不确定的资产中，一个给定的投资策略得到的结果可能会是什么。

本章我们对 MC 定价给出一个非专业性的介绍。[2]我们假设你已经读过了第 24 章有关随机数的介绍。

25.2 用蒙特卡罗方法来计算 π 值

所有的 MC 方法都包含随机模拟。我们说明如何用蒙特卡罗方法计算 π 值，这个是你可能非常熟悉的数字。

下面是我们的方法：我们知道单位圆半径为 1 的圆的面积为 π，那么四分之一圆的面积为 $\pi/4$。我们将四分之一圆放入一个边长为 1 的单位正方形中，正如下图所示。我们在该正方形

---

① 两个比较好的介绍 MC 方法的网址是：http://www.phy.orhl.gov/csep/CSEP/MC/NODE1.html 和 http://www.puc-rio.marco.ind/monte-carlo.html。

② 来自 Glasserman(2005)的一部优秀的非导论式教科书。

中"发射"随机点。每一个随机点有一个 x 分量和一个 y 分量。我们用 Excel 函数 Rand 来产生这些点。

下图显示了嵌入正方形内的四分之一圆和一个恰好落入圆内的简单随机点。

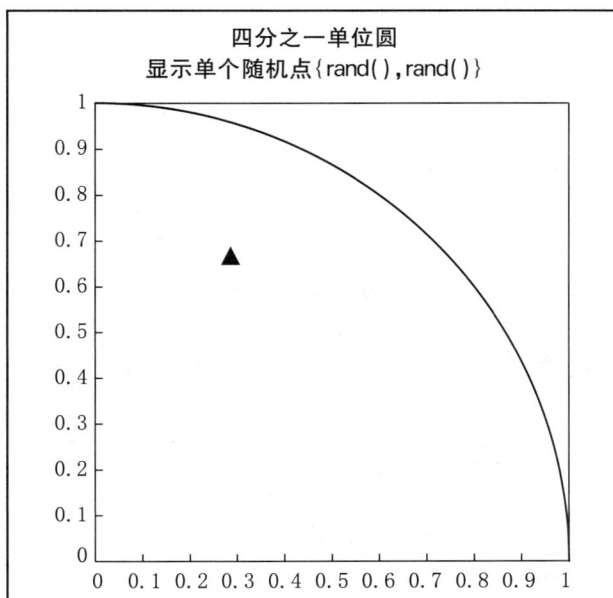

在本章的电子表中按 F9,你能够产生数值不同的随机点。有时随机点会在单位圆之外:

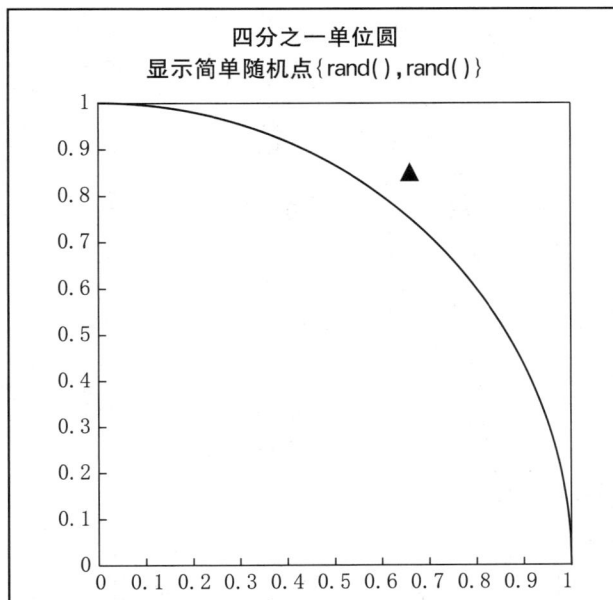

我们可以很轻松地计算出点在圆中的概率:

- 整个单位圆的面积为 $\pi \cdot r^2 = \pi$。那么四分之一单位圆的面积为 $\pi/4$。

- 随机点——产生于{Rand()，Rand()}——总是在面积为 1 的单位正方形中。
- 那么随机点在单位圆中的概率为 $\dfrac{\text{单位圆面积}}{\text{单位正方形面积}} = \dfrac{\pi/4}{1} = \pi/4$。

π 值的蒙特卡罗计算

如果我们要计算落在单位圆中点的相对数量，我们应该来近似估计 $\pi/4$。因此：

$$\pi \text{ 的蒙特卡罗近似值} = 4 \cdot \text{单位圆中的相对数}$$

$$= 4 \cdot \dfrac{\text{单位圆中点的数量}}{\text{点的总数}}$$

在下面的电子表中我们产生了一组随机数(列 B 和列 C)，然后用布尔函数来测试这些数在单位圆内还是单位圆外。例如，在第 8 行，如果 B8 和 C8 的面积总和小于或等于 1，那么函数 $=$ (B8^2＋C8^2 <= 1)反馈为 TRUE；如果为 0，则相反(反馈为 FALSE)。在单元格 B2 中我们用 Count 来计算产生的随机点的总数，用 CountIf 确定落在单位圆中点的数目。[1]

	A	B	C	D	E
1			用蒙特卡罗模拟计算 π 原始实验		
2	数据点个数	4124	<-- =COUNT(A:A)		
3	内圆	3234	<-- =COUNTIF(D:D,TRUE)		
4	π？	3.136760427	<-- =B3/B2*4		
5					
6			这些列的每个单元格包含Excel函数=Rand()		
7		实验	随机数1	随机数2	在单位圆内？
8	1	0.98114	0.51377	FALSE	<-- =(B8^2+C8^2<=1)
9	2	0.60916	0.74027	TRUE	
10	3	0.92422	0.18089	TRUE	
11	4	0.75429	0.61922	TRUE	
12	5	0.19927	0.59116	TRUE	
13	6	0.49373	0.72045	TRUE	
14	7	0.15298	0.77626	TRUE	
15	8	0.28334	0.78460	TRUE	
16	9	0.64312	0.50488	TRUE	
17	10	0.55624	0.20243	TRUE	
18	11	0.26951	0.00449	TRUE	
19	12	0.90257	0.14376	TRUE	
20	13	0.90578	0.08051	TRUE	
21	14	0.57722	0.43704	TRUE	
22	15	0.72972	0.57981	TRUE	
23	16	0.69991	0.88207	FALSE	
24	17	0.57279	0.03245	TRUE	
25	18	0.28552	0.92674	TRUE	
26	19	0.83040	0.79398	FALSE	
27	20	0.02099	0.86426	TRUE	
28	21	0.43953	0.32936	TRUE	
29	22	0.72174	0.31655	TRUE	
30	23	0.64132	0.83118	FALSE	
31	24	0.70042	0.19496	TRUE	
32	25	0.64811	0.28677	TRUE	
33	26	0.83868	0.11883	TRUE	
34	27	0.50204	0.57986	TRUE	
35	28	0.04467	0.41783	TRUE	
36	29	0.11449	0.13371	TRUE	
37	30	0.98565	0.88833	FALSE	

---

[1] 本段中的所有函数——Boolean 函数、Count 和 CountIF 将在第 33 章讨论。

每一次我们按 F9 重新计算电子表得到 ＝Rand 的不同的值和 π 的一个不同的蒙特卡罗值。下面是一些例子：

	A	B	C	D	E
1			**用蒙特卡罗模拟计算 π** **原始实验**		
2	数据点个数	4124	<-- =COUNT(A:A)		
3	内圆	3251	<-- =COUNTIF(D:D,TRUE)		
4	π ?	3.153249273	<-- =B3/B2*4		
5					
6			这些列的每个单元格包含Excel函数**=Rand()**		
7	实验	随机数1	随机数2	在单位圆内？	
8	1	0.02730	0.61040	TRUE	<-- =(B8^2+C8^2<=1)
9	2	0.52112	0.45029	TRUE	
10	3	0.26776	0.30822	TRUE	
11	4	0.11193	0.10553	TRUE	
12	5	0.58695	0.52699	TRUE	
13	6	0.06477	0.89402	TRUE	
14	7	0.31982	0.43792	TRUE	

重新按 F9：

	A	B	C	D	E
1			**用蒙特卡罗模拟计算 π** **原始实验**		
2	数据点个数	4124	<-- =COUNT(A:A)		
3	内圆	3240	<-- =COUNTIF(D:D,TRUE)		
4	π ?	3.142580019	<-- =B3/B2*4		
5					
6			这些列的每个单元格包含Excel函数**=Rand()**		
7	实验	随机数1	随机数2	在单位圆内？	
8	1	0.96065	0.70467	FALSE	<-- =(B8^2+C8^2<=1)
9	2	0.15409	0.74459	TRUE	
10	3	0.37291	0.37833	TRUE	
11	4	0.67456	0.74543	FALSE	
12	5	0.16673	0.53722	TRUE	
13	6	0.40581	0.69437	TRUE	
14	7	0.11292	0.04934	TRUE	

很明显我们得到的 π 值是实验性的，但是如果我们用这种方法产生非常多的点，我们将越来越接近真实的 π 值。在下面的例子中我们重复进行 65,000 次实验：

	A	B	C	D	E
1			**用蒙特卡罗模拟计算π** **65000 迭代**		
2	数据点个数	65,000	<-- =COUNT(A:A)		
3	内圆	50,956	<-- =COUNTIF(D:D,TRUE)		
4	π ?	3.135753846	<-- =B3/B2*4		
5					
6	实验	随机数1	随机数2	在单位圆内？	
7	1	0.29990	0.08455	TRUE	<-- =(B7^2+C7^2<=1)
8	2	0.76095	0.36345	TRUE	
9	3	0.38699	0.74288	TRUE	
10	4	0.89653	0.81231	FALSE	

按 F9 得到更多 π 的精确值。继续按 F9 会产生如下的 π 的蒙特卡罗值：

3.150544034，3.144256741，3.139556532，3.1498762576，3.1382113615，3.132780906

用数据点越多，MC 的 π 值越精确，尽管这些数值中没有一个点是非常接近真实的 π 值的。[1]

25.3　编写 VBA 程序

蒙特卡罗运算需要一些 VBA。下面是程序：

```
Sub MonteCarlo()
    n = Range("Number")
    Hits = 0
    For Index = 1 To n
        If Rnd^2 + Rnd^2 < 1 Then Hits = Hits + 1
    Next Index
Range("Estimate") = 4 * Hits/ n
End Sub
```

下面的电子表介绍了该程序，以及另外两个 VBA 程序。程序 MonteCarloTimer 记录开始时间和停止时间，因此我们可以计算出该过程的运行时间。你可以看到该程序 1,000 万次迭代在笔者的联想 T420s 电脑上花费了 4 秒。

程序 MonteCarloTimeRecord 在屏幕上记录了每一次迭代。该 VBA 程序使你能够看见单元格 B3 中的 π 值是如何得来的。按 [Ctrl]＋[Break]，你能够停止这些或者任何一个运行中的 VBA 程序。这个宏无疑是很花时间的。该程序运行 5,000 次迭代需要花费 103 秒（比较一下没有做屏幕更新的 2,000 万次的迭代数字）。

---

[1]　π 的真实值，精确到小数点后 50 位是 3.14159265358979323846264338327950288419716939993751。本章的一个习题说明了印度数学家 Srinivasa Ramanujan(1887—1920)发现的一种用几种值得注意的函数快速计算 π 值的方法。

	A	B	C	D	E
1		用VBA计算 π			
2	数据点个数	10,000,000	<-- This cell called "Number"		Sub MonteCarlo()
3	π ?	3.141450800	<-- This cell called "Estimate"		n = Range("Number")
4		3.141592654	<-- =PI()		Hits = 0
5					For Index = 1 To n
6	开始时间	12:25:23	<-- This cell called "StartTime"		If Rnd ^ 2 + Rnd ^ 2 < 1 Then Hits = Hits + 1
7	结束时间	12:25:43	<-- This cell called "StopTime"		Next Index
8	逝去时间	0:00:20	<-- =Stoptime-StartTime		Range("Estimate") = 4 * Hits / n
9					End Sub
10					
11	注意				Sub MonteCarloTime()
12	[Ctrl]+a 运行宏 "蒙特卡罗"				'Includes timer
13	[Ctrl]+e 运行宏 "蒙特卡罗时间" 这也会记录时间				n = Range("Number")
14	[Ctrl]+f运行宏"蒙特卡洛时间记录"这将记录产生的结果。对于更大的点,这将很费时间! 按 [Ctrl]+[Break] 来停止宏。				Range("StartTime") = Time
15					
16					n = Range("Number")
17					Hits = 0
18					For Index = 1 To n
19					If Rnd ^ 2 + Rnd ^ 2 < 1 Then Hits = Hits + 1
20					Next Index
21					Range("Estimate") = 4 * Hits / n
22					Range("StopTime") = Time
23					End Sub
24					
25					Sub MonteCarloTimeRecord()
26					'Records everything (takes a long time)
27					n = Range("Number")
28					Range("StartTime") = Time
29					n = Range("Number")
30					Hits = 0
31					For Index = 1 To n
32					Range("Number") = Index
33					If Rnd ^ 2 + Rnd ^ 2 < 1 Then Hits = Hits + 1
34					Range("Estimate") = 4 * Hits / Index
35					Range("StopTime") = Time
36					Next Index
37					End Sub

25.4 蒙特卡罗的另一个问题:投资和退休金[①]

问题:你 65 岁有 1,000,000 美元。你试图确定一个组合投资:有一个年收益为 6% 的无风险债券和一个期望对数收益为 12%、收益标准差为 30% 的有风险的股票投资组合。你的约束是:想要每年从账户中取出 150,000 美元,到 75 岁时还有一些剩余。

为了更好地处理这种情况,制作如下电子表:

	A	B	C	D	E	F	G	H	I
1			规划你的退休金						
2	目前财富	1,000,000							
3	无风险利率	6%							
4	风险资产的参数								
5	期望年收益	8%							
6	收益的标准差	20%							
7	风险资产占比	70%							
8	年提取额	150,000							
9									
10	年份	年初财富	投入风险资产	投入债券	随机数,正态分布	1+风险资产回报率	年末财富	提取金	10年末剩余
11	1	1,000,000	700,000	300,000	0.9894	1.3203	1,242,781	150,000	
12	2	1,092,781	764,947	327,834	0.3422	1.1600	1,235,459	150,000	
13	3	1,085,459	759,821	325,638	0.9436	1.3083	1,339,833	150,000	
14	4	1,189,833	832,883	356,950	-0.2017	1.0404	1,245,595	150,000	
15	5	1,095,595	766,917	328,679	-2.0607	0.7174	899,179	150,000	
16	6	749,179	524,425	224,754	4.1288	2.4738	1,535,971	150,000	
17	7	1,385,971	970,180	415,791	-0.5522	0.9700	1,382,590	150,000	
18	8	1,232,590	862,813	369,777	0.3513	1.1621	1,395,339	150,000	
19	9	1,245,339	871,738	373,602	-0.3658	1.0069	1,274,424	150,000	
20	10	1,124,424	787,097	337,327	1.5429	1.4749	1,519,069	150,000	1,369,069
21									
22			正态分布随机数生成 =NORM.S.INV(RAND())				=C20*F20+D20*EXP($B$3)		
23									
24		开始年度的财富 =G19-H19			1+风险投资收益 =EXP($B$5+$B$6*E20)				
25									
26									
27			在风险资产中的投资=B20*$B$7						

[①] 本书剩下部分的材料提前引用了后面章节的结论,在初次阅读的时候可以略过。

电子表的列 B 显示了每年的年初资金。该资金根据单元格 B7 的比例在风险和无风险投资之间划分。无风险资产赚取 6％（意味着 100 美元的无风险投资在年末增加为 $100 \cdot e^{6\%}$）的连续复利。该投资的风险资产部分通过一个 $e^{\mu+\sigma \cdot Z} = e^{8\%+20\% \cdot Z}$ 的因子增加，这里，随机数 Z 服从均值为 0，标准差为 1 的标准正态分布。正如在第 24 章说明的那样，产生这些数字的一个方法是用 Excel 函数 Norm.S.Inv(Rand())。每按一次 F9，该函数重新计算并产生另一组正态分布随机数。

在前面的模拟中，投资者在第 10 年年末还有余钱。但是很明显绝非每一次模拟都会让投资者在第 10 年年末有余钱。按几次 F9 重新计算电子表会产生如下结果：

	A	B	C	D	E	F	G	H	I
1					规划你的退休金				
2	目前财富	1,000,000							
3	无风险利率	6%							
4	风险资产的参数								
5	期望年收益	8%							
6	收益的标准差	20%							
7	风险资产占比	70%							
8	年提取额	150,000							
9									
10	年份	年初财富	投入风险资产	投入债券	随机数，正态分布	1+风险资产回报率	年末财富	提取金	10年末剩余
11	1	1,000,000	700,000	300,000	0.0490	1.0940	1,084,320	150,000	
12	2	934,320	654,024	280,296	0.8836	1.2927	1,143,080	150,000	
13	3	993,080	695,156	297,924	-0.9778	0.8909	935,642	150,000	
14	4	785,642	549,949	235,693	0.2626	1.1417	878,150	150,000	
15	5	728,150	509,705	218,445	-0.0670	1.0689	776,764	150,000	
16	6	626,764	438,735	188,029	0.3758	1.1679	712,033	150,000	
17	7	562,033	393,423	168,610	1.2067	1.3790	721,553	150,000	
18	8	571,553	400,087	171,466	0.4699	1.1900	658,186	150,000	
19	9	508,186	355,730	152,456	0.3604	1.1642	576,040	150,000	
20	10	426,040	298,228	127,812	-0.2257	1.0355	444,523	150,000	294,523
21									
22				正态分布随机数生成 =NORM.S.INV(RAND())				=C20*F20+D20*EXP($B$3)	
23									
24		开始年度的财富 =G19-H19			1+风险投资收益 =EXP($B$5+$B$6*E20)				
25									
26									
27				在风险资产中的投资=B20*$B$7					

我们感兴趣的是什么样的投资消费路径百分比可以有一个正的剩余值？我们将用蒙特卡罗技术来回答这个问题。但是在开始之前，我们先考虑一些经济问题。

我们应该盲目地运用 70％ 规则吗

在前面的模拟中我们机械地分配了在风险和无风险资产之间的投资。我们连续提取资金而不去考虑账户中是否还有资金。

在下面的电子表中我们更正这种机械的方法。我们假设投资者定义了一个"安全缓冲"。该安全缓冲在单元格 B8 中是 3，这意味着如果投资者的资产组合年末至少值 450,000 美元（＝3×150,000），那么每年提取 150,000 美元。如果不是，那么投资者拿出资产组合的三分之一作为提款：

年份	年初财富	投入风险资产	投入债券	随机数,正态分布	1+风险资产回报率	年末财富	提取	10年末剩余
				计划你的退休金				
				使用安全缓冲：3				
		投资者 150,000 如果年底财富 > 3*150,000, 否则取出年末财富的1/3						
目前财富	1,000,000							
无风险利率	6%							
风险资产的参数								
期望年收益	8%							
收益的标准差	20%							
风险资产占比	70%							
安全缓冲	3							
年提取额	150,000							
1	1,000,000	700,000	300,000	-0.5471	0.9710	998,253	150,000	
2	848,253	593,777	254,476	0.4716	1.1904	977,072	150,000	
3	827,072	578,950	248,121	-0.8906	0.9065	788,306	150,000	
4	638,306	446,814	191,492	0.4212	1.1785	729,907	150,000	
5	579,907	405,935	173,972	0.9129	1.3003	712,560	150,000	
6	562,560	393,792	168,768	0.0895	1.1029	613,500	150,000	
7	463,500	324,450	139,050	-0.3590	1.0082	474,770	150,000	
8	324,770	227,339	97,431	-0.9809	0.8903	305,860	101,953	
9	203,906	142,734	61,172	-1.1469	0.8612	187,882	62,627	
10	125,255	87,678	37,576	-0.2989	1.0204	129,369	43,123	86,246

正态分布随机数生成
=NORMSINV(RAND())

=C21*F21+D21*EXP($B$3)

开始年度的财富 =G20-H20

1+风险投资收益 =EXP($B$5+$B$6*E21)

支取
=IF(G21>$B$8*$B$9,$B$9,G21/$B$8)

在风险资产中的投资 =B21*$B$7

可以设计许多这样的规则。这里的问题——表述为退休金上的投资和花费——与养老保险管理者面对的如何同时确定养老金的投资与花费的策略本质上是相同的。正如我们所知,尽管如你所见模拟这个问题并不难,但目前为止该问题自然没有解析解。

25.5 投资问题的蒙特卡罗模拟

本章中我们对投资问题进行多次模拟。第一系列模拟在 Excel 电子表上进行,使用了在第 31.7 章中介绍的"在空白单元格上的模拟运算表"的技巧。第二次模拟在 VBA 中进行。

25.5.1 空白单元格上的模拟运算表

我们在投资模拟电子表中建立一个模拟运算表。注意,窗口中模拟运算表引用行的单元格对应于单元格 I20 并且引用列的单元格对应于一个空单元格。这就是在第 31.7 章中介绍的技巧。

模拟运算表中有 20 行，但我们只展现了 12 行。当我们选择确定，我们将运行该模拟 20 次。下面是其中的一次模拟和一些统计量。按 F9 可以使其再运行一遍。

	K	L	M	N	O	P	Q
5	均值	-2,613	<-- =AVERAGE(L12:L30)				
6	标准差	253,671	<-- =STDEV.S(L12:L31)				
7	负遗产	60%	<-- =COUNTIF(L12:L31,"<0")/COUNT(L12:L31)				
8							
9							
10	以下：	模拟运算表					
11	模拟	-91,559	<-- =I20,模拟运算表表头				
12	1	78,519					
13	2	-448,004					
14	3	-108,715					
15	4	224,402					
16	5	109,820					
17	6	-45,096					
18	7	425,168					
19	8	-307,866					
20	9	-88,831					
21	10	-333,501					
22	11	210,510					
23	12	168,331					
24	13	-254,104					
25	14	506,814					
26	15	-9,262					
27	16	-101,777					
28	17	216,317					
29	18	-70,740					
30	19	-221,637					
31	20	-206,562					

25.5.2 在 VBA 中进行模拟

我们将编写一个模拟前面所述问题的 VBA 函数 SuccessfulRuns。给定一个投资方针，函数 SuccessfulRuns 确定投资/支出的百分比轨迹，它将在投资期末留给退休者正的资金。

下面是该函数的输出：

	A	B	C	D	E
1		**我们做得多好？正收益的比例**			
2	目前财富	1,000,000			
3	无风险利率	8%			
4	风险资产的参数				
5	期望年收益	10%			
6	收益的标准差	40%			
7	风险资产占比	40%			
8	年提取额	100,000			
9	投资年限	10			
10					
11	运行次数	1,000			
12					
13	成功运行次数	86.10%	<-- =successfulruns(B2,B8,B3,B5,B6,B7,B9,B11)		

单元格 B13 中的函数考虑一个开始时有 1 百万美元的退休者，在收益率为 8％的无风险资产和随机收益 $\mu = 10\%$、$\sigma = 40\%$ 的风险资产之间，期望每年支出 100,000 美元做投资决定。在模拟了 1,000 个收益后，我们确定 87.6％的情况下投资者将在 10 年后拥有正的资金。再次运行这个函数当然会产生不同的结果。

25.5.3 SuccessfulRuns 的 VBA 编程

我们差点忘记！下面是 SuccessfulRuns 的 VBA 编程：

```
Function SuccessfulRuns(Initial, Drawdown, Interest, Mean, _
    Sigma, PercentRisky, Years, Runs)
    Dim PortfolioValue() As Double
ReDimPortfolioValue(Years + 1)
    Dim Success As Integer


    Up = Exp(Mean + Sigma)
    Down = Exp(Mean − Sigma)

PiUp = (Exp(Interest) − Down) / (Up − Down)
PiDown = 1 − PiUp


    For Index = 1 To Runs
    For j = 1 To Years
    Randomize

PortfolioValue(0) = Initial
    If Rnd>PiDown Then
```

```
PortfolioValue(j) = _
PortfolioValue(j - 1) * PercentRisky * Up + _
PortfolioValue(j - 1) * (1 - PercentRisky) * _
Exp(Interest) - Drawdown


    Else
PortfolioValue(j) = PortfolioValue(j - 1) * _
PercentRisky * Down + _
PortfolioValue(j - 1) * (1 - PercentRisky) * Exp(Interest) _
        - Drawdown
    End If


    Next j
        If PortfolioValue(Years) > 0_
        Then Success = Success + 1
Next Index
SuccessfulRuns = Success / Runs
End Function
```

25.6　本章小结

蒙特卡罗方法是确定一个函数或过程数值的实验性技术。本章中我们已经用 π 值的例子说明了蒙特卡罗方法的可行性。作为一种评价工具,蒙特卡罗方法在有其他相近的有关确定值的方法时应该避免使用。如我们在本章中演示的例子,MC 不是一个计算 π 值的好方法。因为存在很多能十分准确地得到 π 的近似值的方法。当上述情况不成立时,你可以使用蒙特卡罗方法来确定该近似值。

蒙特卡罗方法还可以被用于模拟投资问题来透视资产收益的不确定性。本章我们用了一些投资的例子来说明它。

习题

1. 第 25.2 节中我们设计了一个宏,该宏用蒙特卡罗计算 π 值和每次迭代后更新屏幕。修改这个宏使得只有每 1,000 次迭代更新屏幕。

提示:

● 用 VBA 函数 Mod。从 VBA 的帮助菜单中,注意该函数有语法 a Mod b。（一个相似的 Excel 函数有语法 Mod(a, b),但是不能在 VBA 中使用。）

● 用 VBA 指令 Application.ScreenUpdating＝True 和 Application.ScreenUpdating＝False 来控制屏幕的更新。

2. 在之前的练习中,在电子表上放一个"开关",该电子表来自习题 1 控制屏幕更新的宏(是否更新,是或否,多久更新)。

3. 用蒙特卡罗计算函数 $\exp(x)$ 在 $0 < x < 3$ 上的积分。以下是该函数的图:

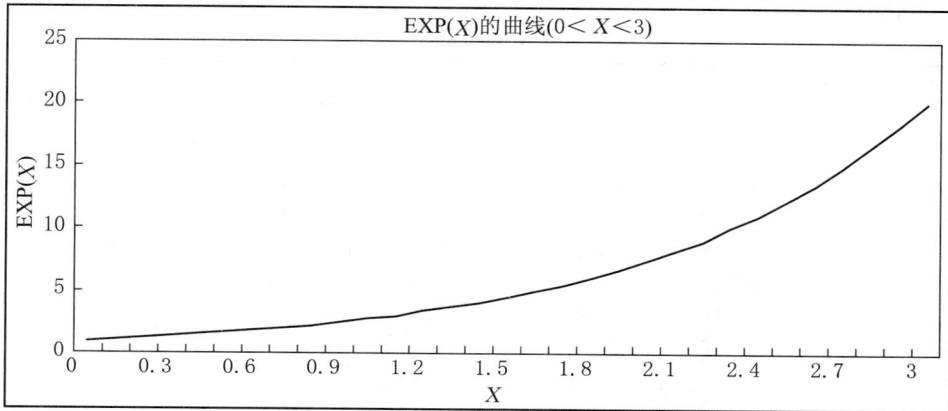

4. 本章的一个信息是即使蒙特卡罗是一种聪明的计算方法,当有一个更好的方法存在时不应该用它。例如,第 25.2 节中 π 值的 MC 值收敛很慢。这是一个很差的计算 π 值的方法,因此应该用哪些众所周知的方法来处理它。关于这一点,请回答下列问题:

(1) 在你得到小数点后 4 位精确的 π 值之前大约需要运行 MC 模拟多少次?

(2) 在你得到小数点后 8 位精确的 π 值之前大约需要运行 MC 模拟多少次?

(3) 在你得到小数点后 16 位精确的 π 值之前大约需要运行 MC 模拟多少次?

5. 计算 π 的第一种方法是

$$\frac{\pi^2}{6} = 1 + \frac{1}{2^2} + \frac{1}{3^2} + \cdots$$

用该级数构建一个 VBA 函数来估计 π。

6. 伟大的印度数学天才证明了:

$$\frac{1}{\pi} = \frac{\sqrt{8}}{9,801} \sum_{n=0}^{\infty} \frac{(4n)!}{(n!)^4} \frac{(1,103 + 26,390n)}{396^{4n}}$$

$n!$ 表示阶乘:

$n! = n \cdot (n-1) \cdot (n-2) \cdot \cdots \cdot 2 \cdot 1$

$0! = 1$

Excel 中函数 Fact 用于计算阶乘。

用该级数构造一个 VBA 函数估计 π,其中 n 是级数期数。说明两次迭代给你多于 15 位小数的精度。

π 值的一些评论

习题 6 根据 D. H. Bailey and P. B. Borwein，1987，"Ramanujan，Modular Equations，and Approximations to π or How to Compute One Billion Digits of Pi"，*American Mathematical Monthly*，Vol. 96，No. 3；221—219。这篇论文能够在 http://www.cecm.sfu.ca/organics/papers/borwein/index.html 下载。习题 6 中 Ramanujan 的方法每次迭代增加 6 位小数。Ramanujan 也发明了一个更快的方法，其中只用 13 次迭代就得到多于 10 亿小数的 π。（Excel 的最大精度只有 15 位，但是有一个好的 Excel 插件将精度扩展到小数点后 32,767 位，http://precisioncalc.com/）

Srinivasan Ramanujan(1887—1920)是时代最伟大的数学天才之一。阅读其唯一的个人传记：Robert Kanigel，*The Man Who Knew Infinity：A Life of the Genius Ramanujan*，Charles Scribner，1991(纸质版于 1992 年 Washington Square Press 出版)。

最后：π 值为多少？ Mathematica———一种非常高级的数学程序语言（www.wolfram.com）———给出 π 值如下：

小数点后有效数字	π 值
25	3.1415926535897932384626443
50	3.14159265358979323846264338327950288419716939937511
75	3.141592653589793238462643383279502884197169399375105820974944592307816406229
500	3.14159265358979323846264338327950288419716939937510582097494459230781640628620899862803482534211706798214808651328230664709384460955058223172535940812848111745028410270193852110555964462294895493038196442881097566593344612847564823378678316527120190914564856692346034861045432664821339360726024914127372458700660631558817488152092096282925409171536436789259036001133053054882046652138414695194151160943305727036575959195309218611738193261179310511854807446237996274956735188857527248912279381830119491

26

股票价格模拟

26.1 概述

资产定价的蒙特卡罗方法是基于对于资产价格的模拟。通过模拟资产价格,我们希望回答如下的与投资收益相关的问题:

- 一种给定的经过一段时间的储蓄或支出方式上能使养老金成为正遗产的可能性有多大?
- 针对期权复制的一种离散更新投资组合的方法能够成功复制该期权收益的可能性有多大?
- 如何给最终价格取决于一个资产价格路径的期权定价?

为了模拟价格,我们必须先对股票价格的分布特性作一些假设。标准金融是假设股票价格为对数正态分布或是均匀分布的,股票收益是正态分布的。在这章中我们对这两个说明给出解释,并演示它们在 Excel 中是如何被模拟的。第五部分接下来的一章将这些概念运用到投资和期权的建模中。

在我们所讨论期权定价中已涉及这一主题。在第 16 章中我们讨论了假设,即一段时间内一个股票价格的走势是遵循一个二项式模型的。我们返回到第 30 章的二项式模型中,这里我们用它演示了价格路径依赖期权的蒙特卡罗模拟。第 17 章中,我们用股票价格服从对数正态分布的假设,说明了布莱克—斯科尔斯模型。进而我们通过在第 16.7 节中的数字说明该二项式模型是接近于对数正态分布的假设的。

这章重点讲述价格的对数正态分布并说明该假设是如何被模拟。本章的结构如下:

- 我们首先讨论什么是股票价格的"合理"假设。
- 随后说明为什么股票价格呈对数正态分布是一个合理的分布。
- 接下来,我们说明如何模拟对数正态价格路径。
- 最后,我们说明如何汲取该对数正态分布的参数——该股票收益的均值和标准差——来自股票价格的历史数据。

26.2　股票价格像什么

什么是股票价格随时间变动的合理假设？显然股票（或任何其他的风险金融资产）的价格是不确定的。股票的价格分布是什么？这是一个复杂的问题。回答该问题的一种方法是问股票价格合理的统计特征是什么。其五个合理特征如下：

（1）股票价格是不确定的。给定今天的价格，我们不知道明天的价格。

（2）股票价格的变化是连续的。短期股票价格的变化非常小，而且随时间间隔变为零，股票价格的变化也为零。[①]

（3）股票价格从不为零。该属性的意思是我们不考虑那些摘牌公司的股票。

（4）股票持有人的平均收益趋于随时间而增加的。注意"趋于"一词：我们不知道长时间持有股票能不能有一个较高的收益；但是，我们期望长期持有某一风险资产会有一个较大的平均收益。

（5）随着股票持有时间的增加，收益的不确定性也趋于增大。因此，给定今天股票价格，明天股票价格的方差是很小的；但是，价格方差在一个月内比较大，在一年内就更大了。

26.2.1　合理的股票特征和股票价格的走势

观察股票价格这五种"合理的特征"的一种方法是看股票价格的走势。股票价格走势是股票价格随时间变化的一个曲线图。例如，下面就是几只股票的价格走势图。

3 只股票的每日价格
2002 年 1 月—2011 年 12 月

---

①　如果你观察股票价格，你会知道持续性通常是一个不坏的假定。但是它有时可能是个灾难（见 1987 年 10 月的价格走势是价格间断性的一个戏剧性例子）。它建立了一个假设股票价格是连续的股票价格模型，但是，有时候股票价格会偶然地（和随机地）暴涨。见 Cox 和 Ross(1976)、Merton (1976)、Jarrow 和 Rudd(1983)。

假如我们模拟股票价格走势（在本章稍后我们有时用对数正态模型来模拟），我们期望看到怎样的情况呢？从股票价格的五个属性我们可以看到：

（1）走势是波动曲线。

（2）走势线是连续（稳定的），没有跳跃。

（3）走势线总是正的且无论价格有多低，都不能小于零。

（4）在一个给出的时间点，所有趋势线的平均值都是大于初始股票价格的。我们选择的范围越大，该平均值也变得越大。

（5）所有趋势线上的标准差随着选择范围的增大而增大。

这里有另一种考察股票价格的方法。假设我们得到 S&P500 指数（我们只显示了该数据的开始部分）上的每日收益。

	A	B	C	D
1	**S&P500每日价格** **1950-2011年**			
2	日期	价格	收益率	
3	3/Jan/50	16.66		
4	4/Jan/50	16.85	1.13%	<-- =LN(B4/B3)
5	5/Jan/50	16.93	0.47%	<-- =LN(B5/B4)
6	6/Jan/50	16.98	0.29%	<-- =LN(B6/B5)
7	9/Jan/50	17.08	0.59%	
8	10/Jan/50	17.03	-0.29%	
9	11/Jan/50	17.09	0.35%	
10	12/Jan/50	16.76	-1.95%	
11	13/Jan/50	16.67	-0.54%	
12	16/Jan/50	16.72	0.30%	
13	17/Jan/50	16.86	0.83%	
14	18/Jan/50	16.85	-0.06%	
15	19/Jan/50	16.87	0.12%	

如果我们作出在任何给定的时期内的日收益图形，我们得到一大堆难以解释的乱点：

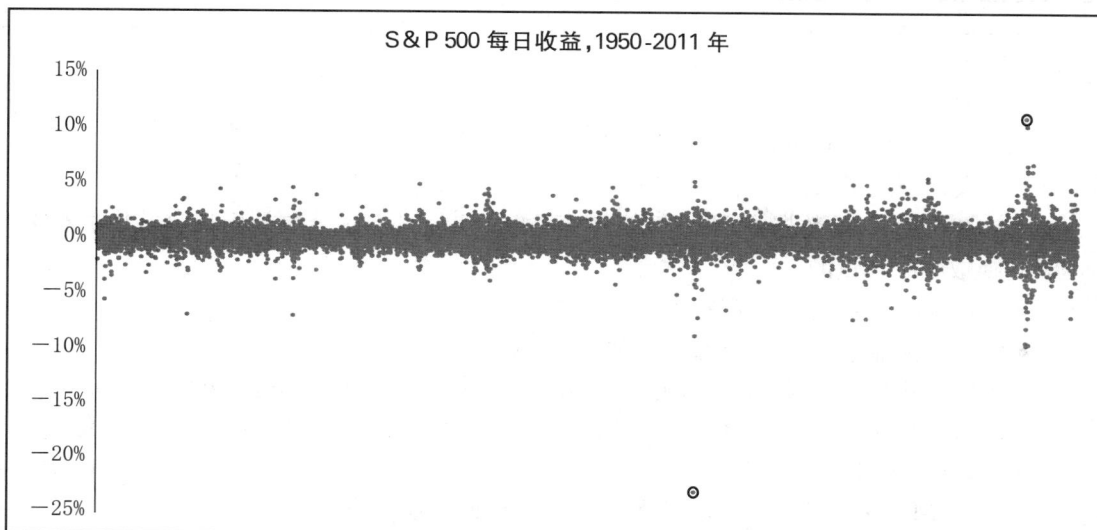

S&P 500 每日收益,1950-2011 年

我们标记出每日最大涨幅和跌幅：1987 年 10 月 19 日的 −22.9％和 2008 年 10 月 13 日的 ＋10.96％。

要解释图上的这些数据点很难，但 Excel 可以帮助我们搞清这些数据的含义：

	A	B	C	D	E	F	G	H	I
1						S&P500每日股价，1950-2011年			
2	日期	价格	收益						
3	3/Jan/50	16.66				日收益数	15,601		
4	4/Jan/50	16.85	1.13%	<-- =LN(B4/B3)		每年天数	251.629	<-- =G3/62	
5	5/Jan/50	16.93	0.47%	<-- =LN(B5/B4)					
6	6/Jan/50	16.98	0.29%	<-- =LN(B6/B5)		最大	10.96%	13/Oct/08	
7	9/Jan/50	17.08	0.59%			最小	-22.90%	19/Oct/87	
8	10/Jan/50	17.03	-0.29%						
9	11/Jan/50	17.09	0.35%			介于 -1% 到+1%之间的数	12,425	<-- =COUNTIFS(C:C,"<=1%",C:C,">=-1%")	
10	12/Jan/50	16.76	-1.95%			日收益均值	0.0278%	<-- =AVERAGE(C:C)	
11	13/Jan/50	16.67	-0.54%			日收益标准差	0.9822%	<-- =STDEV.S(C:C)	
12	16/Jan/50	16.72	0.30%						
13	17/Jan/50	16.86	0.83%			年收益均值	7.00%	<-- =G4*G10	
14	18/Jan/50	16.85	-0.06%			年收益标准差	15.58%	<-- =SQRT(G4)*G11	

另外一种看数据的方法是利用 Excel 的 Frequency 函数绘制该收益的频数分布图。具体操作方法参照随书光盘。绘制出来的图形近似正态分布，稍有点左偏。

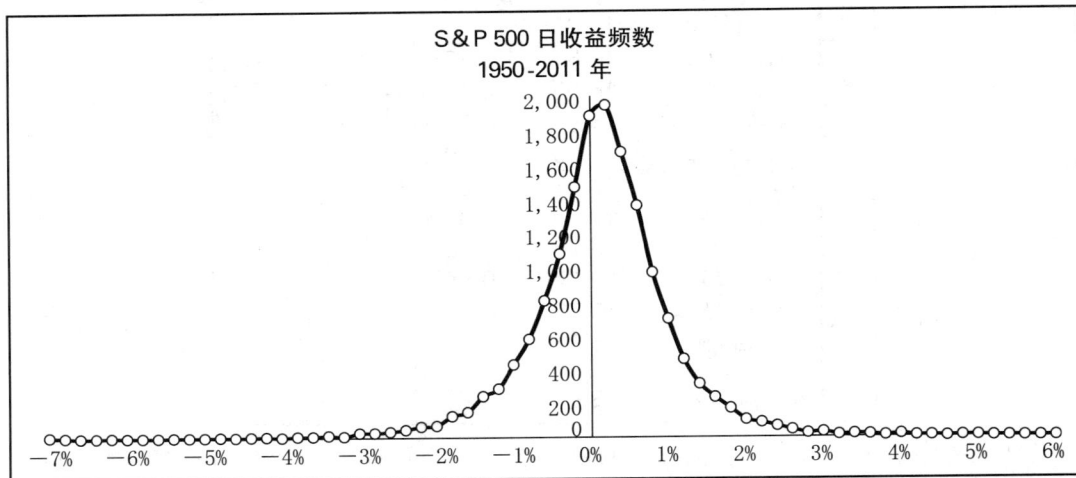

S&P 500 日收益频数
1950-2011 年

> **Excel 提示**
>
> 在该计算中：
>
> （1）我们使用了 CountIfs 对 −1％到＋1％之间的日收益进行计数。
>
> （2）我们使用了 C:C 来表示 C 列里面的所有数据。
>
> （3）在这 62 年的数据中，平均每年有 251.629 交易日。这个数是用日收益均值和标准差转换成年统计量的。
>
> - 平均年收益＝每年天数·平均日收益
> - 年收益标准差＝SQRT（每年天数）·年收益标准差
>
> （4）在查找日收益最大和最小值的日期时，我们使用了 Excel 功能 Match：
>
> - MATCH(G6, $C$3:$C$15604, 0)，在 C3:C15604 中找到了出现在 G6 中的最大值。
> - INDEX($A$3:$A$15604, MATCH(G6, $C$3:$C$15604, 0))，在 A3:A15604 中找到了由 MATCH(G6,$C$3:$C$15604,0) 返回的最小值。

26.2.2　对连续收益生成过程计算收益与分布[①]

我们可以通过取该股票价格的自然对数，即定义 $\ln\left(\dfrac{Price_t}{Price_{t-1}}\right)$，来计算一个时间段内该股票的收益。进而，如果 $\{r_1, r_2, \cdots, r_M\}$ 是一系列的定期收益，我们可以计算该收益的均值、方差和标准差：

$$\text{定期均值} = \mu_{定期} = \underbrace{\frac{1}{M}\sum_{t=1}^{M} r_t}_{\substack{\text{使用Excel}\\\text{Average函数}}}$$

$$\text{定期的方差} = \sigma^2_{定期} = \underbrace{\frac{1}{M}\sum_{t=1}^{M}(r_t - \mu_{定期})^2}_{\substack{\text{使用Excel}\\\text{Stdev.s函数}}}$$

假设一年有 n 个时期，我们可以计算每年的收益：

$$\text{年度均值} = n \cdot \mu_{定期}$$
$$\text{年度方差} = n \cdot \sigma^2_{定期}$$
$$\text{年度标准差} = \sigma\sqrt{n}$$

26.3　价格的对数正态分布和几何扩散

在这一节中，我们将对价格的对数正态分布作一个更正式的描述。然后我们再涉及与几何扩散相关的对数正态价格处理。

假设我们用 S_t 表示股票在时间 t 的价格。对数正态分布假设在时间 t 和时间 $t + \Delta t$ 之间持有股票的收益加 1 的自然对数服从均值为 μ、标准差为 σ 的正态分布。用 $\tilde{r}_\Delta$ 表示在 Δt 时间间隔上的（不确定的）收益率，那么，我们可以得到 $S_{t+\Delta} = S_t \exp[\tilde{r}_\Delta \Delta t]$。

在对数正态分布中，我们假设在间隔 Δt 上的收益率 $\tilde{r}_\Delta$ 服从均值为 $\mu \Delta t$，方差为 $\sigma^2 \Delta t$ 的正态分布。

在时间为 $t + \Delta t$，股票价格为 $S_{t+\Delta}$ 时这个关系式的另一种写法是：

$$\frac{S_{t+\Delta}}{S_t} = \exp[\mu\Delta t + \sigma Z \sqrt{\Delta t}\,]$$

这里 Z 是标准正态分布变量（均值 $=0$，标准差 $=1$）。[②]

[①]　该小节是第 26.7 节内容的提前介绍。

[②]　如果你知道扩散过程，那么对数正态价格处理就是一个几何扩散：$\dfrac{\mathrm{d}S}{S} = \mu\mathrm{d}t + \sigma\mathrm{d}B$，这里 $\mathrm{d}B$ 是一个 Wiener 过程（"白噪声"）：$\mathrm{d}B = Z\sqrt{\mathrm{d}t}$，$Z$ 是标准随机变量。

为理解该假设的意思,首先假设 $\sigma = 0$。 在这种情况下有:

$$S_{t+\Delta} = S_t \exp[\mu \Delta t]$$

简单来说就是股票价格以一个确定的指数率增长。这里股票类似连续复利率为 μ 的无风险债券。

现在假设 $\sigma > 0$。 在这种情况下,对数正态分布假设表明,虽然股票价格是趋向于上升的,但是也要考虑到不确定的因素(正态分布)。理解这个过程的最佳方法是做模拟。例如,假如我们想模拟 $\mu = 15\%$、$\sigma = 30\%$ 和 $\Delta t = 0.004$ 的一个对数正态价格过程。假设在时间 0 的价格 $S_0 = 35$。 为模拟在时间 Δt 可能的股票价格,我们首先要从标准正态分布中选取随机数 Z。[①]假设这个数是 0.1165,那么在时间 Δt 的股票价格 S_Δ 将是:

$$S_\Delta = S_0 \cdot \exp[\mu \Delta t + \sigma Z \sqrt{\Delta t}]$$
$$= 35 \times \exp[0.15 \times 0.004 + 0.3 \times 0.1165 \times \sqrt{0.004}] = 35.0985$$

当然我们可以获得不同的随机数。例如,随机数 Z 是 0.9102,那么我们有:

$$S_\Delta = S_0 \cdot \exp[\mu \Delta t + \sigma Z \sqrt{\Delta t}]$$
$$= 35 \times \exp[0.15 \times 0.004 - 0.3 \times (-0.9102) \times \sqrt{0.004}] = 34.4214$$

这个过程的描述见下面电子表。我们从一个标准正态分布(技术术语是"标准正态偏差")中选取 250 个数。[②]每个数都可能被 Z 取到。以一个特定的时间间隔来挑选 Z 的值,股票价格 $S_{t+\Delta}$ 如下:

	A	B	C	D	E	F	G	H	I
1						对数正态分布的概念化			
2				时间	正态标准差	股票价格			
3	均值	15%		0		35.0000	<-- =B6		
4	标准差	30%		1	-1.6974991	33.9110	<-- =F3*EXP(Mean*deltat+Sigma*SQRT(deltat)*E4)		
5	Δt	0.004		2	-1.5030855	32.9774			
6	最初股价	35		3	0.29000375	33.1792			
7				4	0.73838464	33.6675			
8				5	-0.0063869	33.6836			
9				6	-0.1103433	33.6334			
10				7	-0.0553746	33.6182			
11				8	-0.6618416	33.2186			
12				9	-0.5344418	32.9032			
13				10	1.11930831	33.6296			
14				11	-1.1828092	32.9030			
15				12	0.76876859	33.4065			
16				13	-1.0713666	32.7540			
17				14	0.81354301	33.2834			
18				15	0.86211685	33.8527			
19				16	0.95433279	34.4919			
20				17	-0.872592	33.9459			

模拟股票价格走势

这份电子数据表运用了"数据|数据分析|随机数发生器",生成 250 个正态偏差数据。指令如下:

[①] 见第 24 章的 (使用 Excel 和 VBA) 产生随机数的一些技术。

[②] 在一年中业务天数大约是 250 天。因此当我们定义 $\Delta t = 1/250 = 0.004$,我们模拟基于这一年的每日股票价格。

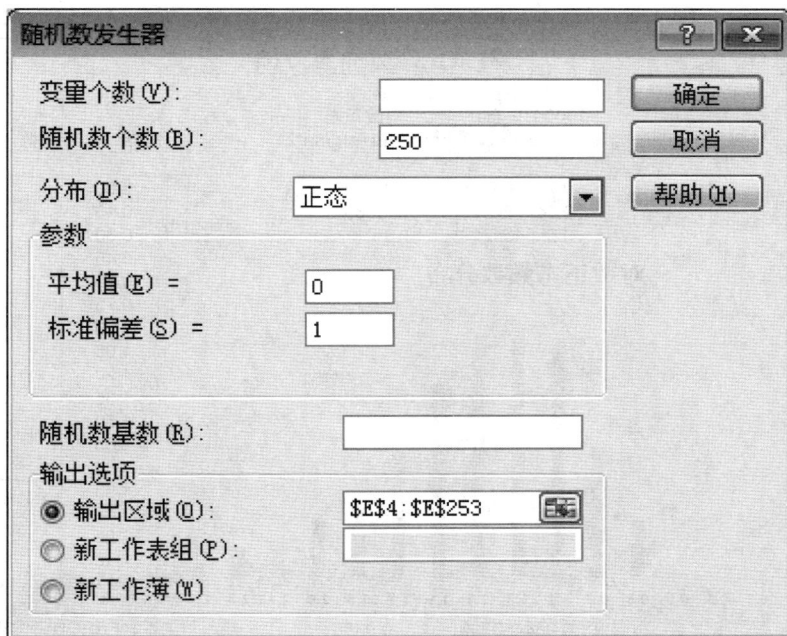

归纳起来说,为了模拟股价增长,当价格遵循对数正态分布时:

• 用 μ(平均增长率)乘以 Δt(时间间距)。这构成收益固定的一部分。

• 从正态分布随机数中抽取一个 Z,乘以 $\sigma\sqrt{\Delta t}$。这构成收益不固定的一部分(平方根意味着股票收益的方差从时间上来看是呈线性的,看下图)。

• 把上面两个结果相加再求幂。日收益就是 $\exp[\mu\Delta t + \sigma Z\sqrt{\Delta t}]$。 设第 t 天的价格为 S_t,则第 $t+1$ 天的价格为 $S_{t+1} = S_t\exp[\mu\Delta t + \sigma Z\sqrt{\Delta t}]$。

26.4 对数正态分布看起来像什么

我们知道正态分布随机数产生一个钟形曲线。对数正态分布是什么样的呢?在下面的实验中我们模拟 1,000 随机的年底收盘价。这个的实验对上一节的继续;因为我们模拟的是年底的价格,所以我们设 $\Delta t = 1$,为执行这个实验:

• 我们产生 1,000 个正态偏差。

• 我们用每个正态偏差随机数产生一个期末股票价格:

$$S_1 = S_0 \cdot \exp[\mu\Delta t + \sigma Z\sqrt{\Delta t}]$$
$$= S_0 \cdot \exp[\mu + \sigma Z], \ \Delta t = 1$$

• 我们将股票价格归入每个组距范围而且产生直方图。

下面是这个实验的电子表:

	A	B	C	D	E	F	G	H	I
1				对数正态分布直方图					
2	均值	22%		**1000个正态分布数**	**对数正态 =exp(mu+sigma*Z)**		组界	频数	
3	标准差	30%							
4	Δt	1		-0.723596258	1.0029		0.00	0	
5				-0.447857929	1.0894		0.15	0	
6				-0.695454219	1.0114		0.30	0	
7							0.45	0	
8							0.60	4	
9							0.75	40	
10							0.90	89	
11							1.05	155	
12							1.20	164	
13							1.35	155	
14							1.50	133	
15							1.65	89	
16							1.80	51	
17							1.95	40	
18							2.10	29	
19							2.25	21	
20							2.40	10	
21							Table above created with the array formula {=FREQUENCY(E:E,G4:G20)}		
22									
23				-0.954453299	0.9358				
24				1.969010555	2.2495				

对数正态频数分布图表（行7-22范围内），横轴组界：0.0 0.2 0.3 0.5 0.6 0.8 0.9 1.1 1.2 1.4 1.5 1.7 1.8 2.0 2.1 2.3 2.4

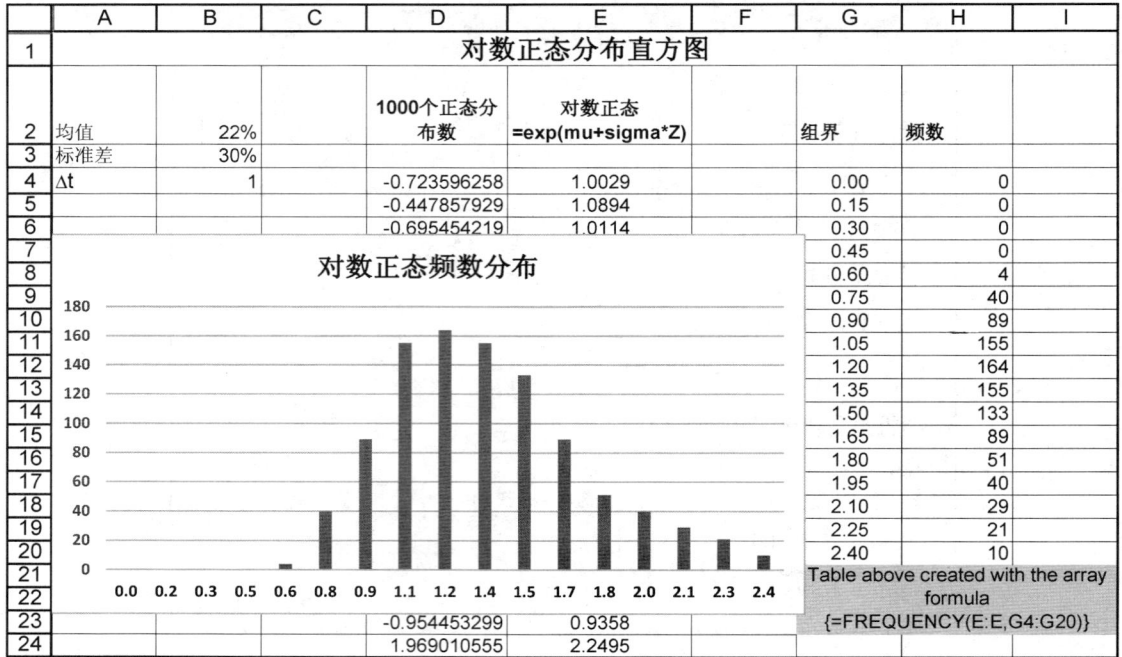

产生了 1,000 个对数正态价格的相对数，即 $\exp[\mu\Delta t + \sigma Z\sqrt{\Delta t}]$ 后，我们就可以使用数组函数 Frequency()（这个函数在第 33 章中讨论）将他们归入组范围内。

当我们对很多的数据点做模拟时，会导致密度曲线变平滑。例如，下面是 100,000 次实验的频数分布，$\mu = 10\%$，$\sigma = 20\%$，$\Delta t = 1$：

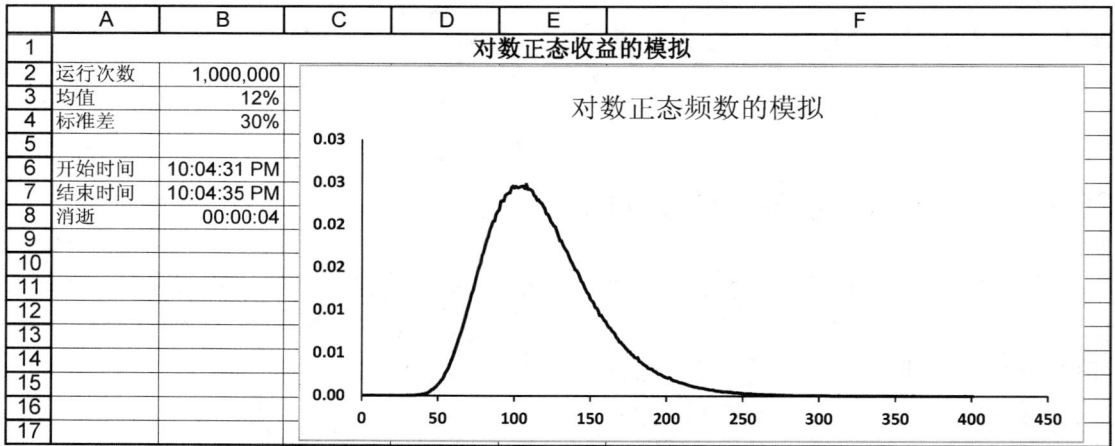

	A	B	C	D	E	F
1				对数正态收益的模拟		
2	运行次数	1,000,000				
3	均值	12%				
4	标准差	30%				
5						
6	开始时间	10:04:31 PM				
7	结束时间	10:04:35 PM				
8	消逝	00:00:04				
9						
10						
11						
12						
13						
14						
15						
16						
17						

对数正态频数的模拟图表，横轴：0 50 100 150 200 250 300 350 400 450

产生这个输出结果的 VBA 程序如下：

```vba
'Simulating the lognormal distribution
'Note that I take delta = 1!
Sub RandomNumberSimulation()
Application.ScreenUpdating = False
Range("starttime") = Time
N = Range("runs").Value
mean = Range("mean")
sigma = Range("sigma")
ReDimFrequency(0 To 1000) As Integer

For Index = 1 To N
start:
    Static rand1, rand2, S1, S2, X1, X2
    rand1 = 2 * Rnd - 1
    rand2 = 2 * Rnd - 1
    S1 = rand1^2 + rand2^2
    If S1 > 1 Then GoTo start
    S2 = Sqr(-2 * Log(S1) / S1)
    X1 = rand1 * S2
    X2 = rand2 * S2

    Return1 = Exp(mean + sigma * X1)
    Return2 = Exp(mean + sigma * X2)

Frequency(Int(Return1 / 0.01)) = _
Frequency(Int(Return1 / 0.01)) + 1
Frequency(Int(Return2 / 0.01)) = _
Frequency(Int(Return2 / 0.01)) + 1
Next Index

For Index = 0 To 400
Range("simuloutput").Cells(Index + 1, 1) = _
Frequency(Index) / N
Next Index

Range("stoptime") = Time
Range("elapsed") = Range("stoptime") - _
Range("starttime")
Range("elapsed").NumberFormat = "hh:mm:ss"

End Sub
```

该程序随机产生的标准正态偏差随机数的语句是从第 8 行 start 开始；在第 31 章中将进一步解释该程序。

26.5 模拟对数正态分布价格走势

我们现在回到在第 26.3 节中讨论的模拟对数正态分布价格走势问题。尽管我们用 VBA 实施该模拟，但我们还是试图理解这句话："股票今天的价格是 25 美元。该股票价格是服从对数正态分布的，它的年平均收益的对数是 10%，年标准差是 20%。"我们想知道该股票价格在下年度中的每日行为如何。由于该股票的价格走势有无穷多种。我们只是模拟（随机）其走势中的一种。如果我们想要另一种价格走势，我们可以再运行该模拟程序。

在一年中大约有 250 个工作日。因此，在日期 t 和日期 $t+1$ 之间的每日股票价格走势可以通过设置 $\Delta t = 1/250 = 0.004$，$\mu = 10\%$，$\sigma > 20\%$ 来模拟。假如初始的股票价格是 $S_0 = 25$ 美元，那么在一天之后的价格将会是：

$$S_{\Delta} = S_0 \times \exp[\mu \Delta t + \sigma Z \sqrt{\Delta t}]$$
$$= 25 \times \exp[0.15 \times 0.004 + 0.20 \times Z \sqrt{0.004}]$$

两天后的价格将会是：

$$S_{0.008} = S_{0.004} \times \exp[0.15 \times 0.004 + 0.20 Z \sqrt{0.004}]$$

如此等等。在每步随机正态偏差 Z 是返回价格的不确定因子，正因为如此，产生的所有走势将是不同的。

这里是 VBA 程序 PricePathSimulation，它产生了一个典型的价格走势：

```
Sub pricePathSimulation()
Range("starttime") = Time
Application.screenupdating = False

N = Range("runs").Value
mean = Range("mean")
sigma = Range("sigma")
delta_t = 1/ (2 * N)

Randomize 'This means that the paths won't recur

ReDimprice(0 To 2 * N) As Double

price(0) = Range("initial_price")

For Index = 1 To N
```

```
start：
    Static rand1, rand2, S1, S2, X1, X2
    rand1 = 2 * Rnd - 1
    rand2 = 2 * Rnd - 1
    S1 = rand1^2 + rand2^2
    If S1 > 1 Then GoTo start
    S2 = Sqr(-2 * Log(S1) / S1)
    X1 = rand1 * S2
    X2 = rand2 * S2

price(2 * Index - 1) = price(2 * Index - 2) * Exp(mean * delta_t + _
sigma * Sqr(delta_t) * X1)
price(2 * Index) = price(2 * Index - 1) * Exp(mean * delta_t + _
sigma * Sqr(delta_t) * X2)
Next Index
For Index = 0 To 2 * N
Range("output").Cells(Index + 1, 2) = price(Index)
Next Index
Range("stoptime") = Time
Range("elapsed") = Range("stoptime") - Range("starttime")
Range("elapsed").NumberFormat = "hh:mm:ss"
End Sub
End Sub
```

这个 VBA 程序的输出见下列电子表：

	A	B	C	D	E	F	G	H	I	J
1					用VBA模拟对数正态价格走势 [Ctrl]+R 运行宏					
2	日期	股票价格								
3	0	30.00			次数	125				
4	1	30.33			原始股价	30				
5	2	31.49			均值	20%				
6	3	31.32			标准差	30%				
7	4	31.41								
8	5	31.87								
9	6	31.72								
10	7	31.16								
11	8	31.07								
12	9	31.84								
13	10	31.47								
14	11	31.18								
15	12	32.11								
16	13	31.84								
17	14	32.91								
18	15	32.95								
19	16	32.17								
20	17	32.05								
21	18	31.81								
22	19	32.40								
23	20	31.50								

对数正态分布价格模拟
参数：均值=20%，标准差=30%

26.5.1 利用 Norm.Inv 函数模拟价格走势

在下面的电子表中，我们做了一个类似的模拟，用 Norm.Inv 模拟该收益（详见第 31 章）。Norm.Inv(Rand()，$\mu\Delta t$，$\sigma\sqrt{\Delta t}$)产生年均值为 μ 和年标准差为 σ 的正态分布收益。Exp(Norm.Inv(Rand()，$\mu\Delta t$，$\sigma\sqrt{\Delta t}$))是价格增长的对数正态分布：

	A	B	C	D	E	F	G
1			**用NORM.INV模拟对数正态的价格走势** 用 Exp(Norm.Inv(rand(),Mean*Δt,Sqrt(Δt)*Sigma) 来模拟收益 按F9产生新的模拟数				
2	日期	股价					
3	0	30.00			原始股价	30	
4	1	30.88	<-- =B3*EXP(NORM.INV(RAND(),Mean*$F$6,SQRT($F$6)*Sigma))		均值	15%	
5	2	30.39	<-- =B4*EXP(NORM.INV(RAND(),Mean*$F$6,SQRT($F$6)*Sigma))		Sigma	40%	
6	3	31.55			Delta_t	0.004	<-- =1/250
7	4	32.02					
8	5	32.59					
9	6	32.90					
10	7	31.59					
11	8	31.45					
12	9	32.27					
13	10	33.62					
14	11	33.72					
15	12	33.89					
16	13	34.90					
17	14	33.79					
18	15	33.08					
19	16	33.35					
20	17	34.94					
21	18	33.57					
22	19	33.20					
23	20	32.85					
24	21	31.60					

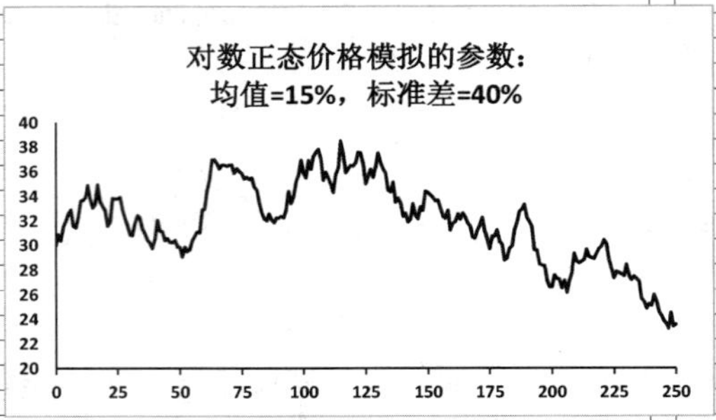

26.5.2 10 条对数正态分布股票价格走势的模拟

在下面的电子表中，我们稍微修改该程序就可以模拟具有相同统计参数的 10 条对数正态分布价格走势。每一个单元格我们都用 Norm.S.Inv(Rand())来从标准正态分布取一个数。这个正态偏差被用于模拟该股票价格，如下所示：

	A	B	C	D	E	F	G	H	I	J	K
1					**10条对数正态股票价格走势模拟**						
2	初始价格	30									
3	均值	11%									
4	标准差	30%						=J9*EXP(Mu*Delta_t+Sigma*SQRT(Delta_t)*NORM.S.INV(RAND()))			
5	Δt	0.004	<-- =1/250								
6											
7		10个股价走势									
8	时间	走势1	走势2	走势3	走势4	走势5	走势6	走势7	走势8	走势9	走势10
9	0	30.00	30.00	30.00	30.00	30.00	30.00	30.00	30.00	30.00	30.00
10	1	30.08								29.55	29.06
11	2	29.76								30.16	29.34
12	3	29.91								29.91	29.12
13	4	30.18								29.70	29.12
14	5	29.89								31.12	29.04
15	6	30.07								31.10	29.49
16	7	29.59								30.86	30.25
17	8	30.70								30.99	30.57
18	9	30.12								30.19	30.44
19	10	29.43								30.30	30.65
20	11	28.69								30.69	31.36
21	12	28.69								30.23	32.12
22	13	29.24								31.00	32.39
23	14	29.10								30.26	32.42
24	15	28.56								29.77	33.00
25	16	28.37	31.47	29.18	30.78	29.76	30.41	31.15	32.27	28.40	33.44

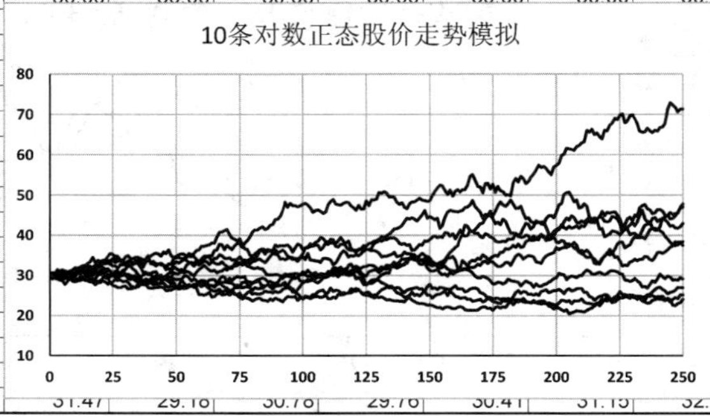

可以看到,正如该收益方差一样,该资产的平均价格随时间增长,这与第 26.3 节中的股票价格的特征 4 和特征 5 是一致的——即我们预期的资产收益和该收益的不稳定性都会随时间而增长。

26.6 技术分析

证券分析者可分为基本面分析和技术面分析两类。这种划分和他们的宇宙起源观点没有什么关系,但和他们对待股票价格的方式有关系。基本面分析者相信股票的价值最终还是由经济变量决定的。因此,当一个基本面分析者分析一家公司时,她总是看该公司的盈利、负债/权益比、市场等。

与此相反,技术分析者认为股票价格是由模式决定的。他们相信通过测试股票过去价格模式,他们可以预测(至少合理地说明)该股票的未来价格。一位技术人员告诉你"我们现在处在一个头肩模式中",他的意思是说股票价格曲线图如下:

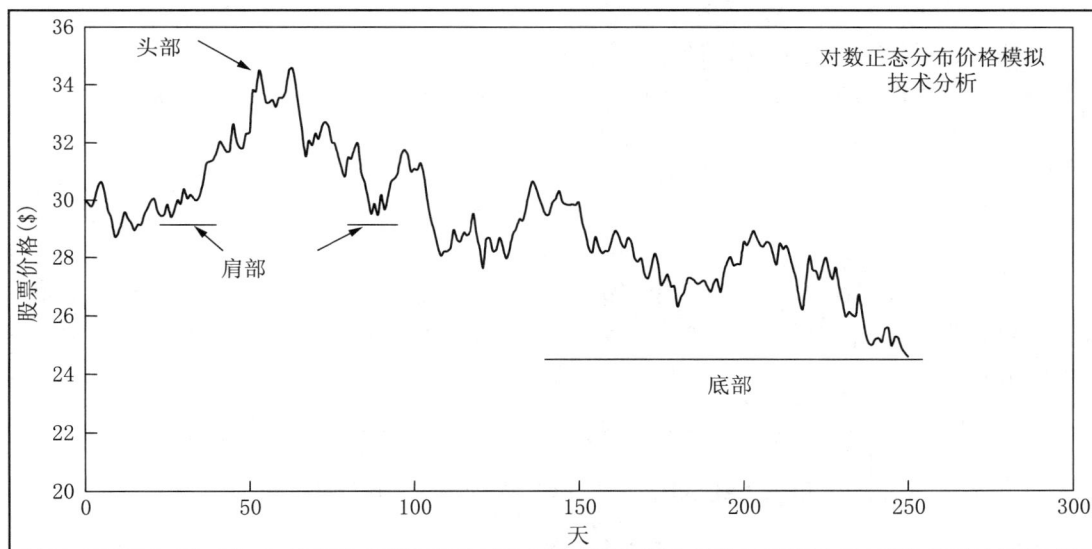

技术分析者的其他术语还包括"底部"(该图中有一个)、"反弹水平"和"信号旗"。

传统的(有人说是象牙塔)观点认为技术分析是无价值的。金融理论学的一个基本假设是证券交易市场有效的。该理论有几个版本;其中之一是弱有效市场假设,它认为关于过去价格信息与现在价格关系不大。弱有效市场假设意味着技术分析不能预测未来的价格,因为技术分析是完全建立在过去价格信息基础上的。[①]

但不管怎样,还是有许多人相信技术分析(该相信本身给技术分析一些证实)。在本章中所作的模拟允许我们产生无数的模式,所以分析它们,会产生对未来价格较好的预测。例如,

---

① 这个观点的讨论,见 Brealey、Myers 和 Allen(2005)的第 13 章;更为高级的处理,见 Copeland、Weston 和 Shastri(2003)的第 10—11 章。

在前面出现的数据中 24 美元底部,因为价格不可能在低。一个聪颖的分析师可以发现 40 天到 100 天之间的一个明显的头—肩模式,其封顶价大约是 35 美元。因此一个技术人员可以预测股票价格将会在 37 美元以下,除非它的价格涨过该水平。(如果你想成为一个技术人员,你必须学会对这些事情的直接解释。)

26.7 用股票价格来计算对数正态分布的参数

这一节的主要目的是要说明如何用股票价格数据计算对数正态分布模拟中的参数 μ 和 σ(在下一章中,σ 要作为一个输入变量,输入到布莱克—斯科尔斯公式中去)。但首先要注意股票在 Δt 的时间间隔上对数收益的均值和方差是:

$$E\left[\ln\left(\frac{S_{t+\Delta t}}{S_t}\right)\right]=E\left[\mu\Delta t+\sigma Z\sqrt{\Delta t}\right]=\mu\Delta t$$

$$Var\left[\ln\left(\frac{S_{t+\Delta t}}{S_t}\right)\right]=Var\left[\mu\Delta t+\sigma Z\sqrt{\Delta t}\right]=\sigma^2\Delta t$$

这些表达式说明了对数收益的期望值和方差与时间是线性关系。

现在假设我们想在历史价格数据上估计对数正态分布的 μ 和 σ,可用下列公式:

$$\mu=\frac{Mean\left[\ln(S_{t+\Delta t}/S_t)\right]}{\Delta t}\sigma$$

$$=\frac{Var\left[\ln(S_{t+\Delta t}/S_t)\right]}{\Delta t}$$

为更细致地说明这个问题,下面电子表给出一特定股票的每月价格。根据该价格,我们来计算对数收益、年平均值和标准差。注意我们使用函数 Stdevp 计算 σ;一般假定该数据代表实际分布。

	A	B	C	D
1	用HALLIBURTON CORPORATION的每月股价数据来计算收益的年度均值和标准差 2011年10月—2013年10月			
2	月均值		1.23%	<-- =AVERAGE(C10:C33)
3	月标准差		6.74%	<-- =STDEV.S(C10:C33)
4				
5	年均值, μ		14.76%	<-- =12*C2
6	年标准差, σ		23.36%	<-- =SQRT(12)*C3
7				
8	日期	收盘价	月收益	
9	3/Oct/11	36.54		
10	1/Nov/11	36.08	-1.27%	<-- =LN(B10/B9)
11	1/Dec/11	33.84	-6.41%	<-- =LN(B11/B10)
12	3/Jan/12	36.07	6.38%	<-- =LN(B12/B11)
13	1/Feb/12	35.88	-0.53%	<-- =LN(B13/B12)
14	1/Mar/12	32.63	-9.49%	<-- =LN(B14/B13)
15	2/Apr/12	33.64	3.05%	<-- =LN(B15/B14)
16	1/May/12	29.55	-12.96%	
17	1/Jun/12	27.99	-5.42%	
18	2/Jul/12	32.67	15.46%	
19	1/Aug/12	32.39	-0.86%	

注意年平均对数收益是用 12 乘以月平均对数收益,而年标准差是用 $\sqrt{12}$ 乘以月标准差。一般如果收益数据是基于一年 n 期的,那么:

$$Mean_{年收益} = n \cdot Mean_{期间收益}, \quad \sigma_{年收益} = \sqrt{n} \cdot \sigma_{期间收益}$$

当然这不是估计对数正态分布参数的唯一方法。我们应该有其他两种方法:

● 我们可以使用其他方法从收益历史数据中外推出未来的收益均值和标准差。一个例子是用移动平均法。

● 我们还可以使用布莱克—斯科尔斯公式发现隐含的波动性:股票对数收益的 σ 拟合该股票上一个期权价格。该方法在第 17.4 节中介绍。

26.8　本章小结

对数正态分布是下一章要讨论的布莱克—斯科尔斯期权定价模型的基础。本章中,我们探讨了股票价格对数正态的含义。我们说明了对数正态——一个资产上的收益是正态分布的假设——通过 S&P500 指数投资组合可以被直观地验证,我们还说明了如何模拟属于对数正态分布的股价的走势。最后,我们说明如何通过一个资产的历史收益计算一个对数正态分布的均值和标准差。

习题

1. 利用 Norm.S.Inv(Rand()) 模拟每月股价。图解如下。①

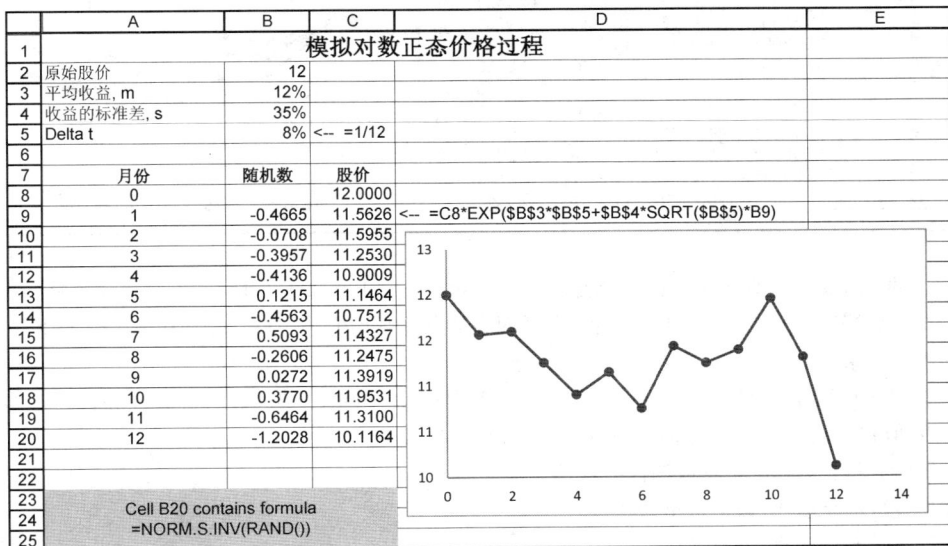

	A	B	C	D	E
1			**模拟对数正态价格过程**		
2	原始股价	12			
3	平均收益, m	12%			
4	收益的标准差, s	35%			
5	Delta t	8%	<-- =1/12		
6					
7	月份	随机数	股价		
8	0		12.0000		
9	1	-0.4665	11.5626	<-- =C8*EXP($B$3*$B$5+$B$4*SQRT($B$5)*B9)	
10	2	-0.0708	11.5955		
11	3	-0.3957	11.2530		
12	4	-0.4136	10.9009		
13	5	0.1215	11.1464		
14	6	-0.4563	10.7512		
15	7	0.5093	11.4327		
16	8	-0.2606	11.2475		
17	9	0.0272	11.3919		
18	10	0.3770	11.9531		
19	11	-0.6464	11.3100		
20	12	-1.2028	10.1164		
21					
22					
23		Cell B20 contains formula			
24		=NORM.S.INV(RAND())			
25					

① Norm.S.Inv(Rand()) 的这种用法可参考第 24.4 节。

2. 拓展前面的习题,利用 Norm.S.Inv(Rand())模拟 250 天(相当于一年的交易日)的每日股价。

3. 重制下面的图表。用图表(每按一次 F9 键都会再次验算数字)验证 σ 越大股价走势越不稳定。

4. 给一串任意数编写一个复制正态频率分布的 VBA 程序。这个程序应该:

● 产生正态随机偏差 N。

● 对于每个偏差,都会产生一个正态价格相关数 $\exp\left[\mu\Delta t + \sigma Z\sqrt{\Delta t}\right]$。

● 把每个价格相关数归类到不同组中:0, 0.1, 0.2, $\cdots$, 3。

● 把频数填入表格中制作一张如第 26.5 节中的频率图表。

5. 进行一些正态价格走势模拟。检查价格模型趋势。找出下面技术模型中的一种或多种。

● 支持区域

● 抵抗区域

● 升势/降势

● 顶部与肩部

● 反转的顶部和肩部

● 双峰/双谷

● 圆峰/圆谷

● 三角形(上升的、对称的、下降的)

● 旗帜

	A	B	C	D	E	F	G
1				模拟对数正态股价过程			
2	原始股价	20					
3	平均回报, m	12%					
4	Delta t	0.0833	<-- =1/12				
5							
6			股票价格,标准差 =				
7	月份	随机数	20%	40%	80%		
8	0		20.0000	20.0000	20.0000		
9	1	-0.64918	19.4579	18.7421	17.3885		
10	2	1.347154	21.2430	22.1166	23.9728		
11	3	-1.5667	19.6009	18.6421	16.8628		
12	4	-1.52506	18.1293	15.7891	11.9761		
13	5	0.043003	18.3570	16.0272	12.2172		
14	6	-1.21261	17.2878	14.0731	9.3260		
15	7	-0.5379	16.9276	13.3585	8.3193		
16	8	-1.89959	15.3217	10.8353	5.4189		
17	9	-0.66351	14.8941	10.1370	4.6957		
18	10	1.856868	16.7462	12.6874	7.2826		
19	11	-0.69698	16.2473	11.8239	6.2621		
20	12	-0.28313	16.1446	11.5586	5.9247		
21							

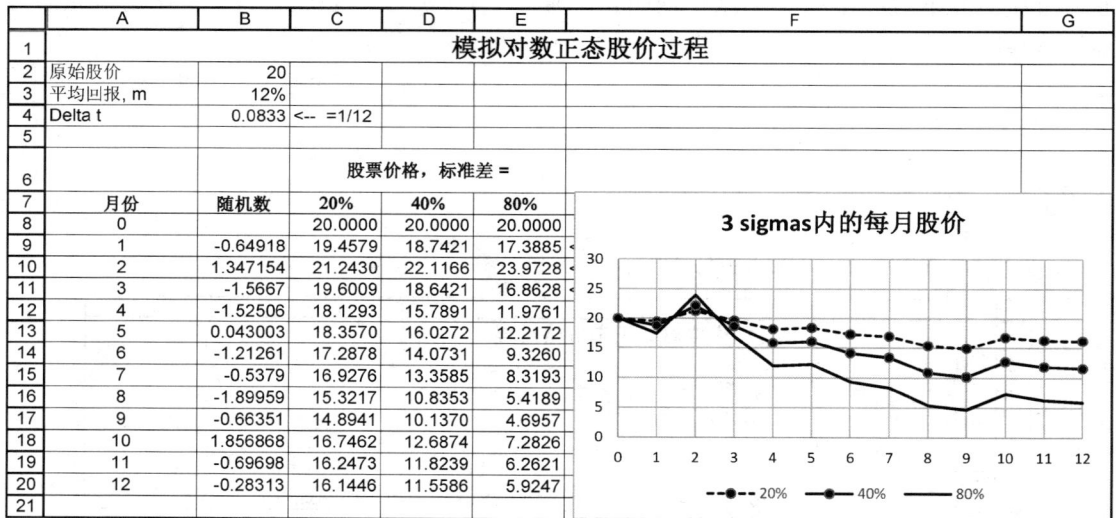

3 sigmas内的每月股价

6. 这章的习题文件含有 S&P500 指数的以及 Abbott Laboratories2007 年 4 月—6 月 3 个月的每日价格数据。用这些数据给 S&P500 和 Abbott 计算收益对数的年度平均值、方差和标准差。S&P500 和 Abbott 的收益有何相互关系?

7. 这章习题给出了 1987—2012 年的 Vanguard Index 500 fund(VFINX)的每日收益。该基金是跟踪 S&P500 的,但它的收益包括了股息(与∧GSPC,指数跟踪,相反)

● 计算所有每日数据的平均值和标准差。

● 把这些数据年度化,假定每年 250 天。

● 计算每日和年化收益统计量。

提示:查看第 33 章有关函数 DAverage 和 DStdev 的讨论。

27

投资中的蒙特卡罗模拟

27.1 概述

这一章我们将模拟一只或多只股票的组合投资的绩效。我们从一个单一股票模拟开始（与前一章的内容略有重复）。随后我们处理相关性，先讨论两个相关的股票收益情况，然后使用 Cholesky 分解（第 24 章）推广到多只股票的投资组合中去。接下来我们讨论退休金问题的模拟，这里组合投资是用于财务上的未来支取的。最后我们讨论 β 模拟，说明低 β 的股票会有较高的 α。

贯穿整章，我们使用运行空白单元格上的模拟运算表的技术来进行敏感性分析。该项技术能使我们运行多重随机数模拟，它将在第 31 章中介绍。

一个计算提示

本章的电子表计算十分密集，因此我们必须把这些问题的处理分散到涉及各类主题且单独的 Excel 工作簿中去。建议关闭模拟运算表的自动计算功能（"文件 | 选项 | 公式 | 除模拟运算表外，自动重算"）。

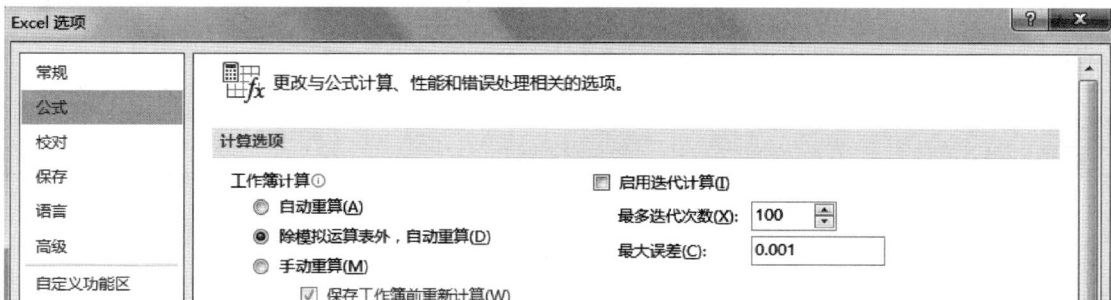

27.2 对单一股票模拟其价格和收益

这一节将模拟组合投资。先从第 26 章中的一个练习开始,即模拟一段时间上的股票收益。假设我们是从一只股票开始的,并且考虑该股票的一个可能的未来价格走势。在下面这张电子表中,我们模拟了这样的一个价格走势:在每个点 t 上,我们对该股票生成一个随机收益:

$$r_t = \mu \Delta t + \sigma \sqrt{\Delta t} Z$$

这里的 Z 是通过 Norm.S.Inv(rand())①产生的标准正态偏差。在时间 t 上的股票价格是:

$$S_t = S_{t-1} \exp\left[\mu \Delta t + \sigma \sqrt{\Delta t} Z\right]$$

下面是月度股票价格模拟的一个示例:

	A	B	C	D	E	F	G	H	I
1		模拟月度股票价格							
2	均值	12%							
3	标准差	30%							
4	Delta_t	0.0833	<-- =1/12						
5	初始股价	12.00							
6									
7	月份	股价							
8	0	12.00							
9	1	12.74	<-- =B8*EXP(Mean*Delta_t+Sigma*SQRT(Delta_t)*NORM.S.INV(RAND()))						
10	2	13.96	<-- =B9*EXP(Mean*Delta_t+Sigma*SQRT(Delta_t)*NORM.S.INV(RAND()))						
11	3	13.32							
12	4	13.52							
13	5	14.63							
14	6	14.10							
15	7	15.46							
16	8	15.37							
17	9	15.78							
18	10	16.21							
19	11	17.45							
20	12	18.54							
21									
22									
23									
24									
25									
26									

模拟一年期股票收益
(均值,标准差) = (12.00%,30.00%)

---

① 在 Excel 2003 和 Excel 2007 中,这个函数名字为 NormSInv(Rand())。

27.2.1 用收益代替价格后的模拟

如果用股票收益进行此模拟,会得到如下图表:

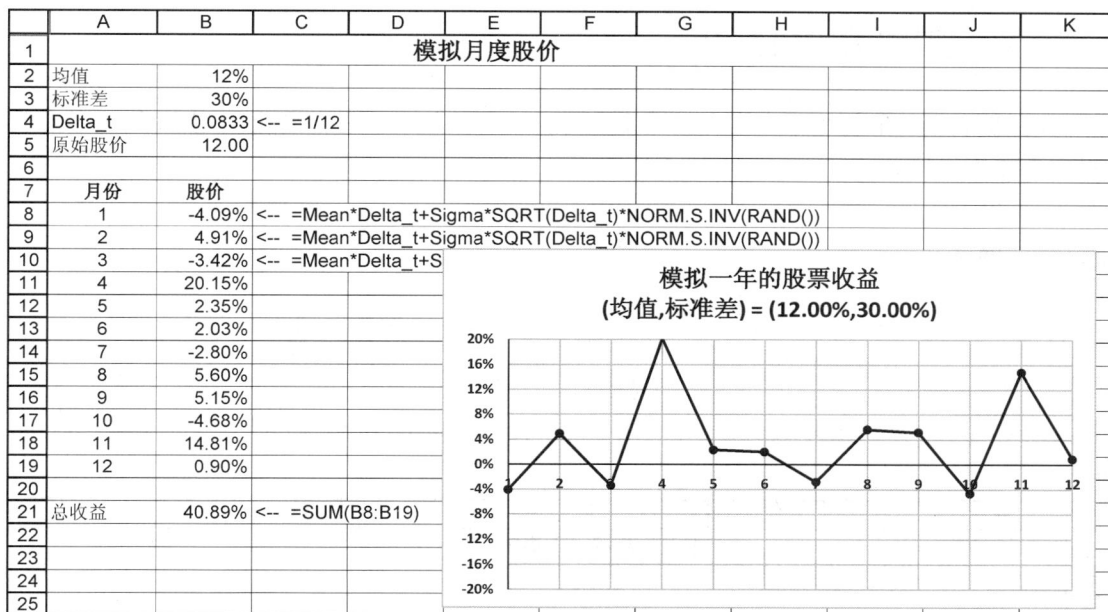

	A	B	C	D	E	F	G	H	I	J	K
1					**模拟月度股价**						
2	均值	12%									
3	标准差	30%									
4	Delta_t	0.0833	<-- =1/12								
5	原始股价	12.00									
6											
7	月份	股价									
8	1	-4.09%	<-- =Mean*Delta_t+Sigma*SQRT(Delta_t)*NORM.S.INV(RAND())								
9	2	4.91%	<-- =Mean*Delta_t+Sigma*SQRT(Delta_t)*NORM.S.INV(RAND())								
10	3	-3.42%	<-- =Mean*Delta_t+S								
11	4	20.15%									
12	5	2.35%									
13	6	2.03%									
14	7	-2.80%									
15	8	5.60%									
16	9	5.15%									
17	10	-4.68%									
18	11	14.81%									
19	12	0.90%									
20											
21	总收益	40.89%	<-- =SUM(B8:B19)								
22											
23											
24											
25											

图表标题:模拟一年的股票收益 (均值,标准差) = (12.00%,30.00%)

27.2.2 一些收益/价格的数学运算

n 个月的累积收益是 $n(\mu\Delta t)+\sigma\sqrt{\Delta t}(Z_1+Z_2+\cdots+Z_n)$。 这意味着在 n 个月月底的预期价格是 $P_n = P_n\exp[\mu(n\Delta t) + \sigma^2(n\Delta t)/2]$。 对 12 个月(1 年),则预期价格为 $P_n = P_n\exp[\mu+\sigma^2/2]$。 当然你不会精确地看到这个预期价格,但当你模拟许多后,平均的最终价格将近似地为 $P_n=P_n\exp[\mu+\sigma^2/2]$。 在我们下面的模拟运算表中将会对其进行说明:

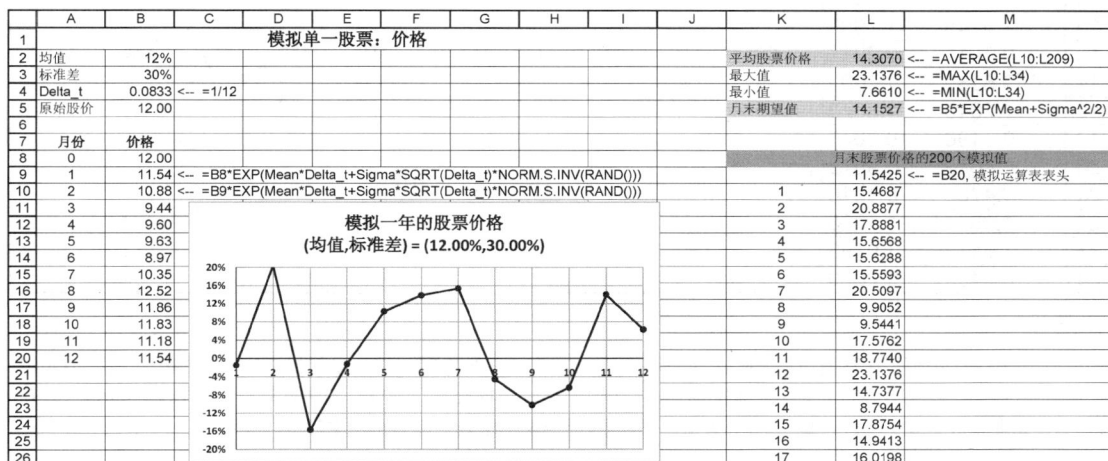

	A	B	C	D	E	F	G	H	I	J	K	L	M
1					模拟单一股票:价格								
2	均值	12%									平均股票价格	14.3070	<-- =AVERAGE(L10:L209)
3	标准差	30%									最大值	23.1376	<-- =MAX(L10:L34)
4	Delta_t	0.0833	<-- =1/12								最小值	7.6610	<-- =MIN(L10:L34)
5	原始股价	12.00									月末期望值	14.1527	<-- =B5*EXP(Mean+Sigma^2/2)
6													
7	月份	价格											
8	0	12.00										月末股票价格的200个模拟值	
9	1	11.54	<-- =B8*EXP(Mean*Delta_t+Sigma*SQRT(Delta_t)*NORM.S.INV(RAND()))									11.5425	<-- =B20,模拟运算表表头
10	2	10.88	<-- =B9*EXP(Mean*Delta_t+Sigma*SQRT(Delta_t)*NORM.S.INV(RAND()))								1	15.4687	
11	3	9.44									2	20.8877	
12	4	9.60									3	17.8881	
13	5	9.63									4	15.6568	
14	6	8.97									5	15.6288	
15	7	10.35									6	15.5593	
16	8	12.52									7	20.5097	
17	9	11.86									8	9.9052	
18	10	11.83									9	9.5441	
19	11	11.18									10	17.5762	
20	12	11.54									11	18.7740	
21											12	23.1376	
22											13	14.7377	
23											14	8.7944	
24											15	17.8754	
25											16	14.9413	
26											17	16.0198	

图表标题:模拟一年的股票价格 (均值,标准差) = (12.00%,30.00%)

上面例子中模拟运算表模拟了最终价格（单元格 B20）。25 次模拟的平均最终价格接近于期望的最终价格（单元格 L5）。[①]

27.3 两只股票的投资组合

我们扩展上一节的练习到具有相关系数为 ρ 的两只股票。为了简化问题，我们只考虑收益，而不考虑价格。

27.3.1 理论

回顾第 24 章，即两个标准正态偏差 Z_1 和 Z_2 具有相关系数为 ρ，那么它们之间的关系是：

$$Z_2 = \rho Z_1 + \sqrt{1-\rho^2}\, Z_3$$

这里 Z_1 和 Z_3 都是标准正态偏差［用 Excel 函数 Norm. S. Inv(Rand()发生］。模拟结果如下：

	A	B	C	D	E	F	G	H	I
1				模拟两个相关的正态偏差					
2	相关系数	-0.4							
3									
4	Z_1	Z_2							
5	0.2501	1.3069	<-- =$B$2*A5+SQRT(1-$B$2)*NORM.S.INV(RAND())						
6	1.0523	-0.5884							
7	0.9601	-0.4034							
8	-0.1658	-0.0262							
9	0.8248	-0.8308							
10	0.7233	-0.6257							
11	-0.4872	1.3205							
12	-1.9694	-0.9227							
13	-0.0241	1.3560							
14	0.2481	-0.0970							
15	1.5248	1.7992							
16	0.3911	0.9917							
17	0.5980	-1.1609							
18	1.2643	-1.8643							
19	0.7196	-0.2043							
20	0.4612	0.9072							
21	-0.4785	-0.1910							
22	-1.9871	1.9228							
23	-1.7138	1.0798							
24	-0.0454	0.2609							

相关的标准正态偏差
相关系数= -0.40

y = -0.3257x + 0.2365
R² = 0.0951

[①] 如果我们把模拟次数增加到 200，那么平均值（单元格 L2）会更接近预期值（单元格 L5）。一个统计学家会将其称为"小样本问题"。我们更倾向于这样的解释——对一系列年度收益进行 25 次模拟，其实就是对 25 年的年度收益进行模拟。这个量非常大！我们的解释是：尽管有大量可取数据，但金融中还是有许多小样本问题。在第 27.7 节中，我们会模拟股票 β，并回到该主题。

这个模拟说明了 Z_2 对 Z_1 的回归。预期的回归线截距应该为 0，预期的回归斜率为相关系数 ρ，以及 R^2 应该是 ρ^2。但这不可能精确地出现，因为我们是模拟随机数。不过，当我们多次进行该实验时（用空白单元格上的模拟运算表，见第 31.7 节），我们会得到近似的结果：

	J	K	L	M	N	O
1						
2		模拟运算表的统计量				
3		相关系数	截距	斜率	R平方	
4	均值	-0.276	-0.124	-0.366	0.118	<-- =AVERAGE(N12:N31)
5	期望值	-0.400	0.000	-0.400	0.160	<-- =B2^2
6	最大值	0.206	0.561	0.413	0.372	<-- =MAX(N12:N31)
7	最小值	-0.610	-0.770	-0.992	0.000	<-- =MIN(N12:N31)
8						
9		模拟运算表：20个模拟值				
10	模拟值	相关系数	截距	斜率	R平方	
11		-0.0370	-0.3921	-0.0661	0.0014	<-- =RSQ(B5:B24,A5:A24)，模拟运算表表头
12	1	-0.2984	0.0456	-0.3150	0.0890	
13	2	-0.0977	-0.1118	-0.1811	0.0095	
14	3	-0.2939	-0.2249	-0.3468	0.0864	
15	4	-0.4674	0.0045	-0.6731	0.2184	
16	5	-0.3977	0.1699	-0.6246	0.1581	
17	6	-0.4874	0.0650	-0.9922	0.2375	
18	7	0.0164	-0.4782	0.0203	0.0003	
19	8	0.2055	-0.6559	0.4132	0.0422	
20	9	-0.3806	-0.0272	-0.5039	0.1448	
21	10	-0.4413	-0.0963	-0.4265	0.1947	
22	11	-0.1017	0.1599	-0.0917	0.0103	
23	12	-0.2478	-0.6501	-0.3275	0.0614	
24	13	-0.3284	-0.2725	-0.4121	0.1079	
25	14	-0.1939	-0.3214	-0.2213	0.0376	
26	15	-0.6103	-0.7697	-0.9576	0.3724	
27	16	-0.4262	0.1644	-0.4304	0.1816	
28	17	-0.2241	0.5612	-0.3143	0.0502	
29	18	-0.4491	-0.3420	-0.6131	0.2017	
30	19	-0.3740	-0.0257	-0.4217	0.1398	
31	20	0.0851	0.3160	0.1070	0.0072	

如果我们反复迭代该模拟，我们会得到更接近预期值的结果：

	J	K	L	M	N	O
2		模拟运算表的统计量：200个模拟值				
3		相关系数	截距	斜率	R平方	
4	均值	-0.322	-0.022	-0.425	0.144	<-- =AVERAGE(N12:N211)
5	期望值	-0.400	0.000	-0.400	0.160	<-- =B2^2
6	最大值	0.219	0.875	0.407	0.578	<-- =MAX(N12:N211)
7	最小值	-0.760	-0.756	-1.126	0.000	<-- =MIN(N12:N211)

27.3.2　模拟相关的股票收益

下面我们模拟了两个相关的标准正态偏差 Z_1 和 Z_2。然后我们用这些偏差计算了两只股票在 1，2，$\cdots$，12 月份的收益。

	A	B	C	D	E	F	G
1				两只股票投资组合：收益			
2		股票1	股票2				
3	均值	12%	15%				
4	标准差	22%	30%		=corr*E10+SQRT(1-corr^2)*NORM.S.INV(RAND())		
5	相关系数	0.5					
6	Delta_t	0.0833	<-- =1/12				
7							
8		模拟投资组合收益					
9	月份	收益1	收益2		Z_1	Z_2	
10	1	-3.06%	1.71%	<--	-0.4685	0.0529	
11	2	-6.84%	9.51%	=mean2*Delta_t+sigma2*	-0.9052	0.9541	
12	3	6.99%	5.70%	SQRT(Delta_t)*F10	0.6914	0.5140	
13	4	12.40%	4.21%		1.3160	0.3413	
14	5	23.16%	5.51%		2.5592	0.4914	
15	6	15.57%	13.54%		1.6819	1.4192	
16	7	-8.29%	0.91%		-1.0727	-0.0398	
17	8	9.50%	10.44%		0.9818	1.0607	
18	9	3.10%	6.20%		0.2426	0.5717	
19	10	-6.37%	-2.83%		-0.8512	-0.4711	
20	11	-2.15%	-2.61%		-0.3634	-0.4456	
21	12	2.33%	-10.03%		0.1533	-1.3029	

两只相关股票的月收益
相关系数 = 0.50

在一个投资组合中：

	A	B	C	D	E	F
42			投资组合计算			
43	初始资产	1,000				
44	股票1占比	25%				
45	初始投资					
46	股票1	250.00	<-- =B44*B43			
47	股票2	750.00	<-- =(1-B44)*B43			
48	模拟月末价值	1,141.50	<-- =B46*EXP(SUM(B10:B21))+B47*EXP(SUM(C10:C21))			
49						
50	期望收益	14.25%	<-- =B44*mean1+(1-B44)*mean2			
51	实际收益	13.23%	<-- =LN(B48/B43)			
52	收益的标准差	25.70%	<-- =SQRT(B44^2*sigma1^2+(1-			
53			B44)^2*sigma2^2+2*B44*(1-			

27.4 增加一个无风险资产

我们增加一个无风险资产到前面一节的练习中，模拟两个风险资产和一个无风险资产的投资组合的绩效。下表单元格 B13 和 B14 中给出了该风险投资组合的预期年度收益和年度 σ。单元格 B19 和 B20 给出了一个投资组合的预期收益和 σ，该投资组合有 40％ 风险资产和 60％ 的无风险资产。

	A	B	C	D	E	F	G
1		两只股票和一个无风险资产的投资组合					
2		股票1	股票2				
3	均值	12%	22%	<-- cell names: mean1, mean2			
4	标准差	10%	15%	<-- cell names: sigma1, sigma1			
5	相关系数	0.2	<-- cell name: corr				
6	Delta_t	0.0833	<-- =1/12, cell name: delta_t				
7							
8	无风险利率, r_f	3%	<-- cell name: rf				
9							
10	风险资产						
11	股票1	30%	<-- cell name: prop1				
12	股票2	70%	<-- =1-prop1				
13	期望年收益	19.00%	<-- =prop1*mean1+(1-prop1)*mean2				
14	年收益的标准差	11.48%	<-- =SQRT(prop1^2*sigma1^2+(1-prop1)^2*sigma2^2+2*prop1*(1-prop1)*corr*sigma1*sigma2)				
15							
16	投入						
17	在风险资产上	40%	<-- cell name: prop				
18	在无风险资产上	60%	<-- =1-prop				
19	期望收益	9.40%	<-- =prop*B13+(1-prop)*rf				
20	收益的标准差	4.59%	<-- =prop*B14				
21							
22	月份	资产收益		Z_1	Z_2		
23	1	2.84%		1.278813	1.333747		
24	2	1.05%		-0.83802	0.460629		
25	3	2.79%		-0.0378	1.665093		
26	4	0.33%		0.520674	-0.52605		
27	5	1.19%		1.273654	-0.0279		
28	6	0.27%		-0.04186	-0.40737		
29	7	0.28%		1.812206	-0.9319		
30	8	1.22%		1.090024	0.05267		
31	9	3.63%		2.975792	1.497187		
32	10	1.00%		1.020516	-0.1154		
33	11	0.22%		-0.27215	-0.38589		
34	12	0.72%		-0.29467	0.028798		
35							
36	年收益						
37	模拟值	15.55%	<-- =SUM(B23:B34)				
38	期望值	9.40%	<-- =prop*(prop1*mean1+(1-prop1)*mean2)+(1-prop)*rf				
39							
40	年化收益的标准差						
41	模拟值	4.01%	<-- =SQRT(12)*STDEV.S(B23:B34)				
42	期望值	4.59%	<-- =B20				
43							
44	公式						
45	单元格B23	=prop*(prop1*(mean1*delta_t+sigma1*SQRT(delta_t)*D23)+(1-prop1)*(mean2*delta_t+sigma2*SQRT(delta_t)*E23))+(1-prop)*rf*delta_t					
46							

27.5 多个股票的投资组合

前面我们模拟过了两只股票组合情况。当处理多只股票时，我们需要用到 Cholesky 分解（见第 24.7 节）。回顾一下 Cholesky 分解的工作原理：我们要创造一组有方差—协方差矩阵 S 的正态偏差：

$$S = \begin{bmatrix} \sigma_{11} & \sigma_{12} & \cdots & \sigma_{1N} \\ \sigma_{21} & \sigma_{22} & \cdots & \sigma_{2N} \\ \cdots & \cdots & \cdots & \cdots \\ \sigma_{N1} & \sigma_{N2} & \cdots & \sigma_{NN} \end{bmatrix}$$

如第 24 章中所解释的，步骤如下：

（1）创建 S 的一个下三角形 Cholesky 分解。用 L 表示这个矩阵，用随书配套的数据包中的 VBA 函数 Cholesky 计算该矩阵。

（2）创建 N 个标准正态偏差的列向量，我们使用 Excel 函数 Norm.S.Inv(Rand())。

（3）L 与标态偏差列向量相乘。

（4）结果是一组相关标准正态变量。

27.5.1 例子：相关结构给定的标准正态偏差

这里有一个例子。我们定义 VBA 函数 CorrNormal，其参数是期望的方差—协方差矩阵。下面我们用这个函数模拟 3 年的月收益，其中均值在单元格 B3:D3，方差—协方差在均值下面的单元格中。

	A	B	C	D	E	F	G	H	I	J	K
1				用CHOLESKY分解具有期望均值的正态偏差 3年月度数据模拟值							
2		月均值				月份	3年的股票模拟值				
3	4.00%	3.00%	2.00%	1.00%		1	-52.96%	8.23%	-75.86%	-53.43%	<--
4						2	-103.38%	-20.85%	-37.87%	-0.93%	{=corrnormal($A$6:D
5		方差-协方差矩阵				3	9.47%	-9.50%	-4.18%	-31.67%	9)+$A$3:$D$3}
6	0.400	0.030	0.020	0.000		4	24.70%	34.49%	72.77%	-26.23%	
7	0.030	0.300	0.000	-0.060		5	1.57%	64.59%	23.20%	-25.46%	
8	0.200	0.000	0.200	0.030		6	21.21%	19.82%	9.24%	5.15%	
9	0.000	-0.060	0.030	0.100		7	99.96%	20.93%	127.67%	-8.74%	
10						8	11.10%	-6.24%	-1.57%	-52.48%	
11		统计量				9	-131.43%	-16.50%	-53.72%	-35.31%	
12	计数	36	<-- =COUNT(G:G)			10	-14.02%	45.34%	32.94%	-57.73%	
13						11	72.82%	-25.81%	39.99%	29.72%	
14		数据均值和理论均值				12	-6.84%	-24.52%	-12.62%	6.61%	
15	0.0142	-0.0965	-0.0012	-0.0378	<-- =AVERAGE(J:J)	13	-32.83%	-22.36%	-61.25%	-1.25%	
16	0.0400	0.0300	0.0200	0.0100	<-- Theoretical mean	14	16.73%	-69.13%	-24.84%	27.68%	
17						15	-9.12%	-29.10%	10.33%	-44.34%	
18		数据方差和理论方差				16	32.56%	-30.54%	41.63%	46.90%	
19	0.4434	0.2326	0.2459	0.1287	<-- =VAR.S(J:J)	17	-65.87%	33.08%	-37.04%	-48.15%	
20	0.4000	0.3000	0.2000	0.1000	<-- Theoretical variance	18	-77.24%	71.74%	-42.75%	-48.87%	
21						19	2.13%	-53.26%	-10.38%	27.48%	
22		样本方差-协方差减方差-协方差矩阵				20	-41.96%	1.52%	27.99%	-1.27%	
23						21	29.03%	-22.73%	-15.85%	6.55%	
24	-0.0311	-0.0075	-0.2108	-0.0057	<-- {=A6:D9-varcovar(G	22	17.64%	-99.50%	62.51%	76.73%	
25	-0.0075	0.0739	-0.0135	0.0581		23	62.09%	33.70%	20.12%	24.74%	
26	-0.0308	-0.0135	-0.0391	0.0093		24	58.58%	8.95%	55.19%	-19.03%	
27	-0.0057	0.0581	0.0093	-0.0251		25	-15.81%	63.33%	-10.38%	1.73%	
28						26	77.97%	-62.84%	54.51%	45.02%	

如果我们对 500 个月重新运行该模拟,那么其模拟结果与之前就更加一致:

	A	B	C	D	E	F	G	H	I	J	K
1					用CHOLESKY分解具有期望均值的正态偏差 500个月的模拟值						
2		月均值				月份		500个月的模拟值			
3	4.00%	3.00%	2.00%	1.00%		1	8.52%	26.84%	39.11%	32.66%	<--
4						2	-68.46%	30.92%	-0.49%	-47.56%	{=corrnormal($A$6:D
5		方差-协方差矩阵				3	28.90%	-87.76%	17.80%	39.73%	9)+$A$3:$D$3}
6	0.400	0.030	0.020	0.000		4	51.81%	-64.41%	-16.09%	22.41%	
7	0.030	0.300	0.000	-0.060		5	71.62%	8.76%	0.61%	49.01%	
8	0.200	0.000	0.200	0.030		6	78.52%	-1.96%	82.79%	16.53%	
9	0.000	-0.060	0.030	0.100		7	26.14%	-5.55%	21.05%	45.71%	
10						8	-76.51%	15.17%	-44.54%	-19.21%	
11		统计量				9	22.98%	-30.30%	-8.53%	66.41%	
12	数量	500	<--	=COUNT(G:G)		10	-31.03%	-3.80%	-41.32%	3.11%	
13						11	60.34%	102.18%	29.66%	-51.52%	
14		数据均值和理论均值				12	111.80%	22.42%	-2.39%	-49.49%	
15	0.0931	0.0449	0.0433	0.0083	<-- =AVERAGE(J:J)	13	-51.67%	83.03%	-83.86%	-65.92%	
16	0.0400	0.0300	0.0200	0.0100	<-- Theoretical mean	14	-21.91%	-76.41%	-19.75%	17.16%	
17						15	26.43%	-49.01%	57.66%	-5.08%	
18		数据方差和理论方差				16	14.41%	-16.07%	19.80%	-12.46%	
19	0.3848	0.3145	0.1905	0.1126	<-- =VAR.S(J:J)	17	2.36%	9.16%	52.11%	11.28%	
20	0.4000	0.3000	0.2000	0.1000	<-- Theoretical variance	18	-135.35%	-15.79%	-31.73%	47.52%	
21						19	141.52%	75.00%	70.69%	79.65%	
22		样本方差-协方差减方差-协方差矩阵				20	92.54%	130.52%	35.20%	-20.09%	
23						21	13.80%	-60.95%	19.61%	-31.00%	
24	0.0160	0.0044	-0.1737	0.0001	<-- {=A6:D9-varcovar(G	22	89.36%	19.68%	20.76%	13.74%	
25	0.0044	-0.0139	-0.0029	-0.0031		23	31.98%	112.76%	30.58%	15.58%	
26	0.0063	-0.0029	0.0098	0.0004		24	-75.71%	35.11%	-47.63%	-46.52%	
27	0.0001	-0.0031	0.0004	-0.0123		25	1.73%	79.99%	62.31%	-27.50%	

27.5.2　VBA 函数 CorrNormal

产生相关正态偏差的 VBA 函数是由两个函数组成的。其中的第二个函数 URandomlist 创建了标态偏差的列向量。随后这些偏差在 Cholesky 矩阵中被多次相乘。

```
Function CorrNormal(mat As Range) As Variant
CorrNormal = Application.Transpose(Application.
MMult(Cholesky(mat), _
    urandomlist(mat)))
End Function


Function urandomlist(mat As Range) As Variant
    Application.Volatile
    Dim vector() As Double
    numCols = mat.Columns.Count
    ReDim vector(numCols - 1, 1)
    For i = 1 To numCols
        vector(i - 1, 0) = Application.Norm_S_
    Inv(Rnd)
    Next i
    urandomlist = vector
End Function
```

27.6 模拟退休金储蓄

回到第 1 章中讨论过的问题上。我们讨论了一个潜在的退休金领取者想要储蓄 5 年以便在随后 8 年中每年取出 30,000。在第 1.6 节中我们探讨的问题是每年要存多少才能让养老金(以年利息 8％累积增长)8 年后被完全取完。

下面是该问题的答案:

	A	B	C	D	E	F
1			退休问题,见第1.6节			
2	利率	8%				
3	年存款	29,386.55				
4	年退休金提取	30,000.00				
5						=$B$2*(C7+B7)
6	年份	年初余额	年初存款	一年期利息	账户总额, 年末	
7	1	0.00	29,386.55	2,350.92	31,737.48	<-- =D7+C7+B7
8	2	31,737.48	29,386.55	4,889.92	66,013.95	
9	3	66,013.95	29,386.55	7,632.04	103,032.54	
10	4	103,032.54	29,386.55	10,593.53	143,012.62	
11	5	143,012.62	29,386.55	13,791.93	186,191.10	
12	6	186,191.10	-30,000.00	12,495.29	168,686.39	
13	7	168,686.39	-30,000.00	11,094.91	149,781.30	
14	8	149,781.30	-30,000.00	9,582.50	129,363.81	
15	9	129,363.81	-30,000.00	7,949.10	107,312.91	
16	10	107,312.91	-30,000.00	6,185.03	83,497.94	
17	11	83,497.94	-30,000.00	4,279.84	57,777.78	
18	12	57,777.78	-30,000.00	2,222.22	30,000.00	
19	13	30,000.00	-30,000.00	0.00	0.00	
20						
21	注意: 这个问题有5份存款和8次年提取,所有都在年初发生。第13年的年初是退休计划的最后一年;如果年存款正确计算,第13年年初的余额提取后应该为0。					

这节中我们讨论了该问题的蒙特卡罗变动。正如在第 1 章中,这个未来退休金支取者发现自己没有退休金储蓄,然后希望进行储蓄以为随后 8 年的支取积累资金。但本书中,储蓄投资在平均收益为 12％,σ 为 18％的一个风险投资组合中。我们好奇是存在一个每年有特定水平的存款并保证未来每年可支取 30,000 的计划。为了做到这一点,我们来检查余额——第 13 年年底的退休金总额。有几件事情是明确的:

- 除了储蓄 100％投资于无风险投资中外,不再有任何确定性的储蓄或遗产。
- 平均来看,投资于风险资产的比例越大,则平均遗产也越大。

这是一个模拟:

	A	B	C	D	E
1				退休问题	
2	无风险利率	8%	<-- Cell name: rf		
3	风险资产				
4	均值	12%	<-- Cell name: mean		
5	标准差	18%	<-- Cell name: sigma		
6	年存款	30,000	<-- Years 1-5		
7	投资策略				
8	无风险利率	30%	<-- Cell name: prop		
9	风险资产	70%	<-- =1-prop		
10	年退休金提取	30,000	<-- Years 6-13		
11					
12	年份	年初余额	年初存款	账户年末余额	
13	1	0	30,000	31,193	<-- =(B13+C13)*(prop*EXP(rf)+(1-
14	2	31,193	30,000	66,709	prop)*EXP((mean+sigma*NORM.S.INV(RAND())
15	3	66,709	30,000	113,211	)))
16	4	113,211	30,000	179,608	
17	5	179,608	30,000	266,331	
18	6	266,331	-30,000	276,068	
19	7	276,068	-30,000	317,978	
20	8	317,978	-30,000	338,770	
21	9	338,770	-30,000	328,903	
22	10	328,903	-30,000	321,162	
23	11	321,162	-30,000	356,219	
24	12	356,219	-30,000	313,162	
25	13	313,162	-30,000	287,389	

为了感受该不稳定性，我们运行在空白单元格上的标准模拟运算表。

	G	H	I
3		模拟运算表的统计量	
4	均值	180,212	<-- =AVERAGE(H15:H24)
5	最大值	683,909	<-- =MAX(H15:H24)
6	最小值	-6,105	<-- =MIN(H15:H24)
7	标准差	263,501	<-- =STDEV.S(H15:H24)
8	% 正的遗产	80%	<-- =COUNTIF(H15:H24,">0")/10
9			
10			
11			
12		模拟运算表：模拟该遗产	
13	模拟	遗产值	
14		-65,018	<-- =D25, 模拟运算表表头
15	1	-804	
16	2	85,934	
17	3	683,909	
18	4	91,684	
19	5	7,473	
20	6	-6,105	
21	7	4,674	
22	8	102,747	
23	9	183,014	
24	10	649,589	

这 10 次模拟的遗产平均余额是 130,469，但具有波动性。因为该模拟是随机的，每次打开这张电子表你都会看到不一样的数字。90% 的情况下可以认为退休金提供了全额资金（从这个意义上说，余额是正的）。如果投资风险资产的百分比变动，我们的模拟结果会如下表所示：

	G	H	I
2			
3		模拟运算表的统计量	
4	均值	180,212	<-- =AVERAGE(H15:H24)
5	最大值	683,909	<-- =MAX(H15:H24)
6	最小值	-6,105	<-- =MIN(H15:H24)
7	标准差	263,501	<-- =STDEV.S(H15:H24)
8	% 正的遗产	80%	<-- =COUNTIF(H15:H24,">0")/10
9			
10			
11			
12		模拟运算表：模拟该遗产	
13	模拟	遗产值	
14		-65,018	<-- =D25, 模拟运算表表头
15	1	-804	
16	2	85,934	
17	3	683,909	
18	4	91,684	
19	5	7,473	
20	6	-6,105	
21	7	4,674	
22	8	102,747	
23	9	183,014	
24	10	649,589	

下面的图表总结了该项模拟：

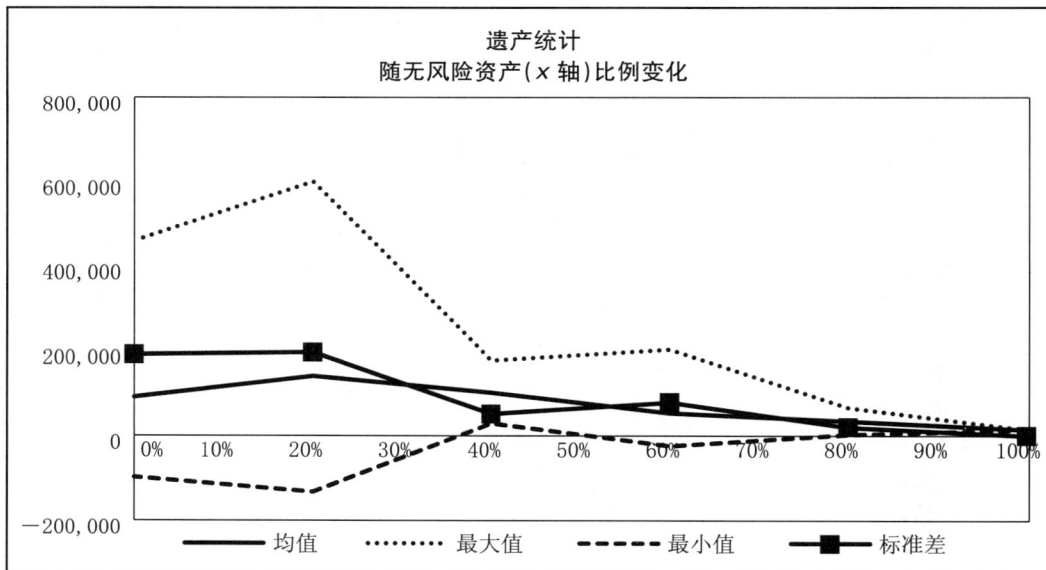

遗产统计
随无风险资产(x 轴)比例变化

27.7 β 和收益

这一节中我们模拟一个典型的 β 值计算。假设我们知道该实际的 β 值,即我们知道了 σ_M、σ_i,以及股票 i 与该市场的相关系数 ρ。然后我们通过创建取自于一个适当分布的收益来模拟这个 β 值。我们用这个例子来说明有数据来源的实际 β 值与理论 β 值相差多远。

回顾第 11 章,对于一个资产 i,β_i 定义如下:

$$\beta_i = \frac{Cov(r_i, r_M)}{Var(r_M)}$$

在下面的模拟中,我们用了两个等价表达式来表示 β_i。首先,用 i 和 M 的相关系数,我们可以这样记 β_i 为:

$$\beta_i = \frac{Cov(r_i, r_M)}{Var(r_M)} = \frac{\rho\sigma_i\sigma_M}{\sigma_M^2} = \frac{\rho\sigma_i}{\sigma_M}$$

其次,如果我们有股票和市场收益的时间序列 $\{r_{it}, r_{Mt}\}$,可以通过回归式来计算 β_i:

$$r_{it} = \alpha_i + \beta_i r_{Mt}$$

如果该数据与系数 ρ 是相关的,我们可以认为:

$$\alpha_i = E(r_M) - \beta_i E(r_i), \ \beta_i = \frac{\rho\sigma_i}{\sigma_M}, \ R^2 = \rho^2$$

在资本市场中 β_i 计算常用于计算 3—5 年的月收益。下面重复这个过程,通过两支相关资产的收益做 60 次模拟。我们用 i 和 M 分别表示第一个资产和第二个资产。先来看 i 和 M 的一些基本数据:

	A	B	C	D	E
2		均值	标准差		
3	股票i	6%	22%		
4	市场	10%	15%		
5	相关系数(i,M)	0.3000			
6					
7	期望 α_i	0.0160	<-- =mu_i-B8*mu_m		
8	期望 β_i	0.4400	<-- =rho*sigma_i/sigma_m		
9	期望 R^2	0.0900	<-- =rho^2		

我们现在来模拟我们的数据:

	A	B	C	D	E	F
1			模拟β和α			
2		均值	标准差			
3	股票i	6%	22%			
4	市场	10%	15%			
5	相关系数(i,M)	0.3000				
6						
7	期望 α_i	0.0160	<-- =mu_i-B8*mu_m			
8	期望 β_i	0.4400	<-- =rho*sigma_i/sigma_m			
9	期望 R^2	0.0900	<-- =rho^2			
10						
11						
12		r_i 对r_M回归				
13	阿尔法	0.0398	<-- =INTERCEPT(E20:E79,F20:F79)			
14	斜率	0.1723	<-- =SLOPE(E20:E79,F20:F79)			
15	R平方	0.0140	<-- =RSQ(E20:E79,F20:F79)			
16						
17	模拟					
18	月份	正态			收益	
19		Z_1	Z_2		股票	市场
20	1	0.0786	1.8013		6.50%	17.80%
21	2	-0.3912	0.8005		3.52%	13.47%
72	53	-1.9620	0.1735		-6.46%	10.75%
73	54	-0.4471	-1.0121		3.16%	5.62%
74	55	-0.6125	0.0507		2.11%	10.22%
75	56	-0.3551	-1.9763		3.74%	1.44%
76	57	0.4521	-0.0659		8.87%	9.71%
77	58	-0.3843	0.0699		3.56%	10.30%
78	59	-0.4497	0.6351		3.14%	12.75%
79	60	0.8761	0.5136		11.56%	12.22%
80						
81	公式					
82	Cell B20:=NORM.S.INV(RAND())					
83	Cell C20:=rho*B20+SQRT(1-rho^2)*NORM.S.INV(RAND())					
84	Cell E20:=mu_i+sigma_i*SQRT(1/12)*B20					
85	Cell F20:=mu_m+sigma_m*SQRT(1/12)*C20					

上面电子表中的公式如下:

- $Z_1 = \text{Norm.S.Inv}(\text{Rand}())$。第 24 章中讨论过,这个公式会产生一个标准正态偏差。

- $Z_2 = \rho \cdot Z_1 + \text{norm.s.inv}(\text{rand}()) \cdot \sqrt{1-\rho^2}$。如第 24 章讨论过的,正态标准偏差 Z_2 与 Z_1 相关系数为 ρ。

- 股票价格受益一栏由 $r_{stock} = \mu_{stock} + \sigma_{stock}\sqrt{1/12} \cdot Z_1$ 产生。

- 市场收益一栏由 $r_{market} = \mu_{market} + \sigma_{market}\sqrt{1/12} \cdot Z_2$ 产生。

结果就是市场和股票的收益是与相关系数 ρ 相关的。我们现在运行 r_i 与 r_M 的一次线性回归。对上面讨论过的模拟,蒙特卡罗模拟的结果与这个理论结果相差不远:

	A	B	C	D	E	F
7	期望 α_i	0.0160	<-- =mu_i-B8*mu_m			
8	期望 β_i	0.4400	<-- =rho*sigma_i/sigma_m			
9	期望 R^2	0.0900	<-- =rho^2			
10						
11						
12	r_i 对 r_M 回归					
13	α	-0.0256	<-- =INTERCEPT(E20:E79,F20:F79)			
14	斜率	0.6698	<-- =SLOPE(E20:E79,F20:F79)			
15	R平方	0.2072	<-- =RSQ(E20:E79,F20:F79)			

反复模拟,我们会发现不是所有结果都接近期望值的。例如,下面的另外一组模拟的蒙特卡罗 β_i 与期望值 β_i 相差甚远:

	A	B	C	D	E	F
7	期望 α_i	0.0013	<-- =mu_i-B8*mu_m			
8	期望 β_i	0.5867	<-- =rho*sigma_i/sigma_m			
9	期望 R^2	0.1600	<-- =rho^2			
10						
11						
12	r_i 对 r_M 回归					
13	阿尔法	-0.0021	<-- =INTERCEPT(E20:E79,F20:F79)			
14	斜率	0.6297	<-- =SLOPE(E20:E79,F20:F79)			
15	R平方	0.1357	<-- =RSQ(E20:E79,F20:F79)			

如果我们重复实验 50 次,会看到计算出来的 β_i 波动相当大:

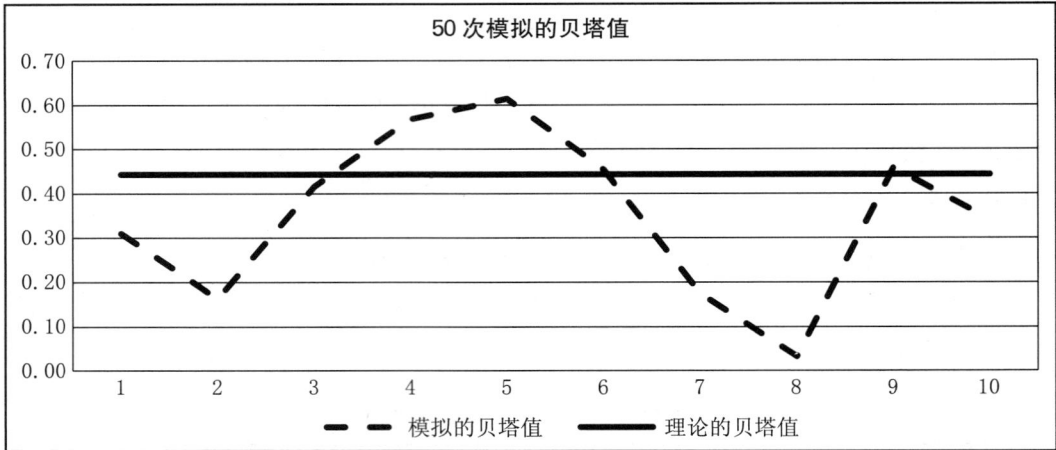

50 次模拟的贝塔值

—— 模拟的贝塔值　　—— 理论的贝塔值

β 和 α 相关吗

越来越多的文献表明低 β 的股票有着较高 α，反之亦然。[①] 在我们的蒙特卡罗模拟中这是成立的。在下面的电子表中，我们会运行一个模拟运算表，说明了 β 和 α 作为 σ_i 函数时二者的关系。[②]

	H	I	J	K	L	M	N	O
4	截距	0.0686	<-- =INTERCEPT(J10:J20,I10:I20)					
5	斜率	-0.1093	<-- =SLOPE(J10:J20,I10:I20)					
6	R平方	0.9930	<-- =RSQ(J10:J20,I10:I20)					
7								
8	标准差_i	贝塔_i	阿尔法_i					
9		0.7255	-0.0163	<-- =B13，模拟运算表表头				
10	0%	0.000	0.060					
11	20%	0.408	0.023					
12	30%	1.169	-0.059					
13	40%	0.768	-0.016					
14	50%	1.458	-0.088					
15	60%	1.226	-0.061					
16	70%	1.987	-0.155					
17	80%	2.287	-0.154					
18	90%	2.359	-0.189					
19	100%	2.767	-0.243					
20	110%	3.787	-0.354					
21								
22								
23								
24								
25								

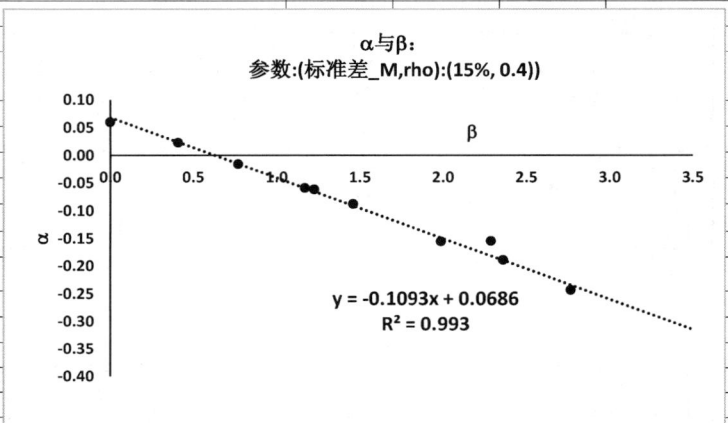

α与β：
参数:(标准差_M,rho):(15%, 0.4))

$y = -0.1093x + 0.0686$
$R^2 = 0.993$

---

① 有关参考文献可以查阅 Frazzini-Pedersen（2011）、Cremers-Petajisto-Zitzewitz（2010）、Hong-Sraer（2012）和 Nardin-Haugen（2012）。

② 当然，σ_i 越大，β_i 越大。

这里有两个较大的变化。一是我们对市场投资组合假定一个更大的 σ：

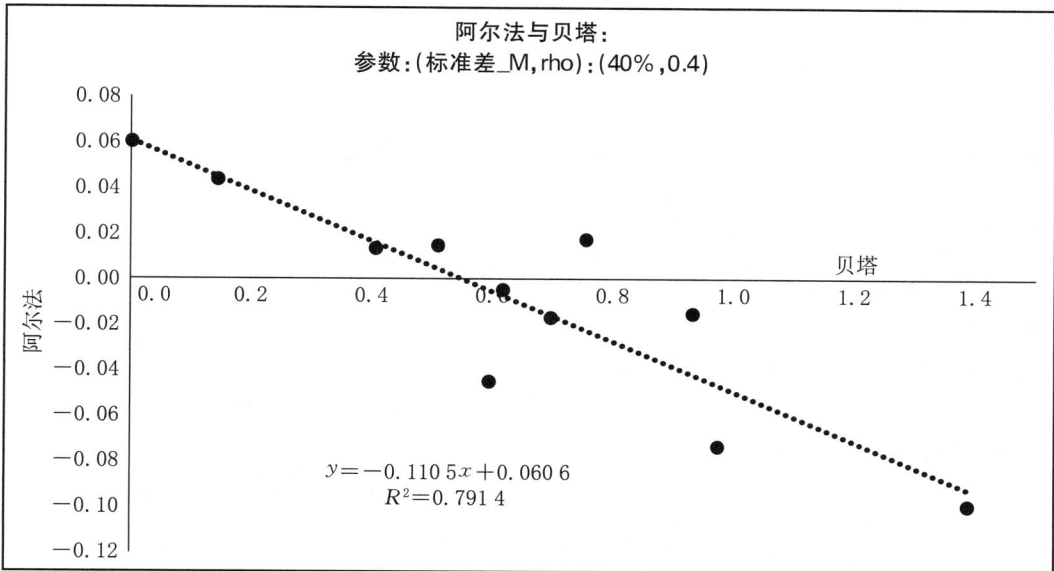

阿尔法与贝塔：
参数：(标准差_M, rho)：(40%, 0.4)

$y = -0.1105x + 0.0606$
$R^2 = 0.7914$

二是我们改变了市场投资组合和股票 i 之间的相关性：

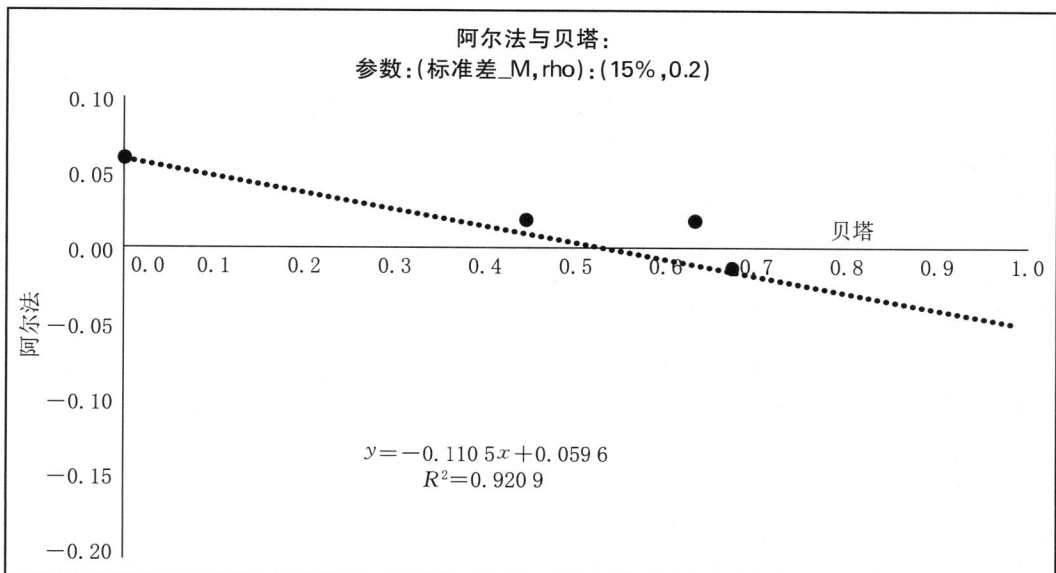

阿尔法与贝塔：
参数：(标准差_M, rho)：(15%, 0.2)

$y = -0.1105x + 0.0596$
$R^2 = 0.9209$

27.8 本章小结

蒙特卡罗方法透视了收益均值与标准差的标准计算所不能及的投资问题。本章中，我们验证了资产管理的一些常见情形：一支股票的收益、相关系数结构给定下的风险资产投资组合的收益，不确定投资组成下的标准储蓄/退休金问题，以及资产 β 值的计算。

习题

1. 思考两个股票的组合情况，统计参数如下：
- 股票 A：年度平均收益 ＝ 15％，年度收益标准差 ＝ 30％。
- 股票 B：$\mu = 8\%$，$\sigma = 15\%$。
- 相关系数（A，B）＝ $\rho = 0.3$。

一个具有"买入并持有"策略的投资者买了一个投资组合，包括 60％ 的 A 股票、40％B 股票，持有了 20 年。模拟该投资组合的年度收益。下面给出了一个建议模板。

	A	B	C	D	E	F	G	H
1		投资具有两个股票的投资组合						
2		股票A	股票B					
3	均值	15%	8%					
4	标准差	30%	15%					
5	相关系数	0.3						
6	A占比	60%						
7								
8	资产收益汇总							
9		理论	模拟					
10	均值							
11	标准差							
12								
13		模拟收益				正态标准差		
14	年份	A	B					
15	1							
16	2							

2. 重新考虑上面的问题。假设无风险资产比例为 4％，该投资者（还是买入并持有策略）投资了这样一个投资组合：50％无风险资产，另外 50％ 按 60/40 投资 A 和 B 的组合。比较其理论收益和模拟收益。

3. 之前的例子都假定无风险比例是恒定的。一个或许更为合理的有可选性的模型会认为无风险比例是按一个长期且围绕均值波动的。在这种假定下，如果现在的比例在该长期均值之上，则下一时期的比例会趋于回落，反之亦然。如此模型是 Ornstein-Unlenbeck 处理过程：

$$r_t = r_{t-1} + \phi \underbrace{(\mu - r_{t-1})\Delta t + \sigma \sqrt{\Delta t} Z}_{\text{在利率上的革新}}$$

模拟 12 个月的该进程：

	A	B	C
1			**利率的ORNSTEIN-UHLENBECK过程**
2	当下利率	4%	
3	均值，μ	3%	
4	"压力"，φ	0.10	
5	标准差，σ	2%	
6	Δt	0.0833	<-- =1/12
7			
8	月份	利率	
9	0	4.00%	
10	1	4.35%	<-- =B9+$B$4*($B$3-B9)*$B$6+$B$5*SQRT($B$6)*NORM.S.INV(RAND())
11	2	4.38%	
12	3	3.83%	
13	4	3.25%	
14	5	4.18%	
15	6	3.88%	
16	7	2.94%	
17	8	3.84%	
18	9	4.07%	
19	10	3.50%	
20	11	3.94%	
21	12	3.47%	
22			
23			
24			
25			
26			

在单元格 C3 中的公式：

$$r_t = r_{t-1} + \underbrace{\varphi\left(\mu - r_{t-1}\right)\Delta t + \sigma\sqrt{\Delta t}\; Z}_{\text{Innovation in the rate}}$$

1年期均值回归利率

4. 随书配套的数据包中有 5 支美国股票五年的月度价格数据。

● 计算这些股票的月收益。
● 计算股票的月收益的均值和标准差。
● 计算股票收益的方差—协方差矩阵。
● 计算股票的收益相关矩阵。
● 用下 Cholesky 矩阵求方差—协方差矩阵。

5. 利用前面例子的数据，假设方差—协方差矩阵与历史收益的相同，模拟 36 个月的股票收益。注意假设未来预期月度收益与历史收益相同是没有意义的。作为替代，用下面的值：

	A	B	C	D	E	F
2		每月均值和标准差				
3		JCP	AAPL	C	F	K
4	历史均值	-1.08%	1.46%	-2.02%	2.02%	0.75%
5	期望未来均值	2.00%	1.50%	1.00%	2.00%	0.60%

28

受险价值[*]

28.1 概述

受险价值(value at risk,缩写 VaR)衡量的是在正常市场条件下的指定期间内,按给定的置信水平下估计最大的预期损失。正如参考文献上所陈述的那样,"受险价值回答的问题是:在给定的期间内按 $x\%$ 的概率,我们最多损失多少?"(J.P. Morgan,*RiskMetrics—Technical Document*)。[①]该思想的另一种表达是在指定时间内,一个投资组合潜在可能发生损失的最低分位点是多少。该基本时间段 T 和置信水平(分位点)q 是两个重要的参数,应按风险测量的整体目标适当选取这两个参数。时间范围可以是交易中几小时,也可以是退休基金的几个年度。如果我们的主要目标是要满足外部规定,比如银行的资金要求等,那么分位点一般都非常小(例如,最坏结果的一个百分点)。而对用于控制公司风险的内部风险管理模型,它一般在 5% 左右(更详细的信息,可以访问因特网)。有关受险价值的介绍可阅读 Linsmeier 和 Pearson(1996)以及 Jorion(1997)的论著。

用受险价值的术语来说,假如一个投资组合经理人的日受险价值等于一个百分点,为 1 百万美元,这就意味着在正常市场情况下,100 次中有一次其日损失会大于 1 百万美元。

28.2 一个非常简单的例子

假如一个经理有一个投资组合,其由一个资产组成。资产收益服从正态分布,它的平均收益为 20%,标准差为 30%。该投资组合今天的价值是 10 亿美元。我们要回答关于年末组

---

* 本章是根据 Zvi Wiener,1998,"Value-at-Risk(VaR)",*Mathematica in Education and Research*,Vol.7 编写的。

① 这篇文章及其他有价值的文档是由 J.P. Morgan 制作的。我们可以在本书配套的数据包中查找到它们。

合价值的一些小问题：

（1）年底投资组合价值分布是什么？

（2）年底这个投资组合发生大于 2 亿美元损失的概率是什么？（即年底价值小于 8 亿美元的概率是什么）？

（3）按 1% 概率，年底最大的损失是多少？也就是 1% 上的受险价值。

年底投资组合价值小于 8 亿美元的概率约是 9%。

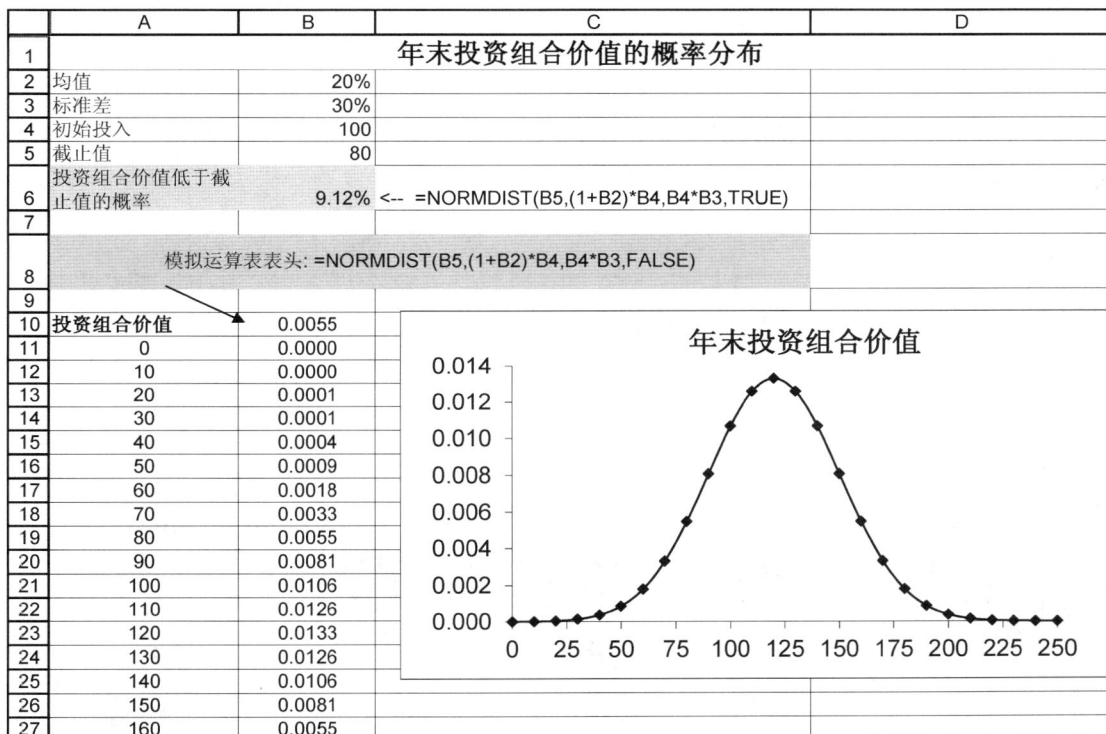

	A	B	C	D
1			年末投资组合价值的概率分布	
2	均值	20%		
3	标准差	30%		
4	初始投入	100		
5	截止值	80		
6	投资组合价值低于截止值的概率	9.12%	<-- =NORMDIST(B5,(1+B2)*B4,B4*B3,TRUE)	
7				
8	模拟运算表表头: =NORMDIST(B5,(1+B2)*B4,B4*B3,FALSE)			
9				
10	投资组合价值	0.0055		
11	0	0.0000		
12	10	0.0000		
13	20	0.0001		
14	30	0.0001		
15	40	0.0004		
16	50	0.0009		
17	60	0.0018		
18	70	0.0033		
19	80	0.0055		
20	90	0.0081		
21	100	0.0106		
22	110	0.0126		
23	120	0.0133		
24	130	0.0126		
25	140	0.0106		
26	150	0.0081		
27	160	0.0055		

年末投资组合价值

Excel 的函数 NormDist 可以返回累积分布函数和概率密度函数。[①]下面是我们在单元格 B6 应用 NormDist 函数时我们所看到的选项：

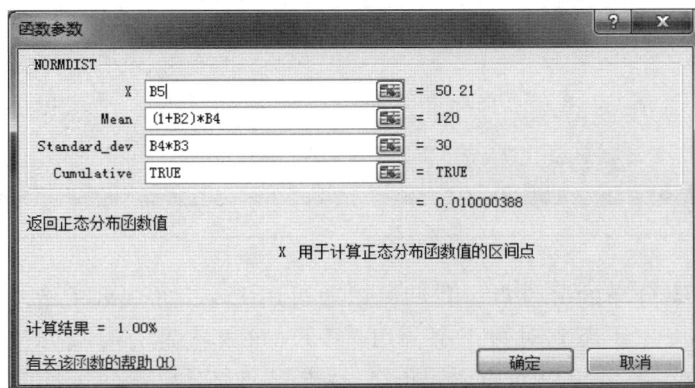

函数参数

NORMDIST

X	B5	= 50.21
Mean	(1+B2)*B4	= 120
Standard_dev	B4*B3	= 30
Cumulative	TRUE	= TRUE

= 0.010000388

返回正态分布函数值

X 用于计算正态分布函数值的区间点

计算结果 = 1.00%

有关该函数的帮助(H)

确定　　取消

---

① 部分版本的 Excel 中这个函数写作没有点的 NormDist。

表格中我们给出了两种 NormDist 的形式:我们首先用该函数在单元格 B6 中确定投资组合的年底价值小于 80 的概率。这里我们在 NormDist 的最后一行键入值 TRUE;当我们输入 $=NORMDIST(B5,(1+B2)*B4, B4*B3, TRUE)$ 时,NormDist 返回累计正态分布的值。在模拟运算表中我们键入 False,以此返回年底价值的概率质量函数。

28.3　在 Excel 中确定分位点

通过使用规划求解,我们确定年底有 1‰概率的投资组合价值小于 50.209。记住受险价值是在给定的置信水平上,在某个特定的时间段上,在一般的市场环境下最差的预期损失。因此 50.210 意味着投资组合在 1%的置信水平上的 VaR 为 49.790($=100-50.210$)。

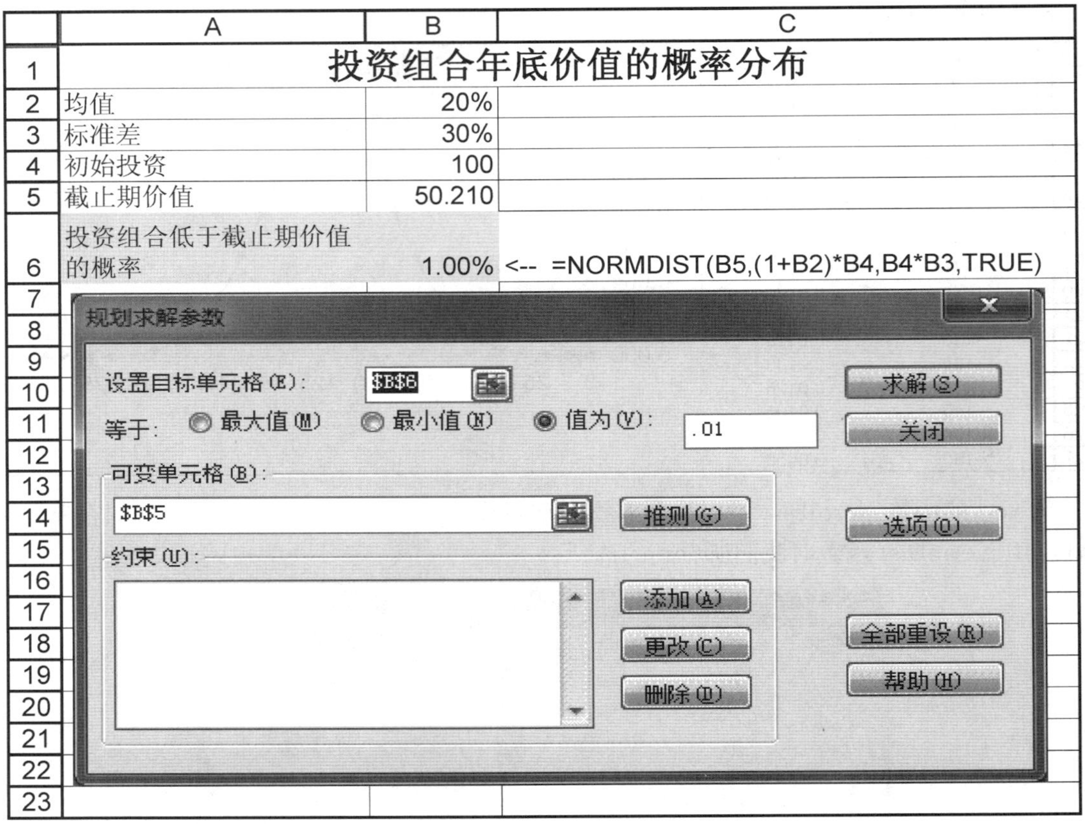

	A	B	C
1	投资组合年底价值的概率分布		
2	均值	20%	
3	标准差	30%	
4	初始投资	100	
5	截止期价值	50.210	
6	投资组合低于截止期价值的概率	1.00%	<-- =NORMDIST(B5,(1+B2)*B4,B4*B3,TRUE)

规划求解参数

设置目标单元格(E): $B$6　　等于: 最大值(M) 最小值(N) 值为(V): .01

可变单元格(B): $B$5

约束(U):

[求解(S)] [关闭] [推测(G)] [选项(O)] [添加(A)] [更改(C)] [删除(D)] [全部重设(R)] [帮助(H)]

截止期价值就是分布的分位点。我们可以通过用 Excel 的规划求解来求解。对于我们要使用的两个分布——正态和对数正态分布——Excel 都内置有寻找分位点的函数。函数 Norminv、Normsinv 及 Loginv 对应返回正态、标准正态和对数正态分部的反函数。

这里是对上述给出数字的一个例子。这次我们在单元格 B5 中输入函数 $=NORMINV(0.01,(1+B2)*B4, B4*B3)$。该函数对均值$=120$,标准差$=30$ 的一个正态分布寻找它概率为 1% 的截止点。你可以从下列曲线图上看到，它仅列了出累积分布的一部分：

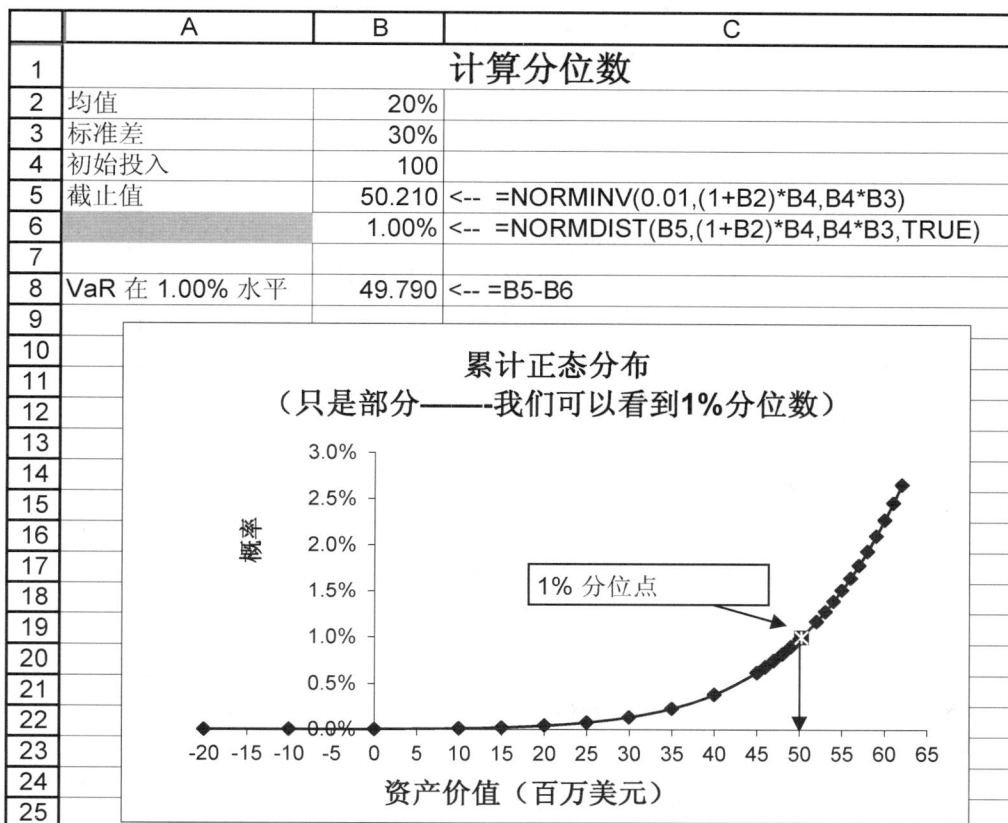

	A	B	C
1		计算分位数	
2	均值	20%	
3	标准差	30%	
4	初始投入	100	
5	截止值	50.210	<-- =NORMINV(0.01,(1+B2)*B4,B4*B3)
6		1.00%	<-- =NORMDIST(B5,(1+B2)*B4,B4*B3,TRUE)
7			
8	VaR 在 1.00% 水平	49.790	<-- =B5-B6

累计正态分布
（只是部分————我们可以看到1%分位数）

概率

1% 分位点

资产价值（百万美元）

对数正态分布

对许多资产价格（不可能变成负数）来说对数正态分布要比正态分布更为合理。假设投资组合上的收益[收益 = ln(价格之比)]服从年均值 μ 和年标准差 σ 的正态分布。此外，假设投资组合的现值为 V_0。那么下面（Hull，2011）投资组合在时间 T 的对数 V_T 也是正态分布：[①]

$$\ln(V_T) \sim N\left[\ln(V_0) + \left(\mu - \frac{\sigma^2}{2}\right)T, \ \sigma\sqrt{T}\right]$$

例如，假设 $V_0 = 100$，$\mu = 10$，$\sigma = 30\%$。因此投资组合价值在年底的对数是正态分布：

$$\ln(V_1) \sim N\left[\ln(100) + \left(0.10 - \frac{0.3^2}{2}\right), \ 0.3\right] = N[4.666\,017, \ 0.3]$$

因此一个初始价值是 1 亿美元，服从参数 $\mu = 10$、$\sigma = 30\%$ 的对数正态分布的投资组合在 1% 水平上的受险价值为 4,742 万美元：

----

① John C. Hull，2011，*Options*，*Futures*，*and Other Derivatives*，8th edition，Prentice-Hall.

	A	B	C
1	**对数正态分布的分位数**		
2	初始价值, V_0	100	
3	均值, μ	10%	
4	标准差, σ	30%	
5	时间段, T	1	<-- 年数
6			
7	**$\ln(V_T)$对数正态分布的参数**		
8	均值	4.6602	<-- =LN(B2)+(B3-B4^2/2)*B5
9	标准差	0.3000	<-- =B4*SQRT(B5)
10			
11	截止值	52.576	<-- =LOGINV(0.01,B8,B9)
12	1% 水平下的Var	47.424	<-- =B2-B11

大多数受险价值的计算不关心年受险价值。监管人员主要关心的是在一个更短的时间周期(一般是几天或几星期)内投资组合价值的损失。显然其分布公式为:

$$\ln(V_T) \sim N\left[\ln(V_0) + \left(\mu - \frac{\sigma^2}{2}\right)T, \ \sigma\sqrt{T}\right]$$

它可以用来计算任何时间范围上的受险价值。记住 T 是一年为周期的;如果一年里有 250 个交易日,那么每日的受险价值对应的 $T=1/250$(对大多数固定收益证券我们根据市场惯例应该用 1/360、1/365 或 1/365.25 等)。

28.4 一个三资产问题:方差—协方差矩阵的重要性

从前面的例子可以看出,受险价值——原则上,至少——不是一个非常复杂的概念。但是,在受险价值的实施中,有两个比较大的实际问题(这两个问题在 RiskMetrics 网页,www.msci.com/resources/有更详细的讨论):

(1) 第一个问题是资产收益分布的参数估计。在"现实世界"中,受险价值的应用,它需要估计均值、方差和收益的相关系数。这不是一个微不足道的问题! 在本节中,我们举例说明资产收益间相关系数的重要性。下面,我们给出一个大大简化了的根据市场数据估计收益分布的例子。例如,你可以想象一个多头的欧元和一个空头的美元比仅有单一币种的头寸风险要小,因为一个头寸的利润被另外一个头寸的损失抵消的概率是非常大的。

(2) 第二个问题是头寸规模的实际计算。一个大的金融机构可能有数以千计未偿还贷款。这些贷款的数据库可能没有按它们的风险性分类,也没有按它们到期分类。再举第二个例子。一个银行可能在不同地点的不同的分支机构弥补外币头寸。在纽约的德国马克的多头可能被在日内瓦的德国马克的空头抵消;银行风险——我们要通过受险价值测量——是以净头寸为基础的。

我们从资产收益之间相关问题开始。我们继续前面例子,但假设有三个风险资产。同前所述,资产收益分布的参数是已知的,即所有均值 μ_1、μ_2 和 μ_3,下面的方差—协方差矩阵也是已知的:

$$S = \begin{bmatrix} \sigma_{11} & \sigma_{12} & \sigma_{13} \\ \sigma_{21} & \sigma_{22} & \sigma_{23} \\ \sigma_{31} & \sigma_{32} & \sigma_{33} \end{bmatrix}$$

当然,矩阵 S 是对称的,资产 i 的均值为 μ_i,资产 i、j 收益的协方差为 σ_{ij}(如果 $i=j$,σ_{ij} 就是资产 i 的收益方差)。

假设投资组合今天的总价值是 1 亿美元,在资产 1 中投资 3,000 万美元,在资产 2 中投资 2,500 万美元,在资产 3 中投资 4,500 万美元。那么投资组合的收益为:

$$平均收益 = x_1 \mu_1 + x_2 \mu_2 + x_3 \mu_3$$
$$收益的方差 = \{x_1, x_2, x_3\}.S.\{x_1, x_2, x_3\}^T$$

这里 $x = \{x_1, x_2, x_3\} = \{0.3, 0.25, 0.45\}$ 是投资在三个资产中每个资产的投资比例向量。假设收益是正态分布的(意思是价格是服从对数正态分布的),我们可以按下列电子表计算受险价值:

	A	B	C	D	E	F	G	H
1				**3资产的VaR问题**				
2		平均收益		方差-协方差矩阵				投资组合比例
3	资产1	10%		0.10	0.04	0.03		0.30
4	资产2	12%		0.04	0.20	-0.04		0.25
5	资产3	13%		0.03	-0.04	0.60		0.45
6								
7	初始投资	100						
8	平均收益	0.1185	<-- {=MMULT(TRANSPOSE(B5:B7),H5:H7)}					
9	投资组合的标准差	0.3848	<-- {=SQRT(MMULT(MMULT(TRANSPOSE(H5:H7),D5:F7),H5:H7))}					
10								
11	平均投资额	111.8500						
12	投资额标准差	38.4838						
13								
14	截止期价值	22.3234	<-- =NORMINV(0.01,(1+B10)*B9,B11*B9)					
15	累积PDF	0.01	<-- =NORMDIST(B16,B13,B14,TRUE)					
16	VaR 在1.00%水平上	77.6766	<-- =B9-B16					
17								
18			注意在单元格 **B8** 和 **B9** 中是数组函数:你必须按 [Ctrl]+[Shift]+[Enter],当你在单元格中写完这个函数后,花括号 {} 不用输入——它们是自动产生的。					

28.5 模拟数据——自助法

模拟数据有时候非常管用。在这节中我们给出一个例子,假如目前的日期是 1997 年 2 月 10 日,而且考虑一个公司在两个资产中有投资:

- 持有两单位的投资基金。基金的当时市价是 293,所以在指数基金中投资 586(= 2×293)。
- 卖空一单位的一卢布为货币单位的外国债券。这个债券是一个零息债券(也就是没有利息),面值为 100 卢布,2000 年 5 月 8 日到期。如果目前的卢布利率是 5.30%,那么 1997 年 2 月 10 日,债券的卢布价值是 84.2166[=−100×exp(−5.30%×(2000 年 5 月 8 日−1997 年 2 月 10 日)/365)],债券的价值是 −286.3365(=−84.2166×3.40),所以净投资组合价值是 299.66(=586 − 286.3365)。

这个例子的说明如下:

	A	B	C	D	E	F	G	H	I
1				自助法数据——初始头寸					
2	持有的指数单元		2						
3	债券的到期日	May 8, 2000							
4									
5	日期	指数价值	卢布利息率	卢布交易率		总指数价值	卢布债券价值	美元债券价值	投资组合价值
6	1997/2/10	293	5.30%	3.40		586.00	-84.2166	-286.336	299.66
7									
8						=B2*B6			
9								=G6*D6	=F6+H6
10									
11						=-100*EXP(-(B3-A6)/365*C6)			

现在假设我们有汇率和指数基金数据。我们用 40 天的数据来举例:(电子表里中间部分的数据被隐藏,因此你看到的是行 6—45 的数据):

	A	B	C	D	E	F
1			汇率和指数数据			
2	持有的指数单元	2				
3	债券到期日	8/May/00				
4						
5	日期	指数值	外币利率	外币汇率		资产价值
6	1997/1/2	462.71	5.28%	3.50		632.13
7	1997/1/3	514.71	5.26%	3.47		738.41
8	1997/1/4	456.5	5.23%	3.46		622.49
9	1997/1/5	487.39	5.24%	3.45		685.17
10	1997/1/6	470.42	5.25%	3.45		651.28
43	1997/2/8	467.14	5.31%	3.44		644.75
44	1997/2/9	562.06	5.32%	3.41		837.17
45	1997/2/10	481.61	5.30%	3.40		676.88

我们想以这些数据为基础生成收益数据的"随机数"。我们用一种称作为自助式的技术来生成。它是随机数重新组织的术语。每次循环中,我们对指数基金的价格、利率和交易率及计算的投资组合收益率重新排序。[①]

---

① 自助式技术在本章的附录中介绍。

	A	B	C	D	E	F	G	H
1				自助法的收益分布				
2	持有的指数单元	2			迭代	5,000	开始时间	11:45:50
3	债券到期日	8/May/00			收益	0.15	逝去时间	0:16:41
4	数据点的个数	40					=H46/H7-1	
5								
6	日期	指数	指数随机数	外币利率	利率的随机数	汇率	汇率随机数	投资组合价值
7	1997/1/2	615.93	0.0029	5.31%	0.0148	3.40	0.0202	947.24
8	1997/1/3	757.02	0.0447	5.24%	0.0179	3.41	0.0456	1,227.87
9	1997/1/4	581.50	0.0452	5.32%	0.0377	3.44	0.0620	875.04
10	1997/1/5	651.99	0.0742	5.28%	0.0383	3.42	0.0846	1,017.27
11	1997/1/6	605.37	0.1027	5.28%	0.0634	3.50	0.1070	917.28
12	1997/1/7	514.71	0.1455	5.28%	0.0640	3.43	0.1321	741.79
13	1997/1/8	640.43	0.1574	5.28%	0.0652	3.48	0.1522	988.99
14	1997/1/9	645.50	0.2020	5.25%	0.0789	3.43	0.1532	1,003.00
15	1997/1/10	450.91	0.2049	5.34%	0.0884	3.46	0.1994	612.12
16	1997/1/11	475.49	0.2075	5.26%	0.1114	3.46	0.2074	660.47
17	1997/1/12	654.17	0.3184	5.36%	0.3611	3.42	0.2156	1,022.10
18	1997/1/13	445.77	0.3308	5.31%	0.3662	3.37	0.2309	608.98
19	1997/1/14	669.12	0.3799	5.28%	0.4016	3.44	0.2428	1,049.48
20	1997/1/15	500.71	0.3878	5.31%	0.4112	3.44	0.2469	712.65
21	1997/1/16	705.27	0.3951	5.35%	0.4387	3.46	0.2963	1,120.69
22	1997/1/17	533.40	0.4201	5.28%	0.4603	3.46	0.3266	776.23
23	1997/1/18	639.95	0.4465	5.32%	0.4751	3.42	0.3454	993.03
24	1997/1/19	444.27	0.4551	5.30%	0.4763	3.39	0.4183	603.96
25	1997/1/20	670.63	0.4654	5.25%	0.4797	3.45	0.5154	1,051.12
26	1997/1/21	470.42	0.4655	5.25%	0.4952	3.42	0.5357	653.18
27	1997/1/22	458.26	0.5114	5.26%	0.5059	3.45	0.5883	626.39
28	1997/1/23	466.45	0.5386	5.27%	0.5217	3.47	0.6197	641.14
29	1997/1/24	462.71	0.5456	5.27%	0.5596	3.48	0.6813	632.78
30	1997/1/25	459.27	0.5682	5.24%	0.5798	3.42	0.7240	630.62
31	1997/1/26	740.74	0.6100	5.23%	0.6026	3.41	0.7321	1,194.27
32	1997/1/27	790.82	0.6245	5.28%	0.6068	3.41	0.7507	1,294.86
33	1997/1/28	487.39	0.6405	5.34%	0.6384	3.44	0.7987	686.00
34	1997/1/29	456.50	0.6795	5.29%	0.6583	3.52	0.8033	616.98
35	1997/1/30	467.14	0.6922	5.24%	0.6601	3.40	0.8047	647.84
36	1997/1/31	481.61	0.7349	5.27%	0.6699	3.41	0.8337	676.18
37	1997/2/1	544.75	0.7357	5.26%	0.6836	3.42	0.8501	801.48
38	1997/2/2	453.69	0.7423	5.24%	0.7388	3.68	0.8512	597.22
39	1997/2/3	786.16	0.7436	5.27%	0.7867	3.49	0.8553	1,278.42
40	1997/2/4	561.88	0.7944	5.29%	0.8107	3.41	0.8797	836.74
41	1997/2/5	562.06	0.9345	5.32%	0.8328	3.45	0.8811	833.97
42	1997/2/6	472.35	0.9353	5.23%	0.8759	3.42	0.9045	656.19
43	1997/2/7	636.02	0.9406	5.35%	0.8899	3.42	0.9336	984.61
44	1997/2/8	461.79	0.9630	5.30%	0.9238	3.49	0.9662	629.75
45	1997/2/9	584.41	0.9688	5.26%	0.9403	3.47	0.9878	876.25
46	1997/2/10	687.33	0.9713	5.25%	0.9585	3.41	0.9990	1,087.02

自助式收益数据的分布如下：

	J	K	L	M	N	O	P	Q	R	S
1		自助法的收益频数分布 **5,000 迭代**								
2	最大收益	1.16940	<-- =MAX(J:J)		=K3					
3	最小收益	-0.53931	<-- =MIN(J:J)							
4										
5						=($K$2-$K$3)/50+L7				
6	输出		组界		累计百分数					
7	-0.3950		-0.5393	1	0.0%					
8	-0.1775		-0.5051	53	1.1%					
9	-0.2292		-0.4710	96	1.9%					
10	-0.2688		-0.4368	87	1.7%					
11	-0.0166		-0.4026	121	2.4%					
12	0.0276		-0.3684	217	4.3%					
13	0.5282		-0.3343	199	4.0%					
14	-0.1496		-0.3001	160	3.2%					
15	0.8918		-0.2659	130	2.6%					
16	-0.4159		-0.2317	162	3.2%					
17	-0.4101		-0.1976	164	3.3%					
18	0.0182		-0.1634	135	2.7%					
19	0.0449		-0.1292	158	3.2%					
20	-0.3506		-0.0950	149	3.0%					
21	-0.2166		-0.0609	203	4.1%					
22	-0.3239		-0.0267	275	5.5%					
23	-0.2028		0.0075	228	4.6%					
24	0.2835		0.0417	244	4.9%					
25	1.0692		0.0758	212	4.2%					
26	0.0790		0.1100	128	2.6%					
27	0.6386		0.1442	135	2.7%					
28	-0.2984		0.1783	92	1.8%					
29	0.2447		0.2125	137	2.7%					
30	-0.1735		0.2467	98	2.0%					
31	0.0521		0.2809	100	2.0%					
32	-0.0751		0.3150	109	2.2%					
33	-0.0110		0.3492	94	1.9%					

自助法的收益频数分布
5,000 迭代

表格右边的是收益的分布图,它离正态分布差得很远。从列 L、M 和 N,你可以看出 1% 水平下的受险价值大约是 −50%,这意味着公司可能有 50% 的投资损失的概率是 1%。

28.5.1 我们怎么产生自助式数据

自助法基本上包含了重新随机排序的数据,并将每个这些重新排序的数据视为分布上的一点。在前面的表格中,列 C、E 及 G 都包含了随机数。下面的 VBA 程序(在表格 fm3_chapter28.xls 中按[Ctrl]+a 调出)包含了 3 个 For 循环语句,以此将 3 列随机数插入表格之中。

在插入了随机数后,接下来表格使用 Excel 的 Sort 函数对指数的价格(列 B)、国外利率(列 D)及汇率(列 F)排序。这一步生成了三个投资组合价格因素的随机组合,它在列 H 中给出了投资组合的价值列,并在单元格 F3 中给出了投资组合的收益)。

```
'My thanks to MarekJochec for cleaning up this code!
Sub randomizeit()
Range("starttime") = Time
Range("J7:J28000").ClearContents
Application.ScreenUpdating = False

    For Iteration = 1 To Range("iterations")
    For Row = 1 To 40
Range("IndexRand").Cells(Row, 1) = Rnd
    Next Row

    For Row = 1 To 40
Range("InterestRand").Cells(Row, 1) = Rnd
    Next Row

    For Row = 1 To 40
Range("ExchangeRand").Cells(Row, 1) = Rnd
    Next Row

Range("B7:C46").Sort Key1: = Range("C6"), Order1: = xlAscending, _
        Header: = xlNo
Range("D7:E46").Sort Key1: = Range("E6"), Order1: = xlAscending, _
        Header: = xlNo
Range("F7:G46").Sort Key1: = Range("G6"), Order1: = xlAscending, _
        Header: = xlNo

Range("returndata").Cells(Iteration, 1) = Range("meanreturn")
    Next Iteration

Range("elapsed") = Time − Range("starttime")

End Sub
```

在生成了自助的数据以后,我们使用数组函数 Frequency(见第 34 章)来生成模拟数据的分布。

注意这次模型所需的时间非常长! 在作者的手提电脑上 5000 次的模拟差不多用了 17 分钟来完成。

28.5.2 模特卡罗模拟

本节中,我们回到在第 28.5 节中讨论的三资产问题。我们运行一组模拟的收益而不是做统计分析。在下面的电子表中,我们模拟(G—J 列)了一个三资产的投资组合的 30 天的日收益数据。该资产的年平均收益是非常悲观的(A3:C3)。对一个特定模拟,即对投资组合(25%、50%、25%)30 天累计收益模拟是 -5.40%(单元格 B19,J34)。

当我们在数据表中对这 30 天运行 1000 次模拟,我们发现在 16 种情况下(单元格 B24),其累计收益是超出 -10% 的。这就是在 10% 水平上 VaR:

	A	B	C	D	E	F	G	H	I	J
1				VaR:	模拟投资组合的绩效					
2		年均值						30天模拟股票收益		
3	-20%	-11%	-13%					每日资产收益		累计投资组合
4							资产1	资产2	资产3	合
5		每日均值				1	0.00%	0.06%	0.12%	-0.02%
6	-0.08%	-0.04%	-0.05%	<-- =C3/250		2	0.24%	0.09%	-0.06%	-0.01%
7						3	-0.90%	-1.06%	-0.10%	-0.87%
8		方差-协方差矩阵				4	0.44%	0.30%	-0.18%	-0.73%
9	7.170E-05	5.075E-05	-9.038E-06			5	0.06%	-0.10%	-0.08%	-0.87%
10	5.075E-05	4.070E-05	-5.990E-06			6	-0.11%	-0.22%	0.36%	-1.00%
11	-9.038E-06	-5.990E-06	2.800E-06			7	0.44%	0.87%	-0.08%	-0.55%
12						8	-0.71%	-0.50%	0.08%	-1.04%
13		投资组合				9	0.73%	0.52%	-0.32%	-0.76%
14	25%	50%	25%			10	0.73%	0.44%	-0.24%	-0.50%
15						11	0.95%	0.59%	-0.29%	-0.11%
16		模拟投资组合收益				12	0.47%	0.00%	-0.13%	-0.11%
17	均值	-2.53%	<-- =AVERAGE(J:J)			13	-0.82%	-0.40%	-0.06%	-0.61%
18	标准差	2.50%	<-- =STDEV.S(J:J)			14	-0.19%	-0.11%	-0.12%	-0.83%
19	累计	-7.35%	<-- =J34			15	-0.94%	-0.58%	-0.03%	-1.44%
20						16	0.99%	0.92%	-0.31%	-0.89%
21						17	0.41%	0.50%	-0.14%	-0.65%
22		模拟运算表的结果				18	-1.26%	-0.99%	0.29%	-1.47%
23	最小值	-12.74%	<-- =MIN(B29:B1028)			19	-1.24%	-1.17%	-0.02%	-2.45%
24	风险	17	<-- =COUNTIF(B29:B1028,"<-10%			20	-1.64%	-0.83%	0.06%	-3.34%
25	概率	1.70%	<-- =B24/1000			21	-0.72%	-0.81%	0.03%	-4.00%
26						22	-1.06%	-0.55%	0.04%	-4.60%
27	模拟运算表:	1000 个模拟值				23	-0.73%	-0.44%	-0.08%	-5.11%
28		-7.35%	<-- =J34, data table header			24	-0.08%	-0.16%	-0.03%	-5.29%
29	1	-5.74%				25	-0.90%	-0.51%	0.11%	-5.83%
30	2	-0.27%				26	0.20%	0.16%	-0.18%	-5.82%
31	3	-1.09%				27	0.09%	-0.07%	-0.12%	-5.94%
32	4	-3.75%				28	-1.93%	-1.38%	0.00%	-7.19%
33	5	-2.44%				29	0.97%	0.89%	-0.26%	-6.65%
34	6	-2.18%				30	-1.10%	-0.67%	-0.05%	-7.35%
35	7	-2.11%								
36	8	-5.46%								

附录　如何进行自助式:在 Excel 中制作一个宾果游戏卡

自助式是重组随机数以产生更多"数据"的一项技术。本附录给出了自助式的一个简单实例。它以"生日宾果"游戏为基础建立 Helen Benninga-Frank 的第 85 个生日。游戏规则是:

● 每个人拿一个有五列的"Helen 宾果游戏卡",每列有五个数。第一列的五个数是从 1 到 17,第二列的五个数是在 18 到 34 之间,等等。一个典型卡片如下:

Helen
第 85 个生日
宾果游戏!!!

H	E	L	E	N
3	23	51	52	75
15	26	40	57	70
9	21	50	68	82
7	22	49	56	71
8	20	45	55	69

● 我们有 85 个问题,这些问题的答案分别为 1,2,…,85。当带有一个问题的卡片被取出时,某人必须给出正确的答案,然后在他或她的卡片有该数字的人可以将这个答案划掉。举例来说,如果我们问"海伦有多少孙子?",某人回答了"十三",那么每个在第一列有 13 的人可以划掉了。

● 在一条线上(一行、一列,或对角线的)上有五个数的第一个人赢得奖金(注意它不是靠智力获胜的——你要做的全部就是听正确的回答)。

我们用 Excel 来建立这张卡片,但最初该如何进行这个工作是不清楚的。最后,我们通过建立从盒子中不放回地选球模型来发现所需技巧(我们后面会更详细地讨论这个问题)。

技巧

技巧非常简单。下面的例子,假设我们想要得到 1 到 17 之间的五个随机数。(这里的五个数将会出现在"海伦宾果游戏卡片"的第一列。)以下是我们如何处理它:

● 首先从我产生 1 到 17 的连续数字,与它相邻列是随机数。这个步骤结果如下:

	A	B
1	技巧讲解	
2	1	0.041996
3	2	0.638563
4	3	0.231535
5	4	0.201975
6	5	0.678208
7	6	0.60949
8	7	0.089137
9	8	0.762878
10	9	0.185816
11	10	0.58846
12	11	0.493658
13	12	0.924981
14	13	0.683465
15	14	0.667014
16	15	0.815158
17	16	0.057147
18	17	0.18458

表中的随机数是分两个步骤建立的:第一个步骤:在单元格 B2:B18 输入函数 = Rand()。第二个步骤将 B2:B18 复制并用"编辑|选择粘贴|数值"粘贴到原来的位置上。这个处理将公式去掉[否则 Rand()在我们每次按 Enter 键时,本身的数值会改变]。

● 接下来,用第二列作关键字对这两列排序。首先选中这些数据,然后用 Excel 主菜单中的"数据|排序",屏幕上会出现如下界面,我选择按列 B 来进行排序。

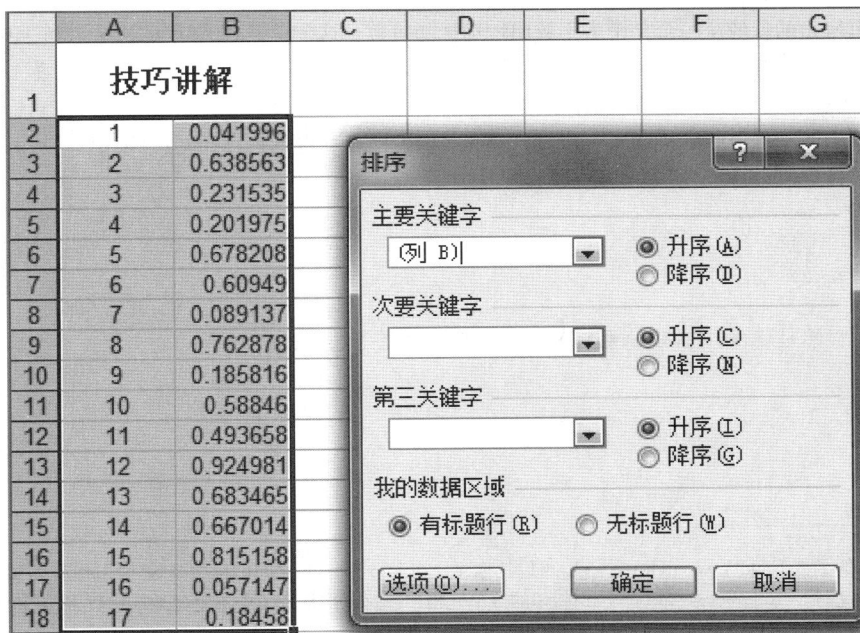

排序的结果如下：

	A	B
1	技巧讲解	
2	1	0.041996
3	16	0.057147
4	7	0.089137
5	17	0.18458
6	9	0.185816
7	4	0.201975
8	3	0.231535
9	11	0.493658
10	10	0.58846
11	6	0.60949
12	2	0.638563
13	14	0.667014
14	5	0.678208
15	13	0.683465
16	8	0.762878
17	15	0.815158
18	12	0.924981

● 最后，从第一列中先选前五个数（在这个例子中为：1、16、7、17、9）。当然，你也可以同样地选择最后五个、中间的五个，或该列中的任何其他五个数。

概率模型

我们这里所做的就像从一个盒子中不放回地选择随机数。这个模型，在标准的概率教科书中，想象为装满球的盒子。每个球有一个不同的数——按我们的情况，应该是 17 个有数字的球，数字是在 1 到 17 之间。摇晃盒子，然后选出五个球。每个球，取出后不放进盒子。

这个模型不同于标准的随机数发生器，选中的随机数被复位（也就是，球的数字被记录，然后它被放回盒子中，以便它可以被再次取出）。[1]

写 VBA 程序

下面步骤显然是要写一个 VBA 程序来自动处理。这里是电子表：

---

[1] Excel 的函数 Randbetween(low, high)可以让你建立在 low 和 high 之间的随机整数。因此，在 1 到 17 之间产生五个数，你只是复制 = Randbetween(1, 17)到相邻的五单元格中。这就像从盒子中不复位地选取数字，因此能让你多次取相同的数——赢了，不，不！

HELEN的
第85个生日
宾果游戏！！！

H	E	L	E	N
3	23	51	52	75
15	26	40	57	70
9	21	50	68	82
7	22	49	56	71
8	20	45	55	69

VBA 程序的代码在下面给出：①

```
Public Const NperR = 17
Public Const BingoRows = 5
Public Const BingoColumns = 5
Public Const BingoCard = "C6:G10"

Option Base 1

Sub DoIt()
'loop 5 times (1 loop for each
'column on the bingo card)

For iii = 1 To BingoColumns
    Dim ArraySort(NperR, 2)
    For i = 1 To NperR

'first dimension of the array:
'random number between 0 and 1
ArraySort(i, 1) = Rnd

'second dimension of the array:
```

---

① 非常感谢 Paul Legerer，相较于前一版《财务金融建模》，他极大地改进了程序的代码。聪明的读者会注意到 Paul 将随机数的排列内部化在 VBA 程序中了，所以我们只会在表格中看到已经完成了的卡片。

```vb
'position in the array (1 - 17 in the first loop,
'18 to 34 in the second loop, etc...)
ArraySort(i, 2) = i + (iii - 1) * NperR
    Next i


    For ii = 1 To NperR


'look for the minimum value in the array
'and keep also the value of the position  (1 to 17)
MinNum = ArraySort(ii, 1)
MinIndex = ArraySort(ii, 2)
RealIndex = ii
    For i = ii To NperR
        If ArraySort(i, 1) < MinNum Then
MinNum = ArraySort(i, 1)
MinIndex = ArraySort(i, 2)
RealIndex = i
        End If

    Next i


'Replace the first number in the array by the
'minimum value and...
TempNum = ArraySort(ii, 1)
TempIndex = ArraySort(ii, 2)
ArraySort(ii, 1) = MinNum
ArraySort(ii, 2) = MinIndex
ArraySort(RealIndex, 1) = TempNum
ArraySort(RealIndex, 2) = TempIndex


'..start again with the remaining numbers: once the
'the last loop is completed, all numbers are sorted
    Next ii


'write the first 5 numbers (number of rows on the
'bingo card) of the results into the spreadsheet
    With ActiveSheet.Range(BingoCard)
        For ii = 1 To BingoRows
            .Cells(ii, iii) = ArraySort(ii, 2)
        Next ii
        End With
    Next iii
End Sub
```

另一种生成宾果卡的方法

利用 Excel 的 Rank 函数，我们可以用另一种方法设计宾果卡：①

	A	B	C	D	E	F	G
1							
2		**H**	**E**	**L**	**E**	**N**	
3		1	31	36	63	83	<-- =(F$9-1)*17+RANK(F10,F$10:F$26)
4		3	27	38	58	84	<-- =(F$9-1)*17+RANK(F11,F$10:F$26)
5		11	32	44	55	78	
6		2	23	35	68	75	
7		6	19	45	61	76	
8							
9		1	2	3	4	5	
10		0.9562	0.2730	0.8788	0.2574	0.0735	<-- =RAND()
11		0.8333	0.5145	0.7366	0.5556	0.0702	<-- =RAND()
12		0.4827	0.2727	0.4318	0.8825	0.5355	<-- =RAND()
13		0.8475	0.6533	0.9783	0.0103	0.6092	
14		0.7706	0.9582	0.3832	0.3485	0.6019	
15		0.4284	0.6652	0.2587	0.6039	0.9998	
16		0.2066	0.3386	0.0672	0.0924	0.5632	
17		0.6735	0.1244	0.3091	0.8998	0.8532	
18		0.2589	0.6032	0.0847	0.4665	0.4054	
19		0.6858	0.9602	0.4834	0.6650	0.8638	
20		0.3187	0.6513	0.2867	0.8896	0.0098	
21		0.3953	0.1872	0.3402	0.1919	0.7563	
22		0.8029	0.3386	0.5020	0.2635	0.8696	
23		0.8241	0.5994	0.7240	0.0538	0.9613	
24		0.5427	0.9184	0.7793	0.4888	0.2180	
25		0.7136	0.4916	0.4389	0.9486	0.1391	
26		0.0453	0.8367	0.5422	0.2381	0.5272	

行 10—26 由 Rand() 产生。宾果卡中的数字则由以下公式计算：

$$= \underbrace{(F\$9-1) \cdot 17}_{\substack{\text{保证了F列中} \\ \text{所有的数字比68大} \\ \text{（其他列也一样）}}} + \underbrace{RANK(F10, F\$10:F\$26)}_{\substack{\text{F10在F10:F26中排多少位？} \\ \text{粘贴至下一单元格则变成：} \\ \text{F11在F10:F26中排多少位？}}}$$

这个聪明极顶的自助式过程的唯一缺点是，单元格中的数字会随着表格的每次重复计算不断变动。

---

① 感谢 A. C. M. de Bakker 给这个分小节提的建议。

29

模拟期权与期权策略

29.1　概述

　　这一章中我们将模拟期权及期权策略。我们首先介绍股票上的一个期权是如何可以被该股票与一个债券的动态投资组合所复制的。接下来我们将该方法应用于投资组合保险（一个看跌期权和股票的组合）和蝶式期权。我们的方法，其根源是布莱克—斯科尔斯公式。这个公式说明了一个期权是一个在标的资产上的头寸与一个在无风险资产上的头寸的投资组合，这里的两个头寸是随时间动态调整的。布莱克—斯科尔斯公式说明了如果调整过程是连续的，那么该动态策略就是一个自融资策略：该初始投资组合建立好之后它不再需要额外的现金流。

　　在一个更实际的情况中，复制该连续的期权策略投资组合显然是不可能的。因此我们不得不折中并进行定期调整。这迫使我们思考，一是如何制定一段时间上的策略，二是在复制期权策略中如何使这种折中策略更好。我们将介绍几个解决这一问题的方法。

背景：价格模拟和布莱克—斯科尔斯公式

　　回顾第 26 章，模拟股票价格的方法就是模拟 $S_t = S_{t-1} \cdot \exp(\mu \Delta t + \sigma \sqrt{\Delta t} Z)$，这里 Z 来自于标准正态分布。在 Excel 中这个公式变成[①]：

$$S_t = S_{t-1} \cdot \exp[\mu \Delta t + \sigma \sqrt{\Delta t} \cdot \text{Norm.S.Inv}(\text{Rand}())]$$

贯穿全章，我们都将用此公式模拟股票价格。

　　回顾第 17 章里的布莱克—斯科尔斯公式，欧式看涨期权与看跌期权的价格计算公式为：

---

　　① 这个 Excel 函数 Norm.S.Inv 与旧版的 Normsinv 相同。二者都在新版的 Excel 中。

$$C = SN(d_1) - Xe^{-rT}N(d_2)$$

$$P = Xe^{-rT}N(-d_2) - SN(-d_1)$$

$$d_1 = \frac{\ln(S/X) + (r + \sigma^2/2)T}{\sigma\sqrt{T}}, \ d_2 = d_1 - \sigma\sqrt{T}$$

本章中,我们对该公式的理解是一个期权可以被在标的股票中的一个多头或空头和在无风险资产中的一个多头或空头所复制(行话:债券):

	股票头寸	债券头寸
$C = SN(d_1) - Xe^{-rT}N(d_2)$	$S_t N(d_1)$ 股票中的多头	$-Xe^{-t(T-t)}N(d_2)$ 债券中的空头
$P = -SN(-d_1) + Xe^{-rT}N(-d_2)$	$-S_t N(-d_1)$ 股票中的空头	$Xe^{-t(T-t)}N(-d_2)$ 债券中的多头

它遵循如果我们用一个股票和债券的投资组合复制一个期权,这个投资组合就需要经常。一个显著的事实,被布莱克—斯科尔斯在 1973 年发表的开创性论文所证明,如果该重新调整是持续的话,那么股票和债券头寸的改变会正好相互抵消。这种零投资性质也被叫做"自融资",也是布莱克—斯科尔斯投资组合复制的一个特点。

尽管我们不能证明这个事实,但我们可以给出一些直观证据。在下面的电子表中,我们着眼于两个相近的时间。在时间 $t = 0$ 时,我们给一个当前价格为 $S_0 = 50$ 的股票上的看涨期权定价。该期权的执行价格 $X = 50$,到期时间 $T = 0.5$。对该期权的复制投资组合是股票为 28.9698,债券为 -24.2745,给出的看涨期权价值为 4.6952(单元格 B19)。

在时间 $\Delta t = 1/250$(大约为一天后),一个随机生成的股票价格是 49.8708。复制该投资组合的是股票为 28.6400,债券为 -24.0399。要想计算实现该投资组合的投资,就必须重新评价先前在股票和债券中的投资。先前的股票头寸已经涨至 $28.9698 \times \dfrac{49.8708}{50} = 28.8949$,先前的债券头寸为 $-24.2745 \times e^{r \cdot \Delta} = -24.2784$(一天的利息加入在内)。这意味着我们必须低价抛出一些股票:$(28.6400 - 28.8949) = 0.2548$。因此来自该股票头寸改变的现金流是正的。而在债券头寸上我们想从 -24.2784 变为 -24.0399 来改变该负债;这就意味着我们需要 0.2385 的现金用于该负债的偿还。这些变动使得净现金流为 $+0.2549 - 0.2386 = 0.0163$。 见下面的电子表:

	A	B	C	D	E	F	G
1		作为一个投资组合的布莱克—斯克尔斯模型						
2	Δt	0.0040	<-- =1/250				
3							
4		时间 = 0	时间 = Δt				
5	S	50.0000	49.8708	<-- 49.8708			
6	X	50.0000	50.0000				
7	r	4.00%	4.00%				
8	T, 期权到期限	0.5000	0.4960	<-- =B8-B2			
9	标准差	30%	30%				
10							
11	d$_1$	0.2003	0.1873		=E18-C18		
12	d$_2$	-0.0118	-0.0240				
13							
14	N(d$_1$)	0.5794	0.5743	=B17*C5/B5			=E17-C17
15	N(d$_2$)	0.4953	0.4904				
16							
17	股票头寸, S*N(d$_1$)	28.9698	28.6401	<-- =C5*C14	28.8949	0.2548	<-- Δ股票
18	债券头寸, -X*N(d$_2$)	-24.2745	-24.0399	<-- =-C6*EXP(-C8*C7)*C15	-24.2784	-0.2385	<-- Δ债券
19	看涨期权价值	4.6952	4.6002	<-- =SUM(C17:C18)		0.0163	
20							
21				=B18*EXP(B7*B2)			=SUM(F17:F18) 来自头寸变化的净现金流
22							
23							
24							

E列标注：之前头寸价值　F列标注：头寸变化产生的现金流

这章的 Excel 工作簿给出了一个上述例子的一个动态电子数据表，每次按 F9 值都会改变。用这个电子数据表你可以确认：

- 头寸改变几乎不会出界。

- Δt 越小，头寸变动引起的净现金流越小。布莱克—斯科尔斯证明在极限情况下，这个净现金流总是为零，因此这种策略因而是完全自融资的。

29.2 不完善并无现金流的一个看涨期权复制

使用布莱克—斯科尔斯(BS)公式完美地复制一个看涨期权要求是要持续交易的。假设我们在严格遵循 BS 公式上稍做点让步。即按下列方式使用复制策略，并强制其成为自融资。我们如下进行处理：

- 在时间 0，我们设初始状投资组合如 BS 公式所规定的：$Stock = S_0 N(d_1)$，$Bond = -X e^{-rT} N(d_2)$。

- 在时间 $t > 0$，我们设该股票头寸 $= S_t N(d_1)$，但我们设该债券头寸等于来自于该股票头寸改变所产生的现金流：

$$Bond_{t+\Delta} = \underbrace{Bond_t \times e^{r\Delta}}_{\substack{t+\Delta\text{时间}t \\ \text{上债券头寸}}} + \underbrace{S_t N(d_{1,t}) \times \frac{S_{t+\Delta}}{S_t}}_{\substack{t+\Delta\text{时间} \\ t\text{上股票头寸}}} - \underbrace{S_{t+\Delta} N(d_{1,t+\Delta})}_{\substack{t+\Delta\text{时期望} \\ \text{的股票头寸}}}$$

$$= Bond_i \times e^{r\Delta} + S_{t+\Delta}\{N(d_{1,t}) - N(d_{1,t+\Delta})\}$$

这里,该方式如下。在 $t=0$ 时,该复制投资组合是与布莱克—斯科尔斯完全相等的(单元格 H13:I13)。但当 $t>0$ 时,则布莱克—斯科尔斯的值就不同于该投资组合的值了(尽管很接近)。

	A	B	C	D	E	F	G	H	I	J
1	**不完美但无现金流的看涨期权投资组合复制** 不需要一段时间上的投资但不能完美匹配布莱克-斯克尔斯									
2	S_0, 股价	50								
3	X, 执行价格	50								
4	T, 成交日	0.5								
5	平均股票收益 (mu)	12%					=E13*EXP(interest*Delta_t)+B14*(NORM.S.DIST(done(B13,exercise,C13,interest,Sigma),1)-NORM.S.DIST(done(B14,exercise,C14,interest,Sigma),1))			
6	股票收益标准差	30%								
7	r, 利率	4%								
8	Delta_t	0.0192	<-- =1/52							
9										
10	=B14*NORM.S.DIST(done(B14,exercise,C14,interest,Sigma),1)									
11					复制组合			布莱克-斯克尔斯与组合价值对比		
12	周	股票价格	剩余时间	股票	债券		投资组合	布莱克-斯克尔斯	投资组合-布莱克-斯克尔斯	
13	0	50.0000	0.5000	28.9698	-24.2745		4.6952	4.6952	0.0000	
14	1	51.1783	0.4808	31.7879	-26.4287		5.3592	5.3026	0.0567	
15	2	48.8040	0.4615	25.8356	-21.9714		3.8642	3.8336	0.0306	
16	3	46.9419	0.4423	21.0825	-18.2209		2.8615	2.8244	0.0371	

这是依据最后计算得出的结果:

	A	B	C	D	E	F	G	H	I
34	21	61.9640	0.0962	61.4477	-49.4969		11.9508	12.1724	-0.2216
35	22	63.6355	0.0769	63.5428	-49.9726		13.5702	13.7914	-0.2211
36	23	61.5813	0.0577	61.4864	-50.0058		11.4806	11.6986	-0.2180
37	24	63.7113	0.0385	63.7104	-50.1415		13.5688	13.7882	-0.2194
38	25	62.0232	0.0192	62.0232	-50.1810		11.8422	12.0617	-0.2195
39	26	67.2947	0.0000						
40									
41		最终收益							
42	完美复制期权	17.2947	<-- =MAX(B39-exercise,0)						
43	投资组合收益	17.0751	<-- =D38*B39/B38+EXP(interest*Delta_t)*E38						

我们模拟 50 次,完美复制和投资组合的收益。我们用第 31 章的"空白单元格上的模拟运算表"的方法进行模拟。我们的结论是:总的来看,该不完美的复制策略,其运作是成功的。

	A	B	C	D	E	F	G	H	I	J	K
46		模拟运算表:运行50次复制									
47	模拟	完美复制	投资组合	差异:完美-组合							
48											
49	1	7.0257	7.0007	0.0250			**50次模拟的统计量**				
50	2	11.1718	10.4582	0.7136		平均差异	-0.1803	<-- =AVERAGE(D49:D98)			
51	3	0.0000	-0.3604	0.3604		标准差	0.6389	<-- =STDEV.S(D49:D98)			
52	4	0.0000	-0.3604	0.3604		最大差异	0.7136	<-- =MAX(D49:D98)			
53	5	5.0635	5.1559	-0.0924		最小差异	-2.2526	<-- =MIN(D49:D98)			
54	6	5.0635	5.1559	-0.0924							
55	7	0.0000	0.2752	-0.2752							
56	8	0.0000	0.2752	-0.2752							
57	9	10.5515	10.8819	-0.3304			公式收益(S_T - X,0)最大值 和复制投资组合收益的差异				
58	10	10.5515	10.8819	-0.3304							
59	11	15.1849	14.4899	0.6950							
60	12	15.1849	14.4899	0.6950							
61	13	11.5054	11.4211	0.0843							
62	14	11.5054	11.4211	0.0843							
63	15	0.1936	2.4461	-2.2526							
64	16	0.1936	2.4461	-2.2526							
65	17	5.9235	6.3651	-0.4416							
66	18	5.9235	6.3651	-0.4416							
67	19	11.0908	10.9425	0.1483							
68	20	11.0908	10.9425	0.1483							
69	21	32.0092	31.9087	0.1005							
70	22	32.0092	31.9087	0.1005							

不需要太多解释,我们可以对一个看跌期权做同样的操作。即对一个看跌期权重做下面

的数学计算：

$$Bond_{t+\Delta} = \underbrace{Bond_t \times e^{r\Delta}}_{\substack{t+\Delta时间t上\\债券头寸}} - \underbrace{S_t N(-d_{1,t}) \times \frac{S_{t+\Delta}}{S_t}}_{\substack{t+\Delta时间t\\上股票头寸}} + \underbrace{S_{t+\Delta} N(-d_{1,t+\Delta})}_{\substack{t+\Delta的期望\\股票头寸}}$$

$$= Bond_t \times e^{r\Delta} + S_{t+\Delta}\{-N(-d_{1,t}) + N(-d_{1,t+\Delta})\}$$

将其置入一个模拟，并对该模拟运行 50 次：

	A	B	C	D	E	F	G	H	I	J	K
46			模拟运算表：运行**50次**复制								
47		模拟	完美复制	投资组合	差异：完美-组合						
48											
49		1	0.0000	8.2754	-8.2754			**50次模拟的统计量**			
50		2	0.0000	3.9296	-3.9296		平均差异	4.3458	<-- =AVERAGE(D49:D98)		
51		3	12.0927	-0.3290	12.4217		标准差	11.2313	<-- =STDEV.S(D49:D98)		
52		4	0.0000	1.3654	-1.3654		最大差异	33.7331	<-- =MAX(D49:D98)		
53		5	5.3806	0.4418	4.9388		最小差异	-16.1705	<-- =MIN(D49:D98)		
54		6	0.0000	1.7538	-1.75						
55		7	1.3480	-0.4349	1.78						
56		8	1.6776	-1.6202	3.29						
57		9	1.6776	-1.6202	3.29						
58		10	27.4408	-0.0758	27.51						
59		11	27.4408	-0.0758	27.51						
60		12	0.0000	8.0305	-8.03						
61		13	14.4645	-0.0292	14.49						
62		14	0.0000	9.1813	-9.18						
63		15	15.8889	-0.0608	16.48						
64		16	6.5662	0.1360	6.43						
65		17	33.5824	-0.1506	33.73						
66		18	11.0197	1.0074	10.01						
67		19	15.5557	0.0577	15.49						
68		20	9.4417	-0.1229	9.56						
69		21	2.3885	-1.1502	3.53						
70		22	0.0000	7.9687	-7.96						

看跌期权公式收益的最大值(X-S_T,0)和复制投资组合收益的差异

29.3 模拟投资组合保险

期权可以用于保证股票投资的最低收益。正如我们在第 15 章中讨论期权策略时所讨论的，当你买进一个股票（或一个股票的投资组合），同时买进一个在该股票（在投资组合上）上的看跌期权，那么确定的是该策略收益将不会低于该看跌期权的执行价格：

$$股票 + 看跌期权 = S_T + \max(X - S_T, 0)$$
$$= \begin{cases} S_T, 如果 S_T > X \\ X, 如果 S_T \leqslant X \end{cases}$$

但是并不总能在所有投资组合中找到可交易的看跌期权。这种情况下，布莱克—斯科尔斯期权定价公式可以说明我们如何通过一个动态策略来复制一个看跌期权。在该动态策略中，其投资是一个风险资产（是一个股票或一个投资组合）和一段时间上的无风险债券的变化，其目的是要模拟一个看跌期权的收益。该复制策略是这里所讨论的投资组合保险策略的核心。

我们首先来考虑下面的例子：你决定投资通用磨坊（General Pills）公司的一股股票，当前

价格为 56 美元。该股票不支付股利。你希望在年末得到一个大的投资收益,但你担心该股票价格会下跌。为了防止股票价格下跌受损,你决定购买一个该股票上的欧式看跌期权。该看跌期权允许你在 1 年底以 50 美元出售你持有的股票。利用如下数据:$S_0 = 56$ 美元,$X = 50$ 美元,$\sigma = 30\%$,$r = 8\%$,用布莱克—斯科尔斯模型(参见第 17 章),可得出该看跌期权的成本是 2.38 美元:

	A	B	C	D	E
2	S_0	56.00			
3	X	50.00			
4	T	1			
5	r	8.00%			
6	标准差	30%			
7	看跌期权价格	2.38	<-- =bsput(B2,B3,B4,B5,B6)		

这个保护性的看跌期权或者说是投资组合保险策略保证你在你所持有的通用磨坊股票上的亏损不超过 6 美元。如果在 1 年末股票价格高于 50 美元,你将简单地让该看跌期权到期而不执行它。但是,如果该年末的股票价格低于 50 美元,你将执行该看跌期权并收回 50 美元。这就如同你已购买了该股票上的具有 6 美元免赔额的保单。

当然这种保护不是免费的:你不是在一个股票上投资 56 美元,而是投资 59.38 美元。你可以将这额外的 2.38 美元存入该银行并在这一年中获得 8% × 2.38 = 0.19 美元的利息,你也可以用这 2.38 美元去买更多的股票。

为了说明该策略是如何起作用的,我们对作为股票 S_T 最终价格函数的该策略收益作敏感分析:

	A	B	C	D	E	F	G	H	I	J
9	投资组合保险策略									
10	买入股票	56.00	<-- =B2							
11	买入看跌期权	2.38	<-- =B7							
12	总成本	58.38	=B10+B11							
13										
14	在日期T的收益									
15	S_T	35.00								
16	看跌期权收益	15.00	<-- =MAX(B3-B15,0)							
17	总收益	50.00	<-- =SUM(B15:B16)							
18	收益	-8.38	<-- =B17-B12							
19										
20	模拟运算表: 作为ST函数的总策略收益									
21										
22	S_T	股票	看跌期权	收益						
23					<-- =B23+C23-B12, 模拟运算表表头 (隐藏)					
24	0	0	50	-8.37698						
25	10	10	40	-8.37698						
26	20	20	30	-8.37698						
27	30	30	20	-8.37698						
28	40	40	10	-8.37698						
29	50	50	0	-8.37698						
30	60	60	0	1.623024						
31	70	70	0	11.62302						
32	80	80	0	21.62302						
33	90	90	0	31.62302						
34	100	100	0	41.62302						
35										
36										
37										
38										
39										

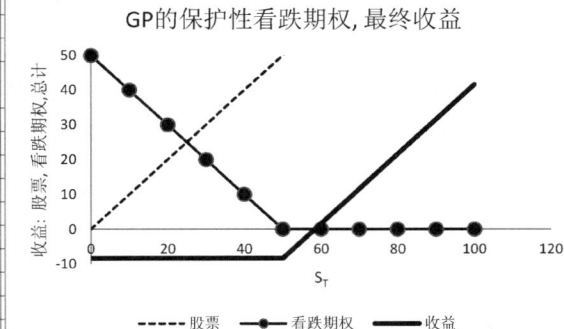

GP的保护性看跌期权, 最终收益

收益: 股票, 看跌期权, 总计

- - - - 股票　　━●━ 看跌期权　　━━ 收益

29.3.1 当没有交易看跌期权时的投资组合保险

在上面的例子中,通过购买标的资产与我们的股票投资组合完全一致的看跌期权,我们实施了一个投资组合保险策略。但该技术并不总是可行的:

- 可能我们打算保险的股票上没有交易的看跌期权。
- 也有可能是我们想购买的投资组合保险具有较为复杂的一揽子资产,如股票投资组合。投资组合上的看跌期权确实存在(例如,在 S&P100 和 S&P500 投资组合上有交易的看跌期权),但大多数投资组合上都没有交易的看跌期权。

这时布莱克—斯科尔斯期权定价模型给我们提供了支持。在该公式中,一个股票(从这里开始,"股票"一词将除了用于代指单只股票外,也用于代指多只股票的投资组合)上的看跌期权仅仅是一个简单的投资组合,它由在该股票上的空头和在无风险资产上多头的组成,两个头寸都可被持续调整。例如,对一个到期日 $T=1$,执行价格为 X 的看跌期权考虑该布莱克—斯科尔斯公式。在时间 t,$0 \leqslant t \leqslant 1$,该看跌期权具有价值:

$$P_t = -S_t N(-d_1) + X e^{-r(1-t)} N(-d_2)$$

$$d_1 = \frac{\ln(S_t/X) + (r + \sigma^2/2)(1-t)}{\sigma\sqrt{1-t}},$$

$$d_2 = d_1 - \sigma\sqrt{1-t}$$

式中,$1-t$ 是距到期日的剩余时间;S_t 是该股票在时间 t 的价格。

因此,购买一个看跌期权等价于在到期时间为 1 的一个无风险债券上投资了 $X e^{-r(1-t)} N(-d_2)$ 和在该股票上投资了 $-S_t N(-d_1)$。因为在该股票上的投资为负,这意味着一个看跌期权等价于在该股票上的空头和在该无风险资产上的多头。

该总投资包括购买该股票的一股加上在该股票上的一个看跌期权,因此是 $S_t + P_t$。把它写出并代入布莱克—斯科尔斯看跌公式,得出:

$$
\begin{aligned}
总投资,保障性看跌期权 &= S_t + P_t \\
&= S_t - S_t N(-d_1) + X e^{-r(1-t)} N(-d_2) \\
&= S_t (1 - N(-d_1)) + X e^{-r(1-t)} N(-d_2) \\
&= S_t N(d_1) + X e^{-r(1-t)} N(-d_2)
\end{aligned}
$$

这里最后的等号使用了来自标准正态分布 $N(x) + N(-x) = 1$ 的论据。看此问题的另外一种方法是把在时间 t 的总投资 $S_t + P_t$ 看成一个股票和一个债券的投资组合;然后我们可能问,这个投资组合在时间 t 投资于该股票的比例 ω_1 是多少? 根据投资组合比例重写上面的公式:

$$投资于股票的比例 = \omega_t = \frac{S_t N(d_1)}{S_t N(d_1) + X e^{-r(1-t)} N(-d_2)}$$

$$投资于无风险资产的比例 = 1 - \omega_t = \frac{X e^{-r(1-t)} N(-d_2)}{S_t N(d_1) + X e^{-r(1-t)} N(-d_2)}$$

总而言之：如果你想购买资产的一个特定投资组合和一个保险策略保证在 $t=1$ 时你的总投资将不低于 X，则在每个时间点 t 上，你在所选的特定投资组合上投资的占比应该为 ω_1，并且在无风险资产即到期日为 $t=1$ 的纯贴现债券债上的投资占比应该为 $1-\omega_1$。布莱克—斯科尔斯看跌期权定价公式可用于确定这些比例。

29.3.2　一个例子

假设你决定投资 1,000 美元在通用磨坊公司股票（当前价格为 56 美元）和该股票上执行价格为 50 美元且到期日为从现在起的一年后的保护性看跌期权上。这个保证使你在一年后的每股股票的美元价值不低于 50 美元。假设通用磨坊没有交易的看跌期权，你必须通过投资该股票和无风险贴现债券来创建你自己的看跌期权。无风险利率是 8%，并且通用磨坊公司对数收益的标准差是 30%。

我们将构造在每周基础上的一系列执行该策略的投资组合。基于我们在前面节所讨论的，我们知道这种复制策略是不完美的。我们模拟它的目的是为了看其是如何工作的。

第 0 周：在这周的开始，通用磨坊公司股票的初始投资应该是：

$$\omega_0 = \frac{S_0 N(d_1)}{S_0 + P_0} = \frac{56 \times 0.7865}{56 + 2.38} = 75.45\%$$

剩下的比例，$1-\omega_0 = 24.55\%$，投资于到期日为 1 年的无风险贴现债券。如果在 GP 上存在交易的欧式看跌期权并且假如这些看跌期权是具有从现在起 1 年的执行期，执行价格为 50 美元，那么它们应该以 2.38 美元交易。你的策略将是购买 17.13 的 GP 股票（成本 = 959.23 美元）和 17.13 份的看跌期权（成本 = 40.77 美元）。购买价值为 754.40 美元的股票和价值 245.60 美元的债券准确地复制了在 17.13 份股票和 17.13 份看跌期权。该等价关系是由布莱克—斯科尔斯公式所保证的。该期权价格与该适当的投资组合比例的计算将在下面的电子表中被说明：

	A	B	C
1	布莱克-斯克尔斯期权定价公式在通用磨坊公司看跌期权中的应用		
2	S	56	股价
3	X	50	执行价格
4	T	1	剩余时间
5	r	8.00%	无风险利率
6	标准差	30%	股票波动率
7	看跌期权价格	2.38	<-- call price - S + X*Exp(-r*T)：通过看跌看涨期权平价
8			
9	计算投资组合保险比例		
10	ω	75.45%	<-- =B2*NORM.S.DIST(done(B2,B3,B4,B5,B6),1)/(B2+B7)，在股票中的比例
11	1-ω	24.55%	<-- =1-B10，在债券中的比例

你在 $t=0$ 时的初始投资为 1,000 美元；现在假设下一周开始时（$t=1/52=0.0192$）GP 股票价格涨至 60 美元。下面是你的第一周更新的投资组合。你可以看到，当股票价格增加时，该股票投资组合的比例也在增加：

	A	B	C
1		**更新的投资组合保险比例**	
2	先前的股票价格 S_t	56.00	
3	先前的到期日	1.00	
4	时间间隔, Δt	0.0192	<-- =1/52
5	新的到期日	0.9808	<-- =B3-B4
6			
7	先前的投资组合		
8	股票	754.50	
9	债券	245.50	
10	当前的股票价格 $S_{t+\Delta t}$	60.00	股票价格
11			
12		重新调整之前的当前投资组合	
13	股票	808.39	<-- =B8*B10/B2
14	债券	245.88	<-- =B9*EXP(B22*B4)
15	总计	1,054.27	<-- =SUM(B13:B14)
16			
17	**计算该投资组合保险比例**		
18	股票比例 ω	82.53%	<-- =B10*NORM.S.DIST(done(B10,B21,B5,B22,B23),1)/(B10+bsput(B10,B21,B5,B22,B23))
19	$1-\omega$	17.47%	<-- =1-B18

相反地,如果股票价格在时间 Δt 处为 52,那么该股票比例将会减少并且该无风险的比例会增加:

	A	B	C
1		**更新的投资组合保险比例**	
2	先前的股票价格 S_t	56.00	
3	先前的到期日	1.00	
4	时间间隔, Δt	0.0192	<-- =1/52
5	新的到期日	0.9808	<-- =B3-B4
6			
7	先前的投资组合		
8	股票	754.50	
9	债券	245.50	
10	当前的股票价格 $S_{t+\Delta t}$	52.00	股票价格
11			
12		重新调整之前的当前投资组合	
13	股票	700.61	<-- =B8*B10/B2
14	债券	245.88	<-- =B9*EXP(B22*B4)
15	总计	946.49	<-- =SUM(B13:B14)
16			
17	**计算投资组合保险比例**		
18	股票比例 ω	66.41%	<-- =B10*NORM.S.DIST(done(B10,B21,B5,B22,B23),1)/(B10+bsput(B10,B21,B5,B22,B23))
19	$1-\omega$	33.59%	<-- =1-B18

现在我们来模拟一段时间上的该策略:

投资组合保险策略						
S₀	56.00					
X	50.00					
T	1			公式--在单元格F12: =D12*E12		
r	8.00%			在单元格 G12: =E12*(1-D12)		
标准差	30%					
平均值	12%					
Δt	0.0192	<-- =1/52				

周	周的开始			资产		
	股票	看跌期权	ω	总资产	股票	债券
0	56.00	2.38	0.7545	1,000.00	754.50	245.50
1	56.72	2.20	0.7688	1,010.03	776.52	233.51
2	55.82	2.37	0.7512	998.06	749.78	248.28
3	51.59	3.43	0.6524	941.74	614.37	327.37
4	49.18	4.22	0.5842	913.51	533.65	379.87
5	49.24	4.17	0.5844	914.70	534.54	380.16
6	49.55	4.04	0.5923	918.69	544.15	374.55
7	50.11	3.82	0.6074	925.37	562.09	363.29
8	51.79	3.24	0.6543	944.84	618.24	326.60
9	49.30	4.06	0.5803	915.53	531.32	384.21
10	47.70	4.67	0.5275	898.92	474.21	424.71
11	50.97	3.42	0.6285	932.06	585.84	346.22
12	50.79	3.45	0.6224	930.59	579.20	351.39
13	51.07	3.33	0.6299	934.29	588.47	345.82
14	50.14	3.61	0.6000	924.11	554.44	369.67

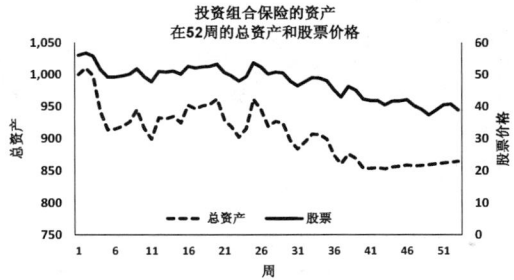

投资组合保险的资产
在52周的总资产和股票价格

在上述的模拟中，股票价格在这一年中逐渐减少，并且该投资组合保险策略的最终比例将都在无风险资产上。下面我们提供另一种可能性：股票价格在一年中逐渐增加，该投资组合中股票比例增加，债券比例逐渐趋向于零。

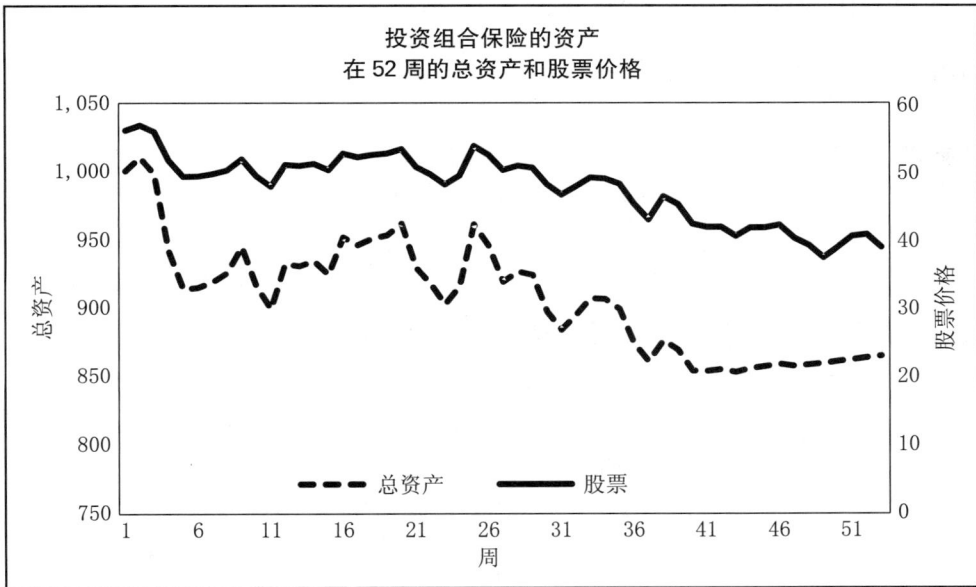

投资组合保险的资产
在 52 周的总资产和股票价格

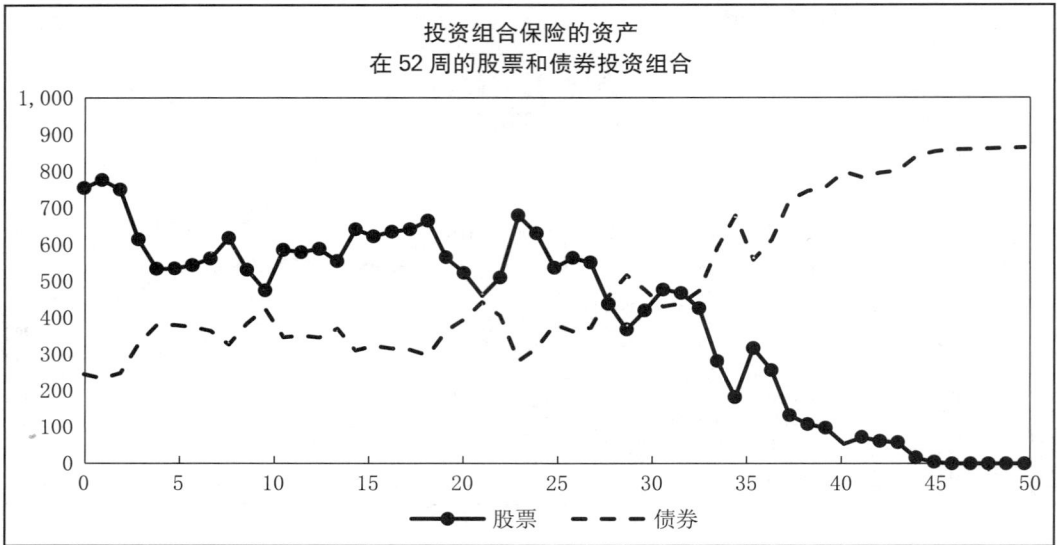

投资组合保险的资产
在 52 周的股票和债券投资组合

股票 ——●—— 债券 ----

29.4 投资组合保险的一些性质

前面的例子解释了投资组合保险的一些典型性质。下面的是三个重要性质：

性质 29.1 当股票价格高于执行价格 X 时，那么风险资产的投资比例 ω 大于 50%。

证明：这个性质的证明需要对 ω 进行一些公式处理。重写 ω 为：

$$\omega = \frac{SN(d_1)}{SN(d_1) + Xe^{-r(1-t)}N(-d_2)} = \frac{1}{1 + Xe^{-r(1-t)}N(-d_2)/SN(d_1)}$$

我们会说明，当 $S \geqslant X$ 时，ω 的分母是 < 2，那么它将会证明该命题：首先说明当 $S \geqslant X$ 时，$X/S \leqslant 1$。接下来说明对 $0 \leqslant t \leqslant 1$ 中，$e^{-r(1-t)} < 1$。最后，验证该表达式：

$$\frac{N(-d_2)}{N(d_1)} = \frac{N(\sigma\sqrt{1-t} - d_1)}{N(d_1)}$$

$$= \frac{N(0.5\sigma\sqrt{1-t} - [\ln(S/X) + r(1-t)]/\sigma(1-t))}{N(0.5\sigma\sqrt{1-t} + [\ln(S/X) + r(1-t)]/\sigma(1-t))} < 1$$

这样就证明了该性质。

性质 29.2 当股票价格增加，投资于该股票的比例 ω 也会增加；反之亦然。

证明：为清楚这个性质，只要看当 S 增加时，该看跌期权的价值减少和 $N(-d_1)$ 会减少就足够了。重写 ω 原始定义式：

$$\omega = \frac{S[1 - N(-d_1)]}{S + P} = \frac{[1 - N(-d_1)]}{1 + P/S}$$

因此,当 S 增加时,ω 的分母会减小而分子增加,这就证明了性质 29.2。

性质 29.3 当 $t \to 1$ 时,两种情况之一会发生:如果 $S_t > X$,那么 $\omega_t \to 1$。如果 $S_t < X$,那么 $\omega_t \to 0$。

证明:为清楚该性质,注意当 $S_t > X$ 且 $t \to 1$ 时,$N(d_1) \to 1$ 且 $N(-d_1) \to 0$。因此对这种情况 $\omega_t \to 1$。相反地,当 $S_t < X$,$t \to 1$,时,$N(d_1) \to 0$ 且 $N(-d_1) \to 1$,因此 $\omega_t \to 0$。(严格来见这些陈述只有在"概率极限"下是为真的——见 Billingsley(1968)。当 $t \to 1$,$S_t/X > 1$ 时,结果会是什么? 在这种情况下 $\omega_t \to \frac{1}{2}$。但是这种情况发生的概率为零。)

29.5 离题:投资组合总收益保险

我们稍微离题一下,考虑一个有趣的投资组合保险问题。到目前为止,我们仅考虑每个股票的一个合成看跌期权的建立问题。这个问题的另一个稍微不一样的版本包括创建看跌期权与股票的投资组合来保证在初始的总投资上的总收益值。一个典型的故事是这样的:

你有 1,000 美元要投资,你想保证从现在开始的一年后至少拥有 $1,000z$ 美元。这里的 z 是一些数字,一般来说介于 0 到 1 之间;例如,如果 $z = 0.93$,这意味着你希望你的最终资产至少为 930 美元。[①]你想要投资一个当前价格为 S_0 的股票和一个执行价格为 X 的该股票上的看跌期权。你想让看跌期权数和股票数相等,因此每个"打包"的股票 + 看跌期权使你的成本为 $S_0 + P(S_0, X)$。 因此为了实施该策略,因此你必须购买 α 份股票,这里:

$$\alpha = \frac{1,000}{S_0 + P(S_0, X)}$$

因为你已购买了 α 份股票和 α 份执行价格为 X 的看跌期权,因此来自你的投资组合的最小收益值就是 αX。你想使它等于 1,000z,那你就要求解以得到 $\alpha = 1,000z/X$。因此,如果 $S_0 + P(S_0, X) = X/z$,你就可以保证你的最小收益。

下面是该方程在电子表上的实施。该模拟运算表显示了 $S_0 + P(S_0, X) - X/z$ 的图表;当 $S_0 = 56$,$\sigma = 30\%$,$r = 6\%$,$T = 1$ 和 $z = 93\%$ 时,曲线图与 X 轴相交处就是该看跌期权的执行价格。

---

① 正如我们下面要说明的,即使 $z > 1$,保证收益不低于某一点也是可能的。

	A	B	C	D
1			**总投资组合收益保险**	
2	z	0.9300	保险水平	
3				
4	S_0	56.0000	当前股价	
5	X	56.4261	执行价格	
6	T	1	期权到期时间（年）	
7	r	8.00%	无风险利率	
8	标准差	30%	股票波动性	
9				
10	α	16.4817	<-- =1000/(B4+bsput(B4,B5,B6,B7,B8))	
11				
12	方程求解	0.00	<-- =B4+bsput(B4,B5,B6,B7,B8)-B5/B2	
13				
14			**模拟运算表：B12 关于 X的敏感度**	
15	执行价格↓	0.00	<-- =B12，模拟运算表表头	
16	50	4.6135		
17	51	3.8358		
18	52	3.0800		
19	53	2.3463		
20	54	1.6348		
21	55	0.9453		
22	56	0.2778		
23	57	-0.3679		
24	58	-0.9922		
25	59	-1.5953		
26	60	-2.1776		
27				
28				
29				
30				
31				

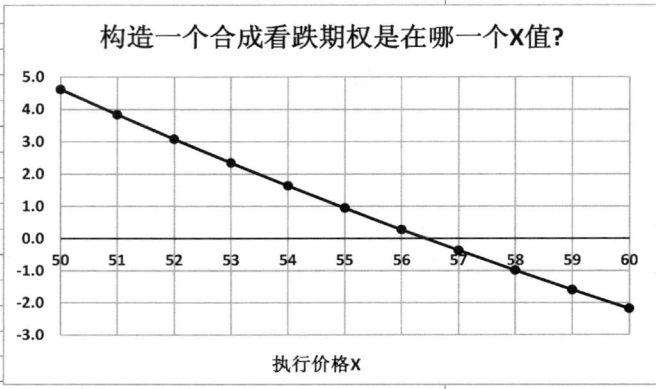

构造一个合成看跌期权是在哪一个X值?

执行价格X

正如你看到的，单元格 B12 是该方程等于 0 时的 X 值，它介于 56 至 57 之间。我们可以用规划求解找到确切值，X＝56.4261：

	A	B	C	D
1			**总投资组合收益保险**	
2	z	0.9300	保险水平	
3				
4	S_0	56.0000	当前股	
5	X	56.4261	执行价	
6	T	1	期权到	
7	r	8.00%	无风险	
8	标准差	30%	股票波	
9				
10	α	16.4817	<-- =1	
11				
12	方程求解	0.00	<-- =E	
13				
14			模拟运算表：B	
15	执行价格↓	0.00	<-- =E	
16	50	4.6135		

规划求解参数

设置目标：(T)　$B$12

到：　○最大值(M)　○最小值(N)　●目标值：(V)　0

通过更改可变单元格：(B)

$B$5

遵守约束：(U)

规划求解给出该方程 $S_0 + P(S_0, X) - X/z = 0$ 的解。这个解可见下面的图表：

	A	B	C
1		**总投资组合收益保险**	
2	z	0.9300	保险水平
3			
4	S_0	56.0000	当前股价
5	X	56.4261	执行价格
6	T	1	期权到期时间（年）
7	r	8.00%	无风险利率
8	标准差	30%	股票波动性
9			
10	α	16.4817	<-- =1000/(B4+bsput(B4,B5,B6,B7,B8))
11			
12	待解方程	0.00	<-- =B4+bsput(B4,B5,B6,B7,B8)-B5/B2
13			
14	审核		
15	股票成本	922.98	<-- =B10*B4
16	看跌期权成本	77.02	<-- =B10*bsput(B4,B5,B6,B7,B8)
17	总成本	1,000.00	<-- =B15+B16
18			
19	最小投资组合收益	930.00	<-- =B10*B5

解是购买 $\alpha = 16.4817$ 的看跌期权和股票（成本是 $1,000$ 美元，正如你在 B19 单元格所看到的）这个投资组合的最小收益是 $16.4817 \cdot X = 930$ 美元（单元格 B19）。

你能对你更多的初始投资保险吗

当我们提高保险水平，意味着该看跌期权的执行价格也必须上升。这就是说，如果我们购买越多的保险，我们的成本 $1,000$ 美元，它在看跌期权（保险）上相对要多，而在股票（有潜在的上升性）上相对要少。

我们的保险可以大于当前的投资水平吗？换一种方式，我们可以让 $z > 1$ 吗？这意味着我们正在选择一个保险水平，它可以保证我们的结果是大于我们的初始投资的。做一些思考并计算一下，会发现我们的确可以选择 $z > 1$，只要 $z < 1 + r$。也就是说：我们不能确保我们自己的收益大于无风险利率！为了搞清楚这一点，我们提供两个例子。在下面的第一个例子中，我们对 $z = 1.08 = 1 + r$ 求解。这是一个解（注意单元格 B12 的值是 0）：

	A	B	C
1		**总投资组合收益保险**	
2	z	1.0800	保险水平
3			
4	S_0	56.0000	当前股价
5	X	104.8368	执行价格
6	T	1	期权到期期限（年）
7	r	8.00%	无风险利率
8	标准差	30%	股票波动性
9			
10	Alpha	10.3017	<-- =1000/(B4+bsput(B4,B5,B6,B7,B8))
11			
12	待解方程	0.00	<-- =B4+bsput(B4,B5,B6,B7,B8)-B5/B2
13			
14	审核		
15	股票成本	576.90	
16	看跌期权成本	423.10	
17	总成本	1,000.00	
18			
19	最小投资组合收益	1,080.00	<-- =B10*B5

但是,当 $z > 1.08$ 时,没有解。回到本节的第一个图表,我们可以看到,对大于利率 8% 的 9%($z = 1.09$)是其保险是没有解的:

	A	B	C	D
1			**总投资组合收益保险**	
2	z	1.0900	保险水平	
3				
4	S_0	56.0000	当前股价	
5	X	56.4261	执行价格	
6	T	1	期权到期时间（年）	
7	r	8.00%	无风险利率	
8	标准差	30%	股票波动性	
9				
10	α	16.4817	<-- =1000/(B4+bsput(B4,B5,B6,B7,B8))	
11				
12	待解方程	8.91	<-- =B4+bsput(B4,B5,B6,B7,B8)-B5/B2	
13				
14			**模拟运算表: B12 关于 X 的敏感度**	
15	执行价格 ↓	8.91	<-- =B12, 模拟运算表表头	
16	50	12.5054		
17	55	9.6264		
18	60	7.2927		
19	65	5.4649		
20	70	4.0756		
21	75	3.0466		
22	80	2.3018		
23	85	1.7738		
24	90	1.4072		
25	95	1.1581		
26	100	0.9932		
27				
28				
29				
30				

给出 z =1.09的保险水平寻找看跌期权X

执行价格 X

29.6 模拟蝶式策略

对我们的本章最后一个练习,我们模拟一个蝶式策略。回顾第 15 章,我们知道蝶式策略由三个期权组成。在这一节中,我们会模拟 1 个月（22 天）期间的蝶式策略,重新平衡每日头寸。我们的蝶式策略是由立权于当前价格为 $S_0 = 35$ 的股票上的三个看涨期权组成。我们假定该股票收益是对数正态分布,具有 $\sigma = 35\%$, $r = 2\%$。这些看涨期权:

- 看涨期权 1: $X = 20$,头寸:购买 1 个看涨期权。
- 看涨期权 2: $X = 35$,头寸:立权 2 个看涨期权。
- 看涨期权 3: $X = 50$,头寸:购买 1 个看涨期权。

该蝶式策略的结算/利润模式如下:

	A	B	C	D	E	F	G	H
1				蝶式策略				
2	S_0	35						
3	T	0.087302	<-- =22/252					
4	标准差	80%						
5	r	2%						
6								
7		**X**	头寸	成本				
8	看涨期权1	20	1	15.05	<-- =bscall($B$2,B8,$B$3,$B$5,$B$4)			
9	看涨期权2	35	-2	3.32	<-- =bscall($B$2,B9,$B$3,$B$5,$B$4)			
10	看涨期权3	50	1	0.29	<-- =bscall($B$2,B10,$B$3,$B$5,$B$4)			
11	初始成本	8.70	<-- =SUMPRODUCT(C8:C10,D8:D10)					
12								
13	一个利润实例（用于模拟运算表）							
14	S_T	47						
15	利润1	11.95	<-- =C8*(MAX($B$14-B8,0)-D8)					
16	利润2	-17.36	<-- =C9*(MAX($B$14-B9,0)-D9)					
17	利润3	-0.29	<-- =C10*(MAX($B$14-B10,0)-D10)					
18	总计	-5.70	<-- =SUM(B15:B17)					
19								
20	模拟运算表：利润作为S_T的方程							
21	**S_T**	利润						
22		-5.70	<-- =B18					
23	0	-8.70						
24	5	-8.70						
25	10	-8.70						
26	15	-8.70						
27	20	-8.70						
28	25	-3.70						
29	30	1.30						
30	35	6.30						
31	40	1.30						
32	45	-3.70						
33	50	-8.70						
34	55	-8.70						
35	60	-8.70						
36	65	-8.70						
37	70	-8.70						
38	75	-8.70						

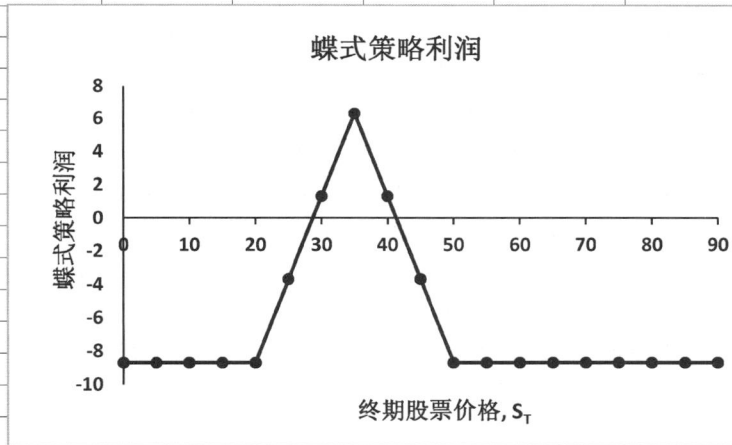

蝶式策略利润

回顾布莱克—斯科尔斯公式，用 t 表示距离期权到期日的剩余时间：

$$Call(X) = SN(d_1, t) - Xe^{-rT}N(d_2, t)$$

$$d_1 = \frac{\ln(S/X) + (r + \sigma^2/2)t}{\sigma\sqrt{t}}, \ d_2 = d_1 - \sigma\sqrt{t}$$

对该蝶式策略整理成下表：

N_{Low} calls	$Call(X_{Low}, t) = N_{Low}[SN(d_1(X_{Low}, t)) - X_{Low}e^{-rT}N(d_2(X_{Low}, t))]$
	$d_1(X_{Low}, t) = \dfrac{\ln(S/X_{Low}) + (r + \sigma^2/2)t}{\sigma\sqrt{t}}, d_2(X_{Low}, t) = d_1(X_{Low}, t) - \sigma\sqrt{t}$
N_{Mid} calls	$Call(X_{Mid}, t) = N_{Mid}[SN(d_1(X_{Mid}, t)) - X_{Mid}e^{-rT}N(d_2(X_{Mid}, t))]$
	$d_1(X_{Mid}, t) = \dfrac{\ln(S/X_{Mid}) + (r + \sigma^2/2)t}{\sigma\sqrt{t}}, d_2(X_{Mid}, t) = d_1(X_{Mid}, t) - \sigma\sqrt{t}$
N_{High} calls	$Call(X_{High}, t) = N_{High}[SN(d_1(X_{High}, t)) - X_{High}e^{-rT}N(d_2(X_{High}, t))]$
	$d_1(X_{High}, t) = \dfrac{\ln(S/X_{High}) + (r + \sigma^2/2)t}{\sigma\sqrt{t}}, d_2(X_{High}, t) = d_1(X_{High}, t) - \sigma\sqrt{t}$

把它们加在一起，得到：

$$Butterfly(t) = S_t\{N_{Low} \cdot N(d_1(X_{Low}, t)) + N_{Mid} \cdot N(d_1(X_{Mid}, t))$$
$$+ N_{High} \cdot N(d_1(X_{High}, t))\} + (-e^{-rT})\{N_{Low} \cdot X_{Low}N(d_2(X_{Low}, t))$$
$$+ N_{Mid} \cdot X_{Mid}N(d_2(X_{Mid}, t)) + N_{High} \cdot X_{High}N(d_2(X_{High}, t))\}$$

新定义的 VBA 函数：

$$Butterfly(t) = S_t \cdot \text{butterflyNd1}(X_{Low}, X_{Mid}, X_{High}, N_{Low}, N_{Mid}, N_{High}, S_t, X, t, \sigma, r)$$
$$- e^{-rT}\text{butterflyNd2}(X_{Low}, X_{Mid}, X_{High}, N_{Low}, N_{Mid}, N_{High}, S_t, X, t, \sigma, r)$$

这个 VBA 函数 ButterflyNd1 定义如下（ButterflyNd2 函数是类似的）：

```
Function butterflyNd1(XLow, XMid, xHigh, _
NumberLow, NumberMid, NumberHigh, stock, _
Time, Interest, sigma)
butterflyNd1 = Stock * _
    (NumberLow * Application, Norm_S_Dist _
    (dOne(Stock, XLow, Time, Interest, sigma), 1) _
    + NumberMid * Application. Norm_S_Dist _
    (dOne(Stock, XMid, Time, Interest, sigma), 1) _
    + NumberHigh * Application. Norm_S_Dist _
    (dOne(stock, xHigh, Time, Interest, sigma), 1))
End Function
```

29.6.1 自融资蝶式投资组合策略

我们试图动态复制这个头寸，以维护该自融资需求（例如，在时间 $t = 0$ 之后无现金流）。在 $t = 0$ 时，我们定义在上述的股票和债券中的投资：

$$Stock(0) = S_0\left\{\begin{array}{l}N_{Low} \cdot N(d_1(X_{Low}, t=0)) + N_{Mid} \cdot N(d_1(X_{Mid}, t=0)) \\ + N_{High} \cdot N(d_1(X_{High}, t=0))\end{array}\right\}$$

之后，在时间 $t + \Delta t$，我们如上定义该股票投资并且调整债券投资以抵消股票投资的变动：

$$Stock(t+\Delta t)=S_{t+\Delta t}\left\{\begin{array}{l}N_{Low}\cdot N(d_1(X_{Low},t+\Delta t))+N_{Mid}\cdot(d_1(X_{Mid},t+\Delta t))\\ +N_{High}\cdot N(d_1(X_{High},t+\Delta t))\end{array}\right\}$$

29.6.2 来自该股票头寸的现金流

来自该股票头寸的现金流是时间 t 头寸的值减去时间 $t+\Delta t$ 头寸的值。

$$Stock\ cash\ flow(t+\Delta t)=Stock(t)\cdot\frac{S_{t+\Delta t}}{S_t}-Stock(t+\Delta t)$$

$$=\frac{S_{t+\Delta t}}{S_t}\{N_{Low}\cdot N(d_1(X_{Low},S_t,t))+N_{Mid}\cdot N(d_1(X_{Mid},S_t,t))$$

$$+N_{High}\cdot N(d_1(X_{High},S_t,t))\}-$$

$$S_{t+\Delta t}\left\{\begin{array}{l}N_{Low}\cdot N(d_1(X_{Low},S_{t+\Delta t},t+\Delta t))+N_{Mid}\cdot(d_1(X_{Mid},S_{t+\Delta t},t+\Delta t))\\ +N_{High}\cdot(d_1(X_{High},S_{t+\Delta t},t+\Delta t))\end{array}\right\}$$

在 Excel 中：

$$\frac{S_{t+\Delta t}}{S_t}\cdot butterflyNd1(X_{Low},X_{Mid},X_{High},N_{Low},N_{Mid},N_{High},S_t,X,t,r,\sigma)$$

$$-butterflyNd1(X_{Low},X_{Mid},X_{High},N_{Low},N_{Mid},N_{High},S_{t+\Delta t},X,t+\Delta t,r,\sigma)$$

29.6.3 来自该债券头寸的零投资现金流

为了定义一个自融资策略，我们让债券头寸在每个时间 t“承受”股票头寸的变动。在 $t=0$ 时，债券头寸为：

$$Bond(0)=-\mathrm{e}^{-rT}\left\{\begin{array}{l}N_{Low}\cdot X_{Low}N(d_2(X_{Low}))+N_{Mid}\cdot X_{Mid}N(d_2(X_{Mid}))\\ +N_{High}\cdot X_{High}N(d_2(X_{High}))\end{array}\right\}$$

在时间 $t+\Delta t$，该债券头寸是先前头寸减去该股票头寸上的现金流：

$$Bond(t+\Delta)=Bond(t)\cdot\mathrm{e}^{r\Delta t}$$

$$-\left\{\begin{array}{l}\frac{S_{t+\Delta t}}{S_t}\cdot butterflyNd1(X_{Low},X_{Mid},X_{High},N_{Low},N_{Mid},N_{High},S_t,X,t,r\sigma)\\ -butterflyNd1(X_{Low},X_{Mid},X_{High},N_{Low},N_{Mid},N_{High},S_{t+\Delta t},X,t+\Delta t,r,\sigma)\end{array}\right\}$$

在该债券头寸上的现金流是：

$$Bond\ cash\ flow(t+\Delta t)=Bond(t)\cdot\mathrm{e}^{r\Delta t}-Bond(t+\Delta t)$$

$$=Bond(t)\cdot\mathrm{e}^{r\Delta t}-Bond(t)\cdot\mathrm{e}^{r\Delta t}$$

$$+\left\{\begin{array}{l}\frac{S_{t+\Delta t}}{S_t}\cdot butterflyNd1(X_{Low},X_{Mid},X_{High},N_{Low},N_{Mid},N_{High},S_t,X,t,r\sigma)\\ -butterflyNd1(X_{Low},X_{Mid},X_{High},N_{Low},N_{Mid},N_{High},S_{t+\Delta t},X,t+\Delta t,r,\sigma)\end{array}\right\}$$

29.6.4 运行该模拟

运行该模拟：

	A	B	C	D	E	F	G	H
1				模拟蝶式策略				
2	S$_0$	35			蝴蝶	X	数	
3	T	0.0873	<-- =22/252		X低	20	-1	
4	标准差	80%			X中	35	2	
5	r	2%			X高	50	-1	
6	Δt	0.0040	<-- =1/252					
7								
8			蝶式模拟					
9		到期时间	股票	股票头寸	债券头寸			
10	0.0873	35.0000	0.8045	-9.5036				
11	0.0833	34.1681	-1.4154	-7.3035				
12	0.0794	31.4866	-8.9303	0.3219	<--			
13	0.0754	32.3837	-6.7454	-2.1174	=D10*EXP($B$5*Delta_t)+B11/B10*butterflyNd1($F			
14	0.0714	29.9179	-13.5537	5.2043	$3,$F$4,$F$5,$G$3,$G$4,$G$5,B10,A10,$B$5,$B$			
15	0.0675	28.9708	-16.0152	8.0953	4)-			
16	0.0635	29.0409	-16.4596	8.5016	butterflyNd1($F$3,$F$4,$F$5,$G$3,$G$4,$G$5,B11			
17	0.0595	27.3546	-19.4538	12.4522	,A11,$B$5,$B$4)			
18	0.0556	25.0681	-20.2572	14.8826				
19	0.0516	23.7020	-19.1584	14.8890				
20	0.0476	21.1157	-13.7611	11.5834				
21	0.0437	21.4926	-14.9072	12.4848				
22	0.0397	20.8728	-13.2804	11.2889				
23	0.0357	21.0506	-13.9218	11.8180				
24	0.0317	19.5351	-9.0714	7.9709				
25	0.0278	20.0053	-10.5827	9.2645				
26	0.0238	20.5694	-12.6546	11.0387				
27	0.0198	20.2410	-11.4559	10.0429				
28	0.0159	21.3945	-16.3653	14.3003				
29	0.0119	20.1829	-11.2999	10.1628				
30	0.0079	19.8325	-9.2829	8.3428				
31	0.0040	19.5725	-6.7297	5.9120				
32	0.0000	21.0842	-7.2495	5.9124				
33								
34			公式计算收益和模拟收益之比较					
35	公式	-1.0842	<-- =G3*MAX(B32-F3,0)+G4*MAX(B32-F4,0)+G5*MAX(B32-F5,0)					
36	模拟	-1.3371	<-- =SUM(C32:D32)					

重复模拟 50 次，比较公式价格（单元格 B35）和模拟价格（B36）：

	A	B	C	D	E	F	G	H	I
34		公式计算收益和模拟收益之比较							
35	公式	-0.3973	<-- =G3*MAX(B32-F3,0)+G4*MAX(B32-F4,0)+G5*MAX(B32-F5,0)						
36	模拟	-0.9271	<-- =SUM(C32:D32)						
37									
38		模拟运算表：50次模拟结果							
39									
40	次	0.5298	<-- =B35-B36, 模拟运算表头						
41	1	0.0675							
42	2	1.8097				50次模拟结果统计：公式收益-模拟			
43	3	0.8366			平均值	0.1175	<-- =AVERAGE(B41:B90)		
44	4	-0.3115			标准差	1.4897	<-- =STDEV.S(B41:B90)		
45	5	0.9994			最大值	4.4473	<-- =MAX(B41:B90)		
46	6	0.1257			最小值	-2.7567	<-- =MIN(B41:B90)		
47	7	2.0113							
48	8	2.1040							
49	9	-2.3427							
50	10	-2.7383							
51	11	-0.0528							
52	12	-0.2782							
53	13	0.2862							
54	14	-0.9759							
55	15	-0.2089							
56	16	0.1889							
57	17	2.2879							
58	18	0.3922							
59	19	3.1930							
60	20	-1.1574							
61	21	-1.3762							
62	22	0.2152							
63	23	-0.7180							
64	24	-1.0599							

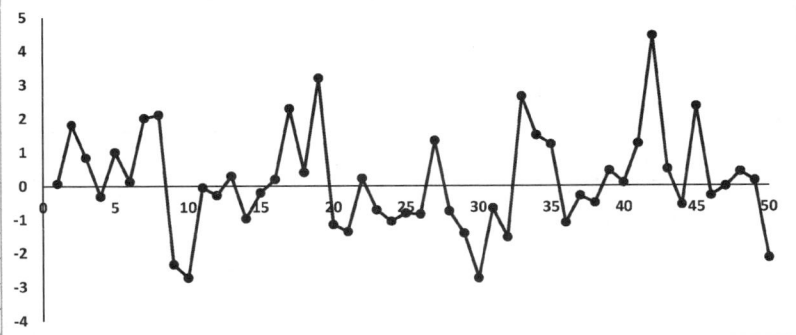

公式计算收益减去模拟收益

29.7　本章小结

　　这章集中于模拟期权复制策略。所有的复制策略都基于布莱克—斯科尔斯公式给出的在一段时间后且在风险和无风险资产中的动态投资之理念。要实施该理念,我们必须调整这个动态公式以便一段时间后的净投资为零(即所谓的自融资或零投资策略)。这些复制策略并不完美,因此这些策略的最终利润大致是与公式计算利润匹配的。对于更多复杂的策略(我们介绍了一个蝶式策略),公式计算与策略利润可能是显著的不匹配的。

习题

　　1. 你是一个投资组合经理,想要投资于一个 $\sigma = 40\%$ 的资产。你打算在该投资上建立一个看跌期权,以保证在一年末你的损失不会超过 5%。由于在这个特定资产上没有看跌期权,因此你计划通过一个动态投资策略——购买一个风险资产和无风险债券比例动态变化组成的投资组合建立一个合成看跌期权。如果利率为 6%,那么你在该投资组合和在该无风险债券中的初始投资应该是多少?

2. 模拟上述策略,假定该投资组合每周都重新平衡。

3. 回到第 29.5 节中的数字例子。写出一个对隐含资产价值 V_a 求解的 VBA 函数。(提示:在第 17.5 节中,用二项式方法计算该隐含变动。)然后使用这个函数作图说明该隐含资产价值与资产波动性之间如何权衡。

4. 你有一个购买一个公司股票的机会。该出售者希望是每股为 55 美元,但在一年半末按每股 50 美元回购。如果该股票对数收益的 σ 为 80%,请确定这每股股票的真实价值。假设利率为 10%。

5. 一个持保看涨期权是一个股票多头看涨期权空头。其利润模式如下:

	A	B	C	D	E	F	G	H	I	J	K
1	持保看涨期权模拟										
2	初始股价, S_0	50									
3	X	45		S_0	$-S_0 N(d_1) + X e^{-rT} N(d_2)$	$= S_0 (1 - N(d_1))$	$+ X e^{-rT} N(d_2)$				
4	平均股票收益率	12%		Long stock	Short call	Long position in stock	Long position in bond				
5	标准差	40%									
6	利率, r	6%									
7											
8	初始看涨期权价格	11.7393	<-- =bscall(B2,B3,1,B6,B5)								
9	持保看涨期权初始投资	38.2607	<-- =B2-B8								
10											
11	策略的模拟收益	????									
12	持保看涨期权策略的收益	????									

在该问题在,要求你模拟 52 周以上,每周头寸都更新的一个持保看涨期权利润。从持保看涨期权公式入手:把布莱克—斯科尔斯价格和股票价格相在一起:

$$\underset{\text{股票多头}}{\underline{S_0}} \quad \underset{\text{看涨期权空头}}{\underline{-S_0 N(d_1) + X e^{-rT} N(d_2)}} = \underset{\text{股票多头}}{\underline{S_0(1 - N(d_1))}} + \underset{\text{债券多头}}{\underline{X e^{-rT} N(d_2)}}$$

这样我们就可以看到持保看涨期权是一个该股票的多头与一个该债券的多头。现在实施电子数据表,检验模拟持保看涨期权策略的有效性。

6. 在第 29.2 节中讨论了一个看涨期权的无现金流复制。用同样的逻辑,在电子数据表中写出一个看跌期权复制的程序。

30

期权定价的蒙特卡罗方法

30.1　概述

本章继续上一章的讨论，说明如何对期权定价实施蒙特卡罗方法，主要目标是说明如何对亚式期权和障碍期权定价。这些期权都是路径依赖的期权：它们的收益不仅取决于基础资产的最终价格，而且还取决于在最终价格之前的中间资产价格。一个亚式期权具有取决于期权到期日前的一段时间内基础资产的平均价格，而障碍期权的收益取决于到期日前一些时间点达到一个特定水平的基础资产价格。在第 30.6—30.9 节中，我们将会对其作出更清晰的表述。

30.1.1　风险中性是什么含义

考虑这样一个基本的情形：有两个基本证券，无风险债券和股票。该债券的利率称为无风险利率，通常被记为 r。在这种情况下两种基本的资产，"风险中性价格"可能有两个层面的含义。风险中性衍生证券（例如，非基本的）的两个含义是其被定价为它们的期望收益（以无风险利率）的折现值。风险中性的这两层含义与用于实现该风险证券（股票）收益的过程是不同的。

在风险中性的第一层含义中，我们改变该股票收益的基础分布，以便该期望股票价格是 1 加上无风险利率。为了定价一个期权，我们使用通过无风险利率折现该期望期权收益的基本风险中性定价原则。在风险中性的这种使用中，我们将该股票的收益改为实际收益概率来计算期望收益。我们将在第 30.2 节中说明该过程。

风险中性的第二层含义用二项式期权定价模型（见第 16 章）。我们将状态价格转化为风险中性概率。在风险中性的这种使用中，我们不改变该股票的收益，而是通过等价风险中性概率代替该实际的状态价格。然后我们通过以无风险利率折现它们的期望收益来给衍生产品定价。

第一种定价方法对期权定价是理想的,其收益取决于该股票的最终价格,我们称其为路径独立的期权。第二种定价的方法是更一般化且原则上可以用来定价任何期权,尽管该收益是路径依赖的。本章中探讨的这种期权的例子就是亚式期权和障碍期权。这两种期权都是路径依赖的期权——期权的价格不但取决于该资产的最终价格,而且还取决于实现该最终价格的路径。一般来讲,一个路径依赖的期权没有一个价格的解析解。蒙特卡罗为我们定价此类期权提供了一个简便的数字工具。路径依赖期权的蒙特卡罗定价取决于该基础资产的价格路径的一个模拟。

30.1.2　本章结构

第 30.2 节我们说明第一种风险中性定价原则(改变该股票收益)是如何使用蒙特卡罗来定价一个标准的看涨期权和一个看跌期权的。随后我们说明使用第二种风险中性定价原则是如何来对亚式期权和障碍期权定价的。

为了让本章节更独立,我们对状态价格和风险中性进行了简述(第 30.3 节)。然后,在第 30.4 节中我们说明使用一个蒙特卡罗算法是如何定价一个普通期权的。因为普通期权——行话,仅是指在一个价格过程为对数正态分布的股票上的欧式看涨期权和看跌期权——是使用布莱克—斯科尔斯公式来精确定价的,这个操作允许我们基于已知的结果来检验我们的定价方法,也让我们对更为复杂期权的蒙特卡罗模拟定价有一个直观的认识。

30.2　用蒙特卡罗模型对普通看涨期权定价

在这一节中我们使用蒙特卡罗方法对标准的欧式看涨期权进行定价。我们采用在第 30.1 节中讨论过的风险中性的第一层含义,转换该股票上的收益以便该股票的期望收益是无风险利率,然后以该风险利率来折现该期望期权收益。

使用蒙特卡罗方法这样的复杂模型去定价欧式看涨期权和看跌期权可能被视为是极大的时间浪费——因为布莱克—斯科尔斯公式(第 17 章)对欧式看涨期权和看跌期权给出了一个完美的定价解。然而,正如第 25 章讨论过的有关估计 π 值的例子,这个使用蒙特卡罗方法定价普通看涨期权的练习可让我们能更深入地了解蒙特卡罗方法的应用。

30.2.1　处理过程

考虑一个具有如下参数的股票上的看涨期权。这个期权可以使用布莱克—斯科尔斯公式定价。我们将说明使用蒙特卡罗方法,转换该收益的我们的第一个风险中性过程是如何定价的。

	A	B	C
1	布莱克-斯科尔斯看涨期权定价		
2	S_0	50	
3	X	44	
4	T	1	
5	r	5%	
6	标准差	15%	
7			
8	布莱克-斯科尔斯看涨期权定价	8.5417	<-- =BSCall(B2,B3,B4,B5,B6)

我们现在模拟该期权定价的过程如下：

步骤 1：我们模拟在时间 T 的一系列股票价格。该股票价格具有均值为 r，标准差为 σ 的对数正态分布的性质。为了实施，我们假设该股票价格的均值为 $r-\sigma^2/2$，标准差为 σ。

步骤 2：对这些股票价格我们计算我们的期权的最终收益：$\max(S_T - X, 0)$。

步骤 3：我们计算收益折现的平均值，$\exp[-r \cdot T] \cdot Average[\max(S_T - X, 0)]$。这个应该与布莱克—斯科尔斯定价是相同的（至少是近似的）。

30.2.2 为什么我们假设该股票的平均收益为 $r-\sigma^2/2$

假设该股票价格是正态分布的，均值为 r，标准差为 σ。我们在第 26 章讨论过，这意味着该股票价格的期望值为 $S_0\exp[(\mu+\sigma^2/2)t]$。在我们给出的第一层风险中性含义中，我们想转换该收益分布以便该期望价格的均值为 r。为此我们用 $r-\sigma^2/2$ 代替 μ。这保证了该的未来期望价格以 r 增长，这就是风险中性定价的基本条件：

$$S_0\exp[(\mu+\sigma^2/2)t] = S_0\exp[((r-\sigma^2/2)+\sigma^2/2)t] = S_0\exp[rt]$$

30.2.3 步骤 1：生成价格数据

在清楚了理论问题之后，我们返回到我们的计算。我们首先生成 1,000 个未来股票价格。每个价格是使用下列公式生成的：

$$S_r = S_0 \cdot \exp\left[\left(r - \frac{\sigma^2}{2}\right) \cdot T + \sigma \cdot \sqrt{T} \cdot Z\right]$$

这里的 Z 是标准正态分布离差，正如第 26 章讨论的，其产生是使用 Excel 函数 Norm.S.Inv(Rand())，下面是一些样本数据：

	A	B	C	D	E	F	G	H	I
1	模拟风险中性股票价格 最终股票价格S_T在D列，标准差为σ，期望收益为r								
2				模拟时间T的股票价格				股票价格	
3	S_0	50		49.4182	<-- =$B$3*EXP(($B$6-		计数	1,000	<-- =COUNT(D:D)
4	X	44		54.6164	$B$7^2/2)*$B$5+$B$7*SQRT(		最大值	83.0295	<-- =MAX(D:D)
5	T	1		65.1846	$B$5)*NORM.S.INV(RAND()))		最小值	33.6316	<-- =MIN(D:D)
6	r	5%		48.0399			均值	53.0698	<-- =AVERAGE(D:D)
7	标准差	15%		47.6433			标准差	7.8938	<-- =STDEV.S(D:D)
8				36.8110					
9	布莱克-斯科尔斯看涨期权价格	8.5417	<--	44.2195			数据的统计量		
10			=BSCall(B3,B4,	55.2494			收益	5.96%	<-- =LN(H6/B3)
11			B5,B6,B7)	46.5721			收益的标准差	14.87%	<-- =H7/H6
12				48.1864					
13				53.5023			理论的统计量		
14				60.3219			收益	5.13%	<-- =EXP(B6*B5)-1
15				48.9255			收益的标准差	15.00%	<-- =B7
16				42.9597					

30.2.4　步骤 2 和步骤 3

我们现在使用样本数据去计算我们的期权收益。下面我们对每个模拟的股票价格（E列）计算该看涨期权的收益，在单元格 B10 中我们计算这些收益 $\exp[-r \cdot T] \cdot Average[\max(S_T - X, 0)]$ 平均值的折现值（用无风险利率）。正如我们预测的，该折现的平均值与布莱克—斯科尔斯价格接近。

	A	B	C	D	E	F
1	用模拟的风险中性价格对看涨期权定价 1000 个模拟 (D,E列)					
2				模拟时间T的股票价格	模拟看涨期权收益	
3	S_0	50		49.0247	5.0247	<-- =MAX(D3-$B$4,0)
4	X	44		42.3425	0.0000	<-- =MAX(D4-$B$4,0)
5	T	1		49.6567	5.6567	<-- =MAX(D5-$B$4,0)
6	r	5%		61.5065	17.5065	
7	标准差	15%		46.9570	2.9570	
8				52.7875	8.7875	
9		看涨期权估值		52.5698	8.5698	
10	平均收益的折现值	8.7613	<-- =EXP(-B6*B5)*AVERAGE(E:E)	66.2034	22.2034	
11	布莱克-斯科尔斯看涨期权定价	8.5417	<-- =BSCall(B3,B4,B5,B6,B7)	68.8745	24.8745	
12				53.8440	9.8440	

对看跌期权也进行同样的处理：

	A	B	C	D	E	F
1	用模拟的风险中性价格对看跌期权定价 1000 个模拟 (D,E列)					
2				模拟时间T的股票价格	模拟看涨期权收益	
3	S_0	50		49.7382	0.0000	<-- =MAX($B$4-D3,0)
4	X	44		57.5617	0.0000	<-- =MAX($B$4-D4,0)
5	T	1		47.0749	0.0000	<-- =MAX($B$4-D5,0)
6	r	5%		59.6689	0.0000	
7	标准差	15%		56.4067	0.0000	
8				56.3299	0.0000	
9		看跌期权估值		59.8304	0.0000	
10	平均收益的折现值	0.3812	<-- =EXP(-B6*B5)*AVERAGE(E:E)	61.5618	0.0000	
11	布莱克-斯科尔斯看跌期权定价	0.3958	<-- =bsput(B3,B4,B5,B6,B7)	50.9620	0.0000	
12				65.2921	0.0000	

30.2.5 数字期权

为了展示此方法的强大,假设我们想给其支付是最终股票价格的第二个数字的一个证券定价。例如:如果 $S_T = 43.5323$,我们的"数字证券"支付是 3;如果 $S_T = 50.5323$,则该支付为0(为什么会有人想买这样的证券是另外的一个问题)。

下面电子表显示,使用本节介绍的蒙特卡罗方法这种证券可以很容易地被定价。我们模拟1,000 个股票价格并使用 Excel 函数中的 Int(Mod(ST,10)) 去确定该最终股票价格的第二个数字:

	A	B	C	D	E	F
1	最终股票价格第二个数字的衍生支付					
2				模拟时间T的股票价格	模拟看涨期权收益	
3	S_0	50		37.5339	7.0000	<-- =INT(MOD(D3,10))
4	X	44		42.6197	2.0000	<-- =INT(MOD(D4,10))
5	T	1		51.9369	1.0000	<-- =INT(MOD(D5,10))
6	r	5%		50.4010	0.0000	
7	标准差	15%		48.4665	8.0000	
8				54.2537	4.0000	
9	数字期权估值			51.4870	1.0000	
10	平均收益折现	4.2149	<-- =EXP(-B6*B5)*AVERAGE(E:E)	59.6895	9.0000	
11				70.9559	0.0000	

30.3 状态价格、概率与风险中性

在本章剩下的内容中我们使用在第 30.1 节中讨论过的风险中性的第二层含义:在一个二项式模型的框架中,我们计算风险中性的状态概率,然后用于计算该衍生证券的期望收益。我们聚焦于障碍期权和亚式期权定价,但原则是普适的并能用于大多数的衍生证券。

在这一节,我们首先简述一下在第 16 章中讨论过的有关状态价格和风险中性价格的一些基本事实。假设我们具有股票价格为 S 的二项式框架,它每时期以 U 或 D 增长。假设利率是 R。[1] 风险中性是状态价格的每一组的一个性质:给出状态价格 $\left\{ q_U = \dfrac{R-D}{R(U-D)}, \; q_D = \dfrac{U-R}{R(U-D)} \right\}$,该风险中性概率通过 $\{\pi_U = Rq_U, \; \pi_D = Rq_D\}$ 被定义。风险中性概率通过对该资产收益期望值折现可被用来定价资产。[2] 具有在各自状态 U 和 D 中 $\{Payoff_U, Payoff_D\}$ 的一时期之后收益一项资产具有的今天价值为:

$$\text{资产今天的价值} = q_U Payoff_U + q_D Payoff_D = \underbrace{\frac{\pi_U Payoff_U + \pi_D Payoff_D}{R}}_{\substack{\text{风险中性期望收益(风险中性概}\\ \text{率计算期望)在无风险利率上的}\\ \text{折现}}}$$

---

① 严格地说,U、D 和 R 是 1+增长率和 1+利率。为了语言上的简洁,我们使用"向上增长"、"向下增长"和"利率"的方式,尽管我们的意思可能略有不同。

② 正如第 16 章中所讨论的,风险中性概率不是该状态出现的实际概率。他们实际上是来自状态价格的"伪概率"。

$\{Payoff_U, Payoff_D\}$ 通常是基础资产价格的函数。对于一个普通看涨期权,例如, $\{Payoff_U = \max(S \cdot U - X, 0), Payoff_D = \max(S \cdot D - X, 0)\}$。

我们可以将该风险中性定价方案扩展到多时期的框架中去。考虑一个多时期二项式设置,这里 U 和 D 不随时间变化,并且用 $Payoff_{n,j}$, $j = 0, 1, \cdots, n$ 表示时期 n 的状态收益。这里的符号 $Payoff_{n,j}$ 表示在一个状态上该资产的在时期 n 的收益,而这里的 j 表示在二项式树中是向上变化的;对在一个二项式框架中的一个看涨期权 $Payoff_{n,j} = \max(S \cdot U^j D^{n-j} - X, 0)$。那么该资产的价值为:

$$资产今天的价值 = \sum_{j=0}^{n} \binom{n}{j} q_U^j q_D^{n-j} Payoff_{n,j} = \underbrace{\frac{1}{R^n} \sum_{j=0}^{n} \binom{n}{j} \pi_U^j \pi_D^{n-j} Payoff_{n,j}}_{风险中性期望折现值}$$

这一特别的符号是假设该树可重新组合。换句话说,它假设,n 期收益是路径独立——期权收益仅是最终股票价格的一个函数并且这个价格的实现不取决于该路径(见下图)。本章稍后我们将回到这个主题。

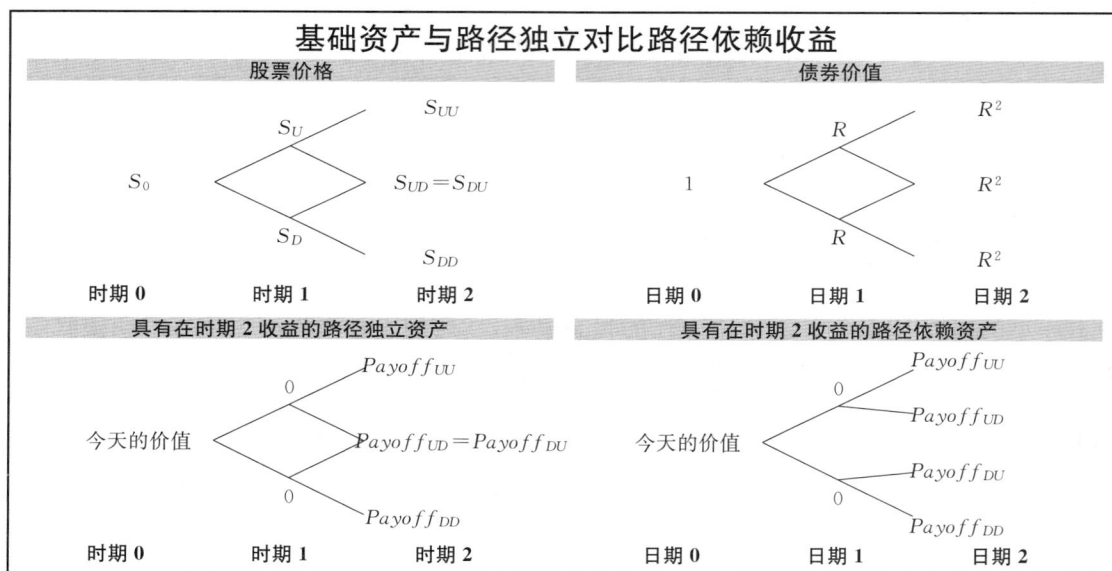

基础资产与路径独立对比路径依赖收益

30.4 使用二项式蒙特卡罗模型定价一个看涨期权

我们从一个荒谬的简单例子开始。在一个两时期的环境中我们使用蒙特卡罗去定价一个欧式看涨期权,其中股票价格在每一期或涨或跌。在下面的电子表中,我们使用蒙特卡罗方法去定价在当前价格为 $S_0 = 50$ 的一个股票上的平价期权。有两个时期,并且在每个时期里,股票价格上涨 1.4 或下跌 0.9;利率 $R = 1.05$。给出上涨和下跌,该股票价格树如下图所示。

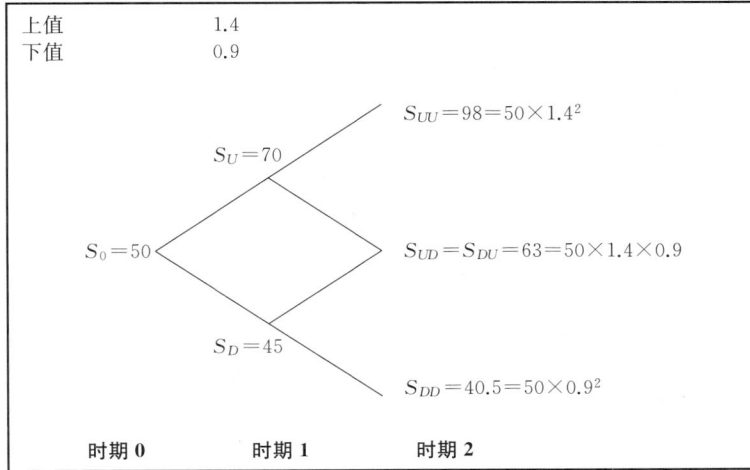

下面的电子表说明了两种随机价格路径以及和它们的定价：

	A	B	C	D
1	**简单模拟：** **在一个两时期模型中的两个路径**			
2	初始股票价格	50		
3	X	50		
4				
5	上涨	1.4		
6	下跌	0.9		
7	R	1.05		
8				
9	状态价格			
10	q_u	0.2857		<-- =(B7-B6)/(B7*(B5-B6))
11	q_d	0.6667		<-- =(B5-B7)/(B7*(B5-B6))
12				
13	风险中性概率			
14	π_u	0.3000		<-- =B10*$B$7
15	π_d	0.7000		<-- =B11*$B$7
16				
17	随机路径和蒙特卡罗价格			
18	时期一，上涨 (1) or 下跌(0)?	0	0	<-- =IF(RAND()>$B$15,1,0)
19	时期二，上涨 (1) or 下跌(0)?	0	0	<-- =IF(RAND()>$B$15,1,0)
20				
21	总共上涨	0	0	<-- =SUM(C18:C19)
22	最终股价	40.5	40.5	<-- =$B$2*Up^C21*Down^(2-C21)
23	期权回报		0	<-- =MAX(C22-$B$3,0)
24				
25	收益折现均值	0.0000		<-- =AVERAGE(23:23)/R_^2
26				
27	用状态价格计算实际期权价格			
28	收益			
29	上	48		<-- =MAX(B2*Up^2-B3,0)
30	中	13		<-- =MAX(B2*Up*Down-B3,0)
31	下	0		<-- =MAX(B2*Down^2-B3,0)
32	实际期权价格	8.8707		<-- =q_up^2*B29+2*q_up*q_down*B30+q_down^2*B31

该状态价格和风险中性概率计算在单元格 B10：B11 和 B14：B15 中。单元格 B18：B19 和 C18：C19 显示了两种随机价格路径。在每一个时期，我们都使用了由函数 Rand 生成的随机数。如果 Rand() ＞ π_D，那么该股票价格上涨。如果 Rand() ≤ π_D，那么该股票价格下跌。

● 在第一个价格路径中(单元格 B18:B19),该股票价格在两个时期都下跌。最终股票价格为 40.5 并且该期权的收益为 0(单元格 B23)。

● 在第二个价格路径中(单元格 C18:C19),该股票价格在时期 1 上涨,在时期 2 下跌。最终股票价格为 63 并且该期权的收益是 13(单元格 C23)。

如果只有两个随机价格路径,那么蒙特卡罗期权价格是该折现的平均值为 5.8957(单元格 B25)。注意我们还使用状态价格计算了实际看涨期权的价格;单元格 B32 中显示了该价格为 8.8797。

在蒙特卡罗这两个的风险中性概率

注意风险中性概率在蒙特卡罗模拟中的作用:价格路径不是由实际概率确定的,而是由风险中性概率 π_U 和 π_D 决定的。在蒙特卡罗定价中实际概率没有作用。

扩展到两时期模型

当然你不能仅使用两个价格路径来进行蒙特卡罗模拟。在下面的电子表中,我们把价格路径扩展到电子表中的所有列。Excel 宽度为 256 列,这意味着单元格 B25 中的计算结果是 255 个模拟价格路径的期权价值的平均值。

	A	B	C	D	E	F	G	H	I
1	简单模拟:两时期模型 列数就是价格路径数 按F9来运行该模拟并改变单元格 **B25** 的值 这个值应该与单元格 **B32** 中的实际期权价格作比较								
2	初始股票价格	50							
3	X	50							
4									
5	上涨	1.4							
6	下跌	0.9							
7	R	1.05							
8									
9	状态价格								
10	q_u	0.2857	<-- =(B7-B6)/(B7*(B5-B6))						
11	q_d	0.6667	<-- =(B5-B7)/(B7*(B5-B6))						
12									
13	风险中性概率								
14	π_u	0.3000	<-- =B10*$B$7						
15	π_d	0.7000	<-- =B11*$B$7						
16									
17	随机路径和蒙特卡罗价格								
18	时期一,上涨 (1) or 下跌(0)?	0	0	1	0	0	1	0	0
19	时期二,上涨 (1) or 下跌(0)?	0	0	1	0	0	0	0	0
20									
21	总共上涨	0	0	2	0	0	1	0	0
22	最终股价	40.5	40.5	98	40.5	40.5	63	40.5	40.5
23	期权回报	0	0	48	0	0	13	0	0
24									
25	收益折现均值	8.7822	<-- =AVERAGE(23:23)/$B$7^2						
26									
27	用状态价格计算实际期权价格								
28	收益								
29	上	48	<-- =MAX(B2*B5^2-B3,0)						
30	中	13	<-- =MAX(B2*B5*B6-B3,0)						
31	下	0	<-- =MAX(B2*B6^2-B3,0)						
32	实际期权价格	8.8707	<-- =B10^2*B29+2*B10*B11*B30+B11^2*B31						

该折现收益平均值(单元格 B25)为 8.7502。这个值是随机的,意味着我们每按一次 F9 产生一组新随机路径时它都会变化。蒙特卡罗方法意味着对更多的路径我们将收敛于 8.8707 的实际价值。在下一节我们将说明蒙特卡罗方法最终会收敛到这个价格。

30.5　蒙特卡罗普通看涨期权定价收敛于布莱克—斯科尔斯模型

既然我们理解了该原则,我们进一步扩展我们的逻辑。我们编写一个 VBA 程序。该程序在收敛于布莱克—斯科尔斯定价的条件下使用蒙特卡罗方法定价一个普通看涨期权。

我们的基本计划如下:我们定价一个当前价格为 S_0 的一个股票上的欧式看涨期权。该期权的执行价格为 X,该期权到期时间为 T。我们假设该股票价格服从对数正态分布,其均值为 μ,标准差为 σ。

为使用蒙特卡罗定价该看涨期权:

- 我们将单位时间分成 n 等分。因此,$\Delta t = 1/n$。
- 对于每一个 Δt,我们定义上涨 $\Delta t = \exp[\mu \Delta t + \sigma \sqrt{\Delta t}]$,下跌 $\Delta t = \exp[\mu \Delta t - \sigma \sqrt{\Delta t}]$。在间隔 Δt 上的利率为 $R_\Delta = \exp[r \Delta t]$。
- 这意味着该状态价格和风险中性概率为:

$$q_u = \frac{R_\Delta - 下跌_\Delta}{R_\Delta(上涨_\Delta - 下跌_\Delta)}, \ q_d = \frac{上涨_\Delta - R_\Delta}{R_\Delta(上涨_\Delta - 下跌_\Delta)}$$

$$\pi_u = \frac{R_\Delta - 下跌_\Delta}{上涨_\Delta - 下跌_\Delta}, \ \pi_d = \frac{上涨_\Delta - R_\Delta}{上涨_\Delta - 下跌_\Delta} = 1 - \pi_u$$

- 由于该期权的到期时间为 T,对 T 的价格路径需要 $m = T/\Delta t$ 期。长度 m 的一个价格路径是由确定该股票上涨或下跌所创建的,如同 0 和 1 之间的一个随机数的函数和该风险中性概率 π_d。如第 30.3 节中的一个例子所讨论的,如果该随机数大于 π_d,股票价格则上涨运动;反之则下跌。

30.5.1　一个 VBA 程序

下面的 VBA 程序定义为一个函数 VanillaCall。该函数需要输入上面提及的变量。变量 Runs 是创建的随机价格路径的个数;这些路径被平均后可确定该看涨期权的蒙特卡罗价值。

```
Function VanillaCall(S0, Exercise, Mean, Sigma, Interest, _
    Time, Divisions, Runs)
deltat = 1/ Divisions
interestdelta = Exp(Interest * deltat)


up = Exp(Mean * deltat + Sigma * Sqr(deltat))
```

```
down = Exp(Mean * deltat - Sigma * Sqr(deltat))


pathlength = Int(Time/ deltat)


'Risk - neutral probabilities
piup = (interestdelta - down)/ (up - down)
pidown = 1 - piup


Temp = 0


For Index = 1 To Runs
Upcounter = 0
    'Generate terminal price
    For j = 1 To pathlength
    If Rnd > pidown Then Upcounter = Upcounter + 1
    Next j
callvalue = Application.Max(S0 * (up^Upcounter) * _
    (down^(pathlength - Upcounter)) - Exercise, 0) _
    / (interestdelta^pathlength)
    Temp = Temp +callvalue
Next Index


VanillaCall = Temp/ Runs
End Function
```

上涨数是存储在名为 Upcounter 的计数器中并且对每次 Run 该看涨期权的价值是该看涨期权收益对一个特定最终价格 S_0 · 上涨^{上涨计数} 下跌$^{路径长度－下跌计数}$ 的折现价值，这里，pathlength＝Int(Time/deltat)是 $T/\Delta t$ 的整数部分。

```
callvalue = Application.Max(S0 * (up^Upcounter) * _
    (down^(pathlength - Upcounter)) - Exercise, 0) _
    / (interestdelta^pathlength)
```

该看涨期权的蒙特卡罗价值由 VanillaCall＝Temp/Runs 给出。

30.5.2 理解蒙特卡罗模拟的原则

作为未来的参考,我们规定蒙特卡罗模拟的原则。这些原则不仅适用于本节的普通期权,而且还适用于对本章稍后的亚式期权的处理。

- 使用风险中性概率生成价格路径。例如,在程序 VanillaCall 中,例如,如果产生的随机数生成值大于 π_D,那么该股票价格则上涨;如果产生的随机数生成值小于或等于 π_D,那么该股票价格则下跌。实际上这意味着每个价格路径的风险中性概率 $\{\pi_U = 1 - \pi_D, \pi_D\}$ 是包含在该价格路径自身中的。

- 使用蒙特卡罗定价的该期权价值是由该生成价格路径上所有结果简单平均的折现值来确定的。

30.5.3 在一个电子表中实施 MC 函数 VanlillaCall

下面的电子表显示了 VanillaCall 的实施。单元格 B14 的值是使用布莱克—斯科尔斯公式计算的期权价值;函数 BSCall 在第 19 章中定义。

	A	B	C
1	**普通看涨期权的蒙特卡罗定价**		
2	S_0, 当前股票价格	50	
3	X, 执行价格	50	
4	r, 利率	10%	
5	T, 时间	0.8	
6	μ, 平均股票收益	33%	
7	σ, 股票收益的标准差	30%	
8			
9	n, 单位时间分割	200	
10	运行	3,000	
11			
12	普通看涨期权	7.5439	<-- =vanillacall(B2,B3,B6,B7,B4,B5,B9,B10)
13			
14	布莱克—斯科尔斯看涨期权定价	7.2782	<-- =BSCall(B2,B3,B5,B4,B7)

该函数将期权到期时间 $T = 0.8$(单元格 B5)划分为 200 个子时间段(单元格 B9),因此 $\Delta_t = 1/200$。每次调用该函数,它会运行 3,000 个价格路径(单元格 B10)。该函数的一个特定的看涨期权显示生成的价值是 7.4417(单元格 B12),而布莱克—斯科尔斯看涨期权价值——使用第 19 章定义的函数 BSCall 计算——是 7.2782(单元格 B14)。

这个 MC 程序好在哪里? 一种检验的办法就是多次运行。在下面的电子表中,该函数 VanillaCall 我们已经运行了 40 次。

	A	B	C	D	E
1		多次运行蒙特卡罗函数			
2	S_0, 当前股票价格	50			
3	X, 执行价格	50			
4	r, 利率	10%			
5	T, 时间	0.8			
6	μ, 股票收益的均值	33%			
7	σ, 股票收益的标准差	30%			
8					
9	n, 单位时间分割	100			
10	运行	3,000			
11					
12	基本看涨期权	7.3392	<-- =vanillacall(B2,B3,B6,B7,B4,B5,B9,B10)		
13					
14	布莱克-斯科尔斯看涨期权定价	7.2782	<-- =BSCall(B2,B3,B5,B4,B7)		
15					
16		多次运行该函数			
17		7.1545	7.2016	7.5080	7.4001	<--
18		7.3754	7.6549	7.2232	7.4039	=vanillacall(B2,B3,B6,
19		7.1461	7.4989	7.0788	7.3650	B7,B4,B5,B9,B10)
20		7.4630	7.0997	7.2725	7.2978	
21		7.4002	7.4390	7.2183	7.2281	
22		7.1743	7.5997	7.3131	7.5674	
23		7.5321	7.0905	6.9732	7.0615	
24		7.3449	7.2596	7.1319	7.5062	
25		7.4162	7.5282	7.1904	7.2159	
26		7.2269	7.2139	7.4417	7.4786	
27					
28		7.3174	<-- =AVERAGE(A17:D26)		
29		0.1686	<-- =STDEV.S(A17:D26)		

该平均值(单元格B28)有一个相对低的标准差(单元格B29)。蒙特卡罗程序工作得非常完美。

30.5.4 提高 MC 程序的效率

蒙特卡罗程序本质上是非常耗时的——你必须运行很多次才能得到一个合理真实值的近似。因此,在使一个程序更有效方面还有许多路要走。继续我们的 VanillaCall 例子,我们介绍一个获得如此效率的例子。

假设在 j 个随机数之后该看涨期权将在实值状态,该随机价格如此则是不可能的。使用 $Upcounter(j)$ 表示 j 次随机抛硬币后的上涨次数。如果 S_0 上涨 $^{Upcounter(j)+(n-j)}$ 下跌 $^{j-Upcounter(j)} <$ X,那么该看涨期权价格不可能在 n 个随机数后处于实值状态。该公式假设所有剩余的随机数(有 $n-j$ 个的数字)将会给出一个上涨的股票价格运动。

在这种情况下,在 j 之后我们应当停止选择随机数并且让该看涨期权价值为零。下面的 VBA 程序实施了该逻辑:

```
Function BetterVanillaCall(S0, Exercise, Mean, Sigma, _
    Interest, Time, Divisions, Runs)
deltat = Time / Divisions
interestdelta = Exp(Interest * deltat)

up = Exp(Mean * deltat + Sigma * Sqr(deltat))
down = Exp(Mean * deltat - Sigma * Sqr(deltat))

pathlength = Int(Time / deltat)

'Risk - neutral probabilities
piup = (interestdelta - down) / (up - down)
pidown = 1 - piup

Temp = 0
```

```
For Index = 1 To Runs
Upcounter = 0
    'Generate terminal price
    For j = 1 To pathlength
If Rnd > pidown Then Upcounter = Upcounter + 1
        If S0 * up^(Upcounter + n - j) * _
down^(j - Upcounter) < X Then GoTo Compute
    Next j
Compute:
callvalue = Application.Max(S0 * (up^Upcounter) * _
    (down^(pathlength - Upcounter)) _
    - Exercise, 0) / (interestdelta^pathlength)
    Temp = Temp + callvalue
Next Index

BetterVanillaCall = Temp / Runs
End Function
```

程序代码中选中部分显示该变动。这些行称为 Compute 简单地计算了该 Callvalue。下面的电子表显示该实施：

	A	B	C
1	**普通期权的模特卡罗定价** **BetterVanillaCall: 一个更有效的函数: 如果，j 个随机数产生 k 个上涨运动，S_0*上涨$^{(k+n-j)}$*下跌$^{(j-k)}$<X, 那么我们放弃该随机价格路径并且使该看涨期权价值=0**		
2	S_0 ,当前股价	50	
3	X, 执行价格	45	
4	r, 利率	6%	
5	T, 时间	0.8	
6	μ, 股票收益的平均值	12%	
7	σ, 股票收益的标准差	30%	
8			
9	n, 单位时间分割	100	
10	运行	2,000	
11			
12	普通看涨期权	9.2237	<-- =bettervanillacall(B2,B3,B6,B7,B4,B5,B9,B10)
13			
14	布莱克-斯科尔斯看涨期权定价	9.2931	<-- =BSCall(B2,B3,B5,B4,B7)

30.5.5 从这里我们走向何方

现在我们理解了蒙特卡罗技术以及它在 VBA 中的实施，我们可以朝两个方向拓展我们的例子。在下一节我们讨论亚式期权的定价——在这些期权中，该期权的最终收益取决于该路径上的平均价格。在第 30.8 节我们讨论障碍期权的定价。

30.6 定价亚式期权

亚式期权是一种收益在某种程度上取决于在期权到期日前一段时间内的资产平均价格的期权。[①]亚式期权有时被称为"平均价格期权"。常见的亚式期权有两类：

● 第一类亚式期权，其收益是基于基础资产的平均价格和协议价格之差：max[基础资产平均价格－协议价格，0]。下图中在 NYMEX 交易市场上交易的原油合约和伦敦金属交易市场的交易平均期权价格（TAPO）就是这种期权。

● 第二类亚式期权，其执行价格是期权到期日之前的一段时期内基础资产的平均价格：max[终期基础资产价格－平均基础资产价格，0]。平均协议价格在电力市场中是常见的。它们主要支持风险与基础资产的平均价格相关联的套期保值者。

当该使用者在这段时间内卖出该基础资产和因此披露该平均价格，以及在基础资产上存在价格操纵风险时，亚式期权特别有用。亚式期权减轻了操纵的影响，因为它不基于单一价格，而是一组价格。

All CME Group exchange Web sites are available: cmegroup.com and nymex.com

| Home | About the Exchange | News | Markets | Education | Visitors | Resources | Shareholder Relations |

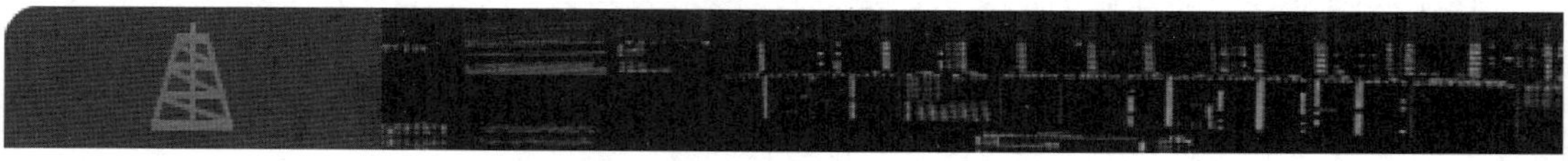

Crude Oil Average Price Options

| Physical | Financial | E-mini Futures | Options | CME ClearPort |

市场信息	轻质原油期权平均价格
当前状态概要	**类型**
当前状态看涨期权	在到期日以现金结算的亚式期权合约
当前状态看跌期权	**交易单位**
先前状态看涨期权	
先前状态看跌期权	看涨期权合约交易价值是上一个月的结算价格和交易价格乘以 1,000 桶之间的差值与 0 中相对较大的数。其中，结算价格位于纽约期货交易所西德克萨斯分部（NYMEX Division West Texas）即期原油日历掉期期货合约的日历月之上。看跌期权合约到期交易价值是交易价格与上一个月平均结算价格乘以 1,000 桶的差值与 0 之间的较大数。其中，结算价格位于基础 WTI 缘由日历掉期期货合约的日历月之上。
合约明细	
规范	
到期	
进度表	
信息请求	

注：http://www.nymex.com/AO_spec.aspx。

[①] 见 http://www.riskglossary.asian_option.htm 和 http://www.global-derivatives.com/options/asian-options.php 上一些定义和文献讨论，在本书的参考文献中也给出了一些相关文章。

Copper

铜

没有铜我们会在哪里？理论上来说可能还处于石器时代。因为我们不可能有青铜时代。铜是第一种人类从大地中采掘出来的矿产，用来制作器皿、武器和工具。铜在早期的时候就无法估价。

伦敦金属交易所(LME)期权加以平均价格明细	
合同日期	合同的成交的交易日
合同期限	日历月至远期 15、27 或 63 个月(与标的期货合同一致)，包含成交月第一个交易日和最后一个交易日的所有日期
期权类型	基于每月平均结算价格(MASP)的看涨期权 & 看跌期权
货币 & 交易价格	美元：1 美元等级
溢价最小报价单位	0.01 美元(1 美分)
溢价支付	期权成交后交易日
结算日期	结算在执行的两个交易日之后 远期交易结算遵循伦敦金属交易所(LME)的规章制度

注：http://www.basemetals.com/html/cuinfo.htm。

亚式期权的一个初步例子

我们开始考虑一个股票上的亚式期权，每个时期它的价格要么上升 40%，要么减少 20%。我们观察 5 天，从第 0 天开始：

	A	B	C	D	E	F	G	H	I	J
1					亚式期权定价					
2	初始股票价格	30								
3	上涨	1.4								
4	下跌	0.8								
5	R, 1+利率	1.08								
6	执行价格	50								
7										
8	状态价格									
9	q_u	0.4321	<-- =(B5-B4)/(B5*(B3-B4))							
10	q_d	0.4938	<-- =(B3-B5)/(B5*(B3-B4))							
11										
12	风险中性概率									
13	π_u	0.4667	<-- =B9*$B$5							
14	π_d	0.5333	<-- =B10*$B$5							
15										
16										
17									115.25	<-- =G18*B3
18	股票价格						82.32			
19					58.80				65.86	<-- =G18*B4
20			42.00				47.04		37.63	<-- =G20*B4
21		30.00			33.60					
22			24.00				26.88		21.50	<-- =G22*B4
23					19.20					
24							15.36		12.29	<-- =G24*B4
25										
26										
27									1.3605	<-- =G29*$B$5
28										
29			债券价格				1.2597			
30					1.1664				1.3605	<-- =G31*$B$5
31			1.0800				1.2597			
32		1.0000			1.1664				1.3605	
33			1.0800				1.2597			
34					1.1664				1.3605	
35							1.2597			
36									1.3605	

为了计算该期权的价值，我们先计算每一条价格路径。有 16 条这样的价格路径。下面的电子表显示了每一条路径、路径上的平均股票价格、该期权的收益，以及该路径的风险中性收益：

在单元格中的公式 O16: =$B$11^4
在单元格中的公式 O18: =$B$11^3*$B$12
在单元格中的公式 M16 =AVERAGE(G16:K16)
在单元格中的公式 N16 =MAX(M16-$B$6,0...)

通过定价所有路径来定价一个亚式期权

路径	时期1	时期2	时期3	时期4	时期0	时期1	时期2	时期3	时期4	平均股票价格	期权收益	路径风险中性概率
初始股票价格 30												
上涨 1.40												
下跌 0.80												
利率 1.08												
期权执行价格 30												
状态价格, 上涨: qU 0.4321 <-- =(B5-B4)/(B5*(B3-B4))												
状态价格, 下跌: qD 0.4938 <-- =(B3-B5)/(B5*(B3-B4))												
风险中性概率, 上涨 0.4667 <-- =B8*B5												
风险中性概率, 下跌 0.5333 <-- =B9*B5												
全部上涨(1条路径)	上涨	上涨	上涨	上涨	30.00	42.00	58.80	82.32	115.25	65.67	35.67	0.0474
有一个下跌(4条路径)	下跌	上涨	上涨	上涨	30.00	0.00	0.00	0.00	0.00	6.00	0.00	0.0542
	上涨	下跌	上涨	上涨	30.00	0.00	0.00	0.00	0.00	6.00	0.00	0.0542
	上涨	上涨	下跌	上涨	30.00	0.00	0.00	0.00	0.00	6.00	0.00	0.0542
	上涨	上涨	上涨	下跌	30.00					6.00	0.00	0.0542
有两个下跌(6条路径)	下跌	下跌	上涨	上涨	30.00					6.00	0.00	0.0619
	下跌	上涨	下跌	上涨	30.00					6.00	0.00	0.0619
	下跌	上涨	上涨	下跌	30.00					6.00	0.00	0.0619
	上涨	下跌	下跌	上涨	30.00					6.00	0.00	0.0619
	上涨	下跌	上涨	下跌	30.00					6.00	0.00	0.0619
	上涨	上涨	下跌	下跌	30.00					6.00	0.00	0.0619
有三个下跌(4条路径)	上涨	下跌	下跌	下跌	30.00					6.00	0.00	0.0708
	下跌	上涨	下跌	下跌	30.00					6.00	0.00	0.0708
	下跌	下跌	上涨	下跌	30.00					6.00	0.00	0.0708
	下跌	下跌	下跌	上涨	30.00					6.00	0.00	0.0708
有四个下跌 (1条路径)	下跌	下跌	下跌	下跌	30.00					6.00	0.00	0.0809
期权价值											1.2436	

在单元格中的公式 N37 =SUMPRODUCT(N16:N35,O16:O35)/B5^4

该路径是由该股票上涨和下跌运动的次数与顺序来确定的。我们以选中的两条价格路径为例：

● 沿着该路径{上涨,下跌,上涨,上涨}最终股票价格为 65.856,平均价格为 43.699,期权收益为 13.699,使用风险中性价格计算的折现期望价值为 0.546：

路径定价例子: {上涨, 下跌, 上涨, 上涨}

A	B	C
初始股票价格	30	
上涨	1.40	
下跌	0.80	
利率	1.08	
期权执行价格	30	
状态价格, 上涨: qU	0.4321	<-- =(B5-B4)/(B5*(B3-B4))
状态价格, 下跌, qD	0.4938	<-- =(B3-B5)/(B5*(B3-B4))
风险中性概率, 上涨	0.4667	<-- =B8*B5
风险中性概率, 下跌	0.5333	<-- =B9*B5
日期	期初股票价格	价格运动: 上涨或下跌
0	30.000	
1	42.000	Up
2	33.600	Down
3	47.040	Up
4	65.856	Up
路径上的平均价格	43.699	<-- =AVERAGE(B15:B19)
路径末期权收益	13.699	<-- =MAX(B20-$B$6,0)
路径风险中性价格	0.0542	<-- =B11^COUNTIF(C16:C19,"Up")*B12^COUNTIF(C16:C19,"Down")
路径价值: 收益 * 风险中性价格 * 折现因素	0.546	<-- =B21*B22/B5^4

沿着路径的平均股票价格是 43.699,因此该期权收益 max[43.699 − 30 , 0]＝13.699。

● 沿着路径{上涨,上涨,下跌,上涨}最终股票价格与先前相同为 65.856。然而,平均价格、期权收益和价值却是不同的:

	A	B	C
1	路径定价例子:{上涨,上涨,下跌,上涨}		
2	初始股票价格	30	
3	上涨	1.40	
4	下跌	0.80	
5	利率	1.08	
6	期权执行价格	30	
7			
8	状态价格,上涨: q_U	0.4321	<-- =(B5-B4)/(B5*(B3-B4))
9	状态价格,下跌: q_D	0.4938	<-- =(B3-B5)/(B5*(B3-B4))
10			
11	风险中性概率,上涨	0.4667	<-- =B8*B5
12	风险中性概率,下跌	0.5333	<-- =B9*B5
13			
14	日期	期初 股票价格	价格运动:上涨或下跌
15	0	30.000	
16	1	42.000	Up
17	2	58.800	Up
18	3	47.040	Down
19	4	65.856	Up
20	路径上的平均价格	48.739	<-- =AVERAGE(B15:B19)
21	路径末期权收益	18.739	<-- =MAX(B20-$B$6,0)
22	路径风险中性价格	0.0542	<-- =B11^COUNTIF(C16:C19,"Up")*B12^COUNTIF(C16:C19,"Down")
23	路径价值: 收益 * 风险中性价格 * 折现因素	0.747	<-- =B21*B22/B5^4

这两条价格路径解释了亚式期权的路径独立:两条路径——都从 30 的初始股票价格开始且在 65.856 结束——有不同的期权收益,因为沿着路径上的平均股票价格是不同的。

这个我们还没有得出结论例子,也说明了亚式期权定价的困难:每一条路径都要涉及 16 条独立的路径。这个事实区分了亚式期权和普通期权("普通香草",期权定价者的行话);对于我们这里考虑的特定例子来说,一个普通期权只需要处理 5 个期末价格。

为定价亚式期权,我们将风险中性概率附在每一条价格路径上:

	M	N	O	P
15	平均 股票价格	期权 收益	路径 风险中性 概率	
16	65.67	35.67	0.0474	<-- =$B$11^4
17				
18	6.00	0.00	0.0542	<-- =$B$11^3*$B$12
19	6.00	0.00	0.0542	
20	6.00	0.00	0.0542	
21	6.00	0.00	0.0542	
22				
23	6.00	0.00	0.0619	<-- =$B$11^2*$B$12^2
24	6.00	0.00	0.0619	
25	6.00	0.00	0.0619	
26	6.00	0.00	0.0619	
27	6.00	0.00	0.0619	
28	6.00	0.00	0.0619	
29				
30	6.00	0.00	0.0708	<-- =$B$11*$B$12^3
31	6.00	0.00	0.0708	
32	6.00	0.00	0.0708	
33	6.00	0.00	0.0708	
34				
35	6.00	0.00	0.0809	<-- =$B$12^4
36				
37	期权价值	1.2436		

该期权价格是期望收益价值折现,这里的期望由风险中性概率计算的:

$$\frac{\sum_{\text{所有的路径}} \pi_{\text{路径}} \times \text{路径上的期权现金流}}{R^n} = 5.3756$$

风险中性概率——再次

我们重复先前关于风险中性概率作用的评论:每一条路径通过它的折现风险概率来定价,它是上涨、下跌和 R 的一个函数。与实际的状态概率没有联系。

30.7 使用 VBA 程序定价亚式期权

前一节的电子表格的例子解释了期权的蒙特卡罗定价原则和直接在电子表中定价期权的问题。对于 4 时期,我们需要计算 $2^4 = 16$ 条路径。对一个更普遍的 n 期问题,需要计算 2^n 条路径;即使对高性能计算机来说,该数据快速变大也会成为问题。为了准确地定价该期权,你将需要成百上千次的模拟。直接在电子表中做该模拟是非常困难的。显然,有效的方法是写一些 VBA 代码来自动处理,它允许我们运行任意大次数的模拟。

本节我们编写 VBA 代码来运行亚式期权定价的蒙特卡罗模拟。通过模拟基础股票价格一系列的上涨和下跌运动,我们产生价格路径;上涨或下跌的概率由风险中性概率确定——从这个意义上来说,我们的亚式期权蒙特卡罗模拟是与第 23.4 节介绍的一般期权模拟是类似的。对于生成的每一个价格路径,我们计算该期权收益,并且在生成大量的价格路径后,我们通过折现和平均这些收益来计算该期权的价格。定价亚式期权的 VBA 函数 MCAsian,如下所示:

```
Function MCAsian(initial, Exercise, Up, Down, _
    Interest, Periods, Runs)
    Dim PricePath() As Double
ReDimPricePath(Periods + 1)


    'Risk-neutral probabilities
piup = (Interest - Down) / (Up - Down)
pidown = 1 - piup


    Temp = 0


    For Index = 1 To Runs
        'Generate path
        For i = 1 To Periods
PricePath(0) = initial
```

```
pathprob = 1
            If Rnd > pidown Then
PricePath(i) = PricePath(i - 1) * Up

                Else:
PricePath(i) = PricePath(i - 1) * _
                Down
            End If
        Next i

PriceAverage = Application.Sum _
        (PricePath) / (Periods + 1)
callpayoff = Application.Max _
        (PriceAverage - Exercise, 0)
            Temp = Temp + callpayoff
Next Index
    MCAsian = (Temp / Interest^Periods) / _
/ Runs
End Function
```

这里是该函数在电子表中的实施：

	A	B	C
1	用蒙特卡罗定价亚式期权		
2	上涨	1.4	
3	下跌	0.8	
4	利率	1.08	
5	初始价格	30	
6	时期	20	
7	执行价格	30	
8	运行次数	500	
9	亚式看涨期权	10.1802	<-- =MCAsian(B5,B7,B2,B3,B4,B6,B8)

单元格 B9 中的函数是我们对该期权进行蒙特卡罗的值——即模拟的价值。电子表的任一次重新计算都会引起该函数返回并重新计算该期权价值。

我们在下面的电子表中显示一批函数的复制。A10：F17 中的每一个单元格＝MCAsian（初始价格、执行价格、上涨、下跌、利率、时期、运行），这样我们得以计算该期权价值的 48 次模拟。

	A	B	C	D	E	F	G
1			**定价亚式期权——VBA函数** **定价4时期亚式期权且每次模拟运行100次**					
2	上涨	1.4					
3	下跌	0.8					
4	利率	1.08					
5	初始价格	30					
6	时期	4					
7	执行价格	30					
8	运行次数	100					
9							
10		5.8692	6.4461	5.1464	5.6505	4.6792	5.1035 <--
11		4.4171	6.4401	6.0846	4.9338	4.7958	5.1768 =MCAsian($B$5,$B$7,$B$2,$B
12		5.4200	6.2838	5.5484	5.3594	4.6525	5.1197 $3,$B$4,$B$6,$B$8)
13		5.5810	4.5765	5.5443	4.0839	5.1231	5.7870
14		4.6382	5.0679	5.1409	5.9501	5.0768	6.8020
15		4.5762	5.5032	5.0064	4.6293	4.9966	5.1687
16		5.2329	3.4912	5.4359	5.4638	4.4962	5.2578
17		5.6917	5.2597	5.3547	4.7380	4.4946	5.9671
18							
19	MC模拟的平均值	5.2555	<-- =AVERAGE(A10:F17)				
20	真实价值	5.3756	<-- 来自30.6节				
21							
22			3.4912	<-- =MIN(A10:F17)			
23			6.8020	<-- =MAX(A10:F17)			
24			0.6275	<-- =STDEV.S(A10:F17)			

我们特意定价已知真实价值的亚式看涨期权——正如我们在第23.5节中介绍的,在4时期模型中的亚式看涨期权,参数为上涨、下跌和利率,价值为5.3756。蒙特卡罗模拟的平均值为5.2555,标准差为0.6275。

当我们增加运行次数(单元格B8),我们将通常降低我们估计的标准差(单元格B24);这个降低相当于增加了模拟的精确性。在下面的例子中,我们运行48个模拟,每个模拟运行500次:

	A	B	C	D	E	F
1			**定价亚式期权——VBA函数** **定价4时期亚式期权和每次模拟运行500次**			
2	上涨	1.4				
3	下跌	0.8				
4	利率	1.08				
5	初始价格	30				
6	时期	4				
7	执行价格	30				
8	运行次数	500				
9						
10		5.4656	5.4351	5.1207	5.9081	5.4872	6.2647
11		5.9721	4.6929	5.5505	5.8557	5.5139	4.9960
12		5.7562	5.4645	5.5244	5.3433	4.8894	5.2236
13		5.2476	5.8874	5.5022	5.3894	5.7078	5.3889
14		5.1515	4.9896	5.6965	5.3793	5.6477	5.2386
15		5.4345	5.2391	5.3566	5.7826	5.6664	5.8755
16		5.8818	5.0509	5.0234	5.6970	5.6323	5.6190
17		4.9837	4.8970	5.5763	5.3616	5.0119	5.4485
18						
19	MC模拟的平均值	5.4423	<-- =AVERAGE(A10:F17)			
20	真实价值	5.3756	<-- 来自30.6节			
21						
22		4.6929	<-- =MIN(A10:F17)			
23		6.2647	<-- =MAX(A10:F17)			
24		0.3336	<-- =STDEV.S(A10:F17)			

正如你能够看到的那样,标准差大大减少了——大约是运行 100 次的标准差的一半。[①]

多时期亚式看涨期权

在下面的电子表中我们将单位时间间隔划分为 n 个子时期。我们根据第 30.4 节的处理来定义子时间段 Δt 上的收益、状态价格和风险中性概率。其结果见下面电子表:

	A	B	C	D	E	F
1	**定价亚式期权 —— VBA函数** **每个时间间隔划分为n个区间。模拟中初始股票价格=50.00,执行价格=45.00,到期时间=0.40,单位时间间隔划分为80个子区间。** **股票价格过程平均收益=15.00%,标准差 =1.25%,利率=8.00%** **每次Monte Carlo模拟运行100次**					
2	S_0,当期股价	50				
3	X, 执行价格	45				
4	r, 利率	0.4				
5	T, 时间	8%				
6	μ, 平均股票收益	15%				
7	σ, 股票收益标准差	22%				
8						
9	n, T的子时间段数	80				
10	Delta t	0.0125	<-- =1/B9			
11						
12	1个子区间上的上涨	1.0268	<-- =EXP(B6*B10+B7*SQRT(B10))			
13	1个子区间上的下跌	0.9775	<-- =EXP(B6*B10-B7*SQRT(B10))			
14	1个子区间上的利率	1.0010	<-- =EXP(B5*B10)			
15						
16	运行次数	100				
17						
18	6.3400	5.1217	5.7862	5.6552	5.7761	5.5885
19	5.9879	5.3097	6.0461	5.7075	5.4738	5.2803
20	5.6949	5.6584	5.4554	5.6836	5.2619	5.2173
21	5.6145	6.1722	5.6804	6.1743	5.7906	6.0160
22	6.2278	6.1537	5.1731	6.7177	5.2154	5.2337
23	6.3749	5.5880	5.9080	5.6500	5.5058	5.3660
24	6.1482	5.9459	5.8167	5.3832	5.4465	5.8314
25	5.8673	5.5629	5.9399	5.6225	6.8448	5.7601
26						
27	平均值	5.7453	<-- =AVERAGE(A18:F25)			
28	最小值	5.1217	<-- =MIN(A18:F25)			
29	最大值	6.8448	<-- =MAX(A18:F25)			
30	标准差	0.3887	<-- =STDEV(A18:F25)			

单元格 A18:F25 的结果区域中给出了运行函数 MCAsian 的 48 个结果。在这下面我们给出了这些模拟的统计量。

这些模拟函数 MCAsian 的每次迭代使用 100 条价格路径;单元格 B16 中包含了该数字。

[①] 当然,不好的消息是我们必须通过 5 因子来增加该运行次数以使标准差降低一半。

我们可以使用"数据|模拟运算表"来观察运行次数变化的影响：

	运行次数	48次MC亚式期权的平均值	最小值	最大值	标准差		
32	模拟运算表：运行次数上的敏感性分析结果						
34						<-- =B30，模拟运算表表头 (隐藏)	
35	50	5.7037	4.9621	6.5956	0.4250		
36	100	5.7867	4.6643	6.5941	0.4046		
37	150	5.7561	5.0915	6.3325	0.2813		
38	200	5.7160	5.0788	6.3363	0.2681		
39	250	5.6745	5.2308	6.2185	0.2804		
40	300	5.7381	5.2159	6.3068	0.2442		
41	350	5.7071	5.2396	6.2531	0.1816		
42	400	5.7000	5.4300	6.0258	0.1572		
43	450	5.7299	5.2233	6.0818	0.1970		
44	500	5.7019	5.4019	5.9630	0.1492		
45	550	5.7423	5.4603	6.1263	0.1556		

48次MC亚式期权,运行次数变化

显然,增加运行次数使得模拟带变窄了。

30.8　障碍期权的蒙特卡罗定价[①]

障碍期权的收益取决于在该期权的生命期中价格是否到达一个特定的水平：

● 敲入障碍看涨期权收益为 $\max(S_T - X, 0)$，当且仅当 $t < T$，$S_t > K$。敲入看跌期权条件相同但收益为 $\max(X - S_T, 0)$。

● 假设 T 之前没有股票价格达到障碍,敲出看涨或看障碍跌期权具有这些收益。

强加一个障碍让一个期权在到期之前处于实值状态变得更加困难；因此,障碍期权价值比正规期权要低。

30.8.1　一个障碍看涨期权的简单例子

这一节中我们介绍敲出障碍期权的一个扩展例子,它与第 30.6 节中介绍的亚式看涨期权的例子类似。

---

① 用蒙特卡罗定价障碍期权一定不是一个好主意,但是却是一个好练习。完整的讨论见 Broadie、Glaserman 和 Kou (1997)。

	A	B	C	D	E	F	G	H	I	J	K	L	M	N	O
1							敲出障碍期权定价								
2	初始股票价格	30													
3	上涨	1.40													
4	下跌	0.80													
5	利率	1.08													
6	期权执行价格	30													
7	障碍	50.00													
8															
9	q_U	0.4321	<-- =(B5-B4)/(B5*(B3-B4))												
10	q_D	0.4938	<-- =(B3-B5)/(B5*(B3-B4))												
11															
12	风险中性概率, 上涨	0.4667	<-- =B9*B5										在单元格中的公式 M17: =MAX(G17:K17)<$B$7		
13	风险中性概率, 下跌	0.5333	<-- =B10*B5												
14															
15							股票价格								
16	路径	期1	期2	期3	期4	期0		期1	期2	期3	期4		Max(S_t)<障碍?	路径风险中性概率	敲出期权现金流
17	全部上涨(1 条路径)	上涨	上涨	上涨	上涨	30.00		42.00	58.80	82.32	115.25		FALSE	0.0474	0.00
18			上涨	上涨	上涨										
19	一次下跌（4条路径）	下跌	上涨	上涨	上涨	30.00		24.00	33.60	47.04	65.86		FALSE	0.0542	0.00
20		上涨	下跌	上涨	上涨	30.00		42.00	33.60	47.04	65.86		FALSE	0.0542	0.00
21		上涨	上涨	下跌	上涨	30.00		42.00	58.80	47.04	65.86		FALSE	0.0542	0.00
22		上涨	上涨	上涨	下跌	30.00		42.00	58.80	82.32	65.86		FALSE	0.0542	0.00
23															
24	两次下跌（6条路径）	下跌	下跌	上涨	上涨	30.00		24.00	19.20	26.88	37.63		TRUE	0.0619	7.63
25		下跌	上涨	下跌	上涨	30.00		24.00	33.60	26.88	37.63		TRUE	0.0619	7.63
26		下跌	上涨	上涨	下跌	30.00		24.00	33.60	47.04	37.63		TRUE	0.0619	7.63
27		上涨	下跌	下跌	上涨	30.00		42.00	33.60	26.88	37.63		TRUE	0.0619	7.63
28		上涨	上涨	下跌	下跌	30.00		42.00	58.80	47.04	37.63		FALSE	0.0619	7.63
29		上涨	下跌	上涨	下跌	30.00		42.00	33.60	47.04	37.63		TRUE	0.0619	7.63
30															
31	三次下跌（4条路径）	上涨	下跌	下跌	下跌	30.00		42.00	33.60	26.88	21.50		TRUE	0.0708	0.00
32		下跌	上涨	下跌	下跌	30.00		24.00	33.60	26.88	21.50		TRUE	0.0708	0.00
33		下跌	下跌	上涨	下跌	30.00		24.00	19.20	26.88	21.50		TRUE	0.0708	0.00
34		下跌	下跌	下跌	上涨	30.00		24.00	19.20	15.36	21.50		TRUE	0.0708	0.00
35															
36	四次下跌（1条路径）	下跌	下跌	下跌	下跌	30.00		24.00	19.20	15.36	12.29		TRUE	0.0809	0.00
37															
38													敲出期权价值	1.7375	
39															
40													在单元格中的公式 N38: =SUMPRODUCT(O17:O36,N17:N36)/B5^4		
41															
42													在单元格中的公式 O36: =M36*MAX(K36-$B$6,0)		

在该例子中，我们对一个 5 天、4 时期的看涨障碍期权建模。障碍为 50（单元格 B7）。只有在股票价格没有超过该障碍时敲出期权才会有收益。只有在股票价格超过该障碍时敲入期权才有收益。在方程中，

$$敲入障碍期权收益 = \begin{cases} \max[S_T - X, \, 0] \\ 0, 其他 \end{cases}, S_t > 障碍, t < T$$

$$敲出障碍期权收益 = \begin{cases} \max[S_T - X, \, 0] \\ 0, 其他 \end{cases}, S_t < 障碍, t < T$$

这里介绍的敲出看涨障碍期权，只有当两件事情同时发生时才有收益：

（1）股票价格不超出该障碍。该结果发生在列 M 中所有标有 TRUE 的路径中。我们使用布尔函数（=MAX(G17:K17<$B$7)来检验单元格 M17 中的条件。[1]该函数估计 TRUE 或者 FALSE 取决于条件是否符合。列 M 中的其他单元格使用类似的条件。正如下面那样，当在公式中使用时，如果是 TRUE，那么布尔函数结果为 1；如果是 FALSE，那么结果为 0。

（2）期末股票价格 S_T 大于期权执行价格 30。在单元格 O17，我们使用条件 M17 * MAX(K17-$B$6,0)来估计期权的收益。

---

[1] 布尔函数在第 33 章讨论。

- 如果 M17 等于 0（意味着路径上某处 $S_t > 50$ 且该期权是"敲出的"），那么期权没有收益。
- 如果 M17 等于 1（$S_t < 50$ 超过该路径），那么该期权有一个标准看涨期权收益 $\max(S_T - X, 0)$。

正如本章前面所有讨论的例子的那样，该看涨障碍期权的价值是该期权的期望收益折现，这里概率为风险中性概率：

$$期权价值 = \frac{\sum_{所有状态j} \pi_j \, 现金流_j}{R^4} = 1.7375$$

30.8.2 敲入障碍看涨期权

改变列 O 中的条件我们可以定价该敲入看涨障碍期权。这次我们写一个（如在单元格 O17）函数 $=(1-M17) * MAX(K17 - \$B\$6, 0)$。单元格 M17 的值检验障碍是否已经被超过，如果是 FALSE（也就是说有一个值为零），那么该期权是"敲入的"，并且收益与正规期权相同。如果是 TRUE，那么障碍没有被超过，该期权没有收益：

	A	B	C	D	E	F G	H	I	J	K	L	M	N	O
1						敲出障碍期权定价								
2	初始股价	30												
3	上涨	1.40												
4	下跌	0.80												
5	利率	1.08												
6	期权执行价格	30												
7	障碍	50.00												
8														
9	q_u	0.4321	<-- =(B5-B4)/(B5*(B3-B4))											
10	q_D	0.4938	<-- =(B3-B5)/(B5*(B3-B4))											
11														
12	风险中性概率，上涨	0.4667	<-- =B9*B5							在单元格中的公式M17: =MAX(G17:K17)<$B$7				
13	风险中性概率，下跌	0.5333	<-- =B10*B5											
14														
15						股票价格								
16	路径	期1	期2	期3	期4	期0	期1	期2	期3	期4		Max(St)<障碍?	路径风险中性概率	期权收益
17	全部上涨（1条路径）	上涨	上涨	上涨	上涨	30.00	42.00	58.80	82.32	115.25		FALSE	0.0474	85.25
18			上涨	上涨	上涨									
19	一次下跌（4条路径）	下跌	上涨	上涨	上涨	30.00	24.00	33.60	47.04	65.86		FALSE	0.0542	35.86
20		上涨	下跌	上涨	上涨	30.00	42.00	33.60	47.04	65.86		FALSE	0.0542	35.86
21		上涨	上涨	下跌	上涨	30.00	42.00	58.80	47.04	65.86		FALSE	0.0542	35.86
22		上涨	上涨	上涨	下跌	30.00	42.00	58.80	82.32	65.86		FALSE	0.0542	35.86
23														
24	两次下跌（6条路径）	下跌	下跌	上涨	上涨	30.00	24.00	19.20	25.88	37.63		TRUE	0.0619	0.00
25		下跌	上涨	下跌	上涨	30.00	24.00	33.60	26.88	37.63		TRUE	0.0619	0.00
26		下跌	上涨	上涨	下跌	30.00	24.00	33.60	47.04	37.63		TRUE	0.0619	0.00
27		上涨	下跌	下跌	上涨	30.00	42.00	33.60	26.88	37.63		TRUE	0.0619	0.00
28		上涨	上涨	下跌	下跌	30.00	42.00	58.80	47.04	37.63		FALSE	0.0619	7.63
29		上涨	下跌	上涨	下跌	30.00	42.00	33.60	47.04	37.63		TRUE	0.0619	0.00
30														
31	三次下跌（4条路径）	上涨	下跌	下跌	下跌	30.00	42.00	33.60	26.88	21.50		TRUE	0.0708	0.00
32		下跌	上涨	下跌	下跌	30.00	24.00	33.60	26.88	21.50		TRUE	0.0708	0.00
33		下跌	下跌	上涨	下跌	30.00	24.00	19.20	26.88	21.50		TRUE	0.0708	0.00
34		下跌	下跌	下跌	上涨	30.00	24.00	19.20	15.36	21.50		TRUE	0.0708	0.00
35														
36	四次下跌（1条路径）	下跌	下跌	下跌	下跌	30.00	24.00	19.20	15.36	12.29		TRUE	0.0809	0.00
37														
38									敲出期权价值	9.0334				
39														
40								在单元格中的公式N38: =SUMPRODUCT(O17:O36,N17:N36)/B5^4						
41														
42								在单元格中的公式O36: =(1-M36)*MAX(K36-$B$6,0)						
43														

敲出和敲入障碍期权的电子表说明了障碍期权定价的另一个原则：一个敲入看涨期权价格加上一个敲出看涨期权价格等于一个普通看涨期权价格：

					敲出+敲入 =普通期权										
初始股价	30														
上涨	1.40														
下跌	0.80														
利率	1.08														
期权执行价格	30														
障碍	50.00														
q_u	0.4321 <-- =(B5-B4)/(B5*(B3-B4))														
q_d	0.4938 <-- =(B3-B5)/(B5*(B3-B4))														
风险中性概率，上涨	0.4667 <-- =B9*B5														
风险中性概率，下跌	0.5333 <-- =B10*B5														

在单元格中的公式M17: =MAX(G17:K17)<$B$7

					股票价格										
路径	期1	期2	期3	期4	期0	期1	期2	期3	期4	Max(S_t)<障碍?	路径风险中性概率	敲出收益	敲入收益	普通期权
全部上涨(1条路径)	上涨	上涨	上涨	上涨	30.00	42.00	58.80	82.32	115.25	FALSE	0.0474	0.00	85.2480	85.2480
	上涨	上涨	上涨											
一次下跌(4条路径)	下跌	上涨	上涨	上涨	30.00	24.00	33.60	47.04	65.86	FALSE	0.0542	0.00	35.8560	35.8560
	上涨	下跌	上涨	上涨	30.00	42.00	33.60	47.04	65.86	FALSE	0.0542	0.00	35.8560	35.8560
	上涨	上涨	下跌	上涨	30.00	42.00	58.80	47.04	65.86	FALSE	0.0542	0.00	35.8560	35.8560
	上涨	上涨	上涨	下跌	30.00	42.00	58.80	82.32	65.86	FALSE	0.0542	0.00	35.8560	35.8560
两次下跌(6条路径)	下跌	下跌	上涨	上涨	30.00	24.00	19.20	26.88	37.63	TRUE	0.0619	7.63	0.0000	7.6320
	下跌	上涨	下跌	上涨	30.00	24.00	33.60	26.88	37.63	TRUE	0.0619	7.63	0.0000	7.6320
	下跌	上涨	上涨	下跌	30.00	24.00	33.60	47.04	37.63	TRUE	0.0619	7.63	0.0000	7.6320
	上涨	下跌	下跌	上涨	30.00	42.00	33.60	26.88	37.63	TRUE	0.0619	7.63	0.0000	7.6320
	上涨	上涨	下跌	下跌	30.00	42.00	58.80	47.04	37.63	FALSE	0.0619	0.00	7.6320	7.6320
	上涨	下跌	上涨	下跌	30.00	42.00	33.60	47.04	37.63	TRUE	0.0619	7.63	0.0000	7.6320
三次下跌(4条路径)	上涨	下跌	下跌	下跌	30.00	42.00	33.60	26.88	21.50	TRUE	0.0708	0.00	0.0000	0.0000
	下跌	上涨	下跌	下跌	30.00	24.00	33.60	26.88	21.50	TRUE	0.0708	0.00	0.0000	0.0000
	下跌	下跌	上涨	下跌	30.00	24.00	19.20	26.88	21.50	TRUE	0.0708	0.00	0.0000	0.0000
	下跌	下跌	下跌	上涨	30.00	24.00	19.20	15.36	21.50	TRUE	0.0708	0.00	0.0000	0.0000
四次下跌(1条路径)	下跌	下跌	下跌	下跌	30.00	24.00	19.20	15.36	12.29	TRUE	0.0809	0.00	0.0000	0.0000
								敲入期权	9.0334 <-- =SUMPRODUCT(N17:N36,P17:P36)/B5^4					
								敲出期权	1.7375 <-- =SUMPRODUCT(N17:N36,O17:O36)/B5^4					
								合计	10.7708 <-- =L38+L39					
								普通期权	10.7708 <-- =SUMPRODUCT(N17:N36,Q17:Q36)/B5^4					

在单元格中的公式P36:
=(1-M36)*MAX(K36-$B$6,0)

在单元格中的公式O36:
=M36*MAX(K36-$B$6,0)

30.9 使用 VBA 和蒙特卡罗定价障碍期权

我们编写两个 VBA 函数去定价敲入和敲出障碍期权。以下是敲出期权的函数：

```
Function MCBarrierIn( Initial, Exercise, Barrier, Up, Down, Interest, Periods,
Runs)
    Dim PricePath( ) As Double
ReDimPricePath(Periods + 1)

    'Risk-neutral probabilities
piup = (Interest - Down) / (Up - Down)
pidown = 1 - piup

    Temp = 0

    For Index = 1 To Runs
        'Generate path
        For i = 1 To Periods
```

```vb
PricePath(0) = Initial
pathprob = 1
            If Rnd > pidown Then
PricePath(i) = PricePath(i - 1) * Up

                Else:
PricePath(i) = PricePath(i - 1) * Down
            End If
        Next i

            If Application.Max(PricePath) > Barrier Then Callpayoff = _
Application.Max(PricePath(Periods) - Exercise, 0) _
            Else Callpayoff = 0
        Temp = Temp + Callpayoff

    Next Index

MCBarrierIn = (Temp / Interest^Periods) / Runs

End Function
Function MCBarrierOut(Initial, Exercise, _
Barrier, Up, Down, Interest, Periods, Runs)
    Dim PricePath() As Double
ReDim PricePath(Periods + 1)

    'Risk - neutral probabilities
piup = (Interest - Down) / (Up - Down)
pidown = 1 - piup

    Temp = 0

    For Index = 1 To Runs
        'Generate path
        For i = 1 To Periods
PricePath(0) = Initial
pathprob = 1
            If Rnd > pidown Then
PricePath(i) = PricePath(i - 1) * Up
```

```
            Else:
PricePath(i) = PricePath(i - 1) * Down
            End If
        Next i


        If Application.Max(PricePath) < Barrier _
        Then Callpayoff = Application.Max _
(PricePath(Periods) - Exercise, 0) _
        Else: Callpayoff = 0
        Temp = Temp + Callpayoff


    Next Index


MCBarrierOut = (Temp/ Interest^Periods) _
    / Runs


End Function
```

由于该函数与第 30.6 节函数 MCAsian 非常类似，我们不再讨论，另外对"敲入"期权要指出的是其运算部分的下面这几行（注意 Excel 函数 Max——形式为 Application.Max；VBA 没有自己的最大值函数）。

```
If Application.Max(PricePath) < Barrier Then
Callpayoff = _
Application.Max(PricePath(Periods) - Exercise, 0) _
                Else Callpayoff = 0
```

在下面的电子表中我们使用了该函数以及它的相关函数 MCBarrierOut 来定价之前在扩展例子中已定价过的这个期权：

	A	B	C	D	E	F
1	用蒙特卡罗定价障碍期权					
2	上涨	1.4				
3	下跌	0.8				
4	利率	1.08				
5						
6	初始价格	30				
7	时期数	4				
8	执行价格	30				
9	障碍	50				
10						
11	运行次数	100				
12						
13	敲入期权价值	9.7430	<-- =mcbarrierin(B6,B8,B9,B2,B3,B4,B7,B11)			
14	实际价值	9.0334	<-- 9.03335146014954			
15						
16	敲出期权价值	2.0195	<-- =mcbarrierout(B6,B8,B9,B2,B3,B4,B7,B11)			
17	实际价值	1.7375	<-- 取决于完全运行的例子			
18						
19	MCBarrierIn的48次迭代					
20	9.8594	9.7260	9.9028	9.3408	8.2135	8.9608
21	10.1187	11.4195	9.0687	9.6742	7.5224	11.8429
22	12.1848	7.750978	7.4313	6.5020	7.6430	11.2248
23	6.4078	7.5954	9.6953	9.1037	8.7925	8.8401
24	12.0768	8.2823	11.1126	12.4092	7.7467	10.8279
25	8.5247	9.8732	8.2654	8.7967	8.7967	7.1244
26	8.5766	7.3445	8.3088	9.4360	9.4233	8.3384
27	7.4271	10.5728	5.7463	10.3346	7.0683	8.4855
28						
29	模拟的平均值	9.0358	<-- =AVERAGE(A20:F27)			
30	真实价值	9.0334	<-- =B14			
31						
32		5.7463	<-- =MIN(A20:F27)			
33		12.4092	<-- =MAX(A20:F27)			
34		1.5889	<-- =STDEV(A20:F27)			

最后,我们还可以说明函数 MCBarrierIn 和 MCBarrierOut 在单位时间划分为 n 个子时期时的实施:

障碍期权定价-VBA函数

每个时间间隔划分为n个子区间。模拟中，初始价格=50.00，执行价格=45.00，到期时间=0.40，单位时间间隔划分为80个子区间。股票价格过程具有平均收益=15.00%，标准差=1.25%，利率=8.00%。每个蒙特卡罗模拟运行100次

	A	B	C	D	E	F
2	S_0,当期股价	50				
3	X, 执行价格	45				
4	障碍	50				
5	T, 期权执行时间	0.4				
6	r, 利率	8%				
7	μ, 股票收益的平均值	15%				
8	σ, 股票收益的标准差	22%				
9						
10	n, 11个时期的子时间数	80				
11	Delta t	0.0125	<-- =1/B10			
12						
13	1个子区间上的上涨	1.0268	<-- =EXP(B7*B11+B8*SQRT(B11))			
14	1个子区间上的下跌	0.9775	<-- =EXP(B7*B11-B8*SQRT(B11))			
15	1个子区间上的利率	1.0010	<-- =EXP(B6*B11)			
16						
17	运行次数	100				
18						
19		7.9780	6.9710	6.8897	6.8781	7.4167	6.8950
20		7.3057	7.1698	7.4113	6.0919	7.2210	7.0338
21		5.9960	6.9313	6.3196	7.1499	7.5363	6.2555
22		7.5720	7.7301	6.4645	6.3087	7.3379	6.3242
23		6.4005	6.9821	7.4434	5.9374	6.3397	7.4141
24		7.0499	5.7209	6.6832	6.2009	6.2558	6.3624
25		6.1766	7.6262	7.2671	6.8775	6.9445	6.7761
26		6.8994	7.4637	7.9383	7.2554	6.3263	7.6592
27						
28	以上的平均值	6.8998	<-- =AVERAGE(A19:F26)			
29	最小值	5.7209	<-- =MIN(A19:F26)			
30	最大值	7.9780	<-- =MAX(A19:F26)			
31	标准差	0.5703	<-- =STDEV(A19:F26)			

正如第 30.6 节讨论亚式期权那样,运行次数(单元格 B17)越多,近似的结果越好,尽管它的改进不是很显著:

	B 运行次数	C 48次MC敲入障碍期权的平均值	D 最小值	E 最大值	F 标准差	G	H
35							<-- =B31,模拟运算表头(隐藏)
36	50	7.0910	4.8707	8.6001	0.8692		
37	100	6.7900	5.3650	8.3384	0.6354		
38	150	6.9510	5.7919	8.2886	0.4838		
39	200	6.9999	5.8942	7.9103	0.4459		
40	250	6.8953	5.9115	7.8821	0.4327		
41	300	6.8663	5.7202	7.8573	0.4738		
42	350	6.9436	6.4477	7.6132	0.3087		
43	400	6.9298	6.4249	7.6010	0.2877		
44	450	6.8393	6.1901	7.5657	0.2734		
45	500	6.9224	5.9575	7.6132	0.3239		
46	550	6.8676	6.4295	7.3565	0.2254		

48次 MC 敲入障碍期权,运行次数变化

最后,我们说明当单位时间间隔的划分数 n 非常大时,敲入加上敲出期权价值之和近似等于布莱克—斯科尔斯看涨期权价值:

	A	B	C
1		敲入+敲出=看涨期权 近乎连续的例子	
2	S_0,当期股价	30	
3	X, 执行价格	30	
4	障碍	40	
5	T, 期权执行时间	0.4	
6	r, 利率	8%	
7	μ,股票收益的平均值	15%	
8	σ,股票收益的标准差	22%	
9			
10	n, 11个时期的子时间数	200	
11	Delta t	0.0050	<-- =1/B10
12			
13	1个子区间上的上涨	1.0164	<-- =EXP(B7*B11+B8*SQRT(B11))
14	1个子区间上的下跌	0.9853	<-- =EXP(B7*B11-B8*SQRT(B11))
15	1个子区间上的利率	1.0004	<-- =EXP(B6*B11)
16			
17	运行次数	700	
18			
19	敲出障碍期权价格	1.578458	<-- =mcbarrierout(B2,B3,B4,B13,B14,B15,INT(B10*B5),B17)
20	敲入障碍期权价格	0.41653	<-- =mcbarrierin(B2,B3,B4,B13,B14,B15,INT(B10*B5),B17)
21	敲出+敲入之和	1.994987	<-- =B19+B20
22	布莱克—斯科尔斯定价	2.153173	<-- =BSCall(B2,B3,B5,B6,B8)

30.10   本章小结

蒙特卡罗方法——通过跟踪股票价格多个路径来进行期权定价的模拟——最多是定价方法中的"次优"方法。但是在没有解析解公式的情况下是有效的。蒙特卡罗方法用 VBA 编程很容易实施,并能在 Excel 中展示。本章我们阐明了普通期权、亚式期权和障碍期权的蒙特卡罗方法。路径独立的期权的其他变化以及它们的蒙特卡罗求解将在习题中考虑。

习题

1. 创造一个 VBA 子程序[称为 Exercise1()],该程序产生随机数并且输出到屏幕的对话框如下:

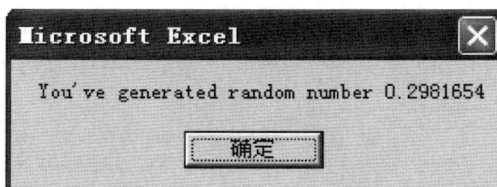

注意使用 VBA 关键词 Rnd。

2. 创造一个 VBA 子程序[称为 Exercise2()],该程序产生五个随机数并且输出到屏幕的对话框如下：

注意使用 FormatNumber(表达式,小数点后几位)只能输出小数点后 4 位。

3. 创建一个 VBA 子程序[称为 Exercise3()],该程序产生五个 1 或 0 的随机点并且输出到屏幕的对话框如下：

4. 假设股票价格服从二项式分布。我们想要在 VBA 宏中产生一个股票的随机价格路径。下图显示了伴随示例输出的输入。编写合适的 VBA 子程序。

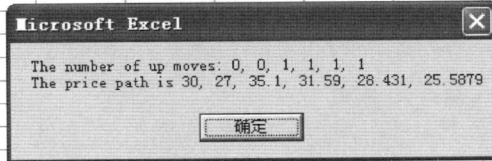

注意

● 在 VBA 对话框中,使用 Chr() 开始新的一行。

● 在电子表中使用信息框将表中的值转移到 VBA 程序。

5. 重复上面的练习。这次计算路径的平均价格

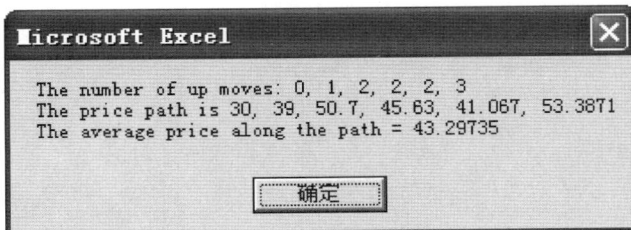

6. 使用本章定义的函数 VanillaCall 产生模拟运算表,在表中你可以看到函数中包含的运行次数与看涨期权的布莱克—斯科尔斯价值的关系。你的结果看上去如下:

	A	B	C	D	E	F	G	H	I	J
1	蒙特卡罗模拟普通看涨期权定价									
2	S_0,当前股票价格	50								
3	X,执行价格	44								
4	r, 利率	10%								
5	T, 时间	0.8								
6	μ,股票收益的平均值	13%								
7	σ,股票收益的标准差	30%								
8										
9	n, 单位时间分割	150	<-- 试图在该值附件运行							
10	运行次数	111	<-- 这是模拟运算表中变动部分							
11										
12	普通看涨期权	11.7571	<-- =vanillacall(B2,B3,B6,B7,B4,B5,B9,B10)							
13										
14	BS看涨期权	10.8948	<-- =BSCall(B2,B3,B5,B4,B7)							
15										
16										
17	模拟运算表:运行次数对MC普通看涨期权价值的影响									
18		蒙特卡罗	布莱克斯科尔斯							
19	运行次数	11.7571	10.8948	12.5						
20	100	11.0394	10.8948							
21	500	10.8672	10.8948	12.0						
22	1,000	10.9668	10.8948							
23	1,500	11.0803	10.8948	11.5						
24	2,000	10.9242	10.8948							
25	2,500	10.8154	10.8948	11.0						
26	3,000	10.4925	10.8948							
27	3,500	10.7311	10.8948	10.5						
28	4,000	10.7497	10.8948							
29	4,500	10.8663	10.8948	10.0						
30	5,000	10.7643	10.8948							
31	5,500	10.9349	10.8948	9.5						
32	6,000	10.9335	10.8948							
33	6,500	10.7609	10.8948							
34										

图中横轴刻度:1 2 3 4 5 6 7 8 9 10 11 12 13 14

图例:—■— 蒙特卡罗　—— 布莱克—斯科尔斯

　　本篇共分 5 章，分别涉及与 Excel 相关的一些技术应用主题。第 31 章介绍了模拟运算表，它是 Excel 令人惊奇的敏感性分析工具。《财务金融建模》第四版的一个重要补充，就是有关空白单元格的模拟运算表的讨论。在本书 Ⅴ 篇中，我们在讨论模拟和蒙特卡洛方法时，就已广泛地使用了该工具。

　　第 32 章讨论了矩阵，但没有做更多的理论性阐述。本书我们使用矩阵主要用于我们的最优化投资组合的讨论（第 Ⅱ 篇）。第 33 章概述了本书中用到的 Excel 函数，第 34 章讨论了数组函数，这些函数的参数在单元格中按照矩形方式排列并按组合键［Ctrl］＋［Shift］＋［Enter］来输入。

　　最后，第 35 章讨论了在本书各处都用到的 Excel 的小技巧。本章的最后一节展示了如何将自制函数加到个人的 Excel 工作簿中。我们使用这些功能来实现 Excel 图片的自动复制/粘贴。

31

模拟运算表

31.1 概述

模拟运算表具有非常强的功能,可以做复杂的敏感性分析。用 Excel 可以建立一个模拟运算表,在这个数据表中可以有一个变量变化,或也可以有两个变量变化。Excel 的模拟运算表是一个数组函数,因此它能随相关的单元格改变而动态地变化。

本章中,你将学会如何建立 Excel 的一维和二维模拟运算表。

31.2 一个例子

有一个初始成本为 1,150 美元的项目,它有七个时期的现金流量。在第 1—7 年中现金流量按比率 g 增长,因此在第 t 年的现金流量是 $CF_t = CF_{t-1} \cdot (1+g)$。该项目的折现率为 r,那么净现值(NPV)为:

$$NPV = -1,150 + \frac{CF_1}{(1+r)^1} + \frac{CF_1(1+g)}{(1+r)^2}$$
$$+ \frac{CF_1(1+g)^2}{(1+r)^3} + \cdots + \frac{CF_1(1+g)^6}{(1+r)^7}$$

内部收益率(IRR)i 是 NPV 为零时的折现率:

$$0 = -1,150 + \frac{CF_1}{(1+i)^1} + \frac{CF_1(1+g)}{(1+i)^2} + \frac{CF_1(1+g)^2}{(1+i)^3} + \cdots + \frac{CF_1(1+g)^6}{(1+i)^7}$$

这些计算在 Excel 中很容易实现。下面例子中,开始现金流量是 234,增长率 $g = 10\%$,折现率 $r = 15\%$:

	A	B	C	D	E	F	G	H	I
1	CF$_1$	234							
2	增长率	10%							
3	折现率	15%							
4									
5	年	0	1	2	3	4	5	6	7
6	现金流	-1150.00	234.00	257.40	283.14	311.45	342.60	376.86	414.55
7									
8	NPV	101.46	<-- =+B6+NPV(B3,C6:I6)						
9	IRR	17.60%	<-- =IRR(B6:I6,0)						

注意增长率、折现率、NPV 以及 IRR 的单元格地址。它们将在本章中用到。

31.3 建立一个一维模拟运算表

我们以只有一个参数的一维模拟运算表为基础考察敏感性分析。本节讨论的模拟运算表均为此类型，在第 31.4 节我们将讨论二维模拟运算表。

假如我们想知道 NPV 和 IRR 受增长率变化的影响是怎样的。模拟运算表指令可以方便地告诉我们这些信息。第一步是建立该电子表结构。下面的例子中，我们将 NPV 和 IRR 的公式放在最上面一行，并且我们将我们想观察的变量（这里是增长率）放在第一列。下面是这个表格：

	F	G	H	I	J
10					
11		=B8			=B9
12					
13			NPV	IRR	
14			101.46	17.6%	
15		0			
16	增长率	5%			
17		10%			
18		15%			
19					

真正的模拟运算表（行和列标号是相反的）是在黑框中的。在标号"NPV"和"IRR"之下的数据参见上一张表对应的公式。因此，假设单元格 B8 包含 NPV 的计算，那么在"NPV"下面单元格就含有公式"＝B8"。同样地，假设单元格 B9 含有 IRR 最初的计算，那么在"IRR"下面的单元含有公式"＝B9"。

我们将一张模拟运算表分成两个部分：

（1）基本表。

（2）在基本表上做敏感性分析。在我们的例子中，模拟运算表的第一行含有与我们基本表有关的计算。虽然有其他方法来处理模拟运算表，但这个方法比较典型且易于理解。

下面是操作步骤：

- 选中模拟运算表（黑框内部分）。
- 在主菜单中选择"数据 | 模拟分析 | 模拟运算表"。这里可以得到下面一个对话框，要求你输入行单元格或者列单元格。

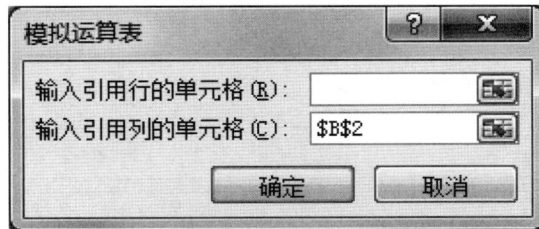

在这种情况下，我们将要改变的变量放在模拟运算表左边第一列，因此我们使"输入引用行的单元格"为空白而在"输入引用列的单元格"处输入＄B＄2（它包含我们基本表的增长率），结果如下：

	F	G	H	I	J
10					
11		=B8			=B9
12					
13			NPV	IRR	
14			101.46	17.6%	
15		0	-176.46	9.71%	
16	增长率	5%	-47.82	13.67%	
17		10%	101.46	17.60%	
18		15%	274.35	21.50%	
19					

31.4 建立一个二维模拟运算表

我们还可以对两个参数变化的一个公式使用该模拟运算表。例如，假设我们要计算不同增长率和不同折现率的现金流量 NPV。我们建立一个新表格如下：

	F	G	H	I	J
21	=B8		折现率		
22		101.46	7%	10%	12%
23		0			
24	增长率	5%			
25		10%			
26		15%			

表格的左上角含有来自基本表的公式"＝B8"。

我们现在再一次使用"数据|模拟分析|模拟运算表"。这次我们填写"输入引用行的单元格"（指向单元格 B3，在我们的基本表中是折现率）和"输入引用列的单元格"（指向 B2）。

其结果如下：

	F	G	H	I	J
21	=B8			折现率	
22		101.46	7%	10%	12%
23		0	111.09	-10.79	-82.08
24	增长率	5%	297.62	150.74	65.13
25		10%	515.79	339.09	236.44
26		15%	770.34	558.25	435.41

31.5   注意美观:隐藏单元格公式

模拟运算表乍看起来有点奇怪,因为计算公式也显示在表中(我们的例子中:第一张模拟运算表是在最上面一行,第二张模拟运算表是在左上角)。你可以通过隐藏这些公式单元使模拟运算表更加美观。你可以这样做,选中公式单元格并用设置单元格格式指令。(或按鼠标右键选"设置单元格格式|数字|自定义")。在对话框"类型"中输入分号。见下图所示：

这样，公式单元格的内容就被隐藏起来了。结果如下：

	F	G	H	I	J
10					
11		=B8			=B9
12					
13			NPV	IRR	
14					
15		0	-176.46	9.71%	
16	增长率	5%	-47.82	13.67%	
17		10%	101.46	17.60%	
18		15%	274.35	21.50%	
19					

31.6 Excel 的模拟运算表是数组

Excel 模拟运算表动态地与你的基本表相链接。当你改变基本表中一个参数时，模拟运算表中对应的行和列会相应地变化。举例来说，如果我们改变开始的现金流量，从 234 到 300，模拟运算表中发生会发生如下变化：

	A	B	C	D	E	F	G	H	I	J
1	CF_1	234								
2	增长率	10%								
3	折现率	15%								
4										
5	年	0	1	2	3	4	5	6	7	
6	现金流	-1150.00	234.00	257.40	283.14	311.45	342.60	376.86	414.55	
7										
8	NPV	101.46	<-- =+B6+NPV(B3,C6:I6)							
9	IRR	17.60%	<-- =IRR(B6:I6,0)							
10										
11							=B8			=B9
12										
13								NPV	IRR	
14										
15							0	-176.46	9.71%	
16							增长率	5%	-47.82	13.67%
17								10%	101.46	17.60%
18								15%	274.35	21.50%
19										

31.7 空白单元格上的模拟运算表（高阶）

模拟运算表一个令人兴奋的应用是可以运行随机模拟数的多重迭代。这有一个例子：假设你用 Rand() 函数产生 10 个介于 0 和 1 之间的随机数。这个 Excel 随机数生成器在第 24 章中有详细讨论。该模拟,我们描述如下:

	A	B	C	D	E	F
1			**10 个随机数**			
2	0.5215	<-- =RAND()			统计数	
3	0.4169	<-- =RAND()		平均数	0.5826	<-- =AVERAGE(A2:A11)
4	0.1486	<-- =RAND()		方差	0.0503	<-- =VAR.P(A2:A11)
5	0.7637	<-- =RAND()		标准差	0.2242	<-- =SQRT(E4)
6	0.6697	<-- =RAND()				
7	0.7596	<-- =RAND()				
8	0.7467	<-- =RAND()				
9	0.4582	<-- =RAND()				
10	0.9474	<-- =RAND()				
11	0.3934	<-- =RAND()				

如果你想重复该实验 10 次,你的数据表可能如下所示:

	A	B	C	D	E	F	G	H	I	J	K
1				**10 个随机数**							
2	0.9636	<-- =RAND()			统计数						
3	0.2757	<-- =RAND()		平均数	0.7323	<-- =AVERAGE(A2:A11)					
4	0.7406	<-- =RAND()		方差	0.0421	<-- =VAR.P(A2:A11)					
5	0.8554	<-- =RAND()		标准差	0.2053	= SQRT(E4)					
6	0.8791	<-- =RAND()									
7	0.9201	<-- =RAND()									
8	0.8761	<-- =RAND()									
9	0.7039	<-- =RAND()									
10	0.5195	<-- =RAND()									
11	0.5889	<-- =RAND()									
12											
13					10次试验: 每个单元格均包含 **Rand()**						
14		1	2	3	4	5	6	7	8	9	10
15		0.6945	0.5969	0.1263	0.8557	0.6386	0.7038	0.8418	0.3407	0.6896	0.5718
16		0.1841	0.7790	0.7492	0.3272	0.8849	0.3240	0.0596	0.4398	0.4496	0.3641
17		0.7141	0.5273	0.9928	0.0174	0.8004	0.4375	0.8770	0.6277	0.3509	0.4783
18		0.4269	0.1246	0.5016	0.3382	0.5617	0.7438	0.7837	0.3782	0.8125	0.8350
19		0.7011	0.3321	0.5416	0.4256	0.4040	0.2506	0.8908	0.5189	0.1144	0.5362
20		0.1030	0.8003	0.6561	0.5413	0.8709	0.1246	0.2075	0.6935	0.7809	0.7372
21		0.1830	0.2495	0.6004	0.2256	0.0105	0.0396	0.0664	0.9862	0.8628	0.8993
22		0.0717	0.2365	0.4888	0.2406	0.0282	0.0977	0.8828	0.6719	0.0404	0.2149
23		0.7188	0.4939	0.2178	0.6375	0.6473	0.2322	0.5981	0.9693	0.7386	0.9640
24		0.6897	0.6145	0.3320	0.4802	0.2599	0.0816	0.2666	0.5365	0.7550	0.0106
25											
26	10次实验的统计数据										
27	平均数	0.4487	0.4755	0.5207	0.4089	0.5106	0.3036	0.5474	0.6163	0.5595	0.5611
28	方差	0.0728	0.0487	0.0585	0.0502	0.0949	0.0574	0.1148	0.0450	0.0815	0.0852
29	标准差	0.2699	0.2206	0.2418	0.2240	0.3080	0.2395	0.3388	0.2122	0.2856	0.2919

31.7.1 空白单元格上的模拟运算表的引用

有一个更有效率的方法进行这次实验,举例如下。注意到模拟运算表对话框中的单元格引用是空白的。

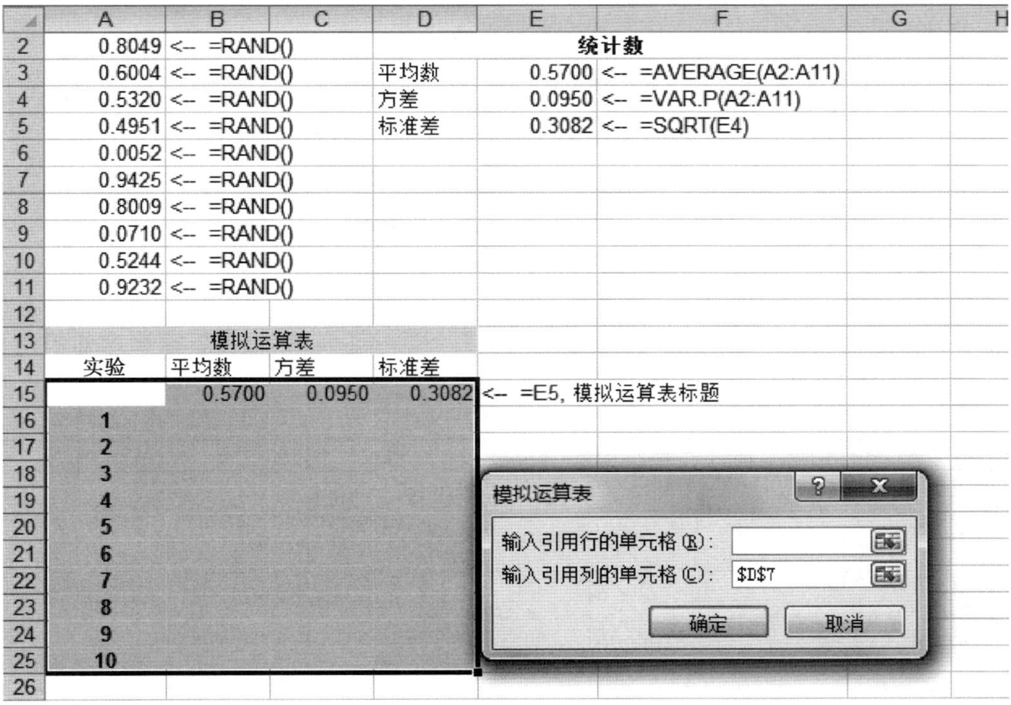

▲	A	B	C	D	E	F	G	H
2	0.8049	<-- =RAND()			统计数			
3	0.6004	<-- =RAND()		平均数	0.5700	<-- =AVERAGE(A2:A11)		
4	0.5320	<-- =RAND()		方差	0.0950	<-- =VAR.P(A2:A11)		
5	0.4951	<-- =RAND()		标准差	0.3082	<-- =SQRT(E4)		
6	0.0052	<-- =RAND()						
7	0.9425	<-- =RAND()						
8	0.8009	<-- =RAND()						
9	0.0710	<-- =RAND()						
10	0.5244	<-- =RAND()						
11	0.9232	<-- =RAND()						
12								
13		模拟运算表						
14	实验	平均数	方差	标准差				
15		0.5700	0.0950	0.3082	<-- =E5, 模拟运算表标题			
16	1							
17	2							
18	3							
19	4							
20	5							
21	6							
22	7							
23	8							
24	9							
25	10							
26								

模拟运算表

输入引用行的单元格(R)：

输入引用列的单元格(C)： $D$7

确定　取消

该结果如图所示(似乎是不确定的,这是由实验的本质原因造成的,该结果是随机的,因此每次按 F9 都会产生一组不同的数)：

	A	B	C	D	E	F
1			这个实验更好的方法			
2	0.4236	<-- =RAND()			统计数	
3	0.9328	<-- =RAND()	平均数		0.6538	<-- =AVERAGE(A2:A11)
4	0.4863	<-- =RAND()	方差		0.0293	<-- =VAR.P(A2:A11)
5	0.8117	<-- =RAND()	标准差		0.1712	<-- =SQRT(E4)
6	0.8000	<-- =RAND()				
7	0.5593	<-- =RAND()				
8	0.6597	<-- =RAND()				
9	0.8408	<-- =RAND()				
10	0.5542	<-- =RAND()				
11	0.4696	<-- =RAND()				
12						
13		模拟运算表				
14	实验	平均数	方差	标准差		
15		0.6538	0.0293	0.1712	<-- =E5, 模拟运算表标题	
16	1	0.5667	0.0650	0.2549		
17	2	0.3936	0.0771	0.2776		
18	3	0.6591	0.0571	0.2390		
19	4	0.5331	0.1015	0.3186		
20	5	0.4448	0.0314	0.1771		
21	6	0.5286	0.0832	0.2884		
22	7	0.4557	0.0812	0.2849		
23	8	0.4529	0.0914	0.3024		
24	9	0.4363	0.1098	0.3313		
25	10	0.5396	0.0944	0.3072		

31.7.2 一个更加现实的例子(更加高阶)

为什么我们要用这个技术？回顾第 27.6 节中讨论的养老金问题。假设你在 75 岁退休时有 1,000,000 欧元的储蓄。你想将其中的 60% 投入于一个平均年收益 $\mu = 11\%$，标准差 $\sigma = 30\%$ 的风险资产中。你计划在从今年年底以及接下来的 9 年，每年取出 100,000 欧元。

10 年后你的余额取决于该风险资产的每年随机收益。正如在第 26 章中所介绍的，我们可以使用 Exp(mu＋sigma＊Norm.S.Inv(Rand())) 建模。我们嵌入这个函数和假设在下面的数据表中。余额在 B24 中。在下面的例子中，这个数字是正的，但是这个数字也有可能是负的，这取决于那些参数。①

	A	B	C	D	E	F
1			养老金问题			
2	现有存款	1,000,000				
3	投资					
4	风险资产	60%				
5	无风险资产	40%	<-- =1-B4			
6	每年取款	100,000				
7						
8	收益参数					
9	无风险利率	4%	=B14*$B$4*EXP(mum+sigma*NORM.S.INV(			
10	风险资产平均收益 μ	11%	RAND())+$B$5*EXP(riskfree))			
11	风险资产标准差 σ	30%				
12						
13	年龄	年初存款	年末存款	每年取款	取款后净额	
14	75	1,000,000	1,934,858	100,000	1,834,858	<-- =C14-D14
15	76	1,834,858	1,655,666	100,000	1,555,666	
16	77	1,555,666	2,006,777	100,000	1,906,777	
17	78	1,906,777	2,035,522	100,000	1,935,522	
18	79	1,935,522	1,327,023	100,000	1,227,023	
19	80	1,227,023	1,126,073	100,000	1,026,073	
20	81	1,026,073	1,261,679	100,000	1,161,679	
21	82	1,161,679	1,044,122	100,000	944,122	
22	83	944,122	1,043,884	100,000	943,884	
23	84	943,884	1,225,923	100,000	1,125,923	
24	85	1,125,923				

现在我们运用新学到的"空白单元格上的模拟运算表"技术进行 20 次模拟，其结果(在单元格 B24 中)显示如下：

---

① 如果此数是负的，那么当然是问题！要么你有其他资源，要么你必须改变这 10 年间的支出计划，或者要么你不久就去世(是去天堂!)。我们忽略所有这些主题。

	A	B	C	D	E	F	G	H	I	J
1					养老金问题					
2	现有存款	1,000,000								
3	投资									
4	风险资产	60%								
5	无风险资产	40%	<-- =1-B4							
6	每年取款	100,000								
7										
8	收益参数									
9	无风险利率	4%		=B14*$B$4*EXP(mu+sigma*NORM.S.INV(R						
10	风险资产平均收益 μ	11%		AND())+$B$5*EXP(riskfree))						
11	风险资产标准差 σ	30%								
12									模拟运算表	
13	年龄	年初存款	年末存款	每年取款	取款后净额			模拟	期末余额	
14	75	1,000,000	1,054,041	100,000	954,041	<-- =C14-D14			1,775,448	<-- =B24, 模拟运算表标题
15	76	954,041	962,843	100,000	862,843			1	1,769,453	
16	77	862,843	1,024,448	100,000	924,448			2	470,844	
17	78	924,448	852,437	100,000	752,437			3	316,212	
18	79	752,437	1,248,258	100,000	1,148,258			4	1,583,614	
19	80	1,148,258	1,370,904	100,000	1,270,904			5	183,577	
20	81	1,270,904	1,911,930	100,000	1,811,930			6	-273,341	
21	82	1,811,930	1,489,646	100,000	1,389,646			7	2,612,650	
22	83	1,389,646	2,163,415	100,000	2,063,415			8	33,139	
23	84	2,063,415	1,875,448	100,000	1,775,448			9	1,031,832	
24	85	1,775,448						10	210,989	

31.7.3 更优的办法

我们可以在每年取回的金额上做一个模拟运算：

这里是一些结果，显示了 5 个不同的年份取回金额上的 10 次模拟。在第 26 行和第 27 行，我们还计算了一些统计量。

	G	H	I	J	K	L	M
12			模拟运算表: 以取款额为变量的期末余额				
13			每年取款				
14		205,531	**50,000**	**75,000**	**100,000**	**125,000**	**150,000**
15		1	957,760	1,851,748	-221,298	-426,413	-1,203,972
16	模拟 -->	2	855,986	-30,577	194,916	-362,475	-293,881
17		3	-19,605	1,383,467	1,099,680	-1,244,010	-554,410
18		4	532,341	-286,203	-286,203	195,918	-1,137,084
19		5	551,485	-339,618	1,226,015	-287,474	-241,194
20		6	740,346	888,357	3,353,597	-897,381	-641,928
21		7	4,165,318	-125,459	3,340,204	-623,236	-230,318
22		8	84,383	212,761	-52,644	1,559,048	-1,677,394
23		9	1,786,042	1,306,025	-155,056	-340,144	-696,248
24		10	2,743,519	-255,695	-364,017	-172,790	-1,033,831
25							
26		平均值	1,239,757	460,481	813,520	-259,896	-771,026
27		标准差	1,311,906	819,348	1,446,300	751,018	480,965

31.8 模拟运算表可能会让你的电脑停止运行

模拟运算表是美妙的,但他们也可能大幅占用电脑资源！稍大的模拟运算表可能会让你的电子表变慢。解决此问题的一种方法是将启用迭代计算设为手动模式:

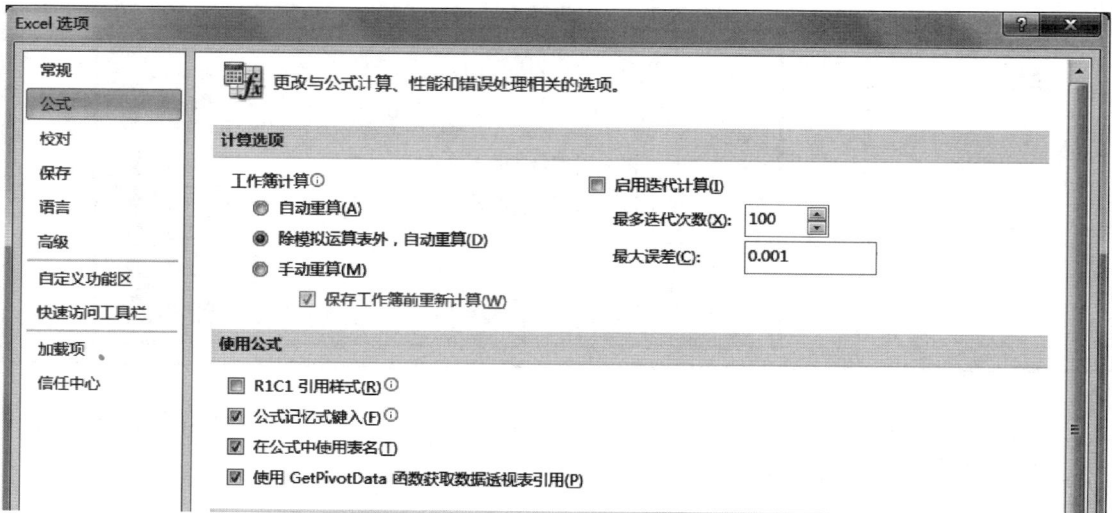

习题

1.（1）使用"数据|模拟运算表"对函数 $f(x)=3x^2-2x-15$ 作图。

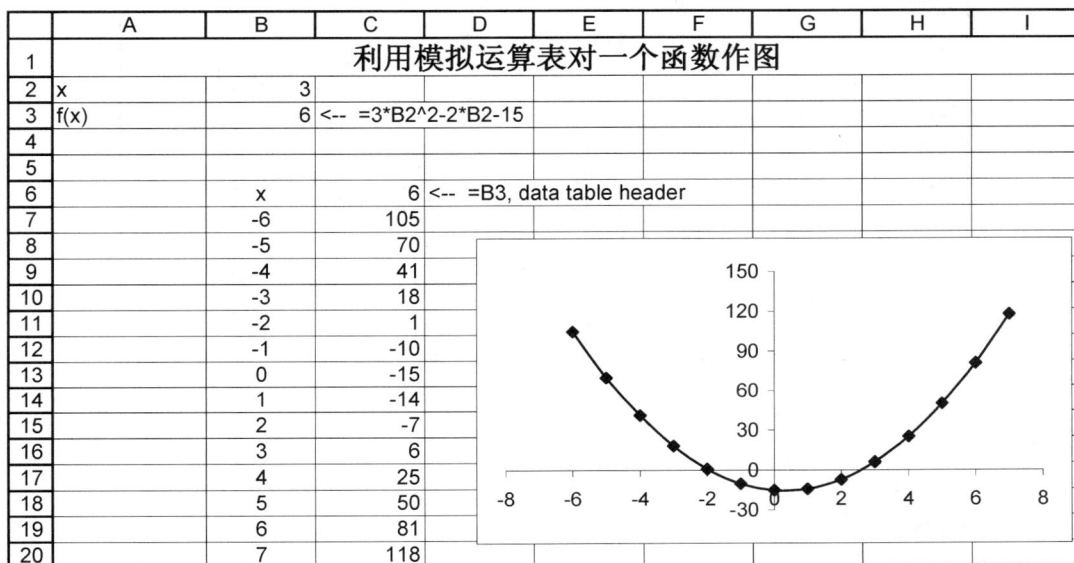

	A	B	C	D	E	F	G	H	I
1				利用模拟运算表对一个函数作图					
2	x		3						
3	f(x)		6	<-- =3*B2^2-2*B2-15					
4									
5									
6		x	6	<-- =B3, data table header					
7		-6	105						
8		-5	70						
9		-4	41						
10		-3	18						
11		-2	1						
12		-1	-10						
13		0	-15						
14		1	-14						
15		2	-7						
16		3	6						
17		4	25						
18		5	50						
19		6	81						
20		7	118						

（2）使用规划求解或者单变量求解来寻找使 $f(x)=0$ 的两个 x 值。

2. Excel 函数 PV(rate, number_periods, payment)计算固定支付的现值。例如，PV(15％, 15, −10) = $\sum_{t=1}^{15}\dfrac{10}{(1.15)^t}=58.47$。（注意我们的这个支付是一个负数；否则，Excel 的返回是一个负值！它在第 1 章和第 34 章中被讨论过）。使用模拟运算表对现值是折现率的函数作一个如下的图：

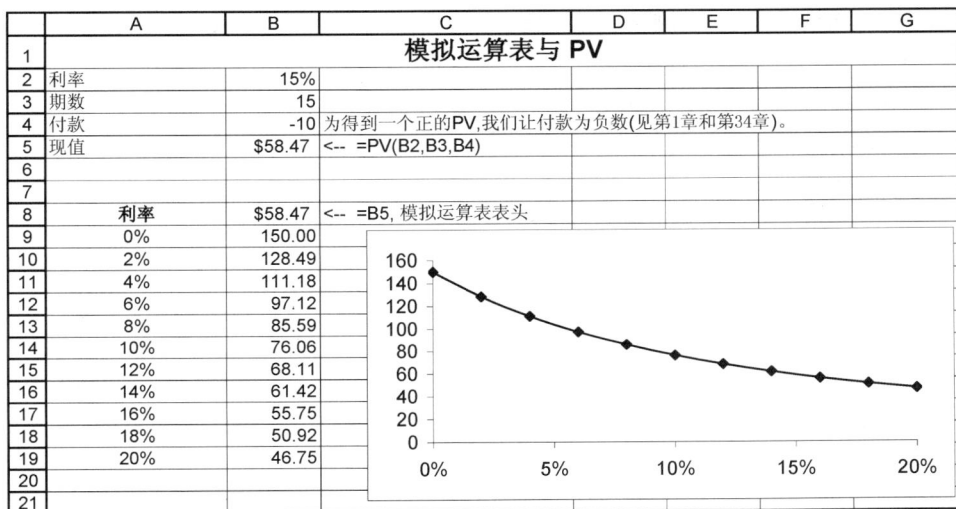

	A	B	C	D	E	F	G
1			模拟运算表与 PV				
2	利率	15%					
3	期数	15					
4	付款	-10	为得到一个正的PV,我们让付款为负数(见第1章和第34章)。				
5	现值	$58.47	<-- =PV(B2,B3,B4)				
6							
7							
8	利率	$58.47	<-- =B5, 模拟运算表表头				
9	0%	150.00					
10	2%	128.49					
11	4%	111.18					
12	6%	97.12					
13	8%	85.59					
14	10%	76.06					
15	12%	68.11					
16	14%	61.42					
17	16%	55.75					
18	18%	50.92					
19	20%	46.75					
20							
21							

3. 下面的电子表显示了净现值和内部收益率的计算项目。

	A	B	C	D	E	F	G	H
1				**NPV, 折现率与增长率**				
2	增长率	10%						
3	折现率	15%						
4	成本	500						
5	年1, 现金流	100						
6								
7	年	0	1	2	3	4	5	
8	现金流	-500.00	100.00	110.00	121.00	133.10	146.41	
9								
10	NPV	-101.42	<-- =NPV(B3,C8:G8)+B8					
11	IRR	6.60%	<-- =IRR(B8:G8)			Cell B15 含有模拟运算表函数		
12							=B10	
13								
14				增长率				
15		($101.42)	0%	3%	6%	9%	12%	
16		0%	0.00	30.91	63.71	98.47	135.28	
17	折现率	3%	-42.03	-14.56	14.55	45.38	78.01	
18		6%	-78.76	-54.26	-28.30	-0.84	28.21	
19		9%	-111.03	-89.08	-65.85	-41.28	-15.33	
20		12%	-139.52	-119.78	-98.91	-76.86	-53.57	
21		15%	-164.78	-146.97	-128.15	-108.28	-87.32	
22		18%	-187.28	-171.15	-154.13	-136.16	-117.23	
23		21%	-207.40	-192.75	-177.30	-161.01	-143.84	
24		24%	-225.46	-212.11	-198.04	-183.22	-167.62	

使用模拟运算表做该项目上 NPV 的一个敏感性分析,折现率从 0%,3%,6%,…,21%变化并且增长率 0%,3%,…,12%变化。

4. 使用模拟运算表,对函数 $\sin(x \cdot y)$ 作图,$x = 0, 0.2, 0.4, \cdots, 1.8, 2$ 和 $y = 0, 0.2, 0.4, \cdots, 1.8, 2$。 使用图型选择,选择"曲面图",作一个该函数的三维图。

5. Boris 和 Tareq 掷硬币,每掷一次,如果硬币朝上,Tareq 赢一美元,如果硬币朝下,Tareq 付 Boris 一美元。

- 模拟十次游戏,计算 Tareq 的累积收益。
- 使用空白单元格上的模拟运算表模拟 25 次 10 轮的游戏,计算 Tareq 的累积收益。

6. Maria 和 Shavit 掷硬币,游戏规则如下:

- 第一次投掷,如果硬币朝上,Shavit 付 Maria 一美元(反之相反)。
- 接下来每次投掷:如果硬币朝上,并且 Maria 领先,Shavit 付 Maria 她之前收益的平方;如果硬币朝上,并且 Shavit 领先,Maria 欠 Shavit 的所有债务取消。

模拟出 10 次投掷后 Maria 的收益。

32

矩　阵

32.1　概述

本书投资组合最优化章节(第 8—13 章)中大量使用矩阵来寻找有效投资组合。本章包含的有关矩阵信息,它们足以满足你计算投资组合的数学要求。

一个矩阵是一个矩形数组。下面电子表中所示的都是矩阵:

	A	B	C	D	E	F	G	H	I
1	EXCEL中的矩阵								
2	矩阵A（行向量）				矩阵B (3x3方阵)				矩阵C (列向量)
3	2	3	4		13	-8	-3		13
4					-8	10	-1		-8
5					-3	-1	11		-3
6									
7	矩阵D (4x3矩阵)								
8	13	-8	-3						
9	-8	10	-1						
10	-3	-1	11						
11	0	13	3						

一个只有一行的矩阵称为行向量;只有一列的矩阵称为列向量。行列数相等的矩阵称为方阵。

通常用一个字母来表示一个矩阵或一个向量。例如,在这种情况,我们通常将矩阵写为 $B = [b_{ij}]$,这里 b_{ij} 代表在矩阵第 i 行和第 j 列的元素。对一个向量我们写成 $A = [a_i]$ 或 $C = [c_i]$。 因此,用于该例子可以得到:

$$a_3 = 4, \ b_{22} = 10, \ c_1 = 13, \ d_{41} = 0$$

所谓矩阵 B 是对称的,意思就是 $b_{ij}=b_{ji}$。(在第 8—13 章的投资组合讨论中所用的方差—协方差矩阵是对称的。)

32.2 矩阵运算

本节中我们简单回顾了矩阵的基本运算:矩阵乘以一个标量、矩阵相加、矩阵转置,以及矩阵乘法。

32.2.1 乘以一个标量

一个矩阵乘以一个标量就是矩阵中的每个元素都乘以这个量。例如:

	A	B	C	D	E
1	矩阵乘以一个标量				
2	标量	6			
3					
4	矩阵B	13	-8	-3	
5		-8	10	-1	
6		-3	-1	11	
7					
8	标量*矩阵B				
9		78	-48	-18	<-- =D4*$B$2
10		-48	60	-6	
11		-18	-6	66	

32.2.2 矩阵相加

具有相同行列数的矩阵可以相加。两个向量或矩阵是按其对应的元素相加。因此如果 $A=[a_{ij}]$, $B=[b_{ij}]$, $A+B=[a_{ij}+b_{ij}]$:

	A	B	C	D	E	F	G	H	I
1	矩阵相加								
2	矩阵A			矩阵B			A + B之和		
3	1	3		2	3		3	6	<-- =B3+E3
4	3	0		23	5		26	5	
5	6	-9		8	6		14	-3	
6	5	11		-15	1		-10	12	
7	7	12		4	-1		11	11	

32.2.3 矩阵转置

矩阵转置是行列元素互相的调换。因此,对一个转置矩阵 E 见下表:

	A	B	C	D	E	F	G	H	I
1					矩阵转置				
2	矩阵E					E的转置: E^T			
3	1	2	3	4		1	0	16	<-- {=TRANSPOSE(A3:D5)}
4	0	3	77	-9		2	3	7	
5	16	7	7	2		3	77	7	
6						4	-9	2	
7									
8	单元格F3:H6是由数组函数Transpose(A3:D5)生成的。使用这个函数:选中整个区域输入公式,然后按 [Ctrl]+[Shift]+[Enter] 完成。细节见第34章。								

它说明了数组函数 Transpose 的使用。更多关于数组函数使用的细节介绍见第 34 章。

32.2.4 矩阵相乘

你可以用矩阵 A 乘以矩阵 B 来得到乘积 AB。然而只有在 A 的列数等于 B 的行数时,才可以这样做。乘积 AB 的行数和 A 的行数相等,列数和 B 的列数相等。

糊涂了? 来看看几个例子。假设 X 是一个行向量,Y 是一个列向量,它们都具有 n 个元素:

$$X = \begin{bmatrix} x_1 \ x_2 \cdots x_n \end{bmatrix}, \qquad Y = \begin{bmatrix} y_1 \\ y_2 \\ \vdots \\ y_n \end{bmatrix}$$

那么 X 和 Y 的乘积定义为:

$$XY = \begin{bmatrix} x_1 \ x_2 \cdots x_n \end{bmatrix} \begin{bmatrix} y_1 \\ y_2 \\ \vdots \\ y_n \end{bmatrix} = \sum_{i=1}^n x_i y_i$$

现在假设 A 和 B 是两个矩阵,A 有 p 行和 n 列,B 有 n 行和 m 列:

$$A = \begin{bmatrix} a_{11} & a_{12} & \cdots & a_{1n} \\ a_{21} & a_{22} & \cdots & a_{2n} \\ \vdots & \vdots & & \vdots \\ a_{p1} & a_{p2} & \cdots & a_{pn} \end{bmatrix} \qquad B = \begin{bmatrix} b_{11} & b_{12} & \cdots & b_{1m} \\ b_{21} & b_{22} & \cdots & b_{2m} \\ \vdots & \vdots & & \vdots \\ b_{n1} & b_{n2} & \cdots & b_{nm} \end{bmatrix}$$

那么 A 和 B 的乘积,记作 AB,定义为:

$$AB = \begin{bmatrix} \sum_{h=1}^{n} a_{1h}b_{h1} & \sum_{h=1}^{n} a_{1h}b_{h2} & \cdots & \sum_{h=1}^{n} a_{1h}b_{hm} \\ \sum_{h=1}^{n} a_{2h}b_{h1} & \sum_{h=1}^{n} a_{2h}b_{h2} & \cdots & \sum_{h=1}^{n} a_{2h}b_{hm} \\ \vdots & \vdots & & \vdots \\ \sum_{h=1}^{n} a_{ph}b_{h1} & \sum_{h=1}^{n} a_{ph}b_{h2} & \cdots & \sum_{h=1}^{n} a_{ph}b_{hm} \end{bmatrix}, 第 ij 个元素 = \sum_{h=1}^{n} a_{ih}b_{hj}$$

注意 AB 的第 ij 个元素是 A 的第 i 行乘以 B 的第 j 列。例如：

$$A = \begin{bmatrix} 2 & -6 \\ -9 & 3 \end{bmatrix} \quad B = \begin{bmatrix} 6 & 9 & -12 \\ -5 & 2 & 4 \end{bmatrix}, 那么 AB = \begin{bmatrix} 42 & 6 & -48 \\ -69 & -75 & 120 \end{bmatrix}$$

矩阵相乘的次序是非常重要的。矩阵相乘不能交换；即 $AB \neq BA$。正如例子中所看到的，可以用 A 乘以 B 并不意味着 BA 有定义。

为了在 Excel 中做矩阵乘法，我们使用数组函数 MMult：

	A	B	C	D	E	F
1			矩阵相乘			
2	矩阵**A**				矩阵**B**	
3	2	-7		6	9	-12
4	0	3		-5	2	4
5						
6		乘积**AB**				
7	47	4	-52	<-- {=MMULT(A3:B4,D3:F4)}		
8	-15	6	12			

两个矩阵相乘，第一个矩阵的列数必须与第二个矩阵的行数相等。为此我们可用 A 乘 B，但不能 B 乘 A。假如你试图在 Excel 中尝试，函数 MMult 会给你出错信息。

	A	B	C	D	E	F
1		矩阵乘法：第一个矩阵的列数必须等于第二个矩阵的行数 不能用矩阵**B**乘以矩阵**A**!				
2	矩阵**A**				矩阵**B**	
3	2	-7		6	9	-12
4	0	3		-5	2	4
5						
6		**BA**相乘				
7	#VALUE!	#VALUE!	#VALUE!	<-- {=MMULT(D3:F4,A3:B4)}		
8	#VALUE!	#VALUE!	#VALUE!			

32.3 矩阵求逆

一个方阵 I，如果它的非对角线上的元素是 0 并且对角线上的元素是 1，那么我们将它称为单位矩阵。因此：

$$I = \begin{bmatrix} 1 & 0 & \cdots & 0 & 0 \\ 0 & 1 & \cdots & 0 & 0 \\ \vdots & \vdots & & \vdots & \vdots \\ 0 & 0 & & 1 & 0 \\ 0 & 0 & \cdots & 0 & 1 \end{bmatrix}$$

很容易看出任何矩阵 A 与适当维数的单位矩阵相乘，A 不变化。因此，假设 I_n 是一个 $n \times n$ 的单位矩阵，并且 A 是一个 $n \times m$ 矩阵，$IA = A$。类似地，假如 I_m 是一个 $m \times m$ 的单位矩阵，$AI = A$。

现在，我们给出一个 n 维的方阵 A。如果 $A^{-1}A = AA^{-1} = I$，那么 $n \times n$ 矩阵 A^{-1} 称为 A 的逆矩阵。逆矩阵的计算比较麻烦；Excel 有一个数组函数 MInverse 可以为我们做这个计算。下面是一个例子：

	A	B	C	D	E	F	G	H	I	J
1					矩阵的逆					
					使用数组函数**Minverse**计算方阵的逆矩阵					
2		矩阵A					A的逆			
3	1	-9	16	1		-0.0217	1.8913	0.5362	-1.1449	<-- {=MINVERSE(A3:D6)}
4	3	3	2	3		0.0000	-1.0000	-0.1667	0.6667	
5	2	4	0	-2		0.0652	-0.6739	-0.1087	0.4348	
6	5	7	3	4		-0.0217	-0.1087	-0.2971	0.1884	
7										
8		逆的验证								
9	我们将A的逆和A相乘:下面的单元格包含数组函数 {=MMULT(A3:D6,F3:I6)}									
10	1	1.07E-15	-2.2E-16	-9.4E-16						
11	0	1	-1.1E-16	2.22E-16						
12	6.94E-18	8.33E-17	1	5.55E-16						
13	1.39E-17	1.17E-15	-4.4E-16	1						

正如上面电子表所显示的，你可以使用 MMult 检验该矩阵和它的逆矩阵的结果确实是一个单位矩阵。$1.07E-15$ 即是 1.07×10^{-15}，但事实上是零；你可以用"格式│单元格│数字"来确定小数位数，去掉上面繁杂的表达：

	A	B	C	D
9	我们将A的逆和A相乘:下面的单元格包含数组函数 {=MMULT(A3:D6,F3:I6)}			
10	1.0000	0.0000	0.0000	0.0000
11	0.0000	1.0000	0.0000	0.0000
12	0.0000	0.0000	1.0000	0.0000
13	0.0000	0.0000	0.0000	1.0000

一个有逆矩阵的方阵称为非奇异矩阵。一个矩阵成为非奇异矩阵的条件是：一个方阵的维数为 n，$A = [a_{ij}]$ 是一个非奇异矩阵的充要条件是对下面的 n 阶方程组 $\sum_i a_{ij} x_i = 0$，$j = 1, 2, \cdots, n$。

只有唯一的解，即 $x_i = 0$，$i = 1, 2, \cdots, n$。矩阵求逆是一个复杂的事情。如果存在一个向量 X，它的元素几乎都是 0 并且是方程组的解，那么该矩阵是坏条件（ill-conditional）矩阵，它可能很难找到一个精确的逆矩阵。

32.4 解联立线性方程组

一个 n 阶联立线性方程组可写为：

$$a_{11}x_1 + a_{12}x_2 + \cdots + a_{1n}x_n = y_1$$
$$a_{21}x_1 + a_{22}x_2 + \cdots + a_{2n}x_n = y_2$$
$$\vdots$$
$$a_{n1}x_1 + a_{n2}x_2 + \cdots + a_{nn}x_n = y_n$$

将系数矩阵写为 $A = [a_{ij}]$，未知列向量写为 $X = [x_j]$，常数列向量写为 $Y = [y_j]$，我们可以将这个联立线性方程组写为 $AX = Y$。

不是每个联立线性方程组都有解，而且也不是每个方程组的解都是唯一的。如果矩阵 A 是一个方阵并且是非奇异的，方程组 $AX = Y$ 总有一个唯一的解。在这情况，求解是通过在方程两边乘以 A 的逆矩阵进行的，因为：

$$AX = Y \Rightarrow A^{-1}AX = A^{-1}Y \Rightarrow X = A^{-1}Y$$

这里有一个例子。假如我们要求解下面的一个 3×3 方程组：

$$3x_1 + 4x_2 + 66x_3 = 16$$
$$-33x_2 + x_3 = 77$$
$$42x_1 + 3x_2 + 2x_3 = 12$$

我们在 Excel 中按下面方式来求解这个方程组：

	A	B	C	D	E	F	G	H
1				解方程组				
2		系数矩阵A			列向量y		解 $A^{-1}Y$	
3	3	4	66		16		0.4343	
4	0	-33	1		77		-2.3223	<-- {=MMULT(MINVERSE(A3:C5),E3:E5)}
5	42	3	2		12		0.3634	
6								
7	解的检查							
8		16						
9		77	<-- {=MMULT(A3:C5,G3:G5)}					
10		12						

在单元格区域 B8∶B10 我们通过矩阵 A 乘以列向量 G3∶G5 检验该方程组的解。

32.5　一些自制矩阵函数

在本章关于资产组合的问题中我们将用到一些不包含在 Excel 中的矩阵函数。这些函数需要在使用前先载入电子表——参照本书一开始或者第 36 章 VBA 部分的技术指示。

32.5.1　方差—协方差矩阵

当处理股票收益的时候，我们常会需要计算方差—协方差矩阵。一下函数能解决这个问题：

```
'My thanks to Amir Kirsch and BeniCzaczkes
Function VarCovar(rng As Range) As Variant
    Dim i As Integer
    Dim j As Integer
    Dim numcols As Integer
    numcols = rng.Columns.Count
    numrows = rng.Rows.Count
    Dim matrix() As Double
    ReDim matrix(numcols - 1, numcols - 1)
    For i = 1 To numcols
        For j = 1 To numcols
        matrix(i - 1, j - 1) = _
        Application.WorksheetFunction. _
        Covar(rng.Columns(i), rng.Columns(j)) _
        * numrows / (numrows - 1)
        Next j
    Next i
    VarCovar = matrix
End Function
```

应用之后，数据表显示了 10 只股票五年的月收益：

	A	B	C	D	E	F	G	H	I	J	K
1	五年中10只股票的收益										
2		麦当劳	美国钢铁公司	安赛乐米塔尔公司	微软公司	苹果公司	家乐氏公司	通用电气公司	美国银行	辉瑞公司	埃克森美孚公司
3	日期	MCD	X	MT	MSFT	AAPL	K	GE	BAC	PFE	XOM
4	2007/3/1	3.07%	11.18%	3.91%	-1.06%	9.36%	3.13%	1.27%	0.38%	1.17%	5.13%
5	2007/4/2	6.93%	2.37%	1.00%	7.18%	7.15%	2.84%	4.17%	-0.25%	4.64%	5.08%
6	2007/5/1	4.59%	11.02%	12.16%	2.80%	19.42%	2.55%	1.91%	0.73%	4.89%	5.09%
7	2007/6/1	0.41%	-3.98%	3.93%	-4.06%	0.70%	-4.14%	2.60%	-3.66%	-7.23%	0.85%
8	2007/7/2	-5.85%	-10.11%	-2.23%	-1.66%	7.66%	0.04%	1.24%	-3.06%	-8.39%	1.49%
9	2007/8/1	2.83%	-3.72%	8.65%	-0.53%	4.97%	6.42%	0.28%	6.66%	6.70%	1.09%
56	2011/7/1	2.53%	-14.09%	-10.97%	5.24%	15.12%	0.82%	-5.16%	-12.05%	-6.79%	-1.97%
57	2011/8/1	5.12%	-28.23%	-33.99%	-2.32%	-1.46%	-1.86%	-9.36%	-17.20%	-0.27%	-6.85%
58	2011/9/1	-2.92%	-31.32%	-32.29%	-6.66%	-0.92%	-2.10%	-5.99%	-28.81%	-7.13%	-1.89%
59	2011/10/3	5.58%	14.13%	26.47%	6.77%	5.97%	1.90%	9.37%	10.99%	8.57%	7.24%
60	2011/11/1	3.58%	7.58%	-8.23%	-3.27%	-5.74%	-8.89%	-4.89%	-22.61%	5.11%	3.56%
61	2011/12/1	4.91%	-3.13%	-3.78%	1.47%	5.79%	2.83%	12.79%	2.18%	7.56%	5.24%
62	2012/1/3	-1.28%	13.17%	12.05%	12.88%	11.97%	-2.10%	4.37%	24.87%	-1.13%	-1.22%
63	2012/2/1	0.94%	2.85%	12.71%	4.11%	7.73%	1.38%	2.22%	13.74%	-0.19%	1.90%

计算方差—协方差矩阵：

	A	B	C	D	E	F	G	H	I	J	K
1	10只股票的方差—协方差矩阵										
2		MCD	X	MT	MSFT	AAPL	K	GE	BAC	PFE	XOM
3	MCD	0.0020	0.0037	0.0028	0.0015	0.0017	0.0007	0.0020	0.0031	0.0015	0.0011
4	X	0.0037	0.0380	0.0284	0.0076	0.0111	0.0031	0.0127	0.0176	0.0043	0.0043
5	MT	0.0028	0.0284	0.0267	0.0065	0.0097	0.0031	0.0102	0.0133	0.0038	0.0039
6	MSFT	0.0015	0.0076	0.0065	0.0063	0.0049	0.0010	0.0046	0.0079	0.0018	0.0014
7	AAPL	0.0017	0.0111	0.0097	0.0049	0.0126	0.0016	0.0049	0.0049	0.0007	0.0020
8	K	0.0007	0.0031	0.0031	0.0010	0.0016	0.0026	0.0028	0.0046	0.0011	0.0003
9	GE	0.0020	0.0127	0.0102	0.0046	0.0049	0.0028	0.0122	0.0163	0.0041	0.0022
10	BAC	0.0031	0.0176	0.0133	0.0079	0.0049	0.0046	0.0163	0.0393	0.0080	0.0017
11	PFE	0.0015	0.0043	0.0038	0.0018	0.0007	0.0011	0.0041	0.0080	0.0041	0.0011
12	XOM	0.0011	0.0043	0.0039	0.0014	0.0020	0.0003	0.0022	0.0017	0.0011	0.0026
13											
14		公式：	{=VARCOVAR('Page 847, ttop (2)'!B4:K63)}								

32.5.2 相关系数矩阵

以上函数变化后可以计算收益的相关系数矩阵：

```
Function CorrMatrix(rng As Range) As Variant
Dim i As Integer
Dim j As Integer
Dim numCols As Integer
numCols = rng.Columns.Count
numRows = rng.Rows.Count
Dim matrix() As Double
ReDimmatrix(numCols - 1, numCols - 1)
For i = 1 TonumCols
For j = 1 TonumCols
matrix(i - 1, j - 1) = _
Application.WorksheetFunction.
```

```
Correl(rng.Columns(i), rng.Columns(j))
Next j
Next i
CorrMatrix = matrix
End Function
```

对上述例子的应用:

	A	B	C	D	E	F	G	H	I	J	K
1					10只股票的相关系数矩阵						
2		MCD	X	MT	MSFT	AAPL	K	GE	BAC	PFE	XOM
3	MCD	1.0000	0.4199	0.3859	0.4238	0.3379	0.2920	0.4064	0.3506	0.5411	0.4741
4	X	0.4199	1.0000	0.8898	0.4898	0.5062	0.3078	0.5904	0.4556	0.3491	0.4361
5	MT	0.3859	0.8898	1.0000	0.5044	0.5277	0.3692	0.5659	0.4103	0.3602	0.4620
6	MSFT	0.4238	0.4898	0.5044	1.0000	0.5497	0.2416	0.5312	0.5050	0.3542	0.3581
7	AAPL	0.3379	0.5062	0.5277	0.5497	1.0000	0.2827	0.3964	0.2205	0.0945	0.3425
8	K	0.2920	0.3078	0.3692	0.2416	0.2827	1.0000	0.4846	0.4559	0.3487	0.1234
9	GE	0.4064	0.5904	0.5659	0.5312	0.3964	0.4846	1.0000	0.7461	0.5842	0.3926
10	BAC	0.3506	0.4556	0.4103	0.5050	0.2205	0.4559	0.7461	1.0000	0.6328	0.1723
11	PFE	0.5411	0.3491	0.3602	0.3542	0.0945	0.3487	0.5842	0.6328	1.0000	0.3435
12	XOM	0.4741	0.4361	0.4620	0.3581	0.3425	0.1234	0.3926	0.1723	0.3435	1.0000
13											
14		公式: {=CorrMatrix('Page 847, ttop (2)'!B4:K63)}									

32.5.3 单位行和单位列

投资组合计算有时会运用单位行或单位列。比如第 10 章中的全局最小方差投资组合 (GMVP)有下列公式:

$$GMVP \text{ 行} = \frac{\text{单位行}(N) \cdot S}{\text{单位行}(N) \cdot S \cdot \text{单位列}(N)}$$

$$GMVP \text{ 列} = \frac{S \cdot \text{单位列}(N)}{\text{单位行}(N) \cdot S \cdot \text{单位列}(N)}$$

S 是方差—协方差矩阵:

$$s = \begin{bmatrix} \sigma_{11} & \sigma_{12} & \sigma_{13} & \cdots & \sigma_{1N} \\ \sigma_{21} & \sigma_{22} & \sigma_{23} & \cdots & \sigma_{2N} \\ \sigma_{31} & \sigma_{32} & \sigma_{33} & \cdots & \sigma_{3N} \\ \vdots & \vdots & \vdots & & \vdots \\ \sigma_{N1} & \sigma_{N2} & \sigma_{N3} & \cdots & \sigma_{NN} \end{bmatrix}$$

上述公式中的分母是分子的简单相加,因此公式又可以写为:

$$GMVP \text{ 行} = \frac{\text{单位行}(N) \cdot S}{Sum(\text{单位行}(N) \cdot S)}$$

$$GMVP \ 列 = \frac{S \cdot 单位列(N)}{Sum(S \cdot 单位列(N))}$$

单位列或行可以用下面两个函数计算：

```
'With thanks to Priyush Singh and AyalItzkovitz
Function UnitrowVector(numcols As Integer) _
As Variant
    Dim i As Integer
    Dim vector() As Integer
    ReDim vector(0, numcols - 1)
    For i = 1 To numcols
        vector(0, i - 1) = 1
    Next i
    UnitrowVector = vector
End Function


Function UnitColVector(numrows As Integer) As Variant
    Dim i As Integer
    Dim vector() As Integer
    ReDim vector(numrows - 1, 1)
    For i = 1 To numrows
        vector(i - 1, 0) = 1
    Next i
    UnitColVector = vector
End Function
```

这是这些函数在电子表中的运用：

	A	B	C	D	E
1	\multicolumn{5}{c}{**行和列的单位向量**}				
2	1	<-- {=UNITCOLVECTOR(5)}			
3	1				
4	1				
5	1				
6	1				
7					
8	1	1	1	1	<-- {=UNITROWVECTOR(4)}

这些函数更有趣的运用是将他们直接用在公式中，在下面的例子中，我们计算 GMVP：

	A	B	C	D	E	F	G	H	I	J	K
1					计算全局最小方差投资组合（GMVP）						
2		MCD	X	MT	MSFT	AAPL	K	GE	BAC	PFE	XOM
3	MCD	0.0020	0.0037	0.0028	0.0015	0.0017	0.0007	0.0020	0.0031	0.0015	0.0011
4	X	0.0037	0.0380	0.0284	0.0076	0.0111	0.0031	0.0127	0.0176	0.0043	0.0043
5	MT	0.0028	0.0284	0.0267	0.0065	0.0097	0.0031	0.0102	0.0133	0.0038	0.0039
6	MSFT	0.0015	0.0076	0.0065	0.0063	0.0049	0.0010	0.0046	0.0079	0.0018	0.0014
7	AAPL	0.0017	0.0111	0.0097	0.0049	0.0126	0.0016	0.0049	0.0049	0.0007	0.0020
8	K	0.0007	0.0031	0.0031	0.0010	0.0016	0.0026	0.0028	0.0046	0.0011	0.0003
9	GE	0.0020	0.0127	0.0102	0.0046	0.0049	0.0028	0.0122	0.0163	0.0041	0.0022
10	BAC	0.0031	0.0176	0.0133	0.0079	0.0049	0.0046	0.0163	0.0393	0.0080	0.0017
11	PFE	0.0015	0.0043	0.0038	0.0018	0.0007	0.0011	0.0041	0.0080	0.0041	0.0011
12	XOM	0.0011	0.0043	0.0039	0.0014	0.0020	0.0003	0.0022	0.0017	0.0011	0.0026
13											
14						GMVP					
15	MCD	0.0326	<--	{=MMULT(B3:K12, UNITCOLVECTOR(10))/SUM(MMULT(B3:K12, UNITCOLVECTOR(10)))}						
16	X	0.2117									
17	MT	0.1754									
18	MSFT	0.0705									
19	AAPL	0.0873									
20	K	0.0340									
21	GE	0.1166									
22	BAC	0.1891									
23	PFE	0.0493									
24	XOM	0.0335									
25											
26		MCD	X	MT	MSFT	AAPL	K	GE	BAC	PFE	XOM
27		0.0326	0.2117	0.1754	0.0705	0.0873	0.0340	0.1166	0.1891	0.0493	0.0335
28		Formula:	{=MMULT(UNITROWVECTOR(10),B3:K12)/SUM(MMULT(UNITROWVECTOR(10),B3:K12))}								

习题

1. 用 Excel 处理下列的矩阵运算：

(1) $\begin{bmatrix} 2 & 12 & 6 \\ 4 & 8 & 7 \\ 1 & 0 & -9 \end{bmatrix} + \begin{bmatrix} 1 & 1 & 2 \\ 8 & 0 & -23 \\ 1 & 7 & 3 \end{bmatrix}$

(2) $\begin{bmatrix} 2 & -9 \\ 5 & 0 \\ 6 & -6 \end{bmatrix} \begin{bmatrix} 3 & 1 & 1 \\ 2 & 3 & 2 \end{bmatrix}$

(3) $\begin{bmatrix} 2 & 0 & 6 \\ 4 & 8 & 7 \\ 1 & 0 & -9 \end{bmatrix} \begin{bmatrix} 1 & 1 & 2 \\ 8 & 0 & -2 \\ 1 & 7 & 3 \end{bmatrix}$

2. 找下列矩阵的逆矩阵：

(1) $\begin{bmatrix} 1 & 2 & 8 & 9 \\ 2 & 5 & 3 & 0 \\ 4 & 4 & 2 & 7 \\ 5 & -2 & 1 & 6 \end{bmatrix}$

$(2) \begin{bmatrix} 3 & 2 & 1 \\ 6 & -1 & 3 \\ 7 & 4 & 3 \end{bmatrix}$

$(3) \begin{bmatrix} 20 & 2 & 3 & -3 \\ 2 & 10 & 2 & -2 \\ 3 & 2 & 40 & 9 \\ -3 & -2 & 9 & 33 \end{bmatrix}$

3. 用 Excel 数组函数 Transpose 转置下列矩阵：

$(1) A = \begin{bmatrix} 3 & 2 & 1 \\ -15 & 4 & 1 \\ 6 & -9 & 1 \end{bmatrix}$

$(2) B = \begin{bmatrix} 1 & 2 & 3 & 4 & 5 \\ -2 & 7 & -9 & 0 & 0 \\ 3 & -3 & 11 & 12 & 1 \end{bmatrix}$

4. 通过运用矩阵解下列联立方程：

$3x + 4y - 6z - 9w = 15$

$2x - y + w = 2$

$y + z + w = 3$

$x + y - z = 1$

5. 求解方程 $AX = Y$，这里：

$$A = \begin{bmatrix} 13 & -8 & -3 \\ -8 & 10 & -1 \\ -3 & -1 & 11 \end{bmatrix}, Y = \begin{bmatrix} 20 \\ -5 \\ 0 \end{bmatrix}, X = \begin{bmatrix} x_1 \\ x_2 \\ x_3 \end{bmatrix}$$

6. 一个差的矩阵是"它几乎没有逆矩阵"。下面有一个 Hilbert 矩阵就属于这类矩阵。一个 n 维的 Hilbert 矩阵如下：

$$H_n = \begin{bmatrix} 1 & 1/2 & \cdots & 1/n \\ 1/2 & 1/3 & \cdots & 1/(n+1) \\ \vdots & & & \\ 1/n & 1/(n+1) & & 1/(2n-1) \end{bmatrix}$$

(1) 计算 H_2、H_3 和 H_8。

(2) 对下列方程组：

$$H_n \begin{bmatrix} x_1 \\ x_2 \\ \vdots \\ x_n \end{bmatrix} = \begin{bmatrix} 1 + 1/2 + \cdots + 1/n \\ 1/2 + 1/3 + \cdots + 1/(n+1) \\ \vdots \\ 1/n + 1/(n+1) + \cdots + 1/(2n-1) \end{bmatrix}$$

通过这些问题的观察来寻找答案。

(3) 现在对 $n = 2, 8, 14$ 求解 $H_n \cdot X = Y$。你如何解释这个差别？

33

Excel 函数

33.1 概述

Excel 有几百个函数。本章只研究本书中用到的函数。主要是下面这些函数：
- 财务函数：NPV、IRR、PV、PMT、XIRR、XNPV
- 时间函数：Now、Today、Date、Weekday、Month、Datedif
- 统计函数：Average、Var、Varp、Stdev、Stdevp、Correl、Covar
- 回归函数：Slope、Intercept、Rsq、Linest
- 条件函数：If、VLookup、HLookup
- Large、Rank、Percentile、Percentrank
- Count、CountA、CountIf
- Offset

数组函数作为单独一章，将在第 34 章讨论。

33.2 财务函数

33.2.1 NPV

Excel 的 NPV 与标准财务定义有些不同。用财务文献中，以 r 为折现率对一组现金流 C_0，C_1，C_2，$\cdots$，C_n 折现的净现值可表达为：

$$\sum_{t=0}^{n} \frac{C_t}{(1+r)^t} \quad \text{或} \quad C_0 + \sum_{t=1}^{n} \frac{C_t}{(1+r)^t}$$

在许多情况下，C_0 表示购买资产的成本，因此是负值。

Excel 定义的 NPV 一般假定第一笔现金流是在一期之后。想得到标准财务表达的用户为此必须按 $NPV(r, \{C_1, C_2, \cdots, C_n\}) + C_0$ 进行计算。 这里有一个例子：

	A	B	C	D
1	**EXCEL的NPV函数**			
2	折现率	10%		
3				
4	年	现金流	现值	
5	0	-100.00	-100.00	<-- =B5/(1+$B$2)^A5
6	1	35.00	31.82	
7	2	33.00	27.27	
8	3	34.00	25.54	
9	4	25.00	17.08	
10	5	16.00	9.93	
11				
12	未来现金流的现值	111.65	<-- =SUM(C6:C10)	
13		111.65	<-- =NPV(B2,B6:B10)	
14	净现值	11.65	<-- =B5+NPV(B2,B6:B10)	

NPV 函数有一个潜在的错误：它不区分空单元格与含有 0 的单元格。这可能会引起混淆，正如在下面的例子中可以看到的。在 B5:B7 格中该现金流的现值是 65.75，它与 $\frac{100}{1.15^3}$ 对应。但在 B11:B13 中该现金流的另一个类似例子是，Excel 的 NPV 函数认为第一笔现金流是 100，并返回 $\frac{100}{1.15} = 86.96$ 的结果。 因此，在使用 NPV 函数中你必须明确，对为 0 的现金流要在单元格内输 0。

	A	B	C
1	**NPV忽略空白单元格！**		
2	折现率	15%	
3			
4	年	现金流	
5	1	0.00	
6	2	0.00	
7	3	100.00	
8	现值	65.75	<-- =NPV(B2,B5:B7)
9			
10	年	现金流	
11	1		
12	2		
13	3	100.00	
14	现值	86.96	<-- =NPV(B2,B11:B13)

33.2.2　IRR

一组现金流 C_0，C_1，C_2，$\cdots$，C_n 的内部收益率（IRR）是该组现金流的净现值为零时的利率 r：

$$\sum_{t=0}^{n} \frac{C_t}{(1+r)^t} = 0$$

IRR()函数的 Excel 语法是 IRR(cash flows, guess)。这里的 cash flows 表示整组现金流，包括第一笔现金流 C_0，以及计算 IRR 算法的起点 guess。

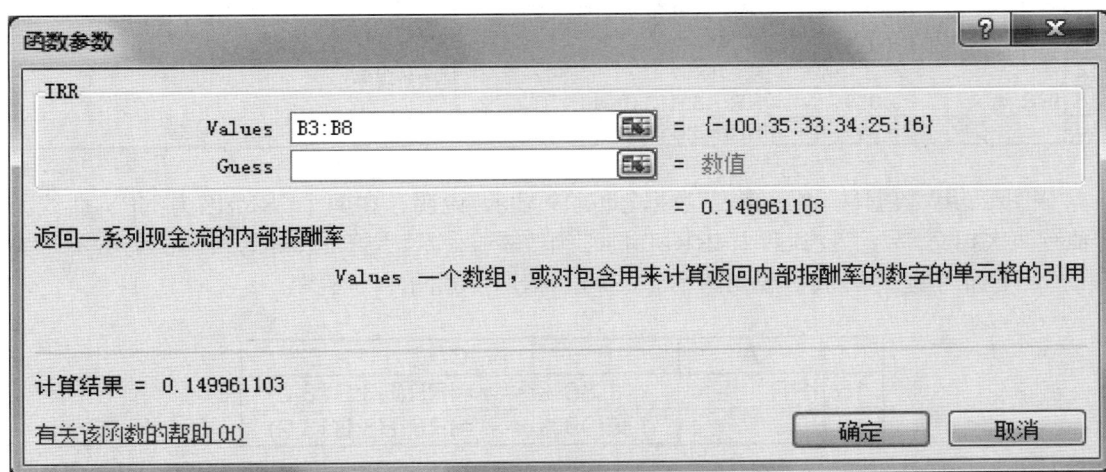

第一个简单例子——考虑在 NPV 中给出的下列现金流：

	A	B	C
1			**EXCEL的IRR函数**
2	年	现金流	
3	0	-100	
4	1	35	
5	2	33	
6	3	34	
7	4	25	
8	5	16	
9			
10	IRR	15.00%	<-- =IRR(B3:B8)
11		15.00%	<-- =IRR(B3:B8,5%), IRR Guess = 5%

注意（见单元格 B6）当只存在一个 IRR 时，guess 不是必要的。但是，当存在多个的 IRR

时 guess 的选择会有不同，见下面的现金流：

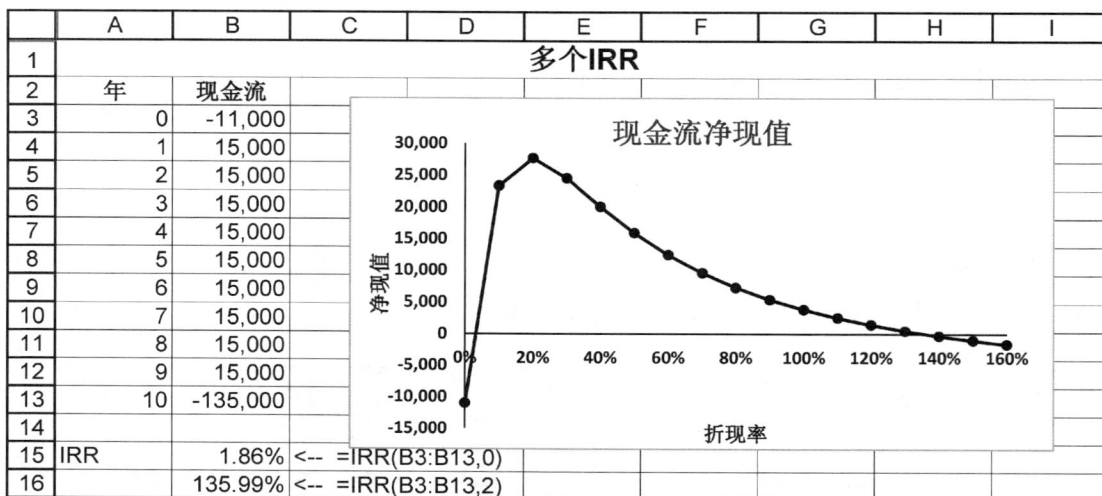

	A	B	C	D	E	F	G	H	I
1					多个IRR				
2	年	现金流							
3	0	-11,000							
4	1	15,000							
5	2	15,000							
6	3	15,000							
7	4	15,000							
8	5	15,000							
9	6	15,000							
10	7	15,000							
11	8	15,000							
12	9	15,000							
13	10	-135,000							
14									
15	IRR	1.86%	<-- =IRR(B3:B13,0)						
16		135.99%	<-- =IRR(B3:B13,2)						

该图形（用"数据|模拟运算表"数据，此处未显示）说明存在两个 IRR，因为 NPV 曲线与 x 轴有两次相交。为了找到两个 IRR，我们必须改变 guess（尽管 guess 的精确值仍然不是关键的）。下面的例子中，我们改变两个 guess 值，依旧得到同样的答案：

	A	B	C	D
15	IRR	1.86%	<-- =IRR(B3:B13,0)	
16		135.99%	<-- =IRR(B3:B13,2)	

注意，假如现金流中符号有超过一个的变化，现金流一般就会有多于一个的 IRR。在本例中，初始的现金流是负的，并且 CF_1—CF_9 是正的（该事实说明符号的一次变化）；而接下来 CF_{10} 的符号是负的——符号的第二次变化。如果你怀疑一组现金流有多于一个的 IRR，你首先要做的事情是用 Excel 作 NPV 的一个图形，就像我们所做一样。通过 NPV 曲线图与 x 轴相交的次数来判断 IRR（它们的近似价值）的个数。

33.2.3 PV 函数

这个函数是计算年金（一系列定期付款）的现值。

	A	B	C
1		PV函数	
2		在每一期期末偿付	
3	利率	10%	
4	期数	10.00	
5	付款金额	100.00	
6	现值	-614.46	<-- =PV(B3,B4,B5)

因此 614.46 美元 $= \sum_{t=1}^{10} \dfrac{100}{(1.10)^t}$。 这里有两个关于 PV 的注意事项：

- 如果支付日期是在 1，2，…，10，你应写为 PV(B3，B4，B5)。如果支付日期是在 0，1，2，…，9，你应该按下面的方式来写：

	A	B	C
9	在每一期期初偿付		
10	利率	10%	
11	期数	10.00	
12	付款金额	100.00	
13	现值	-675.90	<-- =PV(B10,B11,B12,,1)

公式 PV(B10，B11，B12，,1)也可以通过下面的对话框来生成：

- 令人烦恼的是，PV 函数(以及 PMT、IPMT 和 PPMT 函数——见后面两个小节)会产生一个负数。(有一个逻辑问题，但它不需要解释。)显然解决办法是：写为－PV(B3，B4，B5)或通过写为 PV(B3，B4，－B5)让付款是负数。

33.2.4 PMT

PMT 函数是对固定期限数及分期付款的贷款每期还款金额的计算。例如，下面电子表中列出的第一个计算表明 1,000 美元贷款，按 8％的利率和分 10 年支付，每年的利息本金和的等额还款是 149.03 美元。该计算是根据下列方程进行的：

$$\sum_{t=1}^{n} \frac{X}{(1+r)^t} = 初始贷款本金$$

	A	B	C
1		**PMT函数**	
2		在每一期期末偿付	
3	利率	8%	
4	期数	10.00	
5	本金	1,000.00	
6	现值	-149.03	<-- =PMT(B3,B4,B5)
7			
8		在每一期期初偿付	
9	利率	8%	
10	期数	10.00	
11	本金	1,000.00	
12	现值	-137.99	<-- =PMT(B9,B10,B11,,1)

可以使用 PMT 函数计算贷款表。这些表——详细地解释在第 1 章中——将每期付款金额按利息和本金分开列出。在每期,贷款的付款金额(用 PMT 函数计算)是分列的:

* 我们首先按期初未偿本金的计算利息。下面的表格中,在第 1 年年末,根据该年初贷款本金,我们有 80 美元的利息(1,000 美元的 8%)。

* 偿还本金(对第 1 年是 69.03 美元)将减少未偿付本金。

	A	B	C	D	E	F
1			**贷款表**			
2	利率	8%				
3	期数	10			=$B$5	
4	本金	1,000				
5	每年付款金额	149.03	<-- =-PMT(B2,B3,B4)			
6						
7				付款金额的分解		
8	年	年初本金	付款金额	利息	本金偿还额	
9	1	1,000.00	149.03	80.00	69.03	<-- =C9-D9
10	2	930.97	149.03	74.48	74.55	
11	3	856.42	149.03	68.51	80.52	
12	4	775.90	149.03	62.07	86.96	
13	5	688.95	149.03	55.12	93.91	
14	6	595.03	149.03	47.60	101.43	
15	7	493.60	149.03	39.49	109.54	
16	8	384.06	149.03	30.73	118.30	
17	9	265.76	149.03	21.26	127.77	
18	10	137.99	149.03	11.04	137.99	
19						
20	=B9-E9			=$B$2*B9		

注意第 10 年结束的时候,偿还本金完全地等于该年初的未偿付的本金(也就是贷款还清)。

33.2.5 IPMT 和 PPMT 函数

正如我们看到,一张贷款表将一笔贷款的分期偿还(用 PMT 计算)按利息和本金分列。在上一小节的贷款表中,我们在计算时首先计算每期的付款金额(C 列),然后根据期初余额算出利息(D 列),最后,用付款金额减去利息(E 列)。

IPMT 和 PPMT 不用每期的付款金额就能算出偿还的利息和本金。下面是这个例子:

	A	B	C	D	E
1			**IPMT 和 PPMT**		
2	利率	8%			
3	期数	10			
4	本金	1,000			
5					
6	年	年末本金偿还		年末利息支付	
7	1	69.03	<-- =PPMT($B$2,A7,$B$3,-$B$4)	80.00	<-- =IPMT($B$2,A7,$B$3,-$B$4)
8	2	74.55	<-- =PPMT($B$2,A8,$B$3,-$B$4)	74.48	<-- =IPMT($B$2,A8,$B$3,-$B$4)
9	3	80.52		68.51	
10	4	86.96		62.07	
11	5	93.91		55.12	
12	6	101.43		47.60	
13	7	109.54		39.49	
14	8	118.30		30.73	
15	9	127.77		21.26	
16	10	137.99		11.04	

正如你看到的,算出的付款金额与上一小节的贷款表里的金额相同。

33.3 日期和日期函数

阅读下面的 Excel 帮助中注释,你会知道所有你需要了解的有关工作表中输入日期的情况:

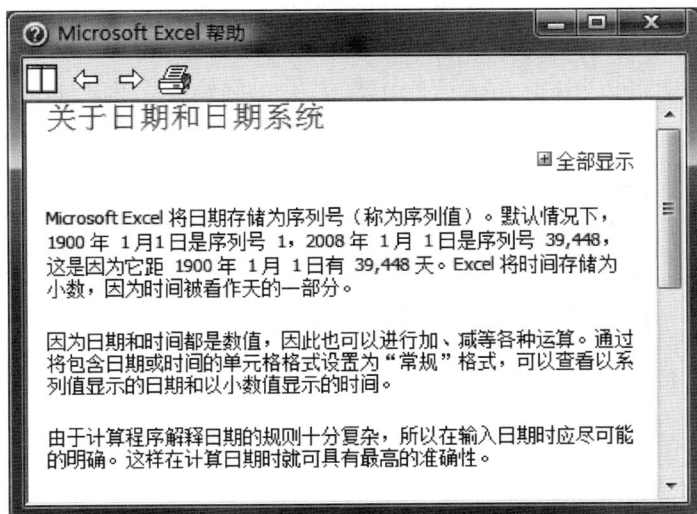

关于日期和日期系统

全部显示

Microsoft Excel 将日期存储为序列号(称为序列值)。默认情况下,1900 年 1 月 1 日是序列号 1,2008 年 1 月 1 日是序列号 39,448,这是因为它离 1900 年 1 月 1 日有 39,448 天。Excel 将时间存储为小数,因为时间被看作天的一部分。

因为日期和时间都是数值,因此也可以进行加、减等各种运算。通过将包含日期或时间的单元格格式设置为"常规"格式,可以查看以系列值显示的日期和以小数值显示的时间。

由于计算程序解释日期的规则十分复杂,所以在输入日期时应尽可能的明确。这样在计算日期时就可具有最高的准确性。

你需要知道的基本事实是，Excel 将日期转换为数字：下面是一个例子：假设你决定在单元格中输入一个日期：

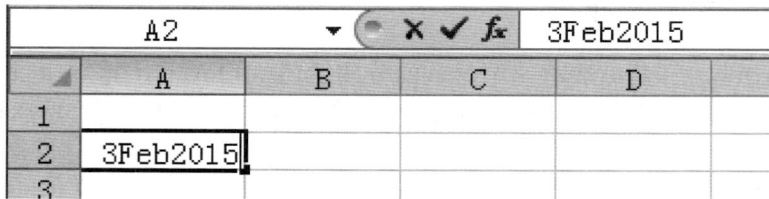

当你"回车"，Excel 认为你键入了一个日期。它会按如下方式显示：

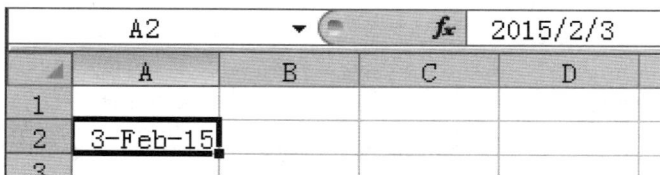

注意在公式栏中（上图箭头所指处），Excel 将这个日期记为"03-02-2015"。①当你对单元格改变格式，使用"格式|单元格|数字|常规"，你会看到 Excel 将日期记为"42038"，"1"代表 1900 年 1 月 1 日。

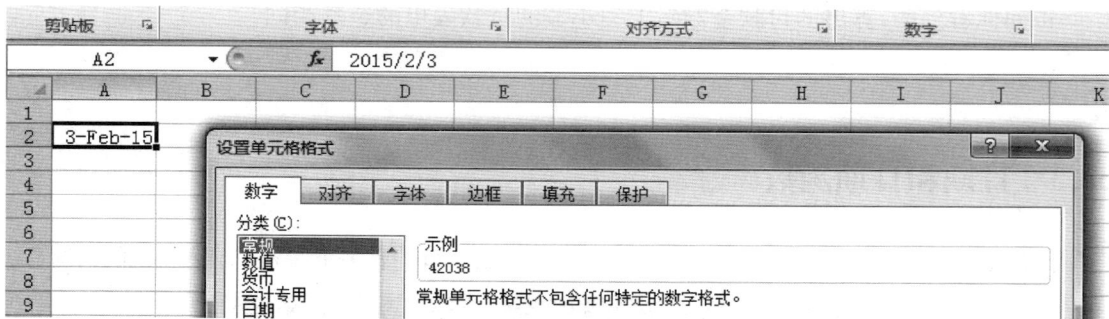

工作表中的日期可以相减：在下面的工作表中我们输入了两个日期并相减间隔天数如下：

	A	B	C
1	日期一	15-Aug-40	
2	日期二	28-Sep-52	
3	相隔天数	4427	<-- =B2-B1

你还可以对一个日期加上一个数字得到另一个日期。比如，1947 年 11 月 16 日之后的 165 天是几月几日？

---

① 这个日期显示的显示方式和解释取决 Widows 控制面板的区域设置。

	B	C
5	16-Nov-47	
6	29-Apr-48	<-- =B5+165

33.3.1　拖曳产生日期

在下面的两个单元格中我们已经输入了日期,然后向下拖曳可添加一系列间隔相同的日期:

写入两个日期;将两个单元格都选中。	按住右下角的十字向下拉。	结果:添加了一系列间隔相同的日期。(本例中的间隔是 6 个月)
A1 A · B 1 3/15/2001 2 9/15/2001 3 4	A1 A B 1 3/15/2001 2 9/15/2001 3 4 5 6　　3/15/2003 7	A5 A B 1 3/15/2001 2 9/15/2001 3 3/15/2002 4 9/15/2002 5 3/15/2003 6 7

33.3.2　工作表中的时间

单元格中也可输入小时、分钟等等。在下面的单元格中,我们输入 8:22:

B2	× ✔ ƒx	8:22

	A	B	C	D
1				
2		8:22		
3				

当我们敲击"回车",Excel 会将输入的内容记为 8:22A.M.:

B2	ƒx	8:22:00

	A	B	C	D
1				
2		8:22		
3				

Excel 使用 24 小时记时，"a"代表 A.M.；"p"代表 P.M.：

如下输入	当你敲击回车

B4 ▼ X ✓ fx 3:58 p

	A	B	C	D
1				
2		8:22		
3				
4		3:58 p		
5				

B4 ▼ fx 15:58:00

	A	B	C	D
1				
2		8:22		
3				
4		3:58 PM		
5				

注意 p 和时间之间隔着一个空格。（当然，A.M.用 a 表示）

EXCEL 识别 24 小时制

如下输入：	如下输入后回车：

B2 ▼ X ✓ fx 15:23

	A	B	C	D
1				
2		15:23		
3				

B2 ▼ fx 15:23:00

	A	B	C	D
1				
2		15:23		
3				

你可以让时间相减，就像让日期相减一样；单元格 B5 告诉你在两个时点间已过去了 7 小时 32 分（忽略单元格 B5 中的"AM"）：

	B	C	D
3	3:48 PM		
4	8:16 AM		
5	7:32 AM	<-- =B3-B4	

当你用"格式|单元格|数字|常规"改变单元格的格式时，你会发现时间在 Excel 中按一天的形态表示：

	B	C	D
3	0.658333		
4	0.344444		
5	0.313889	<-- =B3-B4	

如果你输入一个日期和一个时间，你会看见同样的东西：

这是你输入的：	这是显示的：
▼ ⊝ ✕ ✓ ƒx 18 October 1913 5:48 p	ƒx 1913/10/18 5:48:00PM
B C D	C D
18 October 1913 5:48 p	1913/10/18 5:48:00PM

如果你将格式修改为常规：

ƒx 5040.74166666667

C

5040.741667

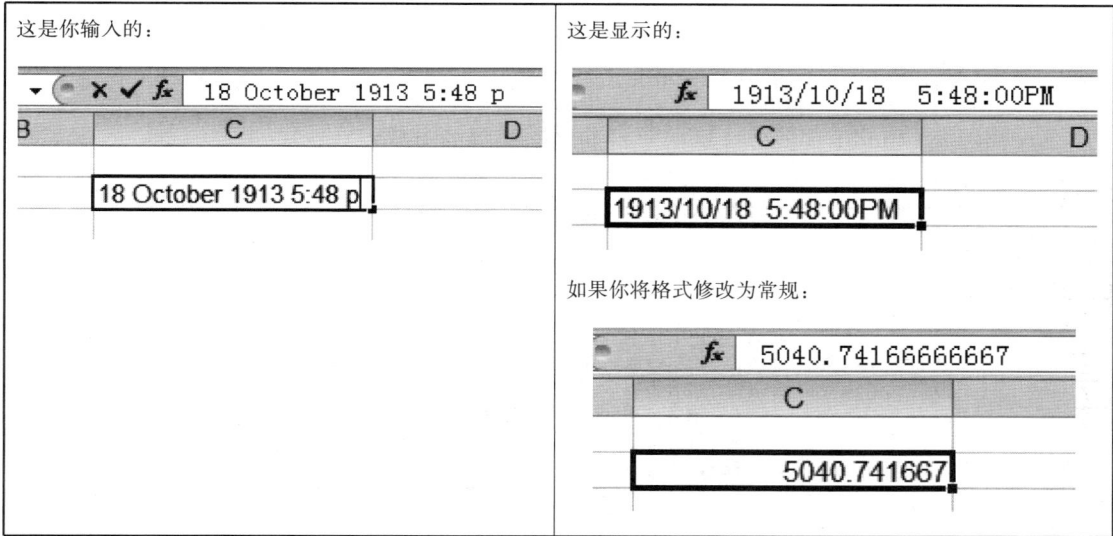

33.3.3 Excel 中的时间和日期函数

Excel 有一套完整的时间和日期函数。这里是几个我们认为有用的函数：

- Now 读出计算机的时钟并显示日期和时间。Now 没有参数，用空括号：Now( )。
- Today 读出计算机的时钟并显示出日期。该函数和 Now 一样，后面跟空括号：Today( )。
- Date(yyyy，mm，dd)给出输入的日期。
- Weekday 给出输入的日期是星期几。
- Month、Weeknum、Day 给出给定日期的月份、周数、日期。

这里是前 3 个函数：

	A	B	C
1	系列表达	日期/时间格式	
2	41881.91856	2014/8/30 22:02	<-- =NOW()
3	41881	2014/8/30	<-- =TODAY()
4	43924	Apr/3/2020	<-- =DATE(2020,4,3)
5			
6	**Now()的不同格式**		
7		30/Aug/14	<-- =NOW()
8		08/30/14 22:02	<-- =NOW()
9		10:02 PM	<-- =NOW()
10			
11	**运用 Weekday, Month, Weeknum, Day**		
12		7	<-- =WEEKDAY(NOW())
13		5	<-- =WEEKDAY("3apr1947")
14		4	<-- =MONTH(B4)
15		8	<-- =MONTH(NOW())
16		35	<-- =WEEKNUM(NOW())
17		30	<-- =DAY(NOW())

33.3.4 计算两日期的间隔：Datedif 函数

Excel 函数 Datedif 有多种计算两个日期之间间隔的方式：

	A	B	C	D
1			**DATEDIF计算两个日期之间的间隔**	
2	日期1	3-Apr-47		
3	日期2	15-Jan-13		
4				
5		65	<-- =DATEDIF(B2,B3,"y")	两个日期之间相隔的年数
6		789	<-- =DATEDIF(B2,B3,"m")	两个门期之间相隔的月数
7		24029	<-- =DATEDIF(B2,B3,"d")	两个日期之间相隔的天数
8		12	<-- =DATEDIF(B2,B3,"md")	两日期除去月份差异相隔的天数
9		9	<-- =DATEDIF(B2,B3,"ym")	两日期除去年份差异相隔的月数
10		287	<-- =DATEDIF(B2,B3,"yd")	两日期除去年份差异相隔的天数

33.4 函数 XIRR 和 XNPV

函数 XIRR 和 XNPV 在特定时间上对一组现金流计算内部收益率和净现值。当时间间隔是不均匀时要计算 IRR 和 NPV，这两个函数非常有用。[①]如果你没有这两个函数，你需要激活它们，点击"文件|选项|加载项|转到"，然后点击"分析工具库"：

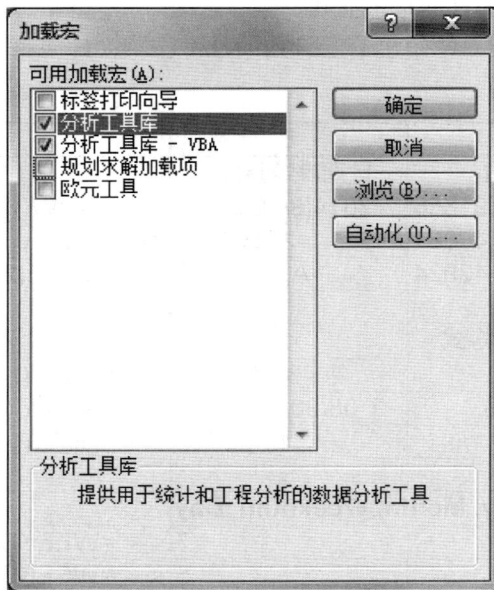

[①]　Excel 的 IRR 函数假设第一个现金流发生在今天，第二个现金流发生在下一期，再下一个现金流发生在第二期，以此类推。Excel 的 NPV 函数假设第一个现金流发生在从现在起的第一期，下一个现金流在两期之后，以此类推。我们称这种模式为"相等间隔现金流"，如不是在这种情况的时候，你就需要使用 XIRR 和 XNVP 函数。

33.4.1　XIRR

这里有一个例子：你在 2001 年 2 月 16 日为一个资产支付了 600 美元，该资产在 2001 年 4 月 5 日收回 100 美元，2001 年 7 月 15 日收回 100 美元，然后在从 2001—2009 年每年的 9 月 22 日收回 100 美元。时间间隔是不均匀的，因此你不能用 IRR，而要用 XIRR（下面电子表的单元格 B16）。你可以计算年化 IRR（EAIR 表示有效年化利率，在第 2 章中已经定义）。

	A	B	C
1	**EXCEL函数XIRR**		
2	日期	金额	
3	16-Feb-01	-600	
4	5-Apr-01	100	
5	15-Jul-01	100	
6	22-Sep-01	100	
7	22-Sep-02	100	
8	22-Sep-03	100	
9	22-Sep-04	100	
10	22-Sep-05	100	
11	22-Sep-06	100	
12	22-Sep-07	100	
13	22-Sep-08	100	
14	22-Sep-09	100	
15			
16	XIRR	21.97%	<-- =XIRR(B3:B14,A3:A14)

XIRR 工作是按天折现每笔现金流的。在我们的例子中，第一笔 100 美元的现金流发生在从现在起的 48 天，第二笔是在 149 天后，…XIRR 将 21.97％转化为日折现率并用它折现这组现金流：

$$-600 + \frac{100}{(1.2197)^{48/365}} + \frac{100}{(1.2197)^{149/365}} + \cdots + \frac{100}{(1.2197)^{3140/365}} = 0$$

	A	B	C	D	E
1			**XIRR如何工作?** **XIRR 计算日内部收益率**		
2	日期	金额	自起始日的天数	现值	
3	16-Feb-01	-600		-600.00	<-- =B3
4	5-Apr-01	100	48	97.42	<-- = B4/(1+$B$16)^(C4/365)
5	15-Jul-01	100	149	92.21	<-- =B5/(1+$B$16)^(C5/365)
6	22-Sep-01	100	218	88.81	<-- =B6/(1+$B$16)^(C6/365)
7	22-Sep-02	100	583	72.81	<-- =B7/(1+$B$16)^(C7/365)
8	22-Sep-03	100	948	59.70	<-- =B8/(1+$B$16)^(C8/365)
9	22-Sep-04	100	1,314	48.91	
10	22-Sep-05	100	1,679	40.10	
11	22-Sep-06	100	2,044	32.88	
12	22-Sep-07	100	2,409	26.96	
13	22-Sep-08	100	2,775	22.09	
14	22-Sep-09	100	3,140	18.11	
15					
16	XIRR	21.97%	<-- =XIRR(B3:B14,A3:A14)	0.00	<-- =SUM(D3:D14)
17					
18	单元格 C4 含有公式				
19	=A4-$A$3				

33.4.2 XNPV

XNPV 计算不均匀间隔现金流的 NPV。在下面的例子中，我们用这个函数计算 NPV（使用的例子与 XIRR 相同）。

	A	B	C
1		**EXCEL函数 XNPV**	
2	日期	金额	
3	16-Feb-01	-600	
4	5-Apr-01	100	
5	15-Jul-01	100	
6	22-Sep-01	100	
7	22-Sep-02	100	
8	22-Sep-03	100	
9	22-Sep-04	100	
10	22-Sep-05	100	
11	22-Sep-06	100	
12	22-Sep-07	100	
13	22-Sep-08	100	
14	22-Sep-09	100	
15			
16	折现率	15%	
17	XNPV	97.29	<-- =XNPV(B16,B3:B14,A3:A14)

注意 XNPV 需要你指出所有现金流（从初始的现金流开始），与 NPV 相反，NPV 是从第一期现金流开始的。

33.4.3 XIRR 和 XNPV 中的错误

XIRR 和 XNPV 能够解决日期化现金流的折现问题，但是他们存在两个错误：XNPV 不能处理零折现率的问题，而 XIRR 不能处理有多个 IRR 的现金流。我们会在之后讨论这些问题。我们定义了两个新的函数：NXNPV 和 NXIRR，来解决这个问题。这两个函数包含在本章数据表的附加函数中。[①]

33.4.4 问题：XNPV 不能处理零折现率

XNPV 能处理正折现率的问题但不能处理零折现率的问题。[②]解释如下。

[①] 附加函数 NXIRR 和 NXNPV 是 Benjamin Czaczkes 开发的。请阅读随书配套数据包中"添加 Getformula 到你的电子表格"，它将告诉你怎样将这些函数复制到你自己的电子表格中。

[②] 当折现率为零时，净现值即为所有现金流之和。

	A	B	C	D	E	F
1			**XNPV不能处理零折现率的问题**			
2	折现率	3%		折现率	0%	
3	XNPV	579.00	<-- =XNPV(B2,B6:B11,A6:A11)	XNPV	#NUM!	<-- =XNPV(E2,E6:E11,D6:D11)
4						
5	日期	现金流		日期	现金流	
6	13-Jan-12	-1,000		13-Jan-12	-1,000	
7	18-Aug-12	115		18-Aug-12	115	
8	20-Jan-13	121		20-Jan-13	121	
9	15-Jul-13	100		15-Jul-13	100	
10	1-Jan-14	333		1-Jan-14	333	
11	16-Jul-14	1,011		16-Jul-14	1,011	

我们的新函数 NXNPV 能够解决这个问题：

	A	B	C	D	E	F
1			**NXNPV解决了这个问题**			
2	折现率	3%		折现率	0%	
3	XNPV	579.00	<-- =nXNPV(B2,B6:B11,A6:A11)	XNPV	680	<-- =nXNPV(E2,E6:E11,D6:D11)
4						
5	日期	现金流		日期	现金流	
6	13-Jan-12	-1,000		13-Jan-12	-1,000	
7	18-Aug-12	115		18-Aug-12	115	
8	20-Jan-13	121		20-Jan-13	121	
9	15-Jul-13	100		15-Jul-13	100	
10	1-Jan-14	333		1-Jan-14	333	
11	16-Jul-14	1,011		16-Jul-14	1,011	

33.4.5　问题：XIRR 不能处理有两个 IRR

Guess 功能在 XIRR 函数中是无用的，如下所示，这意味着 XIRR 无法计算出有多个内在回报率的现金流的 IRR：

	A	B	C	D	E	F	G
1			**用XIRR处理问题**				
2	折现率	22%					
3	净现值	65.09	<-- =nXNPV(B2,B9:B15,A9:A15), no Guess				
4	IRR	#NUM!	<-- =XIRR(B9:B15,A9:A15)				
5		#NUM!	<-- =XIRR(B9:B15,A9:A15,35%), Guess = 5%		模拟运算表：XNPV作为折现率的函数		
6		#NUM!	<-- =XIRR(B9:B15,A9:A15,5%), Guess = 35%		折现率	净现值	
7						65.09	<-- =B3, 模拟运算表表头
8	日期	现金流			0%	-100.00	
9	30-Jun-13	-500			4%	-15.97	
10	14-Feb-14	100			8%	33.62	
11	14-Feb-15	300			12%	59.64	
12	14-Feb-16	400			16%	69.54	
13	14-Feb-17	600			20%	68.52	
14	14-Feb-18	800			24%	60.19	
15	14-Feb-19	-1800			28%	47.09	
16					32%	30.97	
17					36%	13.10	
18					40%	-5.68	
19					44%	-24.75	
20					48%	-43.70	
21					52%	-62.25	
22					56%	-80.23	

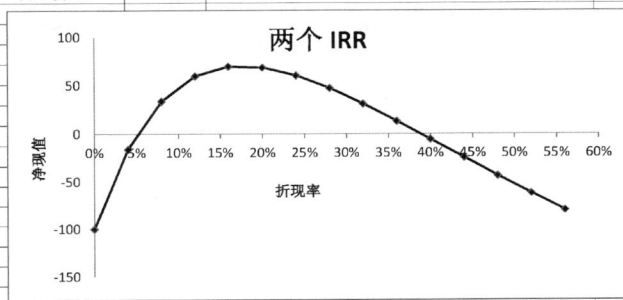

两个 IRR

从数据表中易见有两个内部回报率(约 5% 和约 40%)。但是 XIRR 函数均无法识别(见

B4:B6）。附加函数 NXIRR 能够解决这个问题：

	A	B	C
1		**NXIRR 解决了这个问题**	
2	IRR	5.06%	<-- =nXIRR(B7:B13,A7:A13)
3		38.80%	<-- =nXIRR(B7:B13,A7:A13,35%), Guess = 35%
4		5.06%	<-- =nXIRR(B7:B13,A7:A13,5%), Guess = 5%
5			
6	日期	现金流	
7	30-Jun-13	-500	
8	14-Feb-14	100	
9	14-Feb-15	300	
10	14-Feb-16	400	
11	14-Feb-17	600	
12	14-Feb-18	800	
13	14-Feb-19	-1800	

33.5 统计函数

Excel 有许多统计函数。我们使用下面的例子来说明这些函数。注意在 Excel2013 的介绍中，一些函数已经被重新命名了，但之前的函数仍旧能运行。比如总体方差能用 Var 函数（旧版本）或 Var.p(新版本)计算。

	A	B	C	D	E	F	G	H
2	观测	X	Y					
3	1	35.30	10.98					
4	2	29.70	11.13					
5	3	30.80	12.51					
6	4	58.80	8.40					
7	5	61.40	9.27					
8	6	71.30	8.73					
9	7	74.40	6.36					
10	8	76.70	8.50					
11	9	70.70	7.82					
12	10	57.50	9.14					
19	平均数	56.66	9.28	<-- =AVERAGE(C3:C12)	相关关系		-0.9049	<-- =CORREL(B2:B12,C2:C12)
20	样本方差	334.15	3.23	<-- =VAR(C3:C12)	协方差		40.4206	<-- =COVAR(B19:B29,C19:C29)
21		334.15	3.23	<-- =VAR.S(C3:C12)			44.4627	<-- =COVARIANCE.S(B19:B29,C19:C29)
22	总体方差	300.73	2.91	<-- =VARP(C3:C12)			40.4206	<-- =COVARIANCE.P(B19:B29,C19:C29)
23		300.73	2.91	<-- =VAR.P(C3:C12)				
24	样本标准差	18.28	1.80	<-- =STDEV(C3:C12)	回归截距		14.3285	<-- =INTERCEPT(C3:C12,B3:B12)
25		18.28	1.80	<-- =SQRT(C21)	回归斜率		-0.0890	<-- =SLOPE(C3:C12,B3:B12)
26		18.28	1.80	<-- =STDEV.S(C3:C12)	回归R平方		0.8189	<-- =RSQ(C3:C12,B3:B12)
27	总体标准差	17.34	1.71	<-- =STDEVP(C3:C12)				
28		17.34	1.71	<-- =SQRT(C22)				
29		17.34	1.71	<-- =STDEV.P(C3:C12)				

图中散点图标题：通过XY散点图作回归，回归方程 y = -0.089x + 14.328，$R^2 = 0.8189$

函数 Varp、Var.p、Stdevp 和 Stdev.p 计算总体方差和标准差，而函数 Var、Stdev、Var.s、Stdev.s 计算样本方差和标准差。这两个函数之间的差别是 Varp 假设你的数据包括总体，因此要除以观测值的个数，而 Var 假设数据是来自分布的一个样本：

$$Varp(x_1, x_2, \cdots, x_N) = \frac{1}{N} \sum_{i=1}^{N} \left[x_i - Average(x_1, x_2, \cdots, x_N) \right]^2$$

$$Stdevp(x_1, x_2, \cdots, x_N) = \sqrt{Varp(x_1, x_2, \cdots, x_N)}$$

$$Var(x_1, x_2, \cdots, x_N) = \frac{1}{N-1} \sum_{i=1}^{N} \left[x_i - Average(x_1, x_2, \cdots, x_N) \right]^2$$

$$Stdev(x_1, x_2, \cdots, x_N) = \sqrt{Var(x_1, x_2, \cdots, x_N)}$$

33.5.1　Covar、Covariance.s、Covariance.p 和 Correl

这些函数——在第 8—13 章的资产组合章节中被大量使用——计算两组数据之间的协方差和相关系数。Covariance.s 和 Covariance.p 函数（分别计算样本和总体协方差）是 Excel2013 中的新函数。对其定义，我们可参见第 8.2 节。看下面的例子，我们计算麦当劳（MCD）和温蒂（WEN）股票收益的协方差和相关系数。注意对相关系数的两种算法。第一种（单元格 E9）我们使用 Excel 的 Correl 函数；在单元格 E10 中我们使用相关系数的定义 $Correlation(MCD, WEN) = Cov(MCD, WEN)/(\sigma_{MCD} \cdot \sigma_{WEN})$。因为 Excel 的 Covar 函数是总体的协方差（也就是说，计算时要除以总体数量）。单元格 E11 和 E12 给出了另两个协方差的计算方式。

	A	B	C	D	E	F
1						**计算麦当劳(MCD)和温蒂(WEN)的协方差和相关关系** 加亮单元格是Excel 2013中的新函数
2	**日期**	**MCD**	**WEN**		协方差	
3	1-Aug-05	4.01%	-8.97%		0.00085	<-- =COVAR(B3:B26,C3:C26)
4	1-Sep-05	3.14%	-4.30%		0.00085	<-- =COVARIANCE.P(B3:B26,C3:C26)
5	3-Oct-05	-5.78%	3.42%		0.00085	<-- =COVARIANCE.P(B3:B26,C3:C26)
6	1-Nov-05	8.89%	8.71%		0.00089	<-- =COVARIANCE.S(B3:B26,C3:C26)
7	1-Dec-05	-0.36%	8.44%			
8	3-Jan-06	3.76%	6.47%		相关关系	
9	1-Feb-06	-0.29%	-1.52%		0.36204	<-- =CORREL(B3:B26,C3:C26)
10	1-Mar-06	-1.60%	6.97%		0.36204	<-- =COVAR(B3:B26,C3:C26)/(STDEVP(B3:B26)*STDEVP(C3:C26))
11	3-Apr-06	0.62%	-0.45%		0.36204	<-- =COVARIANCE.P(B3:B26,C3:C26)/(STDEV.P(B3:B26)*STDEV.P(C3:C26))
12	1-May-06	-4.14%	-2.20%		0.36204	<-- =COVARIANCE.S(B3:B26,C3:C26)/(STDEV.S(B3:B26)*STDEV.S(C3:C26))
13	1-Jun-06	1.29%	-3.35%			
14	3-Jul-06	5.20%	3.17%			
15	1-Aug-06	1.41%	6.29%			
16	1-Sep-06	8.61%	4.74%			
17	2-Oct-06	6.90%	9.76%			
18	1-Nov-06	2.53%	-5.79%			
19	1-Dec-06	5.47%	1.59%			
20	3-Jan-07	0.05%	2.58%			
21	1-Feb-07	-1.50%	-5.51%			
22	1-Mar-07	3.07%	-2.38%			
23	2-Apr-07	6.92%	18.61%			
24	1-May-07	4.59%	6.57%			
25	1-Jun-07	0.41%	-8.80%			
26	2-Jul-07	3.37%	1.11%			

33.5.2 数据库的统计计算

Excel 有一个能运用于数据库的统计数据的集合。这些函数都以字母"D"（即英文 data）开头，包括 DAverage、DCount、DMin、DVar（样本方差）、DVarP（总体方差）、DStdev 和 DStevP。还有许多这样的函数，我们留给你去探索。

下面的例子解释了这些函数是如何工作的：我们有苹果公司的月均股票价格和收益率。假设我们想要平均收益率大于 10%：

	A	B	C	D	E	F	G	H	I
1			运用**DAVERAGE,DVAR**等计算苹果股票的收益率						
2							标准范围		
3	日期	AAPL	收益率			日期	AAPL	收益率	
4	7/Sep/01	7.69						>10%	
5	1/Oct/01	8.70	12.34%	<-- =LN(B5/B4)					
6	1/Nov/01	10.56	19.38%			平均	15.38%		<-- =DAVERAGE(A3:C140,3,F3:H4)
7	3/Dec/01	10.85	2.71%			方差	0.0021		<-- =DVAR(A3:C140,3,F3:H4)
8	2/Jan/02	12.25	12.14%			标准差	4.55%		<-- =DSTDEV(A3:C140,3,F3:H4)
9	1/Feb/02	10.75	-13.06%						
10	1/Mar/02	11.73	8.72%						
11	1/Apr/02	12.03	2.53%						

参照以上的例子，可以分成三个部分：

- 数据库在单元格 A3:C140 中。标题栏为日期　AAPL 股价　收益率。
- 有一个两行的标准范围：首行与数据库的标题栏相同，第二行收益率下方有">10%"。
- 函数 DAverage(A3:C140，3，F3:H4)计算了所有大于 10%的收益率的平均收益率。DVar 计算了总体方差，DStdev。

如果你改变了标准范围，你将会得到不同的答案：

	F	G	H	I
2		标准范围		
3	日期	AAPL	收益率	
4			<9%	
5				
6	平均	-1.71%		<-- =DAVERAGE(A3:C140,3,F3:H4)
7	方差	0.0078		<-- =DVAR(A3:C140,3,F3:H4)
8	标准差	8.83%		<-- =DSTDEV(A3:C140,3,F3:H4)

33.5.3 "D"函数的进一步运用

假设我们想知道苹果公司某年的收益统计数据：

	F	G	H	I
2		标准范围		
3	Date	AAPL 股票价格	收益	
4	>38353			<-- =">"&TEXT(G11,"0")
5				
6	平均	2.88%		<-- =DAVERAGE(A3:C140,3,F3:H4)
7	方差	0.0114		<-- =DVAR(A3:C140,3,F3:H4)
8	标准差	10.67%		<-- =DSTDEV(A3:C140,3,F3:H4)
9				
10				
11	日期	1-Jan-05		

我们将数据放在单元格 G11 中,再用 Text 函数在"日期"标题栏下产生一个合适的标准。

另一个例子。我们想要得到苹果公司每一年的收益统计数据。在数据库和标准范围中加入"年"这个变量。2001 年的平均回报率和标准差是 11.47% 和 3.47%。[①]将年作为参数运行一个模拟运算表得到以下结果:

	A	B	C	D	E	F	G	H	I	J	K
1					找到苹果股票每年的收益统计数						
2								标准范围			
3	日期	AAPL 股价	收益	年			日期	AAPL 股价	收益	年 2001	
4	7/Sep/01	7.69									
5	1/Oct/01	8.70	12.34%	2001	<-- =YEAR(A5)						
6	1/Nov/01	10.56	19.38%	2001			平均数	11.47%	<-- =DAVERAGE(A3:D140,3,G3:J4)		
7	3/Dec/01	10.85	2.71%	2001			标准差	8.37%	<-- =DSTDEV(A3:D140,3,G3:J4)		
8	2/Jan/02	12.25	12.44%	2002							
9	1/Feb/02	10.					模拟运算表:在标准范围中改变年份				
10	1/Mar/02	11.						平均数	标准差		
11	1/Apr/02	12.								<-- =H7,模拟运算表表头	
12	1/May/02	11.					2001	11.47%	8.37%		
13	3/Jun/02	8.					2002	-3.53%	11.42%		
14	1/Jul/02	7.					2003	3.33%	9.11%		
15	1/Aug/02	7.					2004	9.19%	10.56%		
16	3/Sep/02	7.19	-1.66%	2002			2005	6.69%	10.75%		
17	1/Oct/02	7.96	10.17%	2002			2006	1.38%	10.80%		
18	1/Nov/02	7.68	-3.58%	2002			2007	7.07%	7.69%		
19	2/Dec/02	7.10	-7.85%	2002			2008	-7.02%	18.29%		
20	2/Jan/03	7.12	0.28%	2003			2009	7.53%	5.85%		
21	3/Feb/03	7.44	4.40%	2003			2010	3.55%	7.51%		
22	3/Mar/03	7.01	-5.95%	2003			2011	1.90%	5.62%		
23	1/Apr/03	7.05	0.57%	2003			2012	2.35%	8.56%		
24	1/May/03	8.90	23.30%	2003							
25	2/Jun/03	9.45	6.00%	2003							
26	1/Jul/03	10.45	10.06%	2003							
27	1/Aug/03	11.21	7.02%	2003							
28	2/Sep/03	10.27	-8.76%	2003							
29	1/Oct/03	11.34	9.91%	2003							
30	3/Nov/03	10.36	-9.04%	2003							
31	1/Dec/03	10.59	2.20%	2003							
32	2/Jan/04	11.18	5.42%	2004							
33	2/Feb/04	11.85	5.82%	2004							
34	1/Mar/04	13.40	12.29%	2004							
35	1/Apr/04	12.78	-4.74%	2004							
36	3/May/04	13.91	8.47%	2004							
37	1/Jun/04	16.13	14.81%	2004							
38	1/Jul/04	16.03	-0.62%	2004							
39	1/Aug/04	17.09	6.40%	2004							
40	1/Sep/04	19.20	11.64%	2004							

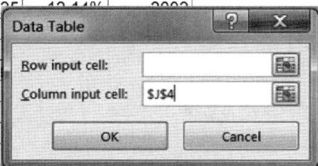

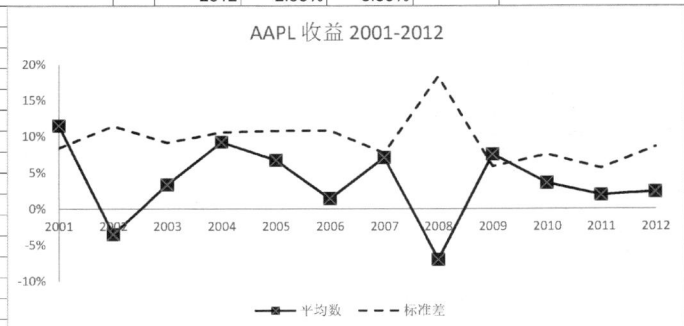

（Data Table 对话框：Row input cell; Column input cell: $J$4; OK; Cancel）

AAPL 收益 2001-2012 （图表，图例：平均数、标准差）

---

① 作为一个金融案例,信息可能会有损失,因为我们只给出了 2001 年中的 3 个月。

33.6 Excel 的回归分析

有几种用 Excel 做最小二乘法回归的方法。我们仍旧用 McDonald's 和 Wendy's 的数据来说明其中的三种方法。

	A	B	C	D	E	F	G	H	I	J	K
1					**WEN 和 MCD作回归**						
2	日期	MCD	WEN								
3	1-Aug-05	4.01%	-8.97%								
4	1-Sep-05	3.14%	-4.30%								
5	3-Oct-05	-5.78%	3.42%								
6	1-Nov-05	8.89%	8.71%								
7	1-Dec-05	-0.36%	8.44%								
8	3-Jan-06	3.76%	6.47%								
9	1-Feb-06	-0.29%	-1.52%								
10	1-Mar-06	-1.60%	6.97%								
11	3-Apr-06	0.62%	-0.45%								
12	1-May-06	-4.14%	-2.20%								
13	1-Jun-06	1.29%	-3.35%								
14	3-Jul-06	5.20%	3.17%								
15	1-Aug-06	1.41%	6.29%								
16	1-Sep-06	8.61%	4.74%								
17	2-Oct-06	6.90%	9.76%								
18	1-Nov-06	2.53%	-5.79%								
19	1-Dec-06	5.47%	1.59%		回归函数						
20	3-Jan-07	0.05%	2.58%		截距	0.0038	<-- =INTERCEPT(C3:C26,B3:B26)				
21	1-Feb-07	-1.50%	-5.51%		斜率	0.6381	<-- =SLOPE(C3:C26,B3:B26)				
22	1-Mar-07	3.07%	-2.38%		R平方	0.1311	<-- =RSQ(C3:C26,B3:B26)				
23	2-Apr-07	6.92%	18.61%								
24	1-May-07	4.59%	6.57%		注意						
25	1-Jun-07	0.41%	-8.80%		截距	0.0038	<-- =AVERAGE(C3:C26)-F21*AVERAGE(B3:B26)				
26	2-Jul-07	3.37%	1.11%		斜率	0.6381	<-- =COVARIANCE.P(C3:C26,B3:B26)/VAR.P(B3:B26)				
27						0.6381	<-- =COVARIANCE.S(C3:C26,B3:B26)/VAR.S(B3:B26)				
28					R平方	0.1311	<-- =CORREL(C3:C26,B3:B26)^2				

图中散点图标题：**XY 散点图: WEN 和 MCD**，纵轴 WEN，横轴 MCD。

33.6.1 使用 Excel 函数

第一种方法使用函数 Slope、Intercept 和 Rsq；这些函数可以计算 C 列对 B 列数据的简单回归参数。运用这些数字，WEN 和 MCD 的收益之间最佳的线性关系为：

$$WEN = 0.0038 + 0.6381MCD, \ R^2 = 13.11\%$$

33.6.2 使用散点图和趋势线

另一种能进行简单回归的方法是将数据做散点图，并运用 Trendline 函数计算回归。

- 首先用 XY 散点图作图；
- 点击数据，添加趋势线。回归菜单显示如下。

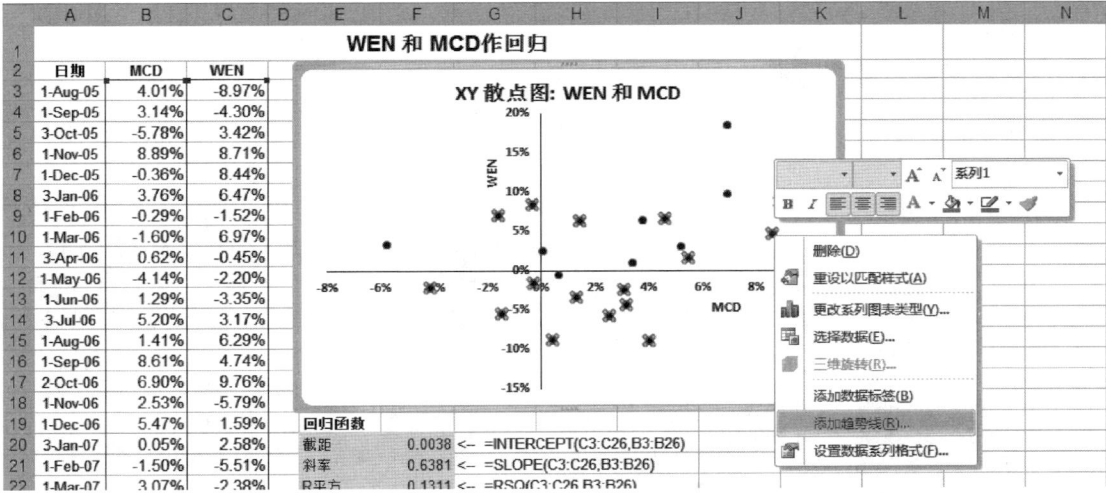

这就是菜单。我们需要一个线性回归并点击另两个方框来显示公式和 R 平方。

最后结果：

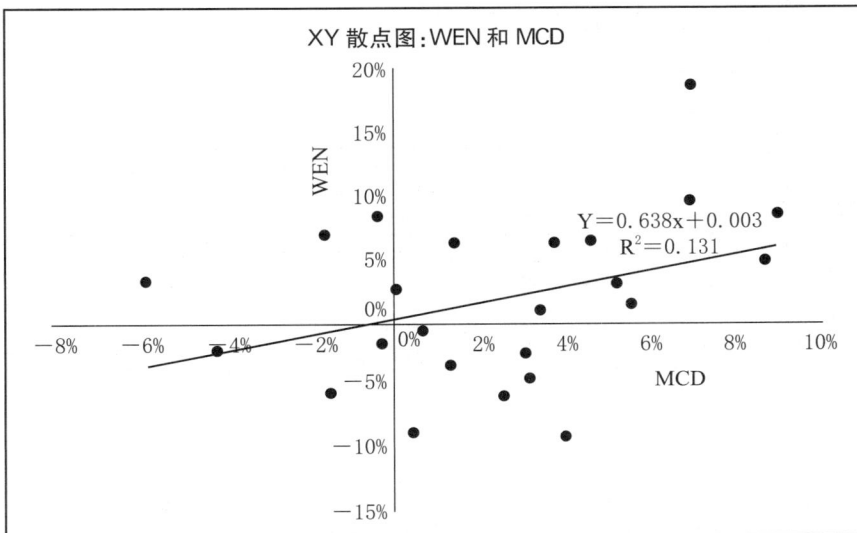

33.6.3 使用回归数据分析

运用相同的数据,点击"数据|数据分析|回归"。①在下图中,输出结果在单元格 E4 中。

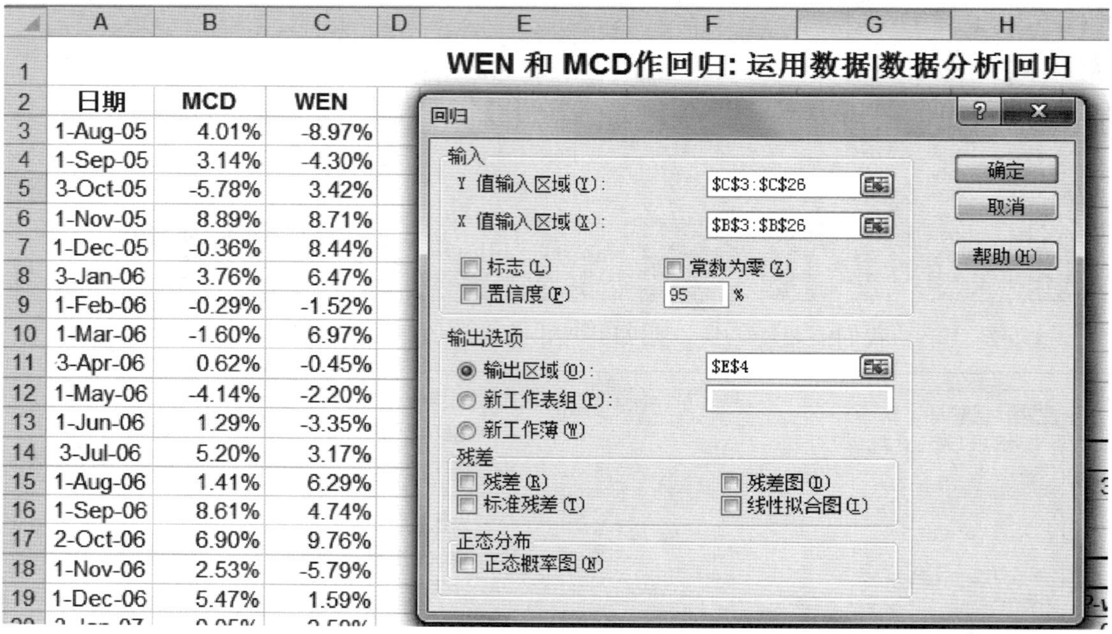

	A	B	C	D	E	F	G	H
1					**WEN 和 MCD作回归: 运用数据|数据分析|回归**			
2	日期	MCD	WEN					
3	1-Aug-05	4.01%	-8.97%					
4	1-Sep-05	3.14%	-4.30%					
5	3-Oct-05	-5.78%	3.42%					
6	1-Nov-05	8.89%	8.71%					
7	1-Dec-05	-0.36%	8.44%					
8	3-Jan-06	3.76%	6.47%					
9	1-Feb-06	-0.29%	-1.52%					
10	1-Mar-06	-1.60%	6.97%					
11	3-Apr-06	0.62%	-0.45%					
12	1-May-06	-4.14%	-2.20%					
13	1-Jun-06	1.29%	-3.35%					
14	3-Jul-06	5.20%	3.17%					
15	1-Aug-06	1.41%	6.29%					
16	1-Sep-06	8.61%	4.74%					
17	2-Oct-06	6.90%	9.76%					
18	1-Nov-06	2.53%	-5.79%					
19	1-Dec-06	5.47%	1.59%					

回归对话框:

输入

Y 值输入区域(Y): $C$3:$C$26

X 值输入区域(X): $B$3:$B$26

☐ 标志(L) ☐ 常数为零(Z)
☐ 置信度(F) 95 %

输出选项

◉ 输出区域(O): $E$4
○ 新工作表组(P):
○ 新工作薄(W)

残差

☐ 残差(R) ☐ 残差图(D)
☐ 标准残差(T) ☐ 线性拟合图(I)

正态分布

☐ 正态概率图(N)

确定 取消 帮助(H)

输出结果如图。我们加亮了截距、斜率和 R 平方的单元格:

	A	B	C	D	E	F	G	H	I	J	K	L	M
1					WEN 和 MCD作回归: 运用数据|数据分析|回归								
2	日期	MCD	WEN										
3	1-Aug-05	4.01%	-8.97%										
4	1-Sep-05	3.14%	-4.30%		SUMMARY OUTPUT								
5	3-Oct-05	-5.78%	3.42%										
6	1-Nov-05	8.89%	8.71%		回归统计								
7	-0.36%	8.44%			Multiple R	0.3620							
8	3-Jan-06	3.76%	6.47%		R Square	0.1311							
9	1-Feb-06	-0.29%	-1.52%		Adjusted R Square	0.0916							
10	1-Mar-06	-1.60%	6.97%		标准误差	0.0627							
11	3-Apr-06	0.62%	-0.45%		观测值	24							
12	1-May-06	-4.14%	-2.20%										
13	1-Jun-06	1.29%	-3.35%		方差分析								
14	3-Jul-06	5.20%	3.17%			df	SS	MS	F	Significance F			
15	1-Aug-06	1.41%	6.29%		回归分析	1	0.0131	0.0131	3.3186	0.0821			
16	1-Sep-06	8.61%	4.74%		残差	22	0.0865	0.0039					
17	2-Oct-06	6.90%	9.76%		总计	23	0.0996						
18	1-Nov-06	2.53%	-5.79%										
19	1-Dec-06	5.47%	1.59%			Coefficients	标准误差	t Stat	P-value	Lower 95%	Upper 95%	下限 95.0%	上限 95.0%
20	3-Jan-07	0.05%	2.58%		Intercept	0.0038	0.0152	0.2477	0.8067	-0.0278	0.0354	-0.0278	0.0354
21	1-Feb-07	-1.50%	-5.51%		X Variable 1	0.6381	0.3503	1.8217	0.0821	-0.0883	1.3644	-0.0883	1.3644
22	1-Mar-07	3.07%	-2.38%										
23	2-Apr-07	6.92%	18.61%										
24	1-May-07	4.59%	6.57%		Intercept	0.0038	<-- =INTERCEPT(C3:C26,B3:B26)						
25	1-Jun-07	0.41%	-8.80%		Slope	0.6381	<-- =SLOPE(C3:C26,B3:B26)						
26	2-Jul-07	3.37%	1.11%		R-squared	0.1311	<-- =RSQ(C3:C26,B3:B26)						

---

① 这个步骤只有在你安装了数据分析加载宏后才可用。如果在你的 Excel 数据菜单中找不到数据分析,点击"文件|选项|加载项"。在屏幕底端,选管理加载项转到下一页面选择分析工具库。

33.6.4 "使用数据分析|作多元回归的回归"

相同的模块可以用于多元回归。在下图中,规定输出结果在单元格 F3 中:

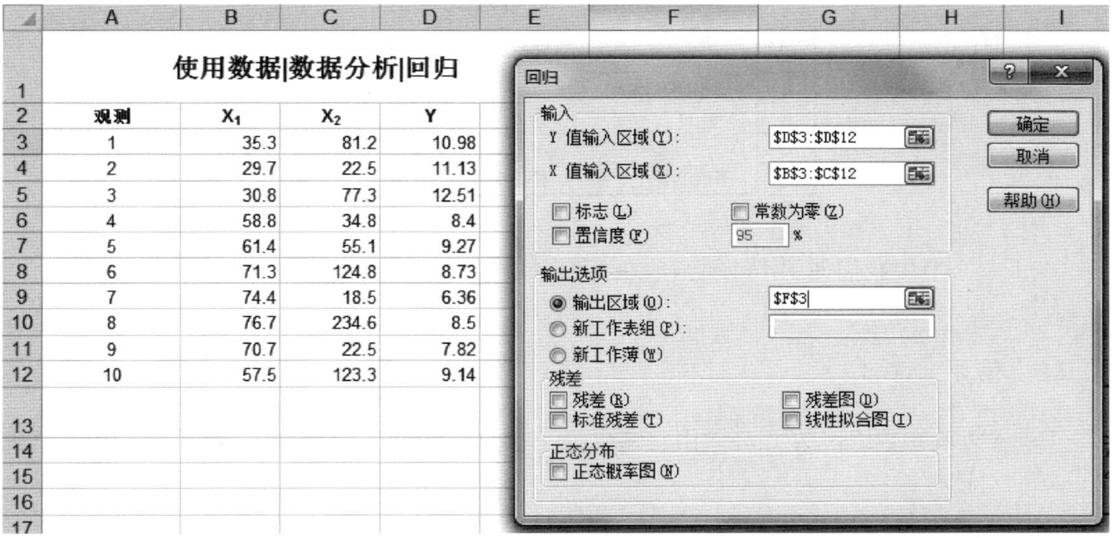

输出结果如图。加亮前一例子中最重要值的单元格。

	F	G	H	I	J	K	L	M	N
3	SUMMARY OUTPUT								
4									
5	回归统计								
6	Multiple R	0.9589							
7	R Square	0.9196							
8	Adjusted R Square	0.8966							
9	标准误差	0.5783							
10	观测值	10							
11									
12	方差分析								
13		df	SS	MS	F	Significance F			
14	回归分析	2	26.7674	13.3837	40.0228	0.0001			
15	残差	7	2.3408	0.3344					
16	总计	9	29.1082						
17									
18		Coefficients	标准误差	t Stat	P-value	Lower 95%	Upper 95%	下限 95.0%	上限 95.0%
19	Intercept	14.1705	0.6271	22.5967	0.0000	12.6877	15.6534	12.6877	15.6534
20	X Variable 1	-0.0987	0.0110	-8.9405	0.0000	-0.1248	-0.0726	-0.1248	-0.0726
21	X Variable 2	0.0089	0.0030	2.9599	0.0211	0.0018	0.0159	0.0018	0.0159

33.6.5 Index 函数

将 Index 函数的讨论归在这一小节主要是因为我们在下一小节要用到它。我们有时想要从一个数组挑选一个值出来。在下面的一个例子中,单元格区域 A2:C4 包含数和姓名的混合数据。要从这个区域中挑选一项，我们使用＝Index(A2：C4，row，column)，这里 row 和 column 是与这个区域自身相关的。因此"Howie"出现区域 A2：C4 的第 2 行第 3 列的内容。

	A	B	C
1	使用INDEX函数		
2	a	b	3
3	Simon	6	Howie
4	q	7	Jack
5			
6	Howie	<-- =INDEX(A2:C4,2,3)	

在下一小节中我们使用 Index 函数在 Linest 数组中挑选一个数据。

33.6.6 使用 Linest

Excel 有一个数组函数 Linest 由它输出最小二乘法的回归统计量。[1]下面是该电子表和 Linest 的对话框：

Linest 是一个数组函数(见下一章)；因此我们不按［Enter］，而是同时按［Ctrl］＋［Shift］＋［Enter］。根据这个例子的数据，我们可以使用 Linest 产生下面的输出结果：

---

① 还有一个 Excel 函数 Logest，它的语法与 Linest 基本相同。Logest 计算拟合指数曲线的参数。

	A	B	C	D
1	使用LINEST作简单回归			
2	观测	X	Y	
3	1	35.3	10.98	
4	2	29.7	11.13	
5	3	30.8	12.51	
6	4	58.8	8.4	
7	5	61.4	9.27	
8	6	71.3	8.73	
9	7	74.4	6.36	
10	8	76.7	8.5	
11	9	70.7	7.82	
12	10	57.5	9.14	
13				
14		Linest输出		
15		斜率	截距	
16	斜率 (也可用=**slope(C3:C12,B3:B12)**)-->	-0.0890	14.3285	<-- 截距
17	斜率标准差-->	0.0148	0.8770	<-- 截距的标准差
18	R平方(也可用=**Rsq(C3:C12,B3:B12)**)-->	0.8189	0.8117	<-- y值的标准差(也可用=**Steyx(C3:C12,B3:B12)**)
19	F统计量-->	36.1825	8	<-- 自由度
20	SS$_{xy}$ = 斜率*(均值与观察值乘积的和)-->	23.8377	5.2705	<-- SSE = 残差平方和
21				
22		斜率	-0.0890	<-- =INDEX(LINEST(C3:C12,B3:B12,,1),1,1)
23		截距	14.3285	<-- =INDEX(LINEST(C3:C12,B3:B12,,1),1,2)
24		R平方	0.8189	<-- =INDEX(LINEST(C3:C12,B3:B12,,1),3,1)
25		t统计量	16.3376	<-- =C23/INDEX(LINEST(C3:C12,B3:B12,,1),2,2)
26				
27		斜率	-0.0890	<-- =INDEX(LINEST(C3:C12,B3:B12,,TRUE),1,1)
28		斜率的标准差	0.0148	<-- =INDEX(LINEST(C3:C12,B3:B12,,TRUE),2,1)
29		t统计量	-6.0152	<-- =C27/C28

Linest 产生一块没有列和行标识的输出。Excel 的帮助对该输出提供了较好的说明；在上面的表格中，我们可加上这些说明。

注意这个函数的语法：Linest(y-range，x-range，constant，statistics)。y-range 是因变量的区域数据，而 x-range 是自变量的区域数据。如果 constant 被省略（正如上面的情况）或设为真，那么回归正常地计算；如果 constant 被设为假，那么截距强制为零。如果 statistics 设为真（正如上面的情况），那么在这个区域统计量被计算；否则只有斜率和截距被计算。

使用 Index 函数可以取到个别的输出项。例如，假设我们想要做斜率的简单 t-检验；我们需要将斜率除以它的标准误差，下面的表格中显示了如何用 Index 来做个检验：

	A	B	C	D
19		Linest输出		
20		斜率	截距	
21	斜率 (也可用=**slope(C3:C12,B3:B12)**)-->	-0.0890	14.3285	<-- 截距
22	斜率标准差-->	0.0148	0.8770	<-- 截距的标准差
23	R平方(也可用=**Rsq(C3:C12,B3:B12)**)-->	0.8189	0.8117	<-- y值的标准差(也可用=**Steyx(C3:C12,B3:B12)**)
24	F统计量-->	36.1825	8	<-- 自由度
25	SS$_{xy}$ = 斜率*(均值与观察值乘积的和)-->	23.8377	5.2705	<-- SSE = 残差平方和
26				
27		斜率	-0.0890	<-- =INDEX(LINEST(C3:C12,B3:B12,,1),1,1)
28		截距	14.3285	<-- =INDEX(LINEST(C3:C12,B3:B12,,1),1,2)
29		R平方	0.8189	<-- =INDEX(LINEST(C3:C12,B3:B12,,1),3,1)
30		t统计量	16.3376	<-- =C28/INDEX(LINEST(C3:C12,B3:B12,,1),2,2)
31				
32		斜率	-0.0890	<-- =INDEX(LINEST(C3:C12,B3:B12,,TRUE),1,1)
33		斜率的标准差	0.0148	<-- =INDEX(LINEST(C3:C12,B3:B12,,TRUE),2,1)
34		t统计量	-6.0152	<-- =C32/C33

33.6.7 Linest 多元回归

Linest 可以作多元回归，见下表所示：

	A	B	C	D	E	F
1			使用LINEST作多元回归分析			
2		观测	X_1	X_2	Y	
3		1	35.3	81.2	10.98	
4		2	29.7	22.5	11.13	
5		3	30.8	77.3	12.51	
6		4	58.8	34.8	8.4	
7		5	61.4	55.1	9.27	
8		6	71.3	124.8	8.73	
9		7	74.4	18.5	6.36	
10		8	76.7	234.6	8.5	
11		9	70.7	22.5	7.82	
12		10	57.5	123.3	9.14	
13						
14			x_2 系数	x_1 系数	截距	
15		斜率 -->	0.0089	-0.0987	14.1705	<-- 截距
16		标准差 -->	0.0030	0.0110	0.6271	
17		R平方 -->	0.9196	0.5783	#N/A	
18		F值 -->	40.0228	7.0000	#N/A	
19		SS_{xy} -->	26.7674	2.3408	#N/A	
20						

{=LINEST(E3:E12,C3:D12,,TRUE)}

预测的和实际的 y 如下所示：

	A	B	C	D	E	F	G	H	I	J	K	L	M	N
1			使用LINEST作多元回归分析											
2		观测	X_1	X_2	Y			预测值Y						
3		1	35.3	81.2	10.98			11.4071	<-- =$E$15+$C$15*D3+$D$15*C3					
4		2	29.7	22.5	11.13			11.4394						
5		3	30.8	77.3	12.51			11.8166						
6		4	58.8	34.8	8.4			8.6770						
7		5	61.4	55.1	9.27			8.6004						
8		6	71.3	124.8	8.73			8.2413						
9		7	74.4	18.5	6.36			6.9932						
10		8	76.7	234.6	8.5			8.6817						
11		9	70.7	22.5	7.82			7.3937						
12		10	57.5	123.3	9.14			9.5897						
13														
14			x_2 系数	x_1 系数	截距									
15		斜率 -->	0.0089	-0.0987	14.1705	<-- 截距								
16		标准差 -->	0.0030	0.0110	0.6271									
17		R平方 -->	0.9196	0.5783	#N/A									
18		F值 -->	40.0228	7.0000	#N/A									
19		SS_{xy} -->	26.7674	2.3408	#N/A									
20														

{=LINEST(E3:E12,C3:D12,,TRUE)}

回归方程是

Y = 14.1705 - 0.0987*x_1 + 0.0089*x_2

该表显示出了预测的和实际的Y。如果所有的预测都是正确的，（也就是说，R平方=100%），那么所有的预测点都会落到45度线（黑线）上。

33.7　条件函数

If、VLookup 和 HLookup 是三个允许你加入条件的函数。

Excel 的 If 语句的语法是 If(条件,如果条件是真时的输出,如果条件是假时的输出)。在下面的例子中，如果 B3 中的初始数是小于或等于 3，那么输出是 15。如果 B3 大于 3，那么输出是 0：

	A	B	C
1			IF函数
2	初始数	2	
3	If语句	15	<-- =IF(B2<=3,15,0)
4			
5	初始数	2	
6	If语句	小于等于3	<-- =IF(B5<=3,"小于等于3","大于3")

在第六行,通过将文字放在引号中,你还可以让 If 输出文字:

因为 VLookup()和 HLookup()的结构相同,我们主要介绍 VLookup(),而 HLookup()的计算留给你自己来做。VLookup()是在你的电子表中搜索的一种方法。这里有一个例子:假如下面表中给出收益的边际税率(也就是,收益小于 8,000 美元,边际税率利率是 0%等;收益大于 8,000 美元,边际税率是 15%等)。单元格 B9 说明了函数 Vlookup 是如何用于寻找这个边际税率。

	A	B	C
1	VLOOKUP函数		
2	收入	税率	
3	0	0%	
4	8,000	15%	
5	14,000	25%	
6	25,000	38%	
7			
8	收入	15,000	
9	税率	25%	<-- =VLOOKUP(B8,A3:B6,2)

函数 Vlookup 的语法是 Vlookup(lookup_value, table, column)。要查找表的第一列,A3:A6,按升序排列。lookup_value 为查找的值,在这里是 15,000,用来决定表格中适当的行。行是第一个其值小于或等于 lookup_value 的那一行;在这里,是从 14,000 的行开始的。column 的值决定结果值从哪一列去获取;这里,边际税率是在第 2 列。

33.8 Large()和 Rank(), Percentile()和 Percentrank()

Large(array, k)返回在数组中第 k 个大的数,Rank(number, array)返回 number 在数组中的排列位置。

下面是这每个函数的例子:

	A	B	C
1	LARGE, RANK, PERCENTILE, PERCENT RANK		
2	数据		
3	10.98		
4	11.13		
5	12.51		
6	8.40		
7	9.27		
8	8.73		
9	6.36		
10	8.50		
11	7.82		
12	9.14		
13			
14	排位,k	3	
15	第k大的数	10.98	<-- =LARGE(A3:A12,B14)
16			
17	指定数	9.27	
18	指定数从大到小的排位	4	<-- =RANK(B17,A3:A12)
19	指定数从小到大的排位	7	<-- =RANK(B17,A3:A12,1)
20			
21	百分比排位	0.8	
22	排位在80%的数据	11.01	<-- =PERCENTILE(A3:A12,B21)
23			
24	指定数	9.27	
25	指定值的百分比排位	0.666	<-- =PERCENTRANK(A3:A12,B24)

因此在区域 A3：A12 中第三大的数是 10.98，和在区域 A3：A12 中第四大的数是 9.27。如果，在单元格 B19 中你另外指定一个函数 Rank 的参数，你会看到 9.27 从小到大是在区域 A3：A12 中排第 7。

上面的例子中，还给出了两个类似 Excel 函数 Percentile 和 PercentRank 的说明。

33.9　Count、CountA、CountIf、CountIfs、AverageIf、AverageIfs

正如它们的名字所显示的，这 3 个函数都是计数函数：

- Count：在一个单元格区域中对输入数字的个数计数。
- CountA：在一个区域中的所有非空单元格计数。
- CountIf：对满足一定条件的单元格计数。
- CountIfs：对满足多个条件的单元格计数。
- AverageIf 和 AverageIfs：易知。

Count 和 CountIf 的例子如下：

	A	B	C	D	E	F	G
1	COUNT, COUNTA, COUNTIF						
2	**Count**: 对数值单元格计数	5	<-- =COUNT(E2:G4)		1	two	3
3	**CountA**: 对所有非空单元格计数	8	<-- =COUNTA(E2:G4)		3		six
4					five	8	9

使用 CountIf 时我们必须指定条件。下面的电子表给出了默克（MERCK）的一年内每周股票的收益（有几行被隐藏了）：

	A	B	C	D
1	对默克的周股票收益使用COUNTIF			
2	收益期数	52	<-- =COUNT(C10:C61)	
3	超过2%收益的期数	13	<-- =COUNTIF(C10:C61,">2%")	
4				
5	Cutoff	5%		
6	超过cutoff的收益的期	2	<-- =COUNTIF(C10:C61,">"&TEXT(B5,"0.00%"))	
7				
8	日期	默克股价	收益	
9	3-Jan-06	31.82		
10	9-Jan-06	32.15	1.03%	<-- =LN(B10/B9)
11	17-Jan-06	31.94	-0.66%	
12	23-Jan-06	33.33	4.26%	
13	30-Jan-06	33.04	-0.87%	
14	6-Feb-06	32.96	-0.24%	
15	13-Feb-06	34.63	4.94%	
16	21-Feb-06	33.72	-2.66%	
17	27-Feb-06	33.81	0.27%	
18	6-Mar-06	33.76	-0.15%	
19	13-Mar-06	34.61	2.49%	

在单元格 B3 中,我们对所有超过 2% 的股票收益计数。在 B5:B6 中,我们例示了一种不同的方法。单元格 B5 中的 Cutoff 通过 Text 函数被引用到 CountIf 中。[①]改变单元格 B5 中的数值能让我们对在一特定水平上的收益计数。下面是在模拟运算表中的信息。

	A	B	C	D	E	F	G	H
1		**对MERCK的周股票收益使用**						
2	收益期数	52	<-- =COUNT(C10:C61)					
3	超过2%收益的期数	13	<-- =COUNTIF(C10:C61,">2%")			数据表：超过cutoff的收益的期数		
4								
5	Cutoff	5%				Cutoff	2	<-- =B6, data table header
6	超过cutoff的收益的期	2	<-- =COUNTIF(C10:C61,">"&TEXT(B5,"0.00%"))			0%		
7						1%		
8	日期	Merck股价	收益			2%		
9	3-Jan-06	31.82				3%		
10	9-Jan-06	32.15	1.03%			4%		
11	17-Jan-06	31.94	-0.66%			5%		
12	23-Jan-06	33.33	4.26%			6%		
13	30-Jan-06	33.04	-0.87%			7%		
14	6-Feb-06	32.96	-0.24%			8%		
15	13-Feb-06	34.63	4.94%			9%		
16	21-Feb-06	33.72	-2.66%			10%		
17	27-Feb-06	33.81	0.27%					

下面是结果:

	A	B	C	D	E	F	G	H
1		**对MERCK的周股票收益使用**						
2	收益期数	52	<-- =COUNT(C10:C61)					
3	超过2%收益的期数	13	<-- =COUNTIF(C10:C61,">2%")			数据表：超过cutoff的收益的期数		
4								
5	Cutoff	5%				Cutoff	2	<-- =B6, data table header
6	超过cutoff的收益的期	2	<-- =COUNTIF(C10:C61,">"&TEXT(B5,"0.00%"))			0%	30	
7						1%	21	
8	日期	Merck股价	收益			2%	13	
9	3-Jan-06	31.82				3%	8	
10	9-Jan-06	32.15	1.03%	<-- =LN(B10/B9)		4%	6	
11	17-Jan-06	31.94	-0.66%			5%	2	
12	23-Jan-06	33.33	4.26%			6%	1	
13	30-Jan-06	33.04	-0.87%			7%	1	
14	6-Feb-06	32.96	-0.24%			8%	1	
15	13-Feb-06	34.63	4.94%			9%	1	
16	21-Feb-06	33.72	-2.66%			10%	0	

在 52 周的收益中,有 30 周的收益高于 0%,有 21 周高于 1%……

我们能用 CountIfs 函数介绍多标准计数:

	A	B	C
1			**在多重标准下使用COUNTIF**
2	cutoff下界	2%	
3	cutoff上界	4%	
4	单个cutoff	13	<-- =COUNTIF(C:C,">2%")
5	多个cutoff	7	<-- =COUNTIFS(C:C,"<4%",C:C,">2%")
6	多个cutoff	7	<-- =COUNTIFS(C:C,"<"&TEXT(B3,"0%"),C:C,">"&TEXT(B2,"0%"))
7			
8	日期	**Merck 股价**	收益
9	3-Jan-06	31.82	
10	9-Jan-06	32.15	1.03%
11	17-Jan-06	31.94	-0.66%
12	23-Jan-06	33.33	4.26%
13	30-Jan-06	33.04	-0.87%

[①] 这个函数和其他的 text 函数在第 35 章中讨论。

33.10 布尔函数

当你把一个问题放在括号中,你就设定了一个布尔函数。

	A	B	C
1	**基本的布尔函数**		
2	x	22	
3	y	-15	
4			
5	数	25	
6	数是否小于等于x?	FALSE	<-- =(B5<=B2)
7	数是否大于y?	TRUE	<-- =(B5>B3)
8			
9	相乘	0	<-- =B6*B7

在单元格 B6 中我们写＝(B5＜＝B2);这个函数问 B5 是否小于等于 B2:如果答案不是肯定的,Excel 返回 False,否则返回 True。False * True 或 False * False 得到 0(见 B9),而 True * True 得到 1:

	A	B	C
1	**基本的布尔函数**		
2	x	22	
3	y	-15	
4			
5	数	20	
6	数是否小于x?	TRUE	<-- =(B5<=B2)
7	数是否大于y?	TRUE	<-- =(B5>B3)
8			
9	相乘	1	<-- =B6*B7

使用布尔函数

布尔函数可以用在出乎意料的地方。在下面的表中,前两列是两年内万豪的月度股票收益。我们现在的问题是要对在两个界限之间的收益个数计数并算出这两个界限中收益的平均数。

	A	B	C	D	E	F	G	H
1							使用布尔函数	
2	日期	Marriott 股价	收益					
3	7-Jan-05	31.2				有多少个数据点?	24	<-- =COUNT(C4:C27)
4	1-Feb-05	31.65	1.43%	<-- =LN(B4/B3)		收益最大值	8.02%	<-- =MAX(C4:C27)
5	1-Mar-05	33.06	4.36%			收益最小值	-8.02%	<-- =MIN(C4:C27)
6	1-Apr-05	31.03	-6.34%					
7	2-May-05	33.4	7.36%					
8	1-Jun-05	33.78	1.13%			上界	5%	
9	1-Jul-05	33.91	0.38%			下界	-2%	
10	1-Aug-05	31.3	-8.01%					
11	1-Sep-05	31.25	-0.16%			有多少小于上界?	16	<-- =COUNTIF(C4:C27,"<"&G8)
12	3-Oct-05	29.58	-5.49%			有多少大于下界?	19	<-- =COUNTIF(C4:C27,">"&G9)
13	1-Nov-05	32.05	8.02%					
14	1-Dec-05	33.27	3.74%			有多少在上下界之间?	11	=SUMPRODUCT((C4:C27>G9)*(C4:C27<G8),(C4:C27>G9)*(C4:C27<G8))
15	3-Jan-06	33.11	-0.48%					
16	1-Feb-06	33.98	2.59%			上下界之间的平均收益	1.36%	=SUMPRODUCT((C4:C27>G9)*(C4:C27<G8),(C4:C27>G9)*C4:C27/SUMPRODUCT((C4:C27>G9)*(C4:C27<G8),(C4:C27>G9)*(C4:C27<G8)))
17	1-Mar-06	34.14	0.47%					
18	3-Apr-06	36.36	6.30%					
19	1-May-06	35.99	-1.02%					
20	1-Jun-06	38	5.43%					
21	3-Jul-06	35.07	-8.02%					
22	1-Aug-06	37.61	6.99%					
23	1-Sep-06	38.59	2.57%					
24	2-Oct-06	41.71	7.77%					
25	1-Nov-06	45.09	7.79%					
26	1-Dec-06	47.72	5.67%					
27	3-Jan-07	45.1	-5.65%					

在单元格 G3 中,我们用 Count 来确定收益的个数。单元格 G11 和单元格 G12 用 CountIf 来确定低于单元格 G8 中的上限的收益个数以及高于单元格 G9 中下限的收益个数。那么有多少次收益在这两者之间呢? 用 CountIf 算不出来,但我们可用一个技巧性的布尔函数来计算:

$$=\text{SUMPRODUCT}((C4:C27>G9)*(C4:C27<G8),(C4:C27>G9)*(C4:C27<G8))$$

创建一个只有0和1的向量,使使1对应
收益在上下限之间,0对应其他　　　　同前

Sumproduct使两向量相乘,对结果求和,
这就给出了在两界限之间的数据点个数

单元格 G16 中也使用了相似的方法来计算在上下限之间收益的平均数:

$$=\frac{\text{SUMPRODUCT}((C4:C27>G9)*(C4:C27<G8),C4:C27)}{\text{SUMPRODUCT}((C4:C27>G9)*(C4:C27<G8),(C4:C27>G9)*(C4:C27<G8))}$$

$$=\frac{\text{分子:使含有 0 和 1 的向量和收益相乘,这样就得到在上下界限之间的收益的和}}{\text{在上下界限之间的收益的个数}}$$

这的确很繁琐,但非常有用!

33.11 Offset

Offset 函数让我们在一个数组中选定一个或一组单元格。它不能单独使用,它必须其他

Excel 函数的一部分。下面的例子显示了一个大数组。我们想对这个大数组的 4 行 5 列中的数求和(单元格 B3 和单元格 B4 中确定的数);我们想要这个数组从大数组的第 3 行下方和第 2 列右边开始。

	A	B	C	D	E	F	G	H
1				使用**OFFSET**				
2	起始点							
3	向下行数	3						
4	向右列数	2						
5	求和范围							
6	行数	4						
7	列数	5						
8	和	811	<-- =SUM(OFFSET(A11:H31,B3,B4,B6,B7))					
9	检查	811	<-- =SUM(C14:G17)					
10								
11	89	34	72	42	41	89	75	41
12	33	6	49	7	62	50	38	17
13	71	69	42	68	39	75	32	77
14	1	69	8	79	40	8	67	46
15	70	12	44	48	88	27	38	51
16	85	0	23	35	83	30	17	52
17	30	50	16	28	73	4	55	68
18	35	56	31	24	15	47	89	88
19	99	31	55	60	45	24	28	3
20	93	72	7	75	90	81	52	71
21	62	56	55	19	73	81	33	76
22	87	27	80	38	65	61	38	68
23	10	59	27	81	6	83	51	1
24	70	88	44	35	70	35	0	82
25	98	45	17	45	89	19	58	42
26	83	75	21	13	80	9	18	64
27	32	23	4	86	88	52	52	69
28	76	61	72	28	83	1	32	38
29	64	87	32	67	50	73	19	83
30	54	55	57	64	80	29	17	92
31	12	95	66	59	48	78	87	23

B8 中的函数 OFFSET(A11:H31,B3,B4,B6,B7)确定了在 A11:H31 之内的一组单元格。这组单元格的起始点在 A11:H31 的左上角那一格的向下 3(B3)行,向右 2(B4)列。这一组单元格高 4(B6)行,宽 5(B7)列。

B6 和 B7 中的值必须为正,但 B3 和 B4 可正可负。在下个例子中,初始参照范围是 B22:H31,Offset 指示了一组起始点在参照范围上方的单元格(因为 B3 中的值是负数)。

	A	B	C	D	E	F	G	H
1	使用**OFFSET** 带有负值							
2	起始点							
3	向下行数	-5						
4	向右列数	1						
5	求和范围							
6	行数	4						
7	列数	5						
8	和	899	<-- =SUM(OFFSET(B22:H31,B3,B4,B6,B7))					
9	检查	899	<-- =SUM(C17:G20)					
10								
11		89	34	72	42	41	89	75	41
12		33	6	49	7	62	50	38	17
13		71	69	42	68	39	75	32	77
14		1	69	8	79	40	8	67	46
15		70	12	44	48	88	27	38	51
16		85	0	23	35	83	30	17	52
17		30	50	16	28	73	4	55	68
18		35	56	31	24	15	47	89	88
19		99	31	55	60	45	24	28	3
20		93	72	7	75	90	81	52	71
21		62	56	55	19	73	81	33	76
22		87	27	80	38	65	61	38	68
23		10	59	27	81	6	83	51	1
24		70	88	44	35	70	35	0	82
25		98	45	17	45	89	19	58	42
26		83	75	21	13	80	9	18	64
27		32	23	4	86	88	52	52	69
28		76	61	72	28	83	1	32	38
29		64	87	32	67	50	73	19	83
30		54	55	57	64	80	29	17	92
31		12	95	66	59	48	78	87	23

对于 Offset 的一个创新使用，见第 14.6 节。

34

数组函数

34.1　概述

Excel 数组函数或公式对矩形区域进行操作。最简单的例子，用 Excel 自制的数组函数如用 Transpose 或 MMult 来作数组转置或两个矩阵相乘。一旦你掌握数组函数，你可以设计属于你自己的数组公式。例如，在本章中，我们将展示如何使用数组公式来找到矩阵非对角线元素的最小值和最大值，或挑出矩阵的对角线元素——当做在第 8—15 章讨论的投资组合计算时可以知道这些技巧是非常有用的。

关于数组函数和公式，有一件重要的事情需要记住：在输入的时候要同时按［Ctrl］＋［Shift］＋［Enter］；这和平常输入函数或公式时只按［Enter］不一样。

34.2　一些 Excel 的自制数组函数

在本节中我们讨论 Excel 自制数组函数：Transpose、MMult、MInverse 和 Frequency。其他函数在其他章节讨论，如函数 Linest 在第 32 章中讨论。

34.2.1　Transpose

假如我们要计算电子表中单元区域 A2：B4 处的 3×2（3 行 2 列）矩阵的转置，见下表：

	A	B
2	1	5
3	2	6
4	3	7

Excel 有一个函数 Transpose( )，像所有其他数组函数一样，使用时可按如下步骤操作：

● 第一，选中你想要安放该转置矩阵的单元区域 D3：F4。

● 现在键入"＝Transpose(A2：B4)"，它将显示在选中区域的左上角。当然，你可以使用常用的 Excel 技巧（例如使用区域命名）。

此时在电子表中的样子如下：

● 当你公式输完，不要按回车键！，而使用[Ctrl]＋[Alt]＋[Enter]。如此操作才会将数组函数放入全部你选中的单元格区域。最后得到如下结果：

	A	B	C	D	E	F	G
1				使用 TRANSPOSE			
2	1	5					
3	2	6		1	2	3	<-- {=TRANSPOSE(A2:B4)}
4	3	7		5	6	7	

注意：数组函数被大括号括起来了。这些不是你自己加上去的，而是 Excel 自动添加的。

34.2.2 "粘贴|选择性粘贴|转置"

当然，有另一种转置方法：你可以复制原始数组，然后用"粘贴|选择性粘贴"来转置矩阵，点选"转置"：

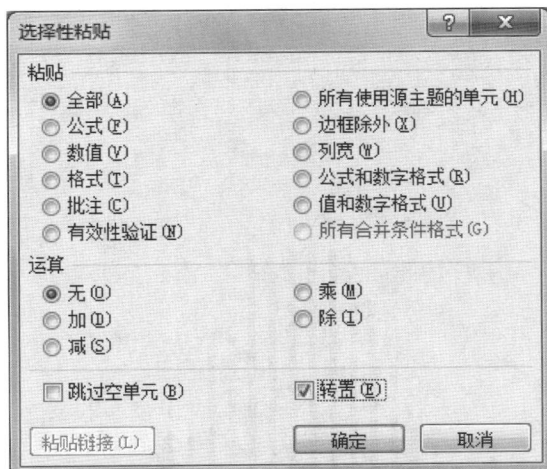

这样就可以转置矩阵，但它不会把原矩阵和目标矩阵链接起来——当你改变原矩阵时，目标矩阵不会变。Transpose 函数的好处是它是一个动态函数，就像所有数组函数和方程一样：当你改变原始矩阵的数值时，转置矩阵也会相应变化。

34.2.3　MMult 和 MInverse：相乘和逆矩阵

这两个函数已在资产组合章节(第 8—13 章)中讨论过,所以我们在这里作简单重复：

- MMult(range1,range2)用 range1 乘以 range2。当然这个函数只有当 range1 中列数等于 range2 的行数才行。
- MInverse(range)计算在区域 range 中的矩阵的逆矩阵。注意 range 必须是矩形的。

34.2.4　Frequency

Excel 数组函数 Frequency(data_array,bins_array)允许我们计算一个数据集的频率分布。下面的电子表显示了 1977 年 1 月至 2006 年 12 月福特股票的月度收益数据。在 E 列中我们放了分组标志数据,注意的第一个分组标志数据是小于该期的最小月度收益数据并且最后一个分组标志数据是大于该期最大月度收益。区域 F8:F38 包含该数组函数 Frequency(C4:C363,E8:E38)。例如,从输出结果我们可以推出,这 20 年的月度收益数据有 2 个月的收益数据是介于—25.71%到—23.71%之间的,并有 33 个月收益数据是介于 4.29%到 6.29%之间的。

	A	B	C	D	E	F	G	H	I
1					FREQUENCY数组函数				
2	日期	福特股价	月收益						
3	3-Jan-77	0.50							
4	1-Feb-77	0.48	-4.08%	<-- =LN(B4/B3)	最小月收益	-24.71%	=MIN(C4:C363)		
5	1-Mar-77	0.45	-6.45%		最大月收益	32.48%	=MAX(C4:C363)		
6	1-Apr-77	0.47	4.35%						
7	2-May-77	0.46	-2.15%		分组	频数			
8	1-Jun-77	0.50	8.34%		-25.71%	0	<-- {=FREQUENCY(C4:C363,E8:E38)}		
9	1-Jul-77	0.48	-4.08%		-23.71%	2			
10	1-Aug-77	0.47	-2.11%		-21.71%	1			
11	1-Sep-77	0.50	6.19%		-19.71%	2			
12	3-Oct-77	0.47	-6.19%		-17.71%	6			
13	1-Nov-77	0.48	2.11%		-15.71%	3			
14	1-Dec-77	0.50	4.08%		-13.71%	5			
15	3-Jan-78	0.47	-6.19%		-11.71%	8			
16	1-Feb-78	0.47	0.00%		-9.71%	10			
17	1-Mar-78	0.51	8.17%		-7.71%	18			
18	3-Apr-78	0.58	12.86%		-5.71%	23			
19	1-May-78	0.56	-3.51%		-3.71%	26			
20	1-Jun-78	0.53	-5.51%		-1.71%	35			
21	3-Jul-78	0.53	0.00%		0.29%	35			
22	1-Aug-78	0.51	-3.85%		2.29%	37			
23	1-Sep-78	0.53	3.85%		4.29%	30			
24	2-Oct-78	0.48	-9.91%		6.29%	33			
25	1-Nov-78	0.49	2.06%		8.29%	22			
26	1-Dec-78	0.50	2.02%		10.29%	21			
27	2-Jan-79	0.50	0.00%		12.29%	9			
28	1-Feb-79	0.50	0.00%		14.29%	13			
29	1-Mar-79	0.53	5.83%		16.29%	5			
30	2-Apr-79	0.55	3.70%		18.29%	4			
31	1-May-79	0.53	-3.70%		20.29%	5			
32	1-Jun-79	0.53	0.00%		22.29%	2			
33	2-Jul-79	0.53	0.00%		24.29%	1			
34	1-Aug-79	0.55	3.70%		26.29%	1			
35	4-Sep-79	0.56	1.80%		28.29%	0			
36	1-Oct-79	0.48	-15.42%		30.29%	2			
37	1-Nov-79	0.40	-18.23%		32.29%	0			
38	3-Dec-79	0.42	4.88%		34.29%	1			
39	2-Jan-80	0.45	6.90%						

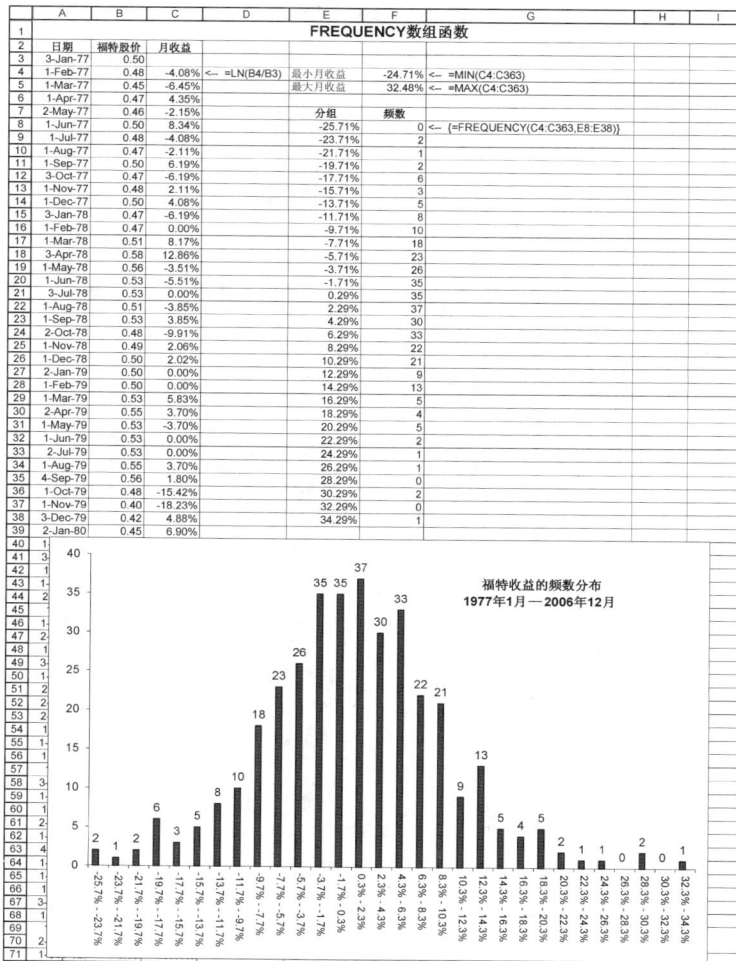

福特收益的频数分布
1977年1月—2006年12月

34.3　自制数组函数

依据我们的经验,数组函数调用时常会出现要做长时间重复计算的情况。你会发现同样的计算也会在一个数组函数中发生。在许多时候并不清楚这里有什么技巧可用。例如,在本章中我们用到的:A3+B6:B8 即给区域 B6:B8 中的每一个单元都加 A3 的内容。为什么? 没人知道! 我们也会使用(我们已知的但没有记载)技巧:B3:B7^A3:A7 就是 B3 的 A3 次方,B4的 A4 次方……

本节我们举两个计算投资收益的例子来说明自制数组函数。

34.3.1　根据 10 年的收益数据计算复合年度收益

下面的表格给出了哈佛大学捐款基金的年度收益。你想计算 10 年的期间里的复合年度收益。假设该收益已被陆续计算$\left(\text{即意味着 } r_t = \dfrac{\text{捐赠资金数}_t}{\text{捐赠资金数}_{t-1}}, t = 1, 2, \cdots, 10\right)$,你知道复合年度收益是 $r = ((1+r_{2002}) \cdot (1+r_{2003}) \cdots (1+r_{2011}))^{1/10} - 1$。在 B14 中,我们用一个数组函数做这个计算:

	A	B	C
1	哈佛大学捐款基金的年度收益 截至每年6月30日		
2	年	收益	
3	2002	-0.50%	
4	2003	12.50%	
5	2004	21.20%	
6	2005	19.20%	
7	2006	16.70%	
8	2007	23.00%	
9	2008	8.60%	
10	2009	-27.30%	
11	2010	11.40%	
12	2011	21.40%	
13			
14	复合年收益	9.50%	<-- {=PRODUCT(1+B3:B12)^(1/10)-1}

Excel 函数 Product 使一个区域内单元格的输入值相乘。单元格 B14 对 B3:B12 中每个单元格加 1,并相乘,取 10 次方根,然后在结果中减去 1——全都在一个单元格里完成(当然,要按[Ctrl]+[Shift]+[Enter])。[①]

---

① 在 Excel 相关文件中并没有解释这个功能是如何运作的,但它的确可行。

34.3.2 计算复合年度连续收益

下表中的 B 列给出了在 Youngtalk 投资基金的一个顾客账户里的累计金额。复合年度连续收益是由 $r_t = \ln\left(\dfrac{账户_t}{账户_{t-1}}\right)$ 计算的,这一期间内的平均收益是 $\dfrac{1}{10}\sum\limits_{t=1}^{10} r_t$。在 B15 中我们通过对年度收益求平均来做这个计算。而在 B16 中我们用一个数组函数,在一个单元格中做了全部计算。非常简便!

	A	B	C	D
1		**YOUNGTALK投资基金**		
2	年	年初投资额	年度连续收益	
3	1996	100.00		
4	1997	121.51	19.48%	<-- =LN(B4/B3)
5	1998	132.22	8.45%	
6	1999	98.63	-29.31%	
7	2000	75.65	-26.53%	
8	2001	140.48	61.90%	
9	2002	221.40	45.49%	
10	2003	243.46	9.50%	
11	2004	280.11	14.02%	
12	2005	398.72	35.31%	
13	2006	543.58	30.99%	
14				
15	复合年度收益		16.93%	<-- =AVERAGE(C4:C13)
16	数组函数同样的计算		16.93%	<-- {=AVERAGE(LN(B4:B13/B3:B12))}
17			16.93%	<-- =LN(B13/B3)/10,更简单!

最后注意:见单元格 C17——如果你了解一些连续时间数学的知识,你就会知道 LN(B13/B3)/10 会产生同样的结果。很简单!

34.3.3 使用数组函数计算折现因子

我们已知一系列利率 r_1,r_2,…,我们想要计算公式 $\sum\limits_{t=1}^{n}\dfrac{1}{(1+r_t)^t}$。Excel 的 NPV 函数不能工作,我们需要建立自己的函数。下面的电子表展示了两种方法:

	A	B	C	D
1			**使用数组函数计算现值因子**	
2	年	利率		
3	1	6.23%		
4	2	4.00%		
5	3	4.20%		
6	4	4.65%		
7	5	4.80%		
8				
9	现值	4.3746	<-- {=SUM(1/((1+B3:B7)^A3:A7))}	
10				
11	用递归公式检查原公式			
12	年	利率	求和: $1/(1+r_t)^t$	
13	1	6.23%	0.9414	<-- =1/(1+B13)^A13
14	2	4.00%	1.8659	<-- =C13+(1/(1+B14)^A14)
15	3	4.20%	2.7498	<-- =C14+(1/(1+B15)^A15)
16	4	4.65%	3.5836	
17	5	4.80%	4.3746	<-- =C16+(1/(1+B17)^A17)

在单元格 B9 中,我们使用了数组函数 $\{=\text{Sum}(1/((1+\text{B3}:\text{B7})^{\wedge}\text{A3}:\text{A7}))\}$。 记为 $(1+\text{B3}:\text{B7})^{\wedge}\text{A3}:\text{A7}$ 给 B3:B7 中的每个单元格加 1,再对出现的结果取 A3:A7 次方。使用 Sum 得出结果(当然,这是个数组函数,你必须按[Ctrl]+[Shift]+[Enter])。

另一种方法,在第 13—17 行,用递归的方式得出结果。结果是一样的,但过程更繁琐。

34.4 带有矩阵的数组公式

在本节中我们建立一些和矩阵有关的数组函数。

34.4.1 矩阵减去一个常数

在第 8—13 章的投资组合计算中,我们经常要用矩阵减去一个常数。这个工作用一个数组公式很容易完成,用[Ctrl]+[Shift]+[Enter]完成输入:

	A	B	C	D	E
1	矩阵减去常数				
2	矩阵				
3	1	6		常数	3
4	2	6			
5	3	8			
6	4	9			
7	5	10			
8					
9	矩阵减去常数				
10	-2	3			
11	-1	3	<-- {=A3:B7-E3}		
12	0	5			
13	1	6			
14	2	7			

34.4.2 建立一个对角线上是 1 其余是 0 的矩阵

这是一个在第 10 章出现的问题:我们想要一个矩阵对角线上是 1,非对角线元素都是 0。下面的电子表展示了三种方法:

	A	B	C	D	E	F
1	建立1和0的矩阵 我们需要1在对角线上，其他地方为0 该问题在第10章出现过					
2	建立一个1的对角阵。下面的单元格包含数组公式=IF(B3:E3=A4:A7,1,0)}					
3		A	B	C	D	
4	A	1	0	0	0	
5	B	0	1	0	0	
6	C	0	0	1	0	
7	D	0	0	0	1	
8						
9	建立一个1的对角阵。下面的单元格包含数组公式=IF(B$10=$A11,1,0)}					
10		A	B	C	D	
11	A	1	0	0	0	
12	B	0	1	0	0	
13	C	0	0	1	0	
14	D	0	0	0	1	
15						
16	建立一个没有边界的1的对角阵。下面的单元格包含数组公式=IF(ROW()-ROW($B$17)=COLUMN()-COLUMN($B$17),1,0)}					
17	1	0	0	0		
18	0	1	0	0		
19	0	0	1	0		
20	0	0	0	1		

前两种方法依赖于行和列的标志。在第一个例子中，公式＝IF（B3：E3＝A4：A7，1，0）检验行标和列标是否相同；如果是，单元格就显示1，如果不是，就显示0。在第二个例子中，我们使用If以及绝对和相对混合的标志来产生相同的结果。在第3个例子中，没有行或列标志。我们依靠函数Column和Row来检验行和列的相对位置是否相等。

34.4.3 找到非对角元素的最大值和最小值

我们想找到一个矩阵的最大和最小非对角元素。下表中例示了两种方法：

	A	B	C	D	E	F
1	找到矩阵中非对角元素的最大值，最小值 复杂方法					
2	源矩阵					
3		A	B	C	D	
4	A	10	2	3	4	
5	B	-3	20	4	-3	
6	C	1	5	60	6	
7	D	4	2	-10	25	
8						
9	下面的范围包含公式=IF(B3:E3=A4:A7,'''',B4:E7)					
10		A	B	C	D	
11	A		2	3	4	<-- {=IF(B3:E3=A4:A7,'''',B4:E7)}
12	B	-3		4	-3	
13	C	1	5		6	
14	D	4	2	-10		
15						
16	非对角元素的最大值	6	<-- =MAX(B11:E14)			
17	非对角元素的最小值	-10	<-- =MIN(B11:E14)			
18						
19						
20	只用非数组公式					
21	下面的范围包含非数组公式=IF(B$3=$A4,'''',B4)					
22		A	B	C	D	
23	A		2	3	4	<-- =IF(E$3=$A4,'''',E4)
24	B	-3		4	-3	
25	C	1	5		6	
26	D	4	2	-10		
27						
28	非对角元素的最大值	6	<-- =MAX(B23:E26)			
29	非对角元素的最小值	-10	<-- =MIN(B23:E26)			

在本例中，我们首先使用一个数组函数把所有对角线元素替换为空白单元格。然后我们可以用 Max 和 Min 决定非对角元素。正如在第 20—29 行中，我们也可以在 B11 中用非数组函数＝IF(B$3＝$A4,"",B4)然后粘贴到矩阵的其他单元格中。

我们也可以通过直接把数组函数并入 Max 和 Min 中找到最大值和最小值。

	A	B	C	D	E	F
1	**找到矩阵中非对角元素的最大值，最小值** **一步完成**					
2		源矩阵				
3		**A**	**B**	**C**	**D**	
4	**A**	10	2	3	4	
5	**B**	-3	20	4	-3	
6	**C**	1	5	60	6	
7	**D**	4	2	-10	25	
8						
9	非对角元素的最大值		6	<-- {=MAX(IF(B3:E3=A4:A7,"",B4:E7))}		
10	非对角元素的最小值		-10	<-- {=MIN(IF(B3:E3=A4:A7,"",B4:E7))}		

34.4.4　使用 VLookup 替换非对角元素

现在假设我们想用一个查询表替换非对角线元素，如下图所示：

	A	B	C	D	E	F
1		**替换矩阵非对角线元素的最大值，最小值** **复杂方法，非数组公式**				
2		源矩阵				
3			A	B	C	D	
4		A	10	2	3	4	
5		B	-3	20	4	-3	
6		C	1	5	60	6	
7		D	4	2	-10	25	
8						
9	替换查询表格					
10	-10	i				
11	-6	ii				
12	-2	iii				
13	2	iv				
14	6	v				
15	10	vi				
16						
17	下面的范围包含非数组公式 =IF(B$3=$A4,B4,VLOOKUP(B4,$A$10:$B$15,2)), 它已被复制到所有单元格里					
18		A	B	C	D	
19	A	10	iv	iv	iv	<-- =IF(E$3=$A4,E4,VLOOKUP(E4,$A$10:$B$15,2
20	B	ii	20	iv	ii	
21	C	iii	iv	60	v	
22	D	iv	iv	i	25	

数组方程可以简化这个程序：

	A	B	C	D	E	F
1			替换矩阵非对角线元素的最大值，最小值 使用数组公式			
2		源矩阵				
3			A	B	C	D	
4	A	10	2	3	4	
5	B	-3	20	4	-3	
6	C	1	5	60	6	
7	D	4	2	-10	25	
8						
9	替换查询表格					
10	-10	i				
11	-6	ii				
12	-2	iii				
13	2	iv				
14	6	v				
15	10	vi				
16						
17	下面的范围包含非数组公式 =IF(B3:E3=A4:A7,B4:E7,VLOOKUP(B4:E7,A10:B15,2))					
18			A	B	C	D	
19	A	10	iv	iv	iv	<-- {=IF(B3:E3=A4:A7,B4:E7,VLOOKUP(B4:E7,A10:B15,2))}
20	B	ii	20	iv	ii	
21	C	iii	iv	60	v	
22	D	iv	iv	i	25	

习题

1. 使用一个自制数组函数使向量$\{1, 2, 3, 4, 5\}$乘以常数3。

2. 使用数组函数 Transpose 和 MMult 使行向量$\{1, 2, 3, 4, 5\}$和列向量$\left\{\begin{matrix} -8 \\ -9 \\ 7 \\ 6 \\ 5 \end{matrix}\right\}$相乘。

3. 下表显示了 6 只股票的方差—协方差矩阵。使用一个数组函数来建立一个只有对角线上有方差其他地方都是零的矩阵。

	A	B	C	D	E	F	G
1		GE	MSFT	JNJ	K	BA	IBM
2	GE	**0.1035**	0.0758	0.0222	-0.0043	0.0857	0.1414
3	MSFT	0.0758	**0.1657**	0.0412	-0.0052	0.0379	0.1400
4	JNJ	0.0222	0.0412	**0.0360**	0.0181	0.0101	0.0455
5	K	-0.0043	-0.0052	0.0181	**0.0570**	-0.0076	0.0122
6	BA	0.0857	0.0379	0.0101	-0.0076	**0.0896**	0.0856
7	IBM	0.1414	0.1400	0.0455	0.0122	0.0856	**0.2993**

4. 接习题 3。使用一个数组函数来建立一个对角线上是 0 其他地方是协方差的矩阵。

5. Excel 练习中给出了三个共同基金的数据。计算每个基金的离散年收益率，并用数组函数计算这段期间的复合年利率。注意在离散复合收益中，t 年的收益 $= \dfrac{\text{基金价值}_t}{\text{基金价值}_{t-1}} - 1$。 如果收益是连续复合的，$t$ 年的收益 $= \dfrac{\text{基金价值}_t}{\text{基金价值}_{t-1}}$。

35

Excel 的一些提示

35.1　概述

本章是对 Excel 的一些技术补充介绍,这些技术要么是我们在处理一些问题时要用到,要么是我们所需要的。本章的内容没有按一个统一的框架,主要包括:

- 快速填充和复制;
- 数据变化时曲线图标题的变化;
- 建立多行的单元格(用于在单元格断行和与图形标题链接);
- 键入希腊字母;
- 键入上标和小标(但不是两者同时键入);
- 命名单元格;
- 隐藏单元格;
- 公式审核;
- 在多张表格上操作;
- 运用 Excel 的个人记事本快速复制、粘贴、格式化。

35.2　快速复制:在一列中向下填充数据

通常,我们是通过拖曳来填充公式到同一列向下的单元格中来复制单元格的。有时有一种更容易的方法,看下面的情况:

	A	B	C
1	自动填充/复制		
2	1	2	
3	2	5	<-- =B2+3
4	3		
5	4		
6	5		
7	6		
8	7		
9	8		

现在双击"填充处理"（显示在下面一张图中的小"十"字）。双击后,区域 B2:B9 将自动地填入 B3 单元格中的公式。

	A	B	C
1	自动填充/复制		
2	1	2	
3	2	5	<-- =B2+3
4	3		
5	4		
6	5		
7	6		
8	7		
9	8		
10			

结果如下：

	A	B	C
1	自动填充/复制		
2	1	2	
3	2	5	<-- =B2+3
4	3	8	
5	4	11	
6	5	14	
7	6	17	
8	7	20	
9	8	23	
10			
11	如果存在一个填充单元格，双击单元格的"填充处理"将会填充到该列的其余单元格中。		

35.3 填充系列单元格

有时我们想用一个序列来填充一系列的单元格。这可以通过主页上的"编辑|填充|系列"标签实现：

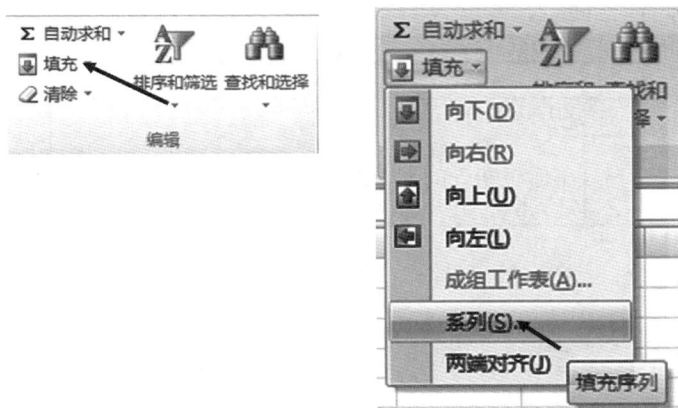

举个例子，从单元格 A1 开始，我们想要填入一列数，使单元格内得到步长为 3 的等差数列直到 16：

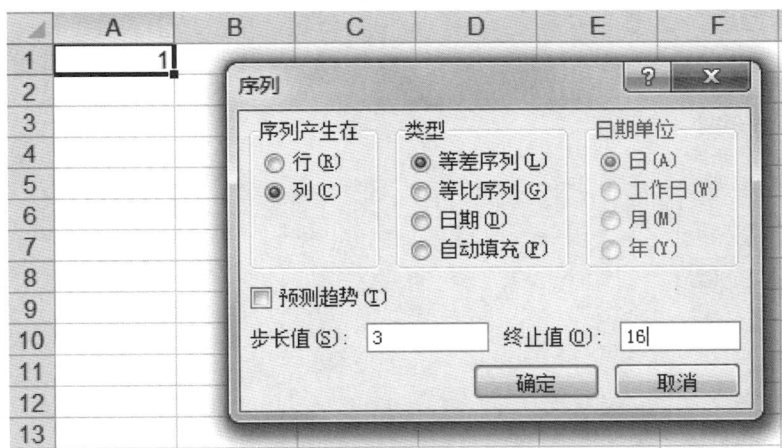

单击"确定"得到：

	A
1	1
2	4
3	7
4	10
5	13
6	16

这个有趣的命令有一些其他的选项,我们留给你自己尝试。

35.4 多行单元格

有时在一个单元格中断行是很有用的,因此建立一个多行单元格。用[Alt]+[Enter]执行该任务,在那里你将看到断行。

	A
1	在一个单元格中断行
2	这是一个多行单元格。 在你想断开的地方通过 键入[Alt]+[Enter]可以断行。

当然,有其他方法将一行断开。最简单的方法是用"格式|单元格|对齐",选中"自动换行":

这是选择自动换行后的单元格。(注意在对话框中我们设置该单元为"垂直对齐"并"居中"。)

	A
1	单元格内的行跑到相邻的单元格里了,但通过使用"开始|数字|对齐"我们可以让该单元格断行。

35.5　用 Text 公式建立多行单元格

有时你想用 Text 公式在一个单元格断行。在下面的例子中，在单元格 A4 中的 Text 公式连接了单元格 A1 和单元格 A2 中的文本。

	A	B
1	Simon	
2	Jack	
3	SimonJack	<-- =A1&A2
4	SimonJack	<-- =A1&CHAR(10)&A2, 格式不正确
5	Simon Jack	<-- =A1&CHAR(10)&A2, 在开始栏点击自动换行

我们可以通过两个步骤将一行断开并放到 Text 公式中：

（1）将 Char(10) 放在 A1 和 A2 之间，也就是输入公式＝A1&Char(10)&A2 到该单元格。Char(10) 是硬回车的编码。

（2）在"开始"栏点击"自动换行"，现在两单元格的内容之间，在你输入的 Char(10) 处有一个断开。

35.6　在多个表格中写作

这个 Excel 技巧可以让你同时写多个表格。首先，按住［Shift］键，并单击选中几个电子表格标签。在下面的例子中，我们已经点击了以 Sheet1、Sheet2、Sheet3 命名的标签。现在，无论你在其中一张表格上写什么，其内容都会出现在所有三张表格上。

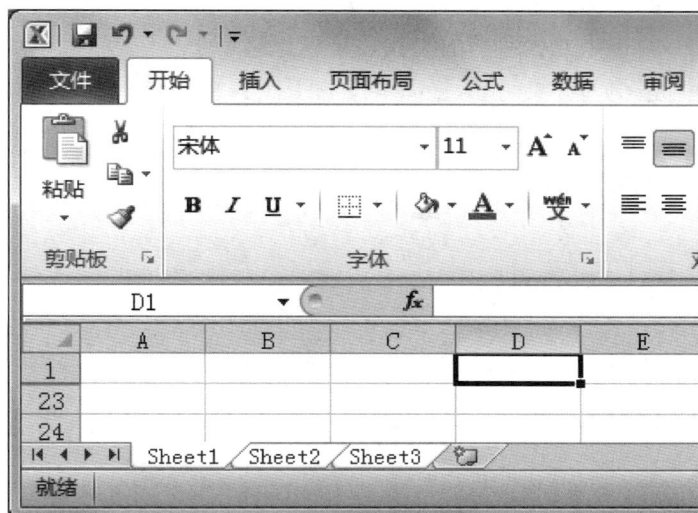

现在我们在其中一张表中输入的内容也会显示在其他工作表的同一格中，因此我们可以产生三张一样的工作表：

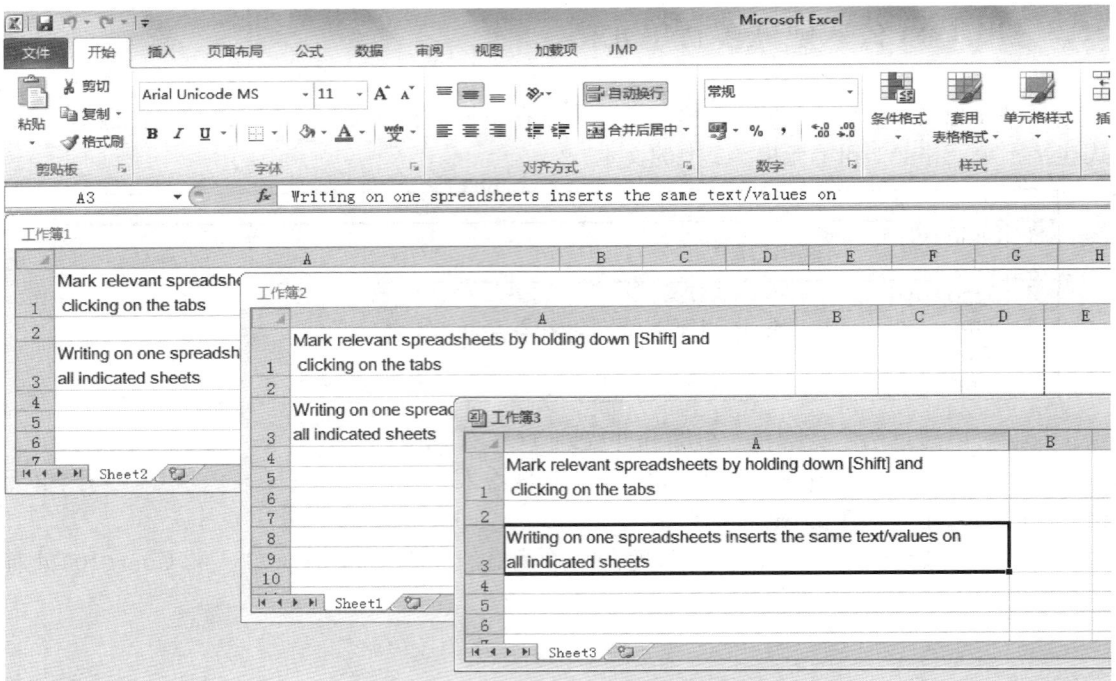

35.7 移动一个 Excel 工作簿中的多张工作表

通过按住[Shift]和点击相关表的标签我们可在多张工作表中写作。一个类似的技巧是移动相同 Excel 工作簿的多张工作表：

● 通过按[Shift]并选中几张适当的工作表来标记这多张工作表。

● 现在用"编辑|移动"或"复制"来移动或复制工作表到相同工作表的其他位置或到另一张工作表。

35.8 Excel 中的 Text 函数

Excel 可以让你将公式换成文本格式。这里是一些实例：

	A	B	C
1		**TEXT 函数**	
2	收入	15,000	
3	税率	35%	
4	应交税金	5,250	<-- =B2*B3
5			
6	文本格式的税率	35.00%	<-- =TEXT(B3,"0.00%")
7		0.4	<-- =TEXT(B3,"0.0")
8			
9	日期形式的收益	Jan.24,1941	<-- =TEXT(B2,"mmm.dd,yyyy")

注意：在单元格 B3 中形成文本时，你可以选择不同的方法来实现：

在 B7 单元格，我们将税率设为有两位小数的百分比格式，在 B8 单元格中将税率设为具有一位小数的格式，这样就要四舍五入。

还要注意像 B10 单元格中的这样有愚蠢的例子：因为 Excel 中的时间是从 1900 年 1 月 1 日起的天数，当我们将 B2 单元格中收益 15,000 美元表达为时间时，就变成了 B10 单元格中现在结果。

在下一节中我们将用 text 函数来建立可更新的图形标题。

35.9 更新图形标题

当电子表上的一个参数变化时，你想要图形标题也变化。例如，在下面的电子表中，你想用图形标题代表增长率。

	A	B	C	D	E	F	G	H	I
1					图表标题自动更新				
2	增长率	15%							
3									
4	年	现金流							
5	1	100.00							
6	2	115.00	<-- =B5*(1+$B$2)						
7	3	132.25							
8	4	152.09							
9	5	174.90							
10									
11									
12									
13									
14									
15									
16									
17									
18									
19									
20				图表标题包含text函数 ="现金流增长率 = "&TEXT(B2,"0.0%")					
21									
22				现金流增长率 = 15.0%					

一旦我们完成必要的步骤,改变增长率将改变图形和标题,见下表:

	A	B	C	D	E	F	G	H	I
1			图表标题自动更新						
2	增长率	5%							
3									
4	年	现金流							
5	1	100.00							
6	2	105.00	<-- =B5*(1+$B$2)						
7	3	110.25							
8	4	115.76		现金流增长率 = 5.0%					
9	5	121.55							
10									
11									
12									
13									
14									
15									
16									
17									
18									
19									
20				图表标题包含text函数 ="现金流增长率 = "&TEXT(B2,"0.0%")					
21									
22			现金流增长率 = 5.0%						

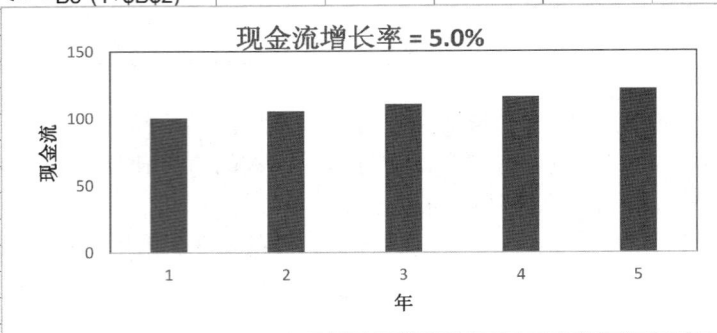

要自动更新图形标题,可以执行下列步骤:

● 建立你所要格式的图形。给图形一个"代理标题"(它没有什么差别,你很快就可将其删除)。该步骤的图形如下:

	A	B	C	D	E	F	G	H	I
1			图表标题自动更新						
2	增长率	12%							
3									
4	年	现金流							
5	1	100.00							
6	2	112.00	<-- =B5*(1+$B$2)						
7	3	125.44							
8	4	140.49			asdfasdf				
9	5	157.35							
10	6	176.23							
11	7	197.38							
12									
13									
14									
15									
16									
17									
18									
19									
20				图表标题包含text函数 ="现金流增长率 = "&TEXT(B2,"0.0%")					
21									
22			现金流增长率 = 12.0%						

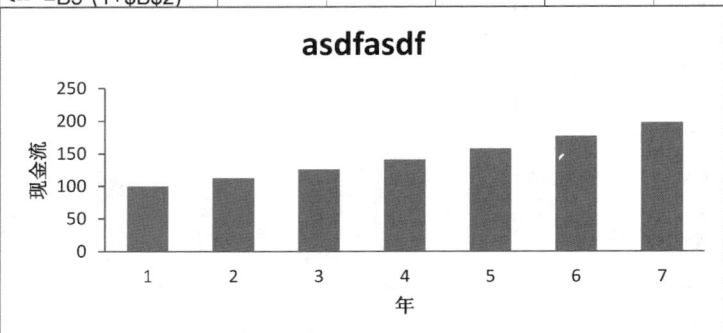

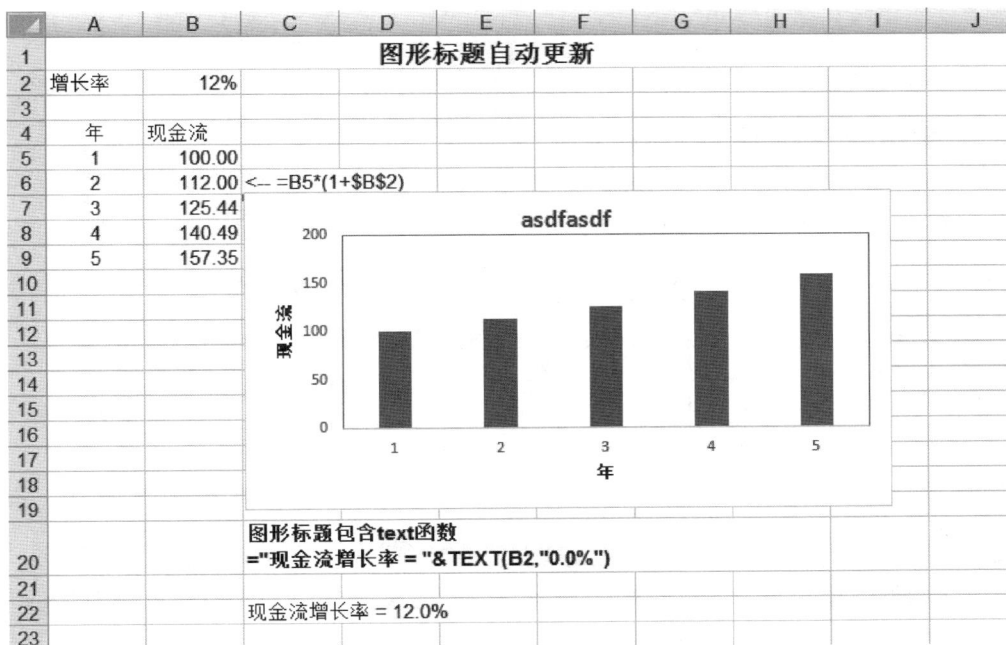

● 在一个单元格中建立你想要的标题。在这个例子中,单元格 C22 含有公式:＝"现金流增长率＝"＆TEXT(B2," 0.0％")。

● 点击标题并激活它,然后到公式栏并插入一个表示是公式的等号。然后点击单元格 C22 中的公式按［Enter］。在下一张图中,你可以看到选中的图形标题和在公式栏指向图形标题的公式"＝921 页！＄C＄22"。

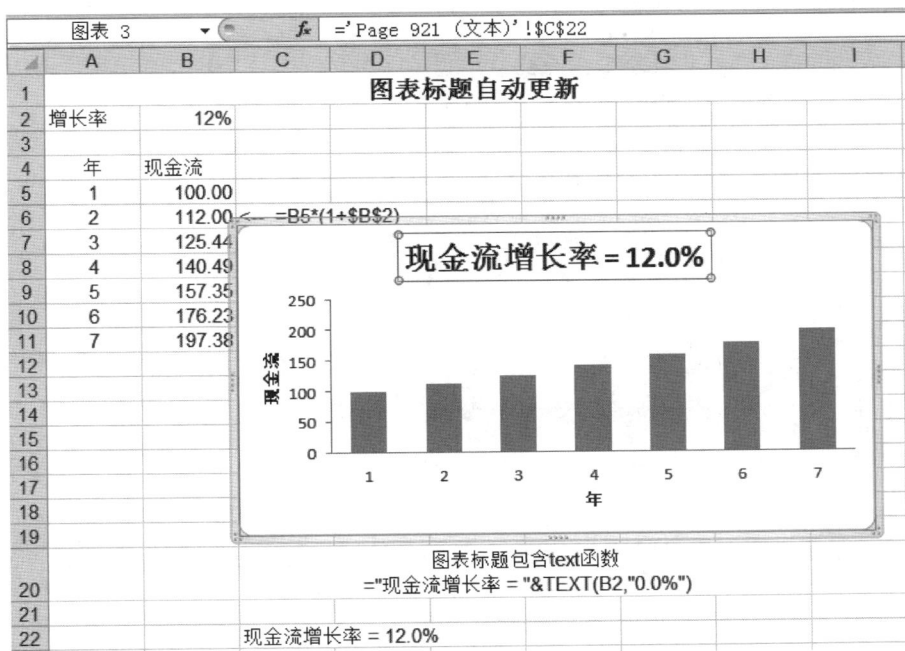

35.10　在单元格中键入希腊符号

如何在电子表中键入希腊符号?

如果你知道希腊字母的等价字母,这项任务就很容易完成。(例如,μ 和 σ 是小写的 m 和 s,Σ 和 Δ 是大写的 S 和 D。)因此,我们首先在单元格 A5 键入"Deltat,Dt"并选中公式栏中的 D。

将字体从"Arial"变成"Symbol":

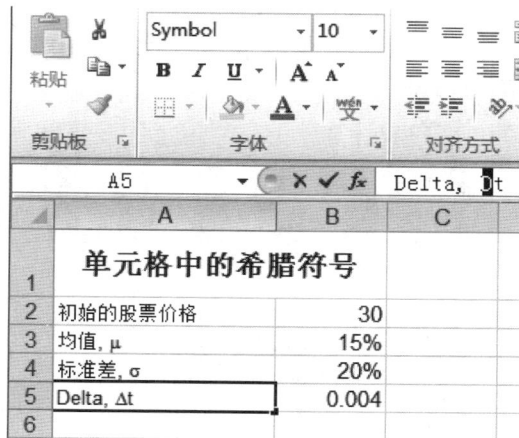

按"回车"就得到我们想要的结果。

35.11　上标和下标

上标和下标在 Excel 中输入没有什么问题。键入文字到单元格中，然后选中你想要转换成上标或下标的字母：

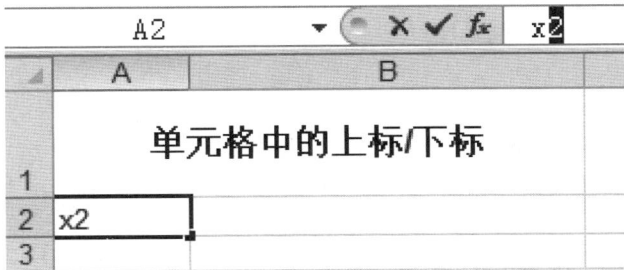

现在到主菜单的"格式｜单元格"并选中"上标"。

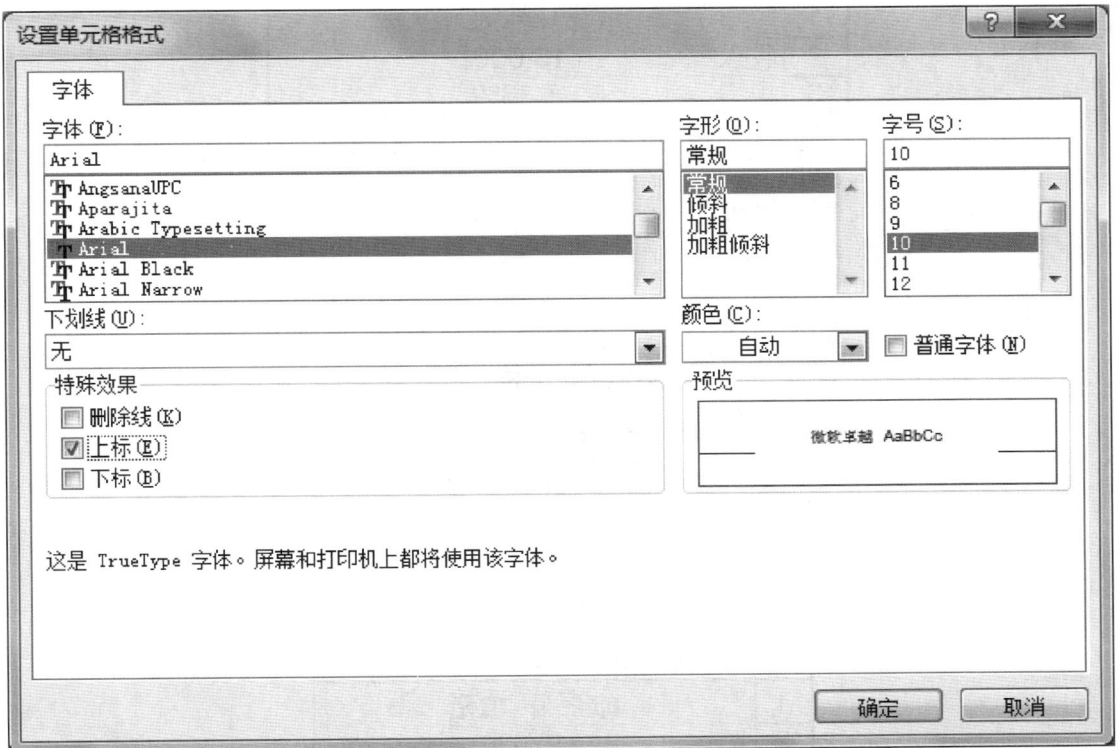

这就是结果：

	A	B
1	单元格中的上标/下标	
2	x^2	
3		
4	x^2_i	在同一栏不能给上标和下标

就如你在 A4 看到的一样，我们不能对同一字母既给上标又给下标。即，你不能建立 x^2_i。

35.12　命名单元格

给单元格命名有时非常有用。见下面的例子：

	A	B	C
1	命名单元格		
2	收入	15,000	
3	税率	33%	
4	税金支付	4,950	<-- =B3*B2

我们要将 B3 单元命名为"税"。为此，我们选中该单元，并到工具栏上的名称框：

B3			f_x	33%	
	A	B	C	D	
1		命名单元格			
2	收入	15,000			
3	税率	33%			
4	税金支付	4,950	<-- =B3*B2		
5					

在选中的 B3 处键入"税"，即用该名字代替 B3 并可以用在该电子表的任何地方：

	A	B	C
1	命名单元格		
2	收入	15,000	
3	税率	33%	
4	税金支付	4,950	<-- =tax*B2

有时候 Excel 可以让我们使用事先没有命名的单元格名称。下面的例子，Excel 让我们使用栏目名作为单元格的名字：

	A	B	C	D	E
7	销售收入	利润率	利润		
8	1000	20%	200	<-- =销售收入*利润率	
9	5000	30%	1500	<-- =销售收入*利润率	

为了命名单元格，点击"公式"标签上，点击"名称管理器"：

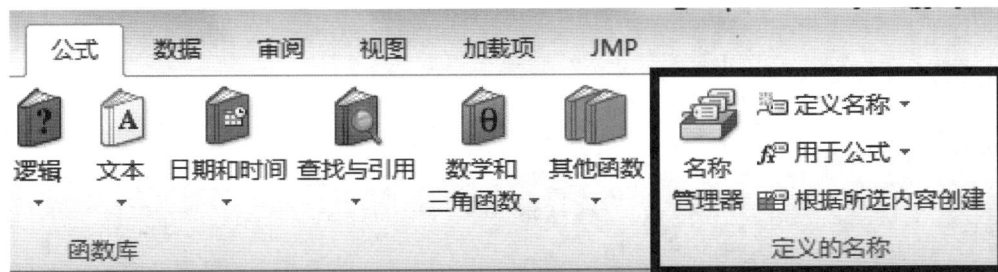

35.13 隐藏单元格（在模拟运算表以及其他地方）

我们经常隐藏模拟运算表表头的内容。（这个主题在第 31 章中曾详细讨论过。）下面是一个例子：

	A	B	C	D
1		隐藏单元格		
2	偿还金额	100		
3	偿还期数	15		
4	折现率	15%		
5	现值	$584.74		
6				
7			偿还金额的现值	
8	模拟运算表		584.74	<-- =B5, 数据表的表头
9		0%	1,500.00	
10		3%	1,193.79	
11		6%	971.22	
12		9%	806.07	
13		12%	681.09	
14		15%	584.74	
15		18%	509.16	
16		21%	448.90	

C8 中模拟运算表的表头在这里是不可缺少的，但是它有碍观瞻且当模拟运算表被复制到其他文档中时会造成混乱。要隐藏 C8 单元格的内容，我们选中该单元格然后选择菜单"格式|单元格"（或点击鼠标右键）：

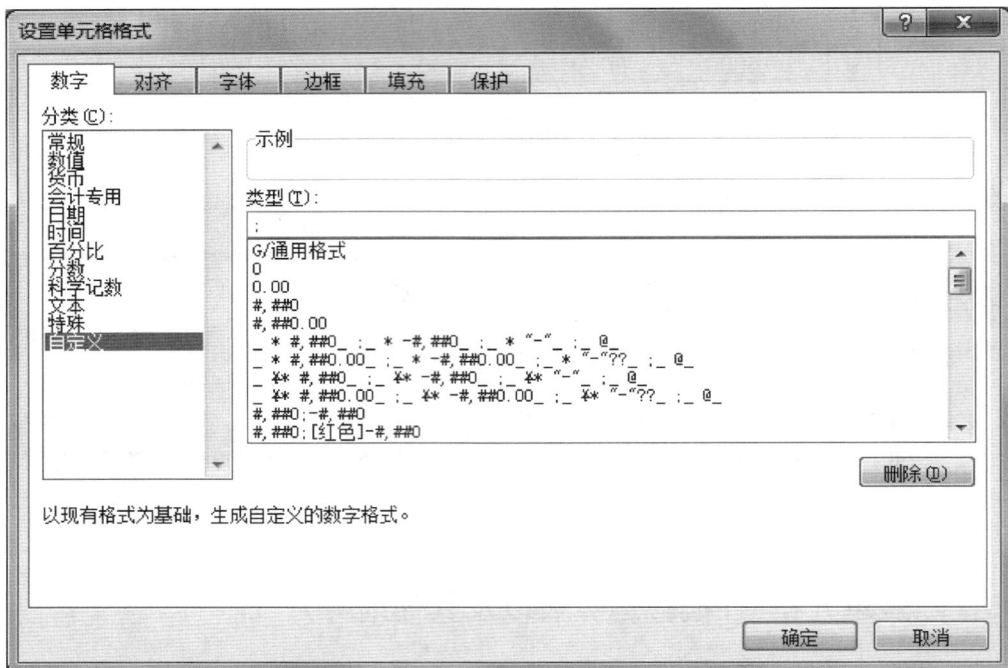

在"数字|自定义|类型"框中，我们选择分号。这样将保留该单元格中的内容，但不显示。现在当你复制这些单元格时，它们的显示如下：

	A	B	C	D
1			隐藏单元格	
2	偿还金额	100		
3	偿还期数	15		
4	折现率	15%		
5	现值	$584.74		
6				
7			偿还金额的现值	
8	模拟运算表			<-- =B5，数据表的表头
9		0%	1,500.00	
10		3%	1,193.79	
11		6%	971.22	
12		9%	806.07	
13		12%	681.09	
14		15%	584.74	
15		18%	509.16	
16		21%	448.90	

注意:我们要劝告你一般要在你的电子表作注释,以便你在几个星期或几个月以后再用该电子表,你知道 C8 单元格还有一些东西在里面。

最后注意,想要隐藏引用了另外一个含有公式的单元格的单元格,必须有三个分号(;;;)。在下面的表格中,B4 包含了 IF 函数。B6 引用了 B4 单元格。想要隐藏 B6,我们在"格式|单元格|数字|自定义|类型"中使用三个分号,而不是一个。

	A	B	C
1	隐藏引用公式的单元格		
2	a	33	
3	b	8	
4	c	bbb	<-- =IF(B2+B3<15,"aaa","bbb")
5			
6	被隐藏的单元格 -->		<-- =B4

35.14　公式审核

Excel 可以告诉你在公式里你使用的一个单元格在什么地方,以及一个特定非公式取决于哪些单元格。点击"公式|公式审核"出现让一个菜单,它可让你完成该项工作。

结果如下:

	A	B	C	D	E	F	G
1			等额偿还计划				
2	贷款本金	10,000					
3	利率	7%					
4	贷款期限	6	<-- 贷款还清所需年数				
5	年度还款额	2,097.96	<-- =PMT(B3,B4,-B2)				
6							
7						还款分解为：	=$B$3*C9
8		年	年初本金	年末本金	利息	本金偿还额	
9		1	10,000.00	2,097.96	700.00	1,397.96	
10		2	8,602.04	2,097.96	602.14	1,495.82	=D9-E9
11		3	7,106.23	2,097.96	497.44	1,600.52	
12	=C9-F9	4	5,505.70	2,097.96	385.40	1,712.56	
13		5	3,793.15	2,097.96	265.52	1,832.44	
14		6	1,960.71	2,097.96	137.25	1,960.71	
15		7	0.00				

用类似的方法我们可以看到一个单元格被哪些单元格引用：

	A	B	C	D	E	F	G
1			等额偿还计划				
2	贷款本金	10,000					
3	利率	7%					
4	贷款期限	6	<-- 贷款还清所需年数				
5	年度还款额	2,097.96	<-- =PMT(B3,B4,-B2)				
6							
7						还款分解为：	=$B$3*C9
8		年	年初本金	年末本金	利息	本金偿还额	
9		1	10,000.00	2,097.96	700.00	1,397.96	
10		2	8,602.04	2,097.96	602.14	1,495.82	=D9-E9
11		3	7,106.23	2,097.96	497.44	1,600.52	
12	=C9-F9	4	5,505.70	2,097.96	385.40	1,712.56	
13		5	3,793.15	2,097.96	265.52	1,832.44	
14		6	1,960.71	2,097.96	137.25	1,960.71	
15		7	0.00				

公式审核可以帮助你实施良好工作表写作的一条通用准则：你应该尽量避免出现没有引用的单元格或从属的单元格。

35.15 百万位格式改为千位格式

通过使用"格式|单元格|自定义"你可以将百万位数字改为千位数字。要知道该函数方

便之处，可见下面的损益表：

	A	B
1	损益表	
2	销售收入	31,235,689
3	销售成本	15,250,888
4	营业、财务、管理费用	2,356,188
5	利息	1,999,824
6	税前利润	11,628,789
7	税费	4,418,940
8	税后利润	7,209,849

我们想让该损益表以千位显示。（换句话说，替代 31,235,689 后我们将看到 31,235。）下面是操作工程：

在"类型"框中我们选中"＃,＃＃＃,"。结尾的逗号表示我们希望 Excel 去掉该数字的最后三位数，并且"＃,＃＃＃"表示我们希望剩下的数字在显示时带有逗号。这个过程只是格式改变——实际的数字没有改变：在下面单元格 B10 中是输出结果，我们用 2 乘以销售收入，结果是 62,471,378。

在类型框中另外再加一个逗号（也就是"＃,＃＃＃,,"）可以再去掉另外的三位数。

	A	B	C
1	损益表		
2	销售收入	31,236	
3	销售成本	15,251	
4	营业、财务、管理费用	2,356	
5	利息	2,000	
6	税前利润	11,629	
7	税费	4,419	
8	税后利润	7,210	
9			
10	单元格的值不变	62,471,378	<-- =B2*2

35.16 Excel 个人记事本：常用操作过程自动化

Excel 的个人记事本允许你储存私人的宏和操作过程。这里我们给出两个例子：

● 我们将解释以图片形式复制功能，并展示如何将其以宏的形式储存在你的个人记事本中。这大大简化了从 Excel 中复制并粘贴到 Word 中的步骤（本书中所有的复制粘贴都是用的这种方法）。

● 我们将解释如何将数字格式保存在个人记事本中。

35.16.1 在 Excel 中使用以图片格式复制功能①

Excel 2010 和 Excel 2013 包含了一个很好的方法可以从 Excel 以图片形式复制。这是一个很有用的方法将 Excel 中的电子表以图片格式嵌入到 Word 中。操作方法如下：

（1）在 Excel 中选中你想要复制的部分：

	A	B	C	D	E	F	G
1							
2	方差-协方差矩阵					平均数	
3	0.2000	-0.0200	0.0250	-0.0080		3%	
4	-0.0200	0.3000	0.0600	0.0030		2%	
5	0.0250	0.0600	0.4000	0.0000		8%	
6	-0.0080	0.0030	0.0000	0.5000		4%	
7							
8	常数	-1%					
9							

---

① 这个部分应用于 Excel 2010 和 Excel 2013，在更早的版本中不适用。

（2）在"开始"标签栏选中"复制｜复制为图片"：

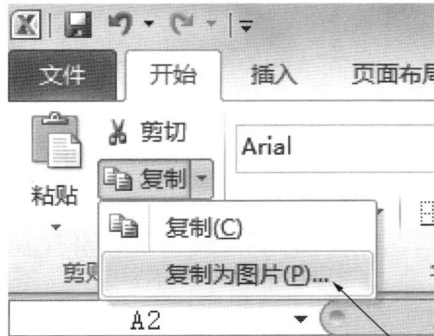

（3）选中"如打印效果"：

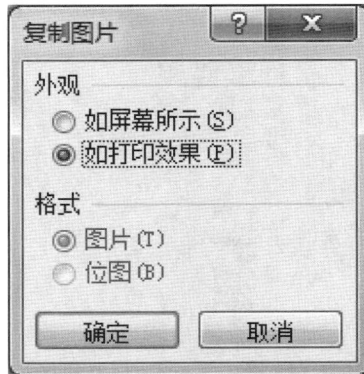

（4）现在你可以到 Microsoft Word 进行复制和粘贴。你能得到一个不与 Excel 相连的图片：

	A	B	C	D	E	F
2	方差-协方差矩阵					平均数
3	0.2000	-0.0200	0.0250	-0.0080		3%
4	-0.0200	0.3000	0.0600	0.0030		2%
5	0.0250	0.0600	0.4000	0.0000		8%
6	-0.0080	0.0030	0.0000	0.5000		4%

35.16.2　操作过程自动化

我们想要使下列操作过程自动执行：

- 把它变成一个宏。
- 将密钥序列（在这个例子中，[Ctrl]＋q）载入到宏。
- 使这个宏和密匙在你的所有电子表格中均可用。

要做到这一点，你必须创建一个 Personal.xlsb 文件。这个文件是隐藏的，但每次启动 Excel 时激活。这是专属于你的，其他读者打开你的电子表格时不会看见。具体操作步骤如下：

- 激活菜单栏上的"开发工具"选项卡。

- 使用"录制宏"将宏保存为个人笔记本。
- 在个人笔记本中编辑你想要的东西。

35.16.3 激活开发工具

点击"文件|选项|自定义功能区",激活"开发工具",如下图所示：

35.16.4 使用录制宏

"开发工具"标签允许你记录一个宏,并将它保存在 Personal.xlsb 笔记本中。我们将用以图片格式复制功能来解释这个功能。

(1) 打开一个空白 Excel 笔记本,点击"开发工具"和"录制宏"：

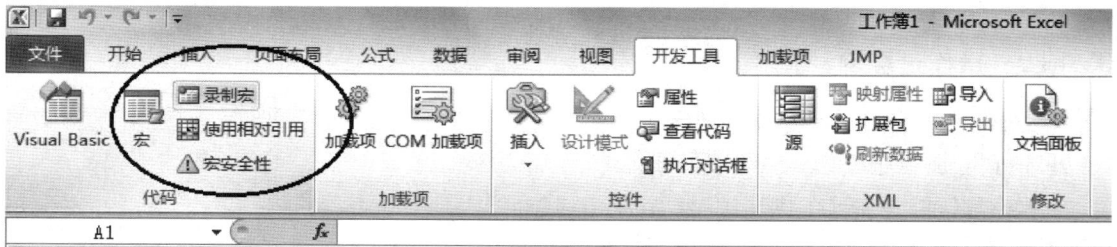

Excel 将询问录制的细节。以下是我写的。注意我将这个宏保存为"个人宏工作簿",并运用了快捷键[Ctrl]+q:

（2）现在去"开始"页，选中电子表格的一块区域，将整个以"图片格式复制"功能操作一遍：

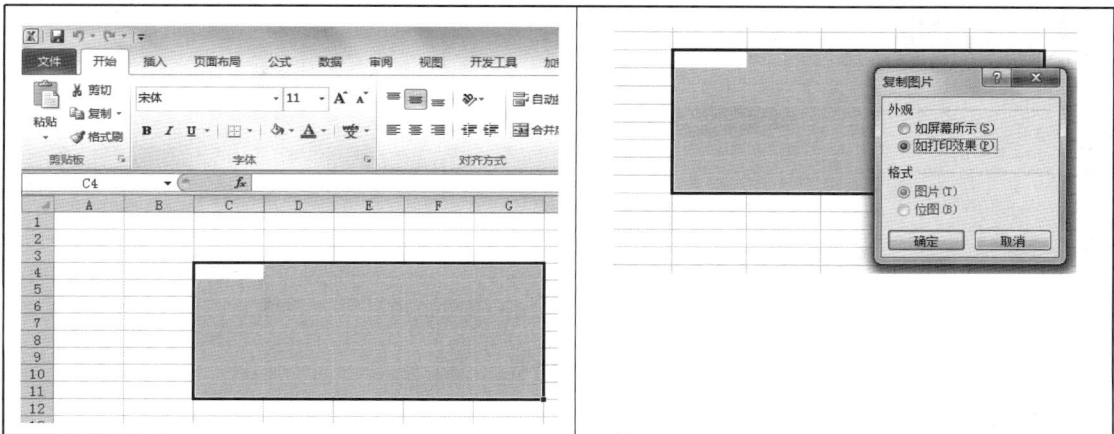

（3）回到开发工具标签，并停止录制：

（4）关闭 Excel。Excel 会问你是否想保存这个个人笔记本。答案当然是肯定的：

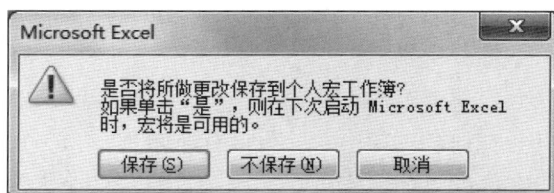

这创造了以下文件（"simonbenninga"是我的用户名——你的文件将以你的用户名命名）：

C:\Users\simonbenninga\AppData\Roaming\Microsoft\Excel\XLSTART\PERSONAL.XLSB

35.16.5　编辑个人笔记本

现在你已经保存了 Personal.xlsb 文件，你可能想要编辑它。打开任意一个 Excel 文件，按[Alt]+[F11]出现 VBA 编辑器。注意个人笔记本也在这里：

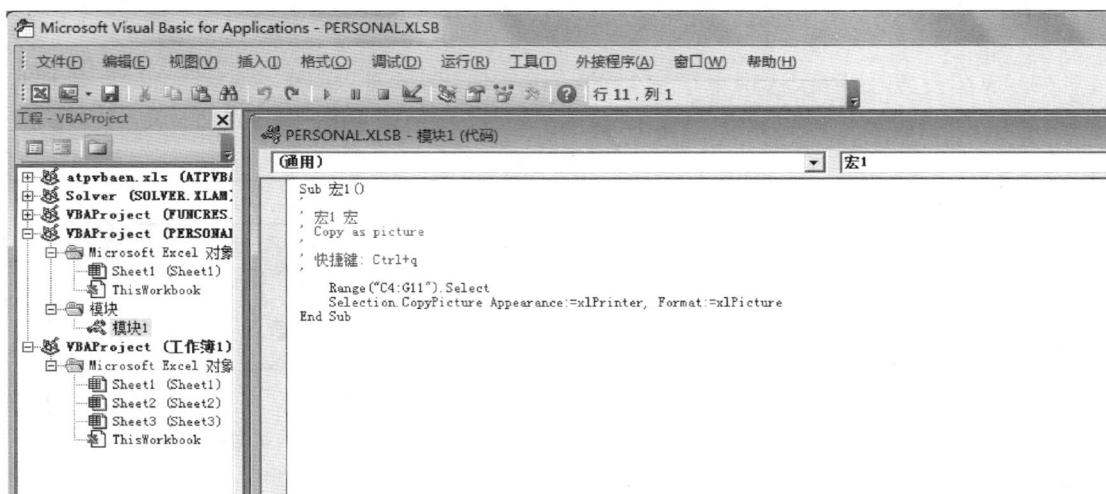

我们将 Range("C4:G11").Select 删去后，宏如下所示：

```
Range("C4:G11"):
Sub Macro1()
'
'Macro1 Macro
'Copy as picture
'
'Keyboard Shortcut: Ctrl + q
    Selection.CopyPicture Appearance: = xlPrinter, _
    Format: = xlPicture
End Sub
```

35.16.6　使用宏

至此，不管何时你在你的电脑上打开一个文件，你都可以用[Ctrl]+q 将一块区域复制成图片。注意这个功能只能在你的电脑上实现——因为这是你的个人笔记本。

35.16.7 数字快速格式化

我们经常想将数字格式表示为用逗号分隔符，而不是小数格式化的数字。例如：

	A	B
1	1356.001	1987.398
2	3387.3	4458.98

为了使这些数字有统一的格式：

- 标记数字。
- 进入相应的格式化命令，然后按[Enter]键。

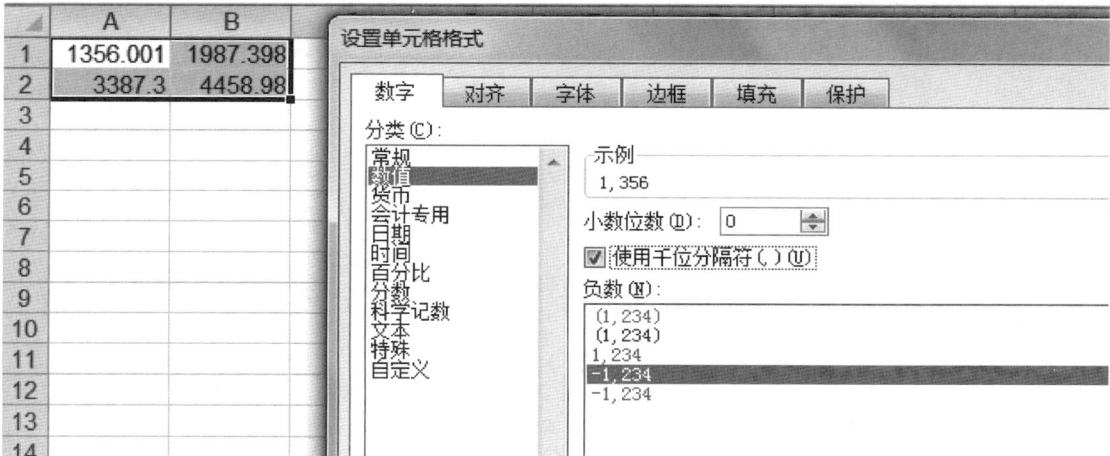

结果：

	A	B
1	1,356	1,987
2	3,387	4,459

使用与以图片格式复制粘贴功能相同的路径，我们也能在个人笔记本里制作一个宏。我们将这个宏记为[Ctrl]＋w：

```
Sub Commas( )
'Commas Macro
'Keyboard Shortcut:Ctrl + w
    Selection.NumberFormat = "＃,＃＃0"
End Sub
```

VBA(Visual Basic for Applications)是附加在 Excel 上的编程语言。VBA 非常实用和灵活。由于它可以集成到 Excel 工作表中,因此 VBA 在财务金融领域被广泛应用。VBA 包含了许多作为标准编程语言组成部分的功能,而且如果你有一些编程经验的话,那么掌握它是不难的。

在理解本书的第 I—Ⅵ 部分时,你并不需要精通 VBA。以上这些部分是完全可以理解的,且没有超过纳入本书前言(或者是名为"添加 Getformula 到你的电子表格"的小文件,它在本书配套数据包中)的那些非常基本的 VBA 准则。

本部分的四个章节涵盖了在开发他或她自己的程序时读者感兴趣的一些 VBA 主题。第 36 章展示了如何编写函数,并添加到 Excel 电子表中。本书使用许多"自制"函数。这些例子是两阶段戈登模型(第 3 章)、布莱克—斯科尔斯期权的定价(第 17 章)和派生 Nelson-Siegel 期限结构(第 22 章)。

第 37 章讨论了更高级的与 VBA 的变量和数组相关的主题。我们使用其修复在 Excel 的 XNPV 和 XIRR 函数中错误(第 1 章)。第 38 章展示了如何在 VBA 建立子程序。子程序不是一个函数,而是一个自动化地重复一些动作。本书在许多地方使用子程序——例如,在没有卖空计算有效边界中(第 12 章)。

最后,第 39 章讨论了对象和插件。本章中讨论的其余主题之一的是在 Excel 中创建用户定义插件。

36

自定义函数

36.1 概述

第 36—39 章将讨论 Excel 的编程语言 VBA（Visual Basic for Applications）的用法。VBA 提供了一套完整的编程语言和编程环境，能够与 Excel 及所有其他微软办公应用软件完全地集成。本章中要介绍用户定义的函数，本书中的许多地方使用了这些函数。

本章的实例和截图虽然使用的是 Excel 2010 的工作环境，但是（除非有其他说明）它们能够完全地兼容使用 VBA 的所有 Excel 版本（5.0 版以上）。[①]

36.2 使用 VBA 编辑器构建一个自定义函数

贯穿本书，我们多次使用 VBA 定义了非 Excel 内置的函数。一个例子是：Getformula 函数；另一个例子是：布莱克—斯科尔斯模型。一个自定义函数是一个有输出值的被记录的 Excel 指令序列。与其他任何函数一样，只要定义了一个自定义函数，就可以在一个 Excel 工作簿的内部使用它。[①]

在本节中，我们将要编写我们的第一个自定义函数。在执行这个任务前，需要激活 VBA 编辑器。可以从 Excel 菜单中选择"开发工具|Visual Basic 编辑器"或使用快捷键［Alt］＋F11。Excel 菜单上默认不会显示开发工具栏。如果想要其显示开发工具栏，点击"文件|选项|自定义功能区"并勾选"开发工具"：

---

① 自定义函数通常与特定的工作簿相联系，只有当该工作簿在 Excel 中当前是打开时，函数才可使用。如果你想在特定电脑上随时使用一个宏，把这个函数加入 Personal Macro Workbook 即可，详情见第 35.16 节。另一个跨工作簿使用 VBA 函数的方式是把它加入 add-in，见第 39 章中有关于 add-in 在 Excel 中应用的介绍。

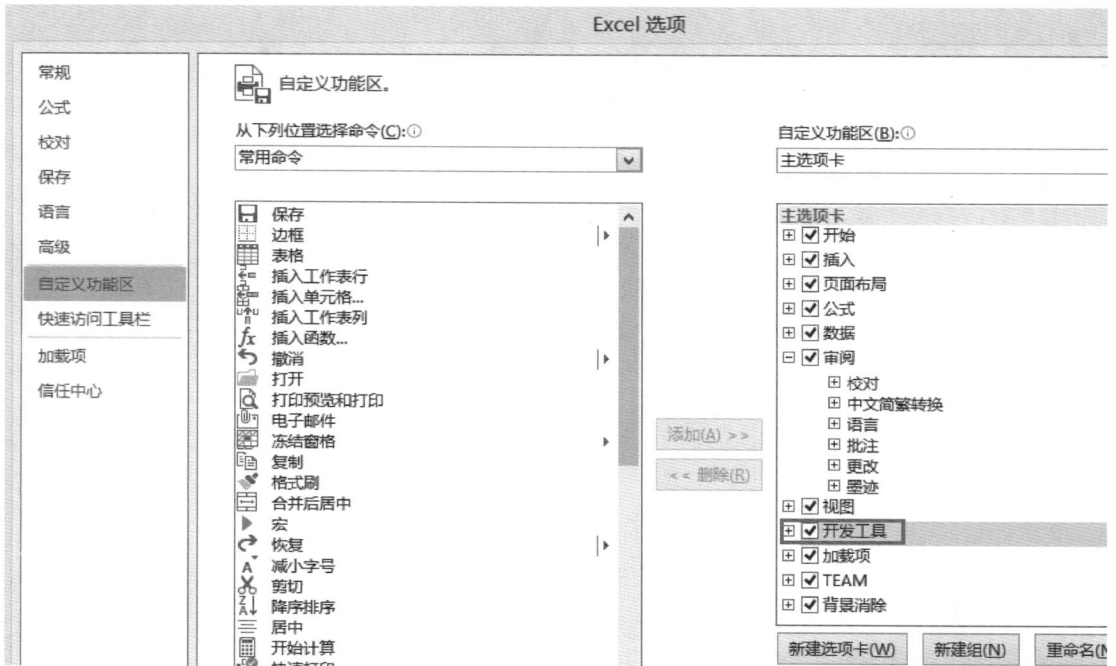

这两种方法的结果都会产生一个新的窗口，如下图所示。（你的窗口可能有稍许不同，但基本功能是相同的）。

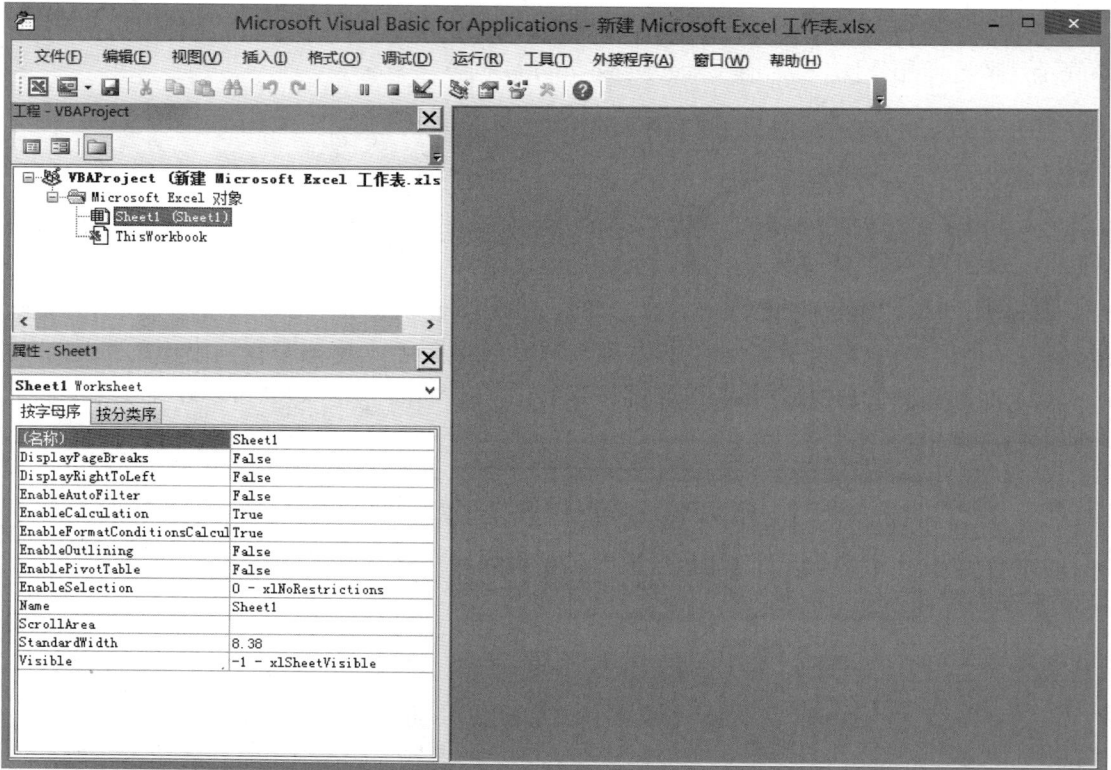

一个用户定义的函数必须在一个模块中编写。要打开一个新的模块，在 VBA 编辑器环境下，可以从菜单中选择"插入|模块"。执行这个步骤后，屏幕上会出现一个新的窗口，如下图所示：

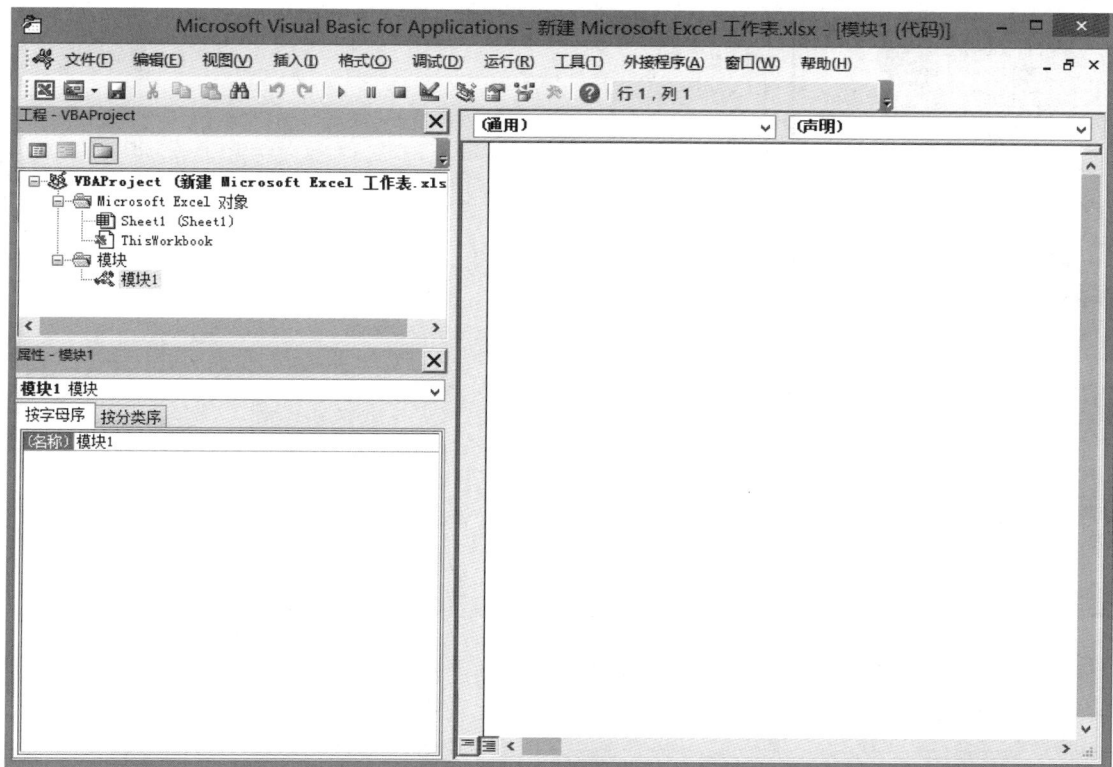

现在准备编写我们的第一个函数。这个函数的功能是将两数相加（叫做"plus"）。在 Excel 中，一个自定义函数具有以下三个要素：

（1）一个标题行，带有函数的名称和参数列表。

（2）一个结束行（通常由 VBA 插入）。

（3）一些程序行，位于标题行和结束行之间。

开始编写函数的第一行，如下所示：

```
function plus(parameter1, parameter2)
```

敲击 Enter 键结束该行时，VBA 就会做相应的整理工作。所有经 VBA 识别为编程语言（"保留字"）部分的单词颜色将发生变化。所有保留字将被大写。在逗号后会插入空格来分隔第一个参数和第二个参数。函数的结束行将被插入，并且光标将定位于标题行和结束行之间，为继续键入程序做准备。

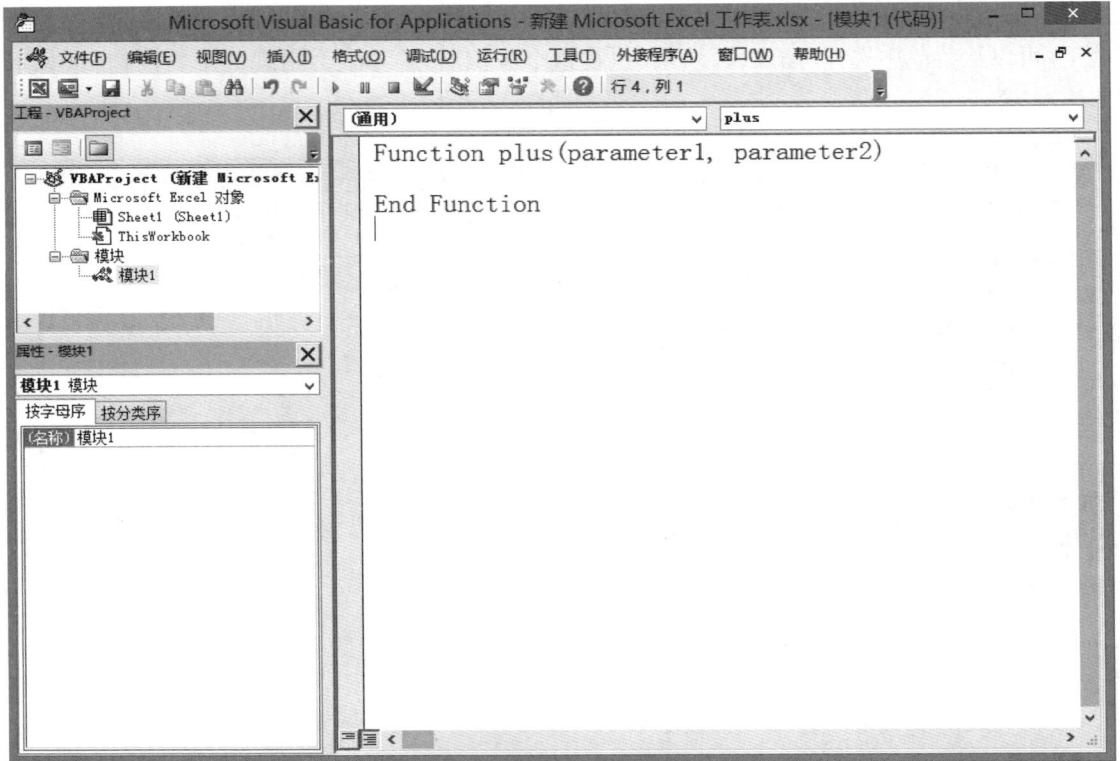

现在准备键入我们的函数行。函数行可以使我们的函数实现某些功能。[①]我们的第一个函数将得到两个变量的和，如下所示：

```
Function plus(parameter1, parameter2)
plus = parameter1 + parameter2
End Function
```

现在可以在工作表中使用这个函数：

	A	B	C
1	使用Plus		
2	参数1	3.25	
3	参数2	1.5	
4	Plus	4.75	<-- =plus(B2,B3)

插入一个函数最快的方法是从头开始输入它的名字（假设你知道它的名字）。当提示列表里的名字范围缩小，此时从中选择你想要的函数。

---

① 人为添加的 VBA 的编码不要求缩进，但缩进可以使编码更易读。

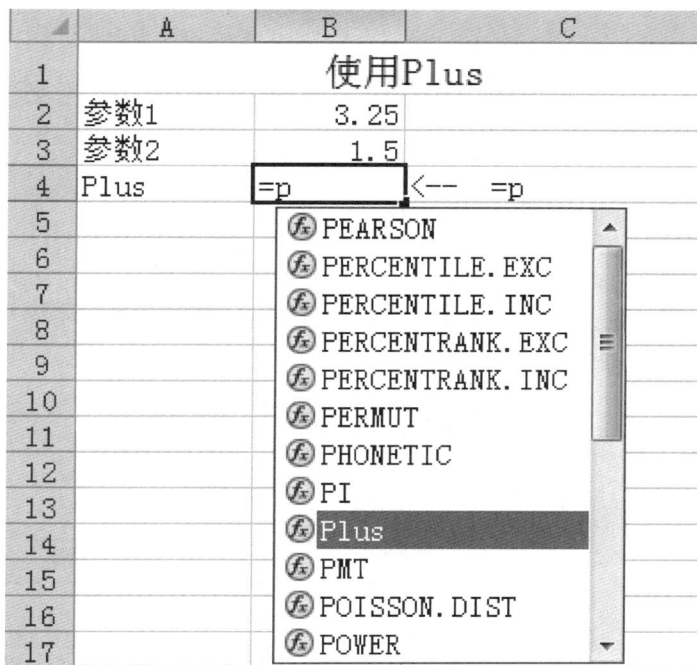

也可以通过 Excel 的函数向导来使用这个函数。点击工具栏上的 ✖ ✔ 🔘 图标，将出现下面的窗口：

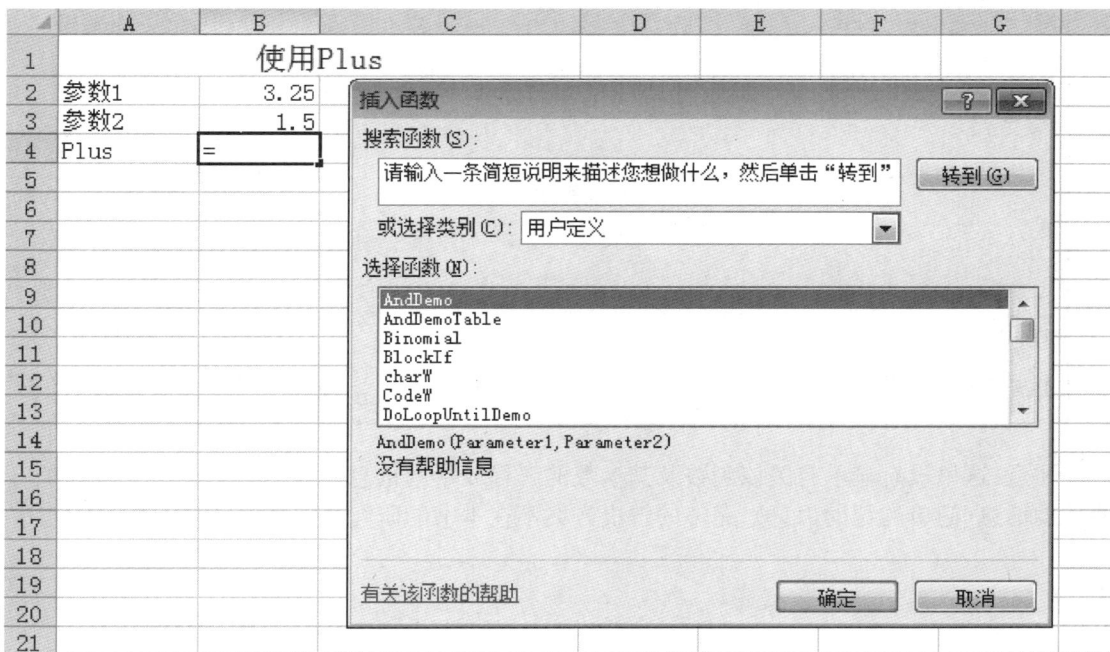

然后从下拉菜单中选择"用户定义"，下面出现的窗口将列出所有的用户定义函数，其中你将会找到函数 plus：

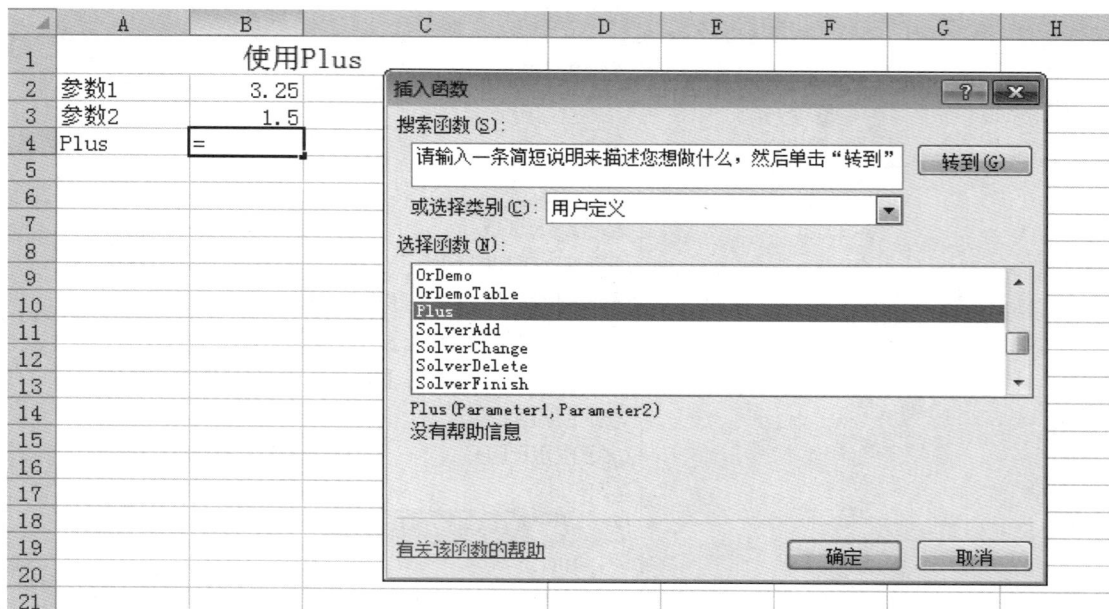

当你选择了 plus，并点击了"确定"按钮，你将会看到，Excel 处理这个函数方式与处理其他任何函数的方式一样，即出现一个对话框来获取 Parameter 的地址或取值。

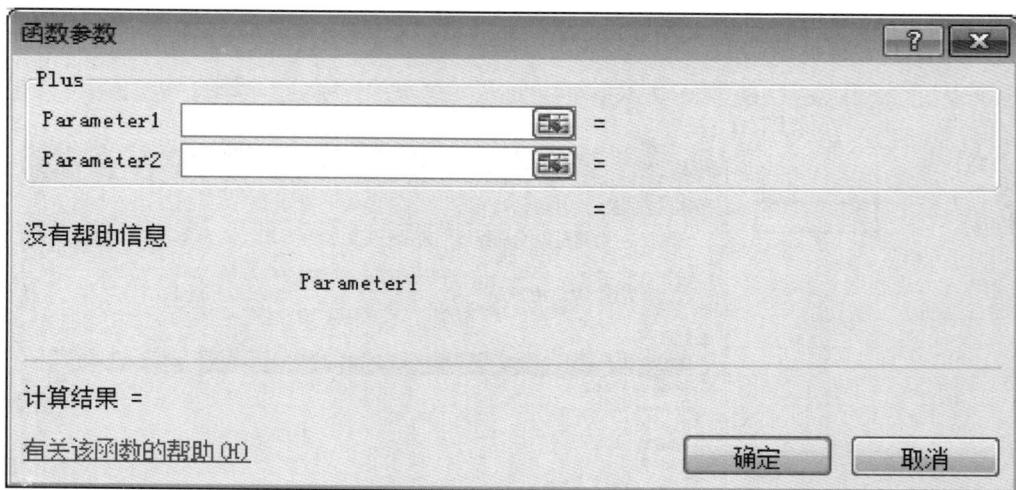

注意：这里没有显示有关该函数及其参数的解释或帮助信息。我们将会在下一节添加一些帮助信息（简单的帮助信息），完整的解决方案不在本书的研究范围之内。

36.3　在函数向导中为自定义函数提供帮助

Excel 的函数向导提供了一行简短的帮助信息（解释这个函数的作用）。Excel 在函数向导中解释其自带的函数,使用如下形式。

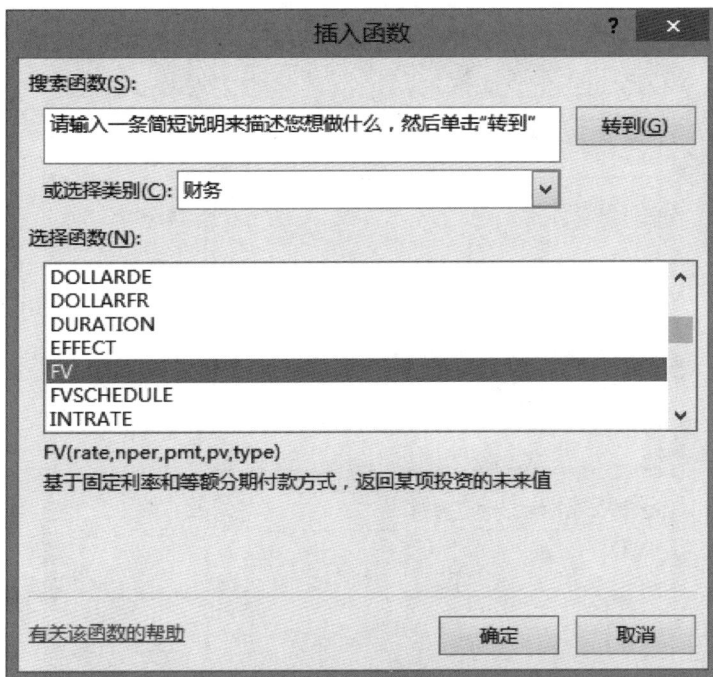

要给函数 plus 加配文本描述,需激活宏选择框。可以从 Excel 菜单中选择("开发工具┃宏")或使用快捷键[Alt]+F8,结果如下图所示:

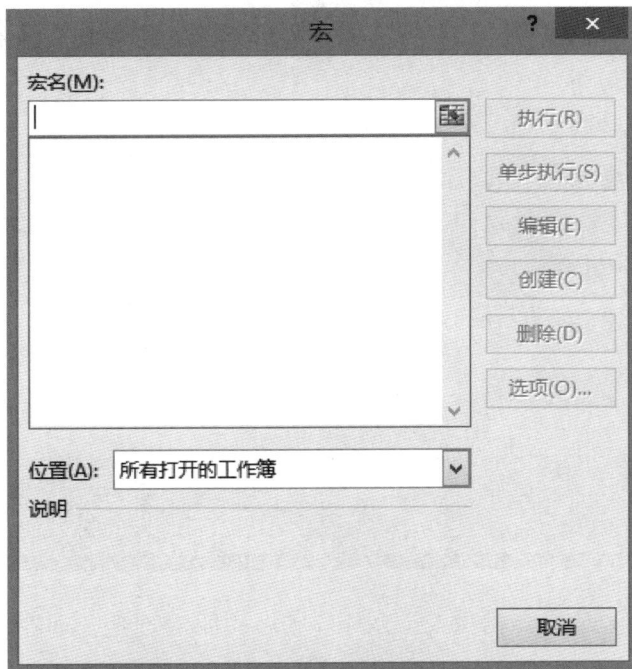

点击"宏名"框,在此框中输入函数名(注意在宏对话框中,你看不到这个函数名,必须自己输入这个函数名),如下图所示:

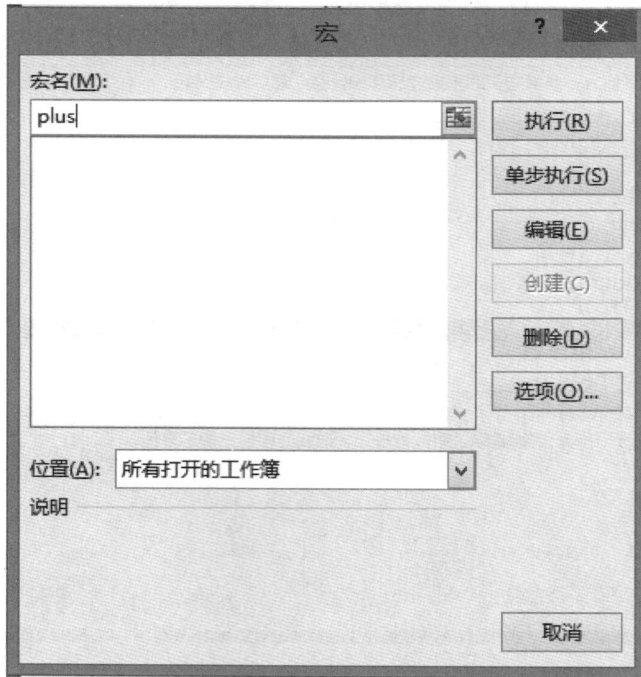

点击"选项"按钮后,出现宏选项框,如下图所示:

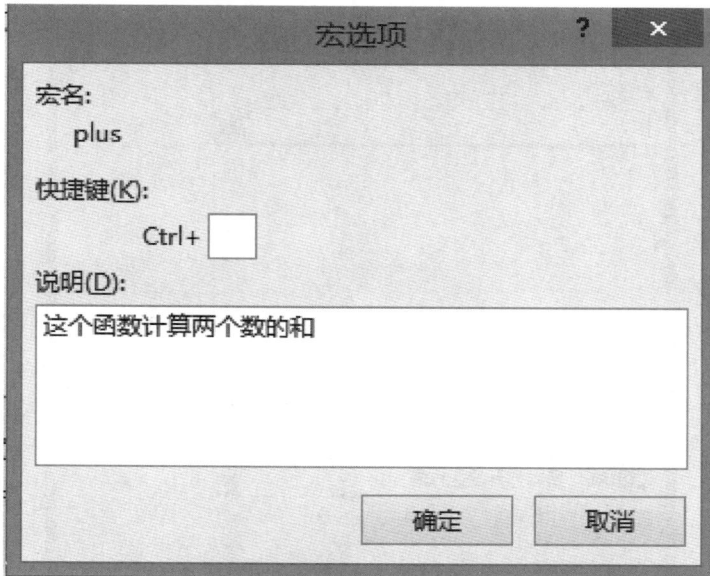

在说明框中键入说明。点击"确定"按钮,然后关闭宏选项。现在函数 plus 就有了帮助行。

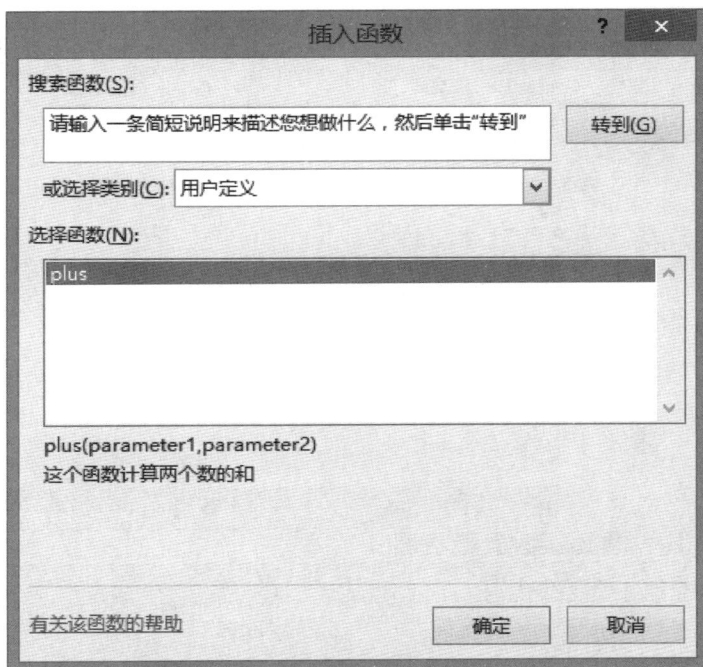

Excel 函数的每一个参数都附有帮助行和进入其帮助文件的路径，函数也是一样，不过这些内容不在这里一一介绍。

36.4 储存含 VBA 内容的 Excel 工作簿

当工作进行到一定的地步，你需要保存你的工作"错误！未定义书签。"[1]从 Excel 2007 起，一个含有 VBA 内容的 Excel 工作簿必须被保存为一个"启用宏的文件"。当你第一次尝试保存含 VBA 内容的工作簿时，Excel 将会显示如下消息：

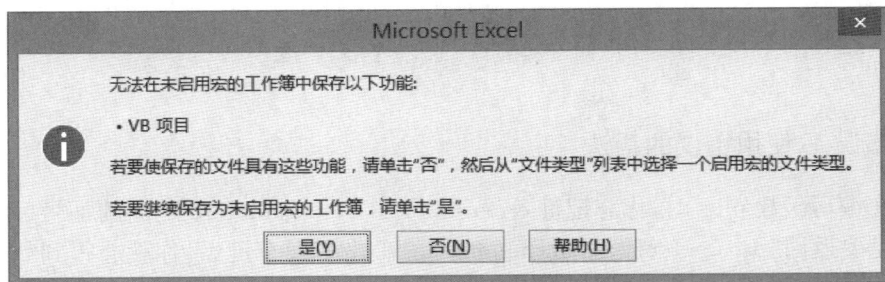

你应该选择"否"并能看到另存为对话框，该对话框允许你选择新的文件格式。

---

[1] 我们推测将会马上并且频繁出现。

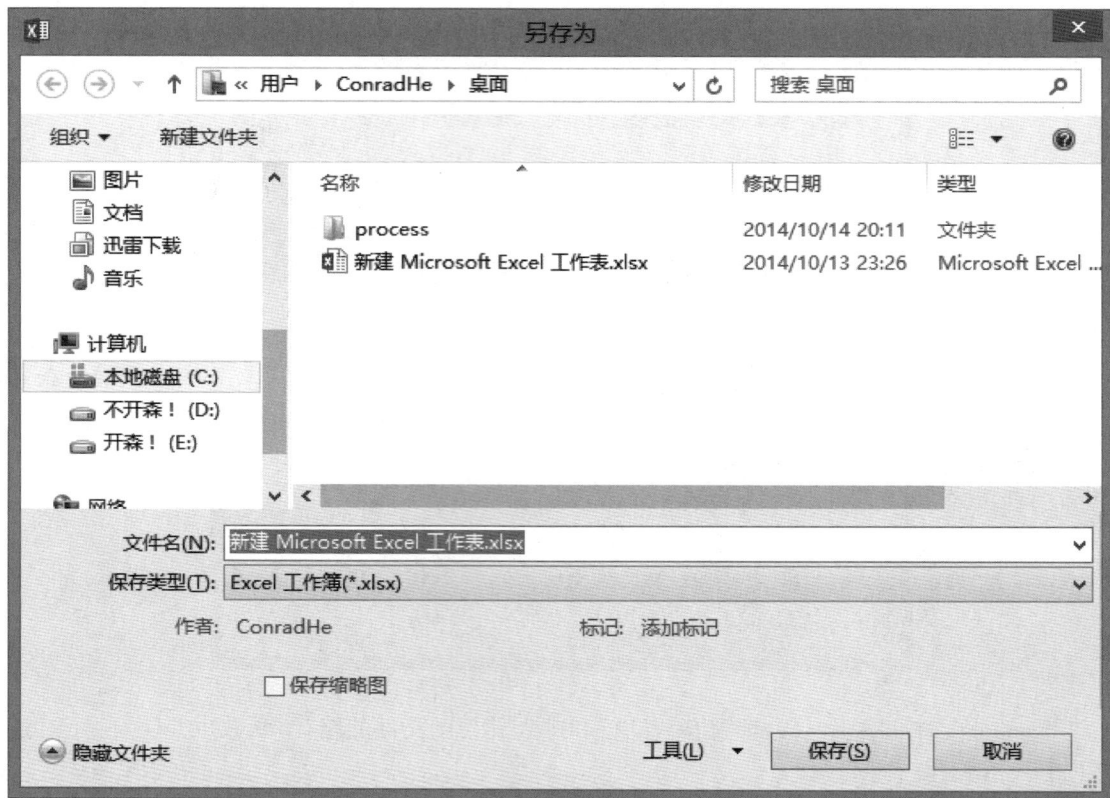

现在打开列选框，选择第二个选项 xlsm，并保存该工作簿。如果你经常使用 VBA，可以考虑把 Excel 的默认保存类型改成 xlsm。[1]

36.5　VBA 编程的常见错误

刚开始使用 VBA，肯定会出现错误。在这节中，我们列举几个典型的错误并帮助你改正这些错误。这些列举并不详尽，我们只选择了 VBA 初学者易犯的典型错误。

36.5.1　错误 1：使用错误的语法

假设在编写函数 plus 时，你忘记键入 parameter1 和 parameter2 之间的加号（回忆一下，这个函数是要返回"parameter1 ＋ parameter2"）。敲击了回车键后，你就会得到如下的错误提示信息。

---

[1]　点击"文件│选项│保存│保存类型"。

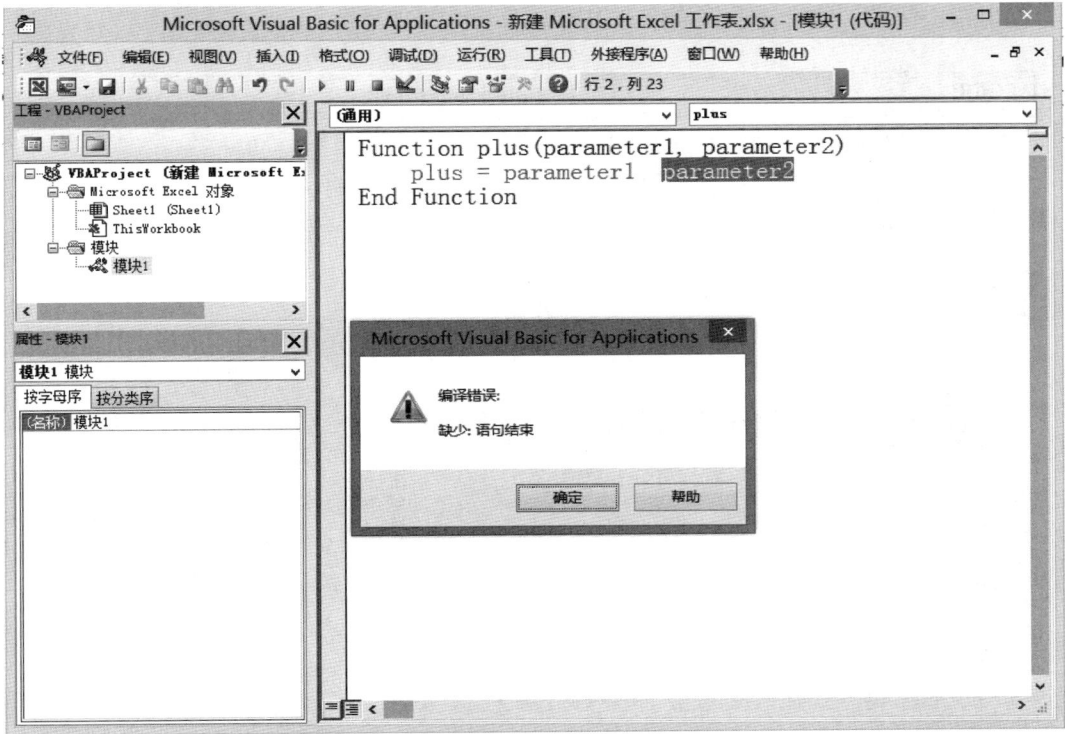

点击确定"按钮"后，可以修改这个错误。

36.5.2　错误2：语法正确，键入有误

很容易犯键入错误，但只有当你试图使用函数时，才能将键入错误检查出来。在这个例子中，我们定义了二个函数——function1 和 function2。不幸地是，function2 的程序行错误地调用了函数 function1，如下所示：

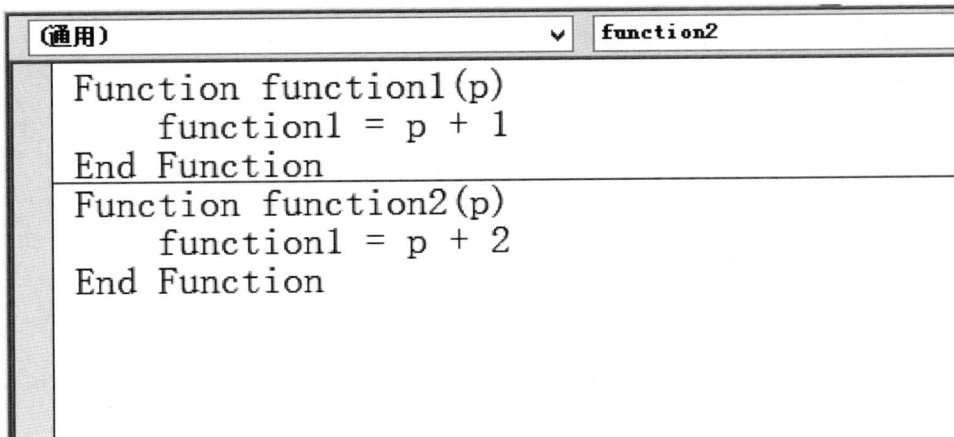

```
Function function1(p)
    function1 = p + 1
End Function
Function function2(p)
    function1 = p + 2
End Function
```

VBA 编辑器不会立即识别这个错误。只有当你试图在工作表中使用这个函数时，Excel

才会发出错误信息。这个错误将你带到 VBA 编辑器中,如下图所示:

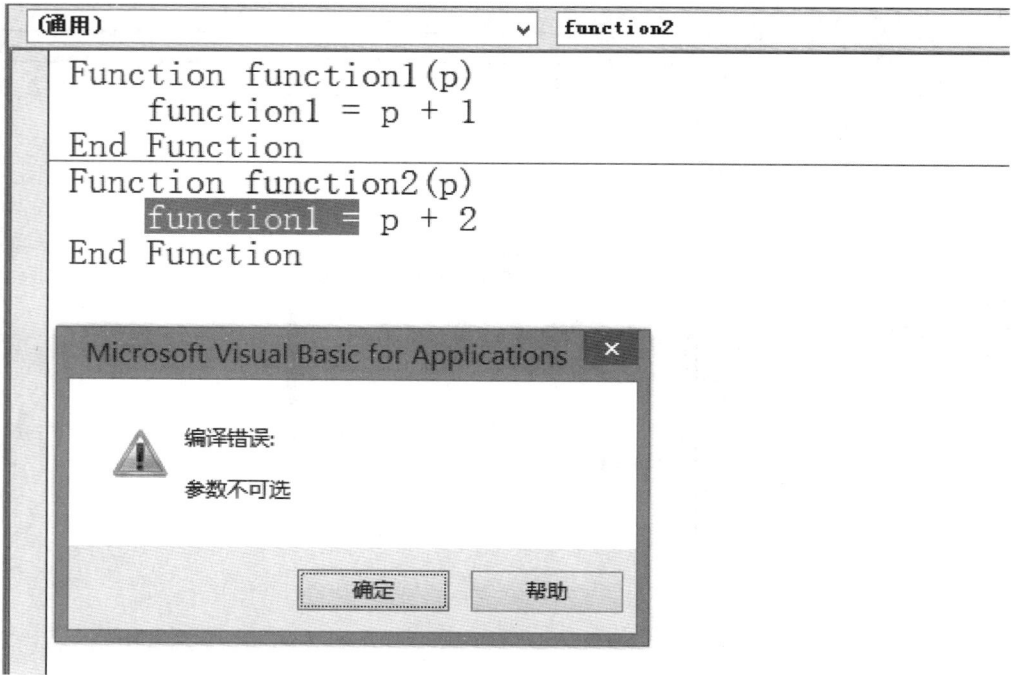

如果你知道出错的原因,可以直接修改它。否则,你可以点击"帮助"按钮,寻求 VBA 帮助。(许多情况下会显示出令人费解的复杂解释。)

假设你知道出错的原因,点击"确定"按钮,并准备将出错处的"function1"改为"function2"。这时你的屏幕如下图所示:

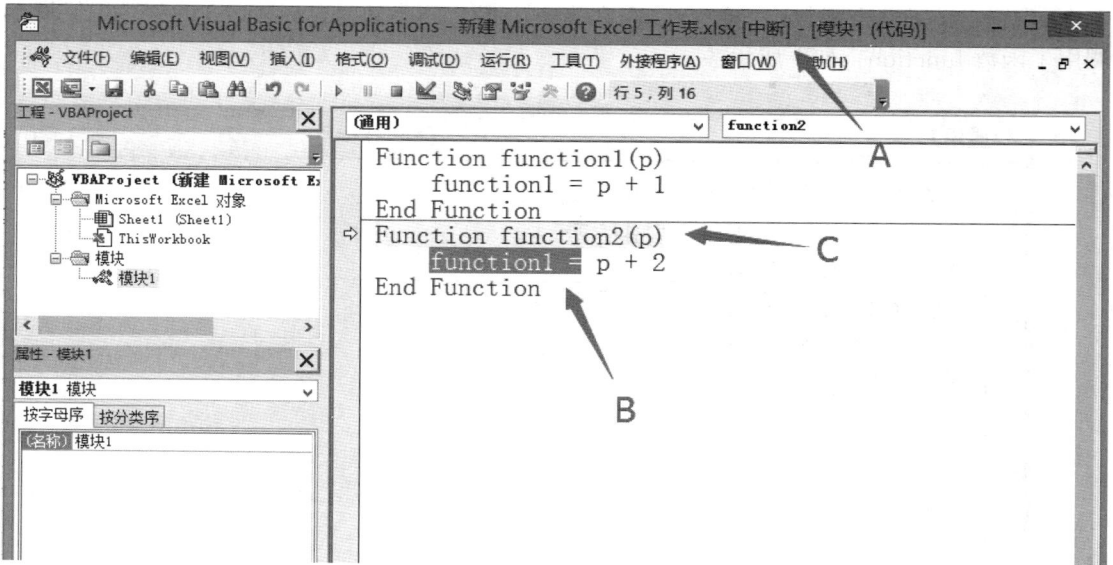

注意下列事项：

（1）"［中断］"出现在标题栏上。

（2）引用错误的函数名被加以标记。

（3）亮显的函数行被加注一个箭头。

因为当 VBA 试图执行这个函数时，发现了一个错误，VBA 就进入了一个特殊的执行模式，称为调试中断模式。现在所需做的是跳出这个模式，使我们能够继续工作。通过点击 VBA 工具栏上的重新设置图标" ![icon] "就可以跳出这个模式。现在我们可以修改这个函数，然后再使用它。

我们可以（并且应该）在模块中使用 VBA 函数之前检查其是否有错误。从 VBA 菜单选择"调试｜编译 VBA Project"，将会检查出该模块中第一个错误，像刚才一样指出它，但是不会进入调试—中断模式。

36.6 条件执行：使用 VBA 函数中的 If 语句

在本节中，介绍 VBA 中的 If 语句。生活中并非所有事物都是线性的，时常要作出决策。If 语句是 VBA 中的一种决策方式。

36.6.1 单行 If 语句

单行 If 语句是控制一个 VBA 函数执行的最简单方式：如果条件为真，执行一条语句；否则，就执行另外一条语句。全部的条件语句和执行语句必须书写在同一行。举个例子：

```
Function oneLineIf(Parameter)
        If Parameter > 5 Then OneLineIf = 1
        Else OneLineIf = 15
End Function
```

现在可以在 Excel 中使用函数 OneLineIf。当 Parameter＞5 时，函数 OneLineIf 的返回值为 1；当 Parameter＜5 时，函数 OneLineIf 的返回值为 15.

	A	B	C
1			使用OneLineIf
2	参数		
3	12	1	<-- =OneLineIf(A3)
4	3	15	<-- =OneLineIf(A4)

单行的 If 语句甚至不需要有 Else 部分。当条件"Parameter＞5"不满足时，下面的函数 OneLineIf2 的返回值为 0。

```
Function OneLineIf2(Parameter)
    If Parameter > 5 Then OneLineIf = 1
End Function
```

	A	B	C
6	使用OneLineIf2		
7	参数		
8	12	1	<-- =OneLineIf2(A8)
9	3	0	<-- =OneLineIf2(A9)

36.6.2 良好的编程惯例:首先给你的函数赋值

在前述的函数中,良好的编程惯例是在引入 If 语句之前,先给函数赋值。因此本例中,如果 Parameter 的条件不满足,可知 OneLineIf3 的缺省值就为−16。

```
Function OneLineIf3(Parameter)
    OneLineIf3 = −16
    If Parameter > 5 Then OneLineIf3 = 1
End Function
```

从下面的电子表中即可看到预先赋值参数对结果带来的变化:

	A	B	C
11	使用OneLineIf3		
12	参数		
13	12	1	<-- =OneLineIf3(A13)
14	3	−16	<-- =OneLineIf3(A14)

36.6.3 If ... ElseIf 语句

如果要依据条件执行多条语句,可以使用 If ... ElseIf 语句。它的语法如下所示:

```
If Condition0 then
    Statements
ElseIf Condition1 then
    Statements
[···MoreElseIfs···]
Else
    Statements
End If
```

Else 和 ElseIf 语句都是可选择的。可以根据需要将多个 ElseIf 语句接在一个 If 语句之后，但不能接在 Else 语句之后。

一个 If 语句中可以包含多个 If 语句。举个例子：

```
Function BlockIf(Parameter)
    If Parameter < 0 Then
        BlockIf = -1
    ElseIf Parameter = 0 Then
        BlockIf = 0
    Else
        BlockIf = 1
    End If
End Function
```

在 Excel 中运用该函数：

	A	B	C
1	使用BlockIf		
2	参数		
3	-3	-1	<-- =BlockIf(A3)
4	0	0	<-- =BlockIf(A4)
5	13	1	<-- =BlockIf(A5)

36.6.4　嵌套的 If 结构

如前所述，If 语句可作为另一个 If 语句的语句体部分。一些 If 语句位于其他 If 语句内部的程序结构称为嵌套的 If 结构。在这种结构中，每个 If 语句必须是一个完整的 If 语句。可使用单行或多行的 If 语句形式。

下面的函数 NestdIf 示范了嵌套的 If 结构用法。

```
Function NestedIf(P1, P2)
  If P1 > 10 Then
    If P2 > 5 Then NestedIf = 1 Else NestedIf
    = 2
  ElseIf P1 < -10 Then
    If P2 > 5 Then
      NestedIf = 3
    Else
      NestedIf = 4
    End If
  Else
```

```
    If P2 > 5 Then
       If P1 = P2 Then NestedIf = 5 Else
         NestedIf = 6
       Else
         NestedIf = 7
       End If
    End If
End Function
```

在 Excel 中的运行情况如下：

	A	B	C	D
1				使用NestedIf
2	11	6	1	<-- =NestedIf(A2, B2)
3	22	3	2	<-- =NestedIf(A3, B3)
4	-22	6	3	<-- =NestedIf(A4, B4)
5	-57.3	4	4	<-- =NestedIf(A5, B5)
6	6	6	5	<-- =NestedIf(A6, B6)
7	-5	7	6	<-- =NestedIf(A7, B7)
8	4	3	7	<-- =NestedIf(A8, B8)

36.7　布尔操作符和比较操作符

在 If 语句中使用的条件表达式也被称作布尔表达式。布尔表达式可以有以下两种值中的一个：当条件成立时为 TRUE，不成立时为 FALSE。布尔表达式通常由 and/or 布尔比较操作构成。

操作符	含　义
<	小于
<=	小于等于
>	大于
>=	大于等于
=	等于
<>	不等于

36.7.1　和布尔操作符

接下来这个函数用布尔操作符检测两个条件是否同时成立。

```
Function AndDemo(parameter1, parameter2)
    If(parameter1 < 10) And(parameter2 > 15) _
    Then
        AndDemo = 3
    Else
        AndDemo = 12
    End If
End Function
```

下面是具体情况：

	A	B	C	D
1	使用ANDDEMO			
2	参数1	参数2		
3	9	14	12	<-- =AndDemo(A3, B3)
4	9	16	3	<-- =AndDemo(A4, B4)
5	11	14	12	<-- =AndDemo(A5, B5)
6	11	16	12	<-- =AndDemo(A6, B6)

注意，AndDemo 所做的事情是：检查全部条件（parameter1<10）和（parameter2>15）。如果两个条件同时成立，则组合条件成立，函数返回 3；否则（其中任意一个条件不成立）返回 12。

下面的函数和截屏展示了两个条件的全部四种可能的组合以及其组合的结果：

```
Function AndTable(parameter1, parameter2)
    AndDemoTable = parameter1 And parameter2
End Function
```

	A	B	C	D
1	使用ANDDEMO			
2	参数1	参数2		
3	9	14	12	<-- =AndDemo(A3, B3)
4	9	16	3	<-- =AndDemo(A4, B4)
5	11	14	12	<-- =AndDemo(A5, B5)
6	11	16	12	<-- =AndDemo(A6, B6)

36.7.2　或布尔操作符

下面的 OrDemo 函数，检查两个条件中是否至少有一个成立：

```
Function orDemo(parameter1, parameter2)
    If(parameter1 < 10) or (parameter2 > 15) _
    Then
        orDemo = 3
    Else
        orDemo = 12
    End If
End Function
```

	A	B	C	D
1	使用ORDEMO			
2	参数1	参数2		
3	9	14	3	<-- =OrDemo(A3, B3)
4	9	16	3	<-- =OrDemo(A4, B4)
5	11	14	12	<-- =OrDemo(A5, B5)
6	11	16	3	<-- =OrDemo(A6, B6)

注意:OrDemo 所做的事情是,检查第一个条件(Parameter1<10)或第二个条件(Parameter2>15)或两个条件同时成立。只有两个条件都不成立时函数会返回 12;否则(只要由于一个条件成立)函数返回 3。(注意两个条件都在括号中)

下面的函数和截屏展示了两个条件的全部四种可能的组合以及其组合的结果:

```
Function orDemoTable(parameter1, parameter2)
    orDemoTable = parameter1 or parameter2
End Function
```

	A	B	C	D
1	使用ANDTABLE			
2	参数1	参数2		
3	FALSE	FALSE	FALSE	<-- =AndDemoTable(A3, B3)
4	FALSE	TRUE	TRUE	<-- =AndDemoTable(A4, B4)
5	TRUE	FALSE	TRUE	<-- =AndDemoTable(A5, B5)
6	TRUE	TRUE	TRUE	<-- =AndDemoTable(A6, B6)

36.8　循环

当你需要重复地做某一件事时,你就要用到循环结构。一如既往,实现循环的方法不止

一种。通常有两种主要的循环组成:

(1) 顶层判断循环:在做其他任何事之间先检查循环的条件。如果在循环入口的条件不成立,循环中的内容将不会被执行。

(2) 底层判断循环:在执行循环后再检查循环的条件。循环的内容至少被执行一遍。

VBA 通过 Do 语句和它的变种,从所有可能的方面实现了这两种主要的循环结构。下面将用阶乘函数来做介绍。阶乘函数的定义如下:

$$f(0)=1 \quad f(1)=1 \quad f(2)=2 \cdot f(1)=2 \cdots f(n)=n \cdot f(n-1)$$

36.8.1　Do While 语句

Do While 语句是顶层判断循环的一种。当条件成立时,VBA 将执行一或多个语句零或多次。下面函数的表现如下:

```
Function DoWhileDemo(N)
    If N < 2 Then
        DoWhileDemo = 1
    Else
        i = 1
        j = 1
        Do While i <= N
            j = j * i
            i = i + 1
        Loop
        DoWhileDemo = j
    End If
End Function
```

	A	B	C
1		使用**DoWhileDemo**	
2	5	120	<-- =DoWhileDemo(A2)
3	9	362880	<-- =DoWhileDemo(A3)
4	13	6227020800	<-- =DoWhileDemo(A4)

36.8.2　Do … Loop While 语句

Do … Loop While 语句是底层判断循环的一种。当条件成立时,VBA 将执行一或多个语句一或多次。下面函数的表现如下:

```
Function DoLoopWhileDemo(N)
    If N < 2 Then
        DoLoopWhileDemo = 1
    Else
        i = 1
        j = 1
        Do
            j = j * i
            i = i + 1
        Loop While i < = N
        DoLoopWhileDemo = j
    End If
End Function
```

	A	B	C
1	\multicolumn{3}{c}{使用DoLoopWhileDemo}	
2	5	120	<-- =DoLoopWhileDemo(A2)
3	9	362880	<-- =DoLoopWhileDemo(A3)
4	13	6227020800	<-- =DoLoopWhileDemo(A4)

36.8.3 Do Until 语句

Do Until 语句是顶层判断循环的一种。VBA 将执行一或多个语句零次或多次，直到条件成立。下面函数说明了它的这种使用方式：

```
Function DoUntilDemo(N)
    If N < 2 Then
        DoUntilDemo = 1
    Else
        i = 1
        j = 1
        Do Until i > N
            j = j * i
            i = i + 1
        Loop
        DoUntilDemo = j
    End If
End Function
```

	A	B	C
1		使用DoUntilDemo	
2	5	120	<-- =DoUntilDemo(A2)
3	9	362880	<-- =DoUntilDemo(A3)
4	13	6227020800	<-- =DoUntilDemo(A4)

36.8.4 Do ... Loop Until 语句

Do ... Loop Until 语句是底层判断循环的一种。VBA 将执行一或多个语句一或多次直到条件成立。下面函数说明了它的这种使用方式：

```
Function DoLoopUntilDemo(N)
    If N < 2 Then
        DoLoopUntilDemo = 1
    Else
        i = 1
        j = 1
        Do
            j = j * i
            i = i + 1
        Loop Until i > N
        DoLoopUntilDemo = j
    End If
End Function
```

	A	B	C
1		使用DoLoopUntilDemo	
2	5	120	<-- =DoLoopUntilDemo(A2)
3	9	362880	<-- =DoLoopUntilDemo(A3)
4	13	6227020800	<-- =DoLoopUntilDemo(A4)

36.8.5 For 循环

循环家族的最新一个变种(目前)For 循环，主要在预知循环重复次数的时候使用。下面函数介绍了它的用法和变化：

```
Function ForDemo1(N)
    If N < = 1 Then
        ForDemo1 = 1
    Else
        j = 1
        For i = 1 To N Step 1
            j = j * i
        Next i
        ForDemo1 = j
    End If
End Function
```

	A	B	C
1		使用ForDemo1	
2	5	120	<-- =ForDemo1(A2)
3	9	362880	<-- =ForDemo1(A3)
4	13	6227020800	<-- =ForDemo1(A4)

语句中的 Step 部分可以被省略掉（在我们的例子中）如果增量是 1。举个例子：

```
For i = 1 To N
  j = j * i
Next i
```

如果你想倒过来循环，Step 参数可以是复数，就像下面展示的那样：

```
Function ForDemo2(N)
    If N <= 1 Then
        ForDemo2 = 1
    Else
        j = 1
        For i = N To 1 Step -1
            j = j * i
        Next i
        ForDemo2 = j
    End If
End Function
```

	A	B	C
1		使用ForDemo2	
2	5	120	<-- =ForDemo2(A2)
3	9	362880	<-- =ForDemo2(A3)
4	13	6227020800	t

For 循环中，可以使用 Exit For 语句来退出循环，如下面函数所显示（非阶乘函数）：

```
Function ExitForDemo(Parameter1, Parameter2)
    Sum = 0
    For i = 1 To Parameter1
        Sum = Sum + i
        If Sum > Parameter2 Then Exit For
    Next i
    ExitForDemo = Sum
End Function
```

	A	B	C	D
1			使用ExitForDemo	
2	参数1	参数2		
3	5	22	15	<-- =ExitForDemo(A3,B3)
4	6	22	21	<-- =ExitForDemo(A4,B4)
5	7	22	28	<-- =ExitForDemo(A5,B5)
6	8	22	28	<-- =ExitForDemo(A6,B6)

36.9 在 VBA 中使用 Excel 函数

通过示范如何定义二项式分布(尽管如此,其本身就是一个 Excel 函数),来说明 VBA 可以使用大多数 Excel 的工作表函数。一个二项式随机变量的概率分布可定义为:

$$binom(p, n, x) = \binom{n}{x} p^x (1-p)^{n-x}$$

$$\binom{n}{x} = \frac{n!}{(n-x)! \, x!}$$

式中:p 是成功的概率;x 是成功的次数;n 是实验的次数。二项分布系数是:

二项分布系数给出了从 n 个元素中选出 x 个元素的所有组合数量。例如,想从八个候选人中选出一个二人组,并且想知道可以形成多少种可能的组合。用 Excel 的函数 Combin(8,2)来计算,答案如下:

$$\binom{8}{2} = \frac{8!}{6!2!} = \frac{8 \cdot 7 \cdot 6 \cdot 5 \cdot 4 \cdot 3 \cdot 2 \cdot 1}{6 \cdot 5 \cdot 4 \cdot 3 \cdot 2 \cdot 1 \cdot 2 \cdot 1} = 28$$

在下面的 VBA 函数 Binomial 中使用这个 Excel 函数:

```
Function Binomial(p, n, x)
    Binomial = Application.WorksheetFunction. _
    Combin(n, x) * p^x * (1 - p)^(n - x)
End Function
```

通常,函数 Binomial 可用于一个工作表:

	A	B	C
1			使用Binomial
2	p	0.5	
3	n	10	
4	x	6	
5	Binomial	0.205078125	<-- =Binomial(B2,B3,B4)

注意我们使用了函数 Application.Combin(n，x)来计算函数 Binomal 中的 $\binom{n}{x}$。你也许可以从它的名字（Application.Something）推测出，这个函数是 Excel 工作表函数 Combin()。在 VBA 中，同样地可以使用大多数（并非所有[1]）Excel 的工作表函数。下面将陆续给出一些实例。要了解更多信息，可参见 VBA 的帮助文件。

还有一点值得注意，程序第 2 行结尾处的空格前有一下划线。如果一行程序太长，可使用下划线将其继续写在下一行。从 VBA 的编程语法来看，函数 Binomial 的第 2 行和第 3 行是一行程序。[2]

假设我们试图使用函数 Binomial 来计算 Binomial(0.5，10，15)。计算结果为"♯VALUE!"，如下表所示：

	A	B	C
1		使用Binomial	
2	p	0.5	
3	n	10	
4	x	6	
5	Binomial	0.205078125	<-- =Binomial(B2,B3,B4)

产生这个结果的原因是，计算函数 Binomial 中的 $\binom{n}{x}$ 时，要求 $x < n$。而上表中的 $x > n$，因此 VBA 使 Excel 返回一个出错信息"♯Value!"。Excel 出错值的含义有些费解，因此在本章的附录中会对此加以说明。

36.10 在用户定义的函数中调用用户定义的函数

如同调用 Excel 的函数，在用户定义的函数中可调用其他的用户定义函数。用下面这个函数来替代工作表函数 COMBIN。COMBIN 定义为：$c(n，x) = \dfrac{n!}{(n-x)!\,x!}$，这里，"!"代表阶乘函数。[回忆一下阶乘函数 $n!$ 的定义，对任意 $n \geqslant 0:0! = 1$，当 $n > 0$ 时，$n! = n(n-1)(n-2)\cdots1$。]

现在用 VBA 编写求阶乘的函数和求组合的函数。如下所示：

---

① 当一个等效函数可以作为一个本地的 VBA 函数时，那么其对应的 Excel 函数在 VBA 中则是无效的。例如，在 VBA 中使用 rnd()而不使用 Application。使用 WorksheetFunction.Rand()和 sqr()而不使用 Application.WorksheetFunction.Sqrt()。

② 什么太长？这是一个有关编程习惯的事情。除非我们是有目的，否则任何行超过 70—80 个字符都会被认为是太长。

```
1   Function HomeFactorial(n)
2     If Int(n) <> n Then
3       HomeFactorial = CVErr(xlErrValue)
4     ElseIf n < 0 Then
5       HomeFactorial = CVErr(xlErrNum)
6     ElseIf n = 0 Then
7       HomeFactorial = 1
8     Else
9       HomeFactorial = HomeFactorial(n - 1) * n
10    End If
11  End Function
```

函数 HomeFactorial 的第 2 行作用是，将输入变量 n 的整数部分与 n 进行比较，以检查输入变量 n 是否为整数。函数"Int"是一个 VBA 函数。如果输入不是整数，比如要计算 HomeFactorial(3.3)，则第 3 行程序将会使 Excel 返回"♯Value!"。类似地，第 4 行和第 5 行检查是否不适当地使用函数 HomeFactorial 来计算负数的阶乘，如果出现这种情况，第 5 行使 Excel 返回"♯NUM!"。关于出错信息的完整说明，参见附录。

在第 9 行，出现了一个新用法：函数通过调用自身来计算需返回的值。这种新的用法称为递归调用。函数 HomeFactorial 的执行情况示范如下：

	A	B	C		D	E
1				使用Recursion		
2	n	阶乘			HomeFactorial(n)	
3	1	1	<--	1	1	<-- =HomeFactorial(A3)
4	2	2	<--	=B3*A	2	<-- =HomeFactorial(A4)
5	3	6	<--	=B4*A	6	<-- =HomeFactorial(A5)
6	4	24	<--	=B5*A	24	<-- =HomeFactorial(A6)
7	5	120	<--	=B6*A	120	<-- =HomeFactorial(A7)

现在可以通过调用函数 HomeFactorial，用 VBA 来编写一个求组合数的函数（命名为 HomeCombin）。

```
Function HomeCombin(n, x)
    HomeCombin = HomeFactorial(n)/ _
        (HomeFactorial(n - x) * HomeFactorial(x))
End Function
```

最后，通过调用函数 HomeCombin，用 VBA 来编写一个求二项式随机变量概率分布的函数。

```
Function HomeBinom(p, n, x)
    If n < 0 Then
        HomeBinom = CVErr(xlErrValue) 'Make the function
                                      'return #VALUE!
    ElseIf x > n or x < 0 Then
        HomeBinom = CVErr(xlErrNum)   'Make the function
                                      'return #NUM!
    Else
        HomeBinom = HomeCombin(n, x) _
                    * p^x * p^(n - x)
    End If
End Function
```

为 VBA 代码加注释

　　这点在先前的函数中已有说明,VBA 将忽略同一行中接在一个单引号后的任何内容。(注意每一行注释都以一个单引号开始。)

习题

1. 编写一个 VBA 函数,实现 $f(x) = x^2 - 3$。

	A	B	C
1	**习题1**		
2	x		
3	1	-2	<-- =Exercise1(A3)
4	2	1	<-- =Exercise1(A4)
5	3	6	<-- =Exercise1(A5)

2. 编写一个 VBA 函数,实现 $f(x) = \sqrt{2x^2} + 2x$。 提示:现实这个函数有两种方式,第一种是使用 VBA 函数 Sqr,第二种是使用 VBA 的运算符"^"。建议你尝试这两种方式。

	A	B	C
1	**习题2**		
2	x		
3	1	3.414213562	<-- =Exercise2(A3)
4	2	6.828427125	<-- =Exercise2(A4)
5	1	3.414213562	<-- =Exercise2a(A5)
6	2	6.828427125	<-- =Exercise2a(A6)

3. 假设在时间 0:股价为 P_0,在时间 1:股价为 P_1。连续复利定义为 $\ln\left(\dfrac{P_1}{P_0}\right)$。 在 VBA 中编写这个函

数。对数有两种计算方法。可以调用 Application.Ln 或 VBA 函数 Log。

	A	B	C	D
1			习题3	
2	P$_0$	P$_1$		
3	100	110	0.09531	<-- =Exercise3(A3,B3)
4	100	200	0.69315	<-- =Exercise3(A4,B4)
5	100	110	0.09531	<-- =Exercise3a(A5,B5)
6	100	200	0.69315	<-- =Exercise3a(A6,B6)

4. 一家银行基于不同存款额为客户提供不同的年利率,按如下方式:

存款额不足 1,000 美元,年利率为 5.5%。

存款额在 1,000—10,000 美元,年利率为 6.3%。

存款额在 10,000—100,000 美元,年利率为 7.3%。

其他存款额,年利率为 7.8%。

在 VBA 中编写函数 Interest(Deposit)。提示:可以使用多行 If 结构或 BlockIf 结构。

	A	B	C
1		习题4	
2	储蓄		
3	-1	#VALUE!	<-- =Interest(A3)
4	100	5.50%	<-- =Interest(A4)
5	1100	6.30%	<-- =Interest(A5)
6	9999.99	6.30%	<-- =Interest(A6)
7	10000	6.30%	<-- =Interest(A7)
8	10000.001	7.30%	<-- =Interest(A8)
9	100000.001	7.80%	<-- =Interest(A9)

5. 调用习题 4 中的函数来编写函数 NewDFV(Deposit,Years)。这个函数将返回某存款额的将来值,假定银行将存款和产生的利息在给定年限内再投资。因此,NewDFV(10,000,10)将返回 $10,000 \times (1.063)^{10}$。

	A	B	C	D
1			习题5	
2	储蓄	年		
3	10,000	10	18,421.82	<-- =NewDFV(A3,B3)
4	10,000,001	10	20,230.06	<-- =NewDFV(A4,B4)

6. 一家投资公司提供与 FT100 指数有关的债券。债券偿还时,支付(1)和(2)计算结果中较大的数额:(1)面值加上面值乘以指数的变化率;(2)面值在给定年限内以 5% 的年利率按月累计。比如,指数为 110 时投资 100,一年后兑换时,指数为 125,则将按照(1)支付 $100 + 100 \times (125 - 110)/110 = 113.636$ 而不是按(2)支付 $100 \times (1 + 0.05/12)^{12} = 105.116$。编写一个 VBA 函数 Bond(Deposit,Years,FT0,FT1)返回值为偿还额。

	A	B	C	D	E	F
1				**习题6**		
2	储蓄	年	第0年FT指数	第1年FT指数		
3	100	1	110	125	113.636	<-- =Bond(A3,B3,C3,D3)
4	100	2	110	100	110.494	<-- =Bond(A4,B4,C4,D4)
5	100	12	2500	5000	200.000	<-- =Bond(A5,B5,C5,D5)
6	100	12	225	1387.53	616.680	<-- =Bond(A6,B6,C6,D6)
7	150	12	3400	2500	192.504	<-- =Bond(A7,B7,C7,D7)

7. 编写一个 VBA 函数 ChooseBond(Deposit，Years，FT0，FT1)。如果较好的投资选择是习题 5 中的银行，函数返回值为 1；若较好的投资选择是习题 6 中的公司，函数返回值为 2。

	A	B	C	D	E	F
1				**习题7**		
2	储蓄	年	第0年FT指数	第1年FT指数		
3	100	1	110	125	2	<-- =ChooseBond(A3,B3,C3,D3)
4	100	1	110	110	1	
5	100	1	110	116.04	1	
6	100	1	110	116.05	2	
7	100,000	1	110	125	2	<-- =ChooseBond(A7,B7,C7,D7)
8	100,000	1	110	110	1	
9	100,000	1	110	118.02	1	
10	100,000	1	110	118.03	2	

8. 一家银行提供如下存款方案：在给定年限中的每月上旬存入一定额。在到期后的一个月上旬提取你的本金加上应计利息。银行使用年利率，但利息是按月累加计算的。基于不同的月存款额和不同的存款年限有八种不同的利率。

下表列出了提供的利率：

存款年限	月存款额≤100	月存款额＞100
2 年	3.5%	3.9%
3 年	3.7%	4.5%
4 年	4.2%	5.1%
5 年	4.6%	5.6%

编写一个具有两个参数的函数 DFV(Deposit，Years)，返回值为这个投资的将来值。

	A	B	C	D
1			**习题8**	
2	储蓄	年	DFV	
3	10	5	675.7458	<-- =DFV(A3,B3)
4	10	4	523.5107	<-- =DFV(A4,B4)
5	10	3	381.2934	<-- =DFV(A5,B5)
6	10	2	248.9488	<-- =DFV(A6,B6)
7	10	1	120	<-- =DFV(A7,B7)

9. 使用在习题 8 中提供的信息，编写一个具有两个参数的函数 DEP(DFV，Years)，用于计算为了能在

将来(2、3、4 或 5 年)得到一定数额的存款,每月必须的存款数额是多少。提示:这个问题比较有趣,记住利率取决于每月的存款额。

	A	B	C	D
1			习题9	
2	DFV	年	DEP	
3	-100	2	-4.01689	<-- =DEP(A3,B3)
4	100	2	4.01689	<-- =DEP(A4,B4)
5	1000	4	19.10181	<-- =DEP(A5,B5)
6	2499	2	99.96106	<-- =DEP(A6,B6)
7	2500	2	100.0011	<-- =DEP(A7,B7)

10. 斐波纳契数列[以 Leonardo Fibonacci(1170—1230)命名,他是欧洲中世纪的杰出数学家]定义如下:

$$F(0) = 0$$
$$F(1) = 1$$
$$F(2) = F(0) + F(1) = 1$$
$$F(3) = F(1) + F(2) = 2$$
$$F(4) = F(2) + F(3) = 3$$
$$\vdots$$

依此类推。通项式为:$F(n) = F(n-2) + F(n-1)$。

编写一个 VBA 函数计算这个数列中第 n 个数。提示:递归调用是必要的。

	A	B	C
1			习题10
2	n	Fibonacci	
3	0	0	<-- =Fibonacci(A3)
4	1	1	<-- =Fibonacci(A4)
5	2	1	<-- =Fibonacci(A5)
6	3	2	<-- =Fibonacci(A6)
7	4	3	<-- =Fibonacci(A7)
8	5	5	<-- =Fibonacci(A8)
9	6	8	<-- =Fibonacci(A9)
10	7	13	<-- =Fibonacci(A10)

附录　Excel 和 VBA 中的单元格错误

Excel 使用一种特殊的值来报告出错信息。函数 CVErr()是 VBA 函数。它将所提供的值转换成一种特殊的值用于 Excel 报告出错信息。Excel 有许多出错值,函数可以利用它们来报告出错信息。举个例子:函数 NewMistake(x, y)返回值为 x/y。但是,如果 $y = 0$ 则函数会输出含义费解的出错信息 #DIV0!。

```
Function NewMistake(x, y)
    If y <> 0 Then NewMistake = x/ y Else _
        NewMistake = CVErr(xlErrDiv0)
End Function
```

避免将来混淆

所有 VBA 出错值将写成"xlErr…",因为字符 l 看起来如同数字 1,如果微软使用大写的字符"XLEr…",这个问题将比较容易解决。

函数 NewMistake 在 Excel 中的运行情况如下:

	A	B	C	D
1	**NewMistake In Action**			
2				
3	X	Y	NewMistake	
4	1	2	0.5	<-- =NewMistake(A4,B4)
5	2	1	2	<-- =NewMistake(A5,B5)
6	0	1	0	<-- =NewMistake(A6,B6)
7	1	0	#DIV/0!	<-- =NewMistake(A7,B7)

出错值及其解释列于下表。在表后使用简短的例子来解释每个出错值。

出错值	VBA 名称	可能的原因
#NULL!	X1ErrNull	当指定两个区域的一个交集,而实际不相交时出现 #NULL! 错误值
#DIV/0!	X1ErrDiv0	当一个公式被 0 除,出现 #DIV/0! 错误值
#VALUE!	X1ErrValue	当使用错误的参数类型时,出现 #VALUE! 错误值
#REF!	X1ErrRef	当一个单元格的引用无效时,出现 #REF! 错误值
#NAME?	X1ErrName	当 Microsoft Excel 不能识别公式中的正文时,出现 #NAME? 错误值
#NUM!	X1ErrNum	当一个公式或函数中有数值错误时,出现 #NUM! 错误值
#N/A	X1ErrNA	当一个函数或公式中的值不可用时,出现 #N/A

37

变量和数组

37.1 概述

这章的第一部分我们将介绍函数变量的定义,第二部分将介绍数组。数组是具有相同类型的变量组合,这些变量具有相同的名称并且可以通过下标来个别地引用。向量和矩阵是一维数组和二维数组的最好实例。数组的部分由讨论数组和工作表区域的关系开始,接着描述简单和动态数组(它的大小可在运行时变化)。本章还包括介绍把数组当作参数的用法的章节和关于变量类型的讨论。

37.2 定义函数变量

函数变量的作用是储存值,函数变量可以是参数或者普通变量。在定义函数时,可以在函数名后的括号之间定义参数。到目前为止,在需要的时候我们使用普通变量,当它第一次使用时,我们靠 VBA 定义它。在本书的大部分场景中,这种方法不仅好而且快。

我们第一次同时用到两种函数变量是在函数 DoWhileDemo 中:

```
Function DoWhileDemo(N)
    If N < 2 Then
        DoWhileDemo = 1
    Else
        i = 1 'A Loop counter
        j = 1 'An accumulator for the series
        Do While i < = N
            j = j * i
```

```
            i = i + 1
        Loop
        DoWhileDemo = j
    End If
End Function
```

变量 N 的值是从调用这个函数的应用(Excel 或者其他函数)获得,变量 i、j 是普通变量。两种函数变量(又叫内部变量或局部变量)都只能在它们被(显式或隐式)定义的函数范围内被识别,在其他 VBA 函数或 Excel 中都无法被识别。

DoWhileDemo 函数十分简短,没有必要显式地定义函数和添加注释来增加可读性。但是在有更多变量的更长的函数中,在函数顶部定义变量是非常有用的方法,它可以让函数更清晰和易于维护。如下面的函数所示,可以用 Dim 语句来定义普通变量:

```
Function NewDoWhileDemo(N)
Dim i 'a Loop counter
Dim j 'An accumulator for the series
    If N < 2 Then
        NewDoWhileDemo = 1
    Else
        i = 1
        j = 1
        Do While i <= N
            j = j * i
            i = i + 1
        Loop
        NewDoWhileDemo = j
    End If
End Function
```

Option Explict 语句

通过在模块的第一行插入 Option Explict 语句可以让 VBA 在你使用了未定义的变量时发出警告。有了这个语句,任何使用未定义的变量之处都会产生一个错误,而不是创建一个新的变量。Option Explict 语句对这个模块中所有的程序都有效。

强制定义变量可以避免很多隐藏在程序里的错误。下面是一个(轻度强制)例子:下面的函数有一个键入错误("Temp"被打成了"Remp"):

```
Function Typo(Parameter)
    Remp = Parameter * 3 + 1
    Typo = Temp
End Function
```

如果没有 Option Explict 语句，Excel 极有可能显示出下面的结果：

	A	B	C
1		使用**TYPO**	
2	5		0	`<-- =Typo(A2)`

然而，在 VBA 代码之前插入 Option Explict 语句，重新计算工作表时就会出现如下的"运行时错误"：

```
(通用)                                         ∨   Typo                              ∨

Option Explicit
Function Typo(Parameter)
    Remp = Parameter * 3 + 1
    Typo = Temp
End Function
```

```
Microsoft Visual Basic for Applications        ×

    ⚠    编译错误:
         变量未定义

              确定          帮助
```

当我们看到问题的警告后，可以点击确定按钮，停止 VBA 的运行，并把"Remp"改成"Temp"修复这个错误。（回忆第 36 章，在修复错误后，你需要点击 VBA 工具栏上的"■"按钮。）

37.3 数组和 Excel 区域

VBA 中的数组是具有相同类型的变量组合，这些变量具有相同的名称并且可以通过下标（或索引）来个别地引用。接下来这节我们将介绍 VBA 自带的数组类型。现在我们先来了解一下不定型。如果我们一个函数把 Excel 区域作为参数，就需要把这个参数定义没有类型或者不定型（大量相同的东西）。在函数的内部，这个变量看起来就和数组一样。为了演示，我们现在编写一个函数 SumRange，来计算其参数的前四个元素的和。

```
Function SumRange(R)
    S = 0
    For i = 1 To 4
        S = R(i) + S
    Next i
    SumRange = S
End Function
```

	A	B
1		使用**SUMRANGE**
2	1	<-- 1
3	2	<-- 2
4	3	<-- 3
5	4	<-- 4
6	10	<-- =SumRange(A2:A5)

	A	B	C	D
1		使用**SUMRANGE**		
2	1	2	3	4
3	10	<-- =SumRange(A2:D2)		

在上面的两个例子中,变量 R 都可以被视作数组。数组的第一个元素是 $R(1)$,最后一个元素是 $R(4)$。每个元素都可以被视作一个单独的变量,$R(2)$ 是一个变量,$R(i-3)$(假设 $i-3$ 是整数且大于等于 1 小于等于 4)也是一个变量。被当做数组使用的区域下标总是从 1 开始。

如果被传入的区域是一个长方形呢?为了演示,我们介绍一个修改过的 SumRange,加上第二个参数告诉函数有多少的元素要求和。

```
Function SumRange1(R, N)
    S = 0
    For i = 1 To N
        S = R(i) + S
    Next i
    SumRange = S
End Function
```

	A	B	C	D
1		使用**SUMRANGE1**		
2	3	4	5	
3	6	7	8	
4	9	10	11	
5	18	<-- =SumRange1(A2:C4,4)		
6	25	<-- =SumRange1(A2:C4,5)		
7	33	<-- =SumRange1(A2:C4,6)		

可以看到，VBA 通过拼接原来区域的行，把一个矩形的数组当做一个线性的数组来处理。SumRange1 的第二个参数表示有几个元素应该被求和。举个例子，SumRange1（A2：C4，5）会对第二行的前两个数和第一行进行求和。

回收期函数

一个稍复杂的区域的用法可以通过一个简单的回收期函数来介绍。回收期在资本预算中是指一个投资的回报能够超过原始投资所需要的时间。举个例子，一个投资 1 000 美元，每年回报 500 美元的投资的回报期为 2 年。为了简化问题，下面定义的 PayBack 函数以年作为答案的基本单位。如果现金流之和在第五年小于 0，在第 6 年大于 0，函数返回 6。我们同样假设第一笔现金流是初始投资（负数），除此之外的现金流都为非负。

```
Function PayBack(R, N)
    Temp = 0
    For i = 1 To N
        Temp = Temp + R(i)
        If Temp >= 0 Then Exit For
    Next i
    PayBack = i - 1
End Function
```

	A	B	C	D	E	F
1	使用PAYBACK					
2	日期	1	2	3	4	5
3	现金流	-1,500	400	600	600	300
4	偿付		3	<-- =PayBack(B3:F3,5)		

现在定义的函数存在一些问题。其中一个是：如果不能回收最初的投入，函数将会返回错误的结果，如下面的截图所示。

	A	B	C	D	E	F
1	使用PAYBACK1					
2	日期	1	2	3	4	5
3	现金流	-4,000	400	600	600	300
4	偿付		5	<-- =PayBack1(B3:F3,5)		

纠错的办法是在返回回收期之前加上一个检查。

```
Function PayBack1(r, n)
    Temp = 0
    For i = 1 To n
        Temp = Temp + r(i)
        If Temp >= 0 Then Exit For
    Next i
    If Temp >= 0 Then
        PayBack1 = i - 1
    Else
        PayBack1 = "No Payback"
    End If
End Function
```

	A	B	C	D	E	F
1		**使用PAYBACK1**				
2	日期	1	2	3	4	5
3	现金流	-4,000	400	600	600	300
4	偿付	No Payback	<-- =PayBack1(B3:F3,5)			

37.4 简单数组

声明数组有几种不同的方法,这些方法都需使用到 Dim 语句。声明一个数组的最简便方法是简单地告知 VBA 数组下标的最大值。除非特别指明,否则,VBA 的数组下标从 0 开始。在下面的宏 ArrayDemo1 中,数组 MyArray 有六个元素编号为 0,1,2,…,5。

```
Function ArrayDemo1()
    Dim MyArray(5)
    For i = 0 To 5
        MyArray(i) = i * i
    Next i
    S = ""
    For i = 0 To 5
        S = S & " # " & MyArray(i)
    Next i
    ArrayDemo1 = S
End Function
```

如果在一个工作表中调用宏 ArrayDemo1,其运行结果如下:

	A	B
1	**使用ARRAYDEMO1**	
2	# 0 # 1 # 4 # 9 # 16 # 25	<-- =ArrayDemo1()

注意下列几点:

● 数组 MyArray 有六个元素(变量),第一个元素是 MyArray(0),最后一个元素是 MyArray(5)。所有 Excel 数组的下标从 0 开始,除非你特别指定(参见第 39.2.3 节对 Option Base 的讨论)。

● 处理一个数组元素的方式与处理一个变量的方式是相同。即,MyArray(2)是一个变量,MyArray($i-3$)也是一个变量(假设 $i-3$ 的值 $>=0$ 且 $<=5$)。

● 使用串联运算符"&"。这个操作符将两个操作数串联(联合)成为一个字符串。如果要串联的一个操作数不是字符串类型,运算时将操作数先转化为字符串,然后再进行串联运算。

如果你试图使用一个不属于数组的元素,如以下的宏 ArrayDemo2 所示范,VBA 将产生如下的结果:

```
Function ArrayDemo2(N)
    Dim MyArray(5)
    Dim i As Integer
        For i = 0 To 5
        MyArray(i) = i * i
    Next i
    ArrayDemo2 = MyArray(N)
End Function
```

	A	B	C
1		**使用ARRAYDEMO2**	
2	0	0	<-- =ArrayDemo2(A2)
3	1	1	<-- =ArrayDemo2(A3)
4	2	4	<-- =ArrayDemo2(A4)
5	3	9	<-- =ArrayDemo2(A5)
6	4	16	<-- =ArrayDemo2(A6)
7	5	25	<-- =ArrayDemo2(A7)
8	6	#VALUE!	<-- =ArrayDemo2(A8)

37.4.1　LBound 和 UBound

LBound 和 UBound 是 VBA 的两个内部函数,在处理数组时非常有用。这些函数返回一个数组可具有的下标最小值（用 LBound 函数）和最大值（用 UBound 函数）。下面的宏 ArrayDemo3 示范了它们的用法，其运行结果所产生的信息框告诉我们数组 MyArray 的最小下标是 0，最大下标是 5。

```
Function ArrayDemo3(N)
    Dim MyArray(5)
    If N = "LB" Then
        ArrayDemo3 = LBound(MyArray)
    ElseIf N = "UB" Then
        ArrayDemo3 = UBound(MyArray)
    End If
End Function
```

	A	B	C
1	使用**ARRAYDEMO3**		
2	LB	0	<-- =ArrayDemo3(A2)
3	UB	5	<-- =ArrayDemo3(A3)

注意，数组 MyArray 有 6 个元素，第一个如 LBound 所指是 MyArray(0)，最后一个如 UBound 所指是 MyArray(5)。

使用多维数组的时候，可以加入第二个参数来表明你想要知道哪一维的边界，如下面例子所示：

```
Function ArrayDemo4(Dimension, Bound)
    Dim MyArray(2, 3, 4)
    If Bound = "LB" Then
        ArrayDemo4 = LBound(MyArray, Dimension)
    ElseIf Bound = "UB" Then
        ArrayDemo4 = UBound(MyArray, Dimension)
    End If
End Function
```

	A	B	C	D
1	使用**ARRAYDEMO4**			
2	LB	1	0	<-- =ArrayDemo4(B2,A2)
3	UB	1	2	<-- =ArrayDemo4(B3,A3)
4	LB	2	0	<-- =ArrayDemo4(B4,A4)
5	UB	2	3	<-- =ArrayDemo4(B5,A5)
6	LB	3	0	<-- =ArrayDemo4(B6,A6)
7	UB	3	4	<-- =ArrayDemo4(B7,A7)

37.4.2 如何在函数中获得一个 Excel 区域的边界

不幸的是，内部函数 UBound 和 LBound 并不适用于作为参数被传入的区域。我们可以利用它的性质来得到我们想要的结果，如下面所示：

```
Function RangeBound(R, What)
    If What = "C" Then
        RangeBound = R.Columns.Count
    ElseIf What = "R" Then
        RangeBound = R.Rows.Count
    End If
End Function
```

	A	B	C
1			**使用RANGEBOUND**
2	C	2	<-- =rangebound(D1:E5,A2)
3	R	5	<-- =rangebound(D2:E6,A3)
4	c	0	<-- =rangebound(D3:E7,A4)
5	r	0	<-- =rangebound(D4:E8,A5)

你有没有发现这个函数在小写字母上出错了？如果你想要大小写不敏感，我们可以用 UCase 来把"what"转化成大写。

```
Function RangeBound1(R, What)
    If UCase(What) = "C" Then
        RangeBound1 = R.Columns.Count
    ElseIf UCase(What) = "R" Then
        RangeBound1 = R.Rows.Count
    End If
End Function
```

	A	B	C
1			**使用RANGEBOUND1**
2	C	2	<-- =rangebound1(D1:E5,A2)
3	R	5	<-- =rangebound1(D2:E6,A3)
4	c	2	<-- =rangebound1(D3:E7,A4)
5	r	5	<-- =rangebound1(D4:E8,A5)
6	1	0	<-- =rangebound1(D5:E9,A6)

37.4.3　修复 Excel 的 NPV 函数

回顾第 1 章,Excel 的折现现金流和标准的财务命名存在差别。Excel 用 NPV 来表示一系列现金流的现值(不是净现值)。

为了用 Excel 计算一系列现金流的财务净现值,我们必须计算未来的现金流的现值(用 NPV 函数),然后减去起始现值(通常是投资的成本)。

让我们尝试写一个函数 nNPV 来弥补这个缺点。在这个过程中我们可能需要学习一点 VBA 中 Excel 区域的知识。为了让这个函数尽量简洁,它只处理一行现金流。

```
Function nNPV(Rate, R)
    nNPV = R(1) + Application.WorksheetFunction _
    .npv(Rate, R.Range("B1", R.End(xlToRight)))
End Function
```

R.Range(CellTopLeft,CellBottonRight)返回它的参数所定义的区域。注意,单元格地址是相对 R 而言,而不是工作表。

R.End(Direction)根据 Direction 返回 R 的四种可能的最后单元格中的一个。Direction 的可能的值为 xlDown,xlToLeft,xlToRight,xlUp。

假设 R 是一行单元格,R.Range("B1",R.End(xlToRighy))返回除了第一个单元格外 R 包括的所有单元格构成的区域。

	A	B	C	D	E	F
1		**使用NNPV**				
2	现金流 ▶	-400	100	100	100	100
3	折现率 ▶	10%				
4	Excel NPV ▶	-75.4667776	<-- =NPV($B$3,$B$2:$F$2)			
5	Excel C_0+NPV ▶	-83.01345537	<-- =$B$2+NPV($B$3,$C$2:$F$2)			
6	nNPV ▶	-83.01345537	<-- =nNPV($B$3,$B$2:$F$2)			

37.4.4　新的 IRR 函数

另一个可以用我们新学到的工具进行改写的有用的函数是 nIRR。回顾第 1 章,内部收益率(IRR)的定义为使得 NPV 等于 0 的复合收益率 r:

$$CF_0 + \sum_{t=0}^{N} \frac{CF_t}{(1+r)^t} = 0$$

我们现在用逐步求精的方法来计算 IRR:

(1) 如果有给定 r 的初始猜测值,就使用它;否则使用 50% 来计算 NPV。

(2) 如果计算出的 NPV 是 0(或足够接近),则返回现在的猜测值。

（3）如果计算出的 NPV 是负数，调整猜测值为 $r = r + r/2$。

（4）如果计算出的 NPV 是整数，调整猜测值为 $r = r - r/2$。

（5）重新计算 NPV。

（6）重复（2）—（5）。

我们假设第一笔现金流是负数，其他的都为非负数。函数如下：

```
Function nIRR(R, Optional guess = 0.5)
    n = nNPV(guess, R)
    Do While Abs(npv) > 0.0001
      If n < 0 Then
         guess = guess - guess / 2
      Else
         guess = guess + guess / 2
      End If
      n = nNPV(guess, R)
    Loop
    nIRR = guess
End Function
```

37.4.5 可选参数

注意 Optional guess＝0.5 的作用是声明最后一个参数是可选的，并且如果用户没有赋值的情况下将有一个默认值。一旦一个参数被声明为可选的，之后的参数都必须被声明为可选的。以下是正确的例子：

```
Function WillWork(a, Optional b = 5, Optional c = 4)
```

然而以下情况则会报错：

要注意,这个函数非常的慢,所以它可能需要几秒钟来计算出结果。

	A	B	C	D	E	F
1	使用NIRR					
2	现金流 ▶	-375	100	100	100	100
3	猜测值▶	5%				
4	IRR ▶	2.63247%	<-- =IRR($B$2:$F$2,$B$3)			
5	nIRR ▶	2.63247%	<-- =nIRR($B$2:$F$2,$B$3)			
6	nIRR ▶	2.63248%	<-- =nIRR($B$2:$F$2)			
7	nNPV ▶	7.708E-11	<-- =nNPV($B$4,$B$2:$F$2)			
8	nNPV ▶	9.795E-06	<-- =nNPV($B$5,$B$2:$F$2)			
9	nNPV ▶	-9.55E-05	<-- =nNPV($B$6,$B$2:$F$2)			

37.4.6 Option Base 语句

Excel 数组的下标从 1 开始,而 VBA 数组除非预先定义下标则从 0 开始。可以使用一个模块选项语句来确保所有未经明确声明的数组下标从 1 开始。我们用 ArrayDemo3 来介绍。打开一个新的 VBA 模块,在第一行插入"Optional Base 1",我们重命名函数来反映这个变化。

```
Option Base 1
Function ArrayDemo3OptionBase1(N)
    Dim MyArray(5)
    If N = "LB" Then
      ArrayDemo3OptionBase1 = LBound(MyArray)
    ElseIf N = "UB" Then
      ArrayDemo3OptionBase1 = UBound(MyArray)
    End If
End Function
```

如果我们在模块的第一行插入 Optional Base 1 将得到如下结果(唯一的变化是 B2 单元格中的值是 1 而不是 0):

	A	B	C
1	ARRAYDEMO3OPTIONBASE1 IN ACTION		
2	LB	1	<-- =ArrayDemo3Optionbase1(A2)
3	UB	5	<-- =ArrayDemo3Optionbase1(A3)

与其他选项语句一样,Option Base 1 语句插在一个模块中的所有函数和子程序之前,它

的作用范围与其他选项语句一样,只作用于当前模块中的所有程序。

37.5　多维数组

　　数组可以有多个下标。在一个二维数组中,第一个下标引用行第二个下标引用列。对所声明数组的下标数量没有正式的限制。声明一个多维数组的语法在下面的函数中给出:

```
Function Matrix1(R, C)
    Dim MyMat(2, 1)
    For i = 0 To 2
      For j = 0 To 1
        MyMat(i, j) = i * j
      Next j
    Next i
    If R >= 0 And R <= 2 And C >= 0 And C <= 1 _
Then
      Matrix1 = MyMat(R, C)
    End If
End Function
```

	A	B	C	D
1			**使用MATRIX1**	
2	R	C	Matrix1(R,C)	
3	0	0	0	<-- =Matrix1(A3,B3)
4	1	0	0	<-- =Matrix1(A4,B4)
5	2	0	0	<-- =Matrix1(A5,B5)
6	0	1	0	<-- =Matrix1(A6,B6)
7	1	1	1	<-- =Matrix1(A7,B7)
8	2	1	2	<-- =Matrix1(A8,B8)
9	3	1	0	<-- =Matrix1(A9,B9)
10	1	3	0	<-- =Matrix1(A10,B10)

　　下面是 LBound 和 UBound 在多维数组中的用法:

```
Function Matrix2(R, C)
    Dim MyMat(1, 1)
    For i = LBound(MyMat, 1) To UBound(MyMat, 1)
      For j = LBound(MyMat, 2) To _
      UBound(MyMat, 2)
         MyMat(i, j) = i * j
      Next j
    Next i
    If R >= LBound(MyMat, 1) And _
      R <= UBound(MyMat, 1) And _
      C >= LBound(MyMat, 2) And _
      C <= UBound(MyMat, 2) Then
      Matrix2 = MyMat(R, C)
    End If
End Function
```

	A	B	C	D
1	\multicolumn{4}{c}{使用**MATRIX2**}
2	R	C	Matrix2(R,C)	
3	0	0	0	<-- =Matrix2(A3,B3)
4	1	0	0	<-- =Matrix2(A4,B4)
5	2	0	0	<-- =Matrix2(A5,B5)
6	0	1	0	<-- =Matrix2(A6,B6)
7	1	1	1	<-- =Matrix2(A7,B7)
8	1	2	0	<-- =Matrix2(A8,B8)

注意:LBound 和 UBound 第二个参数的用法。如果只使用一个参数,这两个函数都将返回一维数组最大的下标值。如果数组是多维的(如该例所示),我们可以使用函数的第二个参数来确认我们感兴趣的维数(如本例中的第二维)。

37.6 动态数组和 ReDim 语句

在程序运行时,经常需要能够方便地设置数组的大小(重置数组的大小)。动态数组是指可以在运行时改变大小的数组。使用 Dim 语句声明动态数组,但圆括号内无需任何参数,如下所示:

```
Dim SomeName()
```

在你使用数组之前你需要用 ReDim 语句来重置它的大小：

```
ReDim ArrayName(SomeIntegerExpression)
```

例如，你可能输入：

```
ReDim Prices(12)
```

为了将动态数组 Prices 设置为 12 个元素大小，更典型的用法是使用一个变量来定义数组大小，如下所示：

```
ReDim Prices(I)
```

这样的话就可以将 Prices 的大小设置为 I 值。

ReDim 语句也可用于改变动态数组（或任何数组）的大小。如果改变了一个数组的大小，数组中的所有数据就会丢失。这时，可以使用 ReDimPreserve 语句来保留原有数据，如下所示：

```
ReDim Preserve ArrayName(SomeIntegerExpression)
```

下面的函数用来计算一系列未来现金流的现值。为简化函数，将每期的利率固定为 5%。这个函数是以动态数组（变量 CF）为例，将大小设置为用户输入值（变量 n）：

```
Function DynPV(r As Range)
    'n is number of periods
    'cf() is dynamic array for cash
    'flows
    Dim n
    Dim cf()
    Dim Temp
    Dim i
    'Below we distinguish if the data
    'is in a column or in a row
    If r.Columns.Count = 1 Then
        n = r.Rows.Count
    ElseIf r.Rows.Count = 1 Then
        n = r.Columns.Count
    Else
        Exit Function
    End If
    're-dimension the array
    ReDim cf(1 To n)
```

```
    For i = 1 To n
        cf(i) = r(i)
    Next i
    Temp = 0
    For i = 1 To n
    Temp = Temp + cf(i) / 1.05^i
    Next i
    DynPV = Temp
End Function
```

运行函数的结果如下：

	A	B	C
1	使用**DYNPV**（垂直）		
2	现金流		
3	100		
4	200		
5	300		
6	DynPV ▶	535.79527	<-- =DynPV(A3:A5)

	A	B	C	D
1	使用**DYNPV**（水平）			
2	现金流 ▶	100	200	300
3	DynPV ▶	535.79527	<-- =DynPV(B2:D2)	

使用 ReDim Preserve 语句

如前所述，ReDim 语句的 Preserve 部分用于防止数据从重新定义大小的数组中丢失。使用 Preserve 会对 ReDim 语句的使用产生了如下两个主要的局限性：

- 不能改变下标的下界；
- 不能改变数组的维数。

因为 ReDim Preserve 的主要作用应用在交互程序中，所以我们将会在之后关于用户交互的章节中予以介绍。

37.7 数组赋值

有一个容易犯的错误：在如下所示的例子中，我们希望数组 Array2 等价于数组 Array1：

```
Function ArrayAssignError()
    Dim Array1(5)
    Dim Array2(5)
    For i = 0 To 4
        Array1(i) = i * i
    Next i
    Array2 = Array1
    ArrayAssignError = Array2
End Function
```

但 VBA 不允许这种做法。如下所示：

显而易见，给数组元素赋值的一种方法是通过 For 循环语句分别地给每个数组元素赋值。

```
For I = 0 To 4: Array2(I) = Array1(I):
Next I
```

"："运算符

"："操作符的使用，标志着语句的结束。通过"："操作符的使用，我们可以将两条语句或多条语句放于同一行。另外，给数组元素赋值的较为简易方式将在下一节中讨论。

37.8 存储数组的不定型

不定型变量可用于存放数组。虽然声明方法要比声明一个标准数组要复杂，但是却值得这样做。下面的函数示范了使用不定型存储数组：

```
01  Function ArrayAssign(r, j)
02      Dim Array1                     'This is a variant
03      Dim Array2                     'This is a variant
04      Dim n                          'number of elements
                                       'in R
05      Array1 = Array()
06      If r.Columns.Count = 1 Then    'data in column
07          n = r.Rows.Count
08      ElseIf r.Rows.Count = 1 Then   'data in row
09          n = r.Columns.Count
10      Else                           'invalid data
11          Exit Function
12      End If
13      ReDim Array1(1 To n)
14      For i = 1 To n
15          Array1(i) = r(i)
16      Next i
17      '*************************** Watch this spot
18      Array2 = Array1                'Watch this spot
19      '*************************** Watch this spot
20      If j >= 1 And j <= n Then
21          ArrayAssign = Array2(j)
22      End If
23  End Function
```

第 5 行的 Array（）函数返回一个储存数组的不定型。同一行的赋值语句将变量 Array1 转变为一个数组（此时尚未初始化）。第 15 行的 ReDim 语句将 Array1 转变为一个具有 n 个元素的数组。不顾各种麻烦采用这种做法的益处可以在第 18 行看到。这是函数在一个工作表语境下的结果：

	A	B	C	D	E
1	水平使用ARRAYASSIGN				
2	55	88	77	12	99
3	1	55	<-- =ArrayAssign($A$2:$E$2,A3)		
4	2	88	<-- =ArrayAssign($A$2:$E$2,A4)		
5	3	77	<-- =ArrayAssign($A$2:$E$2,A5)		
6	4	12	<-- =ArrayAssign($A$2:$E$2,A6)		
7	5	99	<-- =ArrayAssign($A$2:$E$2,A7)		
8	6	0	<-- =ArrayAssign($A$2:$E$2,A8)		

37.9　数组作为函数的参数

数组可以作为函数的参数。以下的函数介绍了在第 37.6 节中讨论的 DynPV 的改进版。注意当所有辅助的任务提交给独立的函数和子程序时，主函数 NewDynPV 的代码会很容易理解。函数 ComputePV(CF()) 用于计算存放于实型数组中的一系列现金流的现值。

```
Function ComputePV(CF())
    Temp = 0
    For i = LBound(CF) To UBound(CF)
        Temp = Temp + CF(i) / 1.05^i
    Next i
    ComputePV = Temp
End Function
```

主程序：

```
Function NewDynPV(R As Range)
    Dim n As Integer                    'Number of periods
    Dim CF() As Double                  'Dynamic array for cash flows
    n = GetN(R)
    If (n = 0) Then
        NewDynPV = n
        Exit Function
    End If
```

```
    ReDim CF(1 To n)                        're-dimension the array
    For i = 1 To n
        CF(i) = R(i)
    Next i
    NewDynPV = ComputePV(CF)
End Function
```

	A	B	C	D
1	使用**NEWDYNPV**			
2	现金流 ▶	100	200	300
3	**NewDynPV** ▶	535.79527	<-- =newDynPV(B2:D2)	

更好的 IRR 和 NPV 函数

现在让我们回顾第 37.4 节中的 nIRR 和 nNPV 函数,并尝试用内部数组使它们更快。

```
Function fNPV(Rate, cf)
    Temp = 0
    For i = LBound(cf, 2) + 1 To UBound(cf, 2)
        Temp = Temp + cf(1, i) / (1 + Rate)^_ (i - 1)
    Next i
    fNPV = Temp + cf(1, LBound(cf, 2))
End Function


Function fIRR(R, Optional guess = 0.5)
    cf = R.Value
    n = fNPV(guess, cf)
    Do While Abs(npv) > 0.0001
      If n < 0 Then
          guess = guess - guess / 2
      Else
          guess = guess + guess / 2
      End If
      n = fNPV(guess, cf)
    Loop
    fIRR = guess
End Function
```

	A	B	C	D	E	F
1		使用FIRR				
2	现金流▶	-375	100	100	100	100
3	猜测值▶	5%				
4	IRR ▶	2.63247%	<-- =IRR($B$2:$F$2,$B$3)			
5	fIRR ▶	2.63247%	<-- =fIRR($B$2:$F$2,$B$3)			
6	fIRR ▶	2.63248%	<-- =fIRR($B$2:$F$2)			
7	nNPV ▶	7.70797E-11	<-- =nNPV($B$4,$B$2:$F$2)			
8	nNPV ▶	9.79546E-06	<-- =nNPV($B$5,$B$2:$F$2)			
9	nNPV ▶	-9.54928E-05	<-- =nNPV($B$6,$B$2:$F$2)			

即使快了一个数量级，这个函数还有提升的空间。

37.10 使用类型

VBA 中所有的值、变量和函数都有其类型，无论是默认的还是显式定义的。VBA 默认其所有的变量和函数都属于不定型。不定型是一种包括其他所有类型的值的类型。在大多数情况下我们可以忽略类型，但是有时候给某个变量特定的类型而不是不定型会有非常大的帮助。变量类型使得 VBA 能够提供我们正在使用的类型的信息，这在我们下一章开始使用 Excel 对象后将会非常常见。现在我们只需要简单解释一下定义类型的机制，并且演示 VBA 在处理变量类型时提供的帮助。当一个类型名接在变量名紧接的"As"后时，该类型被赋予给变量。例如，语句"Dim x As Integer"把叫做 x 的变量定义为整型。

为了显示有类型的变量的用处，我们回顾第 37.4 节中的 RangeBound 函数。下面是第一个参数被显式定义为区域类型的新版本。虽然不是必须的（没有类型同样有效），但它的确让生活更简单了。当你在函数中敲入一个有类型的变量时，VBA 会给出你想要的属性的提示。在我们的例子里，在你输入"R"之后的区域，VBA 会提供所有可能的属性或者方法的列表。如果被选中的属性（本例中是行）有自己的属性，则在它的名字之后的区域也会提供一个列表供你选择。

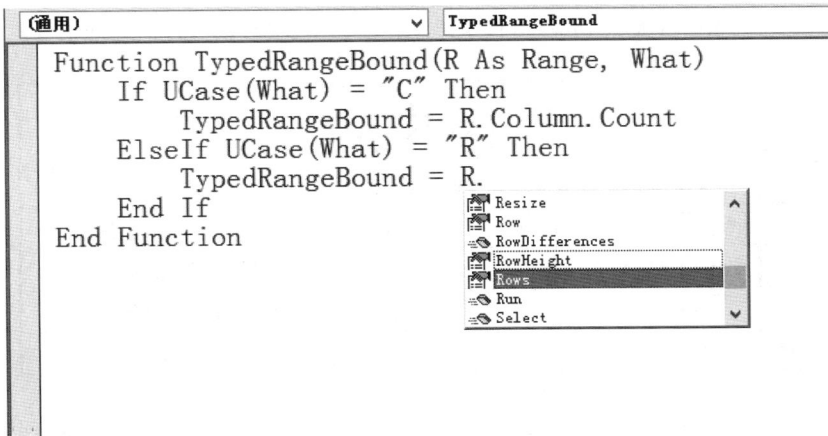

```
Function TypedRangeBound(R As Range, What)
    If UCase(What) = "C" Then
        TypedRangeBound = R.Column.Count
    ElseIf UCase(What) = "R" Then
        TypedRangeBound = R.
    End If
End Function
```

(通用)   TypedRangeBound

Resize
Row
RowDifferences
RowHeight
Rows
Run
Select

```
(通用)                                           TypedRangeBound

Function TypedRangeBound(R As Range, What)
    If UCase(What) = "C" Then
        TypedRangeBound = R.Column.Count
    ElseIf UCase(What) = "R" Then
        TypedRangeBound = R.Rows.co
    End If
End Function
                                    CopyPicture
                                    Count
                                    CountLarge
                                    CreateNames
                                    Creator
                                    CurrentArray
                                    CurrentRegion
```

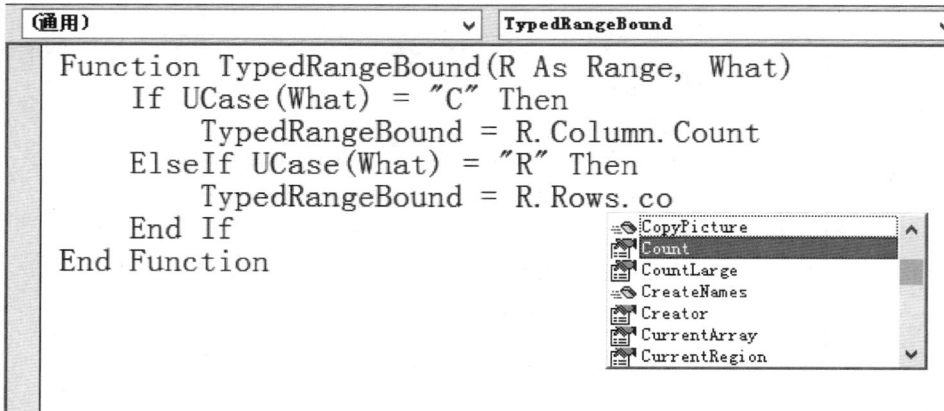

37.11 本章小节

VBA 用变量来储存信息。变量可以储存各种各样的信息。声明和使用只储存特定类型信息的变量(有类型的变量)可以让你的编程任务更容易,并让你的程序可读性更好、使用更少的内存。

数组是具有相同类型的变量组合,这些变量具有相同的名称并且可以通过一个或多个下标来个别地引用。在 VBA 中,数组下标是一个整数。数组中第一个元素的下标缺省值为 0;可以使用 Option Base 1 语句将模块中的所有数组下标从 1 开始。数组的大小和维数在定义数组时设定,并且在开始写程序之前必须知道。动态数组是一组大小(不是维数)可在运行时设置的数组。

习题

1. 编写一个计算现值的函数 NewPV(CF()),计算给定 5 期现金流 CF 在利率 r 下的现值。

	A	B	C	D
1	使用NEWPV			
2	CF	r	NewPV	
3	100.0000	10%	379.0787	<-- =NewPV(A3,B3)
4	50.0000	10%	189.5393	<-- =NewPV(A4,B4)
5	100.0000	1%	485.3431	<-- =NewPV(A5,B5)
6	50.0000	1%	242.6716	<-- =NewPV(A6,B6)

2. 编写习题 1 中的为 BetterNewPV(CF, r, n),计算 n 期的现值。

	A	B	C	D	E
1			使用**BETTERNEWPV**		
2	**CF**	**r**	**n**	**BetterNewPV**	
3	100.0000	5%	5	432.9477	<-- =BetterNewPV(A3,B3,C3)
4	50.0000	10%	5	189.5393	<-- =BetterNewPV(A4,B4,C4)
5	100.0000	1%	10	947.1305	<-- =BetterNewPV(A5,B5,C5)
6	50.0000	1%	10	473.5652	<-- =BetterNewPV(A6,B6,C6)

3. 一家银行对贷款提供不同的利率。利率是基于定期的还款额(CF_i)，如下表所示。重写习题 2 中计算将来值的函数 BankPV(CF，r)，以体现一项银行贷款的现值。函数 BankPV(CF，r)可用作工作表函数。CF 可以为一行区域或一列区域。

定期还款额<=	利 率
100.00	r
500.00	$r-0.5\%$
1,000.00	$r-1.1\%$
5,000.00	$r-1.7\%$
1,000,000.00	$r-2.1\%$

	A	B	C	D	E
1			使用**BANKPV**		
2	**CF**	**r**	**n**	**BankPV**	
3	-1	5%	5	E	<-- =BankPV(A3,B3,C3)
4	100.00	5%	5	432.95	<-- =BankPV(A4,B4,C4)
5	100.01	5%	5	439.04	<-- =BankPV(A5,B5,C5)
6	1,000.00	5%	5	4,464.36	<-- =BankPV(A6,B6,C6)
7	1,000.01	5%	5	4,540.79	<-- =BankPV(A7,B7,C7)
8	5,000.00	5%	5	22,703.71	<-- =BankPV(A8,B8,C8)
9	5,000.01	5%	5	22,964.11	<-- =BankPV(A9,B9,C9)

4. 一家银行对储户提供不同的利率。利率是基于定期的存款额(CF_i)，如下表所示。编写一个计算将来值的函数 BankPV(CF，r)。函数可用作工作表函数，CF 可以为一行区域或一列区域。

定期存款额	利 率
<=100.00	r
<=500.00	$r+0.5\%$
<=1,000.00	$r+1.1\%$
<=5,000.00	$r+1.7\%$
>5,000.00	$r+2.1\%$

	A	B	C	D	E
1		使用**BANKFV**			
2	**CF**	**r**	**n**	**BankFV**	
3	**-1**	5%	5	E	<-- =Bankfv(A3,B3,C3)
4	100.00	5%	5	580.19	<-- =Bankfv(A4,B4,C4)
5	100.01	5%	5	588.86	<-- =Bankfv(A5,B5,C5)
6	1,000.00	5%	5	5,992.91	<-- =Bankfv(A6,B6,C6)
7	1,000.01	5%	5	6,099.47	<-- =Bankfv(A7,B7,C7)
8	5,000.00	5%	5	30,497.07	<-- =Bankfv(A8,B8,C8)
9	5,000.01	5%	5	30,856.78	<-- =Bankfv(A9,B9,C9)

5. 另一家银行给结余大于 10,000.00 的储户提供 1% 的利率增加。编写一个可以体现这种政策,用于计算将来值的函数 Bank1FV(CF, r)。函数可用作工作表函数,CF 可以为一行区域或一列区域。

	A	B	C	D	E
1		使用**BANK1FV**			
2	**CF**	**r**	**n**	**Bank1FV**	
3	**-1**	5%	5	E	<-- =Bank1FV(A3,B3,C3)
4	9,999.00	5%	5	59,620.97	<-- =Bank1FV(A4,B4,C4)
5	10,000.00	5%	5	59,626.94	<-- =Bank1FV(A5,B5,C5)
6	10,001.00	5%	5	59,759.16	<-- =Bank1FV(A6,B6,C6)
7				5.96	<-- =D5-D4
8				132.22	<-- =D6-D5

6. 习题 5 中的银行改变红利政策,现提供如下表所示的利率增长方式。重新编写函数 Bank1FV(CF, r, n)反映这个变化。

账户余额	利 率
$\leq 1,000.00$	$r+0.2\%$
$\leq 5,000.00$	$r+0.5\%$
$\leq 10,000.00$	$r+1.0\%$
$> 10,000.00$	$r+1.7\%$

	A	B	C	D	E
1		使用**BANK2FV**			
2	**CF**	**r**	**n**	**Bank2FV**	
3	**-1**	5%	5	E	<-- =Bank2FV(A3,B3,C3)
4	9,999.00	5%	5	60,237.93	<-- =Bank2FV(A4,B4,C4)
5	10,000.00	5%	5	60,243.96	<-- =Bank2FV(A5,B5,C5)
6	10,001.00	5%	5	60,288.29	<-- =Bank2FV(A6,B6,C6)

7. 编写一个计算现值的函数,该函数有两个利率参数,一个利率用于正现金流量而另一个利率用于负现金流量。函数可用于工作表,并且可以接收行区域和列的区域作为其参数。函数的声明行如下所示:

```
Function MyPV(CF As Variant, PositiveR As Double, _
NegativeR As Double) As Double
```

	A	B	C	D	E	F	G
1	使用**MYPV**						
2	PositiveR	5%	100	100	100	272.325	<-- =MyPV(C2:E2,$B$2,$B$3)
3	NegativeR	10%	-100	-100	-100	-248.685	<-- =MyPV(C3:E3,$B$2,$B$3)
4			-100	100	100	86.178	<-- =MyPV(C4:E4,$B$2,$B$3)
5			-62.538	<-- =MyPV(C2:C4,$B$2,$B$3)			

8. 编写习题 7 中将来值的函数。

9. 一家银行对贷款提供不同的利率。利率是基于定期的还款额(CF_i)，如下表所示。重写习题 2 中计算将来值的函数 BankPV(CF，r)，以体现一项银行贷款的现值。函数 BankPV(CF，r)可用作工作表函数。CF 可以为一行区域或一列区域。

定期还款额＜＝	利　　率
100.00	r
500.00	$r-0.5\%$
1,000.00	$r-1.1\%$
5,000.00	$r-1.7\%$
1,000,000.00	$r-2.1\%$

10. 一家银行对储户提供不同的利率。利率是基于定期的存款额(CF_i)，如下表所示。编写一个计算将来值的函数 BankPV(CF，r)。函数可用作工作表函数，CF 可以为一行区域或一列区域。

定期存款额	利　　率
＜＝100.00	r
＜＝500.00	$r+0.5\%$
＜＝1,000.00	$r+1.1\%$
＜＝5,000.00	$r+1.7\%$
＞5,000.00	$r+2.1\%$

11. 另一家银行给结余大于 10,000.00 的储户提供 1% 的利率增加。编写一个可以体现这种政策，用于计算将来值的函数 Bank1FV(CF，r)。函数可用作工作表函数，CF 可以为一行区域或一列区域。

38

宏和用户交互作用

38.1 概述

宏(subroutine)是 VBA 用户程序,可用于自动执行 Excel 中的日常事务或重复性操作。我们有时将宏称为子程序。本章最后将介绍模块和模块变化。

38.2 宏子程序

一个宏子程序就像一个功能,但是"Sub"一词在定义中代替了功能一词。跟在宏名称后面的括号是空白的(表示出跟在功能名称后面的括号给功能赋予复数值)位于第一行和最后一行之间的是宏的执行语句体。如下所示,给出一个非常简单的宏 SayHi,它执行后会在屏幕上显示一行信息:

```
Sub SayHi()
MsgBox "Hi", , "I say Hi"
End Sub
```

上面的宏 SayHi 引用了一个 VBA 内嵌的名为 MsgBox 的宏。宏 SayHi 也介绍从另一个宏中调用宏的方式。MsgBox 称为命令行,命令行由逗号分隔的参数表列组成。注意其语法,如下所示:

```
MsgBox "Hi", , "I say Hi"
```

有三个参数:
- "Hi"是将要显示的信息。

● 第二个参数是空的:注意逗号中间的空格。这个参数可用于定义信息框中的按钮。这在第 38.3 节中介绍。

● 第三个参数是"I say Hi",这是信息框的标题。

可以通过多种方式在 Excel 工作表中激活一个宏。运行一个宏的最简单方法是选择工具菜单中("工具|宏|宏…"),或使用快捷键[Alt+F8]。无论使用哪种方式,都会出现宏选择框。这个选择框按字母顺序地列出了所有可用的宏。找到所需的宏名称,点击这个宏名称,然后点击运行按钮。

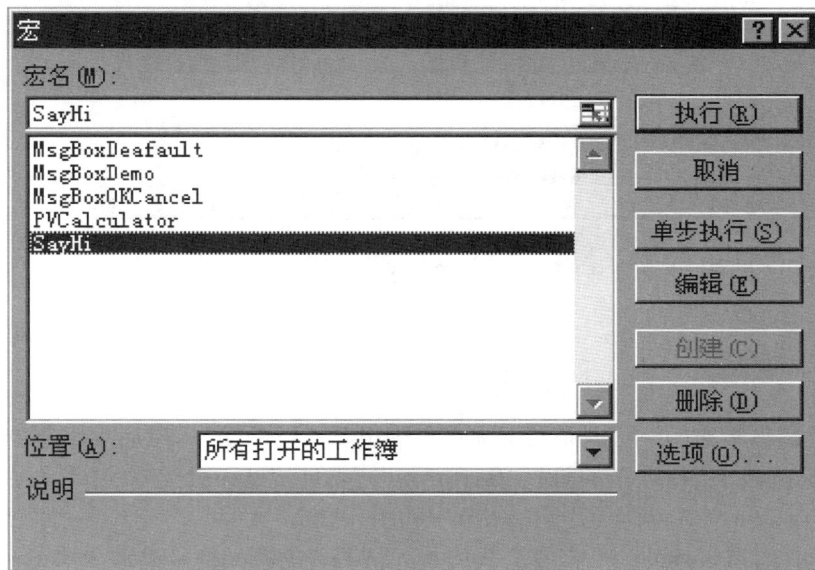

现在你将看到如下所示的结果:

这时的 Excel 是被锁住的。只有在点击了"确定"按钮后,你才可以继续使用 Excel。

38.2.1 宏的快捷键

使用快捷键是运行宏的一种快速方法。为我们的宏指定一个快捷键,其步骤如下:

(1) 从宏选择框中点击"选项"按钮。

(2) 在规定空格处键入一个字符,然后点击"确定"按钮。

(3) 点击右上角的"×"按钮来关闭宏选项框。

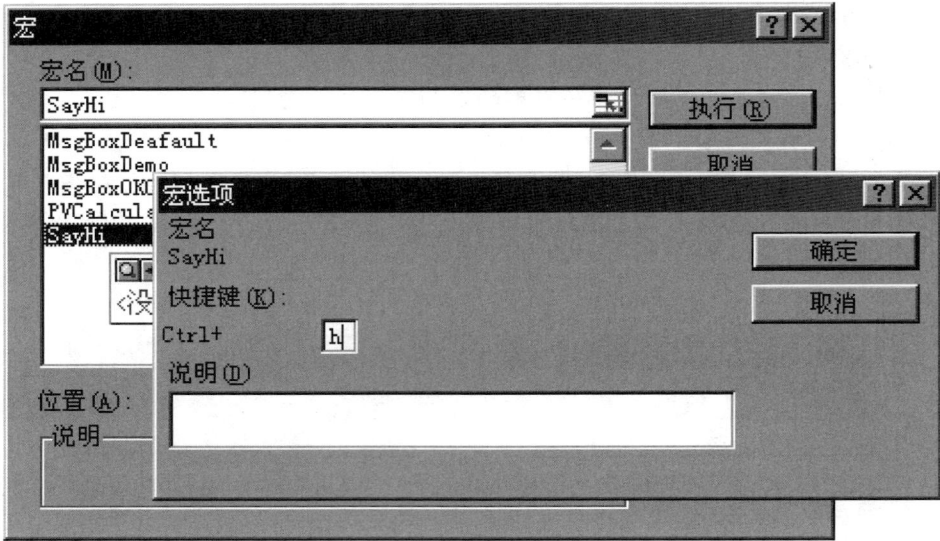

现在就可以使用快捷键[Ctrl+h]来激活宏 SayHi。

38.2.2　录制一个宏

一个简单的编辑宏的办法就是写下你在宏中想要执行的动作,然后编辑宏的结果来产生你需要的最终结果。用得较多的是把"Getformula"功能放入一个有公式单元格右边的单元格中。让我们记录一个有动作(见下一小节中的图)的宏。

(1) 选择我们有兴趣的一个带有公式的单元格右边的单元格(B4,本例中)。

(2) 选择"开发工具"。

(3) 在编码组里点击"使用相关选项"。这样 Excel 就会记录相关单元格位置到宏中,而不是误记为记录下单元格位置。

(4) 点击"指定宏"。

(5) 这时你可以选择命名宏和其他选项。鉴于我们稍后将会改变大部分选项,我们先不管其他选项,直接点击"确定"进行运作。

(6) 输入公式＝"使用相关选项(A4)"。

(7) 点击"停止记录"(这是和用于"指定宏"按钮一样的按钮)。

38.2.3　录制一个宏——页面

记录及相关选项的指示:

开始录制宏：

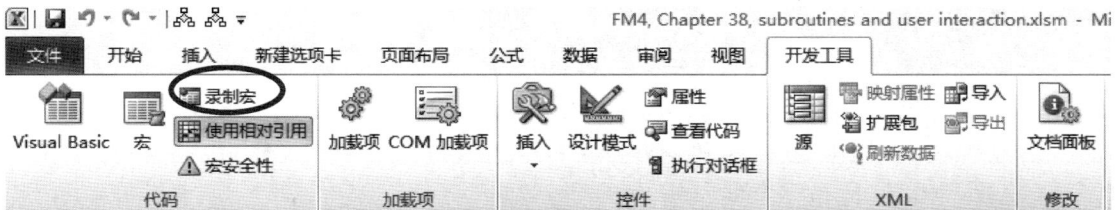

结束录制宏：按钮和录制宏按钮在同一位置。

如果我们现在打开 VBA 编辑器，可以看到工作簿里添加了一个新模型。模块包括宏 1：

```
Sub MSubMacro1( )
    ActiveCell.FormulaR1C1 = _
    " = getformula(RC[ -1])"
End Sub
```

我们可以在这个录制的宏中添加一些提醒和警告。在下面录制的宏中，我们改变了名字并放在一行以防止一个非空白单元格的意外覆盖。

```
Sub RecordGetformula()
'Puts in Getformula, points to cell
'to the left
        If IsEmpty(ActiveCell) Then
        ActiveCell.FormulaR1C1 = _
        " = getformula(RC[ - 1])"
        End If
End Sub
```

38.2.4 从工作表上的按钮运行一个宏

我们能插入一个按钮来在工作表上运行宏,而不是从"工具"或从快捷键运行。为了说明,我们安装一个按钮来运行宏"记录指定宏":

(1) 在工具栏上选择"开发工具"。

(2) 在"命令"组中,点击"插入"。

(3) 在类别选择中选择"按钮"。

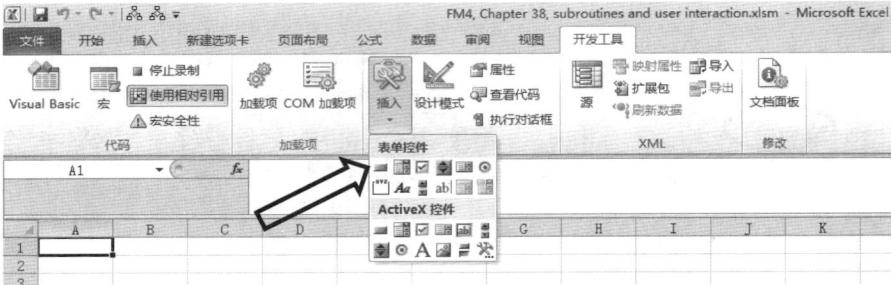

(4) 拖拽"十"字标到按钮。

(5) 当松开鼠标键,"指定宏"对话框将会出现。

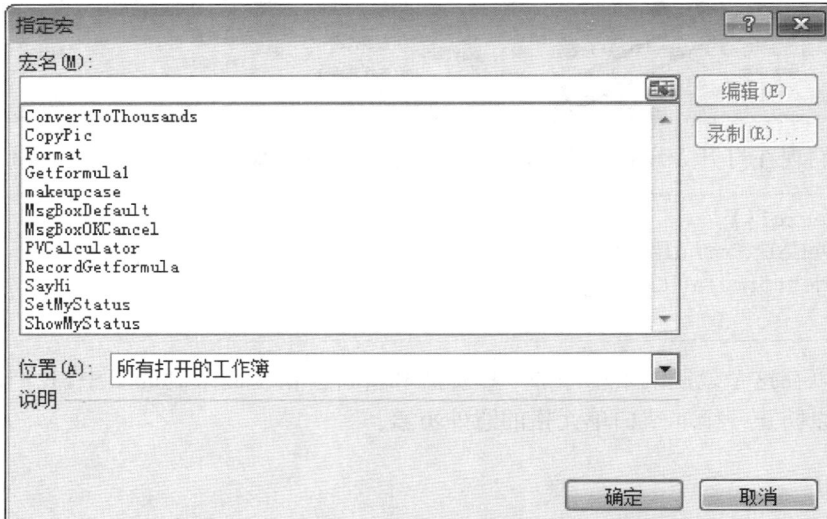

（6）选择我们的宏然后点击"确定"。

（7）选中按钮，此时你可以编辑按钮上的文字。若按钮没被选中，点击右键，菜单中可以修改文字，或指定宏到按钮。

	A	B	C	D	E	F	G
1	使用**Recording**						
2	1						
3	2				使用Getformula		
4	3	<-- =A2+A3					

38.3　用户交互

本节中会展示怎样运用宏从空白表格中引用数据。我们运用之前提到的 Msgbox 函数举例，MsgBox 函数可用于在屏幕上显示信息并根据所点击的按钮返回一个值。这个函数的一些可选的不同选项示范于以下的宏：

```
SubMsgBoxDeafault()
Dim Temp As Integer
    Temp = MsgBox("Default Message", , "Default Title",, _
    "Default Title")
    MsgBox _
    "The value returned by MsgBox is: " _ & Temp
End Sub
```

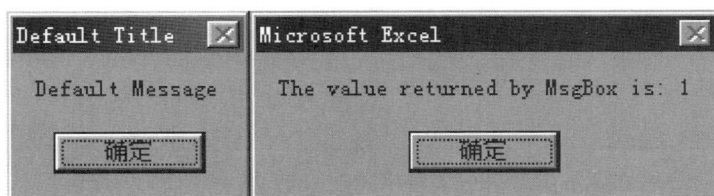

```
Default Title

Default Message

    确定
```

```
Microsoft Excel

The value returned by MsgBox is: 1

    确定
```

注意：按钮参数缺省的函数 MsgBox 会产生一个"确定"按钮。缺省标题是"Mircosoft Excel"。点击"确定"按钮会使函数 MsgBox 的返回值为1。如下所示：

```
Sub MsgBoxOKCancel()
Dim Temp As Integer
    Temp = MsgBox("Default Message", _ vbOKCancel)
    MsgBox _
    "The value returned by MsgBox is: "_ & Temp
End Sub
```

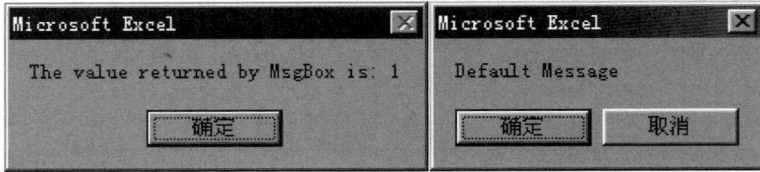

如前所述，函数 MsgBox 的第二个参数决定要显示的按钮。在上面的演示宏 MsgBox-OKCancel 中，函数 MsgBox 的第二个参数是常量 vbOKCancel，结果来产生了"确定"和"取消"两个按钮。注意如果点击了"取消"按钮，函数 MsgBoz 的返回值为 2。

输入框：从使用者获取数据

InputBox 函数是一个 VBA 内部函数，用于获取用户为子程序（也可称做宏）的变量赋值信息。用计算现值的宏 PVCalculator 来演示这个函数的使用情况。宏 PVCalculator 用于计算 $\sum_{t=1}^{10} \dfrac{CF}{(1.05)^t}$，这里的 CF 是用户输入的数值。

```
Sub PVCalculator()
    Dim CF
    CF = InputBox("Enter the cash flow value please", _
        "PV calculator", "100")
MsgBox "The present value of "& CF & _
" At 5% for 10 periods is: " & _
Round(Application.PV(0.05, 10, -CF), 2), _
vbInformation, "PV calculator"
End Sub
```

注意 InputBox 函数的语法：

```
CF = InputBox("Enter the cash flow value", _
"PV calculator", "100")
```

- "Enter...please"：InputBox 的第一个参数，是要显示的信息。
- "PV calculator"：InputBox 的第二个参数，是信息框的标题。
- "100"：InputBox 的第三个参数，是放在信息框中的缺省字符串。如果不使用其他值来替代缺省值。
- 运行宏 PVCalculator 将产生如下结果：

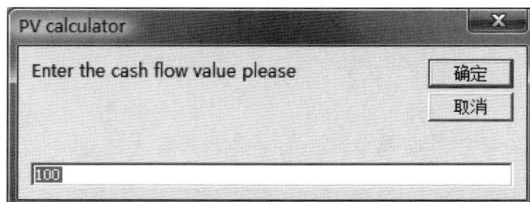

这里，你可用其他数值来取代"100"。（在这个例子中，我们保持原值不变。）点击"确定"按钮，产生如下信息框：

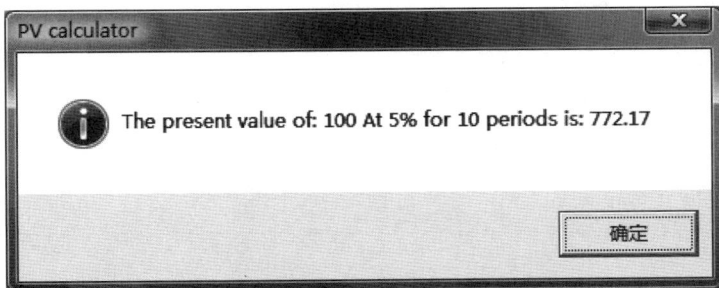

38.4 运用宏去修改 Excel 表格

宏可以用于修改空白表格。这里举一个例子，与第 35 章末尾的例子很相似。在此版本的宏中我们改变了当前的区域的排版，变成用逗号分隔的不带小数的数字。

```
Sub Format()
ActiveCell.CurrentRegion.NumberFormat _
    = "#,##0"
End Sub
```

ActiveCell.CurrentRegion，是 ActiveCell.的排列（B5 截图中），当按下［Ctrl］＋A（A3：C7 截图中）时，相同的排列将被选择。

	A	B	C	D	E
1		使用FORMAT		运行	
2					
3	81232.02236	71433.41596	43136.94352		
4	40486.60055	7707.299728	49201.05641		
5	44493.08534	13560.84944	68840.9526		123.123
6	19958.58414	28129.13586	28730.06792		
7	58843.8395	69566.7708	53717.7971		
8					
9		456.456			

下一个宏改变了 ActiveCell.CurrentRegion 的实际数据，在该区域中的数除以 1,000 并四舍五入到最近的整数。

```
Sub ConvertToThousands()
s = ActiveCell.CurrentRegion.Cells.Count
For i = 1 To s
ActiveCell.CurrentRegion(i).Value = _
Round(ActiveCell.CurrentRegion(i). _
Value / 1000, 0)
Next i
End Sub
```

B5		:	× ✓	fx	123456.789		
▲	A		B		C	D	E
1	使用 CONVERT TO THOUSANDS					运行 Sub	
2							
3	812232.0224		71433.41596		43136.94352		
4	404586.6005		7707.299728		498201.0564		
5	444993.0853		123456.789		68840.9526		123.123
6	19958.58414		28129.13586		288730.0679		
7	58843.8395		69566.7708		538717.7971		
8							
9			456.456				
10							

之后：

	A	B	C	D	E
1	使用CONVERT TO THOUSANDS			运行Sub	
2					
3	812	71	43		
4	405	8	498		
5	445	123	69		123.123
6	20	28	289		
7	59	70	539		
8					
9		456.456			

38.5 模块

VBA 将用户定义函数和子程序组织在称为模块的单元中。在一个 VBA 工程中可以（经常需要）有多个模块（即，拥有多个函数和子程序的工作簿）。模块有名称：模块名缺省时，VBA 使用"Module"后面加一个数字来表示模块名，但是你会发现为模块取具有描述性意义的名称是非常有益处的（如我们在这本书中的做法）。

要给一个模块重新命名(在 VBA 编辑器中),在"工程资源管理器"窗口中选择这个模块。

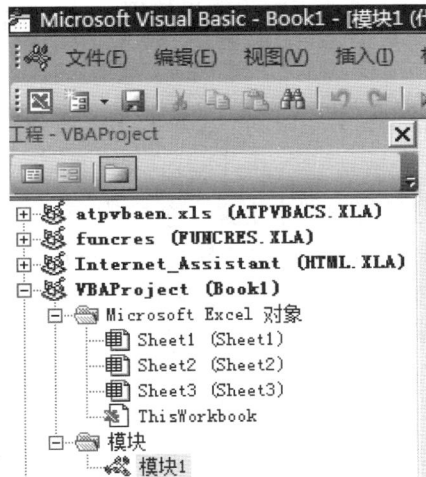

如果"工程资源管理器"窗口看不见,可从"视图"菜单中选择"工程资源管理器"。

一旦选择了一个模块,这个模块的属性列表会在"属性窗格"中显示。如果"属性窗格"看不见,在视图菜单中选择"属性窗口"。点击模块名(它是可用的唯一属性)然后改变名称。一个模块的名字应以字母开头,只能使用数字和字母和下划线,其他符号不能使用。

敲击[回车]键后,就改变了模块名称。注意在工程资源管理器窗口中发生的变化。

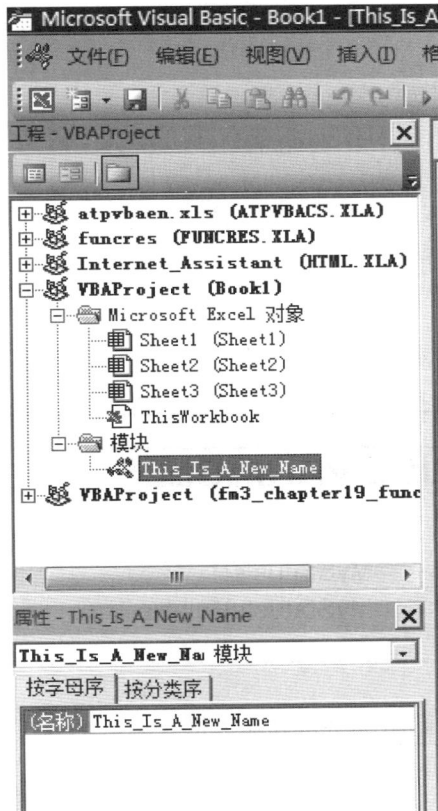

模块必须有唯一的名字,之后的宏和函数不能使用相同名字。如果一个模块叫 Tom,其函数叫做 Tom,这个函数 Tom 将不能再工作簿里使用。经常用到的方法是以 M 为开头为模块命名(唯一的模块名)。

38.5.1 模块变量

Dim 语句可以用模块中的任何程序来定义一个模块变量。模块变量能在模块的任何地方被识别,并一直保持它的值到工作簿关闭。模块变量可用于储存联系不止一个程序的信息,而且不用经过参数信息。模块变量普遍用于带有很多相互作用的大型模块中,所以以下的例子有些本末倒置:

```
Dim MyStatus
Sub SetMyStatus()
MyStatus = InputBox _
("Enter value for my status", , "OK")
Calculate
End Sub
Function MyStatusIs()
MyStatusIs = MyStatus
End Function
Sub ShowMyStatus()
MsgBox "MyStatus is: " &MyStatus
End Sub
Function MyStatusIsVolatile()
Application.Volatile
MyStatusIsVolatile = MyStatus
End Function
```

若你先打开工作簿,你会看到:

	A	B	C	D
1	使用MODULE VARIABLES		设定MyStatus	
2				
3	0	<-- =MyStatusIs()	显示MyStatus	
4	0	<-- =MyStatusIsVolatile()		
5				

若你点击 **Set MyStatus** ,你将得到输入框:

	A	B	C	D
1	使用**MODULE VARIABLES**		设定MyStatus	
2				
3	0 <-- =MyStatusIs()		显示MyStatus	
4		<-- =MyStatusIsVolatile()		

（图中弹出对话框）

```
Microsoft Excel                              ✕
Enter value for my status        [ 确定 ]
                                 [ 取消 ]

[OK                                        ]
```

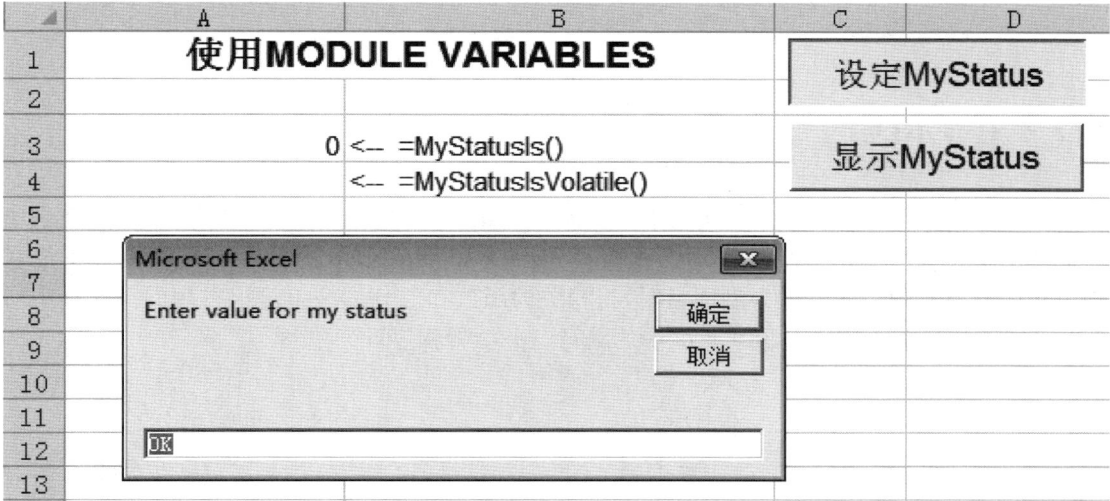

点击确定，会得到：

	A	B	C	D
1	使用**MODULE VARIABLES**		设定MyStatus	
2				
3	0	<-- =MyStatusIs()	显示MyStatus	
4	OK	<-- =MyStatusIsVolatile()		

现在我们知道变量 MyStatus 有"OK"值。那么为什么函数 MyStatuIs 变回了 0，或者是因为什么 MyStatusIsVolatile 变回（正确）值"OK"？

38.5.2 Application.Volatile

以上问题的答案是由于 MyStatusIsVolatile 中的 Application.Volatile 语句。当 Application.Volatile 被用作工作表函数中的第一句语句时，当有任何东西被重新赋值后函数都被重新赋值。MyStatusIs 只会在其（不存在）参数改变时重新赋值，所以只有我们只有编辑单元格然后按下回车键。若我们选择了单元格 A3，点击 F2（用于编辑），然后点击回车键，我们会得到：

	A	B	C	D
1	使用**MODULE VARIABLES**		设定MyStatus	
2				
3	OK	<-- =MyStatusIs()	显示MyStatus	
4	OK	<-- =MyStatusIsVolatile()		

38.6 本章小结

宏是 VBA 用户程序,可用于自动执行 Excel 中的日常事务或重复性操作。VBA 提供了两个既重要又灵活的用户交互作用的程序:MsgBox 和 InputBox。VBA 将宏和函数组织在称为模块的单元中。当处理大型项目时,将相关的函数和宏分为一组是很有用的。这章中所涉及的所有内容将有助于你在 Excel 中的编写财务金融程序。

习题

1. 编写一个宏显示如下信息框。这个信息框要在其他所有窗口的上方,并且用户不能做其他应用程序中的任何事情,直至点击了信息框中的一个按钮。

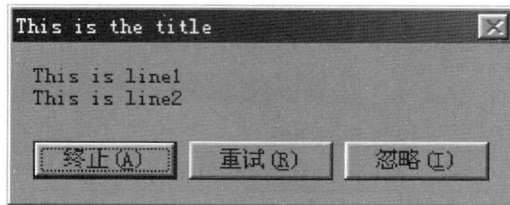

提示:要用到函数 MsgBox 中一些在本章未介绍到的选项,可参考 VBA 帮助信息。

2. 编写一个计算现值的宏,类似于第 38.4 节中出现的宏。但是,如下所示,你编写的宏需要向用户询问现金流的值、利率和期限。最后要在信息框中显示运行结果。需要给所有的参数提供合理的缺省值。不要使用 Excel 的函数 PV。编写你自己的现值函数然后使用它。提示:

$$PV(CF, r, n) = \sum_{i=1}^{n} \frac{CF}{(1+r)^i}$$

你可以像我们这样，使用 Excel 的函数 PV 来检验你编写的宏是否正确。

3. 重新编写习题 2 中的宏，使用户界面形式如以下屏幕快照所示范。需要用来编写宏的一些函数在本章中未介绍到。我们要使用到以下函数。

- Val——用于返回包含于字符串内的数字。
- Left——用于返回包含字符串中从左边算起指定数量的字符。
- Right——用于返回包含字符串中从右边算起指定数量的字符。
- FormatPercent——根据格式表达式中的指令来格式化表达式。
- FormatCurrency——根据格式表达式中的指令来格式化表达式。

关于这些函数的更多信息可参阅 VBA 帮助文件。我们建议使用这些函数。

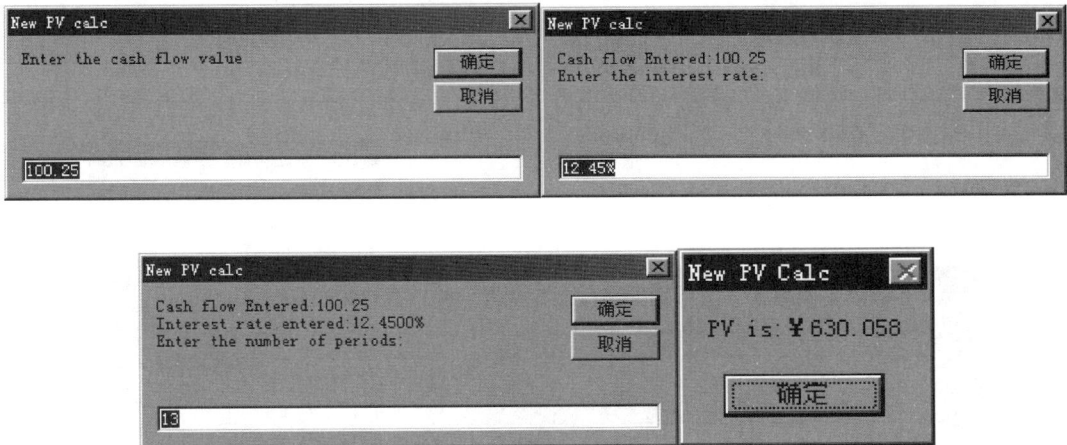

注意：你的计算机可能显示一种不相同的货币符号。

4. 重新编写习题 3 中的宏，使它按照以下三个不同的要求适当地处理"取消"按钮。

- 在任何阶段点击"取消"按钮，宏简单地处理为放弃执行。
- 较高级的方式是从开始就允许用户重新输入数据。
- 更高级的方式允许用户使用旧数据作为重新输入的缺省数据。

注意，最后第三种方式是较为复杂的练习，要在循环内使用循环。

5. 编写一个计算还款进度的宏，这个宏要询问用户贷款的总额、还款数额、利率。假设在期末还款。输出形式要如下面所示：

提示：

- 你也许要使用到工作表函数 PMT。
- 可参考下面的宏及其输出形式。

```
Sub StringConcat()
    Dim S As String
    S = "Coll" &Chr(9) & "Col2" 'Ch(9) is the Tab
    S = S &Chr(13) & "aaa" &Chr(9) & "bbb"
    MsgBox S
End Sub
```

要求：宏运行时的显示形式如下图所示：

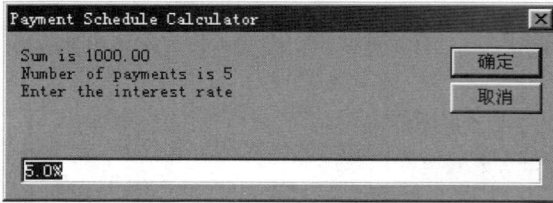

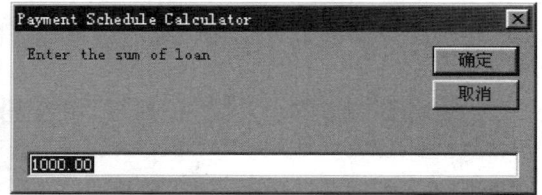

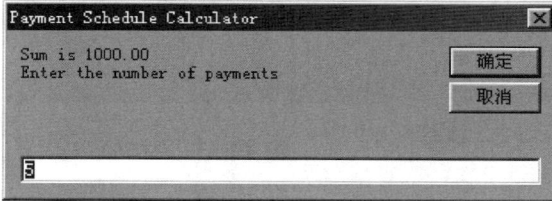

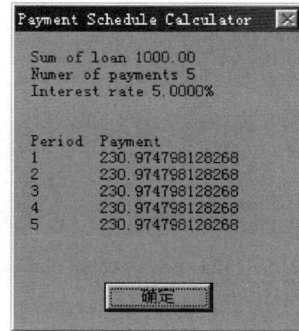

6. 重新编写计算还款进度表的宏，显示每期的欠款金额、还款金额及其分解项欠款利息和资本金额。为了简洁，本例中的输入框被删除。

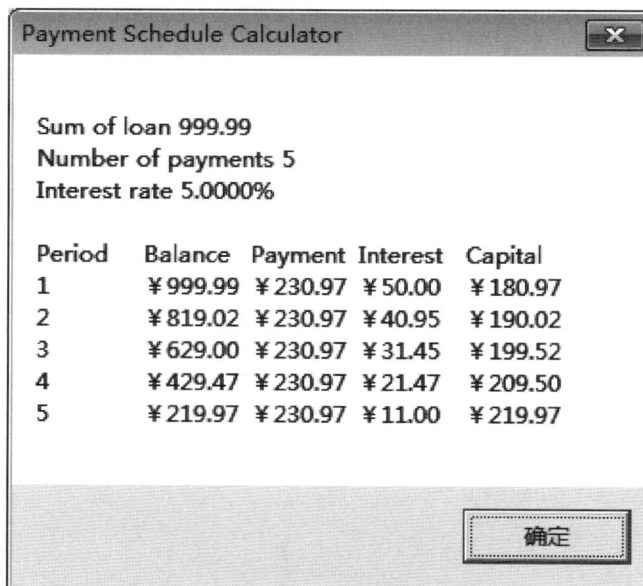

7. 编写一个计算还款进度表的宏。宏运行时要询问用户贷款的总额、还款数额、利率。假设在期末还款。宏的运行结果要显示还款金额及其分解项欠款利息和资本金额。显然，最后一期还款额可能小于（或不大于）用户提供的还款额。要求输出如下图所示（输入形式同上题）。

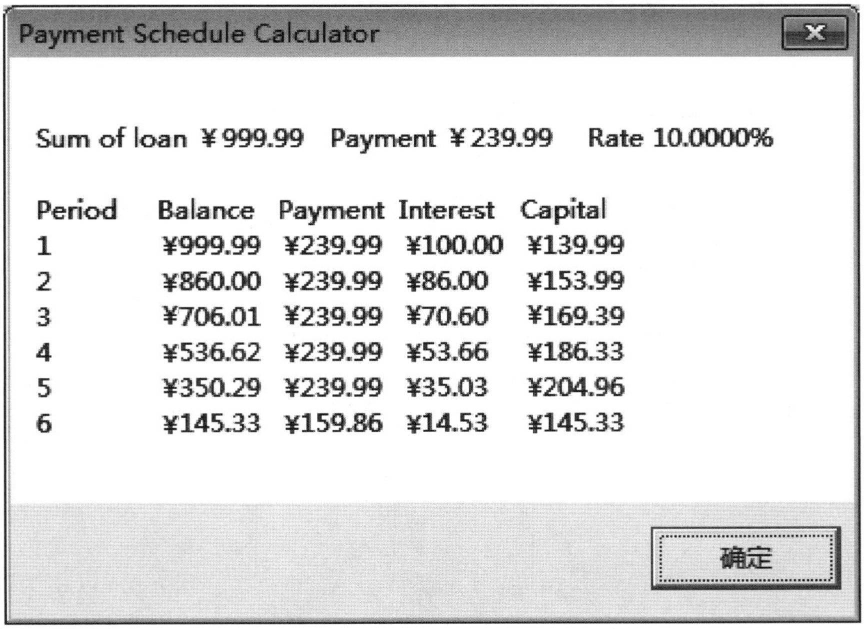

8. 编写一个比习题 7 复杂的宏，产生如下所示的结果，结果看起来更好。编写这个版本的宏。注意：参阅一下 Format 函数的帮助文件对于编写这个宏很有益处。

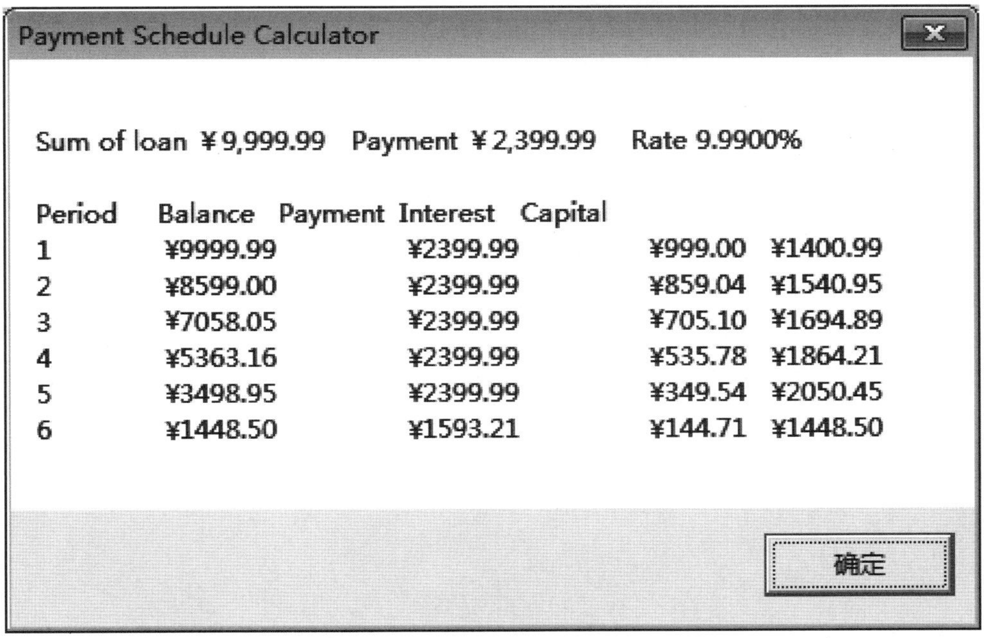

9. 变化的还款进度是指还款额在贷款期内按一固定比例变动。改编习题 8 的宏，计算变化的还款进度。要求：除如前所述的所有输入外，还要示用户输入一个变化的还款比率（作为百分比）。宏运行后结果将如下所示。

39

对象与加载宏

39.1　概述

本章介绍 VBA 中的几个更高级的对象。这些对象大多数都和 Excel 对象模型有关。本章主要介绍一些实用的 Excel 对象及其处理它们方法。命名，一种使工作表更加清晰、更便于阅读的方法，将在第 39.6 节中介绍。本章最后讨论了 Excel 的加载宏，一种简单的方法使自制函数在工作表之间可自动调用。

39.2　介绍工作表对象

对象是 VBA 的基本组成部分。你也许没有意识到正在使用对象，但是你在 VBA 中做的许多事情都需要操作对象。我们可将对象想象为一种容器，容器内部拥有变量、函数和宏。所有 Excel 的成分（工作簿、工作表、区域等）都可由一个位于 VBA 对象层次表中的对象来代表。称为属性的特殊变量可以用来储存对象的数据。你可以使用"点"操作符来访问这些属性。Range Object（区域对象）是最重要的对象类型之一。一个工作表中的单元格和单元格的区域就是区域类型的所有对象。接下来的章节将会介绍一些预设的 Range Object 变量。

39.2.1　活动单元格

VBA 为了我们的使用预先定义了许多变量；其中一个比较有用的是 ActiveCell。ActiveCell 是一个事先定义的区域对象变量，它代表工作表中周围有鼠标框的单元格。下面的宏用以句表述代替了活动单元格里的内容。我们运用属性 Formula（公式）；这个属性能用语句储存文本于单元格中，可以修改。

```
sub Tostring()
    Activecell.Formula = "'" & _
    ActiveCell.Formula
End Sub
```

之前：

	A	B	C	D
1	使用**TOSTRING**		运行Sub	
2	3.141592654	<-- =PI()		

之后：

	A	B	C	D
1	使用**TOSTRING**		运行Sub	
2	=PI()	<-- =PI()		

39.2.2 选择

另一个非常有用的预设变量就是 Selection。这个变量代表了 Excel 中当前的被选项。与活动性单元格不同，Selection 不收区域限制且可为任何选择（区域、图表等）。建议用 Typename 函数检验类型。Methods 就是包含对象的函数。Methods 用于处理数据。就像属性一样，methods 可以使用"点"操作符来访问。Methods 和属性之间的关系有时很模糊。以下的宏证明了一些区域属性的 Methods，并运用了预订变量 Selection：

```
Sub SelectBlank()
If UCase(TypeName(Selection)) <> "RANGE" _
Then Exit Sub
Selection.SpecialCells(xlCellTypeBlanks). _
Select
End Sub
```

第一句由于检查当前选择的是否是一个区域并在检查出"否"时停止程序；在没有接受教学的情况下会出现一条信息。

Selection 的第一步：特殊单元格(xl 空白单元格)用区域属性的方法来返回一个区域，包含所有当前选区的空白单元格。

选择的方法运用于选中返回的区域。

之前：

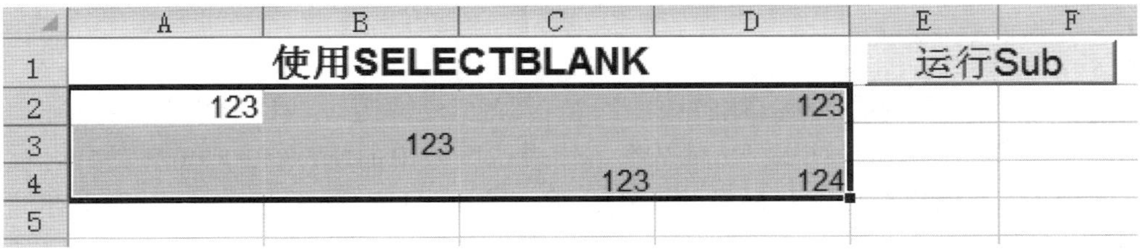

之后：

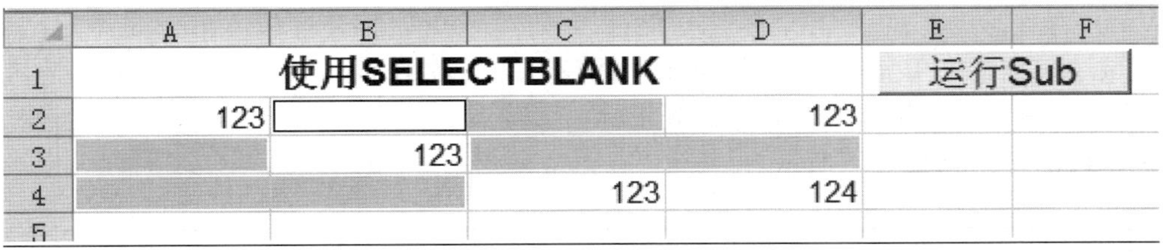

39.3 区域对象

在之前的部分中我们认识了一些预订的区域对象变量。这部分将会示范 VBA 里区域的运用并展示更多区域对象的属性和方法。

39.3.1 区域作为函数的参数

在这个小节中，我们建立一个接受区域参数的函数。一个新函数——Meanreturn，接收资产价格所在单元格的一个列区域作为其参数并计算、返回资产的收益与平均收益率的值在另一列中。回忆一下，t 时期的一项资产收益率是 $r_t = \dfrac{P_t - P_{t-1}}{P_{t-1}}$，平均收益率是 $\bar{r} = \dfrac{1}{N}\sum_{t=1}^{N} r_t$。一个辅助函数 AssetReturn 被用于计算 r_t。

```
Function MeanReturn(Rng )
NumRows = Rng.Rows.Count
    Prices = Rng. Variant
T = 0
    For i = 2 To NumRows
    T = T + AssetReturn(Prices(i - 1, 1), _
    Prices(i, 1))
    Next i
    MeanReturn = T/ (NumRows - 1)
End Function
```

行注解：

- NumRows＝Rng.Rows.Count

在这行中，使用了两次点运算符。Rng 是区域对象。Rows 是区域对象的属性，因此 Rng.Rowsj 是集合类型的一个对象，集合类型代表了区域中的所有行。Count 是集合类型对象的一个属性，存储集合中成员的数量。因此 Rng.Rows.Count 是一个变量，用于存储所选区域中的行数。

- Prices＝Rng.Value

Value 是区域对象的一个属性，用于储存区域内所有单元格的值。Value 是不定型变量。如果区域中包括多个单元格，这时的 Value 是一个二维数组。Value 的第一个下标是从 1 开始的行下标，第二个下标是从 1 开始的列下标。

该函数的运行结果如下所示：

	A	B	C	D
1	运行MEANRETURN			
2	100			
3	110	10.00%	<-- =(A3-A2)/A2	
4	121	10.00%	<-- =(A4-A3)/A3	
5	145	19.83%	<-- =(A5-A4)/A4	
6	174	20.00%	<-- =(A6-A5)/A5	
7		14.96%	<-- =AVERAGE(B3:B6)	
8		14.96%	<-- =MeanReturn(A2:A6)	

39.3.2 Range 属性

Range 属性是获取工作表中一个区域的方法。Range 是许多 Excel 对象的一个属性。当用于工作表时，如下面的宏所示，Range 是 ActiveSheet.Range 的一种简略书写方式。

```
Sub RangeDemo()
Range("A2").Formula = 23
End Sub
```

正如所期望的，上面的宏将活动工作表中 A2 单元格的公式设为 23。

之前：

	A	B	C	D	E	F
1	使用RANGEDEMO				运行Sub	
2						

之后：

	A	B	C	D	E	F
1	使用RANGEDEMO				运行Sub	
2	23					

下面的宏将活动工作表中 A2 至 C3 区域内每个单元格的公式都设为 23。

```
Sub RangeDemo1()
Range("A2:C3").Formula = 23
End Sub
```

	A	B	C	D	E	F
1	使用RANGEDEMO1				运行Sub	
2	23	23	23			
3	23	23	23			

另一种用 Range 属性来编辑区域的方法如下一个宏的演示。宏设定每个区域单元格的公式,将活动工作表 A2 至 C3 区域内的每个单元格公式都设为 23。第一个自变量是所选区域中左上角的单元格。第二个是所选区域中右下角的单元格。

```
Sub RangeDemo2()
Range("A2","C3").Formula = 23
End Sub
```

Range 也是 Range 对象的一个属性。当使用 Range 作为 Range 对象的属性时,Range 属性返回一个相对于 Range 对象的区域。下面的宏将活动工作表 C3 单元格的公式设为 999。

```
Sub RangeDemo3()
Range("B2").Range("B2").Formula = 999
End Sub
```

注意:Range("B2")返回活动工作表的区域(或单元格)"B2"。Range("B2").Range("B2")以"B2"作为左上角,返回区域中的"B2"单元格。在工作表中,Range("B2").Range("B2")返回单元格"C3"。

下面的宏将活动工作表 C2 至 D3 区域内每个单元格的公式都设为 23。宏 RangeDemo4 以单元格"C2"作为起始点。

```
Sub RangeDemo4()
Range("C2").Range("A1", "B2").Formula = 23
End Sub
```

注意:Range("C2")与 Range("C2").Range("A1")一样,并指工作表单元格 C2。Range("C2").Range("C2")指代工作表中单元格 D3,B2 意味着左边一列下面一行。类似地,Range("C2").Range("A1","B2")与 Range("C2","D3")也一样。

39.4 With 语句

With 语句允许你对一给定对象执行一系列语句而不用重述对象(对象的名称和来源,这些语句可能很长)。如果要改变一个对象的多个属性或要使用一个对象的多种方法,可以使用 With 语句。使用 With 语句,不仅可以使你的程序运行得更快而且可以避免重复性地键入。下面的宏,要人为地为活动单元格当前区域中左上角的单元格设置一些字体属性。设定字体为 Arial 型、加粗和 15 号字。

```
Sub WithoutDemo()
    ActiveCell.CurrentRegion.Range("A1")._
    Font.Bold = True
ActiveCell.CurrentRegion.Range("A1")._
    Font .Name = "Arial"
ActiveCell.CurrentRegion.Range("A1"). _
Font.Size = 15
End Sub
```

下面的宏使用 With 语句来实现相同的功能。

```
Sub WithDemo()
    With ActiveCell.CurrentRegion.
    Range("A1").Font
.Bold = True
.Name = "Arial"
.Size = 15
    End With
End Sub
```

注意在 With 语句中,属性前有一个"点"运算符。回想第 38 章 ActiveCell.CurrentRegion,它与围绕单元格(截屏中 C3)的非空单元格区域毗邻,与在工作表(截屏中 A1:D4)按下[Ctrl]+A 选中的区域一样。

之前:

	A	B	C	D	E	F
1	使用WITHDEMO				运行Sub	
2						
3	999	999	999	999		
4	999	999	999	999		
5	999	999	999	999		

之后：

	A	B	C	D	E	F
1	使用WITHDEMO				运行Sub	
2						
3	**999**	999	999	999		
4	999	999	999	999		
5	999	999	999	999		

39.5   集合

集合(collection)是可称为单元的一组规则的项目。可通过使用 Add 方法来增加成员，使用 Remove 方法来去除成员。使用一个整型的下标来引用特定的成员。一个集合中的目前成员数量可由 Count 方法得到。我们对集合的使用将限于 Excel 对象模块中的部分，只能举出较少例子，区域为单元格的集合。工作表是一个工作簿中所有工作表的集合，而工作簿是一个 Excel 中所有打开的工作簿的集合。

39.5.1   带有数组和集合的 For Each 语句

For Each 语句是 For 循环语句的一种变化形式。这个语句具有两种截然不同的形式。如下面的函数 ForEachSum 所示，第一种形式使用循环语句作用于一个 VBA 数组，演示如下列宏：

```
sub ForEachDemo( )
    Dim A(4)
    For i = 0 To 4:A(i) = i * i: Next i
    x = "x is: "
    y = "y is: "
    For Each Element In A
        x = x & vbTab & Element
        Element = Element * 2
    Next Element
    For Each Element In A
        y = y & vbTab & Element
    Next Element
    MsgBox x & vbCrLf & y, , "For Each Demo"
End Sub
```

注意要点：

（1）在循环体语句中，通过循环变量（前面函数中的 Element）利用目前数组中的成员。

（2）变量（前面函数中的 Element）必须是不定型，而不必考虑数组的类型。

（3）Element 的改变不会体现在实际的数组中。注意第 8 行中 Element 的改变不会反应在 y 中。

（4）不需要知道数字范围或整个数组循环语句的下划线区域。

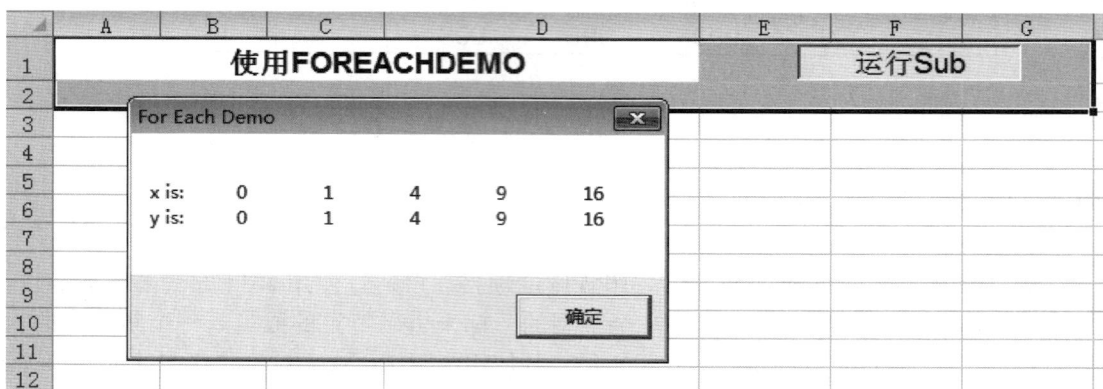

39.5.2 带有集合的 For Each 语句

For Each 语句的第二种形式是使用循环语句作用于集合：

```
sub ZeroRange()
    Set Rng = ActiveCell.CurrentRegion
    For Each Cell In Rng
        Cell.Formula = 0
    Next Cell
End Sub
```

当你运行宏时将会看到：

之前：

	A	B	C	D	E	F	G	H
1	使用ZERORANGE						运行Sub	
2								
3	1		3	4		16		
4	10		8	7		17		
5	11		13	14		18		

之后：

	A	B	C	D	E	F	G	H
1	使用ZERORANGE						运行Sub	
2								
3	1		0	0		16		
4	10		0	0		17		
5	11		0	0		18		

注意要点：

（1）区域都是集合，可变量 Rng 是所有当前活动单元格的区域的单元格的集合（此例中 C3：D15）。

（2）Cell 是一个变量，用于重述集合中所有成员。

（3）Cell 需采用下列类型中的一种：不定型、普通型或集合中的元素类型。（回忆：所有类型都是不定型的一种除非特别说明）。

（4）Cell 指向集合中的实际成员，Cell 的变化将会在集合中体现。

（5）对 Set 语句做完整的解释超出了本书的范围。我们的目的只是在所有的对象赋值语句前缀保留字 Set。

39.5.3　工作簿集合和工作簿对象

工作簿集合中的工作簿对象代表所有目前打开的工作簿。下列的宏列出了所有打开的工作簿：

```
sub ListOpenWorkbooks()
    Temp = "List of open Workbooks" & _
        "Created on:" & FormatDateTime(Date, _vbLongDate) _
        & "At:" & FormatDateTime(Time, _vbLongTime)
    For Each Element In Workbooks
        Temp = Temp & vbCrLf & Element.FullName
    Next Element
    MsgBox Temp, vbOKOnly, "List of open _"
    Workbooks"
End Sub
```

	A	B	C	D	E
1	使用LISTOPENWORKBOOKS	运行Run			
2					
3	List of open Workbooks Created on:2014年12月18日 星期四 At: 15:54:49				
4	F:\财务金融建模第四版\《财务金融建模》第四版\FM4 chapter files\FM4, Chapter 39, objects and add-in				

行注解：

```
Temp = "List of open Workbooks" & _
       "Created on:" & _
       FormatDateTime(Date, vbLongDate) _
       & "At:" & _
       FormatDateTime(Time, vbLongTime)
```

- Date 函数返回系统当前的日期。
- Time 函数返回系统当前的时间。
- FormatDateTime 函数将日期和时间格式化后显示。

```
For Each Element In Workbooks
    Temp = Temp & vbCrLf & Element.FullName
Next Element
```

For 语句循环作用于整个工作簿集合。每次迭代的元素是集合中的一个工作簿对象。FullName 是工作簿对象的一个属性,包含工作簿的完整路径名称。

39.5.4　工作表集合和工作表对象

一个工作簿中的所有工作表都是工作表集合中的工作表对象,工作表集合是工作簿对象的一个属性。我们可以使用不带有对象的工作表集合,即 WorkSheets 作 ActiveWorkbook.WorkSheets 的简略书写方式。

39.6　命名

在工作表中,你可以对一个单元格或者一个区域的单元格使用用户自定义名。用简单易懂的名字(例如产量)来命名一块难懂的区域,例如 Sales! C20:C30。利用命名可以使公式更容易理解:比较公式＝sum('sheet12'! a10:a10)和＝sum(lastYearSales)。本小节涉及 VBA 命名方面的内容。

39.6.1　使用宏为一个区域命名

如下所示的宏为当前的区域命名为"Jon":

```
Sub NameSelection()
    Names.Add "Jon", " = " & _
    Selection.Address
End Sub
```

选择单元格 A2:B3,然后运行宏。接下来的两个截屏展示 Excel 的名称框之前和运用了 NameSelection 宏之后的状况:

之前:

之后:

Name 是活动工作簿中所有名称的一个集合。Add 是名称集合的一个方法,用于增加集合中的成员。我们只使用了这个方法中的前两个参数。第一个参数"Jon"是增加到名称集合中的名称。接在"＝"后的第二个参数是一个字符串包含增加的名称所指向的地址。

39.6.2　查找定义的名称

名称"Jon"是刚刚被定义的,我们可以在工作簿中用它来举例,如下截屏所示。注意任何你发现的大写字母,Excel 返还了最初的"Jon"。

名称"Jon"没能有效地应用在 VBA 中,如下所示:

```
Function SumJon()
SumJon = Application.WorksheetFunction. _
Sum(Jon)
End Function
```

	A	B	C
1		使用SUM(Jon)	
2		10	<-- =Sum(Jon)
3		0	<-- =SumJon()

39.6.3 引用一个命名的区域

为了在一个被命名的区域中得到值,我们可以用嵌入函数 Application、Evaluate,如下演示所示。注意设计此函数用作一个 Array Function(数组函数)和用于 Application.Volatile 来保证数值在工作簿发生任何改变时更新。

```
Function JonAsArray()
    Application.Volatile
    JonAsArray = Application.Evaluate("Jon")
End Function
```

	A	B	C
1		使用JonASARRAY	
2	1	3	<-- {=JonAsArray()}
3	2	4	<-- {=JonAsArray()}

参考实际区域,命名的参考不在本书范围内。

39.7 加载和整合

一个 Excel 加载宏是一个在 Excel 启动时装入的文件。这些文件含有可以增加另外的函数到 Excel 的 VBA 代码,通常以新函数的形式。加载宏提供了一种使 Excel 变得更加强大的方式,同时他们也是配置自定义函数的理想工具。本节将介绍如何将加载宏转换到一个含有 VBA 函数的 Excel 工作簿中,以及如何在 Excel 和 VBA 中加载宏。步骤有些晦涩,且每一步应该按照给出的顺序。

39.7.1 加载和卸载基本的工作簿

加载一个宏的创作是很难的,它十分重要,加载宏以原始的工作簿作为基础,使工作簿完好无缺。为了演示,我们已经创建了一个包括一张工作表和一个含有一个模块(带有一个函数和一个宏)的 VBA 程序。

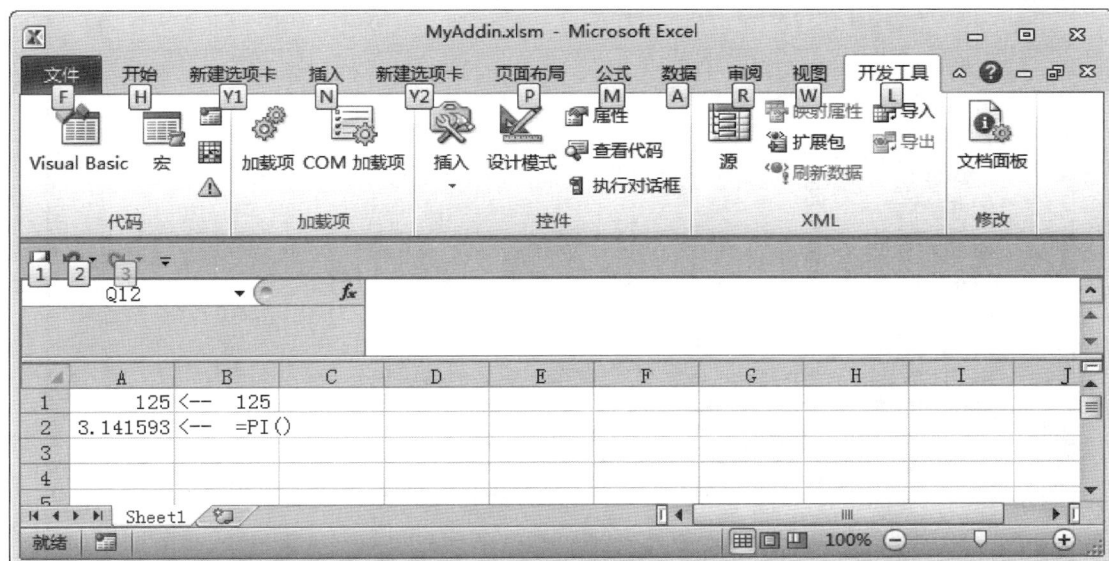

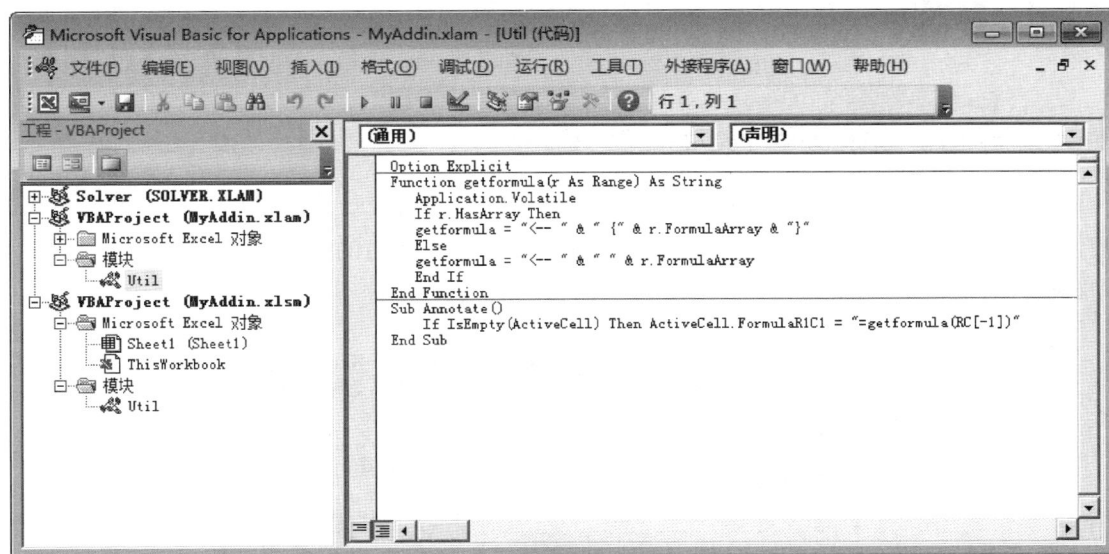

39.7.2 将基本的工作簿转换成加载宏

为做一个加载宏,我们把工作簿保存为一个加载宏。加载宏存入工作簿。选择 Excel 文件菜单中的"保存为",把保存类型变为"Excel-Add-In(*.xlam)"。保存位置会变到你电脑上的加载宏目录。你也许想浏览不同的位置(通常文件被放在一起),点击"保存",你将能重命名加载宏(在此没有重命名)。

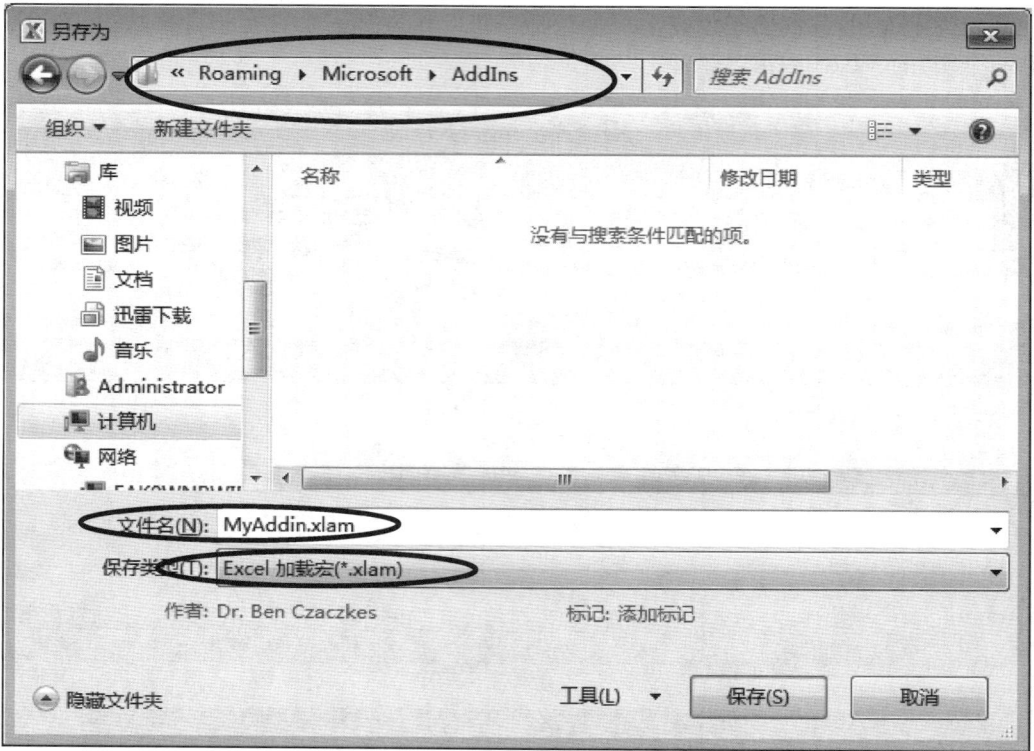

39.7.3　在 Excel 工作表中安装或使用加载宏

安装一个加载宏是以一台计算机为基础的(实际上是每台计算机的用户为标准)。这样我们就不会搞混章节,建议关闭 Excel 然后重新打开一个空白的新 Excel 工作簿。在 Excel 中,选择"开发工具/加载宏",就能见到如下的对话框(名称也许不同):

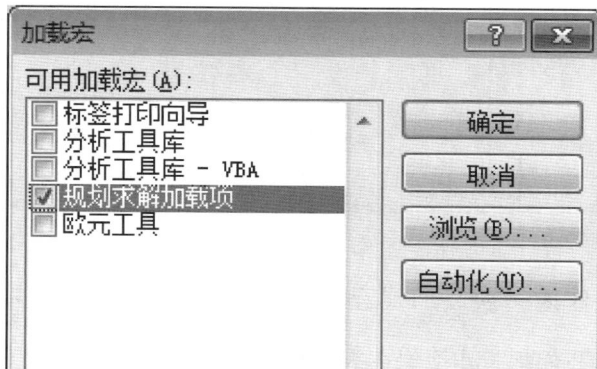

点击"浏览",找到你存放加载宏的地址,选中所要装入的加载宏,点击"确定"。

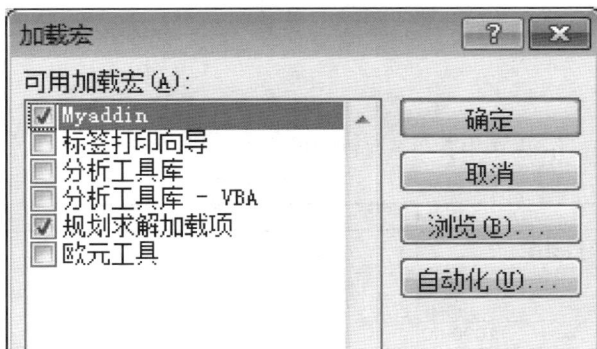

注意:一个新的加载宏是可用和可激活的。点击"确定"关闭加载宏对话框。加载宏中的所有函数现在对 Excel 的所有工作表中都可以使用了。为了确认,嵌入一个公式到单元格(A1),选择此单元格旁边的带有公式(B1)的单元格,点击 Alt+F8。

你应该会得到宏对话框。注意它,悲哀的是,列表中没有注释,但是若你输入"annotate"到"宏名"框里,"执行"按钮将会变为可以点击。当点击后会生成你想要的结果。

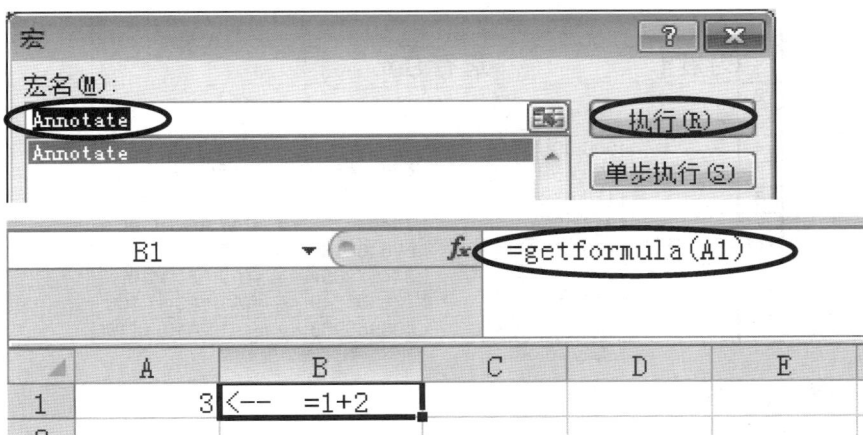

39.8   本章小结

这章讨论了两个分离的主题。我们一开始对对象进行了大规模的讨论,它是 VBA 编程概念的基础。对象可以使你更加简洁地表达编程思想。本章最后部分,讨论来了如何在 Excel 中建立加载宏。

习题

1. 假设你有如下一张工作表,表中有一系列数值和公式。

	A	B	C
1	习题1	运行Sub	
2			
3	价格	收益	
4	1000.00		
5	1069.45	0.069451061	<-- =A5/A4-1
6	1158.53	0.083296895	<-- =A6/A5-1
7	1213.49	0.047440948	<-- =A7/A6-1
8	1269.56	0.046204665	<-- =A8/A7-1
9	1287.02	0.013745727	<-- =A9/A8-1
10	1316.34	0.022788538	<-- =A10/A9-1
11	1332.09	0.01195957	<-- =A11/A10-1

假设你希望将上表转变为如下形式:

	A	B	C
1	习题1	运行Sub	
2			
3	价格	收益	
4	1000.00		
5	1069.45	6.945106119	<-- =(A5/A4-1)*100
6	1158.53	8.329689467	<-- =(A6/A5-1)*100
7	1213.49	4.744094796	<-- =(A7/A6-1)*100
8	1269.56	4.620466489	<-- =(A8/A7-1)*100
9	1287.02	1.374572664	<-- =(A9/A8-1)*100
10	1316.34	2.278853849	<-- =(A10/A9-1)*100
11	1332.09	1.195956963	<-- =(A11/A10-1)*100

编写一个宏实现这个目的。你的宏需要:

- 插入一组圆括号,然后将单元格的内容乘100。
- 向下移动一个单元格(参见第 39.1 节中的宏 ActiveCellDemo1)。
- 询问用户是否要重复这个过程。(回答"是"就再处理;回答"否"就退出宏)。

注意:圆括号要接在"="后。可以使用 Right 函数来完成这个操作。

要了解关于 MsgBox 函数及其返回值的更多信息,可参考第 39.2 节。

2. 重新编写习题 1 中的宏,使它能正确地处理系列结束处单元格。当处理到系列中的最后一个单元格时,一个可行的方法是不要向用户询问是否重复处理。

提示,在设计宏时可考虑:系列的最后一个单元格满足条件 Cell.Item(2, 1).Formula="" (参见第 39.2 节)。

3. 编写一个宏,实现将当前区域中的所有单元格乘 2 的目的。

4. 重新编写习题 3 中的宏,使它根据单元格的内容来执行相应的动作。

- 如果单元格的内容是一个公式,则将此公式乘以 2 后代替原公式。
- 如果单元格的内容是一个数值,则将此数乘以 2 后代替原数值。
- 当前区域中所有其他单元格的内容不变。

注意：为了简单化以及练习的目标，你可以假设公式是任何以"＝"开始的，数值是任何以字符"0"至"9"开始的。

5. 重新编写习题 4 中的宏，使用另一种方法（一个正确的方法）检测一个单元格中是否有公式的存在。参考帮助文件中关于区域对象的不同属性。

6. 在本书中（使用"查找公式"），使用了宏为工作表中的公式做注释。比如在如下所示的工作表中运行宏：

宏运行的结果如下所示：

编写一个宏，实现为活动单元格中的公式添加注释的功能。如果正好位于活动单元格右边的单元格不为空，则只有在接收到用户的确认信息后，宏才会用查找公式重写此单元格。

7. 选择对象代表工作中的当前选择。选择通常（为达到我们的目的）是一个区域对象。重新编写习题 6 当中的宏，使它能处理一个选择的区域。

注意下列事项：

● 如果选择区域是单个单元格，则激活习题 6 的宏。

● 如果选择区域是一列，为这一列所有单元格重复激活一个宏。

● 如果选择区域不止一列或不止一行，宏显示适当的信息表示放弃操作。

8. 数组函数可以返回不止一个值。例如，工作表函数 Transpose 可将其参数翻转 90 度后返回，如下面的工作表所示：

	A	B	C	D	E	F
1	使用 **TRANSPOSE**					
2	1	2	3	4	1	<--{= TRANSPOSE (A2:D2)}
3					2	<--{= TRANSPOSE (A2:D2)}
4					3	<--{= TRANSPOSE (A2:D2)}
5					4	<--{= TRANSPOSE (A2:D2)}

花括号不是键入的而是由 Excel 加入的,用以指出它是一个数组公式。可用如下所示的宏产生前述的工作表。

```
Sub TransposeMe( )
Range("E3:E6").FormulaArray = " = Transpose(A3:D3)"
End Sub
```

下面的宏是较为较复杂的版本,它可以处理任意大小或区域的行区域。

```
Sub TransposeMetoo( )
    C = Selection.Columns.Count
    R = Selection.Rows.Count
    If C = 1 Then 'Its a Column
       MsgBox "I don't do Columns"
    ElseIf R = 1 Then 'Its a Row
       Selection.Cells(1, C + 1).Range("A1:A" & C). _
       FormulaArray = " = Transpose(" _
                & Selection.AddressLocal(False, False) & ")"
    Else 'What is it?
       MsgBox "What is it?"
    End If
End Sub
```

重新编写宏 TransposeMeToo,使它能按照处理行区域的方法来处理列区域。

9. 重新编写习题 8 中的宏 TransposeMeToo,使它能够处理所有的区域。

主要参考文献

注：这里参考文献并不是全部。我们给出本书中引用的，以及偶尔提到的相关书籍与文章，它可帮助读者扩大其视野以针对更高的主题。有时我们会将一些章节的引用放在一起给出，有些也会单独地给出。

第1—6章：公司金融与价值

Benninga, S., and O. Sarig. 1997. *Corporate Finance: A Valuation Approach.* McGraw-Hill.

Benninga, S., and O. Sarig. 2003. Risk, Returns and Values in the Presence of Differential Taxation. *Journal of Banking and Finance.*

Brealey, R. A., S. C. Myers, and F. Allen. 2013. *Principles of Corporate Finance*, 11th ed. McGraw-Hill.

DeAngelo, H., L. DeAngelo, and D. J. Skinner. 2008. Corporate Payout Policy. *Foundations and Trends in Finance.*

Dittmar, A. K., and R. F. Dittmar. 2004. Stock Repurchase Waves: An Explanation of the Trends in Aggregate Corporate Payout Policy. Working paper, University of Michigan.

Fruhan, W. E. 1979. *Financial Strategy: Studies in the Creation, Transfer, and Destruction of Shareholder Value.* Irwin.

Gordon, M. J. 1959. Dividends, Earnings and Stock Prices. *Review of Economics and Statistics.*

McKinsey & Company, T. Koller, M. Goedhart, and D. Wessels. 2010. *Valuation: Measuring and Managing the Value of Companies,* 5th ed. Wiley.

Ross, S. A., R. W. Westerfield, and J. Jaffe. 2010. *Corporate Finance*, 9th ed. McGraw-Hill.

第7章：租赁

Abdel-Khalik, A. R. 1981. *Economic Effects on Lessees of FASB Statement No. 13, Accounting for Leases.* Financial Accounting Standards Board.

Copeland, T. E., and J. F. Weston. 1982. A Note on the Evaluation of Cancelable Operating Leases. *Financial Management.*

Financial Accounting Standards Board. 1976. *Statement No. 13: Accounting for Leases.* Stamford, Conn.

Franks, J. R., and S. D. Hodges. 1978. Valuation of Financial Lease Contracts: A Note. *Journal of Finance.*

Levy, H., and M. Sarnat. 1979. On Leasing, Borrowing and Financial Risk. *Financial Management.*

Lewellen, W. G., M. S. Long, and J. J. McConnell. 1979. Asset Leasing in Competitive Capital Markets. *Journal of Finance.*

McConnell, J. J., and J. S. Schallheim. 1983. Valuation of Asset Leasing Contracts. *Journal of Financial Economics.*

Myers, S. C., D. A. Dill, and A. J. Bautista. 1976. Valuation of Financial Lease Contracts. *Journal of Finance.*

Ofer, A. R. 1976. The Evaluation of the Lease versus Purchase Alternative. *Financial Management*.

Schallheim, J. S. 1994. *Lease or Buy? Principles for Sound Decision Making*. Harvard Business School.

第8—12章：投资者计算

Bengtsson, C., and J. Holst. 2002. On Portfolio Selection: Improved Covariance Matrix Estimation for Swedish Asset Returns. Working paper, Lund University.

Black, F. 1972. Capital Market Equilibrium with Restricted Borrowing. *Journal of Business*.

Bodie, Z., A. Kane, and A. J. Marcus. 2011. *Investments*, 9th ed. McGraw-Hill/Irwin.

Burton, G. M. 2005. Reflections on the Efficient Market Hypothesis: 30 Years Later. *Financial Review*.

Chan, L. K. C., J. Karceski, and J. Lakonishok. 1999. On Portfolio Estimation: Forecasting Covariances and Choosing the Risk Model. *Review of Financial Studies*.

D'Avolio, G. M. 2003. The Market for Borrowing Stock. *Journal of Financial Economics*.

Disatnik, D., and S. Benninga. 2007. Shrinking the Covariance Matrix—Simpler Is Better. *Journal of Portfolio Management*.

Elton, E. J., and M. J. Gruber. 1973. Estimating the Dependence Structure of Share Prices. *Journal of Finance*.

Elton, E. J., M. J. Gruber, S. J. Brown, and W. N. Goetzmann. 2009. *Modern Portfolio Theory and Investment Analysis*, 8th ed. Wiley.

Elton, E. J., M. J. Gruber, and T. Ulrich. 1978. Are Betas Best? *Journal of Finance*.

Fama, E., and K. French. 1997. Industry Costs of Equity. *Journal of Financial Economics*.

Frost, P., and Savarino, J. 1986. An Empirical Bayes Approach to Efficient Portfolio Selection. *Journal of Financial and Quantitative Analysis*.

Green, R. C. 1986. Positively Weighted Portfolios on the Minimum-Variance Frontier. *Journal of Finance*.

Green, R. C., and B. Hollifield. 1992. When Will Mean-Variance Efficient Portfolios Be Well Diversified? *Journal of Finance*.

Jensen, M. C. (Ed.). 1972. *Studies in the Theory of Capital Markets*. Praeger.

Ledoit, O., and M. Wolf. 2003. Improved Estimation of the Covariance Matrix of Stock Returns with an Application to Portfolio Selection. *Journal of Empirical Finance*.

Ledoit, O., and M. Wolf. 2004. Honey, I Shrunk the Sample Covariance Matrix. *Journal of Portfolio Management*.

Lintner, J. 1965. The Valuation of Risky Assets and the Selection of Risky Investments in Stock Portfolios and Capital Budget. *Review of Economics and Statistics*.

Markowitz, H. 1952. Portfolio Selection. *Journal of Finance*.

Merton, R. C. 1973. An Analytic Derivation of the Efficient Portfolio Frontier. *Journal of Financial and Quantitative Analysis*.

Mossin, J. 1966. Equilibrium in a Capital Market. *Econometrica*.

Nielsen, L. R. 1987. Positively Weighted Frontier Portfolios: A Note. *Journal of Finance*.

Roll, R. 1977. A Critique of the Asset Pricing Theory's Tests, Part I: On Past and Potential Testability of the Theory. *Journal of Financial Economics*.

Roll, R. 1978. Ambiguity When Performance Is Measured by the Securities Market Line. *Journal of Finance*.

Sharpe, W. F. 1963. A Simplified Model for Portfolio Analysis. *Management Science*.

Sharpe, W. F. 1964. Capital Asset Prices: A Theory of Market Equilibrium Under Conditions of Risk. *Journal of Finance*.

Surowiecki, J. 2003. Get Shorty. *The New Yorker*. http://newyorker.com/talk/content /?031201ta_talk_surowiecki.

第13章： Black-Litterman模型

Best, M. J., and R. R. Grauer. 1985. Capital Asset Pricing Compatible with Observed Market Value Weights. *Journal of Finance*.

Best, M. J., and R. R. Grauer. 1991. On the Sensitivity of Mean-Variance-Efficient Portfolios to Changes in Asset Means: Some Analytical and Computational Results. *Review of Financial Studies*.

Bevan, A., and K. Winkelmann. 1998. Using the Black-Litterman Global Asset Allocation Model: Three Years of Practical Experience. Goldman-Sachs.

Black, F., and R. Litterman. 1991. Global Asset Allocation with Equities, Bonds, and Currencies. Goldman-Sachs. (See the disk that accompanies this book.)

Chopra, V. K., and W. Ziemba. 1993. The Effect of Errors in Means, Variances, and Covariances on Optimal Portfolio Choice. *Journal of Portfolio Management*.

DeMiguel, V., L. Garlappi, and R. Uppal. 2007. Optimal versus Naive Diversification: How Inefficient Is the 1/N Portfolio Strategy? *Review of Financial Studies*.

Goldman-Sachs. 1999. The Intuition Behind Black-Litterman Model Portfolios. Author.

Jagannathan, R., and T. Ma. 2002. Risk Reduction in Large Portfolios: A Role for Portfolio Weight Constraints. *Journal of Finance*.

Kandel, S., and R. F. Stambaugh. 1995. Portfolio Inefficiency and the Cross-Section of Expected Returns. *Journal of Finance*.

Litterman, R. 2003. *Modern Investment Management: An Equilibrium Approach*. Wiley.

Schwartz, T. 2000. How to Beat the S&P 500 with Portfolio Optimization. Mimeo.

Sharpe, W. F. 1974. Imputing Expected Portfolio Returns from Portfolio Composition. *Journal of Financial and Quantitative Analysis*.

第14章： 事件研究

Ball, C., and W. N. Torous. 1988, Investigating Security Price Performance in the Presence of Event Date Uncertainty. *Journal of Financial Economics*.

Binder, J. J. 1985, On the Use of the Multivariate Regression Model in Event Studies. *Journal of Accounting Research*.

Boehmer, E., J. Musumeci, and A. B. Poulsen. 1991. Event-Study Methodology Under Conditions of Event-Induced Variance. *Journal of Financial Economics*.

Brown, S., and J. B. Warner. 1985. Using Daily Stock Returns: The Case of Event Studies. *Journal of Financial Economics*.

Campbell, J. Y., A. Lo, and C. McKinley. 1996. *The Econometrics of Financial Markets*. Princeton University Press.

Fama, E. 1976, *Foundations of Finance*. Chapters 3 and 4. Basic Books.

Fama, E., L. Fisher, M. Jensen, and R. Roll. 1969. The Adjustment of Stock Prices to New Information. *International Economic Review*.

MacKinlay, C. 1997. Event Studies in Economics and Finance. *Journal of Economic Literature*.

Salinger, M. 1992. Value Event Studies. *Review of Economics and Statistics*.

Thompson, R. 1995. Empirical Methods of Event Studies in Corporate Finance. Chapter 29. R. Jarrow et al. (Eds.), *Handbooks in OR & MS* (Vol. 9). Elsevier Science B.V.

第15—19章：期权

Bhaghat, S., J. Brickley, and U. Loewenstein. 1987. The Pricing Effects of Interfirm Cash Tender Offers. *Journal of Finance*.

Billingsley, P. 1968. *Convergence of Probability Measures*. Wiley.

Black, F., and M. Scholes. 1973. The Pricing of Options and Corporate Liabilities. *Journal of Political Economy*.

Brennan, M. J., and E. S. Schwartz. 1976. The Pricing of Equity-Linked Life Insurance Policies with an Asset Value Guarantee. *Journal of Financial Economics*.

Brennan, M. J., and R. Solanki. 1981. Optimal Portfolio Insurance. *Journal of Financial and Quantitative Analysis*.

Copeland, T. E., and J. F. Weston Shastri. 2003. *Financial Theory and Corporate Policy*. Addison-Wesley.

Cox, J., and S. A. Ross. 1976. The Valuation of Options for Alternative Stochastic Processes. *Journal of Financial Economics*.

Cox, J., and M. Rubinstein. 1985. *Options Markets*. Prentice-Hall.

Cox, J., S. A. Ross, and M. Rubinstein. 1979. Option Pricing: A Simplified Approach. *Journal of Financial Economics*.

Cvitanić, J., Z. Wiener, and F. Zapatero. 2006. Analytic Pricing of Employee Stock Options. *Review of Financial Studies*.

Gatto, M. A., R. Geske, R. Litzenberger, and H. Sosin. 1980. Mutual Fund Insurance. *Journal of Financial Economics*.

Haug, E. G. 2006. *The Complete Guide to Option Pricing Formulas*, 2nd ed. McGraw-Hill.

Hull, J. 2000. *Options Futures, and Other Derivative Securities*, 8th ed. Prentice Hall.

Hull, J., and A. White. 2004. How to Value Employee Stock Options. *Financial Analysts Journal*.

Jacobs, B. 1983. The Portfolio Insurance Puzzle. *Pensions and Investment Age*.

Jacques, W. E. 1987. Portfolio Insurance or Job Insurance? *Financial Analysts Journal*.

Jarrow, R. A., and A. Rudd. 1983. *Option Pricing*. Irwin.

Knuth, D. E. 1981. *The Art of Computer Programming. Vol. 2: Seminumerical Algorithms*. Addison-Wesley.

Leland, H. E. 1980. Who Should Buy Portfolio Insurance? *Journal of Finance*.

Leland, H. E. 1985. Option Pricing and Replication with Transaction Costs. *Journal of Finance*.

Merton, R. C. 1973. Theory of Rational Option Pricing. *Bell Journal of Economics and Management Science*.

Merton, R. C. 1976. Option Pricing When Underlying Stock Returns Are Discontinuous. *Journal of Financial Economics*.

Omberg, E. 2012. A Note on the Convergence of Binomial-Pricing and Compound-Option Models. *Journal of Finance*.

Pozen, R. C. 1978. When to Purchase a Protective Put. *Financial Analysts Journal*.

Press, W. H., B. P. Flannery, S. A. Teukolsky, and W. T. Vetterling. 2007. *Numerical Recipes: The Art of Scientific Computing*, 3rd ed. Cambridge University Press.

Rubinstein, M. 1985. Alternative Paths to Portfolio Insurance. *Financial Analysts Journal*.

Rubinstein, M., and H. E. Leland. 1981. Replicating Options with Positions in Stock and Cash. *Financial Analysts Journal*.

第19章： 期权

Amram, M., and N. Kulatilaka. 1998. *Real Options: Managing Strategic Investment in an Uncertain World*. Harvard Business School Press.

Benninga, S., and E. Tolkowsky. 2004. Real Options—An Introduction and an Application to R&D Valuation. *Engineering Economist*.

Dixit, A. K., and R. S. Pindyck. 1995. The Options Approach to Capital Investment. *Harvard Business Review*.

Luehrman, T. A. 1998. Investment Opportunities as Real Options: Getting Started on the Numbers. *Harvard Business Review*.

Trigeorgis, L. 1993. Real Options and Interactions with Financial Flexibility. *Financial Management*.

Trigeorgis, L. 1996. *Real Options: Managerial Flexibility and Strategy in Resource Allocation*. MIT Press.

第20—21章： 久期和免疫

Altman, E. 1989. Measuring Corporate Bond Mortality and Performance. *Journal of Finance*.

Altman, E., and V. M. Kishore. 1996. Almost Everything You Wanted to Know About Recoveries on Defaulted Bonds. *Financial Analysts Journal*.

Babcock, G. 1985. Duration as a Weighted Average of Two Factors. *Financial Analysts Journal*.

Bierwag, G. O. 1977. Immunization, Duration, and the Term Structure of Interest Rates. *Journal of Financial and Quantitative Analysis*.

Bierwag, G. O. 1978. Measures of Duration. *Economic Inquiry*.

Bierwag, G. O., G. G. Kaufman, and A. Toevs. 1983a. Duration: Its Development and Use in Bond Portfolio Management. *Financial Analysts Journal*.

Bierwag, G. O., G. G. Kaufman, and A. Toevs. 1983b. *Innovations in Bond Portfolio Management: Duration Analysis and Immunization*. JAI Press.

Bierwag, G. O., G. G. Kaufman, R. Schweitzer, and A. Toevs. 1981. The Art of Risk Management in Bond Portfolios. *Journal of Portfolio Management*.

Billingham, C. J. 1983. Strategies for Enhancing Bond Portfolio Returns. *Financial Analysts Journal*.

Chance, D. M. 1983. Floating Rate Notes and Immunization. *Journal of Financial and Quantitative Analysis*.

Chance, D. M. 1996. Duration Convexity, and Time as Components of Bond Returns. *Journal of Fixed Income*.

Chua, J. H. 1984. A Closed-Form Formula for Calculating Bond Duration. *Financial Analysts Journal*.

Cooper, I. A. 1977. Asset Values, Interest Rate Changes, and Duration. *Journal of Financial and Quantitative Analysis*.

Cox, J. C., J. E. Ingersoll, and S. A. Ross. 1979. Duration and Measurement of Basis Risk. *Journal of Business*.

Fisher, L., and R. L. Weil. 1971. Coping with the Risk of Market-Rate Fluctuations: Returns to Bondholders from Naive and Optimal Strategies. *Journal of Business*.

Gultekin, B., and R. J. Rogalski. 1984. Alternative Duration Specifications and the Measurement of Basis Risk: Empirical Tests. *Journal of Business*.

Hicks, J. 1939. *Value and Capital*. Clarendon Press.

Ingersoll, J. E., Jr., J. Skelton, and R. L. Weil. 1978. Duration Forty Years Later. *Journal of Financial and Quantitative Analysis*.

Leibowitz, M. L., and A. Weinberger. 1981. The Uses of Contingent Immunization. *Journal of Portfolio Management*.

Macaulay, F. R. 1938. *Some Theoretical Problems Suggested by Movements of Interest Rates, Bond Yields and Stock Prices in the United States Since 1856*. National Bureau of Economic Research.

McCullogh, J. H. 1990. U.S. Term Structure Data, 1946–1987. *Handbook of Monetary Economics* (Vol. 1). North-Holland.

Ott, R. A., Jr. 1986. The Duration of an Adjustable-Rate Mortgage and the Impact of the Index. *Journal of Finance*.

Redington, F. M. 1952. Review of the Principle of Life-Office Valuations. *Journal of the Institute of Actuaries*. Reprinted in G. A. Hawawini (Ed.), *Bond Duration and Immunization: Early Developments and Recent Contributions*. Garland, 1972.

Samuelson, P. A. 1945. The Effects of Interest Rate Increases on the Banking System. *American Economic Review*.

Smith, D. J. 1998. A Note on the Derivation of Closed-Form Formulas for Duration and Convexity Statistics on and between Coupon Dates. *Journal of Financial Engineering*.

Weil, R. L. 1973. Macaulay's Duration: An Appreciation. *Journal of Business*.

第22章：期限结构建模

Adams, K. J., and D. R. Van Deventer. 1994. Fitting Yield Curves and Forward Rate Curves with Maximum Smoothness. *Journal of Fixed Income*.

Annaert, J., G. P. Claes, M. J. K. Ceuster, and H. Zhang. 2013. Estimating the Spot Rate Curve Using the Nelson-Siegel Model: A Ridge Regression Approach. *International Review of Economics and Finance*.

Chambers, D., W Carleton, and D. Waldman. 1984. A New Approach to Estimation of Term Structure of Interest Rates. *Journal of Financial and Quantitative Studies*.

Coleman, T. S., L. Fisher, and R. Ibbotson. 1992. Estimating the Term Structure of Interest from Data That Include the Prices of Coupon Bonds. *Journal of Fixed Income*.

Coleman, T., L. Fisher, and R. Ibbotson. n.d. *U.S. Treasury Yield Curves 1926–1994*. Moody's Investor Service.

Diament, P. 1993. Semi-Empirical Smooth Fit to the Treasury Yield Curve. *Journal of Fixed Income*.

Fabozzi, F. J. 1996. *Bond Markets, Analysis and Strategies*. Prentice Hall.

Fisher, M., and D. Zervos. 1996. Yield Curve. In H. R. Varian (Ed.), *Computational Economics and Finance: Modeling and Analysis with Mathematica*. Springer.

Ho, T. S. Y. 1992. Key Rate Durations: Measures of Interest Rate Risk. *Journal of Fixed Income*.

Jarrow, R. A.. 1996. *Modeling Fixed Income Securities and Interest Rate Options*. McGraw-Hill.

Litterman, R., and J. Scheinkman. 1991. Common Factors Affecting Bond Returns. *Journal of Fixed Income*.

Mann, S. V., and P. Ramanlal. 1997. Relative Performance of Yield Curve Strategies. *Journal of Portfolio Management*.

McCulloch, J. F. 1971. Measuring the Term Structure of Interest Rates. *Journal of Business*.

McCulloch, J. F. 1975. The Tax-Adjusted Yield Curve. *Journal of Finance*.

Nelson, C., and A. Siegel. 1987. Parsimonious Modeling of Yield Curves. *Journal of Business*.

Shea, G. 1984. Pitfalls in Smoothing Interest Rate Term Structure Data: Equilibrium Models and Spline Approximations. *Journal of Financial and Quantitative Analysis*.

Shea, G. 1985. Interest Rate Term Structure Estimation with Exponential Splines: A Note. *Journal of Finance*.

Stigum, M., and F. L. Robinson. 1996. *Money Market & Bond Calculations*. Irwin.

Suits, D. B., A. Mason, and L. Chan. 1978. Spline Functions Fitted by Standard Regression Methods. *Review of Economics and Statistics*.

Sundaresan, S. 1997. *Fixed Income Markets and Their Derivatives*. South-Western College.

Taggart, R. A., Jr. 1996 *Quantitative Analysis for Investment Management*. Prentice-Hall.

Tuckman, B. 1996. *Fixed-Income Securities*. Wiley.

Vasicek, O., and G. Fong. 1982. Term Structure Estimation Using Exponential Splines. *Journal of Finance*.

第22章： 期限结构

Diebold, F. X., and C. Li. 2006. Forecasting the Term Structure of Government Bond Yields. *Journal of Econometrics*.

Gürkaynak, R. S., B. Sack, and J. H. Wright. 2007. The U.S. Treasury Yield Curve: 1961 to the Present. *Journal of Monetary Economics*.

Nelson, C., and A. Siegel. 1987. Parsimonious Modeling of Yield Curves. *Journal of Business*.

Svensson, L. E. O. 1995. Estimating Forward Interest Rates with the Extended Nelson & Siegel Method. *Sveriges Riksbank Quarterly Review*.

第23章： 期望债券收益

Altman, E. I., and A. C. Eberhart. 1994. Do Seniority Provisions Protect Bondholders' Investments? *Journal of Portfolio Management*.

Altman, E. I., and V. M. Kishore. 1996. Almost Everything You Wanted to Know About Recoveries on Defaulted Bonds. *Financial Analysts Journal*.

Altman, E. I., and S. Nammacher. 1984. The Default Rate Experience of High Yield Corporate Debt. *Financial Analysts Journal*.

Amihud, Y., and H. Mendelson. 1991. Liquidity, Maturity, and the Yields on U.S. Treasury Securities. *Journal of Finance*.

Antonov, A., and Y. Yanakieva. 2004. Transition Matrix Generation. International Conference on Computer Systems and Technologies.

Bakshi G., D. B. Madan, and F. X. Zhang. 2004. Understanding the Role of Recovery in Default Risk Models: Empirical Comparisons and Implied Recovery Rates. Unpublished working paper.

Cantor, R. 2001. Moody's Investors Service Response to the Consultative Paper Issued by The Basel Committee on Banking Supervision and Its Implications for the Rating Agency Industry. *Journal of Banking and Finance*.

Carty, L. V., and J. S. Fons. 2003. Measuring Changes in Corporate Credit Quality. Moody's Special Report, November.

Chacko, G. 2005. Liquidity Risk in the Corporate Bond Markets. Working paper, Harvard Business School.

Cochrane, J. H. 2001. *Asset Pricing*. Princeton University Press.

Crosbie P. J., and J. R. Bohn. 2002. *Modeling Default Risk*. KMV.

Driessen, J., and F. de Jong. 2005. Liquidity Risk Premia in Corporate Bond Markets. Discussion paper, University of Amsterdam.

Duffie, D. 1998. Defaultable Term Structure Models with Fractional Recovery of Par. Working paper, Stanford University.

Duffie, D., and K. J. Singleton. 1997. An Econometric Model of the Term Structure of Interest-Rate Swap Yields. *Journal of Finance*.

Duffie, D., and K. J. Singleton. 1999. Modeling Term Structures of Defaultable Bonds. *Review of Financial Studies*.

Dynkin L., A. Gould, J. Hyman, V. Konstantinovsky, and B. Phelps. 2006. *Quantitative Management of Bond Portfolios*. Princeton University Press.

Edwards, A. K., L. E. Harris, and M. S. Piwowar. 2004. *Corporate Bond Market Transparency and Transaction Costs*. UWFC.

Fama, E., and K. R. French. 1993. Common Risk Factors in the Returns of Stocks and Bonds. *Journal of Financial Economics*.

Finger, C. C., V. Finkelstein, G. Pan, J. P. Lardy, T. Ta, and J. Tierney. 2002. CreditGrades Technical Document, RiskMetrics Group, Inc.

Gebhardt W. R., S. Hvidkjaer, and B. Swaminathan. 2005. The Cross-Section of Expected Corporate Bond Returns: Betas or Characteristics? *Journal of Financial Economics*.

Hagan, P., and G. West. 2005. Methods for Constructing a Yield Curve. *Wilmott Magazine*.

Hickman, W. B. 1958. *Corporate Bond Quality and Investor Experience*. Princeton University Press.

Jafry, Y., and T. Schuermann. 2004. Metrics for Comparing Credit Migration Matrices. *Journal of Banking and Finance*.

Jarrow, R. A., D. Lando, and S. M. Turnbull. 1997. A Markov Model for the Term Structure of Credit Spreads. *Review of Financial Studies*.

Jarrow, R. A., and S. M. Turnbull. 1995, Pricing Derivatives on Financial Securities Subject to Credit Risk. *Journal of Finance*.

Lando, D. 1998. On Cox Processes and Credit Risky Securities. *Review of Derivatives Research*.

Lando, D. 2004. *Credit Risk Modeling Theory and Applications*. Princeton University Press.

Löffler, G. 2004. An Anatomy of Rating Through the Cycle. *Journal of Banking and Finance*.

Löffler, G. 2005. Avoiding the Rating Bounce: Why Rating Agencies Are Slow to React to New Information. *Journal of Economic Behavior and Organization*.

Longstaff, F. A. 2001. The Flight-to-Liquidity Premium in U.S. Treasury Bond Prices. *Journal of Business*.

Longstaff, F. A., S. Mithal, and E. Neis. 2004. Corporate Yield Spreads: Default Risk or Liquidity? New Evidence from the Credit-Default Swap Market. *Journal of Finance*.

Merton, R. C. 1974. On the Pricing of Corporate Debt: The Risk Structure of Interest Rates. *Journal of Finance*.

Moody's Special Report. 1992. *Corporate Bond Defaults and Default Rates*. Moody's Investors Service.

Nelson, C., and A. Siegel. 1987. Parsimonious Modeling of Yield Curves, *Journal of Business*.

Parnes, D. 2005. Homogeneous Markov Chain, Stochastic Economics, and Non-Homogeneous Models for Measuring Corporate Credit Risk. Working paper, University of South Florida.

Subramanian, K. V. 2001. Term Structure Estimation in Illiquid Markets. *Journal of Fixed Income*.

Yu, F. 2002. Modeling Expected Return on Defaultable Bonds. *Journal of Fixed Income*.

第24—30章：蒙特卡罗方法

Abramowitz, M., and I. A. Stegun. 1965. *Handbook of Mathematical Functions*. Dover.

Acworth, P., M. Broadie, and P. Glasserman. 1996. A Comparison of Some Monte Carlo and Quasi-Monte Carlo Techniques for Option Pricing. In Niederreiter et al. (Eds.), *Monte Carlo and Quasi-Monte Carlo Methods*. Springer.

Bailey, D. H., J. M. Borwein, and P. B. Borwein. 1987. Ramanujan, Modular Equations, and Approximations to π; or, How to Compute One Billion Digits of Pi. *American Mathematical Monthly*.

Baker, N. L., and R. A. Haugen. 2012. Low Risk Stocks Outperform Within All Observable Markets of the World. http://ssrn.com/abstract=2055431.

Barone-Adesi, G., and R. E. Whaley. 1987. Efficient Analytic Approximation of American Option Values. *Journal of Finance*.

Benninga, S., and M. Blume. 1985. On the Optimality of Portfolio Insurance. *Journal of Finance*.

Box, G. E. P., M. E. Muller. 1958. A Note on the Generation of Random Normal Deviates. *Annals of Mathematical Statistics*.

Boyle, P. P. 1977. Options: A Monte Carlo Approach. *Journal of Financial Economics*.

Boyle, P. P., M. Broadie, M. Glasserman. 1997. Monte Carlo Methods for Security Pricing. *Journal of Economic Dynamics and Control*.

Boyle, P. P., and S. H. Lau. 1994. Bumping Up Against the Barrier with the Binomial Method. *Journal of Derivatives*.

Boyle, P. P., and Y. K. Tse. 1990. An Algorithm for Computing Values of Options on the Maximum or Minimum of Several Assets. *Journal of Financial and Quantitative Analysis*.

Boyle, P. P., and T. Vorst. 1992. Option Replication in Discrete Time with Transaction Costs. *Journal of Finance*.

Broadie, M., and P. Glasserman. 1997. Pricing American-Style Securities Using Simulation. *Journal of Economic Dynamics and Control*.

Broadie, M., P. Glasserman, and G. Jain. 1997. Enhanced Monte Carlo Estimates for American Option Prices. *Journal of Derivatives*.

Cox, J., S. A. Ross, and M. Rubinstein. 1979. Option Pricing: A Simplified Approach. *Journal of Financial Economics*.

Cremers, M., A. Petajisto, and E. Zitzewitz. 2010. Should Benchmark Indices Have Alpha? Revisiting Performance Evaluation. http://ssrn.com/abstract=1108856.

Dupire, B. 1998. *Monte Carlo Methodologies and Applications for Pricing and Risk Management*. Risk Books.

Frazzini, A., and L. H. Pedersen. 2011. Betting Against Beta. http://ssrn.com/abstract=2049939.

Fu, M., S. B. Laprise, D. B. Madan, Y. Su, and R. Wu. 2001. Pricing American Options: A Comparison of Monte Carlo Simulation Approaches. *Journal of Computational Finance*.

Galanti, S., and A. Jung. 1997. Low-Discrepancy Sequences: Monte Carlo Simulation of Option Prices. *Journal of Derivatives*.

Gamba, A. 2002. Real Options Valuation: A Monte Carlo Approach. http://ssrn.com/abstract=302613.

Gentle, J. E. 1998. *Random Number Generation and Monte Carlo Methods*. Springer.

Glasserman, P. 2004. *Monte Carlo Methods in Financial Engineering*. Springer.

Grant, D., G. Vora, and D. E. Weeks. 1996a. Path-Dependent Options: Extending the Monte Carlo Simulation Approach. *Management Science*.

Grant, D., G. Vora, and D. E. Weeks. 1996b. Simulation and Early-Exercise of Option Problem, *Journal of Financial Engineering*.

Haugh, M. 2004. The Monte Carlo Framework, Examples from Finance and Generating Correlated Random Variables. www.columbia.edu/~mh2078/MCS04/MCS_framework_FEegs.pdf.

Haugh, M. B., and L. Kogan. 2008. Duality Theory and Approximate Dynamic Programming for Pricing American Options and Portfolio Optimization. In J. R. Birge and V. Linetsky (Eds.), *Handbooks in OR & MS* (Vol. 15). Elsevier.

Heynen, R. C., and H. M. Kat. 1994a. Crossing Barriers. *Risk*.

Heynen, R. C., and H. M. Kat. 1994b. Partial Barrier Options. *Journal of Financial Engineering*.

Hong, H G., and D. A. Sraer. 2012. Speculative Betas. Available at SSRN. http://ssrn.com/abstract=1967462 or http://dx.doi.org/10.2139/ssrn.1967462.

Kanigel, R. 1992. *The Man Who Knew Infinity: A Life of the Genius Ramanujan*. Scribner.

Knuth, D. E. 1981. *The Art of Computer Programming. Volume 2: Semi-Numerical Algorithms*. Addison-Wesley.

Lehmer, D. H. 1951. Mathematical Methods in Large-Scale Computing Units, Proceedings of the 2nd Symposium on Large-Scale Digital Calculating Machinery. *Annals of the Computational Laboratory of Harvard University*. Harvard University Press.

Longstaff, F. A., and E. S. Schwartz. 2001. Valuing American Options by Simulation: A Simple Least-Square Approach. *Review of Financial Studies*.

Raymar, S. B., and M. J. Zwecher. 1997. Monte Carlo Estimation of American Call Option on the Maximum of Several Stocks. *Journal of Derivatives*.

Rogers, L. C. G. 2002. *Monte Carlo Valuation of American Options*. Mathematical Finance.

Tavella, D. 2002. *Quantitative Methods in Derivatives Pricing—An Introduction to Computational Finance*. Wiley.

Tezuka, S. 1998. Financial Applications of Monte Carlo and Quasi-Monte Carlo Methods. In P. Hellekalek and G. Larcher (Eds.), *Random and Quasi-Random Point Sets*. Springer.

Tilley, J. A. 1998. Valuing American Options in a Path Simulation Model. In B. Dupire (Ed.), *Monte Carlo*. Risk Books. Originally published in 1993.

Tsitsiklis, J. N., and B. Van Roy. 2001. Regression Methods for Pricing Complex American-Style Options. *IEEE Transactions on Neural Networks*.

Willard, G. A. 1997. Calculating Prices and Sensitivities for Path-Independent Derivative Securities in Multifactor Models. *Journal of Derivatives*.

第28章： 受险价值

Beder T. 1996. VAR: Seductive But Dangerous. *Financial Analysts Journal.*

Jorion, P. 1997. *Value at Risk: the New Benchmark for Controlling Market Risk.* McGraw-Hill.

Linsmeier, T. J., and N. D. Pearson. 2000. Risk Measurement: An Introduction to Value at Risk. *Financial Analysts Journal.*

RiskMetrics. 1995. Introduction to RiskMetrics. This and other documents can be found at www.riskmetrics.com/techdoc.html.

译后记

随着我国市场经济的完善与发展,面向金融市场的财务金融模型已成为企业与机构投资决策分析的重要工具。通过本书的学习,读者可以轻松自如地进入该领域。原书第二、三版中译本出版后一直受到广大读者的认可和好评,在此表示衷心的感谢。相比较之前的版本,《财务金融建模》(第四版)对相关主题安排做了重要的改进。它依然秉承了前几版的风格,是财务金融从业者、学生和教师的优秀资源库。

目前我国资本市场在不断的完善中,越来越多的财务金融模型可被使用。而基于财务金融建模的决策,也成为企业迈向管理科学的重要途径。为此需要培养大量真正掌握现代财务金融理论知识和技能的财务金融人才,这也是我们一直以来积极参与此书翻译的动机。

在原书第二版和第三版翻译时,一度纠结该如何翻译书名,最终定为《财务金融建模》,其目的是为了吸引更多的企业管理人员关注,与国际接轨,发挥企业金融的功能。因此,第四版的翻译,我们仍然将此书定名为《财务金融建模》。

本书由上海财经大学统计与管理学院邵建利博士主持翻译。原书作者西蒙·本尼卡对译者的翻译工作给予了大力支持,在此表示衷心感谢。

在此前的第二版和第三版翻译工作中,中国科学技术信息研究所杨朝峰博士、同济大学吴冰博士、上海对外贸易大学郭振华博士、上海国家会计学院赵春光博士、上海财经大学凌洁老师,以及上海财经大学研究生宋宁、朱潇昀、王莉、刘鑫、张滟、朱佳萍、李功文和一些优秀的本科生邵灵、罗佳青、卓镇邦、曹宇、宝音、陈力、薛晖参与了翻译工作。在此基础上,参与第四版的翻译工作人员有上海财经大学凌洁老师和研究生陈马敏、邵灵、施奇、祝姗、刘梦娇、李月婷、薛爱琼、张娟、陆溢、万其名、汪展,以及本科生钟洁、皮羽玄、崔昱晨、周媛媛、徐怡然、陈一枝、周彤昕、王淼,在此表示衷心感谢。

上海世纪出版股份有限公司格致出版社的编辑王韵霏女士为本书的引进和出版提供了大力支持,在此表示衷心的感谢。

限于译者的学识水平与时间有限,译文中可能存在不甚妥当之处,恳请专家学者不吝赐教。

邵建利
2015 年 1 月于上海财经大学

图书在版编目(CIP)数据

财务金融建模:用 Excel 工具:第 4 版/(美)本尼
卡著;邵建利等译. —上海:格致出版社:上海人民
出版社,2015(2023.1 重印)
(高级金融学译丛)
ISBN 978 - 7 - 5432 - 2524 - 4

Ⅰ. ①财…　Ⅱ. ①本… ②邵…　Ⅲ. ①表处理软件-
应用-公司-财务管理　Ⅳ. ①F276.6 - 39

中国版本图书馆 CIP 数据核字(2015)第 126183 号

责任编辑　程筠函
装帧设计　储　平

高级金融学译丛

财务金融建模——用 Excel 工具(第四版)
[美]西蒙·本尼卡　著
邵建利　等译

出　　版　格致出版社
　　　　　上海人民出版社
　　　　　(201101　上海市闵行区号景路 159 弄 C 座)
发　　行　上海人民出版社发行中心
印　　刷　浙江临安曙光印务有限公司
开　　本　787×1092　1/16
印　　张　50
插　　页　1
字　　数　1209,000
版　　次　2015 年 9 月第 1 版
印　　次　2023 年 1 月第 5 次印刷
ISBN 978 - 7 - 5432 - 2524 - 4/F·849
定　　价　158.00 元

本书授权只限在中国大陆地区发行
上海市版权局著作权合同登记号：图字 09-2014-721 号

高级金融学译丛

财务金融建模——用 Excel 工具(第四版)
[美]西蒙·本尼卡/著　邵建利　等/译

金融计量经济学导论(第三版)
[英]克里斯·布鲁克斯/著　王鹏/译

金融工具手册
[美]弗兰克·J.法博齐/编著　俞卓菁/译

投资组合的构建和分析方法
[美]德西丝拉娃·A.帕查马诺瓦　弗兰克·J.法博齐/著　郭杰群等/译

金融经济学原理(第 2 版)
[美]斯蒂芬·F.勒罗伊　简·沃纳/著　钱晓明/译

固定收益建模
[丹]克劳斯·芒克/著　陈代云/译

信用风险定价模型:理论与实务(第二版)
[德]贝尔恩德·施密德/著　张树德/译

公司违约风险测度
[美]达雷尔·达菲/著　王蕾/译

信用风险:建模、估值和对冲
[美]托马斯·R.比莱茨基　等/著　唐齐鸣　等/译

数理金融基准分析法
[澳]埃克哈特·布兰顿　等/著　陈代云/译

衍生证券教程:理论和计算
[美]克里·贝克/著　沈根祥/译